中国哲学社会科学学科年鉴
CHINESE ACADEMIC ALMANAC

ALMANAC OF
CHINESE BORDERLAND
STUDIES

邢广程 主编

中国边疆学年鉴

2023

中国社会科学出版社

图书在版编目（CIP）数据

中国边疆学年鉴 . 2023 / 邢广程主编 . -- 北京：中国社会科学出版社, 2024.9
　　ISBN 978-7-5227-3659-4

Ⅰ. ①中… Ⅱ. ①邢… Ⅲ. ①疆界—中国— 2023 —年鉴 Ⅳ. ①K928.1-54

中国国家版本馆 CIP 数据核字 (2024) 第 110725 号

出 版 人	赵剑英
责任编辑	姜阿平
责任校对	韩海超
责任印制	张雪娇

出　　版	中国社会科学出版社
社　　址	北京鼓楼西大街甲 158 号
邮　　编	100720
网　　址	http：//www.csspw.cn
发 行 部	010 - 84083685
门 市 部	010 - 84029450
经　　销	新华书店及其他书店
印刷装订	三河市东方印刷有限公司
版　　次	2024 年 9 月第 1 版
印　　次	2024 年 9 月第 1 次印刷
开　　本	787×1092　1/16
印　　张	44.25
插　　页	2
字　　数	1133 千字
定　　价	378.00 元

凡购买中国社会科学出版社图书，如有质量问题请与本社营销中心联系调换
电话：010 - 84083683
版权所有　侵权必究

《中国边疆学年鉴·2023》
编 委 会

主　　编　邢广程
副 主 编　孙宏年
编　　委　（按姓名汉语拼音排序）
　　　　　初冬梅　中国社会科学院中国边疆研究所副研究员、东北边疆研究室副主任
　　　　　范恩实　中国社会科学院中国边疆研究所研究员、副所长
　　　　　高　月　中国社会科学院中国边疆研究所研究员、北部边疆研究室主任
　　　　　侯　毅　中国社会科学院中国边疆研究所研究员、中国海洋史研究室主任
　　　　　李大龙　中国社会科学院中国边疆研究所编审、国家与疆域理论研究室主任
　　　　　李　欣　中国社会科学院中国边疆研究所副研究员、海疆研究室副主任
　　　　　刘晖春　中国社会科学院中国边疆研究所副研究员，党委书记、副所长
　　　　　刘清涛　中国社会科学院中国边疆研究所副编审、编辑部副主任
　　　　　吕文利　中国社会科学院中国边疆研究所研究员、西南边疆研究室主任
　　　　　孙宏年　中国社会科学院中国边疆研究所研究员、副所长
　　　　　王昱廷　中国社会科学院中国边疆研究所副研究员、科研处副处长
　　　　　邢广程　中国社会科学院学部委员，中国边疆研究所研究员、所长
　　　　　许建英　中国社会科学院中国边疆研究所研究员、新疆研究室主任
　　　　　张永攀　中国社会科学院中国边疆研究所研究员、西藏研究室主任
　　　　　朱　尖　中国社会科学院中国边疆研究所副研究员、北部边疆研究室副主任

《中国边疆学年鉴·2023》
编 辑 部

主　　任　孙宏年（兼）
成　　员　张永攀　刘清涛　宋培军　陈　柱　朱　尖（兼编务）
　　　　　马天元（兼编务）

编辑说明

《中国边疆学年鉴》由中国社会科学院中国边疆研究所（中国历史研究院中国边疆研究所）主持编纂，是目前全国唯一一部全面反映中国边疆历史与现状研究成果和中国边疆学学科建设的综合性年鉴，主要汇集2022年度中国边疆学研究与学科建设的新成果、新进展、新走向，具有权威性、学术性、时效性。

关于2023卷的栏目设置，说明如下：

一、"2022年中国边疆研究述评"栏目由从事中国边疆学研究的专家学者撰写，综合反映2022年度中国边疆历史与现状研究成果、中国边疆学学科发展情况、最新进展及今后发展方向。

二、"学术活动"栏目介绍了2022年举办的中国边疆历史与现状及相关领域的重要学术会议，提供了全国各院校、科研机构有关边疆研究的学术交流的信息。

三、"论著撷英"栏目包括"新书选介""论文摘要""全文选刊"三部分，介绍2022年中国边疆研究具有影响力或观点新颖、有一定代表性的重要著作、论文。其中，"新书选介"简要介绍2022年出版的边疆研究各领域学术著作39部，"论文摘要"刊发了2022年边疆历史与现状研究各领域具有代表性的126篇论文的摘要，"全文选刊"刊载了2022年边疆研究各领域代表性论文16篇，较为全面地介绍了2022年度边疆研究的新成果。

四、"中国边疆学重大项目进展"栏目介绍了5个中国边疆研究的国家社科基金重大项目的进展、成果及特点。这5个项目包括2008年国家社科基金重大特别委托项目"西南边疆历史与现状系列研究项目"，邢广程研究员主持的《丝绸之路经济带建设与中国边疆稳定和发展研究》，孟庆龙研究员主持的《中英美印俄五国有关中印边界问题解密档案文献整理与研究（1950—1965）》，孙勇教授主持的《维护西藏地区社会稳定对策研究》，徐黎丽教授主持的《中国边境口岸志资料收集及整理研究》。这些项目均已结项，受到学术界的重视和好评。

五、"边疆学人"栏目以学术小传的形式，简要介绍"1949年10月1日以前出生、在当代中国边疆研究中有过重大影响、2015年12月31日前已经过世的重要专家学者"，本期年鉴对戴可来、方国瑜、谷苞、韩振华、胡耐安、贾敬颜、金毓黻、马长寿、马汝珩、恰白·次旦平措、谭其骧、翁独健、吴丰培、亦邻真等14位专家学者的生平、主要学术贡献等做了简要介绍，为读者提供当代中国边疆研究重要学者的信息。

六、"边疆学人访谈录"栏目收录了《构筑中国边疆学自主知识体系——马大正先生访谈录》，以访谈录的形式，阐明了马大正先生有关构筑中国边疆学的系统性论述，对于当前学术界构建中国边疆学"三大体系"具有重要价值。

七、"学术机构"栏目回顾"十三五"时期国内主要院校、科研机构边疆研究、教学的主要领域、重要项目、重要成果，学科建设、人才培养、学术活动等方面的成就与进展，并简要介绍"十四五"时期边疆教学科研主要规划和目标。

八、"2022年中国边疆研究大事记"栏目重点介绍2022年与中国边疆研究密切相关的重要事件，主要包括关于边疆治理的重要政策、重大活动和边疆研究的重要会议等信息。

九、"附录"栏目包括《中国边疆研究论著目录》和《当代中国边疆治理重要文献》两部分，《中国边疆研究论著目录》收录了2022年边疆研究的主要著作目录、主要论文目录，《当代中国边疆治理重要文献》收录了党中央、国务院及中央主管部门制定的涉及边疆地区的重要决定与文献——《台湾问题与新时代中国统一事业》，以方便读者查阅年鉴中的相关信息，进一步提升年鉴编纂的规范化水平。

本年鉴创刊于2016年，至2023年已经出版2016年卷、2017年卷、2018年卷、2019—2020年卷、2021年卷、2022年卷6卷，今后将继续系统总结历年中国边疆历史与现状研究的新进展、新成就与新特点，积极推动中国边疆学学科体系、学术体系、话语体系建设，进一步成为国内外边疆研究工作者和国内党政领导干部、高等院校有关师生、全国各级各类图书馆（资料室）必备的工具书和参考读物。

目　　录

2022 年中国边疆研究述评

2022 年中国边疆理论研究述评 ……………………李大龙　宋培军　罗　静　孔迎川（3）
2022 年北部边疆研究述评 ………………………………陈　柱　塔米尔　乌兰巴根（24）
2022 年东北边疆研究述评 ………………初冬梅　朱　尖　齐会君　葛小辉　赵　彪（47）
2022 年中国海疆研究述评 ………………………………李　欣　刘静烨　樊丛维（66）
2022 年中国海洋史研究述评 ……………………………………………孙方圆　宋可达（86）
2022 年西南边疆研究述评 ………………………吕文利　时雨晴　袁　沙　张楠林（100）
2022 年西藏研究述评 ……………………………张永攀　刘　洁　裴儒弟　张　辉（119）
2022 年新疆研究述评 ……………………………………阿地力·艾尼　刘志佳　张　帅（140）

学术活动

2021 中国边疆经济开放发展论坛 ……………………………………………………（171）
首届"一带一路"高质量发展学术论坛 ………………………………………………（172）
中国新疆与中亚地区互联互通研讨会 …………………………………………………（173）
新时代边疆治理与铸牢中华民族共同体意识研讨会 …………………………………（174）
中国社会科学论坛（2022）："一带一路"倡议视域下中国—阿富汗—巴基斯坦
　互联互通合作 …………………………………………………………………………（176）
丝绸之路经济带核心区建设与新疆经济社会发展学术研讨会 ………………………（178）
第九届"边疆·民族·历史"青年论坛暨首届辽金史研究生论坛 …………………（180）
第九届中国边疆研究青年学者论坛 ……………………………………………………（182）
大国关系深度调整对"一带一路"建设的影响学术研讨会 …………………………（183）
新疆智库涉疆研究基地首批专家聘任仪式暨新疆经济社会发展研讨会 ……………（184）
第十届边疆中国论坛暨"地域、族群与中华民族"学术研讨会 ……………………（185）
呼伦贝尔驻防 290 周年暨铸牢中华民族共同体意识学术研讨会 ……………………（186）

第十二届中国边疆重镇高峰论坛……………………………………………………（188）
第六届西藏智库国际论坛暨2022中国藏学论坛………………………………………（190）
"'世界之变'与中国周边形势新动向"学术研讨会……………………………………（191）
第二届中华民族共同体视野下的历代西北边疆治理研究学术研讨会…………………（191）
2022东北亚论坛……………………………………………………………………………（193）
新疆铸牢中华民族共同体意识理论与实践研讨会………………………………………（195）
族际交往与共同体建设：第三届边疆地区社会工作论坛………………………………（197）
中国民族学学会2022年高层论坛暨铸牢中华民族共同体意识与民族地区乡村振兴
　学术研讨会………………………………………………………………………………（198）
"深刻理解中国式现代化　携手共筑新疆美好未来"新疆区域协调发展学术研讨会……（200）
2022"丝绸之路：传统与当代"国际学术及实践研讨会………………………………（201）
东北亚地区和平与发展论坛（2022）……………………………………………………（204）
中华西域文明的历史演进学术研讨会……………………………………………………（205）
边疆发展中国论坛2022国际学术研讨会…………………………………………………（206）
第三届新时代沿边开放论坛（2022）……………………………………………………（208）

论著撷英

一　新书选介……………………………………………………………………………（213）
学科建设与中国边疆学理论研究………………………………………………………（213）
　中国历代治边思想研究……………………………………………………………………（213）
　中国历代治边政策研究……………………………………………………………………（213）
　边疆史地十讲………………………………………………………………………………（213）
　非彼无我　美美与共：中华民族的交融与共同体意识…………………………………（213）
　边缘地带的行政治理——清代厅制再研究………………………………………………（214）
　守正与创新：中国边疆研究进展初论……………………………………………………（214）
东北方向……………………………………………………………………………………（214）
　瑷珲海关历史档案辑要……………………………………………………………………（214）
　渤海国记……………………………………………………………………………………（214）
　辽金民族关系思想研究……………………………………………………………………（214）
　白山黑水之间：辽金城镇史地研究………………………………………………………（215）
　《金史》丛考（二十四史校订研究丛刊）………………………………………………（215）
　唐代河东道军政关联问题研究……………………………………………………………（215）
北疆方向……………………………………………………………………………………（215）
　清末新政时期中央政府对边疆地区的治理与统合研究——以新疆、西藏、蒙古地区
　　为中心的考察……………………………………………………………………………（215）
　百年清史研究：边疆民族卷………………………………………………………………（215）
　简明内蒙古地方史…………………………………………………………………………（216）

  清代恰克图与广州对外贸易方式比较研究 ……………………………………（216）
  内蒙古旅游文化与"一带一路"建设研究 ……………………………………（216）
  内蒙古自治区图书馆满文古籍图书综录 ……………………………………（216）
西北方向 ………………………………………………………………………（216）
  和田出土唐代于阗汉语文书 …………………………………………………（216）
  唐代黠戛斯历史研究 …………………………………………………………（217）
  明清西北筑城碑记辑校 ………………………………………………………（217）
  同文之盛：《西域同文志》整理与研究 ………………………………………（217）
  新疆历史文化研论 ……………………………………………………………（217）
西藏方向 ………………………………………………………………………（217）
  《十七条协议》与有关西藏历史问题研究 ……………………………………（217）
  从演揲儿法中拯救历史 ………………………………………………………（217）
  清朝对青海藏区社会的治理研究 ……………………………………………（218）
  清代西藏重大历史题材壁画叙事方式研究 …………………………………（218）
西南方向 ………………………………………………………………………（218）
  民国云南盐业与经济社会发展研究 …………………………………………（218）
  南方丝绸之路研究丛书·历史地理卷 …………………………………………（218）
  清代滇东南边疆民族地区国家治理的区域演进与历史进程研究 ………（218）
  风口箐口：一个哈尼村寨的主客二重奏 ……………………………………（219）
  云南民族发展报告（2021—2022）……………………………………………（219）
  固本安边：清代云贵地区的灾荒赈济研究 …………………………………（219）
海疆与海洋 ……………………………………………………………………（220）
  中国海洋文化发展报告（2016—2020）………………………………………（220）
  丝绸之路上的明代中国与世界 ………………………………………………（220）
  南沙争端的由来与发展——南海纷争史国别研究 …………………………（220）
  安南世系略：使交吟一卷：南交好音使交纪事 ……………………………（220）
  南海更路簿数字人文研究论稿 ………………………………………………（220）
  流动与浮沉：吴兴祚海疆幕府文学研究 ……………………………………（221）

二 论文摘要 ……………………………………………………………………（222）
学科建设与中国边疆学理论研究 ……………………………………………（222）
  问题意识、研究方法与中国边疆学学科体系构建 …………………………（222）
  中国古代国家治理思想及其实践 ……………………………………………（222）
  形而下之道：古代中国边疆研究的方法论刍论 ……………………………（222）
  论中国古代"大一统"内涵的发展演变 ………………………………………（222）
  整体疆域观下中国边疆的意蕴探讨 …………………………………………（223）
  政治地理学的边疆研究进展及其在中国边疆研究中的应用 ……………（223）
  社会学的田野研究与中国边疆学自主知识体系的构建 …………………（223）
  新时代中国边疆经济治理的理论基础与政策框架 ………………………（223）

重构中国史叙事：普遍政治秩序与区域历史的互动 …………………………………（223）
边疆治理现代化视域下的"设市治边" ………………………………………………（224）
世界普遍交往语境下边地中华民族共同体建设：周边安全、区域发展与国家认同 …（224）
边疆民族地区融入国家新发展格局的生成逻辑、面临挑战与路径取向 ……………（224）
边疆治理视域下的开放兴边方略 ………………………………………………………（225）
国家疆域：中华民族共同体建设的基础 ………………………………………………（225）
陆地边疆安全治理的目标取向与路径抉择 ……………………………………………（225）

东北方向 ……………………………………………………………………………………（226）

渤海国朝唐贺正使考论 …………………………………………………………………（226）
《金史》边疆史地校勘问题献疑 ………………………………………………………（226）
论李尽忠之乱期间的辽东情势——兼议乞四比羽东奔时间 …………………………（226）
从"斜烈"到"薛礼"——元明清辽东地区一个驿站名称的演变 …………………（226）
从边镇到盛京：明清时期辽东地区的行政区划与管理策略变迁 ……………………（226）
民族记忆抑或家族标识？——契丹漆水郡望探赜 ……………………………………（227）
大兴安岭、阴山山脉与内蒙古高原民族社会发展互动的历史探讨 …………………（227）
从鲜于仲通家族相关史事看中古胡姓家族的汉化 ……………………………………（227）
北族都城的分布格局、时空演变与环境选择 …………………………………………（228）
扶余府城与黄龙府城的城址变迁 ………………………………………………………（228）
从东北边疆局势的变化看安东都护府内迁 ……………………………………………（228）
清廷三大实测全图东北地区比较研究 …………………………………………………（228）
都护在燕然：唐永徽元年北疆治边机构的调整 ………………………………………（228）
清前期东北边疆治理中的富察氏家族 …………………………………………………（229）
东北边疆地区人口迁移对产业转型升级的影响 ………………………………………（229）
东北抗联精神赓续传承的价值意蕴 ……………………………………………………（229）
"双循环"新发展格局下深化中俄经贸合作的新内涵 ………………………………（229）
东北县域人口流失的特征、原因及应对措施 …………………………………………（229）
东北振兴政策体系解构及区域经济响应研究 …………………………………………（230）

北疆方向 ……………………………………………………………………………………（230）

中华民族史观视野下北族王朝的概念与性质 …………………………………………（230）
中华民族共同体视域下战国时期内蒙古地区各民族的关系 …………………………（230）
各民族交往交流交融的历史演进与现代治理——以内蒙古通辽地区为例 …………（230）
中华体制下匈奴政治传统的延续与发展——以匈奴汉国的政治模式为中心 ………（231）
拓跋氏"代王"号兴废考论 ……………………………………………………………（231）
隋唐之际稽胡族群的地域结构与政治动向 ……………………………………………（231）
会昌年间唐朝征讨南迁回鹘诸问题考论 ………………………………………………（231）
北方民族政权融入统一国家的基本路径探析——以《唐故左屯卫郎将李公墓志铭》
　为中心的研究 …………………………………………………………………………（232）
元代汪古部砂井总管府、按打堡子故城新考 …………………………………………（232）

从俺答汗求贡文书之书写、交涉看明蒙间的群体认同……………………………（232）
清代归化城土默特地区的土地契约………………………………………………（232）
清代察哈尔官牧群考述——以上都达布逊诺尔牧群为中心………………………（233）
康熙年间附牧于察哈尔扎萨克旗的喀尔喀部众及其归宿…………………………（233）
从瑞应寺与卫藏安多地区的联系看清代蒙藏文化交流……………………………（233）
多伦会盟前喀尔喀增设扎萨克考…………………………………………………（233）
清代以来鄂尔多斯高原的沙漠化及其驱动机制……………………………………（233）

西北方向……………………………………………………………………………（234）

文化润疆的性质、目标、任务与途径………………………………………………（234）
团结稳疆：新时代新疆推进中华民族共同体建设的社会稳定机制研究……………（234）
伊犁河上游青铜时代中期社会状况研究……………………………………………（234）
塔里木盆地达玛沟下游古绿洲沙漠化考……………………………………………（234）
"酒"与汉代丝绸之路民族交往……………………………………………………（235）
新见莫高窟北区石窟出土西夏契约释考……………………………………………（235）
唐与黠戛斯的绢马贸易………………………………………………………………（235）
唐代于阗的四个历史时期……………………………………………………………（235）
粟特人在于阗——以中国人民大学藏粟特语文书为中心…………………………（235）
灭乞里氏只儿哈郎家族史事考略——元代色目家臣政治地位之一斑……………（236）
兴废殊途：明代松山新边沿线城堡的变迁与环境…………………………………（236）
清代伊犁索伦营述要…………………………………………………………………（236）
从驻扎大臣制度的演进看嘉道时期对新疆的治理…………………………………（236）
咸同之际新疆地区的协饷运作与财政困局…………………………………………（236）
百年来阿尔金山地区的游牧人群及其互动…………………………………………（237）
乾隆朝发往新疆遣犯人数估算与研究………………………………………………（237）
金顶回人制度与清代南疆基层伯克培养……………………………………………（237）
清朝与布鲁特额德格讷部的最初关系………………………………………………（237）
抗战时期中国共产党对新疆各民族中华民族共同体意识的构筑…………………（237）
张其昀的西北历史地理观……………………………………………………………（238）

西藏方向……………………………………………………………………………（238）

新时代西藏铸牢中华民族共同体意识的意义、挑战及实践路径…………………（238）
历史上藏族与长江流域其他民族的交往交流交融…………………………………（238）
铸牢中华民族共同体意识法治保障的西藏实践与完善路径………………………（238）
试论藏传佛教中国化历史进程………………………………………………………（239）
多民族交汇地区是铸牢中华民族共同体意识的关键区域——康区在民族交往交流交融
　中的历史基础、独特地位及示范作用……………………………………………（239）
从象雄到吐蕃：气候变迁与西藏文明中心的东移…………………………………（239）
吐蕃统治河陇西域时期节度使相关问题考论………………………………………（240）
吐蕃按户征兵制度研究………………………………………………………………（240）

从青藏高原新出土吐蕃墓葬看多民族的交流融合……………………………………（240）
唐蕃关系下的尚结赞………………………………………………………………（240）
元西平王奥鲁赤家族世系与治藏史事考述………………………………………（241）
明代汉藏边区僧官系统新探——以"西番诸卫"为中心…………………………（241）
明代中后期川西北地区的军防系统与军事改革…………………………………（241）
清官修《明史》对"西番"的历史书写……………………………………………（241）
历史人类学视角下的清代蒙藏关系再思考——兼论所谓"西藏佛教世界"共同体的
　成立性问题………………………………………………………………………（241）
清前期滇军入藏与川滇藏协同发展格局的形成…………………………………（242）
改土归屯后金川地区的宗教信仰与社会结构的变迁……………………………（242）
论清末西藏治边筹边方略及其近代转型…………………………………………（242）
清末巴塘改土归流、地方秩序重建与国家认同…………………………………（242）
抗战时期藏族上层爱国人士的中华民族自觉——以拉卜楞黄正清家族为考察中心…（243）
"停滞性"运转：论民主改革前西藏庄园社会的超稳定结构……………………（243）

西南方向……………………………………………………………………………（243）
边疆观的历史书写与建构——以云南为中心的讨论……………………………（243）
试析郡县制在秦南部蛮夷边地的实施……………………………………………（244）
论东汉初期南部边疆经略的特殊性………………………………………………（244）
汉晋时期南方丝绸之路上的城镇与商业贸易……………………………………（244）
孙吴西晋南岭政治地理格局的变迁——以政区边界调整为中心………………（244）
唐代防冬兵问题考论………………………………………………………………（245）
元朝经略八百媳妇国政策转变及影响……………………………………………（245）
"犬牙相制"与明代西南土司治理…………………………………………………（245）
行政区划调整与边疆治理效能研究——以广西钦廉地区1000年、650年、50年的
　变迁为观察视角…………………………………………………………………（245）
中国土司历史地理与西南边疆民族史研究………………………………………（246）
起高楼与烧砖瓦——《流动的疆域：全球视野下的云南与中国》史料引证问题举隅…（246）
云南迪庆各民族中华民族共同体意识生成研究…………………………………（246）
华南边疆开关与区域贸易格局变迁………………………………………………（247）
大理国时期乌蛮聚落的城镇化……………………………………………………（247）
西南区域政治转折的先声：1934年国民党对中央力量入川的考量与各方博弈……（247）
明代西南边疆民族地区的灵活编民………………………………………………（247）
空间表征与象征秩序：桂西南壮族乡村治理中传统文化的现代价值重塑……（248）
清代道光年间土司制度与滇南边疆治理研究——以《滇事杂档》史料为中心…（248）
边境态势与政区性质：清代广西龙州"改土归流"辨析…………………………（248）
广西"古田大征"之议与明后期南部边疆政策的转变……………………………（249）
清末民初土司的国体地位因革：从四川土司到云南土司…………………………（249）
西南边疆格局的当代演变与区域发展——基于民族走廊的引力模型分析……（249）

从清代云南《开化府志》看邻国历史书写的地方表述 ………………………………（249）
海疆与海洋方向 ……………………………………………………………………（250）
　　海分三路：明代广东的海防分路 ………………………………………………（250）
　　从"首重舟师"到"裁船改员"——驻粤旗营水师与清代海防研究 …………（250）
　　康雍乾时期的海岛政策——内附治岛的两种方案 ……………………………（250）
　　清代沿海诸厅与海疆管理研究 …………………………………………………（250）
　　美国对南沙群岛的认知与政策演变（1898—1946） …………………………（251）
　　清代沿海政区海域勘界及其影响 ………………………………………………（251）
　　从台湾例到海疆缺：清代海疆治理下的台湾职官选任制度发展 ……………（251）
　　重审海权观与清代前期海疆政策 ………………………………………………（251）
　　陆、海疆地缘秩序与传统中国的疆域成型 ……………………………………（252）
　　忽必烈与元代海上丝绸之路 ……………………………………………………（252）
　　汉唐时期交趾地区红河水道与长州政治势力兴起 ……………………………（252）
　　明清易代之际东南海疆的军事、民生与法律——顺治十二年违禁出海案分析 …（252）
　　《武安王灵签》纸背所见明万历十九年浙江沿海地区海防力量之加强 ……（253）
　　海洋文化建设的时代内涵与路径选择 …………………………………………（253）
　　新时期"海上丝绸之路"港口建设：动力、方向与挑战 ……………………（253）
　　"一带一路"背景下海外战略支点建设的几点思考 …………………………（253）
　　太平洋丝绸之路历史价值的新思考——基于档案整理和知识传播的启示 …（254）
三　全文选刊 ………………………………………………………………………（255）
　　从中华民族一词的产生到铸牢中华民族共同体意识 …………………………（255）
　　中国历史上华夏认同的演进与升华 ……………………………………………（261）
　　习近平外交思想视域下的人类命运共同体和周边命运共同体 ………………（271）
　　"边疆"与"中国"的交融——理解和诠释中国疆域形成与发展的路径 …（306）
　　中国大一统思想及各民族共创中华的集体记忆 ………………………………（318）
　　中古辽西所见胡汉互动与交融 …………………………………………………（336）
　　清朝满蒙联姻之指婚制入关后发展变化及"备指额驸"问题 ………………（350）
　　契丹建国以前部落发展史再探——《辽史·营卫志》"部族上"批判 ……（366）
　　通贡和好：明朝重建西域秩序的路径选择 ……………………………………（379）
　　清朝新疆治理述论 ………………………………………………………………（393）
　　新时代党中央治边稳藏的创新理论与伟大实践 ………………………………（407）
　　试论清代西藏边疆的边防 ………………………………………………………（421）
　　警惕"去中国化"陷阱——评西方学者的中国西南边疆史研究 ……………（429）
　　西南边疆史研究的认识维度与阐释路径 ………………………………………（432）
　　习近平新时代海洋发展观的历史视角 …………………………………………（443）
　　中国海疆史研究的几个问题 ……………………………………………………（459）

中国边疆学重大项目进展

加强项目顶层设计 深化中国边疆研究——以"西南边疆项目"为例 …………………… (477)
《丝绸之路经济带建设与中国边疆稳定和发展研究》简介 …………………………… (483)
《中英美印俄五国有关中印边界问题解密档案文献整理与研究》简介 ……………… (486)
《维护西藏地区社会稳定对策研究》简介 ……………………………………………… (490)
《中国边境口岸志资料收集与整理研究》简介 ………………………………………… (495)

边疆学人

戴可来 ……………………………………………………………………………………… (499)
方国瑜 ……………………………………………………………………………………… (502)
谷苞 ………………………………………………………………………………………… (503)
韩振华 ……………………………………………………………………………………… (505)
胡耐安 ……………………………………………………………………………………… (507)
贾敬颜 ……………………………………………………………………………………… (508)
金毓黻 ……………………………………………………………………………………… (512)
马长寿 ……………………………………………………………………………………… (514)
马汝珩 ……………………………………………………………………………………… (517)
恰白·次旦平措 …………………………………………………………………………… (519)
谭其骧 ……………………………………………………………………………………… (521)
翁独健 ……………………………………………………………………………………… (523)
吴丰培 ……………………………………………………………………………………… (526)
亦邻真 ……………………………………………………………………………………… (528)

边疆学人访谈录

构筑中国边疆学自主知识体系——马大正先生访谈录 ………………………………… (531)

学术机构

中国社会科学院中国边疆研究所 ………………………………………………………… (547)
中国藏学研究中心历史研究所 …………………………………………………………… (551)
南京大学民族与边疆研究中心 …………………………………………………………… (556)
黑龙江大学渤海研究院 …………………………………………………………………… (558)
吉林大学边疆考古研究中心 ……………………………………………………………… (560)
长春师范大学高句丽渤海研究院 ………………………………………………………… (563)
通化师范学院高句丽研究院概况 ………………………………………………………… (567)

内蒙古师范大学历史文化学院 ………………………………………………………（570）
陕西师范大学中国西部边疆研究院 …………………………………………………（572）
兰州大学中国边疆安全研究中心 ……………………………………………………（576）
西北师范大学西北边疆史地研究中心 ………………………………………………（580）
四川师范大学历史文化与旅游学院、华西边疆研究所 ……………………………（583）
云南大学历史与档案学院 ……………………………………………………………（587）
云南师范大学历史与行政学院 ………………………………………………………（593）
广西民族大学民族学与社会学学院（广西边疆研究中心）………………………（595）
聊城大学太平洋岛国研究中心 ………………………………………………………（599）
黑龙江省社会科学院 …………………………………………………………………（602）
内蒙古自治区社会科学院 ……………………………………………………………（605）
甘肃省社会科学院 ……………………………………………………………………（607）
西藏自治区社会科学院（社科联）…………………………………………………（611）
云南省社会科学院 ……………………………………………………………………（613）
广东省社会科学院广东海洋史研究中心 ……………………………………………（617）

2022年中国边疆研究大事记

………………………………………………………………………………………（621）

附　　录

一　中国边疆研究论著目录
　　1. 2022年中国边疆研究主要著作目录 ………………………………………（629）
　　2. 2022年中国边疆研究主要论文目录 ………………………………………（635）
二　当代中国边疆治理重要文献
　　台湾问题与新时代中国统一事业 ……………………………………………（681）

2022年中国边疆研究述评

2022年中国边疆理论研究述评

李大龙　宋培军　罗　静　孔迎川*

2022年，中国边疆理论研究出版相关著作20余部，其中既有增补再版，也有新的专著问世，有些论著提出的新的命题，如中国现代国际关系研究院的《新疆域与国家安全》（时事出版社2022年版）、李大光的《无形疆域安全：新时代网络空间安全战略研究》（研究出版社2022年版）、张春海的《青藏高原民族教育政策研究（1978-2021）》（学苑出版社2022年版）。发表相关论文3000余篇，其中用"中华民族共同体"作为主题词检索，可以在中国知网检索到论文2579篇，用"边疆"为主题词检索，可以检索到1072篇，显示边疆研究依然是学界关注的热点领域。以下依据下载量和引用次数下载的170余篇论文为主，分专题对国家与疆域理论研究的情况进行评述。

一、马克思主义国家与疆域研究

马克思主义国家与疆域理论研究是国家与疆域理论研究的传统领域，主要涉及两个方面的内容：一是马克思主义相关理论研究；二是传统中国国家形态与疆域研究。

（一）马克思主义相关理论研究

恩格斯多民族国家思想研究是马克思主义国家与疆域理论研究的重要方面，有两部博士论文值得关注。其一为于玉慧《列宁民族问题理论与实践研究》，兰州大学2022年民族学马克思主义民族理论与政策博士学位论文。该文分为1903—1912年、1912—1917年、1917—1924年三个时期，依次考察民族与政党、民族与阶级、民族与国家三对主题，以反对民族文化自治与维护民族自决权为主线。该文注意到恩格斯晚年的重要转向，是一次对既往研究的重要突破。[1]其二为李晨涌《新疆地区马克思主义大众化研究（1949—1955）》，华东师范大学马克思主义学院2022年博士学位论文。该文利用《新疆日报》等资料，揭示马克思主义在新疆传播具有政治话语、民族话语与学术话语之间交织互动的特点。[2]

周竞红在《"中国民族""中华民族"在党的百年文献中使用频度变迁管窥——以党的重

---

* 李大龙、宋培军、罗静、孔迎川：中国社会科学院中国边疆研究所编审、研究员、副研究员、助理研究员。

[1] 于玉慧：《列宁民族问题理论与实践研究》，博士学位论文，兰州大学，2022年。

[2] 李晨涌：《新疆地区马克思主义大众化研究（1949—1955）》，博士学位论文，华东师范大学，2022年。

要文献选编为主要考察文本》一文中指出①，观察和思考不同时期党的重要历史文献中"中国民族""中华民族"两词使用频度的变化，可透视中国共产党从参与中国民族民主革命，领导并取得新民主主义革命胜利，到构建统一的多民族中国的历史进程中，"中华民族"一词成为党凝聚各民族共同团结奋斗、共同繁荣发展的核心词语的过程。曾与之同义并用的"中国民族"则不再是独立能指的词语。词语使用变迁过程从一个侧面反映着中国共产党坚持民族平等、团结原则，创新中华民族共同体建设新途径和新境界的百年奋斗过程。

李桂、孙善杰、李蓉蓉的《马克思主义人才观视域下边疆民族地区乡村振兴的困境与对策研究》认为，马克思关于"人才"的论述以及生产力要素理论，是马克思主义人才观的重要内容，为探讨边疆地区乡村振兴的理论逻辑、历史逻辑、实践逻辑，提供了基本遵循。该文基于甘肃、新疆等边疆省区农村党支部成员人才构成的社会调查，提出边疆地区"留人"方案要因地制宜、部分放开乡村户籍管理。②

结合马克思主义基本原理，阐释、宣传中共二十大提出的"中国式现代化"论断，是中国边疆学学术体系、话语体系建设的一个方面。宋培军的《马克思"亚细亚生产方式"理论与"中国式现代化"命题》③认为"中国式现代化"既无法回避中国东南福建海疆由马克思所揭示的"亚细亚的生产方式"的近代存在，也无法回避中国传统东北边疆"部族"话语所表现的公社动力，而经过现代革命环节，走向社会主义的生产方式是完全可能的。

罗德里格斯的英文专著《边疆田野调查：处于中国建国进程中心位置的边地，1919-1945》，④探讨社会科学家、农学家、摄影师、学生和传教士在中国西南边地的田野调查，回顾他们如何通过"建国运动"（nation-building exercise 或 nation-making process），以团结中国边地的多民族（multi-ethnic）人口，使中国边地置于其"建国"进程和走向现代的中心。这一英文著作区分 multi-ethnic（多民族）与 nation（民族），与恩格斯的多民族用法暗合。

（二）传统中国国家形态与疆域研究。

中国早期国家形态、国土结构、大一统、疆域史书写，都是重要关注话题。王震中的《比较文明学视域中中华上古文明的思想文化特质》（《世界历史》2022年第4期）认为中华上古文明思想文化的特质主要包含宇宙观、天道观、伦理观、德政观、礼义教化观、对立统一观、"大一统"观等方面。其中，礼义教化始于五帝时代，这是初始国家形成的时代。"大一统"既是一种思想观念，亦是一种国家形态结构。西周西土、东土、南土、北土的国土结构的一体性

---

① 周竞红：《"中国民族""中华民族"在党的百年文献中使用频度变迁管窥——以党的重要文献选编为主要考察文本》，《中国边疆史地研究》2022年第1期。

② 李桂、孙善杰、李蓉蓉：《马克思主义人才观视域下边疆民族地区乡村振兴的困境与对策研究》，《湖北经济学院学报（人文社会科学版）》2022年第4期。

③ 宋培军：《马克思"亚细亚生产方式"理论与"中国式现代化"命题》，《文史哲》2022年第6期。

④ Zhiding Hu, Yuli Liu, Understanding borders through dynamic processes: capturing relational motion from south-west China's radiation centre, *Territory, Politics, Governance,* Volume 10, 2022, Issue 2.

与多元一体的复合制王朝国家形态结构密不可分。春秋"大一统"思想在《春秋公羊传》中有明显的体现。①

何君安、常佳敏、柴顺的《比较视野下传统中国国家形态的再认识》②在汉族前身华夏族多民族起源说的基础上，提出以国家的地域、人口要素来界定国家形态，这一观点有别于民族国家、政权国家、城邦国家、帝国及宗教神权国家等西方的国家类型，而把古代中国界定为广土众民的文明型国家，有一定新意。

刘清涛的《整体疆域观下中国边疆的意蕴探讨》，认为从中国整体疆域来看，中国边疆—内地的分布格局从根本上是自然地理条件差异造成的人口及其经济社会文化活动的不均匀、不对称分布，特殊的自然地理环境因素造成人口及其生产生活实践活动相对减少是边疆的本质属性。今日边疆的景象与历史时期已不可同日而语，体现了自然地理环境限制与科技进步带来的发展之间的辩证关系。③

李磊的《陆、海疆地缘秩序与传统中国的疆域成型》④认为传统中国的疆域成型于清嘉庆年间，这一疆域是历代建立并完善地缘秩序的结果。秦朝一统六国后，建构农耕区与游牧区的结构性关系成为中国政治的首要议题。汉朝将蒙古高原、西域与青藏高原诸多势力分别对待，在未来2000年的地缘秩序中成为三个相对独立的单元。对于游牧政权而言，他们习惯以直接占领农耕区与游牧区的过渡地带迫使农耕政权岁贡、开榷场，以农耕区服务于游牧社会。而当其社会内部农业地区的权重增加到一定程度时，其政权将向中原的王朝体制转化，从而具备了入主中原的资质。东南海疆的地缘秩序是近500年来中国历史发展的命脉所在。鸦片战争并不是突然爆发，而是在200年前就已经有多次预演。

前卫的《从〈大风歌〉解读刘邦的天下版图疆域观》认为汉高祖《大风歌》中"海内""四方"皆指天下疆域、王朝版图，而刘邦册封赵佗为王，将岭南纳入大汉疆域。⑤

魏弋贺的《西汉大一统视域下儒家士人的政治哲学》⑥梳理陆贾、贾谊、董仲舒三人政治哲学思想背后的创造，指出尽管儒家政治思想的形式因社会现实需求的改变而不断变化，但其背后仍有着独立的发展主线，它反映了儒家传统政治哲学回应政治而又超越政治的宏富特点。

成一农、陈涛的《"中国疆域沿革史"历史书写发展脉络研究》侧重从历史地图与古代地图研究出发，认为受到"天下观"和"疆域观"的影响，中国古代并不存在现代意义的"疆域沿革史"，中国古人重视的是政区沿革，而不是疆域沿革。民国时期，基于中国传统的

---

① 王震中：《比较文明学视域中中华上古文明的思想文化特质》，《世界历史》2022年第4期。

② 何君安、常佳敏、柴顺：《比较视野下传统中国国家形态的再认识》，《太原理工大学学报（社会科学版）》2022年第2期。

③ 刘清涛：《整体疆域观下中国边疆的意蕴探讨》，《云南社会科学》2022年第2期。

④ 李磊：《陆、海疆地缘秩序与传统中国的疆域成型》，《学习与探索》2022年第7期。

⑤ 前卫：《从〈大风歌〉解读刘邦的天下版图疆域观》，《中国测绘》2022年第5期。

⑥ 魏弋贺：《西汉大一统视域下儒家士人的政治哲学》，《四川职业技术学院学报》2022年第4期。

"政区沿革"的研究，形成了真正意义上的以王朝疆域为描述对象的"中国疆域沿革史"的历史书写，其目的在于唤起民族自豪感以及救亡图存。1949年之后，谭其骧提出的方案占据主导，因为其满足了对内强化民族团结、激发爱国主义精神，对外抵制各种对我国领土无理要求的时代需求。①这一认识并不准确，一是政区沿革的研究《汉书·地理志》才是源头，民国时期并没有多少突破；二是"时代需求"的说法只是一种表象的认识，不仅不能揭示学界前辈学者对完善有中国特色疆域话语体系所做出的努力，反而抹杀了这一值得颂扬的贡献，因为其关注点不在这些说法是否具有合理性上面。

综上，2022年国家疆域理论研究，有如下推进与不足。其一，国家疆域理论的澄清，是中国国家疆域研究的重要指导。对马克思、恩格斯、列宁的多民族、古亚细亚的生产方式、共同体、人才等概念进行梳理，尤其是对恩格斯关于民族的历史民族、非历史民族二分法及其晚年变化的揭示，有助于铸牢中华民族共同体意识这一主线的理论把握，有助于人才强国战略的边疆落地与推进边疆乡村振兴，有助于揭示亚细亚生产方式的文化疆域意义，对阐发中共二十大"中国式现代化"命题也有重要作用。其二，中国学者对古代国家、边疆、地缘疆域秩序格局的探讨，提出文明型国家形态、古代边疆二重含义，中国整体疆域观有助于"自古以来中国疆域观"的探讨。其三，对于域外中国边疆书写的理论亮点与局限，要及时关注、准确研判，积极扩大中国学者的对外边疆发声应成为"学术走出去"的重要渠道。

二、新时代治边思想与实践研究

新时代治边思想与实践的研究，宏观方面的边疆治理方面的理论思考，包括国家总体安全观、台湾研究、新时代民族工作、边疆生态建设、铸牢中华民族共同体建设等；微观层面的研究则包括边疆乡村治理、民族干部、对口支援、国家通用语言推广等。其中，"乡村振兴"问题进行讨论的文章最多。需要提出的是，铸牢中华民族共同体建设作为新时代边疆治理的一项重要内容而被众多学者所关注，因此将单列出来进行归纳。

（一）边疆治理的宏观研究

关于边疆治理研究和学术共同体的构建，以下论文和活动值得关注。

张鸽和王永明在《我国边疆治理研究二十年——基于2000—2020年CNKI相关文献的知识图谱分析》（《中国集体经济》2022年第4期）一文中，通过中国知网的425篇文献对过去二十年来的边疆治理研究进行了分析，作者发现中国边疆治理研究的作者、机构和刊物分布不均衡，大部分都集中在西南地区；自2013年开始边疆治理研究进入快速发展阶段，并且在研究理念上发生巨大变化，集中体现在陆地边疆研究由族际主义向区际主义转变，更加注重社会治理的研究。

李俊清、聂玉霞在《当代中国边疆安全研究的知识图谱与重点问题》（《中国行政管理》

---

① 成一农、陈涛：《"中国疆域沿革史"历史书写发展脉络研究》，《思想战线》2022年第1期。

2022年第5期）一文中运用Citespace分析工具对中国知网2001—2021年2242篇边疆安全研究的核心期刊进行定量分析，发现当前边疆安全研究的热点是边疆治理、生态安全、社会稳定、边疆民族地区、国家安全、新时代、中华民族共同体意识、边境安全。

2021年11月27日在成都举行了由四川师范大学、陕西师范大学、浙江师范大学、长春师范大学四所师范院校边疆研究院所共同发起，四川师范大学四川文化教育高等研究院、历史文化与旅游学院联合承办的"首届新时代师范院校边疆研究与学刊建设论坛——人类命运共同体与边疆社会治理研讨会"。会议发起构建中国边疆研究学术共同体的倡议。习近平总书记一再强调治国治边的重要战略意义，中国边疆学研究的前沿阵地——高校应当延续李安宅、马长寿等老一辈边疆研究者所开拓的研究传统，承担起边疆学研究的历史任务。

关于新时代边疆治理理论，以下论文值得关注。

王明春、马元喜在《论新时代边疆治理的新理念新思想新战略》（《保山学院学报》2022年第3期）一文中指出，中央政府为了推进边疆治理现代化，在治理理念、思想与战略方面进行了重构和创新，包括一个核心理念、三大重要思想、五大战略布局，并以此保障边疆稳定、安全和发展。

叶正国在《"去中国化"背景下台湾当局南海法律论述的转向》（《台湾研究》2022年第1期）认为，南海是两岸的联结点，南海议题是两岸关系政治定位的抓手，而台湾当局对南海转向了基于《联合国海洋法公约》的"台湾叙事"，并以南海议题强化"台湾主体地位"，有必要认真审视。

周平的《中国国民身份问题的再审视》（《云南师范大学学报（哲学社会科学版）》2022年第1期）一文提到，国民作为现代国家公民的政治身份在现代国家建构中发挥了基础性作用，随着当前国家建设过程中把"国"的问题凸显出来以后，国民身份问题也再次凸显。当前重视国民身份是中国加强内部凝聚和在外部竞争中取胜的一个环节。

何修良的《新时代中国边疆治理：从"区域主义"走向"域际主义"》（《青海社会科学》2022年第1期）文章认为边疆治理"区域主义"替代"族际主义"得到了学术界的关注与认可。但10多年来，边疆治理"区域主义"取向研究一直停留在理论提出阶段。与"区域主义"取向范式对比，"域际主义"取向下边疆治理的理念、范围、主体与方式更明确、更清晰、更具体。"域际主义"取向推动了"区域主义"取向向前发展，促进了对边疆治理内涵的整全性理解。

张明波的《新时代边疆民族地区治理现代化：挑战与治理路径——学习习近平总书记关于边疆和民族地区治理的重要论述》（《社会主义研究》2022年第2期）一文认为边疆民族地区是国家治理现代化的短板。党的十八大以来，习近平总书记就边疆和民族地区治理提出了一系列重要论述，主要包括坚持走中国特色解决民族问题道路、治国必治边、铸牢中华民族共同体意识、新时代治藏基本方略和新时代治疆基本方略。新时代边疆民族地区治理要坚持党对边疆民族地区治理的全面领导、切实铸牢中华民族共同体意识、全面提升边疆民族地区治理的法治化程度、坚持以治藏和治疆为核心的边疆民族地区治理方略和不断增强边疆民族地区治理的现代化能力，从而促进边疆民族地区实现持续稳定与繁荣发展。

关于边疆民族工作研究，有2篇文章值得关注。

宋培军的《新时代民族工作重要思想之核心概念界定、百年历史阐释与长时段理论建构》(《青海民族研究》2022年第1期)一文认为新时代党的民族工作重要思想，是基于中华民族、中华民族共同体、中华民族共同体意识、中华民族历史观、中华民族大家庭、中华民族共有精神家园以及中华文化、中华优秀传统文化、各民族优秀传统文化、少数民族优秀传统文化、各民族文化、全民族文化诸核心概念而形成的话语体系。结合《中共中央关于党的百年奋斗重大成就和历史经验的决议》等文献，对这些核心概念进行基本界定，是深化研究的第一步。只有从马克思的共同体概念而非民族学、社会学的实体、复合体概念出发，才能更好阐发这些核心概念。只有结合百年党史实践，从长时段历史结构出发，才能建构新时代中华民族历史观的理论体系。

雷振扬、韦贵方的《新时代党的民族工作之"纲"论析》(《西北民族研究》2022年第1期)一文认为铸牢中华民族共同体意识是新时代党的民族工作之"纲"，是实现新时代民族工作创新发展、有效化解民族领域风险与隐患的要求，蕴含着实现中华民族伟大复兴的理论和实践逻辑。贯彻抓实新时代党的民族工作之"纲"，需要坚持党的全面领导，发挥党的"举纲者"作用；需要将"铸牢中华民族共同体意识"载入宪法，使之成为纲领性民族政策；需要坚持正确的，调整过时的，构建铸牢中华民族共同体意识的工作体系，发挥"纲举目张"的建设功能。

关于边疆总体安全的研究，有3篇文章值得重视。

宋才发的《陆地边疆安全治理的目标取向与路径抉择》(《云南大学学报（社会科学版）》2022年第2期)一文指出，边疆陆地安全治理的目标是边疆治理、安全、稳定和发展同等重要，治理路径上以国家认同建设作为安全治理的重要职能，以民生改善为重要抓手。刘洋的《总体国家安全观视域下边疆治理现代化路径构建》(《北华大学学报（社会科学版）》2021年第4期)一文认为国家安全与边疆治理现代化紧密相关。国家安全是边疆治理现代化的逻辑起点，边疆治理现代化是国家安全的基本支撑。边疆地区的安全环境已发生重大变化，推进边疆治理现代化，要以总体国家安全观为指导推动边疆治理思路的现代化转型，通过铸牢中华民族共同体意识强化边疆治理的"心"防线。王奕君的《平安边疆建设的内涵解析与实现机制》(《内蒙古社会科学》2022年第1期)文章认为平安中国的实现离不开平安边疆建设。边疆地区社会关系复杂，平安边疆建设涉及发展、稳定、安全等多方面的内容。需将平安边疆建设纳入政治、经济、文化、社会、生态"五位一体"框架，根据公共安全事件的性质、规模和程度，选择"党—政—民""党—政—警—民""党—政—军—警—民"的不同治理模式，充分发挥各主体的治理功能，理顺多方合作的体制机制，构建合力治边的协同框架，实现边疆善治。

（二）边疆治理的微观研究

有关边疆农村治理的研究，以下5篇文章值得关注。

高永久、冯辉在《边疆民族地区基层民族事务治理的社会支持路径研究——基于内蒙古自治区F旗X公司的个案考察》(《云南民族大学学报（哲学社会科学版）》2022年第1期)通过对内蒙古自治区一个旗的个案研究，发现新时代边疆民族地区的社会基层治理可以依托社会支持达到协同治理的良好效果。

马春蕾、王志强、魏振知在《村落共同体——新时代新疆边疆乡村法治文化建设中的困境与对策》(《农村经济与科技》2022年第2期)认为新疆农村治理的法治化水平受限于农民的法治文化意识淡薄，并建议通过提高农民文化水平、加强基层法治队伍建设等途径推动村落共同体建设。

王晓毅、罗静在《共同富裕、乡村振兴与小农户现代化》(《北京工业大学学报（社会科学版）》2022年第3期)一文中提到，小农户是中国农民的大多数，也是中国现代化过程中的主线，只有推动小农户的现代化才能保障中国乡村最大人群同步实现共同富裕。

朱圆的《我国边疆民族地区乡村治理的时代意蕴、问题与逻辑转换》(《云南农业大学学报（社会科学）》2022年第6期)一文认为我国边疆民族地区乡村治理与国家整体乡村治理紧密关联、相互联系，同时又集边疆和民族事务治理等多重属性，承载着维护国家安全、边疆稳定的重要政治使命。充分认识我国边疆民族地区乡村治理的时代意蕴，客观分析当前我国边疆民族地区乡村治理的突出问题并进行应有逻辑转换，对于提高我国边疆民族地区乡村治理效能和治理水平，维护我国边疆民族地区乡村社会稳定和国家安全具有重要的现实和长远意义。

李桂、孙善杰、李蓉蓉的《马克思主义人才观视域下边疆民族地区乡村振兴的困境与对策研究》)(《湖北经济学院学报（人文社会科学版）》2022年第4期)一文认为人才振兴是乡村振兴的关键，留住人才、用好人才，才能永续使乡村发展充满活力，才能破解城乡发展不平衡、乡村发展不充分的难题，才能实现内循环为主体的经济发展模式，构建起基础雄厚、竞争力强的新发展格局。

有关边疆社会治理的研究，以下文章值得关注。

青觉、方泽的《团结稳疆：新时代新疆推进中华民族共同体建设的社会稳定机制研究》(《中国边疆史地研究》2022年第1期)认为"团结稳疆"在由理论话语转向政策制定与社会动员的过程中需要从两个方面对其意涵进行完整把握：一方面需要从中央与地方（边疆）纵向整合的维度出发，确保国家整体架构的平稳有序与国家内部各层次主体关系的协调，并在此基础上持续推进现代国家共同体建设；另一方面需要从社会横向联结的维度出发，推进新疆社会各群体的和谐交往与交融共生，从而构建一个整体有机的团结社会。而将纵、横两个维度的关系与任务使命予以贯通结合，不仅构成了理解"团结稳疆"之内涵逻辑的整体性框架，也为中华民族共同体建设的当代实践提供了新的思路。

朱光喜在《对口支援促进边疆民族地区治理创新的途径及其优化》(《北方民族大学学报》2022年第1期)一文中认为中央对边疆地区对口支援的途径有直接实施型、思想启发型和资源辅助型三种类型，当前边疆民族地区治理能力的提升是对口支援的根本要求，因此今后对对口支援途径的调整应该重视发挥市场和社会力量。

梁霄楠、李莹、宰晓娜的《论国家治理视域下边疆民族地区的社会治理》(《产业与科技论坛》2022年第2期)一文认为，边疆民族地区的社会治理具有整体性、全面性和循序渐进的特点。社会治理要构建价值体系、强化改善民生、稳定文化社会、激发社会活力。

关于民族干部队伍建设研究虽然学界关注较少，但有篇专论值得介绍。

洪雷《建设忠诚干净担当的新时代民族干部队伍——学习习近平总书记关于民族干部工作的重要论述》(《中南民族大学学报（人文社会科学版）》2022年第1期）认为民族干部工作是民族工作大局的关键任务，提高民族干部的能力和水平，构建一支忠诚干净担当的民族干部队伍是新时代铸牢中华民族共同体意识的重要保障。

关于边疆文化研究，以下文章值得关注。

潘可礼、张之沧在《论国家文化疆域的巩固及路径拓展》（《南京师大学报（社会科学版）》2022年第2期）一文支持文化认同对于国家地理疆域的重要性，以文化为纽带构建身份认同，推动祖国实现完全统一的力量大于经济和军事力量。

龚晓潇、孟楠的《文化润疆铸牢中华民族共同体意识：价值意蕴、风险挑战和实践逻辑》（《西北民族大学学报（哲学社会科学版）》2022年第1期）一文认为新时代党的治疆方略围绕文化润疆有利于协力防范化解铸牢中华民族共同体意识过程中存在的内外部风险，促进各族同胞增进文化认同，为建设中华民族共有精神家园打牢思想基础。

关于边疆生态研究，袁沙的《习近平边疆生态治理重要论述的内在逻辑》（《治理现代化研究》2022年第1期）认为习近平边疆生态治理重要论述是在解决我国边疆生态环境问题，满足人民群众对美丽边疆的需要，维护中国和周边邻国边疆生态安全与可持续发展基础上形成的系统认识，是马克思主义生态思想与中国边疆生态治理实践相结合的时代产物；其内含中国古代生态观的朴素思想，与中国共产党历代领导人边疆生态治理思想一脉相承，具有鲜明的法治特征；强调边疆生态治理要坚持法制先行，严格执法，全民守法，在具体实践中坚持党的领导和陆海统筹原则，旨在筑牢中国边疆生态安全屏障。

关于国家通用语言文字研究，张鑫、段雪柳的《推广国家通用语言文字与铸牢中华民族共同体意识的互动逻辑》（《西北民族大学学报（哲学社会科学版）》2022年第1期）一文认为国家通用语言文字是搭建各民族交往交流交融的桥梁，在铸牢中华民族共同体意识过程中具有无可替代的作用，同时，铸牢中华民族共同体意识有助于国家通用语言文字的推广，两者双向互动的良性循环，统一于中华民族共同体的建设进程中。

（三）铸牢中华民族共同体意识研究

由于有关中华民族共同体研究的论文较多，以下主要对"铸牢中华民族共同体意识"的相关论文进行评述。这部分论文主要内容涵盖了从历史的维度来看"铸牢中华民族共同体意识"，主要集中在对中华民族共同体意识的理论、历史和实践探讨三个方面。历史方面众多学者对"大一统"思想与铸牢中华民族共同体意识的探讨最多，也形成了一致的认识。历史学的研究还从历史上各民族的交往交流交融对相关史料展开论证，还有来自政治学、马克思主义等其他学科的学者对共同体概念和中华民族共同体概念加以解析。有相当多的学者对铸牢中华民族共同体意识的实践路径进行了研究，分别从边疆治理、教育、文化、制度建设等几个方面与铸牢中华民族共同体意识建设展开论述。

有关"大一统"思想与铸牢中华民族共同体意识研究，以下论文值得关注。

刘余莉、程丽君在《"大一统"与新时代铸牢中华民族共同体意识》（《中南民族大学学报（人文社会科学版）》2022年第8期）一文中指出"大一统"是铸牢中华民族共同体意识的历史密码，是思想根基、文化底色和民族凝聚力的价值遵循和思想指导。

王浩在《中华文化"大一统"思想及其历史逻辑》(《辽宁省社会主义学院学报》2022年第2期)一文中认为"大一统"思想是中华文化的核心要义，中华民族孜孜以求的终极目标，是贯穿于中国古代社会发展进程始终的历史逻辑。

刁生虎、王欢在《〈史记〉民族书写与司马迁的中华民族共同体意识》(《南都学坛(南阳师范学院人文社会科学学报)》2022年第1期)一文中认为司马迁写《史记》已经产生了将天下各族视为一体的中华民族共同体意识，主张少数民族与华夏族出一脉的民族同源书写，倡导和平处理民族纠纷的民族关系书写对后世的影响深远。

孔亭在《中华民族共同体的历史生成及其文化基因》(《新疆大学学报(哲学·人文社会科学版)》2022年第2期)一文中认为中华民族共同体是自在的民族实体，在数千年的历史演进中逐渐生成的，"天下观""大一统""华裔一体"是中华民族共同体历史生成的文化基因。

路则权在《儒家"大一统"与铸牢中华民族共同体意识——以曲阜孔庙碑刻文献为例》(《山东省社会主义学院学报》2022年第1期)一文中从曲阜孔庙碑刻文献见证"大一统"经儒家"道统"绵延不断的实施，其中"人性善""仁""孝"等从不同角度塑造了中华民族共同体意识。

马慧、刘毅在《基于中华民族共同体意识溯源的大一统思想研究》(《延边大学学报(社会科学版)》2022年第4期)一文中认为"大一统"思想是中华民族共同体意识的思想源头，并且经过了先秦、秦汉魏晋、隋唐至宋辽夏金、元明清时期的发展与内涵流变，为当前铸牢中华民族共同体意识提供了心理结构、情感支撑和价值能动。

武沐、冉诗泽的《中国大一统思想及各民族共创中华的集体记忆》(《民族研究》2022年第1期)一文认为"大一统"是中国历代统治者的最高理想，作为中华民族成员的少数民族同样以建立多民族统一国家为目标，这是中国历史发展的独特之处。中国大一统的演进要归结于各民族的努力，少数民族的"脱夷统华""我本中国"等重要共识功不可没。

对"中华民族共同体"的理论研究，以下论文值得关注。

李大龙的《中华民族共同体属性与建设途径探究》(《西南民族大学学报(人文社会科学版)》2022年第3期)一文通过历史资料的深入挖掘，从理论上梳理厘清了"中华民族共同体"的概念和属性，并在此基础上提出构筑各民族共有精神家园才是实现铸牢中华民族共同体意识的基本途径。

郑师渠的《中华民族共同体意识的近代思想论争——从傅斯年、顾颉刚到费孝通、白寿彝》(《中国高校社会科学》2022年第1期)一文认为傅斯年的"中华民族是整个的"观点为顾颉刚的"中华民族是一个"说开辟了先路，傅斯年强调政治与学术相统一，以民族大义为重，表现出有别于单纯读书人的政治敏锐与远见卓识。费孝通、白寿彝在新中国成立后都超越了自己原来对"民族"的认识，前者提出了中华民族"多元一体格局"的理论；后者则提出了关于中国多民族统一国家的理论，并以此为指导撰成《中国通史》鸿篇巨制。他们共同为当下铸牢中华民族共同体意识奠定了重要的思想基础。

夏增民、魏维在《中华民族共同体形成与发展的历史地理基础——以疆域与交通为中心的考察》(《华中科技大学学报(社会科学版)》2022年第3期)一文中认为中华民族共同体的形成和发展离开历史地理基础和空间条件，道路交通的建设促使中国疆域内形成了交错杂居的各民族生活共同体。

马进的《铸牢中华民族共同体意识社会交往的哲学基础》（《甘肃社会科学》2022年第1期）一文认为社会交往的基础是存在决定意识，意识能动地影响存在，社会交往将铸牢中华民族共同体意识凝聚为具有社会意义、文化意义和实践意义的现实。

徐欣顺的《中华民族共同性及其增进理路：一个民族政治学的解释》（《探索》2022年第1期）一文认为中华民族的共同性源于政治公共性与民族文化性的内在统一，共同性阙如可能带来民族政治问题与隐患。中华民族共同性增进理路是通过增进全民关联的意愿性、意义性和使命性，延展中华民族共同性的宽广度、提升共同性的厚重感、推进共同性的持续性。

周竞红的《中华民族共同体意识具象化的理论思考》（《西南民族大学学报（人文社会科学版）》2022年第4期）一文认为如何将具有丰富内涵且具有宏大目标特征的中华民族共同体意识，从高度抽象化意识形态有效转变为具象化形态，是铸牢中华民族共同体意识的关键之一和基础性问题，有利于共同体成员将其转化为日常社会生活的自主意识，防止铸牢中华民族共同体意识口号化、悬置化或空洞化，切实取得铸牢中华民族共同体意识理想的社会效应。

孔亭的《中华民族共同体的历史生成及其文化基因》（《新疆大学学报（哲学·人文社会科学版）》2022年第2期）一文认为中华民族作为自在的民族实体，是在数千年的历史演进中逐渐生成的，中华优秀传统文化滋养了中华民族共同体的价值底蕴。其中，"天下观"、"大一统"、"和合"思想、"华夷一体"等观念，是中华民族共同体历史生成的文化基因。挖掘中华优秀传统文化的历史价值和时代价值，增强各族人民对中华民族共同体的历史认同和文化认同，可以为新时代铸牢中华民族共同体意识提供历史资源与文化支撑。

周鹏的博士论文《中华民族共同体建设的理论与实践研究》（山东大学）分析了中华民族共同体理论的内容以及当前建设遇到的问题，认为要在尊重民族间差异的基础上增进民族间的共同性，增强五个认同。

刘志贻的博士论文《中国共产党中华民族观的历史演进研究》（贵州师范大学）认为中国共产党的中华民族观是一脉相承的科学理论，救亡图存是中华民族观的目标指向，民族富强是中国民族观的价值追求。

对"中华民族共同体"的历史形成路径研究，以下论文值得关注。

王小曼在《〈筹边纪略〉中的中华民族共同体意识》（《边疆经济与文化》2022年第2期）一文中指出，1917年刊行的《筹边纪略》是清末民初西藏地方志的典型代表，对川边藏地特有的风貌和发展均有详细记载，体现了中华民族共同体意识下各民族共同生活的集体意识。

李雪的《中华民族共同体建构的文学史实践——从元代色目人物传记看多族士人的文化认同》（《西北民族大学学报（哲学社会科学版）》2022年第1期）一文考察了元代传记中出现的以色目人为传主的传记，这些传记记载了色目人融入中原社会，遵从中原礼俗，学习中原文学艺术，与中原文人合力在中华民族共同体构建的过程中贡献自己的力量。

刘正寅在《中国历史上华夏认同的演进与升华》（《历史研究》2022年第3期）一文中提出发端于先秦时期的华夏认同经过历史演进上升为超越族际的更高层次的认同。

王文光在《中华民族共同体研究三题》(《云南师范大学学报（哲学社会科学版）》2022年第1期）一文中认为从中华民族到中华民族共同体的研究是历史必然，中华民族共同体与中国的发展历史紧密相联，是一个文化、政治和利益共同体。

王文光、胡明、马宜果的《中华民族历史观与"四个共同"研究论纲》(《云南民族大学学报（哲学社会科学版）》2022年第3期）一文认为"四个共同"论述中包含着深刻的中华民族历史观。中国的自然地理环境、统一多民族中国的国家发展、大一统思想及其实践和"华夷共祖"民族思想及其实践四个方面共同构成了中华民族历史观与"四个共同"的内在逻辑。

徐杰舜在《中华民族视野下华夏民族与汉民族历史链接研究》(《桂海论丛》2022年第2期）中就中华民族第一段历史链华夏民族与第二段历史链汉民族如何实现榫卯链接进行分析和探讨，试图从历史深处着手，在秦汉交接中概括从"初并天下"到"海内为一"、从分封制到中央集权、从"治驰道"到"当驰道"、从"秦半两"到"汉五铢"等四个方面进行解读，初步阐释中华民族从华夏民族到汉民族"榫接"式的历史链接。

马冬梅、李吉和的《中华民族共同体意识的历史逻辑与理论渊源探析》(《西南民族大学学报（人文社会科学版）》2022年第8期）认为中华民族共同体意识孕育于中华民族五千年的历史长河之中，形塑于近代反帝反封建的革命进程之中，确定于中国特色社会主义建设的伟大实践之际。"大一统"、大联合、大团结、"大家庭"等理念为中华民族共同体意识的孕育和发展奠定了坚实的理论基础。

林超民的《中国历史整体性与中华民族共同体》(《云南师范大学学报（哲学社会科学版）》2022年第1期）认为方国瑜教授提出的中国历史发展整体性理论科学地回答了为什么中国是一个统一的多民族国家的重大问题，中国古代的民族观，天下一统、尊王攘夷、华夷一体、正统观念等是中华民族不断发展壮大的根本原因。因此中华文化就是中华古代民族观的血脉与精髓，文化超越种族，将中国大地上的不同族类凝聚成统一的中华民族。

杨军、徐琦的《中国古代北方民族政权共同体意识研究》(《赤峰学院学报（汉文哲学社会科学版）》2022年第8期）认为，中国古代北方民族政权在自身发展过程中共同体意识逐渐产生，并在不同阶段呈现出不同特征，从秦汉时期"一体二元"，到魏晋南北朝时期"一体多元"，进而发展为隋唐至辽金时期"天下一家"，最终演变为元与清的"多民族一体"。在此过程中北方民族共同体意识逐渐清晰，同时北方民族也将民族共同体意识付诸实践，进而逐步融入中华民族，促进了中华民族形成与发展。

有关中华民族共同体意识的实践路径研究，以下论文值得关注。

孔亭的《铸牢中华民族共同体意识面临的挑战与应对》(《江苏大学学报（社会科学版）》2022年第2期）一文认为铸牢中华民族共同体意识还面临民族分裂势力和地区分裂势力的破坏，部分学者对民族理论与政策的理解存在偏差。应对以上挑战要坚持党的全面领导、建构中华民族共同体理论体系、深化民族团结宣传教育、促进各民族交往交流交融、加快民族地区的经济发展。

蒋慧、孙有略的《铸牢中华民族共同体意识与民族地区基层治理现代化》(《湖北大学学报（哲学社会科学版）》2022年第1期）认为民族地区基层治理有着特殊的形成逻辑，要坚持以人民为中心，实现基本公共服务均等化。

张彦君的《铸牢中华民族共同体意识视阈下民族互嵌式治理初探》（《西北民族大学学报（哲学社会科学版）2022年第1期》）一文认为民族互嵌包括空间、生活、文化、婚姻、精神五个方面的互嵌，互嵌式治理为铸牢中华民族共同体意识提供了有效的实现方式。

陈鑫、杨云霞的《铸牢边疆民族地区中华民族共同体意识的制度之维》（《学术探索》2022年第2期）一文认为要通过营造良好的制度环境推进中华民族共同体意识的"制度化"，搭建法律法规平台推进中华民族共同体意识的"入规入法"，健全民生保障机制推进中华民族共同体意识的"落细落实"，提高制度含量推进中华民族共同体意识的"入心入脑"，在制度的不断坚持完善中推进边疆民族地区中华民族共同体意识的"自我确证"，为实现中华民族伟大复兴中国梦凝聚磅礴的制度力量。

郭纹廷的《中华民族共同体意识视域的边疆治理：历史经验、理论根基与现实路径》（《西北民族大学学报（哲学社会科学版）》2022年第1期）一文认为边疆治理与中华民族共同体建设密切相关，新时代边疆治理的理论根基是政治定位、制度保障、经济发展、文化根基，现实路径以铸牢中华民族共同体意识为导向，包括维护国家统一和各民族团结、夯实边疆发展的物质基础、打牢文化认同的思想基础、维护社会稳定和促进各民族交往交流交融。

任玉丹的《铸牢中华民族共同体意识教育成效评价指标体系构建研究——基于CIPP模式和知信行理论》（《西南民族大学学报（人文社会科学版）》2022年第2期）一文根据CIPP模式和知信行理论，设计了一套教育评价指标体系，包括背景、输入、过程和成果4个一级指标，最终建构的指标体系共包含4个一级指标、17个二级指标、59个三级指标。该指标体系覆盖了中华民族共同体意识教育的全过程，能够给学校管理者提供工作思路，以改进和完善学校中华民族共同体意识教育工作。

李鸣的《中华民族共同体意识融入高中物理教学途径的研究》（《中学物理》2022年第1期）一文认为铸牢中华民族共同体意识是立德树人的基本内容之一，要让中华民族共同体意识融入高中物理教学，需要有针对性地选取合适的内容资源，有策略性地选择好合适的教学途径，可以在知识引申中通过历史故事感纳民族交融之史；在规律引入中通过生活现象感悟民族团结之力；在实验探究中通过小组合作感受民族协作之美；在考试命题中通过情境带入感触民族复兴之路等多种途径，在授课过程中讲好中华民族共同体的故事，增强学生对伟大祖国、中华民族、中华文化、中国共产党、中国特色社会主义的认同，从而铸牢中华民族共同体的意识。

王靖宇、朱波的《铸牢中华民族共同体意识下云南大学生党员践行"两个维护"的研究》（《西南林业大学学报（社会科学）》2022年第4期）一文认为大学生党员作为青年代表要带头做到坚决维护习近平同志党中央的核心、全党的核心地位，坚决维护党中央权威和集中统一领导。

曹能秀、马妮萝的《中华民族共同体意识培养融入学校教育研究》（《云南师范大学学报（哲学社会科学版）》2022年第1期）一文认为中华民族共同体意识培养融入学校教育是促进国家安全和社会发展的必然选择，是一个完整的体系，其目标是学生对中华民族共同体产生积极的情感、态度与认同，形成维护国家统一、促进民族团结的自觉；内容包括知识、情感和态度、价值观以及能力；原则是凸显社会主义属性与强化中华民族共同体意识相统一，与爱国主义教育和民族团结进步教育相衔接以及专题式的课程教育与课外实践活动体验相结合；其路径包括以互嵌式学习主题为核心，以主体间性教学法为取向和以"专项＋X"师资培训为依托等方面。

冯月季的《中华民族共同体意识认同的元符号机制、挑战与路径》(《云南民族大学学报（哲学社会科学版）》2022年第2期）一文认为元符号在建构中华民族共同体意识认同的过程中具有文化原型的功能，元符号生成了民族的集体记忆和身份认同；一方面要夯实中国传统文化"符号域"的意义内核，另一方面要寻找中国传统文化符号创造性转化的路径和机制，融入现代科技手段，打造彰显中国精神和中国价值的国家文化符号，才能为中华民族共同体意识的认同提供持久的意义资源和文化动力。

李卉青、何山河、黎岩的《要正确把握中华文化和各民族文化的关系，增强中华民族共同体凝聚力》(《北方民族大学学报》2022年第1期）一文认为铸牢中华民族共同体意识关键是让各民族群众增强"五个认同"，而"五个认同"中最深层次的就是文化认同。文化认同是一个民族和国家的根本认同，文化认同的前提是要正确把握中华文化和各民族文化的关系。中华文化是中国56个民族文化的集大成。中华文化和各民族文化并存而非对立，中华文化认同和各民族文化认同并存而非相悖，要把中华文化认同摆在首位，这对于构筑中华民族共有精神家园，铸牢中华民族共同体意识，实现中华民族伟大复兴，都具有重要现实意义。

王瑜、马小婷的《我国各民族交往交流交融的空间生产与实践路径》(《中南民族大学学报（人文社会科学版）》2022年第1期）一文认为各民族交往交流交融是铸牢中华民族共同体意识的路径选择。加强各民族交往交流交融的实践路径应是推动民族地区经济交往，构建以平衡互惠为原则的多民族经济圈，促进民族乡土文化交流，发展以情感共鸣为重心的乡村文化中心。深化各族群众生活交融，规划以结构互嵌为内核的社区公共空间。

三、历代治边思想与实践研究

在中国知网上，以"边疆治理"为主题检索，2022年内共有142篇中文文献。其中，分学科视之，以现实研究最多，"中国古代史""中国近现代史""中国民族与地方史志"三者共44篇，占比近三分之一。尤其值得提及的是编辑部辑录的《中国历代治边思想研究》《中国历代治边政策研究》(华夏出版社2022年版），是对《中国边疆史地研究》多年来文章的辑录，既是杂志创刊30周年的纪念，也是为研究所40周年的献礼。可见，历代边疆治理仍然是边疆治理研究项下的重要内容。

（一）中国历史上的"大一统"思想

古代中国"大一统"研究是近年来学界的热点之一，本年度此话题的研究有几个值得注意的方面，一是在时间段上，"大一统"的历时性考察突破了由秦汉至清中叶的传统时段，向上溯及尧舜、夏商周时期，向下则论及晚清乃至近现代。具体时段而论，除了明清讨论仍为热点之外，学界对秦代"大一统"观念与实践的关注堪称亮点，当然也不乏两晋南北朝等一些时期的相关研究。二是出现了不少关注"大一统"的现代转型与当代意义的论著，这些研究往往通过更为宏阔的视角，思考"大一统"观念对中国本土现代国家构建的重要性，从历史哲学、历史政治学的层面回应西方对中国"大一统"历史与现状的质疑与解构，这或许是近年来强调本土学术话语体系建构思潮的反映。三是不仅从思想观念方面对"大一统"加以讨论，也进一步论及古代中国"大一统"影响下的制度构建与政治实践。下面以主要有长时段的通论与断代研究两种视野为分，对本年内学界的"大一统"研究加以介绍。

长时段通论研究方面，其一，是侧重于古代中国"大一统"内涵与特点的研究。王银宏认为通过制度和法律的统一来维护国家统一和中央权威，是大国治理的基本要求。国家统一与繁荣富强是中华民族的最高价值准则，中国古代多通过法律、军事"兵刑合一"的方式维护统一、稳定秩序。儒家文化和"大一统"等思想观念对于维护国家统一和社会稳定起到了重要作用。同时，中国古代贯彻和体现了"大一统"原则的政治制度、法律制度也注重民族特色和地方特点。[1]原超从疆域和民族、文化价值、政治体制三个视角理解中国古代"大一统"概念的内涵，作为中国传统治边理念的"大一统"观念在历史上对于中华民族的融合和发展、政治秩序的稳定和制度延续产生了重要影响。应重视现代国家建构视域下"大一统"观念推动国家既有价值、制度和组织系统全面地从传统国家向现代国家转变的进程。[2]汪仕凯认为，政治大一统是古代中国大一统的根本内容，政治大一统是指一种国家体制或者说政治制度体系，它以皇权为中心，以政治集中为本质，由郡县制、官僚制、选官制、儒家意识形态等政治程序与皇权高度耦合在一起组成。政治大一统构成了王朝国家的深层结构，而王朝国家则是政治大一统的外在表现形态。寻找到一种新的能够同现代国家融合在一起的政治大一统，是中国现代国家构建的根本所在。[3]以色列学者尤锐（YuiPines）认为，由于中国从来没有发展出适当的方法让敌对的政权和平共处，而且它们的冲突本质上是相互灭绝的战争，绝非只是边境事件，故而停止这种流血战争的唯一方法就是统一，"大一统"对中国而言是不证自明之事。[4]任锋、马猛猛分析了清末以来"中央集权"概念的负面化及"集中"概念的兴起过程。[5]

其二，是侧重于"大一统"观念历时性演进的分析。王震中的《"大一统"思想的由来与演进》梳理了中国历史上"大一统"思想的由来与演进路径，即由与尧舜禹时代"族邦联盟"机制相适应的带有"联盟一体"色彩的"天下一统"观念，发展为与夏商西周"复合制

---

[1] 王银宏：《"兵刑合一"：中国古代"大一统"观念的国家主义表达》，《社会科学》2022年第8期。

[2] 原超：《"大一统"的再认识："中国之治"的历史逻辑》，《中共山西省委党校学报》2022年第3期。

[3] 汪仕凯：《论政治大一统内涵、本质和演进》，《学海》2022年5月。

[4] 尤锐（YuiPines）著，陈龙译：《中国古代政治思想中的"一贯"："大一统"理想的起源（下）》，《国学学刊》2022年第2期。

[5] 任锋、马猛猛：《"中央集权"在中国：一个现代概念的历史生成及其理论检视（1899-1911）》，《社会科学》2022年第7期。

王朝国家"相适应的"大一统"观念,再发展为秦汉以后与郡县制机制下中央集权帝制国家形态相适应的"大一统"思想观念。中国国家形态结构的演进与"大一统"政治思想演进的互动发展关系。①陈跃的《论中国古代"大一统"内涵的发展演变》亦关注了中国古代"大一统"内涵的发展演变,认为春秋战国时期,"大一统"思想孕育产生,其内涵是政治一统与"华夷有别"。自秦以后,疆域一统和"华夷分治"成为汉至明时期"大一统"思想的内涵。两晋南北朝、唐、五代宋辽金元、明几个时期的"华夷之辨"和"内外之别"各有不同。清朝对"大一统"进行全新的阐释,突破了此前的"华夷之别"和"内外之别",突出华夷一体、中外一体和对中华文化的高度认同,而且开始向"近代"转型。清朝在全国疆域统一、中华民族共同体构建和疆域治理模式探索三个方面作出了重要贡献。②李大龙认为,追求"大一统"是中国古代王朝或政权统治者的最高政治理想和追求,由此也导致了中华大地的政治格局呈现由"多元"(分离、分裂与对峙)到"一体"(局部统一与"大一统")的演变轨迹。③

"大一统"观念的断代研究则较为具体。一是以个别具体的朝代为中心。姚中秋以秦汉间三场政治论辩为切入,即秦统一之初的封建、郡县之辩,李斯反对淳于越、寻求学术一统的论述,汉武帝与董仲舒的策问——对策,指出大一统是中国的根本政治价值,以推进国家整合为中心,体现为疆域一统、政治一统、文教一统、古今一统。深化对中国大一统理念丰富内涵的认识,有助于发展出符合中国实际的国家整合理论。④熊永认为,秦昭王至始皇帝,秦朝始终面临着政治、意识形态层面的大一统难题。《徕民》篇提出改造传统爵制,吕不韦政治文化势力欲以"客并天下"的方式推动职业官僚系统建设与文化重建,秦始皇意在推动国家体制由军功爵本位向郡县官僚本位过渡,都是调整战时体制的尝试。囿于改革不彻底,秦并未成功完成大一统,造成帝国速亡。⑤欧阳坚认为,兼容开放和与时俱进的秦文化及其特有的心怀天下的价值观、与时俱进的文化观、富国强兵的发展观和奋发有为的事业观,正是"大一统"思想付诸实施和成功的主导力量。⑥李磊认为,东晋虽偏安南方,但以大一统为其规制。两晋之际诸多地方政权在大一统规制下,得以分享政治名分,完成内部整合。慕容氏的政权建构有赖于东晋的"器与名"。但东晋的关系性权力因门阀政治的内向性而未能得到充分运用。完成政权构建后,慕容氏对东晋大一统规制的依赖性便逐步降低,而且成为东晋正朔的直接挑战者。⑦暨爱民指出,相较一般意义上书院的文化指向和教育教化功能,

---

① 王震中:《"大一统"思想的由来与演进》,《海南大学学报(人文社会科学版)》2022年第3期。
② 陈跃:《论中国古代"大一统"内涵的发展演变》,《中国边疆史地研究》2022年第1期。
③ 李大龙:《中国古代国家治理思想及其实践》,《云南社会科学》2022年第3期。
④ 姚中秋:《以国家整合为中心的大一统理念:基于对秦汉间三场政治论辩的解读》,《学海》2022年第5期。
⑤ 熊永:《秦国的大一统治理与战时体制转型》,《南京大学学报(哲学·人文科学·社会科学)》2022年第2期。
⑥ 欧阳坚:《秦文化与中国"大一统"思想的形成》,《甘肃社会科学》2022年第4期。
⑦ 李磊:《东晋大一统规制下的关系性权力及其逆向操纵——以东晋门阀政治的内向性及慕容氏的运作策略为中心》,《内蒙古社会科学》2022年第2期。

苗疆书院始终贯有清晰的"大一统"国家建构逻辑。①邓涛认为清代甘肃地区同落部互市贸易的日益发展，促进了中华各民族之间的交往交流交融。②杨念群在《"天命"如何转移：清朝"大一统"观的形成与实践》一书中，系统地梳理了清以前及清朝"大一统"与"正统"之互动关系，清朝建立起了一种以"二元治理模式"等特征为代表、不同于前朝的"大一统"观，进而形塑了清代政治的基本形式。晚清以后，"大一统"观在遭遇危机的同时，也在逐渐地实现"现代化"并继续发挥作用。③

二是关注具体历史人物的"大一统"思想观念。崔明德以《后汉书》为基础分析了范晔的"大一统"思想，认为范晔"大一统"思想主要体现在：认为少数民族与汉族同根同源；期盼政治"大一统"；歌颂全国统一战争，反对非正义的民族战争。同时，范晔也有反对少数民族内迁、对待少数民族的态度比较偏激等局限性思想。④郑任钊聚焦于明初重臣刘基的"大一统"思想，认为刘基继承吸收了两汉以来儒法互补的政治思想与治理经验，主张强有力的中央集权是维系统一和安定天下的保障；提出天下发展的方向是"大同"，向往各民族兼容并包、和谐共处；"大一统"的根本在于保民安民。⑤宫岩、武雪彬认为，雍正帝探索了民族"大一统"意识构建的有效路径与打破民族隔阂、实现民族"大一统"的现实途径，推动内地与边疆、汉族与少数民族之间经济、文化一体化，使中华民族多元一体格局的形成具有坚实的经济文化基础；使民族、民族"大一统"理论与传统的民族关系学说从抽象的思维探索中摆脱出来，为人们正确认识历史与现实的中华民族多元一体格局提供了重要的理论与方法。⑥

（二）中国历代治边政策研究

2022年边疆政策研究主要集中在边疆治理理念与边疆制度、政策方面。元朝以前的治边政策研究偏向宏观，而元以后尤其是清朝的治边政策则以西南为最多。

卜宪群、袁宝龙的《秦汉边疆治理思想的演进历程、实践经验与教训》认为，秦汉统治者对"大一统"精神的坚持、适度保证"因俗而治"的制度机动性，以及妥善处理好民族观念，是其治边成功的重要原因。新莽时代复重夷夏之防又使边疆陷入纷乱。⑦杨丽、叶珍珍对汉、唐北部边疆治理加以比较，认为与汉代相比，虽然唐代的北部四疆形势更加复杂，但

---

① 暨爱民：《清代苗疆书院与"大一统"的国家建构逻辑》，《吉首大学学报（社会科学版）》2022年第3期。
② 邓涛：《清朝大一统进程与西北民族互市贸易格局的形成》，《西北民族大学学报（哲学社会科学版）》2022年第2期。
③ 杨念群：《"天命"如何转移：清朝"大一统"观的形成与实践》，上海人民出版社2022年版。
④ 崔明德：《论范晔的"大一统"思想》，《北方民族大学学报》2022年第3期。
⑤ 郑任钊：《刘基的"大一统"思想与"聚人之道"》，《宁波大学学报（人文科学版）》2022年第4期。
⑥ 宫岩、武雪彬：《雍正民族"大一统"思想与清代国家治理的探索》，《江西师范大学学报（哲学社会科学版）》2022年第4期。
⑦ 卜宪群、袁宝龙：《秦汉边疆治理思想的演进历程、实践经验与教训》，《河北学刊》2022年第1期。

其在边疆问题上更加开明。①洪纬以辽太祖至圣宗时期的南下军事经略过程作为研究对象，考察了契丹经略行为的变化及其动因、契丹百年南下过程中战术、后勤变化与南下路线选择的特点等问题。②乌云高娃认为元朝为了巩固"大一统"多民族国家形态，实行了一整套政治制度和文化政策，实现了运行有序的统一多民族国家治理模式，而且丰富了中国传统政治制度和多元文化的内涵。③张述友指出，以爨僰军为代表的乡兵是元朝稳定和发展西南、东北、东南陆疆与海疆的重要辅助力量。④戴龙辉认为"从边俸到边缺"的清代边疆官员选任制度演替，是边疆治理深化的重要表现。⑤陶显睿与宋凡分别就辽朝与晚清藩属体制进行了讨论。⑥罗群、黄丰富揭示了"使重臣治其事"这一元至清初中原王朝治理云南边疆的重要理念，各个阶段前后相继而又多有更张，共同推动了中原王朝治理云南边疆的不断深化，使云南边政最终实现内地化。⑦张光耀总结、评述了近年来学界对清代边疆族群的"国家认同"和"中国认同"的相关研究。⑧聂迅认为，清朝随国力强弱，国家权力与土司灵活互动，有利于改土归流地区基层社会治理效力优化，值得为当代边疆治理借鉴。⑨李良品、祝国超以《滇事杂档》为主要史料，分析了道光年间清朝在土司制度框架下创新边疆治理模式，客观上加速了各民族共同开拓祖国疆域的历史进程。⑩朱汉民、郎玉屏认为，随着清朝对西南边疆深入经营治理，在与中叶王朝的互动博弈中，西南边疆主动自下而上地形成了对中华传统文化的主干——儒家文化的认同。⑪宋培军认为，清代四川土司拥有年班朝觐资格、民初云南选派土司特派员出席省议会，土司乃至蒙古特派员在中央与边疆之间的中介作用也得以实现，国家"大一统"机制也经过这一近代调试得以延续。⑫杨亚东指出，通过清前期的一系

---

① 杨丽、叶珍珍：《汉、唐北部边疆治理比较研究》，《江苏科技大学学报（社会科学版）》2022年第2期。
② 洪纬：《10世纪契丹南下军事经略研究》，博士学位论文，吉林大学，2022年。
③ 乌云高娃：《元朝统一多民族国家治理及启示》，《中国社会科学报》2022年5月9日。
④ 张述友：《爨僰军与元朝的西南边疆治理》，《湖北民族大学学报（哲学社会科学版）》2022年第1期。
⑤ 戴龙辉：《从边俸到边缺：清代边疆官员选任中的制度演替》，《云南社会科学》2022年第1期。
⑥ 宋凡：《晚清藩属政策与其外交得失关系研究》，《大连大学学报》2022年第4期。
⑦ 罗群、黄丰富：《"使重臣治其事"——元至清初云南边政体制嬗变与边疆治理研究》，《云南社会科学》2022年第1期。
⑧ 张光耀：《清代边疆族群的"国家认同"和"中国认同"研究述评》，《中国史研究动态》2022年第2期。
⑨ 聂迅：《清代土司基层社会治理组织体系重构：以改土归流地区为中心》，《云南民族大学学报（哲学社会科学版）》2022年第1期。
⑩ 李良品、祝国超：《清代道光年间土司制度与滇南边疆治理研究——以〈滇事杂档〉史料为中心》，《社会科学战线》2022年第2期。
⑪ 朱汉民、郎玉屏：《清代西南边疆少数民族儒家文化认同研究》，《湖南大学学报（社会科学版）》2022年第1期。
⑫ 宋培军：《清末民初土司的国体地位因革：从四川土司到云南土司》，《云南师范大学学报（哲学社会科学版）》2022年第2期。

列变革，云南政治、经济、社会、文化诸方面的"内地化"程度大大加深，清廷真正有效掌握了云南的行政权、经济权与文化权，云南也实现了从"蛮荒远徼"到"王朝边疆"的历史性转变。①刘敏分析了古代西域屯田的治理经验，认为当代新疆屯垦要吸取历史经验，与国家战略相结合。②王志通追溯、梳理了民国时期甘肃卓尼地区保安司令部、设治局与禅定寺等多方势力纷繁复杂的政教争斗，认为这些博弈互动推动了边疆社会各民族交往交流交融。③

其他论著方面，高月的《清末新政时期中央政府对边疆地区的治理与统合研究》以清末新疆、西藏、蒙古新政为研究对象，从国家视角探讨了清政府为应对边疆危机，通过在边疆地区实施新政将国家权力渗透到边疆社会基层的历史脉络，并对清政府通过边疆新政加强边疆治理、重新统合边疆地区的实际效果加以分析。④

（三）外国研究

除以色列学者尤锐（Yui Pines）的研究外，本年内，中国的国家建构仍然是西方学者关注的重点。Brent D. Shaw 为《牛津世界帝国史》第 2 卷所作书评《全球帝国和罗马帝国》（Global Empires and The Roman Imperium，发表于《美国语文学杂志》2002 年第 3 期，American Journal of Philology，Volume 143, Number 3, Fall 2022）中，虽然也认识到了汉、唐、元等中国王朝（"帝国"）与东南亚等世界其他帝国的不同，但是西方仍然热衷于将中国王朝与罗马帝国相比较，如广袤的国土、大规模贸易，游牧与农耕的碰撞，军事、文化意识形态等各个方面的治理技术，以及亡于帝国内部的叛乱等。

《二十世纪中国》（Twentieth-Century China，Volume 47, Number 1, January 2022）则对民国时期的国家建设问题进行了专题组稿，从战争、税收、公共卫生、市制、语言、意识形态等角度对民国时期的国家建设进行研究。

LI Yingfu, HAN Dong, YANG Sheng, HUANG Lei, YANG Ge, and LI Yuniu 等人在《亚洲视角》（Asian Perspectives）总第 61 卷发表的《汉帝国西南边疆的金属冶炼中心》（A Metal Production Center on the Southwest Frontier of the Han Empire: An Archaeometallurgical Study of the Heimajing Cemetery Site in Gejiu, Yunnan Province, China）一文中，通过对个旧地区发现的汉代冶炼厂遗址等进行考古分析，认为古滇国与交趾之间可能存在系统性的冶铜生产、供应的跨区域资源配置，在汉帝国西南边境的个旧地区可能存在着完整的金属冶炼产业链。

---

① 杨亚东：《清前期中央王朝云南治理变革及其对边疆社会发展的影响》，《西南民族大学学报（人文社会科学版）》2022 年第 2 期。

② 刘敏：《试论古代西域屯田治理对当代新疆屯垦戍边的启示》，《兵团党校学报》2022 年第 2 期。

③ 王志通：《土流并存、政教纷争与权势转移：1938-1943 年甘肃卓尼地区的政治生态》，《云南师范大学学报（哲学社会科学版）》2022 年第 2 期。

④ 高月：《清末新政时期中央政府对边疆地区的治理与统合研究》，中国社会科学出版社 2022 年版。

四、有关中国边疆学学科建设的研究

有关中国边疆学的研究，主要集中在具体的学科建设的研究、有关史观的研究和学术史等三个方面。

（一）学科建设的研究

用"中国边疆学"在中国知网做主题检索，虽然显示只有10余篇论文，但这些论文可以视为专门性论文。在这些论文中有以下几篇值得关注。

宋才发的《中国边疆学研究及边疆学学科体系建设》（《贵州民族研究》2022年第4期）分三部分对中国边疆学学科建设做了具体探讨，虽然还是在民族学下审视中国边疆学学科建设，但也提出了"边疆学学科体系建设已迈过它幼年的起步阶段，进入了青壮年厚积薄发的发展阶段"；"三大体系研究是边疆学最主要的内容，研究成果服务于边疆治理是边疆学研究和学科体系建设的价值目标"；"中国边疆学研究属于多学科综合性研究，现实边疆是对历史边疆的延续，对边疆现实问题的研究离不开对边疆历史的解读"；"中国边疆学隶属于民族学学科体系，是一门专门研究中国边疆的科学，已构成独立的知识体系和学科体系，具有建成独立学科的基本条件"等观点。

范恩实的《问题意识、研究方法与中国边疆学学科体系构建》（《云南社会科学》2022年第5期）包括王朝时期对边疆的记录和认知、清末西北舆地学、西方近代学术体系传入与边政学的兴起、以马克思主义理论方法为指导的新中国边疆研究、从边疆研究实践看中国边疆学学科体系等部分，提出"中国边疆学应为交叉学科门类下一级学科，其下再设中国边疆历史学、中国边疆社会学、中国边疆政治学、中国边疆经济学等二级学科"。

罗静的《社会学的田野研究与中国边疆学自主知识体系的构建》（《云南社会科学》2022年第5期）包括中国边疆学自主知识体系构建的肇始，社会学研究中国边疆的初心、方法与经典案例，中国边疆学自主知识体系的基础等部分，提出"构建中国边疆学自主知识体系不仅需要立足边疆的实际，解决边疆问题；更需要立足于国家安定统一的视角，构建中国自己的边疆理论。"

初冬梅的《政治地理学的边疆研究进展及其在中国边疆研究中的应用》（《云南社会科学》2022年第5期）包括引言、政治地理学边疆研究进展、政治地理学在中国边疆研究中的运用等部分，提出"中国政治地理学虽然处于零散研究状态，但已经形成了科学基础，为中国边疆研究提供了重要的方法指导。总的来说，政治地理学可以为中国边疆研究提供一个权力空间关系的研究视角和基于地理学的实用工具箱，在研究中国边界、边疆与周边三个层面，可以借鉴运用政治地理学的理论与方法"。

孙骁、吴莹的《镜鉴与融通：中国边疆学话语体系建构的文化路径探析》（《学术探索》2022年第2期）包括中国传统边疆话语体系建构经验、西方边疆学话语体系、新时代边疆学话语体系建构路径探索等部分，提出"构建中国边疆学话语体系的文化路径可从话语言说主体、议题设置、话语控制、平台参与等方面进行探讨。中国边疆学话语体系建构须将人民置于话语言说主体地位，而相关专业学者等知识分子将人民诉说的边疆话语加以系统的提炼和展现，真正建构'为人民'的边疆学话语体系。"

（二）有关史观的研究

史观属于理论与方法范畴，涉及如何认识中国边疆、定位中国边疆等，对于构建中国边疆学"三大体系"尤其是话语体系起着重要的指导作用。2022年有多篇文章涉及史观的探讨，既有对中国古代边疆研究方法论的讨论，也有对"去中国化"和运用"中华殖民主义"研究中国边疆的批评，以下几篇论文值得关注。

高福顺的《形而下之道：古代中国边疆研究的方法论刍论》（《中国边疆史地研究》2022年第1期）从加强古代中国边疆理论体系认知的反思、有理有据有节地展开古代中国边疆的科学实证研究、古代中国边疆研究需要人文关怀三个方面对建立古代中国边疆研究的自我认知体系进行了分析，提出要"审慎对待海外中国学者的古代中国边疆研究范式"，"中国边疆研究者应以中国学者的人文关怀为核心，秉持哲学思辨的态度与科学实证的研究精神，确立中国边疆研究者的中国边疆理论体系与研究范式。在中国边疆研究者的自我理论体系视阈下，凿空中国边疆演进历程、特点与规律，呈现出中国边疆研究者的古代中国边疆研究的学科领地与疆界。"

李大龙的《"边疆"与"中国"的交融——理解和诠释中国疆域形成与发展的路径》（《思想战线》2022年第5期）从历代王朝虽然称为"正统"但并不是一个延续的政治体、动态而多样的"边疆"与"中国"、"全球视野下"审视"云南"与"中国"需要有基点等方面进行了讨论，提出"'历代王朝'可以视为是黄河干流，其他的众多政权可以视为是黄河支流，干流和支流共同构成了黄河水系。即无论是被视为'中国'的历代王朝，还是被视为'边疆'的其他政权，二者不仅构成了多民族国家历史上的'天下'，也是当今多民族国家疆域的重要组成部分，二者的关系不是对立的，而是呈现逐步交融为一体的轨迹。"

罗群、李淑敏的《警惕"去中国化"陷阱——评西方学者的中国西南边疆史研究》（《历史评论》2022年第2期）从设置"去中国化"陷阱、强推"二元对立"方法、弱化边疆的中国属性等方面对国外学者中国边疆研究的"去中国化"研究进行了分析，提出"倘若脱离一定的历史时空和相应的政治、经济、文化内涵，非要说某些跨境区域存在某种'同质性'，那么应该运用多大的空间尺度看待这种'同质性'？大至一洲，小至一村，均可以理解为一个'自成一体'的地理单元。如此随意裁剪，逻辑尚不自洽，何谈科学？"

林超民《云南与内地：和谐共融的整体》、潘先林《起高楼与烧砖瓦——〈流动的疆域：全球视野下的云南与中国〉史料引证问题举隅》、李大龙《交融与一体：多民族国家视域下的"边疆"与"中国"——〈流动的疆域：全球视野下的云南与中国〉引出的话题》三篇论文均发表在（《云南师范大学学报》2022年第4期），是针对《流动的疆域：全球视野下的云南与中国》运用"中华殖民主义"史观阐述中国西南边疆历史等引发的诸多问题进行了正本清源的讨论。

（三）学术史

2022年中国边疆史地研究编辑部主编、由华夏出版社出版的《中国历代治边思想研究》

《中国历代治边政策研究》《中国古代藩属与朝贡研究》是对以往《中国边疆史地研究》文章的结集，从中可以窥知中国边疆学"三大体系"建设的轨迹。年内也有数篇书评和综述类论著出版，值得关注的是以下论著。

姚大力的《边疆史地十讲》（复旦大学出版社2022年版）是10篇论文的结集，既包括对匈奴历史、元朝历史的定位等问题的研究论文，同时也收录了几篇书评，还有对《中国的亚洲内陆边疆》方法论的讨论。

朱尖发表了数篇依靠数据分析研究状况的论文，以下3篇文章值得关注。

一是《中国边疆研究发展趋势与特征分析——以研究成果产出为中心》（《中国边疆学》第15辑，社会科学文献出版社2022年版），该文依据中国知网数据库，从中国边疆研究整体和区域方向成果产出、中国陆地省区边疆主题研究成果产出两个方面，对改革开放以来中国边疆研究成果产出情况进行了系统统计，并对文献的来源类型、涉及学科和研究重点领域进行了梳理分析，在此基础上对这一阶段中国边疆研究成果产出所呈现的特征进行了总结。二是《学科交叉与融合视角下中国边疆研究文献计量分析的注意事项与遵循原则》（《四川师范大学学报》2021年第6期）认为，"存在研究方法和研究对象融合不足的问题，导致分析不准确、结论不客观。边疆问题研究的样本选择应避免片面化或单一化，关键词要尽可能地囊括绝大多数边疆问题；核心作者遴选，要在考虑发文量的同时兼顾影响力；核心刊物的确定应兼顾代表性集刊；边疆研究机构分专门和相关两种，特别要对一支队伍两块牌子的情况进行整合说明；研究成果的引文与被引，一定要进行清晰的界定与区分，且界定原则要统一；中国边疆研究的热点和前沿，虽存在一定的交集，但在分析总结时绝不能将二者模糊处理，乃至合二为一。"三是《"和亲"问题研究文献考察——以研究成果数据统计与内容分析为中心》（《烟台大学学报（哲学社会科学版）》2022年第5期）对和亲研究做了数据分析研判。

综上所述，2022年有关国家与疆域理论研究的成就呈现两个突出的特点：一是多关注于以铸牢中华民族共同体意识为主的新时代边疆治理思想与实践，并取得了一定成就，但理论性的探讨似乎并没有太大突破，尤其是可操作性的探讨还是不足；二是注重于"大一统"为主体的传统边疆治理思想与实践等方面的研究，并取得了一定成就，不仅有数量众多的论文发表，也出版了专门性著作，如杨念群的《"天命"如何转移：清朝"大一统"观的形成与实践》。但也存在两个明显的不足：一是马克思主义经典作家有关国家与疆域理论的研究有待加强；二是有关中国历史尤其是中国边疆历史的话语体系建设依然面临着国外学者解构中国历史、中国边疆史的挑战，深层次的原因还是"三大体系"建设有待强化。

2022年北部边疆研究述评

陈 柱　塔米尔　乌兰巴根[*]

北部边疆是中国边疆的重要组成部分，历史上农耕文明与游牧文明在此交汇，共同演绎了中华民族交流交往交融的生动画卷。党的十八大以来，以习近平同志为核心的党中央高度重视北部边疆安全稳定与发展，习近平总书记先后三次考察内蒙古，连续5年参加全国两会内蒙古代表团审议，明确要求把内蒙古建设成为我国北方重要生态安全屏障、祖国北疆安全稳定屏障、国家重要能源和战略资源基地、农畜产品生产基地，我国向北开放重要桥头堡，为内蒙古服务和融入新发展格局指明了努力方向和着力重点。当前，内蒙古充分发挥地缘优势、资源禀赋，让中国式现代化在边疆地区的实践方面不断扩展新思路，展现新作为，取得新成绩。

时代是思想之母，实践是理论之源。北部边疆在中国疆域形成、中华民族凝聚过程中的重要地位，以及当代内蒙古在落实"五大任务"方面的火热实践，为边疆研究提供了丰厚学术土壤，相关研究方兴未艾，学术成果和创新观点不断涌现。2022年，北部边疆研究延续了这一学术趋势，中外学者围绕历史、现实以及对外开放等领域的理论难点和现实热点问题开展研究，在继承中创新，在反思中开拓，共同推动北部边疆研究由一个研究领域向一门独立学科转变。

一、北部边疆历史研究

北部边疆历史研究是北部边疆研究的重要组成部分。2022年，这一领域继续保持繁荣的局面，集中于北部边疆历史地理、北部边疆部族史、北部边疆治理等三大热点问题，产生众多高质量研究成果。三大热点问题可分为三个层面，第一个问题涉及"地"，也即自然地理和人文地理，是北部边疆存在的客观环境；第二个问题涉及"人"，也即北部边疆诸人群及其组织；第三个问题涉及"治"，也即中原王朝对北部边疆"地"与"人"的治理。现择要评述如下。

（一）北部边疆历史地理研究

中国边疆学是从中国边疆史地研究发展而来，中国边疆历史地理研究是传统的基础性研究领域之一，素为学界所重视。在北部边疆研究中也是如此。2022年，北部边疆历史地理研

---

[*] 陈柱、塔米尔、乌兰巴根：中国社会科学院中国边疆研究所助理研究员、助理研究员、副研究员。

究主要涉及城镇史、环境史、草原丝绸之路、地名考证、地理文献研究等主题，成果均为学术论文，无学术专著出版。

1. 北部边疆城镇史研究

古代北部边疆是一个复杂社会，以游牧为主要生产生活方式，也存在定居城镇生产生活，城镇史成为北部边疆历史地理和中国古代城镇发展史的重要研究内容。贾金晖、韩宾娜《北族都城的分布格局、时空演变与环境选择》运用 ArcGIS 平台，通过大尺度空间分析，发现十六国时期至清代在 33°N—45°N、100°E—130°E 之间辽宁至青海东部这一地带存在一条北族都城集中分布带。文章指出，一方面，北族都城空间分布表现出多尺度、多维度聚集特征，区域异质性鲜明，存在突出的分布热点，对地理环境选择具有一致性；另一方面，北族都城在各个时期的空间分布演化是一个复杂的历史过程，表现出阶段性、波动性、承续性和环境指示性等特点。[①] 匈奴开创了草原游牧民兴建城郭的先河。萨仁毕力格《漠北匈奴城址的考古学研究》以蒙古国、俄罗斯外贝加尔及叶尼塞河流域等地区发现的 27 座匈奴时期城址为研究对象，梳理、介绍了匈奴城址的考古发现和研究材料，对城址本身和出土建筑材料做了类型学分析，进而分析城址的文化因素构成和差异，探讨匈奴城址的年代、性质和功能等方面的问题。[②] 莫久愚《代国都城、北魏金陵及相关地理位置——拓跋史札记四题》认为，拓跋鲜卑迁至阴山下，以盛乐地区为政治中心；什翼犍时国都城迁至"云中盛乐宫"，云中县与盛乐县以白渠水为界。文章考证了白渠水、"盛乐金陵"的位置及盛乐县南界。[③] 张文平《北魏武川镇若干问题考辨》认为，武川镇建于北魏皇兴四年"女水之战"后，其地当在今内蒙古包头市达尔罕茂明安联合旗希拉穆仁城圐圙古城，隶属云中川朔州管辖，其间有阴山交通线相连。[④] 全荣《哈剌和林城始建年代考》考察了哈剌和林城的名称含义和始建年代，"和林"系突厥语，意为"小石块、流砂"，"哈剌和林"为"黑石、黑岩石"之意；始建年代早于 1220 年，而非 1235 年。[⑤]

2. 北部边疆环境史研究

环境史是历史地理研究的重要分支，近年来因全球对环境问题的高度关注而发展成为一门热门学科，这在北部边疆历史研究中也有所反映。山地、草原、沙地都是蒙古高原民众生息的家园。张博《大兴安岭、阴山山脉与内蒙古高原民族社会发展互动的历史探讨》探讨了作为内蒙古高原地质脊梁与生态屏障的大兴安岭和阴山山脉对周边农牧社会生存发展的深刻影响。一方面，两座山脉使其南北两侧形成异质性较强的自然环境区域，为近代以来不同的社会经济发展道路奠定地理基础。另一方面，两座山脉造就了多样的地理环境与资源类型，

[①] 贾金晖、韩宾娜：《北族都城的分布格局、时空演变与环境选择》，《中国历史地理论丛》2022 年第 3 辑。

[②] 萨仁毕力格：《漠北匈奴城址的考古学研究》，博士学位论文，吉林大学，2022 年。

[③] 莫久愚：《代国都城、北魏金陵及相关地理位置——拓跋史札记四题》，《内蒙古师范大学学报（哲学社会科学版）》2022 年第 3 期。

[④] 张文平：《北魏武川镇若干问题考辨》，《内蒙古社会科学》2022 年第 2 期。

[⑤] 全荣：《哈剌和林城始建年代考》，《内蒙古社会科学》2022 年第 1 期。

为周边民众生产生活和生存发展提供了便利的多样性和异质性资源。这一认识有助于有针对性地治理近代以来两座山脉所面临的严峻环境问题。[1]明万历年间为防御蒙古，朝廷在腾格里沙漠南缘与松山北麓之间的松山新边一线兴建了13座城堡，清中期以来这些城堡因军事功能丧失而兴废殊途。僧海霞《兴废殊途：明代松山新边沿线城堡的变迁与环境》分析了其中原因和实质，区域位置和水资源条件相对优越、能为区域社会持续发展提供保障者转型成功；区域位置偏远、水环境较差者因沙漠化或传统灌溉技术衰落而丧失重新发展或崛起的机会，渐趋衰落。[2]白壮壮、崔建新《清代以来鄂尔多斯高原的沙漠化及其驱动机制》基于鄂尔多斯高原相关历史文献，利用现代多元回归分析法及植被净第一生产力模型，考察了清代以来鄂尔多斯高原沙漠化过程的四个阶段及其驱动机制，认为气候因素和人类活动分别对不同阶段的沙漠化起主导作用。[3]

3. 草原丝绸之路研究

草原丝绸之路是沟通古代蒙古高原与外部社会、促使不同文明传播交融的通道和纽带，向为历史学和考古学界重视。近年来，随着"一带一路"倡议的实施和推进，草原丝绸之路被赋予新的时代内涵。杨建华、权乾坤《再论中国北方—蒙古高原冶金区》在其2017年出版的专著《欧亚草原东部的金属之路——丝绸之路与匈奴联盟的孕育过程》的基础上，分夏、商、两周之际、东周、秦汉等五个阶段，进一步探讨了中国北方—蒙古高原冶金区的发展演变，揭示出各个阶段该冶金区的代表性器物及其与周边地区的文化联系。[4]潘玲、谭文好《呼伦贝尔鲜卑遗存中的西来文化因素——兼谈两汉时期的"草原丝绸之路"》指出，呼伦贝尔南部及毗邻地区鲜卑遗存中的夹金箔玻璃珠、腹部近倒三角形的高圈足铜鍑、鍑形陶罐、飞马纹和奔马纹牌饰以及回首鹿纹带饰等物品来自南西伯利亚米努辛斯克盆地和图瓦等地，南西伯利亚与呼伦贝尔及毗邻地区的文化交流传播路线是两汉时期"草原丝绸之路"的一部分。[5]卜祥维《从辽代器物造型与纹饰的形式风格见草原丝绸之路的文化特征》通过梳理辽代器物造型和纹饰整体风格特征，发掘不同器物文化在草原丝绸之路发挥的作用，揭示出草原丝绸之路的开放性、多样性、共同性文化特征，为当代草原文化和地域文化发展寻找根基。[6]崔宁、王宬《辽代通辽地区草原丝绸之路的中外交流》则着重考察了作为辽代政治、

---

[1] 张博：《大兴安岭、阴山山脉与内蒙古高原民族社会发展互动的历史探讨》，《中央民族大学学报（哲学社会科学版）》2022年第1期。

[2] 僧海霞：《兴废殊途：明代松山新边沿线城堡的变迁与环境》，《中国边疆史地研究》2022年第1期。

[3] 白壮壮、崔建新：《清代以来鄂尔多斯高原的沙漠化及其驱动机制》，《中国历史地理论丛》2022年第2辑。

[4] 杨建华、权乾坤《再论中国北方—蒙古高原冶金区》，《考古》2022年第8期。

[5] 潘玲、谭文好：《呼伦贝尔鲜卑遗存中的西来文化因素——兼谈两汉时期的"草原丝绸之路"》，《考古》2022年第5期。

[6] 卜祥维：《从辽代器物造型与纹饰的形式风格见草原丝绸之路的文化特征》，《内蒙古民族大学学报（社会科学版）》2022年第1期。

经济、文化中心区的通辽地区在草原丝绸之路中的地位、特色和作用。①马伟、佟淑玲《中间商·商路·市场体系：近代中国内陆腹地羊毛、毛皮输出研究》指出，晚清以来，在西方需求拉动下，新疆、甘青宁、内外蒙古等内陆腹地所蕴藏的羊毛、毛皮等畜产品资源成为中国对外贸易的重要输出品。该贸易的中间商主要有旅蒙商、歇家、皮毛栈及所属贩子与西方商行所设"外庄"及"外客"等；商路主要有外蒙古商路、新疆商路、甘青商路和东北商路，而运输工具前期主要依赖骆驼、畜力车或木船、皮筏等，后期增加了汽车、铁路等现代交通工具；市场体系则在输出市场导向下，由一般集散市场、中心集散市场及中转市场组成。②

4. 地名考证和地理文献研究

地名考证和地理文献研究是历史地理研究的传统课题。"瀚海"是自汉代至清代一直使用的一个重要边疆地理概念，但不同时代其内涵发生重塑和变迁。刘子凡《重塑"瀚海"——唐代瀚海军的设立与古代"瀚海"内涵的转变》对此作了梳理和探析。汉唐时期"瀚海"是指漠北大型湖泊，武周时期在北庭设立瀚海军，因之分化出特指瀚海军的西域"瀚海"，明代将西域"瀚海"与大沙海混同，清代在此基础上将"瀚海"视为蒙古戈壁沙漠。从这一历史过程，可以看到制度因素对于古人知识系统和世界认识的演变有着很大影响。③石坚军《辽金元时期九十九泉与官山考论》考证了北魏至元代漠南地区"九十九泉"等地名。北魏武要北原、牧牛山各有一处"九十九泉"；《辽史》丰州"九十九泉"即《金史》宣宁县官山，泛指武要北原，地在今内蒙古灰腾梁，为捺钵、蹛林之地，是交通枢纽与军事要地。牧牛山即今独山，其"九十九泉"即沧河上源龙湾，可与元代大都路缙山县"答兰不剌"勘同，是"缙山道"沿途最重要捺钵。④明朝永乐八年（1410），金幼孜等人扈从明成祖出塞北征，曾于征途中远观"赛罕山"。李志远《北元赛罕山地望考——兼探"阿卜"词义与敖包祭祀演变史》根据史料记载与实地考察，断言赛罕山即今内蒙古自治区阿巴嘎旗宝格都乌拉，又被称为"阿卜"。文章通过经蒙古语复原与考析，确定"阿卜"是"敖包"一词更早的一种汉译形式，原指高大的神山，祭祀敖包实际是祭祀神山，是由历史上北方民族多种祭祀文化交融而发展来的祭祀载体。⑤现藏台湾傅斯年图书馆的《乌桓纪行录》一书是由清嘉道年间大臣斌良于道光十七年奉命前往土尔扈特致祭期间的日记原稿和诗稿基础上整合编辑而成。周昕晖《斌良〈乌桓纪行录〉文献价值述略》将此书与斌良《瀚海绥藩集》对读，分析了彼此的关联和该书的史料价值，指出其有助于了解道光年间蒙古驿路、蒙地行旅细节及风俗信仰等。⑥

---

① 崔宁、王宬：《辽代通辽地区草原丝绸之路的中外交流》，《内蒙古民族大学学报（社会科学版）》2022年第1期。

② 马伟、佟淑玲：《中间商·商路·市场体系：近代中国内陆腹地羊毛、毛皮输出研究》，《内蒙古社会科学》2022年第5期。

③ 刘子凡：《重塑"瀚海"——唐代瀚海军的设立与古代"瀚海"内涵的转变》，《中国史研究》2022年第2期。

④ 石坚军：《辽金元时期九十九泉与官山考论》，《中国边疆史地研究》2022年第2期。

⑤ 李志远：《北元赛罕山地望考——兼探"阿卜"词义与敖包祭祀演变史》，《西部蒙古论坛》2022年第4期。

⑥ 周昕晖：《斌良〈乌桓纪行录〉文献价值述略》，《文献》2022年第5期。

（二）北部边疆部族研究

北部边疆部族研究是北部边疆历史研究的重要内容，是历年最为繁荣、从业学者最多、成果最为丰硕的一个领域，名家辈出，佳作迭出。2022 年，该领域的研究成果仍居于北部边疆历史研究各领域的首位，主要涉及部族史、部族名号、部族政权与政治制度三大主题，既有经典名著的再版或修订版，也有新的专著出版，更有大量高质量学术论文产出。

1. 北部边疆部族史研究

2022 年度，北部边疆部族史研究既有部族通史，也有部族起源、部族发展变迁、碑铭、相关史实考证等专题研究。

部族通史方面。著名历史学家、民族学家马长寿先生的名著《北狄和匈奴》《突厥人和突厥汗国》《乌桓与鲜卑》获得再版。马先生为中国边疆地区匈奴、乌桓、鲜卑、氐、羌、突厥、藏、彝等部族的历史研究做出了开创性的贡献。其旧著《北狄与匈奴》《突厥人和突厥汗国》两书再版时合为一书，简明扼要地叙述了北狄、匈奴、突厥三个有内在关联的古代中国北部边疆部族的起源、迁徙、发展的一系列过程，分析了它们的兴衰原因及在历史中的地位、特点，是此领域的开山之作，也是了解三大古代部族的必读之书。[1]《乌桓与鲜卑》一书是马先生的代表作之一，分为总序、乌桓、东部鲜卑、西部鲜卑等部分，简明扼要地论述了乌桓与鲜卑这两个古代部族的起源、迁徙、发展、融合及其在中国历史上的地位与特点、与周边部族及政权的关系，在魏晋南北朝时期的变化等，是了解乌桓与鲜卑的入门书，也是该领域不可忽视的重要著作。[2]

部族起源和发展变迁研究方面。陆安理《试论匈人起源及其与丁零的联系》利用考古及文献资料，认为匈人最可能源于贝加尔湖地区，并曾游牧于阿尔泰山一带，与丁零在分布地域、语言、人种、文化等方面相似，匈人可能源自西丁零。[3]李德山《论北部鲜卑的发展及对东北汉文化传播的贡献》梳理了北部鲜卑的起源、发展、壮大、演变及其对汉文化在北部边疆传播的贡献等问题，有助于增进对北部鲜卑史乃至整个鲜卑史的全面认识。[4]刘森垚《分流与冲突：中古达奚氏源流考述》探析了北朝隋唐时期鲜卑达奚氏"由胡到汉、由武入文、由北向南、由贵变庶"这一不断分流、异化、冲突、融合与徘徊的发展历程，反映出中古时期民族汇聚与融合、新共同体"钟摆式"凝聚的时代特征。[5]陈浩《全球史视野下的突厥起源叙事分析》从全球史视角讨论了突厥起源的多元叙事，分析和比较了希腊语史料中的斯基泰起源说、拉丁语史料中的特洛伊起源说、汉文史料中的狼种起源说以及穆斯林文献中的雅弗起源说，探索了这些叙事背后的政治和文化含义，指出其不足以判断 6 世纪突厥汗国

---

[1] 马长寿：《北狄与匈奴 突厥人和突厥汗国》，崇文书局 2022 年版。
[2] 马长寿：《乌桓与鲜卑》，崇文书局 2022 年版。
[3] 陆安理：《试论匈人起源及其与丁零的联系》，《内蒙古大学学报（哲学社会科学版）》2022 年第 2 期。
[4] 李德山：《论北部鲜卑的发展及对东北汉文化传播的贡献》，《史学集刊》2022 年第 4 期。
[5] 刘森垚：《分流与冲突：中古达奚氏源流考述》，《中央民族大学学报（哲学社会科学版）》2022 年第 1 期。

统治家族所操语言种类。①苗润博《契丹建国以前部落发展史再探——〈辽史·营卫志〉"部族上"批判》对被学界视为契丹建国前部落发展史核心史料的《辽史·营卫志》"部族上"作了批判性研究，分析了其文本来源和系统性问题，认为它的契丹史叙事是元朝史官将中原、辽朝两个不同文献系统的材料加以杂糅、拼接的结果，强调摆脱这一叙事框架的干扰是契丹早期史研究取得新突破的必要前提。②

古突厥语碑铭研究方面。中古时期古突厥语碑铭研究在国内学界长期处于沉寂的状态，涉足者甚少，2022年，这一领域取得较为引人注目的成就，出版专著一部，发表代表性论文一篇。米热古丽·黑力力《鄂尔浑文回鹘碑铭研究》是国内少有的中古时期古突厥语碑铭研究专著。"鄂尔浑文"实际上即传统所谓"古突厥如尼文"。该书根据实地考察者提供的录文，运用文献学和语言学方法，通过考察其语言特征和时代背景，对《希纳乌苏碑》《塔里亚特碑》《铁兹碑》等鄂尔浑文回鹘碑铭进行了较为科学的转写和再译，对其内容进行了翔实的语文学注释，并对碑文词汇作了语言学研究，探讨了碑文所涉及的回鹘汗国历史地理、思想文化以及政治社会变迁。③白玉冬、车娟娟《叶尼塞碑铭所见华夏称号"王"考》一文考察了叶尼塞河上游黠戛斯汗国历史遗存叶尼塞碑铭E24卡娅乌珠（Khaya-Uju）刻铭的第6条题记汉字"王"的音译ong，以及E108乌尤克欧尔匝克（Uyuk Oorzaq）第一碑和E68伊勒巴基（El-Baji）碑汉字"王"的另一音译oo。文章认为，第一种语音ong的产生是华夏王朝与北方草原民族之间国家层面语言文化交流的结果；第二种译音oo可能源自隋唐时期西北方音，其产生是操古突厥语族群与西北方言使用人群之间语言文化交流的结果。④

相关史实考证方面。杨建林、张海斌《新见十六国时期"宁西将军云中王"葬母石铭初释》研究了包头市百灵庙镇新发现的一方十六国时期贺兰部石铭，认为系389年贺兰部首领贺讷与染干为其母去世所立，该石铭可能与百灵庙沙凹地墓葬有关，说明贺兰部世居领地在百灵庙，石铭所反映的贺兰部多元文化是当时民族大融合的实物见证。⑤苗润博《民族记忆抑或家族标识？——契丹漆水郡望探赜》通过全面排比史料，发现辽朝以漆水为郡望者皆系皇室成员，该郡望并非所有耶律氏契丹人的集体记忆，而是专属于辽最高统治家族的身份标识，承载着阿保机家族对其先祖加入契丹集团以前迁徙轨迹的起源记忆，是辽建国以后增进皇族认同、标举内外之别的重要手段。⑥李俊《于厥部史事考论》认为于厥部源于唐代俞折也即如者室韦，由唐入辽，大如者室韦演进为于厥部，小如者室韦演进为乌隗于厥部。辽朝

---

① 陈浩：《全球史视野下的突厥起源叙事分析》，《史林》2022年第5期。
② 苗润博：《契丹建国以前部落发展史再探——〈辽史·营卫志〉"部族上"批判》，《中国边疆史地研究》2022年第1期。
③ 米热古丽·黑力力：《鄂尔浑文回鹘碑铭研究》，中国社会科学出版社2022年版。
④ 白玉冬、车娟娟：《叶尼塞碑铭所见华夏称号"王"考》，《敦煌学辑刊》2022年第2辑。
⑤ 杨建林、张海斌：《新见十六国时期"宁西将军云中王"葬母石铭初释》，《中国国家博物馆馆刊》2022年第2期。
⑥ 苗润博：《民族记忆抑或家族标识？——契丹漆水郡望探赜》，《中国史研究》2022年第2期。

对于厥部在军事上武力征伐和捍御，经济上交易土产、商贸往来，行政建置上设属国、置属部，通过任命契丹人担任节度使以及设置属国属部机构加强对于厥部地区的控制。辽金易代后，于厥部受乌古迪烈招讨司和乌古迪烈纥详稳节制与统辖，金蒙之际成为弘吉剌部所在地。① 田俊武、尚秀玲《〈悠傲信件〉所见13世纪欧洲文献中的蒙古形象》考察了1243年法国人悠傲写给波尔多大主教的书信及其史料价值。该书信记述了蒙古军对奥地利小镇新城的战役，转述了一名曾为蒙古军做翻译的英格兰战俘的供词。书信首次记录了西欧人亲眼见证的蒙古人西征欧洲的行为，再现了中世纪欧洲人眼中的蒙古形象。② 玉海《康熙年间附牧于察哈尔扎萨克旗的喀尔喀部众及其归宿》考察了"布尔尼之乱"后南下归附清朝的喀尔喀部众的历史。其贵族根墩岱青因卷入动乱，部众被并入卓索图盟土默特右翼旗。喀尔喀南附反映了清朝对周边部族的凝聚力，清廷对其安置和统驭措施为后来处理喀尔喀、卫拉特蒙古问题提供了经验。③ 哈斯朝鲁、乌日力嘎《俺答汗与达隆噶举派贡噶扎西的会晤》探讨了学界关注较少的明代蒙古与西藏藏传佛教达隆噶举派的关系。万历六年，土默特部首领俺答汗在青海仰华寺不但会晤了三世达赖喇嘛，也邀请并接见了达隆噶举派第十六任法台贡噶扎西，赠给贡噶扎西"吉祥如来达隆乾波"称号，授予封册、法衣、法冠、印章。贡噶扎西还前往蒙古地区，与其他蒙古部族首领建立供施关系。贡噶扎西此行促进了边疆民族地区的宗教文化交流。④ 阿尔泰乌梁海是清代乌梁海三部之一，其历史除了早先樊明方研究较多之外，学界重视不够。石家豪《阿尔泰乌梁海左翼历史新考》一文是近年难得一见的新作。文章利用蒙古国和俄罗斯联邦图瓦共和国2015年联合出版的《阿勒泰图瓦历史档案汇编》中收录的历史档案，以及《科布多政务总册》、《近代新疆蒙古历史档案》、阿勒泰地区各县市地方志等文献，对阿尔泰乌梁海左翼的总管世系、各旗旗名等问题作了新的思考与结论。⑤

2. 北部边疆部族名号研究

名号是指政治组织和政治制度中的称号，也涉及由政治名号衍生而来的各种专名，如人名、地名和部落名称等。北部边疆部族名号研究是2022年北部边疆部族研究新出现的一大热点，既有经典名著的修订增补再版，也有不少代表性学术论文，在时代上集中于中古时期。罗新《内亚渊源：中古北族名号研究》一书是对其2009年出版的专著《中古北族名号研究》的增订再版，是古代北部边疆阿尔泰语系诸部族名号研究的名著。该书收录了作者研究中古时代北部边疆匈奴、鲜卑、羯、柔然、高句丽、突厥等阿尔泰语系诸部族的政治名号以及人名、地名和族名等其他专名的结构、功能、语源、性质、应用及流变，整理了传统文献中某些难以理解的汉字音译语词。作者认为名号制度是北族政治发育过程中从政治领导人的称谓名号所发展出来的一整套既复杂又多变的政治制度，揭示出中古北族政治发育及制度

---

① 李俊：《于厥部史事考论》，《黑龙江民族丛刊》2022年第1期。
② 田俊武、尚秀玲：《〈悠傲信件〉所见13世纪欧洲文献中的蒙古形象》，《国际汉学》2022年第2期。
③ 玉海：《康熙年间附牧于察哈尔扎萨克旗的喀尔喀部众及其归宿》，《中国边疆史地研究》2022年第2期。
④ 哈斯朝鲁、乌日力嘎：《俺答汗与达隆噶举派贡噶扎西的会晤》，《中国边疆史地研究》2022年第4期。
⑤ 石家豪：《阿尔泰乌梁海左翼历史新考》，《西部蒙古论坛》2022年第4期。

发展的阶段性与连续性，为深入认识中古北族历史提供了一个重要视角。①

学术论文方面，李保文《"可汗""可敦"释义》重点考察了历史上阿尔泰语系诸民族"可汗""可敦"的词义，认为两词是由"可和汗""可和敦"组成的偏正结构词组，并非源于突厥语族、满—通古斯语族和蒙古语族语言，而是源自朝鲜语，朝鲜语中"可""汗""敦"分别为汉语"大""天""地"之义。②王石雨《高车诸族称来源及关系探析》认为"敕勒"是两晋南北朝时期漠北各族对敕勒的称谓，也是其自称；"高车"源于敕勒人善于制造并使用高轮车的生活习惯，是拓跋鲜卑入主中原后对敕勒的称谓；"丁零"是北魏以前中原汉族及南朝对敕勒的称谓，但实际上与丁零有别。③陈恳《敕勒与铁勒族名新证》指出敕勒与铁勒两名应复原为"敕勤"与"铁勤"，"敕勒"是 čol（"川野"）的对音、"铁勒"是 türk（"突厥"）的对音等假说难再成立；其语源是鲜卑语 terigin（"大车"），乃鲜卑、柔然等古蒙古语族群对丁零的称呼，"高车"是其意译，译名从"敕勒"改为"铁勤"反映了古汉语从晚期上古音到早期中古音的演变；铁勤与突厥在族名和族源上各不相同，不容混淆；古突厥语碑铭中的"oγuz（乌护）"大体相当于汉文中的"铁勤"。④刘迎胜《"拓跋"与"桃花石"（"徬贯主"）两名关系新探》对北魏统治民族的名称"拓跋"、北朝时东罗马帝国史料所记东方的 Ταυγάστ（Taugast）国、各种突厥语文献中与中原王朝相联系的称谓 Tauγač 以及宋辽金元时代的"桃花石"（"徬贯主"）之间的关系这一学界讨论多年的老问题提出新的见解。作者分析了突厥语族诸语言的"辅音互置"现象，认为"桃花石"与"拓跋"两名读音不谐的主要原因是词中唇辅音或合口元音与颚辅音之间的互换，"拓跋"在传播过程中的辅音互置发生于古突厥语中，"桃花石"的语源是"拓跋"，古突厥语的 Tauγač 是"拓跋"的突厥化形式，"桃花石"则是此突厥化名称的再汉译。⑤

3. 北部边疆部族政权与政治制度研究

部族政治研究是北部边疆部族研究的重要内容。2022年，该领域也有一部经典名著修订再版，并产生数篇高水平学术论文。李磊《中华体制下匈奴政治传统的延续与发展——以匈奴汉国的政治模式为中心》一文探讨了匈奴汉国的政治体制，这一体制以中央集权式的官僚体制为政治架构，从王国体制发展为王朝体制，既保留了匈奴的政治传统，又糅合了汉朝制度。⑥胡康《后突厥汗国末期史事新证——基于史源学的考察》一文考察了后突厥汗国末期的政局，分析了新旧《唐书·突厥传》因史源不同而造成的叙事差异，指出后突厥末期诸可汗活动地域一直在漠北，九姓部落和唐朝在后突厥汗国灭亡过程中发挥了重要作用。⑦

---

① 罗新：《内亚渊源：中古北族名号研究》，社会科学文献出版社2022年版。
② 李保文：《"可汗""可敦"释义》，《内蒙古师范大学学报（哲学社会科学版）》2022年第1期。
③ 王石雨：《高车诸族称来源及关系探析》，《内蒙古社会科学》2022年第3期。
④ 陈恳：《敕勒与铁勒族名新证》，余太山、李锦绣主编《欧亚学刊》新11辑，商务印书馆2022年版。
⑤ 刘迎胜：《"拓跋"与"桃花石"（"徬贯主"）两名关系新探》，《西北民族研究》2022年第3期。
⑥ 李磊：《中华体制下匈奴政治传统的延续与发展——以匈奴汉国的政治模式为中心》，《西南民族大学学报（人文社会科学版）》2022年第9期。
⑦ 胡康：《后突厥汗国末期史事新证——基于史源学的考察》，《学术月刊》2022年第1期。

契丹王朝（辽朝）政治研究有两部代表性论著。杨若薇《契丹王朝政治军事制度研究（修订版）》是其旧著的修订版。该书探讨了契丹王朝独具特色的政治军事制度，对斡鲁朵及其州县的管治、中央政权机构的特征及功能、五京建置、禁卫军制度以及"乣军"等史界争议的问题做出了全新的诠释，为深入观察和认识由游牧部族契丹人建立的辽政权的统治体系提供了历史的新视角及研究的新途径。本书附录还考证了契丹官名"详稳"、辽代科举、五京留守、辽帝游幸五京等问题。本书对契丹王朝政治的诸多悬案提出了与以往学界不同的观点。①邱靖嘉《"超越北南"：从中枢体制看辽代官制的特性》一文通过分析宰辅的职衔构成，讨论了辽朝的中枢制度。辽朝宰辅大多身兼北南枢密院与中书（政事）省长官，决策与行政合一，是一种"中书枢密院体制"。辽中后期中枢机制是皇帝与宰辅群体共同"参决大政"，表现出"超越北南"的特征，在效仿中原官僚制度基础上，融入了契丹部族制度因素，形成以中原政治文化的制度框架和运作模式为底色的北、南面官制度，为中国古代各民族之间的交往交流交融提供了制度例证。②杨若薇、邱靖嘉分别是邓广铭先生和刘浦江先生的高足，两部论著继承和发扬了北京大学历史系在这一领域的学术传统和水平。

（三）北部边疆治理研究

北部边疆治理研究本是北部边疆历史研究的传统重点和热点领域。党中央提出"国家治理体系和治理能力现代化"这一重大时代命题后，包括北部边疆治理在内的中国边疆治理问题更加受到学界的关注。2022年，该领域成果颇丰，既有综合性专著出版，也有众多专题学术论文发表，涉及中央（中原）王朝对北部边疆的战争、治理北部边疆的各种制度以及在北部边疆地区的军政建置等主题，在时代上以与现代中国密切相关的清代居多。

1. 综合性研究

2022年北部边疆治理研究的综合性成果是高月《清末新政时期中央政府对边疆地区的治理与统合研究》一书和董永强《论早期契丹与唐朝的关系——以新见〈李范墓志〉为中心》、铁颜颜《北方民族政权融入统一国家的基本路径探析——以〈唐故左屯卫郎将李公墓志铭〉为中心的研究》两文。高月一书以清末新疆、西藏、蒙古新政为研究对象，从国家视角探讨了清政府为应对边疆危机，通过在边疆地区实施新政将国家权力渗透到边疆社会基层的历史脉络；在细致梳理清末边疆新政内容和过程的基础上，阐释了实施边疆新政的内在机理，客观分析了清政府通过边疆新政加强边疆治理、重新统合边疆地区的实际效果。③董永强和铁颜颜两文以西安出土的《唐故左屯卫郎将李公墓志铭》（简称《李范墓志》）为中心，对照墓志与传世文献的异同，从臣属制度、册封制度、质子制度和军政建置等角度考察了北齐、隋、唐三代与早期契丹的关系。李范是契丹乌丸部人，唐初契丹八部君长摩会之子。李范家族缅、毕、摩会三代连续出任契丹八部首领，先后接受北齐、隋、唐的册封。隋唐之际，摩

---

① 杨若薇：《契丹王朝政治军事制度研究（修订版）》，社会科学文献出版社2022年版。
② 邱靖嘉：《"超越北南"：从中枢体制看辽代官制的特性》，《历史研究》2022年第3期。
③ 高月：《清末新政时期中央政府对边疆地区的治理与统合研究》，中国社会科学出版社2022年版。

会曾臣属突厥。唐贞观年间,摩会归附唐朝,派遣其子李范入质唐廷。摩会去世后,唐廷转而支持逐渐壮大的契丹大贺氏首领窟哥掌控契丹,以稳定松漠,经略高句丽。唐廷还设立松漠都督府,以窟哥为都督,巩固唐与契丹的君臣关系。①

2. 中央（中原）王朝对北部边疆的战争

战争是国家治理的一种特殊形式。对北部边疆地区的战争是中央（中原）王朝在特殊形势下解决北部边疆问题、推行国家意志的一种重要举措。晋文《两汉王朝对匈奴的战争诉求》分四个阶段分析了汉代对匈奴战争的背景、动机和影响。汉初是反击匈奴侵扰,保护农耕,仿效秦始皇,用武力来征服匈奴;武帝时期采取"威服"政策,将武力征服周边特别是匈奴作为实现"大一统"目标;元帝以来,汉军具有绝对优势,动用战争,以威服四方;光武中兴后,实行安内然后攘外政策,主动向北匈奴进攻,最终彻底征服匈奴。②齐会君《会昌年间唐朝征讨南迁回鹘诸问题考论》将唐朝处置南迁回鹘问题划分为怀柔和征讨两个阶段,会昌三年正月至会昌五年,唐廷任命张仲武征讨南迁回鹘,并与黠戛斯就征讨南迁回鹘和册封黠戛斯可汗多次交涉。因黠戛斯未答复唐廷征讨南迁回鹘余党的要求,唐廷未积极回应黠戛斯可汗册封之事。③李玉君、常志浩《辽金上京之战发覆——从〈金史·卢彦伦传〉系年问题说起》指出《金史·卢彦伦传》将辽军大将、传主卢彦伦降金时间错记为天辅四年,误导学界在相关研究中得出错误的认识。文章认为,辽金上京之战有两次：一次在天辅四年五月,金朝意在震慑辽朝、以打促和;另一次在天辅六年七月,金军欲借道辽上京追袭天祚帝。前后战争金人获胜后旋即离开,并未占领上京,直至天辅七年卢彦伦以城降金,辽上京才正式纳入金朝版图。④

3. 中央（中原）王朝治理北部边疆的制度

制度建设是北部边疆治理的核心内容,2022年的北部边疆治理制度研究涉及和亲（联姻）制度、质子制度、盟旗制度、行政区划制度、文教制度等方面,其中以行政区划制度研究成果为多。

和亲（联姻）制度。王子今《汉景帝时代的"和亲"与"不和亲"》考察了汉匈和亲制度。汉景帝时期是汉匈和亲史演进的重要阶段。汉景帝执政期间,"顺其时",一方面维持和亲关系,"通关市,给遗匈奴",主动与匈奴发展经济联系;另一方面又有"不和亲"及匈奴贵族"来降"封侯的政策调整,并发动了对匈奴的局部反击。这些措施为汉武帝时期的汉匈关系作了充分准备,对今人认识和理解中国古代各民族交往交流交融历史具有启发意义。⑤

---

① 董永强：《论早期契丹与唐朝的关系——以新见〈李范墓志〉为中心》,《中国边疆史地研究》2022年第3期；铁颜颜：《北方民族政权融入统一国家的基本路径探析——以〈唐故左屯卫郎将李公墓志铭〉为中心的研究》,《中央民族大学学报（哲学社会科学版）》2022年第3期。
② 晋文：《两汉王朝对匈奴的战争诉求》,《社会科学战线》2022年第8期。
③ 齐会君：《会昌年间唐朝征讨南迁回鹘诸问题考论》,《中国边疆史地研究》2022年第3期。
④ 李玉君、常志浩：《辽金上京之战发覆——从〈金史·卢彦伦传〉系年问题说起》,《史学集刊》2022年第3期。
⑤ 王子今：《汉景帝时代的"和亲"与"不和亲"》,《中央民族大学学报（哲学社会科学版）》2022年第6期。

杜家骥《清朝满蒙联姻之指婚制入关后发展变化及"备指额驸"问题》则从指婚制的角度分三个阶段考察了清代满蒙联姻制度。指婚制在清朝入关后出现多方面变化。康熙中期以后，实行将蒙古王公子弟教养内廷以备指为额驸并委以重任的做法，兼随时实行有针对性的指嫁公主、格格等多种指婚形式。乾隆二年后配合以其他措施，在联姻意义较大且距京较近易于指婚的漠南东三盟重点部旗中实行"备指额驸"；在更远的外扎萨克蒙古则实行与重点部旗中的重点家族联姻。嘉庆以后，由于重点部旗实行"备指额驸"的蒙古方面又出现不配合的现象而增订制度，指婚蒙古人次不多，大多为满蒙王公间自行结亲。文章认为，认识与评价满蒙联姻，应从其多地域、阶段性，并结合满蒙男女双方婚姻当事人之不同态度等方面，做全面的审视与分析。[1]

质子制度。苏家寅《汉、匈关系中的侍子》认为，汉宣帝时期以来，匈奴开始向汉廷遣送侍子。在侍子制度下，汉朝延续了和亲制度下对匈奴回馈物资的机制，不再要求后者以第一顺位继承人左贤王入侍，客观上规避了侍子制度的痼疾，即入侍者可能因脱离本国政局而影响其继位之后政权的稳定性。东汉以降，入塞的南匈奴对东汉政权依附性更强，侍子制度进一步强化，年度轮替，反映出南匈奴日益趋同于周边郡国。[2]

盟旗制度。吕文利《硬治理：清朝盟旗制度的运行机制及其实施效能》从新的视角研究了清朝在蒙古地区实施的根本制度——盟旗制度。在盟旗制度基础上，清廷逐渐建立官僚体系，把蒙古地区行政化、编制化，并给予一定自治权，以最小的治理成本达到了"大一统"的治理效能。[3]

行政区划制度。上京路自金初设立至金末废置，其行政区划经历了曲折变迁。孙文政《金代上京路行政区划变迁考述》揭示出其变迁史：天德二年，海陵王改万户为节度使，置上京路总管府，蒲与、胡里改、合懒、恤品、曷苏馆等路始隶于上京路；贞元元年，海陵王迁都后，上京撤去京号只设留守，行政级别降低，其下路、府、州不再隶属。大定十三年，金世宗复号上京，上京路行政级别恢复，原属路、府、州大部分重新划归上京路。金章宗为了加强对上京路的管理，再次调整其所属路、州行政级别。金末于上京路置上京行省，其所属路、府、州或被蒲鲜万奴占领，或被蒙古军占领，上京路最终废置。[4]清朝在郡县与藩部之间的过渡地带常设置"厅"以实施治理，山西与内蒙古交界的归绥地区是其典型。胡恒《从理事到抚民：清代归绥地区厅制变迁新探》对此作了研究，指出清朝对这一蒙汉杂处地带的治理经历了漫长而复杂的探索过程，可分为理事、分辖、统合、兼辖、抚民、建省等六个阶段。与此相应，厅制随之变迁，展现出郡县制如何逐步向边疆拓展的过程。这一过程受到国家整体行政制度的约束和区域社会历史进程的影响，应于具体时空环境中理解厅制在不同时期的样态。[5]许富翔《边疆整合视阈下民国初年热河的政区改制》则探讨了辛亥革命后

---

[1] 杜家骥：《清朝满蒙联姻之指婚制入关后发展变化及"备指额驸"问题》，《中国边疆史地研究》2022年第4期。

[2] 苏家寅：《汉、匈关系中的侍子》，《内蒙古社会科学》2022年第1期。

[3] 吕文利：《硬治理：清朝盟旗制度的运行机制及其实施效能》，《河北学刊》2022年第1期。

[4] 孙文政：《金代上京路行政区划变迁考述》，《内蒙古社会科学》2022年第6期。

[5] 胡恒：《从理事到抚民：清代归绥地区厅制变迁新探》，《清史研究》2022年第2期。

热河设省的背景、过程及其重要意义。当时社会涌现热河设省之呼声，以国务总理熊希龄最为积极。熊希龄最终提出继承清朝原有军府制度，参考内地省制，保有中央政府的影响力，在热河推行特别区制度，被袁世凯采纳。热河特别区的设立在中国近代政区沿革史上有重要意义，不仅延续了清末边疆整合的成果，也代表着长城外的边疆地区与内地行省形成一体。[1]

文教制度。乾隆三十二年，清廷在漠北乌里雅苏台和科布多两地设立官学，要求蒙古王公按季入班学习，后改为一年六班，每年选取20余人，学习内容为满蒙文翻译、法令、办事程式和礼仪等。特尔巴衣尔《清代科布多官学考》审视了这一学界关注较少的问题，指出该官学脱胎于蒙古王公在衙门的值班制度，不在清朝学校系统内，不分等级，不考核，不参加科举，无专门教习和统一教材。文章认为，清朝在科布多设立官学的目的是让各部王公入班帮助参赞大臣处理事务，顺便学习满蒙文翻译和起草文件，以更好地协助参赞大臣，进一步在边疆治理中发挥作用。清末因财力吃紧，加上官学未能达到预期效果，被清廷裁撤。[2]

4. 中央（中原）王朝在北部边疆的军政建置

中央（中原）王朝在北部边疆地区的军政建置是北部边疆治理研究的传统方向，2022年发表数篇学术论文，时代上分属战国秦汉、唐、明、清等时期，其中两文涉及北部边疆长城修筑史。长城是北部边疆的重大军事工程，中国有着近两千年的长城修筑史。张文平《从赵武灵王到王昭君——战国秦汉时期河套地区长城防御体系的演变》在考古调查的基础上，构拟了战国时期赵国、秦代、汉代沿着阴山山脉构筑长城防御体系的演变过程，揭示出中原王朝对河套地区的治理不断扩大以及中原王朝与匈奴之间关系的变化。[3]永徽元年突厥车鼻可汗被俘后，唐廷以其余众设立羁縻州，隶属燕然都护府。龙朔三年唐军平定铁勒叛乱，唐廷将燕然都护府迁至漠北，改称瀚海都护府，又在漠南地区新设云中都护府。麟德元年云中都护府改名单于都护府。郭桂坤《唐瀚海、单于二都护府初置年代再考》梳理了瀚海都护府和单于都护府设立始末，指出唐修国史《突厥传》存在的问题和对后世的影响。[4]李荣辉、陈永志《唐代单于都护府故地新出土刘如元墓志考释》通过考察刘如元墓志发现，刘如元家族是单于都护府官宦世家，墓志内容反映出唐代中期地方节度使属官制度、振武军中级将领父子相继情况、单于都护府的里坊制和单于都护府对唐廷的向心力。[5]马维仁《明代"长城"与"边墙"称谓考辨》指出明朝为避免引起民怨而特意将"长城"改称"边墙"这一传统观点的错误，认为明人不仅不避讳"长城"一词，反而赋予其崇高的意蕴。明人之所以将所修长城称为"边墙"，是由于严峻的边防形势，"边"在明代有着极其重要的意义，深刻影响了

---

[1] 许富翔：《边疆整合视阈下民国初年热河的政区改制》，《中国历史地理论丛》2022年第2期。
[2] 特尔巴衣尔：《清代科布多官学考》，《清史研究》2022年第1期。
[3] 张文平：《从赵武灵王到王昭君——战国秦汉时期河套地区长城防御体系的演变》，《内蒙古师范大学学报（哲学社会科学版）》2022年第5期。
[4] 郭桂坤：《唐瀚海、单于二都护府初置年代再考》，《中国历史地理论丛》2022年第3期。
[5] 李荣辉、陈永志：《唐代单于都护府故地新出土刘如元墓志考释》，《内蒙古师范大学学报（哲学社会科学版）》2022年第3期。

明代的政治运行和历史书写。①宝音朝克图《清代漠北金山卡伦考》探讨了清朝在漠北的卡伦制度，分析了漠北卡伦的类型和功能，着重考察了金山卡伦的性质、数量、名称、设置时间、方位、撤卡及复设等情况，并探讨了驻卡差役的摊派等问题。②绥远城驻防是清朝在北疆地区的重要军政建置，绥远城将军成为漠南蒙古地区最高军政长官，对清朝北部边疆治理发挥重要作用。黄治国《清代绥远城驻防研究述要》梳理了清代绥远城驻防研究学术史，指出学界在绥远城驻防建筑及布局、八旗军、绥远城将军人物、绥远城教育及民俗文化等领域取得突出成就，但在学科整合、研究视角选择、人物群体研究等方面仍有待深入。文章提出，学界应在绥远城驻防相关满蒙档案文献整理、多种研究方法应用、新研究视角开拓等方面进一步努力，拓展和深化绥远城驻防研究。③

二、北部边疆现实问题研究

继2021年我国如期打赢脱贫攻坚战，如期全面建成小康社会、实现第一个百年奋斗目标后，把脱贫攻坚同实施乡村振兴战略有机结合起来成为内蒙古自治区接下来一个时间段的一项重要任务。鉴于上述工作与任务的重要性，2022年关于北部边疆现实问题的研究主要围绕铸牢中华民族共同体意识、生态屏障保护研究、乡村振兴研究三个方面展开。

（一）铸牢中华民族共同体意识和统一多民族国家研究

铸牢中华民族共同体意识仍是未来五年这一关键时期的主要目标任务。习近平总书记在党的二十大报告中指出，要以"铸牢中华民族共同体意识为主线，坚定不移走中国特色解决民族问题的正确道路，坚持和完善民族区域自治制度，加强和改进党的民族工作，全面推进民族团结进步事业"。中华民族共同体意识同时是中国各民族共同缔造统一多民族国家的历史进程中形成的集体民族认同。从而，围绕铸牢中华民族共同体意识和统一多民族国家这两个主题展开的研究仍是2022年北部边疆现实问题研究的主题。

1. 以武宁《国家-社会良性互动与统一多民族国家的文化认同——内蒙古乌兰牧骑的公共文化实践》④为代表的研究关注了统一多民族国家文化认同的构建路径。该研究肯定了公共文化实践在构建统一多民族国家文化认同过程中发挥的重要作用。文章认为在统一多民族国家中，政府主导的公共文化服务体系建设，一要使得公共文化服务和产品与民间社会相契合、满足民众对美好文化生活的需求，二要协调不同民族民间文化、培育各族人民对中华民族的文化认同。具体到内蒙古，作者提出乌兰牧骑作为内蒙古自治区有代表性的公共文化组

---

① 马维仁：《明代"长城"与"边墙"称谓考辨》，《中国边疆史地研究》2022年第4期。
② 宝音朝克图：《清代漠北金山卡伦考》，《清史研究》2022年第4期。
③ 黄治国：《清代绥远城驻防研究述要》，《内蒙古大学学报（哲学社会科学版）》2022年第2期。
④ 武宁：《国家-社会良性互动与统一多民族国家的文化认同——内蒙古乌兰牧骑的公共文化实践》，《广西民族大学学报（哲学社会科学版）》2022年第3期。

织，能够根据牧区社会文化特征，在满足各民族新社会文化需求的同时，兼具社会服务和政策宣传的职能，为促进各民族交往交流交融做出了重要贡献。此研究的意义在于为提升中国民族事务治理体系和治理能力现代化水平，铸牢中华民族共同体意识提供了借鉴。

2. 依法治理民族事务是铸牢中华民族共同体意识的重要保障，民族事务治理路径研究也尤为重要。高永久、冯辉《边疆民族地区基层民族事务治理的社会支持路径研究——基于内蒙古自治区 F 旗 X 公司的个案考察》[①]以内蒙古自治区 F 旗 X 公司为个案，从结构和功能两方面归纳了边疆民族地区基层民族事务治理中社会支持的实现逻辑。具体说来，就是"在结构层面，通过空间基础，信任基础和动力基础，社会力量与各民族群众建立起亲密性社会关系网络结构，并转化为社会资本；在功能层面，依托关系网络传递发展资源，认同资源和交融资源，发挥保障发展，引导认同，促进互嵌的现实功能，提升各民族群众的获得感、幸福感、安全感。优化边疆民族地区的基层民族事务治理，要始终坚持和完善党的领导，促进社会支持与正式保障的衔接，为实现社会支持提供促进条件，未来拓展方向在于提升基层各民族群众的自我发展能力"。

3. 部分学者对铸牢中华民族共同体意识的传播途径展开了研究。饶曙光、尹鹏飞《〈海的尽头是草原〉：少数民族电影的共同体叙事新探索》[②]从文艺作品叙事视角出发，指出描述三年灾荒困难时期 3000 名上海孤儿入内蒙古历史的影片《海的尽头是草原》使得中华民族共同体叙事模式不再只聚焦于单向的少数民族历史回溯或当代发展，对铸牢中华民族共同体意识、拓展少数民族电影共同体叙事路径做出了有益尝试。穆晓艳、王颖等《边疆民族地区高校图书馆红色文献建设和红色文化传播实践——以内蒙古师范大学图书馆为例》[③]指出红色文献是红色文化的重要载体，认为边疆民族地区的高校图书馆建设利用好红色文献是贯彻落实习近平总书记"用好红色资源，传承好红色基因，把红色江山世世代代传下去"重要论述的内容之一。文章梳理了内蒙古师范大学图书馆在红色文献建设和红色文化传播方面的实践，这些探索为红色文献建设、推广利用和拓宽传播渠道提供思路与借鉴。

（二）北疆生态屏障建设研究

2022 年 3 月 5 日，习近平总书记在参加他所在的十三届全国人大五次会议内蒙古代表团审议时强调"内蒙古要坚定不移走以生态优先、绿色发展为导向的高质量发展新路子，把祖国北部边疆风景线打造得更加亮丽"。考虑到内蒙古自治区在生态安全方面的重要地位，2022 年诸多学者就内蒙古生态环境保护这一主题展开了相关研究。

1. 生态治理公共政策是政府治理生态环境的重要手段，政府治理公共事务的过程也就是

---

① 高永久、冯辉：《边疆民族地区基层民族事务治理的社会支持路径研究——基于内蒙古自治区 F 旗 X 公司的个案考察》，《云南民族大学学报（哲学社会科学版）》2022 年第 1 期。

② 饶曙光、尹鹏飞：《〈海的尽头是草原〉：少数民族电影的共同体叙事新探索》，《当代电影》2022 年第 10 期。

③ 穆晓艳、王颖、蔡庆、香春、何小华：《边疆民族地区高校图书馆红色文献建设和红色文化传播实践——以内蒙古师范大学图书馆为例》，《大学图书馆学报》2022 年第 1 期。

实践公共政策的过程。鉴于公共政策在生态治理过程中的重要性，有关生态治理公共政策及其效益的研究也就构成了内蒙古生态环境保护的重要组成部分。

朱守先等《内蒙古能源"双控"与"双碳"目标协同效应研究》[1]以内蒙古自治区为研究对象，识别能源消费和碳排放的重点领域和发展趋势，评估能源消费和碳排放的时空分布、影响及未来风险；结合国家、区域和地方发展战略规划，制定内蒙古能源"双控"与"双碳"目标政策和行动方案，进而设计内蒙古能源消费和碳排放控制重点企业和盟市分解方案。邱晓、肖燚等《基于生态资产的内蒙古生态保护效益评估》[2]将生态资产界定为能够为人类提供生态产品和服务的自然资源资产，指出生态资产的变化特征可以反映生态保护政策与工程的实施效果，认为通过生态资产变化评估内蒙古生态保护效益对掌握生态状况与保护生态资产具有一定的意义。通过核算、评估内蒙古生态资产特征及变化情况得知内蒙古整体生态质量水平在缓慢提升，实施的生态保护工程与政策发挥了积极作用。孙立超、郭露露等《面向国土空间规划的生态保护重要性评价——以内蒙古东部地区兴安盟为例》[3]构建了兴安盟生态保护重要性评价指标体系，并通过集成生态系统服务功能重要性和生态脆弱性评价对兴安盟生态保护重要性进行分等定级，从而进行内蒙古东部地区国土空间规划下生态保护重要性评价，可以为兴安盟生态保护红线划定、生态空间划定、国土空间规划编制构建绿色生态环境保护屏障提供科学依据。李伊彤、荣丽华等《生态重要性视角下东北林区县域生态安全格局研究——以呼伦贝尔市阿荣旗为例》[4]基于内蒙古呼伦贝尔市阿荣旗生态系统服务功能重要性评价结果构建阿荣旗综合生态安全格局，指出县域生态安全格局构建对于保障我国生态安全、优化县域生态空间格局具有重要意义。为了解草原生态补奖政策对草原畜牧业养殖效率的影响，郭慧、张心灵《草原生态补奖政策对牧户养殖效率的影响研究——以内蒙古鄂尔多斯地区为例》[5]对比分析了鄂尔多斯地区养殖户在政策全面推行前后养殖效率的变化，结果表明禁牧时长的不同带来投入要素及生产模式的变化差异，进而导致规模效率变化的异质性，虽然养殖牧户规模效率没有显著下降，但由于技术进步的大幅降低而导致研究区域畜牧业生产率指数普遍下降，且草原生态补奖金投入并没有完全修正养殖效率的下降问题。

2. 生态环境质量反映出生态环境的优劣，因此关于生态环境质量状况的研究也显得尤为重要。

---

[1] 朱守先等：《内蒙古能源"双控"与"双碳"目标协同效应研究》，中国社会科学出版社2022年版。

[2] 邱晓、肖燚、石磊、王慧敏、刘亚红、孙海莲：《基于生态资产的内蒙古生态保护效益评估》，《生态学报》2022年第13期。

[3] 孙立超、郭露露、全嘉美、段增强、王健、贾贵举、董康宁、董杰：《面向国土空间规划的生态保护重要性评价——以内蒙古东部地区兴安盟为例》，《中国农业大学学报》2022年第7期。

[4] 李伊彤、荣丽华、李文龙、程磊：《生态重要性视角下东北林区县域生态安全格局研究——以呼伦贝尔市阿荣旗为例》，《干旱区地理》2022年第5期。

[5] 郭慧、张心灵：《草原生态补奖政策对牧户养殖效率的影响研究——以内蒙古鄂尔多斯地区为例》，《家畜生态学报》2022年第6期。

史国锋、张佳宁等《内蒙古草原生态系统健康评价体系构建——基于植被型,植被亚型,群系三个等级》[1]认为合理进行草地生态系统健康评估可以从宏观尺度上准确了解草地生态系统的时空配置分布,是实现草地科学管理和合理利用的基础。本研究建立内蒙古草原生态系统健康评价指标体系,分别从植被型、植被亚型、群系三个等级对草地生态系统健康状态进行评价。该研究可为合理开展内蒙古草地生态系统健康评价提供科学依据,并为进一步进行草地资源合理利用提供科学指导。特力格尔、那仁满都拉等《内蒙古植被稳定性及其影响因素分析》[2]认为植被是生态系统的主要组成部分,在调节全球气候变化和生态平衡方面有重要作用,是气候变化的指示器。因此,研究植被弹性和抗性及影响因素对区域植被稳定性现状和生态可持续发展具有重要意义。文章通过自回归模型、趋势分析及地理空间分析方法,对内蒙古植被稳定性及其影响因素进行了探讨。结果表明内蒙古地区的不同类型植被弹性随气候因素变化而变化,并且降水是内蒙古地区植被覆盖变化的主导限制因素。张岩、哈斯巴根《内蒙古生态脆弱区经济 - 社会 - 生态环境系统综合评价》[3]以内蒙古生态脆弱区12盟市为研究对象,构建经济 - 社会 - 生态环境系统综合评价指标体系,测算2010-2019年12盟市综合得分。表明内蒙古的整体现状是,对经济的重视程度高于对生态环境的重视程度,而对生态环境的重视程度又高于对社会系统的重视程度。此外,12盟市经济发展差距较大,社会与生态环境系统相比之下差异较小,导致综合发展水平得分高低的因素不同。M Jiang,L He 等人的 Intraspecific more than interspecific diversity plays an important role on Inner Mongolia grassland ecosystem functions: A microcosm experiment(与种间多样性相比,种内多样性在内蒙古草原生态系功能中发挥了更为重要的作用)[4]指出,陆生植物群落生物多样性正在发生变化。以内蒙古的草原地带为例,该研究认为评估干旱处理、物种多样性和占支配地位品种羊草的基因多样性通过控制植物群落功能性结构和土壤生物多样性对生态系统功能的直接和间接影响来实现。在研究意义方面,该研究填补了种内种间层面多样性变化的交互作用,与从植物到土壤微生物对生态系统功能的级联效应方面研究的不足。

(三)乡村振兴研究

自1921年以来,中国共产党团结带领中国人民,以坚定不移、顽强不屈的信念和意志与贫困作斗争。"中共十八大以来,在以习近平同志为核心的党中央领导下,中国组织实施

---

[1] 史国锋、张佳宁、姚林杰、赵艳云、丁勇、张庆:《内蒙古草原生态系统健康评价体系构建——基于植被型、植被亚型、群系三个等级》,《内蒙古大学学报(自然科学版)》2022年第1期。

[2] 特力格尔、那仁满都拉、郭恩亮、阿如娜、康尧、娜仁夫:《内蒙古植被稳定性及其影响因素分析》,《长江科学院院报》2022年第4期。

[3] 张岩、哈斯巴根:《内蒙古生态脆弱区经济 - 社会 - 生态环境系统综合评价》,《科技和产业》2022年第4期。

[4] M Jiang, L He, B Fan, T Wang, N Yang, Y Liu, Y Xu, K Dong, G Hao, L Chen, Intraspecific more than interspecific diversity plays an important role on Inner Mongolia grassland ecosystem functions: A microcosm experiment, *Science of the Total Environment*, 2022.

了人类历史上规模空前、力度最大、惠及人口最多的脱贫攻坚战"。2021年2月25日，习近平总书记在全国脱贫攻坚总结表彰大会上庄严宣告，脱贫攻坚战取得了全面胜利，中国完成了消除绝对贫困的艰巨任务。但同时，习近平总书记也指出"脱贫摘帽不是终点，而是新生活、新奋斗的起点""我们要切实做好巩固拓展脱贫攻坚成果同乡村振兴有效衔接各项工作，让脱贫基础更加稳固、成效更可持续"。中国共产党第二十次全国代表大会也多次强调要全面推进乡村振兴，着力推动高质量发展。从而，有关乡村振兴这一主题，成为2022年北部边疆现实问题研究的热点之一。

刘继文、良警宇等《主体再造与多元参与："村民自办文化"的实践机制——基于内蒙古邓村的田野考察》[1]关注了乡村振兴过程中的农村公共文化内生机制。研究指出我国从"送文化"到"种文化"的农村公共文化政策转型过程中，"村民自办文化"已经成为构建农村公共文化内生机制进而实现乡村文化振兴的有效路径。文章以"国家－社会"为理论分析视角，基于对内蒙古邓村"村民自办文化"实践的田野考察发现在乡村文化建设过程中，乡土社会内生主体在国家文化行政部门的政策推进下得以再造，文化供给主体日趋多元，形成了文化行政部门、文化志愿者、村民等多元主体构成的农村公共文化供给系统。通过政府的规范和引导、文化志愿者的组织和创作、村民的认同和支撑，多元文化主体在"村民自办文化"实践共同体中形成了相互支撑、相互联结的实践机制。

刘明越、邓婷鹤等《内蒙古自治区农牧业产业扶贫与生态扶贫耦合协调分析》[2]分析了内蒙古农牧业产业扶贫与生态扶贫耦合协调性和协调路径，试图为内蒙古农村牧区在绿色低碳发展方式下巩固脱贫攻坚成果提供可行的方案。文章指出内蒙古农牧业产业扶贫与生态扶贫协调发展关系存在反向耦合和正向耦合两个阶段。认为产业扶贫与生态扶贫的双轮驱动是新时代精准扶贫的新模式，二者相结合弥合了消除贫困与保护生态之间的鸿沟，体现出人与自然和谐发展的生态文明理念。二者耦合协调利于把生态文明建设与农村牧区经济发展、农牧业结构调整、农牧民增收紧密结合起来，在守住生态底线的基础上，筑牢内蒙古的发展底线。

乡村振兴，健康先行。陶娅等《农户的健康投资行为及其对贫困的影响研究》[3]就选取内蒙古的兴安盟、乌兰察布市和赤峰市三个深度贫困地区作为研究区域，剖析了内蒙古深度贫困地区农户健康投资行为的现状及原因，分析了调研基本信息统计及农户健康投资意愿与行为，并对农户短期、长期健康投资行为对贫困的影响进行分析研究，最后，提出高质量破解深度贫困、提升农村公共健康投资水平、构建全方位的健康贫困治理体系等政策建议。

---

[1] 刘继文、良警宇、辛媛媛：《主体再造与多元参与："村民自办文化"的实践机制——基于内蒙古邓村的田野考察》，《南京农业大学学报（社会科学版）》2022年第4期。

[2] 刘明越、邓婷鹤、柴智慧：《内蒙古自治区农牧业产业扶贫与生态扶贫耦合协调分析》，《中国农业资源与区划》2022年第6期。

[3] 陶娅等：《农户的健康投资行为及其对贫困的影响研究》，中国财政经济出版社2022年版。

三、北部边疆对外开放研究

对外开放一直以来是北部边疆研究的重要方向，尤其是"向北开放"政策和"中蒙俄经济走廊"建设倡议付诸实施以来，该领域的研究不断吸引国内外学者的注意力，科研项目、学术会议和智库论坛日益增多，学术文章、时事评论和学位论文遍地开花。有众多经济学领域和国际关系领域的学者涉足于此，反复讨论中国北部边疆的开放问题。早期以讨论"向北开放"为主，近期则集中在"中蒙俄经济走廊"建设问题上。"中蒙俄经济走廊"建设倡议和中蒙俄三国元首会晤机制，为北部边疆对外开放研究提供了兴趣锚点，不断激发研究者们的讨论热情，科研成果层层积累，学术认知持续深化。

丁家鹏的《将蒙东打造为内蒙古对外开放新前沿的路径选择》[1]一文从"十四五"规划的实施和中央提出的新发展格局出发，提出"十四五"是内蒙古自治区服务与融入国家新发展格局的关键时间点，理应奋力建设东西部地区，从而跟上中央的布局和建设步伐。内蒙古东部地区近年出现经济增长极缺乏、体制机制改革落后、产业结构单一等一系列问题，急需借助深化改革、扩大开放，找出新的经济发展动能。内蒙古自治区是西部大开发战略覆盖区，而内蒙古东部又在东北振兴战略的惠及范围之内。同时受惠于两大发展战略，是内蒙古东部的独厚"天时"，而"中蒙俄经济走廊"又是一大利好"便车"。文章提出，东部地区正在成为内蒙古向北开放的桥头堡，应率先推动东部地区的体制机制创新，加快赤峰、通辽等城市的发展，推动内蒙古对外开放走实走深。

王哲的《边疆治理视域下黑龙江省融入中蒙俄经济走廊的路径选择》[2]一文充分肯定了"中蒙俄经济走廊"在"一带一路"建设中的重要地位和联通东北亚经济圈与欧洲经济圈的桥梁作用。以此种认识为前提，文章对黑龙江省等省区融入"中蒙俄经济走廊"的具体路径进行了探讨。文章突出黑龙江的边疆区位优势和历史地位，指出黑龙江融入"中蒙俄经济走廊"过程中的不足，相应提出了应对对策，包括完善合作体制机制、强化经济发展的"软环境"、挖掘"后发优势"、依托利用"双循环"发展格局等。

王国秀、郝大为的《讲政治担使命见行动 书写高质量发展新篇章——访呼和浩特海关关长李建伟》[3]以访谈的形式讲解了内蒙古自治区海关建设和对外开放问题。访谈提出，把内蒙古打造成向北开放的桥头堡是内蒙古推动更高水平开放，以高水平开放促进高质量发展的现实需要。访谈认为，深刻领会、认真贯彻习近平总书记重要讲话精神，就是要切实把内蒙古自治区的区位优势转化为开放优势、发展优势，取得社会经济的更大发展。访谈从政治高度审视内蒙古对外开放问题，以落实中央领导人的讲话精神为切入点，探讨内蒙古对外开放问题和今后工作要求。

---

[1] 丁家鹏：《将蒙东打造为内蒙古对外开放新前沿的路径选择》，《北方经济》2022年第1期。
[2] 王哲：《边疆治理视域下黑龙江省融入中蒙俄经济走廊的路径选择》，《对外经贸实务》2022年第7期。
[3] 王国秀、郝大为：《讲政治担使命见行动 书写高质量发展新篇章——访呼和浩特海关关长李建伟》，《中国海关》2022年第3期。

田惠敏、张欣桐的《中蒙俄经济走廊三国新动向——中蒙俄合作发展动向及展望》[1]是一篇专门探讨"中蒙俄经济走廊"沿线国家关系的文章。文章首先回顾中蒙俄三国在经贸合作方面所取得的进展以及未来合作方向，充分肯定已有成绩，然后分析当前"中蒙俄经济走廊"建设面临的各项困难和制约因素，包括三方政治互信有待推进、三方合作在全球产业链中的关联度、三方经贸合作结构有待优化等问题。另外，三方现有的合作机制不够完善，互联互通基础设施难以满足经贸合作需求。文章为"中蒙俄经济走廊"建设提出了强化政治互信、加强民心相通，加强经济科技联系，优化贸易结构，完善交通基础设施建设等多项建议。

杨习铭、董厶菲、高志刚的《中蒙俄经济走廊产能合作研究——基于细分产业贸易竞争力的动态分析》[2]，运用 UN Comtrade 数据库 Rev 4 分类，利用比较优势、竞争优势和互补优势等指标，评估"中蒙俄经济走廊"产能合作的潜力。分析产能合作中的各项比较优势，不仅有助于理解三国产业优势和产业格局，也为优化三国产业合作提供了数据依据。文章分析认为，在 2013-2020 年，"中蒙俄经济走廊"沿线三国的核心和重点产业比较优势、竞争优势和互补优势得到持续提升。中国的制成品、杂项制品和机械制造类产品具有比较优势和竞争优势；蒙古国的原料、能源矿物具有比较优势和竞争优势；俄罗斯的原料、能源矿物、动植物油脂及制成品四类产品具有比较优势和竞争优势。评估所得三国各自的优势，反映三国长期贸易往来中的历史优势，更对未来的合作具有指导意义。

孟根仓、萨如拉的《"中蒙俄经济走廊"建设背景下跨境区域经济合作研究——以俄罗斯布里亚特共和国为例》[3]，从推进"中蒙俄经济走廊"出发，以重新认识俄罗斯、蒙古国及两国同中国毗邻的边境地区为目标，评估三方跨境区域经济合作的可行性。作者以俄联邦布里亚特共和国为例，用 SWOT 分析法分析对布里亚特共和国参与"中蒙俄经济走廊"的优势、劣势和机遇、挑战。同时，根据中蒙俄三国的社会经济发展、自然环境和人文背景等因素，提出"民族走廊绿色经济圈"的概念，以丰富三方共建跨境区域经济合作的实现路径。

米军、陆剑雄的《中蒙俄经济走廊金融合作发展、风险因素及深化合作的思考》[4]从金融合作的角度分析了"中蒙俄经济走廊"建设现状。文章认为，"中蒙俄经济走廊"建设倡议提出以来，中蒙俄三国在金融合作机制建设、货币合作和金融机构合作等方面取得了重要进展，但因新冠病毒大流行、逆全球化思潮、大国地缘博弈，以及蒙俄两国金融发展水平较低、风险把控能力较差等原因，"中蒙俄经济走廊"金融合作仍在探索阶段，依旧以防范风险为主。

---

[1] 田惠敏、张欣桐：《中蒙俄经济走廊三国新动向——中蒙俄合作发展动向及展望》，《中国市场》2022 年第 24 期。

[2] 杨习铭、董厶菲、高志刚：《中蒙俄经济走廊产能合作研究——基于细分产业贸易竞争力的动态分析》，《价格月刊》2022 年第 9 期。

[3] 孟根仓、萨如拉：《"中蒙俄经济走廊"建设背景下跨境区域经济合作研究——以俄罗斯布里亚特共和国为例》，《东北亚经济研究》2022 年第 6 期。

[4] 米军、陆剑雄：《中蒙俄经济走廊金融合作发展、风险因素及深化合作的思考》，《欧亚经济》2022 年第 2 期。

文章采用 CRITIC 法对"中蒙俄经济走廊"金融风险做了测算,显示中俄处于中等风险水平,蒙古国风险水平较高。基于此,作者为今后三国金融合作提出了建议,涉及构建"中蒙俄经济走廊"金融合作安全机制、共建投融资合作体系、加快人民币国际化步伐等问题。

匡增杰的《中蒙俄经济走廊次区域合作:进展、挑战与深化路径》[1]总结近年"中蒙俄经济走廊"建设的成就,认为在次区域合作机制方面形成了三方合作机制,加强了三国合作与互信,实现了三国共同发展。文章分析"中蒙俄经济走廊"建设中存在的问题,认为目前"中蒙俄经济走廊"建设还存在层次不高、机制缺乏创新等问题。文章提出存在的问题,有助于了解"中蒙俄经济走廊"建设现状。文章提出了一些对策建议,包括提升国家合作层次、完善区域合作机制框架,搭建通关便利化机制,加快口岸协同管理,建设国际多式联运等。

张宇晴、熊涓的《中蒙俄运输服务贸易合作新发展研究》[2]认为,中蒙俄三国运输服务贸易合作在基础设施合作、合作规模等方面取得了令人欣慰的进展。"一带一路"倡议为中蒙俄运输服务贸易合作制定了框架,中国的双循环战略则为三国运输贸易合作提供了发展空间。作者提出了一些有针对性的对策建议,其中包括促进基础设施建设,利用区位优势加强三国运输服务贸易合作等。

戴敏的《呼伦贝尔市与俄蒙经贸合作的路径探析》[3]从国际合作角度探讨了内蒙古自治区呼伦贝尔市同俄罗斯和蒙古国的经贸合作。文章认为,过去中国同俄蒙两国的经贸合作取得了较好的成就,但目前国际形势复杂多变,需要认真讨论如何持续深化经贸合作。作者认为,在未来经贸合作中,探索新的发展路径意义重大。作者研究呼伦贝尔市同俄蒙经贸合作现状,指出存在的问题,提出需要努力探索产业、技术、区域经济合作的新路径。

张月琴的《万里茶道山西段的市镇、茶叶贸易及历史意义》[4],从"茶叶之路"历史考察的角度,对明清以来的北部商业重镇进行了研究,评估各市镇在茶叶之路和中外贸易史上的地位。文章认为,万里茶道是东西方经济文化交流的重要通道。在历史上,茶叶之路经过山西西部,成为山西道路交通的主脉。凭借"茶叶之路",山西沿线市镇得到发展,经济功能得到增强。这些历史基础成为今天山西经济发展,乃至山西对接"中蒙俄经济走廊"的重要条件。

中蒙俄经贸合作 2022 年受到学界关注,出版 2 部专著。《中蒙俄经济走廊:国别经贸投资风险评估及对策研究》梳理了中蒙俄三国经济社会情况,全方位、多角度地分析了对蒙、俄投资过程中可能存在的风险,提出了预防和规避不同风险的对策建议,为进一步夯实三国经济合作基础,为丝绸之路经济带对接"发展之路"、欧亚经济联盟这一目标的实现提供了理论支持。该书认为对外投资是中蒙俄经济走廊建设的题中之义,有利于开展国内国际合

---

[1] 匡增杰:《中蒙俄经济走廊次区域合作:进展、挑战与深化路径》,《学习与探索》2022 年第 3 期。
[2] 张宇晴、熊涓:《中蒙俄运输服务贸易合作新发展研究》,《对外经贸》2022 年第 3 期。
[3] 戴敏:《呼伦贝尔市与俄蒙经贸合作的路径探析》,《现代商业》2022 年第 20 期。
[4] 张月琴:《万里茶道山西段的市镇、茶叶贸易及历史意义》,《农业考古》2022 年第 2 期。

作，探索新发展路径。①

《中蒙俄经济走廊框架内交通基础设施建设研究报告》是中蒙俄三方专家共同完成的研究成果，通过梳理中蒙俄经济走廊交通基础设施建设的基础条件、发展愿景，提出在中蒙俄经济走廊框架内最为适宜建设"乌兰察布—乌兰巴托—乌兰乌德"铁路。同时，该书就建设"扎门乌德—乌兰巴托—乌兰乌德"铁路复线，对合作建设高速公路——亚洲公路网 AH3 线项目，解决中蒙口岸不畅通问题，共建中蒙俄经济走廊东线通道等进行了分析，并提出建议，为实现三国基础设施互联互通提供了理论支持，对推进中蒙俄经济走廊基础设施建设以及加强经贸合作具有重要参考价值。②

人文交流一直以来是"中蒙俄经济走廊"建设的重要内容，是沿线国家民心相通的基础。

邢晶《后疫情时代中蒙俄经济走廊人文交流的挑战与展望》③，从"中蒙俄经济走廊"建设需求和后疫情时代实情出发，探讨了中蒙俄三国人文交流问题。文章认为，面对全球疫情与百年变局，中蒙俄三国迫切需要重新定位人文交流的逻辑起点，为人文合作提供与时俱进的学理支撑。文章指出，在后疫情时代，"中蒙俄经济走廊"建设需从公共外交和民间外交两个维度重塑人文交流，为实现"中蒙俄人文走廊"升级转型提供智力支持。

王景峰、冯利伟的《中蒙俄高等教育合作机制与模式研究》④从全面推进"中蒙俄经济走廊"建设的角度分析中蒙俄三国高等教育合作现状，为未来的发展和推进提出了对策建议。文章认为，中蒙俄三国高等教育合作是三国关系发展的结果，有着天然的优势。推进三国高等教育合作，要由三国政府、高校、企业和社会各方通力合作，建立良好的合作机制。文章认为，内蒙古比邻蒙古国和俄罗斯，历来积极参与中蒙俄高等教育合作，积累了很多经验，这不仅为内蒙古本地的发展创造活力，还可以为国内其他高校提供先行样本。

闫冬、吴华的《中蒙俄经济走廊建设对蒙汉兼通人才需求的影响》⑤从高素质人才培养和"中蒙俄经济走廊"建设的角度专门探讨培养蒙汉兼通人才问题。文章认为，内蒙古凭借地缘优势成为"中蒙俄经济走廊"的枢纽，深度参与经济走廊建设。内蒙古的参与和融入，直接推动了中国对蒙古国的直接投资和双边贸易的发展，从而为"一带一路"的长足建设做出了贡献。"中蒙俄经济走廊"的建设依赖各类人才，持续推进走廊建设，必将导致人才需求与日俱增。蒙汉兼通人才是"中蒙俄经济走廊"建设的重要人力资源，理应加强培养。文章认为，要加强少数民族高层次人才的培养，使其在民族地区经济发展与建设中发挥积极作用。

---

① 内蒙古自治区中蒙俄合作研究院、新华社、内蒙古自治区社会科学院、内蒙古财经大学：《中蒙俄经济走廊：国别经贸投资风险评估及对策研究》，中国发展出版社 2022 年版。
② 乌日丽格、毛艳丽、刘兴波等：《中蒙俄经济走廊框架内交通基础设施建设研究报告》，中国发展出版社 2022 年版。
③ 邢晶：《后疫情时代中蒙俄经济走廊人文交流的挑战与展望》，《阴山学刊》2022 年第 2 期。
④ 王景峰、冯利伟：《中蒙俄高等教育合作机制与模式研究》，《边疆经济与文化》2022 年第 10 期。
⑤ 闫冬、吴华：《中蒙俄经济走廊建设对蒙汉兼通人才需求的影响》，《开发研究》2022 年第 3 期。

包锋的《中蒙俄经济走廊建设背景下内蒙古职业教育高质量发展行动路向》一文[1]从"中蒙俄经济走廊"建设的角度讨论了内蒙古职业教育发展。文章认为,在"中蒙俄经济走廊"建设背景下,职业教育的高质量发展为内蒙古对外开放提供人力资源,同时使内蒙古职业教育国际化。作者为内蒙古职业教育的未来发展提出了几点建议,其中包括以政府统筹为中心,制定内蒙古职业教育发展规划;优化专业结构,选择优势紧缺专业发力;树立国际化办学理念,满足国际社会对人才能力的需求。

国外学者的一些成果也涉及中国北部边疆历史与开放问题。Ariell Ahearn 等人的《社会空间斗争:中蒙边境的采矿与出口》[2]一文,对中蒙边境地区的采矿问题进行了社会学探讨。作者经过多年的田野调查,形成了一定规模的第一手资料,根据这些资料对矿业开发、地方政府的招商引资和当地牧民围绕草场权益的维护等三角形关系做了深入分析。2022 年,蒙古国科学院历史与民族学研究所编辑出版论文集《哈喇和林 800 年》[3],该书收录蒙古国学者就大蒙古国首都哈喇和林进行研究的有关学术成果。2022 年,蒙古国科学院国际关系研究所编著出版《蒙古国与中华人民共和国关系年表 2015-2019》[4],这是原先由中蒙两国学者合编、2013 年在北京出版的《中蒙国家关系历史编年》(二卷)的续编。这次由蒙古国科学院国际关系研究所的学者独立编著。这部书的内容涵盖 2015-2019 年间的中蒙两国交往历史,除了编年记述两国官方交往之外,还收录了经贸数据、留学与旅游等人口流动数据,因此很有资料价值,为相关研究者提供了查阅便利。

小结

综上所述,2022 年度北部边疆历史研究继续呈现繁荣的局面,在历史地理、部族史、边疆治理三大方向取得可喜进展,产出众多优秀成果,其中尤以北部边疆部族研究最为兴盛。从成果形式看,既有多部学术专著出版或者经典名著再版,也有大量学术论文发表。从研究主题看,既有传统热点问题的深入和拓展,也有冷门课题的突破和创新。从研究理路看,既有传统学术理论方法的运用,也有新时代党和国家提出的时代命题的启示和引导。从学者情况来看,既有不少名家大家继续贡献智慧和力量,也有众多青年才俊和学术新秀踊跃加入、焕发光彩。需要指出,2022 年度的研究所涉时代分布极不均衡,集中于中古时期、辽代和清代,先秦、秦汉、金、元、明等其他朝代略有涉及,成果较少。并且,北部边疆治理研究方

---

[1] 包锋:《中蒙俄经济走廊建设背景下内蒙古职业教育高质量发展行动路向》,《教育理论与实践》2022 年第 15 期。

[2] Ariell Ahearn & Troy Sternberg, Ruins in the making: socio-spatial struggles over extraction and export in the Sino-Mongolian Borderlands, *Eurasian Geography and Economics*.

[3] Ц. Цэрэндорж эрхлэн хэвлүүлэв, Хархорум 800, Улаанбаатар, 2022.

[4] Н. Ганбат нар, Монгол-Хятадын харилцааны он дараалын товчоон (2015-2019), Улаанбаатар: Бэмби Сан XXK, 2022.

面成果明显少于往年，出现萎缩的现象。而中原王朝与北部边疆民族关系、北部边疆社会经济、北部边疆边防等传统研究领域更是成果甚少，大不如前。这是需要认真思考的问题。

现实研究方面，2022年有关铸牢中华民族共同体意识和统一多民族国家的研究从传播学、社会学、法学、教育学等视角出发，探讨了其具体实践路径和传播途径，总结了内蒙古自治区在这两方面的有效尝试，具有重要的借鉴意义。同时也表现出理论研究方面的不足。有关北疆生态屏障建设的研究是北疆现实问题研究的重要组成部分，以生态治理公共政策及其效益研究和生态环境质量状况研究为主，兼具理论价值与实践价值，在一定程度上补充了既往研究的不足，加深了既往研究的深度。有关北部边疆乡村振兴的研究关注了乡村振兴文化主体、产业扶贫、乡村振兴和健康与贫困的关系，具有重要的实践意义。

对外开放研究方面，2022年相关研究呈现出承前启后的趋势。有关向北开放和"中蒙俄经济走廊"的研究继承了之前的研究路经和研究思路，以经济学研究和国际关系研究为主，结合当前的实际情况，继续探讨走廊建设相关理论和实践问题，成果显著，视野宽阔。有关人文交流的研究既继承原有研究框架，也有结合时代特色的创新探索，例如有关后疫情时代人文交流的探讨就是一种反映时代进程、站在变局浪尖上观察全局的研究举动，具有很好的俯瞰效用，可以说为今后的研究提供了新的路径、新的视角。

2022 年东北边疆研究述评

初冬梅　朱　尖　齐会君　葛小辉　赵　彪*

2022 年中国学界在东北边疆史研究和当代东北边疆研究方面都取得了一定的进展，整体而言虽与往年相比有所萎缩，但在个别领域依然存在很多亮点。与往年一样，研究以论文形式为主，专著类作品有限，缺乏系统性整体性的专题研究。

一、东北边疆史研究

2022 年，中国学界东北边疆史研究领域取得一定进展，主要集中在东北边疆通论或整体性研究、历史时期东北边疆与边疆治理研究、边疆族群发展史研究、边界史研究等几大领域。

（一）历史时期东北边疆与边疆治理
1. 先秦至秦汉时期

先秦至秦汉时段的东北边疆问题研究成果相对较少，原因在于文献资料的稀缺，研究难度较大。比较可喜的是本年度依然有多篇（部）具有代表性的成果问世，尤其李光明所著的《战国时期辽东郡相关问题研究》更是学术意义重大。全书围绕战国时期辽东郡的设立、统治与管理方式等问题进行系统探讨，分为七章，详细考证了"辽东"的内涵、辽东郡的位置，以及辽东郡的设立与发展过程，进而探讨了战国时期的辽东郡郡县制实施与否问题，并对其统治与管理方式作了进一步的分析。该书文献与考古资料有效结合，把辽东郡放置于整个燕国的大背景下展开探讨，在文献和考古资料稀缺的背景下，这一著作的出版和相关观点的提出对东北边疆地区的治理史和考古学文化研究具有极为重要的价值。[①]论文方面，朱圣明认为秦汉时期，边塞被赋予了限制亡入、亡出的职能，但北边的越塞现象仍然经常发生。其中，尤以边民的亡出最具代表性。文章进而以东北边塞为例，指出在东北塞外，基于边民群体性越塞亡出的基本史实和华夷区分的观念意识，形成了两条"边民—亡人—蛮夷"的身份演生路径。边民跨越边塞成为"亡人"后，有的以"中国人"身份区别于当地"蛮夷"，还有的是在不同的时空背景下被辨识、建构成"蛮夷"。关于"亡人""蛮夷"身份的辨识及

---

* 初冬梅、朱尖：中国社会科学院中国边疆研究所副研究员；齐会君、葛小辉、赵彪：中国社会科学院中国边疆研究所助理研究员。

① 李光明：《战国时期辽东郡相关问题研究》，辽宁人民出版社 2022 年版。

二者关系的解说,既有深刻的历史背景,也有显著的现实因素考量。[1]史话、焦彦超探讨了东汉中后期辽东属国设立的背景、原因、管理方式、治所变迁,以及后来魏晋时期的复置和发展演变问题。[2]另外,广西师范大学王力恒的硕士论文《东汉王朝的"四边"经略研究》,专门设置章节分析了东汉王朝"东北边"的矛盾形势变化问题。[3]

2. 魏晋至隋唐时期

魏晋至隋唐时期的东北边疆研究,内容相对丰富,涉及中原王朝的东北边疆治理、统一战争、朝贡体系、族群互动、考古发掘等系列问题,关注重点集中在唐代。李磊专门探讨了南朝刘宋的"东服"秩序与东亚的多边关系问题,指出刘宋建构的"东服"秩序,将百济、高句丽、倭国等纳入其中,塑造了东亚的地缘政治结构。[4]王俊铮指出三燕慕容鲜卑是东北最早接受佛教并向东北腹地传播佛教文化的民族,其政治统治中心龙城是东北亚地区佛教文化的传入地和中转站。三燕政权中已存在参与政治权力的佛教僧侣集团,三燕佛造像与北朝早期佛造像特征基本一致。三燕莲花纹瓦当是目前考古所见中国北方莲花纹可能与佛教信仰有关的最早例证,在车马具、墓葬壁画、建筑构件等载体中也融入了莲花纹、忍冬纹、龟甲纹等佛教题材纹样。[5]宋娜娜专门探讨了唐与高句丽战争的政治意图与战略决策问题。[6]张维慎则具体对龙朔元年苏定方东征高句丽失利原因进行了新的分析。[7]张晓舟讨论了李尽忠之乱期间的辽东情势,尤其对益州之乱后乞四比羽东奔时间作了讨论。[8]辛时代、赵小贵分四个时期梳理了契丹对唐朝朝贡的特点,指出契丹对唐朝朝贡的变化与东北政局密切相关。[9]

3. 辽金时期

辽金两朝史研究是古代东北边疆史研究的重要组成部分,辽史研究领域主要涉及到都城形制、藩属体制问题,比如刘露露考查了辽上京城的形制布局特点和营建规制中的渤海因素,指出这些因素在辽上京城形制结构的完善过程中起到重要作用,体现了辽上京城的都城文化具有强大的包容性。[10]陶昱睿从不同层面考查了辽朝的藩属体制,指出辽朝藩属体制具有草原与中原两种属性,打破了传统的华夷思想,并且被其后的金、元、清所继承,成为中

---

[1] 朱圣明:《秦汉边民与"亡人""蛮夷"的演生——以东北边塞为例》,《学术月刊》2022年第4期。
[2] 史话、焦彦超:《辽东属国再探讨》,《北方文物》2022年第1期。
[3] 王力恒:《东汉王朝的"四边"经略研究》,硕士学位论文,广西师范大学,2022年。
[4] 李磊:《刘宋的"东服"秩序与东亚的多边关系》,《上海师范大学学报(哲学社会科学版)》2022年第4期。
[5] 王俊铮:《三燕佛教及其遗迹、遗物》,《地域文化研究》2022年第4期。
[6] 宋娜娜:《唐与高句丽之战政治意图与论战略》,《文化创新比较研究》2022年第4期。
[7] 张维慎:《龙朔元年苏定方东征高句丽失利原因再探》,《陕西师范大学学报(哲学社会科学版)》2022年第5期。
[8] 张晓舟:《论李尽忠之乱期间的辽东情势——兼议乞四比羽东奔时间》,《中国边疆史地研究》2022年第1期。
[9] 辛时代、赵小贵:《契丹对唐朝贡述论》,《渤海大学学报(哲学社会科学版)》2022年第3期。
[10] 刘露露:《辽上京城的渤海因素探析》,《北方文物》2022年第2期。

国疆域地跨长城南北的重要历史节点，是中华民族共同体形成过程中的重要一环。①孙慧雨结合有关历史文献和先行研究成果，对辽圣宗朝治理属国的措施、特点及其产生的影响进行了初步研究。②金史研究领域则有一部专著问世，李秀莲《金朝社会形态演进的历史书写》通过对历史资料的分析，客观还原了金朝建立者——女真人的历史发展历程，在广泛参考和借鉴前人研究成果的基础上，多发前人所未发，其中不乏真知灼见，是一部富有创造性的学术著作。③王禹浪、寇博文对金代肇州的地理位置进行了详细考订，将其比定为今黑龙江省大庆市青龙山古城。④郝素娟通过对贞祐二年（1214）金宣宗迁都南京（今河南开封）的背景分析，指出南迁在一定程度上加速了金朝的灭亡。⑤

4. 元明清时期

元明时期东北边疆史相关的研究成果不多，李麒讨论了元至正十一年（1351）至明洪武二十五年（1392），四十年间东北地区局势的变化及其对中国和高丽关系的影响。⑥李建运用群体遗传学分析手段分析了明代生活在黑龙江流域的兀的哈人群的遗传特征，指出兀的哈人群与黑龙江流域早期居民具有遗传相似性，其遗传特征由本地域早期居民与现代汉族相关人群混合形成，但不是黑水靺鞨个体的后代，兀的哈人群可以作为现代赫哲族和锡伯族的祖先人群。⑦

与之相比，清朝东北边疆史研究领域相关成果产出较多，涉及宗藩关系、历史地理、边疆治理等方方面面的内容。宗藩关系方面，宫健泽等通过对景宗两次册封的经过进行分析，指出清朝强调"礼"在王位继承上的重要性，并通过对朝鲜请封的准许来加强其对朝鲜在"礼"上的约束。⑧东北边疆治理方面，张明富、李祥东着重考察了清朝富察氏家族在清前期东北边疆治理方面采取的各种举措，在肯定他们取得的治理成效的同时，也指出其中存在的失误和负面的影响。⑨何川从民政、军政治理与涉外事务处理三个方面探讨了光绪十四年（1888）就任吉林将军的长顺在治边方面的得失，指出其对于吉林边疆的治理，在民政和军政方面作出了一定贡献，但在处理涉外事务方面却显得无心无力。⑩董浩哲从盛京地区城守

---

① 陶昱睿：《辽朝藩属体制研究》，硕士学位论文，烟台大学，2022年。
② 孙慧雨：《辽圣宗朝属国治理研究》，硕士学位论文，哈尔滨师范大学，2022年。
③ 李秀莲：《金朝社会形态演进的历史书写》，中华书局2022年版。
④ 王禹浪、寇博文：《金代肇州地理位置再研究》，《石河子大学学报（哲学社会科学科学版）》2022年第2期。
⑤ 郝素娟：《金末女真人南迁与金朝国运》，《济南大学学报（社会科学版）》2022年第4期。
⑥ 李麒：《元明之际的东北局势与中朝关系》，硕士学位论文，辽宁大学，2022年。
⑦ 李建：《黑龙江流域绥滨东胜明代墓地古代人群基因组学研究》，硕士学位论文，吉林大学，2022年。
⑧ 宫健泽、卢娇、林国亮：《论康熙朝对朝鲜"礼"的约束——以景宗两次册封为例》，《延边大学学报（社会科学版）》2022年第1期。
⑨ 张明富、李祥东：《清前期东北边疆治理中的富察氏家族》，《重庆社会科学》2022年第3期。
⑩ 何川：《吉林将军长顺治边研究》，硕士学位论文，哈尔滨师范大学，2022年。

尉官名的演变、盛京各城守尉的选任，及各城守尉主要的军事、行政、税收职能等几个方面探讨了盛京各城守尉设置的意义及其历史作用。①

历史地理方面，杨丽婷对康熙《皇舆全览图》中的黑龙江水系支流进行了详细的考证，并将清廷三大实测全图进行比较研究，指出就东北地区图面内容而言，《雍正十排图》《乾隆十三排图》与铜版《皇舆全览图》存在相关性，而《乾隆十三排图》中的地理要素信息主要以《雍正十排图》为参考。②王娣对清代东北流人方志所载宁古塔地区满汉民族交往的记载进行了细致的梳理。③刘晓东探讨了元代辽东通往朝鲜"辽左八站"中的"斜烈站"演变为"薛礼站"的过程及其原因。④范立君考查了清代东北移民会馆从兴起到衰落，再到民国时期的转型及其存在的意义与影响。⑤周喜峰以《皇清职贡图》为切入点着重探讨了清代生活在黑龙江流域东部及鄂霍次克海沿岸的东北渔猎民族的历史与社会生活。⑥社会经济方面，关锐、刘小萌讨论了清代东北封禁政策下进入珲春的流民生计及其与当地旗人的互动关系问题。⑦马驰主要探讨了清前期黑龙江流域物产及贸易情况。⑧庞婧雅分析了清代布特哈八旗的民族生计问题，指出其反映了清代中国东北边疆经济的变迁，是狩猎民族农业化的典型案例。⑨黄盛浩从清朝盛京地区旗人群体与民人群体的形成与发展、旗界与民界设置的原因与划界过程、划界后旗界内部和民界内部的管理问题等方面对清朝鸦片战争前盛京地区旗民划界问题进行了深入研究。⑩

5. 近现代时期

近现代史研究领域成果颇为丰硕，比较难得的是还有一部专著问世，涉及近现代东北地区抵制侵略、维护权益、经济问题、移民问题等诸多方面的内容。许健柏对日俄战争期间清政府的维权问题展开了细致全面的研究，作者一方面结合国际法理论对清政府的维权行为及其结局进行了理论性思考，同时又针对一些历来被学术界所忽视的案例进行了个案分析，从

---

① 董浩哲：《清代盛京地区驻防城守尉研究》，硕士学位论文，辽宁大学，2022年。
② 杨丽婷：《康熙〈皇舆全览图〉中的黑龙江水系考证》，《浙江水利水电学院学报》2022年第2期；《清廷三大实测全图东北地区比较研究》，《历史地理研究》2022年第2期。
③ 王娣：《清代东北流人方志中的宁古塔地区满汉民族交往交流研究》，《黑龙江民族丛刊》2022年第3期。
④ 刘晓东：《从"斜烈"到"薛礼"——元明清辽东地区一个驿站名称的演变》，《中国边疆史地研究》2022年第2期。
⑤ 范立君：《清代东北移民会馆的兴起与近代转型》，《吉林师范大学学报（人文社会科学版）》2022年第5期。
⑥ 周喜峰：《简论〈皇清职贡图〉中的东北渔猎民族》，《吉林师范大学学报（人文社会科学版）》2022年第5期。
⑦ 关锐、刘小萌：《清代东北封禁政策下的流民生计——以吉林珲春为中心的考察》，《贵州民族研究》2022年第2期。
⑧ 马驰：《清前期黑龙江流域特产贸易研究》，硕士学位论文，黑龙江大学，2022年。
⑨ 庞婧雅：《清代布特哈八旗民族生计研究》，硕士学位论文，西北农林科技大学，2022年。
⑩ 黄盛浩：《清代鸦片战争前盛京地区旗民划界问题研究》，硕士学位论文，辽宁大学，2022年。

宏观和微观两个层面对清政府为维护东北国民权益所作的努力进行了颇有新意的探讨。①王大任以"人情贷"为切入点探讨了商业资本在近代东北乡村基层社会渗透和扩张的路径。②王广义、高哲讨论了土地改革之后，近代东北乡村的阶级结构和生产协作关系以及管理方式发生的变化及其影响。③王福华考查了近代东北地区商号为抵制列强的压榨和侵略在政治和经济层面所作的努力。④刘岳兵针对日俄战争前后不同时期中日双方关于中国东北问题论争的一些事例进行了研究与分析，探明了中国学者在主权问题上的始终坚持和日本御用学者的曲学阿世、歪曲事实的变化过程。⑤谢颜运用历史经济学分析方法对大量史料加以分析，还原了1912-1931年东北地区农民的流动情况。⑥许健柏分析了民国舆论界对东北商租危机的报道和批判评论，指出这属于特殊环境下舆论界应对商租危机的重要内容，在保护国家利益方面发挥了非常重要的作用。⑦

（二）东北边疆整体述论与族群专题研究

2022年度研究内容主要集中在东北边疆的肃慎与挹娄、秽貊、靺鞨、夫余、高句丽、渤海等族群的研究。李磊《重构中国史叙事：普遍政治秩序与区域历史的互动》从话语体系构建入手，指出中国多民族统一国家的历史叙事面临着话语更新的需求，国外学者从内亚史观、东北亚海域史观、民族交际空间史观出发的东北史叙事，对中国的统一多民族国家论构成了挑战。文章认为从区域发展的角度阐释传统中国的普遍政治秩序及其作用机制，是重构多民族统一国家历史叙事的一条可能途径。⑧冯立君《中古辽西所见胡汉互动与交融》从中华民族交往交流交融史的角度，探讨了中古时期辽西地区的民族融合问题，指出辽西是探讨北方民族与中央的政治互动、边郡在"内外"之际的转换、北方民族文明演进中的政治遗产等问题的窗口。具体而言，秦代在战国燕基础上重置辽西郡，核心关切是应对匈奴问题；至两汉，乌桓、鲜卑自辽西渗透并在汉末借地方力量深入中原，由塞外军事威胁转化为边疆政治势力；两晋以来，辽西鲜卑各部迭兴递嬗，特别是慕容鲜卑建立"三燕"并南进中原，辽西成为涵育鲜卑政治体的渊薮之地；北魏敉平北燕，辽西又重与内地贯通合流，边界重新变为通道，胡汉交融的幅面得以拓展。⑨

---

① 许健柏：《无力的维权 日俄战争期间清政府维护东北国民权益研究》，中国文史出版社2022年版。
② 王大任：《来自商人的"人情贷"——近代东北乡村商业资本对乡村基层社会网络的嵌入》，《清华大学学报（哲学社会科学版）》2022年第6期。
③ 王广义、高哲：《近代东北乡村经济的生产协作关系及其变化》，《中国社会历史评论》2022年第1期。
④ 王福华：《近代东北地区商号的反帝爱国活动》，《社会科学动态》2022年第11期。
⑤ 刘岳兵：《近代中日关于东北问题的论争》，《南开学报（哲学社会科学版）》2022年第1期。
⑥ 谢颜：《1912-1931年东北地区移民的影响与启示》，《人口学刊》2022年第4期。
⑦ 许健柏：《民国东北的商租危机与舆论应对》，《湖南第一师范学院学报》2022年第4期。
⑧ 李磊：《重构中国史叙事：普遍政治秩序与区域历史的互动》，《探索与争鸣》2022年第4期。
⑨ 冯立君：《中古辽西所见胡汉互动与交融》，《中央民族大学学报（哲学社会科学版）》2022年第3期。

1. 肃慎与挹娄

该领域本年度成果较少，仅有一篇专题论文。杨一鸣分析讨论了学术界关于肃慎和挹娄关系的三种观点，指出肃慎、挹娄应出于同源，可能为同一族系中的不同部落，二者无论是在血脉传承还是风俗文化方面都存在千丝万缕的联系，应该从多角度看待这一问题。①

2. 秽貊与夫余

2022年度秽貊与夫余相关的成果不多，仅有一篇考古发掘简报。余静详细介绍了吉林省长春市东照地遗址发掘情况，发掘面积共800平方米，分东、西两区，西区未有遗迹发现，东区共清理出房址1座、灰坑2个、灰沟1条。东区遗迹与遗物大致包含三个时期，占据主体的为夫余时期遗存，其次还有青铜时代晚期遗存和辽金时期遗存。②

3. 勿吉与靺鞨

2022年度的研究成果主要集中在考古学领域和文献研究领域，成果产出相对较少。郭孟秀依据遗存年代及对典型器物演变规律的分析，在早于靺鞨而晚于蜿蜒河类型的考古遗存中，把以萝北团结墓地为代表的遗存从以同仁一期为代表的黑水靺鞨遗存中析出，并推定其为勿吉的考古学文化遗存，并拟以萝北团结文化作为勿吉文化的命名文化。③余天在对东北地区和俄罗斯境内靺鞨遗存出土兵器的相关考古材料进行类型学分析的基础上，探讨了部分兵器的功能以及靺鞨民族兵器中的文化交流和毁器习俗。④刘晓东通过对相关文献史料进行系统性梳理和溯源性考察，厘清并究明了乞四比羽纪事的过简、含混，乃至缺失等问题的原因，及其在"营州之乱"、靺鞨"东奔"过程中的身份、地位等问题。⑤

4. 高句丽、渤海

历史研究是本年度高句丽、渤海研究中最重要的组成部分，内容涉及领域多、研究具有深度。主要包括基础文献资料、政治史、历史地理、对外关系史、移民与遗民、学术史、文化艺术等研究领域。

基础文献资料研究方面，刘健佐、姜维公对建国神话在高句丽族群中的传承、在中原王朝的传播以及王氏高丽时期的再建构进行分析，指出高句丽建国神话在流传的过程中产生了形式多样的流变，这些变化在宏观上表现为神话叙事结构中新题材的加入，微观上则表现为构成神话内容的诸多要素的流变，而流变的原因皆来自宗教和政治的干预。⑥孙炜冉对《日本书纪》中钦明天皇二十三年（562）大伴狭手彦连与百济共破高（句）丽记事加以辨析，指出此次战事应发生在钦明天皇十二年（551），大伴狭手彦连带着大批战利品和百济王进献的高句丽奴隶返回日本，应是钦明天皇十三年（552），相关记载体现了这一阶段发生在朝鲜

---

① 杨一鸣：《肃慎与挹娄关系的学术研究综述》，《文化创新比较研究》2022年第10期。
② 余静：《吉林长春市东照地遗址发掘简报》，《北方文物》2022年第2期。
③ 郭孟秀：《关于勿吉考古文化的推定》，《学习与探索》2022年第1期。
④ 余天：《试论靺鞨的兵器》，《文物鉴定与鉴赏》2022年第17期。
⑤ 刘晓东：《关于乞四比羽在营州之乱、靺鞨东奔中的身份及地位问题》，《北方文物》2022年第5期。
⑥ 刘健佐、姜维公：《高句丽建国神话流变探析》，《中国边疆史地研究》2022年第2期。

半岛上高句丽、百济、新罗三国的军事动向和政治形势的变化。①此外，他还通过对《日本书纪》中日本六次向高句丽遣使记录的分析，指出在与高句丽通交关系的建立过程中，日本始终是处于积极主动的一方。②郑春颖、盛宇平从版本比照、文本辨析、形制推定、载录因由等方面对《翰苑》注引《高丽记》最后一条史料的句读与释义进行了考辨，认为其应断句为"幘曰"，且非汉语词汇，而是高句丽语的记音。"幘曰"低于权贵所戴"罗冠"，高于"皮冠""弁"，处于高句丽服饰等级的中层或中下层。③

政治史研究方面，孙炜冉重点讨论了高句丽的赈济制度，强调赈贷法是高句丽统治者制定的一项成功保全农业生产的法政，是高句丽政权的统治得以延续的重要保障。④王孝华、刘晓东分析了渤海德里府、德理镇与边州军镇的设防问题，指出德里府原为黑水靺鞨勃利州，渤海国在周边区域设置军镇和对部族的监管押领机构，主要有三个目的：其一是维护自身安全，其二是对敌起到震慑或制衡的作用，其三是担负着扼守和维护边防交通要道的特殊任务。⑤程尼娜从渤海国贺正制度存续时间、朝唐贺正使的身份与族属、贺正王族子弟与质子等三个方面探讨了渤海国朝唐贺正制度，认为不同时期贺正使构成的变化反映了渤海政治制度的变革与政权效仿唐制改革深化的轨迹，而贺正使姓名的变化，则从一个侧面揭示了渤海国中心地区由多族融为一体的社会发展进程。⑥辛时代、郭威从服色制度和佩鱼制度两个方面对渤海国章服制度进行了探讨，指出与唐朝前期相比，在渤海国绯服和绿服的适用范围呈现扩大的趋势，而鱼袋制度则完全效仿唐制，与服色制度同样是渤海王赏赐的重要手段。⑦沈一民以渤海国贡物为切入点探讨了唐代的贡物制度，指出贡物制度相关规定保障了唐朝、羁縻府州及藩属国两方面的利益，客观上为营造一个和谐的东亚世界提供了助力。⑧王万志通过对渤海国效仿唐朝构建的羁縻统治体制的分析，指出在这种"二元"地方制度框架下，统治中心地区的首领势力逐渐被中原式的基层统辖取代，当时日本文献中出现的首领实为黑水靺鞨地区羁縻府州下的首领。⑨赵春兰从使者官职的设立、发展以及人员选派三个方面探究了高句丽的使者官职问题，指出使者官职的设立与发展折射出高句丽对中原王朝官制的认同和向化之心。⑩

历史地理方面。刘海洋等运用ArcGIS软件及空间分析等方法对东北地区234座唐朝渤

---

① 孙炜冉：《大伴连狭手彦与百济共破高句丽记事辨析》，《福建江夏学院学报》2022年第1期。
② 孙炜冉：《〈日本书纪〉中遣使高句丽有关记载的政治动机》，《天中学刊》2022年第2期。
③ 郑春颖、盛宇平：《高句丽"幘曰"新考》，《中国边疆史地研究》2022年第2期。
④ 孙炜冉：《高句丽赈贷法发微》，《北方文物》2022年第1期。
⑤ 王孝华、刘晓东：《渤海德里府、德理镇与边州军镇设防问题考》，《中州学刊》2022年第7期。
⑥ 程尼娜：《渤海国朝唐贺正使考论》，《中国边疆史地研究》2022年第3期。
⑦ 辛时代、郭威：《渤海国章服制度研究》，《北方文物》2022年第2期。
⑧ 沈一民：《唐代封贡体系下的贡物制度——以渤海国贡物为视角》，《江西社会科学》2022年第6期。
⑨ 王万志：《唐代渤海国"二元"地方制度下羁縻统辖研究》，《中国边疆史地研究》2022年第3期。
⑩ 赵春兰：《中原王朝对高句丽使者官职的影响》，《许昌学院学报》2022年第3期。

海国古城遗址的分布特征及其与自然条件的关系进行了研究，指出渤海国古代城址呈北疏南密的分布特征，在当时的气候环境之下，水热条件等自然因素是影响城址的主要因素，而政治、经济、军事和交通区位等人文因素则起重要导向作用。[1]李睿怡、许大为通过对渤海国都城空间演变过程史料和考古发掘过程资料的梳理与研究，发现在都城建设初期，靺鞨与高句丽文化是影响都城空间演变过程的主要因素；而在都城的建设后期，其规划布局、空间形态、建筑风格等都受到中原先进文化的影响。[2]

对外关系史方面。孙炜冉结合《三国史记》与《日本书纪》的相关记载，指出高句丽并不存在向日本"朝贡"的行为，《日本书纪》中所谓高句丽向日本"称蕃（藩）"的记载实为其蓄意抬高本国政治地位的夸张描述，并不符合当时的历史事实。[3]

移民与遗民方面。王连龙、黄志明对高句丽移民《李仁晖墓志》所载史实及相关问题进行了考辨。[4]拜根兴结合《唐故余杭郡太夫人泉氏墓志》与传世史料相关记载，探讨了泉氏夫人涉及人物事迹，指出"泉同济"为子虚乌有人物，泉氏夫人转换籍贯可能与开天时代朝野政治有关。[5]郑东珉考查了散居于唐朝首都、农耕地带和边疆等地的高句丽移民的认同意识，指出他们长期保持高句丽人的认同感，在唐朝疆域内过着具有高句丽人身份的边缘人的生活。[6]李婷玉结合墓志及出土文献，从跨越辽金两朝的渤海世家大族成员世系、仕宦、联姻等方面，探讨了其与辽金政权的互动关系，指出渤海世家大族成员由于受到辽朝统治者的打压，发展举步维艰。进入辽金交替之际，女真族积极拉拢渤海世家大族，正是这次政治机遇，为渤海世家大族在金朝的发展提供了机会。渤海世家大族的社会地位也达到了辽金时期的最高峰。[7]

学术史方面。本年度学术史研究方面，不仅是国内相关领域的研究，韩国、俄罗斯学者的研究成果也被纳入研究视野。王禹浪、吴博梳理了近20年来渤海早期王城东牟山山城相关的研究成果，并结合近年的考古发现尤其是图们市磨盘村山城考古发掘成果，再次论证了渤海国东牟山山城即今日之磨盘村山城的观点，同时在文章结尾指出现阶段亟须解决的东牟山相关的历史地理问题。[8]史守林、王旭从五京的形成、变迁与形制等多个方面梳理了近40年来国内学界关于渤海五京的研究成果，指出对于唐代渤海国五京制度的变迁、五京与其他

---

[1] 刘海洋、付雨鑫、殷铭徽：《东北地区唐代渤海古城遗址空间格局及影响因素分析》，《地理科学》2022年第6期。

[2] 李睿怡、许大为：《渤海国都城空间演变过程中文化的传承与发展》，《黑龙江民族丛刊》2022年第2期。

[3] 孙炜冉：《高句丽与日本的早期通交关系》，《商洛学院学报》2022年第5期。

[4] 王连龙、黄志明：《唐代高句丽移民〈李仁晖墓志〉考论》，《文物季刊》2022年第2期。

[5] 拜根兴：《〈唐故余杭郡太夫人泉氏墓志〉考释》，《文博》2022年第3期。

[6] 郑东珉：《唐朝疆域内高句丽遗民的杂居》，《衡水学院学报》2022年第5期。

[7] 李婷玉：《辽金时期渤海世家大族考述》，硕士学位论文，牡丹江师范学院，2022年。

[8] 王禹浪、吴博：《近二十年来渤海早期王城东牟山山城再研究》，《哈尔滨学院学报》2022年第1期。

城镇的关系、与唐朝都城的比较研究等方面还存在一定不足，有待进一步的研究。①李锡慧从学术背景、学术经历及学术成果等几个方面分析了俄罗斯学界 20 世纪 90 年代以来渤海史研究的代表人物 А.Л.伊夫里耶夫的研究特点，对我们了解 21 世纪以来俄罗斯渤海史的研究范式和学术观点具有非常重要的参考价值。②何雨濛、宋玉彬介绍了 2019—2020 年度俄罗斯学者在渤海考古研究领域的新进展及其与国际学者开展的交流与合作情况，指出 2019 年出版的两本发掘报告为研究克拉斯基诺城址遗址行政建制的发展演变提供了重要的新材料，俄罗斯学者重点关注了滨海边疆区渤海居民物质文化以及行政建制、社会层级、宗教文化等方面的问题。③

5. 女真与满洲

2022 年度相关成果涉及历史、文化、考古等多个研究领域。王禹浪、王天姿、王俊铮著《白山黑水之间 满族先民源流新考》一书共有七章内容，分别对肃慎、挹娄、勿吉的称谓、民族源流、民族关系、地理分布、考古学文化等内容进行了全面的学术史爬梳，并在此基础上针对唐代黑水都督府历史地理问题、渤海国早期王城东牟山的地望等提出了一系列新的观点。④王善军通过分析认为在金朝建国前，女真贵种群体内部就已出现了不同程度的层级分化，形成了金朝政治等级结构的雏形。随着国家的建立，金朝统治者明确了完颜姓族的三个等级，女真后族群体最终也以两大集团、三个等级的形式呈现于世。姓族等级演变为金朝政治等级结构中的主体内容，这是女真民族走向政治文明的重要标识。这种政治等级结构在金朝中后期逐渐走向松动失序，但其对金王朝维护女真民族的统治地位仍然起着重要作用。⑤赵令志通过对穆昆塔坦档所载敕书的分析，指出这批敕书的来龙去脉折射出明末女真各部势力消长并渐被努尔哈赤统一的历程，而其文本信息则如实反映了明末女真卫所官员职级抬升、实权渐失，羁縻卫所制度已行将就木。⑥王耘对传世及石刻文献中嫡庶、长幼、年长异居等家庭观念相关的记载进行梳理，指出嫡庶、长幼、年长异居、内外有别等家庭观念使金代早期的治政方略呈现出"以家为国"的特色。⑦曹怀文、王飒着重讨论了明末海西女真的扈伦四部叶赫、乌拉、辉发、哈达聚落遗址，指出四部首位聚落在其部族中突出的政治军事作用以及女真人在城防建设方面的营城思想与应对智慧。⑧

---

① 史守林、王旭：《近四十年中国学界唐代渤海国五京研究综述》，《地域文化研究》2022 年第 3 期。
② 李锡慧：《俄罗斯学者 А.Л.伊夫里耶夫的渤海史研究》，硕士学位论文，黑龙江大学，2022 年。
③ 何雨濛、宋玉彬：《2019—2020 年度俄罗斯渤海考古研究综述》，《北方文物》2022 年第 3 期。
④ 王禹浪、王天姿、王俊铮：《白山黑水之间 满族先民源流新考》，中国社会科学出版社 2022 年版。
⑤ 王善军：《女真贵种与金代政治文明的演变》，《中国社会科学》2022 年第 6 期。
⑥ 赵令志：《明末女真卫所衰落与建州女真的崛起——以穆昆塔坦档所载敕书为中心》，《历史研究》2022 年第 2 期。
⑦ 王耘：《辽宋金时期女真人家庭观念与治政特色》，《北方论丛》2022 年第 4 期。
⑧ 曹怀文、王飒：《明代海西女真首位聚落的军事防御体系研究》，《建筑史学刊》2022 年第 1 期。

（三）东北边界史研究

东北边疆的边界史研究主要是明清时期中俄边界和中朝边界史的研究，本年度相关研究主要关注中朝边界史相关的内容。何伊结合《西北界图》《咸镜道图》和现代图们江上游水系现状，指出朴权"驰启"中提及"大红丹水上流"并非指该水本身，而是上一条同级支流。朝鲜发现江源定错后，为确保新获得的长白山南麓地区的管辖权而主动向内移栅，"校正"水源位置。另外，文献中出现的"白山"等名称所指代的对象具有历时性演变，穆克登勘界事件更新了时人对边界地区地理的认识和相关概念。移碑的说法疑系后人附会。[①]李花子通过考证认为，《西北界图》从图源上看，中国图的底图是康熙《皇舆全览图》的小叶版《康熙分府图》，但由于《康熙分府图》不包含黑龙江图，故又参考了《盛京通志》（乾隆元年）"黑龙江图"；而朝鲜图的底图是郑尚骥的《东国地图》，同时参考了朝鲜官撰《海东地图》。图上分别用点线和图标标注了鸭绿江、图们江边界和穆克登碑址，但因受到《康熙分府图》的影响，而将碑址错误地标在了小白山附近，从而与实际碑址（长白山东南麓）产生了距离。[②]

（四）东北边疆史的总结分析

第一，从文献产出量看，东北边疆问题研究成果总量达到130余篇部，与2021年相比有所减少，其中著作类成果较少，学位论文有所增加。

第二，从成果类型看，主要以期刊论文为主，学位论文次之，专著类研究成果极少。期刊论文是学术成果最典型的表现形式，毋庸置疑。本年度东北边疆研究成果类型还有一个重要特点就是学位论文数量较以往有所增加。这些学位论文主要培养单位包括东北地区的吉林大学、辽宁大学、黑龙江大学、哈尔滨师范大学、辽宁师范大学、黑龙江社会科学院、牡丹江师范大学等高校或科研机构，以及东北以外的陕西师范大学、广西师范大学、西北农林科技大学等高校。这一定程度上表明东北边疆研究领域的人才培养还处于积极的状态。成果类型中著作极少，这是东北边疆或民族问题研究最近几年来面临的突出问题，固然有出版审查严格的要素，但系统性专题研究成果的萎缩也是事实存在的。

第三，从研究内容看，一方面，鲜有系统性、整体性研究成果。本年度的东北边疆问题研究无论是专著类型，还是学术论文，都缺乏系统性，大多数研究成果为专题研究，研究面较窄，这是东北边疆问题研究的突出特点；另一方面，东北民族史研究涉及秽貊、夫余、勿吉、高句丽、靺鞨、渤海、女真等方面，高句丽、渤海方面成果尽管占比较大，但数量与往年比较有所减少。此外，历史时期东北边疆与边疆治理成果较为分散，存在分布不平衡问题。

---

① 何伊：《康熙时期穆克登勘界立碑相关问题再研究——结合 16—19 世纪若干朝鲜古地图的考察》，《延边大学学报（社会科学版）》2022 年第 3 期。

② 李花子：《朝鲜王朝〈西北界图〉考——兼论与清朝舆图、志书的关系》，《清华大学学报（哲学社会科学版）》2022 年第 4 期。

二、当代东北边疆研究综述

自20世纪90年代以来，我国东北地区的经济增速明显低于全国平均水平，加剧了人口外流、债务攀升等问题。党的十八大以来，党中央高度重视东北振兴，深入实施东北振兴战略，谋划推进东北全面振兴、全方位振兴。2022年，受俄乌冲突以及习近平总书记到锦州等地考察调研等因素的影响，东北经济发展日益成为学界和政府共同关注的热点问题，并产生了一批高质量的研究成果，主要集中在人口迁移、东北振兴、对外开放、中俄合作、产业转型等方面。

（一）关于人口迁移及其影响的研究

东北三省人口负增长近年来受到广泛关注，尤其是第七次全国人口普查数据公布以来，相关研究开始大量增加，2022年研究成果主要集中在人口迁移的特征、原因及影响等方面。具体而言：（1）在人口迁移特征方面，现有研究普遍关注到东北人口正在大规模外流的特征，并指出县域正在成为东北人口外流的主要区域。段成荣等认为东北地区是我国人口迁移最为活跃的地区之一，1953—2020年东北人口净迁移经历了人口大量净迁入、净迁入萎缩、人口波动净迁出、大量净迁出四个阶段，2020年东北三省总人口9851万，比2010年减少了1101万，当前东北三省均已进入以人口净迁出为主导的人口负增长阶段。宋丽敏等认为东北户籍流动人口以域内流动为主，居留意愿显著高于落户意愿，其中域外流动人口的居留和落户意愿显著高于域内流动人口。魏后凯等认为东北地区农村人口向省外地区迁移与流动趋势显著，人口流失主要呈现出小城市人口规模显著缩小、县域成为人口流失的主要区域、农村人口外流趋势明显等特征。李卓伟等认为东北地区铁路人口流动和其交通网络格局均呈现出以哈大齐工业走廊为轴的南密北疏、东众西寡的特征，铁路交通网络的极化效应明显，公路人口流动和其交通网络的偏离较大。（2）在人口流失成因方面，现有研究多认为经济增长动力不足及其造成的就业岗位缺乏，是东北人口外流的主要成因。宋丽敏认为户口性质、宅基地权益与人均GDP是影响人口流动决策的主要因素，经济特征变量与流动人口的落户意愿关系更加密切。魏后凯认为东北地区人口流失只是一种表象，深层次原因是观念落后、体制机制僵化、经济结构不合理和新旧动能转换不畅等导致的地区经济缺乏活力，具体包括县域经济增长动力不足导致发展相对滞后，县域产业结构分布不合理导致缺乏就业岗位，县域财政收支严重不平衡导致基础设施和公共服务供给不足等因素。谢颜等认为土地价格、交通条件、就业机会、收入差距等因素是影响1912—1931年东北地区人口迁徙的主要原因，民国时期政府的宏观政策也在一定程度上推动了东北地区人口迁徙。（3）在人口流失的影响方面，现有研究普遍认为人口迁移曾对东北发展起到了明显的促进作用，但近年来的人口大规模流失已经对经济增长产生了一定的负面影响。段成荣等认为1953年以来人口净迁移对东北三省劳动年龄人口比重变动的影响经历了由提高红利、延续红利到削弱红利的变化。谢颜等认为1912—1931年东北地区移民使人地紧张的突出矛盾得到了有效缓解，直接推动了东北地区的农业发展和种植结构的变化，为东北地区成为我国著名的"大粮仓"奠定了基础，同时推动了东北地区工业化和城镇化的发展。杨玉文等认为人口迁移对东北边疆地区产业转型升级产生负面影响，尤其对产业高级化的抑制作用更为显著；柳清瑞等认为东北地区人口净迁出已经持续了十年之久，这使得东北劳动力结构、产业结构、城市化水平以及区域经济结构都发生了深刻的变化，导致经济增长受到抑制甚至负增长。李袁园认为劳动力人口外流加速推动了人口年龄结构的老化，劳动参与率的下降对经济产生了不利影响。张松等认为人口流失以及人口老龄化等问题使得黑龙江省的经济发展与其他地区的差距越来越大，并对各个方面产生不同程度的影响。

当前学者关于东北人口流失问题已取得丰硕的学术成果，但仍存在着一些不足之处：一是对迁移人口的空间特征认识不足，未能理清各县人口变化幅度，缺少定量分析和空间分析；二是对人口规模增减差异的原因分析不足，多是从就业机会、收入差距等原因进行分析，但未能进一步探讨就业不足的原因；三是对人口流失的正面影响探讨不足，主要集中在人口流失的负面影响方面。

（二）关于城镇化及经济高质量发展的研究

自20世纪90年代以来，我国东北地区的经济增速明显低于全国平均水平，被称为"东北现象"或"东北困局"。2022年，学界对东北现象展开了诸多探讨，并从不同角度对东北城镇化及经济高质量发展进行了大量研究。现有研究普遍认为产业结构、区域结构等经济结构问题是造成东北现象产生的重要因素。具体而言：（1）在产业结构方面，已有成果认为产业结构问题是造成东北困局的主要原因。林毅夫等认为东北地区经济增长缓慢的背后是产业结构转型的迟缓和停滞，由于东北地区有利的农业条件和较高的农业劳动生产率，农业部门工资偏高，劳动密集型制造业面临较高的用工成本，在全国其他地区劳动密集型产业快速发展、出口大幅增加时，东北地区的劳动力密集型产业发展十分有限，从而错过了我国劳动密集型产业快速扩张带来的经济增长时期。邴正等认为所谓"东北现象"，实质是资源依赖型的传统工业化向技术依赖型的现代工业化和高新技术引导型的新兴工业化转型过程中的阵痛。张志元等认为"东北现象"是地区经济在融入发展格局进程中，由于再生产困难和增长乏力而导致经济发展缓慢，产业竞争力不断下滑而产生的。张明斗等认为东北地区城市产业结构合理化水平逐年降低，且区域差异程度较大，产业结构高级化水平小幅上升，但不存在明显的空间分异特征。（2）在空间结构方面，部分学者认为应高度重视城镇化对东北高质量发展的重要作用，提升中心城市的辐射带动能力。赵新宇等认为东北地区城镇化发展尚未达到拐点，城镇化发展对区域经济增长具有显著的促进作用，其潜力还有待进一步发挥。姚树洁等认为东北地区要走出经济发展的困境，一方面需要区域内部协调发展，整合现有经济资源，加快各类要素集聚，大力提升中心城市的辐射带动能力；另一方面也需要厘清自身在全国统一大市场中的优势，找准定位，加强与国内其他区域在产业上的协作，提升在国内经济大循环中的参与度。和军等认为东北地区收缩城市在数量上占比较大，经济结构和体制因素是东北地区城市收缩的主要原因。孙平军等认为收缩城市源于发展要素被"空间剥夺"进而对城乡一体化发展产生影响；收缩城市的涌现不利于区域协调、城乡一体化融合发展；东北振兴中应充分考虑收缩城市的可持续发展问题。

通过上述分析可知，2022年对"东北现象"产生原因的探讨取得了明显的进展，相关研究主要围绕产业和空间两方面进行探讨。以林毅夫为代表的一批经济学家认为，产业结构转型迟缓是造成"东北困局"的主要原因，产业竞争力下降和路径依赖使东北经济增长乏力。此外，部分学者认识到空间结构对经济发展的重要影响，指出应高度重视中心城市对东北发展的重大意义。然而，已有研究却相对忽视了体制因素对"东北现象"的影响，尤其是行政区划体制的影响，未能从行政区划的视角出发，将产业结构、空间结构与政区结构相结合进行分析。

（三）关于东北全面振兴、全方位振兴的研究

2016年，《关于全面振兴东北地区等老工业基地的若干意见》出台，新一轮东北振兴（即全面振兴）开始。2022年，受党的二十大召开、习近平总书记到东北调研等因素的影响，关于东北振兴相关的研究成果丰富。主要集中在以下几方面：（1）在政策体系研究方面，部分学者对东北振兴的政策体系进行了梳理、分类和评价。段炼认为习近平总书记关于新时代东北振兴的重要论述，创造性深化了对东北地区振兴发展内涵的认识，创造性深化了对制约东北地区振兴发展的主要问题的判断，创造性优化了关于东北地区振兴发展的重大部署。王士君等认为国家、省、地市围绕东北振兴形成了多类型、多层级、多时间节点的复杂政策系统，东北振兴政策从长期尺度看推动了区域经济发展，但地方对政策依赖度高，短期政策刺激效果明显但可持续性较差。（2）在政策效应研究方面，学者普遍认为东北振兴政策效果并不理想。冯彦明认为东北振兴提出已近20年，但"振兴"的效果不理想，造成发展不平衡的根本问题尚未解决。张双悦认为路径依赖与锁定致使东北地区的全面振兴任务面临重重困难。邴正等认为东北振兴既要用新兴产业发展改造传统产业，也要改造东北传统社会结构，使之适应当代市场经济的发展要求，形成一种依靠自主创新、开拓进取的新型社会结构。张万强等认为新时代东北振兴面临着新形势、新任务、新挑战，体制性、结构性问题仍是制约东北振兴发展的深层次矛盾，而市场化水平低是当前东北深层次矛盾的核心体现。丁小燕认为东北经济发展滞后的原因在于，东北地区仍未走出经济发展的"路径依赖"，更多的是依赖原有的产业基础，产业转型滞缓，导致经济发展的新动能不足。（3）在振兴政策建议方面，现有研究从制度供给、产业发展、营商环境、对外开放等多方面进行了探讨。冯彦明认为可以通过设立大东北特区实现体制机制突破和创新，为东北地区跨越式发展提供制度保障。张双悦认为应该改变制度供给模式，倡导渐进式的演化制度改革，将"模仿"内生化，促进产业集群发展，实现创新发展，推动主导产业高质量发展，主动对接"一带一路"，提高对外开放水平，实现东北振兴取得新突破。

通过上述分析可知，2022年关于东北振兴的研究文献颇多，围绕政策体系、政策效应、政策建议等方面，众多学者进行了探讨。现有研究普遍认为国家虽然出台了一系列的政策措施，但东北振兴的效果不理想，并从制度供给等多方面提出了改革建议，具有较强的启发性。然而，已有研究仍存在以下不足之处：一是在政策效应分析方面，定量分析较少，多为定性分析，可信度有待提升；二是政策效果不理想的原因探讨十分有限，未能深刻探究其内在症结；三是在政策建议方面，已有研究认识到制度供给的重要意义，但却未能提出具体可

行的改革思路。

（四）东北对外开放研究

与2021年相比，2022年度有关东北地区对外开放问题的研究成果在数量上有所下降，总体不多。相关成果从形式上看，以论文为主，缺少专著；从内容上看，大体可以分为两类，第一类是从整体上探讨东北地区对外开放问题的，第二类是分省探讨辽宁、吉林和黑龙江对外开放情况的。

1. 东北地区对外开放

从整体上探讨东北地区对外开放问题的论文，包括综合性视角和特定视角两类情况。

就综合性视角而言，陈秀萍、孙铭一的《新发展格局下东北三省参与东北亚区域经济合作研究》指出，新时期东北三省高水平参与东北亚区域经济合作有助于构建新发展格局、提升经济发展质量。东北三省参与东北亚区域经济合作的主要对象为俄罗斯、日本和韩国，合作的领域主要集中在双边贸易、物流运输和对外投资等。三省在参与东北亚区域经济合作中既有共同优势，又有各自劣势。比如主要优势在于东北三省对东北亚主要国家贸易规模和实际利用外资数量保持稳中有升的态势，这在某种程度上促进了三省贸易经济的发展。但是，东北三省在参与东北亚区域经济合作过程中的短板也很突出，具体表现在贸易结构不平衡、贸易质量不高、贸易依存度高、实际利用外资效率低、地区产业及产品国际竞争力薄弱等问题。[1]

庞德良、于明君和王婧美的《新发展格局下东北地区推进高水平对外开放研究》指出，在海运主导的开放型经济发展阶段，东北地区建设开放型经济的过程中受到各种因素的制约，比如地理环境和交通运力、城市间发展不平衡、经济发展规模与竞争力不足、营商环境仍需优化等。文章在比较分析国内发达地区的对外开放基础条件、功能定位和发展重点后认为，东北地区的对外开放面临新的发展机遇、蕴含新的增长动能，如果实施高水平对外开放则能够规避经济体量不大、产业结构单一、外向性不足等传统的劣势。[2]赵球、朱学莉、程苗松的《"十四五"时期东北对外开放新前沿构建策略》认为，"十四五"时期东北地区构建对外开放新前沿可以采取以下若干策略：（1）将大连作为东北对外开放的高地，带动辽宁沿海经济带形成对外开放的新前沿；（2）以哈尔滨为重点，将黑龙江建设成为对俄罗斯开放的新前沿；（3）依托"一带一路"建设和中蒙俄经济走廊加强同蒙古国、俄罗斯的深度合作；（4）以丹东为重点，规划沿鸭绿江、图们江流域口岸城市的对外开放；（5）形成全面开放、"深耕东北亚"的国际开放格局；（6）形成服务业开放新领域，争取在教育、医疗、金融、技术服务等领域实现突破，把服务业开放的基点放在大连，将大连建设成服务业开放的国际化城市；（7）将对外开放与区域发展战略相结合，形成东北振兴的区域动力源；（8）建设国

---

[1] 陈秀萍、孙铭一：《新发展格局下东北三省参与东北亚区域经济合作研究》，《东北亚经济研究》2022年第1期。

[2] 庞德良、于明君、王婧美：《新发展格局下东北地区推进高水平对外开放研究》，《当代经济研究》2022年第11期。

际一流的营商环境等。①

从特定视角来看,《区域全面经济伙伴关系协定》(RCEP) 2022年1月正式生效,这为东亚区域经济合作带来了新的契机,也给东北地区及类似的次区域合作提供了新的动力。有研究者重点关注了RCEP生效对东北地区开放工作的影响。袁波、潘怡辰等在《RCEP生效实施背景下东北地区深化与日韩经贸合作的思考建议》中指出,东北地区原本对日韩合作具有天然优势,曾经是改革开放初期日韩企业进入中国的第一站,但由于营商环境欠佳、市场活力不足等原因,未能充分发挥与日韩合作潜力。而2022年初RCEP的生效实施给东北地区对外开放提供了新的契机。②赵球、于洪波的《RCEP背景下东北扩大对外开放的对策研究》认为,要充分估计关税减让和原产地累计规则的政策效应,在此基础上,深耕日韩市场,用好RCEP关税减让和原产地累计规则,打造面向东北亚开放的新前沿。同时大力推动东北地区与日韩在5G、AI、大数据、物联网等数字经济领域的合作;加快推进东北地区与东北亚各国在旅游、健康等领域的合作,尤其是与日韩在护理养老领域的合作;用好用活东北地区各种经贸合作平台,推进制度型开放,比如把大连建设成自由贸易港,支持东北地区积极申建中日韩地方经贸合作示范区,支持设立中国(吉林)自贸试验区以形成东北自由贸易试验区完整格局,在RCEP框架下加快东北地区相关法律机制环境建设等。③

另外,有学者从对外开放与东北振兴的关系角度出发,进行了相关探讨。比如,赵球在《以高水平对外开放为抓手推动东北全面振兴的对策研究》中认为,可以深耕日韩,加强与东北亚国家重点产业合作;大力推动东北与日韩数字经济领域合作;依托中蒙俄经济走廊深化同蒙古国、俄罗斯合作;以统筹发展与安全为目标加强产业链供应链合作;以一体化的格局打造东北对外开放新前沿;国家从大力支持东北与东北亚国家开展次区域合作等方面着手,推动东北对外开放取得新突破。④

2. 东北各省对外开放

在探讨各省对外开放问题的研究成果中,有关辽宁省的研究成果占多数,黑龙江省次之,有关吉林省的研究成果则比较薄弱。这一情况与2021年基本相同。

(1) 辽宁省对外开放

有关辽宁省对外开放问题的研究成果,主要涉及打造东北对外开放新前沿、参与东北亚经济合作,抓住RCEP实施契机推动对外开放,自由贸易试验区建设,"一体两翼"开放格局对跨境电商的影响等方面。

在打造东北对外开放新前沿、积极参与东北亚经济合作方面,孟继民等建议,在辽宁省"十四五"规划期间,要对标海南自贸港的做法与经验,把大连建设成为东北的自由贸易

---

① 赵球、朱学莉、程苗松:《"十四五"时期东北对外开放新前沿构建策略》,《辽宁经济》2022年第2期。
② 袁波、潘怡辰、石新波、王蕊:《RCEP生效实施背景下东北地区深化与日韩经贸合作的思考建议》,《东北亚经济研究》2022年第2期。
③ 赵球、于洪波:《RCEP背景下东北扩大对外开放的对策研究》,《辽宁经济》2022年第12期。
④ 赵球:《以高水平对外开放为抓手推动东北全面振兴的对策研究》,《辽宁经济》2022年第11期。

港，充分发挥大连在东北对外开放中的龙头作用，在此基础上把辽宁沿海经济带打造成为东北地区对外开放的新前沿。①禹颖子指出，要进一步解放思想转变观念，"跳出辽宁看辽宁"；要在海陆大通道和陆海大通道等通道建设上实现新突破；还应重视在RCEP框架下推进中日韩地方合作，比如在大连、营口等辽宁沿海经济带城市设立中韩自贸区先行先试示范区，将大连、营口等打造成中韩贸易物流集散地，在中韩自贸协定框架下升级辽宁与韩国的合作模式，在机械制造、手机、液晶显示板等领域把单体项目延伸拓展为产业链，以形成跨国特色产业集群等。②秦兵、孟月明从地方对外经贸合作的视角出发，考察了辽宁深化与日本经贸合作的路径。他们指出，当前辽宁与日本经贸合作面临东北振兴战略、"一带一路"倡议和RCEP生效等诸多机遇，但也面临对日经贸合作需要提质升级、对日出口占比下降、第三产业合作力度不够、与日本中小企业交流合作不多等问题。为进一步促进辽宁与日本的经贸合作，需要强化设施联通，加快互联互通大通道建设；打造对日经贸合作新增长点，如高端制造业、健康产业、环保产业、第三产业等领域的合作；完善渠道与平台，扩大对日交流与合作；抓住RCEP生效契机，强化对日合作；深挖合作潜力，深化在第三方市场合作；强化企业"走出去"战略，带动对日出口；拓展合作层级，强化与日本中小企业的合作，等等。③

在抓住RCEP实施契机推动辽宁对外开放方面，孙丽围绕RCEP实施背景下深化辽宁省与日韩的合作提出了一些建议。其认为，RCEP生效为辽宁深化与日韩合作提供了重要契机、扫除了制度性障碍、提供了合作动力等。孙丽建议，要打造一系列平台以全面加强与日韩的经贸合作，创建中日韩综合合作示范区以在打造面向东北亚对外开放新前沿方面实现新突破，对标RCEP高标准规则来打造良好的对外经贸生态，要多元化开拓RCEP成员国市场，要畅通与RCEP成员国的物流大通道，等等。④孟月明建议，要探索建设RCEP框架下的中日韩地方经贸合作示范区；发挥海陆通道牵动作用，把辽宁打造为联结东北亚和东南亚的重要枢纽；加大区域国别和各产业专项研究与对策制定，梳理出适合辽宁的区域国别清单和辽宁优势产业的进出口贸易清单；与数字辽宁建设结合，利用目前辽宁自由贸易试验区以及新冠疫情下的数字经济平台建设，提升跨境电商合作的规模，推动数字经济领域的合作。⑤

在自由贸易试验区建设方面，王晓玲指出，辽宁自由贸易试验区从设立以来，已经创造了113项改革创新经验，并经辽宁省政府批准在全省范围复制推广，其中12项有着突出实践效果的创新经验经国务院批准在全国复制推广。辽宁在实行高水平对外开放方面，具有外向型经济积淀、活跃的对外贸易基础、丰富的天然良港资源、建设沿海经济带和RCEP生效带来的新路径新平台等基础和条件。对于如何以自由贸易试验区引领辽宁高水平对外开放，

---

① 孟继民、殷于博、王虹澄：《聚焦打造东北开放新前沿，统筹发展辽宁沿海经济带》，《辽宁经济》2022年第7期。
② 禹颖子：《加快推进东北亚经贸合作，全力打造对外开放新前沿》，《侨园》2022年第10期。
③ 秦兵、孟月明：《地方对外经贸合作视角下辽宁深化与日本经贸合作路径探析》，《辽宁经济》2022年第7期。
④ 孙丽：《关于辽宁省抓住RCEP实施契机深化与日韩合作的几点建议》，《辽宁经济》2022年第6期。
⑤ 孟月明：《抢抓RCEP生效契机推动辽宁扩大对外开放》，《辽宁经济》2022年第6期。

王晓玲认为，应深化在投资、贸易与金融等领域的制度创新，深化政府监管改革。[1]常同聚焦于辽宁自由贸易试验区对辽宁进口贸易的影响，认为自由贸易试验区通过经济增长效应、贸易便利化效应与产业结构优化效应，显著提升了辽宁省的进口贸易额，并改变了辽宁的进口贸易方式，在进口总额中，一般贸易相对于加工贸易的占比不断提升。但辽宁自由贸易试验区在发展过程中也面临一些问题，当务之急是加快政府职能转变，利用自由贸易试验区提供的绝佳的政策创新平台，优化办事流程和营商环境，持续推动制度创新、优化贸易与产业结构、加强人才引进和培养等。[2]

在"一体两翼"开放格局对跨境电商的影响方面，盖叶萍的相关研究提供了有益的线索。所谓"一体"，是指建设辽宁"一带一路"综合实验区；所谓"两翼"，一翼是向西拓建中国—中东欧"17+1"经贸合作示范区，另一翼是向东全面加强同东北亚国家经贸合作。跨境电商作为新的贸易形态，正成为开展跨境经贸合作的强大动力，因此如何抓住机遇优化跨境电商生态圈对于发挥竞争优势具有重要意义。盖叶萍指出，外贸是拉动辽宁省经济增长的主要动力，全省跨境电商总体上呈现出较快的发展态势，经营主体逐渐增多、销售规模日益扩大、投资方式不断多元化。通关便利化和设施联通等促进了辽宁省跨境电商的发展，但在国际关系的不确定性下，"一体两翼"格局下的经贸合作仍然存在较大风险。[3]

（2）吉林省对外开放

图们江地区开发合作是吉林省长期以来重点推进的次区域合作项目。2021年是联合国开发计划署正式提出东北亚各国共同开发图们江三角洲设想三十周年。葛小辉在《地缘政治因素对区域经济合作的影响：以朝鲜半岛问题对GTI合作的影响为例》中探讨了过去三十年以朝鲜半岛问题为代表的东北亚地区复杂地缘政治因素给图们江地区开发造成的明显制约。2009年，朝鲜因联合国制裁而退出大图们倡议，使其缺失一个重要成员国；2016年，美韩部署"萨德"破坏了东北亚战略平衡，阻滞地区合作，使大图们倡议升级为政府间国际组织的进程受到阻碍。这些不利因素使图们江合作取得的成果与当初的期待相比存在较大距离。目前，在中美关系新形势下，半岛无核化、朝美关系正常化与半岛和平进程在2018年短暂回暖后再次陷入僵局，同时韩国在中美之间面临较大的"选边站"压力、维持平衡的难度不断增加。地缘政治的这些新变化将对GTI合作产生消极影响。作者指出，从过去三十年的图们江地区开发历程来看，地缘经济受制于地缘政治的一面较为突出，地缘经济在积极意义上反作用于地缘政治的一面则远不如人意。在这种形势下，对GTI合作的前景和速度不宜过于乐观，要做好"持久战"准备。[4]

---

[1] 王晓玲：《以自由贸易试验区引领辽宁高水平对外开放研究》，《城市》2022年第4期。
[2] 常同：《辽宁自由贸易试验区设立对辽宁进口贸易的影响研究》，硕士学位论文，东北财经大学，2022年。
[3] 盖叶萍：《"一体两翼"对外开放新格局背景下辽宁省跨境电商生态圈适应性要求与对策分析》，《商场现代化》2022年第4期；盖叶萍：《"一体两翼"对外开放格局对辽宁跨境电商生态圈的影响》，《中国外资》2022年第22期。
[4] 葛小辉：《地缘政治因素对区域经济合作的影响：以朝鲜半岛问题对GTI合作的影响为例》，《东北亚经济研究》2022年第4期。

国际友好城市交流可以有效促进各国地方政府和人民群众间的互相了解，有效推动双方在经贸、教育、科技、文化、人才和社会事业等方面的交流合作。荣万万运用公共管理理论对吉林省国际友好城市交流问题进行了考察，认为该领域目前存在着国际友好城市数量较少且总体布局不合理、省内各地区国际友好城市交流发展不均衡、国际友好城市建设缺乏统筹协调、国际友好城市交往质量有待提高、对全球治理参与度较低等问题。其原因在于东北亚地缘政治尤其是朝鲜半岛问题的影响，吉林省经济社会发展水平对外事经费的限制，植根关外的"土""俗"文化难以提升省内城市的国际知名度和文化吸引力，管理主体和交流主体力量薄弱、参与不充分，对国际友好城市交流的认识不足等。作者建议，要立足区位优势完善国际友好城市布局，借助国家资源与平台实现国际友好城市均衡发展，统筹协调地方外事和国际友好城市工作，以对外交往合力提升国际友好城市交流质量，用正确的义利观指导国际友城交流，积极参与全球治理。[1]

（3）黑龙江省对外开放

内部经济社会发展可为对外开放提供内生动力，对外开放又可为内部经济社会发展提供机会和资源。陈宪良、王涵探讨了东北振兴视角下黑龙江省对外开放的内在优势、制约因素和优化路径。近些年，黑龙江虽与170多个国家有着进出口贸易往来，但主要还是与俄罗斯合作，而与日韩地理距离接近的优势也并未转化为经贸合作的动能，这种不平衡性使黑龙江对外开放地域狭窄、开放程度不高；黑龙江省进口商品以原材料与能源为主，高附加值产品占比较小，出口产品以劳动密集型产品和农产品为主，高附加值产品同样占比较小，而以第一二产业为主、高科技企业较少的黑龙江省经济结构不仅限制了全省经济的发展，也影响到了对外经贸合作，使对外开放领域受限，进出口商品附加值较低；许多企业技术改造缓慢，交通等基础设施建设投入严重不足，严寒多雪对交通运力造成影响，国际关系复杂多变，人口人才流失严重等问题也都给本地经济发展和对外开放造成了严重制约。对于优化路径，作者们认为，应积极参与国际合作、构建开放新格局，比如，利用多种平台和政策深化与世界各国各地区的经贸合作，发挥与俄经贸合作第一大省的地缘优势以推动对俄经贸合作深入发展等；应合理利用本地优势，开创合作新领域，比如，大力发展现代农业、推进机械化生产、加快建设北方生态安全屏障、转变林业发展方式，保持和增加俄罗斯能源进口、扩大油气煤炭领域合作；应完善基础设施建设，比如，重点改善沿边地区的交通状况以拓展对外贸易通道，开展城镇道路、港口、铁路、公路的翻修和建设工作，同时通过数字化提升服务效率。[2]

在国家提出"一带一路"倡议、正式启动中蒙俄经济走廊建设、大力促进东北振兴等形势下，口岸经济有望在未来成为带动地区经济发展的重要工具。李梁对黑龙江省内国务院批准建设的25个边境口岸的发展情况进行了较为系统的探讨。整体来说，黑龙江省边境口岸呈现出南北相异的空间格局，南北部分别以绥芬河与黑河口岸为核心，多数边境口岸的腹地范围较小，只有绥芬河口岸腹地范围较大，而且以省会城市哈尔滨为腹地的边疆口岸更少。

---

[1] 荣万万：《吉林省国际友好城市交流的问题及对策研究》，硕士学位论文，吉林大学，2022年。

[2] 陈宪良、王涵：《东北振兴战略视域下黑龙江省对外开放的内在优势、制约因素与优化路径》，《西伯利亚研究》2022年第6期。

作者指出，黑龙江省边境口岸整体发展情况不尽如人意，除绥芬河铁路、绥芬河公路、东宁公路和黑河水运口岸外，其他边境口岸受到诸多因素的影响，在运行稳定性和实用效率方面均处于较低水平：水运口岸受到冬季结冰期、同质化恶性竞争和口岸运输量不足等因素影响；航空口岸因运行工具为飞机，成本较高，而中俄两国边境地区人员交流不多，设定固定航班会造成大量的资源浪费；公路口岸的运行稳定性虽然较好，但存在多个口岸对应俄方同一城市而造成的恶性竞争。在这些因素的作用下，大部分口岸的运行稳定性和使用效率都难以令人满意。[1]东宁口岸是黑龙江省最大的对俄陆路口岸，是该省对俄发展经贸关系的重要口岸城市。宋菲分析了在"一带一路"倡议背景下，东宁市对俄经贸发展中政府所扮演的角色现状，重点指出存在的问题，比如东宁市对俄经贸发展策略更新速度落后于国际形势变化、地方政府在制定经贸发展策略时相关内容存在较大局限性、发展策略的执行存在基层困境、交通基础设施建设滞后于发展需求、人力资源与公共资源较为有限等。[2]

3. 关于中俄合作及东北对外开放的研究

当前国际形势发生深刻复杂变化，俄罗斯加大远东地区的开发开放力度，实施高水平对外开放也被认为是中国破解"东北困局"的重要切入点，在此背景下，中俄东北—远东地区经贸合作不断深化。相关研究主要集中在对外开放和中俄合作两方面，具体而言：（1）在对外开放方面，学者普遍认为东北地区应大力实施对外开放，以开放促发展，如庞德良等认为实施高水平对外开放能够规避经济体量不大、产业结构单一、外向性不足等传统劣势，东北地区可通过深度参与东北亚国家间合作、着力建设面向东北亚的跨境开放通道等方式提升对外开放水平；刘志彪等认为新发展格局下，开放尤其是大力实施对内开放，是破解东北工业国内市场缩减与技术衰退困境的切入点；赵球认为高水平对外开放是东北全面振兴取得新突破的重要抓手，面向东北亚进行扩大开放，是提高东北对外开放水平的现实选择。（2）在中俄合作方面，学者对口岸发展、高等教育等方面有较多研究，普遍认为加强中俄合作，密切中俄战略协作伙伴关系意义重大，如李晓玲等探讨了中俄跨境经济合作空间组织模式的演化过程，每次新模式的产生都是为解决旧有模式危机而采取的多尺度多维度要素重组的结果；李娟等认为黑龙江省对俄口岸经济发展存在辐射作用有限、发展不平衡、协调机制有所欠缺、口岸的企业面临国际国内双重竞争的问题；徐倩等认为黑龙江省对俄合作办学具有办学项目多、起步早、发展快、办学模式多样的特点，但也存在着办学项目和单位比例失衡，合作院校地域分布过于集中，优质教育资源引进不足，合作办学监管与保障不力等问题。

通过上述分析可知，现有研究普遍认为对外开放是促进东北发展的重要途径，并对中俄合作问题进行了深入分析，取得了较多高质量的研究成果。但仍存在不足之处，一是对东北对外开放的重要意义讨论仍不够深刻，从"双循环"的角度讨论的较少；二是未能将对外开放与产业发展相结合进行探讨；三是对中俄跨境合作虽有部分探讨，但口岸城市发展、跨境合作区、沿边重点开发开放试验区等问题的研究仍较为有限。

---

[1] 李梁：《黑龙江省边境口岸—腹地空间联系研究》，硕士学位论文，哈尔滨师范大学，2022年。
[2] 宋菲：《"一带一路"背景下东宁市对俄经贸发展策略研究》，硕士学位论文，哈尔滨工业大学，2022年。

2022 年中国海疆研究述评

李 欣 刘静烨 樊丛维*

2022 年，中国海疆研究继续呈现蓬勃发展态势，推出了一系列较具创新性、探索性的专业学术成果，在历史研究、国际研究、法理研究等方面均取得一定进展。总体而言，本年度海疆研究旨趣显示出五方面特征。一是有关我国台湾的研究成果，无论是台湾历史研究，还是有关台湾问题的国家安全、国际视角研究，发文成果均有显著增多；二是有关南海问题、钓鱼岛问题研究有所减少；三是周边涉海国际研究类成果增多，特别是国际研究同行对美西方国家对域内有关涉海问题的政策、行动、举措及其影响的关注增长；四是以统筹安全与发展为导向的海疆治理研究、海洋强国建设研究仍呈现出不断深入、细化和前瞻趋势；五是海疆研究旨趣的取向、变化及特征，与近年我国涉海问题走势、涉海周边安全形势相一致。这些特征也反映了海疆研究学术共同体内部的动态变化和调整。来自国际问题研究、国家安全研究等领域学者的加入，使以往由历史研究为学科基底的海疆研究范畴大大扩展，这是传统海疆研究面临的新形势，也是扩大视野、强化融合的涉海研究迎来的新机遇。本文择要对本年度海疆论著成果加以介绍述评，如有疏漏或不当之处，敬请方家指正。

一、海疆历史研究

海疆史研究中，从断代上看，有关清代海疆治理、海防建设的研究成果仍然占据多数；从专题来看，台湾历史研究成果有所增多，受到广泛关注。

1. 海疆史研究

方堃的《中国海疆史研究的几个问题》是 2022 年度海疆史研究领域的一部力作。作者提出，海疆是一个国家范畴的地理概念，海疆史研究最关切的是沿海、腹地与近海空间范围内人的生存环境变迁与社会的进步发展。作者研究认为，历史上的海疆概念经历了一个动态发展过程，在空间缓慢扩展、开发渐行深入的发展进程中，沿海疆域逐渐形成了自身发展的基本格局。历史时期海疆治理既按照疆域治理的一般规律发展，也遵循自身的特殊规律。历代王朝海疆经略的政策举措，反映了海疆在王朝疆域体系中的地位变化。[①]

按照断代来看。李贤强的《海分三路：明代广东的海防分路》对明代广东海防进行深入探讨。作者提出，广东的海防分路可能形成于明代前期，至迟不晚于嘉靖初年。海防分路的

---

* 李欣、刘静烨、樊丛维：中国社会科学院中国边疆研究所副研究员、助理研究员、助理研究员。

① 方堃：《中国海疆史研究的几个问题》，《中国海洋大学学报（社会科学版）》2022 年第 1 期。

划分与水寨信地、分巡道、参将、卫所防区等因素皆无关系，而可能与倭寇的入侵路线和广州府的政治、军事、经济的中心地位及现实需要有关。作者研究认为，作为一种军事措施，明代海防各分路各司其职，紧密配合，为维护千里海疆的安全发挥了重要的作用。①

清代海疆历史是海疆历史研究的重点关注领域。其中，王泉伟《清代沿海诸厅与海疆管理研究》一文认为，创立沿海厅是清朝为了适应海洋环境而进行的一种较为成功的制度实践。其设立原因各异，部分是为了适应海洋环境而专门设立的，部分是适应台湾地区民族混居情况而设立的，另外还有一些因特殊情形而设。在沿海诸厅的职掌中，相比征税等民政工作，维持治安与移风易俗是更为重要的内容，具有较为明显的边疆特性。②宋可达《清代沿海政区海域勘界及其影响》一文认为，清代国家近海海域属沿海政区管辖。为解决海界纠纷、规范海域管理，在中央政府主导下，沿海地方在清前期至清中后期开展了一系列海域勘界活动，进而在制度上将海疆区域纳入大一统王朝的疆域版图。海域勘界反映了清代海疆空间持续拓展的历史过程，也是清王朝海域管理从清晰化走向深入的有力体现。③胡鹏飞、李晓彤的《从"首重舟师"到"裁船改员"——驻粤旗营水师与清代海防研究》关注清代海防研究。文章提出，雍正以降东南沿海开始设置诸多旗营水师，驻粤旗营水师因广州为沿海要地"首重舟师"而设，海防实践以"操演"为主，在东南海防体系中发挥的作用有限，在近代海疆危机与海防变局的背景下为近代新式海军所取代，以"裁船改员"的方式退出历史舞台。④

近现代研究方面。郭渊的《论20世纪30年代初南京国民政府领海法令的颁布及对海洋权益的维护》提出，在东南沿海面临日益严重的侵渔形势、社会各界要求保护海洋权益呼声不断高涨的国内形势和国际社会领海制度不断发展的国际背景下，南京国民政府开展了对领海法令的制定与颁布进程。在海军、财政、外交、内政以及参谋本部等相关部门多次协商基础上，南京国民政府提出有关领海界限和缉私范围草案，经各方权衡后最终制定并颁布了三海里领海、十二海里缉私范围的法令。作者认为，以上措施促进了中国海洋制度的建设，有益于海洋权益的保护，但由于该法令缺乏可操作性等原因，致使近代中国沿海权益受损的情况依然如故。⑤郭永虎、闫立光的《美国有关1978年中日"钓鱼岛事件"应对决策初探——基于美国新近解密档案的解读》认为，1978年中日"钓鱼岛事件"发生在中美建交和《中日和平友好条约》缔结谈判的关键阶段。在"联华抗苏"和维系美日同盟背景下，美国卡特政府奉行尼克松时期美国对钓鱼岛政策的基本立场，不介入中日钓鱼岛争端，不希望"钓鱼岛事件"成为《中日和平友好条约》签署的障碍。在官方对外新闻发布文本措辞上，卡特政府拒绝公开承诺《美日安保条约》适用于钓鱼岛。美国国务院不同意日本提出要求美国政府

---

① 李贤强：《海分三路：明代广东的海防分路》，《中国边疆史地研究》2022年第1期。

② 王泉伟：《清代沿海诸厅与海疆管理研究》，《中国边疆史地研究》2022年第3期。

③ 宋可达：《清代沿海政区海域勘界及其影响》，《云南师范大学学报（哲学社会科学版）》2022年第6期。

④ 胡鹏飞、李晓彤：《从"首重舟师"到"裁船改员"——驻粤旗营水师与清代海防研究》，《中国边疆史地研究》2022年第2期。

⑤ 郭渊：《论20世纪30年代初南京国民政府领海法令的颁布及对海洋权益的维护》，《南海学刊》2022年第5期。

提供一份关于钓鱼岛"基本立场"的永久性文本的建议，仅就"当前"事件的立场发表临时性声明。其一系列应对决策和立场实际上阻止了日本将钓鱼岛纳入《美日安保条约》"防卫"义务的企图。①

2. 台湾史、南海史等研究

台湾是中国海疆的重要组成部分，有关台湾的历史研究是本年度海疆历史研究学界关注的重点。王日根的《蓝鼎元治台思想片论》立足于蓝鼎元《鹿洲全集》中的治台文论，分析其治台思想与指导意义。清朝统一台湾后，一度出现一些放弃台湾开发的思潮。而蓝鼎元力主清王朝加强行政设置，推动政府实施在台湾的治理与开发。他熟悉台湾局势与闽南粤东形势，深谙台湾百姓心理，提出一系列具有针对性、有效性的治台思想，具有当时较先进的海洋观，并指导后来的实践，无愧"筹台宗匠"的美誉。②王宏斌的《清代福建军政大员巡台制度考》指出，御史巡台制度出现于1722年，福建军政大员巡台制度终结于1885年，1788年初是二者转换的节点。御史巡台制度实施了66年，福建军政大员巡台制度执行了97年。无论是御史巡台制度还是福建军政大员巡台制度，均对台湾社会、政治、经济、军事和文化发展发挥了很大作用。作者研究认为，单就加强政治控制来说，福建军政大员巡台制度比御史巡台制度发挥的作用更大一些。③

2022年是郑成功收复台湾360周年，有数篇有关这一主题的专业学术论文问世。陈孔立的《剖析台湾"独"派曲解郑成功历史的学理谬误》一文提出，对郑成功历史的曲解是"台独史观"重要表现。台湾"独"派或鼓吹郑成功的明郑政权是代表台湾的"独立政权""东宁王国"，或将其称为代表中国的"外来政权"，或指责郑成功与荷兰殖民者一样是台湾少数民族的"屠杀者"。作者严正指出，"台独史观"的观点完全违背历史事实，已受到中外史料记载的有力驳斥。"独"派歪曲郑成功历史，暴露了其蓄意"反中谋独"的"台独"实质。④杨彦杰的《郑成功复台的民族政策及其影响》认为，在收复台湾过程中，郑成功对台湾少数民族采取了一系列富有远见的民族政策，包括招抚少数民族首领、保护民众财产利益、妥善处理民族矛盾、招募台湾少数民族男子参军等。这些民族政策从根本上推翻了荷兰人的殖民统治，使中华民族各民族之间的传统交往关系得到恢复和发展，为明郑以至清朝的"理番"政策打下重要基础。招募台湾少数民族男子参军在两岸历史的演变进程中直接促成了两岸不同民族之间的融合发展，其深远影响延续至今。⑤

近现代研究方面，汪小平的《论台湾光复的合法性——以二战期间美军占领台湾计划为中心的考察》一文从二战期间美国海军的一个流产计划入手，证明了台湾军事接收绝非"军

---

① 郭永虎、闫立光：《美国有关1978年中日"钓鱼岛事件"应对决策初探——基于美国新近解密档案的解读》，《中国边疆史地研究》2022年第1期。
② 王日根：《蓝鼎元治台思想片论》，《台湾历史研究》2022年第1期。
③ 王宏斌：《清代福建军政大员巡台制度考》，《台湾历史研究》2022年第1期。
④ 陈孔立：《剖析台湾"独"派曲解郑成功历史的学理谬误》，《台湾研究集刊》2022年第5期。
⑤ 杨彦杰：《郑成功复台的民族政策及其影响》，《台湾历史研究》2022年第4期。

事占领"。作者研究认为,由于当时美国接受《开罗宣言》约束,美军占领台湾的计划并未脱离恢复中国主权的目的。战后美国帮助国民政府接收台湾,也无任何建立军政府的举动。在主权恢复过程中,台湾行政长官公署只是接受国民政府行政院领导的一个地方政府,绝非"台独"史观所说的"盟国的军事占领"。在台湾光复前后,美国对中国光复台湾并无异议,并在光复后在台湾建立领事馆,事实上承认了中国政府对台湾的主权恢复。[1]钟奕诚在《1950年代初台湾当局与美国亚太集体安全体系关系考论——以〈澳新美安全条约〉成员范围扩大化问题为中心》中提出,联合美国和亚太各国组建所谓多边"反共"组织是国民党当局"反攻大陆"计划的关键组成部分。国民党当局曾寻求跻身由美国主导的拟议中的《太平洋公约》。但其受各类条件制约,规模被大幅缩减,最后仅澳、新、美三国同盟作为唯一多边军事组织落地成型。国民党当局又试图推动扩大《澳新美安全条约》成员范围,但美国杜鲁门当局自始至终没有考虑过将台湾当局纳入其间。[2]此外值得关注的是,陈开科对俄罗斯的台湾研究进行了系统梳理评述。在《俄罗斯的台湾史研究》一文中,作者将俄罗斯的台湾史研究划分为俄罗斯帝国时期(1917年以前)、日本占领台湾前后、苏联时期(1922—1991)三个阶段。1991年后,俄罗斯学者纷纷赴台湾地区,有关研究取得了较多成绩。至今,俄罗斯学界建立了很多"台湾研究中心",台湾问题亦成为副博士学历教育的重要选题。俄罗斯政府和学界还会定期举办有关台湾问题的专题学术会议,1990年代还出现了"台湾学"的学科术语。[3]

推进台湾史研究"三大体系"建设是台湾史学界必须担负起的研究任务和历史责任。在这方面,2002年《台湾历史研究》刊发了一批较有深度的研究笔谈和学术论文。如陈孔立的《关于台湾史学术体系的三点思考》提出,应把台湾史放在中国史框架中,并联系当时的世界历史考察。构建台湾史学术体系,两岸史学界特别是两岸研究台湾史的专业学者都应当是参与者。他建议建立台湾史研究的交流平台,分步骤地开展平等对话和交流,互相协作建立互相认同的学术体系。针对两岸学者在台湾史研究方面存在不同史观、对台湾具体历史也有不同看法的现状,他提出了"论从史出"、尊重包容、求同存异的合作研究经验。[4]刘相平在《以"中华民族史观"为主轴构建台湾史"三大体系"》一文中提出,大陆学界构建台湾史"三大体系"的任务重大而紧迫,并提出四个观点。一是认为大陆学界应在马克思主义指导下,以"中华民族史观"为主轴,大力开展台湾史研究,争取台湾的台湾史研究学界的认可和采纳;二是提出要厘清台湾史研究的地位,加强台湾近现代史研究,完善台湾史研究的学科体系;三是要明确台湾史研究的目的,处理好"藏诸名山"和"经世致用"、学术性

---

[1] 汪小平:《论台湾光复的合法性——以二战期间美军占领台湾计划为中心的考察》,《台湾历史研究》2022年第2期。

[2] 钟奕诚:《1950年代初台湾当局与美国亚太集体安全体系关系考论——以〈澳新美安全条约〉成员范围扩大化问题为中心》,《台湾历史研究》2022年第4期。

[3] 陈开科:《俄罗斯的台湾史研究》,《台湾历史研究》2022年第4期。

[4] 陈孔立:《关于台湾史学术体系的三点思考》,《台湾历史研究》2022年第3期。

和政治性的关系，进一步完善台湾史研究的学术体系；四是要在研究中提炼标识性概念，批驳"台独"话语，建立自己的话语体系，占领台湾史研究的话语权高地。[1]冯琳的《关于构建战后台湾史话语体系的几点思考》就三方面内容开展论述。一是在战后台湾史研究重要性方面，作者提出，"台独"分子善于利用历史的片断、任意解读历史，被其曲解后的历史让许多人对祖国怀着误解，产生背离祖国统一的心理。大陆学界需积极发声，加强战后台湾史研究、构建战后台湾史话语体系已是刻不容缓。二是在史观与分期问题上，作者认为台湾史是中国史中的一个特殊分支。但台湾、澎湖自始至终基于法理与历史事实都是中国的固有领土，台湾史作为中国史一部分的本质属性是不变的。中国近现代历史通常以1949年中华人民共和国成立的时间作为分界点，台湾史作为中国史的一部分，也可大体依此划分为近代与现代。三是在研究方法上，作者认为以往中国大陆学界的战后台湾史研究由于缺乏问题意识只想下"细处着手"的功夫，无法凸显出学术研究对于话语权的价值构建，主张构建战后台湾史话语体系应实现宏观历史关怀与视野的"微观实证"研究的结合。近年来，大陆学界已开始在战后台湾史的微观研究方面有所进步。作者还提出，应警惕在战后台湾史研究中套用西方理论的倾向。[2]

南海研究方面，范记川、郑泽民的《张人骏领土主权意识初探——以收复东沙岛和勘察西沙群岛为中心》提出，张人骏是晚清时期维护国家领土主权的重要人物之一，在收复东沙岛、勘定西沙群岛等维护南海岛礁主权问题上有开创之功绩，被誉为"南海维权第一人"。张人骏的领土主权意识是在中国传统儒家思想的浸润下，以近代西方国际法为依归，以维护"大清国"领土完整为目标形成的如何维护领土主权的一整套认知与行为。他运用近代国际法，以和平谈判的方式维护领土主权，并注意到主权维护、宣示与海上安全、经济开发之间的关系，同时在命名和舆图方面体现出中国的传统观念，在方式、途径上具有系统性、综合性的特点。[3]

2022年有数篇关注近现代西方国家南海政策的论文问世。如谭卫元的《美国对南沙群岛的认知与政策演变（1898—1946）》提出，太平洋战争爆发后，南海成为打击日军的重要区域，美国由此逐步介入南海，并重估南海诸岛的价值与意义，开始掌握战后处置西沙、南沙群岛的主导权。美国的南海政策即以此认知为基础，其核心态度与立场大致不变，基于不同时期国家利益与亚太外交目标而采取不同策略。[4]王巧荣的《英国对南海诸岛主权问题的立场考论——以"克洛马事件"为中心》认为，1956年"克洛马事件"发生后，英国驻东南亚总专员公署试图以英属北婆罗洲与中国南沙群岛南威岛、安波沙洲有"历史"和现实联系为依据，为英国对中国南沙群岛中的岛屿主张权力提供支持。但英国外交部相关机构通过研究有关南海问题的历史文献，确认英国对上述两岛礁"权利"主张证据的支撑力较弱，决定不介

---

[1] 刘相平：《以"中华民族史观"为主轴构建台湾史"三大体系"》，《台湾历史研究》2022年第2期。

[2] 冯琳：《关于构建战后台湾史话语体系的几点思考》，《台湾历史研究》2022年第3期。

[3] 范记川、郑泽民：《张人骏领土主权意识初探——以收复东沙岛和勘察西沙群岛为中心》，《南海学刊》2022年第4期。

[4] 谭卫元：《美国对南沙群岛的认知与政策演变（1898—1946）》，《中国边疆史地研究》2022年第3期。

入这一争端。同时,英国外交官员发现,英国历史文献中关于南海问题的记载为中国关于南海诸岛的主权主张提供了较为有利的证据,不得不承认中国对南海诸岛拥有主权。①蔡梓的《病笃乱投医:英国"南沙基地建设"构想的形成与幻灭(1935—1938 年)》提出,英国曾于 1935 年萌生在南海诸岛建设军事基地的想法,曾于 1937 年上半年在南海寻求新基地并逐渐聚焦南沙。日本全面侵华战争爆发后,英国担心日本趁势夺取南沙进而南侵,仓促形成并推行"南沙基地建设"构想。英国碍于看中的岛屿已遭法国"吞并",力图在不承认法国"主权要求"的前提下促其"让与"或"租赁"某个岛屿,但劳而无获。英国转而谋求自行占领适用岛屿,但在再次勘察南沙后认清推行该构想很可能得不偿失,最终鉴于欧洲危局在 1938 年 7 月彻底放弃。②贾庆军的《20 世纪 50 年代前美国对南海的地缘认知演变》一文提出,南海地缘价值的变化与美国介入南海的力度是成正比的,是美国南海政策变化的一个主要原因。他的研究聚焦于 20 世纪 50 年代以前,认为日本侵略东南亚凸显南海地缘战略价值,促使美国重新认知南海。随着"边缘地带论"兴起,美国越发重视南海的地缘战略价值,并谋求为自己的国家利益服务。20 世纪 50 年代后,遏制共产主义在亚太扩张成为美国推行霸权战略的总方针,直接影响美国对南海的地缘战略认知,利用南海的地缘战略价值围堵遏制中国就成为美国对华政策的必然选项。③栗广的《20 世纪五六十年代中美在南海问题上的博弈》认为,1951 年旧金山会议前后,中美两国围绕如何处理南海诸岛问题进行了一系列斗争,最终美国主导制定的对日和约对南海诸岛归属问题作了模糊处理。此后美国一方面支持南越、菲律宾侵犯南海主权,另一方面试图推动它们联合起来对付中国。中国多次发表声明,反对美国支持的南越、菲律宾对南海诸岛的侵犯。中国还采取系列反制措施,不仅直接维护了南海权益,而且实现对南海诸岛的管理呈现出持续性,为当前南海维权提供了法理依据。④

钓鱼岛研究方面,郭永虎、朱博的《美国国家档案馆所藏钓鱼岛问题档案及其文献价值》一文指出,美国在介入中国钓鱼岛事务过程中产生了大量外交文件,美国国家档案馆所藏相当一部分关于钓鱼岛问题核心档案(纸质版未刊档案)尚未被学界发掘和使用。它们主要分散在美国国务院档案、美国琉球民政府档案、美国陆军部档案、美国中央情报局档案等美国政府相关职能部门的历史档案卷宗之中。该部分档案不仅具有重要的史料研究价值,而且对于中国政府钓鱼岛维权也具有不可或缺的"证据链"价值,能够为中国政府维护钓鱼岛主权权益,提升钓鱼岛话语权的国家战略提供智力支持和学术参照。⑤

---

① 王巧荣:《英国对南海诸岛主权问题的立场考论——以"克洛马事件"为中心》,《清华大学学报(哲学社会科学版)》2022 年第 3 期。

② 蔡梓:《病笃乱投医:英国"南沙基地建设"构想的形成与幻灭(1935—1938 年)》,《太平洋学报》2022 年第 10 期。

③ 贾庆军:《20 世纪 50 年代前美国对南海的地缘认知演变》,《世界地理研究》2022 年第 5 期。

④ 栗广:《20 世纪五六十年代中美在南海问题上的博弈》,《军事历史研究》2022 年第 2 期。

⑤ 郭永虎、朱博:《美国国家档案馆所藏钓鱼岛问题档案及其文献价值》,《北华大学学报(社会科学版)》2022 年第 3 期。

二、海疆现状及有关国际研究

2022年，学者们主要从涉海热点问题、海洋治理和海洋强国建设、涉海周边国际环境三方面开展海疆现状和有关国际研究。此类研究表现出更强的问题导向、政策导向，同时呈现出多学科交叉融合、基础和应用研究并重的方法特征。

（一）海疆热点问题研究

近年来，一些西方国家加大"以台制华""以海制华"的力度，中国海疆热点问题呈现出新的特点。2022年，学者们围绕台湾问题、南海问题、钓鱼岛问题的最新动向，美国等国家的有关政策举措、战略演进，运用国际关系、国家安全、地缘地理等学科背景和研究方法，推出了较为丰富的研究成果。

1. 台湾问题研究

世界上只有一个中国，中华人民共和国政府是代表全中国的唯一合法政府。台湾是中国领土不可分割的一部分，中国对台湾享有无可争议的主权。近年来，西方国家持续炒作台湾问题，掏空"一个中国"原则，勾结、利用"台独"势力，致使台海局势紧张。更为甚者，在2022年8月2日，美国国会众议院议长佩洛西不顾中方的一再警告，窜访台湾，给中美关系造成不可估量的损失。为回应、批驳美方的非法无理行径，众多学者从政治、历史等多学科，国内、国际多视角对台湾问题展开研究，从学术角度维护国家主权。

国家统一是中华民族走向伟大复兴的历史必然。学者们在理论上研究阐释国家统一大势、中国和平统一政策。李义虎在《〈台湾问题与新时代中国统一事业〉白皮书的战略意义和显著特点》中指出，《台湾问题与新时代中国统一事业》白皮书发表的时间节点是势与道的结合，呈现出三个显著特征：语言精准宣誓立场、清晰勾勒统一框架和格局、直接明了反"台独"。而且，新的白皮书有了三个"增量"，即"两制"台湾方案的空间和内涵将得到充分展现，白皮书中提到"率先在福建建设海峡两岸融合发展示范区"，以及在解决台湾所谓的"国际空间"问题方面首次提出具体建议。最后作者提出，大陆的发展和进步是统一的关键。[①]周叶中和段磊的《中国国家统一论纲》比较了中西方文明中的"统一观"，指出台湾问题传统分析框架的理论缺陷，提出了"三要素分析框架"新理论。作者从统一状态的静态描述和统一路径的动态规划两个方面分析国家统一过程论。[②]严安林、张斌的《"九二共识"作为两岸关系和平发展共同政治基础的历史考察》提出，"九二共识"在两岸两会最高负责人会晤与机制性事务性协商、在两岸事务对口主管部门"政策性对话"与机制性互访、在两岸领导人历史性会晤中，具有基础性地位，发挥了基础性作用，成为两岸两会交往谈判的共同政治基础、两岸

---

① 李义虎：《〈台湾问题与新时代中国统一事业〉白皮书的战略意义和显著特点》，《台湾研究》2022年第5期。
② 周叶中、段磊：《中国国家统一论纲》，《武汉大学学报（哲学社会科学版）》2022年第4期。

事务主管部门"政策性对话"的共同政治基础与两岸领导人历史性会晤的共同政治基础。①

美国对台政策是影响台海局势的重要因素，学界围绕美国对台政策的演变和特点展开了丰富的研究。节大磊发表的英文论文"U.S. evolving strategic thinking about Taiwan"（《美国不断演变的对台战略思维》）指出，在特朗普和拜登政府领导下以及中美大国竞争加剧的背景下，美国对台湾的战略思维发生变化，将台湾视为美国的战略资产，认为台湾与中国大陆的持续分离符合美国的国家利益。美国对台湾现有经济、政治和安全利益的看重，以及对台湾内在军事价值的"重新发现"，共同推动了美国战略思维的演变。即使美国新战略思维不完整且有局限性，但也表明美国和中国对台湾的看法变得更加不相容，中国对美国长期意图的信任几乎消失。作者认为，除非更加谨慎和克制地处理台湾问题，否则美国和中国很可能会在台湾问题上陷入冲突。②邵育群的《特朗普时期以来美国一个中国政策的变化及其危害性》指出，在特朗普时期，美国降低了一个中国政策的模糊性，强化了美国对台湾地区的支持，对美台非官方交往的约束越来越小，而且政策的执行发生了偏差。地缘竞争、意识形态、维护亚太秩序主导权是美国一个中国政策发生变化的主要动因，这一变化有很高的危险性，很可能造成中美两个大国发生直接冲突。③汪曙申在《中美竞争视角下美国介入台海的政策探析》中梳理了安全竞争背景下美国对台海形势认知的发展历程，并指出安全视角下美国介入台海的两种策略行为：岛屿防卫和"一体化威慑"。当前，台海安全困境主要表现在大陆对台和中美两国之间的矛盾。随着中美竞争的发展，拜登政府对台政策会呈现出篡改一个中国政策的内涵、推动台海安全问题"国际化"、全面提升美台安全关系等特点。④夏立平等人在《拜登政府对美台军事关系的延续与调整》中指出，拜登政府时期美台军事关系呈现出的延续性表现为三个方面，一是继续从"印太战略"出发布局美台军事关系；二是继续加强台湾的非对称战力及实现"整体防卫构想"；三是继续强化美台军事人员交流及协同训练演习。拜登政府时期的美台军事关系也有三方面变化，一是"以台制华"战略目标更加明确；二是为军事干预台海做准备；三是建立海上巡逻工作组备忘录。这些举措严重干涉中国内政，鼓励"台独"分裂势力，并发出错误信号，造成台海局势紧张。⑤夏昂和谢郁在《拜登政府台海政策的"再模糊化"辨析》中指出，拜登政府对华政策框架包含三个维度，即战略竞争、对话合作和管控分歧。而拜登政府台海政策是一种战术性"再模糊化"，企图搅乱台海局势，维持自身的战略主动。而国内政治状况、"台湾牌"带来的"战略机遇"、霸权压力以及中美合作的现实需求则共同构成了其政策"再模糊化"的动因。⑥信强的《拜登政府对台政策的

---

① 严安林、张斌：《"九二共识"作为两岸关系和平发展共同政治基础的历史考察》，《台湾研究》2022年第5期。
② Dalei Jie. U.S. evolving strategic thinking about Taiwan. *China International Strategy Review*. Volume 4，2022.
③ 邵育群：《特朗普时期以来美国一个中国政策的变化及其危害性》，《台湾研究集刊》2022年第6期。
④ 汪曙申：《中美竞争视角下美国介入台海的政策探析》，《当代美国评论》2022年第4期。
⑤ 夏立平、马艳红、葛倚杏：《拜登政府对美台军事关系的延续与调整》，《和平与发展》2022年第4期。
⑥ 夏昂、谢郁：《拜登政府台海政策的"再模糊化"辨析》，《台湾研究》2022年第3期。

嬗变与困境》指出，拜登政府对台政策嬗变的基轴是虚化"一中"政策，其表现为：将"与台湾关系法"提升至首要地位；通过质疑联合国2758号决议等破坏"一个中国"原则；以"切香肠"的方式提升美台实质性合作。同时美国积极推动将台湾纳入其主导的"价值观联盟"与"高科技联盟"中，推动台湾问题"国际化"。但是拜登政府的台海政策也面临"政治正确"与"理性"、"示强"与"避险"、拉拢盟友与盟友貌合神离这三重困境。[1]仇朝兵在《拜登政府执政以来美台关系的演变及走势》中分析了拜登政府对台政策目标，即持续加大对华施压，同时支持台当局提升防卫能力，强调对台安全承诺。他认为，拜登政府执政以来美台关系从加强互动交往、密切经贸合作、深化安全合作、"拓展国际空间"、强化盟友协调五个方面有所发展。[2]

学界也密切关注岛内有关动向。如童立群的《蔡英文连任以来台湾地区与欧洲关系新动向及其影响》指出，部分欧洲国家打"台湾牌"的特征表现为几个方面：模糊"一个中国"政策、协调台海政策立场、提升台湾问题关注度、配合美国对华战略、强调意识形态；意图从多个领域挑战"一个中国"原则。这一系列的冒险行径导致中国与欧洲部分国家双边关系受损，中国与中东欧国家关系受到干扰，而且中欧整体关系和经贸关系都受到了负面影响。[3]王丰收和朱松岭在《中美大国竞争态势下日台关系的新动向》中指出，日台"政党外交"的"准官方"性质不断凸显、"地方外交"的规模不断扩大、"智库外交"的政治性不断增强，这体现出日本极力推动三位一体的对台"准官方交往"。在美日台"安保一体化"进程中，美国是主导者，日本右翼势力是推动力，在特征上呈现出越来越直接赤裸、涉及意识形态和反华战略、与美日台经济一体化一体两面。[4]

2. 南海问题研究

南海问题一直是中国海疆研究的热点问题。近年来，随着南海地区形势变化，西方国家的南海政策和域内国家涉南海动向成为学界关注的焦点。

美国在中国周边海域的存在以及美国针对中国的海洋政策一直是影响地区安全和稳定的重要障碍。随着拜登政府"印太战略"的推进，美国加大了对中国周边海洋问题的干涉力度。2022年美国政府发布了针对中国南海主张的《海洋界限第150号报告——中华人民共和国在南海的海洋主张》，在此之前美国已经发布了两份针对中国的《海洋界限第117号报告》（1996）和《海洋界限第143号报告》（2014）。王胜的《美国南海政策中的法律手段、政治意涵与中国的应对——对美国〈海洋界限第150号报告〉》一文指出，《海洋界限第150号报告》充分展现了美国运用法律手段实现政治目的、加强对华遏制的企图，对美国未来南海政策施行以及地区安全产生了重要影响。[5]美国的南海政策是学者开展南海问题研究的重点。

---

[1] 信强：《拜登政府对台政策的嬗变与困境》，《台湾研究》2022年第3期。
[2] 仇朝兵：《拜登政府执政以来美台关系的演变及走势》，《当代美国评论》2022年第2期。
[3] 童立群：《蔡英文连任以来台湾地区与欧洲关系新动向及其影响》，《台湾研究集刊》2022年第5期。
[4] 王丰收、朱松岭：《中美大国竞争态势下日台关系的新动向》，《台湾研究》2022年第5期。
[5] 王胜：《美国南海政策中的法律手段、政治意涵与中国的应对——对美国〈海洋界限第150号报告〉》，《边界与海洋研究》2022年第5期。

成汉平的《从特朗普到拜登：南海问题"泛国际化"及其影响》认为，在特朗普政府的南海政策基础上，拜登治下的南海问题国际化出现了诸多全新的形态，完全超越了传统概念中的介入领土主权与海洋权益之争，出现了"泛国际化"的趋势。此举意在精准且全方位对中国实施海上围堵和挤压，并争夺地区安全秩序主导权。这些"泛国际化"的新形态，包括在南海不断升级与域内国家共同进行的军演、胁迫更多的盟友前来南海搅局以及精准施策拉拢域内国家等。[①]贺先青的《拜登政府的南海叙事逻辑、政策意涵与行为选择》研究认为，拜登政府正在构建以中美战略竞争为主基调的南海故事，通过加强在南海的"灰色地带"行动增加中国行动成本，并通过构建南海"同盟—伙伴关系"网络增强遏制中国的实力。[②]金永明、崔婷的《美国南海政策的演变特征与成效评估（2009—2022）》通过对美国南海政策的实践成效进行评估发现，美国南海政策的调整引发域内国家与域外国家、南海领土主权争议与海洋秩序争议等多层面的联动反应，使南海问题变得更具复杂性和不确定性。但从长期考量看，美国南海政策的实施存在诸多内在局限性。文章进一步指出，中国需保持战略定力，努力塑造中美关系，进一步发展与东盟的周边外交关系，不断加强在法理层面的有力回击，从而运筹南海问题，维护南海地区的和平与稳定。[③]鞠海龙、林恺铖认为，拜登政府执政以来，美国通过强化在南海的军事活动，邀约域外国家介入南海地区安全事务，拉拢菲、越、印尼等国，推动国际媒体塑造南海问题国际话语，试图营造其对南海地区安全的主导权。[④]

美国在南海的军事行动的加强是近年来美国南海政策调整的一个重要表现。中国学者一直关注美国南海军事行动的变化及影响。滕建群的《论大国竞争背景下美国对华海上博弈》梳理了从小布什到拜登政府时期的美国对华海上战略竞争的基本脉络，即从作战理论上看，兼顾沿海和大洋控制，并提出"分布式杀伤链"作战概念；军事计划以从海上围堵中国为主；从部队编成上看，强调"一体化威慑"能力建设；从兵力部署上看，从海上构建起东部和南部两条围堵中国的战线。[⑤]胡波、艾雪颖的《美军南海军事行动的政治化——以"闯岛"式"航行自由行动"为例》指出美国南海军事行动政治化倾向愈加明显，南海"闯岛"式"航行自由行动"是典型代表。通过对相关行动和大事件的关联性研究，他们发现"除了有关行动的表态和言辞越来越政治化，美军在中国驻守的南海岛礁周围的'航行自由行动'在时机选择方面与中美关系重大议程密切相关，意图对中方施压并配合美国涉华重要议程的推进。"[⑥]王传剑、贾保磊的《美国的南海军事化政策：解析与评估》认为，出于护持海上霸权、追求海洋自由、先发制人威慑和重塑同盟信誉的目的，近年来美国针对南海问题实施了一系列意图明显的军事化行为，事实上成为"南海军事化"的"最大推手"。通过前沿作战概念

---

① 成汉平：《从特朗普到拜登：南海问题"泛国际化"及其影响》，《亚太安全与海洋研究》2022年第2期。
② 贺先青：《拜登政府的南海叙事逻辑、政策意涵与行为选择》，《南洋问题研究》2022年第2期。
③ 金永明、崔婷：《美国南海政策的演变特征与成效评估（2009—2022）》，《南洋问题研究》2022年第2期。
④ 鞠海龙、林恺铖：《拜登政府的南海政策：地区影响及其限度》，《国际问题研究》2022年第2期。
⑤ 滕建群：《论大国竞争背景下美国对华海上博弈》，《太平洋学报》2022年第1期。
⑥ 胡波、艾雪颖：《美军南海军事行动的政治化——以"闯岛"式"航行自由行动"为例》，《边界与海洋研究》2022年第6期。

探索、军事基地建设维护、强化大型作战平台、空海抵近情报侦察、开展航行自由行动、构筑海上安全体系等多种手段和方式的综合运用,美国的南海军事化政策对于相关事态的发展产生了重要和复杂的影响。①曹宛鹏的《美国在南海及周边地区的军事权力增长及军事存在演变》一文运用军事权力评估模型分析美国在南海及周边地区军事存在的演变,认为自2010年至2019年,美国在南海的军事权力呈现出阶段性递增态势,并可分为2010—2016年奥巴马政府推出亚太战略时期的波动上升,以及2017—2019年特朗普政府推出"印太战略"时期迅速提升两个阶段。作者认为,美国在南海及周边地区的军事存在显著增强,不断完善以环南海军事基地群和南海前沿军事基地群为核心的军事基地部署,加强引导双边联合军演向多边联合军演转变,着重强调"航行自由"行动的海上实战性检验以及持续强化军事侦察和情报收集的立体化网络体系构建。②

西方国家南海政策的转变及与美国南海政策的关联性也是学界关注的重点。王传剑、黄诗敬的《"印太转向"下英国的南海政策:解析与评估》指出,英国的南海政策作出了一系列重大调整,主要表现为突出南海威胁感知、强化选边站位的政策导向,增强地区军事存在、提升武力介入的政策效度,入局"印太"安全架构、积极拉拢南海问题当事国等。英国南海政策的变化将在很大程度上损及中国周边安全环境的稳定,但却无助于塑造南海地区的规则与秩序,未来对于南海局势的影响总体有限,对此中国需要准确认知并妥善应对。③胡杰《英国对南海"航行自由"问题的立场:认知、影响与中国的应对》的研究认为,英国有意在南海"航行自由"问题上采取模糊表述,以便在中美之间保持平衡。④罗婷婷、王群的《英法德南海政策的调整及影响》认为,近三年来,英法德的南海政策作出重要的调整,包括选边站队、军事跟进、反华鲜明等内容。英法德南海政策的调整进一步助推了南海问题的国际化与军事化进程。⑤杨美姣在《大变局之下英法德三国的南海政策研究——基于新古典现实主义视角的分析》提到,英国积极追随美国强势介入南海,法国采取了有限度介入的对冲策略,德国则是象征性介入。⑥李雪威、王璐的《日本对美国南海"航行自由行动"的认知、行动与中国应对》一文认为,作为美国在"印太"地区重要的军事盟国,日本对美国的南海"航行自由行动"给予了支持,但表现出"言援行慎"的特点。日本之所以对美国南海"航行自由行动"采取积极政治声援、有限行动支持的立场,背后关乎其南海利益、日美同盟、中日关系等多方面的战略考量。①

---

① 王传剑、贾保磊:《美国的南海军事化政策:解析与评估》,《南洋问题研究》2022年第2期。
② 曹宛鹏:《美国在南海及周边地区的军事权力增长及军事存在演变》,《世界地理研究》2022年第4期。
③ 王传剑、黄诗敬:《"印太转向"下英国的南海政策:解析与评估》,《东南亚研究》2022年第5期。
④ 胡杰:《英国对南海"航行自由"问题的立场:认知、影响与中国的应对》,《太平洋学报》2022年第2期。
⑤ 罗婷婷、王群:《英法德南海政策的调整及影响》,《国际论坛》2022年第2期。
⑥ 杨美姣:《大变局之下英法德三国的南海政策研究——基于新古典现实主义视角的分析》,《海南大学学报(人文社会科学版)》2022年第4期。

近年越南、菲律宾等国的南海政策出现了一些新特点。刘志强在《对近年来中越学界关于南海问题部分观点的思考》一文中指出，近年来中越学界对南海问题研究出现了一些激进的学术观点，不利于南海问题与中越关系的处理与发展。他认为，党际交往依然是南海问题与中越关系发展的"压舱石"，成熟的党际交往机制使中越决策层在很大程度上缩小了双方在南海问题上的认知差异，实际上有利于双方决策层避免"信息不对称"，从而在最大程度上管控分歧。② 崔浩然的《越南海上民兵的发展及其对南海局势的影响》一文提出，越南注重海上民兵的制度建设和政策规划设计，在领导和指挥机制方面，突出军地的双重属性；在组织和机构编制方面，各级层次和任务分工明确；在力量和规模布局方面，则实行广泛建设和重点突出方针。③ 张愿的《政府换届背景下菲律宾南海政策的转向、原因与前景》对菲律宾的南海政策进行了追踪。作者提出，在大选背景下，从2021年起，杜特尔特政府的南海政策出现大幅调整迹象，它显著加大了在南海议题上对华外交抗议的频度、力度和范围，重提、固化"南海仲裁案"，为"南海行为准则"谈判设置条件，以"全政府"方式，企图将菲南海主张付诸实施，并迅速强化了与美、日、澳等国的安全合作。马科斯政府上任以来，以"独立自主"外交政策的名义，一面以绕过南海争端为杠杆，积极改善对华关系，一面坚持菲在南海主张和寻求扩大其实际存在，并继续强化与美日等国安全合作。④

3. 钓鱼岛问题研究

2022年是中日邦交正常化50周年。钓鱼岛问题一直是中日之间绕不开的敏感问题。中国学界对钓鱼岛问题已有丰富的研究成果，2022年关于钓鱼岛问题研究中公开发表的成果数量相对较少，研究议题也相对分散。

刘江永的《破解钓鱼岛难题急需"知的外交"——纪念中日邦交正常化50周年》从国际关系心理学出发，提出通过"知的外交"就钓鱼岛列岛主权归属"澄清争议"，这是新时代摆在中日两国面前不容回避的现实课题。作者提出的"知的外交"是指通过正确信息的不断传播，防止在误判基础上出现一国对外决策失误和对他国感情恶化。⑤ 郭永虎、朱博撰写《美国国家档案馆所藏钓鱼岛问题档案及其文献价值》一文指出，美国国家档案馆所藏相当一部分关于钓鱼岛问题核心档案（纸质版未刊档案）尚未被学界发掘和使用。该部分档案不仅具有重要的史料研究价值，而且对于中国政府钓鱼岛维权也具有不可或缺的"证据链"价值，能够为中国政府维护钓鱼岛主权权益，提升钓鱼岛话语权的国家战略提供智力支持和学术参照。① 有学者专门关注了日本国内对钓鱼岛的研究情况。房迪的《解析日本学界围绕钓

---

① 李雪威、王璐：《日本对美国南海"航行自由行动"的认知、行动与中国应对》，《日本学刊》2022年第3期。
② 刘志强：《对近年来中越学界关于南海问题部分观点的思考》，《海南大学学报（人文社会科学版）》2022年第6期。
③ 崔浩然：《越南海上民兵的发展及其对南海局势的影响》，《中华海洋法学评论》2022年第1期。
④ 张愿：《政府换届背景下菲律宾南海政策的转向、原因与前景》，《边界与海洋研究》2022年第5期。
⑤ 刘江永：《破解钓鱼岛难题急需"知的外交"——纪念中日邦交正常化50周年》，《日本学刊》2022年第4期。

鱼岛问题的歧见及启示》一文提出，20世纪70年代钓鱼岛问题再度浮出水面后，日本国内开启对钓鱼岛问题的一系列研究，其主张往往与我方形成鲜明对立。但日本国内对于钓鱼岛问题的观点并非铁板一块。如在主权归属、搁置共识以及战后争端爆发根源等问题上均有不同的看法，其中甚至不乏有利于我国立场的观点。[2]

（二）涉海周边国际环境研究

2022年，在乌克兰危机的持续影响下，国际关系陷入深度调整。美国拜登政府着力深化"印太战略"，中国周边海洋环境发生深刻变化。学界针对中国周边地区关系、重点国家的海洋政策等展开研究，从多重视角分析其对中国海疆的影响，并有针对性地提出应对之策。

对中国周边海洋事务的研究一直是学界关注的重点。值得关注的是，2022年有两部相关领域的著作问世。吴士存的《南沙争端的由来与发展——南海纷争史国别研究》从历史、法理等多重视角对南沙群岛争端进行了深入剖析，并对不同国家的争端诉求、发展脉络等进行了详尽梳理，综合展示了南沙争端的全貌。[3] 祁怀高的《中国与邻国的海洋事务研究》一书分析了中国与八个海上邻国的海洋事务问题，就海洋划界、岛屿争端、资源开发等一系列海洋问题进行了深入分析，并提出了推进划界谈判、资源共同开发、管控海上竞争等相应办法。[4]

中美战略竞争的加剧对亚太地区海洋安全环境有着重要影响，而美国也试图在中国周边构建一个"海洋安全"联盟。Samir Puri 的论文 "Landand Sea: The Evolving Great-power Contest in Asia"（《陆地与海洋：亚洲不断演变的大国竞争》）指出，美国和中国之间的亚洲战略主导权之争在内陆和海上的表现各不相同。2021年美国从阿富汗撤军后，中国在亚洲内陆地区的影响力不断上升，这也与中国与伊朗、巴基斯坦和俄罗斯的伙伴关系不断加强有关。但是中国在海洋方面也面临着一系列更大的挑战，因为美国通过美英澳"三方安全伙伴关系"和四方机制等安排拉拢合作伙伴，制衡中国的发展。[5] 师小芹的论文 "Beyond AUKUS: the emerging grand maritime alliance"（《超越AUKUS：新兴的海洋大联盟》）指出，AUKUS协议是历史上第一个允许无核国家拥有核动力潜艇但不允许拥有核武器的协议。它将澳大利亚—英国—美国联盟推向了一个更紧密的军事、科学和工业共同体的水平，并勾勒出了一个新的"海上联盟"的原型。这个联盟的内部关系越密切，就越会疏远中国。该联盟寻求创建一个"去中国化"的国防产业链，从而成为国际关系重组的先导。该联盟正在构建的"综合威慑"战略将改变"印太"地区的战略威慑结构，以及美国联盟体系对中国威慑战略的一些

---

[1] 郭永虎、朱博：《美国国家档案馆所藏钓鱼岛问题档案及其文献价值》，《北华大学学报（社会科学版）》2022年第3期。

[2] 房迪：《解析日本学界围绕钓鱼岛问题的歧见及启示》，《太平洋学报》2022年第4期。

[3] 吴士存著：《南沙争端的由来与发展——南海纷争史国别研究》，中华书局2022年版。

[4] 祁怀高：《中国与邻国的海洋事务研究》，世界知识出版社2022年版。

[5] Samir Puri. Land and Sea: The Evolving Great-power Contest in Asia. *Global Politics and Strategy.* Volume 64, 2022.

基本特征。中国应高度重视这一重大协议所显示的政治意愿、战略结构、威慑理念和军事战术。①张家栋和王祥宇在《美日印澳四国机制的实质、由来和发展趋势》一文中首先分析了四国机制的实质与发展特征，并在演化动力这一方面特别指出，中国南海建岛工程被认为动摇了美国主导下的亚太安全秩序，美国对南海问题开始高度关注并与盟友频繁军演，维护所谓的"航行自由"，一定程度上是从中国在南海开展岛礁工程开始的。而日印澳三国也都有自身的利益考量，因此在遏制中国的海洋战略上形成了共识。中国作为海陆兼备型国家要找到利益均衡点，遵守国际海洋法，并强调自身对于国际海洋秩序和自身海洋国家的特性，以此来动摇四方机制的地缘环境基础。②

随着各国"印太战略"的推进，"印太地区"国家在不断发展自身海洋政策的同时，也加强了彼此间的海洋合作。李途在《自主—依赖困境：澳大利亚的海洋战略调整》中认为，澳大利亚作为一个海洋国家存在着地理悖论与自主困境，其国家安全战略在"自主防御"和倚重盟友之间反复调整变化。在2010年后，随着美国战略重心东移以及中美竞争加剧，澳大利亚的国防战略和海洋战略又一次回归到与强国结盟的传统，强化了与美国的同盟关系。但是，澳大利亚的海洋战略存在着内在悖论，这体现于它对中国外交政策的误判以及对自身实力和影响力的高估。③高文胜和刘洪宇的《"印太"视域下的日法海洋安全合作及其对华影响》指出，"印太"地缘结构变化以及美国"印太战略"的提出、双方既得利益、维护西方主导秩序、稳定双边关系等多重因素共同推动了日法安全合作的形成。当前，日法两国在海洋安全机制、装备技术、联合军演、非传统安全等领域取得了进展。而两国的海洋安全合作会加剧中国的海上安全压力，海洋安全合作联盟的扩大也会使中国面临群体性联合围堵，此外中国在南太平洋地区的空间和利益会受到挤压。④赵懿黑在《美国"印太战略"下美韩海洋安全合作研究》中提出，"印太战略"的提出标志着美国将印度洋和太平洋视为一个整体的地缘政治概念，同时也是美国的海上围堵战略，美国强调了该地区的多边同盟网络建设，并期待加强该地区盟友的海上力量建设。⑤王玥在《印太语境下澳大利亚与印度尼西亚的海洋安全合作》中分析了澳大利亚和印尼两国"印太观"以及彼此的认知，两国海洋安全合作的主要内容包括完善安全合作机制、深化非传统安全合作、加强海事能力建设。而两国海洋安全合作的未来走向存在着利好因素和制约因素两个方面。利好因素包括美国"印太"同盟体系调整、"后疫情"时代非传统安全问题的推动以及制约中国的共同目标；制约因素包括印太安全架构的分歧、战略文化相异以及两国间的信任赤字。⑥

---

① Xiaoqin Shi.Beyond AUKUS: the emerging grand maritime alliance. *China International Strategy. Review.* Volume 4, 2022.

② 张家栋、王祥宇：《美日印澳四国机制的实质、由来和发展趋势》，《国际观察》2022年第4期。

③ 李途：《自主—依赖困境：澳大利亚的海洋战略调整》，《亚太安全与海洋研究》2022年第3期。

④ 高文胜、刘洪宇：《"印太"视域下的日法海洋安全合作及其对华影响》，《太平洋学报》2022年第2期。

⑤ 赵懿黑：《美国"印太战略"下美韩海洋安全合作研究》，《太平洋学报》2022年第3期。

⑥ 王玥：《印太语境下澳大利亚与印度尼西亚的海洋安全合作》，《印度洋经济体研究》2022年第4期。

（三）海洋强国建设研究

党的十八大以来，中国海洋强国建设在海洋经济发展、海洋环境保护等领域取得重要成绩。2022年，学者围绕海洋强国建设理论、海洋经济发展等问题进行了论述，对理解中国海洋强国建设的脉络、政策发展具有重要意义。

海洋强国建设是习近平新时代中国特色社会主义思想的重要内容。学界从海洋强国的思想脉络和内核进行了深入分析。胡德坤、晋玉所撰《习近平新时代海洋发展观的历史视角》从历史视角分析了习近平新时代海洋发展观的内涵及时代背景，将习近平海洋强国系列重要论述梳理提炼为"一个总目标、两个原则、两大任务、一个基本路径"，认为当前已形成系统完整的习近平新时代海洋发展观。[1]廖民生和刘洋的《新时代我国海洋观的演化——走向"海洋强国"和构建"海洋命运共同体"的路径探索》对新时代中国海洋观的演变历程进行梳理，总结了新时代我国海洋观的发展脉络和科学内涵。作者认为，当前中国还面临着依法治海的执法体制和机制亟待健全、海洋安全形势严峻复杂，维权维稳之路任重道远、海洋经济面临诸多发展困境，亟待转型升级、海洋科技创新需要靶向发力，科技成果转化亟待加强、全球海洋生态环境问题严峻复杂，可持续绿色发展之路道阻且长等诸多挑战和现实问题。[2]朱锋在《海洋强国的历史镜鉴及中国的现实选择》一文中梳理了大航海时代以来西方海洋强国的历史发展脉络，并提出了二战后海洋强国建设的必要路径，包括海洋科技、海洋商业、海洋规则能力。作者认为，21世纪的海洋强国建设需要实力与规则并重，并强化科技与创新引领。谈到中国的海洋强国建设，作者认为必须走中国特色海洋强国之路，即要大力发展海洋科技、推进海洋经济健康有序发展、建设和发展强大的海上军事力量、建设和发展向海图强的体制机制、引领和塑造未来海洋规则。[3]朱雄和曲金良的《"共同体"视野下的中国"海洋强国"建设》提到，西方"海洋强国"理念及其模式绝非中国选项，中国不能走西方"海洋强国"的霸权老路。作者提出中国"海洋强国"建设应有的理念与内涵把握，并从海洋物质文明、海洋精神文明、海洋政治文明、海洋社会文明、海洋生态文明五个方面展开论述，提出中国要建设和谐海洋、审美海洋、休闲海洋、生态海洋、安全海洋，以此体现出中国"海洋强国"建设的目标定位与标志性。[4]2022年此领域还有一部著作问世。曹立和何广顺的《建设海洋强国》一书牢牢把握习近平新时代中国特色社会主义思想，紧密结合习近平关于海洋强国系列重要论述，勾画出中国建设海洋强国的宏观愿景，并就海洋经济、海洋科技、海洋生态、海洋安全、海洋管控等分议题展开细致论述。[5]

学者们还从海洋经济、海域管理等领域对中国海洋事业发展进行了深入探讨。关于前者，若干论文和著作值得学界关注。例如，赵昕的《海洋经济发展现状、挑战及趋势》深入

---

[1] 胡德坤、晋玉：《习近平新时代海洋发展观的历史视角》，《边界与海洋研究》2022年第2期。

[2] 廖民生、刘洋：《新时代我国海洋观的演化——走向"海洋强国"和构建"海洋命运共同体"的路径探索》，《太平洋学报》2022年第10期。

[3] 朱锋：《海洋强国的历史镜鉴及中国的现实选择》，《人民论坛·学术前沿》2022年第17期。

[4] 朱雄、曲金良：《"共同体"视野下的中国"海洋强国"建设》，《海交史研究》2022年第2期。

[5] 曹立、何广顺著：《建设海洋强国》，中国青年出版社2022年版。

分析了我国海洋经济的发展现状。文章指出，我国海洋经济总量再上新台阶，发展质量多维度提升；政策利好持续释放，市场主体活力加速迸发；新兴产业蓬勃发展，产业结构持续优化；海洋能源开发势头强劲，民生保障进一步改善；海洋科技创新能力显著增强，关键领域取得重要进展；对外贸易新格局逐步形成，海洋国际合作迎来新局面。同时，作者也提出了我国海洋经济转向高质量发展面临的挑战，主要包括海洋科技资源不足，自主创新能力仍需增强；海洋经济开发方式粗放，资源开发利用程度尚需提高；涉海金融支持力度有限，蓝色金融建设发展有待完善。对于海洋经济的发展前景，作者认为海洋经济将继续向增量提质迈进；绿色发展理念将引领海洋经济高质量发展；涉海金融将成为海洋经济发展的重要推力；数字经济将赋能海洋产业发展；全球海洋治理将引领国际合作新趋势；海洋中心城市将助力海洋强国建设。[①]著作方面，安然的《海洋经济高质量发展理论与实践》一书阐释了海洋经济高质量发展的现实意义、理论基础以及构建起海洋经济高质量发展的体系架构，同时介绍了欧洲、北美、亚洲海洋经济发展经验，并就区域创新实践、产业创新实践、园区创新实践、文化生态实践展开了详尽的分析。[②]王泽宇从产业学的视角对中国海洋经济进行了分析，指出中国海洋经济可持续发展的前景，运用经济数据分析工具等方法对海洋产业结构、布局、政策开展研究，对海洋产业结构的变迁、优化等提出建议。[③]徐文玉的《中国海洋文化产业主体及其发展研究》以习近平总书记关于海洋强国系列重要论述为基础，对中国海洋文化主体系统的分类构成及其发展和优化进行了系统的研究。[④]黄建钢从"经略海洋"经济的基本理论、新时代中国特色社会主义"经略海洋"经济，及其实践、展望和创新三个方面，论证了"经略海洋"的必要性和重要性，指出"经略海洋"是实现中华民族伟大复兴的战略抉择和强国之策，是全面推进小康社会建设的强大动力，也是新阶段世界发展的总趋势。[⑤]海域管理是海疆治理和海洋强国建设的重要领域。这方面，何伟宏和索安宁的《中国海域综合管理概述》围绕海域管理的相关事项进行介绍，尤其是对各类制度划分进行了详细论述，包括海洋功能区制度、海域使用权属管理制度、海域有偿使用制度、海域使用论证制度等共计十项制度，并就我国海域综合管理制度面临的形势开展分析，做出展望。[⑥]

西方学者习惯将海权与海洋大国的发展联系起来，但中国是一个陆海兼备的大国，这决定了中国海权建设有着自身的内涵和发展逻辑。李冠群在《中国海权发展的战略目标、基本限度和路径》中指出，中国已经具有成为海权国家的基本实力，中国的国家安全亦需海权实力作为支撑。中国海权发展的战略目标主要包括助推海峡两岸的统一、确保海外利益的安全、维护国际体系的稳定，即形成区域拒止能力、域外行动能力和全球震慑能力。作者特别

---

① 赵昕：《海洋经济发展现状、挑战及趋势》，《人民论坛》2022 年第 18 期。
② 安然：《海洋经济高质量发展理论与实践》，中国经济出版社 2022 年版。
③ 王泽宇：《中国海洋经济可持续发展的产业学视角》，科学出版社 2022 年版。
④ 徐文玉：《中国海洋文化产业主体及其发展研究》，中国社会科学出版社 2022 年版。
⑤ 黄建钢：《论"经略海洋"经济》，陕西人民出版社 2022 年版。
⑥ 何伟宏、索安宁：《中国海域综合管理概述》，海洋出版社 2022 年版。

提出，中国的海权发展应超脱先天地理条件束缚，其发展限度不应以美国为唯一参照；海权目标的实现必须建立在海上军事力量壮大的基础上，同时要注意开展对外安全合作和对外经济合作。①在信息化社会，海洋话语权也是国家实力的一个方面。中国学者也逐渐开始关注海洋话语权这一研究议题。王雪的《百年大变局下中国海洋话语权的提升：目标定位、限制因素与策略选择》指出，在百年大变局下中国提升海洋话语权主要受到复杂敏感的场域环境、话语对象的阻力、海洋话语权这一客体本身的特殊性等因素制约。在策略选择上，作者提出中国应改善话语传播场域环境，采用体现地区差异的话语对象互动方式，完善海洋话语权提升的系统环节，注重海洋话语传播的策略性，做到破旧立新、分地施策、强化过程、发挥优势。②

此外，随着中国海洋强国建设的发展，也有学者从学科建设的角度，提出了构建新时代海洋政治学这一命题。张景全和吴昊在《论新时代的海洋政治学》中指出，识世界之变、谋中国之略和强中国话语、建中国学科，是构建海洋政治学的必然性与应然性所在。以往海洋政治研究呈现出话语体系基本上是西方叙事、有海洋政治但无海洋政治学、研究客体单一与缺位、研究维度的二维传统、政治要义基本锁定权力与利益等特征。因此，需要确立海洋政治学的研究客体，包括国家与组织群落、人与海洋生物群落、海洋非生命群落三个维度。③

海洋命运共同体是致力推动全球可持续发展和国际海洋合作的中国理念和中国方案。2022年海洋命运共同体仍是中国学者关注的重点问题之一，学界继续从理论层面对海洋命运共同体进行阐释分析。傅梦孜、王力在《海洋命运共同体：理念、实践与未来》中指出习近平总书记提出的构建海洋命运共同体重要理念，呼应国际社会治理海洋的共同诉求，代表全球海洋治理的中国方案，具有强大的生命力。④王茹俊、王丹《海洋命运共同体的内涵、特质与构建路径》认为，海洋命运共同体是基于海洋经济、海洋政治、海洋文化、海洋生态和海洋安全而形成的"五位一体"共同体理论体系。在理论设计与实践构建过程中，海洋命运共同体充分彰显了延续性、实践性、人民性与系统性等内在特质。⑤王义桅在《理解海洋命运共同体的三个维度》一文中提出，在近代海洋商业文明和海洋工业文明向海洋生态文明和数字文明转型的背景下，海洋命运共同体的提出具有重要的时代意义。海洋命运共同体的三大含义可概括为：海洋自身是生命共同体，人与海洋是命运共同体，海洋是人类命运共同体的天然纽带。因此，理解海洋命运共同体要克服中国传统上的以陆观海、以海观洋的内陆文明思维，确立以洋观洋、以天下观天下的新海洋观；同时也要走出西方"陆权—海权"对抗论，杜绝人类中心主义带来的陆地灾难在海洋重演，避免数字海洋时代继

---

① 李冠群：《中国海权发展的战略目标、基本限度和路径》，《亚太安全与海洋研究》2022年第3期。
② 王雪：《百年大变局下中国海洋话语权的提升：目标定位、限制因素与策略选择》，《国际论坛》2022年第3期。
③ 张景全、吴昊：《论新时代的海洋政治学》，《南洋问题研究》2022年第4期。
④ 傅梦孜、王力：《海洋命运共同体：理念、实践与未来》，《当代中国与世界》2022年第2期。
⑤ 王茹俊、王丹：《海洋命运共同体的内涵、特质与构建路径》，《大连海事大学学报（社会科学版）》2022年第6期。

续"强者更强、弱者更弱"的悲剧。作者认为，构建海洋命运共同体、树立人海合一新文明有助于解决工业文明时代遗留的海洋权益争端、海洋霸权等问题，同时也有助于应对数字文明观下的"数字海洋"的新挑战。[1]

发展"蓝色伙伴关系海洋"是推动构建命运共同体的重要表现形式，也是中国参与全球海洋治理的重要理念和外交实践上的创新。程保志《全球海洋治理语境下的"蓝色伙伴关系"倡议：理念特色与外交实践》一文提出，中国蓝色伙伴外交呈现出政府主导、企业先行、主体多元、形式灵活等特点。[2]海洋命运共同体与全球海洋治理有着紧密联系，海洋命运共同体理念为解决全球海洋治理困境提供了新的思路。魏建勋在《"海洋命运共同体"：全球海洋治理的价值向度》一文中认为，"海洋命运共同体"理念是对中国曾提出的全球海洋治理理念的总结和升华，具有丰富的理论价值。其规范价值在于能够化解二元利益悖论，其行为价值在于能够凝聚全球海洋治理合力，其系统价值在于能够推进海洋综合治理，而其动力价值在于能够推动海洋可持续性发展。[3]卢静所撰《全球海洋治理与构建海洋命运共同体》一文提出，构建海洋命运共同体既是世界海洋文明发展的时代要求，也为解决当前全球海洋治理难题提供了中国方案。实践中，构建海洋命运共同体面临着国际认知赤字、海洋二元秩序障碍、海洋地缘战略争夺阻力等严峻挑战。中国应着力完善构建海洋命运共同体的知识话语体系，推动海洋命运共同体的多边主义制度化建设，打造多元参与的协同治理格局。[4]

三、海疆法理研究

2022年，中国国际海洋法学者紧扣现实需要，围绕影响国家领土主权和海疆权益等热点问题，如"南海各方行为准则"、国际海洋划界、南海仲裁案等具体问题进行研究，并产出丰硕成果。

2022年是《联合国海洋法公约》（以下称《公约》）开放签署40周年，该领域学者专门就此撰文纪念、研讨。如贾宇在《塑造国际海洋法律秩序的中国贡献——纪念〈联合国海洋法公约〉开放签署40周年》一文中指出，中国坚定支持广大发展中国家扩大海洋管辖权的合理主张，反对海洋霸权主义，坚决维护国家主权、安全与海洋权益，在一些核心关切的海洋法重要问题上坚持原则立场，对《联合国海洋法公约》的制定发挥了积极作用。[5]针对《公约》在制定中存在的缺陷，张海文在《〈联合国海洋法公约〉开放签署四十周年：回顾与展望》中

---

[1] 王义桅：《理解海洋命运共同体的三个维度》，《当代亚太》2022年第3期。
[2] 程保志：《全球海洋治理语境下的"蓝色伙伴关系"倡议：理念特色与外交实践》，《边界与海洋研究》2022年第4期。
[3] 魏建勋：《"海洋命运共同体"：全球海洋治理的价值向度》，《南海学刊》2022年第5期。
[4] 卢静：《全球海洋治理与构建海洋命运共同体》，《外交评论（外交学院学报）》2022年第1期。
[5] 贾宇：《塑造国际海洋法律秩序的中国贡献——纪念〈联合国海洋法公约〉开放签署40周年》，《亚太安全与海洋研究》2022年第5期。

提出:"《公约》是国际海洋法最集中的体现,但不是唯一的。《公约》不可能解决全部海洋问题,其还需要与其他国际条约和国际实践共同发挥作用,共同促进全球海洋法治。"[1]针对未来中国与《公约》的互动,杨泽伟在《中国与〈联合国海洋法公约〉40年:历程、影响与未来展望》中认为,中国国家身份的转型决定了中国与《公约》的未来关系将更加密切,中国加快建设海洋强国战略的实施也需要对一些与《公约》有关的国内海洋法律政策做出调整。[2]

2002年,中国与东盟国家达成《南海各方行为宣言》,2013年各方启动了"南海各方行为准则"磋商。《南海各方行为宣言》对维护地区和平与稳定发挥了重要作用。当前,"南海各方行为准则"磋商文案已进入"二读"阶段。"准则"磋商近年来也成为相关国家关注的焦点。孔令杰的《"南海行为准则"磋商中的几个重要问题》一文指出,各方需要妥善处理"准则"的法律性质、地理适用范围、与《宣言》之间的关系、执行机制及其与其他国家的关系等对"准则"磋商和达成具有根本性影响的几个实质问题。[3]罗国强、余露在《〈南海行为准则〉的法律定位及其与〈联合国海洋法公约〉的关系》中指出,"准则"的法律定位及其与《联合国海洋法公约》的关系仍未明确,这不仅不利于《准则》后续磋商的顺利进行,而且埋下了未来《准则》被滥用或具体作用被削减的隐患。"准则"和《公约》存在着条约冲突风险,"准则"若违反了《公约》所体现的强行法,整个将归于无效;"准则"若违反了《公约》所体现的强行法以外的其他义务,其缔约方将承担相应的国家责任;"准则"未违反《公约》义务而做出与《公约》不同的安排,其优先于《公约》适用。[4]

国际海洋划界一直是海疆法理研究的重要领域。2022年中国国际海洋法学者继续围绕海洋划界的方法、原则等问题进行探讨。在海洋划界三阶段法确立后,海洋划界仍然存在诸多问题。如汪小静在《〈联合国海洋法公约〉第74条和第83条"公平解决"下的划界方法:价值取向与规则演进》中指出,国际司法机构和仲裁机构的越权以及海洋划界三阶段方法的主观性,很可能会直接影响争端的公平解决。[5]岛屿是国家间海洋划界的重要要素,卜凌嘉所撰《论岛屿对海洋划界不成比例的效果——基于国际司法判决和仲裁裁决的研究》认为,国际司法机构和仲裁庭有必要进一步澄清海洋划界中有关岛屿效力的规则,降低岛屿对海洋划界的不确定性。在我国大陆附近成群分布的系列岛屿构成大陆海岸的前沿地形,可作为构建海洋分界线的依据,发挥其扩大我国海域的潜力。[6]针对中国的海洋划界实践,祁怀

---

[1] 张海文:《〈联合国海洋法公约〉开放签署四十周年:回顾与展望》,《武大国际法评论》2022年第6期。

[2] 杨泽伟:《中国与〈联合国海洋法公约〉40年:历程、影响与未来展望》,《当代法学》2022年第4期。

[3] 孔令杰:《"南海行为准则"磋商中的几个重要问题》,《边界与海洋研究》2022年第6期。

[4] 罗国强、余露:《〈南海行为准则〉的法律定位及其与〈联合国海洋法公约〉的关系》,《南洋问题研究》2022年第4期。

[5] 汪小静:《〈联合国海洋法公约〉第74条和第83条"公平解决"下的划界方法:价值取向与规则演进》,《武大国际法评论》2022年第6期。

[6] 卜凌嘉:《论岛屿对海洋划界不成比例的效果——基于国际司法判决和仲裁裁决的研究》,《武大国际法评论》2022年第3期。

高《中韩海洋管辖权主张与海域划界谈判》一文以中韩海域划界为研究对象，指出双方在黄海南部的海域划界谈判进程中面临挑战，未来两国要顺利完成海域划界谈判，还需要综合考虑法律、政治和经济因素。①

针对南海仲裁案的研究亦是学者关注的焦点。丁铎在《〈联合国海洋法公约〉整体性及其对条约解释的限制——以南海仲裁案裁决为例》一文中，从《联合国海洋法公约》整体性及其对条约解释的限制角度指出，《公约》作为"一揽子协议"暗含整体性要求，《公约》的整体性体现于争端解决机制的设计初衷上，但整体性不能被理解为规范事项上的周延性。南海仲裁案裁决在《公约》与一般国际法的关系、大陆国家远海群岛整体性、岛屿制度等问题上的不当的法律解释和适用对《公约》整体性造成贬损，裁决对《公约》有关条款"司法造法"式的解释，可能进一步导致缔约国适用《公约》的国际实践碎片化和国际法的不成体系化。②廖诗评所撰《国际争端解决中一方不出庭程序的事实认定——兼评"南海仲裁案"仲裁庭的相关做法》一文从国际争端解决中一方不出庭程序的事实认定这一角度指出，由于缺乏不出庭方的举证与质证，争端解决机构应该更为审慎地对待案件证据材料，尤其要审查出庭方所提交材料彼此之间，以及出庭方所提交的材料与争端解决机构主动获取的材料之间能否互相印证、是否存在矛盾。尽管争端解决机构对此享有较大的自由裁量权，但出于增加裁决说服力考量，这种自由裁量权的行使仍应通过一定形式体现在裁决中。③

国际海洋法对"历史性权利"的界定等问题仍存在争论。针对部分西方国际法学者试图将"历史性权利"纳入"陆地定海洋说"的观点，任筱锋在《我国南海"历史性权利"研究——是"削足适履"还是"量体裁衣"》中提出，历史性权利是国家客观描述其海洋主权权益权源多样化、权利进化发展路径多元化、权利种类范围一体化等特点规律的理论方法。他提出我国在描述、展示和主张中国南海海洋主权权益时，不必用所谓国际标准来"削足适履"，而要充分展示中国南海主权权益发展历史的独特性，并为此等权利主张"量体裁衣"。④

综上所述，2022年，中国海疆研究成果丰富，历史、现状和法理研究均取得一定进展。总的来看，中国海疆研究的问题意识、学理意识、方法意识逐渐增强，继续向着构建中国海疆研究"学术体系"的目标推进；各领域研究议题走向细化，其中，台湾问题研究、涉海周边国际环境研究、涉海法理研究的深度不断加强；多学科融合发展的特点更加显著。2022年所取得的进展，对于在海疆研究领域推进构建中国自主知识体系具有重要意义。

---

① 祁怀高：《中韩海洋管辖权主张与海域划界谈判》，《亚太安全与海洋研究》2022年第5期。

② 丁铎：《〈联合国海洋法公约〉整体性及其对条约解释的限制——以南海仲裁案裁决为例》，《海南大学学报（人文社会科学版）》2022年第2期。

③ 廖诗评：《国际争端解决中一方不出庭程序的事实认定——兼评"南海仲裁案"仲裁庭的相关做法》，《中华海洋法学评论》2022年第1期。

④ 任筱锋：《我国南海"历史性权利"研究——是"削足适履"还是"量体裁衣"》，《边界与海洋研究》2022年第4期。

2022年中国海洋史研究述评

孙方圆　宋可达[*]

自20世纪90年代以来，海洋史研究逐渐为史学界所重视，研究内容不断扩展，研究理论不断深化。尽管学术界对于海洋史研究范畴和内涵的界定还有待深化，但并未对海洋史研究发展形成障碍，反而为海洋史研究的深入提供了发展空间。21世纪是海洋的世纪，党的二十大报告提出"加快建设海洋强国"的战略目标，海洋事业的发展备受关注，大大推动了中国海洋史研究的发展。2022年中国海洋史研究持续深入发展，在各个领域都有不少成绩。

一、海洋政策、海防与海洋治理研究

在海洋史研究中，海洋政策、海防与海洋治理研究是学界长期关注的问题，本年度发表了不少有新意的成果。

从海洋政策来看，陈秀武主编的论文集《交流、博弈与征服：历史视野中的东亚海域》，用全球史的眼光将东亚历史海域视为一个整体，试图考察这一区域内不同国家、不同主体在不同层面上，面对海洋世界所发生的各类互动关系，尤为难得的是书中亦未回避历史上发生在这片海域中的冲突与战争，而是试图从历史发展的角度对其加以解释。本书意在寻求发现建设"海上命运共同体"的可行性与内在逻辑，从而进一步推进"人类命运共同体"的构筑成形。[①]

方堃对"海疆史"的内涵与范畴做了学理性讨论，认为中国海疆史研究最关切的是沿海、腹地与近海空间范围内人的生存环境变迁与社会进步发展。在现代疆域管辖和海洋制度建立前，中国海疆并非"海洋疆域"；历史时期的海疆空间经历了从海岸线构成"海界"扩大为范围界限相对模糊的沿海区域，而后形成以海岸带与相邻陆域为主，包括部分岛屿和近岸海域在内、有海洋文明特征的疆域边缘区域。我国海疆历史分为奠基、形成、调整定型和成熟转型等四个阶段，其中宋元时期定型的"中段突出、两端略低"的格局具有重要意义。[②]

黄纯艳探讨了宋代海洋政策的变化及其影响，指出宋代是中国古代海洋事业空前发展的时期，其关键原因之一是海洋政策出现了若干新的变化，国家更加重视海洋，海洋对国家和民众的重要性都空前增加。特别是允许并鼓励本国民众出海贸易，使中国海商作为贸易主导

---

[*] 孙方圆、宋可达，均为中国社会科学院中国边疆研究所助理研究员。
① 陈秀武主编：《交流、博弈与征服：历史视野中的东亚海域》，商务印书馆2022年版。
② 方堃：《中国海疆史研究的几个问题》，《中国海洋大学学报（社会科学版）》2022年第1期。

力量之一参与亚洲海洋贸易，中国真正成为亚洲海洋贸易重要的发动机，推动亚洲海洋贸易进入了全新的阶段。①

关于唐宋市舶使（司）的置废与运作，今年亦有学者继续讨论。郭桂坤对唐代市舶使置废的问题进行了讨论，认为唐德宗至文宗朝曾长期弃置市舶使，由于市舶使是朝廷派出的市买蛮宝的使者，而市买的财源又出自中央藏库，故其废置会受朝廷财政收支及相关政策的直接影响。德宗推行"两税法"后，朝廷一度停止派遣市舶使，改由岭南节度使购买蛮宝进上；但这给地方财政带来了较大压力，故文宗开成初年唐朝再次恢复了市舶使。②山崎觉士聚焦于三种与两浙市舶司行政有关的文书，包括市舶司与民间的文书、市舶司与相关行政衙门的公文以及两浙市舶司与中央政府的公文。作者认为从文书往来反映的状况来看，中央行政在市舶司行政中所占的比重不大，在沿海地区展开的新型贸易由以市舶司为中心的地方官府处理。南宋后期，随着市舶司收取的贸易利润在国家财政中比例不断增加，市舶司行政也逐渐成为一项重要的政治课题。③

中国历史研究院课题组系统梳理了学术界关于明清"闭关锁国"概念探讨的得失，深入考察这一概念的渊源流变，全面探讨明清时期国际环境和中央政府对外政策及其影响，从政策和实践两个层面剖析当时中国是否实行过严格意义上的"闭关锁国"政策。文章指出，"闭关锁国"不是中国古代既有概念，也不是西方对中国的固有认知，而是晚清中日语言嫁接产生的历史名词，不是对明清时期对外政策的客观描述。面对咄咄逼人的西方殖民势力，明清时期的中国当政者从军事、经济、文化等不同层面，采取了以"自主限关"为主要特征的限制性政策。这一政策在一定程度上延缓了西方殖民主义者血腥东扩的步伐，同时也埋下了近代中国被动挨打的伏笔。④

陈博翼以觉罗满保的密折为例，探讨了清代的海疆执法和海外贸易政策。⑤李磊通过梳理中国的地缘政治传统，指出东南海疆的地缘秩序是近500年来中国历史发展的命脉所在，中国近现代的危机在很大程度上缘于传统中国尤其是晚明与清朝海疆地缘构想的先天不足。⑥郑宁以清初迁海令的酝酿和决策为关注点，梳理了清初海禁政策的变迁过程。⑦谢祺考察了清代官僚制度环境中，不同地区间的官僚利益矛盾对粮食调控与海禁政策的影响。⑧陈贤波以清代平定华南海盗战争（1790—1810）以例，指出相关的官方纪念活动与历史书写经过了精心策划，意在强化官方权威，形塑朝廷和地方官员士人对"粤海胥平"的集体记忆，以作

---

① 黄纯艳：《宋代海洋政策新变及其国内效应》，《中国史研究动态》2022年第2期。
② 郭桂坤：《再论唐代市舶使置废问题》，《中国社会经济史研究》2022年第1期。
③ ［日］山崎觉士著，高雅云译，陈硕炫校译：《宋代两浙地区的市舶司行政》，《海交史研究》2022年第2期。
④ 中国历史研究院课题组：《明清时期"闭关锁国"问题新探》，《历史研究》2022年第3期。
⑤ 陈博翼：《清代海疆执法与东南亚互动——从觉罗满保的密折说起》，《中国史研究动态》2022年第2期。
⑥ 李磊：《陆、海疆地缘秩序与传统中国的疆域成型》，《学习与探索》2022年第7期。
⑦ 郑宁：《迁海令与清初海禁政策的变迁》，《史林》2022年第6期。
⑧ 谢祺：《清代海禁与东南沿海地方粮食调控的博弈》，《福建论坛（人文社会科学版）》2022年第12期。

为嘉庆初年系列改革和成就的重要组成部分。①

海防方面，刘晶认为万历援朝战争期间，明代东征经略宋应昌主持创作的《华夷沿海图》，对中国北部与朝鲜沿海地区的形势有比较详细的认知，对特定地理信息的选择与处理背后也多有深刻内涵，即使看似微小的信息呈现与解读，也能成为表达政治立场、阐明军事思想的工具，并能反映战时明代经略渤海、黄海思想之转变。②李贤强提出明代广东的海防分为东、中、西三路，这一分路可能形成于明代前期，至迟不晚于嘉靖初年。这一划分与水寨信地、分巡道、参将、卫所防区等因素皆无关系，而可能与倭寇的入侵路线和广州府的政治、军事、经济的中心地位及现实需要有关。③

胡鹏飞、李晓彤爬梳了驻粤旗营水师从设置到裁改的过程，重新探讨在驻防八旗制度的影响下，旗营水师在清代东南海防中的地位。④孙锋、关晓红通过展现黎兆棠在船政大臣任内造船所遇问题、因应举措与实际样态，从多层面认识光绪初年错综复杂环境下海防建设的整体状况。⑤郑宁以江南的水师建设为着眼点，通过考察顺治年间江南修船造舰、编练水师的情况，审视清初海防策略的变迁。⑥鲍海勇的博士学位论文以清代浙江海防体系为研究对象，对有清一代浙江海防体系的构建、嬗变及协同问题作了深入探讨。⑦

海洋治理方面，戴龙辉通过对台湾职官选任制度发展的梳理，从官缺制度的视角探讨了清朝在台湾的治理一体化进程。⑧胡泰山探讨了清朝内附治岛政策，指出清朝在统治海南岛和台湾岛的过程中，逐渐探索出两种落实和深化内附治岛政策的路径："海南方案"与"台湾方案"。⑨王泉伟以清代沿海厅制为切入点，讨论了沿海诸厅与海疆管理的互动关系。⑩王宏斌对晚清"外洋"词义的嬗变过程进行详细梳理，认为这一现象与晚清水师职能的蜕变存在关联，同时与西方领海观念的输入和传播存在较为密切的联系。⑪宋可达考察了清代海域勘界活动及其对清人疆界观的影响，指出海域勘界在强化国家权力对海洋疆土的控制上发挥

---

① 陈贤波：《清代平定华南海盗战争（1790-1810）的官方纪念与历史书写》，《清史研究》2022年第4期。

② 刘晶：《万历援朝战争期间东北亚地区地理知识的获取、传递与呈现：以〈华夷沿海图〉为中心的考察》，《历史地理研究》2022年第2期。

③ 李贤强：《海分三路：明代广东的海防分路》，《中国边疆史地研究》2022年第1期。

④ 胡鹏飞、李晓彤：《从"首重舟师"到"裁船改员"——驻粤旗营水师与清代海防研究》，《中国边疆史地研究》2022年第2期。

⑤ 孙锋、关晓红：《粤人黎兆棠与晚清海防船政》，《学术研究》2022年第9期。

⑥ 郑宁：《清初江南水师建设与海防策略的形成》，《军事历史研究》2022年第6期。

⑦ 鲍海勇：《清代浙江海防体系研究》，博士学位论文，山东大学，2022年。

⑧ 戴龙辉：《从台湾例到海疆缺：清代海疆治理下的台湾职官选任制度发展》，《云南民族大学学报（哲学社会科学版）》2022年第1期。

⑨ 胡泰山：《康雍乾时期的海岛治策——内附治岛的两种方案》，《中国边疆史地研究》2022年第2期。

⑩ 王泉伟：《清代沿海诸厅与海疆管理研究》，《中国边疆史地研究》2022年第3期。

⑪ 王宏斌：《晚清"外洋"词义嬗变之历史学解析（1862—1911）》，《史学月刊》2022年第2期。

了重要作用。①刘毅的博士学位论文以顺治元年至同治六年的民船管理法律制度为研究对象，系统还原了清代民船管理法律制度的面貌，并在将民船理解为一种"资源"的背景下，分析清代民船法律制度体系的形成过程，阐述清代民船管理法律制度的特征。②

二、海洋权益与海洋开发研究

历史上中国维护海洋权益的行动，是学术界关注的一个重要内容。王日根对清代前期的海疆政策进行回顾，认为此政策体现了从自我海疆意识向西方海权观的转变。③王立本、潘是辉以近代中国三位海权论先驱魏源、李鸿章、郑观应为研究对象，检视三者对海洋的思考与规划，探求其中的差异与发展脉络，考察晚清中国企图振兴海权的背景与目的。文章揭示出西方海权是建筑在海军、商船队、殖民地三个要素之上，而近代中国的海权主要是在于重新认识世界，并且先求避免遭到侵略与确保国家安全，不具备向外的侵略性，这是两者根本上的不同。④李强华对20世纪90年代以来晚清海权问题的研究进行回顾，指出学界在取得一定成果的同时依然存在论题模糊、研判标准唯西方化、研究方法单一以及对现实关切不足等缺憾，未来关于晚清海权问题的研究需要注重跨学科交叉研究方法的运用，并深入挖掘晚清海权战略的得失成败对我国未来海权发展的启示意义。⑤陆烨通过对民国时期海权研究主要群体的介绍，对其集中关注的海权与国家主权、现代化与民族转型三大论题进行梳理，指出民国时期海权探讨交织着学习并融入西方与抵制西方侵略的关系、传统与现代的关系、事功与道德的关系等方面的纠葛，体现了知识分子的强国期待与启蒙理想，也反映出其时代与身份局限下的不足和缺憾。⑥胡俊修审视了国民政府时期中国社会的海权认知，认为其在海防、海权力量、国际局势三个维度较晚清和北洋时期有所突破。⑦张红菊在对20世纪我国两次"太平洋热"出现的时代背景、表现形式、主要内容、代表人物及其著述进行梳理的基础上，分析两次"太平洋热"的异同，揭示出两次"太平洋热"的成果对深刻认识国际形势和我国的战略定位、太平洋对我国发展的意义都有重要价值。⑧

---

① 宋可达：《清代沿海政区海域勘界及其影响》，《云南师范大学学报（哲学社会科学版）》2022年第6期。
② 刘毅：《清代民船管理法律制度研究（1644—1867）》，博士学位论文，华东师范大学，2022年。
③ 王日根：《重审海权观与清代前期海疆政策》，《中国史研究动态》2022年第2期。
④ 王立本、潘是辉：《中国近代海权思想的建构与发展初探（1848—1900）》，《军事历史》2022年第5期。
⑤ 李强华：《20世纪90年代以来晚清海权问题研究述评》，《鲁东大学学报（哲学社会科学版）》2022年第3期。
⑥ 陆烨：《民国知识群体对海权问题的探讨——以主权、现代化与民族转型为中心》，《学术月刊》2022年第8期。
⑦ 胡俊修：《"吻合新趋势"：近代中国社会的海权认知（1927-1949）》，《湖北大学学报（哲学社会科学版）》2022年第5期。
⑧ 张红菊：《20世纪我国的两次"太平洋热"》，《安徽史学》2022年第6期。

海洋开发方面，吴俊范等学者所著的《长江三角洲海岸带历史地理考察研究》，以扎实的史料分析为基础，结合自然科学理论和田野调查方法，全景式地描绘了长江三角洲海岸带历史地理环境变迁的过程。本书既有对长江三角洲海岸带历史地理变迁的全面梳理，亦有针对各主要地貌区环境特征的个案研究，对自然环境变化过程及人地关系图景进行了多视角的探究阐发。[①]

刘栋提出"涨海"的含义经过三次扩展：三国魏晋之际"涨海"一词从海外传入中国，最初是指出产奇珍异宝的特定海洋地理位置；魏晋南北朝时开始指代水域中特殊的地形地貌；唐中后期指代特定海洋地理范围。"涨海"一词可用来指称唐朝的南海疆域，当时的中国人也形成了明确的海疆观念。[②]许盘清等学者对宋元明清时期中国古籍中的"七洲洋"进行了考证，通过对方向、地名、航线以及里程等信息的分析，特别是将不同古籍对同一航线各个航段的里程"更"加以考证发现：明中期以前，中国古籍中的七洲洋大多指"文昌七洲洋"；明后期则多指"西沙七洲洋"，且"文昌七洲洋"与"西沙七洲洋"是两个不同地理实体，同时包括西沙、中沙和东沙群岛海域在内的"广义七洲洋"业已形成。[③]

徐文彬、钟羡芳阐述了1912—1919年福建海坛（平潭）、思明、金门、东山四县的设置过程，分析了设立四县的缘由及四海岛建县的成效，并指出四岛设县是东南海疆开发的结果，地方民意在其中也发挥了重要作用。[④]白斌、何宇利用《浙海关档案》等具有代表性的文献，结合其他历史文本记载，重现了近代以宁波和上海为中心的东海渔业经济发展历程，展示了近代东海渔业从传统到近代转型过程中各相关产业的变化情况，为近代东海渔业经济发展的定量研究提供了框架支持。[⑤]

三、海上丝路与海洋贸易研究

长期以来，"海上丝绸之路"是学界探讨历史时期内中外海洋贸易的主要线索与议题。本年度学界对海上丝路仍保持了一定的关注度，其中对外文资料的广泛搜集与充分解读是重要的学术增长点。万明在其所著的《丝绸之路上的明代中国与世界》一书中，从中外关系史的角度，重新梳理了明代陆海丝绸之路的发展与交往历史。全书由整体篇、海上篇、文化篇组成，秉承中外文献结合考证的治史特色，尝试再现14世纪末至17世纪中叶中国与世界关

[①] 吴俊范等：《长江三角洲海岸带历史地理考察研究》，科学出版社2022年版。
[②] 刘栋：《汉唐时期"涨海"的含义及其与南海的关系》，《南海学刊》2022年第2期。
[③] 许盘清、安俊丽、曹树基：《航线与里程：文昌七洲洋与西沙七洲洋的地理位置》，《中国历史地理论丛》2022年第1辑。
[④] 徐文彬、钟羡芳：《1912—1919年中国海岛设县研究——以福建省四县为例》，《亚热带资源与环境学报》2022年第4期。
[⑤] 白斌、何宇：《文献视域中的近代东海渔业经济——以上海和宁波为中心的解读》，《宁波大学学报（人文科学版）》2022年第5期。

系演化的历史轨迹以及当时国际关系体系的构建进程。①李兴华、罗德里戈·穆尼奥斯·卡布瑞拉充分利用西班牙语文献，结合中文史料，对中拉海上丝绸之路的勃兴以及16—17世纪初以中国生丝与丝织品为中心的跨区域性贸易网络的形成原因进行分析，揭示出中拉海上丝绸之路不仅推动了漳州、马尼拉、阿卡普尔科、利马等地的发展，也加速了东西方的人口流动，增强了菲律宾和拉丁美洲地区人口结构的多元性特征，在这一大背景下，中华文化也得到了有效传播，推动了早期海外汉学的发展。②金国平、叶农对辣椒在非洲、亚洲早期传播状况及传入中国的途径予以梳理和再探讨，论证辣椒是由葡萄牙人经印度、东南亚、东亚传入中国。③金国平的《"中国大帆船"与"丝银之路"——"Parián"研究》以中外文献结合考证的治史特色，选编了8篇有关葡、西合并时期（1580—1640）的拉丁美洲、葡萄牙、西班牙、菲律宾和中国澳门的文章，以及以西班牙语原始图文史料为基础的论文。内容涉及澳门与美洲白银，从澳门出发的"泛太平洋丝银之路"与"中国大帆船"的关系，"化人"即"佛郎"的转音，琉球岛群、小琉球与福尔摩沙岛的指称，"Parián"的含义及当时菲律宾华侨使用的汉字写法等的一些关键问题。全书从严谨的中外史料细节考订出发，一定程度上填补了中西交往、澳门—菲律宾关系、华人在马尼拉居留地的沿革等相关研究领域的空白。④侯燕妮以琉球汉文文献《历代宝案》为中心，探讨了15—16世纪琉球与满剌加的贸易活动情况，以及明代对二者关系的影响。该文对于琉球和满剌加关系的讨论具有一定的开创性意义。⑤陈奉林以日本学者为主要研究对象，讨论了"东方历史视野"下的海上丝绸之路研究史，包括从丝绸贸易扩大到海上交通贸易网络、东方各国对海上丝绸之路的积极参与、文明交流交汇下的东方社会变迁等问题。作者强调日本学者在学术视野、问题意识、材料功底以及观点提炼等方面，皆多有可资借鉴之处，但掺杂在学术议题中的意识形态话语也需要加以审慎甄别。⑥吴杰伟以太平洋丝绸之路的概念界定作为研究起点，通过梳理太平洋贸易的中外文献记载，聚焦16—19世纪太平洋丝绸之路在货物交换中的作用以及太平洋丝绸之路对文化交流和知识传播的影响。⑦

---

① 万明：《丝绸之路上的明代中国与世界》，中国社会科学出版社2022年版。

② 李兴华、罗德里戈·穆尼奥斯·卡布瑞拉：《16—17世纪初期中拉海上丝绸之路与跨区域性贸易网络的形成》，《史学集刊》2022年第5期。

③ 金国平、叶农：《"葡萄牙人大传播"：辣椒入印及入华史考略——欧洲史料视角下的新论》，《学术研究》2022年第10期。

④ 金国平：《"中国大帆船"与"丝银之路"——"Parián"研究》，澳门基金会，暨南大学澳门研究院2022年版。

⑤ 侯燕妮：《15—16世纪琉球—满剌加贸易关系探析——以〈历代宝案〉为中心》，《暨南史学》（第二十五辑），暨南大学出版社2022年版。

⑥ 陈奉林：《东方历史视野下的海上丝绸之路——以日本学者研究为中心的考察》，《社会科学战线》2022年第5期。

⑦ 吴杰伟：《太平洋丝绸之路历史价值的新思考——基于档案整理和知识传播的启示》，《社会科学战线》2022年第11期。

与此同时，聚焦于特定区域的微观研究，也是"海上丝绸之路"研究中重要的构成部分。孟雪梅等的著作《福建海丝文献整理与开发研究》，对福建海丝文献的整体概况、研究机构及开发现状进行了系统介绍，总结了福建海丝文献整理与开发的特点与方式、成果与问题，为福建海丝研究提供了坚实的文献基础和丰富的信息资源。[1]顾浩对明代山东沿海地区的票盐制度进行了讨论，指出明初山东盐区实行盐商专卖的引盐制度，然而受环境变迁等因素的影响，沿海地区盐商不至、官盐不通。至明中叶，官府在沿海地区"废引改票"，允许灶户自产自销，食盐专卖权遂从盐商转移到盐场系统。不过"票盐法"下的食盐运销仍由地方豪强把持，明廷有意加以遏制，"新行盐票"取消了盐场系统对盐票的垄断，任何百姓向所在州县纳银领票后皆可在其境内运销食盐。在这一历史过程中，沿海地区的票盐市场嵌入当地的政治关系网络，并受到政治权力的制约。[2]曲金良、朱雄将海洋史的视角引入明代江南社会经济转型研究，认为明代"海上丝绸之路"勃兴与江南地区经济结构的"向海型"变迁是双向互动的历史进程，明代江南地区作为与海洋密切接触的前沿地带，逐渐发展成为"海陆一体"的"海洋江南"，并作为大规模面向全球市场的商品货源的主要集中产地，在明代"海上丝绸之路"兴盛和早期贸易全球化进程中担当了主角。[3]

海洋贸易方面，聂德宁、张元从民间海外贸易活动的视角考察了明末清初海外贸易航路的发展变迁，并对二者之间的互动关系作了探讨。[4]谭世宝、谭学超利用清宫历史档案以及当事官员的自述、诗文等第一手资料，对粤海关与澳门关部行台的创设、演变等问题进行了考辨。[5]安艺舟通过对中日双方原始文献的整理研究，分析了江户时代日本俵物"出血输出"中国的真实意图和历史逻辑。[6]王元林、肖东陶结合由明至清广州对外贸易体制的变化，通过梳爬从广州怀远驿到十三行夷馆的转变过程，揭示了二者的位置、作用和性质等方面的关系，探讨了贡舶贸易向十三行贸易转型背景下产生的馆驿变化。[7]对于早期贸易全球化体系下世界贸易的研究，魏静怡、杨培娜从全球视野出发，考察了清中后期外洋硝石进入中国的内外条件与影响，揭示清中后期中国硝石贸易逐步从出口向进口转变的机制。[8]岩井茂树的《朝贡、海禁、互市：近世东亚五百年的跨国贸易真相》利用多种汉字文献及满文史料，对比日本江户时期的官方档案与文书，透过东亚国际交流的宏观视野，深入探究明清以来的中国历史变迁与朝贡贸易体制的结构转变。该著作检讨了美国学者费正清（John King Fairbank）

---

[1] 孟雪梅等：《福建海丝文献整理与开发研究》，中国社会科学出版社2022年版。
[2] 顾浩：《明代山东沿海地区的票盐制度与市场变迁》，《中国社会经济史研究》2022年第4期。
[3] 曲金良、朱雄：《"海洋江南"：海洋史视野下明代江南经济的"向海"特性》，《浙江社会科学》2022年第3期。
[4] 聂德宁、张元：《明末清初民间海外贸易航路的发展变迁》，《海交史研究》2022年第3期。
[5] 谭世宝、谭学超：《粤海关与澳门关部行台的创设及演变诸问题考辨》，《海交史研究》2022年第2期。
[6] 安艺舟：《江户时代日本俵物"出血输出"中国的历史逻辑》，《海交史研究》2022年第4期。
[7] 王元林、肖东陶：《驿馆实异：从广州怀远驿之废到十三行夷馆之兴》，《历史地理研究》2022年第4期。
[8] 魏静怡、杨培娜：《全球贸易变动背景下清中后期广东硝石输入的增加》，《清史研究》2022年第4期。

提出的"朝贡体系论",进而提出"互市秩序"的概念,指出此为理解明清时期东亚跨国贸易的关键概念。①

四、涉海人群与海洋社会研究

涉海人群是海洋社会活动的主题,海洋文明的创造者。利用跨学科方法和域外材料考察涉海人群的生存史和生活史,是本年度海洋社会史领域中的突出特点。张立军、廖民生在研究中发现:由于全球气候变冷、海平面下降,距今1万年前,"三亚人"跨过琼州海峡陆桥抵达海南岛;后因全球气候转暖、海平面上升,距今7000年前,琼州海峡形成,海南岛上的"三亚人"成为独立的人群;此后一直到距今4000年前,"三亚人"才与华南大陆渡海而来的黎族先民相遇,且"三亚人"与现今的黎族人并无基因交流。②该研究在汲取人类学传说和考古学成果的基础上,引入古基因组技术的最新成果,具有跨学科的创新性意义。赵凯对东瓯历史文化的研究进行了梳理,包括其族属、立国情势、国都地望、文化传播等方面,并对未来可能的开拓方向做出展望。③李晨光通过搜集、整理一批至今尚不为学界熟知的16、17世纪的西班牙语文献档案,考察了第一代侨领黄康近40年的海外生活、社会交往和个人活动史。该文在新文献资料的利用和新研究对象的发掘上做出了有益的尝试。④

唐宋时期政府对沿海地区自然资源与社会秩序的管控,受到学界的普遍重视。张宏利通过研究发现:砂岸买扑制是南宋中后期明州地方政府为应对财政困境,将买扑制度引入海物采捕场域的一种新机制。地方权势之家以买扑方式取得明州砂岸承租之权,随即以垄断之势向使用砂岸的民众征收赋税,并随意扩大范围甚至干涉地方事务,破坏了明州沿海的社会秩序。为此南宋朝廷与明州地方政府皆有罢砂岸买扑制之举,但均遭到地方既得利益集团长期的顽强抗争。⑤赵莹波在研究中指出:唐末日本颁布了"渡海制"等对唐朝锁国的禁令,禁止官员、商人和僧侣出国。但此后日本政府不惜违反自己颁布的禁令,多次派遣僧侣入宋;后来"派遣僧"消失,"偷渡僧"又随之出现,这说明其"渡海制"已无法适应当时的历史潮流和社会需要。宋日在经历了两个政治文化"空白期"之后,最终迎来了僧侣和禅宗等文化交流的大发展。⑥

---

① 岩井茂树:《朝贡、海禁、互市:近世东亚五百年的跨国贸易真相》,廖怡静译,八旗文化出版社2022年版。
② 张立军、廖民生:《海南黎族民间传说中的远古人类与史前"三亚人"的时空拟合》,《南海学刊》2022年第4期。
③ 赵凯:《东瓯历史文化研究的回顾与前瞻》,《中国史研究动态》2022年第6期。
④ 李晨光:《海盗·富商·侨领:西属菲律宾华人长官黄康的生命史考察》,《全球史评论》(第二十二辑),中国社会科学出版社2022年版。
⑤ 张宏利:《南宋明州砂岸买扑制与沿海社会秩序的重构》,《史学集刊》2022年第5期。
⑥ 赵莹波:《浅谈宋朝时期日本"渡海制"禁令下的"派遣僧"与"偷渡僧"》,《史林》2022年第5期。

明清时期的涉海人群研究方面，本年度有两部值得重点关注的专著。松浦章的《清代中国商人与海商及其活动》聚焦明清时期中国沿海地区的海商积极进出欧洲、日本、琉球等地区，以及中国内陆商人如徽商、晋商，如何将内陆地区的商品通过贸易活动行销海外的情况，进行了深入的研究。①

传统中国濒海地域的社会过程，一直是在两种机制的相互作用下发生的。国家为控制和获取海洋资源，同时也为抗衡另一种机制，按照陆地社会国家结构设立本质上属于农耕社会管制模式的盐场和卫所；另一种机制则是由濒海人群的海洋生存状态自然发生的，由海上渔业发展起来的航海活动，随着海洋贸易的发展越来越成为濒海人群的主要生计。濒海生计中人的流动性与需要以人的稳定为基础的王朝秩序，在逻辑上是不相容，甚至是对立的。然而，在明清时期，濒海地域社会恰恰就是在这两种动力的矛盾运动中形成和演变的。杨培娜的《生计与制度：明清闽粤滨海社会秩序》试图讨论这个复杂矛盾的过程，呈现出在本质上以不受管束为特征的流动社会与以不流动为基础的王朝体制施行到濒海地域之间的张力，为在地域社会研究的视域中将海洋拉入中国王朝国家政治和社会历史的解释探索了一种路径。从研究内容来看，该书从明清时期广东、福建沿海地区人群的户籍身份、经济生产和社会组织，乃至意识观念等方面，探讨从明初到清代前期，生活在水陆之交、闽粤之界的地方生民在王朝军事政治和经济社会政策之下，如何缔造其生活空间和社会秩序，说明王朝体制转变与沿海地区民众的生产生活形态和社会组织变化之间的关系，探讨滨海之地如何在多种力量的冲突、妥协、共谋中，逐渐消解对中央王朝的疏离状态，实现滨海社会秩序的更新再造，完整呈现了这一地域多样而复杂的经济和社会历史形态。②这一著作，是本年度海洋史研究的精品。

关于海外移民研究，叶少飞讨论了明清易代期间及之后居留于越南北方的华人之政治和文化认同。③徐靖捷以顺德乐从镇陈氏族人为个案，探讨了近代印度洋西岸的顺德移民，展现移民如何通过乡土宗族支持的海洋网络在旅居地顺利进入当地社会并立足，并使他们能以较低的成本展开经营活动。④平兆龙以越南"明乡人"陈贞诰所撰的《明乡事迹述言》为中心，展示了"明乡人"在顺化地区的演进历程。⑤刘怡青以粤东会馆碑志为中心，辅以河内相关之碑志，分析了河内以广州府为中心广东籍移民的分布与活动概况。⑥

---

① 松浦章：《清代中国商人与海商及其活动》，（台湾）博扬出版社2022年。
② 杨培娜：《生计与制度：明清闽粤滨海社会秩序》，社会科学文献出版社2022年版。
③ 叶少飞：《越南黎朝郑主时代华人身份转变与认同》，《海交史研究》2022年第1期。
④ 徐靖捷：《近代印度洋西岸的华商活动及支持网络》，《海洋史研究》第18辑，社会科学文献出版社2022年版。
⑤ 平兆龙：《陈贞诰〈明乡事迹述言〉及其文献价值》，《海洋史研究》第20辑，社会科学文献出版社2022年版。
⑥ 刘怡青：《越南碑志中所见的河内广东移民》，《海洋史研究》第20辑，社会科学文献出版社2022年版。

五、海洋文化、宗教交流与传播研究

海洋是文明交流与传播的纽带。侯毅对我国海洋文化建设的时代内涵与路径选择展开了论证，提出海洋文化建设需要服务于维护国家领土主权完整和海洋合法权益、服务于我国社会经济高质量发展、服务于深化国际交流和推动海洋文化的交流互鉴、服务于人海和谐发展、服务于推动中华海洋文化的创新性发展。建设我国的海洋文化，需要强化顶层设计、明确发展方向，加强理论研究、夯实支撑基础，创新传播方式、讲好海洋故事，推动产业发展、促进成果转换，健全法规制度、规范资源开发。①

关于海洋信仰研究，石沧金和邢寒冬编著的《水尾圣娘信仰研究及资料汇编》，研究了海南岛和东南亚华人的水尾圣娘信仰，并对水尾圣娘信仰的各类资料进行了汇编。水尾圣娘信仰在海南及东南亚华人社会有比较重要的影响，作者认为文昌水尾圣娘主要是海神，而定安水尾圣娘可以认为主要是家族神或祖宗神。前者在海南岛传播较广，在海南岛民间信仰的影响要远大于后者。文昌水尾圣娘祖庙有170多块碑刻，比较翔实地反映了改革开放后该庙与海外华人的广泛联系。此外书中还收集了东南亚多国水尾圣娘庙的丰富资料，反映了水尾圣娘信仰在东南亚的传播、发展与影响。②

谢国先、丁晓辉观察了马伏波信仰在海南岛的历史变迁，认为唐宋时期琼州海峡两岸存在显著的伏波海神信仰，随着元明清时期中国天妃信仰广泛传播，伏波作为海神的地位逐渐降低。为了适应不断增加的海事活动需要，海南人民创造出诸多新海神，年代久远的马伏波日益失去海神神格，转而作为地方保护神继续在琼山等地受人崇奉。③杨丁对元代东海神祭祀做了系统考察，包括制度沿革、祭祀目的及其具体仪制，元代东海神祭祀内容丰富、礼制完备，在中国古代岳镇海渎祭祀史上有重要地位。④

王琛发提出15世纪以前，中华、天竺与南海诸邦长期共享"南海观音"信俗，多元而互融的"南海观音"信仰印证了海丝沿线各族自古以来的文明互鉴。⑤同时讨论了闽粤文化和开漳圣王信俗在古南海诸国——环南海地区的传播、分布和建构情况。⑥苏文菁以历史时期福建区域的佛教在亚洲海域的传播为视域，论述了包括佛教在内的中华文化在亚洲海域的

---

① 侯毅：《海洋文化建设的时代内涵与路径选择》，《人民论坛·学术前沿》2022年第17期。
② 石沧金、邢寒冬编：《水尾圣娘信仰研究及资料汇编》，中国社会科学出版社2022年版。
③ 谢国先、丁晓辉：《马伏波信仰在海南的演变》，《南海学刊》2022年第4期。
④ 杨丁：《元代东海神祭祀探析》，《中国海洋大学学报（社会科学版）》2022年增刊。
⑤ [马来西亚]王琛发：《南海观音：海上丝路与文明交流互鉴的共同印记》，《海南师范大学学报（社会科学版）》2022年第3期。
⑥ [马来西亚]王琛发：《南海的"地方性"记忆：从闽粤文化到开漳圣王信俗的跨境共同体》，《闽台文化研究》2022年第1期。

传播及其意义。①海南岛及南海上的妈祖信仰是古代海上丝绸之路文化传播的典型例证。傅国华和阎根齐通过对古代海南岛妈祖庙兴建情况及南海西沙、南沙群岛妈祖庙考古遗迹的考察，揭示了海南岛妈祖信仰的地域特点，并论证了中国对南海拥有无可争议的主权。②林晶结合历届使琉录、琉球官方文献以及日本地域文献，阐明了明清时期妈祖文化对外传播的原型及其在琉球王室的存在样态，揭示了琉球王室奉祀妈祖的动机与目的所在，进而阐释妈祖文化的历史价值与当代意义。③此外，徐竞和陈硕炫立足于对琉球文献的研读，对中国风水之术在琉球的传播推广、社会应用、政治影响等问题进行了探讨，指出风水受到琉球王府的推崇，风水师也受到国王的重用，享受极高的社会地位。④

中外文化交流方面，郑诚以清初文人聂璜所撰《海错图》与《幸存录》为中心，讨论了其中蕴含的西学知识。⑤郭亮研究了英国马戛尔尼使团访华时，应用成熟的科学测绘术和绘画记录，呈现出对中国沿海和内地地理图示、社会风貌和文化的理解，揭示写景地图与航海图在当时成为东方与西方相互沟通的极佳载体。⑥赵宇和刘瑜以清代《万国来朝图》中安南国使臣着明制常服为研究对象，提取图像中明制常服的服饰元素，结合海洋传播视角，探讨了明制常服在安南传播与使用的历史动因。⑦杭行聚焦在越华人后裔郑天赐所撰诗文以及围绕河仙政权的文学创作，对近代早期中越文化交流作了探讨。⑧

六、港口、船舶、航路与海洋考古研究

关于港口或海港的研究，张晓东在对青龙镇的研究中提出：自中唐海上陶瓷之路开始兴盛，青龙镇港成为重要的中转枢纽。长江流域和钱塘江流域名窑生产的瓷器借助青龙镇港向国外不同地区出口，其中转贸易的外销远至东北亚和印度洋周边地区。唐代沿海而行的中转贸易活动又依赖魏晋时期出现的"循海岸水行"的航线，青龙镇能够发挥海上贸易枢纽的作用也得益于这条航线。⑨王丽明对北宋泉州海商前往高丽开展贸易的历史进程及其影响进

---

① 苏文菁：《亚洲海域的文明交流：以福建的佛教传播为例》，《福州大学学报（哲学社会科学版）》2022年第2期。
② 傅国华、阎根齐：《妈祖信仰在海南岛及南海传播的考察》，《世界宗教文化》2022年第5期。
③ 林晶：《明清时期妈祖文化在琉球的传播与接受》，《云南师范大学学报（哲学社会科学版）》2022年第6期。
④ 徐竞、陈硕炫：《试论风水在琉球的传播与应用》，《海交史研究》2022年第1期。
⑤ 郑诚：《聂璜〈海错图〉与〈幸存录〉中的西学知识》，《国际汉学》2022年第4期。
⑥ 郭亮：《持仪观海——马戛尔尼使团对清代中国的初访与科学测绘》，《自然辩证法通讯》2022年第10期。
⑦ 赵宇、刘瑜：《"去武图存唐社稷，安刘复睹汉衣冠"——从清代〈万国来朝图〉中安南国使臣着明制常服谈起》，《海洋史研究》第20辑，社会科学文献出版社2022年版。
⑧ 杭行：《18世纪东亚海洋文学的瑰宝——郑天赐及河仙相关的诗文史料》，《海洋史研究》第20辑，社会科学文献出版社2022年版。
⑨ 张晓东：《从海上陶瓷之路变迁看唐宋青龙镇港口的兴衰》，《史林》2022年第3期。

行了讨论，认为北宋是泉州海洋贸易发展的重要阶段，泉州商人在这一时期开始形成有规模的、主动的海外贸易活动，为南宋至元代泉州的辉煌打下了重要基础。①《郑和航海图》代表了15世纪上半叶中国地理学家对海洋世界的认识，廉亚明主要利用这一文献，结合波斯、阿拉伯及中国其他史料搜集时人对南阿拉伯海岸港口与航路的记载，考订了图中的港口位置、名称与作用，以展示中国与印度洋、阿拉伯半岛、波斯湾地区广泛的贸易联系。②

王元林、肖东陶发现宋元明的琶琶洲扼港口要冲，而清代珠江口向东延伸，琶琶洲作为广州外贸港口的地位也被黄埔港所取代。由于琶琶洲与黄埔洲空间位置相连，使外国航海图与航海指南中出现了黄埔岛的概念。为方便导航，外国人将琶洲塔命名为黄埔塔，作为商船驶入黄埔港的航标。琶洲塔日益成为清代珠江口航道上的重要地标。③聂德宁、张元认为在明末清初，中国民间的海外贸易航路持续发展，特别是在明后期福建海澄月港"东、西二洋"航路基础上，进一步拓展为"东洋航路"、"东南洋航路"和"南洋航路"，从而使得中国民间海外贸易范围从东南亚拓展到整个东亚海域。这一发展奠定了中国海商在这一时期东亚及东南亚海上贸易活动中的重要地位。④

刘炳涛、单丽立足于海洋视域，探讨了19世纪后期至20世纪初期技术变革对上海港发展的影响，试图为近代上海港的发展提供另外一种思路和解释。⑤杜丽红在重构近代中国海港检疫从地方机构共管事务到中央部门垂直管理体制的变迁过程的同时，梳理出其经费来源的嬗变，进而从中央政府和地方政府在经费问题上的分工与合作的角度，更深入地揭示海港检疫演变的内生动力。⑥

关于船舶的研究，杨斌利用东西方的考古发现和文献记录，对海洋考古和中西文献中的"无钉之船"以及衍生的海底磁山传说进行考察，从考古、历史和传说三者结合的角度彰显了丝绸之路承载的中国和印度洋（阿拉伯）世界的海上贸易以及产生的文化交流。⑦李佩凝通过对印坦、井里汶、"南海Ⅰ号"以及泉州湾沉船货物装载的方式加以分析，推测在宋代南海地区存在两种海上贸易模式：其一是以印坦和井里汶沉船为代表，占据了商船上大部分空间的货物归拥有大量资产的单个或少数商人或组织，这些大宗货物在同一终点卸载，剩余空间则租借给不同的私商开展零售业务；其二是以"南海Ⅰ号"和泉州湾沉船为代表，船

---

① 王丽明：《北宋泉州海商赴高丽贸易历史意义新论》，《闽台文化研究》2022年第1期。

② 廉亚明：《〈郑和航海图〉里的南阿拉伯海岸港口》，《海洋史研究》第18辑，社会科学文献出版社2022年版。

③ 王元林、肖东陶：《明清广州琶洲塔与珠江口航道的关系》，《中国历史地理论丛》2022年第1辑。

④ 聂德宁、张元：《明末清初民间海外贸易航路的发展变迁》，《海交史研究》2022年第3期。

⑤ 刘炳涛、单丽：《自然、技术与航道：海洋视域下近代上海港发展的再分析》，《中国历史地理论丛》2022年第4辑。

⑥ 杜丽红：《近代中国的海港检疫及经费来源》，《近代史研究》2022年第6期。

⑦ 杨斌：《"无钉之船"：考古和文献中最早往返于西亚与中国之间的海舶》，《海交史研究》2022年第1期。

上的大宗货物由多个商人经营，它们可能并不在同一个港口卸载，而是在多个停靠港进行买卖。①蔡薇等学者通过对"南海Ⅰ号"各舱壁板构件的测绘、典型横剖面构件的信息分析，特别是与泉州宋船、新安船的挂铜连接方式进行比照，分析了"南海Ⅰ号"舱壁上的结构特点。②宋上上对学界关于明代船"料"问题的研究做出了回顾，包括对学术史的综述和对"料"含义的分析，指出明代船只总容积与载货净容积之间并无明显规律可循，船"料"数与船只大小也并无严格正比关系，无法得出由船只尺寸计算船料的公式。③

航路研究方面，杨斌在重新审视考古发现、金文文献并汲取国内外研究成果的基础上，认为商周时期的海贝是从马尔代夫经印度从西传入我国西北和北方；同时商周时期的海贝虽然曾经承担了货币的某些功能，但它们并不是货币，距离和运输成本是商周时期海贝不能成为货币的关键原因。④范杰通过分析新石器时代榧螺科海贝从东南沿海地区向北传播的过程，考察了东南"海贝之路"的形成基础、传播路径和分布格局，同时认为中国古代的南北交通和海陆互动格局早在新石器时代便已初现雏形了。⑤

逢文昱通过查索相关传世文献，提出至迟在北宋宣和年间，指南针已在东海和南海几乎同时应用于海船导航；而根据指南针在南海航线的普及情况，南海更路簿的形成时间当不晚于南宋初年。⑥任杰、滕飞对过洋牵星术的研究历程梗概、相关史料的发现及文本认识、基本操作方式与"一指"的含义、牵星术默认观测时刻的认识、"一指"单位大小的求解等诸多问题进行了系统的梳理，强调牵星术研究涉及天文学、地理学、航海学、数学、计算机技术、历史学等多个学科，对研究者的综合能力要求较高，需要新一代的研究者做出更多努力。⑦

许盘清等采用要素分析与模型分析相结合的方法，将1529—1600年之间123幅西文古地图中的"Pracel牛角"分解为岛屿符号、牛角图案、对牛角的命名、对牛角功能的说明等四项，建立起"Pracel牛角"不同要素表达的不同模型，证明"Pracel牛角"的头部是岛礁；"牛角"主体是对航线危险性的提示；航线本身则是中国人前往西南洋的航道。⑧

---

① 李佩凝：《宋代南海地区的海上贸易模式探究》，《海交史研究》2022年第2期。
② 蔡薇：《对"南海Ⅰ号"古船舱壁信息的解析》，《海交史研究》2022年第4期。
③ 宋上上：《明代船"料"研究回顾与拾遗》，《海交史研究》2022年第4期。
④ 杨斌：《马尔代夫来的"宝贝"——先秦时期中原海贝问题新探》，《全球史评论》（第二十二辑），中国社会科学出版社2022年版。
⑤ 范杰：《东南"海贝之路"再认识——以出土新石器时代榧螺科海贝为中心》，《海交史研究》2022年第4期。
⑥ 逢文昱：《宋元针路探微——兼论南海更路簿的形成时间》，《南海学刊》2022年第6期。
⑦ 任杰、滕飞：《过洋牵星术研究回顾》，《海交史研究》2022年第1期。
⑧ 许盘清、顾跃挺、曹树基：《中国人的航道：论南海"Pracel牛角"的性质——以16世纪西文古地图为中心》，《云南师范大学学报（哲学社会科学版）》2022年第6期。

结语

毫无疑问，海洋史学是国内外备受瞩目的热点学问，2022年度的中国海洋史研究进展令人振奋，在唯物史观指导下积极开展中华海洋文明发展问题研究、中国历代海疆治理问题研究、海洋疆域理论问题研究、海上丝绸之路史研究逐渐成为学界的共识，相关研究领域接连涌现出大量优秀的作品，在研究广度、深度、视角、范围上，较之前都有了长足的进步。一批重要的海外文献、海图资料、涉海档案、民间文书得到深入的挖掘和利用，为中国海洋史研究向前推进奠定了良好的基础。在国家发展新形势下，加强跨学科整合与多学科融通合作，强化与国际海洋史学界的对话与交流，为海洋史学增添新的方法理论，建构具有中国气派的中国海洋史学体系，是学界共同努力的目标。走向未来的中国海洋史研究，需要突破学科和研究理念的藩篱。跨学科、多视角的海洋史研究视野，将为中国海洋史学科的研究领域、研究内容以及研究的广度和深度带来更多的可能性。

2022 年西南边疆研究述评

吕文利　时雨晴　袁　沙　张楠林[*]

一直以来，中国西南边疆都因其在我国疆域中的重要性、内部社会的多样性，受到国内外学者的广泛关注。中国西南边疆研究主要包括西南边疆历史研究、西南边疆发展研究，以及中国与西南周边国家关系研究三大部分。总体上，2022 年，在西南边疆历史研究方面，国内学者对涉及中原王朝和中华民国时期在西南边疆地区的治理机构、行政建置、政区变迁、经济开发、军事布防、民族思想等各方面均有不同程度的研究，而国外学者则主要将云南、广西等地置于东南亚区域内和丝绸之路的范围内进行讨论。在西南边疆发展研究方面，乡村振兴与乡村治理一直是西南边疆发展研究的热点问题，同时，以铸牢中华民族共同体意识为主线的西南边疆的民族与宗教研究、区域发展视角下的西南边疆研究显著增多。在中国与西南周边国家关系研究方面，中老铁路的相关研究显著增多，其它则主要围绕外交、经济、宗教、交通、历史、民族等方面进行研究。

一、西南边疆历史研究

2022 年，西南边疆历史研究主要包括东南亚区域视角下的西南边疆史研究、西南边疆治理史研究、西南边疆社会经济史研究、西南边疆民族史研究、西南边疆重要史料整理与研究五个方面。

（一）东南亚区域视角下的西南边疆史研究

詹姆士·斯科特提出的"赞米亚"（Zomia）概念[①]仍是学者讨论的焦点，《美国历史评论》发表一篇评论文章，认为东南亚的研究产生了深刻的理论见解，这也使东南亚的学者们

---

[*] 吕文利、时雨晴、袁沙、张楠林：中国社会科学院中国边疆研究所研究员、副研究员、助理研究员、助理研究员。

[①] "赞米亚"（Zomia）一词，最早由荷兰人类学家威廉·冯·申德尔（Willem van Schendel）提出，"Zo"意为远离中心的边陲或内陆地区，"Mi"指人民。斯科特认为"赞米亚"的范围包括了从越南中部高地到印度东北部地区的所有海拔 300 米以上的地方，它横跨了东南亚的 5 个国家（越南、柬埔寨、老挝、泰国和缅甸），以及中国的 4 个省区（云南、贵州、广西和四川一部分）。其面积有 250 万平方公里，居住着 1 亿少数族群人口，他们的族群错综复杂，语言多种多样，是世界上最大的尚未被民族国家彻底正式吞并的地区。见 [美] 詹姆士·斯科特著，王晓毅译：《逃避统治的艺术》，生活·读书·新知三联书店 2016 年版，第 1 页。

意识到，该地内部巨大的多样性使其成为培育更有影响力的比较性思想的肥沃土壤。[1]李晓幸认为随着清代以来玉米在广西山地的进一步传播，各种错综复杂的关系使得历史场景变得更为鲜活，斯科特理论僵化的一面也逐渐暴露出来。然而，文章又指出，Zomia作为一个概念，固然有"建构论"所带来的僵化性的一面，但随着越来越多相关地区个案的研究，其逐渐具有了本土化的色彩。其不仅为理解我国的民族事务和区域治理提供了一个新的视角，也与"长城边疆"等边疆概念形成对照，对我国边疆理论的丰富和建构具有一定的意义。[2]吕振纲、张振江则将"赞米亚"（Zomia）与利奇模式并称为高地低地研究路径，与曼陀罗、上下游交换两种理论之间存在一定的互补性，在未来的东南亚史研究中综合运用三种研究路径进行分析仍是可行的选择。[3]另有学者试图将中国西南边疆史与全球史接轨，如杨斌的《流动的疆域：全球视野下的云南与中国》一书，该书繁体本一经出版便引发了不小的讨论，潘先林认为："西方学者的中国西南边疆史研究，始终存在着明显的意识形态'偏见'系谱，我们要摆脱这种系谱，建立起符合历史真实的中国话语体系和知识体系。"[4]李大龙则认为，只有从中华大地独有的疆域观、族群观和政权观去审视才能清晰看出作为历代王朝存在区域的"中国"和其外被视为"边疆"的区域如何通过"交融"而最终走向"一体"的轨迹。[5]

对此，罗群连续发表两篇文章，呼吁学界警惕西方学者在中国西南边疆史研究中的"去中国化"陷阱，[6]他还指出，"同质化"区域重塑的研究理路，模糊了边疆主权，割裂了中国历史发展整体性与多样性的统一，从而淡化了中华民族共同体的丰富内涵。[7]对此，学界要加以注意。

（二）西南边疆治理史研究

西南边疆治理史仍旧是热点问题，2022年共发表、出版论著数十篇（部），然而就其研究时段而言，多数论著集中在明清两朝，早期时段的研究较少。张勇研究两汉王朝在乌蒙山区统治重心的转移。[8]朱尖则关注东汉初期南部边疆经略的特殊性，指出："东汉对南部边疆

---

[1] Mattias Fibiger, On the Vitality of Area Studies: New Directions in Southeast Asian History, *The American Historical Review*, Volume 127, Issue 2, June 2022, Pages 937–941.

[2] 李晓幸：《族群互动与共生：清代以来玉米在广西山地的本土化进程——兼论斯科特"佐米亚理论"在中国的适用性问题》，《中国历史地理论丛》2022年第2期。

[3] 吕振纲、张振江：《东南亚区域关系史研究的三种路径》，《南亚东南亚研究》2022年第1期。

[4] 潘先林：《起高楼与烧砖瓦——〈流动的疆域：全球视野下的云南与中国〉史料引证问题举隅》，《云南师范大学学报（哲学社会科学版）》2022年第4期。

[5] 李大龙：《交融与一体：多民族国家视域下的"边疆"与"中国"——〈流动的疆域：全球视野下的云南与中国〉引出的话题》，《云南师范大学学报（哲学社会科学版）》2022年第4期。

[6] 罗群、李淑敏：《警惕"去中国化"陷阱——评西方学者的中国西南边疆史研究》，《历史评论》2022年第2期。

[7] 罗群：《被"弱化"的西南边疆："同质化"区域重塑的西方经验与反思》，《中华文化论坛》2022年第2期。

[8] 张勇：《论两汉王朝在乌蒙山区统治重心的转移——以汉阳和朱提为例》，《六盘水师范学院学报》2022年第5期。

南蛮和西南夷的积极经略与北部边疆的消极防守形成强烈反差，在处理南部边疆事务时往往态度坚决、果断，手段也比较强硬。"[1]李宇舟、王曙文从南诏国初期洱海区域城镇体系的建置入手，认为南诏中后期"东京"的设立和疆域的空前扩大，进一步使南诏中后期城镇建置形成多中心、多层级、多集群的发展模式和分布格局。[2]

因史料丰富程度的客观差异，与唐宋以前的西南边疆治理史相比，元明清各朝的研究就明显更为细致化，学者更倾向于从具体事件、治理制度的实施过程及其影响等方面着手研究，不少研究也能够"以小见大"，对中原王朝对西南边疆的治理政策进行不同程度的总结。任建敏在长期研究明清两朝治理广西政策的基础上，以广西"古田大征"之议为切入点，总结明后期南部边疆政策的转变，认为明代中叶对于广西流官地区"改流为土"的顾虑与争议，在古田善后中得到解决，并创造了以州县、卫所与土司共存的"古田模式"。[3]江田祥则对明代广西府江兵巡道之成立进行研究。[4]郑维宽、梁妍以广西宜山县为中心，探讨明清时期边疆民族地区县域治理方式的多元化演进。[5]罗群、黄丰富认为，"使重臣治其事"是元至清初中原王朝治理云南边疆的重要理念，无论是元代藩王与行省宰执的"分权共治"，还是明代勋臣与藩王、勋臣与内官、勋臣与巡抚的"共镇"与"共治"，抑或是清时督抚体制下的"同城共治"，实则是中央在边疆施政的具体举措。[6]于爱华关注西南地区的义学，认为与"辅学校所不及"的内地义学不同，调节苗汉矛盾，稳定边疆社会，是清代西南义学的根本目的。[7]苍铭以驻军、烟瘴为切入点，探讨了清初清军在普洱、思茅沿边地区驻军与撤军、改土归流与撤流复土的反复过程，认为烟瘴影响了清廷对西双版纳的经营，不利的自然环境是历史时期西南边疆经营的巨大障碍。[8]杨亚东则认为，历经康熙朝"撤藩"和雍正朝大规模"改土归流"，云南省级和大部分地方政权被纳入清廷直接统治。除此之外，清廷还在云南大力推行土地、赋役制度改革和儒学教育等，其实质是用"以汉化夷"取代"以夷制夷"。[9]练卡是清朝在处理滇缅边疆区域性问题中形成的一种军事制度，也是

---

[1] 朱尖：《论东汉初期南部边疆经略的特殊性》，《云南社会科学》2022年第3期。

[2] 李宇舟、王曙文：《南诏国初期洱海区域城镇体系的建置研究》，《内蒙古民族大学学报（社会科学版）》2022年第3期。

[3] 任建敏：《广西"古田大征"之议与明后期南部边疆政策的转变》，《中国边疆史地研究》2022年第2期。

[4] 江田祥：《地方政治空间的权力逻辑：明代广西府江兵巡道之成立》，《广西师范大学学报（哲学社会科学版）》2022年第4期。

[5] 郑维宽、梁妍：《明清时期边疆民族地区县域治理方式的多元化演进——以广西宜山县为中心》，《广西民族大学学报（哲学社会科学版）》2022年第2期。

[6] 罗群、黄丰富：《"使重臣治其事"——元至清初云南边政体制嬗变与边疆治理研究》，《云南社会科学》2022年第1期。

[7] 于爱华：《清代西南治理与义学发展》，《历史档案》2022年第2期。

[8] 苍铭：《清初清廷对西双版纳的经营及烟瘴影响》，《清史研究》2022年第1期。

[9] 杨亚东：《清前期中央王朝云南治理变革及其对边疆社会发展的影响》，《西南民族大学学报（人文社会科学版）》2022年第2期。

边疆治理史的重要方面，王春桥、王冬兰以之为题，认为咸同以后，练卡发生变化，练丁定居耕种练田为生，形成多民族的山村聚落，改变了滇缅边疆的社会结构和民族关系，形塑了滇缅边疆多民族共生格局，对滇西边疆各民族之间的交往交流交融产生了重要且深远的影响。①

明清时期的土司制度、改土归流一直便是西南边疆治理史的重要方面，今年也有了数篇相关的专题研究，并且呈现出更注重对地方文献资料的运用、更加关注改土归流前后地方基层的管理制度等特点。颜丙震认为明统治者在西南土司治理中秉持了"犬牙相制"的治理方略。主要表现在将同一地域诸府州县、卫所、土司分隶不同行省管辖，从而形成西南诸省毗邻地区府州县、卫所、土司"犬牙相制"的政区地理格局。②肖海芹通过搜集到的地方志、族谱、碑文等资料，分析"亭"在这一地区的实施、作用及产生的深远影响。③聂迅认为，清代改土归流后土司地区里甲（保甲）、汛塘、义学的设置与运转，使该地区原有的社会组织施行受到国家权力制约。④罗勇、徐雯秀认为改土归流应置于当时的社会情境之下，作为社会治理措施之一来认识。⑤杨伟兵基于从事《清史·地理志》编撰和《清史地图集》编绘工作积累的经验和认识，力求推进土司历史地理研究以弥补学术界在土司驻地、建制、管理层级和辖境范围等方面考察的不足。⑥宋培军则关注清末民初土司的国体地位因革，认为清末民初，以边界定边疆、以土司守边疆的新形势，要求把云南土司纳入国家直接治理范围。经过清末改土归流、民初选派土司特派员出席省议会，云南土司的政治地位得以提高，也在一定程度上替代、接续了此前四川土司的国体地位。⑦

行政区划的调整也是边疆治理的重要组成部分，吕文利以1000年、650年、50年这三个视角考察钦廉地区的归属问题及治理效能。⑧罗权、杨斌则关注明清时期川黔交界地区政区冲突及其调整。⑨此外，马亚辉、杨江林、陆刚、姚勇、党晓虹、刘新民、莫力等学者分别

---

① 王春桥、王冬兰：《清代滇缅边疆练卡的形成、演变及影响》，《中国边疆史地研究》2022年第2期。

② 颜丙震：《"犬牙相制"与明代西南土司治理》，《中国历史地理论丛》2022年第3期。

③ 肖海芹：《"因俗而治"：泗城土司"亭"的历史考察》，《广西民族师范学院学报》2022年第4期。

④ 聂迅：《清代土司基层社会治理组织体系重构：以改土归流地区为中心》，《云南民族大学学报（哲学社会科学版）》2022年第1期。

⑤ 罗勇、徐雯秀：《论改土归流的复杂因素——以鲁魁山之乱与清雍正改土归流为例》，《贵州大学学报（社会科学版）》2022年第3期。

⑥ 杨伟兵：《中国土司历史地理与西南边疆民族史研究》，《思想战线》2022年第5期。

⑦ 宋培军：《清末民初土司的国体地位因革：从四川土司到云南土司》，《云南师范大学学报（哲学社会科学版）》2022年第2期。

⑧ 吕文利：《行政区划调整与边疆治理效能研究——以广西钦廉地区1000年、650年、50年的变迁为观察视角》，《云南社会科学》2022年第1期。

⑨ 罗权、杨斌：《明清时期川黔交界地区政区冲突及其调整》，《贵州社会科学》2022年第6期。

从清朝对西南边界冲突的处置[1]、民间信仰与国家整合[2]、云南地方官的治边思想[3]、近代中缅边境的过耕[4]、云南的乡规民约[5]等方面进行了较为深入的研究，具有一定的学术价值。另外，国外一些歪曲史实的研究也应引起我们的重视，并作出适当回应，如《区域内战剖析：1967—1968年的中国广西》(Anatomy of a Regional Civil War: Guangxi, China, 1967—1968)[6]等。

（三）西南边疆社会经济史研究

西南边疆社会经济史领域在2022年也取得了丰硕的研究成果，选题更为广泛，涉及生产方式、城镇化、货币流通、对外贸易、食盐供销、赋税征收、粮食生产和储备等各方面；从事相关研究的学者不仅有在该领域深耕多年的资深学者，也有刚步入学术圈的青年学者。

李桂芳关注秦汉西南夷地区的社会变迁，认为秦汉时期，中央王朝对南丝路沿线的持续经略，改变了西南夷地区的政治格局，逐步实现了西南边疆与内地行政治理的一体化。[7]陈彦波指出，秦汉至南北朝时期我国西南人文环境变迁与民族社会经济发展对西南既有阻碍制约的影响，也有巨大的促进作用。[8]李宇舟关注大理国时期乌蛮聚落的城镇化，认为通过"以县为部""谓笼为城"，大理国把更加广泛的乌蛮系统民族纳入王国的区划统治体系当中，造成了众多乌蛮部落向基层行政单元的转化，出现乌蛮聚落城镇化的倾向。[9]戴良燕从《岭外代答》这一史料入手，分析了乾淳时期的对外贸易状况和广西社会经济的发展。[10]

明清时期西南边疆社会经济史的研究拥有深厚的传统，2022年仍有不少学者以细致、扎实的研究在该领域进行推进。王雪莹认为明代云南卫所经济中扩大海𧴪折支、限制折纳的措施，反映了明廷从财政收支的角度，弱化贝币法偿地位、促使贝币贬值的政策导向，加速了贝币退出流通。[11]蔡亚龙认为西南边疆许多编民当以灵活编民看待。[12]社仓是清代民

---

[1] 马亚辉：《清朝的国界观与西南边界冲突的处置策略》，《地域文化研究》2022年第2期。

[2] 杨江林：《晚清滇西边地的王骥崇拜与国家整合》，《中央民族大学学报（哲学社会科学版）》2022年第5期。

[3] 陆刚：《谭钧培治滇思想探析》，《云南民族大学学报（哲学社会科学版）》2022年第5期。

[4] 姚勇：《近代中缅边境的过耕问题》，《中国边疆史地研究》2022年第1期。

[5] 党晓虹、刘新民、莫力：《明清以降云南传统乡规民约的历史演进及其逻辑（1368—1949）》，《中国农史》2022年第4期。

[6] Andrew G. Walder, *Anatomy of a Regional Civil War: Guangxi, China, 1967—1968*, Cambridge University Press, Volume 46, Number 1, Spring 2022, pp. 35-63.

[7] 李桂芳：《南方丝绸之路与秦汉西南夷地区的社会变迁》，《四川文理学院学报》2022年第4期。

[8] 陈彦波：《魏晋南北朝西南人文环境变迁与民族社会经济》，《西部学刊》2022年第2期。

[9] 李宇舟：《大理国时期乌蛮聚落的城镇化》，《云南师范大学学报（哲学社会科学版）》2022年第3期。

[10] 戴良燕：《从〈岭外代答〉所载对外贸易的繁荣看乾淳时期广西社会经济的发展》，《广西民族研究》2022年第3期。

[11] 王雪莹：《明代云南卫所经济中的海𧴪与银两——兼论云南贝币流通的衰微》，《思想战线》2022年第3期。

[12] 蔡亚龙：《明代西南边疆民族地区的灵活编民》，《江西社会科学》2022年第6期。

生保障的重要内容，也是国家治理外化的典型表征，祁志浩便以此为研究对象，认为清代云南社仓适应土俗民情、依靠里甲组织、借助土官头人，逐渐嵌入边疆深处，进村到寨，甚至抵达边境。①董雁伟则针对云南的水权制度进行研究，认为明清时期，云南地区水权制度进一步完善，水册制、定额制和水租制产生并推广运用于水权配置。②秦浩翔则关注广西梧州在15—18世纪所经历的从"军事重镇"到"商业重镇"的社会变迁。③土司地区赋役征收及少数民族编户是一个具有重要学术价值的问题，目前研究还较为薄弱，刘灵坪以明清时期云南土司地区为例，做了重要补充。④在盐政方面，张嘉玮关注清末滇督李经羲与云南盐斤加价案的纠葛，⑤赵小平则对清至民国时期越南私盐侵滇⑥等方面进行了研究。

与传统王朝的边疆开发相比，民国时期的中央政府对西南边疆的开发以及当地的社会经济治理都呈现出其自身的特色，这也引起了不少学者的研究兴趣。罗群以民国云南植棉业为中心，总结出了边疆开发与建设的"西南模式"。⑦吴晓亮、曹宇关注民国初年中央政府以清理清代民间不动产的名义，举行验契这一史实，认为这一举措，是中国现代不动产登记法规形成的预备与先声；通过查验、登记等环节，政府为私人明确了不动产的归属，初步确立产业的权利关系，也完成了对民间不动产清理和掌控的第一步，由此为国家财政提供了征税依据。⑧张永帅对近代云南鸦片的外销市场进行了较细致的研究。⑨

此外，学者也逐渐意识到西南边疆在战争时期的物资储备、军营管理、粮饷制度、交通运输等对于边疆安全的重要意义，2022年有数篇研究均在此方面取得了不同程度的突破。张楠林强调了清代前中期西南边疆等地与中原地区在绿营马匹储备和调配方面的成本差异，以及清朝据此制定的成本分摊机制。⑩邓平则对清代广西地区的马匹奏销制度进行了专门研究，认为："经制马匹、准倒马匹、买补马匹价银等不断减少以及咸同以后绿营的裁撤对朋扣皮脏银奏销有决定性影响，也侧面反映出清廷在绿营马政上的削减及绿营军事体系的溃败。"⑪清代的协饷制度也事关国家维护西南边疆的稳定，彭建、童巍雄认为，清初滇饷协济的实践表

---

① 祁志浩：《民夷安帖：清代云南社仓及其边疆治理意义》，《思想战线》2022年第3期。
② 董雁伟：《水权制度演进与明清基层社会——以云南为中心》，《思想战线》2022年第5期。
③ 秦浩翔：《15—18世纪广西梧州的秩序控制、经济开发与社会变迁》，《贵州大学学报（社会科学版）》2022年第3期。
④ 刘灵坪：《明清云南土司地区赋役征收及少数民族编户问题探析》，《思想战线》2022年第5期。
⑤ 张嘉玮：《清末滇督李经羲与云南盐斤加价案的纠葛》，《盐业史研究》2022年第3期。
⑥ 赵小平：《清至民国时期越南私盐侵滇与边岸治理研究》，《思想战线》2022年第5期。
⑦ 罗群：《边疆开发与建设的"西南模式"——以民国云南植棉业为中心的讨论》，《思想战线》2022年第5期。
⑧ 吴晓亮、曹宇：《民国初年云南验契中的不动产管控问题》，《云南师范大学学报（哲学社会科学版）》2022年第3期。
⑨ 张永帅：《近代云南鸦片的外销市场》，《中国历史地理论丛》2022年第2期。
⑩ 张楠林：《清前中期绿营马匹的买补制度及相关成本的分摊机制》，《清史研究》2022年第5期。
⑪ 邓平：《清代朋扣皮脏银奏销制度及马政研究——以广西地区为例》，《北方民族大学学报》2022年第2期。

明，清廷能有效通过各种渠道筹集饷需，保障了其统一战争的进行，也奠定了此后清朝治理西南边疆"本省筹措＋外省协拨"的财政格局。①近代相关的研究则集中于抗战时期。在粮食安全和储备方面，李浩然、马万利通过分析指出，由于云南省政府更多关注流通领域的统制，导致粮政无法根本解决抗战时期的云南粮食危机，由此推动了战后昆明民主运动的开展和云南的和平解放。②李丽杰认为全面抗战爆发后，随着政治经济中心的西迁，农本局以西南大后方为中心推进农业仓库建设，西南各省包括贵州民族地区的农业仓库得以建立发展。农仓在抗战时期发挥了储押放款、农产运销、活跃农村金融的作用，促进了贵州民族地区乡村社会的发展。③全面抗战时期，西南国际交通线是大后方与国外联系的生命线，其重要性不言而喻，谭刚对此进行了专门的研究并形成专著出版，认为从军事、经济、社会等视角全方位审视战时西南国际交通问题，有助于深刻体会中国夺取抗战胜利的来之不易。④

（四）西南边疆民族史研究

西南边疆自古便是我国多民族聚居的一个区域，长期在此生活的各民族均形成了自己深厚的历史文化传统，彼此之间相互交流、合作，而不同朝代的中央政府也采取了不尽相同的政策对其进行统治。总体而言，2022年既有学者继续沿用传统民族史的研究路径进行深入分析，也有不少学者将中原王朝的治边政策与"铸牢中华民族共同体意识"这一命题相结合。

何明主编的《西南边疆民族研究 第29辑》就基于"增进共同性、尊重和包容差异性"的出发点，主要围绕中华民族和各民族"一个大家庭和家庭成员"的关系，分别从不同的角度，阐述不同历史时期、不同区域各民族在空间、文化、经济、社会、心理等方面交往、交流、交融的历史事实和现实案例。⑤马宜果认为，秦汉时期西南民族融入中华民族的进程，是由以汉族形成的凝聚核心为外部动因、以西南民族对统一多民族中国的认同为内部动因以及经过秦汉时期历时性的长时段建构统一多民族国家的进程。⑥黄超、安学斌认为，梳理总结明朝云南治边实践的历史进程，对当今铸牢中华民族共同体意识有着以史鉴今的积极意义。⑦杨永福则关注宋朝地方官府与西南少数民族的盟誓，认为宋朝西南地方官府频繁与周边的少数民族进行盟誓，显然这是经中央政府认可的治理、管控这一地区少数民族的重要手段，服从于宋朝的治国理念和整体战略。⑧谢信业总结了元朝经略八百媳妇国政策的转变和影响。⑨兵防是国家力量在边界地区的具体展现，也是兵民间在共享地域基础上实现跨族群

---

① 彭建、童巍雄：《军国急需：清初云南协饷问题研究》，《中国边疆史地研究》2022年第3期。
② 李浩然、马万利：《抗战时期云南粮食危机与政府应对研究》，《河北经贸大学学报》2022年第1期。
③ 李丽杰：《抗战时期贵州民族地区农仓建设及成效》，《档案》2022年第5期。
④ 谭刚：《全面抗战时期西南国际交通》，江苏人民出版社2022年版。
⑤ 何明主编：《西南边疆民族研究 第29辑》，学苑出版社2022年版。
⑥ 马宜果：《秦汉时期西南民族融入中华民族研究》，《云南社会主义学院学报》2022年第2期。
⑦ 黄超、安学斌：《明代云南治边实践与铸牢中华民族共同体意识》，《广西民族研究》2022年第3期。
⑧ 杨永福：《互动与博弈：宋朝地方官府与西南少数民族的盟誓》，《贵州社会科学》2022年第4期。
⑨ 谢信业：《元朝经略八百媳妇国政策转变及影响》，《中国边疆史地研究》2022年第3期。

混融共生的纽带,方天建认为普梅地区驻防兵的进驻,一方面强化了国家力量在边地的存在,起到了稳边固边的作用,另一方面亦重组了当地族群分布格局,促进了兵民间的交融与共生。①黄秀蓉对清代苗族跨国迁徙路径进行了考释。②朱汉民、郎玉屏对清代西南边疆少数民族儒家文化认同进行研究,指出面对中央王朝自上而下的治理和教化,西南边疆主动自下而上地回应与向化,并在与中央王朝的博弈与互动中形成了对中华传统文化的主干——儒家文化的认同。③

另外,民族志的研究也依然具有一定的活力,周大鸣④、魏乐平⑤相继出版了两本民族志的研究专著。

(五) 西南边疆重要史料整理与研究

史料毫无疑问是研究中国西南边疆史的重要基础,2022年既有新挖掘的相关史料被整理出版,学界对以往的经典史料的运用和研究也逐步深入。许荣空(Xurong Kong)以中国诗歌创作为研究对象,探讨了欧洲与中国早期丝绸之路思想和信息的传播。⑥2022年8月,司马辽太郎的中国游记中的《西南纪行》被整理出版,该书记述了司马辽太郎1981年到访四川、云南时的所见、所感、所思,包含了大量关于中日两国,尤其是日本和四川、云南的历史文化、地理风俗的对照思考。⑦

蒙本曼则对《桂海虞衡志》进行了深入的研究,认为《桂海虞衡志》较为翔实地记载了宋代广西民间用"毒"、解"毒"的概况,其独具地域特色的医药观念体现在"药用"与"非药用"两个方面。⑧马宜果、任瑞兆对《史记·西南夷列传》进行了再研究。⑨沈卡祥对《中国历史地图集》中清代"云南"图顺宁、永昌府界及蒲薰、南甸土司治所进行了考订。⑩《皇

---

① 方天建:《兵防与跨族群混融共生关系的建构——基于明清广南府普梅地区汉夷同村共寨的历史考察》,《中国边疆史地研究》2022年第3期。
② 黄秀蓉:《清代苗族跨国迁徙路径考》,《西南大学学报(社会科学版)》2022年第5期。
③ 朱汉民、郎玉屏:《清代西南边疆少数民族儒家文化认同研究》,《湖南大学学报(社会科学版)》2022年第1期。
④ 周大鸣:《走廊与聚落:潇贺古道石枧村民族志研究》,中山大学出版社2022年版。
⑤ 魏乐平:《作记忆整合:滇西北藏族村庄民族志研究 青藏高原东部边缘民族多样性研究》,暨南大学出版社2022年版。
⑥ Xurong Kong. *Fu Poetry Along the Silk Roads: Third-Century Chinese Writings on Exotica*. Arc Humanities Press, 2022.
⑦ [日] 司马辽太郎:《司马辽太郎中国游记·西南纪行》,陕西人民出版社2022年版。
⑧ 蒙本曼:《宋代广西民间对"毒"的认识——以〈桂海虞衡志〉为例》,《广西民族大学学报(哲学社会科学版)》2022年第2期。
⑨ 马宜果、任瑞兆:《〈史记·西南夷列传〉再研究》,《昆明学院学报》2022年第5期。
⑩ 沈卡祥:《〈中国历史地图集〉清代"云南"图顺宁、永昌府界及蒲薰、南甸土司治所新考四则》,《历史地理研究》2022年第1期。

清职贡图》是清乾隆时期由官方组织绘写的大型民族图册，它以人物图像的形式呈现了清初国内外尤其是中国周边各族群的形象，黄金东、杨燕飞解读和分析了其中涉及广西壮族的图像，发现图册整体呈现了一个长相端庄、气质典雅、文化独特、性情朴实、开化文明、开放包容的壮族形象。[①]方天建则力求从清代云南《开化府志》看邻国历史书写的地方表述，认为清代云南《开化府志·安南国纪略》的存在，不仅透视了清代官修地方史志对邻国历史的关注，彰显了书写模式的特殊性，更是从历史文献层面存留了清代云南边疆重镇官员的涉外治边和护边理念，为考察清代云南边疆治理的珍贵性文献材料。[②]

二、西南边疆发展研究

2022年，西南边疆发展研究主要包括西南边疆乡村振兴与乡村治理研究、西南边疆民族与宗教研究、区域发展视角下西南边疆研究、西南边疆治理研究四个方面。

（一）西南边疆乡村振兴与乡村治理研究

全面实施乡村振兴战略，巩固拓展脱贫攻坚成果同乡村振兴有效衔接，是推动边疆地区共同富裕的重要举措。张翠霞梳理了20年来云南人口较少民族反贫困的历程及成效，调查、分析云南8个人口较少民族脱贫与发展的政策、实践、经验等，总结中央和地方的有效模式[③]。廖东声、宋哲雨梳理了"双循环"、脱贫攻坚、乡村振兴三者之间的逻辑联系，指出"后脱贫"时代广西存在的问题，并提出解决路径[④]。许忠裕、邓国仙等从模式创新、发展情况、扶贫成效的角度分析了广西县级"5+2"、村级"3+1"特色产业模式，并针对发展问题提出对策建议[⑤]。何玲玲、殷学斌发现西南边疆地区乡村特色产业发展存在的问题，并提出对策建议[⑥]。冯永辉、刘莹围绕"产业兴旺、生态宜居、乡风文明、治理有效、生活富裕"，结合广西的民族区域政策，构建了一套科学、系统的广西乡村振兴综合评价指标体系[⑦]。王政岚从"五位一体"建设角度出发，对广西边境地区乡村振兴路径进行探析[⑧]。黄毅、刘燕

[①] 黄金东、杨燕飞：《〈皇清职贡图〉中的广西壮族形象研究》，《广西民族研究》2022年第2期。

[②] 方天建：《从清代云南〈开化府志〉看邻国历史书写的地方表述》，《史学史研究》2022年第2期。

[③] 张翠霞：《云南人口较少民族贫困治理：理论与实践》，社会科学文献出版社2022年版。

[④] 廖东声、宋哲雨：《双循环背景下广西推进脱贫攻坚与乡村振兴有效衔接路径研究》，《当代经济》2022年第11期。

[⑤] 许忠裕、邓国仙等：《脱贫地区乡村特色产业提质增效的现状与对策研究——以广西县级"5+2"、村级"3+1"特色产业模式为例》，《热带农业科学》2022年第9期。

[⑥] 何玲玲、殷学斌：《西南边疆地区乡村特色产业发展的路径研究——以广西崇左市M县为例》，《现代农业》2022年第3期。

[⑦] 冯永辉、刘莹：《广西乡村振兴综合评价指标体系构建》，《粮食科技与经济》2022年第4期。

[⑧] 王政岚：《广西边境地区乡村振兴发展路径探析》，《南方农村》2022年第5期。

探寻了乡村振兴战略背景下云南少数民族地区农村空心化问题的困境及出路[1]。朱炯炯、李国新等从云南生态宜居美丽乡村建设视角进行了研究[2]。

小农户与现代农业发展是实现乡村振兴的关键因素。黄永新从经典小农理论出发，分析西南农村地区小农户的基本生产特征、分化现状及其发展趋势，并探索西南农村地区小农户与现代农业有机衔接的模式与对策[3]。莫仲宁等对广西发展现代化家庭农场进行了分析[4]。尹铎、朱竑以云南丽江高寒山区的玛咖种植与西双版纳热带山地的普洱茶生产为案例，分析两种特色农业扶贫计划实施的机制与过程，为产业扶贫研究提供了来自地理学的新视角与反思[5]。宦欣、廖灵芝分析了云南农村产业融合的现状以及存在的问题，并提出对策建议[6]。

乡村调查是乡村治理的基础。王献霞等对禄村农田、易村手工业及玉村的商业和农业进行了全面调查，梳理工业化与城市化为主线的农村现代化的历史脉络和现实问题，分析了费孝通之后近八十年的三村变迁和发展情况[7]。《乡村振兴改革案例研究》聚焦产业兴、生态美、乡风好、生活富、组织强五个方面进行案例研究和经验总结[8]。陈文琼、韦伟分析广西乡村治理结构的历史演变，实证广西村民自治的实践经验，探讨民族自治地区乡村治理结构及运行机制的现代转型逻辑，并实现其制度化建构[9]。李孝坤对西南地区村落发展演变进行系统研究，科学划分乡村地域类型，并提出村落优化发展的系列导向模式和实施对策[10]。陶自祥在村落价值定位基础上，把云南乡村分为特色保护型、旅游养生型、国门形象型、红色教育型和郊区功能型村落等实践类型[11]。

（二）西南边疆民族与宗教研究

云南、广西是少数民族聚居、宗教种类多样的边疆省份，维系好西南边疆多民族和谐共

---

[1] 黄毅、刘燕：《乡村振兴战略背景下云南少数民族地区"农村空心化"的困境及出路研究》，《当代农村财经》2022年第8期。

[2] 朱炯炯、李国新等：《云南生态宜居美丽乡村建设路径研究》，《西南林业大学学报》2022年第3期。

[3] 黄永新：《西南农村地区小农生产现代化的实证与对策研究》，中国经济出版社2022年版。

[4] 莫仲宁等：《广西发展现代化家庭农场研究》，中国经济出版社2021年版。

[5] 尹铎、朱竑：《云南典型山地乡村农业扶贫的机制与效应研究——以特色经济作物种植为例》，《地理学报》2022年第4期。

[6] 宦欣、廖灵芝：《乡村振兴战略视阈下云南农村产业融合发展的路径》，《西南林业大学学报》2022年第3期。

[7] 王献霞等：《"云南三村"再调查》，社会科学文献出版社2022年版。

[8] 中共广西壮族自治区委员会农村工作（乡村振兴）领导小组办公室，广西乡村振兴战略研究院，广西乡村振兴战略研究会编：《乡村振兴改革案例研究》，中国农业出版社2022年版。

[9] 陈文琼、韦伟：《乡村治理结构及运行机制研究：以广西民族地区为视角》，光明日报出版社2022年版。

[10] 李孝坤：《西南地区村落演变与空间优化模式》，科学出版社2022年版。

[11] 陶自祥：《乡村振兴与特色村落的价值定位及发展类型——基于云南考察》，《中南民族大学学报》2022年第4期。

生格局，铸牢中华民族共同体意识，事关全国民族团结进步事业大局。曹能秀等从多元文化理论建构和实践分析两个层面，探索多元文化互动对民族团结、社区发展的影响，为国家发展、民族共荣、社区和谐提供了战略决策依据①。张志远通过对民族大团结和中华民族共同体意识的理论形成及二者内在逻辑的梳理，探讨了云南创建我国民族团结进步示范区的有效路径②。梁军、史钰泽提出，要从树立正确的中华民族历史观、倡导兼容并包的共生交往观、营造互惠平衡的发展环境、完善民族事务治理体系四个方面着手，诠释铸牢中华民族共同体意识的广西实践③。包明元、税淼淼构建了民族团结示范区建设的指标体系，分析广西民族团结示范区建设成效④。杨艳、秦潇潇基于布迪厄实践理论视角，对巍山县铸牢中华民族共同体意识实践的表征、发展与逻辑进行阐释，并探索民族团结进步示范创建，铸牢中华民族共同体意识的规律与启示，以地方经验补充马克思主义民族理论与政策中国化研究资料⑤。徐俊六对云南各地区现存宗祠进行了全面调查、研究，并对宗祠的保护、修缮、重建与开发提供对策建议，对构建中华文化认同与促进西南边疆民族团结具有重要的现实意义⑥。张玫、杨甫旺等认为，"同源共祖"神话是云南各民族口头传统最主要的母题之一，承载了云南各民族对于中华民族共同体认同的集体记忆，展现了云南各民族对于中华民族共同体的高度认同⑦。

在宗教研究方面，王潇楠从云南基督教的传播史、社会治理、本土化研究等方面，对云南基督教研究成果进行综述，认为近代以来，随着基督教的传入，少数民族的传统生活方式发生了深刻变化，亦使云南基督教展现出鲜明的区域多样性、国际性和民族性特点⑧。

（三）区域发展视角下西南边疆研究

区域协调发展是我国的重大发展战略。在西南边疆与我国其他区域协调发展研究方面，高安刚、覃波构建了最终需求距离指数，测度西南边疆民族地区参与制造业国内循环程度，发现其参与制造业国内循环的程度呈现持续变浅趋势，并与广东的差距呈拉大态势，而高端

---

① 曹能秀等：《多元文化互动与民族和谐、社区发展研究——以西南边疆四县市为例》，人民出版社2022年版。
② 张志远：《民族团结进步示范区创建理路与实践的云南探索》，《云南社会主义学院学报》2022年第2期。
③ 梁军、史钰泽：《广西多民族和谐共生格局下铸牢中华民族共同体意识的路径研究》，《高校后勤研究》2022年第7期。
④ 包明元、税淼淼：《广西民族团结示范区建设及经验启示》，《现代商贸工业》2022年第21期。
⑤ 杨艳、秦潇潇：《铸牢中华民族共同体意识的实践理性研究：基于民族团结进步示范创建的西南边疆个案》，《广西民族研究》2022年第2期。
⑥ 徐俊六：《云南宗祠调查与研究》，中国社会科学出版社2022年版。
⑦ 张玫、杨甫旺等：《云南各民族"同源共祖"口头传统中的中华民族共同体意识研究》，《西昌学院学报》2022年第3期。
⑧ 王潇楠：《云南基督教研究成果述要》，《世界宗教研究》2022年第5期。

服务要素投入水平低、创新制度嵌入不足、市场化水平及金融水平薄弱是阻碍西南边疆民族地区深度参与制造业国内循环的重要因素[1]。张舰基于跨域协同治理 SFIC 理论模型构建"东西部协作产业合作过程理论分析框架",深入研究广东——广西产业合作过程面临的问题,提出广西应与广东开展差异化合作,支持粤桂双方从省域范围加强要素匹配和产业合作,加快升级广西的要素保障、综合交通、营商环境等初始条件[2]。

在西南边疆调查研究方面,《广西地理》全面反映广西自然、社会风貌[3],《广西经济地理》从全国省域、区内市域与县域等层面,分析了广西经济地理集聚格局的时空演化过程、特征、问题与动因[4]。《广西壮族自治区海洋环境资源基本现状》从区域概况、近海海洋环境、海洋资源、海洋灾害、沿海社会经济、海洋可持续发展等方面系统呈现了广西近海海洋的环境和资源现状[5]。

在西南边疆经济、人口和产业发展研究方面,李美莲、张卫华认为广西应全力打造高质量产业体系,推动传统产业改造升级,形成新旧动能平稳接续、协同发力的"双轮驱动"格局,加快提升产业结构与经济增长适配性[6]。程中兴通过构建基于"走廊—板块"的引力分析框架发现:西部开发极大重塑了西南边疆格局,并在人口流动性上呈现出典型的重心向东、向南的特征[7]。覃宇环、周丰景利用泰尔指数测算广西各个区域内部及区域之间存在的发展水平差距,发现人口流动对桂东南及桂西地区的经济发展起促进作用,而对桂东北地区的经济发展产生抑制作用[8]。蒋兰枝、邱兰等采用熵权 TOPSIS 模型对南宁港、柳州港、贵港港、来宾港和梧州港 5 个内河港口进行排名,并提出加强内河港口竞争力的策略建议[9]。夏泽义、刘英姿从区域产业空间结构形成与演化机制出发,对当前广西北部湾经济区产业空间结构的现状及合理化问题进行分析与探讨,并提出相应的对策建议[10]。夏欢欢、王建平的研究表明,广西向海经济发展总体呈现出海洋经济规模持续增长、海洋产业结构不断优化以及基础设施支撑能力显著增强的特点,但仍存在海洋产业结构比例不合理、海洋产业集中、有港口地理优势但条件不足以及海洋生态环境有待改善等问题[11]。王水平、周洪勤分析南宁、钦州港、

---

[1] 高安刚、覃波:《西南边疆民族地区参与制造业国内循环研究》,《边疆经济与文化》2022 年第 7 期。

[2] 张舰:《跨域协同治理视角下深化东西部协作的产业合作研究——以广东—广西结对为例》,《中国物价》2022 年第 10 期。

[3] 胡宝清:《广西地理》,北京师范大学出版社 2022 年版。

[4] 李红、丰永贵、孙久义:《广西经济地理》,经济管理出版社 2022 年版。

[5] 孟宪伟、张创智:《广西壮族自治区海洋环境资源基本现状》,海洋出版社 2022 年版。

[6] 李美莲、张卫华:《新发展格局下广西产业结构与经济增长的适配性研究》,《经济研究参考》2022 年第 5 期。

[7] 程中兴:《西南边疆格局的当代演变与区域发展——基于民族走廊的引力模型分析》,《社会发展研究》2022 年第 3 期。

[8] 覃宇环、周丰景:《人口流动对广西区域经济发展的影响研究》,《北部湾大学学报》2022 年第 3 期。

[9] 蒋兰枝、邱兰等:《基于熵权 TOPSIS 模型的广西内河港口竞争力评价》,《水运管理》2022 年第 11 期。

[10] 夏泽义、刘英姿:《广西北部湾经济区产业空间结构研究》,西南交通大学出版社 2018 年版。

[11] 夏欢欢、王建平:《双循环新发展格局下广西向海经济发展对策研究》,《商业经济》2022 年第 11 期。

崇左三个片区的发展现状，剖析自由贸易试验区内产业基础、开放能力、创新能力不足的问题，并将广东和上海自由贸易试验区发展经验与广西实际情况结合，为自由贸易试验区内产业发展提出优化对策①。那倩对云南自由贸易区的建设现状展开深入分析，提出国际新秩序下云南自贸试验区贸易的促进措施②。

此外，在旅游业发展方面，黄爱莲构建边境县域旅游竞争力评价体系，测度广西边境8县（市、区）边境旅游竞争力。研究表明，广西边境县域旅游竞争力空间格局主要呈现东南高西北低态势③。马睿、叶建芳等对广西25个边境口岸的旅游资源及其开发利用进行实地调研，并提出了对策建议④。文冬妮借鉴系统动力学和推拉理论，分析广西北部湾城市群文旅产业高质量发展的动力系统，构建驱动机制模型，并提出优化路径⑤。张魏、尚婉洁分析了云南少数民族非物质文化遗产旅游利用的现状、问题及成因，构建非物质文化遗产旅游利用价值评价指标体系，并提出发展对策与建议⑥。云南省旅游规划研究院暨中国旅游研究院昆明分院撰写了《疫情防控常态化背景下的云南文化和旅游发展研究》，探讨云南旅游目的地抗疫与复苏，系统分析新冠肺炎疫情对旅游发展产生的影响，并提出具有较强时效性和操作性的对策建议⑦。在交通发展方面，罗婧、庄紫珵等根据少数民族人口占总人口比例将西南边疆划分为零散、稀疏及密集三种聚居区类型，并对交通联系网络与经济差距进行空间相关分析，结果表明该地区基于公路和铁路客运形成的交通联系网络结构特征和空间分布，不利于不同类型少数民族聚居区之间经济发展差距的改善⑧。李繁繁、陈长瑶等运用栅格分析、成本距离工具和划定等时圈等方法，模拟边疆山区省份云南省中心城市空间可达性水平，并提出相应的政策建议⑨。

（四）西南边疆治理研究

西南边疆治理研究一直是西南边疆发展研究的热点。在政府治理方面，宁德鹏认为，应

---

① 王水平、周洪勤：《广西自由贸易试验区产业升级的对策研究》，《现代商业》2022年第23期。
② 那倩：《云南自贸试验区高质量发展的促进措施研究》，《全国流通经济》2022年第16期。
③ 黄爱莲：《边境县域旅游兴边富民竞争力评价——以广西边境8县（市、区）为对象》，《社会科学家》2022年第7期。
④ 马睿、叶建芳等：《广西陆路边境口岸旅游资源调查开发研究》，《边疆经济与文化》2022年第7期。
⑤ 文冬妮：《城市群文旅产业高质量发展的驱动机制及优化路径——以广西北部湾城市群为例》，《社会科学家》2022年第5期。
⑥ 张魏、尚婉洁：《云南少数民族非物质文化遗产旅游利用价值评价研究》，中国旅游出版社2022年版。
⑦ 云南省旅游规划研究院暨中国旅游研究院昆明分院：《疫情防控常态化背景下的云南文化和旅游发展研究》，中国旅游出版社2022年版。
⑧ 罗婧、庄紫珵等：《交通联系网络与经济差距的空间相关分析——以西南边疆少数民族聚居区为例》，《社会科学家》2022年第8期。
⑨ 李繁繁、陈长瑶等：《多重因素下西南边疆地区中心城市空间可达性分析——以云南省为例》，《云南师范大学学报》2022年第6期。

坚持党的领导形成多元治理，坚持以人民为中心的治理思想，构建法治、德治、自治互融的治理模式，运用先进技术推进数字化治理进程①。郝国强、何元凯分析广西政府绩效管理激励干部的经验，认为通过采取精简指标体系；强化正向激励，鼓励出新出彩；提升管理效益效能，精简考评方式；优化考评方式，提升绩效治理效率等措施能够有效提升绩效评估效率，起到激励干部担当作为的成效②。李晶燕、邓青州从云南构建新型政商关系的实践探索入手，分析构建过程的现实困境，从进一步深化"放管服"改革、建立健全政府官员同民营企业家交流沟通机制和相关平台、加强对民营企业家的规范引导、充分发挥各级人民政协和工商联合会的作用、加强各类监督等方面提出了云南构建新型政商关系的优化策略③。

在社会治理方面，袁丹从留守儿童成长问题的理论扫描、基本认知，以及西南民族地区留守儿童成长社会支持系统的分析、构建的基本原则和框架五个方面，对西南民族地区留守儿童成长的社会支持系统进行研究④。周琼从灾害史的角度出发，考察各个阶段不同团体、组织及个人等主体对不同灾害类型的响应，探讨中国西南地区不同地域的灾害响应和社会治理之间的内在机理⑤。

此外，任新民系统梳理了中国社会主义在西南边疆多民族地区的探索与实践⑥，陆鹏、吕勇系统分析建设新时代中国特色社会主义壮美广西的理论指引、思想内涵、实践基础、发展态势、现实路径、基础保障等⑦。张雪对云南边境地区跨境民族教育发展的现状、趋势，以及困境和对策进行了研究⑧。

三、中国与西南周边国家关系研究

2022年，中国与西南周边国家关系研究主要包括中老关系研究、中越关系研究和中缅关系研究三个方面。

---

① 宁德鹏：《西南边疆民族地区地方政府的治理能力提升研究——基于铸牢中华民族共同体意识的视角》，《中国行政管理》2022年第6期。

② 郝国强、何元凯：《简约治理：政府绩效管理激励干部担当作为的实现路径——基于广西的经验分析》，《广西师范大学学报》2022年第6期。

③ 李晶燕、邓青州：《云南构建新型政商关系的实践探索、现实困境与优化策略》，《云南社会主义学院学报》2022年第3期。

④ 袁丹、周昆、高光：《区隔与聚合：西南民族地区留守儿童成长的社会支持系统研究》，西南师范大学出版社2022年版。

⑤ 周琼：《中国西南地区灾害响应与社会治理研究》，科学出版社2022年版。

⑥ 任新民：《中国特色社会主义在西南边疆多民族地区的探索与实践》，中国社会科学出版社2022年版。

⑦ 陆鹏、吕勇：《建设新时代中国特色社会主义壮美广西：理论内涵与实践路径》，研究出版社2022年版。

⑧ 张雪：《云南边境地区跨境民族教育发展的困境与对策——基于地域异质性视角的分析》，《四川民族学院学报》2022年第2期。

（一）中老关系研究

国内学者对中老关系的研究主要集中在交通运输、中老经济走廊建设、外交等方面。崔煜认为，随着中老铁路进出口货物运量的持续增长，磨憨口岸站设施设备能力将提前达到饱和，可从扩大海关监管场所运输能力，加快推进口岸进出境快速通关业务，加强与海关、口岸管理部门的协调配合，优化磨憨口岸站生产作业组织等方面，提高口岸通行效率，为打造国际物流大通道提供有力支持。[1]任珂瑶指出，中老两国应开展区域共建，突破区域地理边界和制度束缚，促进生产要素互联互通；与第三国合作寻找利益共同点，借助域外力量，共同推动中老之间形成"强联通"的基础设施和产能贸易关系，并争取将合作效益外溢到文化、社会等领域，加速中老经济走廊、中老命运共同体的构建。[2]方晓认为，大国满足中小国家物理性安全感和本体性安全的程度决定了中小国家对大国的信任层次。据此分析得出结论：中国满足了老挝的物理性安全感和本体性安全，因此老挝对华信任程度较高。[3]

国外学者对中老关系的研究主要集中在外交、共建"一带一路"、金融合作等方面。布莱恩·贝莱蒂奇（Brian Berletic）在《美国与中国在老挝：两个国家，两种方法，一个明显的区别》中指出，20世纪50年代至70年代，美国在东南亚地区发动战争，向老挝投掷了大量炸弹，至今仍有很多埋藏地下，排雷排爆增加了老挝项目建设的成本，美国对此置若罔闻。尽管美国总是抹黑中国试图"纵容和胁迫世界各国，迫使其他国家的社会和政治更符合中国的规范"，但美国暗助老挝的反对派，旨在推翻老挝社会主义制度并用美国推崇的制度来代替它。美国与老挝的关系并没有像其说得那么好，并且与东南亚其他一些国家也是如此，这足以解释为什么尽管美国声称中国对该地区和世界构成了威胁，但东南亚国家还是倾向于与中国加强合作。中国的发展并没有对东南亚国家构成威胁。[4]索尼克斯（Sonexay Phompida）在《"一带一路"背景下的中老经贸合作与可持续能源货运通道建设》中认为，随着中国石油和天然气进口量的增加，中国能源供应链结构变得越来越复杂。如何利用"一带一路"（B&R）建设促进中国的区域能源合作，确保能源安全，已成为中国面临的重要国际问题。作者以中国与"一带一路"沿线国家的能源合作为基础，利用小世界网络理论，分析了共建"一带一路"背景下能源合作的网络结构，准确分析了中国在能源供应链中的地位和角色。[5]迈克尔·塞楚（Michael Saichu）在《老挝债务违约赔偿会破产》中指出，老挝面临前所未有的财政困难，包括价值145亿美元债务——其中约一半是欠中国的。但与斯里兰

---

[1] 崔煜：《中老铁路磨憨口岸站运输通行效率优化研究》，《铁道运输与经济》2022年第11期。

[2] 任珂瑶：《中老经济走廊建设：进展、挑战与推进路径》，《当代世界社会主义问题》2022年第1期。

[3] 方晓：《大国引导、信任生成与东盟国家对华安全感》，《世界经济与政治》2022年第6期。

[4] Brian Berletic, US vs. China in Laos: Two Nations, Two Approaches, One Obvious Difference, *New Eastern Outlook*, https://journal-neo.org/2022/02/04/us-vs-china-in-laos-two-nations-two-approaches-one-obvious-difference/.

[5] Sonexay Phompida, Donghua Yu, "China-Laos Economic and Trade Cooperation and Construction of Sustainable Energy Cargo Channel under the Background of "One Belt, One Road" ", *Scientific Programming*, vol. 2022.

卡不同，老挝不可能拖欠外债。中国是其最大的债权国和政治盟友，中老关系背后反映出中国对亚太地区的态度，妥善处理好老挝债务问题，有助于中国同东盟国家的合作关系，因此中国不会让老挝违约。正如黛博拉·布劳蒂根（Deborah Brautigam）和梅格·里特米尔（Meg Rithmire）认为的那样，中国银行一直愿意重组外债，中国实际上从未从外国没收过任何资产。中国作为主要国际债权人的经验，以及老挝自身的紧迫感，将决定老挝能否成功应对严峻的经济和金融形势。[1]

（二）中越关系研究

国内学者对中越关系的研究主要集中在经济关系、跨境民族等方面。杨盼盼通过多期双重差分法，测算了中美经贸摩擦对于中国对越南出口贸易的影响程度，分析了其在不同商品类别上的差异性影响及作用机制。分析表明，中美经贸摩擦冲击效应显著，大幅推动了中国对越南的出口，中越之间持续性的生产地转移效应不容忽视，不过，互补效应仍是中越贸易的基础。[2]胡静凝认为，跨境而来的越南女性兼具家庭成员与移民双重身份：家庭为越南女性提供安居之所，但由于缺乏经济独立性和姻亲帮扶，越南女性只能高度依赖于家庭，面临主体性丧失的困境；村庄默许了越南女性的非法性存在和有限的社会融入，但"他者"身份建构了制度和生活层面的双重区隔。[3]

国外学者对中越关系的研究主要集中在经济关系、中美越三角关系等方面。巴布·卡尔马·达尔（Bablu Kumar Dhar）在《美中贸易战与越南的竞争优势》中研究了联合国商贸委员会（United Nations Comtrade）2000年至2020年间为美国市场服务的10个特定劳动密集型行业的出口数据，比较了越南在美国与中国贸易战中劳动密集型产业的竞争优势，发现中国的竞争力在近年来遭遇负面影响，而越南的竞争优势则有所增加，但超越中国成为世界最大制造商的可能性不大。[4]华沙研究所阿德穆兹雅克（Wojciech Adamczyk）在《美中对越南的竞争》一文中认为，美中两国在越南的竞争一直在加剧。越南被认为是美国在"印太"地区最重要的合作伙伴之一。同时，中国是越南不可或缺的合作伙伴。越南对中国的经济依赖会持续加深。自2001年以来，越南与中国的贸易逆差持续增加。美国是越南外国直接投资的主要来源，也是越南最大的出口市场。越南对美国的贸易顺差几乎弥补了与中国的贸易逆差。值得注意的是，越南一直试图保持其中立地位。但中国对越南影响力的增加会使越南与

---

[1] Michael Saichuk, Claims of Default in Laos Are Bankrupt, https://thunderxpay.com/2022/10/17/claims-of-default-in-laos-are-bankrupt/.

[2] 杨盼盼、徐奇渊、张子旭：《中美经贸摩擦背景下越南的角色——中国对越南出口的分析视角》，《当代亚太》2022年第4期。

[3] 胡静凝：《姻缘与利益：中越边境的跨国婚姻实践——以广西宁明县N屯为例》，《理论月刊》2022年第8期。

[4] Bablu Kumar Dhar, Thanh Tiep Le, Tina A. Coffelt, Jakhongir Shaturaev, U.S.-China trade war and competitive advantage of Vietnam, *Thunderbird International Business ReviewEarly View*, 29 November 2022.

美国的安全关系升级。① 此外，阮晋江（Nguyễn Khắc Giang）在美国和平研究所网站刊发的《美国—越南伙伴关系超越了与中国的战略竞争》中指出，随着拜登政府将越南确定为"印太战略"中的关键国家之一，越南与美国关系更加紧密，但中国仍然是越南外交政策的"重中之重"。尽管在主权问题上中越存在紧张关系，但由于意识形态的一致性，越南和中国保持密切的关系。中国时刻提醒越南对美国保持警惕，防范越南潜在的"颜色革命"。②

（三）中缅关系研究

国内学者对中缅关系的研究主要集中在外交、边境交涉、印度洋通道等方面。李晨阳认为，在缅甸政治与对外关系的起伏中，缅甸对中美竞争的认知和反应，很大程度上被中美缅三角关系的变化所左右。历史经验表明，无论未来缅甸政局如何演变，缅甸会继续在现实与幻想之间努力寻找平衡位置，既想与中国合作获利，又试图利用美国来制衡中国不断扩大的影响力。③ 姚勇分析了近代中缅边境的过耕问题，指出虽然多数过耕案件的交涉异常困难且持久，但其重要意义或许在于作为一个"问题"的延续，在边民的生活场景中反复进行国界与主权的宣示，过耕案件的判结往往伴随着对边界实地确认的过程。④ 宋大伟等人基于智库双螺旋法的逻辑认知并站在战略、全局、时代和历史的高度，系统性研究、创造性提出"双Y形"中缅印度洋新通道战略布局新构想：近期赋能现有交通设施发展海公铁跨境多式联运模式、中远期通过投资建设发展海铁联运模式，打造中国西南直达印度洋乃至大西洋的战略通道。⑤

国外学者对中缅关系的研究主要集中在中缅油气管道合作、中缅历史关系演变等方面。吉川（Yoshikawa）在《中国对缅甸的政策：云南对中缅油气管道和边境经济合作区的承诺》一文中，考察了中国如何通过中央政府和云南地方政府共同努力开展与缅甸的双层外交。在中国，地方政府可以在其能力和责任范围内参与对外经济合作，促进当地社会经济发展，中国地方政府的建议很有可能直接上升为国家战略决策。因此，应高度关注云南地方政府在加强与缅甸等东南亚国家关系中的角色定位。⑥ 亚历山德罗·里帕在《想象中的边境：中缅边境的地形、技术和贸易》中，基于对国界的"传记"方法，追溯了中缅边境的形成、消失和

---

① Wojciech Adamczyk, The US-China competition over Vietnam, 1 March 2022, https://warsawinstitute.org/us-china-competition-vietnam/.

② Nguyễn Khắc Giang, U.S.-Vietnam Partnership Goes Beyond Strategic Competition with China, April 19, 2022, https://www.usip.org/publications/2022/04/us-vietnam-partnership-goes-beyond-strategic-competition-china.

③ 李晨阳、马思妍：《缅甸对中美竞争的认知与反应》，《南洋问题研究》2022年第3期。

④ 姚勇：《近代中缅边境的过耕问题》，《中国边疆史地研究》2022年第1期。

⑤ 宋大伟等：《中缅印度洋新通道建设战略研究——运用双螺旋法谋划海公铁跨境多式联运》，《中国科学院院刊》2022年第11期。

⑥ Yoshikawa, S., China's policy towards myanmar: Yunnan's commitment to sino-myanmar oil and gas pipelines and border economic cooperation zone, Journal of Contemporary East Asia Studies, 2022, 11（1）.

重新物质化的历史，并确定了在过去一个半世纪中表征和塑造这些边境地区的三种不同的想象。这些想象中的地形、技术和贸易勾勒出了国家当局和强大的外来者看待、感知和采取行动的一些方式。它们对边界的划定和今天的管理至关重要。这些想象反映在具体实践中，从而对中缅边境的日常生活产生直接影响。①

四、2022 年西南边疆研究的特点和展望

2022 年，西南边疆研究呈现出如下特点。

在历史研究方面：第一，低质量的重复性研究已较少见，转而是学界在既有研究的基础上，在西南边疆治理史、社会经济史、民族史、史料整理等领域的研究开始逐步深化。当然，从短期来看，这种研究深化尚达不到全面突破的地步，但是无疑学界已经开始形成了有效的、系统性的积累。第二，在史料解读和运用上，学者引用的史料类型继续呈现多样化特征，正史政书、时人文集、地方志、碑刻、契约以及口述材料等均得到重视，更为重要的是，不少论著都开始更加强调不同类型史料间的对比解读，使其观点更具说服力。第三，基础研究与应用研究相结合的趋势较为明显，特别是民族史研究领域在继续深挖传统民族史相关问题的基础上，已有不少学者开始运用"铸牢中华民族共同体意识"、"各民族交往交流交融"等方法论来思考民族史问题。

在发展研究方面：第一，研究成果丰硕。其中，乡村振兴与乡村治理的研究成果最多，这是西南边疆发展研究一直持续关注的热点问题。同时，以铸牢中华民族共同体意识为主线的西南边疆的民族与宗教研究也显著增多。值得一提的是，区域发展视角下的西南边疆研究显著增多，尤其出现了测度西南边疆民族地区参与制造业国内循环的程度，并分析其影响因素的研究成果，这在之前是少见的。在西南边疆治理研究方面，除了乡村治理之外，其它领域的边疆治理研究成果相对有所减少。第二，定量研究明显增多。比如，乡村振兴评价体系构建、边境县域旅游竞争力评价、港口竞争力评价、西南边疆区域发展水平测算等。

在中国与西南周边国家关系研究方面：第一，从研究领域看，2022 年国内学界主要围绕外交、经济、宗教、交通、历史、民族等方面研究中国与西南周边国家关系，而研究中国与老挝、越南、缅甸交通运输合作的论文数量在各领域中遥遥领先。尤其是 2021 年 12 月中老铁路开通运营，引起了学界对中老铁路研究的广泛关注。此外，经济合作依然是中国与西南周边国家关系研究的重点。2021 年以来，中国与东盟互为最大贸易伙伴，经济合作热度不减，带动了学术研究的繁荣发展。第二，国外学者更加关注中越关系研究。近年来，越南在中南半岛国家中经济发展速度较快，综合实力相对较强且与中国在政治、经济和地缘上关系微妙，成为国际学界关注的热点。但是，国外部分学者重逻辑轻事实，在研究中国问题时常常带有主观偏见，并预设结论。他们常常运用较强的逻辑推演，刻意选取少部分对我国不利

---

① Alessandro Rippa, Imagined borderlands: Terrain, technology and trade in the making and managing of the China-Myanmar border, *Singapore Journal of Tropical Geography*, 2022, Volume 43, Issue 3.

的证据，妄图得出普适性结论，从而达到抹黑中国的目的。表面上看，其论证符合逻辑，事实上，他们选取的数据和论据并不具有代表性。

2022年，西南边疆研究取得显著成绩，同时也有不足和需要深化的领域。

在历史研究方面，由于历史时期各中央王朝诸多边疆治理措施的顺利实施，西南边疆的局势总体上渐趋平缓，这一转变对于我国历史时期国家疆域的整体稳定具有重要的战略意义。而探究这种转变的内在机制，对于我们当代边疆治理能力的现代化同样拥有不容忽视的借鉴作用。因此，学界在不断积累相关实证研究的同时，也应该在大量史实的基础上加强对中国边疆治理的理论构建，完善中国边疆治理研究的理论体系。

在发展研究方面，西南边疆发展问题应当关注如下几点。一是边境县域发展如何更好地支撑沿边开放？二是跨境民族有哪些新问题？老问题有没有新办法？三是西南边疆在国内大循环中如何发挥其自身优势？四是如何铸牢中华民族共同体意识？五是如何促进区域协调发展，从而实现共同富裕？从这些大框架下看当前西南边疆的研究，就会发现具有边疆特色的文章和书籍较少。此外，有关西南边疆的高质量的研究成果较少，很多文章提出的问题和对策都浮于表面，很难出现有深度的研究成果。因此，未来西南边疆研究应紧扣西南边疆研究特色，多出有深度、有思想的研究成果。

在中国与西南周边国家关系研究方面，我们发现2022年学界在以下几个方面研究不足。一是如何发挥西南边疆陆海统筹的优势？二是新时代云南、广西面向中南半岛开放的战略选择。三是中老、中越、中缅命运共同体之间的关系研究。四是中国与中南半岛国家共建"一带一路"进展评估。五是中国—中南半岛经济走廊研究等。此外，理论和基础研究都有待加强。理论研究具有周期性长、见效慢的特点，同时，也需要厚重的学术积淀。目前，学界关于中国与西南周边国家关系研究的学者大部分为中青年学者，研究领域的学术带头人不多，科研团队正在成长当中，需要更多的学术定力和学术耐性。未来，我们可以朝着以上研究方向发力，多出精品力作。

2022 年西藏研究述评

张永攀　刘　洁　裴儒弟　张　辉[*]

西藏历史与现状研究是中国边疆研究的重要组成部分，又是中国边疆学学科构建的基础性研究内容之一。2022 年我国学术界在西藏研究领域，总体上继续深化内容、拓展领域，成果较为丰硕。2021 年，习近平总书记在视察西藏时强调，西藏工作要围绕稳定、发展、生态、强边四件大事展开，2022 年有关西藏现状问题研究的论著增加明显。在基础学科领域，中央西藏治理史、涉藏文献、西藏史则占主要内容。现以我国学者公开发表的汉文论著为主，简要介绍本年度西藏研究的进展。

一、文献资料整理与研究

西藏研究的文献资料丰富，包含汉文、藏文等多个语种，2022 年学术界在文献资料整理和研究方面取得丰硕成果，文献资料整理研究、方志编纂尤其值得关注。

文献资料整理研究方面的成果主要如下。

1. 敦煌藏文文献的整理，《海内外散藏敦煌古藏文抄经题记集录》收录国家图书馆等机构所藏的敦煌古藏文抄经题记，共有 276 卷抄经信息，内容包括收藏号、经号、现状描述、收藏记录、首题、杂写及部分社会文书记录等，对敦煌古藏文抄经内容研究、版本研究，以及当时敦煌地区社会、文化内容研究和民族交流、交往史研究具有一定学术参考价值。《甘肃藏敦煌藏文文献勘录》大型丛书，2022 年 8 月由敦煌研究院和读者出版集团出版，收录了敦煌研究院、甘肃省图书馆、敦煌市博物馆所藏敦煌藏文文献 6700 余件，全书共 30 卷，2205 万余字。

2. 《清代藏文法律文献选译》记载了 17 世纪形成的地方法规与寺院教规清规制度，亦即西藏等地方法律和宗教制度的第一手藏文历史文献资料，具有很高的文献资料价值和学术研究价值。[①]

3. 杨晓纯、宋颖主编的《意树心花：文化学者的高原故事》收录了藏学领域六十六位老、中、青学者的高原故事与文化随笔。编者按照"流金岁月""花开千树""一路同行""初心

---

[*] 张永攀、刘洁、裴儒弟、张辉：中国社会科学院中国边疆研究所研究员、副研究员、助理研究员、助理研究员。

① 德吉卓玛译：《清代藏文法律文献选译》，中国藏学出版社 2022 年版。

不变"四个主题,介绍了高原学者们在田野调查社会文化历史、民族交往交流交融中的真实经历,表现了他们"美美与共"的高原情怀,与爱党、爱国、爱人民的拳拳之心。①

方志编纂方面,《扎囊县志》是扎囊县有史以来的第一部社会主义新方志,该书较为全面地反映了扎囊县有史记载以来至2000年底在社会制度、经济发展、社会环境与自然资源等方面所发生的巨大变化;着重记述了西藏和平解放以来,特别是改革开放以来,扎囊县各族人民在中国共产党的领导下所取得的辉煌成就;充分展示了扎囊县的人文地理,特殊、绚丽的风土人情和民族文化特色、地方特色,以及鲜明的时代特点,为读者了解扎囊提供了较好的参考资料。②

西藏汉文方志研究方面,有学者认为,清末西藏方志产生于近代英俄等列强窥伺我国西部边疆之时。爱国志士借方志之体以达时务之用,以传统史志、近代报刊、外文图志等文献为来源,秉承固边兴藏之宗旨,打破传统方志范式,编撰了一批体例精简灵活、内容契合时代需求的方志文献③。

方志考订研究方面,《有关丽江史地的文献》是法国汉学家爱德华·沙畹的一篇论文,其中包含了清代西藏地方志《西藏图考·程站》,有学者认为沙畹将这一资料全文翻译并详加注释,说明他在相关研究中重视并充分利用清代西藏地方志资料,也说明沙畹此时有将滇川藏毗邻地区纳入其中国史地研究的兴趣与考虑。④嘉庆《四川通志》是清代第三部四川省志,于嘉庆二十一年(1816)刊行,其卷百九十一至百九十六为《西域志》。此"西域"以先分地再分目的通志体,对西藏历史、地理、社会、宗教、文化诸多方面情况全面记载,认为嘉庆《四川通志·西域志》实为一部名实相符、体例较为完备、内容宏富、资料丰富的官修西藏地方志,是清代西藏地方志持续发展第一个高潮中集大成者。在清代西藏地方志中独设汉藏人物传记,摘引了反映清王朝治藏战略的重要官书,收录了四川本地特有文献和大量咏藏诗词,多角度记述了清代川藏行政划界,推动了清代四川省修纂西藏方志体系的最终形成。该志的成书标志着清代西藏地方志两种体系合一后的再次整合,也推动了之后西藏地方志发展的新趋势,对民国时期康藏史地研究亦有一定影响。⑤

本年度有学者针对新近发现的程凤翔纂《喀木西南志略》,进行了版本学上研究,认为《喀木西南志略》既吸收了清代西藏方志在篇目设置上的一般体例,又根据具体情况设计了一些比较有特点的篇目,体例设置的地域特色十分突出。从内容上看,该志不仅参引了大量史志文献,而且使用了丰富的沿途经历、见闻和调查访谈材料,是了解20世纪初我国藏东南地区自然社会与历史现状各方面情况非常重要的文献资源。尤其重要的是,该志记载了清政府在西藏边境地区实施有效管辖和行使主权的历史事实,揭露了清末英人在这一带的侵略

---

① 杨晓纯、宋颖主编:《意树心花:文化学者的高原故事》,中国藏学出版社2022版。
② 西藏自治区扎囊县地方志编纂委员会编撰:《扎囊县志》,中国藏学出版社2022年版。
③ 马天祥:《清末西藏方志编撰背景与文献考证》,《中国出版》2022年第1期。
④ 赵心愚、徐晨:《法国汉学家爱德华·沙畹对〈西藏图考〉资料的重视与利用》,《民族学刊》2022年第2期。
⑤ 成飞:《嘉庆〈四川通志·西域志〉内容特色及历史地位》,《民族学刊》2022年第2期。

行径，是我国在中印边境争议地区拥有主权并行使有效管辖的地方志证据。①还有学者对清代官修《明史》前、后期关于"西番"所立传记存在差异进行了研究，认为前期书写内容侧重于乌斯藏、朵甘等地；后期则略去"西番"与吐蕃之间的关系，书写内容主要围绕西宁、河州、洮州、岷州展开，至于乌斯藏、朵甘以及国师辖区等地，则在"西番"之外，为其单独立传。出现该种差异的原因与清初西藏重要性的凸显和时人对藏族地区认知的丰富有关。该种书写差异在一定程度上也反映了明清之际"西番"观念的变动。②

方志内容研究方面，有学者对《卫藏通志》的环境内容进行研究，认为其中包含的环境史信息仍是相当可观的，"山川""程站"部分是此志环境史资料较为集中的部分，其余如卷首之修桥碑记、疆域部分之疆域的划定、抚恤部分之痘疹记述也都关涉环境史的主题，他们认为《卫藏通志》对西藏的自然环境状况与民众的物质能量获取、健康安全防卫、生态认知、生态—社会组织等环境史内容均有所反映。③还有学者通过对《联豫驻藏奏稿》的考察，认为在边疆民族危机和清末新政的大背景下，驻藏大臣联豫为了增进西南边疆汉藏各族的智识，达到"联络属地，同化祖国之要枢"之旨，增强西南边疆汉藏各族对中央政府的向心力，同时也为了抵制帝国主义的文化侵略，通过成立专门的兴学机构、积极兴办各类新式学堂、奖励师生从教就学、多方筹措学务经费以及筹置印刷机器翻印书籍，推动了西藏地区近代教育的蓬勃发展，也为西藏地方传统教育的发展注入了新鲜的血液，新的教育思想、教育政策难能可贵，值得后人借鉴。④

二、早期西藏与吐蕃史研究

2022年度国内学界关于西藏早期历史的研究成果，主要侧重于西藏阿里考古、历史地理、吐蕃早期赞普等三个方面的研究，代表性论文分别有《象雄出土的黄金面具和苯教丧葬仪轨的"五所依"》⑤《"嘉绒"地名考释》⑥《仲与王政：吐蕃赞普神话叙事探源》⑦等。前者在出土材料和文献材料互为印证的基础上，论述了出土于西藏阿里故如甲木的黄金面具和苯教丧葬仪轨中"五所依"之间的联系，对于西藏阿里考古发掘成果的解读具有重要的学术参考价值。后者考证了以穆尔多神山为中心地理坐标、以大小金川为文化核心区域的"嘉姆

---

① 黄辛建：《新发现的藏东南地方志〈喀木西南志略〉及其重要价值》，《中国藏学》2022年第3期。

② 马文忠：《清官修〈明史〉对"西番"的历史书写》，《中国藏学》2022年第3期。

③ 韩强强：《〈卫藏通志〉所见西藏环境史及环境史资料》，《西藏民族大学学报》2022年第1期。

④ 林松：《试析清末驻藏大臣联豫的教育体制改革——以〈联豫驻藏奏稿〉为中心的历史考察》，《青藏高原论坛》2022年第2期。

⑤ 卡尔梅·桑木丹、供邱泽仁：《象雄出土的黄金面具和苯教丧葬仪轨的"五所依"》，《西藏艺术研究》2022年第2期。

⑥ 才让太：《"嘉绒"地名考释》，《中国藏学》2022年第2期。

⑦ 才让扎西：《仲与王政：吐蕃赞普神话叙事探源》，《中国藏学》2022年第4期。

擦瓦绒"（"嘉绒"）的地理概念大约在7世纪甚至可能更早的时期已经形成。作者还提出了藏文文献对"嘉绒"地名的记载晚于汉文文献这一重要学术观点，并分析其主要原因是在长期秉持扬佛抑苯政策的吐蕃王室以及后弘期不同的佛教地方政权的主导下，盛行苯教的嘉绒地方从来没有进入到主流的藏传佛教历史学家的视野。直至15世纪宗喀巴大师派遣弟子擦阔·阿旺扎巴到安多地区建寺传教，嘉绒地区才开始受到卫藏地区佛教上层势力的关注。最后一篇文章通过梳理藏文史料中"仲、德乌、苯"与政治文化的关联表述，论证了"仲"是聂赤赞普降神说，即藏文史籍中的"神道故事"，并分析"神道故事"源自原始苯教仪轨叙事，后被引入政治意识形态的"神话"，成为吐蕃赞普王权合法性的依据。

2022年度关于吐蕃历史的研究成果主要集中在吐蕃考古、汉藏交流、唐蕃关系、吐蕃职官制度、历史地理、军事、西藏与周边国家和地区的关系等领域的研究。其中，吐蕃考古方面的研究成果以霍巍所撰《从青藏高原新出土吐蕃墓葬看多民族的交流融合》[①]一文为代表。该文章主要对青藏高原新出土的一批吐蕃时期的墓葬，以及墓葬制度、习俗等加以分析，强调青藏高原本土的文化因素和来自中原、河西地区的文化因素相互交织融合，体现出7—9世纪生活在这里的不同族群的交往交流交融的历史。此外，《西藏考古与艺术的新发现与新进展：2020年度西藏文物考古成果公众分享报告会评述》[②]一文总结了近年来西藏自治区考古工作取得的重要进展，例如申扎县尼阿底遗址使青藏高原腹地的旧石器时代年代明确到了距今40000—30000年前；发掘和清理的夏达错、梅龙达普洞穴、皮央东嘎、日土宗、玛不错、曲贡等遗址，格布赛鲁、桑达隆果、觉莫林、色多、那龙、当雄等墓地，出土的石器、陶器、骨器、金银器、玻璃珠、穿孔贝饰、玉箭镞、铁器残件、漆器残片、围棋子及鱼骨、动物骨骼、青稞等大量实物，发现的土洞墓、石室墓、石板墓、俯身直肢葬及以几何纹为主的赭红色涂绘岩画等文化现象，对探索青藏高原各地不同时代生产技术、丧葬文化、社会历史及其与高原内外其他人群的交往、交流等提供了重要的学术研究参考。

在吐蕃时期汉藏交流方面，可重点参考杨胜利所撰《从吐蕃人在唐朝的活动看汉藏民族的交往交流交融》[③]。作者总结了在唐蕃交流互动的二百多年中，吐蕃先后选拔酋豪子弟入唐学习儒家文化和典章制度；派出使臣出使唐朝，加强唐蕃之间经济文化交流互动；此外一批吐蕃边将也长期在唐出仕为官，对维护中华民族的统一与稳定发挥了重要作用。这些吐蕃人在唐朝的活动不仅加强了汉藏民族之间政治、经济、文化的交往交流交融，而且推动了中华民族多元一体格局向纵深方向发展。

在唐蕃关系研究方面，以林冠群《唐蕃关系下的尚结赞》[④]为代表作。该文以吐蕃赞普

[①] 霍巍：《从青藏高原新出土吐蕃墓葬看多民族的交流融合》，《中国藏学》2022年第4期。

[②] 旦增白云、夏格旺堆：《西藏考古与艺术的新发现与新进展——2020年度西藏文物考古成果公众分享报告会评述》，《中国藏学》2022年第4期。

[③] 杨胜利：《从吐蕃人在唐朝的活动看汉藏民族的交往交流交融》，《西藏民族大学学报（哲学社会科学版）》2022年第2期。

[④] 林冠群：《唐蕃关系下的尚结赞》，《中国藏学》2022年第4期。

埒松德赞任命的第五位大论那囊尚结赞拉囊为核心，分析尚结赞在任期间，曾亲身主导了唐蕃清水会盟（783）、唐蕃首次联军以收复长安（784）、吐蕃平凉劫盟（787）、唐蕃首次断交（787—803）等重大事件，可谓为埒松德赞晚年最得力且最出色的大论，其政治作为对于唐蕃关系的发展影响深远。

在吐蕃职官制度方面，可重点参考《吐蕃早期西部西藏部落首领的一种名号》[①]，该文分析了象雄部、藏部，以及洛沃部等吐蕃早期西部西藏部落首领所用名号的藏语方言，考证其含义为"胜者"或"王者"。

在吐蕃军事历史方面，沈琛在题为《8世纪末吐蕃占领于阗史事钩沉》[②]一文中，通过对敦煌藏文P.t.1287《吐蕃赞普传记》、和田出土于阗语和汉语文书、《九姓回鹘可汗碑》以及《新唐书·南诏传》相关记载的对勘与研究，考证吐蕃在贞元十四年（798）闰四月自北道南下占领于阗，次年即征讨南诏。张旭所撰《吐蕃按户征兵制度研究》[③]，考证在敦煌古藏文写卷中，mkho sham chen pho 的字面意为大行政管理，具体行政措施包括清查户籍、制作户籍册和征调应募者等行政措施。吐蕃大行政管理的最后环节是按户征兵，前期行政措施包括清查户籍和制作户籍册。

吐蕃时期宗教史研究方面，德吉卓玛、尕藏加的《藏传佛教史研究·吐蕃卷》结合吐蕃不同时期的社会发展背景，对吐蕃时期佛教的发展脉络、重要事件、历史人物以及佛教与藏族社会的发展关系等方面作了系统研究。详细论述了佛教初传吐蕃的历史渊源，全面、系统地研究和展示佛教吐蕃史的发展状况，特别是通过对佛教在吐蕃的传播、发展、兴盛以及吐蕃佛教的衰落和复兴等方面的论述与分析，阐明了吐蕃佛教的特色及其作用。[④]

在西藏历史地理方面，可重点参考叶拉太所撰《尼泊尔西北部洛沃的历史变迁及其与中国西藏地方间的联系》[⑤]。作者考证尼泊尔西北部洛沃（木斯塘）地区属于藏文明辐射区，是藏文明向南传播、延伸的中间地带，也是南亚文明北传之重要通道。该地区曾先后被阿里古格王国、拉达克王国、贡塘王国统治，同时又几度被亚孜王国、门宗朗王国所征服，之后随着廓尔喀势力的崛起，尼泊尔逐渐加强了对洛沃的控制。此外，卓玛加在《敦煌古藏文I.O.750所载吐蕃行宫"Nyen Kar"地望考辨》[⑥]一文中，依据敦煌古藏文文献I.O.750等史料，考证吐蕃早期政治经济文化中心之一"Nyen Kar"行宫的具体地理位置在今拉萨市达孜区德庆乡"念喀村"附近的德庆宗日遗址。妥超群所撰《犏牛国考：苏毗与附国新论》[⑦]，考证唐蕃古道的基本走向非藏北路线而是经由康藏地区前往吐蕃牙帐，其线路上的苏毗国王城位

---

① 次旦扎西、索南才旦：《吐蕃早期西部西藏部落首领的一种名号》，《中国藏学》2022年第4期。
② 沈琛：《8世纪末吐蕃占领于阗史事钩沉》，《西域研究》2022年第3期。
③ 张旭：《吐蕃按户征兵制度研究》，《中国边疆史地研究》2022年第3期。
④ 德吉卓玛、尕藏加：《藏传佛教史研究·吐蕃卷》，中国藏学出版社2022年版。
⑤ 叶拉太：《尼泊尔西北部洛沃的历史变迁及其与中国西藏地方间的联系》，《西藏研究》2022年第2期。
⑥ 卓玛加：《敦煌古藏文I.O.750所载吐蕃行宫"Nyen Kar"地望考辨》，《青藏高原论坛》2022年第2期。
⑦ 妥超群：《犏牛国考：苏毗与附国新论》，《西藏大学学报（社会科学版）》2022年第1期。

置就在今四川理塘，作者还提出了苏毗与唐以前存在的附国在文献与地理上高度契合，二者应为一国的观点。

最后，关于宋代西藏历史研究，以齐德舜所撰《宋代笔记吐蕃文献的史料价值及局限性研究》[①]为代表作。该文首先肯定了宋代笔记中的吐蕃文献对宋代正史资料中的吐蕃文献起到了非常重要的补史阙的作用，同时也强调宋代笔记吐蕃文献存在的相互矛盾、材料重复、以讹传讹等诸多问题，认为对这类文献必须详细甄别，谨慎使用。

三、元明时期西藏研究

元代西藏研究基本侧重于凉州会谈、萨迦政权、帝师制度、藏传佛教、十三万户等治藏制度。这一领域每年的成果数量并不多。西藏治理依然是值得探讨的话题，元世祖忽必烈第七子奥鲁赤被封西平王，出镇吐蕃，有学者认为元成宗时期，奥鲁赤及其次子八的麻的加一支似乎移镇辽东，由其长子铁木儿不花一支镇戍吐蕃，另外次子搠思班、孙党兀班、曾孙卜纳剌一系相继镇戍吐蕃外。在朵思麻地区，老的之子豫王阿剌忒纳失里力压镇西武靖王搠思班后裔，总揽大权。元亡后，阿剌忒纳失里所部南逃，可能与今天康北的霍尔巴人有历史渊源。[②]但今年依然有学者从多民族交融的角度，来探讨元代蒙古族、汉族大量进入青藏高原的历史过程。例如，有学者认为，中原文化、蒙古文化对青藏高原文化的发展无疑起到促进作用；由于土族、藏族、汉族等民族相互杂居，文化上交流交往交融的趋势明显。这样一来，青藏高原地区多元民族文化格局得以形成。元明清时期，由于统治者采取了因俗施政、发展经济等措施，青藏高原民族文化空前繁荣，宗教文化空前普及，儒学教育规模宏大，可谓超迈前古。[③]还有学者对遗存元代文书进行研究。例如，西藏阿里札达县皮央村杜康大殿写本中保存有一页元代的重要文书。从文字的格式、用词、语气和语法特点可知，该文书为元代诏书录文，由元代当地人笔录在古代佛经目录末的空白处，其上同时钤有一方八思巴字墨印。诏文下令僧众严格遵守法律，虔心修习佛法。此诏书录文系元代中央政府治理阿里地区的直接证据，具有十分重要的历史和学术价值。[④]还有学者对13世纪初的西藏佛教流传史做了研究，认为喀且班钦释迦室利入藏广泛传播佛教教义教理，翻译诸多显密经典，引介印度五明，促进了藏传佛教十明学科的形成和发展，对藏族传统知识体系的构建产生了较大影响，该文探讨了喀且班钦在戒律传承、修订翻译《释量论》、纠谬佛灭年代、建造弥勒佛像等方面的事迹，可系统了解其在藏传佛教发展史上作出的重要贡献和产生的重要影响。[⑤]

---

① 齐德舜：《宋代笔记吐蕃文献的史料价值及局限性研究》，《石河子大学学报（哲学社会科学版）》2022年第4期。

② 胡小鹏、常成：《元西平王奥鲁赤家族世系与治藏史事考述》，《中国边疆史地研究》2022年第2期。

③ 安海民：《元明清时青藏高原多元民族文化格局的形成与发展》，《青海师范大学学报》2022年第1期。

④ 熊文彬：《证经补史：西藏札达县皮央杜康大殿新现元代诏书录文和八思巴字印文初探》，《世界宗教研究》2022年第6期。

⑤ 楞本先：《喀且班钦释迦室利入藏弘法事迹考述》，《西藏研究》2022年第3期。

明代汉藏佛教之间有着多种多样的交往与互动，值得深入研究。有学者从北京地区出土的碑刻文献来考察明廷以建寺造塔、赏赐加封等多方策略加强西藏等地民众对中央政权的认同，认为御制重修大隆善护国寺碑等实物史料反映了明廷以礼治国、以佛治藏的统治策略，对于研究明代中央与西藏地方的关系，汉藏佛教文化交流，以及明朝与南亚各国的文化交流等问题都有一定价值。① 还有学者从西藏博物馆、布达拉宫共藏有数十件品相完好的明代内地玉器出发进行研究，从明廷输入西藏的玉器品种、样式、工艺等特征，并以出土玉器为标准器，结合相关文献，为西藏博物馆、布达拉宫所藏明代玉器进行断代，阐明其特殊的历史价值。指出西藏保存的明代内地玉器，规格档次高，不仅有象征权力的信物玉印，还有不少在同时期内地都很罕见的玉器皿，以及只有少数宗亲和一品以上职官才能佩戴的玉带饰，它们是明廷尊崇、礼遇藏传佛教的重要证物，亦是历史上各民族交往交流交融的宝贵见证。② 克珠杰·格勒贝桑是藏传佛教格鲁派内部认同及藏传佛教各教派分别运动形成过程中的重要人物，有学者对克珠杰生平特别是对其交游情形进行了详细考察，这有助于我们了解格鲁派在西藏地方兴起和发展的历史，该文通过分析克珠杰写给拉堆绛领主南杰扎桑的一封书信，试图探究明朝西藏僧人与地方政治势力互动的细节以管窥当时卫藏地区僧人与地方领主的互动形式，进而讨论了西藏传记的叙事建构方式。③ 还有学者注意到明代汉藏边缘之河湟洮岷并存着两类性质全然不同的僧官系统现象，认为一类是以政区为依托设立僧官与僧司，属官僚体系范畴；另一类是根据各大教派、寺院番僧的政教地位授予种种象征性僧号，属朝贡体系范畴。④

四、清代西藏研究

清代西藏史是西藏史重点研究领域，近年来从治理史、社会史、文化史角度探索清代边疆社会成为一种新的风尚。

1. 西藏治理与驻藏大臣研究。有学者依据清末报刊有关"西藏建省"话题的报道，对报刊"西藏建省"论舆论表达变化的过程、原因及影响进行了分析，从"19 世纪末期报刊西藏建省舆论的兴起""清末十年报刊对'西藏建省'论的舆论关照""报刊对清廷缓改西藏为行省的舆论关注"三个方面，解释清末"西藏建省"问题逐渐变化的过程。报刊对"西藏建省"论的舆论关注，体现了舆论界以天下为己任、关心民族国家发展的责任担当，展示了舆

---

① 完麻加、吉毛措：《〈御制重修大隆善护国寺碑记〉与明代汉藏佛教文化交流研究》，《民族研究》2022 年第 3 期。
② 石婷婷：《西藏珍藏的明代内地玉器刍议》，《中国藏学》2022 年第 2 期。
③ 郝凤凤：《明代西藏地方政教互动管窥——以一世班禅克珠杰答拉堆绛领主为例》，《中国藏学》2022 年第 5 期。
④ 褚宁、马建春：《明代汉藏边区僧官系统新探——以"西番诸卫"为中心》，《中国边疆史地研究》2022 年第 2 期。

论替代"绅议"成为社会言论中心的过程,体现了西藏从舆论的"边缘"走向舆论"中心"的过程,这一过程也是国人主权意识和民族意识觉醒的过程,相关舆论对凝聚民族团结与国家统一的共识具有重要作用①。有学者从政治学的角度来分析驻藏大臣制度,认为驻藏大臣制度是清帝国安辑藏政的重要制度设计,然而自19世纪以来,在面临西方帝国主义势力扰藏侵藏的边疆危机下,驻藏大臣制度日渐衰微,清王朝在战略和技术上的不当是晚清驻藏大臣制度弊病尽显的重要内因。在战略层面,清王朝经历了由盛而衰并陷入僵化保守的治理困局,在整体上对西藏重视不够,将其"弃如石田",认为在操作层面,一是驻藏大臣的遴选和任用工作较为粗糙,二是转奏制度阻碍了央藏之间的政务沟通。这直接引发了晚清以来达赖喇嘛与驻藏大臣的罅隙,致使西藏地方与中央的关系出现重大波折②。

2. 清代西藏地方政治史研究,五世达赖喇嘛觐见顺治帝和年班、噶厦、甘丹颇章等制度和政治变迁研究受到学术界关注。孙琳著《清代西藏重大历史题材壁画叙事方式研究》以《五世达赖喇嘛觐见顺治帝图》这一历史题材壁画为切入点,探讨西藏壁画由文本转换为视觉形象的方法及其独特的空间和时间表现方式,折射出藏族人民对当时这一历史事件的看法。在此基础上,作者通过对该壁画的分析,并与相关壁画的对比,总结出布达拉宫西有寂圆满大殿壁画在表现五世达赖喇嘛进京这一历史题材上的创作手法,厘清清代西藏历史题材壁画叙事方式的发展过程及其独特的场景布局、构图方式、造型特点和思想寓意,丰富中国美术史中对绘画叙事方式的表现手法,为研究清代西藏政治史以及西藏地方与清中央政府的关系提供了很好的佐证。③

年班制度是中央加强联系达赖喇嘛、班禅额尔德尼,绥服藏众的重要制度,有学者将西藏地方年班贡品进行了梳理,认为可以分为宗教用品、特色纺织品、药材和食品、生活用品及特殊贡品等五种类别,且所进贡物并非全为本地方物,认为这种物质载体内涵体现了达赖喇嘛及班禅额尔德尼对清帝恭谨、祝祷、感激的情感表达,也是西藏地方对清朝中央的政治归属和国家认同,认为双方通过带有政治内涵贡品的流动最终实现乾隆皇帝所说"升平累洽",民族和睦相承,内地与边疆如同一家的政治局面。④

有学者认为,1751年西藏地方正式设立噶厦这个重要机构。噶厦中的僧官噶伦又称"喇嘛噶伦",在西藏历史上颇有影响,但目前学界就其历史沿革、地位等尚无统一看法。多数学者认为喇嘛噶伦为首席噶伦,亦是藏传佛教格鲁派在噶厦中的利益代表者。今据已有藏汉文史料加以考证,发现已有观点舛误颇多,需要从其历史沿革和地位等方面进行深入探讨。⑤有学者从新年庆典穿戴体系入手探讨宗教和政治秩序,认为这套服饰体系是在五世达赖喇嘛

---

① 李浩、卢春宇:《清末报刊对西藏建省论的舆论表达及影响》,《西藏民族大学学报(哲学社会科学版)》2022年第2期。

② 刘广莉:《晚清驻藏大臣制度衰微的政治学分析》,《西藏大学学报(社会科学版)》2022年第3期。

③ 孙琳:《清代西藏重大历史题材壁画叙事方式研究》,中国藏学出版社2022版。

④ 陈昱彤:《升平累洽:论清代西藏地方年班贡品的政治内涵》,《中国藏学》2022年第2期。

⑤ 娘毛吉:《旧西藏喇嘛噶伦刍议》,《西藏研究》2022年第1期。

时期确立，并逐渐体系化、制度化，其从样式、面料、纹饰以及使用场景等诸象征修辞的选择，都有着一整套的话语策略，它不仅显示出甘丹颇章政权建立初期通过追溯西藏历史和藏传佛教格鲁派的一些关键性时间，来建立其统治权威性的目的，也体现出甘丹颇章政权希冀通过确立一套稳定的服饰礼仪来暗合佛教观念的意图。①

康熙末年清朝治藏政策由依靠和硕特蒙古向中央直接治理过渡的关键时期，有学者认为，这是一次"割据"与"一统"博弈的过程，"一统"取得历史性的伟大胜利，西藏地方与中央政府的关系更加紧密，开启了清中央政府直接治理西藏的新纪元，推动了清朝大一统的历史进程。②这种从国家统一的角度来看西藏历史进程，是有一定价值的；宣统元年（1909），钟颖率川军进藏，驻藏大臣联豫奏请平定波密"乱匪"，有学者通过分析认为，联豫未能真正掌控驻藏川军。平定波密之役中，联豫剥夺了钟颖对驻藏川军的控制，转而由自己信任的罗长裿率领军队作战。罗长裿在领军过程中，与驻藏川军的矛盾不断加深。波密之役的胜利，一定程度上重振了驻藏大臣的威信，但也为日后政治动荡埋下了隐患。③还有学者从诗文入手对驻藏大臣进行研究，认为驻藏大臣是清中央政府派驻西藏地方的最高行政官。驻藏大臣衙门主要是驻藏大臣及其僚属处理藏内各类事务的公署，除此，其衙门还兼有休闲、娱乐等其他活动场所的功能。驻藏大臣衙门的文学活动，主要是驻藏正、副大臣与僚属在繁杂的公务之余，以衙门为中心开展的诗作唱和、诗文品鉴、作品刊印等活动。此类文学活动，既可打发闲散时光，沟通情感、砥砺精神；又可锻炼驻藏官员的文学素养，促进清代汉语西藏题材文学的发展。而时，由于驻藏大臣及其僚属在藏时间长，对其人文、物候感受深切，此类文学活动进一步拓宽了咏藏诗的表现领域。

与政治相关的地方文化和建筑等领域的研究有一定进展。例如，学者探讨了藏于西藏博物馆的顺治十年（1653）五世达赖喇嘛颁给四世第穆活佛的文告，视角比较新颖。认为这是五世达赖喇嘛接受清朝顺治皇帝册封之后，颁给西藏地方宗教上层人物的最早的文告。④罗布林卡，藏语译为"宝贝园林"。据《拉萨文物志》载："罗布林卡始建于七世达赖喇嘛格桑嘉措时期，之后每世达赖喇嘛在此基础上都进行了不同程度的扩建，逐渐形成了占地约36万平方米的藏式园林。"罗布林卡分为宫区、宫前区、林区三部分，园林殿堂、亭榭林立，湖水、林木、雪山交相辉映，形成了独特的藏式园林特点，具有极高的历史、文化、艺术价值。⑤

3. 清代西藏地方蒙藏关系研究，钟焓、乌兰巴根等学者发表了相关成果。钟焓认为近年

---

① 吕岩、岳燕、赵海静：《西藏地方甘丹颇章时期新年庆典世俗礼服研究》，《西藏民族大学学报（哲学社会科学版）》2022年第3期。
② 张发贤：《康熙末年治藏政策考察》，《西藏民族大学学报（哲学社会科学版）》2022年第4期。
③ 李令令、康欣平：《驻藏大臣联豫与波密之役》，《四川民族学院学报》2022年第3期。
④ 洛桑尼玛、轰巴宅曲：《五世达赖喇嘛颁给四世第穆活佛文告解析——兼论"大金印"的相关问题》，《中国藏学》2022年第2期。
⑤ 孙丽娟：《关于西藏罗布林卡最早的建筑——乌尧颇章的研究》，《文物鉴定与鉴赏》2022年第5期。

来，国外某些藏学研究者以藏族与蒙古族具有共同宗教信仰为由，提出所谓"西藏佛教世界"共同体的理论假说。然而，通过引入历史人类学的观察视角以分析发掘民间口碑材料中承载的历史信息，再将之与传世文献提供的历史背景结合互证，所得出的结论足以揭示上述理论模式实际上无法解释蒙藏民族在清代经历的复杂历史进程，因而步入历史解释的误区。①乌兰巴根利用《清实录》《蒙古回部王公表传》等历史文献，结合西藏档案馆的数件礼佛书信，系统考述蒙古科尔沁郡王索特纳木多布斋的先世、爵职升降及他同西藏上层的通信往来。②

4. 清代西藏军事史研究，有学者关注康熙五十七年（1718）清朝首次"驱准保藏"的喀喇乌苏之役以清军的惨败而告终。虽然此次兵败有着复杂的缘由，但青海蒙古诸部与拉藏汗方面的因素，以及朝廷君臣普遍未能深刻了解西藏政教大局，才是朝廷作出错误的判断和决策，进而导致清军惨败最根本的原因。③对于清初的滇军入藏，有学者探讨了历次滇军入藏的组织过程及行军路线、后勤供应及其影响等史事，认为滇军三次入藏支援平叛，不仅维护了边疆安定，而且对于加强滇藏交通建设，促进滇藏贸易发展，深化各民族交往交流交融起到了桥梁和纽带作用，对滇藏关系发展产生深远的历史影响。④

5. 清末西藏新政研究，成果主要有高月的《清末新政时期中央政府对边疆地区的治理与统合研究》，该著以清末新疆、西藏、蒙古新政为研究对象，从国家视角探讨了清政府为应对边疆危机，通过在边疆地区实施新政将国家权力渗透到边疆社会基层的历史脉络，在细致梳理清末边疆新政内容和过程的基础上，阐释了实施边疆新政的内在机理，客观分析了清政府通过边疆新政加强边疆治理、重新统合边疆地区的实际效果。⑤

6. 清代西藏历史地理研究方面，相关成果主要涉及西藏军事地理、驿站。杨代成从军事路线方面，论述了康熙末年清朝"驱准保藏"南路进兵方略，认为康熙末年清朝"驱准保藏"的军事行动能够最终取得圆满成功，经川藏一线的南路进兵方略起到了至关重要的作用。清朝开始积极经营沿线战略要冲，很快就将其控扼前沿向西推进近1000公里，为不久后南路大军顺利进抵拉萨奠定了坚实的基础。⑥清代之前的西藏早就有比较完备的驿站，这也是西藏历史研究的重要领域之一，未来关于吐蕃时期和元明时期的西藏驿站研究比较多，但大多依据汉文材料。有学者则根据藏文材料，研究了拉萨向西南经江孜、日喀则到阿里的典角，是藏南谷地至西部阿里地区的一条古老通道。通过对藏文写本《西藏驿站表》86站、

---

① 钟焓：《历史人类学视角下的清代蒙藏关系再思考——兼论所谓"西藏佛教世界"共同体的成立性问题》，《文史哲》2022年第2期。

② 乌兰巴根：《蒙古科尔沁郡王索特纳木多布斋的先世、生平及与西藏宗教上层的往来》，《中国边疆学》第15辑，社会科学文献出版社2022年版。

③ 杨代成、王希隆：《论康熙末年的喀喇乌苏之役》，《青海社会科学》2022年第3期。

④ 周智生、李铭：《清前期滇军入藏与川滇藏协同发展格局的形成》，《民族研究》2022年第4期。

⑤ 高月：《清末新政时期中央政府对边疆地区的治理与统合研究》，中国社会科学出版社2022年版。

⑥ 杨代成：《论康熙末年清朝"驱准保藏"南路进兵方略》，《中国边疆史地研究》2022年第3期。

乌拉24站次的研究,认为驿站表在发挥清代西藏地区交通驿递、人文地理认识的作用之外,还显示沿途穿越的庄园、牧群间地理分界等社会经济史内涵。《西藏驿站表》作为清代的一件政府呈文,是体现清政府对西藏地区行使有效管理的官方文献。[1]

五、民国时期西藏研究

民国时期西藏史研究成果数量与2021年大体相当,研究主题主要集中在九世班禅内地活动及返藏、中央和西藏地方关系、帝国主义侵略西藏史、中华民族共同体意识、汉藏文化交流等。

1. 九世班禅内地活动及返藏研究。九世班禅是一位著名的爱国僧人,不仅在内地进行传法活动,还心系国家安宁、民族团结,积极参与了各方军阀势力的调停。钟宇海认为,九世班禅在浙江的活动促进了汉藏文化交流、汉藏民族的交往交流,有助于中华民族共同体意识的进一步觉醒[2]。蒲生华分析了北洋政府时期九世班禅在内地因军阀混战而呼吁和平的影响和时代意义。[3]此外,关于九世班禅返藏相关问题研究,张晶探讨了九世班禅回藏交涉中的仪仗队护送问题,认为国民政府迫于形势决定不派仪仗队入藏,并暂缓班禅回藏计划,西藏当局对于仪仗队的态度不仅显现了中央与西藏地方之间的矛盾,亦夹杂卫藏之间的矛盾[4]。

2. 中央和西藏地方关系研究。蒙藏委员会驻藏办事处是民国时期中央驻藏重要机构,王川通过解读戴新三《拉萨日记》等珍贵涉藏民国文献,还原1940年代初期驻藏办事处职员在拉萨的日常生活,窥见了民国政府与西藏地方各民族交往交流交融的某些方面,进而检讨当时中央政府治藏政策之缺失,为当今西藏地区的社会治理、边疆治理体系的现代化与治理能力的提升,尤其是工作人员派遣、政策保障等提供历史借鉴。[5]民国时期许多负责涉藏事务的官员,为加强中央与西藏地方关系做出了极大的努力,谢国梁就是其中之一。李威颖、喜饶尼玛对谢国梁首次入藏时间、在拉萨兵变中的表现、任职国民政府蒙藏委员会期间的所作所为、再次赴藏始末等问题进行探究,探究民国时期中央政府与西藏地方之间交流与互动的历史史实,为新时代铸牢中华民族共同体意识提供生动的历史范例[6]。喜饶尼玛、邱熠华侧重利用当事人的电函、日记等档案资料,对民国时期拉萨测候所建立、运行的史事进行梳理,探讨其在中国近现代气象史及民国时期西藏地方与中央政府关系史上的影响及意义。[7]

---

[1] 李勤璞:《清代藏文写本〈西藏驿站表〉初研》,《文献》2022年第5期。
[2] 钟宇海:《九世班禅在浙江的活动研究》,《西藏大学学报(社会科学版)》2022年第3期。
[3] 蒲生华:《北洋政府时期九世班禅的和平呼吁及其时代意义》,《中国藏学》2022年第2期。
[4] 张晶:《九世班禅回藏交涉中的仪仗队护送问题》,《西藏民族大学学报(哲学社会科学版)》2022年第4期。
[5] 王川:《1940年代初期国民政府驻藏办事处职员的日常生活——以戴新三〈拉萨日记〉为中心》,《中国藏学》2022年第4期。
[6] 李威颖、喜饶尼玛:《民国时期中央政府官员谢国梁赴藏事迹考》,《青海社会科学》2022年第4期。
[7] 喜饶尼玛、邱熠华:《民国时期拉萨测候所的建立及历史意义》,《中国藏学》2022年第3期。

3. 西藏与邻近省区关系研究。王川的《川康近代社会略论稿》从西康省成立的划界、1930年川边与西藏地方产生第三次康藏纠纷的原因、康区的政教关系、康区社会的民族与跨民族交流、民间宗教与民间信仰、晚清民国时期康区的农业改进及其实际成效、川藏茶马古道及其文化价值等具体研究,阐释了近代以来川康地区的政治、经济、社会文化等领域的发展情况。①

4. 中华民族共同体意识研究。益西旦增围绕民国边疆官员、学者的演讲词及文章著作中有关文成公主的论述,认为文成公主作为汉藏民族友好的历史记忆与象征符号,广泛出现于民国时期官员、学者论述西藏相关问题的话语之中,加深了汉藏民族之间的情感,也是中华民族共同体意识的重要见证。②李荟芹、王习之探究了《藏文白话报》中体现的中华民族共同体意识,认为《藏文白话报》对西藏各族人民进行了思想启蒙,在客观上推动了中华民族共同体意识的近代重塑。但《藏文白话报》所宣扬的"五族共和"思想也具有一定的消极影响,对近代中华民族共同体意识重塑也存在一定的局限性③。潘晓暗依据档案和报刊等资料,探讨国民政府对蒙藏学生"中华民族"意识的培养及其影响④。

此外,李双、杨来发对西藏班禅驻京办公处附设补习学校的历史进行考察,并探讨其影响⑤。王川对尹昌衡发展康区交通的战略思想进行研究⑥,裴儒弟阐述了1914—1915年川边镇守使张毅治理康区的措施及其成效。⑦李子君、喜饶尼玛运用原始档案材料,对蒙藏委员会藏事处两次改组风波的缘由及过程进行梳理⑧。曾谦、苗佳琪以吴忠信入藏进程为线索,聚焦他和英国人之间交涉的具体过程,从而以微观的视角了解当时中英之间关于西藏交涉问题的衍变⑨。

本年度的民国西藏研究既有对传统研究领域的深化,也有新的学术增长点,即增加了对民国时期中华民族共同体意识等专题的研究,为当今促进西藏和内地各民族交往交流交融,铸牢中华民族共同体意识提供历史借鉴。研究内容主要侧重人物、事件、场所、媒介等个案研究,缺乏边疆视角下的民国西藏治理研究和宏观研究,而外文期刊涉藏论文观点多有偏颇,缺乏对中国官方档案的熟练掌握和使用。

---

① 王川:《川康近代社会略论稿》,中华书局2022年版。
② 益西旦增:《历史记忆与共同体叙事:民国时期知识精英的文成公主话语》,《中国藏学》2022年第2期。
③ 李荟芹、王习之:《〈藏文白话报〉中体现的中华民族共同体意识探析》,《学术界》2022年第9期。
④ 潘晓暗:《民国时期蒙藏学校对蒙藏学生"中华民族"意识的培养及其影响》,《中国藏学》2022年第2期。
⑤ 李双、杨来发:《国家认同与新式教育:西藏班禅驻京办公处附设补习学校的历史考察与思考》,《西藏民族大学学报(哲学社会科学版)》2022年第1期。
⑥ 王川:《民国初年康区交通建设研究——以尹昌衡康区交通思想为中心》,《民族学刊》2022年第2期。
⑦ 裴儒弟:《1914—1915年川边镇守使张毅治康初探》,《西藏民族大学学报(哲学社会科学版)》2022年第1期。
⑧ 李子君、喜饶尼玛:《认同与调试:1930年代蒙藏委员会藏事处改组风波》,《西藏研究》2022年第4期。
⑨ 曾谦、苗佳琪:《吴忠信入藏及其对英交涉》,《西藏民族大学学报(哲学社会科学版)》2022年第4期。

六、当代中国西藏研究

2022年当代中国西藏研究成果数量呈现激增态势，研究主题主要集中在新时代党的治藏方略、乡村振兴、藏传佛教中国化、铸牢中华民族共同体意识、中印边界问题、强边固边等。

1. 新时代党的治藏方略研究。新时代党的治藏方略是做好西藏工作的根本遵循，该主题研究的学者代表有张云、靳燕凌、华林、梁思思、李莉①等。代表性的研究成果如下。张云探究了新时代党中央治边稳藏的创新理论与伟大实践，认为"治国必治边、治边先稳藏"重要战略思想的提出和新时代党的治藏方略的形成，第一次完整和系统性总结了中国共产党西藏治理的理论和成功经验，具有深邃的思想性和很强的现实针对性和指导性，是当前和今后一个时期做好西藏各项工作的根本遵循。②靳燕凌探讨百年来维护中央权威的历史进程，并总结其经验，为新的历史条件下更好维护党中央权威提供借鉴，也为西藏等边疆地区在新时代做好"两个维护"提供启示③。

2. 西藏和平解放和民主改革研究。郑堆主编的《〈十七条协议〉与有关西藏历史问题研究》集中论述了《十七条协议》签订与西藏和平解放的伟大历史进程的紧密关系，进一步阐明了西藏自古是中国不可分割的一部分的史实，对西方及达赖分裂集团的各种歪理邪说条分缕析地作了驳斥。④李荟芹、巩紫婉分析了20世纪50年代初昌都地区解放后，党组织建设工作开展经过及其特点⑤。关浩淳探讨了西藏和平解放初期传染病防治过程及影响⑥。徐万发、赵娜娜阐述了西藏和平解放时期以毛泽东为首的第一代中国共产党领导集体铸牢中华民族共同体意识所做出的贡献。⑦侯希文、石敏从档案学、史学、藏学等多维理论视野，挖掘西藏及四省涉藏地区民主改革各个时期不同门类的档案资料，客观呈现其在铸牢中华民族共同体意识中的特殊重要作用⑧。

---

① 华林、梁思思、李莉：《新时代党的治藏方略视域下西藏档案服务西藏治理研究》，《西藏民族大学学报（哲学社会科学版）》2022年第2期。

② 张云：《新时代党中央治边稳藏的创新理论与伟大实践》，《中国藏学》2022年第3期。

③ 靳燕凌：《百年以来维护党中央权威及对新时代"治藏方略"的启示》，《西藏大学学报（社会科学版）》2022年第1期。

④ 郑堆主编：《〈十七条协议〉与有关西藏历史问题研究》，中国藏学出版社2022年版。

⑤ 李荟芹、巩紫婉：《20世纪50年代初昌都地区党组织建设工作探析》，《西藏民族大学学报（哲学社会科学版）》2022年第2期。

⑥ 关浩淳：《西藏和平解放初期传染病防治研究》，《西藏研究》2022年第3期。

⑦ 徐万发、赵娜娜：《西藏和平解放时期第一代中共领导集体铸牢中华民族共同体意识的历史贡献》，《西藏民族大学学报（哲学社会科学版）》2022年第2期。

⑧ 侯希文、石敏：《西藏及四省涉藏地区民主改革档案整理的价值与创新》，《西藏民族大学学报（哲学社会科学版）》2022年第2期。

3.藏传佛教中国化研究。该主题研究的学者代表有：班班多杰、陈宗荣[1]、郑堆、索朗卓玛、李德成、拉先加[2]、次仁多吉[3]等。代表性成果如下。班班多杰从中西哲学诠释学结合的学理角度论述了藏传佛教本土化、中国化的历史事实和现实应用维度。[4]李德成分析了藏传佛教如何服务信众，以及正确认识和处理服务信众与坚持藏传佛教中国化的关系。[5]郑堆、索朗卓玛探讨藏传佛教是如何因时代变化，契理契机进行调试最终逐渐本土化的过程，以及西藏及其他关涉地区社会在各个历史时期又是如何对作为外来宗教的佛教进行接纳与融摄的[6]。

4.强边固边研究。谢为民、王冬关注自2010年中央第五次西藏工作座谈会后，尤其是党的十八大以来我国在西藏边境地区采取的政策和举措、带来的变化，以及这些变化所提供的启示[7]。普布次仁阐述了金融支持西藏边境地区建设现状，对金融支持边境地区建设中存在的问题加以分析，并提出有针对性的对策建议。[8]席蒙蒙对20年来西藏兴边富民行动成效进行分析，明晰兴边富民行动在实现边疆发展、边民富裕、民族团结等方面的特殊意义。[9]

5.经济社会发展研究方面。侯明主编的《西藏社会和谐稳定与法治建设研究》围绕"西藏社会和谐稳定与法治建设"这一主题，从"西藏地方法治文化社会管理机制创新""西藏地方乡规民约调查研究分析"等不同的学术视域，为藏族地区社会的和平稳定发展和法治化进程提供了理论指引和智力支持。[10]杨文凤的《西藏旅游目的地竞争力时空演变及提升战略研究》以西藏旅游目的地为研究对象，把旅游目的地系统作为一个整体来研究，采用系统论的思维方法，将游客和居民满意度评价、旅游资源游憩价值评价、旅游供给侧改革和旅游产业融合方式纳入旅游地域系统的分析框架，探讨了西藏旅游目的地地域系统模型、旅游产业融合发展和旅游产品供给侧改革方案等内容，系统探讨了西藏世界旅游目的地供给侧结构性改革、竞争力评价及提升战略。[11]张春海的《青藏高原民族教育政策研究：1978—2021》以政策渐进的时序为轴线，对不同时期青藏高原民族地区的学校与政府关系的政策、国家通用语言和双语教育政策、教育扶贫政策、教育公平政策、基础教育质量提升政策以及高质量的

---

[1] 陈宗荣：《正确认识和把握藏传佛教中国化的几个问题》，《中国藏学》2022年第1期。
[2] 拉先加：《中国化视野下藏传佛教各教派形成的历史及本土特点》，《中国藏学》2022年第1期。
[3] 次仁多吉：《积极推进西藏地区藏传佛教中国化实践路径探析》，《西藏大学学报（社会科学版）》2022年第1期。
[4] 班班多杰：《再论推进藏传佛教中国化的三个维度》，《中国藏学》2022年第1期。
[5] 李德成：《服务信众与坚持藏传佛教中国化方向探微》，《中国藏学》2022年第1期。
[6] 郑堆、索朗卓玛：《试论藏传佛教中国化历史进程》，《中国藏学》2022年第1期。
[7] 谢伟民、王冬：《我国西藏边境地区民生的新发展及其启示》，《中国藏学》2022年第3期。
[8] 普布次仁：《金融支持西藏边境地区建设研究》，《西藏民族大学学报（哲学社会科学版）》2022年第3期。
[9] 席蒙蒙：《西藏兴边富民行动成效研究》，《西藏研究》2022年第4期。
[10] 侯明主编：《西藏社会和谐稳定与法治建设研究》，厦门大学出版社2022年版。
[11] 杨文凤：《西藏旅游目的地竞争力时空演变及提升战略研究》，东南大学出版社2022年版。

教育发展展望等进行了梳理。①王霞的《生存实践：西藏农区分工研究》从西藏农区的地理分布、人口情况、生产门类、资源利用等着手，结合样本，研究农区的土地租种及差税，庄园与生产组织，社区的职业分化，生产转变等对分工的影响，展现农区分工的内容、形式、动力、机制等，进而揭示分工对个人、家庭和社区的意义。②

6. 铸牢中华民族共同体意识研究方面。铸牢中华民族共同体意识研究是新时代党的民族工作的"纲"，所有工作要向此聚焦，铸牢中华民族共同体意识研究成为学界热点之一。该主题研究的学者代表有蓝国华③、张屹④、张誉心、朱盈玫、卢少鹏、边巴拉姆⑤、嘎松泽珍、马宁、丁苗、刘洋⑥、达瓦⑦等。代表性成果如下。卢少鹏对西藏铸牢中华民族共同体意识的意义、内涵与实践路径进行了探讨⑧。王少明、李丹阐释了西藏铸牢中华民族共同体意识的历史逻辑与现实进路。⑨马宁、丁苗探析了西藏铸牢中华民族共同体意识的历史基础和现实路径⑩。央珍对藏族人民支援抗美援朝历史的深入挖掘和研究，为新时代铸牢中华民族共同体意识提供宝贵的历史资源和精神财富。⑪

7. 西藏地方民族文化研究方面。《喜马拉雅深处——陈塘夏尔巴的生活和仪式》是作者在对中国境内的夏尔巴人（陈塘镇夏尔巴）进行连续15年跟踪调查与图像记录的基础上完成的民族志作品，作者在当地人的帮助之下以"街坊邻居视角"记录了他们十几年生活的变迁。书中绝大部分资料都由作者一手收集，对于展现陈塘夏尔巴的生活和文化具有重要的学术和资料价值。⑫

---

① 张春海：《青藏高原民族教育政策研究：1978—2021》，学苑出版社2022年版。

② 王霞：《生存实践：西藏农区分工研究》，暨南大学出版社2022年版。

③ 蓝国华：《新时代西藏铸牢中华民族共同体意识的意义、挑战及实践路径》，《西藏研究》2022年第1期。

④ 张屹、张誉心、朱盈玫：《铸牢中华民族共同体意识视域下的根敦群培教育思想简论》，《西藏民族大学学报（哲学社会科学版）》2022年第4期。

⑤ 边巴拉姆、嘎松泽珍：《铸牢中华民族共同体意识法制保障的西藏实践与完善路径》，《中国藏学》2022年第3期。

⑥ 刘洋：《铸牢中华民族共同体意识的重要文化资源——以西藏居民壁画中的中华文化意象为例》，《西藏研究》2022年第1期。

⑦ 达瓦：《以史鉴今 深入研究阐释西藏历史人物在中华民族共同体意识形成过程中的重要贡献》，《西藏大学学报（社会科学版）》2022年第1期。

⑧ 卢少鹏：《西藏铸牢中华民族共同体意识的意义、内涵与路径》，《西藏民族大学学报（哲学社会科学版）》2022年第4期。

⑨ 王少明、李丹：《西藏铸牢中华民族共同体意识的历史逻辑与现实进路》，《西藏研究》2022年第3期。

⑩ 马宁、丁苗：《西藏铸牢中华民族共同体意识的历史基础和现实路径》，《西藏大学学报（社会科学版）》2022年第2期。

⑪ 央珍：《新中国成立初期藏族人民支援抗美援朝史事探析》，《中国藏学》2022年第3期。

⑫ 范久辉：《喜马拉雅深处——陈塘夏尔巴的生活和仪式》，中国藏学出版社2022年版。

8.生态文明建设研究方面。劳承玉等的《青藏高原地区水能开发的区域经济影响研究》阐述了青藏高原地区水能开发面临的自然生态环境和人文社会环境的独特性，并以部分大型水电站开发项目为案例，定量评估了水电开发建设期、水电投产运行期对地方经济的增长效应，提出了构建民族地区水电开发利益共享机制的政策思路。[1]梁尔源的《藏东南森林生态系统与植物资源》介绍了藏东南生态系统科考的背景和意义；不同时间尺度的森林生长和结构变化，墨脱和色季拉山的药用植物和特色观赏植物资源；墨脱种子和苔藓植物以及地衣的多样性；外来入侵植物现状及生态安全风险；森林干扰迹地的更新过程等。[2]封志明的《中尼廊道及其周边地区资源环境基础与承载能力考察研究》基于2018—2019年中尼廊道及其周边地区资源环境基础与承载能力考察研究，从人居环境适宜性到资源环境限制性，建立了中尼廊道及其周边地区资源环境承载力评价指标体系，从南亚通道地区、中尼廊道及周边地区和重点口岸地区等三个维度，系统评估了中尼廊道及其周边地区的资源环境承载力及其超载风险，定量揭示中尼廊道及其周边地区资源环境承载力的时空格局与变化规律。[3]赵国栋《流水不腐：青藏高原牧区生态与发展的深层逻辑》通过全面解读西藏农牧区生态与发展之间的关系来讨论农牧区发展的深层逻辑，并就如何认识这些逻辑、利用好这些逻辑、通过这种逻辑认识到深化实践研究的重要性，提出研究的可能方向和重点。[4]

此外，陈敦山对藏东南地区实施乡村振兴的意义、面临的机遇与挑战，以及可行性路径进行研究[5]。杨明洪分析了站在人民利益角度上认识当代西藏治理的轨迹、经验与启示。[6]康欣平论述了1950—1954年川藏、青藏公路修筑的历史作用和伟大意义。[7]。

七、西藏地方涉外关系研究

西藏地方涉外关系研究一直受到学术界重视，2022年相关成果主要涉及西藏边防边界研究、西方侵略西藏史、传教史、西藏与南亚关系等领域。

1.西藏边防与边界研究方面。对于清代西藏边防，有学者探讨了清代在西藏边疆边防中制定的军队驻防制度与驻藏大臣每年定期巡边制度，并分析了西藏边防制度与措施的变迁，强调历史上西藏地方一直是中国的领土，清朝对西藏边疆地区一直实施有效管辖，并积极采取多种措施进行建设。[8]有学者以清末对西藏边防的治理和筹边方略为主，揭示了19世纪中

---

[1] 劳承玉：《青藏高原地区水能开发的区域经济影响研究》，人民出版社2021年版。
[2] 梁尔源等：《藏东南森林生态系统与植物资源》，科学出版社2022年版。
[3] 封志明等：《中尼廊道及其周边地区资源环境基础与承载能力考察研究》，科学出版社2022年版。
[4] 赵国栋：《流水不腐：青藏高原牧区生态与发展的深层逻辑》，中山大学出版社2022年版。
[5] 陈敦山：《藏东南地区推进乡村振兴的路径思考》，《西藏研究》2022年第3期。
[6] 杨明洪：《作为边疆治理底色的人民治理：当代西藏治理的轨迹、经验与启示》，《民族学刊》2022年第5期。
[7] 康欣平：《试论川藏、青藏公路修筑的历史作用和伟大意义》，《西藏研究》2022年第1期。
[8] 周伟洲：《试论清代西藏边疆的边防》，《中国藏学》2022年第3期。

叶以后，随着西方入侵西藏，清末西藏边防面临新的转型，认为清朝西藏治边过程中各种因素此消彼长，导致治边、筹边困难重重，最终大部分改革多停留于纸面。尽管清末治边存在诸多弊病和缺陷，未能形成完整的近代国家边防体系，但清朝始终未放弃对西藏地方的主权和对西藏边务的管理，其治边与边防思想，促进了现代概念上"国家安全观"的形成。[1]吕昭义根据一份赵尔丰察隅境域"护照"，对赵尔丰管理边地的"未经编籍"状况进行了研究，认为"梭里村护照原件"与相关中外文档组成完整的证据链，有力地证实中国对察隅境域，包括非法的"麦克马洪线"以南的下察隅、杜莱河谷地方在内的领土主权。[2]

梁俊艳探究了英属印度政府官员奥拉夫·卡罗制定英印涉藏政策，觊觎我国西藏领土，产生了恶劣的影响。[3]张皓围绕民国时期中印边界发表多篇论文：一是分析了英国在1936—1946年长达十年里如何侵占达旺地区，如何对中国施压以达到其侵占企图[4]。二是探讨了1947—1954年英属印度及独立后的印度不断乘机侵占中国领土的过程[5]。三是探究英国如何伪造《艾奇逊条约集》第14卷，同时在印度测绘局出版地图上显示"麦克马洪线"作为中印边界东段已定国界，从而给中印边界争端留下了祸根[6]。冯翔探究了英国历次向西藏地方售武的实现过程及对西藏地方社会造成的影响[7]。

此外，刘怡春、王鹿鸣分析了印度陆地边境安全管理困境的根源及其对中印边境安全的影响[8]。刘恒考察了1962—1963年中印边界冲突背景下英国对印度国防建设的援助。[9]刘宗义探究了2020年以来中印边境对峙的原因、影响及启示。[10]许可人分析了毛泽东处理中印边界问题所做决策的历史启示[11]。高志平、赵振宇剖析了不结盟国家对1962年中印边界冲突的调解过程及其启示。[12]

2. 西方侵略中国西藏史研究方面，有学者认为英国第二次侵藏战争，是近代英国妄图分

---

[1] 张永攀：《论清末西藏治边筹边方略及其近代转型》，《中国藏学》2022年第3期。
[2] 吕昭义、柳树云：《中国领土主权的宣示——赵尔丰察隅境域"护照"考释》，《中国边疆史地研究》2022年第1期。
[3] 梁俊艳：《奥拉夫·卡罗与英印政府对中国西藏的侵略政策》，《中国藏学》2022年第3期。
[4] 张皓：《1936—1946年英国对中国领土达旺地区的侵占及施压》，《河北学刊》2022年第6期。
[5] 张皓：《1947—1954年印度对中国领土的侵占》，《史林》2022年第5期。
[6] 张皓：《英国如何伪版〈艾奇逊条约集〉第14卷公开"麦克马洪线"》，《安徽史学》2022年第4期。
[7] 冯翔：《英国售武对民国时期西藏地方社会的影响》，《西藏研究》2022年第1期。
[8] 刘怡春、王鹿鸣：《印度陆地边境安全管理困境的根源及其对中印边境安全的影响》，《西藏民族大学学报（哲学社会科学版）》2022年第2期。
[9] 刘恒：《中印边界冲突背景下英国对印度国防建设的援助（1962—1963）》，《四川师范大学学报（社会科学版）》2022年第1期。
[10] 刘宗义：《2020年以来中印边境对峙的原因、影响及启示》，《南亚研究》2022年第1期。
[11] 许可人：《毛泽东处理中印边界问题决策的历史启示》，《湖南科技大学学报（社会科学版）》2022年第4期。
[12] 高志平、赵振宇：《不结盟国家对1962年中印边界冲突的调解》，《太平洋学报》2022年第6期。

裂中国西藏的关键步骤。对这次战争的缘起、影响，清末中国社会有着清醒的认识，并进而反思中央历来的治藏政策。对于清政府在战争中的应对举措，中国社会颇多指责，并积极贡献意见。这一战争是改变中国社会"西藏问题"认知的重要转折点。经此一役，中国社会对"西藏问题"的严峻性，对西藏战略地位的重要性，以及西藏政治地位的界定均有了进一步的认识。在此基础上，为了挽救危局，中国社会提出了一系列旨在引入一些近代理念，以完成对西藏直接治理的善后主张。中国社会对此次战争的因应，与清政府随后在西藏推行的藏务整顿以及新政改革形成很好的互动，为维护中央对藏主权发挥了积极作用。①还有学者从报纸媒体来展开这一主题的研究，例如，《拉达克新闻报》系目前已知史上最早的藏文报刊，于1904年由德国摩拉维亚教会传教士创建于克什米尔地区拉达克的列城。该报于1907年终刊，一共发行了41期，创刊时正值英军第二次侵藏，对荣赫鹏率领的英军侵略活动进行了较为详尽的连续报道，有学者在内容分析中发现，该报一方面站在英印政府立场，在责任归因、立场态度等方面与英印当局保持一致；另一方面在内容选择、主题彰显、对策建议上又嵌入了自身的议程和诉求。②

清末亚东是西方列强入侵西藏的主要通道，19世纪末20世纪初，英国殖民者觊觎西藏，施压清政府开通亚东口岸，英籍税务司赫德操纵中英谈判，最终签订《中英会议藏印条约》及《藏印议订附约》。在近二十年时间里，戴乐尔等五任英籍税务官先后管理亚东口岸，该口岸实施特殊的税制，中方除遭受巨额海关进口税的损失外，西藏及西南内地成为英国商品的倾销地，英国侵略者的魔爪随之伸进了西藏。亚东口岸开通前后的历史，是近代史上清政府丧权辱国、中国成为半殖民地半封建社会的一个片段。③

此外，还有学者发现日本庋藏有比较丰富的有关西藏及近代日本与西藏地方关系史的档案文献，并对外务省外交史料馆十三份主要涉藏档案进行介绍和评述，以期弥补我国史料之不足，为该领域学术研究提供新的视角和启示。④

3. 近代西方在西藏的传教史研究方面。20世纪90年代中国社会科学院的伍昆明先生在外国进藏传教士的研究上做出了杰出贡献，但伍先生去世后，此领域研究处于停滞期。近年来随着英文以外的其他文献资料逐渐公开，这一领域研究成果也逐渐增多。例如对于法国进藏传教的内容研究开始深入，有学者考察了1862年巴黎外方传教会进入西藏传教的历史，认为关于传教西藏问题，巴黎外方传教会总部、罗马传信部等各方态度不一、表现各异，以致丁盛荣从被提名为西藏代牧主教人选到其最终确定就任耗时5年。丁盛荣最终决定赴任打箭炉，并根据当时进藏传教活动所面临的阻力，对西藏传教区的传教策略进行了根本性调

---

① 魏少辉：《清末中国社会对英国第二次侵藏战争的因应探析》，《西藏民族大学学报（哲学社会科学版）》2022年第4期。

② 韩鸿：《史上最早藏文报刊的涉藏报道及其框架呈现——以英军第二次侵藏报道为例》，《中国藏学》2022年第3期。

③ 丹增赤嘎：《清末西藏亚东口岸开通前后史实探究》，《西部学刊》2022年第3期。

④ 秦永章：《日本外务省外交史料馆涉藏档案述略》，《西藏大学学报（社会科学版）》2022年第2期。

整。这一举措最终挽救了陷入困境的西藏传教区，奠定了此后该会在川滇藏区传教活动的基本格局，使得中西方宗教文化的交流得以在汉藏交界地带维系近百年。① 另外，还有学者认为，19世纪中叶，罗马教廷宣告拉萨宗座代牧区成立，命巴黎外方传教会组建西藏传教会，发起以进入中国西藏、重启西藏教务为目标的第三轮进藏传教行动。然而直至20世纪中叶，巴黎外方西藏传教会仍长期徘徊于川滇藏边，始终未能深入西藏开展有效的传教活动；而且其传教边界在经历三次大的调整之后呈现出逐渐远离中国西藏的趋势，越来越背离其最初设定的进入西藏、归化西藏的传教目标。②

4. 西藏地方与南亚关系史研究方面。"一带一路"的深入推进推动了经济史的研究，有关西藏近代地方对外关系、对外经济史的研究，近年来也较多。有学者以亚东关档案为主要依据，考查了1895至1905年间亚东关大宗出口商品的构成、流向、供求、价格及其影响因素等，提出清末西藏对外贸易是当时条件下西藏特殊自然地理环境的产物，是当时西藏乃至中国大部分地区社会生产状况的反映，也是英国以武力强迫将西藏纳入英（印）资本主义经济体系的结果，是整个中国被迫卷入资本主义经济体系的一个部分。③

中尼关系方面，有学者认为尼泊尔西北部洛沃（木斯塘）地区属于藏文明辐射区，是藏文明向南传播、延伸的中间地带，也是南亚文明北传之重要通道。千百年来，洛沃地区在政治、经济、文化方面与中国西藏有千丝万缕的联系，彼此间频繁地往来互动，留下诸多遗迹和遗物。从纵向的历史脉络来看，洛沃地区曾先后被阿里古格王国、拉达克王国、贡塘王国统治，同时又几度被亚孜王国、门宗朗王国所征服，其历史变迁极其曲折复杂。后随着廓尔喀崛起，西藏在洛沃地区的影响日益衰微，而尼泊尔逐渐加强了对洛沃的控制，到21世纪初，洛沃地区失去自治权利，完全成为尼泊尔的一个行政区域。④

八、西藏研究状况分析

2022年，从学术成果来看，历史方面的研究依然在西藏研究领域上占据了重要地位，论文发表成果甚多。由于近年来相关历史资料的不断公布，西藏历史研究取得了巨大成就，近年来大量的新发现藏文文书以及考古遗址、文化的不断出土和刊布，证实了西藏的悠久历史文化。但是，我们也要注意到，藏学或者西藏研究过分注重西藏本土材料，而忽视其与中央政府、内地之间的关系，会导致不合适的"文化中心论"出现。比如国内某学术媒体就发表

---

① 张琴、刘瑞云：《巴黎外方传教会西藏传教区第二任主教选立波折与传教策略之转变》，《世界宗教研究》2022年第4期。
② 张琴、陈昌文：《19世纪中叶至20世纪中叶天主教西藏传教会的传教边界研究》，《宗教学研究》2022年第1期。
③ 林浩、罗岚鑫：《清末西藏亚东关大宗出口商品研究》，《西藏大学学报（社会科学版）》2022年第2期。
④ 叶拉太：《尼泊尔西北部洛沃的历史变迁及其与中国西藏地方间的联系》，《西藏研究》2022年第2期。

过一篇文章，主张建立以"喜马拉雅山脉"为中心的文化圈。这个提法是不恰当的，西藏与内地之间的关系，在地位上绝对高于和南亚周边的关系；再譬如，近年来，在十四世达赖集团的支持下，海外出版了一系列有关西藏历史研究的图书，比如《十万个月亮》（作者夏格巴）、《西藏的地位》（作者范·普拉赫）、《龙在雪域》（作者次仁夏加）、《1959：拉萨！》（李江琳）等等，这些图书歪曲历史、颠倒黑白、无中生有，引用的材料道听途说，在国际上造成了恶劣影响。特别是 2022 年《西藏自古以来就不是中国的一部分》（作者刘汉城）藏文本的出版，更是明目张胆分裂中国。由于受到某些集团的资金资助，这些图书在国际上大量发行，给我国造成了严重的负面影响。对此，我国应该进一步把握海外有关西藏历史研究的话语权，加大历史类中华优秀外译项目等对外传播项目的推广力度，积极资助国内西藏历史研究成果向外传播。

就现状研究来看，西藏研究在传统领域持续推进，如西藏民主改革、西藏和平解放、中印边界问题、援藏工作等，同时还出现了不少新热点，如交流交往交融、铸牢中华民族共同体意识、新时代中央治藏方略、藏传佛教中国化等。学界涌现出一大批高质量的学术成果，为西藏的稳定发展和长治久安提供了智力支持。特别是，近年来学界紧紧围绕着"稳定、发展、生态、强边"四件大事展开研究，各领域都获得了不错的进展。其中，青藏高原的生态保护、西藏强边固边、国家安全等都依旧是关注的重要议题。青藏高原是我国重要的生态安全屏障，西藏作为青藏高原的主体，对于维护我国生态安全具有重要的战略地位。2022 年的相关成果进一步推动了我们客观认识和理解西藏生态环境保护的特殊性和重要性，为我国西藏生态治理提供了重要的参考。下一步，学术界应当继续深入对西藏生态保护的研究，不断拓展已有路径，重点关注生物入侵、气候变化、防灾减灾、跨国河流治理、保护地体系建设等议题。以气候变化问题为例，气候变化对于我国西藏生态系统的稳定性和持续性影响深远，气候变化引起的冰川融化、草场退化、自然灾害等问题尤其值得关注，此外我们也必须关注气候变化给当地农牧民带来的影响。

回顾 2022 年西藏历史与现状研究，我们认为今后学术界需要在三个方面着力：一是历史研究领域需要进行新的拓展。例如，民国西藏研究既有对传统研究领域的深化，也有新的学术增长点，即对民国时期西藏交往交流交融和铸牢中华民族共同体意识等专题的研究，应予以加强。民国西藏研究内容应主要侧重于人物、事件、场所、媒介等个案研究。此外，大多数民国期间的西藏研究，侧重于依靠国民政府遗留至今的一些档案文书，因为国民政府在拉萨设置的管辖机构发挥作用有限，大部分的涉藏事务是由内地蒙藏委员会来完成的，因此很多计划基本上停留在纸面之上，难以实施。所以，导致现有研究成果缺乏边疆视角下的民国西藏治理研究和宏观研究。这方面也应予以加强。

二是现状研究需要关注新的学术生长点。党的二十大报告提出要加强边疆地区建设，推进兴边富民、稳边固边，为我们进一步研究西藏指明了方向。近年来，西藏的强边固边研究业已成为学界关注的重点议题，已有的研究从军民融合、边境基础设施建设、兴边富民等路径进行了探讨，取得了重要的进展，为我国西藏强边固边政策提供了可资借鉴的学术支持。略微不足的是对抵边地区的产业发展问题、基层党建问题、边境地区民族的国家认同问题关注度不够，下一步应当从多个方面继续推进。例如边境地区的产业问题，这一问题关系重大，强边固边政策能否长期坚持下来，边境地区的各族群众能否坚定不移地守卫我国边疆，产业问题是一个根基性的问题，只有产业快速发展才可以彻底解决边境地区的空心化现象。再比如，一些新主题研究亟待展开。新时代中央治藏方略的形成、中央民族工作会议和党的二十大的胜利召开，为西藏高质量发展提供了科学指南和根本遵循，给当代西藏研究带来了诸多命题，如中国式现代化在西藏的实践、"以人民为中心"在西藏的实践等，这些都是可以研究的新话题。

三是多学科融合研究。近几年来，随着党中央提出总体国家安全观以及一级学科"国家安全学"的成立，相对应的学术研究也随即跟进，进而成为学术界的热门议题。西藏是重要的国家安全屏障，是我国同国外敌对势力和境内外敌对势力、分裂势力斗争的前沿，西藏稳定方面事关国家稳定，西藏安全事关国家安全。学术界从周边外交关系、生态安全、边境问题等做了详细的研究，取得了不错的进展。目前存在的问题是各自为政，没有很好地综合起来，难以体现出总体安全这一要求。因此，下一步应当重视统筹推进西藏安全的整体性研究，重视历史与现实、国外与国内、主体民族与少数民族、发展与稳定、发展与生态几对关系，开展综合性的研究，关注不同议题的内在关联性，整体推进西藏安全的研究。

2022 年新疆研究述评

阿地力·艾尼　刘志佳　张　帅[*]

2022 年 7 月习近平总书记在新疆视察时指出："要加强中华民族共同体历史、中华民族多元一体格局的研究，充分挖掘和有效运用新疆各民族交往的历史事实、考古实物、文化遗存，讲清楚新疆自古以来就是我国不可分割的一部分和多民族聚居地区，新疆各民族是中华民族大家庭血脉相连、命运与共的重要成员。"[①]2022 年的新疆研究，学术界在坚持"新疆自古以来就是我国不可分割的一部分"与"新疆各民族是中华民族大家庭血脉相连、命运与共的重要成员"重大政治原则的基础上，在新疆的历史和现实等方面进行了诸多富有成效的探索，取得了丰硕的成果。研究主体、研究议题与论文数量较 2021 年均呈现大幅度上升趋势。据不完全统计，2022 年新疆研究的文章近千篇，专著不少于 20 部，本文仅选取了我们认为有代表性的 220 多篇文章（包括博硕士论文）和 10 多部专著，分新疆历史研究和新疆当代问题研究两部分，试图对 2022 年新疆研究作一大致的论述。

一、新疆历史研究

（一）历代新疆治理研究

从历代新疆治理的角度关注新疆历史问题，成为学者们研究新疆历史的一个热点。天山廊道是唐朝经营西域的战略通道，张安福认为唐朝充分发挥了天山廊道东、中、西三地各自的区位优势，开创了中国古代治理西域的经典范式。[②]侯晓晨对唐高祖和唐太宗初期的西域认知及其经略观进行了探讨，认为正是这些认知使唐太宗逐渐踏上积极的西域经略之路。[③]唐朝管辖于阗的历史大约有 170 年，孟宪实认为尽管唐朝经营西域的历程曲折不平，但总体上是治理水平不断提高的过程，以汉唐这一长时段历史观察，东向一直是包括于阗在内的西域发展的总体方向。[④]

元朝时期对天山南北各地的管辖治理是探索我国历朝管辖治理西域进程不可或缺的组成

---

[*] 阿地力·艾尼、刘志佳、张帅：中国社会科学院中国边疆研究所副研究员、助理研究员、助理研究员。

[①]《习近平在新疆考察时强调——完整准确贯彻新时代党的治疆方略，建设团结和谐繁荣富裕文明进步安居乐业生态良好的美好新疆》，《人民日报》2022 年 7 月 16 日。

[②] 张安福：《天山廊道与唐朝治理西域研究》，《社会科学战线》2022 年第 6 期。

[③] 侯晓晨：《唐初（618—639）统治者的西域认知及其经略观》，《新疆大学学报（哲学社会科学版）》2022 年第 5 期。

[④] 孟宪实：《唐代于阗的四个历史时期》，《西域研究》2022 年第 3 期。

部分，田卫疆认为成吉思汗对该地的统一和管辖进程，具有开创性质和重大意义，并对成吉思汗兴盛后在天山南北各地的统一进程和经营政策进行了梳理和论述。[1]田澍、杨涛维就嘉靖前期明朝恢复朝贡与终结"哈密危机"问题做了探讨，认为"通贡和好"成为明朝中央与西域地方各政治体交往的主旋律，西北边疆治理从此进入新的时代。[2]

从清朝治理新疆的历史来看，最大成就莫过于在政治制度上实现了从军府制到行省制的转变，使新疆与其他各省实现政治一体化。许建英、刘志佳从宏观视野出发，综合考察了清代新疆治理面临的挑战、总结清朝新疆治理的基本制度与政策，认为清朝治疆制度与政策在继承和创新基础上，形成了自己的特点，对新疆治理产生了重要作用。[3]杨栋娟利用中国第一历史档案馆藏清宫档案，指出清廷将回部王公伯克纳入朝贡制度框架内，年班人员定期、定员进京朝觐的行为，是南疆地区作为中央王朝统治下的地方向中央政府表示政治隶属关系的重要形式。[4]嘉道时期回疆的社会发展与秩序稳定，与驻扎大臣守土有责、守土尽责的职守精神紧密相关。孙喆、陈雅瑶围绕清代新疆驻扎大臣的建置沿革、职能行使状况等，考察清朝中央政府对地方的掌制能力。[5]清朝在回疆的伯克设置与管理，是清廷边疆治理中"因俗而治"的重要体现，张伯国认为金顶回人制度是清代南疆基层伯克的培养与选拔制度，它的有效运作，对清代南疆治理产生了深远影响。[6]王耀通过解读伯克执掌的丰富信息，重现18世纪中期伯克制度下的回城管理。[7]

清末新疆建省后，甘肃新疆巡抚的治疆实践对新设行省的政治建设极为重要。李居轩[8]、秦佳[9]、杨宇通[10]分别对曾任职或署任甘肃新疆巡抚的陶模、吴引孙、联魁展开专题研究。侯德仁根据袁大化为《新疆图志》撰述的系列序文，分析袁大化关于新疆治理的一整套思想主张，认为袁大化的治疆思想具有现实的针对性，对今天的新疆治理也有一定的借鉴启发意义。[11]清末为应对边疆危机，清政府在边疆地区实施新政，将国家权力渗透到边疆社会基层。高月从清末新疆治理方式的转变、地方政制的调整、教育改革、军事改革、社会治理方式变革、财政改革等方面，展现清政府通过新政加强新疆治理、重新统合新疆地区的实际效果。[12]

---

[1] 田卫疆：《论成吉思汗对西域的统一管辖》，《西蒙古论坛》2022年第4期。

[2] 田澍、杨涛维：《通贡和好：明朝重建西域秩序的路径选择》，《中国边疆史地研究》2022年第4期。

[3] 许建英、刘志佳：《清朝治理新疆述论》，《中国边疆史地研究》2022年第3期。

[4] 杨栋娟：《清代回部地区年班贡赐研究》，《历史档案》2022年第3期。

[5] 孙喆、陈雅瑶：《从驻扎大臣制度的演进看嘉道时期对新疆的治理》，《云南社会科学》2022年第1期。

[6] 张伯国：《金顶回人制度与清代南疆基层伯克培养》，《中国边疆史地研究》2022年第1期。

[7] 王耀：《伯克职掌与18世纪中期回疆城市管理》，《地域文化研究》2022年第2期。

[8] 李居轩：《晚清甘肃新疆巡抚陶模研究（1892—1895）》，硕士学位论文，西北师范大学，2022年。

[9] 秦佳：《晚清官员吴引孙研究》，硕士学位论文，山西师范大学，2022年。

[10] 杨宇通：《晚清联魁抚新研究》，硕士学位论文，山西师范大学，2022年。

[11] 侯德仁：《清末新疆巡抚袁大化的治疆思想——以〈新疆图志〉袁大化系列序文为中心》，《苏州大学学报（哲学社会科学版）》2022年第4期。

[12] 高月：《清末新政时期中央政府对边疆地区的治理与统合研究》，中国社会科学出版社2022年版。

司法管理是边疆治理的重要内容，白帆认为清代统一和治理新疆经历了四次重大政治危机，每次危机后中央政府都做出了相应的法律变革以加强治理，逐渐形成了比较成熟的法律治理体系。①王东平认为在道光年间吴廪年案的审理过程中，《大清律例》等清朝颁行的法律法规已成为各衙门的统治依据，在司法实践中得到运用。②白京兰、王琛博认为清代新疆的"厅"作为具有明确法律地位的政区，司法审判职能相对完整、独立，对于建省后新疆地方司法制度的运作具有更为突出的地位和作用。③在清末新疆建省后吐鲁番厅基层社会治理能力方面，白京兰、赵宁指出清末吐鲁番地区的"管业执照"是对土地等产业权利的官方确认，是国家管理职能在基层的实践。④

中华民国政府虽然只维持了38年，但是民国政府对于新疆的治理问题却十分复杂，尤其是新疆地方政府与中央政府之间的关系，这是学者一直关注的问题。何永明总结到，民国时期新疆地方政府与中央政府的关系处于一种非正常状态，杨增新时期总体服从中央；金树仁时期对中央既有博弈，也有调适；盛世才时期对中央由附和、博弈，到投靠。到了国民党直接统治时期，未能实现对新疆的完全掌控，出现了三区政权。⑤贾秀慧研究了近代新疆北庭地区的城市警政建设与社会治理问题，近代北庭地区城市警察的职能日趋健全，在实行户籍管理、打击违法犯罪、促进城市公共卫生建设、开展城市消防工作等方面，警察均有积极作为，成为社会治理的重要力量。⑥

（二）新疆政治、社会及经济史研究

1. 新疆政治史研究

大宛作为古代东西方丝路贸易往来的重镇和联结四方各民族区域的十字路口，其政治体制与统治模式影响到与周边各种势力的关系，王欣、马晓琳通过对大宛国王毋寡死因进行分析，认为该事件反映出古代中亚绿洲城邦政权政治体制特征特别是统治结构与权力关系，折射出东西方多元民族文化在丝绸之路上的交往交流交融状况。⑦公元3世纪初到6世纪下半

---

① 白帆：《清代新疆法律治理体系建构的进程及其效果》，《中国边疆学》第15辑，社会科学文献出版社2022年版。

② 王东平：《清代天山南路地区刑事重案的审理——基于道光朝阿克苏吴廪年案的考察》，《清史研究》2022年第3期。

③ 白京兰、王琛博：《清代新疆的"厅"及其司法审判职能》，《新疆大学学报（哲学社会科学版）》2022年第3期。

④ 白京兰、赵宁：《清末吐鲁番地区的"管业执照"——以〈清代新疆档案选辑〉户科为中心》，《西域研究》2022年第2期。

⑤ 何永明、刘博山：《1912—1949年新疆地方政府与中央政府关系述论》，《新疆大学学报（哲学社会科学版）》2022年第5期。

⑥ 贾秀慧：《近代北庭地区城市警政建设与社会治理探析》，《昌吉学院学报》2022年第2期。

⑦ 王欣、马晓琳：《"毋寡之死"与西域绿洲城邦政治体制——以〈史记〉〈汉书〉记载为中心》，《西域研究》2022年第2期。

叶的魏晋南北朝时期,是于阗历史发展的重要阶段,荣新江认为这一时期于阗从丝路南道的一个普通国家发展成一个大国,成为大乘佛教的研修与传播中心和丝绸之路上的经济贸易重镇。[1]

钱伯泉利用敦煌遗书和吐鲁番出土文书,探讨了敦煌张氏家族和高昌张氏家族的渊源,研究了隋唐时期这两大家族的亲密关系,论证了这种亲密关系对麴氏王朝高昌国和唐朝西州地区政治、经济、文化和社会习俗所产生的巨大影响。[2]梁振涛分析了唐代安西四镇地区固有制度与唐制的结合问题,认为唐王朝在四镇地区的军政二元管理体制结合了胡汉体制的因素,对四镇地区社会控制的制度性安排产生了深刻影响。[3]宛恩达通过对《范词墓志》的考证,认为墓志中所记载的唐蕃战争即为史书中所记载的咸亨四年唐朝与西域弓月、疏勒的作战,之后唐朝在四镇都设立了都督府,标志着唐朝对西域统治的发展与加强。[4]沈琛通过对敦煌藏文、和田出土于阗语和汉语文书、《九姓回鹘可汗碑》以及《新唐书·南诏传》相关记载的对勘与研究,考证了学界存在争议的吐蕃占领于阗的年代与路线。[5]

高昌回鹘与喀喇汗王朝的征战关系,由于资料缺乏,研究较少,杨富学、葛启航进一步搜求资料,就喀喇汗王朝对高昌回鹘天山北麓疆域的攻取问题进行了考辨。[6]赵毅、杨维认为明朝通过与西域间的封赐与朝贡,维持着与今新疆、中亚乃至西亚地区间的物资、文化往来,延续着自汉唐以来古代中国对这些地区所施加的政治影响,为清朝实现对新疆的直接有效管辖做出了应有的准备。[7]

在清朝初年的清准关系演变中,清廷十分重视对阿尔泰、巴里坤一线的情报搜集。赵珍、许瑶认为这些情报在平定准噶尔、构建多元一体统一多民族国家过程中起到至关重要的作用。[8]为在回疆建立稳定统治,将其有效整合进清朝统一多民族国家内,乾隆帝进行了诸多有益探索,张伯国认为严禁"苦累回人"思想的产生及相关政策的推行,是其中至关重要的一端。[9]陈居渊、吴行健通过对道光十六年喀什噶尔参劾案的案情及处理过程展开分析,展现了道光时期回疆驻扎大臣职官变革的曲折过程。[10]伊犁将军设立后,新疆实行军政合一的军府体制,这使新疆有了60余年统一而安定的局面,然而此后和卓后裔的叛乱给新

---

[1] 荣新江:《魏晋南北朝时期的于阗》,《暨南史学》(第二十五辑),暨南大学出版社2022年版。
[2] 钱伯泉:《敦煌张氏家族和高昌张氏家族的关系》,《吐鲁番学研究》2022年第1期。
[3] 梁振涛:《唐代安西四镇的军镇体制与社会控制》,《中华文史论丛》2022年第3期。
[4] 宛恩达:《〈范词墓志〉与咸亨四年的唐蕃西域之争》,《敦煌学辑刊》2022年第3期。
[5] 沈琛:《8世纪末吐蕃占领于阗史事钩沉》,《西域研究》2022年第3期。
[6] 杨富学、葛启航:《喀喇汗王朝对天山北麓高昌回鹘疆域的攻取》,《中国边疆史地研究》2022年第4期。
[7] 赵毅、杨维:《明代对西域的认知——以明代西域话语为中心》,《经济社会史评论》2022年第1期。
[8] 赵珍、许瑶:《满文汉译档案与清前期统一西北的情报价值》,《青海民族研究》2022年第3期。
[9] 张伯国:《德化推行与认同塑造:乾隆帝严禁"苦累回人"思想及其实践》,《清史研究》2022年第2期。
[10] 陈居渊、吴行健:《道光朝回疆职官变革得失探析——以道光十六年喀什噶尔职官参劾案为中心》,《石河子大学学报(哲学社会科学版)》2022年第6期。

疆社会造成了巨大伤害。陈跃通过详细梳理平定张格尔叛乱到消灭阿古柏入侵的战争历程，分别探讨战争准备、进攻路线、战术战役以及善后等问题。以保卫新疆为主题，探讨清代新疆的体制变革。①孙文杰以满文档案为基础，分别探讨了在永保、保宁任职新疆时期萨迈林事件始末及其历史影响②，清代中期边疆重臣奎林任职伊犁将军期间的治疆政绩③，以及在伊勒图、奎林任职新疆时期，清廷与边疆大吏处理萨木萨克问题的诸多历史细节。④锋晖、陈彦文认为八旗六满营与伊犁四营虽同为新疆八旗驻军，职能相仿，但由于二者管理制度、生产生计的差异，造成八旗内部的阶层分化，最终导致命运轨迹的不同。⑤索伦营作为新疆驻防八旗的组成部分，对巩固新疆的统一，保持当地社会的稳定，加强西北边界的防务，以及发展当地农牧业生产，都发挥了积极作用。吴元丰根据满汉文档案，分别从索伦营的设置背景、兵丁来源、建制沿革、生计维系、驻防任务五个方面论述索伦营的历史与职能。⑥清同治年间，索伦营溃散"俄军侵占区"。张军桥认为索伦营的回归，荣全作为直接负责人起了关键作用。索伦营回归后，对时局动荡的新疆西北边防产生了重要影响。⑦吴元丰根据一件伊犁锡伯营总管额尔古伦的满文呈文，探讨了道光年间清军在喀什噶尔与张格尔激战的情况，认为这件满文档案对研究平定张格尔之乱、锡伯族历史人物具有十分重要的价值。⑧伏阳认为在清末吐鲁番厅所辖区域内，乡约的司法职能广泛，其作用和影响巨大。⑨此外，通过案例实证分析，伏阳、徐湘楚归纳总结了清末新疆建省后鲁克沁郡王在司法实践中的地位与作用。⑩

如何对新疆多民族、多宗教、多文化地区进行有效治理，是民国时期新疆历任当政者都在不断探索的问题。民国初年，为缓解严峻的财政困境，杨增新对新疆的田赋进行了整顿，对此，田燕飞认为，通过整顿田赋，增加了新疆财政收入，提升了地方治理能力，杨增新整顿田赋反映了新疆早期近代化的发展历程。⑪吴福环研究了金树仁接掌新疆军政权力的曲折

---

① 陈跃：《保卫新疆之战》，中山大学出版社2022年版。

② 孙文杰、张亚华：《萨迈林事件始末及其历史影响——以满文寄信档中永保、保宁任职新疆时期为中心》，《满族研究》2022年第2期。

③ 孙文杰、张亚华：《清代中期伊犁将军奎林治理新疆政绩新探——以乾隆满文寄信档为中心》，《内蒙古民族大学学报（社会科学版）》2022年第5期。

④ 孙文杰：《清朝处理萨木萨克问题的政策及其历史背景——以满文寄信档中伊勒图、奎林任职新疆时期为中心》，《石河子大学学报（哲学社会科学版）》2022年第6期。

⑤ 锋晖、陈彦文：《清朝新疆八旗十营对比研究》，《西部蒙古论坛》2022年第3期。

⑥ 吴元丰：《清代伊犁索伦营述要》，《清史研究》2022年第2期。

⑦ 张军桥：《荣全与索伦营的回归和安置》，《黑龙江民族丛刊》2022年第1期。

⑧ 吴元丰：《道光六年伊犁锡伯营总管额尔古伦满文呈文考析》，《满语研究》2022年第2期。

⑨ 伏阳：《乡约司法职能探析——以清末吐鲁番厅为中心》，《新疆地方志》2022年第1期。

⑩ 伏阳、徐湘楚：《清代新疆建省后鲁克沁郡王司法职能探析》，《喀什大学学报》2022年第2期。

⑪ 田燕飞、陈福麟：《杨增新时期新疆整顿田赋研究——兼论整顿田赋与地方治理的关系》，《西域研究》2022年第3期。

过程，金树仁掌握新疆大权后，千方百计争取南京国民政府的正式任命。国民政府曾有派人赴新疆直接控制新疆的设想，后又酝酿派白崇禧率军入疆，均未能实现。①邹乐陶专门研究了"天山调查组"，他认为，调查组在整个调查过程中面临许多阻碍，既有国民政府本身的财政紧张，也有新疆当局不配合的原因。但调查组采取其他方法，依然获得了比较详细的调查报告。②冯建勇以 1937—1941 年的新疆省"中央运输委员会"为对象进行分析后认为，"中运会"虽替国民政府转运了大量物资，但几乎不受中央掌控，且央地双方在相关问题上屡生龃龉。而苏联则趁机以"中运会"之名不断在新疆扩大影响，侵害我主权。③冯建勇还指出，1937 年后，国际交通线成为决定中国生死存亡的"生命线"，中央丢掉了"反帝"话语，转而宣扬边疆与境外国际交通线的战略意义。为了获取外援，南京国民政府大力建设新疆与内地之间的交通体系，一大批交通项目筹议或施工。④吴敏超谈到，1942 年，中央军入驻河西走廊，蒋介石巡视西北一个月，密切了中央与西北各地的联系。国民政府加强在河西走廊的军政控制，对于解决新疆问题、维护西北稳定具有重要意义。⑤

  抗日战争时期是新疆各民族增强国家认同和实现社会进步的重要时期，中国共产党的宣传与发动起到了重要的作用。王欣指出，在新疆工作的中国共产党人，通过改组抗日群众组织、构建抗日宣传话语体系、开展抗日教育活动等多种路径，创造性地将党的民族理论和民族政策与新疆抗日民族统一战线建设实践相结合。⑥李佳佳分析了抗日战争时期交通落后情况与西北边疆安全、社会经济发展的关系，时人对此纷纷著书立说、发表文章，论述建设交通与开发西北的重要性，反映出国人蕴含的修路情结、民族意识和家国情怀。⑦李秀梅研究了抗日战争时期在新疆开展的募捐运动，这些运动提高了民众的募捐积极性，为抗战募集了大量物资。在募捐动员这一过程中，发展和丰富了新疆的抗战文化，推动了社会动员的有效实施。⑧赵海霞专门研究了抗日战争与民族意识、国家认同问题。抗日战争期间，共产党人一方面主张民族团结与平等，帮助新疆各民族发展文化和教育，维系抗日民族统一战线；另

---

① 吴福环：《金树仁接掌新疆军政权力的曲折过程》，《西域研究》，2022 年第 4 期。
② 邹乐陶：《国民政府天山调查组研究》，硕士学位论文，浙江师范大学，2022 年。
③ 冯建勇、丁一瀚：《抗战时期央地关系重组与中苏关系演变——基于新疆省中央运输委员会的考察》，《青海民族研究》2022 年第 2 期。
④ 冯建勇：《道路延伸于边疆"内""外"之间——民国时期边疆交通的议程与隐喻》，《中国边疆史地研究》2022 年第 3 期。
⑤ 吴敏超：《"嘉峪关为中华东西干线之中心"：全面抗战时期国民政府经略河西走廊》，《史学月刊》2022 年第 12 期。
⑥ 王欣、洪玺铭：《抗战时期中国共产党促进新疆各族民众中华民族认同的历史考察》，《西北民族研究》2022 年第 4 期。
⑦ 李佳佳：《抗战时期国人对西北交通建设与开发西北关系的认识》，《兰州交通大学学报》2022 年第 5 期。
⑧ 李秀梅：《抗战时期新疆社会动员研究——以抗日募捐运动为中心》，硕士学位论文，新疆师范大学，2022 年。

一方面通过宣传将新疆和祖国连成一个命运共同体，巩固了新疆各民族的共同体意识。①她还在研究中指出，日本的侵略及各种暴行不仅激发了新疆各民族国家意识的成长，也推动了其国家认同的增强。影响新疆各民族国家认同的要素还有中国共产党的抗日宣传、地方政府的政策导向及新疆社会各界的动员。②敬玉芳等的研究表明，抗日战争时期，中国共产党人从政治、经济、思想、教育四个维度夯实新疆各民族中华民族共同体意识觉醒的基础，并在领导新疆各民族参与抗战中推动了中华民族共同体意识的全面觉醒。③贝德努尔·吾买尔江通过丰富的史料厘清了抗日战争时期马克思主义在新疆传播的条件、路径、内容、式微与中断等，抗日战争时期马克思主义在新疆的传播时间长、规模大，起到了在知识分子中进行马克思主义启蒙的作用。④马艳艳对东北抗日义勇军入新的背景、过程，当时新疆局势，入新后的整编、安置、待遇及活动，各势力对其政策措施，其与各势力复杂关系及结局进行详细论述，进而透视东北抗日义勇军对新疆政局、新疆社会和全国抗日形势的影响。⑤

美国与苏联在民国时期深入参与到对新疆的政治角逐之中，对于民国时期美苏与新疆之间的关系也是新疆政治史的研究重点之一。随着美苏冷战发生，1946年11月末美国驻迪化（现乌鲁木齐）领事包懋勋上任，美国在新疆更加积极地搜集情报、开展宣传。邵玮楠认为，从1948年起，美国逐步确立联合新疆反动势力的政策。新疆和平解放后，美国也未放弃对新疆反动势力的关注。⑥薛晓东等人提出，1931年哈密事变后，苏联在"民族解放运动"理论的指导下，对新疆进行"革命输出"。但是随着形势的变化，苏联出于自身利益最大化的考虑，转而支持军阀盛世才，反对新疆脱离中国。⑦高大为认为，美国在与苏联争夺新疆政治资源的同时，还逐步渗透社会经济领域，通过与国民政府合作控制新疆的石油和矿产。美国还积极拉拢反苏势力煽动反苏情绪，挤压苏联在新疆的空间。⑧

民国新疆的人物研究，尤其是中共在新疆的革命志士与具备爱国主义精神的人物研究，近年成为新疆政治史的热点。姚景在研究习仲勋主政西北局期间的统一战线工作基础上，重

---

① 赵海霞：《抗战时期中国共产党对新疆各民族中华民族共同体意识的构筑》，《新疆大学学报（哲学社会科学版）》2022年第4期。

② 赵海霞：《全面的觉醒：抗战时期新疆各民族国家认同研究》，《中国边疆史地研究》2022年第3期。

③ 敬玉芳、祖力亚提·司马义：《抗日战争时期中国共产党领导新疆各民族中华民族共同体意识全面觉醒》，《新疆大学学报（哲学社会科学版）》2022年第4期。

④ 贝德努尔·吾买尔江：《1933—1942年马克思主义在新疆的传播研究》，硕士学位论文，新疆师范大学，2022年。

⑤ 马艳艳：《入新东北抗日义勇军研究》，硕士学位论文，兰州大学，2022年。

⑥ 邵玮楠、陈蕊：《冷战初期美国在中国新疆的活动与对新政策——以美国驻迪化领事馆末任领事包懋勋为中心的考察》，《西域研究》2022年第4期。

⑦ 薛晓东、姜龙：《试论1931—1934年新疆相关事变中的苏联因素》，《新疆大学学报（哲学社会科学版）》2022年第6期。

⑧ 高大为：《新中国成立前美国在新疆的活动与美苏博弈（1945—1949）》，《边界与海洋研究》2022年第5期。

点分析和梳理了习仲勋对新疆统一战线工作的实践探索,并对习仲勋对新疆的统一战线工作所做出的重大贡献进行了全面总结和分析。[①]王艳萍考证了陈潭秋在新疆传播马克思主义的革命历程,认为陈潭秋以"新兵营"为主要基地,发展了以新疆民众反帝联合会为主的群众组织,以新疆学院为主的教育战线,和以《新疆日报》为主的传媒平台,巩固了新疆抗日民族统一战线。[②]王正阳等人赞颂了巴什拜·乔拉克在艰苦卓绝的革命年代,能够立足边疆、心怀祖国、坚定信念,巴什拜·乔拉克不仅是一名先进革命的坚定支持者,更是边疆地区的忠实建设者和民族团结的模范维护者。[③]张伟等人研究了上海共产主义小组和中国青年团的主要创始人俞秀松在新疆的革命活动,俞秀松主张新疆各民族平等团结,重视提拔少数民族干部,发展少数民族文化。这些主张利于削减民族隔阂,巩固反帝统一战线。[④]成斌提出,毛泽民亲自创办了新疆省财政专修学校并兼任校长,到校授课讲学,为学校发展倾注了大量心血。财专为新疆培养了数以百计的财政金融人才,也为日后的新疆财政金融事业留下了宝贵的精神财富。[⑤]

2. 新疆社会及经济史研究

自19世纪末以来,新疆和田地区出土了大量多语种古代写本,孙炳晗通过对和田地区出土汉文文书及于阗语文书的研究,认为,于阗内部存在"国—州—乡—村"的征税体系,各级行政单位分别有官员负责征税。[⑥]龟兹是汉唐时期沿塔里木盆地北缘东西往来的交通必经之地,殷弘承等认为龟兹灌溉农业发达,手工业兴盛,交通网络形成,社会经济与丝路贸易得到迅猛发展,由此出现以龟兹为中心形成的新城镇群体,并彰显了丰富多彩的文化特点。[⑦]

蒋洪恩等基于吐鲁番出土文献中关于谷物的资料并通过日历换算,推定了晋唐时期吐鲁番盆地居民大麦、小麦、糜与粟大致的播种与收获时间。[⑧]吐鲁番地区曾出土了近百件唐西州时期的租赁契约文书,屈蓉认为在5—8世纪的吐鲁番地区,租赁关系频繁发生在人们的日常生活中,租赁经济也不断发展,这是晋唐时期西北地区经济和社会发展的具体表现。[⑨]

---

① 姚景:《习仲勋主持西北局工作期间对新疆统一战线工作的重要贡献研究》,硕士学位论文,新疆师范大学,2022年。
② 王艳萍:《陈潭秋与马克思主义在新疆的传播》,《西部学刊》2022年第16期。
③ 王正阳、杨蕤:《哈萨克族爱国人士巴什拜·乔拉克的事迹考述与时代价值》,《青海民族研究》2022年第2期。
④ 张伟、陈瑞芳:《论俞秀松对新疆民族团结事业的历史贡献》,《新疆地方志》2022年第3期。
⑤ 成斌:《毛泽民与新疆省财政专修学校》,《金融发展评论》2022年第12期。
⑥ 孙炳晗:《安史之乱后于阗地区征税体系研究》,《西域研究》2022年第3期。
⑦ 殷弘承、王斌、何瑞雪:《汉唐时期龟兹的丝路交通与经济发展》,《新疆地方志》2022年第4期。
⑧ 蒋洪恩等:《晋唐时期吐鲁番盆地的谷物种植与收获时间考证——基于吐鲁番出土文献》,《中国农史》2022年第1期。
⑨ 屈蓉:《吐鲁番出土唐西州时期租赁契约文书契式研究》,《地域文化研究》2022年第6期。

庆昭蓉、荣新江利用新疆出土的胡汉文书,探讨了唐代碛西地区税粮的征收和运用问题,并分析了税粮的基本性质及该制度的变迁历程。[1]唐朝实行"钱帛兼行"的货币制度,王旭送根据吐鲁番出土的相关织物,对唐代布帛等织物如何成为货币的问题进行了探讨,认为西州回鹘汗国的回鹘人继承了唐朝的制度文化。[2]新疆是中国古代的水稻种植区之一,徐承炎认为唐代新疆的水稻种植区有所扩展,为当地提供了重要的粮食补充物,促进了当地社会饮食结构的调整。[3]

自乾隆统一新疆,设立"伊犁将军府"后,明至清初西北边疆的军事、政治和经济格局发生了历史性的转变。吕强认为新疆自此成为西北边疆地区内新的政治和边贸区域,而肃州边贸重心的历史地位则被逐步取代。[4]咸同之际新疆的协饷危机引发了严重的财经危机和治理危机,廖文辉认为直至新疆建省,清廷舍弃旧制,这才推动了新疆地区经济和社会发展,巩固并加快了与内地的一体化进程。[5]马秀英、曹树基以清代吐鲁番的葡萄园租卖为例,认为吐鲁番的土地租卖,存在短期租卖、长期租卖、预租卖、续租、租卖转佃等多模式,体现吐鲁番土地市场与金融市场的高度融通。[6]赖惠敏、王士铭以"归化私茶侵犯陕甘官茶"争议为例,探讨清朝统治蒙古及新疆的策略。[7]由于晋商大量贩运私茶以及俄商走私导致茶叶倒灌,黄柏权、巩家楠认为清末新疆私茶案件的大量涌现,反映的是清末新疆地区茶市的混乱,根源在于清廷及新疆地方政府应对的缺陷。[8]张莉、薛子怡认为晚清吐鲁番乡村水利纠纷与诉讼的解决,以及《葡萄沟水善后分水章程》的重构,体现出村庄间的力量博弈、国家力量与基层社会之间的互动方式和过程。[9]顾松洁、张开轩通过对香羊皮史料的梳理,观察到在清代中俄两国之间的远程贸易和物质传播过程中,中亚布哈拉商人和新疆"回商"是重要的商品传播中介。[10]晚清时期,沙俄为管理新疆各城俄国商圈和侨民,俄领事在各城选派商人头目,亦称"阿克萨卡尔"。韩莉认为阿克萨卡尔远不同于新疆乡约,是俄国驻新疆领

---

[1] 庆昭蓉、荣新江:《唐代碛西"税粮"制度钩沉》,《西域研究》2022年第2期。

[2] 王旭送:《唐代布帛如何成为货币——以吐鲁番出土织物为中心》,《暨南史学》(第二十五辑),暨南大学出版社2022年版。

[3] 徐承炎:《唐代新疆的水稻种植》,《农业考古》2022年第4期。

[4] 吕强:《乾隆"伊犁将军府"的设立与肃州城镇经济的回落——基于西北稀见方志的梳理与分析》,《中国地方志》2022年第1期。

[5] 廖文辉:《咸同之际新疆地区的协饷运作与财政困局》,《历史研究》2022年第3期。

[6] 马秀英、曹树基:《等额还本付息:清代吐鲁番的葡萄园租卖》,《中国农史》2022年第3期。

[7] 赖惠敏、王士铭:《清代陕甘官茶与归化"私茶"之争议》,《内蒙古师范大学学报(哲学社会科学版)》2022年第1期。

[8] 黄柏权、巩家楠:《清末新疆私茶案件与地方政府应对》,《江汉论坛》2022年第9期。

[9] 张莉、薛子怡:《晚清吐鲁番〈葡萄沟水善后分水章程〉与乡村水利秩序的变动》,《中国历史地理论丛》2022年第4期。

[10] 顾松洁、张开轩:《满语 safiya 小考》,《满语研究》2022年第2期。

事馆在新疆各城设置的名副其实的"小领事"或"编外领事"。①

在矿业发展领域，刘锦增认为清代新疆铜矿的开采本身是清朝整体铜政变迁下的区域性行为，与以滇铜为代表的其他地区铜矿的开采相比，既有相互关联性，又显现出其独特性。②有清一代，新疆农作物种类齐全，具有鲜明的区域特色。王欣、衡宗亮认为胡麻、菜籽等油料作物在新疆的种植、发展，是清朝治边政策的具体体现，对于清代西北边疆安全的稳定和政权的巩固都曾发挥过积极作用。③乾隆年间，蝗灾是伊犁农业开发中的主要自然灾害之一，清廷采取了多种措施积极应对。衡宗亮指出发生在乾隆三十一年的伊犁蝗灾事件与伊犁将军明瑞"来京陛见"存在内在联系。④王启明认为清前期本为满足驻扎及过往官员等人员稻米供给的制度性要求，无意间成为当时回疆水稻扩大种植的政治性因素，客观上也影响了当地的农业种植习惯和传统，进而影响到清末回疆的水稻种植，并在人为改善水稻种植自然条件的影响下，使得南疆水稻生产得以快速发展。⑤

在清代新疆城镇布局与人口发展方面。於子尧、张萍认为从乾隆中叶到清末，地处南疆地理要冲的巴尔楚克，在设台站、驻军、筑城、移民、屯垦等措施的推动下，逐渐发展为城镇，这是清朝有效治理新疆的一个缩影。⑥王雪花、吴轶群认为清代济木萨地区的总人口经历了一个增长、衰减、再增长的波浪式变化过程，并进而探讨了清代济木萨地区的城镇发展。⑦郭文忠、祖浩展认为乾隆朝发遣新疆制度的实施，以其后来居上的人数和影响，改变了清代发遣刑和边疆人口的面貌。⑧褚宏霞认为乾隆时期统一新疆后，满蒙、绿营等官兵及其眷属作为特殊的军事移民群体，在驻防、屯垦、戍城及坐卡巡边、驻守台站等方面发挥了砥柱作用，构建起新疆的防务体系，在一定范围和条件下保障了边疆安宁与统一。⑨

苏绕绕利用空间分析、可视化等方法重建了晚清民国时段新疆的地表各灌溉指标和引水规模。结合渠道工程参数、人口和灌溉面积，对清末民国新疆地区地表灌溉效率进行估算。⑩赵述娟指出，民国时期，伊犁从半军事性质的城市向综合性城市转型，城市的近代化特征日益明显，其商贸、街市、文教、交通等城市景观要素呈现出多元化特点。⑪

---

① 韩莉：《晚清俄国驻新疆领事馆的阿克萨卡尔及其职能》，《西伯利亚研究》2022年第4期。
② 刘锦增：《清代新疆铜矿开采研究》，《中国边疆史地研究》2022年第4期。
③ 王欣、衡宗亮：《乾隆年间新疆垦区油料作物种植研究》，《中国边疆史地研究》2022年第2期。
④ 衡宗亮：《乾隆年间伊犁蝗灾与政府应对》，《农业考古》2022年第1期。
⑤ 王启明：《清前期回疆的水稻种植》，《中国历史地理论丛》2022年第2期。
⑥ 於子尧、张萍：《清代巴尔楚克由台站到州城的演变探析》，《中国边疆史地研究》2022年第1期。
⑦ 王雪花、吴轶群：《清代济木萨地区人口变迁与城镇发展浅析》，《新疆地方志》2022年第2期。
⑧ 郭文忠、祖浩展：《乾隆朝发往新疆遣犯人数估算与研究》，《清史研究》2022年第3期。
⑨ 褚宏霞：《清代新疆军事移民行为下的防务建设探析》，《军事历史》2022年第1期。
⑩ 苏绕绕、潘威：《清末民国新疆农田水利建设成果可视化及分析（1909—1935）》，《中国经济史研究》2022年第3期。
⑪ 赵述娟：《清至民国时期伊犁城市景观变迁研究》，硕士学位论文，西北师范大学，2022年。

（三）新疆民族史、宗教史、文化史研究

1. 新疆民族史研究

周亚威等通过对罗布泊地区出土人骨遗骸的体质人类学研究，认为汉代楼兰人的族源应该与翻越帕米尔高原的古塞人的迁徙活动密切相关。[①]以往研究一般认为滑国就是嚈哒，李树辉认为姑师（车师）、滑国、高车、突厥、回鹘等所谓的"古代民族"，均是乌古斯部族在不同历史时期所建政权或群体的称名。[②]吐鲁番是中亚粟特人非常重要的聚居地，陈古目草以吐鲁番出土文献资料为基础，探讨了"曹、何"二姓的粟特族群在吐鲁番历史发展中的生存轨迹。[③]黠戛斯是今天中国西北边陲柯尔克孜族和中亚吉尔吉斯人的祖先，王洁的专著利用多语种史料，以唐代黠戛斯历史为核心，上溯汉代坚昆，下及元代乞儿吉思，勾勒了黠戛斯从部落向汗国的转变，全面描述了唐代黠戛斯的政治、经济、社会文化等多方面情况。[④]

阿尔金山是一个非常特殊的游牧之地，对这一地区游牧历史及人群特质的研究，无疑将丰富我国游牧社会的研究。关丙胜、石春霞通过对百年来阿尔金山地区的游牧人群及其互动的研究，认为从19世纪后期开始，阿尔金山地区形成了维吾尔、蒙古、哈萨克三大游牧人群在高山会牧的情形，并就其形成的条件和互动情况进行了分析。[⑤]在清廷与哈萨克的政治关系史中，英卡尔·巴合朱力认为顶翎政策亦可看作清朝倚赖哈萨克之力控驭边境的一种策略性方针。到了19世纪末，阿哈拉克齐亦正式成为清政府于哈萨克所设的正式官职。[⑥]内玛才让认为哈萨克人在清代前中期通用托忒文，乾隆二十年（1755）后出现托忒文与回文并用时期，19世纪下半叶哈萨克文书面语得以形成。[⑦]清朝与额德格讷部的关系是清朝与布鲁特宗藩关系的组成部分，陈柱通过考察双方宗藩关系正式建立前的最初接触与互动，以及首次正式通使的情况，进而纠正了《西域图志》等汉文史籍有关记载的不足。[⑧]赵毅认为从清朝对土尔扈特等部东归的消息获得渠道及应对策略来看，乾隆帝在其中起到了至关重要的作用。[⑨]孙文杰指出，伊勒图在任职伊犁将军期间，对稳定土尔扈特部东归之初的内部秩序，确定管理形式，均起到了重要的作用。[⑩]

[①] 周亚威、何昊、朱泓：《楼兰人种考》，《北方文物》2022年第4期。

[②] 李树辉：《滑国源流考论》，《暨南史学》（第二十五辑），暨南大学出版社2022年版。

[③] 陈古目草：《吐鲁番出土粟特史料文献研究——以"曹""何"二姓为中心》，硕士学位论文，西南民族大学，2022年。

[④] 王洁：《唐代黠戛斯历史研究》，商务印书馆2022年版。

[⑤] 关丙胜、石春霞：《百年来阿尔金山地区的游牧人群及其互动》，《民族研究》2022年第6期。

[⑥] 英卡尔·巴合朱力：《顶翎与治边：清朝对哈萨克的顶翎政策（1765—1849）》，《清史研究》2022年第2期。

[⑦] 内玛才让：《从满文档案看清代哈萨克人的文字史》，《西部蒙古论坛》2022年第3期。

[⑧] 陈柱：《清朝与布鲁特额德格讷部的最初关系》，《中国边疆史地研究》2022年第3期。

[⑨] 赵毅：《清朝对土尔扈特等部东归消息的获得与应对》，《清史研究》2022年第2期。

[⑩] 孙文杰：《清代对东归土尔扈特的管理与认识新探——以满文寄信档中伊勒图任职新疆时期为中心》，《西部蒙古论坛》2022年第3期。

辛亥革命爆发后，哲布尊丹巴建立的库伦政权占领科布多，觊觎新疆，黄冬春认为，在此情形下布尔根河流域的新土尔扈特部在盟长亲王密什克栋固鲁布的带领下南迁至新疆孚远县，南迁举动传承了祖辈爱国主义精神，维护了祖国统一。①长期以来学者对新疆蒙古族的研究多集中在土尔扈特、察哈尔与和硕特蒙古等，对民国时期的新疆蒙古族历史研究较少。许建英认为原因是民国时期新疆社会动荡不安，档案和系统记述较少，他还评述了民国政府对新疆蒙古族的管理和教育发展。②"新疆汉人"是近代中国边政研究的一个重要论题，龙其鑫认为近代中国边政学兴起背景下的新疆汉族研究，为维系中华民族的团结统一作出了思考探索，也为当代研究"铸牢中华民族共同体意识"问题提供了一定的学术镜鉴。③

2. 新疆宗教史研究

　　处于东西文化交错带上的于阗，宗教演替极为频繁，李智君认为佛教传入于阗后，僧侣按照佛教的方式使用和组织空间，从而生产出蕴含佛教意义的地理空间。④高昌作为佛教传播的重要中转地，汇聚了多种佛教思想，黄婷婷对高昌汉传佛教中的净土信仰的历史进行了梳理，认为高昌文明实际上是以中国传统文化为内核，并兼蓄其它文化的文明。⑤武海龙、张海龙以吐峪沟新出《唐护法沙门法琳别传》残片为中心，探讨了唐代西州与中原佛教交流互动的问题，认为这一时期西州与中原内地佛教交流愈发紧密，内地佛教对西州佛教的影响也日益加深。⑥作为清代新疆第一座官修庙宇，梁燕指出巴里坤山神庙不仅是康熙年间京城崇信道教的社会风气在西北边陲的反映，也是清朝在平准战争中运用军事巫术的一个生动案例。⑦

3. 新疆文化史研究

　　早在先秦时期，西域文明就与中原文明发生了紧密、广泛而又深刻的联系。李中耀、贾国栋从先秦时期新疆的人种部族与交流、玉文化与"玉石之路"、彩陶文化与"彩陶之路"、青铜文化与"青铜之路"、远古的记忆与传说五个方面，阐述了中华民族共同体意识在新疆肇源的基础。⑧汉王朝与边疆各民族的交往，推进了文化的交流与交融。王子今认为汉王朝时期"酒"在边疆与内地之间的输入与输出是物质文化交流史值得重视的现象，通过"酒"的共同消费，可以看出草原地方生活水准与文明程度的提升，这种交流也改变了内地"酒"品种单

---

①　黄冬春：《民国初年新土尔扈特部的南迁与安置》，《新疆地方志》2022年第3期。
②　许建英、刘敏：《清代统一新疆后及民国时期新疆蒙古族历史研究述论》，《西部蒙古论坛》2022年第4期。
③　龙其鑫：《近代中国边政学兴起背景下的新疆汉族研究》，《民族论坛》2022年第4期。
④　李智君：《三至九世纪于阗佛教信仰空间的生产》，《民族研究》2022年第5期。
⑤　黄婷婷：《高昌汉传佛教净土信仰研究》，硕士学位论文，新疆师范大学，2022年。
⑥　武海龙、张海龙：《唐代中原与西州佛教之交流——以吐峪沟新出〈唐护法沙门法琳别传〉残片为中心》，《西域研究》2022年第1期。
⑦　梁燕：《巴里坤山神庙碑与康熙年间的京城崇道之风》，《世界宗教文化》2022年第5期。
⑧　李中耀、贾国栋：《先秦时期新疆历史文化与中华民族共同体意识之肇源》，《新疆大学学报（哲学社会科学版）》2022年第5期。

一的状况，丰富了内地的饮品种类。[①]段晴利用历史语言学和图像分析等方法释读了新疆和田山普拉发现的氍毹上于阗文的含义，解读出氍毹图案上的苏美尔、希腊神话，使古代于阗文明独特的宗教信仰充分呈现，凸显出新疆作为多文明汇集之地的得天独厚。[②]吐鲁番在晋唐成为物质文化交流的中心，李艺宏、王兴伊探析了中原晋唐时期吐鲁番地区人民对以中原汉文化为背景的医药文化的吸收和使用，以及吐鲁番人民在医药文化中的儒家思想认同，认为以吐鲁番地区为代表的古代边疆地区在多元文化背景下的文化认同，对中华民族共同体意识形成有着积极的作用。[③]

清代西域行记是汉唐以降西域行记创作的又一次繁荣，李江杰、姬安婧认为清代西域行记的学者化与多元化特征，表明西域行记从史地学之作转向文学之体。[④]杨波通过林则徐的日记、诗文作品、奏折等材料，梳理了其对于新疆及喀什地区社会生活情况的记录，以及林则徐边地书写活动中的喀什形象。[⑤]清代新疆文学作品存量丰富。佟颖认为清代锡伯族文学作品《拉昔贤图之歌》，记载了伊犁换防喀什噶尔的长途旅行，是清代驻防行旅文学的典范。[⑥]同时，佟颖还指出锡伯族驻防文学是满洲八旗文化与清代西北边疆地域文化接触、融合的结果，具有浓厚的家国情怀。[⑦]周燕玲认为江南文化为西域文化注入了新的质素，改变了清代西域诗的抒写方式。[⑧]吴华峰认为姚庆恩在光绪年间的幕府事迹与西域生活，反映了西征历史以及幕僚这一特殊文人群体的人生际遇。[⑨]史国强认为清代流寓乌鲁木齐的文人身份多样，诗作数量多，题材广，为考究清代乌鲁木齐的文学、文化活动及历史发展提供了丰富的材料。[⑩]另外，在清代西域诗研究领域，亦涌现出一批硕士论文，旨在通过西域诗作揭示边疆的景观、社会与历史文化。如对蒋业晋、王大枢、杨廷理、庄肇奎的西域诗研究[⑪]，

[①] 王子今：《"酒"与汉代丝绸之路民族交往》，《西域研究》2022年第4期。

[②] 段晴：《神话与仪式 破解古代于阗氍毹上的文明密码》，生活·读书·新知三联书店2022年版。

[③] 李艺宏、王兴伊：《吐鲁番涉医文书所见晋唐时期儒家思想及其文化认同研究》，《贵州民族研究》2022年第5期。

[④] 李江杰、姬安婧：《学者化与多元化：清代西域行记之新变》，《石河子大学学报（哲学社会科学版）》2022年第6期。

[⑤] 杨波：《林则徐与十九世纪中期清人的喀什边地书写》，《文学研究》2022年第1期。

[⑥] 佟颖：《清代锡伯族驻防行旅诗〈拉昔贤图之歌〉的文学文化意义》，《满语研究》2022年第1期。

[⑦] 佟颖：《清代锡伯族驻防文学中的家国情怀与文化认同》，《民族文学研究》2022年第4期。

[⑧] 周燕玲：《抒写方式的新变与文学西域的重塑——江南文化对清代西域诗的渗透》，《文学研究》2022年第1期。

[⑨] 吴华峰：《姚庆恩西域事略》，《西域研究》2022年第2期。

[⑩] 史国强：《新见清代流寓乌鲁木齐文人西域诗作述略》，《新疆地方志》2022年第4期。

[⑪] 罗鑫：《蒋业晋及其诗歌研究》，硕士学位论文，西北师范大学，2022年；毕明月：《王大枢西域诗整理与研究》，硕士学位论文，新疆师范大学，2022年；郭小雷：《杨廷理及其西域诗研究》，硕士学位论文，新疆师范大学，2022年；张亚华：《庄肇奎及其西域诗研究》，硕士学位论文，新疆师范大学，2022年。

以及对洪亮吉伊犁纪行诗的研究。①在清代新疆教育研究领域，师帅认为清末新政时期，新疆官办教育在基础教育、师范教育、教育管理等方面多有建树，为新疆后世教育奠定基础。②

民国时期文化史的研究主要是书籍流通和边疆认知，电影和话剧传播。马晓林等从《圣武亲征录》在近代的传抄校注与晚清西北史地学的关系入手，研究了版本流通问题。③何菲菲认为1938—1942年新疆电影的发展得益于由延安来新疆工作的中国共产党人的领导。苏联影片向新疆民众展现了苏联反法西斯战争以及社会主义国家的形象；国产电影则打开了新疆民众了解抗日战争前线战况和内地百姓生活的窗口。④陈鑫研究了1936—1943年《新疆日报》刊载的话剧作品、话剧演出及剧评的相关报道信息，新疆剧以延安戏剧文化为精神内核，赓续了中国共产党人的红色血脉，形成了新疆新的社会和文化风尚，在抗日募捐中发挥了巨大推动作用。⑤潘丽指出，抗日战争期间新疆学院创办《新芒》等文艺期刊，排演抗战戏剧，传播抗战歌曲，推动文艺下乡，在创作和普及方面均获得极大成功。⑥李洁等人讨论了民国时期知识精英掀起的边疆考察热潮，知识精英在考察中对于边疆的思考与探讨既受传统边疆认知的影响，又在反思与批判中实现了更新与转向。边疆考察构筑起近代边疆知识体系，促使了边疆在时代变革中从传统的"内边"走向"外边"。⑦

（四）新疆考古及历史地理研究

1. 新疆考古研究

2022年新疆考古研究成果丰富，不仅研究文章众多，而且还有数本专著与论文集出版。综观众多的新疆考古研究成果，大致可以分为三类，一是考古发掘报告与遗址调查简报类；二是对遗址及出土文物的研究类；三是专著与论文集类，限于篇幅，本部分简单介绍上述三类考古研究成果。

在考古发掘报告类中，新疆巴里坤县石人子沟遗址墓葬发掘和巴里坤小黑沟遗址调查对揭示东天山地区古代游牧文化所形成的独特的埋葬习俗与考古学文化面貌提供了重要资料。⑧新疆哈密市乌兰布鲁克遗址考古发掘简报认为该遗址填补了天山南麓青铜时代晚期遗址考古

---

① 赵丹：《洪亮吉伊犁纪行诗研究》，硕士学位论文，内蒙古大学，2022年。
② 师帅：《清末新政时期新疆官办教育改革》，《西部蒙古论坛》2022年第1期。
③ 马晓林、艾骛德：《〈圣武亲征录〉与近代西北史地学》，《文献》2022年第5期。
④ 何菲菲：《反帝抗战"向内"凝聚：1938—1942年的新疆电影放映》，《新疆大学学报（哲学社会科学版）》2022年第5期。
⑤ 陈鑫：《抗日战争时期中国共产党在新疆领导的剧运研究》，《新疆师范大学学报（哲学社会科学版）》2022年第4期。
⑥ 潘丽：《抗战时期新疆学院的文艺活动》，《新疆大学学报（哲学社会科学版）》2022年第5期。
⑦ 李洁、马文：《民国时期知识精英西北边疆考察实践中的边疆认知》，《中国边疆史地研究》2022年第4期。
⑧ 西北大学文化遗产学院等：《2010年新疆巴里坤县石人子沟遗址墓葬发掘报告》，《2018年新疆巴里坤小黑沟遗址调查简报》，《西部考古》（第23辑），科学出版社2022年版。

发现的不足，有助于了解哈密盆地史前遗址聚落形态、建筑结构、生业方式和文化属性。① 喀什莫尔寺遗址发掘表明该遗址既有早期印度佛教的特点又有后期汉传佛教重要影响。② 新疆古楼兰交通与古代人类村落遗迹补充调查为深入探讨楼兰地区自然更迭和历史变迁提供了重要的实物资料。③ 尼勒克县乌吐兰墓地考古发掘为研究青铜时代东西方文化交流提供了新的线索。④ 托里县引水管线涉及墓葬考古发掘为探讨准噶尔盆地西缘人群和文化的变迁与演变提供了珍贵材料。⑤ 新疆阜康四工河岩画调查报告认为青铜—早期铁器时代的岩画，为揭示天山地区史前人类的精神信仰、经济生产、社会生活提供了重要信息。⑥ 奇台县石城子遗址城门区考古发掘报告认为该遗址是一处两汉时期的军事要塞，基本可确定为汉代的"疏勒城"旧址。⑦ 奇台唐朝墩景教寺院遗址考古发掘为研究和阐释当地多民族大一统格局形成和发展历程提供了生动而坚实的实物材料。⑧ 陈意在对新疆哈密市拉甫却克古城调查后，结合文献与考古实物，认为该古城为唐纳职城。⑨ 吐鲁番西旁景教寺院遗址考古发掘对于研究古代西域多元宗教与文化交流、景教史、西域语文等具有重要意义。⑩ 沙湾县境内加尔肯加尕墓群发掘报告表明这一墓群的年代从青铜时代延续至秦汉时期。⑪ 新疆十户窑墓群较清晰地反映了玛纳斯河流域上至青铜时代、下到唐宋时期遗存的文化面貌。⑫ 新疆塔城托里县那仁苏墓地考古发掘是目前为止塔城地区规模最大的一次，阿里甫江·尼亚孜认为该墓葬年代从铜石并用时代至隋唐时期，类型及出土遗物对构建该区域考古学文化序列有重要的意义。⑬ 新疆塔什库尔干县库孜滚遗址发掘为我们认识这一时期人群的流动方式、对高海拔环境的适

---

① 新疆文物考古研究所等：《新疆哈密市乌兰布鲁克遗址考古发掘简报》，《吐鲁番学研究》2022年第2期。
② 肖小勇、史浩成、曾旭：《2019—2021年新疆喀什莫尔寺遗址发掘收获》，《西域研究》2022年第1期。
③ 田小红、吴勇、徐佑成、冯京：《2021年度新疆古楼兰交通与古代人类村落遗迹补充调查简报》，《吐鲁番学研究》2022年第2期。
④ 郭瑶丽、王新平：《2021年尼勒克县乌吐兰墓地考古发掘简报》，《吐鲁番学研究》2022年第2期。
⑤ 阿里甫江·尼亚孜、阿力木·阿卜杜、李双勇：《2021年托里县引水管线涉及墓葬考古发掘简报》，《吐鲁番学研究》2022年第2期。
⑥ 任萌、杜淑琴、高晓玲、冯超：《新疆阜康四工河岩画调查报告》，《华夏考古》2022年第4期。
⑦ 新疆文物考古研究所：《新疆奇台县石城子遗址城门区考古发掘报告》，《西部考古》（第23辑），科学出版社2022年版。
⑧ 任冠、魏坚：《2021年新疆奇台唐朝墩景教寺院遗址考古发掘主要收获》，《西域研究》2022年第3期。
⑨ 陈意：《新疆哈密市拉甫却克古城调查略述》，《吐鲁番学研究》2022年第2期。
⑩ 刘文锁、王泽祥、王龙：《2021年新疆吐鲁番西旁景教寺院遗址考古发掘的主要收获与初步认识》，《西域研究》2022年第1期。
⑪ 新疆文物考古研究所：《沙湾县加尔肯加尕墓群考古发掘报告》，《吐鲁番学研究》2022年第2期。
⑫ 张杰、黄奋：《新疆十户窑墓群的发掘与认识》，《吐鲁番学研究》2022年第2期。
⑬ 阿里甫江·尼亚孜：《新疆塔城托里县那仁苏墓地考古发掘与初步认识》，《西域研究》2022年第4期。

应，以及东西文化交流提供了重要材料。①

在对遗址及出土文物的研究中，韩建业考察了近年来在新疆发现的墓葬遗址和文化遗存，认为包括新疆在内的中国广大地区和亚欧大陆西部一样存在铜石并用时代和青铜时代，中西方文化之间自公元前 3000 多年以来的互动交流，是中国铜石并用时代和青铜时代形成和发展的重要原因。②刘维玉认为新疆地区史前墓葬中发现的植物遗存和植物纹饰，是西域先民将人与植物的关系付诸文化的表现形式之一，也是以植物为媒介，将人的生命与自然、神灵相互关联的情感体现。③王艺霖认为新疆史前火葬墓的出现和衰落与早期东西方文化交流息息相关，推测火葬个体可能拥有特殊的社会身份或地位。④王安琦等对新疆和静县巴音布鲁克机场墓葬群出土人骨进行了研究，认为该葬群很可能是一支向东进入天山地区的地中海东支类型人群。⑤王安琦等对年代大致在青铜—早期铁器时代的新疆吐鲁番加依墓地的母婴合葬现象进行了考察，旨在为解读古代遗址中的母婴合葬墓提供一个新视角。⑥袁晓对青铜时代中期伊犁河上游地区社会状况进行了研究，认为该地区已经进入类似"酋邦"或"古国"的复杂社会阶段。⑦新疆奇台县石城子遗址是一处两汉时期的戍边城址，董宁宁等对遗址出土的 2000 余块动物骨骼进行了整理和分析，认为石城子的动物考古研究为了解新疆地区戍边城址的生业经济提供了新的认识。⑧在新疆轮台、库车、巴楚古城址及佛寺遗址曾出土了数以万计的龟兹五铢钱，林梅村认为龟兹五铢钱是受中国货币体系影响而出现的，龟兹五铢钱大约产生于东汉末，不晚于三国曹魏时期，至 7 世纪初仍在丝绸之路北道流行。⑨库车友谊路墓群是塔里木盆地迄今经考古发掘的规模最大的墓群，田小红等人认为该墓群主体年代为魏晋南北朝时期，墓葬具有浓郁的中原文化特征，充分展现出中原文化与本地文化融合发展的特征。⑩许婧收集了东天山地区主要晋唐墓葬出土的彩绘陶器资料，认为东天山地区晋唐彩绘陶器同时受到河西汉地传统文化、北方游牧民族文化以及当时社会政治、信仰

---

① 新疆文物考古研究所、北京大学考古文博学院、北大城市与环境学院：《新疆塔什库尔干县库孜滚遗址发掘简报》，《考古》2022 年第 9 期。

② 韩建业：《关于中国的铜石并用时代和青铜时代——从新疆的考古新发现论起》，《西域研究》2022 年第 3 期。

③ 刘维玉：《新疆地区史前丧葬礼俗中的植物文化初探》，《农业考古》2022 年第 1 期。

④ 王艺霖：《新疆史前火葬墓研究》，《西域研究》2022 年第 2 期。

⑤ 王安琦、张全超、朱永明：《新疆和静县巴音布鲁克机场墓葬群出土人骨研究》，《边疆考古研究》（第 31 辑），科学出版社 2022 年版。

⑥ 王安琦等：《新疆吐鲁番加依墓地的母婴合葬现象》，《人类学学报》2022 年第 1 期。

⑦ 袁晓：《伊犁河上游青铜时代中期社会状况研究》，《西域研究》2022 年第 2 期。

⑧ 董宁宁等：《新疆奇台石城子遗址的动物资源利用》，《西域研究》2022 年第 2 期。

⑨ 林梅村：《龟兹五铢钱考——兼论公元前 5 世纪至 7 世纪丝绸之路流通货币》，《故宫博物院院刊》2022 年第 2 期。

⑩ 田小红等：《新疆库车友谊路墓群 2021 年发掘收获与初步认识》，《西域研究》2022 年第 4 期。

等因素的共同影响。①郭艳荣对吐鲁番盆地墓葬和遗址中出土的食物或者粮食作物遗存进行了考察，尝试对吐鲁番盆地早期居民的饮食状况进行分析。②刘韬、夏立栋从中国社会科学院考古研究所等考古队在新疆鄯善县吐峪沟回鹘佛寺遗址考古发掘报告中发布的神祇图像出发，对高昌回鹘王国"四臂女神"的图像与样式进行了考析，认为这种女神图像样式的传播与演进，反映出高昌与敦煌两地民族与区域之间宗教艺术的相互熏染与交流情景。③孙海芳、刘学堂梳理了新疆现存的交通考古遗存，勾勒了新疆历史上道路网络的空间布局及时代变迁，进而印证了历代王朝对新疆进行过有效管理。④孙丽萍对北庭故城出土的"悲田寺"陶片进行了考证，认为这个重要发现揭示了一段唐朝统治北庭，大乘佛教回流西域的历史。⑤

在专著与论文集类中，侯灿先生记录楼兰考古调查与发掘的正式报告在迟到35年后正式出版，该书对于楼兰调查发掘经过、考古发掘所得文物，都作了详细的描述，并对照前人发掘的同类物品作了细致的分析研究。⑥刘学堂系统整理了近百年来新疆天山地区考古发现的史前彩陶遗存，特别是对20世纪80年代以来新疆发现的史前彩陶遗存材料进行了全面搜集、分类整理。通过陶器形态、彩陶纹样类型学研究，架构新疆天山史前文化基本结构和彩陶之路的学术体系，探究天山地区史前文化区系研究。⑦蒋洪恩的专著详细研究了青铜器时代晚期至早期铁器时代的吐鲁番洋海墓地（约公元前13世纪至公元2世纪）内出土的植物遗存，探讨了先民的谷物种植、果树栽培、谷物加工、食品制作、木材利用，以及对美学、医药等相关植物的选择与开发，并基于植物遗存结合出土器物，对洋海先民的生业模式进行了探讨。⑧陈晓露的专著深入探讨了新疆罗布泊地区现存考古遗存的文化面貌与特征，在墓葬、城址材料基础上建立系统综合的考古编年框架，并结合遥感考古、环境考古、体质人类学、艺术史学、文物学等多学科手段，试图复原该地区的历史演变图景。⑨刘文锁的论文集精选了作者从事考古教学与研究30多年来发表的论文约18篇，所涉主题主要包括丝绸之路与古代文化交流，古代游牧文化，图像考古，尼雅遗址研究等。⑩

---

① 许婧：《晋唐时期东天山地区彩绘陶器研究》，硕士学位论文，兰州大学，2022年。

② 郭艳荣：《从考古发现看早期吐鲁番盆地居民饮食》，《吐鲁番学研究》2022年第2期。

③ 刘韬、夏立栋：《佛窟中的祆神——吐峪沟西区中部回鹘佛寺壁画"四臂女神"图像与样式考》，《中国国家博物馆馆刊》2022年第3期。

④ 孙海芳、刘学堂：《空间与认同：道路研究视域下的"新疆交通遗存"》，《中央民族大学学报（哲学社会科学版）》2022年第2期。

⑤ 孙丽萍：《西域"悲田寺"初探》，《魏晋南北朝隋唐史资料》第46辑，上海古籍出版社2022年版。

⑥ 侯灿编：《楼兰考古调查与发掘报告》，凤凰出版社2022年版。

⑦ 刘学堂：《丝路彩陶·天山卷》，三秦出版社2022年版。

⑧ 蒋洪恩：《新疆吐鲁番洋海先民的农业活动与植物利用》，科学出版社2022年版。

⑨ 陈晓露：《罗布泊考古研究》，上海古籍出版社2022年版。

⑩ 刘文锁：《新疆考古论稿》，商务印书馆2022年版。

2. 新疆历史地理研究

李树辉认为丝绸之路西域段之"北道"在战国末年便已存在，除《汉书·西域传》所载之"北道"主道外，还存在着"楼兰道""天山中道""天山北道"等支道。[①]在西域史研究中，新疆各族语言地名研究是一个不可忽视的领域，阿布力克木·阿布都热西提通过田野调查、文献研究等方式，分析了新疆地名所反映的多民族交往交流交融的一个侧面，认为新疆地名中不仅能反映出多民族交往交流交融史的历史依据和普遍性背景，而且为深入挖掘地名所蕴含的中华文化符号提供了新的研究启示。[②]新疆塔里木盆地策勒县达玛沟下游古绿洲上散落着众多古代遗迹，李并成分析了达玛沟下游古绿洲上的佛寺和城址的废弃，以及古绿洲沙漠化过程前后经历的两个阶段和沙漠化的原因。[③]天山廊道在历代西域经略史中皆占据有重要战略地位，其中尤以有唐一代最具典型。田海峰认为天山廊道特有地理元素，成为驱动天山文明进程的长时段影响因素，并认为天山廊道是唐廷能够实现百年西域经略的关键战略场域。[④]

刘志佳、张飞虎认为新疆伊吾下马崖古城的修建与清王朝平定西域，维护国家统一的历史进程有重要关系，并进而对下马崖在有清一代始筑与废弃的时间，及其地名演变展开系统的考察。[⑤]冯甜甜、塞尔江·哈力克、张巧以清朝锡伯营下8个牛录聚落为研究对象，结合实地调研、测绘和文献梳理，揭示了新疆锡伯营聚落形态与军事防御布局和人文地理环境之间的关系，奠定了今天察布查尔锡伯自治县的发展格局。[⑥]郝园林根据实地调查与卫星影像结合的方式，对锡伯营城堡进行了比较全面的勘察与研究，认为牛录城堡在更多地体现中原传统的同时，也具有锡伯族自己的民族特色。[⑦]佟颖认为伊犁九城的建立不仅形成了安全的布防体系，还以农业为基础，形成了稳定的社会结构，进而探索出了一种长久的治理模式。[⑧]赵述娟认为伊犁在清至民国时期经历了一个从城市修筑，到城市扩建、毁坏，再到城市稳定发展的过程，城市景观的变迁在这一过程中体现得十分明显。[⑨]

（五）新疆文献史料研究

《汉书·西域传》是研究西汉西域史的重要史料，李若愚以《汉书·西域传》和悬泉汉

---

① 李树辉：《丝绸之路西域段"北道"考论》，《敦煌学辑刊》2022年第3期。

② 阿布力克木·阿布都热西提：《地名所反映的多民族交往交流交融史——新疆多种语地名语义考》，《西部蒙古论坛》2022年第4期。

③ 李并成：《塔里木盆地达玛沟下游古绿洲沙漠化考》，《历史地理研究》2022年第2期。

④ 田海峰：《略谈唐代天山廊道的战略地位——基于地理视角的阐释》，《昌吉学院学报》2022年第4期。

⑤ 刘志佳、张飞虎：《伊吾下马崖古城考释》，《中国地方志》2022年第5期。

⑥ 冯甜甜、塞尔江·哈力克、张巧：《新疆锡伯族聚落形态探析》，《华中建筑》2022年第1期。

⑦ 郝园林：《清代伊犁锡伯营城堡的考古调查与研究》，《北方文物》2022年第2期。

⑧ 佟颖：《清代伊犁九城的建立与西北边疆治理》，《哈尔滨师范大学社会科学学报》2022年第2期。

⑨ 赵述娟：《清至民国时期伊犁城市景观变迁研究》，硕士学位论文，西北师范大学，2022年。

简为中心，通过梳理西域诸国之间的共同属性，对西汉西域诸国进行了分类，探究了不同类型的西域诸国，分析了西域诸国之间存在密切的联系及西域地区的民族融合现象。[1]赵梦涵对楼兰文书中多件关于"马厉"的文书进行了考证，认为"马厉文书"有其独特的研究价值。[2]和田出土汉语文书对于研究唐代于阗乃至西域历史、文化、宗教、语言等方面具有重要价值，由荣新江编著的《和田出土唐代于阗汉语文书》收录了除中国国家图书馆、中国人民大学博物馆、新疆维吾尔自治区博物馆藏卷以外的已知海内外所藏和田地区出土的汉语非佛教文书，包括英国的霍恩雷收集品、斯坦因收集品、瑞典的赫定收集品、俄国收集品、德国吐鲁番探险队收集品、弗兰克收集品、日本大谷探险队收集品及中国公私散藏收集品等共计300余件。[3]段真子对收藏于中国人民大学博物馆发现于和田地区的13件唐代文书残片进行了考察，认为这些残片是中古时期中原文化在于阗流传的力证，对了解中原文化传播和于阗历史具有重要意义。[4]段晴释读了现存中国国家图书馆藏被称为吕珎胡书的于阗语文书，认为该文书为揭示8世纪后20年唐朝镇守军的供给机制，与当地社会的关系等提供了重要的第一手素材。[5]

《西域图记》是隋大业年间西域使臣裴矩撰写的一部中国中古时期重要的区域地理著作，原书虽已佚，但有序文保存。丁友芳认为《西域图记》确是中古时期重要的历史地理著作，但对隋朝的现实来说，它首先且主要是统治者的西域情报、知识和战略总纲。[6]吐鲁番出土的粟特语婢女买卖契，被国际学界视为中古西域史的第一等史料，王丁讨论了该契约文本中的一个疑难词与突厥朱耶部落的关系。[7]郜同麟对日本龙谷大学藏八件吐鲁番道教文献进行了考证，认为这八件文书在考察道教文献发展源流、了解道教仪式传播等方面都有很大的学术价值。[8]李刚释读了吐峪沟西区发现的回鹘文书，认为这些文书丰富和拓展了我们对蒙元时期吐鲁番的历史文化的理解，为探索蒙元时期回鹘韵文的发展提供了重要的考古资料。[9]吐鲁番、敦煌等地出土的古代回鹘语佛教文献长期充任国际回鹘学界研究的重点研究议题，王朝阳、杨富学认为在新世纪的前20年，借助于数字化技术的飞速发展，欧洲学术界对回

---

[1] 李若愚：《〈汉书·西域传〉汇考》，硕士学位论文，兰州大学，2022年。

[2] 赵梦涵：《楼兰文书所见泰始年间西域史事——以"马厉文书"为线索的考察》，《河北民族师范学院学报》2022年第2期。

[3] 荣新江编著：《和田出土唐代于阗汉语文书》，中华书局2022年版。

[4] 段真子：《汉籍抄本在于阗——以中国人民大学藏西域汉文文书为中心》，《中国人民大学学报》2022年第1期。

[5] 段晴：《吕珎胡书——对中国国家图书馆藏西域文书BH-17于阗语文书的释读》，《西域研究》2022年第2期。

[6] 丁友芳：《〈西域图记〉：隋朝的西域情报、知识与战略总纲》，《唐史论丛》第35辑，三秦出版社2022年版。

[7] 王丁：《粟特语高昌延相买婢契补考》，《国学学刊》2022年第3期。

[8] 郜同麟：《龙谷大学藏吐鲁番道教文献拾补》，《西域研究》2022年第1期。

[9] 李刚：《吐鲁番新获回鹘文书探究》，《敦煌学辑刊》2022年第2期。

鹘文佛教文献的研究也迈入了新阶段。①

  研究明清时期新疆历史，察合台文文献是重要的参考资料，艾比布拉·图尔荪对察合台文文献《乐师传》进行了探析，就该书版本、书名、作者、抄写者、书写内容以及史料来源提出了自己的看法，认为该文献作为一部有关民族乐师罕见的文献之一，具有多重价值。② 巴哈提·依加汉根据第一历史档案馆所藏的三封察合台文求药信（一封由浩罕伯克额尔德尼于乾隆二十八年呈递清廷，两封由哈萨克汗瓦里苏勒坦分别于嘉庆七年和十二年呈递清廷），参照相应的清代满文档案，综合分析清宫医药、蒙—藏医药、回部医药对中亚游牧社会统治者的影响，反映了18世纪下半叶至19世纪初欧亚大陆中部的政治变迁及民族分合。③

  "上谕档"是清代军机处汇抄皇帝谕旨的综合性档册，《清代上谕档·新疆资料辑录》在雍正朝、乾隆朝、嘉庆道光两朝、咸丰同治两朝、光绪宣统两朝"谕旨"或"上谕档"的基础上，将新疆相关资料辑录整理而成，为清代新疆历史研究提供了便利的条件。④《清代军事驻防档案》是汇编清代兵部藏雍正、乾隆、嘉庆、道光、光绪、宣统六朝墨笔书写的军事驻防原始档案，为研究清代新疆八旗驻防、南路换防及兵制改革提供了丰富的史料。⑤作为清代新疆地区满文档案资料的汉译整理新成果，《清代新疆满文档案汉译汇编》（11—20册）出版，时间跨度上集中在清乾隆二十年（1755）至乾隆二十一年（1756），为研究清军平定达瓦齐、追剿阿睦尔撒纳，以及平定回部之初的军事调动提供了十分珍贵的第一手史料。⑥清代西域竹枝词是清代西域诗的精华与缩影，吴华峰、周燕玲对现存西域竹枝词进行了系统的搜集和整理、注解，为解读清代西域历史文化与社会风貌提供了更加鲜活的资料。⑦张显飞认为《乾隆平定准部回部战功图》的创作过程和技术引进，推动了清代铜版画的发展和传播，是清代国家叙事性重大题材铜版画创作的杰出典范。⑧张伯国利用《清代新疆满文档案汇编》中的相关记载，认为《西域闻见录》著者椿园七十一新疆所任官职为库车印房章京，其任职时间未及四年。⑨

  刘慧对近来中国对波斯文历史宗教文献的研究进行了梳理，认为该领域研究主要集中在

---

① 王朝阳、杨富学：《新世纪初欧洲学术界对回鹘文佛教文献的研究》，《吐鲁番学研究》2022年第1期。
② 艾比布拉·图尔荪：《察合台文〈乐师传〉及其相关问题研究》，《丝绸之路研究集刊》第8辑，社会科学文献出版社2022年版。
③ 巴哈提·依加汉：《乾嘉时期写往清廷的三封察哈台文求药信及其反映的文化会通现象》，《清史研究》2022年第2期。
④ 管守新主编：《清代上谕档·新疆资料辑录》，新疆大学出版社2022年版。
⑤《清代军事驻防档案》编写组：《清代军事驻防档案》，广西师范大学出版社2022年版。
⑥ 吴元丰、厉声主编：《清代新疆满文档案汉译汇编》（11—20册），广西师范大学出版社2022年版。
⑦ 吴华峰、周燕玲辑注：《清代西域竹枝词辑注》，上海古籍出版社2022年版。
⑧ 张显飞：《清官铜版战功图刻印技术研究——以〈乾隆平定准部回部战功图〉为例》，《美术观察》2022年第4期。
⑨ 张伯国：《〈西域闻见录〉著者新疆任职问题新探》，《历史档案》2022年第2期。

三方面：与中国有关的波斯文史籍研究、波斯文伊斯兰教典籍研究以及新疆发现的波斯文手抄本研究。①居政骥、许建英通过挖掘德国外交原始档案，探讨20世纪初德国到新疆考察旅行的详细内容，梳理俄、英帝国对德国第四次吐鲁番考察旅行的支持和帮助，以及德国酝酿的第五次吐鲁番考察旅行与计划的流产。②瑞典国家档案馆拥有斯文·赫定及中瑞西北科学考查团成员档案约1000卷，是研究近代中国边疆、丝绸之路等问题珍贵、独特的资料来源。王新春对斯文·赫定档案进行了系统的调查，并对这些档案的生成、内容、价值等做了论述。③

二、新疆当代问题研究

（一）治疆方略研究

党中央先后三次召开中央新疆工作座谈会擘画部署新疆工作，形成了与时俱进的治疆方略，具有深刻的区域性和国际性意义。周巍、高霞霞认为新疆在贯彻新时代党的治疆方略实践中有效应对内外部环境的深刻变化，一体推进法治政府与法治社会建设，同向发力民族团结与宗教和谐，协同实施教育提升工程与各民族优秀传统文化振兴，耦合协调经济发展与民生改善，全面提升制度供给与制度效能水平，为嵌入中华民族伟大复兴的战略全局，应对世界百年未有之大变局作出了边疆贡献。④杨陶认为依法治疆是习近平法治思想在新疆的生动实践。随着全面依法治国的深入推进，新疆以习近平法治思想为指导，结合地区实际，紧紧围绕社会稳定和长治久安总目标，全面推进依法治疆进程，法治新疆建设取得了明显成效。⑤王阿盈认为依法治疆是一个系统工程，依法治疆须从新疆社会从传统向现代的历史进路发生发展的逻辑高度去深刻认识。⑥青觉、方泽认为"团结稳疆"相关理念与话语，包含了统一多民族国家内部中央与地方（边疆）之间的纵向整合以及新疆社会的横向联结双重意涵。他们认为"团结稳疆"不仅是一种整体性的价值立场与时代构思，同时也是中华各族人民普遍参与和政治、经济、社会、文化等各领域协调推进的一项系统性工程和总体事业。⑦

第三次中央新疆工作座谈会提出了新时代党的治疆方略——"二十字"治疆方针，文化

---

① 刘慧：《近20年中国对波斯文历史宗教文献的研究》，《国际汉学》2022年增刊。

② 居政骥、许建英：《关于20世纪初德国到中国新疆考察旅行的若干问题——以德国档案文献为中心》，《中国地方志》2022年第1期。

③ 王新春：《瑞典国家档案馆藏斯文·赫定档案述略》，《西域研究》2022年第4期。

④ 周巍、高霞霞：《边疆治理视野下新时代党的治疆方略：价值意蕴、实践探索与路径深化》，《新疆大学学报（哲学社会科学版）》2022年第5期。

⑤ 杨陶：《依法治疆：习近平法治思想在新疆的生动实践》，《新疆社科论坛》2022年第4期。

⑥ 王阿盈：《依法治疆的时代意蕴探究——基于"传统—现代"进路的考量》，《克拉玛依学刊》2022年第5期。

⑦ 青觉、方泽：《团结稳疆：新时代新疆推进中华民族共同体建设的社会稳定机制研究》，《中国边疆史地研究》2022年第1期。

润疆是其中重要的组成部分。卢艳玲认为开展文化润疆工程过程中,"互联网+"扮演着重要角色,发挥着重要作用。运用"互联网+"推动文化润疆,有助于占领文化润疆的网络宣传主阵地,加强文化润疆的网络主流意识形态话语权建设,提高文化润疆的网民参与度,更有助于提升文化润疆建设的时效性,文章还分析了"互联网+"在推动文化润疆方面面临的挑战。[1]张冠华、吴青松认为要把文化润疆工程打造成凝心聚力的铸魂工程,使新疆各族人民群众在文化交融中相互了解、相互欣赏、相互促进,夯实共同团结奋斗、共同繁荣发展的思想基础。[2]赵晓露、马志强聚焦南疆基层,通过全方位深刻理解文化润疆、多层次有效推进文化润疆、立体化举措深化文化润疆三个维度,探讨了文化润疆如何在新疆有效开展的问题。[3]任丽莉、伊力夏提·艾合麦提认为可从深化中华民族共同体意识教育、推广国家通用语言文字、加强文化领域立法工作和多层次全方位丰富群众精神生活等四个方面探索"文化润疆"的实践路径。[4]

推进民族团结进步是新时代党的治疆方略在新疆的伟大实践,陶晶、宋新伟认为依法治疆是保障民族团结进步的法治环境,团结稳疆是培育民族团结进步的社会条件,文化润疆是铸牢民族团结进步的精神纽带,富民兴疆则夯实了民族团结进步的物质基础,长期建疆是深耕民族团结进步的群众基础。[5]2018年,自治区旅游发展大会明确提出大力实施旅游兴疆战略,王伟认为旅游兴疆是贯彻新发展理念、推动新疆经济高质量发展的重要举措,在总结新疆实施旅游兴疆战略以来取得的重大成效,新疆旅游业发展取得巨大成就的同时,我们也要清醒地认识到新疆旅游经济强区建设任重道远。[6]张旭团认为新疆意识形态工作总体保持向上向好态势,但依然面临着诸多挑战,必须充分认识新疆意识形态工作的重要性,深刻分析意识形态工作面临的挑战,坚持中国共产党的领导地位和马克思主义的指导地位不动摇,在抓基础管根本利长远的问题上着重发力,确保意识形态领域安全。[7]侯菊凤、李娜从铸牢中华民族共同体意识、推动新时代新疆高质量发展的时代意蕴和二者的表里逻辑等方面,试图论述如何让铸牢中华民族共同体意识和推动新时代新疆高质量发展齐头并进,并为当下边疆民族地区治理现代化和高质量发展提供有益的启示和思考。[8]

---

[1] 卢艳玲:《"互联网+"推动文化润疆对策研究》,《新疆社科论坛》2022年第6期。
[2] 张冠华、吴青松:《开展文化润疆工程 推进中华文化认同根植各族群众心灵深处的路径探析》,《新疆社科论坛》2022年第2期。
[3] 赵晓露、马志强:《全方位多层次立体化推进文化润疆》,《新疆社科论坛》2022年第6期。
[4] 任丽莉、伊力夏提·艾合麦提:《文化润疆:时代意义、内涵诠释与实践路径》,《新疆社会科学》2022年第2期。
[5] 陶晶、宋新伟:《民族团结进步视域下新时代党的治疆方略的伟大实践》,《新疆大学学报(哲学社会科学版)》2022年第3期。
[6] 王伟:《实施旅游兴疆战略的成效、问题与对策》,《新疆社科论坛》2022年第1期。
[7] 张旭团:《新时代维护新疆意识形态领域安全面临的挑战与思考》,《兵团党校学报》2022年第5期。
[8] 侯菊凤、李娜:《从"石榴籽"紧密团结到"五位一体"腾飞发展——浅探铸牢中华民族共同体意识与新时代新疆高质量发展》,《新疆大学学报(哲学社会科学版)》2022年第6期。

（二）丝绸之路经济带核心区研究

新疆作为丝绸之路经济带核心区，有着独特的资源整合优势。李稻葵认为新疆完全可以在新一轮科技革命中带动产业革命，尤其是能源革命的基础上，做好建成区域贸易中心和人文人才交流中心这篇大文章。①林毅夫认为有了丝绸之路经济带，新疆就从内陆变成前沿，新疆就会迎来像东部作为国内国际市场的前沿所带来的千载难逢的发展机遇，会让新疆的比较优势得到更好的发挥。②邢广程认为新疆的区域性开放战略、丝绸之路经济带核心区建设，要在"双循环"战略框架内进行，也要在全国统一的大市场这个大环境下来进行，也需要在西部大开发新格局这个大背景下来进行。③丁守庆认为丝绸之路经济带核心区建设已取得显著成效，为高质量发展奠定了坚实的基础，他建议新疆进一步的举措是要打造要素集聚高地，优化体制机制环境，夯实产业发展根基。④王珺建议为进一步建设丝绸之路经济带核心区，要抓住叠加的战略机遇，加大新疆招商引资力度，以园区建设为抓手，补强产业结构的短板，发挥支点作用，促进区域联动发展。⑤

（三）对口援疆研究

对口援疆是国家战略，是实现新疆社会稳定和长治久安总目标的重要举措，郭世杰、刘明认为文化援疆对推动新疆文化事业持续繁荣发展意义重大，并对文化援疆工作机制与成效进行了阐释。⑥闫炜炜回顾了中华人民共和国成立以来的文化援疆工作，认为需要对文化援疆工作进行深入思考，重点聚焦中华文化认同、文化民生改善、文化产业发展、教育素质提升方面，使文化援疆工作和新疆发展不断取得更大的成绩。⑦对口支援新疆工作中的产业援疆，成为解决新疆经济社会发展突出问题的强有力引擎，刘玉武、王平立足马克思主义方法论，对产业援疆如何适应新疆经济社会发展战略定位作了分析，认为要把产业援疆作为系统工程，树立整体性思维，从整体上把握、谋篇布局新疆产业结构，统筹考虑社会、文化、生态环境等因素，实现新疆经济社会发展质量、结构、规模、速度、效益、安全相统一。⑧

---

① 李稻葵：《百年变局重塑与新疆发展新机遇》，《新疆社科论坛》2022年第4期。
② 林毅夫：《新发展格局与新疆作为丝绸之路经济带核心区的发展》，《新疆社科论坛》2022年第4期。
③ 邢广程：《全面开放视域下新疆丝绸之路经济带核心区建设》，《新疆社科论坛》2022年第4期。
④ 丁守庆：《高质量推进丝绸之路经济带核心区建设》，《新疆社科论坛》2022年第4期。
⑤ 王珺：《如何推进丝绸之路经济带核心区建设》，《新疆社科论坛》2022年第4期。
⑥ 郭世杰、刘明：《文化援疆工作机制与成效研究》，《新疆社科论坛》2022年第2期。
⑦ 闫炜炜：《中华人民共和国成立以来新疆地区文化援疆的历史考察与发展思考》，《新疆地方志》2022年第4期。
⑧ 刘玉武、王平：《产业援疆的"三性"分析——基于马克思主义方法论》，《新疆职业大学学报》2022年第1期。

（四）新疆经济发展研究

新疆幅员辽阔，区域经济差距和城乡经济差距都很大，城乡经济差距如何影响经济高质量发展值得关注，高志刚等以新疆14个地州（市）作为研究对象，综合利用14个地州市2000—2019年面板数据，构建了新疆经济高质量发展综合评估指标体系，探讨了城乡经济差距对新疆经济高质量发展的影响。①在中国式现代化的前进道路和时代坐标下，新疆的高质量发展至关重要，刘以雷认为对于新疆高质量发展的特殊性堵点，既要看到由于其自然条件所导致的长期性问题，也要深刻认识到思想理念、深化改革、市场环境、数字化应用以及企业家是推进高质量发展的积极变量。②

"双循环"的发展理念是经济社会发展范式的创新，是以推动形成以国内大循环为主体，国内国际双循环相互促进的新发展格局。李玲艳认为地处丝绸之路经济带核心区的新疆在"双循环"中起着重要作用，其深度融入"一带一路"建设，是应对百年未有之大变局的重要举措，对铸牢中华民族共同体意识具有积极的作用。她建议在当前的国际经济形势下，新疆应着力增强自身经济实力，为内循环的形成贡献力量，同时应发挥连接国内其他地区和中亚、西亚的纽带作用，以便深度融入"一带一路"建设。③王佩佩等以"双循环新格局"为视角对新疆已开放的13个边境口岸的综合竞争力进行了实证分析，认为目前双循环新格局下的新疆各边境口岸综合竞争力发展存在不均衡现象，呈现出金字塔式分布。④阿勒泰地区的可可托海镇、冲乎尔镇和禾木村是国家批准的特色小镇，史文杰等基于"双循环"新发展格局，根据特色小镇建设的有关要求，结合阿勒泰地区实际情况，提出构建具有国际影响力的多位一体的"阿勒泰特色小镇建设核心圈"建议，试图通过此项研究为新疆特色小镇建设和乡村振兴提供理论参考和研究依据。⑤

段秀芳、徐传昂从经济发展、社会发展、文化发展、资源环境和区域协调五个维度对新疆沿边开放30年的绩效水平进行了综合评价，认为新疆沿边开放的社会、经济和文化发展绩效水平持续快速上升且远远高于低位徘徊的南北疆区域协调绩效和资源环境绩效，并对提升新疆沿边开放各维度绩效和综合绩效水平提出了建议。⑥新疆南疆四地州是我国深度贫困地区，精准扶贫战略下南疆已如期脱贫。王卓、李梦鹤课题组在南疆阿克苏地区、喀什地区和和田地区采取田野调查的方法，对南疆女性的发展潜能问题进行了分析，以可行能力为视

---

① 高志刚、师露露、韩延玲：《城乡经济差距对新疆经济高质量发展的影响研究》，《新疆社会科学》2022年第4期。

② 刘以雷：《中国式现代化与新疆高质量发展》，《新疆社科论坛》2022年第5期。

③ 李玲艳：《"双循环"背景下新疆融入"一带一路"探析》，《北方民族大学学报》2022年第1期。

④ 王佩佩、程云洁：《"双循环"视域下沿边地区口岸综合竞争力分析——基于新疆13个边境口岸的数据》，《时代经贸》2022年第7期。

⑤ 史文杰、杨习铭、高志刚：《"双循环"背景下阿勒泰地区特色小镇发展研究》，《新疆社科论坛》2022年第1期。

⑥ 段秀芳、徐传昂：《新疆沿边开放30年综合绩效评价与提升路径》，《新疆社会科学》2022年第6期。

角，研究了就近就业对南疆农村女性的影响。[1]

（五）新疆教育文化宗教研究

吴敏基于劳动力市场的角度对1537名新疆大学生的就业能力开展了实证调查，就新疆青年学生基本能力、职业发展能力、职业能力、就业相关的个性品质及社会应对能力等方面进行了分析。[2]赵彩凤调查了吐鲁番市高昌区五所中学初中段现代教育技术应用情况，分析了学校、教师和学生在现代教育技术应用中存在的问题，为区域化推进现代教育技术在教育教学中的运用提出了相应的策略。[3]张月认为铸牢新疆青少年中华民族共同体意识是关系到新疆社会稳定和长治久安的一项基础性工程，铸牢新疆青少年中华民族共同体意识的实践路径是新时代做好新疆工作必须回答的时代课题。[4]

刘慧文、高进在南北疆17个县市的调研结果基础上，对新时代新疆推进乡风文明建设的价值、成就和经验进行了总结，认为新时代新疆推进乡风文明建设的措施包括：以正确的价值导向引领乡风文明建设、完善公共文化服务体系、深化民族团结进步教育工作、移风易俗促进乡风文明、深入推进"去极端化"宣传教育工作。[5]

陈祥军对新疆牧区习惯规范的当代价值问题进行了探讨，认为基于本土知识的牧区习惯规范在当前新疆牧区草原生态保护及生态治理中仍然发挥着重要作用。草原牧区的生态治理和生态文明建设不能脱离牧区社会本土知识，挖掘草原生态习惯规范中有益的本土智慧和实践价值，可以为牧区可持续发展和草原生态治理提供经验基础，也有利于促进国家现代法律体系的日益完善。[6]维吾尔族婚姻习惯法在本民族的婚姻生活中，一直是非常重要的社会规范，阿依佳木力·艾合买提在田野调查的基础上，对吐鲁番地区的婚姻习惯法的当代变化进行了分析，并从维吾尔族习惯法与国家制定法相结合的角度，对维吾尔族婚姻习惯法在维护社会稳定、民族团结、社会和谐方面起到的重要作用进行阐述。[7]

---

[1] 王卓、李梦鹤：《可行能力视角下南疆农村女性就近就业及效应研究》，《新疆大学学报（哲学社会科学版）》2022年第5期。

[2] 吴敏：《劳动力市场需求视角下的青年学生就业能力研究——基于1537名新疆大学生就业能力的实证调查》，《新疆社会科学》2022年第1期。

[3] 赵彩凤：《区域化推进现代教育技术应用现状及提升策略——以吐鲁番市高昌区五所中学为例》，《新疆教育学院学报》2022年第1期。

[4] 张月：《铸牢新疆青少年中华民族共同体意识的价值意蕴与路径探究》，《新疆社科论坛》2022年第6期。

[5] 刘慧文、高进：《新时代新疆推进乡风文明建设的价值、成就和经验——基于南北疆17个县市的调研》，《新疆社科论坛》2022年第6期。

[6] 陈祥军：《本土知识与生态治理：新疆牧区习惯规范的当代价值》，《北方民族大学学报》2022年第5期。

[7] 阿依佳木力·艾合买提：《新疆吐鲁番地区维吾尔族婚姻习惯法的研究》，硕士学位论文，西北大学，2022年。

"一带一路"倡议提出以来的8年时间里,新疆作为"一带一路"的核心区与向西开放的"窗口",社会经济建设取得了前所未有的成果,也为宗教极端风险的治理提供了历史性机遇。黄子豪提出在"一带一路"背景下新疆宗教极端风险的治理,应以新时代党的治疆方略和宗教工作基本方针为指引,主动抓住机遇、积极应对挑战。与"一带一路"沿线国家一起共谋发展,综合运用政治、经济和文化等手段形成多措并举的治理合力,同世界分享"一带一路"的治理经验。① 于尚平考察了新疆伊斯兰教不断走向中国化的历史轨迹。② 郭蓓、沈田认为新疆宗教工作法治化取得重大成效的同时,也面临一系列挑战,需要从修法、提高宗教工作执法水平、提高宗教界自我管理水平以及运用法治思维和法治方式处理宗教领域矛盾和问题这些方面加以完善。③

(六)新疆新闻传播研究

过去几年,新疆相关重要议题频频被西方国家关注,成为涉华报道的重点,重视外媒涉疆报道分析并做好涉疆报道传播,对我国营造稳定有利的国际舆论环境、构建与我国综合国力相匹配的国家形象具有至关重要的现实意义。廖一繁通过对2017—2021年《纽约时报》的153篇涉疆报道样本的分析,认为《纽约时报》在涉疆报道上体现出明显的双重标准,对涉疆问题基本事实"选择性失明",与美国政府涉华负面言论和政策相互呼应,抹黑了新疆的形象,并提出了相应的对策建议。④ 靳晓哲认为美国近年来涉疆人权话语的表达,实质上是对新疆的一种人权污名化。这种污名化的生成,是"疆独"势力、反华学者(智库)、美国政府等多方互动的结果。⑤ 姜禹维、戴继诚认为应对美国涉疆议题炒作,必须发扬斗争精神,对其进行针对性"反框构"回击,揭露其虚伪本质,指出其祸疆图谋,提升各族干部群众的国家意识,维护新疆社会稳定与国家安全。⑥ 李军认为随着中国的崛起,在以美国为首的西方世界采用"和平演变"方式把中国变为"我者"的企图失败后,为了遏止中国的崛起与发展,开始把中国变为"他者",采用贸易战的方式进行打压。受挫后,指使郑国恩之类的所谓"学者",杜撰所谓中国新疆存在民族灭绝、强迫劳动等侵犯"人权"问题,其实质就是借打新疆牌,抹黑中国的国际形象,并最终达到遏制中国崛起的目的。⑦

(七)新疆生产建设兵团研究

新疆生产建设兵团成立六十多年,在开发建设新疆、稳定西北边防、维护民族团结等方

---

① 黄子豪:《"一带一路"背景下新疆宗教极端风险治理研究》,硕士学位论文,中国人民公安大学,2022年。
② 于尚平:《新疆伊斯兰教中国化的历史考察》,《科学与无神论》2022年第3期。
③ 郭蓓、沈田:《新疆宗教工作法治化研究》,《新疆警察学院学报》2022年第2期。
④ 廖一繁:《〈纽约时报〉涉疆报道框架分析(2017—2021)》,硕士学位论文,北京外国语大学,2022年。
⑤ 靳晓哲:《美国对新疆的人权污名化及其逻辑》,《人权》2022年第3期。
⑥ 姜禹维、戴继诚:《美国涉疆议题框架建构与中国应对》,《统一战线学研究》2022年第5期。
⑦ 李军:《现象与政治:西方世界对中国的"他者"想象——兼驳郑国恩(Adrian Zenz)等对中国新疆的荒谬想象》,《新疆大学学报(哲学·人文社会科学版)》2022年第2期。

面发挥了重要作用，成为全国乃至整个世界最为独特的边疆治理典范。鲁俣亨对1949—1954年兵团历史发展进程进行了考察，认为研究此阶段的历史，对我们了解兵团的创业步伐、探寻兵团文化的源流具有重要意义。①姚勇通过对新疆生产建设兵团边境团场创建的回顾，认为边境团场不仅是生产队，更是战斗队和工作队，它们与国防军一起捍卫国家的领土主权，结束了中华人民共和国成立以来中苏边界有边无防的状况，是中国共产党合力治边方略的一大创举。②

三、小结

在我国统一的多民族国家的长期历史演进中，新疆各族人民与全国人民共同开拓了我国辽阔疆土，共同缔造了多元一体的中华大家庭，新疆始终是我国组成部分的事实不容置疑。在新疆历史研究方面，学者们在研究中突出新疆在中国行政区划中的地位，在价值取向上强调国家建构与整合，在文化层面强调西域文化与中华文化的内在联系性和共性，强调新疆区域史与国家整体历史的统一性、联系性研究。从新疆历史研究内容方面来看，与以往相比，历朝各代各个方面几乎都有所涉及，尤其集中在汉、唐、清等几个朝代，这是因为这几个朝代为经略新疆较为成功的时期，学者们希望通过对这些时期成功治理新疆的经验总结，为今天的新疆治理提供历史资源。在对新疆历史上政治、经济、社会、文化几乎都涉及的前提下，仍偏重于新疆政治史的研究，尤其是清代新疆政治史的研究。学者们的研究视野也呈现多样化，既有对微观层面的深入研究，也有具有世界史眼光的宏观研究，这使得2022年新疆研究的水平得以提高。2022年新疆研究的另一个突出特点是"新疆考古的新发现、新成果呈现出井喷之势"。③这一方面得益于新疆考古被纳入"考古中国"重大项目之中，另一方面也说明新疆是考古资源丰富的地区。丰硕的考古研究成果使新疆考古的影响力不断提升。从研究分布来看，2022年新疆历史研究偏重于汉、唐、清、民国历史研究，其它时期虽有涉及，但还是略显单薄。此外文化、民族、宗教史的研究成果明显少于政治史的研究。

2022年新疆历史研究中清代与民国时期研究成果较为丰富，在清代研究方面研究方法以历史学方法为主，辅以语言学、文学、社会学、民族学等多学科研究方法或视角。就研究内容来看，清代新疆治理史与社会文化、民族关系史研究成果丰富，但关于宗教信仰、军事体系、边界边防、自然地理与社会民俗等领域的研究尚有较大的挖掘空间。从研究时段来看，仍呈现出两头大中间小的局面——时段侧重于乾嘉与清末。中长时段的宏观论述比较少见，清末新疆研究聚集于对清末吐鲁番厅档案的使用。因为田野调查与多语言史料的运用，清中晚期的回疆治理、民族关系、城镇发展等方面亦取得了突出的成就。可见文献考证与田野实践结合，满文、察合台文等多语种档案史料的运用，仍是清代新疆历史研究的增长点所在。

---

① 鲁俣亨：《奠基阶段（1949—1954）兵团文化孕育生成研究》，硕士学位论文，石河子大学，2022年。
② 姚勇：《"伊塔事件"与新疆兵团边境团场的创建》，《新疆大学学报（哲学社会科学版）》2022年第6期。
③《新疆考古新成果缘何"井喷"》，《新疆日报》（汉）2023年3月21日。

民国研究在各个主题方面几乎都有涉及，但还是有一定的提升空间，一是在史料的发掘方面仍有相当的潜力，新疆各区、地（州）、县级档案馆、图书馆、文史研究馆、博物馆等均收藏着大量民国新疆时期的档案，但是这些第一手的档案资料的整理和利用还是有限的。报刊文集、杂志以及相关碑刻资料、私人日记等，都应作为重要的史料加以收集。少数民族文字的史料、外语资料较少被利用，应投入更多的人力、物力对这些材料进行整理与研究。二是偏重政治史，而社会经济史、文化史方面的研究成果不足。政治史长期以来是民国新疆史最重要的领域，2022年的产出继续位居各方面之最。但从学科全面发展的角度考虑，在研究专题方面，应对较为薄弱的社会史、经济史、文化史等内容投入较多的精力，以改变过去只注重精英史、政治史、外交史的状况，通过加深对于社会经济史、文化史的研究，有助于更加全面了解民国时期新疆的基层社会与民众生活。

在新疆当代问题研究方面，2022年研究涉及内容较广，尤其在治疆方略研究、丝绸之路经济带核心区及新疆经济发展研究方面成果较多，这说明新疆当代问题研究学者们紧扣了新疆稳定与发展两大主题；而且有不少国内知名学者参与到新疆发展研究的讨论中，使新疆当代问题研究走向深化。

学术活动

【2021 中国边疆经济开放发展论坛】[①]

2022年1月7—9日，由对外经济贸易大学和广西大学联合主办的2021中国边疆经济开放发展论坛在广西南宁举行。广西壮族自治区政协副主席、广西大学党委书记王乃学出席论坛并致辞。中央政策研究室原副主任、广西大学广西发展研究院理事会第一理事长郑新立作主旨报告。

王乃学在致辞中指出，在"十四五"新发展阶段，在广西举办边疆经济开放发展论坛，正当其时、意义非凡。论坛积极贯彻落实习近平总书记在2021年4月考察广西时提出"四个新"总要求，通过推动共建"一带一路"高质量发展，构建周边地区命运共同体；推动构建创新发展体制机制，探索培育双边互嵌、融合发展的新模式；推进边疆经济高质量发展，探索边疆产业体系优化升级新路径。要发挥本次论坛在兴边富民和边疆地区经济高质量发展上的作用，加快建设新时代中国特色社会主义壮美广西。

郑新立以"稳字当头关键是稳增长"为题作主旨报告。他深入浅出地介绍了构建新发展格局的关键在扩大内需、打通消费需求不足和城乡市场分割这两大堵点等内容。

论坛由广西大学中国边疆经济研究院、对外经济贸易大学国际经济研究院、广西创新发展研究院、广西大学经济学院/中国—东盟金融合作学院、工商管理学院、中国边疆经济研究会和广西发展战略研究院承办。国家发改委、商务部、文旅部等相关部委，国务院发展研究中心、中国社会科学院、中国人民大学、对外经济贸易大学、福建社会科学院等高端智库以及边疆九省区的领导专家出席会议。论坛针对当前及"十四五"时期边疆经济发展面临的新形势、发展机遇及挑战进行深入分析，并结合国家经济发展战略，对边疆经济的模式创新、发展路径、产业链构建等建言献策。

在主旨发言环节，专家们提出在新形势下，边疆经济发展要放在国家整体战略布局中，科学谋划、统筹布局、整合资源、创新发展；要用新发展理念引领边疆经济的发展，构建边疆经济发展的产业支撑体系；创新边境贸易发展模式，促进边民互市商品落地加工，培育边疆经济发展新的竞争力；促进边疆经济高质量发展，推动边疆经济与周边国家、"一带一路"沿线国家和地区的合作不断深化，形成以边疆为枢纽的内外联动的发展新格局；推动构建边疆经济学，指导边疆经济发展等。

在主题发言和对话互动环节，与会专家学者就新形势下进一步聚焦边疆进行讨论。国家发改委价格成本调查中心主任黄汉权，对外经济贸易大学国际经济研究院院长助理、广西大学中国边疆经济研究院副院长李计广，商务部国际贸易经济合作研究院副院长曲维玺，中央政策研究室经济局原副局长白津夫等围绕"新形势下边疆经济发展"展开讨论，建言献策。中国社会科学院中国边疆研究所所长邢广程，全国日本经济学会副会长、商务部亚洲司原司长、中国驻日本使馆原商务公使吕克俭，新疆发改委"一带一路"处处长刘让群，中国商务出版社社长郭周明等就"边疆经济发展与周边国家合作"进行深入探究，亮点纷呈。

对外经济贸易大学国际经济研究院院长助理、广西大学中国边疆经济研究院副院长

[①] 资料来源：广西大学经济学院官网，2022年1月11日，https://news.gxu.edu.cn/info/1002/39195.htm。

李计广，对外经济贸易大学博士生导师、广西大学中国边疆经济研究院院长、广西大学经济学院学术院长李光辉在会上发布《2021中国边疆经济发展年度报告》及《边疆经济学概论》等系列丛书。

广西大学在边疆经济领域深耕多年，在团队建设、边疆经济研究、人才培养等方面取得显著成绩。"十四五"期间，广西大学中国边疆经济研究院将进一步提升能力，在服务国家"一带一路"、新时代广西开放型经济发展等方面发挥更大的作用，更好地服务应用经济学一流学科、"双一流"建设。

【首届"一带一路"高质量发展学术论坛】[①]

1月22日，由中国科学院地理科学与资源研究所、中国人民大学重阳金融研究院等16家研究机构联合发起的首届"一带一路"高质量发展学术论坛在京召开。

业内知名专家学者150多人通过线上线下的方式参与此次论坛，就提高"一带一路"话语权、防范"一带一路"建设风险、"一带一路"研究建议等话题展开讨论，为推动"一带一路"高质量发展建言献策。

"一带一路"高质量发展学术论坛秘书长、中国科学院地理科学与资源研究所副所长刘卫东在会上表示，加强"一带一路"学术共同体建设已经迫在眉睫；当前共建"一带一路"国际环境日趋复杂，急需政府管理部门、学术界、智库和企业更加紧密地团结在一起，努力营造更加有利的建设环境和话语权。

"一带一路"高质量发展学术论坛副秘书长、中国人民大学重阳金融研究院执行院长王文在会上表示，不应过分夸大"一带一路"的全球风险。王文认为，目前"一带一路"建设虽然面临西方国家技术围堵、舆论战、新冠疫情等风险；但同时，与西方国家的合作超出预期、中老铁路在疫情下顺利通车等实例也表明，风险还在可防范的范围内。

谈及"一带一路"的发展定位，国家发改委"一带一路"建设促进中心主任翟东升在会上表示，"一带一路"至少有三个发展定位，一是对外开放的重大举措，二是经济外交的顶层设计，三是构建人类命运共同体的实践平台。

北京大学国家发展研究院名誉院长、"一带一路"国际合作高峰论坛咨委会成员林毅夫表示，中国经验很有说服力，中国以基础设施作为互联互通的抓手，构建利益命运责任共同体，会在短时间里产生巨大影响。

外交部原副部长、中国人民大学重阳金融研究院高级研究员何亚非在会上强调，"一带一路"高质量发展已经提上议事日程，随着全球化进入新阶段、中国经济转型加速、国际合作逐步走出新冠疫情的阴影，国际社会对"一带一路"倡议的关注度再度高涨。

对于下一步如何开展"一带一路"建设，原保监会副主席周延礼在会上建议，要重点完善风险管理机制，做好对一些新兴国家的研究，充分发挥G20机制协调全球政策，推动世界经济增长，为下一步开展"一带一路"建设注入新的动力。

此次论坛旨在成为集理论研讨、学术对话、对策研究、前瞻分析和经验总结为一体的机制化交流平台，把政府管理部门、学术界、智库和企业更加紧密地团结在一起，为"一带一路"高质量发展提供支撑，为讲好

[①] 资料来源：新华丝路网站，2022年1月23日，https://www.yidaiyilu.gov.cn/xwzx/gnxw/217067.htm。

"一带一路"故事筑牢基础。

【中国新疆与中亚地区互联互通研讨会】

为贯彻落实习近平主席关于构建中国—中亚命运共同体重要讲话精神，2022年2月14日，中国社会科学院中国边疆研究所与交通运输部职业资格中心在中国历史研究院举行中国新疆与中亚地区互联互通研讨会暨合作交流会，中国社会科学院学部委员、中国边疆研究所所长、新疆智库办公室主任邢广程，交通运输部职业资格中心副主任刘鹏出席会议并致辞。会议由中国边疆研究所副所长范恩实主持，新疆维吾尔自治区博尔塔拉蒙古自治州党委副秘书长皮履屏、交通国际合作事务中心有关人员及边疆所全体人员参加会议。

邢广程所长在致辞中指出，新疆作为丝绸之路经济带核心区的地理区位极为重要，"一带一路"六大经济走廊中的四个都与新疆有关联。互联互通是"一带一路"建设的重要理念，主要表现在"硬联通"和"软联通"两个方面。2022年1月25日，习近平主席在与中亚五国建交30周年视频峰会中提出了"构建更加紧密的中国—中亚命运共同体"倡议。在进一步深化我国同中亚地区的互联互通方面，新疆扮演着非常重要的角色，为此应加强相关研讨和交流。中国社会科学院中国边疆研究所高度重视与交通部职能部门之间的紧密合作，交通国际合作事务中心长期从事相关工作，经验丰富，感谢刘鹏副主任一行莅临指导，边疆所愿协助交通部为构建中国—中亚命运共同体积极作出贡献。

刘鹏副主任在致辞中指出，交通运输部职业资格中心正从传统外事服务机构向交通国际智库转型，这一过程离不开中国边疆研究所的大力支持和帮助，对此深表感谢。在习近平总书记提出"与世界相交，与时代相通"理念和我国加快建设交通强国战略背景下，交通部从事国际合作的任务更为艰巨，希望今后双方进一步加强交流与合作。

在主题发言中，交通运输部职业资格中心发展部主任梁英超认为，2020年底《上海合作组织成员国政府间国际道路运输便利化协定》规划的6条国际道路运输线路正式开通，标志着中国新疆与中亚地区互联互通取得重大进展。但是，新疆与中亚地区互联互通仍面临一系列问题和挑战，主要包括大国关系因素、地区发展不平衡、资金缺口及融资瓶颈、中亚国家内部不稳定因素、域外大国介入和新冠疫情冲击等。对此他提出四点建议：一是积极推进构建中国—中亚命运共同体，加强双方政治互信，抵消外部因素影响；二是推动机制化建设，提高合作效益；三是积极拓宽融资渠道；四是注重可持续发展。

新疆维吾尔自治区博尔塔拉蒙古自治州党委副秘书长皮履屏结合实际情况提出两个问题：一是博尔塔拉蒙古自治州到哈萨克斯坦的国内公路段中，从精河到阿拉山口的路段已于去年贯通，而从阿拉山口到哈萨克斯坦乌恰拉尔的公路尚未贯通；二是2022年将增建精河到阿拉山口的铁路复线，但第二亚欧大陆桥中从阿拉山口到莫因特的铁路仍是单线。从多斯托克到阿克斗卡距离是312公里，从阿克斗卡到莫因特距离是521公里，总共是833公里，如果这条道路贯通，经过阿拉山口的运能就能从2000万吨提升到6000万吨。中国边疆研究所新疆研究室主任许建英认为，新疆地处欧亚大陆核心，三山夹两盆的地形决定了新疆东西走向的基本交通特点。新疆丝绸之路遗产是重要的历史文化品牌，促进了东西方交流，阿尔泰山、伊犁和帕米尔为三个连接点，为当代新疆与中亚互联互通提供重要启示。"一带一路"倡议提出以来，新疆社会发展发生很大变化。但目前新疆在中蒙俄和中国—中亚—西亚两大经济走廊建设上仍存在欠缺。新时代背景下，新疆在丝绸之路经济带建设方面呈现出多样化特点，未来发展应考虑如何推进智能化建设以及重塑地缘政治问题。在促进新疆与中亚地区互联互通方面，他建议完善内部交通，如加强环天山建设、水利交通建设；完善对外联通，如重视环阿尔泰山建设、环帕米尔建设。中国社会科学院中国边疆研究所北部边疆研究室主任、新疆智库办公室副主任吕文利认为，我国已进入以国内大循环为主体、国内国际双循环相互促进的新发展格局，边疆地区面临着如何更好地融入国内大循环和搞好国内国际双循环两大问题。高水平对外开放推动国内经济高质量发展，即高水平外部循环带动高质量国内循环。要以制度性开放打通阻碍国内国际双循环相互促进的制度性壁垒，建立双循环的新机制。建设高质量跨境经济合作区是边疆地区打造双循环的战略平台，是建立双循环相互促进的新机制，也是互联互通的重要平台和载体。以新疆为例，国务院批准设立的跨境经济合作区只有中哈霍尔果斯边境合作中心，从统计数据看，霍尔果斯尝到很多甜头。因此关于我国通过跨境经济合作中心建设以加强与中亚互联互通，是值得加以研究的重要命题。

会上，中国边疆研究所与交通国际合作事务中心就深化双方务实合作交流展开深入交流。交通国际合作事务中心主任雷小芳、中国边疆研究所西藏研究室主任张永攀、中国海洋史研究室主任侯毅、东北边疆研究室副主任初冬梅、海疆研究室副主任李欣分别发言，提出相关研究思路和建议。双方就进一步开展广泛深入合作交流达成重要共识，在拓展合作交流的方向和领域、提升合作交流的规格和水平、增进合作交流的机制化建设等方面形成初步方案。会议最后，邢广程所长、刘鹏副主任作了总结讲话。

（撰稿人：董伟燕）

【新时代边疆治理与铸牢中华民族共同体意识研讨会】

2022年3月26日，由中国社会科学院中国边疆研究所国家与疆域理论研究室、北京师范大学中国社会管理研究院/社会学院、广西民族大学中华民族共同体意识研究院/西南民族地区基层治理研究中心三家研究单位联合举办的新时代边疆治理与铸牢中华民族共同体意识研讨会在中国历史研究院顺利举行。依照新冠疫情防控相关要求，会议采取线上线下相结合方式。

开幕式由中国边疆研究所国家与疆域理论研究室主任李大龙编审主持，中国边疆研究所党委书记刘晖春，广西民族大学党委书记卞成林，北京师范大学中国社会管理研究院/社会学院党总支书记、副院长赵秋雁分别致辞。

刘晖春书记指出，边疆所开展的新时代边疆治理与铸牢中华民族共同体意识研究，是贯彻落实习近平总书记有关新时代边疆治理重要论述的一项重要工作。在致辞中他提出三点希望：希望从事边疆研究的科研人员不负国家和时代使命，通过研究帮助国家解决边疆面临的重大问题；希望通过跨学科和学术机构的横向联合，针对边疆现实问题展开深入研究，共同选题，协同研究；希望通过深入的边疆实地调研，脚踏实地以学术服务于党和国家。

卞成林书记提出广西作为边疆省区当前所面临的五大迫切需要攻克的难题，以及广西中华民族共同体意识研究院在开展"边疆治理与铸牢中华民族共同体意识"方面研究的基础优势和区位、团队优势,希望进一步加强与中国社会科学院、北京师范大学的合作,通过学术资源的"互联互通"和联合攻关,共同总结广西创建全国民族团结示范区的经验,为新时代我国边疆治理方略的充实和完善,巩固发展边疆民族团结、社会稳定发挥"思想库"和"智囊团"作用。

赵秋雁书记指出,全面建设现代化新征程中边疆治理意义重大,边疆研究的复杂性需要多学科知识体系协同推进,边疆治理的迫切性需要政府、高校、科研机构、社会组织和企业等多元主体通力合作。北京师范大学中国社会管理研究院/社会学院将发挥国家高端智库建设试点单位和社会学主建单位的优势,与中国社会科学院中国边疆研究所和广西民族大学深入合作,服务国家重大战略。

与会专家学者们来自历史学、人类学、民族学、社会学、语言学、国际关系学、法学等多个学科,分别从各自的专业视角对新时代边疆治理和铸牢中华民族共同体意识进行阐发。中国社会科学院中国历史研究院副院长孙宏年研究员认为,习近平总书记提出的"四个共同"是铸牢中华民族共同体意识之"根",多学科研究是铸牢中华民族共同体意识之"基","五个认同"是铸牢中华民族共同体意识之"魂"。中国社会科学院民族学与人类学研究所陈建樾研究员以"建国最初十年民族工作原则的提出与实践"为论题进行探讨,认为新中国成立后才真正实现了在民族平等基础上的民族区域自治。新中国成立初期,党和政府的民族区域自治政策要"打破厚墙",建立汉族与各少数民族更融洽、更紧密的民族关系,造就了民族工作的"十年黄金期",奠定了日后民族工作的基本原则,即坚决反对民族分裂、保障各民族平等、推行民族区域自治等。清华大学社会学系的张小军教授从人类学角度探讨了"边疆治理与人类发展",他辨析了"治理"一词在中国历史上的含义,认为中国古代的"治理"核心是"文化之治"。在当代边疆治理中,应该推动各民族对中华文化的认同、对统一多民族国家的认同,形成正确的民族观、文化观、宗教观。

中国边疆研究所李大龙编审探讨了"中华民族共同体属性和建设途径"的问题,指出中华民族、中华民族共同体的属性是多民族国家的"国民",中华民族共同体是中华大地上众多人群在共同缔造家园过程中逐渐形成和发展起来的,以家园、家人和"大一统"为核心的中华文明是"构筑各民族共有精神家园"的主要内容。

中央民族大学严庆教授以具体案例分析了"边"的效应与铸牢中华民族共同体意识之间的关系,提出了"人人边疆、地地边疆、人地边疆、季节边疆、游动边疆、友好边疆、防范边疆"等各种具体存在的边疆形态。严庆教授认为在众多"内外差别"的景观围绕下,沿边地区实际上具有强化民族团结的天然优势。各地从事民族工作的人员必须深入边疆民族地区的"现场",挖掘"有形、有感、有效"的资源,在"润物细无声"中推进民族工作。

北京师范大学尉建文教授从社会学的视角提出,应该以更加深入的调研来发现边疆社会的深层次问题,把边疆研究做到祖国大地上。在圆桌会议中,中国边疆研究所副研究员罗静、王昱廷、白帆、时雨晴,助理研究员葛小辉、孔迎川,中国社会科学院语言研究所贾媛研究员,华东师范大学王锐副教授继续围绕边疆治理的历史经验与当代启示、新时代边疆治理思想、国家治理体系与铸牢中华民族共同体意识等问题展开具体讨论。

王昱廷、贾媛就"文化润疆"、边疆地

区国家通用语言推广、学前与义务教育等问题加以研讨。王锐梳理了西方史学界在当代解构主义思潮影响下，对中国历史形成的误解与歪曲。时雨晴、葛小辉就中国传统文化、礼制视角下的"大一统"与边疆治理进行了讨论。白帆以人权的视角解读了中国边疆治理的实践，从理论上有力地回击了西方对我的人权污名。孔迎川梳理了党的十八大以来习近平总书记关于边疆民族地区治理的调研与讲话，认为在铸牢中华民族共同体意识思想的指导下，"一带一路"等的实施，使得边疆民族能够从区域发展中更好地获益，推动了边疆地区从"边缘"变为"枢纽"。罗静认为中国共产党的边疆治理以确立边疆人民主体性为根本目标，跳出了"族际主义""区域主义"理论藩篱。新中国成立以后的中华民族共同体秩序是在中央人民政府引领带动边疆各族人民变成平等的公民，参与到建设现代人民主权国家进程中完成的，并最终塑造了社会主义国家体系中超越族群和血缘的中华民族共同体秩序。

广西民族大学铸牢中华民族共同体意识研究院常务副院长刘金林教授对圆桌会议进行了总结，并表示下一步应加强与中国社会科学院中国边疆研究所、北京师范大学等科研院所、高校和智库的合作，以广西民族大学为研究基地，共同推动铸牢中华民族共同体意识研究。本次会议问题聚焦、讨论热烈，对当前的理论热点问题进行了深入探讨，也对今后的研究选题提出真知灼见，在学术上取得了一定的开创性进展。

（撰稿人：孔迎川）

【中国社会科学论坛（2022）："一带一路"倡议视域下中国—阿富汗—巴基斯坦互联互通合作】

2022年4月15日，中国社会科学论坛（2022）在京举行，论坛主题为"'一带一路'倡议视域下中国—阿富汗—巴基斯坦互联互通合作"。中国社会科学院副院长、中国历史研究院院长高翔出席会议并致辞。中国外交部阿富汗事务特使岳晓勇大使出席会议并作主旨演讲。来自中国、巴基斯坦、阿富汗、伊拉克等国家相关领域的多位专家学者通过线上线下相结合的方式参会研讨。高翔指出，近年来，全球疫情持续蔓延，百年变局深刻演进，大国关系跌宕起伏，不稳定性不确定性显著上升。中国国家主席习近平提出的人类命运共同体理念和共建"一带一路"发展倡议，为世界应对动荡变革期提供了方案。中国与阿富汗和巴基斯坦是传统友好邻邦，三国山水相连，人文相通，曾共同缔造了古丝路文明，为东西方交融互鉴作出重要贡献。2021年阿富汗形势出现根本变化以来，中国与巴基斯坦第一时间以平等和尊重的方式同阿临时政府开展对话交流，第一时间克服困难向阿方提供紧急人道援助，第一时间推动建立阿邻国外长机制。特别是在帮助支持阿富汗和平重建方面，中国提出要以惠民生为目标，推进中阿巴三方务实合作。

高翔表示，中国社会科学院历来重视加强中国与周边国家关系和"一带一路"建设研究，在人文历史、国别区域等专业领域具有扎实的研究基础和较高的学术水平。边疆海疆地区是我国与周边国家构建命运共同体的前沿地带，共建"一带一路"倡议又是我国与周边国家共同参与区域治理、构建命运共同体的重要载体和平台，这些议题均是中国社会科学院学者高度关注的重点研究领域。相信此次会议将为中阿巴三国更高水平务实合作提供新的真知灼见，希望与会专家学者畅所欲言，为推动"一带一路"建设行稳致远、推进中国边疆与周边国际区域合作务实深化提供启迪与智慧。

中国外交部阿富汗事务特使岳晓勇表示，阿富汗是连接南亚与中亚的枢纽，只有加强互联互通、融入区域合作，才能充分释放阿富汗的地缘优势，更好地促进和平与合作。稳步推进地区合作是推动阿富汗和平重建进程的关键因素。当前形势下，中国、阿富汗和巴基斯坦应重启三方合作机制，本着相互尊重、平等协商、互利共赢的原则，以睦邻友好为理念，构建三方政治互信；以惠民生为目标，着眼大局以及各方共同利益，推进三方务实合作；以共同、综合、合作、可持续的新安全观为指引，加强反恐安全合作。中方支持中阿巴在"一带一路"框架下加强合作，支持中巴经济走廊向阿富汗延伸，愿推动"一带一路"倡议同阿富汗发展战略对接，帮助阿富汗这个饱经沧桑的国家重现"亚洲之心"的辉煌。

作为新型的次区域合作实践，中阿巴三方合作近年来展现出蓬勃的生命力，在增进三方团结、推进阿国内政治和解、促进地区共同发展等方面取得了积极成果。会上，中外学者围绕高质量共建"一带一路"、加强中阿巴互联互通、中巴经济走廊建设、阿富汗经济重建等议题进行了深入研讨。

3月30—31日，第三次阿富汗邻国外长会系列会议在安徽屯溪成功举办。会议取得重要共识和成果，《阿富汗邻国关于支持阿富汗经济重建及务实合作的屯溪倡议》（以下简称《倡议》）是其中之一。中国社会科学院学部委员、中国边疆研究所所长邢广程表示，《倡议》明确了各方在互联互通、经贸等重点领域向阿富汗提供的实质性支持，将为今后阿和平重建、稳定发展发挥重要推动作用。《倡议》中，中国提出支持中巴经济走廊、中国—中亚—西亚经济走廊向阿富汗延伸，帮助阿富汗更好融入地区经济一体化进程。在邢广程看来，作为"一带一路"倡议的先行先试项目，中巴经济走廊在"一带一路"六大经济走廊中最为成熟，为巴基斯坦社会经济发展作出了巨大贡献。更为重要的是，该走廊将阿富汗、中亚和中国西北这些深处内陆的地区同海洋关联起来，极大地改善了欧亚地区互联互通状况。未来，应以中巴经济走廊为支点，促进"一带一路"六大经济走廊之间的互联互通，以及陆上丝绸之路和海上丝绸之路之间的互联互通，由此实现"互联互通+"。

巴基斯坦开普省投资贸易委员会首席执行官哈桑·达乌德·巴特将"一带一路"倡议和中巴经济走廊比喻为"地区繁荣的希望之光"。他表示，得益于"一带一路"和中巴经济走廊建设，巴基斯坦已成为区域转运和物流中心，发展成为出口导向型的经济体。推动中巴经济走廊向阿富汗延伸，必将促进阿出口贸易，有利于阿和平重建和稳定发展。中国现代国际关系研究院南亚研究所所长胡仕胜表示，就未来新一轮阿富汗经济重建而言，互联互通建设是重中之重。互联互通建设既是盘活阿经济要素的根本路径，也是阿"以发展促安全保稳定"的根本路径；既是将阿地缘优势转化为经济发展优势的关键所在，也是避免阿成为地缘破碎地带的关键所在；既是助力阿"矿业兴国"的必由之路，更是确保阿中央政权打破城乡壁垒并推动农村迈上开放、包容、稳定、安全发展轨道的必由之路。中国社会科学院国际合作局局长王镭主持论坛开幕式。论坛由中国社会科学院学部主席团主办，中国社会科学院中国边疆研究所、交通运输部交通国际合作事务中心、中国社会科学院边疆安全与发展研究中心、中国社会科学院新疆智库联合承办。

（撰稿人：高　莹　王昱廷）

【丝绸之路经济带核心区建设与新疆经济社会发展学术研讨会】

2022年4月18日，由中国社会科学院中国边疆研究所、新疆智库办公室主办的"丝绸之路经济带核心区建设与新疆经济社会发展"学术研讨会在中国历史研究院以线下线上相结合的方式召开。来自中国社会科学院中国边疆研究所、中央民族大学、新疆社会科学院、石河子大学、新疆财经大学的多位相关领域专家学者参与研讨。中国社会科学院学部委员、中国边疆研究所所长、新疆智库办公室主任邢广程研究员作了主旨演讲。

邢广程研究员提出了推进新疆丝绸之路经济带核心区建设的若干维度和思路。第一，发展是新疆长治久安的重要基础。这是习近平总书记在第三次中央新疆工作座谈会对新疆发展问题作出的重要指示，而"富民兴疆"是新时代治疆方略的重要组成部分。第二，推动高质量发展是实现新疆工作总目标的路径。第三，新疆发展是迎接新形势下各种挑战的需要，如新冠疫情、国际恐怖主义和极端主义渗透的压力。此外，西方涉疆制裁、俄乌战争也成为直接影响新疆丝绸之路经济带核心区建设的外部因素。第四，新疆发展是由解决我国主要矛盾决定的，要着力解决新疆发展不平衡和不充分的问题，更好地满足新疆各族人民日益增长对美好生活的需要。

新时代背景下，党和国家已为我国整体经济和区域经济发展蓝图提出科学思路，新疆应积极全面融入国家总体发展理念和战略布局，在新发展理念、"双循环"战略、高质量发展框架、区域协调和统筹思路、全国统一市场框架下，实现经济社会发展。此外，要在"一带一路"倡议框架下发展新疆，着力破解新疆丝绸之路经济带核心区建设难题，充分发挥新疆外部联动的核心作用，以及其在统筹丝绸之路经济带四条相关经济走廊方面的核心作用，助力实现我国与周边国家和地区"互联互通+"。最后，要在高质量对外开放基础上发展新疆，通过丰富对外开放载体、提高对外开放层次、创新开放型经济体制、打造内陆开放和沿边开放的高地，推动实现"一带一路"高质量发展。研讨环节，与会专家学者们就新疆丝绸之路经济带核心区建设与新疆经济社会发展相关议题展开热烈研讨，充分肯定了"一带一路"建设以来，新疆维吾尔自治区党委政府在贯彻落实丝绸之路经济带核心区建设工作方面取得的优异成绩。

石河子大学经济与管理学院倪超军教授从"一港、两区、五大中心、口岸经济带"主线建设上介绍了新疆丝绸之路经济带核心区建设成绩。（1）"一港"建设方面，乌鲁木齐国际陆港区形成了"集货、建园、聚产业"的运作模式，打造成欧亚陆路国际物流枢纽、国际供应链组织中心和开放型现代产业集聚高地。（2）"两区"建设方面，喀什和霍尔果斯两大区域在经济总量、工业增加值、招商引资资金和项目等指标上均取得显著成绩。如2021年，喀什经济开发区经济总量实现50.8亿元，同比增长30.6%；工业增加值7.1亿元，同比增长42.3%；一般公共预算收入6.3亿元，同比增长25.1%；固定资产投资增长40.8%，招商引资到位资金增长75.2%。（3）"五大中心"建设方面，交通枢纽中心、商贸物流中心、文化科教中心、医疗服务中心、区域金融中心建设均取得实质性进展，一批批重大基础设施落地开花，对外互联互通的合作不断深化。据统计，2021年经霍尔果斯口岸进出境中欧班列通行列数就占全国各铁路口岸通行列数的近50%，居全国首位。（4）"口岸经济带"建设方面，以喀什、霍尔果斯、阿拉山口和塔城为代表的沿边口岸，加快发展进出口资源加工业、劳动密集型产业、先进制造业等外向型经济，正逐步由"通道经济"向"产业经济"转变。

新疆社会科学院经济研究所王宏丽副研究员从"政策沟通""设施联通""贸易畅通""资金融通""民心相通"方面分别梳理了建设成效。比如在当前疫情模式下，新疆继续以互联网、大数据、云平台等技术，开展数字化、智慧化、平台化的线上沟通交流模式推进"政策沟通"；新疆继续在跨区域综合运输大通道建设及综合交通枢纽一体化发展上大力作为，继续在加快推动铁路、公路及航空等基础设施联通建设上加强"设施联通"；由于疫情影响下的航空、海运等传统运输通道运能受阻，全国呈现出强势的向西畅通态势，新疆贸易畅通形势良好。中欧班列规模快速发展，新始发、新到达、新联运方式的中欧班列不断涌现。

新疆财经大学经济与管理研究院何剑教授从新疆口岸通行能力角度总结了主要进展。2021年，新疆口岸通行在全国口岸通关货物总量中占40%，进出口货运量达6000多万吨，阿拉山口和霍尔果斯过货量占绝对比重，与哈萨克斯坦、吉尔吉斯斯坦和巴基斯坦这三个国家建立了5个农副产品快速通关的绿色通道，新疆成立了4个综合保税区。另外从海关的通关效率来看，2021年中欧班列中排全国第一，进口、出口海关的时间比全国平均时间都短，居于领先地位。在对外贸易情况方面，新疆的进出口总值达200亿美元，与170多个国家有贸易往来，前三大口岸分别是哈萨克斯坦、吉尔吉斯斯坦和塔吉克斯坦。

中国边疆研究所王垚副研究员指出，"一带一路"建设以来，新疆经济社会发展主要体现在：（1）在经济水平方面，经济增长速度快。2021年新疆地区生产总值15983.65亿元，较2013年的8392.57亿元增长了90.45%。（2）在城镇化水平方面，新疆城镇人口从2013年的1006.93万人上升到2021年的1482万人，城镇化率从44.47%上升到57.24%。2020年，第七次人口普查数据，新疆常住人口为25 852 345人，与2010年第六次全国人口普查的21 813 334人相比，增加4 039 011人，增长18.52%，年平均增长率为1.71%。分别比全国平均水平高出13.14个百分点和1.18个百分点。（3）在贸易方面，国内贸易发展势头良好，新疆消费需求旺盛。国际贸易近年来受疫情等因素影响呈现波动特点，边境贸易水平较为稳定。（4）在产业发展方面，"一带一路"建设以来新疆旅游业发展迅速，疫情影响下国内旅游收入依然保持较高水平，国际旅游收入也不断升高。

在肯定既有发展成效的同时，学者们也指出新疆丝绸之路经济带核心区建设面临的一些挑战。倪超军教授指出，当前面临问题主要体现在新疆经济总量和规模较小，与核心区地位不匹配；产业高质量发展水平不足，难以长期支撑核心区建设；招商引资面临现实约束，营商环境有待进一步改善；口岸基础设施建设滞后。王宏丽副研究员指出，受不利因素叠加影响，核心区建设难度加大；口岸经济经受较大冲击，企业开工不足；出口车皮短缺问题突出，物流成本增大；"双循环"新格局中传统优势弱化明显。何剑教授指出，新疆口岸通行能力面临通道交通设施建设滞后、铁路通关能力不足、智慧口岸建设滞后、口岸防疫措施不统一、专业和技术人才缺乏等方面的问题。王垚副研究员指出新疆丝绸之路经济带核心区建设的挑战主要体现在南北疆经济发展失衡、劳动力资源配置失衡、国际贸易不确定性大、经济增长严重依赖能源行业等方面。

新形势下，如何推进新疆丝绸之路经济带核心区建设与新疆经济社会发展问题事关重大。与会专家们围绕新疆发展面临形势、新疆自身实际情况、发展基础和问题等，结合新时代党的治疆方略等理念，提出了针对性建议和举措。中国边疆研究所许建英研究员提出围绕社会稳定和长治久安总目标全面谋划新疆经济高质量发展思路，建议以经济发展为抓手，建构新疆社会稳定和长治久安总目标的稳定结构。以"一带一路"倡议为契机，谋划新疆经济产业大蓝图，谋划新疆现代化大农业、谋划新疆农产品深加工业、谋划产业发展的新结构。最后，以经济发展为平台铸牢中华民族共同体意识。吕文利研究员结合 2022 年 4 月 10 日出台的《中共中央、国务院关于加快建设全国统一大市场的意见》，就新疆经济社会发展存在的问题，提出了几点意见：一是统筹兵地关系，形成疆内统一市场，以"小统一"促进"大统一"。尽快形成统一的全疆大交通体系，大物流体系，形成疆内统一市场，不断扩大经济人口规模，以疆内小统一市场促进全国统一大市场的形成。二是统筹疆内疆外关系，充分发挥制度优势，用好用足现有资源，积极拓展其他资源。三是充分利用新疆的区位优势，进一步加强丝绸之路经济带核心区建设，积极把"通道经济"尽快转变为"产业经济""口岸经济"。四是要创新制度设计，充分吸引人才，防止全国统一大市场形成后人才的流失问题。倪超军教授从用好国家各级政策、产业高质量发展、优化营商环境、加强基础设施建设四个方面提出推进新疆丝绸之路经济带核心区建设建议。王宏丽副研究员从新发展格局角度探讨如何推进丝绸之路经济带核心区建设，指出新疆要在新发展格局中找准定位和方向，理解新发展格局的内涵，尤其要在"内循环"问题上深刻把握，推进各方改革创新、转型发展。她指出，新疆丝绸之路经济带核心区建设的重点，不仅要在高质量开放型经济体系建设上做好工作，更要在牢牢把握扩大内需这个战略基点上下功夫，放眼国内市场，深挖内需潜力。何剑教授从完善通关协调机制、优化班列运输组织、加快推进智慧口岸建设、保障口岸防疫统一标准、建设人才队伍方面对提升新疆口岸通行能力问题提出具体举措。王垚副研究员从培育新增长点、转化劳动力人口红利、提升疆内消费水平、深化参与国内产业链合作、提高地方政府经济治理能力方面提出具体举措。中国边疆研究所王昱廷副研究员认为，第三次中央新疆工作座谈会为当前乃至今后很长一段时间的新疆工作提供了根本遵循，要完整准确贯彻落实依法治疆、团结稳疆、文化润疆、富民兴疆、长期建疆。中国边疆研究所白帆副研究员认为依法治疆对新疆经济社会发展具有重要战略意义，要通过坚持党的领导、完善科学立法、加强严格执法、强化公正司法、深入全民守法教育等方式，构建以人民为中心的依法治疆体系。

（撰稿人：董伟燕）

【第九届"边疆·民族·历史"青年论坛暨首届辽金史研究生论坛】①

2022 年 5 月 14 日，第九届"边疆·民族·历史"青年论坛暨首届辽金史研究生论坛以线上线下相结合的方式举行。中国社会

---

① 资料来源：中国社会科学网，2022 年 5 月 16 日，http://iea.cssn.cn/xshd/xshy-2781/202205/t20220516_5408372.shtml。

科学院民族学与人类学研究所党委书记、铸牢中华民族共同体意识基地主任、中国民族史学会会长赵天晓,内蒙古民族大学副校长杨恒山,吉林大学文学院教授、中国民族史学会顾问程尼娜出席开幕式并致辞。

运用新视角、新思路、新方法解读史料

赵天晓在致辞中介绍,中国民族史学会于2018年创办青年论坛,每年召开两届。青年论坛旨在为民族史领域的优秀青年学者提供高水平的学术交流平台,从而为培养民族史学科杰出人才、完善民族史梯队建设贡献力量。他表示,此次论坛同时举办首届辽金史研究生论坛,使得论坛主题更鲜明、聚焦更准确,相信能够取得更好的学术成果和业绩。新时代中国青年,生逢其时、重任在肩。面对当今复杂多变的国际关系与政治格局,青年学者应紧紧把握住中国民族史研究发展的机遇,不断增强主人翁意识,扎根现实、立足眼前,紧密结合时代需要,深入思考如何在铸牢中华民族共同体意识、树立正确的中华民族历史观方面,发挥学术特长,作出应有贡献。

杨恒山在致辞中对内蒙古民族大学的历史与现状、学科建设尤其是历史学发展特色等内容进行了介绍。他表示,目前,学校正同中国社会科学院民族学与人类学研究所、通辽市文旅广电局等部门联合开展"西辽河文明"重大课题研究。与黄河文明、长江文明并列为中华文明三大源头的西辽河文明,参与了中华文化"多元一体"发展的全过程,参与了多民族共创中华的全过程。西辽河流域的历史发展过程,非常精辟地诠释了中华民族多元一体的形成过程,对于今天铸牢中华民族共同体意识有着强烈的借鉴作用。

程尼娜提出,民族史、辽金史研究,涉及历史学、民族学、语言学、考古学、边疆学等学科知识。然而却存在资料相对贫乏的情况,使得研究难度比较大。建议民族史、辽金史青年学者在条件允许的情况下学习相关民族语言文字;要在精通本专业的基础上,兼通相关学科,将相关学科的理论和知识融会贯通到本专业研究中;要夯实专业基础知识和基础理论,理性吸收国内外新的理论和方法,避免盲从。总之,研究者要掌握扎实的专业基础知识和基础理论,运用新视角、新思路、新方法解读史料。这样才能做出新颖、扎实的学术论证,得出有价值的学术观点。

内蒙古民族大学法学与历史学院副教授张宪功代表青年学者在开幕式上发言。他建议青年学者遵循史念海先生"宁可劳而不获、不可不劳而获,以此存心,乃有事业可言"的教诲,要有家国情怀,做有用于世的学问,将论文写在祖国的大地上。

大力推进中国民族史、辽金史研究

来自中国人民大学、北京师范大学、辽宁大学、内蒙古大学、云南民族大学、青海师范大学等高校的青年学者参加论坛,并分享研究成果。

云龙县位于云南省大理白族自治州西部,主要生活着白、彝、傈僳、苗、回、傣、阿昌等20多个民族。"盐是理解大理西部云龙县历史上各民族交流互动的核心要素。"云南民族大学马克思主义研究院青年学者李何春等认为,盐的特殊性,将政治控制、市场交换和文化繁荣紧密结合起来,从而体现国家在场,实现地方和国家互动;以盐井开发和利用为目的,实现了资源共享和文化相通,增强了当地民族的团结;盐区各民族语言相互学习与吸收,进一步增进民族感情。

公元10世纪至13世纪前期,辽与北宋、金与南宋先后并立,以茶文化为代表的诸多中原文化在此时传入北地,影响契丹人、女真人的生活方式。大同市博物馆青年学者林皓以辽、金两朝墓葬中出土的陶瓷茶器作为研究对象，以茶器的造型、品类及艺术表达为切入点，探究了辽、金两朝与两宋交融的历史以及契丹、女真民族文化与中原文化交流互鉴的发展脉络。

通过对辽朝后族政治特权的考察，辽宁大学历史学院青年学者孙伟祥撰文提出，伴随辽朝政权的发展，后族的固定通婚特权呈现出与皇族通婚家族进一步限定、受到外部其他民族势力挑战的变化，世选为高官特权则出现世选群体细化、世选职官范围增加的趋势。后族政治特权表面呈现出适度强化的趋势但实际上由于皇族势力的崛起，则总体是弱化的。出现这种局面，主要与后族势力嬗变导致与皇族关系开始恶化有关，在某种程度上可以看成是辽朝由传统游牧民族政权向中原王朝帝制王朝转变过程中的一种必然结果。该论文为国家社科基金青年项目"后族与辽代社会研究"阶段性成果。

据不完全统计，近百年以来辽代墓葬相继发掘了300余座，发掘并存有壁画的辽代墓葬已有100余座。通辽市博物馆文物修复中心青年学者娜木罕等以通辽市库伦旗6号辽墓墓门壁画乐舞图作为研究对象，进而研讨唐宋甚至更早时期的墓葬壁画文化对辽代契丹民族的乐舞发展、绘画手法及艺术风格的影响。"中国历史发展是由各民族文化相互影响、融合而成的，从而形成了中华民族多元文化的特征。每个朝代的文化都不是单独存在的，朝代更迭有时间的起始与消亡节点，但文化与艺术的传承却没有明确的界限。"

"历史证明，云南地区融入中华民族共同体是一个不断演进的过程。"云南民族大学民族学与历史学学院青年学者李娜认为，自先秦庄蹻入滇，中经唐宋羁縻之治，再到元明清的行省制、土司制度的二元管理体制建设以及改土归流，最终实现了云南与内地政治、经济、文化的一体化。在此过程中，虽然在短时期内出现像南诏、大理这样由当地乌蛮、白蛮建立的地方政权，但不能忽视云南不断向中原王朝靠拢的内部动力。总之，应从长时段、以整体史观考察云南与整个中原王朝的交往互动。

本次论坛由中国民族史学会、中国社会科学院铸牢中华民族共同体意识基地、内蒙古民族大学主办，内蒙古民族大学法学与历史学院承办。

【第九届中国边疆研究青年学者论坛】

2022年6月23—24日，中国社会科学院中国边疆研究所、中国社会科学院边疆安全与发展研究中心、新疆智库主办的"第九届中国边疆研究青年学者论坛"在中国历史研究院举行。来自中国社会科学院、北京大学、中央民族大学、陕西师范大学、云南大学等机构的80余位学者，通过线上线下相结合的方式参加了论坛。中国边疆研究所党委书记刘晖春出席开幕式并致辞，中国社会科学院学部委员、中国边疆研究所所长邢广程出席论坛并作学术报告。开幕式由中国边疆研究所副所长范恩实主持。刘晖春书记在致辞中指出，自2013年起，中国社会科学院中国边疆研究所召开首届青年论坛至今，已顺利举办了八届。青年论坛已经成为国内从事边疆研究的青年学者，乃至整个学界广泛关注的重要学术平台，形成了具有鲜明特色的学术品牌，在凝聚研究力量、助力青年成长、构建中国边疆学"三大体系"建设上发挥了重要作用。党的十八大以来，习近平总书记高度重视边疆问题，提出"治国必治边、治边先稳藏"等重要战略思想。党的十九大报告明确指出要加大力度支持革命老区、民族地区、边疆地区、贫困地区加快发展,确保边疆巩固、边境安全;坚持陆海统筹,加快建设海洋强国。当前,我国周边环境复杂多变,国际局势风云变幻,边疆地区的安全与发展面临着前所未有的新形势和新挑战,这对边疆研究提出了更高的要求。希望从事边疆研究的青年学者们一定要胸怀"国之大者",坚持为人民做学问,回答好"中国之问、世界之问、人民之问、时代之问"。

中国社会科学院学部委员、中国边疆研究所所长邢广程作了题为"如何构建中国边疆学"的学术报告。邢广程所长以目前正在发生的"俄乌冲突"为切入点,与青年人畅谈了在国际学术视野下构建中国边疆学的感想,提出20世纪90年代苏联解体遗留下来的矛盾是30年之后酿成新一轮"俄乌冲突"的重要原因。与沙皇俄国、苏联不同,中国始终维持了"大一统"的诸民族多元一体的格局,新中国成立之后,中国共产党没有采取苏联的"民族自决",而是实行了更符合中国特色的"民族自治",很好地维持了民族团结和国家统一。由此观之,中国的边疆研究要从中国的立场与国家利益出发,不能亦步亦趋落入西方话语体系之中。邢广程所长认为,中国边疆研究需要"扩容",并提出"三边+一边"的研究范围,倡导要用比较的研究方法分析欧亚大陆上各个帝国与政权的文明史、民族史与边疆史,这样才能在更宏大的时空背景下理解中国的边疆。最后,邢广程所长对广大与会的青年学者提出了殷切期望,希望大家要在立足于本身学科背景的前提下,敢于去研究党和国家最迫切、最急需、最关注的边疆重大问题,服务于党和国家的战略大局。

此次论坛分为五个主题,分别围绕"多元一体格局下的中国古代族群互动与融合"、"清代以来的中国西部边疆"、"沿边开发开放经验总结与创新实践"、"明清以来东南海疆开发与治理"和"边海疆视域下的中国与周边国家关系"展开讨论。最后中国边疆研究所副所长范恩实作了会议总结,并就中国边疆学"三大体系"建设给青年学者们提出了要求,希望青年学者加强沟通与合作,凝心聚力,共同迎接中国边疆研究第四次学术高潮的到来,为维护边疆安全稳定,促进边疆繁荣发展贡献学术力量。会议闭幕式由中国边疆研究所科研处负责人王昱廷主持。

(撰稿人:王昱廷　张　帅)

【大国关系深度调整对"一带一路"建设的影响学术研讨会】

2022年7月1日,中国社会科学院中国边疆研究所、中国社会科学院边疆安全与发展研究中心主办的"大国关系深度调整对一带一路建设的影响"学术研讨会在中国历史研究院举行。会议以线上线下相结合的方式进行。中国边疆研究所副所长范恩实研究员出席会议并作致辞。会上,北京大学国际关系学院教授、北京大学区域与国别研究院副院长翟崑,上海国际问题研究院比较政治和公共政策研究所所长、研究员于宏源,复旦大学美国研究中心副主任、教授宋国友,中国社会科学院美国研究所副所长、研究员宋泓分别就有关主题作主旨报告。中国社会科学院美国研究所《美国研究》编辑部副主任仇朝兵、中国社会科学院中国边疆研究所东北边疆研究室副主任初冬梅、中国社会科学院中国边疆研究所海疆研究室副主任李欣、中国社会科学院亚太与全球战略研究院助理研究员田光强、中国社会科学院美国研究所副研究员张一飞、中国社会科学院美国研究所助理研究员杨楠分别作专题报告。中国边疆研究所青年学者参加会议并参与研讨。

(撰稿人:李　欣)

【新疆智库涉疆研究基地首批专家聘任仪式暨新疆经济社会发展研讨会】

2022年7月14日，由中国社会科学院中国边疆研究所、新疆智库主办的"新疆智库涉疆研究基地首批专家聘任仪式暨新疆经济社会发展研讨会"在中国历史研究院召开。此次会议以线下线上相结合的方式举办，来自中国社会科学院中国边疆研究所、中央民族大学、中共新疆生产建设兵团委员会党校（行政学院）、新疆师范大学、石河子大学的专家学者参加会议。中共新疆生产建设兵团委员会党校（行政学院）副校（院）长王小平，新疆师范大学党委常委、副校长帕力旦·吐尔逊，石河子大学党委常委、纪委书记牛新民出席专家聘任仪式并致辞。中国社会科学院学部委员、中国边疆研究所所长、新疆智库办公室主任邢广程研究员向专家颁发"新疆智库涉疆研究基地驻站专家"聘书。中国社会科学院中国边疆研究所副所长范恩实研究员主持聘任仪式。邢广程所长作主题报告。他指出，党的十八大以来，党中央深化对治疆规律的认识和把握，形成了新时代党的治疆方略。当前与今后一个时期，做好新疆工作，要完整准确贯彻新时代党的治疆方略，践行"八个坚持"，推进新疆治理体系和治理能力现代化。新疆智库应发挥重要的组织、协调和推动作用，加强涉疆问题研究，加强新疆智库建设，打造涉疆基地学术平台。目前，中国社会科学院新疆智库与相关高校和科研院所创新合作模式，成立涉疆研究基地，这对整合涉疆研究力量，推动学术与理论创新，实施重大项目攻关，都具有重要意义。未来新疆智库还将扩大共建基地合作单位范围，充分发挥平台统筹整合优势，积极开展高层次的原创性基础研究和前瞻性应用研究，为贯彻落实新时代党中央的治疆方略作出特有的学术贡献。研讨环节由中国社会科学院新疆智库办公室副主任吕文利研究员主持，专家们围绕新疆经济社会发展相关议题展开热烈研讨。

新疆智库涉疆研究基地驻站专家、新疆师范大学尹小荣教授梳理了美国智库官网内容，通过分析后认为，要采取更加深入的话语研究来提升国际话语权，要通过对国内外智库成果的定量和定性分析来揭批谬误，生动、真实地展示新疆经济社会的现实，通过加强中外智库交流来提升智库成果水平和再创成果的社会服务力。新疆智库涉疆研究基地驻站专家、新疆生产建设兵团党校席霍荣副教授指出，兵团在不断拓展各民族交往交流交融空间的过程中，通过实施具体的促进措施，不断缩短各民族之间的社会心理距离，这对于铸牢中华民族共同体意识有着独特的价值。

新疆智库涉疆研究基地驻站专家、石河子大学胡建元副教授分析了美国涉疆"恶法"生效后对新疆可能产生的影响，以及我们应采取的应对措施。中国社会科学院中国边疆研究所新疆研究室主任许建英研究员认为，随着中国"一带一路"倡议的提出，特别是"中巴经济走廊"和"中国—中亚—西亚经济走廊"的规划，帕米尔地区交通意义凸显。因此，建设帕米尔地区现代交通极为重要。中央民族大学袁剑副教授认为，中国的山岳文化，跨越了内地与边疆的阻隔，形成了从古至今一脉相承的文化底色与国家认同。"五岳"传统在西域的拓展，就是这种人－地关联的鲜明体现，而西域山水的整体意象，则构成了理解中华民族共同体意识的历史地理基础。中国社会科学院中国边疆研究所白帆副研究员认为，中央和国家机关、中央企业及19个援疆省市承担对口援疆的任务，着力帮助新疆各族群众解决就业、教育、住房等基本民生问题，支持新疆特色优势产业发展，促进新疆民族团结和铸牢中华民族共同体意识，体现我国特色社会主义制度的优势。中国社会科学院中国边疆研究所王垚副研究员指出，顶层设计的重视、社会层面的稳定、基础设施条件的完善为"十四五"时期新疆高质量发展奠定了坚实基础，为抓住机遇迎接挑战，应在"利用人口红利"等五个领域重点施策，以求进一步提高新疆丝绸之路经济带核心区的地位。

（撰稿人：刘志佳）

【第十届边疆中国论坛暨"地域、族群与中华民族"学术研讨会】[①]

7月19—21日，第十届边疆中国论坛暨"地域、族群与中华民族"学术研讨会以线上线下相结合的方式在新疆维吾尔自治区吉木萨尔县举行，来自北京大学、复旦大学、中国社会科学院等单位的专家学者围绕会议主题"地域、族群与中华民族"展开深入研讨交流。

吉木萨尔县是唐代北庭都护府所在地，作为汉唐时期新疆天山以北地区的行政枢纽和经济中心，见证了新疆地区千百年来多民族交流交往交融的悠久历史。中共吉木萨尔县委副书记、组织部部长张永军在开幕式致辞中表示，此次研讨会对于推进吉木萨尔县"文化润疆"工程，加强中华民族共同体历史、中华民族多元一体格局的研究具有十分重要的意义。

在大会主旨发言环节，六位学者进行了发言。

北京大学社会学系教授马戎表示，中国共产党在思考和推动中国革命和建设的百年征程中，对于民族问题和相关制度的思考和实践是一件涉及国家统一、对外关系、国民认同和社会发展的大事。

复旦大学文科资深教授姚大力认为，一方面辽代史料的单一和稀少，常使辽史研究者深感无米炊妇之窘困；但另一方面，被压缩在辽史资料内的历史信息，其丰富、复杂及其立体性有时又远超一般想象。《辽史·营卫志》的"部族·上"中有几段不长的文字，把采录于辽以前列朝史载中有关契丹早期历史的叙述与辽宗室所属耶律部的先世传说缝合在一起，形成一篇简明而完整的契丹先世史。

内蒙古师范大学民族学人类学学院资深教授纳日碧力戈提出，我国有130多种语言，从有声调到无声调，从两个声调到15个声调，丰富了统一共有精神家园的表达。因此，在跨语际交流共建中华民族共同体话语体系方面，各族语言之间的关键词翻译格外重要。

中国社会科学院考古研究所研究员郭物提出，以北庭故城为核心配套存在的军镇体系使用了约800年，这段历史是中华民族共同体在西北边疆形成过程中的一段缩影。北庭故城遗址的考古发掘工作以实物证明了唐代至元代中央政府对西域的有效管辖以及丝绸之路的繁荣畅通，相关发现和研究对于铸牢中华民族共同体意识具有不可替代的作用，对于促进新疆社会的民族团结、繁荣稳定和长治久安具有重要的现实意义。

中国考古学会边疆考古专业委员会主任魏坚介绍，在距北庭故城遗址约30公里处，还有一座唐朝墩古城遗址。该遗址地处丝绸之路新北道之上，始建于公元7世纪上半叶，至14世纪逐渐废弃。遗址中出土的大量不

[①] 资料来源：中国社会科学网，2022年7月22日，http://www.cssn.cn/mzx/mzx_tpxw/202210/t20221028_5556661.shtml。

同时期遗物，印证了唐代至元代时期天山北麓多民族融合、多宗教共存、多文化兼容的历史事实，为研究和阐释丝绸之路上东西文化交流、多民族融合大一统格局的形成和发展等问题，提供了生动而坚实的实物材料。

中央民族大学教授李鸿宾认为，唐朝河朔三镇之一的幽州夹处在农耕社会与游牧社会的交合地带，幽州范围内的人口，也分作南部的农业定居者和北部的游牧人群或半农半牧的成员。这种地缘组合与族群分布的多样化，是中原周边地带的普遍现象。不过，因北方地理条件的制约，游牧、半农半牧和渔猎、游耕使得这些地区的人群从事着与汉地耕作完全不同的生计，他们的文化和精神也与汉地差别明显。这是我们理解唐朝河朔的一个重要前提。

主旨发言环节结束后，44位学者分别在边疆中国历史、当代中国边疆社会、中华民族与边疆中国、边疆中国研究四个分会场进行了专题研讨。

闭幕式由《学术月刊》编辑周奇主持，李鸿宾从议题、学术性和规范性、研究领域的聚焦以及组织等方面对会议进行了全面总结。他认为，通过本次会议，可以看到当前我国民族学、社会学、历史学等相关学科正在聚焦的学科领域和研究归宿，也可以看到学者代际的传沿情况，更可以看到学科研究的交叉趋向；作为会议承办方，新疆师范大学历史与社会学院院长关丙胜则从会议的筹办和策划、会议特点以及未来期望等方面进行了总结。

大会研讨环节结束后，线下参会学者利用一天半的时间，对北庭都护府遗址、丝绸之路北庭故城遗址博物馆、车师古道以及吉木萨尔千佛洞等地进行了考察。

会议由《学术月刊》主办，新疆师范大学历史与社会学院承办，新疆维吾尔自治区"十四五"特色学科——民族学、国家民委新疆师范大学中华民族共同体研究基地、新疆维吾尔自治区普通高校人文社科重点研究基地——新疆农牧区社会转型研究中心、新疆维吾尔自治区北庭干部教育培训基地、新疆维吾尔自治区卫拉特蒙古研究学会协办。

（撰稿人：班晓悦）

【呼伦贝尔驻防290周年暨铸牢中华民族共同体意识学术研讨会】

2022年8月5—7日，由中国社会科学院中国边疆研究所北部边疆研究室、中国人民大学中华民族共同体研究基地、中国人民大学清史研究所、内蒙古工业大学马克思主义学院、内蒙古自治区鄂温克族研究会、鄂温克族自治旗鄂温克族研究会主办，内蒙古自治区鄂温克族自治旗鄂温克族研究会承办的"呼伦贝尔驻防290周年暨铸牢中华民族共同体意识学术研讨会"在内蒙古自治区呼伦贝尔市鄂温克族自治旗举行。来自中国社会科学院、中国人民大学、中央民族大学、黑龙江大学、内蒙古大学、内蒙古师范大学、内蒙古自治区社会科学院、呼伦贝尔学院等高校和科研机构的近50位专家学者参加了会议。本次会议共收到44篇论文。会议开幕式由鄂温克族自治旗鄂温克族研究会会长阿拉腾巴图主持，中国社会科学院中国边疆研究所党委书记刘晖春，中国人民大学历史学院副院长、清史研究所副所长胡恒，中国社会科学院民族文学研究所原党委书记朝克研究员，呼伦贝尔学院历史文化研究院院长孟松林教授，鄂温克族自治旗人民政府副旗长卓仁，内蒙古自治区鄂温克族研究会会长庆胜，黑龙江省鄂温克族研究会会长涂亚君分别致辞。刘晖春书记指出，内蒙古呼伦贝尔地区地处祖国北部边疆的北端，自古就是多民族聚居区，在维护边疆地区安全稳定、促进各民族交往交流交融过程中作出了巨大的贡献。特别是清代雍正十年（1732）以后，驻守呼伦贝尔的鄂温克族、达斡尔族、鄂伦春族和蒙古族陈巴尔虎、新巴尔虎"呼伦贝尔驻防八旗"官兵及其后裔，团结一心驻守边疆，舍生忘死保家卫国，和谐相处共谋发展，心系中华民族大家庭，休戚与共、荣辱与共、生死与共、命运与共，是我国多民族交往交流交融、相互离不开的典范，谱写了维护中华民族大团结、铸牢中华民族共同体意识的华美篇章。庆胜会长表示，北疆各民族兄弟守望相助，团结一心，犹如一道冲不破的屏障，驻守着祖国的北大门，共同建设祖国北部边疆、共同书写悠久历史、共同创造灿烂文化。在大会主旨发言阶段，毅松、李大龙、胡恒、朝克、唐戈、吕文利、娜木拉等分别发言。内蒙古自治区社会科学院毅松研究员分析1851年敖拉昌兴在巡察额尔古纳河、格尔必齐河边境时创作的著名诗歌《巡察额尔古纳、格尔必齐河流域》的内容，认为诗歌反映了清代内地汉族文化对于呼伦贝尔边疆的深刻影响。中国社会科学院中国边疆研究所国家与疆域理论研究室主任、《中国边疆史地研究》主编李大龙编审首先以《流动的疆域：全球视野下的云南与中国》有关"云南"和"中国"的学术预设存在的问题引出议题。随后他指出，在中国传统的话语体系中，"边疆"与"中国"是内涵丰富的两个词语，无论是指称政权、地理空间还是族群，二者的关系都构成了多民族国家——中国的主要内容，甚至可以说是我们认识多民族国家、中华民族形成与发展的钥匙。他认为，只有从中华大地独有的疆域观、族群观和政权观去审视才能清晰看出作为历代王朝存在区域的"中国"和被视为"边疆"的区域如何通过"交融"而最终走向"一体"的轨迹。中国人民大学历史学院副院长、清史研究所副所长胡恒副教授通过梳理清末呼伦道、厅设置的过程，探讨了清朝在边疆地区用厅的形式来管理汉民及处理汉民与边疆少数族群的司法关系等方面的作用，分析得出"因地制宜"治理策略的确立是解决制度一体化与地方差异化之间矛盾而折中的结果。中国人民大学清史研究所张永江教授分析了呼伦贝尔八旗建立的背景、属性及境遇地位。黑龙江大学唐戈教授指出，自18世纪前期至1918年在俄罗斯外贝加尔地区和中国东北的西北部地区（呼伦贝尔和齐齐哈尔地区）存在一条跨国贸易线路，即中俄毛皮—茶叶之路的东部支线。这条贸易线路不仅将上述两个地区的经济和文化紧紧联系在了一起，同时也促进了呼伦贝尔地区中华民族共同体的发展。中国社会科学院中国边疆研究所西南边疆研究室主任吕文利研究员指出清代形成了嵌入式互动格局，蒙藏意识形态联盟和满蒙军事—政治联盟的轴心是蒙古，满蒙军事—政治联盟和"满汉一体"理念的轴心是满洲，彼此之间形成了嵌入式互动格局。正是这种嵌入式互动才使得现代民族国家意义上的"中国"得以形成。这也是理解多元一体中华民族格局形成的关键。中央音乐学院附中校长娜木拉教授认为在呼伦贝尔市鄂温克族自治旗巴彦嵯岗苏木举办的"寻找最美草原之声"青少年歌咏比赛决赛暨巴彦嵯岗苏木原创音乐会非常成功。此次比赛不仅为草原的孩子们搭建了一个优质的平台，也为挖掘各族青少年音乐人才发挥了积极作用。6日下午进行的专题研讨，分两个会场进行，第一分会场先后由李大龙、赵珍、张永江、黑龙4位专家主持，学者们分别从人口迁徙与分布、地理区域的界定、清廷治理举措等角度阐述自己的观点。黑龙教授细致追踪清代巴尔虎人迁居东北的进程，反映巴尔虎人对于国防与区域经济社会发展的突出贡献。孙喆教授通过对《编稿表》的编制、有关地物边界的图文考释等内容，细致描述了清代呼伦贝尔地区的自然和人文景象。赵珍教授则以索岳尔济围场为例，指出围班作为一种含义深远的政治军事演习的定制后，行围成为政治统一、权力集中的象征，对筑牢中华民族共同体起到了历史作用。第二分会场分别由赵阿平、唐戈、斯仁巴图、汪立珍4位专家主持，学者们主要围绕铸牢中华民族共同体意识与民族关系、各民族戍边历史与精神、民俗文化传承、神话传说、乡村振兴等议题展开研讨。赵阿平、朝克赛等教授以各民族语言、社会、文化等方面为视角，论述满通古斯语族、呼伦贝尔地区各民族在中华民族共同体框架下的交往交流交融和民族互嵌的历史与现状。汪立珍、娜敏等教授以三少民族的熊神话、博尔本察的传说为例，通过对叙事主体、叙事特征、共有主题、文化认同等方面的分析，指出各民族神话传说是铸牢中华民族共同体意识和各民族之间紧密关系的重要基础。

8月7日，专家学者们实地调研了生活在辉苏木鄂温克族的历史、文化、民俗风情，他们走进阿瓦希鄂温克民俗文化体验基地，考察了鄂温克民族的文化，接着来到伊拉特嘎查牧民那斯图和娜仁格日乐家中，感受牧民日常的生活。随后学者们还详细了解辉苏木概况和"五大振兴"基本情况。举办此次会议目的是深入学习和贯彻落实习近平总书记关于民族工作和内蒙古工作的重要讲话和指示精神，研究和弘扬呼伦贝尔驻防维护边疆安全稳定和促进民族团结的光辉历史和优良传统，促进北部边疆历史研究和现实

研究融合发展，树立正确的国家观、历史观、民族观，构筑中华民族共有精神家园，促进各民族交往交流交融。中国社会科学院中国边疆研究所阿拉腾奥其尔在接受媒体采访时说："在呼伦贝尔驻防290周年之际，举办这样的学术研讨会，对于加强和深化相关学术研究，挖掘呼伦贝尔地区各民族交往交流交融的历史经验，推动创新的理论成果，更好地铸牢中华民族共同体意识具有很大的现实意义。"本次会议的成功举办，不仅深化了呼伦贝尔驻防的研究，也推动了北部边疆相关研究的发展，促使学者们深入思考地方与国家、安全与发展、民族与宗教等方方面面的关系，为进一步维护北部边疆安全稳定发展，铸牢中华民族共同体意识贡献力量。

（撰稿人：阿拉腾奥其尔　马周睿）

【第十二届中国边疆重镇高峰论坛】①

2022年8月17日，第十二届"中国边疆重镇"高峰论坛在穆棱市举行。本届论坛由《环球时报》社、凤凰网主办，外交部边界与海洋事务司、国家民委协调推进司、中国社科院中国边疆研究所协办，中共穆棱市委、穆棱市人民政府承办。主协办方领导、国内知名的专家学者、资深媒体人、边疆城市党政领导和企业家代表齐聚一堂，围绕新冠疫情背景下，边疆城镇发展面对的考验、取得的突破与给出的建议等展开深入讨论，共谋边疆发展，推进边疆建设。

穆棱市作为黑龙江省18个边境县市之一，也是全省高质量发展强县，人均地区生产总值在全省各县中排名第三；第二产业占比位居全省各县之首；高新技术企业数量居

---

① 资料来源：东北网，2022年8月18日，https: //heilongjiang.dbw.cn/system/2022/08/20/058959241.shtml。

全省第三位；2020年，穆棱市地区生产总值和增幅分别位列全国136个边境县的第十二位、第三位。

穆棱市为何能始终位居黑龙江省县域发展前列，如何孕育出首批设在县域的省级高新技术产业开发区？中共穆棱市委书记贺业方在致辞时给出了答案：在国家兴边富民行动的正确思路指引下，穆棱发挥"边"的优势、做足"边"的文章，使得高质量发展的富民之功、成势之效加速释放。

贺业方表示，穆棱市坚持"借光发力"、合作活边，以开放的视野突破经济发展瓶颈，早在2004年，便提出"借口岸光，打俄罗斯牌"的构想，依托毗邻绥芬河、东宁口岸的地缘优势，强化经济贸易、制造业承接等领域的协作，打造口岸对俄加工腹地。另外，穆棱市坚持"聚光成芒"、产业强边，以开放的胸怀积蓄经济发展后劲。以链促群，确定了全市7条重点产业链，依托区位交通优势，千方百计招商引资上项目。同时，穆棱市还坚持"发光如炬"、创新兴边，以开放的姿态锚定经济发展方向。建设了占地60万平方米的高新技术产业园，重点发展以北一电子、北纯智慧农业为代表的数字经济，以中穆沙棘、纳豆生物、森工北药为代表的生物经济，以博恩石墨、星鹏储能为代表的新材料产业，倾力打造高新技术产业集聚区。

对穆棱市而言，首次承办"中国边疆重镇"高峰论坛，既是深入贯彻习近平总书记"治国必治边"战略思想、推动边疆地区振兴发展的具体实践，也是借助顶层智慧助推经济高质量发展、开创兴边富民行动新局面的重大机遇，必将为穆棱市奋力跻身全国边境县市第一方阵注入强劲动力。

《环球时报》社副总编辑谢戎彬致开幕辞时指出，"治国必治边"，边疆地区的发展、稳定和安全进一步被提升到了国家战略的层面。习近平总书记在十九大报告中就指出："加快边疆发展，确保边疆巩固、边境安全。"穆棱市是近年来中国边疆地区经济社会发展取得历史性成就的缩影。穆棱市拥有与俄罗斯接壤的44公里的边境线，位于东北亚"金三角"区域，不仅是黑龙江省十强县，更拥有国家级生态示范区、中国大豆之乡等诸多的荣誉，论坛在穆棱市举办具有重要的意义。

外交部边界与海洋事务司参赞孙彦在致开幕辞时表示，我国始终坚持以习近平新时代中国特色社会主义思想和习近平外交思想为指引，坚持统筹国内国际两个大局、办好发展安全两件大事，实现了治边有法、守土有责、防疫有力、兴边有效。我们要准确全面贯彻落实习近平总书记和党中央的决策部署，从落实习近平总书记提出的全球发展倡议、全球安全倡议的广阔视角，对边疆的发展和治理等重要课题进行战略思考，深入推进稳边固边兴边富边，切实做到守好边、管好边、建好边、用好边。

国家民委协调推进司副司长温军在致辞中表示，面对当今世界百年未有之大变局加速演进，中华民族伟大复兴进入关键时期，做好新时代安边固边兴边工作，推动边疆各民族共同走向社会主义现代化，铸牢边疆各族群众中华民族共同体意识，对于确保祖国统一、边疆巩固、民族团结、国家长治久安意义重大。

中国社会科学院中国边疆研究所副所长范恩实致辞时指出，穆棱市区位优势突出，生态环境优美，文化底蕴丰厚，产业特色鲜明。从横向比较看，穆棱市作为一个没有口岸的边境城市，县域经济发展可圈可点。穆棱市经验很值得总结推广，未来发展也非常需要多方谋划、群策群力。

在接下来的三场高峰对话中，18位来自国内各领域的专家学者，围绕"在全国乃至全球新冠疫情背景下，边疆城镇发展面对的考验、突破与给出的建议""黑龙江边境地区如何发挥对俄沿边优势，在构筑我国向北开放新高地中争当排头兵；除了边境地区特点，黑龙江也是产粮大省，自然资源丰富，如何用区域特点带动经济发展？""从文化旅游、经济发展、社会治理等多方面，为穆棱高质量全面发展建言献策"三个议题为穆棱市高水平开放、高质量发展建言献策。

会上，与会人员还共同观看了"让边疆不在遥远"大型主题公益活动宣传片和穆棱市宣传片。据悉，"中国边疆重镇"高峰论坛自2011年启动以来，聚力聚焦"让边疆不再遥远"这一主题，持续引导国民关注祖国边陲，大力弘扬中国边疆文化，品牌影响力与日俱增，活动辐射面逐年扩大，对提升国内各界人士的边疆意识，增强涉边问题的爱国主义宣传教育，均起到了重要且积极的推动作用。

【第六届西藏智库国际论坛暨2022中国藏学论坛】[①]

2022年8月26日，以"新时代西藏高质量发展：永续与共享"为主题的第六届西藏智库国际论坛暨2022中国藏学论坛在北京召开。此次论坛由中国社会科学院民族学与人类学研究所、中国社会科学院西藏智库主办，中国社会科学院民族学与人类学研究所藏学与西藏发展研究室承办。

论坛开幕式由中国社会科学院民族学与人类学研究所副所长王锋主持，民族学与人类学研究所所长王延中、国家民委协调推进司智库处处长刘元如分别致辞。中国社会科学院法学研究所所长莫纪宏，民族学与人类学研究所副所长徐文华、丁赛，中国科学院青藏高原研究所纪委书记马耀明，中国社会科学院信息情报院副院长杨新铭等出席开幕式。

王延中在致辞中表示，本届论坛在特殊复杂的国际背景下召开，涉及诸多重大国际议题，具有重要意义。他认为，做好西藏工作，首要任务是把贯彻新时代党的治藏方略与习近平总书记关于加强和改进民族工作的重要思想有机结合起来，立足新发展阶段，完整、准确、全面贯彻新发展理念，服务和融入新发展格局，推动高质量发展，加强边境地区建设，抓好稳定、发展、生态、强边四件大事。中央第七次西藏工作座谈会对西藏高质量发展提出了总体目标和根本遵循。可持续发展是高质量发展的基本要求。由于西藏在中国是一个特殊的边疆民族地区，也是与邻国尚未划定边境线的重点区域，保持社会稳定和边境安全也是西藏面临的特殊重要任务。西藏在加强生态环境保护、实现高质量发展过程中，也要在维护祖国统一、加强民族团结方面作出更大的贡献。要坚持所有的发展都赋予民族团结进步的意义，赋予改善民生、凝聚人心的意义，进一步提升各族群众的获得感、幸福感、安全感，使西藏的明天更加美好。

刘元如在致辞中希望相关单位紧扣新时代党的民族工作主线，加强铸牢中华民族共同体意识重大基础理论和现实研究，积极推动构建完整的史料体系、话语体系和理论体

[①] 资料来源：中国社科院民族学与人类学研究所官网，2022年9月2日，http://iea.cssn.cn/xshd/xshy_2781/202209/t20220902_5490250.shtml。

系，全面深化藏学和西藏发展研究。

围绕本次论坛主题，来自中国社会科学院、中国科学院、中共中央党校（国家行政学院）、西藏自治区社会科学院、浙江大学、云南大学、天津师范大学、西藏大学、四川民族学院等国内众多高校和科研机构以及来自美国、澳大利亚、波兰、印度、印度尼西亚、尼泊尔等国和中国香港的40多位专家学者分别通过线上和线下的方式进行了学术交流。

本次论坛学术观点精彩纷呈、气氛热烈。交流话题涉及中国特色社会主义民主制度与政治文明建设在西藏的成功实践、西藏高质量发展的成果以及面临的挑战和机遇、青藏高原及周边地区生态环境与文化变迁、全球新冠疫情背景下人类命运共同体建设的理论与实践、中国经验为各国探索发展道路提供借鉴等。参会的专家学者们通过翔实的调研数据与生动的案例分析，围绕西藏全过程人民民主、民族区域自治制度与民主实践、西藏的人权建设和社会治理等相关议题作了精彩发言。

论坛闭幕式由徐文华主持。丁赛作大会总结发言时表示，与会专家的发言和交流非常具有启发性，有助于大家加深对新时代西藏高质量发展的理解，希望在未来持续开展对话和交流。

据悉，中国社会科学院西藏智库国际论坛自2017年以来已经成功举办五届。论坛胸怀国之大者，积极回应时代主题，回答时代之问，已举办的五届论坛分别以"共享与发展""传统与变迁""合作与发展""风险与合作""和平与发展"为主题进行专题研讨。本次论坛以"永续与共享"为主题，回应全球气候变化条件下西藏高质量发展的环境、民生、文化、公共参与、政治民主和政策支持问题，以及相关的国际经验，旨在在争鸣中取得共识，在共识中凝聚团结的力量，为中国以及周边国家的发展贡献学术智慧。

【"'世界之变'与中国周边形势新动向"学术研讨会】

2022年9月16日，中国社会科学院中国边疆研究所、中国社会科学院边疆安全与发展研究中心主办的"'世界之变'与中国周边形势新动向"学术研讨会在中国历史研究院举行。来自吉林大学、中国社会科学院、国际关系学院等单位20余位学者参加会议。中国边疆研究所党委书记刘晖春同志出席会议并作致辞。中国边疆研究所副所长范恩实研究员主持会议。会上，吉林大学历史学与国际关系学教授、博士生导师、国际关系研究所所长、公共外交学院创始院长、中国国际关系学会副会长刘德斌，中国社会科学院世界经济与政治研究所研究员袁正清，国际关系学院教授、国际政治系主任、中国中俄关系史研究协会常务理事罗英杰分别作主旨报告。中国边疆研究所新疆研究室主任许建英研究员、西藏研究室主任张永攀研究员、东北边疆研究室副主任初冬梅副研究员、海疆研究室副主任李欣副研究员分别就有关主题作专题报告。中国边疆研究所学者参加会议并参与研讨。

（撰稿人：李　欣）

【第二届中华民族共同体视野下的历代西北边疆治理研究学术研讨会】[①]

2022年9月24日，由新疆大学历史学院（西北边疆治理文献与研究中心）、武汉

[①] 资料来源：新疆大学历史学院官网，2022年9月25日，https://www.xju.edu.cn/info/1028/18581.htm。

大学历史学院、新疆大学铸牢中华民族共同体意识研究基地、新疆大学历代西北边疆治理研究中心联合主办的第二届"中华民族共同体视野下的历代西北边疆治理研究"学术研讨会通过线上方式隆重开幕。来自全国16个省（区、市）34所高校和科研院所的60位专家学者齐聚云端，近300名师生参与听会。

在开幕式环节，新疆大学党委常委、副校长王占仁教授，新疆大学历史学院院长孟楠教授，武汉大学历史学院副院长李涛副教授分别致开幕词，开幕式由青年教师叶凯歌博士主持。

王占仁首先代表新疆大学对与会代表表示欢迎，并感谢各位专家长期以来对新疆大学历史学科发展的支持。他指出，历代西北边疆治理是为学术界经久不息、大家辈出、名作涌现的研究领域，至今仍然是生机勃勃。新疆历史问题既是重要的学术问题，也是关乎国运的重大政治原则问题。今年7月习近平总书记在视察新疆时明确指出，要加强中华民族共同体历史、中华民族多元一体格局的研究，充分挖掘和有效运用新疆各民族交往的历史事实、考古实物、文化遗存，讲清楚新疆自古以来就是我国不可分割的一部分和多民族聚居的地区。这为我们指明了新时代新疆历史研究的大方向，也就是必须从中华民族共同体视野出发，深入研究历代西北边疆治理的史实、经验和规律，正本清源、守正创新，坚决反对新疆历史研究中的错误观点和错误倾向，用更加坚实的史学研究成果打牢维护新疆社会稳定和长治久安的思想政治基础。他希望各位专家能继续支持新疆大学"双一流"建设，支持新疆大学历史学科的发展，一道为繁荣我国历史学科园地，为建设美丽新疆，共圆祖国梦想而努力奋斗。

孟楠在致辞中表示，今年7月习近平总书记视察新疆，首站来到新疆大学，对我们提出了很高的要求。希望通过此次研讨会，延续并深入探讨中华民族共同体视野下的历代西北边疆治理问题，不断提高历代西北边疆治理研究水平。

李涛在致辞中表示，此次由新疆大学历史学院和武汉大学历史学院联合举办的学术研讨会，是一次强强联合的盛举，必将更加深入地推动历代西北边疆治理研究高质量发展，为疆内外该领域专家、学者搭建起交流的优质平台，催生更多的优秀的科研成果。

开幕式结束后，会议进入主题发言阶段。新疆大学历史学院"天山学者"特聘教授刘学堂做了题为"天山彩陶系统的形成及其意义"的发言。他认为，天山彩陶系统兴起于公元前2100年前后，是东亚彩陶体系的重要组成部分。它与河西走廊马厂—西城驿文化的向西拓展有关。可以说，天山彩陶系统的形成，是黄河流域彩陶文化对天山史前文化的深度整合过程，它为汉代中原政府顺利实施经营西域的国策，并将西域最终纳入中国版图积奠了深厚的历史基础，也为中华文化兼容并蓄、形成多元一体文化格局提供了宽阔的舞台和深邃的历史空间。

武汉大学教授申万里做了题为"从'伐不止'到'优渥有加'——蒙元之际蒙古治理高丽制度的构建"的发言。他认为，元王朝作为中国历史上规模空前的一个大一统王朝，其与周边国家的藩属关系已然大大超出了此前传统朝贡体系的范畴。元朝与周边国家的关系中，最密切的是与朝鲜半岛上高丽政权之间的关系，特别是在元世祖忽必烈时期，元王朝与高丽之间的关系可以认为是这一时期中外关系中最重要的，也是最成功的中外关系模式，反映了元朝蒙古对周边国家间接治理的基本思路。

浙江师范大学边疆研究院教授冯建勇做了题为"再造边疆秩序——民国'新六省'设置与边疆政治地理结构重建"的发言。他认为，作为"次边疆地带"的"新六省"（即热河、察哈尔、绥远、西康、青海、宁夏）是连接边疆与内地的枢纽地带，是国民政府时期边疆地区的政治地理单元。"新六省"的设立及其政治地理空间布局，深刻反映了国民政府的边疆统合意图。

主题发言结束后，新疆大学历史学院副院长焦堃副教授主持研讨会第一组的学术报告。首先是来自新疆师范大学的锋晖副教授做了题为"清朝新疆八旗十营对比研究"的发言。他认为清政府为布设新疆驻防，移驻陕甘满营，构建伊犁四营。满营与伊犁四营虽同为八旗，职能相仿，但二者管理制度、生产生计的差异，造成八旗内部阶层分化，形成"旗旗问题"，最终导致二者命运轨迹的不同。

新疆师范大学教授吴华锋做了题为"焉耆'苇桥之险'在清代的重构与接受"的发言。清人和宁与祁韵士考证《后汉书·班超传》中记载的"焉耆国有苇桥之险"之"苇桥"地望时，附会为《西域闻见录》中的"布古尔土桥"，造成对东汉焉耆国"苇桥之险"故事的误解，并被之后的文史著述广泛接受。他认为"苇桥之险"重构的现象，反映出清代西域经营对学人著述的影响，从中亦能感受到乾嘉时期的学术风气及两位始作者的盛世理想。

接着，新疆师范大学教授孙文杰做了题为"清代对东归土尔扈特的管理与认识：以满文寄信档中伊勒图任职新疆时期为中心"的发言。他通过对近年刊布的满文寄信档等稀见史料的发掘和研读，进一步丰富了伊犁将军伊勒图任事新疆时的诸多历史细节，特别是依据当时西域的历史实际灵活制定对东归土尔扈特的管理政策方面，并且纠正与增补了传世史料的相关讹误与空白。

伊犁师范大学教授陈剑平做了题为"同治六年棍噶扎拉参抢夺俄属哈萨克案及其经验教训"的发言。通过对同治六年棍噶扎拉参抢夺俄属哈萨克一案的仔细爬梳，他认为，在同治新疆大动荡的背景下，清政府最终以赔款换和平平息了此案，这有不得已之苦衷，但也在一定程度上缓和了中俄的紧张关系。同时，该事件也冲击了俄国在新附哈萨克中的向心力，向越境抢掠的哈萨克表明了清军的存在及其防卫力量，保障了塔尔巴哈台边民的生命财产安全，对俄国也起到了长期的震慑作用。四位学者的发言结束后，孟楠对四场报告逐一进行点评，并由观众与报告人进行问答互动。

【2022 东北亚论坛】[①]

9月24—25日，由辽宁大学与韩国崔钟贤学术院共同主办的"2022东北亚论坛"以线上形式举办。来自韩国、日本、俄罗斯、美国和中国等国的专家学者围绕会议主题"新时期东北亚区域合作发展：机遇与挑战"展开深入对话和研讨。东北亚山水相连、人文相近、经济相通，是全球发展最具活力的区域之一。东北亚地区的经济、政治、文化与科技对世界发展有着重要的影响，占据重要地位。辽宁大学校长余淼杰表示，当今，东北亚地区的形势发生了诸多变化。中国"一带一路"建设的有序推进、RCEP协议签署、数字经济与东北振兴的国家战略、绿色

---

① 资料来源：中国社会科学网，2022年10月8日，http://www.cssn.cn/gjgxx/gj_rdzx/202210/t20221008_5545622.shtml。

低碳循环发展的不同经济模式、东北亚地区的相互理解与合作以及共建东北亚命运共同体的共识,都有力地推进东北亚区域的合作发展。

过去40多年中国经济发展是在开放条件下取得的,未来中国经济实现高质量发展也必须在更加开放条件下进行。在开放的梯度层次上,东北地区特别是辽宁,正在成为我国对外开放的热点地区。辽宁省发展和改革委员会副主任王卓明表示,RCEP的签署为辽宁扩大面向东北亚的开放合作,带来了新的机遇。作为世界最大的自由贸易区,这一协定有利于改善区域贸易与投资环境、增强区域供应链稳定、推动经济复苏,为区域经济一体化注入前行的动力。同时也可以为辽宁省推动贸易和投资的可持续发展、高水平制度型开放、实施自由贸易区提升战略、构建国内国际双循环相互促进的新发展格局发挥积极作用。积极利用自身优势,探索与东北亚各国加强经济合作的途径,打造成为我国面向东北亚开放的"桥头堡",推动东北亚区域经济合作与东北振兴协同互动,将是辽宁省在新时代东北振兴展现更大担当和作为的重要举措。

辽宁地处东北亚核心地带,既沿海又沿边,是中国东北地区唯一的沿海省份,是对接东北亚、沟通欧亚大陆桥的陆海大通道的必经之地,是中国北方地区的开放前沿。辽宁省商务厅厅长宋彦麟表示,在构建东北亚开放新格局中,辽宁有着得天独厚的优势和众多有利条件。辽宁是东北三省和蒙东地区最重要的出海通道,有深厚的产业和经贸合作基础,开放型经济新体制正在加快形成。同时,辽宁的营商环境在逐年改善,"人人都是营商环境、个个都是开放形象"的社会氛围正在形成。辽宁在东北亚经贸合作中有着广阔的舞台和光明的未来。

"东北亚论坛"迄今已成功举办十一届。多年来,辽宁大学充分发挥独有的学缘、地缘优势,聚焦东北亚区域经济合作、政治格局演进和区域治理等方面开展深入研究,产出了一批具有全局性、前瞻性的研究成果,培养了大批具有创新精神和国际视野的高素质人才,为促进东北亚区域经济发展、政治局势稳定,实现东北亚地区的共赢发展作出了积极贡献。延边大学校长金雄表示,在世界面临百年未有之大变局的历史背景下,随着我国"一带一路"倡议、构建人类命运共同体理念深入人心,使得东北亚各国在教育合作、人文交流等方面形成了紧密相依的关系,展现出极大的发展潜力,东北亚区域的国际合作开发事业进入了一个新的历史时期。辽宁和吉林同为兄弟省份,辽宁大学与延边大学也同为"双一流"建设高校,期待双方进一步加强合作、增进交流,共同为推动东北亚区域经济繁荣与和平发展、加快高教强国建设携手并贡献力量。

从产业革命视角观察世界竞争格局的变迁,一个国家的竞争实力在相当程度上取决于这个国家参与产业革命的强度、广度与深度。一个国家内部各区域在国家竞争格局中的竞争力与地位,归根到底是由这个区域参与产业革命的广度、深度与强度所决定的。

管理创新的情境性基础是每一次产业革命,整个产业革命史其实也是管理创新史。企业的竞争能力与强弱在相当程度上取决于企业参与新产业革命的强度、广度与深度。中国正处于一个大变革的时代,变革的时代呼唤管理的创新。中国社会科学院工业经济研究所研究员黄速建提出,要通过管理创新,形成高品质活力型企业;实现企业动力转换,打造高自我驱动型企业;实现战略转型,打造高站位前瞻型企业;实现效率变革,打造高价值集约型企业;实现能力再造,打造高层次创新型企业；实现形象重塑，打造高认同共益型企业。归根到底，要通过管理创新用世界一流的管理打造具有一流效率、一流技术、一流产品与服务、一流品牌、一流社会责任的世界一流企业。

产业革命是经济长期增长的动力，世界百年未有之大变局之一就是人类社会正处于新的产业革命之中。而新产业革命与以往产业革命的不同，给经济的可持续高质量发展带来了新的挑战。

新产业革命与以往的产业革命做"加法"不同，工业4.0出现了"减法"。比如新能源新材料替代传统能源和材料、电动车替代燃油汽车、智能机械替代传统机械等，都在做以少代多的"减法"。宁波工程学院区域发展与共同富裕研究院院长赵儒煜表示，东北地区的汽车、石油化工产业、钢铁产业、机械制造工业等传统支柱产业，都是工业4.0的"减法"大户。再加上与发达地区同处一个产业技术体系的压力，使得东北地区迫切需要加快推进产业革命。

新战略格局下东北产业发展要有新思路，通过技术创新和产业创新加快新兴产业发展，形成现代产业发展新逻辑，使东北经济进入新的良性发展的道路。

在复旦大学管理学院应用经济学系教授芮明杰看来，东北地区实现产业高质量发展，最核心的现实战略就是进行高效率的东北亚区域合作创新，把现行产业体系、现行产业链价值链的短板补起来，发展有核心技术的、有比较优势的传统产业与新兴高端产业，形成有效的新旧结构转换，推动经济成功转型。芮明杰建议，分别从东北地区产业体系的"底部""腰部""头部"扬长补短。

大力改造传统基础产业，在新基础产业方面加大发展力度，形成数字经济与高端产业发展的强大支撑，通过东北亚区域经济圈和双循环战略进行产业链关键处"补短"，实现弯道超车。

（撰稿人：赵徐州、曾　江）

【新疆铸牢中华民族共同体意识理论与实践研讨会】[①]

2022年10月8日，"新疆铸牢中华民族共同体意识理论与实践研讨会"采取网络连线方式在乌鲁木齐召开。此次研讨会由自治区党委统战部主办，自治区民族事务委员会（宗教事务局）、自治区社会科学界联合会协办，新疆师范大学承办。

会议主题演讲环节由国家民委新疆师范大学中华民族共同体研究基地主任王平教授主持，北京大学社会学系、铸牢中华民族共同体意识研究基地马戎教授，中国社会科学院民族与人类学研究所所长、中国社会科学院大学王延中教授，中央民族大学副校长麻国庆教授，中国政治学会副会长、云南大学周平教授分别做了主题报告。

马戎教授的报告题为"人类语言与社会发展——语言与民族共同体"。报告首先介绍了有关语言问题的几个认识误区，之后梳理了语言文字演变与社会发展的关系，并以社会发展为背景讨论了语言作为交流工具所具有的双重功能。由于语言是各族群传统文化的载体和凝聚象征，语言政策成为多族群国家的敏感议题，各国民族主义运动和"民族国家"构建进程中普遍出现有争议的"语言统一"与"语言净化"现象。必须认识到各国为了加强国民的文化和政治整合必然会

[①] 资料来源：新疆师范大学官网，2022年10月8日，https://www.xjnu.edu.cn/2022/1009/c11506a122345/page.htm。

逐步推行国家通用语言，而掌握先进科技和引领经济发展的语言工具，是少数族群发展的必要条件。

王延中教授的报告题为"新疆在铸牢中华民族共同体意识中的战略地位"。王延中教授指出，铸牢中华民族共同体意识是新时代新疆工作和新时代民族工作的交叉点和聚焦点，充分体现了铸牢中华民族共同体意识在新疆工作的战略地位。主要体现在：一是铸牢中华民族共同体意识重大论断的产生和提出与新疆工作密不可分；二是铸牢中华民族共同体意识的主线定位对新疆工作具有战略指导意义；三是应该以铸牢中华民族共同体意识为主线引领新时代党的治疆方略的贯彻落实，进一步维护新疆社会稳定和长治久安、实现高质量发展。

麻国庆教授的报告题为"推动跨学科体系的中华民族共同体研究"。报告指出，面对中华民族伟大复兴的时代背景和纷繁复杂的国际形势，在学科学术与问题学术中如何落实铸牢中华民族共同体意识这一主线，构建出推进新时代中华民族共同体建设的新的学术增长点，是一个跨学科体系的时代命题。麻国庆教授分别以学科群是研究中华民族共同体的原点，中华民族之于民族范畴之思考，文本与田野、中华民族共同体的内涵与历史观三个方面介绍了跨学科体系的中华民族共同体研究，提出中华民族和中华民族共同体的问题意识，表现为历史性研究、经验性研究、共时性研究、发展的研究四个研究路径，是研究中华民族的多重维度。在此基础上，"以问推学"，"推"是推向学术研究的深度和广度，体现研究的"域—类—推—过程"体系，以"中华民族"这一关键概念为引领，推动包括民族学在内的相关学科的学术自觉与学科发展。

周平教授的报告题为"民族理论的创新亟待加强"。报告指出，中华民族伟大复兴，对民族理论形成了新的期待。当代中国的民族理论长期缺乏中华民族的论述，未将各民族及其相互关系的论述置于中华民族的框架中进行，与铸牢中华民族共同体意识的要求存在距离，凸显了有效理论供给不足的问题，需要根据形势的要求进行创新。需要关注几个关键性议题，一是要将当代中国的各个民族及其相互关系，置于中华民族共同体中来进行定位和论述；二是要将民族平等、民族团结原则，置于中华民族共同体或中华民族大家庭中加以论述；三是对于民族区域自治，要按照保障少数民族权益、维护国家统一的制度伦理而进行全面阐释并增添新的内容；四是对前些年援引西方族际政治而进行论述的内容，进行反思并将不恰当的内容剔除。民族理论创新，目的在于构建适应中华民族伟大复兴，有利于铸牢中华民族共同体意识的民族理论，增强民族理论的回应性以及有效理论供给和知识供给的能力。

主题报告后，会议分为两个分会场进行小组报告，共有30名代表交流发言，分别围绕"历史上新疆各民族中华民族共同体意识的形成与发展""新疆各民族交往交流交融的历史经验""新疆民族团结进步创建实践与创新""构建各民族互嵌式社会结构和社区环境的实践探索"等主题进行发言，每个环节点评人均进行了细致点评。会议涌现出了一批选题针对性强、论证充分的优秀论文，其中《从"小聚居"到"互嵌"——新疆塔城哈尔墩社区的百年历程》《边疆治理中的"访惠聚"：中华民族共同体构建的地方经验分析》《南疆绿洲乡村社会多民族互嵌范式及其实践价值》3篇论文被评为一等奖论文；《充分挖掘新疆地区各民族共同的历史文化记忆》《边疆地区铸牢中华民族共同体意识的"家国一体"路径》等5篇论文被评为二等奖论文；《多元的"记忆之场"：中华民族共同体的集体记忆与认同的构建》《结构主义视角下乌鲁木齐各民族文化和心理互嵌与物质结构互嵌研究》等7篇论文被评为三等奖论文。

【族际交往与共同体建设：第三届边疆地区社会工作论坛】[①]

2022年10月22日，在党的二十大胜利闭幕的喜庆日子，由西藏民族大学法学院承办，新疆师范大学和内蒙古大学协办的第三届边疆地区社会工作论坛在西藏民族大学成功举办。

教育部高等学校社会学类教学指导委员会副主任委员、中国社会学会副会长、长江学者特聘教授、厦门大学社会与人类学院院长胡荣教授应邀出席开幕式并致辞。

胡荣教授在致辞中对论坛的顺利举办表示祝贺，并对边疆地区社会工作发展谈了三点意见。一是聚焦发展定位问题，发挥优势，凸显特色；二是围绕整体水平提升问题，加强交流，协同合作；三是围绕社会工作中国化问题，坚持理论与实务相结合，创造中国概念、构建中国理论、推进中国实践。

西藏民族大学党委常委、副校长卞利强出席开幕式并致欢迎辞。西藏民族大学法学院院长侯明教授代表主办方致辞，学校研究生院院长、第十批援藏干部、北京外国语大学教授何伟，学校教务处处长相理锋，科研处副处长张传庆，法学院副院长张林出席了开幕式。论坛开幕式由西藏民族大学法学院党委书记李琼主持。

卞利强副校长在致辞中表示，此次论坛立意高远，厚重务实，是教育与科研工作者深入学习贯彻党的二十大精神的生动形式。80余年前，著名社会学家、藏学家李安宅先生就从社会工作的角度系统阐述了边疆地区社会治理的问题。他的思想引领了几代学人，而其田野调查点和思想起锚地恰恰就是青藏高原。今天的学术盛会，像是一个奇妙的世纪回响，在地处陕西关中的西藏民族大学，边疆、社会工作及西藏等词汇又链接在一起。衷心希望各位专家学者畅所欲言，为推动社会学学科建设和发展贡献智慧和力量。

本次论坛主题为"族际交往与共同体建设"。来自北京大学、厦门大学、中山大学、中央民族大学、兰州大学、新疆师范大学、云南民族大学、贵州师范大学、内蒙古科技大学以及西藏民族大学等20余所高校和科研院所的百余位专家学者参加了论坛。

与会专家学者以深入学习贯彻党的二十大精神为主线，围绕如何准确把握新时代民族社会工作的本质内涵、社会工作如何更好参与和服务铸牢中华民族共同体意识、民族地区社会现代化等重大理论和现实问题，分享研究，建言献策。

在主旨演讲环节，中山大学张和清教授、中央民族大学任国英教授、兰州大学焦若水教授、新疆师范大学关丙胜教授、云南民族大学孙浩然教授、贵州师范大学彭国胜教授、内蒙古科技大学王力平教授、西藏民族大学刘红旭教授先后作了主旨演讲。

他们分别围绕中国社会工作的文化基础、民族社会工作的本质内涵与知识体系构建、民族社会工作在地化实践的原则和路径，以及民族社会工作与铸牢中华民族共同体意识、民族地区现代化、民族地区社会治

[①] 资料来源：西藏民族大学官网，2022年11月3日，http://www.tibetology.ac.cn/2022-11/03/content_42159388.htm。

理的深入融合等主题进行了精彩陈述。《西藏民族大学学报（哲学社会科学版）》编辑部郝世亮博士主持了主旨演讲。

来自19所院校的30多名中青年学者在三个分论坛上围绕"铸牢中华民族共同体意识""民族社会工作与社会治理""民族文化与民族交往交流交融"等主题报告了最新研究成果。西藏民族大学社会工作教研团队苗丽丽副教授、任利副教授、赵国栋副教授等作为主持人或评议人参与了分论坛。

（藏民大社工）

【中国民族学学会2022年高层论坛暨铸牢中华民族共同体意识与民族地区乡村振兴学术研讨会】[①]

2022年10月29日，由中国民族学学会主办、东北大学秦皇岛分校承办的中国民族学学会2022年高层论坛暨"铸牢中华民族共同体意识与民族地区乡村振兴"学术研讨会在河北省秦皇岛市举行。来自中国社会科学院、中共中央党校（国家行政学院）、北京大学、中国人民大学、东北大学、中央民族大学、中山大学、云南大学、四川大学、北京师范大学、中南民族大学等116所高校与科研院所，以及秦皇岛地区相关研究和管理部门的300余位专家学者以线上与线下相结合的方式参加了会议。

该论坛线下设3个会场，即秦皇岛主会场、中国社会科学院民族学与人类学研究所（北京）分会场、东北大学秦皇岛分校分会场。线上设腾讯视频会议分会场。论坛包括开幕式、主旨报告、分会场发言与研讨、闭幕式4个环节。

开幕式上，东北大学党委副书记、秦皇岛分校党委书记孙正林致辞。他表示，东北大学高度重视文化传承与创新工作，近年来积极谋划发展民族学学科，通过引进一批优秀人才、成立民族学学院等举措，力求建设一个极具特色、国内知名的民族学教育研究平台。此次学术研讨会既是马克思主义民族理论研究的百花齐放、百家争鸣，又是把民族学理论研究与民族地区经济社会发展相结合的具体实践，更是对党的二十大报告提出的推进文化自信自强的再出发。希望大家共同肩负起中国民族学者应有的历史使命和责任担当，做好民族学人才培养、科学研究等工作，在促进各民族在中华民族大家庭中像石榴籽一样紧紧抱在一起的道路上，持续贡献力量。

中国社会科学院民族学与人类学研究所党委书记赵天晓表示，此次论坛的召开为全面学习贯彻党的二十大精神和加强铸牢中华民族共同体意识的研究，提供了良好的学术交流平台。要充分发挥中国民族学学会在学者联合、学术创新、政治引领和意识形态阵地方面的重要作用，推动形成党的二十大精神的全面学习格局；要立足于学科建设和研究工作的实际，把马克思主义中国化、时代化的最新成果研究好阐释好；要坚持问题导向，聚焦民族学人类学的主责主业，围绕党的二十大提出的新思想新论断，以及事关党和国家事业全局和长远发展的重大理论和现实问题做好学术工作，不断推出高质量的研究成果。

秦皇岛市委常委、宣传部部长许红琳表示，市委市政府高度重视民族工作，牢牢把握铸牢中华民族共同体意识这条主线，持续深化民族团结进步。开展了"石榴花开"等

[①] 资料来源：中国民族学学会官网，2022年11月8日，http://iea.cssn.cn/xshd/xshy_2781/202211/t20221108_5562016.shtml。

一系列各具特色、丰富多彩的宣传教育活动，打造了三个国家级的中国少数民族特色村寨，培育发展了一批民贸民品企业，一批单位和个人被评为国家级、省级民族团结进步示范单位和个人，形成了民族和睦、社会和谐的良好局面。他强调，本次论坛紧扣时代主旋律，积极落实国家战略决策，是深入学习贯彻党的二十大精神的生动实践，希望各位专家学者在论坛中碰撞出更多思想火花，收获更多学术成果。

中国民族学学会会长、中国社会科学院民族学与人类学研究所所长王延中表示，党的二十大再次凝练了当前民族工作的方向和重点任务，即以铸牢中华民族共同体意识为主线，坚定不移走中国特色解决民族问题的正确道路，坚持和完善民族区域自治制度，加强和改进党的民族工作，全面推进民族团结进步事业。围绕这一目标，我们要在巩固和发展最广泛的爱国统一战线方面展现新作为，在全面宣传和深入研究阐释党的二十大精神方面发挥本学科的独特优势，积极推进民族学"三大体系"建设，实现科教融合，科学研究和社会实践的融合。要为学习贯彻落实好党的二十大精神，高质量推进全面建设社会主义现代化国家新征程和中华民族伟大复兴，贡献民族学的独特智慧和力量。

开幕式由东北大学秦皇岛分校民族学学院院长郝庆云教授主持。在主旨报告环节，中国民族学学会执行会长、中央民族大学副校长麻国庆教授，中国民族学学会副会长、中共中央党校（国家行政学院）徐平教授，中国民族学学会副会长、云南大学何明教授，中国民族学学会副会长、中南民族大学副校长段超教授，中国民族学学会副会长、中山大学周大鸣教授分别以"民族学的学科建设与中华民族共同体研究""深刻理解习近平中华民族共有精神家园理论""中华民族共同体的经验研究何以必要、何以可能？""推进铸牢中华民族共同体意识工作的体制机制创新""沿海民族走廊对缔造中华民族的意义"为主题作主旨报告。

主旨报告环节由中国民族学学会副会长、中国社会科学院民族学与人类学研究所张继焦研究员主持，他对5个主旨报告进行了精彩点评。他认为，麻国庆教授将民族学的学科建设与中华民族共同体研究结合在一起，具有很强的思辨性，同时也为民族学界重新思考民族学的研究对象和研究内涵指明了方向；徐平教授带领大家解读党的二十大精神，提高了民族学学科的政治站位，使大家深刻领略了习近平总书记关于中华民族共有精神家园理论的内涵；何明教授认为当前铸牢中华民族共同体意识的研究存在"三多三少"问题，即政策解读多、逻辑推导多、宏大叙事多、事实调查少、个案研究少、深入分析少，并从理论与实践的层次提出了解决方案，充分论述了中华民族共同体的经验研究的必要性以及可能性，为后续学者的研究指明了方向；段超教授从"铸牢中华民族共同体意识作为一项系统性工程"出发，详细分类概述了铸牢中华民族共同体意识工作的体制机制构成、建设目标、存在问题、创新措施，为今后的铸牢中华民族共同体意识工作提供了参考借鉴；周大鸣教授通过阐释海洋文明对中华文明的贡献，从不同角度论述了沿海民族走廊对于缔造中华民族的意义，他所提出的"沿海民族走廊"这一概念也为今后的学术研究开辟了一条新道路。

下午的分论坛共设4个专题分会场，即"铸牢中华民族共同体意识的理论、政策及实践"专题、"中华民族交往交流交融史与中华民族共同体形成研究"专题、"铸牢中华民族共同体意识视阈下的民族地区乡村振兴"专题和"新时代民族地区乡村振兴的路径及特色研究"专题。每个专题有40余篇论文参与研讨,除专家发言以外,特别设置了30分钟自由讨论与交流,为中青年学者提供发言机会。与会专家学者积极互动,从理论研究、政策实践、路径实施、个案剖析等多方面开展了讨论与交流。

闭幕式由中国民族学学会秘书长、中央民族大学祁进玉教授主持,4个专题分会场分别由中国人民大学刘谦教授、新疆师范大学孙文杰教授、广东技术师范大学杨文炯教授、西南大学陈永亮教授向论坛汇报了各分会场的报告和研讨情况,东北大学秦皇岛分校副校长王雷震教授代表承办方向学会和与会专家学者莅临本次论坛表示感谢,张继焦副会长受学会委托,代表学会向论坛承办方和与会专家学者对中国民族学学会工作的支持表示感谢。

该论坛参会专家来自全国四面八方,报告主题多元且紧扣中华民族共同体建设、乡村振兴等时代主题,对"铸牢中华民族共同体意识与民族地区乡村振兴"进行了充分研讨,具有积极的学术理论价值和现实指导意义。

【"深刻理解中国式现代化 携手共筑新疆美好未来"新疆区域协调发展学术研讨会】

2022年11月18日,由中国社会科学院中国边疆研究所、中国社会科学院新疆智库、石河子大学主办,石河子大学经济与管理学院和石河子大学法学院承办的"深刻理解中国式现代化,携手共筑新疆美好未来"新疆区域协调发展学术研讨会在云端召开。中国社会科学院中国边疆研究所副所长范恩实,石河子大学党委常委、副校长(援疆)李兆敏参加会议并致辞,中国社会科学院新疆智库办公室副主任吕文利主持会议,石河子大学经济与管理学院党委副书记、院长王力作总结发言。范恩实指出,"深刻理解中国式现代化,携手共筑新疆美好未来"新疆区域协调发展学术研讨会的召开是中国社会科学院中国边疆研究所、新疆智库和石河子大学共同学习党的二十大精神,推动科研协作,推动双方共建新疆智库涉疆研究基地的一项重要举措。党的二十大报告明确指出新时代新征程中国共产党的任务使命是"以中国式现代化全面推进中华民族伟大复兴",并精准概括了中国式现代化的重要特征和科学内涵,标志着我们党对现代化建设的认识上升到了新高度。这次会议的主题是"深刻理解中国式现代化,携手共筑新疆美好未来",就是把"中国式现代化"和新时代党的治疆方略结合起来,学习领会二十大精神,贯彻落实中央第三次新疆座谈会精神,完整准确贯彻新时代党的治疆方略,并推动相关议题的深入研究。

李兆敏表示,中国社会科学院中国边疆研究所与石河子大学的合作有效推动了边疆研究事业的发展,加快推进了中国边疆学体系构建。在今后的合作中,石河子大学将充分发挥自身优势,依托中国社会科学院中国边疆研究所、新疆智库平台,全身心投入践行党的二十大会议精神和党的治疆方略中去,从国家战略层面为新疆和兵团的发展作出贡献。只有以习近平新时代中国特色社会主义思想为指导,深刻理解中国式现代化,自信自强、守正创新、踔厉奋发、勇毅前行,才能携手共筑新疆美好未来。会上,来自中国边疆研究所、石河子大学、新疆兵团党委党校(行政学院)、福建师范大学的9位专家学者进行了交流研讨。石河子大学经济与管理学院院长王力教授指出,棉花是新疆最具影响力的产业,新疆棉花产量居于世界重要地位,随着美国制裁力度加剧,国际棉花市场风险增大,对新疆棉花产业的发展产生了较大冲击。对此，应积极引导舆论，寻找替代市场，提升国际竞争力，为纺织企业提供政策支持、引导企业积极应对。

石河子大学法学院院长高卉教授认为，富民兴疆既是新时代推进新疆治理的需要，又是铸牢中华民族共同体意识的新视点。新时代新疆铸牢中华民族共同体意识实践与"富民兴疆"行动交互共进，能有效促进各族群众的主体性、体验性和集体性意识，增进各族群众共建、共享和共生意识，在实现富民兴疆的同时铸牢中华民族共同体意识。石河子大学经济与管理学院副院长程广斌教授指出，新疆旅游业高质量发展是实现新疆社会稳定和长治久安的必然要求，推进新疆数字旅游能够做强新疆旅游品牌，助推旅游产业转型升级，加快旅游诚信体系建设。只有努力打造旅游品牌，加大旅游基础设施建设，搭建智力支撑平台、完善旅游营销体系才能推进新疆旅游高质量发展。石河子大学经济与管理学院副院长王磊教授认为，全面推进丝绸之路经济带核心区建设为新疆工业高质量发展带来了历史机遇，推进新疆制造业高质量发展应遵循"创新、协调、绿色、开放、共享"的发展理念，从创新驱动、人才管理制度、资本要素投入和开放发展意识等方面推进新疆制造业高质量发展。石河子大学经济与管理学院常伟教授从新疆硅产业在世界产业格局中的地位与作用入手，深入阐述了新疆硅产业的发展现状及存在的问题并提出了应对措施；认为保障原料供给、加大产业支持、加快技术开发和完善政策保障是有效推进硅产业高质量发展的根本途径。石河子大学经济与管理学院孙志红教授认为，兵团作为我国丝绸之路经济带核心区和重要能源资源基地必须推进绿色发展，要大力推进兵团绿色发展的创新实践，设计绿色金融推动三产绿色发展的路径，发挥先进生产力和先进文化"示范区"作用。中国社会科学院新疆智库涉疆研究基地驻站专家、石河子大学经济与管理学院胡建元副教授认为，构建完善的乡村产业体系是全面推进乡村振兴战略的首要任务，只有厘清乡村产业联农带农机制的时代意蕴，充分发挥区域优势，从已有乡村产业发展模式中总结经验、探寻规律，才能找出新思路、新方法。中国社会科学院新疆智库涉疆研究基地驻站专家、新疆兵团党委党校（行政学院）屯垦研究所席霍荣副教授认为，加强兵地融合，推进新疆现代化发展，发挥兵团现代农业的引领作用是关键。只有坚持发展大农业、大力推进农业机械化体系建设、创新农业设施建设和标准化建设，强化兵团农业现代化的示范作用，才能促进新疆现代化发展。

中国社会科学院新疆智库涉疆研究基地驻站专家、中国边疆研究所博士后、福建师范大学秦琼副教授认为，现代化交通基础设施体系建设能够形成新疆区域经济发展合力，可以助力新疆高质量发展，加快构建新发展格局。培养适度超前意识，加速高速通道体系化建设，依托口岸带动经济发展是构建新疆现代化交通基础设施体系的必由之路。

（撰稿人：胡建元）

【2022"丝绸之路：传统与当代"国际学术及实践研讨会】[①]

当地时间 11 月 14—15 日，由新西伯利亚国立大学（以下简称"新西大"）孔子学院（以下简称"新西大孔院"）主办，俄罗斯科学院西伯利亚分院考古学与民族学研究所、新西伯利亚国立大学人文学院东方学教

[①] 资料来源：新疆大学官网，2022 年 11 月 20 日，https://www.xju.edu.cn/info/1028/20512htm。

研室、中国新疆大学协办的2022"丝绸之路：传统与当代"国际学术及实践研讨会成功召开。本届研讨会采取线上线下相结合的方式举办，共有来自7个国家（俄罗斯、中国、德国、英国、哈萨克斯坦、乌兹别克斯坦和伊朗）25个城市的40多所顶尖科研院所、著名高校、中小学和博物馆（俄罗斯20余所、中国15所）的97名专家学者、教师和在读硕博士研究生在本届研讨会上做了报告。共计200余人聆听了本届研讨会。

新西大人文学院院长安德烈·祖耶夫，新西大教育出口部部长叶甫盖尼·萨盖达克，新疆大学国际交流与合作处处长李晓东、汉推科科长杨雯，新疆大学教授、天山学者傅守祥，俄罗斯军事科学院院士、俄罗斯科学院中国与现代亚洲研究所首席研究员弗拉基米尔·彼得罗夫斯基，西伯利亚联邦大学教授、俄罗斯科学院东方学研究所首席研究员弗拉基米尔·达奇申，圣彼得堡国立大学东方系副教授、中国文学专家、翻译家阿列克谢·罗季奥诺夫，阿尔泰国立师范大学教授瓦列里·巴尔明，新西大教授、俄罗斯科学院西伯利亚分院考古学与民族学研究所副研究员谢尔盖·科米萨洛夫，新西大孔院俄方院长尤利娅·阿扎莲科和中方院长毕新惠等一同出席了全体会议。

全体会议由瓦列里·巴尔明教授主持。首先，安德烈·祖耶夫院长致开幕词，他代表新西伯利亚国立大学对线上和线下参会的各位嘉宾表示热烈的欢迎，并预祝国际会议圆满成功。接着，叶甫盖尼·萨盖达克部长致辞，他向来自不同国家、不同地区的与会者们表达了诚挚的问候，赞扬了新西大孔院在促进中俄交流方面作出的突出贡献。李晓东处长在致辞中代表新疆大学向会议的召开表示了热烈的祝贺，向与会者表示了诚挚的问候并和大家一起回顾了近些年新疆大学与新西伯利亚国立大学的友好合作。他指出，在新冠病毒肆虐的大环境下，国际会议有助于拉近彼此的距离，促进学术交流。最后，他对本次国际会议寄予了美好的祝愿。

随后，傅守祥教授、弗拉基米尔·达奇申教授、阿列克谢·罗季奥诺夫副教授、弗拉基米尔·彼得罗夫斯基高级研究员在全体会议上分别作了题为"论人类命运共同体共建与新文明开创""论中苏关系史"《阿Q正传》"在俄罗斯：鲁迅著名小说100周年纪念""冰上丝绸之路以及俄中在北极的合作"的报告。

本次会议分为以下4个分会场。

第一会场议题为："东亚和东南亚国家考古学、人类学及铭文学研究"，38位专家学者、教师和在读硕博研究生做了报告。俄罗斯科学院西伯利亚分院考古与民族学研究所研究员玛利娅·库季诺娃、谢尔盖·德米特里耶夫等依次担任会议主席。俄罗斯科学院西伯利亚分院考古与民族学研究所副研究员谢尔盖·科米萨洛夫做了题为"中国河北磁县东魏茹茹公主墓"的报告、玛利娅·库季诺娃做了题为"十六国时期辽西地区墓葬遗址"的报告、谢尔盖·德米特里耶夫做了题为"亲属关系在西夏《西夏语和汉语掌中宝》注释词典中的术语"的报告、伊朗伊斯兰阿扎德大学尔凡·塔吉克做了题为"中国寺庙的伊斯兰建筑风格"的报告、俄罗斯科学院圣彼得堡物质文化史研究所瓦尔瓦拉·特鲁布尼科娃做了题为"鲜卑人与本国考古学：米·瓦·克留科夫科学传记中鲜为人知的一页"的报告、阿穆尔国立大学安德烈·扎比亚科做了题为"中国东北地区岩画和石刻"的报告、新疆大学刘学堂做了题为"古楼兰地区史前遗存的多学科研究"的报告、北京大学考古文博学院方笑天做了题为"考古所见汉至南北朝时期中国的西南边疆"

的报告、中山大学辛蔚做了题为"中世纪阿尔泰历史语文学研究：契丹大字'元帅左都监印'与'元帅右都监印'新证——纪念比利时神父梅岭蕊先生发现契丹文字100周年"的报告、新疆大学何旭红做了题为"中国古典文学中的玉石情结"的报告、西藏大学那尕才让做了题为"艺术与视野：根敦群培《智游列国漫记》的图像学价值"的报告，等等。

第二会场议主题为：中国现代史问题和史料研究问题；中俄关系，18位专家学者、教师和在读硕博研究生做了报告。圣彼得堡国立大学阿列克谢·罗季奥诺夫副教授、西伯利亚联邦大学弗拉基米尔·达奇申教授和新疆大学海里古力·尼牙孜教授依次担任会议主席。俄罗斯科学院东方学研究所叶列娜·娜泽姆采娃做了题为"当地俄罗斯史学研究中的俄罗斯侨民在新疆：成就、特点和研究问题"的报告、新疆大学张世才和程秀金分别做了题为"蒙古法律制度在金帐汗国及元朝的表现形态和历史影响比较研究"和"七十年来西方新疆史研究"的报告、海里古力·尼牙孜做了题为"'一带一路'背景下中国与俄罗斯在传统医学领域的合作及其发展前景"、阿依吐松·苏旦做了题为"新冠疫情下中俄关系的检视"的报告。众多在读硕博士研究生也向与会者分享了自己的研究成果，如：外交学院魏建勋做了题为"中俄伙伴关系的特色分析"的报告、山东大学张道奎做了题为"近百年来'中国向何处去'的历史之问与当代之思"的报告，等等。

第三会场议题为：中文教学研究、文言文的作用，18位专家学者、教师和在读硕博士研究生做了报告。哈尔滨工业大学、乌里扬诺夫斯克国立技术大学王利众教授、新西大孔院俄方院长尤利娅·阿扎莲科依次担任会议主席。112中学校长瓦季姆·普拉托诺夫做了题为"112中学和新西伯利亚国立大学孔子学院的汉语教学合作经验"的报告、西伯利亚管理学院汉语中心主任玛丽娜·库拉琴科做了题为"汉字教学分析法"的报告、北京师范大学彭乐梅做了题为"苏联莫斯科东方学学院的汉语教育史及其影响"的报告、俄罗斯国立人文大学张晓静做了题为"汉语教材《华俄合璧》(第六版)研究"的报告、王利众做了题为"外语教学中的对比研究"的报告、新疆大学安丽荣做了题为"文言文在汉语学习和讲授中的作用"的报告、新西大孔院尤莉安娜·什洛娃做了题为"如何通过练习提高学生语言知识"的报告，等等。

第四会场议题为："一带一路"倡议下的经济和政治问题，18位专家学者、教师和在读硕博士研究生做了报告。新西大东方学教研室副教授安娜·什玛科娃、新西大孔院中方院长毕新惠依次担任会议主席。新疆大学王晓坤做了题为"'一带一路'倡议框架下中国新疆与中亚国家和地区的经济合作"的报告、新西大弗拉基米尔·普拉斯通做了题为"没有战争的阿富汗"、安娜·什玛科娃做了题为"绿色中国：习近平开辟绿色新道路"、托木斯克国立大学阿尔乔姆·丹科夫做了题为"中亚'大博弈'中的中国因素：国内外历史学家的评价"的报告、西伯利亚管理学院瓦列里·德米多夫做了题为"丝绸之路地中海段商业迦太基的形成前景"的报告、浙江大学研究生李妍卓做了题为"'一带一路'倡议下的政企关系：以浙企出海的产能合作实践为例"的报告、新疆大学研究生李玲娥做了题为"中吉乌铁路为'一带一路'注入新活力"的报告，等等。此外，还有很多教师和在读硕博士研究生做了精彩的报告。

新西大孔院在中方院校新疆大学的大力

支持下，立足新西大，每年围绕"丝绸之路"主题举办一次国际学术会议，旨在发挥自身作为文化交流平台和纽带的作用，使来自不同国家的专家学者和师生分享最新的科研成果、了解学术研究趋势、拓展研究思路、加强彼此之间的学术交流与合作。为中俄两国人文交流贡献一份力量。

（新疆大学国际交流与合作处）

【东北亚地区和平与发展论坛（2022）】[①]

11月18日，由吉林大学主办的"东北亚地区和平与发展论坛（2022）"通过线上和线下相结合的方式举行。论坛旨在为东北亚各国专家学者搭建一个高水平的交流合作平台，通过学术交流扩大学术共识和区域共识，携手推动东北亚地区和平与发展。吉林大学党委书记姜治莹出席论坛并致辞，中国国际交流协会副会长、全国政协外事委员会副主任、中共中央对外联络部原副部长刘洪才作主旨报告。

中国社会科学院学部委员、中国边疆研究所所长邢广程，吉林省社会科学界联合会副主席、吉林省社会科学院院长王颖，吉林大学哲学社会科学资深教授、东北亚研究中心主任王胜今，俄罗斯科学院院士、俄罗斯科学院全球与区域研究中心主任维克多·拉林，蒙古国国立大学国际关系与公共管理学院院长、蒙古国国立大学原校长萨·巴特图乐嘎，韩国统一研究院院长高有焕，日本金融厅金融研究中心主任、亚洲开发银行研究所原所长吉野直行等与会学者围绕"中国式现代化是走和平发展道路的现代化"等主题进行深入研讨。

姜治莹在致辞中代表学校和张希校长，向出席论坛的各位领导、嘉宾和专家表示欢迎，向长期以来关心支持吉林大学建设发展的各界朋友表示感谢。姜治莹指出，习近平总书记在党的二十大报告中指出，中国始终坚持维护世界和平、促进共同发展的外交政策宗旨，致力于推动构建人类命运共同体。坚持亲诚惠容和与邻为善、以邻为伴周边外交方针，深化同周边国家友好互信和利益融合。这是中国共产党向全世界作出的庄严承诺。姜治莹表示，东北亚地区是我国重要的周边区域，东北亚各国地缘相近、人缘相亲、文缘相通，是永远搬不走的邻居。姜治莹认为，一个安全、稳定、互信、和谐的东北亚，符合东北亚各国的共同利益，东北亚的和平与发展对我们践行新时代中国特色大国外交、维护真正的多边主义、推进国际秩序朝着更加公正、合理的方向发展具有重要意义。

姜治莹指出，吉林大学是国家布局在东北的重点综合性大学，办学历史悠久、学科底蕴深厚、科研成果丰硕、名家大师辈出，是国内较早开展东北亚地区合作研究的高校，在东北亚国别和区域问题研究方面，具有雄厚的基础和独特的优势。他希望发挥学校立足辐射东北亚的区位优势和多学科综合的研究优势，依托新型智库建设的平台优势，积极与来自各方面的同仁一道，加强学术研究、深化学术交流，促进东北亚各国相知相亲、文明互鉴，为推动构建人类命运共同体、共同应对全球性风险挑战贡献智慧和力量。希望与会专家互促学术进步，紧紧围绕前沿的学术问题，展开深入的学术讨论，分享最新的研究成果，共同为推动东北亚地区和平与发展，提供富有建设性、针对性、实效性的新思路、新方案。

[①] 资料来源：吉林大学东北亚学院官网，2022年11月24日，http://nasa.jlu.edu.cn/info/1062/4680.htm。

刘洪才以"团结合作、互利共赢、携手共建更加美好的东北亚"为题作主旨报告。刘洪才指出，当前，世界进入新的重大变革期，人类社会面临前所未有的挑战，世界人民对和平发展合作共赢的期待也更加强烈，构建人类命运共同体的历史远见和时代意义更加凸显。他认为，和平安宁始终是国际社会的主流呼声，发展进步始终是世界各国的共同目标。

刘洪才认为，东北亚区域发展潜力大，经济互补性强，和平发展是域内国家的共同愿望，区域经济合作机制不断拓展，仍是亚洲乃至全球最具发展潜力的地区之一。刘洪才希望地区各国加强沟通对话，维护地区和平稳定，深化互利合作，促进地区发展繁荣，打造高质量合作平台，推进区域一体化建设；希望地区各国活跃开展文明对话，共同应对各类挑战，创新推进人文交流，夯实友好民意基础，继续发挥民间组织作用，构建多元人文交流格局。

论坛开幕式由吉林大学党委常委、副校长蔡立东主持。会上，来自俄罗斯远东联邦大学、莫斯科国际关系学院、蒙古国科学院、国防研究所、韩国庆熙大学、庆南大学、日本立命馆大学、庆应义塾大学、东北亚学会、环日本海经济研究所等大学和研究机构的知名专家学者，同来自中国社会科学院、上海社会科学院、天津社会科学院、黑龙江省社会科学院、吉林省社会科学院、北京大学、复旦大学、南开大学、南京大学、山东大学等单位的国内知名专家，以及吉林大学相关领域专家学者分别在3个专题会上作报告，并进行交流研讨，大家共同围绕"东北亚地区和平与发展"这一重大主题，直面问题，发表真知灼见、交流学术思想，思考解决各种问题的途径和措施，致力通过学术交流推动形成区域共识。

20世纪90年代，吉林大学相继成立东北亚研究院和东北亚研究中心，逐步形成了高水平的师资人才队伍，产出了一系列重要创新研究成果。从1997年起，吉林大学已成功举办11届"东北亚地区和平与发展论坛"，是吉林大学开展国际学术交流的重要平台，是东北亚地区相关领域研究的学术品牌。2021年3月，吉林大学成立东北亚学院，建立了"本、硕、博"贯通的东北亚国别与区域相关专业人才培养体系。2022年6月，成立了东北与东北亚研究院。

【中华西域文明的历史演进学术研讨会】[①]

2022年11月19日，由新疆大学历史学院（历代西北边疆治理研究中心）、新疆大学地理与遥感学院、武汉大学历史学院、新疆大学铸牢中华民族共同体意识研究基地、新疆大学西北边疆治理文献与研究中心联合主办的首届"中华西域文明的历史演进"学术研讨会隆重开幕。来自全国16所高校和研究所的考古学、历史学、地理学、遥感技术等自然科学相关领域的专家学者齐聚云端，共同探讨多学科合作的中华西域文明历史演进的相关研究。

新疆大学党委常委、副校长王占仁教授代表新疆大学欢迎各位专家学者参与本次研讨会，对武汉大学长期以来对新疆大学的帮助与支持表示感谢，并简要介绍了新疆大学铸牢中华民族共同体意识研究基地和新疆大学西北边疆治理文献与研究中心各项工作开展情况。他指出，今年7月，习近平总书记

---

① 资料来源：新疆大学历史学院官网，2022年11月20日，https://www.xju.edu.cn/info/1063/17315.htm。

来新疆大学视察铸牢中华民族共同体意识研究基地，作出了重要指示，为我校进一步做好铸牢中华民族共同体意识研究指明了方向。希望与会专家学者和师生进一步贯彻落实习近平总书记对铸牢中华民族共同体意识的重要讲话和重要指示精神，贯彻落实党的二十大精神，以此次学术研讨会为契机，加强跨校跨专业的交流合作，共同开创中华西域文明研究更加美好的明天。

武汉大学历史学院副院长余西云教授回顾了中国考古学百年发展取得的辉煌成就。他表示，武汉大学在相关历史研究以及考古方面具有优势，希望今后能够加强与新疆大学的合作，共同推进中华西域文明演进的研究。新疆大学地理与遥感学院院长张峰教授强调，在铸牢中华民族共同体意识这一任务上，自然科学和人文科学面临着共同的责任和担当。新疆干旱区环境演变与人类文明变迁的知识体系和研究框架，可以为中华西域文明演进研究提供实证支撑。

新疆大学历史学院院长孟楠教授在闭幕发言中指出，首届"中华西域文明的历史演进"学术研讨会是对习近平总书记在2022年5月28日中共中央政治局第三十九次集体学习上的重要讲话精神的切实践行。研讨会聚焦作为中华文明之一的中华西域文明的发展演进，彰显了中华文化的一体性与同一性。本次研讨会的举行有力地推进了中华西域文明研究多学科多领域跨校跨专业的交流合作，必将开创铸牢中华民族共同体意识研究和中华民族历史研究的新局面。

会上，来自中国人民大学、武汉大学、复旦大学、南开大学、四川大学、新疆大学、云南大学等16家单位的23位专家做了精彩的学术报告。专家报告坚持理论与实践相结合，均依据考古发现和文献资料，总结中原文明与西域文明同根同源、血脉相连的关系，提出中华文化是凝聚各民族的精神纽带，是中华民族最宝贵的精神财富，彰显了西域文明是中华文明的有机组成部分。专家报告研究时间跨度长，研究对象从史前丝绸之路上的彩陶交流、甘青地区青铜时代晚期出土的海贝到新疆各地发现的俑塑、壁画、绢画再到清代至民国时期的新疆地区苇湖景观、塔里木河流域巴楚段河湖水系变迁过程，内容十分丰富。各位专家综合运用了包括考古、历史文献、历史地理、遥感测绘、神话研究、遗址保护、美术研究等多学科方法，特别是一些研究借助植硅体分析、粒度分析、烧失量分析、遗址点时空分布和考古遗址碳十四分析等方法，探究中华西域文明早期出现、传播与人类活动的环境背景，极大地开阔了新疆历史和考古研究的视野。

本次研讨会积极贯彻习近平总书记关于"坚持多学科、多角度、多层次、全方位，密切考古学和历史学、人文科学和自然科学的联合攻关""要建立中国特色、中国风格、中国气派的文明研究学科体系、学术体系、话语体系，为人类文明新形态实践提供有力理论支撑"的重要讲话精神，内容丰富、视野开阔、启发性强，在各单位和与会专家的努力下，达到了预期的目标，必将推动中华西域文明的历史演进研究的开展，为中华文明探源研究作出贡献。

（新疆大学历史学院）

【边疆发展中国论坛2022国际学术研讨会】[①]

2022年11月19日，由中央民族大学主

[①] 资料来源：中央民族大学中国少数民族研究中心官网，2022年11月25日，https://tjcz.muc.edu.cn/info/1043/1732.htm。

办、教育部人文社会科学重点研究基地中央民族大学中国少数民族研究中心（少数民族事业发展协同创新中心）承办的"边疆发展中国论坛2022"国际学术会议在中央民族大学召开。

本次论坛的主题为"文明交流互鉴与全球交通合作"，来自中国社会科学院民族学与人类学研究所、边疆研究所、俄罗斯东欧中亚研究所及中国藏学研究中心、中国人民大学、浙江大学、中山大学、厦门大学、云南大学、南方科技大学、上海外国语大学、西南民族大学、内蒙古师范大学、台湾政治大学和中央民族大学等国内科研机构，以及来自英国牛津大学、德国柏林自由大学、法国国家科学院现当代中国研究中心、墨西哥国立人类学历史学研究所、阿根廷布宜诺斯艾利斯大学社会科学学院、日本神奈川大学国际日本学部等国外科研机构的近50位专家学者参加了会议。

中央民族大学中国少数民族研究中心（少数民族事业发展协同创新中心）主任丁宏教授主持开幕式。中央民族大学党委常委、副校长麻国庆教授致开幕词。他指出，中央民族大学包容开放，是构建中华民族共同体、促进人类命运共同体建设的一个非常重要的教学科研机构。"边疆发展中国论坛"是该校国际交流的一个重要学术名片，此次论坛主题体现了国家的要求，体现了人类共同价值追求，以文明交流超越文明隔阂、文明互鉴超越文明冲突。他倡议学界同人携起手来用知识和智慧应对世界之变，推动不同文明之间交流互鉴，增进各个国家和民族间的沟通和信任，推动人类命运共同体的建设。

在大会主旨发言阶段，中央民族大学资深教授杨圣敏、牛津大学教授David Parkin、南方科技大学教授周永明、中山大学教授周大鸣、云南大学教授何明、日本神奈川大学教授周星分别做了题为"传统哲学的差异与不同的建国理念""作为交叉传播方式的文明：来自东非的案例""河流水道研究与'路学'的拓展""广西凭祥跨境越南劳工的形成与特征""昆曼公路与中老泰社会经济互动""中国民族学研究的族别范式与族际范式"的主旨演讲。

本次论坛设三个分论坛，29位学者参与讨论。

"全球交通合作的理念创新"分论坛围绕运用"人类纪"概念思考人与空间关系及其巨变的多重后果、从养成良好符号习惯实现从陆海空交通到形气神互融、亚洲文明的大小传统交织的特质、费孝通中华民族丛体概念、中国边疆社会近代变革的人类学问题意识与经验实践、民族学与内陆亚洲社会、中巴经济走廊、布宜诺斯艾利斯大都市的知识整合与对话、墨西哥南部索克人、墨西哥民族国家建构等议题进行了讨论。这些议题在对世界多样性图景呈现过程中一方面展示了一种超越学科、超越地方、超越区域的跨区域、跨国家、跨文明甚至是跨物种的社会之间的互通，另一方面展示了一种不同于西方资本主义体系的新的全球化的路径和知识生产的图景，也反映了未来全球化时代里人类学研究过程中的一种秩序。

"全球交通合作的历史地理空间"分论坛围绕中国古代的都城位移、清代西南边疆治理、清代边疆景观、近代丝绸之路、跨喜马拉雅贸易、西欧地图中的哈萨克知识、西北民族走廊、西域山水、中俄边疆景观、中缅经济走廊等内容进行了探讨。这些研究揭示了中国与周边在历史和当代的彼此关联，以及在这些关联背后的文化、信息和经济的网络权力关系，深化了对中国内部各区域的关系、结构以及中国与周边互动的理解。

"全球交通合作的物联互通"分论坛专家围绕中缅村庄的政治边界与文化边界、民族走廊与信仰文化、藏—喜玛拉雅文明型态、复核性文明的现象学"描述"的可能性、集市交流的民俗生活共同体、南岛语族的起源、美国牧师柯志仁的中国生活史、吐蕃王室的身体词、血清疗法的传播等议题进行了交流，重点讨论交通的发展与人类网络及人类命运共同体之间的关系。这些研究进一步印证了人类文明生成的关键在于彼此之间结成的各种交往网络，这种互动和联系推动了人类历史发展，形成了人类命运共同体。

中央民族大学中国少数民族研究中心（少数民族事业发展协同创新中心）常务副主任刘湘晖主持闭幕式。中央民族大学张青仁教授、袁剑副教授、马金生副教授分别做小组交流发言。中央民族大学中国少数民族研究中心特聘研究员张亚辉教授做大会总结发言。

中央民族大学副校长宋敏教授致闭幕词。她指出，此次论坛在党的二十大刚刚圆满闭幕不久召开，围绕"文明交流互鉴与全球交通合作"开展了深入而有建设性的研讨，既回应了时代的关切，也反映了国际学术界强烈的现实关怀和敏锐的问题意识。论坛进程紧凑、气氛热烈，与会专家学者从不同领域、不同学科认真交流、深入探讨、求同存异、凝聚共识，充满了智慧和创新，达到了预期效果。她代表学校对论坛的成功举办表示热烈祝贺，对各位专家学者知识的贡献和学术的高见表示衷心的感谢。最后她指出中央民族大学将会一如既往地围绕边疆发展和人类命运共同体建设搭建更多更好的学术交流平台，推动学术交流与合作。

【第三届新时代沿边开放论坛（2022）】[①]

2022年11月19—21日，由中共中央党校（国家行政学院）国家高端智库、中共中央党校（国家行政学院）经济学教研部、云南省商务厅、红河州委州政府共同主办，中国市场经济研究会、云南大学协办的"第三届新时代沿边开放论坛（2022）"在北京市与云南省昆明市、红河市，通过"线上+线下"视频连线实时互动的方式举办。

本届论坛主题是"新思路新举措新篇章——沿边开放与共同富裕"。云南省委副书记、省长王予波出席论坛开幕式并致辞指出，云南是"一带一路"建设、长江经济带发展两大国家发展战略的重要交会点，是充满生机、活力迸发的开放前沿，希望各位专家把创新目光聚焦到云南、创新事业布局到云南、创新成果转化到云南，与云南人民携手把握大机遇、用好大通道、培育大物流、发展大产业，进一步做好沿边开放大文章。来自中共中央党校（国家行政学院）、国内高校、智库的专家学者齐聚一堂，共谋良策、共话发展。

中共中央党校（国家行政学院）经济学教研部主任、博士生导师韩保江教授作线上致辞，表示将全面落实党的二十大重大部署，汇集各界力量，深入开展研究，助力边疆地区扩大开放、繁荣发展。

重庆市原市长黄奇帆研究员围绕贯彻党的二十大精神，深度融入"一带一路"建设，把握RCEP战略机遇，发挥泛亚铁路战略功能，建设面向南亚东南亚辐射中心作主

[①] 资料来源：中共中央党校（国家行政学院）网，2022年11月22日，https://www.ccps.gov.cn/bmpd/jjxjyb/xwdt/202211/t20221122_155817.shtml。

题演讲。

中共中央党校（国家行政学院）经济学教研部副主任、博士生导师曹立教授以题为"新格局视域下推进兴边富民的路径思考——沿边开放指标体系构建及评价研究"作了主旨报告，发布了沿边开放指标体系构建及评价结果。

中国经济体制改革研究会赵艾以"保障和改善民生是沿边开放与实现共同富裕的大文章"为题，指出做好沿边开放这篇文章，必须增进沿边地区民生福祉，切实保障和改善民生。北京大学翟崑作了题为"新发展格局大动脉与云南沿边新发展"的报告，中国社会科学院陈耀就如何加快推进高水平沿边开放提出了对策建议，中国贸促会研究会刘英奎详细分析了沿边开放与南亚东南亚辐射中心建设的关系，中国旅游研究院杨劲松则对我国边境旅游的重启方向和策略选择进行了理论与对策分析，云南民族大学段刚就构建面向南亚东南亚教育辐射中心、服务大国外交战略的现实路径作了报告，中共云南省委党校（云南行政学院）谭鑫就提高云南沿边开放水平推动共同富裕的相关问题进行了分析，云南大学梁双陆就中国与环印度洋地区合作深化的机制与路径选择进行了详细阐述，云南财经大学龚刚对高水平开放下云南辐射中心建设的相关问题展开了论述，红河州副州长吕进结合红河州实践打造沿边开放示范区的具体细节作了分享，云南省墨江县副县长王远征就开拓对外贸易市场构筑开放新高地这一问题进行了阐述，云南省地方金融监管局朱长胜对构建RCEP区域税收共同体的相关问题进行分析并提出针对性建议。此外，来自云南大学的孔建勋和邹春萌、云南财经大学的朱立、西南林业大学的刘燕红、红河学院的罗琳教授、云南省标准化研究院的康燕妮等专家学者就中国出口商对越跨境电子商务营销策略、云南在东南亚建设海外仓的问题与对策思考和沿边开放的标准体系建设等主题作了报告。

中共中央党校（国家行政学院）经济学教研部的与会专家就"沿边开放与共同富裕"的相关主题介绍了相关研究成果。李蕾强调，要着力推动我国在全球产业链供应链分工体系中的比较优势，从传统的要素投入型，转型升级为创新驱动型。阎荣舟认为，构建一流营商环境，是沿边开放区域加快构建新发展格局、着力推动高质量发展、推动全方位开放的应有之义。高惺惟指出，要继续增强跨境人民币服务沿边开放发展的能力。汪彬认为，实现共同富裕要加大对沿边山区县这一特殊类型地区的关注，以跨越式发展促进沿边地区共同富裕。解晋提出，沿边地区应通过强化基础设施建设、优化营商环境，降低交易成本。陈江滢指出，提升"走出去"企业的风险防范能力，对于提高对外投资合作质量和水平具有重要意义。

本次论坛还发布了《昆明共识》。

（撰稿人：高惺惟）

论著撷英

一　新书选介

学科建设与中国边疆学理论研究

【中国历代治边思想研究】

李大龙、刘清涛主编　华夏出版社 2022 年版，36.8 万字。

本书共收录论文 26 篇涉及古代中国边疆治理思想的研究文章，聚焦中国历代政权治理边疆的主导思想，以马克思主义立场、观点从历时性的视野讨论了不同历史时期我国治边思想的丰富内涵、基本特征和重要影响，是一部比较系统地认识我国不同历史时期治边思想历史脉络和演变发展的重要参考资料。全书涉及自先秦到明清时期有关中国边疆治理思想的研究文章，梳理了中国历代王朝在治理边疆中运用的治边思想及其发展变化轨迹，总结了历代治边思想的利弊得失，可以加深关于中国古代统一多民族国家和中华民族共同体形成历程的认识，为当今加强边疆治理、处理民族关系提供有益的历史借鉴。

【中国历代治边政策研究】

李大龙、刘清涛主编　华夏出版社 2022 年版，42.8 万字。

本书收录论文均在《中国边疆史地研究》杂志上发表过，时间大致集中于近二十年。选择的标准有二：一是主题为"中国历代治边政策"；二是有一定的引用率和下载量。所选文章内容主要探讨自汉代以迄清末等历代政府在边疆治理方面的政策举措，主题围绕民族融合、中华民族形成、多民族疆域统一等中心展开，深入研究各个不同时期治边政策的不同特点及其继承与创新，从而总结出历代中央政府在治理边疆、处理民族关系、促进边疆与内地的联系方面所采取的政治、经济、文化政策、制度上的努力和有益探索。

【边疆史地十讲】

姚大力　复旦大学出版社 2022 年版，28.5 万字。

本书选录了姚大力先生关于边疆史地研究的十篇论文，写作和发表的时间跨度长达二十余年。边疆史地研究是在继承晚清因边疆危机刺激而兴盛起来的"西北舆地之学"的基础上发育起来的。这一学术传统所关注的空间范围不仅涵盖广袤的边疆，也包括历史上曾与中国边疆发生密切交往的中国境外的方域山川、人事名物。

【非彼无我　美美与共：中华民族的交融与共同体意识】

石硕　社会科学文献出版社 2022 年版，30.4 万字。

本书内容共分为三个部分，主要涉及中华民族概念、共同体意识以及中国民族史、藏族史领域民族交往、交流、交融的若干个案研究。作者从多个视角呈现各民族交往、交流、交融的历史事实，呈现中华民族是一个"非彼无我、美美与共"的命运共同体。

书中作者立足宏观视角，既有对"中华民族共同体意识"这一研究领域内重要概念的阐释解析，也有对历史发展趋势的归纳升华；既有对"打箭炉"等学术问题的探讨，也有对区域民族史书写等实践经验的总结。

【边缘地带的行政治理——清代厅制再研究】

胡恒　社会科学文献出版社 2022 年版，42.3 万字。

本书是一部关于清代"厅制"问题的再研究。厅制是清代所独有的一种行政区划形式，它的设立体现着明清地方行政制度的转型。全书有两个侧重：一是对清代厅制的起源与演变过程进行了细致的制度史研究，特别是对于学界研究比较薄弱的明清之际厅的起源过程进行了深入探讨，着重加强对海峡两岸一手档案的发掘和利用；二是结合区域社会史、法律史的研究手段，将厅的地方表现形态，结合典型案例进行了细致分析，力争将制度演进全貌与区域社会个案有机结合，展现厅制如何与清代地域社会历史进程相协调，并进而体现清代地方治理"因俗而治"的特色。

【守正与创新：中国边疆研究进展初论】

朱尖　齐鲁书店 2022 年版，26.5 万字。

本书以目前主流的数据库为样本来源，在产文量、知识体系、作者、学术机构、阵地、经典文献六个维度下，对改革开放以来我国边疆研究的发展状况进行了一次全方位系统回顾，并对新时期多学科融合视角下的边疆学学科发展提出思考，一定程度上能够为边疆研究机构、研究者和潜在研究者提供一个快速了解和把握我国边疆研究现状的途径，也为相关职能部门提供判断和决策依据，对新时期中国边疆学学科构建起到一定积极作用。

东北方向

【瑷珲海关历史档案辑要】

黑龙江省档案馆编译　社会科学文献出版社 2022 年版。

本书为中英文对照版本，收录、选择了文献价值较高的档案资料，通过翻译、整理、编撰而成。内容包括组织机构、协议章程、关税、海务港务、地方要闻，重现了中俄边境在贸易监管、征收赋税、查禁走私、航路港口建设、外交往来及文化传播等方面的历史，为东北地区近代民族工商业发展史及中俄贸易史研究提供最新视角和最直接的档案支撑。

【渤海国记】

（清）黄维翰　文物出版社 2022 年版。

本书采辑中外有关渤海史料编缀而成。上卷叙渤海创国始末、诸王递嬗沿革、以粟末靺鞨族为主体渤海各民族的族源、礼俗等；中卷记渤海地理、职官、人物、物产；下卷述朝贡中国、交聘日本、比邻新罗、移国，契丹亡后遗民，以及大事年表诸篇。作者以自己亲身考察见闻为基础，参引大量中外文献，除中国史书记载之外，尤以日本、朝鲜资料最为丰富，从而为我们保存了大量弥足珍贵的史料文献。本书对具体史实的记载颇为精湛，是研究渤海国史的必备之作，对于考证海上丝绸之路东海航线有着重要的现实意义。

【辽金民族关系思想研究】

孙政　西南交通大学出版社 2022 年版。

本书分别探讨辽太祖、辽穆宗、辽景宗、辽兴宗、辽道宗、天祚帝时期，金太祖、金太宗、金熙宗、金章宗、卫绍王、金哀宗时期的民族关系思想，对两个政权的民族关系形成背景及条件、主要流派及代表人物、具体内容及实践经过、思想来源与演变进程、理论成效及历史价值等进行系统梳理和全面阐释，提出了此时期随着政权的建立、稳固，辽金统治者日益认同中华民族多元一体的格局，并拥有"为群方之父母""天下一家"等思想。辽国和金国时期民族关系思想是我国传统民族关系思想中的重要一部分，在其发展中具有承前启后的重要作用。本书有助于认识我国辽宋夏金时期的民族政策和民族关系，有助于认识我国作为统一的多民族国家的性质和中华民族多元一体的格局。

【白山黑水之间：辽金城镇史地研究】

孙文政　中国社会科学出版社2022年版，38.1万字。

本书在阐述古代城镇起源与研究方法，以及扼要介绍白山黑水之间辽金古城的基础上，分古代的城市、辽金古城形制与分布、辽金行政机构设置、辽金古城建筑时间考、辽金行政机构治所地望考、辽金行政机构设置沿革考、辽金古城的历史地位及遗址保护利用七章，展开专题研究。该书能为辽金史地研究者或对辽金史地感兴趣的读者提供参考。

【《金史》丛考（二十四史校订研究丛刊）】

陈晓伟　中华书局2022年版，51.7万字。

本书分绪论、版本再审、新本献疑、史文辑证、拾遗补阙、旧本正误六章，分析《金史》版本源流和纪传志表各部分的文献史源，针对《金史》原点校本和修订本的具体校勘案例，重审两次文献整理工作的得与失。

【唐代河东道军政关联问题研究】

岳鹏　线装书局2022年版，25.6万字。

本书主要对唐代河东道军事行动的历史进行考察和深入分析，对河东道在唐朝边疆防御和内疆重塑方面发挥着重要的作用进行研究。全书选择以总管府为切入实例，分析了河东道军事防御的重点环节，又以粮路为切入，结合唐郑之间攻防探讨了河东道对于临道的影响。接着，又以唐初北部边防战争为基础，从大格局分析了都城迁移对于整个北疆防御态势的影响。又略论安史之乱背景及河朔故事策源的形成，次论多重因素影响下河中镇的废立。最后以唐末诸侯的霸府活动为题结束。全书试图反映整个唐朝河东道在军政方面的历史脉络。

北疆方向

【清末新政时期中央政府对边疆地区的治理与统合研究——以新疆、西藏、蒙古地区为中心的考察】

高月　中国社会科学出版社2022年版，33.5万字。

该书以清末在新疆、西藏、蒙古实施的新政为研究对象，从国家视角探讨了清政府为应对边疆危机，通过在边疆地区实施新政将国家权力渗透到边疆社会基层的历史脉络；在细致梳理清末边疆新政内容和过程的基础上，阐释了实施边疆新政的内在机理，客观分析了清政府通过边疆新政加强边疆治理、重新统合边疆地区的实际效果。

【百年清史研究：边疆民族卷】

孙喆、张永江　中国人民大学出版社2022年版，38.6万字。

全书共分9章，分别为"民国时期学人的边疆观、民族观嬗变""民初对清朝史、满族史研究的史观转换与评价转向""20世纪上半叶边政学范式下的中国边疆研究""民国时期的蒙古学研究""边疆调查与民族识别""新史观下的清代边疆民族史研究（1949—1999）""多元视角下的21世纪清代边疆民族史研究（2000年以来）""边疆开发范式下的清代边疆研究""海疆问题的出现与清代海疆史研究"，探讨了民国至今百余年中国学术界清代边疆民族研究的发展历程，以及相伴生的史学观念意识嬗变、重要学派、学术组织、研究机构、学人风貌、学术观点、著述成果及价值评估诸问题，涉及陆海边疆、边疆民族部落及沿边政权。

【简明内蒙古地方史】

《简明内蒙古编写史》编写组 人民出版社2022年版，25.2万字。

该书由自治区党委宣传部组织编写，由内蒙古社会科学院、内蒙古大学、内蒙古师范大学等单位的专家学者担任编委会和编写组成员。该书内容涉及政治、经济、军事、社会文化和民族交往等各个方面，充分反映了历史上内蒙古地区各民族的交往交流交融，以及内蒙古地区与中原的密切交融互动过程，体现了铸牢中华民族共同体意识的宗旨与原则。

【清代恰克图与广州对外贸易方式比较研究】

贾瑞 人民出版社2022年版，21万字。

该书从中国提出的"一带一路"倡议出发，运用历史学和经济学研究方法，聚焦恰克图和广州贸易，通过对清代恰克图和广州对外贸易状况进行系统性的比较研究，试图揭示清代南北两地的贸易状况异同及其对周边国家的影响，以更好地理解清代的对外贸易活动，进而为当前"一带一路"倡议的深入推进提供历史借鉴。

【内蒙古旅游文化与"一带一路"建设研究】

卡丽娜 中国社会科学出版社2022年版，32.8万字。

该书主要从中蒙俄草原丝绸之路早期旅行往来及其带动下的商贸活动，以及中蒙俄草原丝绸之路沿线不同地区、不同民族、不同特色、不同形式和内容的旅游文化及旅游文化交流、旅游文化建设及旅游文化产业繁荣发展的角度，科学阐释了"一带一路"上的旅行往来、旅游活动、旅游文化交流、旅游文化资源开发、旅游文化合作等内容。

【内蒙古自治区图书馆满文古籍图书综录】

何砺砻 广西师范大学出版社2022年版，72.8万字。

该书收录了内蒙古自治区图书馆所藏满文、满汉文合璧、满蒙文合璧、满蒙汉文合璧、满蒙藏汉文合璧本古籍共计333部、4000余册。所收图书既有刻本、石印本、影印本，又有写本和抄本，时间上起清代顺治十一年（1654），下迄1918年，长达264年。内容包括经、史、子、集各部，涉及哲学、伦理学、宗教、经济、法律、军事、语言文字、文学、历史、地理、数学、天文等方面。

西北方向

【和田出土唐代于阗汉语文书】

荣新江 中华书局2022年版，21.6万字。

该书收录除中国国家图书馆、中国人民大学博物馆、新疆维吾尔自治区博物馆藏卷以外的已知海内外所藏和田地区出土的汉语非佛教文书。包括英国的霍恩雷收集品、斯坦因收集品，瑞典的赫定收集品，俄国收集品，德国吐鲁番探险队收集品，弗兰克收集品，日本的大谷探险队收集品，以及中国公私散藏收集品，共计300余件。这批资料对于深化西域史的研究意义重大。

【唐代黠戛斯历史研究】

王洁　商务印书馆2022年版。

该书利用多语种史料，以唐代黠戛斯历史为核心，上溯汉代坚昆，下及元代乞儿吉思，厘清了黠戛斯从部落向汗国的转变史，全面描述了唐代黠戛斯的政治、经济、社会文化等多方面情况，弥补了黠戛斯历史研究的空白。

【明清西北筑城碑记辑校】

张萍等辑校　中国社会科学出版社2022年版，43.9万字。

该书全面收集了明清及民国西北五省（区）筑城碑记270篇予以标点、校勘，并分析了各版本文献的特点与价值。书中收录的碑记作为第一手资料，详述了筑城过程、工程耗时、销银数量、捐资人户，对于考证西北地区筑城原委、制度复原、社会阶层以及城镇职能与形态扩张都具有重要意义，是研究明清西北地区地理、经济社会史、城市形态演进的重要史料。

【同文之盛：《西域同文志》整理与研究】

乌云毕力格、张阔　上海古籍出版社2022年版，50.1万字。

该书以武英殿本为底本，汇校以英藏本、四库本等，加以全面整理和新编，以汉字字头为序、转写校勘满、蒙、藏、托忒、察合台文等文字，解释词义、史地信息等，并编写了六种文字的索引，具有重要的语言、文献和史料价值。

【新疆历史文化研论】

许建英　社会科学文献出版社2022年版，34.2万字。

该书系作者从事近现代新疆历史文化研究的代表作集结，分为"新疆的历史与文化""近代外国势力与中国新疆""西方人笔下的近代新疆""国外寻史录"四部分。内容覆盖近现代新疆历史、文化、社会，西方对新疆认知和渗透，海外新疆研究与历史档案。编入本书的文章多为专题性学术论文，领域较广，内容较新，资料丰富，观点客观，有助于了解近现代新疆历史、文化、社会以及有关历史资料。

西藏方向

【《十七条协议》与有关西藏历史问题研究】

郑堆主编　中国藏学出版社2022年版，50万字。

该书分九章，分别阐述了《十七条协议》在解放西藏、巩固边疆等方面的意义，并客观分析了该协议出台的历史背景及其对历史的深远影响。该书在附录中收录了大量档案资料，对于开展该领域的研究具有极大的参考价值。

【从演揲儿法中拯救历史】

沈卫荣、安海燕　中华书局2022年版，26.8万字。

该书利用近年发现的大量汉译藏传密教文献，通过将其与相应的藏文、西夏文、畏兀儿文等民族语言文献进行文本对勘和深入研究，试图将"演揲儿法"等藏传佛教词汇置于其本来的语言、历史、文化和宗教语境中来理解，恢复元朝宫廷所传藏传密教仪轨的真实面貌，最终揭开藏传佛教在元代中国传播历史的真相。

【清朝对青海藏区社会的治理研究】

杨卫　暨南大学出版社2022年版，38.5万字。

该书依据《清实录》以及地方志、馆藏档案等典籍记载，主要研究清朝对青海藏区社会的管辖与治理，探讨清朝的治理对青海藏区社会的经济状况、文化教育等形成的影响，厘清清朝治理青海藏区社会的状况，探讨清朝治理的成功经验、失败教训，为今日国家治理、维护青海地区稳定与发展提供历史经验。

【清代西藏重大历史题材壁画叙事方式研究】

孙琳　中国藏学出版社2022年版，16.8万字。

该书探讨了西藏壁画由文本转换为视觉形象的方法及其独特的空间和时间表现方式，折射出藏族人民对当时某一历史事件的看法。在此基础上，通过对该壁画的分析，并与相关壁画的对比，厘清了清代西藏历史题材壁画叙事方式的发展过程及其独特的场景布局、构图方式、造型特点和思想寓意，为研究清代治藏史以及西藏地方与清中央政府的关系提供佐证。

西南方向

【民国云南盐业与经济社会发展研究】

赵小平　中国社会科学出版社2022年版，24.6万字。

在历史上，盐与云南社会各方面发展有着极为密切的关系。该书主要考察民国时期云南盐业与经济社会的关系。除绪论和结语外，全书还有四章。前三章分别介绍了1912—1928年、1928—1937年、1937—1949年间盐业的产地产量、生产技术、生产关系、盐质改进以及运销状况，深入分析云南的盐政、盐税、盐价、盐商等问题。第四章在前面三章的基础上进一步探讨了云南盐业与商品经济、市镇发展、地方财政，以及政治、军事、文化之间的互动关系。该书的出版进一步推进了区域断代盐业史的研究。

【南方丝绸之路研究丛书·历史地理卷】

陆韧　安徽人民出版社2022年版，27万字。

该书详述了先秦至近代南方丝绸之路道路发展的历史过程，展现了不同历史阶段下南方丝绸之路的发展动因、道路体系、交通格局、经济文化交流、社会风物的历史全景，系统揭示了南方丝绸之路交通体系下的内联性和外联性、南方丝绸之路与海上丝绸之路互联互通以及南方丝绸之路融入世界体系的历史进程。该书的出版向学界展示了近年来历史交通地理视野下南方丝绸之路研究的最前沿学术成果，对于我们在当前"一带一路"倡议背景下深入思考云南面向南亚东南亚辐射中心地位、优化南部中国对外贸易体系、创建云南与南亚东南亚经济大开放大格局具有指导意义。

【清代滇东南边疆民族地区国家治理的区域演进与历史进程研究】

聂迅　中国社会科学出版社2022年版，39.1万字。

该书以清代滇东南区域作为研究的特定时段和区域，以历史地理学的研究方法为手段，从行政区划的设置、边疆军事防御体系的构建、基层社会的管理体制这三个专题开展研究。虽各有侧重，但主要是从行政、军事、社会的角度讨论国家在边疆少数民族地区的治理进程，指出清代国家建构和边疆治理是通过"治乱"（武力平定与统一）、"理正"（恢复民族社会秩序）、"善后"（全面建构边疆治乱制度体系）、"一体化"等几个阶段来完成；通过对改土归流后边疆筑城运动以及边疆城市的内部格局特点研究，探讨了国家治理机构在边疆民族地区推行的地理演进特点和历史进程。国家治理的最终目的是不断消融边疆与内地的差异，推进二者一体化的进程，从而更有利于维护边疆地区的社会稳定与繁荣。

【风口箐口：一个哈尼村寨的主客二重奏】

马翀炜、张明华 人民出版社2022年版，35.8万字。

该书梳理了世界文化遗产红河哈尼梯田景观形成的历史背景，在对这一景观进行旅游开发过程中当地如何既注重营造奇特景观又注重保护生态的政策、行为。该书深入挖掘在当地物质生活水平发生了巨大提升的背景下，当地村民精神世界发生的变化，既有对寻常之物的观照、日常生活的反映，也有对社会结构的分析，还有对文化变迁内在逻辑的探讨。通过对这一村寨所发生变化的深入思考，为传统文化如何在葆有自身文化特色的基础上融入现代社会提供一条可资借鉴的路径。

【云南民族发展报告（2021—2022）】

云南省社会科学院民族学研究所 云南人民出版社2022年版，34万字。

该书以"云南省社会科学院蓝皮书"系列项目为依托，由云南省社会科学院民族学研究所负责编著。截至2022年1月，全省16个州市已有昆明、楚雄、大理、红河、普洱、文山、迪庆、怒江、西双版纳、德宏、丽江11个州市成功创建全国民族团结进步示范区，以此为基础，该书在内容上安排了1个总报告、11个分报告、9个专题报告、1个大事记。旨在回顾、总结、提炼"十四五"开局以来云南民族团结进步示范建设工作取得的巨大成就，生动展现全省各族干部群众牢记习近平总书记"要努力在建设我国民族团结进步示范区上不断取得新进展"的殷殷嘱托，努力营建美丽家园、奋力维护民族团结、全力守护神圣国土的鲜活经验和生动故事。

【固本安边：清代云贵地区的灾荒赈济研究】

聂选华 中国社会科学出版社2022年版，50.2万字。

该书以国家治理视域中的边疆治理为视角，对清代云贵地区自然灾害发生的驱动机制、灾害的时空分布特征以及灾荒赈济的区域联动和实践效应进行系统的考察，既注重宏观研究也重视微观剖析，深刻揭示了清代荒政制度在西南边疆地区实施过程中所呈现的中央政府与地方社会互动、官方与民间救灾方式交互、仓储备荒体系与粮食安全、边疆治理模式和国家建设方略等多重面相。清代云贵地区的灾荒赈济作为有效推进西南边疆治理和国家治理的重要举措和关键环节，是西南边疆内地化进程中多元主体参与社会协同治理内涵的具体表达。清代云贵地区灾荒赈济协同机制的构建为云南和贵州基层社会的治理提供了内源性动力，其作为推进西南边疆地区社会公众的国家认同、政治认同和文化认同的重要实践路径和标志性符号，在客观上提升了清朝治理边疆和建设边疆的整体成效。该书开拓了区域灾荒赈济和边疆治理协同机制构建的新视角，对当前西南边疆地区综合防灾减灾救灾体系的健全和边疆民族地区社会治理能力的提升具有重要的资鉴价值。

海疆与海洋

【中国海洋文化发展报告（2016—2020）】

修斌主编，赵成国、马树华副主编　中国社会科学出版社2022年版，27.8万字。

《中国海洋文化发展报告（2016—2020）》（以下简称《报告》）是国内首个"十三五"海洋文化发展蓝皮书。《报告》对"十三五"期间中国海洋文化的研究和发展进行了全面梳理和系统总结。《报告》由海洋文化理论、海洋史、海洋文化遗产、海洋考古、海洋民俗、海洋文学、海洋文化产业、海洋文化教育及人才培养、海洋历史文献等9个分报告组成，基本涵盖了中国海洋文化最受关注的领域，并附有五年来的中国海洋文化发展大事记。该书的出版不仅将助力中国海洋文化的学术研究，也将促进全社会普及海洋文化知识、弘扬海洋文化精神。

【丝绸之路上的明代中国与世界】

万明　中国社会科学出版社2022年版，93.4万字。

本书是一部从中外关系史角度以整体—全球双重视野和国家—社会双重主线思考论证的明代丝绸之路史，尝试再现14世纪末—17世纪中叶中国与世界大转折时代丝绸之路上中国与世界关系演化的历史轨迹及其国际关系体系构建。全书由整体篇、海上篇、文化篇组成，秉承中外文献结合考证的治史特色，对明代中国与世界的关系，从陆海各条通道进行了专题论证和全面的整合研究，注重发掘明代中国历史发展的内在逻辑和中外关系的互动互鉴史实，归纳总结了明代中国丝绸之路在中国史乃至全球史的历史定位，阐明了明代中国对于全球人类命运共同体做出的历史性贡献。

【南沙争端的由来与发展——南海纷争史国别研究】

吴士存　中华书局2022年版，27万字。

本书围绕南海问题的产生与发展这条主线，系统论述了引发海上争端的地理、历史及资源因素，并全面梳理了越南、菲律宾、马来西亚、文莱在南海的主张、主张依据以及所奉行的政策。并从历史和国际法两个维度，深入阐释了中国在南海的领土主权和海洋管辖权主张，以及中国为将南海打造成为"和平之海、友谊之海、合作之海"所做出的种种努力。同时，本书还对美国、日本等国及东盟在南海的利益考量及其政策演变作了介绍和解读。

【安南世系略：使交吟一卷：南交好音使交纪事】

（清）周灿撰　文物出版社2022年版。

本书是海上丝绸之路基本文献丛书之一，本书简述越南历史上的朝代更迭，以及历朝历代中国对越南国王的册封情况。《使交吟》全集收录诗歌四十八首，其内容包括歌颂圣恩以及阐述写作缘由。《南交好音》所录之诗虽然不是中方使臣所作，但它却和《使交吟》有着密不可分的关系，辑诗共三十四首，作者为当时与周灿结交的安南陪臣，《使交记事》作为回禀和上呈御览的散文，旨在交代使团奉差事宜和叙述往返情况，是古代中越关系史研究的重要史料，是海上丝绸之路南海航线方面不可缺少的史料文献。

【南海更路簿数字人文研究论稿】

李文化、李彩霞、陈虹等　中山大学出版社2022年版。

数字人文是近年来持续被关注的广泛用于历史人文领域的一种交叉研究方法。本书前言部分对南海更路簿的基本情况与数字人文研究理论、技术与方法进行了概要性介绍。正文部分收录了李文化、李彩霞、陈虹等作者近年来从数字人文视角对南海更路簿进行综合研究的系列论文17篇。收录的全部论文原则上与南海更路簿研究直接相关，研究视角主要是数字人文方法学的交叉学科研究，创新性较强。

【流动与浮沉：吴兴祚海疆幕府文学研究】
　　周庆贵　凤凰出版社2022年版。
　　本书着眼于明清海疆幕府文学的演变谱系，从清初名宦两广总督吴兴祚幕府中的文学创作、文人群体以及文学与社会学之互动等维度予以系统发掘，还原吴兴祚海疆幕府的文学创作实绩与发生机制，阐释其文学价值与文化意义。在文学社会学与文本细读这两大研究方法的统摄下，本书善于在知人论世和审美感知的基础上展开合理推论，开掘埋没于历史褶皱的游幕文士个案，并注重归纳一代文学风气之转型，尤具学术开拓价值。进而，全书考察明清时期全球化进程下的中国文学发展新动力及其文坛反映，试图为明清文学研究提供一个新视角。

二 论文摘要

学科建设与中国边疆学理论研究

【问题意识、研究方法与中国边疆学学科体系构建】

范恩实:《云南社会科学》2022年第5期。

当前,中国边疆学"三大体系"建设方兴未艾,然而,就其学科体系而言,仍不能达成广泛共识。从以往学界的相关论述看,构想或过于狭窄,或不能超越研究问题而深入到学科体系构建层面,因此均有明显的局限性。特别是无法与现有学科体系对接,找不到学科定位,更加不利于人才培养机制的确立与实践。有鉴于此,该文从边疆研究的千年积累、百年探索入手,梳理边疆研究的问题意识与研究方法,以此为基础探索中国边疆学学科体系建设问题。

【中国古代国家治理思想及其实践】

李大龙:《云南社会科学》2022年第3期。

先秦时期形成的服事制和"五方之民"思想是中国古代王朝国家治理思想与实践的源头。尽管"华"与"夷"在中国历史上所指的两大群体存在换位和涵盖范围变化的情况,但追求"大一统"、"因俗而治"、"华夷之辨"和"用夏变夷"却是历代王朝国家治理思想和治理体系的显著特点。多民族国家中国的形成与发展、中华民族共同体的形成与发展,乃至中华文明的持续灿烂的深层次原因或许就深藏其中,是中华民族共同体"精神家园"的主要内容。

【形而下之道:古代中国边疆研究的方法论刍论】

高福顺、吴翔宇:《中国边疆史地研究》2022年第1期。

对于中国边疆学科体系的理论构建与研究范式,中国边疆研究者应以中国学者的人文关怀为核心,秉持哲学思辨的态度与科学实证的研究精神,确立中国边疆研究者的中国边疆理论体系与研究范式。在中国边疆研究者的自我理论体系视阈下,凿空中国边疆演进历程、特点与规律,呈现出中国边疆研究者关于古代中国边疆研究的学科领地与疆界。

【论中国古代"大一统"内涵的发展演变】

陈跃:《中国边疆史地研究》2022年第1期。

春秋战国时期,"大一统"思想孕育产生,其内涵是政治一统与"华夷有别"。自秦以后,疆域一统和"华夷分治"成为汉至明时期"大一统"思想的内涵。两晋南北朝时期的华夷互动加速,强调"入华"为正统。隋唐时期则偏重于"华夷一尊"。五代宋辽金元时期"华"弱"夷"强,"大一统"的内涵更强调"合九州居正统"。明朝在民族观念上趋向保守,更强调"华夷之辨"和"内外之别"。清朝对"大一统"进行全新的阐释,突破了此前的"华夷之别"和"内外之别",突出华夷一体、中外一体和对中华文化的高度认同,从而实现了"大一统"思想的重大突破。

【整体疆域观下中国边疆的意蕴探讨】

刘清涛：《云南社会科学》2022年第2期。

从中国整体疆域来看，中国边疆—内地的分布格局从根本上是自然地理条件差异造成的人口及其经济社会文化活动的不均匀、不对称分布，特殊的自然地理环境因素造成人口及其生产生活实践活动相对减少是边疆的本质属性。由于自然地理环境因素的稳定性，中国整体疆域内边疆—内地分布格局长时期保持相对稳定。今日边疆的景象与历史时期已不可同日而语，体现了自然地理环境限制与科技进步带来的发展之间的辩证关系。

【政治地理学的边疆研究进展及其在中国边疆研究中的应用】

初冬梅：《云南社会科学》2022年第5期。

数世纪以来，西方政治地理学对边疆问题的研究经历了基本理论与研究方法的转变。当前西方政治地理学对边疆的研究视角主要是两个：一是批判视角下的身份建构；二是边界与跨境合作。中国政治地理学虽然处于零散研究状态，但已经形成了科学基础，为中国边疆研究提供了重要的方法指导。总的来说，政治地理学可以为中国边疆研究提供一个权力空间关系的研究视角和基于地理学的实用工具箱，在研究中国边界、边疆与周边三个层面，可以借鉴运用政治地理学的理论与方法。

【社会学的田野研究与中国边疆学自主知识体系的构建】

罗静：《云南社会科学》2022年第5期。

文章回顾社会学传入中国后的边疆研究历程，可知社会学致力于从边疆的田野中探索边疆社会的秩序与变迁，寻找边疆内在的方向感，生产关于中国边疆的知识，从而解决时代焦虑和国家的困惑。构建中国边疆学自主知识体系不仅需要立足于边疆的实际，解决边疆问题，更需要立足于国家安定统一的视角，构建中国自己的边疆理论。社会学通过对边疆的田野研究，挖掘中国边疆的本土经验，使得中国边疆学知识体系保持理论自主性的警觉，这是社会学研究中国边疆的使命所在，也是构建中国边疆学自主知识体系的必经之路。

【新时代中国边疆经济治理的理论基础与政策框架】

王垚：《云南社会科学》2022年第5期。

长期以来，边疆发展研究是经济学研究的边缘领域。然而，在国际与国内形势发生深刻变化的今天，边疆经济治理已经上升到国家战略层面，边疆地区经济发展涉及全局稳定与安全，边疆经济问题应当被重新审视。面对新时期中国边疆地区经济发展面临的新问题和新形势，经济学研究应立足中国实际，建立具有中国特色的边疆经济治理理论基础与政策框架。基于此，可首先从经济学学科视角出发，将边疆地区特殊性纳入经济学理论框架，构建基础数理模型来阐释边疆经济治理的理论依据。然后在总结新时期中国边疆经济治理的政策框架的基础上，对边疆经济治理政策完善方向进行展望。

【重构中国史叙事：普遍政治秩序与区域历史的互动】

李磊：《探索与争鸣》2022年第4期。

当前，中国多民族统一国家的历史叙事面临着话语更新的需求。国外学者从内亚观、东北亚海域史观、民族交际空间史观出发的东北史叙事，对中国的统一多民族国家论构成了挑战。事实上，传统中国的区域历史发展是普遍政治秩序与地方因素互相作用的结果。战国、秦汉、魏晋的郡县体制塑造了东北的政治地理格局，为新兴政权提供了制度样板，同时为处于前国家阶段的诸族群提供了建立政权的文化资源与政治思想。隋唐以后，东北区域的体制化出现了类郡县化（明代都司、卫所）、属国化（渤海）、敌国化（高句丽）、王朝化（辽、金、清）等多元路径，但这些路径只是在普遍政治秩序中寻求位置变化，而不改变秩序模式本身。东北与西北、中原等各个地域之间具有联动关系，影响到中国历史运动的整体进程。因而，从区域发展的角度阐释传统中国的普遍政治秩序及其作用机制，是重构多民族统一国家历史叙事的一条可能途径。

【边疆治理现代化视域下的"设市治边"】

彭庆军：《中央民族大学学报》2022年第4期。

优化行政区划设置是国家治理现代化的重要内容。中华人民共和国成立以来，"设市治边"作为边疆治理现代化的重要路径，经历了起步、加速、稳定、提质四个阶段，推动了治边理念、重心、体系以及边疆城市功能的重大转变，促进了边疆地区各民族交往交流交融，形成了包括发挥体制优势、坚持因地制宜、融入国家战略、注重配套联动等具有中国特色的"设市治边"经验。然而，目前还面临行政区划体制限制、经济社会发展水平制约、环境因素影响等难题。随着全面建设社会主义现代化国家新征程的开启，"设市治边"必须全面贯彻新时代党的治边方略，升级走向"兴市强边"；坚持以铸牢中华民族共同体意识为主线，推动"以城为本"走向"以人为本"；坚持以"区域主义"为基础，优化边疆设市标准及配套政策的精准支持，从而最终实现固边兴边富边强边等边疆治理现代化目标。

【世界普遍交往语境下边地中华民族共同体建设：周边安全、区域发展与国家认同】

程中兴：《思想战线》2022年第6期。

新时代边地中华民族共同体建设，在"民族史"走向"世界史"的世界普遍交往大势下展开，并在"一带一路"互联互通中推进。互联互通意味着边地已从"末梢"变为"前沿"，境外、境内与跨境融为一体，边地安全、发展与认同格局也随之重构。其间，"境外"敌对势力渗透边地的反分裂斗争（周边安全）、因"境内"边民流失而致的边地空心化（区域发展）以及"跨境"民族认同游移带来的中华民族共同性认知弱化问题（国家认同），是新时代边地推进中华民族共同体建设的3大现实议题。解决这些问题是一个系统工程，在理念上需要坚持3个"共同"——周边安全以共同安全为基础、区域发展以共同富裕为指针、国家认同以增进共同性认知为方向，在实践上则需顺应交往媒介，特别是大交通与全媒体的时代变革。

【边疆民族地区融入国家新发展格局的生成逻辑、面临挑战与路径取向】

青觉、王敏：《西北民族研究》2022年第5期。

边疆民族地区把握新发展阶段、贯彻新发展理念、融入新发展格局是国家的既定政策要求。如何准确把握边疆民族地区与国家新发展格局的关系，以及边疆民族地区如何融入国家新发展格局，是当前急需研究的课题。鉴于此，文章试图从历史逻辑、理论逻辑以及实践逻辑三个维度来推演边疆民族地区融入国家新发展格局的生成逻辑。文章从新发展理念的维度来探讨边疆民族地区融入国家新发展格局面临的挑战，并提出融入的路径取向：一是创新边疆民族地区治理机制，推动供给侧结构性改革和科技创新；二是建立边疆民族地区新发展格局中有效运转的组织架构与协同机制；三是推动城乡融合机制废旧立新，突出边疆民族地区发展的整体性与开放性；四是协调好边疆民众道义经济伦理、生态保护与边疆经济绿色开发之间的关系；五是以边疆民族地区高质量基本公共服务供给推动边疆民众共享发展成果。

【边疆治理视域下的开放兴边方略】

方盛举、方紫意：《云南社会科学》2022年第6期。

开放兴边方略是国家为了加快边疆发展，把建设边疆开放高地作为战略方针，持续挖掘边疆开放优势，就如何形成边疆全面开放新格局所研究、制定和推行的总体性开放政策。开放之所以能够成为治边兴边的重要方略，源于开放是加快边疆发展的战略举措，是激发边疆社会活力的重要方法，是建设周边命运共同体的前提条件，是推进中华民族共同体建设的基本条件。开放兴边方略的形成将为边疆的跨越式发展提供强劲动力、政策条件和人才支撑。实施开放兴边方略须把对内开放和对外开放统筹考虑，须把主动服务和融入"一带一路"建设作为重点，把基础设施建设作为先决条件，把打造良好营商环境作为基本条件，把边疆发展和安全统筹起来，把边疆建成新发展格局的示范区作为目标，把构建制度型开放作为重要环节。

【国家疆域：中华民族共同体建设的基础】

徐黎丽、于洁茹：《中央民族大学学报》2022年第4期。

国家疆域是中华民族共同体存在的前提和建设的基础。从历时性角度来说，春秋战国为秦汉统一王朝、三国两晋南北朝为隋唐、五代十国宋辽金夏为元朝、明清民国为中华人民共和国奠定了疆域基础，因此中华人民共和国疆域是各区域各民族在长期交往交流交融过程中共拓的国家疆域；从共时性角度来说，边疆中心行政区划一体化、边境管理深入边境村庄、党政军警民合力强边固防、边民积极投身乡村振兴建设等，表明国家疆域是中华民族大家庭成员在兴边、通边、固边、强边过程中共建的疆域；从历时性与共时性相结合的角度来说，边境管理从关注传统陆疆到陆海空并重、从被动管控到开放与管控相结合、国界从相对模糊到日益清晰等，表明国家疆域是中华民族大家庭成员共促边境管理现代化的疆域。这就为中华民族共同体所有成员营造了家与国，提供了赖以生存的国土资源，奠定了中华民族共同体内涵的物质基础，因而国家疆域是中华民族共同体建设的基础。

【陆地边疆安全治理的目标取向与路径抉择】

宋才发：《云南大学学报》2022年第2期。

边疆安全是总体国家安全的重要组成部分。在当下和今后相当长的一段时期内，我国需要把边疆治理、边疆安全、边疆稳定、边疆发展放到同等重要的位置，以促进其他各项治理目标任务的完成。陆地边疆治理是国家安全治理极为重要的内容，边疆安全治理改变了国家疆域边缘和治理末梢的传统观念，边疆治理蓝图彰显了边疆治理的政治性和人民性。边疆民族地区安全治理是我国安全治理体系中的弱项和短板，直接影响和制约着国家重大战略安全实施。陆地边疆安全面临着诸多风险和挑战，合力治边是边疆治理现代化的重要方略，跨域治理是陆地边疆安全治理的新模式。在陆地边疆安全治理路径的抉择上，必须把国家认同建设作为边疆安全治理的重要职能，把边民守土护边作为边疆安全治理的常态化任务，把民生改善作为边疆安全治理的重要抓手，把综合施策作为边疆安全治理的思维方式。

东北方向

【渤海国朝唐贺正使考论】

程尼娜：《中国边疆史地研究》2022年第1期。

渤海王大武艺时期派遣了首位朝唐贺正使，但渤海朝唐贺正制度则是在大钦茂全面效仿唐制建立国家机构的过程中确立，一直延续到唐末。虽朝唐贺正使主要由王族、中央高官担任，然不同时期贺正使的构成，在一定程度上折射出渤海政治制度的变革与政权效仿唐制改革深化的轨迹。贺正使姓名的变化，从一个侧面揭示了渤海国地方靺鞨人社会的进步，中心地区由多族融为一体的社会发展进程。

【《金史》边疆史地校勘问题献疑】

陈晓伟：《中国边疆史地研究》2022年第2期。

《金史》中所见"胜州""陇州""保靖军刺史""盘安军""泾州"记载正确，2020年出版的修订本校勘意见不妥。此外，修订本关于仆散奴失不坐诛原因、宗叙北巡时间、郭药师籍属、仆散浑坦官职、任得敬被诛时间等史文也存在误校情况。校勘《金史》应该关注本纪、列传间史料的同源关系，还要注重地理沿革和行政制度的变化。

【论李尽忠之乱期间的辽东情势——兼议乞四比羽东奔时间】

张晓舟：《中国边疆史地研究》2022年第1期。

万岁通天年间发生的李尽忠之乱侵害河北的同时，对辽东亦造成深刻影响。通过梳理文集、墓志等材料，可知安东都护府及其辖下各军州承担着防御，以及配合河北主战场、共同剿灭叛军的使命。辽东情势的起伏牵系武周东北边疆政治格局的变迁。乞四比羽东奔并非孤立事件，与孙万荣兵败后选择东逃有紧密联系，其时间应在万岁通天二年（697）后半年。

【从"斜烈"到"薛礼"——元明清辽东地区一个驿站名称的演变】

刘晓东：《中国边疆史地研究》2022年第2期。

元代辽东通往朝鲜的"辽左八站"中的"斜烈站"，名称源自金代女真语，为"刀刃"之意。明代中期"斜烈站"改名为"镇东堡"，清又改为"雪里站"，但这一称呼并非直接来自"斜烈"，而是继承了明代的民间称呼。朝鲜文献多将其称为"松站"，受到中国方面的影响，衍化出了诸如"薛里""薛刘"等民间的谐音称呼。18世纪后，开始出现将这些谐音称呼与唐代薛礼征东故事相关联的解读现象，并塑造出具有历史故事内涵的民间称呼——"薛礼站"。从"斜烈"到"薛礼"的名称演变，以及"松站""雪里""薛刘"等内外名称的交互影响，在一定程度上折射出了元代以来东北地区在中国多民族统一国家历史建构中多元融合的演进脉络。

【从边镇到盛京：明清时期辽东地区的行政区划与管理策略变迁】

李佳：《中国边疆史地研究》2022年第4期。

明清两代在辽东地区实行了截然不同的管理策略，从设置功能较为单一的军事防御型边镇推演至兼容军政与民政建制的盛京将军辖区。这种变迁，源于清前期宣扬本朝政权合法性与优越性的政治诉求，即清朝为本朝开国史构建了"天命所归"的理论基础，宣扬了"首崇满洲"与"满汉一体"的政策，实现了从军事征服者到继承者的形象转变。相对明朝而言，清朝重塑了国家管理东北边疆的制度体系。

【民族记忆抑或家族标识？——契丹漆水郡望探赜】

苗润博：《中国史研究》2022年第2期。

作为契丹人的独特郡望，漆水的具体所指一直是辽史学界的未解之谜。既有研究习惯于将其视作全体耶律氏乃至整个契丹民族的共同郡望，进而希望在契丹早期的活动范围中寻觅其踪迹，这一思路可能存在方向性的问题。根据史料可知，辽朝以漆水为郡望者皆系皇室成员，而当时耶律氏的实际涵盖范围则远不止于此。换言之，这一郡望并非所有耶律氏契丹人的集体记忆，而只是专属于辽最高统治家族的身份标识。漆水实乃辽庆州附近黑水（河）之雅称，承载了阿保机家族对其先祖加入契丹集团以前迁徙轨迹的起源记忆，是辽建国以后增进皇族认同、标举内外之别的重要手段。通过这一个案，我们或可对辽朝社会的圈层结构及其接受、辽朝社会利用中原文化的某些特征有更为深入的理解。

【大兴安岭、阴山山脉与内蒙古高原民族社会发展互动的历史探讨】

张博：《中央民族大学学报》2022年第1期。

大兴安岭与阴山山脉是内蒙古高原的地质脊梁与生态屏障，影响着周边农牧民的生存与发展。一方面，两座山脉巨大、绵长以及"半面山"的构造特点，使其南北两侧的广大区域形成了异质性较强的自然环境，为它们近代时期不同的社会经济发展道路奠定了地理基础。大兴安岭东南部与阴山南部的农业生产潜力得到激发，原本经营牧业民众的生产生活发生巨变，而大兴安岭西北以及阴山北侧则仍维持着原有的生产方式，山脉两侧地域之间的生产生活差异也日趋明显。即使山脉两侧均经营的畜牧生产，亦因环境的不同呈现多样性。另一方面，大兴安岭与阴山山脉因地质地貌差异、地域分异规律而形成了多样的地理环境与资源类型，而这些对于周边民众的生产生活至关重要，正是内蒙古高原这些山地的存在，使民众能够在最短的距离获得最多样和异质性的资源，更有利于其生存与发展，故无论是农耕还是游牧生产者，大兴安岭与阴山山脉的资源都是其维持生存的重要因素。因此，山地与草原、沙地等一样是内蒙古高原民众生息的家园。

【从鲜于仲通家族相关史事看中古胡姓家族的汉化】

李硕：《中央民族大学学报》2022年第5期。

鲜于仲通家族作为中古时期内迁丁零人后裔，在政治地位上升和汉化程度日趋加深情况下希望借名士颜真卿、韩云卿等人之笔重塑自己家族历史，构建一个世家大族形象，进而融入主流文化圈。但胡姓家族汉化不仅是胡姓迎合主流文化改造自我的一个过程，还是一个涉及主流社会接纳度的双向互动过程。鲜于仲通家族最终在舆论质疑下被迫改宗室李姓，结束自己家族重塑事业，而当家族领袖去世后，汉化进程也陷入中断。这些都从侧面反映出胡姓家族的汉化不仅要在文本上重塑自我身份，还需要在维持政治地位的同时建立一个长期、持久且契合主流社会的文化传统。而胡姓家族的汉化进程与"主流文化"之间也形成某种张力，随着历史的演进，成为更大民族共同体得以形成的一个推力。

【北族都城的分布格局、时空演变与环境选择】

贾金晖、韩宾娜：《中国历史地理论丛》2022年第3辑。

从十六国时期到清代，北方少数民族都城在中国古代都城发展史上占有重要地位。运用 ArcGIS 平台，通过大尺度的空间分析，发现在 33°N—45°N，100°E—130°E 间，辽宁至青海东部方向，存在一条北族都城集中分布带。一方面，北族都城空间分布表现出多尺度多维度聚集特征，且区域异质性鲜明，存在突出的分布热点，对地理环境的选择也具有一致性取向；另一方面，北族都城在各个时期的空间分布演化是一个复杂的历史过程，表现出阶段性、波动性、承续性和环境指示性等诸多特点。对北族都城空间分布、演化过程及其规律的宏观讨论，有助于丰富对"边缘"的认识，进而从许多方面促进对中国历史分析框架的再探讨。

【扶余府城与黄龙府城的城址变迁】

冯恩学、赵东海：《中国历史地理论丛》2022年第3辑。

吉林市丰满区的东团山—南城子遗址是扶余国早期王城遗址。高句丽的扶余城利用了扶余国早期王城，并增筑了龙潭山山城以加强军事防御。渤海国继续沿用，以其为扶余府。辽太祖病逝在扶余府城外，改称黄龙府。后因燕颇叛乱，撤销黄龙府建制，迁走余党建立通州。辽圣宗时期为强化对女真的防务，在今天的农安县重新设置黄龙府。

【从东北边疆局势的变化看安东都护府内迁】

赵智滨：《元史及民族与边疆研究集刊》第40辑，上海古籍出版社2021年版。

营州之乱后安东都护府何时内迁、迁往何地、为何而迁，一直以来学界众说纷纭，未有定论。该文认为，应将安东都护府内迁放在营州之乱后东北边疆局势变化的大背景下来考察。后东突厥汗国以营州之乱为契机，通过天门岭之役控制了松漠、饶乐两羁縻都督府和营州都督府，同时扶植大祚荣在安东都督府北部建立靺鞨国。武周则将安东都护府改为安东都督府，由原高句丽王室成员担任都督，并两次派兵占领营州都督府，李唐复辟主动放弃了营州都督府，安东都护府也于神龙元年二月至神龙二年十月之间内迁幽州。开元二年十月，唐朝又将安东都护府迁往平州。

【清廷三大实测全图东北地区比较研究】

杨丽婷：《历史地理研究》2022年第2期。

将两个版本康熙《皇舆全览图》，以及《雍正十排图》《乾隆十三排图》中东北地区的地理要素，分交通站点、河流水系、村落地名、府州县城名四大类进行对比，发现就东北地区图面内容而言，《雍正十排图》和《乾隆十三排图》与铜版《皇舆全览图》的相关性大于二者与福克司版《皇舆全览图》的相关性；而《乾隆十三排图》中的地理要素信息主要参考自《雍正十排图》。

【都护在燕然：唐永徽元年北疆治边机构的调整】

雒晓辉：《历史地理研究》2022年第4期。

燕然都护府与云中、定襄二都督府是唐王朝经略北疆的主要治边机构，也是探究唐初北疆政局演变的重要窗口。永徽元年，车鼻政权覆灭，大漠南北尽归王化，学界根据唐廷一贯遵循的"隔碛分治"原则，提出了北疆治理格局的"三府说"、"二府说"和"一府说"。实际上，北疆羁縻府州的数量因大漠一统而激增，但都护府却只有一个，即负责导引漠北诸部宾贡的燕然都护府，至于漠南羁縻族群则由云中、定襄二都督府监统。

【清前期东北边疆治理中的富察氏家族】

张明富、李祥东：《重庆社会科学》2022年第3期。

富察氏家族是清朝著名的政治军事家族。清前期在东北边疆任职或肩负东北边疆治理的出身富察氏家族的官员，《满汉大臣列传》《清史列传》《钦定八旗通志》《清史稿》等纪传体史籍中，撰有专门传记的，至少有11人。他们治理东北边疆的主要举措包括：抗击沙俄入侵，划定中俄东段边界；建城驻兵，训练军队，严肃军纪，强化边境管理；垦辟土地，赈济旗丁，设立学校，妥善安置罪犯；整顿吉林参务；等等。上述举措在清朝前期东北边疆治理中发挥了重要的作用，但也存在一些失误和负面的影响。

【东北边疆地区人口迁移对产业转型升级的影响】

杨玉文、张云霞：《中南民族大学学报》2022年第3期。

文章运用东北边疆地区35个县域2000年至2019年的面板数据，分析人口迁移对产业转型升级的影响和作用机制。研究发现：人口迁移对东北边疆地区产业转型升级产生负面影响，尤其对产业高级化的抑制作用更为显著；人口迁移会通过消费需求、政府支出、投资需求间接影响产业转型升级，影响程度依次降低；人口迁移对产业转型升级存在明显的区域异质性，对边疆民族地区和边疆非沿海地区的影响更为显著。

【东北抗联精神赓续传承的价值意蕴】

张洪玮、王慧姝：《社会科学战线》2022年第2期。

东北抗联精神是中国共产党创建和领导的东北抗日联军，在14年抗击日本帝国主义的侵略战争中所展现出来的民族精神和革命思想品格。文章宏观梳理了东北抗联精神形成的历史背景，对东北抗联精神的历史地位及其时代价值进行了剖析。在当今时代，赓续传承东北抗联精神具有深远的历史意义和重要的现实意义。

【"双循环"新发展格局下深化中俄经贸合作的新内涵】

封安全：《社会科学战线》2022年第8期。

中俄经贸合作的内涵会伴随着中国构建"双循环"新发展格局做出相应的调整和改变。这种调整和改变不但表现在双方经贸合作的新要求上，还表现在双方经贸合作的新动向上。在调整和改变中，将进一步释放中俄能源合作潜能，扩大中俄跨境电商贸易规模，全面深化中俄科技合作。中俄农业合作也将成为两国经贸合作的新增长点。

【东北县域人口流失的特征、原因及应对措施】

魏后凯、李玏、杨沫：《社会科学战线》2022年第8期。

文章从县域层面入手，研究发现东北地区农村人口向省外地区迁移与流动趋势显著，县域成为东北地区人口流失的主要区域。县域人口流失只是表象，其背后深层次的原因在于，东北地区县域经济增长乏力、就业岗位匮乏、基础设施及公共服务供给不足。文章提出了应对东北地区人口流失的基本思路与主要措施。未来东北地区应把县域经济发展提高到重要的战略高度，通过建立各具特色的县域现代富民

【东北振兴政策体系解构及区域经济响应研究】

王士君、顾萌、常晓东:《地理学报》2022年第10期。

文章回顾、梳理了2003—2020年东北振兴战略实施以来国家和地方出台的一系列有关政策,分别在国家、省、地市级层面归类总结、解读,对政策的层级、类型和时序进行解构性分析,并基于Python自主编程对相关政策进行文本数据挖掘,最后对东北振兴系列政策引发的区域经济及国企改革效应进行评价。结果表明:(1)国家、省、地市围绕东北振兴形成了多类型、多层级、多时间节点的复杂政策系统;(2)东北振兴政策体系形成与变迁具有稳定性、连续性、时效性、地域性等特征;(3)东北振兴政策从长期尺度看推动了区域经济发展,但地方对政策依赖度高,短期政策刺激效果明显但可持续性较差;(4)在政策引导和支持下,东北地区国企改革不断深化,创新驱动效果明显,但也面临关键技术瓶颈。

北疆方向

【中华民族史观视野下北族王朝的概念与性质】

祁美琴、陈骏:《中华民族共同体研究》2022年第5期。

在论及辽、金、元、清等北方民族建立的王朝时,北族王朝是一个近年来学界所惯用的概念。围绕着长期以来族群与国家关系的争议,传统以汉化为主线的中原王朝史叙事受到质疑,尤其是如何阐述北族王朝的特性及国家形态成为关注焦点。唯有回归历史语境下北族政治体演进的王朝化叙事,才能走出西方近代民族国家话语的桎梏,重新认识中国王朝超越族群性的特质,以树立正确的中华民族历史观。

【中华民族共同体视域下战国时期内蒙古地区各民族的关系】

张久和、张祥瑞:《内蒙古社会科学》2022年第3期。

战国时期,燕国将军秦开曾为质于东胡,熟悉了东胡军政情况,返回燕国后率军北却东胡千余里。赵国通过胡服骑射改革,极大地提高了军队战斗力,向北扩地千里。秦国与匈奴在今鄂尔多斯地区展开激烈的军事争夺,匈奴成为诸国合纵应对秦国势力的一支,对当时中原政治、军事格局产生了重要影响。以华夏族为主的燕、赵、秦三国与诸北方游牧民族在内蒙古地区多维度、多形式的交往交流,使各民族在依存与碰撞中逐渐交融,开启了中华民族多元一体格局的历史新篇章,亦为秦汉时期内蒙古地区各民族进一步的交往交流交融奠定了坚实的基础。

【各民族交往交流交融的历史演进与现代治理——以内蒙古通辽地区为例】

赵月梅:《北方民族大学学报》2022年第3期。

各民族交往交流交融是我国民族关系的演进形态和主流现象。当前,各民族交往交流交融作为我国民族事务复合性治理的实践路径之一,发挥着重要作用。以"四个共同"和民族事务复合性治理理论为依据,考察内蒙古通辽地区各民族交往交流交融发现,该地区各民族交往交流交融史揭示了中华民族多元一体格局和共同体意识的属性规律，也呈现了从北方游牧民族占据优势到以蒙古族、汉族为主，再到多民族共生的民族关系发展历程。在我国民族事务复合性治理中，与各民族交往交流交融密切相关的党领导下的政策法规类宣传活动、完善民族互嵌式社区环境和社会结构的相关举措，作为重要的实践方法和路径，有力推动了通辽地区民族事务的全域性、综合性治理。

【中华体制下匈奴政治传统的延续与发展——以匈奴汉国的政治模式为中心】

李磊：《西南民族大学学报》2022 年第 9 期。

匈奴汉国建国前夕，五部匈奴改革了政治体制，将南匈奴的"四角""六角"制改为"十六等"制。这是对汉魏之际、魏晋之际经由中原王朝改造后南匈奴"贵者"分立格局的制度肯定。元熙元年（304）汉国建立后，以中央集权式的官僚体制为政治架构。永凤元年（308）刘渊称帝，汉国从王国体制发展为王朝体制。在汉国体制中，匈奴传统仍得以保留。胡汉分治、匈奴与六夷分治体现了匈奴的分治精神。"悉封郡县王"与"司隶—内史"在模仿汉代封爵制度完成中央集权的同时，也对原"十六等"王的地位予以承认。立储等权力运作更是在匈奴的传统政治语境下进行。王国及王朝体制与匈奴传统并非对立关系，汉国权力体制正是二者相融合的结果。

【拓跋氏"代王"号兴废考论】

郭硕：《烟台大学学报》2022 年第 3 期。

拓跋氏"代王"号的兴废，要比《资治通鉴》等史料所见的情况更为复杂。综合比对《魏书》以及《宋书》《南齐书》《晋书》等书的相关史料，可知猗卢死后"代王"号一度被拓跋氏废置，在臣服石赵的背景下拓跋氏还可能使用过"上洛公"这一与"代王"性质类似的称号。"代王"废置背后的史事之所以不见于《魏书》，是由于与北朝的正统观不相符合而被北魏史官删芟。其后"代王"号的恢复，当在石赵政权覆灭以后。正确解读《魏书》所记北魏早期史事，只有准确把握《魏书》书法并将史事置于十六国的大背景中才能明晰。

【隋唐之际稽胡族群的地域结构与政治动向】

谢守华：《唐史论丛》第 34 辑，三秦出版社 2022 年版。

稽胡是北魏以来在今晋陕甘宁四省黄土高原上土生土长独自形成的一个部族，与北魏、东魏、西魏、北齐、北周、隋、唐等诸多政权关系密切，互动频繁。关于身处隋唐之际大动乱中的稽胡族群如何在乱世中生存自保，如何在错综复杂的西北地缘军政格局中纵横捭阖，即隋唐之际稽胡族群的政治动向问题长期以来学界并未给予应有的重视。有鉴于此，文章在前人关于隋唐之际稽胡族群所掀起动乱的研究成果上，进一步探讨了稽胡族群在此阶段的西北地缘军政格局中所发挥的效用，并从稽胡族群与周边区域性政治实体之间的互动这一视角考察了其在李唐统一战争中所扮演的角色。

【会昌年间唐朝征讨南迁回鹘诸问题考论】

齐会君：《中国边疆史地研究》2022 年第 3 期。

会昌年间，唐朝处置南迁回鹘大致可以分为两个阶段：一是开成五年十月至会昌二年十二月的怀柔阶段；二是会昌三年正月至会昌五年的征讨阶段。尽管在初期唐朝曾一度犹豫不决，但最终把征讨南迁回鹘之重任交给张仲武。与此同时，唐朝与前来朝贡的黠戛斯围绕南迁回鹘的征讨与黠戛斯可汗的册封之事进行了多次交涉。之所以一直没有积极回应可汗册封之事，主要原因在于黠戛斯没有正面答复唐朝对其提出的征讨南迁回鹘余党之要求。

【北方民族政权融入统一国家的基本路径探析——以《唐故左屯卫郎将李公墓志铭》为中心的研究】

铁颜颜：《中央民族大学学报》2022年第3期。

近年刊布的《唐故左屯卫郎将李公墓志铭》是唐初契丹质子李范的墓志。李范为契丹首领摩会之子，墓志对摩会附唐时间的记载与传世文献不同，应是对李渊起兵之初求援突厥的曲折反映。墓志称李范为"契丹乌丸人"，并不意味着唐人将契丹族源视为乌桓。唐人曾以"乌丸""鲜卑""林胡"代指契丹，且有时将契丹与古族名称直接连用，这种记载应属以古喻今的表述手法。据《李范墓志》记载，李范家族缬、毕、摩会三代连续出任契丹八部大蕃长且先后接受北齐、隋、唐的册封，表现出契丹对中原政权较明显的依附性。墓志将契丹八部联盟存在的时间上限提至北齐时期，则有助于从更长时段认识契丹与中原政权的关系。

【元代汪古部砂井总管府、按打堡子故城新考】

张文平：《文物》2022年第8期。

关于辽金元时期汪古部的研究，历史学与考古学均取得了很多重要成果，大体复原了这个信奉景教的草原游牧部族的历史概貌。辽金时期，汪古部被称作白达达，是游牧于大青山之北草原上的诸乣部族。成吉思汗南下进攻金朝，为金朝戍守界壕的汪古部投降了蒙古军队，汪古部部主阿剌兀思剔吉忽里与成吉思汗结为安答（蒙古语，"契交"之意）。1214年，成吉思汗"甲戌分封"，汪古部受封4—5个千户。有元一代，汪古部部主获得了尚公主、封王的殊荣，尊宠有加。

【从俺答汗求贡文书之书写、交涉看明蒙间的群体认同】

孟凡云：《中南民族大学学报》2022年第4期。

俺答汗四次求贡文书的书写及与明朝交涉的过程就是明蒙和谈过程，因明朝特别关注细节差异，以至屡谈而不和。隆庆四年，明朝官吏抓住时机，对四点争议问题进行智慧处理，双方达成共识，重建了朝贡体系政治秩序。明蒙和谈持续三十年、蒙古对明朝的尊崇、双方对通贡体系的认同、互市态度积极、各自都有一批知彼知己官员的出现、对和谈流程的逐步走向一致等，均表现了双方在历史、经济、政治体制、文化等方面的共同认知，双方达成高层次的群体认同。

【清代归化城土默特地区的土地契约】

程丽、牛敬忠：《内蒙古社会科学》2022年第4期。

清代归化城土默特地区的土地契约类型较多，依据租典对象的不同，可以分为耕地、房屋和房地基、场面、坟地以及水资源等几种；依据租典时间的规定，可以分为永租约和活租约两种；依据是否有官方证照的情况，可以分为白契和红契两类。契约正文内容主要包含订立契约当事人的信息，租典原因，契约涉及土地的方位、范围，租典费用和支付方式，租典双方各自的权利，订立契约时间及"中见人"签字画押等。归化城土默特地区的土地契约具有自身特点，体现了清代土默特地区土地制度的特点。

【清代察哈尔官牧群考述——以上都达布逊诺尔牧群为中心】

苏德毕力格：《内蒙古社会科学》2022年第5期。

清代察哈尔地区除了左右两翼游牧八旗，还有众多的官私牧群，其设立时间早于游牧察哈尔八旗，所占土地面积广大。康熙十四年布尔尼事件后，八旗察哈尔与游牧察哈尔重新组合，形成了宣、大边外察哈尔旗群的主体。各牧群特别是四大官牧群与游牧八旗的关系十分紧密，二者之间人员互动、牧群移动频繁，最终出现了官牧群不断挤占旗地、旗地逐渐缩小的趋势。这一变化对察哈尔地区社会发展变迁有着重要影响。

【康熙年间附牧于察哈尔扎萨克旗的喀尔喀部众及其归宿】

玉海：《中国边疆史地研究》2022年第2期。

根墩岱青于康熙六年南下归附清朝后，因卷入"布尔尼之乱"，其子垂札布失去爵位，所属部众被并入卓索图盟土默特右翼旗。喀尔喀贵族的南附反映了清朝对周边部族的凝聚力，清朝对来附喀尔喀贵族的安置以及统驭措施为后来处理喀尔喀、卫拉特蒙古问题提供了可资借鉴的经验。

【从瑞应寺与卫藏安多地区的联系看清代蒙藏文化交流】

魏建东：《中央民族大学学报》2022年第6期。

自俺答汗与三世达赖喇嘛会见以来，藏传佛教凭借蒙古贵族的推动，迅速在蒙古地区传播开来，大量藏传佛教寺院在蒙古地区兴建并发展。这些寺院在兴建与发展过程中，均尝试与卫藏及安多地区佛教中心保持联系，而这种联系则成为清代蒙藏关系的重要表现。文章以东部蒙古地区重要的学问寺瑞应寺为例，分析瑞应寺寺主与卫藏、安多地区重要高僧的联系，以此说明这种跨区域的蒙藏文化交流不仅促进了蒙古地区佛教文化的兴盛，而且进一步密切了蒙藏两个民族的联系，对清朝统一多民族国家的形成具有非常重要的作用。

【多伦会盟前喀尔喀增设扎萨克考】

达力扎布：《蒙古史研究》第14辑，上海古籍出版社2022年版。

清初的喀尔喀八扎萨克，是本部与清朝朝贡贸易的代表。康熙初年，由于喀尔喀右翼内讧，右翼四扎萨克替换了两个，另增设两个小扎萨克。康熙二十五年（1686），库伦伯勒齐尔会盟时在喀尔喀增设24个扎萨克，康熙二十七年喀尔喀车臣汗部归附后，再增设3个扎萨克。在多伦诺尔会盟之前，从康熙二十八年十月开始，清朝在喀尔喀编设佐领，重设扎萨克，都授予清朝爵位。所封为清朝的外藩扎萨克，全面推行了盟旗制度。

【清代以来鄂尔多斯高原的沙漠化及其驱动机制】

白壮壮、崔建新：《中国历史地理论丛》2022年第2期。

该文基于鄂尔多斯高原相关历史文献，利用现代多元回归分析法及植被净第一生产力模型，尝试反演清代以来鄂尔多斯高原沙漠化过程及其驱动机制。研究结果表明：1650—1920年，鄂尔多斯高原的沙漠化面积在波动中缓慢增加；1920—1945年，沙漠化面积逐渐减少；1945—2000年，沙漠化面积急剧增长；2000年以后，沙漠化趋势发生明显逆转。就驱动机制而言，气候因素在1650—1805年、1912—1948年、2001—

2015年鄂尔多斯高原沙漠化过程中起主导作用；1805—1911年、1949—2000年人类活动对该区域沙漠化的影响更为显著。该研究可为历史时期气候、人类活动以及地表景观变动关系的重建，提供定量化的分析路径与可行方法。

西北方向

【文化润疆的性质、目标、任务与途径】

何星亮：《中南民族大学学报》2022年第10期。

"文化润疆"的提出是中央治疆方略的发展和完善，文化润疆是治本之策。文化润疆的总目标是"社会稳定和长治久安"及增强"五个认同"，文化润疆的核心是人。其基本内涵是以包括新疆各民族文化在内的中华优秀传统文化、革命文化、社会主义先进文化丰富新疆各民族的精神生活；以观念形态、艺术形态和知识形态的文化提高新疆各族群众的精神文化水平。其主要任务要求：一是体现需求性，二是消除极端性，三是增强共同性，四是提升现代性。其途径和方式主要有：一是润物无声，形象生动；二是立足新疆，挖掘历史；三是创新传播机制，拓宽宣传渠道。

【团结稳疆：新时代新疆推进中华民族共同体建设的社会稳定机制研究】

青觉、方泽：《中国边疆史地研究》2022年第1期。

"团结稳疆"作为新时代党的治疆方略的重要组成部分，在由理论话语转向政策制定与社会动员的过程中，需要从两个方面对其意涵进行完整把握：一方面需要从中央与地方（边疆）纵向整合的维度出发，确保国家整体架构的平稳有序与国家内部各层次主体关系的协调，并在此基础上持续推进现代国家共同体建设；另一方面需要从社会横向联结的维度出发，推进新疆社会各群体的和谐交往与交融共生，从而构建一个整体有机的团结社会。而将纵、横两个维度的关系与任务使命予以贯通结合，不仅构成了理解"团结稳疆"之内涵逻辑的整体性框架，也为中华民族共同体建设的当代实践提供了新的思路。

【伊犁河上游青铜时代中期社会状况研究】

袁晓：《西域研究》2022年第2期。

青铜时代中期，在伊犁河上游地区出现了有着大型墓葬和大型房屋遗存的吉仁台沟口中心聚落，形成了不同层级的聚落和墓葬所代表的区域性社会组织，推测已经进入类似"酋邦"或"古国"的复杂社会阶段。良好的自然环境、农牧业结合的生业模式、发达的青铜冶铸业应当都是推动伊犁河上游社会复杂化的重要因素，尤其对于铜矿资源的占据和青铜冶铸业的存在，是伊犁河上游人群能够在众多的草原畜牧人群中脱颖而出的关键原因。伊犁河上游的社会复杂化过程因此也具有了较为明显的自身特点。

【塔里木盆地达玛沟下游古绿洲沙漠化考】

李并成：《历史地理研究》2022年第2期。

新疆塔里木盆地策勒县达玛沟下游古绿洲为一片典型的历史时期形成的沙漠化区域，总面积约660平方千米。古绿洲上散落着胡杨墩佛寺遗址、托普鲁克墩佛寺遗址、大墓地、胡杨墓地、喀拉沁古城、斯皮尔古城等众多古代遗迹。喀拉沁古城为唐代所设的坎城守捉（坎城镇、绀州），也即媲摩城（phema）。唐代喀拉沁古城商贸发达、人丁兴旺、佛教兴盛，公元790年以后荒弃。斯皮尔古城原为汉代西域渠勒国王城鞬都城，约魏晋后期荒弃。文中对于达玛沟下游古绿洲上的佛寺和城址的废弃，以及古绿洲沙漠化过程前后经历的两个阶段和沙漠化的原因，进行了剖析。

【"酒"与汉代丝绸之路民族交往】

王子今：《西域研究》2022年第4期。

汉王朝在"北边""西边""西北边"的民族交往，促成了文化的交流与交融。物资的相互流通达到了空前繁盛的程度。汉地"酒"的输出，即"输""奉""赐""遗"，是物质文化交流史值得重视的现象。"关市"交易内容也包括"酒"。"酒"的共同消费，有利于汉文史籍称作"北胡""西戎""远蛮"的诸远族与中原的沟通，推动了草原地方生活水准的提升。民族交往实践中多见"酒"的作用。因丝绸之路开通，西域"蒲陶酒"为中土所知。"蒲陶"引种，也引起内地"酒"的消费层面的扩大以及酒业新的开发。"挏马酒"的引入，也丰富了内地的饮品种类。

【新见莫高窟北区石窟出土西夏契约释考】

史金波：《敦煌研究》2022年第4期。

该文将在莫高窟北区石窟中发现的西夏草书契约转录为楷书，并做翻译、注释和研究。其中有贷粮契、贷粮抵押契和租地契。当事人有党项族和汉族，反映出当时民族间的密切关系和经济生活，可见基层社会贫富差距。证实张大千早年在莫高窟发现的契约也出于北区石窟。这些契约与黑水城出土契约比较，缺少违约处罚，利率偏低，当事人汉族比例大。与敦煌石室唐宋借粮契比较，西夏契约更趋简明，为高额有息借贷。

【唐与黠戛斯的绢马贸易】

李锦绣：《晋阳学刊》2022年第1期。

文章探讨了唐与黠戛斯绢马贸易的发展历程。贞观年间，黠戛斯通过以貂皮换丝绸加入了草原丝绸之路贸易网络，处于丝绸之路贸易链的末端。随着黠戛斯俟利发失钵屈阿栈亲自入唐，黠戛斯纳入与唐绢马贸易体系中，获得"本分马价绢"。安史之乱后回鹘垄断了与唐的绢马贸易，黠戛斯为其阻隔，只能转而与大食、吐蕃贸易。黠戛斯与回鹘长时期进行战争，也有争夺与唐绢马贸易权的动因。会昌年间，黠戛斯遣使来唐，代替回鹘成为与唐进行绢马贸易的主体。黠戛斯与唐绢马贸易呈现出的曲折性、阶段性特点，与漠北政治军事形势变化息息相关。

【唐代于阗的四个历史时期】

孟宪实：《西域研究》2022年第3期。

位于丝路南道的和田，古代称作于阗，是唐朝设置的安西四镇之一。唐代，于阗隶属安西都护府，节度使时期，也隶属四镇节度使。贞观时期，于阗与唐朝建立君臣关系，于阗在唐朝的发展由此奠定了基础。唐平定西突厥叛乱之后，唐在西域初设四镇，汉朝都护的管理模式再现。长寿元年，唐朝在四镇驻兵，四镇的军镇体制开启，特具实效。安史之乱发生，安西、北庭军队中原勤王，四镇军事实力下降，于阗军地融合获得发展。西域陷蕃之后，唐朝无力西顾，于阗的历史进入另一时期。传世文献与出土文书，共同见证了于阗的历史。

【粟特人在于阗——以中国人民大学藏粟特语文书为中心】

毕波：《中国人民大学学报》2022年第1期。

2010年中国人民大学博物馆入藏的13件粟特语文书，是近年来发现的最重要的一批粟特语文书。这组粟特语文书年代可能为8世纪末，内容包括经济文书、书信等，是研究这一时期在塔里木盆地于阗王国活动的中亚粟特胡人的重要资料。文章通过深入分析其中的经济文书和内容最长的一封商业书信，考察了粟特人在于阗王国及周边地区的商业活动和商业网络、粟特人与于阗社会汉人、于阗人和犹太人等群体的互动，以及这些粟特人的宗教信仰等问题，由此揭示出中古时期陆上丝绸之路上最为活跃的粟特人在沟通不同地区之间商业贸易和文化交流上所扮演的重要角色，以及中古于阗社会多元文化融汇的现实。

【灭乞里氏只儿哈郎家族史事考略——元代色目家臣政治地位之一斑】

陈新元：《中国边疆史地研究》2022年第1期。

灭乞里部是蒙元时期活动于哈密、巴里坤等地的色目部族，只儿哈郎家族则是唯一见诸元代史籍的一个源自灭乞里部的家族。文章结合汉文和波斯文史书中的相关记载，厘清了该家族的族属及其家族成员，并通过考察其仕宦状况及在元代政坛中的表现，指出其是一个典型的内廷家臣世家。该家族世代享有高官厚禄和参与治国理政的现象，在相当程度上反映了元代色目家臣的政治地位。

【兴废殊途：明代松山新边沿线城堡的变迁与环境】

僧海霞：《中国边疆史地研究》2022年第1期。

松山新边沿线13座城堡，是明朝万历年间为防御蒙古而兴建的军事设施，因地处腾格里沙漠南缘，旱燥是其常态。清中期以后，这些城堡因军事功能丧失而兴废殊途。转型成功者，主要是因其所处区域位置及水资源条件相对优越，能够为区域社会持续发展提供保障；渐趋衰落者，除沙漠化或者传统灌溉技术衰落这一因素，其所处区域位置偏远、水环境较差、在人文环境变动的影响下失去了重新发展或崛起的机会也是衰落原因。文章旨在通过探讨影响这些城堡兴废的因素并剖析其实质，为观察区域社会变迁提供新的视角，也为区域社会可持续发展提供借鉴。

【清代伊犁索伦营述要】

吴元丰：《清史研究》2022年第2期。

该文认为伊犁索伦营作为新疆驻防八旗的组成部分，其构成是多元的，由鄂温克族、达斡尔族、锡伯族兵丁组成，在军政合一的八旗组织下，和睦相处，共同生活，担负着戍边屯垦的使命，对巩固新疆的统一、保持当地社会的稳定、加强西北边界的防务，以及发展当地农牧业生产，都发挥了积极作用。

【从驻扎大臣制度的演进看嘉道时期对新疆的治理】

孙喆：《云南社会科学》2022年第1期。

该文认为嘉道时期的新疆治理较为有力。嘉道时期，南疆变乱迭起，但动乱最终都能得到较为有效的遏制，统治秩序得以较快恢复，说明清廷对新疆依然具有较强的控制能力。所谓"嘉道中衰"在全国各地区的表现并非同步，对这一历史阶段的评价也不能简单地用"守成"或"维新"等一种标签去概括。

【咸同之际新疆地区的协饷运作与财政困局】

廖文辉：《历史研究》2022年第3期。

咸丰初年以后，新疆地区遭遇协饷欠解所致的财政困局。清廷中枢、陕甘总督与新疆各城官员尝试在开源、节流方面进行变通，但各项权宜之计所获有限，无法填补巨额支出缺口。新疆地区固然存在财政基础薄弱、开源潜力有限、邻近区域财政拮据等客观问题，但造成财政困境的深层原因是，清廷在新疆地区实行军府制下的多元管理模式，已无法应对近代中国面临的挑战。囿于"守中治边"的传统治边观念与以关内制衡关外的管控旧制，清廷与各省对解决新疆协饷欠解问题态度敷衍，最终酿成了严重的边疆危机。

【百年来阿尔金山地区的游牧人群及其互动】

关丙胜、石春霞：《民族研究》2022 年第 6 期。

19 世纪后期开始，居于阿尔金山西侧的一些维吾尔人由西向东进入阿尔金山腹地祁曼塔格山周边的高山牧场，与早在此地域游牧的蒙古人一起驻牧。其间，由东天山北部草原远距离入迁的多支哈萨克人也短期驻牧于此，形成了三大游牧人群在高山会牧的情形。后来，随着几大游牧人群的迁移、搬迁定居与生计模式转型，高山会牧的情形随之落幕。文章通过自然生态和地理边界、近代以前人群活动情况和三种人群在阿尔金山地区游牧情形的梳理，提出了游牧社会中"高山会牧"式游牧形态，并就其形成的条件和互动情况进行了分析。

【乾隆朝发往新疆遣犯人数估算与研究】

郭文忠、祖浩展：《清史研究》2022 年第 3 期。

乾隆朝发遣新疆制度的实施，以其后来居上的人数和影响改变了清代发遣刑和边疆人口的面貌。文章将奏销制度应用到户科奏销题本所载盐菜银数据与遣犯人数间的关联性研究中，控制诸多变量造成的误差，估算得到遣犯及家属总数约为 1.93 万人。进而描绘出发遣人数逐年变化曲线并考察发遣规模的阶段性变化，揭示出与常案遣犯共存的专案遣犯、发遣官犯等群体的历史特征，有助于矫正以往过度依赖发遣条例的片面理解，让乾隆朝治疆体系的面貌鲜活起来，更清晰地认识清代发遣新疆制度的政治考量、法律调适及遣犯管理的复杂性和延续性。

【金顶回人制度与清代南疆基层伯克培养】

张伯国：《中国边疆史地研究》2022 年第 1 期。

金顶回人制度的实施，旨在解决伯克世袭制废除后南疆基层伯克培养选拔问题，其制度核心是金顶回人选任与基层伯克培养。通过严格限定金顶回人来源与拣选标准、额缺与选任方式，严格践行金顶回人学习差遣与补授伯克之制。清朝试图将基层伯克培养与选拔有效结合。

【清朝与布鲁特额德格讷部的最初关系】

陈柱：《中国边疆史地研究》2022 年第 3 期。

清朝与布鲁特额德格讷部关系是随着清朝征讨大小和卓叛乱发生的。双方宗藩关系正式建立前，为了攻打和截拿大小和卓，清朝先是与额德格讷部所属哈尔巴噶什部以及额德格讷部主体展开最初接触与互动，随后正式通使。文章依据满文档案记载，对此进行深入考察，分析汉文史籍的不足，纠正现有研究的讹误，揭示有关历史的原委和细节。

【抗战时期中国共产党对新疆各民族中华民族共同体意识的构筑】

赵海霞：《新疆大学学报》2022 年第 4 期。

抗日战争时期，是新疆各民族中华民族共同体意识觉醒的关键阶段。中国共产党人始终高举"反帝"旗帜，在抗日民族统一战线的合作框架下，将中华民族的自觉意识向各民族、各阶层扩散、强化。一方面，共产党人主张实行民族团结与平等，帮助新疆各民族发展自身文化和教育，不断维系和巩固抗日民族统一战线；另一方面，通过"中华民族""抗日救国""全民族抗战"的话语宣传，将新疆各族人民和饱受日本侵略者蹂躏的祖国连接成一个稳定的命运共同体，使新疆各民族的共同体意识在全民族抗战中实现了升华、凸显和巩固。

【张其昀的西北历史地理观】

李晓英：《中国边疆史地研究》2022年第3期。

1934年9月张其昀随西北调查团人文地理分队对西北地区进行了为期近一年的考察。针对西北地区的自然地理及开发中应注意的要点问题，提出了包括政区改革、交通建设、水利灌溉、人工林种植、畜牧业开发等方面诸多建议，并对西北各民族团结御辱、增进中华民族共同体意识等问题做出了阐释，为时人及时了解西北地区提供了真实的资料。强烈的经世倾向，力图为西北社会存在的问题寻求解决良方的现实关怀，在很大程度上折射出张其昀的学术取向。

西藏方向

【新时代西藏铸牢中华民族共同体意识的意义、挑战及实践路径】

蓝国华：《西藏研究》2022年第1期。

新时代在西藏铸牢中华民族共同体意识有利于祖国统一、民族团结、边疆巩固，有利于西藏社会主义现代化经济建设，有利于西藏文化的大繁荣大发展，有利于西藏社会和谐稳定、长治久安，有利于美丽西藏建设，同时也面临着反分裂斗争、发展不平衡不充分、错误思想思潮的影响、社会建设有待加强、美丽西藏建设任重道远等方面的问题与挑战，应进一步坚持党的领导、夯实物质基础、厚植文化根基、加强社会建设和生态文明建设。

【历史上藏族与长江流域其他民族的交往交流交融】

车明怀：《西藏研究》2022年第2期。

生活在长江流域的各民族是中华民族重要的组成部分，藏族是其中重要一员。自远古开始，藏族就与生活在长江流域的汉、羌、彝、蒙、回、苗、纳西等多个民族有着密切的交往交流，藏族先民广泛地融合了长江上游多民族的文明，与其他民族一道创造了具有地方特色的高原文明。考古已经证实，同黄河上游流域一样，长江上游流域的远古人群是青藏高原上藏族的重要来源之一，他们借助长江上游水网，顺流而下或溯江而上，寻找有利于生存发展的自然资源和人文资源，形成了各民族相互交流的历史发展态势。

【铸牢中华民族共同体意识法治保障的西藏实践与完善路径】

边巴拉姆、嘎松泽珍：《中国藏学》2022年第3期。

铸牢中华民族共同体意识是马克思主义民族理论与中国具体实际相结合的最新成果，符合中国的发展、时代的主题。在"总体国家安全观"的视域下，位于我国西南边陲的西藏是重要的安全防线，铸牢西藏地方各族群众的中华民族共同体意识具有重要意义。而铸牢中华民族共同体意识的本质内涵之一就是用法治思维和法治方式解决民族问题、规范引领民族关系。西藏由于多元的文化特性及发展中面临的特殊矛盾，在坚持"依法治藏"铸牢中华民族共同体意识、践行多元一体法治保障的地方实践中，存在解决民族事务的综合或专门法律的立法层级低、现行法的可操作性不强、立法效能的有效评估缺失、社会的法治意识参差不齐等现实困境，需进一步结合协同治理的理念模式，通过完善立法、加强民族事务治理法治化、提升社会普法力度等途径，为铸牢中华民族共同体意识提供坚实的法治保障。

【试论藏传佛教中国化历史进程】

郑堆、索朗卓玛：《中国藏学》2022年第1期。

佛教时间上产生于公元前6—前5世纪，空间上产生于古印度。在2500多年的发展历史中，佛教每到一处，都与当地的宗教文化相摄相融、自觉调适，又契理契机地改进了当时当地人民的宗教信仰和文化面貌，形成了形式多种、流传广泛、文化多样、层次不一的佛教信仰，书写了佛教的辉煌篇章，同时又保持了佛法固有的精神和特性。佛教传入中国西藏，无论是在传教方法上，还是在思想和实践上，都经过了一个不断中国化的过程。如何由佛教转变成中国藏传佛教，这涉及佛教本土化、民族化、地方化的问题，属于当下提出的藏传佛教中国化的研究范畴。文章试图从历史的维度，根据逻辑与历史相统一的原则，对藏传佛教中国化的几个历史阶段进行了全面回溯。并在此基础上，提出了几点管窥之见：一是藏传佛教中国化还远未结束，它是一个渐进的、动态的、不以人的主观愿望为转移的自然历史过程；二是宗教中国化并没有绝对的圭臬和模式可依，基于藏传佛教在不同的历史阶段所面临的问题，所选择的中国化道路和所采取的策略不尽相同；三是在中国坚持宗教的中国化方向，需要注重发展宗教的交往和融合能力，因为一味地排他，等待宗教的只有式微和解体的命运，就不会有健康传承发展之道路。

【多民族交汇地区是铸牢中华民族共同体意识的关键区域——康区在民族交往交流交融中的历史基础、独特地位及示范作用】

石硕：《中国藏学》2022年第2期。

我国民族格局中，存在一些民族聚居区之间的重要连接地带，这些连接地带往往是多民族密切交汇地区，在铸牢中华民族共同体意识中发挥着不可替代的作用。位于青藏高原东南横断山脉地带的康区，正是这样一个民族聚居区之间的连接地带，也是典型的多民族交汇地区。文章对康区在铸牢中华民族共同体意识中的历史基础、独特地位及示范作用进行了探讨。指出康区是入藏通道和明清以来中央经营西藏地方的前哨与依托，有拥戴中央、维护祖国统一的深厚社会传统，康区也是汉藏民族及藏族与西南地区众多民族密切交融、和谐共居区域。由于长期多民族交汇与密切接触，康区各民族形成一些颇具示范意义的重要经验：（1）主观上民族观念淡薄，民族界限模糊，民族间相处时遵循"求同""求和"的原则；（2）文化上持开放和包容态度，通过文化"共享"构建和谐民族关系等。这些经验看似简单，却具有重要理论价值与实践意义，凸显康区在铸牢中华民族共同体意识中的独特价值和示范作用。

【从象雄到吐蕃：气候变迁与西藏文明中心的东移】

许若冰：《中国藏学》2022年第6期。

历史时期青藏高原气候的冷暖干湿变化与象雄、吐蕃政权的兴衰更迭、人群流动及西藏文明中心的转移存在着共振关系，气候变化的区域性差异为西藏文明的赓续与东向发展提供了时空场域。公元4世纪以前青藏高原西部的温暖湿润气候孕育了以象雄为代表的西藏早期文明，公元 4—7 世纪藏西气候剧烈波动且渐趋寒冷干旱，一方面迫使古象雄人向青藏高原东部及南部迁移以寻求新的生存空间，另一方面削弱了象雄政权农牧混合的经济基础并致其衰落。随着公元 6 世纪以后青藏高原南部迎来温暖期，雅砻河谷的定居农业蓬勃发展，悉补野部落崛起并兼并苏毗、象雄等政权，建立吐蕃王朝，西藏文明中心从藏西阿里地区东移至雅鲁藏布江流域。历史时期西藏地方的政权兴衰及其东向发展趋势是自然与社会因素合力促成、综合作用的结果。

【吐蕃统治河陇西域时期节度使相关问题考论】

陆离：《中国边疆史地研究》2022 年第 4 期。

吐蕃东道节度使由吐蕃宰相担任，总管河陇西域等地军政。吐蕃河西道包括河西走廊及其北部、陇右等地区，为东道节度使辖区。河州节度使就是藏文文书中的雅莫塘节度使（dbyarmothangkhrom），其辖区包括河、渭、岷、成等州。东境五道节度兵马都统群牧大使即东鄙五道节度使，为贞元十八年吐蕃临时设置的行军机构，指挥设在唐蕃边境地区的五个吐蕃节度使军队与唐朝作战。吐蕃在武周时期所设五道防务相（soblonsdelnga）是吐蕃当时在与唐朝等政权接境地区设置的职官，负责从河陇到剑南西川及吐蕃南部等边境防务。

【吐蕃按户征兵制度研究】

张旭：《中国边疆史地研究》2022 年第 3 期。

在汉文古籍中，吐蕃按户征兵的制度称为大调集。在敦煌古藏文写卷中，mkhoshamchenpho 的字面意为大行政管理，具体行政措施包括清查户籍、制作户籍册和征调应募者等行政措施。吐蕃大行政管理的最后环节是按户征兵，前期行政措施包括清查户籍和制作户籍册。

【从青藏高原新出土吐蕃墓葬看多民族的交流融合】

霍巍：《中国藏学》2022 年第 4 期。

近年来青藏高原不断考古出土新的吐蕃时期墓葬，它们等级不同、形制各异，但却体现出十分丰富的文化内涵。文章主要对青藏高原新出土的一批吐蕃时期墓葬，以及墓葬制度、习俗等加以分析。从中可以窥见青藏高原本土的文化因素和来自中原、河西地区的文化因素相互交织融合，体现出 7—9 世纪生活在这里的不同族群交往交流交融的若干历史片断，为认识吐蕃时代的墓葬制度与丧葬习俗提供了重要的实物资料。

【唐蕃关系下的尚结赞】

林冠群：《中国藏学》2022 年第 4 期。

那曩尚结赞拉囊，为吐蕃赞普墀松德赞所任命的第五位大论。尚结赞于前任大论恩兰·达札路恭之后，780—796 年担任吐蕃大论，任期长达 16 年，最终于任上去世。尚结赞在任期间，曾主导了唐蕃清水会盟（783）、唐蕃首次联军以收复长安（784）、吐蕃平凉劫盟（787）、唐蕃首次断交（787—803）等重大事件，可谓为墀松德赞晚年最得力且最出色的大论。其作为影响唐蕃关系的发展极为深远。

【元西平王奥鲁赤家族世系与治藏史事考述】

胡小鹏、常成：《中国边疆史地研究》2022 年第 2 期。

元世祖忽必烈第七子奥鲁赤被封西平王，出镇吐蕃，开创了元朝治藏新格局。元成宗时期，奥鲁赤及其次子八的麻的加一支似乎移镇辽东，由其长子铁木儿不花一支镇戍吐蕃。除了铁木儿不花及其次子搠思班、孙党兀班、曾孙卜纳刺一系相继镇戍吐蕃外，其长子老的之子豫王阿剌忒纳失里也深度介入了治藏事务。他是搞垮元朝乌思藏格局的关键人物；在朵思麻地区，他力压镇西武靖王搠思班后裔，总揽大权。元亡后，阿剌忒纳失里所部南逃，可能与今天康北的霍尔巴人有历史渊源。

【明代汉藏边区僧官系统新探——以"西番诸卫"为中心】

褚宁、马建春：《中国边疆史地研究》2022 年第 2 期。

明代汉藏边缘之河湟洮岷并存着两类性质全然不同的僧官系统：一类是以政区为依托设立僧官与僧司，属官僚体系范畴；另一类是根据各大教派、寺院番僧的政教地位授予种种象征性僧号，属朝贡体系范畴。这两类僧官系统的划分并非以汉传佛教与藏传佛教的差异作为标准，而是依据朝廷在西番地区权力辐射的强弱程度来衡量的，即国家在汉藏边区整合过程中"直辖"与"羁縻"两种模式在宗教治理上的分层设色。羁縻型僧官系统的设置更具普遍性，反映出明朝治藏方略因俗而治的特征；除国家权力的柔性介入外，也是地方僧团积极参与的结果。

【明代中后期川西北地区的军防系统与军事改革】

胡箫白：《民族研究》2022 年第 5 期。

明代中后期川西北地区的军防系统改革，是理解地方社会权力格局和地缘意义的关键视角。15 世纪中后期，川西北地区的军防体制在文武关系、官员职级、官员职务、防务分配四个方面发生变化，地方番汉势力失衡，军士生计维艰，边区军防渐趋废弛。16 世纪前期，因为南下蒙古势力威胁蜀边，区域的地缘功能为之一变。明廷因之重整川西北防务，并于嘉、万年间发起系统性军事改革，通过加派高阶官员、整饬军防设施、提升军队战力等方式应对"番蒙合流"带来的军事威胁。明代中后期川西北地区的防御体系演变，在地方社会发展脉络中具有分水岭式的重要意义。

【清官修《明史》对"西番"的历史书写】

马文忠：《中国藏学》2022 年第 3 期。

清代官修《明史》前、后期关于"西番"所立传记存在差异。前期接续明中后期以来各类官私著述关于"西番"的书写传统，认为"西番"源于吐蕃，包括乌斯藏、朵甘、洮岷、云南永宁等地人群，书写内容侧重于乌斯藏、朵甘等地；后期则略去"西番"与吐蕃之间的关系，书写内容主要围绕西宁、河州、洮州、岷州展开，至于乌斯藏、朵甘以及国师辖区等地，则在"西番"之外，为其单独立传。出现该种差异的原因与清初西藏重要性的凸显和时人对藏族地区认知的丰富有关。清官修《明史》关于"西番"的历史书写个案，体现的是在"西番"的历史书写方面，明代书写传统的终结与清代书写的兴起，以及清官修《明史》的内容随现实而变动的过程。与此同时，该种书写差异在一定程度上也反映了明清之际"西番"观念的变动。

【历史人类学视角下的清代蒙藏关系再思考——兼论所谓"西藏佛教世界"共同体的成立性问题】

钟焓：《文史哲》2022 年第 2 期。

近年来，国外某些藏学研究者以藏族与蒙古族具有共同宗教信仰为由，提出所谓

"西藏佛教世界"共同体的理论假说。然而，通过引入历史人类学的观察视角，分析发掘民间口碑材料中承载的历史信息，再将之与传世文献提供的历史背景结合互证，所得出的结论足以揭示上述理论模式实际上无法解释蒙藏民族在清代经历的复杂历史进程，因而步入历史解释的误区。

【清前期滇军入藏与川滇藏协同发展格局的形成】

周智生、李铭：《民族研究》2022年第4期。

为了实现大一统格局下蒙藏地区的"长治久安"，在清廷的统一调度下，云南调兵筹饷直接参与了康雍时期"驱准保藏"、平定罗卜藏丹津叛乱和平定阿尔布巴反叛等三次军事行动。文中对于历次滇军入藏的组织过程及行军路线、后勤供应及其影响等史事进行了梳理和呈现。滇军入藏既是清廷在大一统政治格局中加强边疆治理的重要举措，也是保证川滇统筹协同安藏的基本前提，由此拉开了川滇藏安防一体建设的序幕。滇军三次入藏支援平叛，不仅维护了边疆安定，而且对于加强滇藏交通建设，促进滇藏贸易发展，深化各民族交往交流交融起到了桥梁和纽带作用，对滇藏关系发展产生了深远的历史影响。

【改土归屯后金川地区的宗教信仰与社会结构的变迁】

徐法言：《民族研究》2022年第3期。

平定大、小金川后，清廷在当地实行废苯兴黄的善后措施。由于主客观因素限制，在实施过程中，"兴黄"与"废苯"两端，实际效果均属有限，加之随移民而来的外来信仰，金川地区最终形成一种复杂多元的宗教格局。在此背景下，不同族群混处杂居，通婚交往，异质文化、宗教信仰的碰撞融合，使当地呈现出一种有别于土司时代，与嘉绒其他地区亦迥然不同的社会面貌。

【论清末西藏治边筹边方略及其近代转型】

张永攀：《中国藏学》2022年第3期。

乾隆朝廓尔喀战争开始后，清廷开始重视西藏边防建设。19世纪中叶以后，随着西方入侵西藏，清末西藏边防面临新的转型。同时，清末有关西藏边防的思想也从传统走向近代化。清朝西藏治边过程中存在复杂因素，各种因素此消彼长，导致治边、筹边困难重重，最终大部分改革多停留于纸面。尽管清末治边存在诸多弊病和缺陷，未能形成完整的近代国家边防体系，但清朝始终未放弃对西藏地方的主权和对西藏边务的管理。其治边与边防思想，促进了现代概念上"国家安全观"的形成，也展现了诸多闪光的治藏思想，为当前西藏强边工作提供了一定的借鉴作用。

【清末巴塘改土归流、地方秩序重建与国家认同】

赵艾东、李真：《西南民族大学学报》2022年第6期。

光绪三十二年（1906），川滇边务大臣赵尔丰从巴塘开始，在川边推行改土归流并经营川边，以救亡图存。其制定的《巴塘善后章程》又称《改土归流章程》，规定巴塘全境土地和百姓归"大皇上"所有，打破了两百余年的地方旧秩序，从根本上保障了改土归流的实施。其中关于土地使用权的规定和随后颁发的禁止田产向寺院流动的政令，均是为了尽可能消除或限制旧势力的影响；移风易俗的规定和地方建设则有助于促进巴塘地方新秩序的确立并向近代化方向发展。改土归流在某种意义上是儒家传统礼治思想在巴塘及川边的实践，同时也凸显了清廷对促进民族地区国家认同的迫切需要。

【抗战时期藏族上层爱国人士的中华民族自觉——以拉卜楞黄正清家族为考察中心】

张福强：《西南民族大学学报》2022年第7期。

抗日战争有力地推动了中华民族的全民自觉进程，各民族的中华民族意识空前觉醒，中华民族凝聚力得到极大增强。以拉卜楞黄正清家族为中心进行考察，可以发现他们在国家认同和中华民族认同上的认知自觉和实践自觉。认知层面，维护中华民族一体性成为基本共识，包含藏族是中华民族一员的身份定位和维护中华民族大团结、一致对外的责任意识；实践层面，如何拯救中华民族于危亡成为时代主线。宣传动员、募捐慰军、维护团结、发展教育和交通等形式多样的爱国救国活动，充分表达了他们的国家认同和中华民族认同。从自觉价值看，黄氏家族活动得到社会各界的一致肯定，有效地促进了藏族民众对中华民族的认知自觉和实践自觉，用事实阐明了中华民族是一个休戚与共的命运共同体，与当时学术界"中华民族是一个"的大讨论相得益彰，掀起了边疆少数民族爱国救国的热潮。黄氏家族的认知和实践绝非个体性质的表现，而是较有代表性地呈现出边疆少数民族爱国人士中华民族自觉的普遍特征。

【"停滞性"运转：论民主改革前西藏庄园社会的超稳定结构】

谭文平、刘长勇：《青海社会科学》2022年第1期。

文章基于已有研究，认为西藏庄园社会中形成了一种超稳定的社会结构。这种超稳定的社会结构由五大子结构系统构成：上层政治结构、基层社会结构、经济结构、行政结构和意识形态结构。在它们相互影响、共同作用下，最终形成一个封闭单向控制的社会结构系统。庄园社会中"无发展无增长"的社会状态、固化的阶层以及无组织社会力量的缺失等，使西藏庄园内部难以形成内生力量去打破这种超稳定的状态，使超稳定结构能够长期存续。庄园社会长期处于"停滞性"运转的状态，促使西藏庄园社会长期处于低水平的有序运行。新中国成立后，中国共产党和现代国家力量的进驻，瓦解了西藏庄园社会的超稳定结构，翻开了西藏社会发展崭新的一页。

西南方向

【边疆观的历史书写与建构——以云南为中心的讨论】

罗群：《中国边疆史地研究》2022年第4期。

云南地处西南边疆，历朝对其边疆地位与重要性的历史书写和建构，经历了较漫长的发展过程，不仅形塑了"周缘边陲"与"中央属土"的疆域空间观念，还体现了西南边疆与中原王朝紧密的政治隶属关系，反映了华夏与"蛮夷"的文化和秩序认同。及至近代，主权国家世界体系下边疆认知由"模糊的王朝疆域"到有"清晰的国家边界"，云南在边缘—中心—边缘的转化中呈现从国家到地方边疆观的流变以及边疆民众对边疆、民族、国家的不同认知与国民意识建构，并最终融入"你中有我、我中有你"的中国历史多元一体格局，内化为国家稳定、边疆发展的强大力量。

【试析郡县制在秦南部蛮夷边地的实施】

张韶光：《中央民族大学学报》2022年第1期。

秦南部边地的蛮夷分为故徼外蛮夷与徼中蛮夷。秦根据其发展程度的不同，实行不同的行政管理模式，对尚处于部落联盟阶段的巴地，实施羁縻制与郡县制并行的模式，对发展程度较高的蜀地，则分封制与郡县制并行，最终完全确立郡县制。在经济方面，徼中蛮夷的赋税轻于普通郡县，且可以通过缴纳钱的方式减免徭役、兵役。对故徼外蛮夷而言，秦为其登记户籍，摊派赋役，并针对故徼外蛮夷叛服不定的问题，专门制定法律，加大对故徼外蛮夷叛乱的惩治力度，限制故徼内外人员与物资的流动，强化秦在当地的统治。秦以关中地区为核心，并根据距离核心区域的远近，对非核心区域实行不同的统治政策，使其区域统治呈现出圈层结构，边地民族便位于这一圈层结构的最外层。随着统一国家的形成，时人世界观的变化，秦对边地不同民族的统治，一改先秦时期的羁縻政策，将边地民族地区纳入国家的统一管辖之中，在兼顾边地民族自身特点的基础上，加强统治力度，将普通郡县的统治方式推行至边地民族地区，并通过逐渐渗透的方式，最终完全确立郡县制。

【论东汉初期南部边疆经略的特殊性】

朱尖：《云南社会科学》2022年第3期。

东汉初期边疆经略呈现出极强的内缩性特征，不再强调战争，对以匈奴和西域为代表的北部边疆问题基本采取消极防守的政策，但与此同时，对南部边疆南蛮和西南夷则采取了较为积极的进攻策略，往往态度坚决、果断，手段也比较强硬。东汉之所以对南部边疆特殊关照，主要原因在于人口和经济重心南移、南部边疆战略地位提高、统治者经略南部边疆有着明显的"郡县意识"，且南部用兵相对规模较小、持续时间短，不会伤及东汉根本。

【汉晋时期南方丝绸之路上的城镇与商业贸易】

方铁：《云南民族大学学报》2022年第4期。

南方丝绸之路包括两条路线，一条自成都经五尺道、灵关道进入云南，经蜀身毒道至今缅甸、印度及其以西地区。另一条由成都经五尺道进入云南，沿交趾道达今越南北部，前行由北部湾出海。南方丝绸之路开通于两汉时期，汉晋时期道路沿线出现了一些城镇，中国内地与西南边疆及中南半岛等地，相互的商业贸易亦涌现了高潮。

【孙吴西晋南岭政治地理格局的变迁——以政区边界调整为中心】

张兢兢：《中国历史地理论丛》2022年第4期。

秦汉时代南岭地区的政区边界以"犬牙相入"状态为主。进入六朝以后，孙吴政权对南岭政区进行了两次大规模调整，新置的始兴、临贺、始安三郡皆北隶荆州，分别从南岭东、中、西三面嵌入岭南的核心区域，荆州与交广之间出现了"单向嵌入"式的边界形态。西晋平吴后，南岭三郡南隶广州，形成了广州反向嵌入岭北的新态势，至西晋末年三郡再度北隶湘州。以荆湘制交广的思路基本被东晋南朝所继承。孙吴西晋时代南岭政区的数度调整，均与各时期特定的政治地理格局相联系，反映了王朝南方边地治理的需要。

【唐代防冬兵问题考论】

雒晓辉：《魏晋南北朝隋唐史资料》第45辑，上海古籍出版社2022年版。

防冬兵，是唐后期应对边疆危机、遏制蛮患，而在西南边疆驻防的军队，其以中原行营兵为主体，邻近南诏的边镇军为辅助，西南各道的额外兵与地域性明显的乡军为补充。为防御岭南五管的西原、黄洞蛮等叛乱，限于地域的本土化防冬兵始具雏形。文宗大和四年（830）以后，因南诏逐步做大、寇扰南疆，中原行营兵开始规模化防冬。长时段和大规模的防冬举措，拖垮了唐廷的财税收支，也加剧了"租赋太半不入京师，三使内库由兹空"的财政窘境。但防冬兵的规模性戍边，不仅为收复安南失地、维护邕州与西川的稳定提供了军事保障。同时，也为将南诏阻拦在西起大渡河、东经马湖江、东南至峰州外侧的防御布局提供了战略支撑。最终，在唐诏之间形塑出"片状型模糊疆界"与"线状型清晰边界"共存的疆域形态。

【元朝经略八百媳妇国政策转变及影响】

谢信业：《中国边疆史地研究》2022年第3期。

元初，为了扩张疆土以及平息八百媳妇国引发的滇南边患，多次对八百媳妇国用兵，但均以失败告终。武宗、仁宗时期，滇南局势渐趋稳定，元廷对于八百媳妇国的经略政策由"征讨"过渡为"招讨"，并最终在泰定年间转为"招抚"。

在招抚政策的推动下，元朝与八百媳妇国相互认知不断加深，文宗时期八百媳妇国正式内附，元廷以其地置八百宣慰司。

【"犬牙相制"与明代西南土司治理】

颜丙震：《中国历史地理论丛》2022年第3期。

明统治者在西南土司治理中秉持了"犬牙相制"的治理方略。主要表现在将同一地域诸府州县、卫所、土司分隶不同行省管辖，从而形成西南诸省毗邻地区府州县、卫所、土司"犬牙相制"的政区地理格局。这一治理方略在明前期对于强化土司控制、维护地区稳定起到了积极作用。但随着历史的演进，亦出现土司纷争愈演愈烈、军民夷矛盾激化、省际矛盾凸显、土司桀骜日甚等弊端。明统治者欲通过邻省兼制、设立总督予以补救，然终因积重难返而收效甚微。部分官员提出的政区改隶建议亦因遭到反对而未能实施。"犬牙相制"遂成为影响整个明王朝西南土司治理成效的重要因素。

【行政区划调整与边疆治理效能研究——以广西钦廉地区1000年、650年、50年的变迁为观察视角】

吕文利：《云南社会科学》2022年第1期。

宋代以降，围绕钦廉地区的归属问题，历代政府根据当时的情况不同而有所调整。宋朝成立了独立的高层政区——广南西路，其背景是交趾的独立，钦廉地区作为广南西路边防的前沿而受到重视。元朝把钦廉地区归为海北海南道，但在行省一级上，与广西其他地区一起，统归于湖广行省管理。明朝基本继承了元末的行政建制，但把钦廉地区划归为广东行省，此项省一级行政区的调整，后历经清朝和民国，几无变化。而促成这样调整的，恰是明初与安南建立了较为稳定的宗藩关系，"防边"思维压倒了"边防"思维，明、清、民国并未调整。中华人民共和国成立后，广西各民族进入了和睦相处、共同发展时期。1965年，经中央协调，把钦廉地区由广东划归广西。以1000年、650年、50年这三个视角考察钦廉地区的归属问题及治理效能，有助于理解在"行政区划标签"下的国家决策，对如何实现西南边疆稳定，如何促进西部大开发、促进区域发展，特别是对当代广西地区的治理，具有重要的参考价值和借鉴意义。

【中国土司历史地理与西南边疆民族史研究】

杨伟兵：《思想战线》2022年第5期。

土司制度是我国历史上中原王朝对少数民族地区实行的一种特殊管理制度，其在历史上的实施，以西南地区最为广泛，这使得西南地区成为我国民族史和边疆史地研究的主要领域之一。长期以来，土司研究重其名实、性质、职分、世系等讨论，对其置废、分布，特别是长官驻地、辖境范围等历史地理状况研究较少。基于从事《清史·地理志》编撰和《清史地图集》编绘工作积累的经验和认识，推进土司历史地理研究可弥补学术界在土司驻地、建制、管理层级和辖境范围等方面上考察的不足，也是从更高、更深视域的疆土管理等中央与地方关系层面审视土司制度的需要。具体来讲，可以采取"世袭职授查其沿革，政体建置考其地理"，纵横经纬结合的历史地理研究方法，并在一手档案资料基础上重视制度史与实际运作的过程讨论，积极开展土司历史地理研究乃至编绘土司历史地图，全景式展示土司演变状况，对民族史、边疆学和地方治理等边疆民族史研究的多学科建构起到推动作用。

【起高楼与烧砖瓦——《流动的疆域：全球视野下的云南与中国》史料引证问题举隅】

潘先林：《云南师范大学学报》2022年第4期。

《流动的疆域：全球视野下的云南与中国》八旗版历史部分基本是依靠方国瑜先生主编的《云南史料丛刊》完成，但因资料的辗转抄引和不查对原文，出现了诸如杨慎的《论民》"迷思"及其他史料引证讹误，包括存在争议的不当认识和大量技术性问题。因此，解决的方案是数字人文与历史研究的结合，建设"云南数字人文"平台，以方国瑜先生"烧砖造瓦提供材料"的精神，最大限度地实现资料集合和资源共享。但是，西方学者的中国西南边疆史研究，始终存在着明显的意识形态"偏见"系谱，我们要摆脱这种系谱，建立起符合历史真实的中国话语体系和知识体系。

【云南迪庆各民族中华民族共同体意识生成研究】

李志农、高云松：《民族研究》2022年第6期。

云南迪庆是一个典型的多民族地区，其中藏族人口占总人口的36.11%，傈僳族人口占总人口的30.29%，境内还有纳西、汉、白、回、彝、苗、普米等十余个民族。但许多地方都以各民族杂居为主，各民族之间文化习俗相互交融，并不表现出绝对清晰的民族边界。从历史、空间及社会三个维度来看，迪庆地区各民族的差异性并没有被消解，而是始终在保持其张力的同时被共同性所超越；这一历史辩证法表明"增进共同性、尊重和包容差异性"的民族工作原则对于铸牢中华民族共同体意识的重要意义。以区域视角对边疆地区中华民族共同体意识的形成与发展进行实证研究，突出了边疆社会作为边疆治理的一个重要主体的积极作用，有利于把铸牢中华民族共同体意识的主线贯彻到边疆社会民族工作的各个领域和环节。

【华南边疆开关与区域贸易格局变迁】

赵海涛：《中国边疆史地研究》2022年第4期。

近代以降，华南边疆的北海、龙州、梧州、南宁先后开关。税率改变、交通发展使各口岸对商品流通产生巨大导向作用，进而驱动区域贸易格局不断重构，华南边疆贸易中心出现"梧州—北海—梧州"的位移。贸易中心梧州因战争等因素而衰落，北海得以复兴，而梧州开关后得益于交通优势与税率降低，对内连接起广阔的腹地及层次分明的市场网络，对外与粤港建立了密切经济联系，促进了腹地及口岸的经济发展，在与北海的贸易竞争中取得优势，重新确立贸易中心地位。华南边疆贸易中心的位移不仅是各埠优势的发挥，也是列强竞争与掠夺的反映。

【大理国时期乌蛮聚落的城镇化】

李宇舟：《云南师范大学学报》2022年第3期。

城镇建置作为大理国"郡县制"文化的实践单元，政治军事的职能属性始终伴随着其自身的建设发展。由于社会经济有了较大的发展，白蛮贵族们的割据自固，客观上造成了大理国各个军政区划的治所城镇数量增加。同时，大理国各个民族之间的社会发展依然极不平衡，白蛮与乌蛮的社会发展程度差距依然较大。通过"以县为部""谓笼为城"，大理国把更加广泛的乌蛮系统民族纳入王国的区划统治体系当中，造成了众多乌蛮部落向基层行政单元的转化，出现乌蛮聚落城镇化的倾向，从而极大地促进了宋代中国西南边疆民族"初级统一体"的形成，加速了西南边疆乌蛮系统民族融入"中华民族共同体"的历史进程。

【西南区域政治转折的先声：1934年国民党对中央力量入川的考量与各方博弈】

段金生、高一铭：《民国档案》2022年第3期。

各方围绕国民党中央力量入川的考量与博弈，是观察西南区域军政格局变化的一个关键环节。1934年，蒋介石急于集中兵力"围剿"中央红军，同时还需要支持刘湘以稳定川局，故四川社会内部及国民党高层虽不时有入川之呼声，蒋也加强了入川的部署，但未下最后决心。11月，刘湘到达南京与国民党高层展开商谈，虽然暂时消解了国民党中央军入川的打算，但双方达成国民党中央参谋团入川的妥协，这成为南京国民政府时期西南区域川滇黔诸省军政格局转折的先声。此前，国民党中央对川滇黔地方事务一直难以置喙，而中央参谋团入川，使这一局势很快发生转变。这在某种程度上打破了国民党中央与川滇黔地方实力派长期形成的微妙平衡状态，表现出央地双方此消彼长之势，国民党中央力量在西南区域得到强化。不过，这一复杂的过程，也呈现了国民党中央与川滇黔各实力派之间相互算计的形态，彼此之间的嫌隙为后来双方日渐隔阂乃至关系最终破裂埋下了伏笔。

【明代西南边疆民族地区的灵活编民】

蔡亚龙：《江西社会科学》2022年第6期。

明代西南边疆民族地区大量人口由土官衙门管理，过往一些研究因未明显区别"编户"与"编丁"的概念，误以为他们皆不在编民序列。事实上，明朝在西南边疆民族地区大规模推行黄册编户制度，但不同于内地编民和赋役紧密结合的情况，边疆的赋役与户口脱钩，征收更趋灵活，编户呈现出多有不实、覆盖仍有空白等局限性。因此，西南边疆许多编民当以灵活编民看待。今人考察边疆民族地区"民户"问题时，应尽量减少族群属性的干扰，更多考虑他们在国家管理体系中的位置。正如灵活编民是王朝户籍管理在边疆的延伸一般，土官衙门本质上也是国家管理体制在边疆的延伸。

【空间表征与象征秩序：桂西南壮族乡村治理中传统文化的现代价值重塑】

唐俊、徐祖祥：《云南民族大学学报》2022 年第 2 期。

乡村治理是国家治理的重要基础，是实现国家治理体系和治理能力现代化建设的基层工程。少数民族地区传统文化的现代价值重塑，是推进基层治理体系，完善基层治理机制的内在需要。桂西南壮族地区传统文化与乡村治理的多维耦合空间，表征出"文化空间""空间表征""象征秩序"三个维度的空间生产特性。在新时代"共建共治共享"社会治理制度、"自治法治德治"结合的基层治理体系中，乡村治理中的个体实践能动性、内在价值动能性和社会互动礼俗性，诠释了地方传统在乡村治理中的价值重塑效能。

【清代道光年间土司制度与滇南边疆治理研究——以《滇事杂档》史料为中心】

李良品、祝国超：《社会科学战线》2022 年第 2 期。

道光年间，清王朝在滇南边疆地区的治理状况堪忧：一是王朝边疆治理体系存在弊端，二是土司乘机制造事端，三是"奸""匪"搅动社会稳定。因此，清王朝基于"固卫边圉"、"征收钱粮"和"就近管理"三方面考虑在滇南地区继续推行土司制度。采取四种举措，即土司制度框架下"因地制宜"、力促土司"谨守疆土"、强力推进征收钱粮、尝试创新边疆治理模式，以促使滇南土司积极"内属"、减少"外附"，客观上加速了各民族共同开拓祖国疆域的历史进程。该文运用《滇事杂档》中地方流官、当地土司以及各族民众留下的底层历史文献，探讨清代滇南边疆治理的相关问题，为当下提升边疆治理能力与各民族共同保卫祖国疆域提供历史阐释空间。

【边境态势与政区性质：清代广西龙州"改土归流"辨析】

黄粲茗、郑维宽：《中央民族大学学报》2022 年第 2 期。

雍正三年（1725），在清廷大规模推动"改土归流"的时代背景下，龙州土州被分解为上、下龙土巡检司。雍正七年，下龙土巡检赵墉因举止贪劣而遭到革职，因承袭无人，太平府通判暂摄理下龙土巡检司政务，从此却变成常驻。至乾隆初年，安南北部陷入动乱，奉命备边的地方官员察觉到下龙土巡检司不合常理的政治生态。同时，地方"复土"势力利用空悬多年的土巡检之位不断地制造阴谋、欺诈民众而从中取利。清廷针对此状况做出回应，将土巡检之印销毁以绝后患，但否定了下龙土巡检司升为州县的动议。乾隆末年，安南内战已经决出胜负，西山朝君主阮惠请求重新开放中越边境贸易，广西边境获得解禁。出于加强稽查边境的考虑，清廷将太平府通判改为同知，其驻地下龙土巡检司也改设为"龙州厅"，从而使下龙地方的行政建置与内地趋于一致，结束了自雍正七年以来近七十年非土非流的政区形态，并对当地民众的科举应试程序产生影响。透视这一过程对于理解边疆地区"改土归流"的定义以及诠释有所裨益。

【广西"古田大征"之议与明后期南部边疆政策的转变】

任建敏：《中国边疆史地研究》2022年第2期。

隆万之际，在高拱、张居正等阁臣的决策下，明朝尽量不介入西南地区土司之间的纷争，而着眼于西南流官管理地区的内部稳定，呈现"重内轻外"的特点。广西古田"僮乱"成为这一政策走向的关键性转折点。围绕古田是征是抚，大征之后如何善后等问题，内阁、兵部、两广军门、广西军政当局乃至广西籍士大夫都参与到这一讨论之中。其结果是，明代中叶对于广西流官地区"改流为土"的顾虑与争议，在古田善后中得到解决，并创造了以州县、卫所与土司共存的"古田模式"。

【清末民初土司的国体地位因革：从四川土司到云南土司】

宋培军：《云南师范大学学报》2022年第2期。

在梳理多民族国家国情基础上建立现代民族国家的因革脉络，土司问题是重要切入口。中国历代封建王朝版图与中国疆域具有非重合性，这是古代中国的常态。边疆土司主要存在于中国疆域的大西南地区。清代四川土司是拥有年班朝觐资格的政治体，与满、蒙、回、藏构成"五个族体联合"意义上的国体存在。清末民初，以边界定边疆、以土司守边疆的新形势，要求把云南土司纳入国家直接治理范围。经过清末改土归流、民初选派土司特派员出席省议会，云南土司的政治地位得以提高，也在一定程度上替代、接续了此前四川土司的国体地位。国家"大一统"机制经过这一近代调试得以延续，土司乃至蒙古特派员在中央与边疆之间的中介作用也得以实现。

【西南边疆格局的当代演变与区域发展——基于民族走廊的引力模型分析】

程中兴：《社会发展研究》2022年第3期。

费孝通先生晚年提出的"民族走廊"学说为审视当代西南边疆格局演变、寻求区域发展内生性机制提供了参照系。通过构建基于"走廊—板块"的引力分析框架，加载人口、产业、交通里程、城镇化率等相关数据，该研究发现：持续经年的西部开发极大地重塑了西南边疆格局，并在人口流动性上呈现出典型的重心向东、向南的特征。这一演变的深层动因可从藏彝走廊与其周边板块间的引力位序变化加以解释：无论是走廊区域内，还是周边板块间，引力大小变化均呈现出"东南强，西北弱"的空间分异特征。总之，相比"中华民族多元一体格局"理论，尽管费先生的"民族走廊"学说较少受到关注，但其间所蕴含的科学洞见至今仍富有启示意义，民族走廊及其周边板块是推进西部大开发形成新格局，实现区域内生性发展的重要空间约束机制。

【从清代云南《开化府志》看邻国历史书写的地方表述】

方天建：《史学史研究》2022年第2期。

正史书写邻国、外国历史已成惯例，而私修地方志书写邻国史的现象也常见，如唐代樊绰所著《蛮书》和明代刘文征所著《滇志》等。然则，地方官修史志书写邻国历史的案例，特别是清代边疆地区地方的官修史志，则较少。正因此，清代云南边境重镇——开化府所修两种《开化府志》中保留对邻国安南历史的书写，即以附录的形式较为完整地梳理了安南国通史线条，并强调其兴衰变迁对开化辖地边防的影响问题，尤具特色，值得深入研究。清代云南《开化府志·安南国纪略》的存在，不仅透视了清代官修地方史志对邻国历史的关注，彰显书写模式的特殊性，更从历史文献层面存留了清代云南边疆重镇官员的涉外治边和护边理念，是考察清代云南边疆治理的珍贵性文献材料。

海疆与海洋方向

【海分三路：明代广东的海防分路】

李贤强：《中国边疆史地研究》2022年第1期。

在明代，广东海防分为东、中、西三路。从广东海防自身的发展脉络来看，分路可能形成于明代前期，至迟不晚于嘉靖初年。肇庆府虽然位于沿海，但在明人的眼中，其海防地位并不重要。它可能属于海防的西路。相关文献未载它分属何路，可能与其少有海患有关。海防分路的划分与水寨信地、分巡道、参将、卫所防区等因素皆无关系，它可能与倭寇的入侵路线和广州府的政治、军事、经济的中心地位及现实需要有关。

【从"首重舟师"到"裁船改员"——驻粤旗营水师与清代海防研究】

胡鹏飞、李晓彤：《中国边疆史地研究》2022年第1期。

雍正以降东南沿海开始设置诸多旗营水师，驻粤旗营水师因广州为沿海要地"首重舟师"而设，海防实践以"操演"为主，在东南海防体系中发挥的作用有限，在近代海疆危机与海防变局的背景下，为近代新式海军所取代，以"裁船改员"的方式退出历史舞台。驻粤旗营水师从设立到裁改，体现了不同时期广州驻防八旗军事体制的演变过程，"旗营"的身份决定着其作为"水师"在海防中的实际价值。在落后的海防军事体制制约下，无论是传统水师还是新式海军，都未能真正肩负起守卫海疆的重任。

【康雍乾时期的海岛政策——内附治岛的两种方案】

胡泰山：《中国边疆史地研究》2022年第2期。

内附治岛政策指中央王朝以行政手段超越海峡阻隔，将海疆岛屿划归邻近大陆行省统辖，并将其纳入内陆一体化统治体系的治岛方略。内附治岛政策的核心在于"以岛附陆，以陆治岛"，但其忽略了对海峡的关注。康雍乾时期，清朝在统治海南岛和台湾岛的过程中，探索出两种落实和深化内附治岛政策的路径："海南方案"与"台湾方案"。前者旨在通过设置兼辖海岛与大陆的分巡道与绿营镇以增强海岛与大陆的联系，强化对海岛的统治。后者重在设置专辖海岛的分巡道和绿营镇处理海岛内部事务，辅之以若干配套措施，以强化对海岛的监督和管辖。

【清代沿海诸厅与海疆管理研究】

王泉伟：《中国边疆史地研究》2022年第3期。

沿海厅的创立是清朝为了适应海洋环境而进行的一种较为成功的制度实践。沿海厅最早设立于雍正年间，持续到宣统年间，其中雍正时期、乾嘉之际、鸦片战争以后是沿海建厅的三个高潮期。沿海厅的设立原因各异，部分是为了适应海洋环境而专门设立的，部分是适应台湾地区民族混居情况而设立的，另外还有一些因特殊情形而设。在沿海诸厅的职掌中，相比征税等民政工作，维持治安与移风易俗是更为重要的内容，具有较为明显的边疆特性。通过沿海诸厅的研究，可为深入理解清代海疆管理思想与制度提供一个较新的视角。

【美国对南沙群岛的认知与政策演变（1898—1946）】

谭卫元：《中国边疆史地研究》2022年第3期。

美国统治菲律宾初期，在南海利益主要限于因贸易而产生的通航自由与安全需求，因此其对南海的关注和认知也有限。随着日本逐步突破华盛顿体系的约束，打破了南海区域权力平衡，美国开始关注我国南沙群岛的战略价值。太平洋战争爆发后，南海成为打击日军的重要区域，美国由此逐步介入南海，并重估南海诸岛的价值与意义，开始掌握战后西沙、南沙群岛处置的主导权。美国的南海政策即以此认知为基础，其核心态度与立场大致不变，只是基于不同时期国家利益与亚太外交目标而采取不同策略。

【清代沿海政区海域勘界及其影响】

宋可达：《云南师范大学学报》2022年第6期。

清代国家将近海海域属沿海政区管辖。由于此前未曾进行过海域勘界工作，致使相邻政区之间海域边界混淆不清的状况长期存在，极不利于清王朝对海洋疆土的治理和控制。为解决海界纠纷、规范海域管理，在中央政府主导下，沿海地方在清前期至清中后期开展了一系列海域勘界活动，进而在制度上将海疆区域纳入大一统王朝的疆域版图。受此影响，清人的疆界观也发生了明显变化，并在沿海政区地方志的编纂和书写中深刻体现出来。海域勘界，反映了清代海疆空间持续拓展的历史过程，同时也是清王朝海域管理清晰化走向深入的有力体现。

【从台湾例到海疆缺：清代海疆治理下的台湾职官选任制度发展】

戴龙辉：《云南民族大学学报》2022年第1期。

清代台湾职官选任制度的创制与发展，是清朝统一疆域形成与海疆治理深化的表现。清廷收复台湾后，为解决"缺官"问题创制台湾例；清中期，海疆治理深化，台湾例逐渐与沿海缺融合形成海疆缺，并不断对海疆缺进行调整完善，更加注重治理成效。台湾例的不断发展，对沿海各省职官制度产生了影响，并最终融合成为适应海疆治理整体性的职官制度体系。清末，海疆危机凸显，台湾海疆缺虽积极因应，但终因台湾的丧失而被撤销。有清一代，台湾职官选任制度针对其复于远海的特殊自然环境与番民共处的复杂社会情形，确定了"人地相宜"的制度宗旨，通过"拣选题补""俸满优升"的制度原则，在台湾建立起一套完备的职官治理体系，大大提升了清政府在台湾的治理能力，推动了国家治理一体化的进程。

【重审海权观与清代前期海疆政策】

王日根：《中国史研究动态》2022年第2期。

既往研究中国古代海疆政策，常引入"海权"概念，认为中国政府"重陆轻海"，在税源上更重视农业税，较少重视工商业税收；即使有沿海地区的开发，亦常是"围海造田"，将海洋开发活动农业化。对于海洋权益，常常取"普天之下莫非王土，率土之滨莫非王臣"的态度，已经设置的海防设施还常常有内撤的表现。只有像南宋因为偏安东南一隅，才不得不提出"以海立国""通洋裕国"的国策。明清两朝都以海禁为主基调，逐渐从海洋上退缩，最后使中国沦入被动挨打的境地。不过，假如我们超越西方海权观，或许可以推究中国古代海疆政策之形成与演变的文化价值观背景。

【陆、海疆地缘秩序与传统中国的疆域成型】

李磊：《学习与探索》2022年第7期。

中国疆域的成型是历代建立、延续并完善地缘秩序的结果。秦朝建立后，建构农耕区与游牧区的结构性关系成为中国政治的首要议题。对于中原王朝而言，旨在与各地以一对一的方式联结，即建构"一"与"多"的关系。汉朝凿空西域的地缘意义在于将匈奴影响下的蒙古高原、西域与青藏高原诸多势力分别对待，使之在未来2000年的地缘秩序中成为三个相对独立的单元。对于游牧政权而言，他们习惯以直接占领农耕区与游牧区的过渡地带迫使农耕政权岁贡、开榷场，以农耕区服务于游牧社会。而当其社会内部农业地区的权重增加到一定程度时，其政权将向中原的王朝体制转化，从而具备了入主中原的资质。游牧政权的政治逻辑与中原王朝并非截然对立，其政权发展王朝化几乎是必由之路。东南海疆的地缘秩序是近500年来中国历史发展的命脉所在。鸦片战争之前的200年，中国便因海疆地缘构想的先天不足而遭遇边疆危机，而西欧殖民者正是通过了解海疆与陆疆之间的地缘结构，破坏了传统中国的海疆地缘秩序。

【忽必烈与元代海上丝绸之路】

乌云高娃：《西夏研究》2022年第4期。

成吉思汗及其子孙的西征促使东西方不同文明广泛接触，陆上丝绸之路从中原拓展到西域、中亚、钦察草原，阻断了几个世纪之久的欧亚道路因而重新开通。忽必烈继位后，北方游牧民族对海洋的认知程度有所提高。元朝大力开拓海上丝绸之路并积极发展海外贸易的原因有三个：首先，与元代西道诸王叛乱导致陆路交通受阻有关；其次，马可·波罗等人航海来到中国促进了蒙古人的眼界开阔与地理知识增加，蒙古游牧民对海洋的认识和兴趣逐步提高；最后，忽必烈统一中国后继承宋朝航海技术，有了利用广州、泉州、宁波等重要港口大力发展海外贸易和开展航海活动的条件。

【汉唐时期交趾地区红河水道与长州政治势力兴起】

谢信业：《海洋史研究》第20辑，社会科学文献出版社2022年版。

对于7世纪前后的红河三角洲平原来说，最重要的历史事件莫过于交趾地区的政治、经济重心由红河东岸的北宁平原转移到了红河西岸河内地区，这种转变是漫长历史发展的结果。从两汉到隋唐的10个世纪中，以红河平原为中心的交趾地区基本在汉唐王朝的直接统治之下，中央王朝对交趾地区的同质化管理，加快了该地区与内地之间的整体发展步伐，而南海贸易交通网络的开辟，又推动红河平原与外部世界商业贸易和文化交流，进而深刻地影响着交趾地区社会发展。

【明清易代之际东南海疆的军事、民生与法律——顺治十二年违禁出海案分析】

秦浩翔：《法律史评论》2022年第1卷，社会科学文献出版社2022年版。

顺治十二年，出于军事需要，清廷在东南沿海地区严行"海禁政策"，"毋许片帆入海"。沿海居民世代以海为生，加之其时天灾频仍，不少百姓迫于生计而违禁下海。受到军事形势以及朝廷政令的影响，无论是中央官员还是地方官员均对违禁案件尤为重视，对于违禁者是否"通逆"更是慎重调查，案件审理过程大多一波三折。同时，查案官员亦流露出对沿海百姓的关怀与同情，但迫于时局的压力，"通逆者"最终往往被从重议处，"违禁者"亦会被按律治罪。在明清鼎革的特殊时期，清廷于东南沿海地区围绕海禁政策，在法律制定与案件审理上呈现出军事需要优先于民生疾苦的特点。

【《武安王灵签》纸背所见明万历十九年浙江沿海地区海防力量之加强】

田琳：《海交史研究》2022 年第 2 期。

明朝嘉靖时期倭患问题最为严重，至隆庆、万历时大为减轻，然万历十九年浙江等沿海地区却大规模增兵增船，这一举措与明朝获取的一份关于日本关白企图向中国沿海大规模进犯的情报有直接关系。新发现的上海图书馆藏《武安王灵签》纸背文献内容为万历十九年浙江台金严区水军饷银文册。通过缀合复原的十月份台金严区水军饷银情况并结合传世典籍，可确定至迟于九月底前朝廷就已经完成在浙江的增额任务。军备力量的迅速扩充，充分显示了朝廷和浙江方面对危机的积极应对和重视程度。

【海洋文化建设的时代内涵与路径选择】

侯毅：《人民论坛》2022 年第 17 期。

海洋文化建设是建设海洋强国的重要组成部分，当前，弘扬和发展中国海洋文化具有鲜明的时代意涵。全面加强我国新时代海洋文化建设应紧紧围绕我国海洋事业的战略需求展开，在弘扬中国传统海洋文化的基础上，结合时代特点，阐释中国海洋文化的内涵，发展创新具有中国特色、彰显中华文明特点的海洋文化。

【新时期"海上丝绸之路"港口建设：动力、方向与挑战】

邹志强：《边界与海洋研究》2022 年第 2 期。

港口是"21 世纪海上丝绸之路"建设的重要支撑和关键载体。中国参与海外港口建设的首要驱动力，在于港航企业追求商业利益及国际化发展需求，同时也受到国际国内经济大环境变动的重大影响，以及国家发展战略与倡议的有力推动。中国在海外港口建设中追求具有包容性的地缘经济利益，而非排他性的地缘政治利益。从地缘经济的视角来看，港口建设主要受到港口开发潜力、腹地经济环境、区域辐射价值、中国海外利益，以及所在国对"一带一路"的反应等因素的影响。新时期，"海上丝绸之路"沿线地区的港口建设还存在相互竞争激烈、海陆联通能力不足、港口经济深度开发有限等诸多挑战。未来，我们还需要在研判"海上丝绸之路"沿线港口的综合发展潜力基础上进一步明确中国参与港口建设的重点方向。

【"一带一路"背景下海外战略支点建设的几点思考】

孙丽燕：《边界与海洋研究》2022 年第 7 期。

"一带一路"倡议是中国"走出去"的重要组成部分，但要理性地看待"一带一路"沿线地缘政治的复杂性和安全形势的严峻性。随着"一带一路"的深入推进，中国的海外利益不断拓展，中国军队远赴海外应对多种安全威胁、遂行多样化任务越来越多。为了遂行军队海外行动，维护"一带一路"沿线海外利益，保障"一带一路"沿线地区安全，需要加强海外战略支点建设。海外战略支点具有多尺度性，可以是国家，也可以是港口、保障基地乃至基建设施。海外战略支点的建设模式，概括为模块化嵌入式、机动化伴随式、海外驻地市场化、立体化远程投送等四类。

【太平洋丝绸之路历史价值的新思考——基于档案整理和知识传播的启示】

吴杰伟：《社会科学战线》2022 年第 11 期。

中国学界对于中外文化交流海上路径的研究以西向为主，很多成果依托海上丝绸之路研究的广阔背景与视野，在文化传播内容、途径和影响等各个方面都形成了系统性的研究范式。而对于中国文化的东向交流与传播，学界的关注度相对较低。文章以太平洋丝绸之路的概念界定作为研究起点，通过梳理关于太平洋贸易的档案文献，讨论太平洋丝绸之路研究的多向观察维度，聚焦 16—19 世纪太平洋丝绸之路在货物交换和知识交流领域的作用，思考太平洋丝绸之路对文化交流和知识传播的影响。

三　全文选刊

从中华民族一词的产生到铸牢中华民族共同体意识

马大正[*]

中华民族是每一个中国人的代名词，中华民族共同体是中国历史发展的产物，中华民族共同体意识则是国家统一之基、民族团结之本、精神力量之魂。而"铸牢中华民族共同体意识"与"治国必治边"共同成为新时代边疆治理大战略的核心内容。我们从认识的演进、现实的警示、决策的定力、学人的担当4个方面略述个人对铸牢中华民族共同体意识的认识，与学界同仁和广大读者共勉。

一、认识的演进

今天，每一位国人在高唱国歌——《义勇军进行曲》时，唱到了"中华民族到了最危险的时候"一句时都心潮澎湃，甚至热泪盈眶。人们朴素的认识就是我们就是中华民族的一员，中华民族是每一个中国人的代名词。

但对中华民族一词产生演变的前生今世，民众百姓，甚至学界同仁也不一定能说得一清二楚，其中也包括我在内。在阅览、学习相关文章后，包括学术前辈梁启超、顾颉刚的宏文，以及马戎、黄兴涛、徐黎丽诸位的论著，文中多有引述，恕不一一注明，顺致谢意！对百余年来中华民族一词的产生以及演变过程，试做概述如此。

"中华民族"一词，在中国话语体系中并非自古有之。鸦片战争后，西方话语的"nation"被译成汉文的"民族"，这一具有现代政治意涵的词汇才开始被引入中国。1902年梁启超在其著作《论中国学术思想变迁之大势》中首次提出"中华民族"的概念，但传播仅在学界的范围内。此时民主革命的先行者孙中山先生提出的口号是"驱除鞑虏，恢复中华"，这一口号在动员民众推翻清王朝的热情与决心上确实起到鼓舞民气的革命作用。但这是一个狭隘的汉人民族主义口号，而且这个口号源自日本极右翼黑龙会下属玄泽社向孙中山提出的建议。

---

[*] 马大正，中国社会科学院中国边疆研究所研究员。

辛亥革命后，孙中山就任临时大总统，提出"合汉满蒙回藏诸地为一国，则合汉满蒙回藏诸族为一人，是曰民族之统一"，努力构建全体中国人为成员的中华民族和现代国家，即人们熟悉的"五族共和"。政界、学界习惯将"五族共和"替代了中华民族，或者说在当时中国中华民族即包括了汉满蒙回藏五大民族。

1939年，中国抗日战争的形势十分危急，日军先后攻占了南昌、长沙，轰炸重庆，汪精卫公开投日建立伪政权，日军加强对内蒙古、宁夏、青海、云南等地的渗透，全力破坏全国各民族的抗日统一战线。"中华民族到了最危险的时候"成了每一个中国人的共识！

即在此时，著名历史学家顾颉刚先生在《益世报·边疆周刊》第9期（1939年2月13日）上发表了一篇文章《中华民族是一个》。顾颉刚先生在文中开篇提出："凡是中国人都是中华民族——在中华民族之内我们绝不该再析出什么民族——从今以后大家应当留神使用这'民族'二字。"他还特别指出，日本御用文人炮制的"中国本部"一词，同样都是为一些一心要灭亡和瓜分中国的帝国主义国家提供侵华的杀人不见血的工具。在文章最后，顾颉刚先生强调：

在我们中国的历史里，只有民族的伟大胸怀而没有种族的狭隘观念！

我们只有一个中华民族，而且久已有了这个中华民族！

我们要逐渐消除国内各种各族的界限，但我们仍尊重人民的信仰自由和各地原有的风俗习惯！

我们从今以后要绝对郑重使用"民族"二字，我们对内没有什么民族之分，对外只有一个中华民族！

时过80载，一颗爱国知识分子的拳拳之心，仍为我辈佩之敬之！

顾颉刚先生此论一出，学界反响强烈，在英国伦敦政治经济学院取得人类学博士学位后刚刚回国年仅29岁的费孝通先生写了一篇文章《关于民族问题的讨论》投给了《益世报·边疆周刊》，对顾先生的观点提出不同意见。从今天的学科视角看，这次对话是一位在中国成长且对当时中国危亡局面有着切肤之痛的历史学家和一位由西方培养的人类学家之间的学术对话。但在当年，顾颉刚的见解颇得时任中央研究院历史语言研究所所长、1937年又兼任中央研究院总干事傅斯年的完全认同。傅斯年认为，中华民族虽在名词上有汉、满、蒙、回、藏等族，但事实上实为一族。他说："汉族一名，在今日亦已失其逻辑性，不如用汉人一名词，若必言族，则皆是中华民族耳。"傅斯年的身份在当时是学、政两界兼具，他的见解对国民党政府有很大影响力。人们由此推断，傅斯年的观点对1943年出版的蒋介石《中国之命运》中提出的"中华民族宗支论"很可能有一定影响。可如此这般，顾颉刚先生救亡之策成了独裁者政策定位，"中华民族是一个"成了大汉族主义的代名词！是福是祸？！随着中国政治大变迁难逃扫入历史垃圾堆的命运。

民国时期是讲"国族"概念的，强调全体国民的公民权。中华人民共和国成立后，废除了"国族"的提法，并在斯大林民族理论影响下进行全国民族大调查，开展"民族识别"，把识别出来的56个民族都叫"民族"。这就使中国人的认同体系发生了变化，在民族识别工作和实行民族区域自治制度的过程中突出了56个民族的"民族"意识，客观上淡化了作为一个整体的"中华民族"。"中华民族到了最危险的时候"国歌仍在唱，但中华民族一词实际被"56个民族56朵花"的歌声所淹没。

二、现实的警示

20世纪80年代以降，国际国内情况发生了很大变化，分裂、极端、暴恐3股势力合流制造动乱，国家统一、民族团结、社会安定面临严峻挑战。尤其是新疆分裂暴恐活动恶性发展、极端化肆虐直接影响民众的世俗生活，人们在寻求反恐制暴治本之策时，对定型于20世纪50年代的我国民族理论、民族政策进行深度反思也在情理之中。在反思的讨论中大体上形成以下不同认知。

第一种意见认为：中国应当在处理和解决民族问题上有充分的自信，要全面正确贯彻落实党的民族政策。当前最大的问题是没有很好落实《民族区域自治法》，包括5个自治区在内，还有16个自治地方（区、州、县）没有自治条例，中国出现的问题是现有的民族政策没有得到很好的执行，而不是政策本身存在什么问题；在政策执行当中，政策落实得不好，这是最大的问题。第二种意见认为：目前出现的民族问题与民族区域自治这项基本制度的设计无关，而是在讲信修睦全面正确贯彻落实党的民族政策，原原本本兑现制度设计方面出了问题，从其本意看，实际上是第一种意见的另一种表述。第三种意见认为：近半个世纪以来，国际和国内形势都发生了翻天覆地的巨大变化，苏联和南斯拉夫解体，社会主义阵营和"冷战"格局不复存在；中国实行改革开放后，传统的计划经济体制已经转变为社会主义市场经济，并与国际大市场接轨。在这样的国内外大环境下，必须与时俱进研究中国社会出现的新现象和新问题。其中，原来以为不是问题的民族问题，也成了问题。

新中国成立以来，我国的民族理论研究取得了突破性进展，大大丰富了马克思主义民族理论的内容；我国的民族工作取得了辉煌成就，为巩固发展多民族中国作出了无与伦比的贡献。但时代在发展，社会在进步，层出不穷的新事物、新问题，不断对理论研究提出新问题，寻求新思路。学者们对如下涉及民族的问题进行了有益探索，其中包括：关于民族平等和民族成员平等；关于民族自治和民族共治；关于少数民族先进文化建设；对民族理论若干模糊认识，特别是将民族理论有意无意变成"少数民族理论"，在教材编写中对"民族"概念缺乏整体把握，强化各民族分界意识，不承认民族"交融"，实际强调民族差别永恒化；等等。反思、研究和讨论中，学者呼吁，对于20世纪50年代的民族识别工作，以及建立的民族区域自治制度的利弊和未来发展方向，应该是一个允许讨论的问题，而不应该被划为学术研究的"禁区"，同时也不应该把民族区域自治这项制度变成一种僵化的体制。

一些理论上的分歧，在学人们引经据典、各执己见的争论时，人们遗憾地发现，在一些边疆地区现实生活中已不断发出了警示和警告。

民族识别将每个公民确定了民族身份，导致了各族人口边界清晰化，民族区域自治制度实际上把各族居住区的行政边界清晰化，而与此同时对"中华民族"这个概念却不断模糊化、边缘化，造成在一些民族群体中只知自己是哪个民族，而不知自己更是中华民族一员的文化属性，是中华人民共和国公民的政治属性！因为"中华民族"这个概念在很多人心目中根本就不存在。

仅以新疆为例，20世纪80年代在国际、国内复杂形势的影响下，分裂势力沉渣泛起并得以坐大形成气候。20世纪90年代新疆进入以反对暴力恐怖为主要形式的反分裂斗争新阶段，暴恐活动频发，民族团结、社会和谐遭到严重挑战，党中央领导全国人民，包括新疆各民族进行了反对分裂、打击暴恐、去极端化、标本兼治的卓绝斗争。现实的警示、斗争的实践，大大促进了理论的探研，实践是检验真理的唯一标准，诚是！

三、决策的定力

对中华民族在我国不同发展阶段政治生态中地位和作用的回顾，以及国内外形势变化在民族工作领域面临现实警示，2014年9月召开的中央民族工作会议有着特别重要的意义。会议在坚持原有政治话语的前提下，提出了系列值得关注的改革思路，有学者用"旗帜不变、稳住阵脚、调整思路、务实改革"来定位，确乎！调整思路、务实改革，值得关注的新亮点可归纳为如下四点。

第一，2014年5月，第二次中央新疆工作座谈会上习近平总书记首次提出"中华民族共同体意识"重大论断后，在这次会议上习近平总书记再次强调"坚持打牢中华民族共同体的思想基础"。从而给新时代民族工作指明了战略方向，即"铸牢中华民族共同体意识"。党的十九大正式将"铸牢中华民族共同体意识"写入党章。

第二，强调中华民族多元一体的基本格局。"各民族共同开发了祖国的锦绣河山、广袤疆域，共同创造了悠久的中国历史、灿烂的中华文化。我国历史演进的这个特点，造就了我国各民族在分布上的交错杂居、文化上的兼收并蓄、经济上的朴素依存、情感上的相互亲近，形成了你中有我，我中有你，谁也离不开谁的多元一体格局"。"中华民族和各民族的关系，是一个大家庭和家庭成员的关系，各民族的关系，是一个大家庭里不同成员的关系"。多元一体，一体是本，强调一体，兼顾多元，忘了这个本就违背了中国的基本国情。基于此，我国民族工作的目标是要"让各族人民增强对伟大祖国的认同、对中华民族的认同、对中华文化的认同、对中国特色社会主义道路的认同"，即"四个认同"，并着重提出，加强中华民族大团结，长远和根本的是增强各民族彼此之间的文化认同，建设各民族共有的精神家园，积极培养中华民族共同体意识。而绝不是用"发展""繁荣"两词所能涵盖。更重要的是在青少年中加强"四个认同"的思想教育。"要把建设各民族共有精神家园作为战略任务来抓，抓好爱国主义教育这一课，把爱我中华的种子埋在每个孩子的心灵深处，让社会主义核心价值观在祖国下一代的心田生根发芽。"

第三，明确提出加强各民族交往交流交融，尊重差异、包容多样，让各民族在中华民族大家庭中手足相亲、守望相助，创新载体和方式，引导各族群众牢固树立正确的国家观、历史观、民族观。交往交流交融既是我国历史上民族关系的主流，也是今天民族关系的主流形态，从而为近些年理论界的争议画上了符合中国实际的句号。

第四，对民族理论、民族工作中一些重大问题做了明确表述，诸如：确认民族区域自治制度是我国的一项基本制度，但一定要"坚持统一和自治相结合、民族因素和区域因素相结合；坚持反对大汉族主义的同时，把'地方民族主义'改为'狭隘民族主义'"；对在民族地区工作的各族干部,特别是少数民族干部的选拔标准,在维护国家统一、反对国家分裂和打击暴力恐怖等大是大非问题上必须立场鲜明,行动坚定,而在日常工作中要一视同仁地热爱各族群众,而不能偏袒本族成员;等等。

时隔七年,2021年8月在第五次中央民族工作会议上,习近平总书记在讲话中20次提到"中华民族共同体意识"。其中,习近平总书记指出,铸牢中华民族共同体意识,就是要引导各族人民牢固树立休戚与共、荣辱与共、生死与共、命运与共的共同体理念。习近平总书记还强调,要正确把握中华民族共同体意识和各民族意识的关系,引导各民族始终把中华民族利益放在首位,本民族意识要服从和服务于中华民族共同体意识,同时要在实现好中华民族共同体整体利益进程中实现各民族具体利益。值得注意的是,这次会议首次提到反恐问题。习近平总书记强调要坚决防范民族领域重大风险隐患。要守住意识形态阵地,积极稳妥处理民族因素的意识形态问题,持续肃清民族分裂、宗教极端思想流毒,同时要加强国际反恐合作,做好重点国家和地区、国际组织、海外少数民族华侨、华人群体等的工作。

以铸牢中华民族共同体意识为主线,坚定不移走中国特色解决民族问题的正确道路,构筑中华民族共有精神家园,促进各民族交往交流交融,推动民族地区加强现代化建设步伐,提升民族事务治理法治化水平,防范化解民族领域风险隐患。"铸牢中华民族共同体意识"与"治国必治边"共同成为新时代边疆治理大战略的重要内容,决策的定力,将动员全党全国各族人民为实现全面建设社会主义现代化强国的第二个百年奋斗目标而团结奋斗。

四、学人的担当

在深化铸牢中华民族共同体意识的研究中,我们应在依托历史、直面现实、着眼未来的原则指导下,一是重在"以史为鉴"历史经验的总结;二是着力于研究的战略性、预测性和可操作性探研;三是研究者应努力成为善于从事基础研究和应用研究交融性研究的复合型人才,要不断提高政治领悟力、政治判断力和政治执行力;四是研究深化的同时,千万不要疏于成果大众化的普及,让学术走向大众,让大众了解学术。

作为社会科学学科门类"交叉学科"下设的一级学科——中国边疆学,应充分发挥多学科相结合的优势,积极支持和介入铸牢中华民族共同体意识的研究,尽到学人的职责和担当。

依愚意,如下研究课题的开展应成为首选的方向。

第一,中华民族共同体意识的理论研究。其中包括,中华民族一词的产生,以及不同历史时期其政治、人文内涵演变研究,中华民族共同体内涵研究,中华民族共同体意识研究,中华民族共同体建设研究,等等。

第二,铸牢中华民族共同体意识中"意识"的内涵与作用的理论研究,怎样"铸牢"的对策性研究。

第三,中国古今诸民族交往交流交融史研究,可从专题的、区域的、断代的、通史的不同层面展开。

第四,构建中国民族史研究新的理论框架,对传统中国民族史在继承中创新的前提下,为撰写中华民族通史积累资料、创新布局。

第五，全方位、多角度开展对中国特色的两大历史遗产研究。统一多民族中国与多元一体中华民族两大宝贵遗产是我国的独特优势，也是我们文化自信的基石。20世纪中叶至今，虽然学术界对两大遗产的研究从未中断，但并未引起足够的重视。学术界及民间对这两大遗产的理解仍然相对肤浅，学界对上述多民族国家构建理论并未形成共识。这种共识的达成必须从中央层面加以高度关注，推动相关研究，才能使国人形成共识成为可能。

统一多民族中国和多元一体中华民族这一极具中国特色的两大历史遗产应成为我们研究的重中之重。因此，我们应开展对两大历史遗产的宏观与微观相结合的研究，并将研究成果普及于各层次各维度的国民教育之中，中小学生要学，大学生要学，研究生更要学；文科生要学，理科生更要学；普通群众要学，党员更要学；基层领导要学，高层领导更要学。我们的宣传部门要利用学者们长期、扎实的研究，努力将成果通俗化，用群众喜闻乐见的方式进行各个层级的科普宣传，使之深入人心，真正成为整个中华民族的共识。

第六，对新时代以"治国必治边"和"铸牢中华民族共同体意识"为战略核心的大国治疆方略的诠释和研究，要深化对以"疆独""藏独""台独"为代表的当代分裂势力的研究。

第七，深化对中国边疆学三大体系（学科体系、学术体系、话语体系）建设的研究。

第八，深化中国边疆学研究学术共同体建设的研究。

读书中的感与悟，希冀有些许共享价值。不当之处，期待批评指正。

（原载《云南师范大学学报》2022年第1期）

中国历史上华夏认同的演进与升华

刘正寅[*]

中华民族共同体是在中国统一多民族国家历史长河中逐渐形成的,并在中国各民族共同发展中不断发展与巩固。习近平总书记指出:"一部中国史,就是一部各民族交融汇聚成多元一体中华民族的历史,就是各民族共同缔造、发展、巩固统一的伟大祖国的历史。"[①]在漫长的历史长河中,生活在中华大地上的各民族交融凝聚,共同发展,联系日益密切,统一性、整体性不断增强。中华民族经过长期的交往、交流、交融,逐渐凝聚成为一个统一的不可分割的民族共同体,而发端于先秦时期的华夏认同也历经演进,上升为超越族际的更高层次的认同。

一、华夏民族的形成

中华民族起源于中华大地,并具有鲜明的多元特点。史前史研究表明,中华文明早在初曙时期即旧石器时代就已显露出一定的区域特点;到了新石器时代,这一特点进一步发展,表现为许多各具特色的文化区系,以及各区系内的不同类型。这些表现在考古文化上的不同区系或类型,与传说中的远古各部落的活动具有一定的关联性。[②]这些都体现了中华民族起源的多元特征。同时,各区域的文化也表现出一定的内在联系与统一的趋势,说明中华民族的先民在起源时期即存在着内在联系性,并表现出相互吸收、融合的特点与统一的趋势,"当时各族团间文化交流的过程,从多元之上增加了一体的格局"。[③]

新石器时代的考古发现与远古传说研究表明,分布于黄河流域的各部族经过长期的交融发展,逐渐形成了炎黄集团与太昊少昊集团。二者在黄河中下游进一步交汇融合,成为夏、商、周三族的主要来源。经过夏、商时期的交融发展,至西周时期,以中原为中心,原夏、商、周三族互相融合,并吸收其他部落集团的成分,形成了华夏民族的雏形。周实行大封建,统"天下"于一尊,即所谓"溥天之下,莫非王土。率土之滨,莫非王臣"。[④]周人将封

---

[*] 刘正寅,云南大学历史与档案学院研究员。
[①] 习近平:《在全国民族团结进步表彰大会上的讲话》,《人民日报》2019年9月28日。
[②] 参见陈连开《中华新石器文化的多元区域性发展及其汇聚与辐射》《中国远古的各部落集团》,《中华民族研究初探》,知识出版社1994年版,第111—129、162—189页。
[③] 费孝通:《中华民族的多元一体格局》,费孝通等:《中华民族多元一体格局》,中央民族学院出版社1989年版,第6页。
[④] 程俊英、蒋见元:《诗经注析》,中华书局1991年版,第643页。

建的诸侯称为"诸夏",将诸侯分布之地即包括原夏、商统治区域在内的整个周诸侯分布之地统称为"区夏"。西周初期将京师之地称为"中国",后该词的指称范围又扩大到整个"诸夏",常以"中国"称"诸夏";同时具有了族类的含义,用以指称形成中的华夏民族。

西周晚期至春秋时期,非华夏各族内徙,造成了各族交结杂处的局面,加强了华夏民族的认同感,华夏意识空前高涨。春秋时期,诸夏又称诸华,或合称华夏,包含有民族文化优越感。华夏民族深感异族内迁给华夏文明所带来的危机,因此强调"夷夏之辨"。在当时"礼崩乐坏"的社会背景下,人们往往强调是否遵行周礼,以是否遵行华夏礼乐文明为区分夏夷的最高标准。但同时也没有忽略夷、夏的族类差别,注意到夷狄与华夏在语言、习俗、经济生产方式等方面的不同:"诸戎饮食衣服不与华同,贽币不通,言语不达","戎狄荐居,贵货易土"。[1] 孔子作《春秋》,强调在大一统下明"华夷之辨",以是否符合西周礼乐文明为区分的标准:合于周礼者为华夏,违背周礼者为夷狄。因而认为夏夷可互变,夷用夏礼,即夷的行为符合周的礼乐文明,夷则进而为夏;夏用夷礼,则退而为夷。但孔子同时也强调夷、夏在习俗文化方面的不同,在论及管仲"相桓公,霸诸侯,一匡天下"时,赞叹:"微管仲,吾其被发左衽矣。"[2] 孔子认为周文化优越于其他文化,因而强调"裔不谋夏,夷不乱华",但认为夷狄是可以教化的,主张"远人不服,则修文德以来之。既来之,则安之。"[3] 春秋诸家中,以孔子为代表的儒家最讲"夷夏之辨",但它是大一统下的"夷夏之辨",具有兼容并包的一面,促进了民族间的交流与融合。

战国时期,中原华夏诸侯经过剧烈的兼并、分化、吸收、统一,只剩下了齐、韩、赵、魏几个大国和在它们夹缝中的几个附庸小国。在春秋时期被称为夷狄的许多内迁民族,至战国时期已为华夏吸收、融合。南方的楚在春秋前期就已完成了对诸蛮的统一,经过长期的交往交流交融,至战国时已与中原的华夏相认同。分布在西北、北方的戎狄随着秦、晋、燕等诸侯国的发展,逐渐与华夏民族相交融,成为华夏族的组成部分。华夏民族经过长期的发展、吸收与融合,至此已发展成为一个稳定的民族共同体。[4]

随着夷、夏杂居局面的结束和华夏民族共同体的稳定,出现了华夏(又作"中国")居中、"戎夷"分布四方的"五方之民"的观念:"中国戎夷,五方之民,皆有性也,不可推移。东方曰夷,被发文身,有不火食者矣。南方曰蛮,雕题交趾,有不火食者矣。西方曰戎,被

---

[1] 洪亮吉:《春秋左传诂》,李解民点校,中华书局1987年版,第530、501页。
[2] 《论语》卷14《宪问》,刘宝楠:《论语正义》,高流水点校,中华书局1990年版,第577—578页。
[3] 洪亮吉:《春秋左传诂》,第832页;《论语》卷16《季氏》,刘宝楠:《论语正义》,第649页。
[4] 关于华夏民族的形成时代,学界多有争议,主要有夏代说、春秋战国说,参见王东平《中华文明起源和民族问题的论辩》,百花洲文艺出版社2004年版,第223—231页。沈长云于1993年在《中国社会科学》第4期上发表《华夏民族的起源与形成过程》,辩驳了以夏朝建立作为华夏族最终形成标志的观点,主张华夏各部族自西周大封建后开始由部落向民族共同体演化,最终完成于春秋战国之际。但此后仍有学者持夏代说,如王震中即坚持认为华夏民族形成于夏代,并指出夏商时期的华夏民族属于"自在民族",而西周、春秋战国时期的华夏民族属于"自觉民族";认为"夏"既可以指夏王朝,也可以指华夏民族,参见《夷夏互化融合说》,《中国社会科学》2022年第1期。

发衣皮，有不粒食者矣。北方曰狄，衣羽毛穴居，有不粒食者矣。中国、夷、蛮、戎、狄，皆有安居、和味、宜服、利用、备器。五方之民，言语不通，嗜欲不同。达其志、通其欲，东方曰寄，南方曰象，西方曰狄鞮，北方曰译。"[1]这一时期内迁的"夷狄"已经融为华夏，"夷夏之防"不再被强调，因而有关夷夏的记述也着重于言语、饮食、风俗等民族的差异及其原因。这种华夏（"中国"）与周边"戎夷"共同构成"天下"的观念也见于当时的其他文献。如《管子·小匡》即有"东夷、西戎、南蛮、北狄、中国诸侯"并举的记述。[2]华夏（"中国"）居中，为五方的核心；夷、蛮、戎、狄配以东、西、南、北，居周边四方。"五方之民"共"天下"的观念与战国时期诸侯兼并的统一趋势，促进了大一统思想的发展，为秦汉大一统政治格局奠定了思想基础。

二、秦汉大一统与华夏的凝聚发展

秦始皇统一六国，北击匈奴，南平百越，并西南夷，建立起统一的、中央集权的多民族国家。皇帝被称颂为天下的主宰，"六合之内，皇帝之土"，"法令由一统"，[3]在全国范围内推行书同文、车同轨、行同伦。这些举措大大推动了华夏民族的发展，促进了境内各民族的融合，加强了华夏与周边各族的联系与交流。汉承秦制，是秦统一王朝的继承与发展。汉武帝在实现了政治上高度中央集权和经济上空前繁荣的同时，积极致力于边疆的统一与发展。秦汉根据边疆各族发展的实际情况，实行不同的管理办法，丰富和发展了统一多民族国家的治理体制与政策，成为保障"华夷一统"的有效措施。

秦汉的统一，特别是两汉400年的大一统，促进了多民族国家内部政治、经济、文化、风俗伦理等各方面的进一步统一与发展。形成于春秋战国时期的华夏民族，进一步吸收边疆民族成分，发展成为一个新的人数更加众多的稳定的民族共同体——汉族，[4]并以空前繁荣的经济文化、众多的人口和广大的地域成为中华民族共同体的凝聚核心。费孝通指出："汉族的形成是中华民族形成中的一个重要阶段，在多元一体的格局中产生了一个凝聚的核心。"[5]边疆与内地、"中国"与"四夷"一统的观念得到加强。

秦汉统一多民族国家的巩固与发展，使产生于先秦时期的大一统思想完成了由理论到现实的过渡，并得以在大一统政治实践中总结、完善、提高，最终确立下来。经历了两汉的大一统，大一统思想和"华夷一统"观念已经深植于人们内心深处，成为牢固不可动摇的信

---

[1] 孙希旦：《礼记集解》，沈啸寰、王星贤点校，中华书局1989年版，第359—360页。
[2] 参见黎翔凤撰《管子校注》，梁运华整理，中华书局2004年版，第425页。
[3] 《史记》卷6《秦始皇本纪》。
[4] 关于汉民族的形成和族称问题曾在学界引起过广泛争鸣，参见张越《范文澜与"汉民族形成问题争论"》，《中国社会科学》2020年第7期；王东平《中华文明起源和民族问题的论辩》第2章"汉民族形成问题的争鸣"，百花洲文艺出版社2004年版，第128—250页。
[5] 费孝通：《中华民族的多元一体格局》，费孝通主编：《中华民族多元一体格局》，中央民族大学出版社1999年版，第10页。

念。出现于西汉的《史记》是中国第一部全国性的通史，改变了以往分国割据的历史概念，建立起历史的统一观和正统观。《史记》第一次为少数民族列传，把少数民族作为王朝国家的臣民载入全国性史书中，正是"华夷一统"思想的具体表现，奠定了中华民族整体历史观，成为以后历代王朝修史的典范。秦汉的统一，奠定了中国统一多民族国家和中华民族共同体的基础。

自东汉以来，匈奴、鲜卑、羯、氐、羌等边疆民族大规模内迁，在北方地区形成了各民族错处杂居的局面。西晋末年，政治黑暗，汉族大量流向边远民族地区，扩大了汉文化的影响；边疆民族在汉文化的帮助下又向中原地区展开更大规模的迁徙。晋室东渡，汉族大量南迁，促进了南方经济文化的发展。

内迁各族纷纷建立政权，在广大北方地区形成了所谓"五胡十六国"割据的局面。内迁的少数民族主动接受汉文化，在其统治范围内努力推行汉化政策，并接受大一统思想，以华夏正统自居，作为自己政权合法性的思想武器。入主汉地的各族往往自称是炎黄等传说中的华夏先王之后，从族源上认同华夏。①如大夏国建立者赫连勃勃自称"大禹之后"，前燕、后燕、西燕、南燕立国者鲜卑慕容氏则称"其先有熊氏之苗裔"，曾统一北方并欲夺取江东的氐秦苻氏称"其先盖有扈之苗裔"，北魏建立者鲜卑拓跋氏自称"轩辕之苗裔"，建立北周的鲜卑宇文氏则称"其先出自炎帝"。②这类攀附虽然是统治者出于政治目的所进行的建构，但也反映了当时多民族杂居交融状态下的一种社会共识，从一个侧面反映了内迁各族对华夏的认同。

建立北魏的鲜卑拓跋氏，以汉魏正统自居，重用汉族士人，以儒学思想为政治指导，促进鲜卑族的汉化，将北方民族的融合与汉化推向一个更深的层次。北魏完成了对北方的统一，结束了"五胡十六国"的混战局面。孝文帝将国都南迁洛阳，全面推行汉化改革：明令禁止鲜卑人胡服；推行汉语，"断诸北语，一从正音"；又令鲜卑人改汉姓，与汉人通婚，加速与汉族的融合。这些改革措施大大加快了北魏的汉化进程，基本上完成了南迁鲜卑人与汉人的融合，同时也促进了北方其他民族的融合。北魏治下的汉族士人以作为魏臣而自豪，盛赞北魏"奄有中华"，尊颂孝文帝为"四三皇而六五帝"。③就连南朝士人也不禁由衷感叹北朝的繁荣："衣冠士族，并在中原。礼仪富盛，人物殷阜，耳目所不识，口不能传。"④

魏晋南北朝时期的民族大迁徙、大融合，促进了各民族间政治、经济、文化等各个方面

---

① 李凭：《黄帝历史形象的塑造》，《中国社会科学》2012年第3期。温拓：《屠各刘氏先世建构再探》，《中央民族大学学报》2019年第5期。

② 《晋书》卷130《赫连勃勃载记》、卷108《慕容廆载记》、卷112《苻洪载记》，中华书局1974年版，第3205、2803、2867页；《魏书》卷23《卫操传》，中华书局1974年版，第599页；《周书》卷1《文帝纪上》，中华书局1971年版，第1页。温拓：《多重层累历史与双重正统建构：宇文部、北周与契丹先世史叙述的考察》，《民族研究》2020年第2期。

③ 《魏书》卷21上《咸阳王传》、卷62《李彪传》，第536、1394、1396页。

④ 杨衒之著，范祥雍校注：《洛阳伽蓝记校注》卷2，上海古籍出版社2018年版，第128页。

的交流和发展。内迁各族积极推行汉化政策，并以建大一统之功为己任，以华夏正统自居；在政治上逐渐由割据走向统一的同时，文化不断提高，南北文化差异逐渐消失。与此同时，大量汉人南迁，促进了汉族与南方各族的交融与汉文化在南方地区的进一步发展。这些为后来隋唐更大规模的统一奠定了基础。

结束南北朝并立、完成全国统一的隋朝及继起的唐朝，最高统治集团都出自由鲜卑和汉族等交融而成的关陇集团，长期生活在民族大融合的北朝，与鲜卑族有着浓重的血缘关系。这些都决定了统治者在对待少数民族问题上表现出包容开放、较少歧视的民族观。唐太宗坚持"中国既安，远人自服"的民族怀柔原则，表现出对少数民族少有的信任，强调"不必猜忌异类"，"四夷可使如一家"，宣称"我今为天下主，无问中国及四夷，皆养活之。不安者，我必令安；不乐者，我必令乐"；又说"自古皆贵中华，贱夷狄，朕独爱之如一，故其种落皆依朕如父母"。①这种"华夷一家"的思想受到各族的尊敬与拥戴，"诸蕃君长诣阙顿颡，请奉太宗为天可汗"。②中原皇帝兼有北方游牧民族"天可汗"称号，"增加了胡汉结合的时代特点"，表明唐王朝"在继承中原传统的同时，又在一定程度上吸收借鉴了北方草原民族的政治文化"。③励精图治与相对开明的民族政策造就了唐代"四夷宾服"的辉煌盛世。④

秦汉大一统奠定了中国统一多民族国家的基础，促进了中原与边疆各民族交融发展；华夏族发展为汉族，中华民族的凝聚核心作用进一步强化。此后虽经魏晋南北朝政权分立，但各民族交往交流交融继续发展，内迁各族以华夏正统自居，积极学习汉文化，中华民族整体性和向心力日渐增强，迎来了隋唐更大规模的统一。唐王朝的空前统一与繁荣促进了大一统政治下的各民族的交流与融合，加强了各民族的华夏认同，"前王不辟之土，悉请衣冠；前史不载之乡，并为州县"，⑤推动了"华夷"共同体的巩固与发展——正是各族人民共同创造了大唐盛世。

三、辽宋夏金元时期的民族交融与华夏认同

唐末中国历史再度进入政权分立、民族大迁徙与大融合时期。宋削平内地割据势力，结束了五代十国的动乱，实现了黄河流域及以南地区的统一，与北方的辽及后继的金、西北的西夏形成并立之势。宋据中原，以华夏文化的承继者自居，虽因国力较弱而无法实现汉唐大一统之治，但始终坚持大一统理念，强调宋虽然在现实上是与辽金并立的政权，却是"天下"的正统。

---

① 《旧唐书》卷71《魏征传》，中华书局1975年版，第2558页；《资治通鉴》卷197，唐贞观十八年（644）十二月戊午，中华书局1956年版，第6216页；《册府元龟》卷170《帝王部下·来远》，周勋初等校订，凤凰出版社2006年版，第1891—1892页；《资治通鉴》卷198，唐贞观二十一年五月庚辰，第6247页。

② 《通典》卷200《边防十六·北狄七》，中华书局1988年版，第5494页。

③ 刘子凡：《"天可汗"称号与唐代国家建构》，《历史研究》2021年第6期。

④ 《唐会要》卷七《封禅》，中华书局1955年版，第81页。

⑤ 《唐大诏令集》卷11《太宗遗诏》，中华书局2008年版，第67页。

与五代、北宋并立的是由游牧的契丹族建立的辽朝。契丹源出鲜卑，唐末其首领耶律阿保机（辽太祖）崛起，建契丹国（后改称辽）。此后契丹又东灭渤海国、南下中原，发展成为统有广大北方地区的强大政权。辽政权既保有草原游牧政权的传统，同时又受到中原政治制度的影响。根据南北地区民族、文化的不同，实行不同的治理方式，"官分南、北，以国制治契丹，以汉制待汉人"，"北面治宫帐、部族、属国之政，南面治汉人州县、租赋、军马之事"。①

随着民族交融与汉文化影响，契丹文化快速发展，并仿汉字创契丹文；同时积极学习中原文化，表现出对华夏文化的高度认同。辽朝统治者在注重民族文化发展的同时，亦以中华自居。据《松漠纪闻》载，辽道宗时"有汉人讲《论语》至'北辰居（其）所而众星拱之'，道宗曰：'吾闻北极之下为中国，此岂其地邪？'至'夷狄之有君'，疾读而不敢讲。则又曰：'上世獯鬻、猃狁荡而无礼，故谓之夷。吾修文物彬彬，不异中华，何嫌之有？'"②辽朝统治者以文明高低作为区分华夷的标志，认为契丹文明已"不异中华"。辽朝尊孔崇儒，自居中华正统，将当时的南北政权并立局面比作南北朝，自称"北朝大辽国"，甚至为标榜辽朝正统而欲"以赵氏初起事迹，详附国史"。③金灭辽，辽宗室耶律大石率部西走，在西域复建辽政权，"尊号天祐皇帝，改元延庆"，"期复大业，以光中兴"。④西辽在很大程度上是辽朝的延续，"不仅在种族和王统继承方面，而且在典章制度和文化传统方面也是如此"，大大拓展了汉文化在西方的传播与影响。⑤

与辽宋并峙的还有立国于今宁夏一带、由党项人建立的大夏政权，史称西夏。党项是羌人的一支，于唐后期兴起于西北。自唐末至宋初，其首领先后以唐、宋节度使身份统治西北。11世纪前期，其首领元昊称帝，"仿中国置文武班，立蕃、汉学，自中书令、宰相、枢密使以下，分命蕃、汉人为之，以衣冠采色别士庶贵贱"。⑥西夏深受汉文化影响，仿宋制开科取士，州县遍设学校，分有"蕃学"（党项学）和"国学"（汉学）两类学校；又建立太学，教育以儒学为主。党项统治者虽自称"番"，并创制文字，时称"番文"，但同时学习汉文化，"继承并弘扬了中国传统文化，显示出西夏对中国文化的充分认同，也证明其对中国的高度认同"。⑦

继辽而起的金朝是由地处东北的女真人建立的。在灭辽、北宋的过程中，金初仿辽制，实行女真旧制和汉制并行的双重体制，后改行汉制，"城郭宫室，政教号令，一切不异于中

---

① 《辽史》卷45《百官志一》。

② 洪皓等撰，翟立伟等标注，李澍田主编：《松漠纪闻·扈从东巡日录·启东录·皇华纪程·边疆叛迹》，吉林文史出版社1986年版，第22页。

③ 盖之庸编著：《内蒙古辽代石刻廊坊研究》，内蒙古人民出版社2002年版，第250页；《辽史》卷104《刘辉传》，第1455—1456页。

④ 《辽史》卷30《天祚皇帝纪四》。

⑤ 魏良弢：《喀喇汗王朝史 西辽史》，人民出版社2010年版，第206—207页。

⑥ 《宋史纪事本末》卷30《夏元昊拒命》，中华书局1977年版，第251页。

⑦ 史金波：《论西夏对中国的认同》，《民族研究》2020年第4期。

国"。①金灭北宋不过30年,"已接受中原王朝的正统观念,基本完成了从北族王朝到汉化王朝的转变"。②随着金的南下,大批女真人迁出故地,散居契丹、汉人地区,促进了民族的融合与文化的交流。居于汉地的女真人学习汉文化,迅速走上了汉化道路。熙宗推崇并积极学习汉文化,被称为"宛然一汉家少年子"。③世宗太子允恭"读书喜文,欲变夷狄风俗、行中国礼乐如魏孝文"。④女真普通民众则更多地表现在社会习俗、服饰的汉化,以及说汉语、改汉姓等日常生活方面。

同时,金朝统治者注重保持女真传统风俗,入主汉地后,强令汉人改从女真之俗,实行薙发易服。面对女真人的汉化,世宗、章宗时曾多次发布"禁女直人不得改称汉姓,学南人衣装,犯者抵罪"等禁令,并力倡学习和使用女真语、女真文,保持骑射传统,但这与金朝学习和继承华夏传统文化并不矛盾。入主中原的金朝已将自己纳入中华统绪之中,即便是力图保持女真旧俗的世宗、章宗也致力于学习中原典章文化。世宗曾下令将五经译为女真文,"正欲女直人知仁义道德所在耳。"章宗在位时,"正礼乐,修刑法,定官制,典章文物粲然成一代治规"。金统治者奉行尊孔崇儒政策,北方儒学几乎与南方同步发展。金以华夏正统自居。熙宗曾说:"四海之内,皆朕臣子,若分别待之,岂能致一。"海陵王则明确表示:"自古帝王混一天下,然后可以为正统。"⑤他还试图统一南方,实现真正的大一统。

辽宋夏金时期的民族大迁徙、大融合,促进了中国各民族的交融发展,加强了中华民族文化的内在统一。辽、金统治者以少数民族入主中原,皆以中原传统王朝自居;西夏虽偏居西北,亦自认华夏。辽、金、西夏非汉政权通过学习中原典章文化,尊孔崇儒,"修文物彬彬",强调自身拥有不异于中原的文明程度,以此自居华夏;同时坚持本族旧俗,有意识地保持民族文化传统。这时的华夏认同已超越了族类语言、习俗的认同,而上升为超越族类的更高层次的政治与文化认同,成为中华各民族共同的认同,从而使中华整体意识得到升华。

由蒙古统治者建立的元朝结束了五代以来长期分裂的政治局面,实现了空前的大一统。蒙古是我国北方一个古老民族,原为室韦的一支,唐时即以"蒙兀室韦"见诸文献。蒙古在兴起和建立元朝的过程中即注重学习汉文化,入主中原后,以华夏正统王朝自居,表现出对中华传统文化的认同。元世祖忽必烈在《即位诏》宣称:"朕惟祖宗肇造区宇,奄有四方,武功迭兴,文治多缺……祖述变通,正在今日。"明确表示将参用中原王朝的传统体制以改变"文治多缺"局面。同时采用中原王朝建元之制,"建元表岁,示人君万世之传;纪时书王,见天下一家之义。法《春秋》之正始,体大《易》之乾元",强调新政权作为中原王朝的正统地位。又建国号为大元,"盖取《易经》'乾元'之义",表示"诞膺景命,奄四海以宅尊;必有美名,绍百王而纪统",表明他所统治的国家,是大一统思想支配下的中国历代

---

① 《陈亮集》卷1《上孝宗皇帝第一书》,中华书局1987年版,第4页。
② 刘浦江:《松漠之间——辽金契丹女真史研究》,中华书局2008年版,第273页。
③ 徐梦莘:《三朝北盟会编》卷166,上海古籍出版社2008年版,第1197页。
④ 刘祁:《归潜志》卷12《辩亡》,中华书局1983年版,第136页。
⑤ 《金史》卷8《世宗纪下》、卷12《章宗纪四》、卷4《熙宗纪》、卷84《耨盌温敦思忠传》。

王朝的继续。忽必烈又命国师八思巴"创为蒙古新字，译写一切文字，期于顺言达事"，以实现"书同文"的大一统之治。为了显示元王朝的正统性，元朝统治者又继承中国历代王朝为前朝修史的传统，为辽、宋、金朝修史，"三国各与正统，各系其年号"，既反映了蒙古统治者以中华正统自居，又反映了元人"天下一家"、不辨华夷的中华整体观念。[①]

元朝是中国少数民族建立的第一个全国性政权，它所实现的空前统一，打破了分裂割据时期的此疆彼界，将各民族置于一个大熔炉中，促进了各民族的大交流、大融合。元朝时期，原金国治下的契丹、女真等民族大都已汉化，蒙古族和其他边疆民族又陆续内迁，在更大的范围内与各族杂居，促进了各民族间的进一步交融，强化了华夏认同与中华整体意识。

四、明清时期中华民族共同体的发展与华夏认同的升华

明太祖朱元璋在其讨元檄文中宣称，自古"中国居内以制夷狄，夷狄居外以奉中国"，"元以北狄入主中国……实乃天授"，"及其后嗣沉荒，失君臣之道"，"使我中国之民，死者肝脑涂地，生者骨肉不相保"，因而喊出了"驱逐胡虏，恢复中华，立纲陈纪，救济斯民"。[②]明以元为"天授"正统，并不反对蒙古"以北狄入主中国"，反对的只是元末君臣的腐朽统治，推翻元朝是为了恢复"华夷"秩序，"救济斯民"，从而表明自己是代元而有天下的新朝。明太祖多次表示"昔元起沙漠，其祖宗有德，天命入主中国，将及百年"，"天生元朝，太祖之孙以仁德著称，为世祖皇帝，混一天下，九蛮八夷，海外番国，归于统一"。[③]明朝诸帝反复强调"华夷一家"，宣称"朕既为天下主，华夷无间，姓氏虽异，抚字如一"，表示"华夷本一家，朕奉天命为天子，天之所覆，地之所载，皆朕赤子，岂有彼此？"。[④]这从一个侧面说明，经过元朝民族大熔炉，中华民族整体观念已深入人心。

有明一代，退据塞外的蒙古统治者仍不忘中原旧地，祈盼有朝一日再"回转过来着落于成吉思汗的黄金家族"，[⑤]恢复故元统治。蒙古统治者仍以"大元汗"自称，如被称为中兴之主的巴图鲁蒙克称达延汗（《明史》又作歹颜哈、答言罕），即"大元汗"。达延汗之孙、漠南土默特蒙古首领俺答汗也多次南下攻明，扬言"将摧毁汝之大方城（指明京师）等城镇，夺取汝大政恢复我大统"。[⑥]这种天下一统于蒙古的信念还反映在明成祖系元顺帝遗腹子的传

---

① 参见《元史》卷4《世祖纪一》；卷7《世祖纪四》；卷202《释老传》，中华书局1976年版，第65、138、4518页；任崇岳：《庚申外史笺证》，中州古籍出版社1991年版，第44页。

②《明太祖实录》卷26，吴元年（1367）十月丙寅，台湾"中研院"历史语言研究所校印本1962年版，第401—402页。

③《明太祖实录》卷32，洪武元年（1368）五月辛卯；卷198，洪武二十二年十一月甲子，第574、2977—2978页。

④《明太祖实录》卷53，洪武三年六月丁丑，第1048页；《明太宗实录》卷264，永乐二十一年（1423）十月己巳，第2407页。

⑤ 朱风、贾敬颜译：《汉译蒙古黄金史纲》，内蒙古人民出版社1985年版，第45页。

⑥《阿勒坦汗传》，珠荣嘎译注，内蒙古人民出版社1990年版，第71页。

说中。这一传说不仅见于《蒙古源流》《蒙古黄金史纲》、罗卜藏丹津《黄金史》等蒙古史书，也盛传于蒙古民间《大元太子和真太子》等传说中，它从一个侧面"说明在中原居留百余年的部分蒙古人，不仅在经济上适应了汉族的生产和生活方式，而且在文化上思想上也适应了汉族的传统"，"因而积极制造和传播这个故事，藉此证明元运不衰，仍在统治中国"，① 反映了蒙古族等少数民族对中国统一多民族国家和中华民族的认同。

　　清起于东北，是一个由满人建立的边疆政权。然其入关代明，继承了传统中国的制度与文化，以华夏正统自居，以建大一统之功为己任，完成了对全国的统一，建立起空前巩固、统一的多民族国家，奠定了现代中国疆域的基础。清朝对原明朝州县治理下的地区，沿用明朝旧有治理体制，实行直省统治；对广大北部和西部边疆地区，实行不同于内地的理藩体制进行管理。清朝虽然对这些地区的治理方式不同，实施的政策法规有别，但都要服从于以中原传统王朝体制为主体的君主集权统治，以保证清朝对版图内的所有地区的有效治理。

　　清朝统治者以少数民族入主中原，强调继明而有"天下"，是明朝的直接继承者。清朝祭祀历代帝王，旨在强调清朝继承中国历代王朝的统绪；将辽金元帝王均列入，旨在向世人表明非汉族帝王亦可据有正统，进一步论证清朝继为正统的合法性。为了树立"大一统"正统王朝的形象，清朝大力提倡尊孔崇儒，立太学，兴科举，提倡程朱理学。康熙帝强调理学的君臣、父子伦理，以君臣关系驳斥"华夷之辨"。雍正帝则更撰《大义觉迷录》一书，系统阐发自己的大一统理论，首先强调"有德者可为天下君"，"舜为东夷之人，文王为西夷之人，曾何损乎德乎！""夫天地以仁爱为心，以覆载无私为量，是以德在内近者则大统集于内近，德在外远者则大统集于外远……上天厌弃内地无有德者，方眷命我外夷为内地主"，强调清朝统治是应受天命，不容毁谤，进而指出在清朝"大一统"政治下，所谓华夷之别，只是地域的不同，"本朝之为满洲，犹中国之有籍贯"，清朝"所承之统，尧舜以来中外一家之统也；所用之人，大小文武，中外一家之人也；所行之政，礼乐征伐，中外一家之政也"。② 雍正帝还强调中外一家，否定民族间的差别与歧视："今日蒙古四十八旗、喀尔喀等尊君亲上，慎守法度，盗贼不兴，命案罕见，无奸伪盗诈之习，有熙暭宁静之风，此安得以禽兽目之乎！"③ 在抹除民族差异的同时，强调的是尊君守法的"大一统"之治。

　　康雍两朝的稳定发展促进了民族融合与文化交流，至乾隆帝时社会稳定繁荣，一派盛世景象。乾隆帝不再如父祖那样以君臣之义掩饰华、夷之别，而是明确以华夏自居。在乾隆帝看来，清朝是据有大一统之实的无可争辩的正统王朝，不仅作为统治民族的满人早已进为华夏，就连清朝大一统王朝中的其他少数民族也已不是"夷狄"，而是与汉人同为华夏："蒙古、汉人同属臣民……且以百余年内属之蒙古，而目之为夷，不但其名不顺，蒙古亦心有不甘。

---

① 周清澍：《元蒙史札》，内蒙古大学出版社 2001 年版，第 518 页。
② 雍正帝：《大义觉迷录》卷 1《上谕（一）》，沈云龙主编：《近代中国史料丛刊》第 36 辑，台湾：文海出版社 1966 年版，第 1、4—9 页；《清世宗实录》卷 130，雍正十一年（1733）四月己卯，《清实录》第 8 册，中华书局 1985 年版，第 696—697 页。
③ 雍正帝：《大义觉迷录》卷 1《上谕（二）》，沈云龙主编：《近代中国史料丛刊》第 36 辑，第 80—81 页。

将准噶尔及金川番蛮等又将何以称之？"① 按照乾隆帝的观点，只要是居于清朝大一统政权下的民族均已"进而为华夏"，只有尚未纳入版图的民族才是"夷狄"。按照这一理论，随着清朝对全国统一的完成，整个清朝版图之内的各民族俱为华夏，而以外国为夷狄。清朝统治者在标榜自身华夏正统的同时，为维护作为统治民族的特权，又强调坚持民族旧俗等传统。清朝还在入关前就对降俘汉人实行剃发易服，入关后又不顾汉人的反抗而在全国范围内强令推行。乾隆皇帝一边高调自称华夏，一边强调"国语骑射"以保持民族传统，强调"我朝满洲先正遗风，自当永远遵循"，"学习国语，熟练骑射"，② 并反复重申保持满人衣冠旧制的重要性。

清朝统治者与辽金元王朝统治者一样，出身边疆少数民族，且在进入中原前即已建立政权，入主中原后并没有割断与"龙兴之地"的联系，仍保持着对原居地的有效统治，以"祖宗根本之地"而予以格外重视。入主中原的少数民族统治者在大一统思想引导下，采用中原典章制度文化，强调自己为中原历代传统王朝的继承者，以华夏正统自居，在保留自身语言、习俗等民族文化特点的同时，继承和弘扬由各民族共同创造的中华传统文化。华夏认同超越族类上升为更高层次的认同，从而升华为中华民族共同体的认同，强化了中华民族的整体意识。

中华民族先民们经过夏、商、西周时期的交融发展，于春秋战国时期逐渐形成了一个稳定的华夏民族共同体。随着秦汉统一的多民族国家的确立与发展，华夏民族进一步吸收、融合边疆民族成分，发展成为人数更加众多的汉民族。经过魏晋南北朝民族大融合，内迁各民族以华夏自居，中华民族间的内在联系与整体性进一步加强。隋唐大一统促进了各民族的交融发展与华夏认同，而此后辽宋夏金多民族政权并立背景下各民族进一步交融发展，华夏认同发展为超越族类文化认同之上的更高层次的认同。元朝空前规模的大统一促进了中华各民族间的交融凝聚，强化了这种超越族类的共同体意识。历经明、清时期各民族的交融发展，华夏作为中华各民族的共同认同，成为中华民族和全中国人民的共同身份标志。中华民族共同体意识日渐清晰，并在近代各族人民反对外国列强入侵的救亡图存的民族解放斗争中得到进一步升华，化为凝聚中华民族的强大精神力量。

（原载《历史研究》2022 年第 3 期）

---

① 《清高宗实录》卷 354，乾隆十四年（1749）十二月戊寅，《清实录》第 13 册，中华书局 1986 年版，第 884 页。

② 《清高宗实录》卷 411，乾隆十七年三月辛巳，《清实录》第 14 册，第 380 页。

习近平外交思想视域下的人类命运共同体和周边命运共同体

邢广程*

习近平新时代中国特色社会主义思想是中国共产党必须长期坚持的指导思想，是国家政治生活和社会生活的根本指针。党的十八大以来，以习近平同志为核心的党中央深刻把握新时代中国发展大局和世界变化大势，在对外战略、外交政策和外交工作等方面进行一系列重大部署，实行一系列外交理论和实践创新，形成了习近平新时代中国特色社会主义外交思想，制定了一整套新时代中国外交战略、外交政策，以及为实现外交战略目标富有智慧地推展中国特色的外交实践。在习近平外交思想中，推动构建人类命运共同体是新时代中国外交的总目标，而构建周边命运共同体是构建人类命运共同体的重要组成部分，是中国周边外交的重要目标，是保持良好的中国周边国际环境的重要外部条件。而"一带一路"建设是推动构建人类命运共同体和周边命运共同体的重要实践平台和载体。在构建人类命运共同体和周边命运共同体大的框架下，培育、弘扬和牢固这两种意识十分重要。习近平外交思想以马克思主义立场观点方法为指导，继承中华民族优秀文化传统和新中国外交优良传统，形成了系统科学的思想体系，深刻反映了马克思主义辩证唯物主义和历史唯物主义的哲学思想。

一、习近平外交思想和周边外交

（一）习近平外交思想是习近平新时代中国特色社会主义思想的重要组成部分

习近平外交思想是马克思主义基本原理同中国外交实践相结合的重大理论成果，是习近平治国理政思想在外交工作中的集中体现，是新时代我国外交的根本遵循和行动指南。

1. 习近平外交思想的形成和发展

（1）"中国必须有自己特色的大国外交"

2014年11月28日召开的中央外事工作会议十分重要，这次会议对新时代党和国家外交战略、外交政策和外交思路进行了系统的规划和部署。

"中国必须有自己特色的大国外交。我们要在总结实践经验的基础上，丰富和发展对外工作理念，使我国对外工作有鲜明的中国特色、中国风格、中国气派。"[①]这是习近平总书记在这次会议上提出的重要外交思路。习近平总书记提出这个重要外交思路，是基于对国

---

* 邢广程，中国社会科学院学部委员，中国边疆研究所所长、研究员，边疆安全与发展研究中心主任。
① 《中国必须有自己特色的大国外交》，《习近平谈治国理政》第二卷，外文出版社2017年版，第443页。

际大势的基本判断:"综合判断,我国发展仍然处于可以大有作为的重要战略机遇期。我们最大的机遇就是自身不断发展壮大,同时也要重视各种风险和挑战,善于化危为机、转危为安。"①从国内国际两个大局观察,我国进入了实现中华民族伟大复兴的关键阶段,中国与世界的关系越来越紧密。习近平总书记从机遇和挑战两个维度考察中国所面临的国际局势,基本思路是抓紧战略机遇期,重视各种挑战。

事实上,考察"中国必须有自己特色的大国外交",还需要从中国所处的时代特征去理解。中国是持续保持发展的国家,正在致力于实现中华民族伟大复兴的战略目标,以"大国外交"来概括中国外交的基本特征,使中国的外交与中国的国际地位相匹配,因此,中国实行"大国外交"是符合自身国际地位的客观实际。但是,当今世界有很多世界大国,它们也在实行"大国外交"。中国的"大国外交"与这些国家的"大国外交"有何区别?中国的"大国外交"是具有"中国特色"的大国外交,"中国特色"将中国的"大国外交"与其他国家的"大国外交"区别开来。因为,外交实际上是一个国家内政在对外交往中的延续,中国的"大国外交"就是中国国家性质、国家政治属性和国家战略利益等在外交上的延续和体现。什么是中国的"大国外交",其中国特色、中国风格、中国气派体现在哪些方面?习近平总书记对此进行了明确阐述:一是要坚持中国共产党领导和中国特色社会主义,坚持我国的发展道路、社会制度、文化传统、价值观念;二是要坚持独立自主的和平外交方针,坚持把国家和民族发展放在自己力量的基点上,坚定不移走自己的路,走和平发展道路,同时决不能放弃我们的正当权益,决不能牺牲国家核心利益;三是要坚持国际关系民主化,坚持和平共处五项原则,坚持国家不分大小、强弱、贫富都是国际社会平等成员,坚持世界的命运必须由各国人民共同掌握,维护国际公平正义,特别是要为广大发展中国家说话。②

在这次会议上,习近平总书记对我国外交工作进行安排和部署。"当前和今后一个时期,我国对外工作要贯彻落实总体国家安全观,增强全国人民对中国特色社会主义的道路自信、理论自信、制度自信,维护国家长治久安。"为此习近平总书记提出了五个"要":一是要争取世界各国对中国梦的理解和支持;二是要坚决维护领土主权和海洋权益;三是要维护发展机遇和发展空间;四是要广交朋友,形成遍布全球的伙伴关系网络;五是要提升我国软实力。③

(2)坚持和平发展道路,推动构建人类命运共同体

党的十九大对国际局势的基本判断是,世界正处于大发展大变革大调整时期,和平与发展仍然是时代主题。"我们生活的世界充满希望,也充满挑战"。第一,机遇前所未有。一是世界多极化、经济全球化、社会信息化、文化多样化深入发展;二是全球治理体系和国际秩序变革加速推进,各国相互联系和依存日益加深;三是国际力量对比更趋平衡;四是和平发展大势不可逆转。第二,挑战前所未有。总的特征是,世界面临的不稳定性不确定性突出。一是世界经济增长动能不足,贫富分化日益严重;二是地区热点问题此起彼伏,恐怖主义、

---

① 《中国必须有自己特色的大国外交》,《习近平谈治国理政》第二卷,外文出版社2017年版,第443页。
② 《中国必须有自己特色的大国外交》,《习近平谈治国理政》第二卷,外文出版社2017年版,第443页。
③ 《中国必须有自己特色的大国外交》,《习近平谈治国理政》第二卷,外文出版社2017年版,第443、444页。

网络安全、重大传染性疾病、气候变化等非传统安全威胁持续蔓延，结论是，人类面临许多共同挑战。"没有哪个国家能够独自应对人类面临的各种挑战。也没有哪个国家能够退回到自我封闭的孤岛。"中国的外交旗帜的基本内涵是和平、发展、合作、共赢；中国外交政策的宗旨是恪守维护世界和平、促进共同发展。中国坚定奉行独立自主的和平外交政策，坚持和平发展道路，推动构建人类命运共同体，建设持久和平、普遍安全、共同繁荣、开放包容、清洁美丽的世界。中国无论发展到什么程度，永远不称霸，永远不搞扩张，始终做世界和平的建设者、全球发展的贡献者、国际秩序的维护者。[①]党的十九大为中国新时代外交战略和政策确定了基调。

（3）做好新时代外交工作

中国特色社会主义进入了新时代。如何开展新时代中国外交，这是一个需要回答的重要理论和实践问题。

习近平总书记在接见2017年度驻外使节工作会议与会使节时阐述了中国如何做好新时代外交工作。中国特色的大国外交是建立在新时代基础上的，开展新时代中国大国外交，首先要将基准点放在深刻领会党的十九大精神，正确认识当今时代潮流和国际大势。国际大势的一个最显著的特点就是，我们正面对百年未有之大变局：一是一大批新兴市场国家和发展中国家自进入21世纪以来获得快速发展；二是这导致了世界多极化在加速推进；三是国际格局日趋均衡，因而国际大势呈不可逆转之势。中国正在崛起，中国民族迎来了从站起来、富起来到强起来的伟大飞跃，日益走近世界舞台的中央，日益为人类作出新的更大贡献。

习近平总书记从国内国际两个大局着眼，认为，"当前我国发展既面临前所未有的机遇，也面临前所未有的挑战"，要"深入推进中国特色大国外交"。就此，习近平总书记明确提出了开展中国特色大国外交的五个方面：一是要统筹国内国际两个大局；二是深化全方位外交布局；三是推动共建"一带一路"；四是积极参与全球治理和多边事务；五是讲好中国共产党、中国和中国人民的故事。在这五个方面中还包含三个"推动"，即推动构建新型国际关系、推动构建人类命运共同体、推动共建"一带一路"。[②]

（4）努力开创中国特色大国外交新局面

2018年5月15日召开的中央外事工作委员第一次会议是为6月中央外事工作会议做准备的一次重要会议。习近平总书记在这次会议上提出，党的十八大以来，我国走出了一条中国特色大国外交新路，取得了历史性成就。鉴于世界不确定不稳定因素增多、我国发展面临的机遇和挑战并存等新形势，习近平总书记强调，"要准确把握国际形势变化的规律，既认清中国和世界发展大势，又看到前进道路上面临的风险挑战"。"当前和今后一个时期，要深化外交布局，落实重大外交活动规划，增强风险意识，坚定维护国家主权、安全、发展利益。"[③]

2018年6月22日召开的中央外事工作会议特别重要。这次会议确立了习近平外交思想

[①] 中国共产党第十九次全国代表大会报告。
[②]《做好新时代外交工作》，《习近平谈治国理政》第三卷，外文出版社2020年版，第421—423页。
[③] 习近平：《加强党中央对外事工作的集中统一领导 努力开创中国特色大国外交新局面》，《人民日报》2018年5月16日。

的指导地位，举起了新时代对外工作的思想旗帜。习近平总书记在这次会议上表示，"党的十八大以来，我们深刻把握新时代中国和世界发展大势，在对外工作上进行了一系列重大理论和实践创新，形成了新时代中国特色社会主义外交思想"。这表明习近平外交思想正式形成。习近平外交思想概括起来，主要有以下十个方面：一是坚持以维护党中央权威为统领加强党对对外工作的集中统一领导；二是坚持以实现中华民族伟大复兴为使命推进中国特色大国外交；三是坚持以维护世界和平、促进共同发展为宗旨推动构建人类命运共同体；四是坚持以中国特色社会主义为根本增强战略自信；五是坚持以共商共建共享为原则推动"一带一路"建设；六是坚持以相互尊重、合作共赢为基础走和平发展道路；七是坚持以深化外交布局为依托打造全球伙伴关系；八是坚持以公平正义为理念引领全球治理体系改革；九是坚持以国家核心利益为底线维护国家主权、安全、发展利益；十是坚持以对外工作优良传统和时代特征相结合为方向塑造中国外交独特风范。①

习近平总书记在2018年中央外事工作会议上总结了新时代中国外交的有益经验，归纳为七个"坚持"：一是坚持统筹国内国际两个大局；二是坚持战略自信和保持战略定力；三是坚持推进外交理论和实践创新；四是坚持战略谋划和全球布局；五是坚持捍卫国家核心和重大利益；六是坚持合作共赢和义利相兼；七是坚持底线思维和风险意识。②

在这次会议上，习近平总书记对外交工作进行了布局，提出了六个"要"：一是要高举构建人类命运共同体旗帜，推动全球治理体系朝着更加公正合理的方向发展；二是要坚持共商共建共享，推动"一带一路"建设走实走深；三是要运筹好大国关系；四是要做好周边外交工作；五是要深化同发展中国家团结合作，做好同发展中国家团结合作的大文章；六是要深入推动中国同世界深入交流、互学互鉴。③

"开创中国特色大国外交新局面"是当今中国外交的一个重要方向性的表述，也是中国外交的重要任务。事实上，"中国特色大国外交"不是现在开始实施的，但在新时代的大背景下"中国特色大国外交"要在新的国内国际条件下开创新局面，进行新布局，形成新格局。"当前，我国处于近代以来最好的发展时期，世界处于百年未有之大变局，两者同步交织、相互激荡。做好当前和今后一个时期对外工作具备很多国际有利条件。""我们要全面贯彻落实新时代中国特色社会主义外交思想，不断为实现中华民族伟大复兴的中国梦、推动构建人类命运共同体创造良好外部条件。"④

2. 习近平外交思想的战略价值和时代意义

当今中国外交战略对中国和世界大势进行了深刻的揭示和解释，最突出的特点是，不是

---

①《努力开创中国特色大国外交新局面》，《习近平谈治国理政》第三卷，外文出版社2020年版，第427页。
②《努力开创中国特色大国外交新局面》，《习近平谈治国理政》第三卷，外文出版社2020年版，第426—427页。
③《努力开创中国特色大国外交新局面》，《习近平谈治国理政》第三卷，外文出版社2020年版，第428—429页。
④《努力开创中国特色大国外交新局面》，《习近平谈治国理政》第三卷，外文出版社2020年版，第428、427页。

回避而是站在历史、现实和未来发展趋势的高度回答新时代中国与世界关系的一系列重大理论和实践问题，为实现中华民族伟大复兴战略大局提供根本遵循和行动方案。

中国外交要把国家和民族发展放在自己力量的基点上，坚定不移走自己的路，决不能放弃中国的正当权益，决不能牺牲国家核心利益。同时，中国外交还要坚持国际关系民主化，坚持世界的命运必须由各国人民共同掌握，做国际公平正义的维护者和捍卫者。习近平总书记表示，中国无论发展到什么程度，都永远不称霸，永远不搞扩张。我们倡议世界各国政党同我们一道，做世界和平的建设者、全球发展的贡献者、国际秩序的维护者。①

中国外交战略和外交政策是有明确的主线的，即以服务中华民族伟大复兴和促进人类进步为主线。中华民族伟大复兴是中国长期坚持和奋斗的历史主线，而促进人类进步则是中国在国际上的外交行动主线。以服务中华民族伟大复兴和促进人类进步为中国外交的主线，恰恰说明了中国着眼于统筹国内国际两个大局，既立足于中国国内的战略目标的实现，也考虑到了世界发展的大趋势和人类和平发展的共同利益和诉求。

中国外交战略布局中一个重要议题就是如何处理与世界大国之间的关系。在这方面习近平总书记给出了答案，即提出了构建"新型大国关系"的理念，这种新型大国关系是建立在以合作共赢为核心基础之上的。

积极推动全球治理体系改革是中国外交战略的重要方面。冷战结束后，全球治理体系出现了一系列新问题和新情况。这主要表现在三个方面：一是联合国的主导地位屡屡受到挑战，其作用和影响力实际上是在不断下降。二是美国霸权主义和霸凌主义不断得以强化，其很多措施是在蔑视联合国地位的状态下进行的，这也是联合国作用下降的原因之一。三是冷战后全球出现了很多新情况、新问题和新挑战，如国际恐怖主义蔓延、全球性金融危机、全球重大公共卫生事件和全球性传染疾病蔓延、全球气候变暖等问题，需要在全球层面加以解决，而现有的全球治理机制体制存在很多缺陷，出现功能性的机制障碍，迫切需要变革。这就需要在新形势下世界各国共同参与全球治理，共同推动全球治理体系的改革和重构。"世界命运应该由各国共同掌握，国际规则应该由各国共同书写，全球事务应该由各国共同治理，发展成果应该由各国共同分享。"②中国参与全球治理体系改革和建设，主张构建公正合理的国际政治经济秩序。中国在推动全球治理体系改革方面提出了非常明确的方案，即构建人类命运共同体，并将此方案作为全球治理的重要目标和方向。

富有智慧地打造全球伙伴关系网络是中国外交的另一个重要方面。2013年3月27日，习近平主席在金砖国家领导人第五次会晤时的主旨讲话中表示，"我们要大力推动建设全球发展伙伴关系，促进各国共同繁荣"。他还提出了世界朝着"一体化大市场、多层次大流通、陆海大联通、文化大交流"的目标迈进。金砖国家要"把握发展规律""创新发展理念""破解发展难题"。③

冷战结束后，当今世界发生了极为深刻的变化，其中一个重要的特征就是各国关系的性

---

① 《把世界各国人民美好生活的向往变成现实》，《习近平谈治国理政》，外文出版社2020年版，第437页。
② 《共同构建人类命运共同体》，《习近平谈治国理政》第二卷，外文出版社2017年版，第537—540页。
③ 《携手合作，共同发展》，《习近平谈治国理政》，外文出版社2014年版，第324、325页。

质在发生变化，国家之间的双边关系越来越多地赋予"伙伴"色彩。中国也不例外，到目前为止，中国与大多数国家关系的底色就是"伙伴关系"。"伙伴关系"既不同于冷战时期的"同盟"关系和"不结盟"关系，更不同于冷战时期的敌对关系，而是一种正常的国家关系的常规性表述。当然，当今世界在"伙伴关系"基础上建立起来的国家间双边关系依然存在亲疏程度上的差别，因此，解决问题的办法就是在"伙伴"关系之前加上一些限制性和加强性词语，与"伙伴"意义加以统合，从而组成全新的概念和形成新的外交关系的表述。比如中俄关系是建立在"伙伴"关系基础上的，但中俄关系不是一般意义上的"伙伴关系"，而是有一个不断发展和递进的过程，从面向21世纪的战略协作伙伴关系发展到全面战略协作伙伴关系，再发展到新时代全面战略协作伙伴关系。现今的中俄关系以伙伴关系为基础，已经达到了两国关系发展的新高度和新阶段。如果从世界范围内进行观察，其他国家也在致力于构建伙伴关系。这就为打造全球伙伴关系网络奠定了很好的基础。"打造全球伙伴关系网络"有助于从根本上消除冷战体制和思维残余，有助于推动各国之间的相互信任与合作，有助于维护世界的总体稳定、发展与和平。中国谋求维护世界各国发展机遇和发展空间，致力于推动国际社会形成深度交融的合作网络，形成遍布全球的互利共赢的伙伴关系网络。中国打造伙伴关系的一个重要理念是，坚持互利共赢的开放战略。中国伙伴关系走的是"对话而不对抗，结伴而不结盟"的国与国交往新路。

习近平外交思想突出做好外交工作的主线。新时代中国外交坚持以服务民族复兴、促进人类进步为主线。中国反对围"小圈子"，主张建立"大朋友圈"；反对搞单边主义，主张多边主义。习近平总书记强调要树立正确的历史观、大局观、角色观。这是我们观察周边国际事务的基本维度，是我们在当今极其复杂的国际环境中正确地辨明方向的基本判定方法。

中国外交战略将维护国家主权、安全、发展利益作为重要使命。在维护国家主权、安全和发展利益这三个因素方面，中国在外交行为上设置了底线，在涉及国家核心利益方面中国是不能让步的，而且为了有效地捍卫这些国家核心利益，中国正在加强硬实力，但一直主张通过对话协商以和平方式解决国家间的争端、分歧和矛盾。习近平外交思想具有成熟的底线思维，坚持和发扬斗争精神。随着中国日益走近国际政治舞台的中央，部分国家采用各种手段试图迟滞中国的发展进程，这就需要我们树立明晰的底线思维，提升斗争意识、发扬斗争精神、增强斗争本领。中国坚持走和平发展道路，但决不能放弃自身的正当权益，决不能牺牲国家核心利益，中国不会吞下损害国家主权、安全、发展利益的苦果。

（二）周边外交

周边外交是习近平外交思想中十分重要的组成部分。党的十八大以来，习近平总书记积极运筹外交全局，在保持外交大政方针延续性和稳定性的基础上，突出周边在我国发展大局和外交全局中的重要作用，并积极开展了一系列重大周边外交活动，取得了周边外交的一系列重要成就。

1. 周边外交是我国外交工作的重点

2013年10月24日召开的中央周边外交工作座谈会十分重要。"这次会议的主要任务是，总结经验、研判形势、统一思想、开拓未来，确定今后5年至10年周边外交工作的战略目标、基本方针、总体布局，明确解决周边外交面临的重大问题的工作思路和实施方案。"①

习近平总书记在这次会议上对我国周边形势进行了分析："审视我国的周边形势，周边环境发生了很大变化，我国同周边国家的关系发生了很大变化，我国同周边国家的经贸联系更加紧密、互动空前密切。这客观上要求我们的周边外交战略和工作必须与时俱进、更加主动。"②他还表示："我国周边充满生机活力，有明显发展优势和潜力，我国周边环境总体上是稳定的，睦邻友好、互利合作是周边国家对华关系的主流。我们要谋大势、讲战略、重运筹，把周边外交工作做得更好。"③

这次会议确定了我国周边外交的线路图："我国周边外交的基本方针，就是坚持与邻为善、以邻为伴，坚持睦邻、安邻、富邻，突出体现亲、诚、惠、容的理念。"④

"走和平发展道路，是我们党根据时代发展潮流和我国根本利益作出的战略抉择，维护周边和平稳定是周边外交的重要目标。"做好新形势下周边外交工作，需要在四个"要"上下功夫：一是要从战略高度分析和处理问题，全面推进周边外交；二是要着力深化互利共赢格局；三是要着力推进区域安全合作；四是要着力加强对周边国家的宣传工作。⑤

与周边国家发展关系就是要找到利益的共同点和交汇点。思考周边问题、开展周边外交要有立体、多元、跨越时空的视角。⑥

"中国始终将周边置于外交全局的首要位置，视促进周边和平、稳定、发展为己任。中国推动全球治理体系朝着更加公正合理方向发展，推动国际关系民主化，推动建立以合作共赢为核心的新型国际关系，推动建设人类命运共同体，都是从周边先行起步。"⑦中国和平发展需要和平良好的周边国际环境，需要与周边地区进行良性互动。习近平总书记提出双循环的发展战略是新时代系统思维的现实反映。

"中华民族历来注重敦亲睦邻，讲信修睦、协和万邦是中国一以贯之的外交理念。中国视周边为安身立命之所、发展繁荣之基。我们提出了亲、诚、惠、容的周边外交理念，就是要诚心诚意同邻居相处，一心一意共谋发展，携手把合作的蛋糕做大，共享发展成果。"⑧

2. 理解周边外交的重要价值和战略意义

顺利实施周边外交，主动营造有利于中国和平发展的周边国际环境，对中国实现"两个一百年"奋斗目标和实现中华民族伟大复兴极为必要，这是中国崛起的必要前提条件和外部要素。

---

① 《习近平在周边外交工作座谈会上发表重要讲话》，《人民日报》2013年10月25日。
② 《习近平在周边外交工作座谈会上发表重要讲话》，《人民日报》2013年10月25日。
③ 《习近平在周边外交工作座谈会上发表重要讲话》，《人民日报》2013年10月25日。
④ 《习近平在周边外交工作座谈会上发表重要讲话》，《人民日报》2013年10月25日。
⑤ 《习近平在周边外交工作座谈会上发表重要讲话》，《人民日报》2013年10月25日。
⑥ 《习近平在周边外交工作座谈会上发表重要讲话》，《人民日报》2013年10月25日。
⑦ 《习近平在新加坡国立大学的演讲》，2015年11月7日，新华网。
⑧ 《习近平在印度世界事务委员会的演讲》，2014年9月19日，中国政府网。

中国需要富有智慧地推进周边外交，并着眼于持续保持和继续改善我国良好的周边环境，为我国的发展创造比较良好的外部条件。中国谋求良好的周边国际环境，从效应模式上看呈双向互动状态：一方面中国从良好的周边国际环境中获得从容发展的外部条件，我国四十多年改革开放所取得的巨大成就证明了这一点；另一方面，我国发展本身也更多地惠及周边国家，使周边国家从中国发展进程中获得益处，享受中国发展所带来的红利，从而实现中国与周边国家共同发展的良性互动。在我国四十多年改革开放的历史实践中，我国周边国家所取得的经济成就和发展状态已经完全证明了这一点。

中国重视周边外交和周边国家环境的塑造不是从现在开始的。中华人民共和国成立以来，毛泽东主席就十分注重与周边国家建立和发展睦邻友好关系，努力营造周边国际环境，毛主席还曾提出过一系列重要周边外交的战略思想及方针政策。改革开放以来，中国更加着力开创和营造有利的周边环境。邓小平同志将推动周边外交和营造良好的周边国际环境视为中国改革开放的重要外部因素，旨在成为推动中国对外开放的重要战略举措。江泽民和胡锦涛时期，我党对改革开放、对周边外交的推进都做出了一系列重要的部署和探索。党的十八大以来，习近平总书记积极运筹外交全局，十分强调周边在我国发展大局和外交全局中所起的重要作用，专门召开周边外交工作座谈会，对我国周边外交的战略目标、基本方针和总体布局进行明确的部署，解决我国周边外交面临的重大问题，开展了一系列重大周边外交活动，取得了非常明显的外交成效。中国始终把与周边国家发展关系置于中国对外政策的首位。"周边是首要"几乎成为中国外交的口头禅。中国与周边国家关系是基于命运与共、利益共识基础上的。中国与周边国家共处于同一的、不可分割的地缘区域整体之内。构建周边命运共同体不是无的放矢，而是一个客观存在。

习近平总书记明确强调，"无论从地理方位、自然环境还是相互关系看，周边对我国都具有极为重要的战略意义"。[①]环顾中国周边环境，一个突出特点就是变化巨大，我国同周边国家经贸关系非常紧密，这为构建周边命运共同体提供了前提条件。

习近平总书记强调，要做好新形势下周边外交工作，全面推进周边外交。要着力维护周边和平稳定大局。维护周边和平稳定是周边外交的重要目标。要找准深化同周边国家互利合作的战略契合点，积极参与区域经济合作，构建区域经济一体化新格局，加快沿边地区开放，深化沿边省区同周边国家的互利合作。

观察我国的周边形势，就会发现我国同周边国家的经贸联系越来越紧密，经贸规模越来越大。这就从客观上要求中国的周边外交战略和工作必须适应新形势和新情况，与时俱进，及时调整周边外交战略和政策，进一步推动中国与周边国家经济合作的深入。如何看待周边国际环境对于中国制定周边外交战略和政策十分重要。我国与周边国家发展友好合作关系，各自彰显发展优势和潜力。我国周边环境总体稳定，尽管中国与一些周边国家还存在这样那样的问题，但睦邻友好、互利合作已经成为我国与周边国家关系的主要趋势。

中国周边外交的战略目标是受国内发展战略目标制约的，换句话说，就是要服从和服务

[①]《习近平在周边外交工作座谈会上发表重要讲话》，《人民日报》2013年10月25日。

于实现"两个一百年"奋斗目标，实现中华民族伟大复兴。全面发展同周边国家的关系，会对中国实现国家发展战略目标提供良好的周边国际环境。巩固与周边国家的睦邻友好关系，推进互利合作，有助于维护和用好我国发展的重要战略机遇期，有助于维护国家主权、安全、发展利益。正是基于这些战略考虑，中国努力同周边国家进一步发展友好的政治和外交关系；进一步推进经济合作，加固区域合作的经济纽带；进一步推进安全合作，避免战略误判，增进相互之间的信任；进一步密切人文联系，加深彼此了解，加强文明包容和互鉴。中国是正在崛起的大国，大要有大的样子，这个"大"的样子就包括坚持睦邻友好，在周边地区增强亲和力、感召力、影响力；就要诚心诚意对待周边国家，就要在周边地区争取更多朋友和伙伴；就是要同周边国家互惠互利，开展合作，增强双方利益融合度；就是要让周边国家深切感受到中国发展给他们所带来的实际利益、裨益和助力；就是要倡导包容的思想，从文明、制度、机制和政策等多层面促进地区合作；就是要构建周边命运共同体。

中国开展周边外交，必须要从战略高度分析和处理周边所存在的各种问题，必须提高中国周边外交驾驭全局、统筹谋划、操作实施的能力，只有这样才能保持和巩固中国周边和平稳定大局。维护周边和平稳定是中国周边外交的重要目标之一，没有和平稳定的局面中国就很难持续保持对外开放的态势，就很难实现中国的发展战略目标。只有在和平稳定的基础上，中国与周边国家才能深化互利共赢格局，参与区域经济合作，才能加快基础设施互联互通，才能推进共建"一带一路"倡议，才能构建中国与周边区域经济一体化新格局。

发展和维护中国周边关系是维护国家主权、安全和发展利益的重要方面，是中国积极拓展全方位外交布局的重要环节，也是中国主动参与全球治理的重要组成部分，是推动共建"一带一路"的重要空间。做好新时代周边外交工作，就必须正确认识当今时代潮流、国际大势和周边国际环境。在中国日益走近世界舞台中央的重要历史时刻，稳步推进周边外交十分重要。持续深入推进周边命运共同体建设是构建人类命运共同体的需要，是实现习近平外交思想的必要途径，是中国与周边国家命运与共的根本要求。

二、构建人类命运共同体和周边命运共同体

（一）构建人类命运共同体是习近平新时代外交思想的重要组成部分和内容

2013年，习近平主席首次提出构建人类命运共同体的思想。他在莫斯科国际关系学院讲演中表示，多个发展中心在世界各地区逐渐形成。"这个世界，各国相互联系、相互依存的程度空前加深，人类生活在同一个地球村里，生活在历史和现实交汇的同一个时空里，越来越成为你中有我、我中有你的命运共同体。"他还进一步阐述道："世界的命运须由各国人民共同掌握。各国主权范围内的事情只能由本国政府和人民去管，世界上的事情只能由各国政府和人民共同商量来办。这是处理国际事务的民主原则，国际社会应该共同遵守。"[①]随后，习近平总书记在一系列国际会议和论坛等重要场合多次阐述构建人类利益共同体问题，不断丰富人类命运共同体重要理念的内涵，这就使"人类命运共同体"越来越被国际社会所关

[①]《顺应时代前进潮流，促进世界和平发展》，《习近平谈治国理政》，外文出版社2014年版，第272、274页。

注，越来越被国际社会所接受。"人类命运共同体"理念被联合国所接受，2017年2月10日，该理念写入联合国社会发展委员会"非洲发展新伙伴关系的社会层面决议"；3月17日，写入联合国安理会关于阿富汗问题的第2344号决议；3月23日，写入联合国人权理事会关于"经济、社会、文化权利"和"粮食权"两个决议；11月2日，该理念又被写入联大"防止外空军备竞赛进一步切实措施"和"不首先在外空放置武器"两份安全决议等。[①]

2020年全球新冠疫情爆发后，习近平总书记在多个国际视频会议上强调，构建人类命运共同体。如2020年11月20日在亚太经合组织第二十七次领导人非正式会议上强调"携手构建亚太命运共同体"，2021年4月22日在"领导人气候峰会"上强调"共同构建人与自然生命共同体"，2021年5月21日在全球健康峰会上的讲话中强调"携手共建人类卫生健康共同体"。2021年9月9日，习近平主席在金砖国家领导人第十三次视频会晤讲话中表示，"金砖国家要展现担当，为世界和平与发展作出积极贡献，推动构建人类命运共同体"[②]。

构建"人类命运共同体"成为习近平外交思想的核心内容，党的十九大报告呼吁各国人民同心协力"构建人类命运共同体"。

那么，什么是"人类命运共同体"？其含义是什么？对此，习近平总书记有非常明确的阐述："人类命运共同体，顾名思义，就是每个民族、每个国家的前途命运都紧紧联系在一起，应该风雨同舟，荣辱与共，努力把我们生于斯、长于斯的这个星球建成一个和睦的大家庭，把世界各国人民对美好生活的向往变成现实。"[③]

习近平总书记提出"人类命运共同体"这个原创性概念，是针对当今世界所面临的种种挑战而提出的中国方案。冷战结束后，中国与全球其他地区一样经济发展迅猛，现代化科学技术的突飞猛进，促使全球范围内的互联网、云计算、人工智能快速发展，形成强大的世界潮流，锐不可当。科学技术的飞速发展将人类彼此之间的关系迅速拉近，形成了一张彼此紧密关联的网络，谁也无法摆脱这个网络。人类社会进入了经济全球化加速发展时期，社会信息化、新的科技革命和产业革命方兴未艾，世界各国相互依存度发生了实质性的变化，各国命运与共，出现了"你离不开我，我离不开你"的命运紧密关联的局面。此外，当今人类在相互依存度越来越大的状态下，正面临着各种必须共同面对的挑战和风险，全球经济增长缺乏动力、需求不振，国际贸易和投资持续走低，世界贫富差距不断增大，一些地区武装冲突甚至局部战争时有发生，全球范围内的冷战思维和强权政治依然存在，恐怖主义、难民危机、气候变化和诸如新冠疫情这类的全球性传染性疾病等非传统性安全威胁持续蔓延，人类面临着共同的挑战，其命运被紧紧地连在一起。人类面临的全球性问题在亚洲同样明显地体现出来。世界各国人民前途命运越来越紧密地联系在一起，同样，亚洲各国人民的前途命运越来越紧密地联系在一起。

[①]《"构建人类命运共同体"为什么被写入联合国决议》，2019年10月11日，http://politics.people.com.cn/n1/2019/1011/c429373-31394646.html。

[②]《习近平出席金砖国家领导人第十三次会晤并发表重要讲话》，《人民日报》2021年9月10日。

[③]《把世界各国人民对美好生活的向往变成现实》，《习近平谈治国理政》第三卷，外文出版社2020年版，第433页。

全球和亚洲发展大趋势表明，面对机遇和挑战，世界怎么了、我们怎么办，成为需要人类破解的时代之问。2015年9月28日，习近平主席在联合国总部举行的第七十届联合国大会一般性辩论时的讲话中就提出"携手构建合作共赢新伙伴，同心打造人类命运共同体"[①]。2017年1月18日，习近平主席在联合国日内瓦总部的讲演中明确表示要"同大家一起探讨构建人类命运共同体这一时代命题"："世界怎么了、我们怎么办？这是整个世界都在思考的问题，也是我一直在思考的问题。我认为，回答这个问题，首先要弄清楚一个最基本的问题，就是我们从哪里来、现在在哪里、将到哪里去？"习近平主席还提出了回答这个"时代之问"的方案，"让和平的薪火代代相传，让发展的动力源源不断，让文明的光芒熠熠生辉，是各国人民的期待，也是我们这一代政治家应有的担当。中国方案是：构建人类命运共同体，实现共赢共享。"[②] 2018年11月17日，习近平主席在亚太经合组织工商领导人峰会上表示："当今世界的变局百年未有，变革会催生新的机遇，但变革过程往往充满着风险挑战，人类又一次站在了十字路口。合作还是对抗？开放还是封闭？互利共赢还是零和博弈？如何回答这些问题，关乎各国利益，关乎人类前途命运。"[③]还要看到，当今世界全球治理并不完善，2021年7月6日，习近平总书记在中国共产党与世界政党领导人峰会上表示，"今天，人类社会再次面临何去何从的历史当口，选择就在我们手中，责任就在我们肩上。"[④]正是为了解决当今世界所面临的各种挑战和问题，习近平总书记提出了构建人类命运共同体的时代命题和中国方案。

习近平总书记提出"人类命运共同体"这个原创性概念，是从中国共产党内在思想体系中凝练出来的。中国共产党将中国国内使命与国际使命紧密地结合起来，不仅为中国人民谋幸福，也在孜孜不倦地推动人类进步事业。中国共产党将实现中华民族伟大复兴的目标作为使命和行动的主线。习近平总书记指出："中国共产党是为中国人民谋幸福的党，也是为人类进步事业而奋斗的党。中国共产党是世界上最大的政党。我说过，大就要有大的样子。中国共产党所做的一切，就是为中国人民谋幸福、为中华民族谋复兴、为人类谋和平与发展。我们要把自己的事情做好，这本身就是对构建人类命运共同体的贡献。"[⑤]中国有14亿人口，经过艰苦卓绝的奋斗和努力，我们比历史上任何时期都更接近中华民族伟大复兴的目标，中国已十分接近世界政治舞台的中心。但如果将中国共产党的使命看作仅仅为中华民族谋复兴就太狭隘了。中国共产党不是自私的政党。推动人类进步事业，为人类谋大同是中国共产党和中华民族的重要情怀。中国共产党不仅对中国人民有着深厚情怀，而且对世界各国人民有

[①]《携手构建合作共赢新伙伴，同心打造人类命运共同体》，《习近平谈治国理政》第二卷，外文出版社2017年版，第521页。

[②]《共同构建人类命运共同体》，《习近平谈治国理政》第二卷，外文出版社2017年版，第537—540页。

[③]《为国际社会找到有效经济治理思路》，《习近平谈治国理政》第三卷，外文出版社2020年版，第455页。

[④]《习近平出席中国共产党与世界政党领导人峰会并发表主旨讲话》，《人民日报》2021年7月7日。

[⑤]《把世界各国人民对美好生活的向往变成现实》，《习近平谈治国理政》第三卷，外文出版社2020年版，第434页。

着深厚情怀，不仅愿意为中国人民造福，也愿意为世界各国人民造福。[①]中国共产党将推动人类进步事业、为世界谋大同作为自己的国际使命，因此，"人类命运共同体"的理念与中国共产党的使命和理念完全相符合，具有内在逻辑性。习近平总书记是在准确把握时代主题，洞察世界大势，掌握人类社会发展规律的基础上提出人类命运共同体理念的。人类命运共同体的理念反映了人类社会共同的价值追求，最大限度地汇集了世界各国的利益，因而受到国际社会的广泛呼应。

由此可见，人类命运共同体理念是中国特色大国外交理论创新的重大成果，是中国在国际事务话语权增强的明显标志。人类命运共同体理念来源于久远的中华文明，来源于中国伟大的外交实践，符合世界各国谋求和平发展的愿望。

怎么构建人类命运共同体，这是一个重要的实践课题。2015年习近平主席在美国纽约联合国总部举行的第七十届联合国大会一般性辩论时全面阐述了打造人类命运共同体的基本路径：第一，"我们要建立平等相待、互商互谅的伙伴关系"；第二，"我们要营造公道正义、共建共享的安全格局"；第三，"我们要谋求开放创新、包容互惠的发展前景"；第四，"我们要促进和而不同、兼收并蓄的文明交流"；第五，"我们要构筑尊崇自然、绿色发展的生态体系"。[②]2017年1月18日，习近平主席在联合国日内瓦总部讲演时表示："大道至简，实干为要。构建人类命运共同体，关键在行动。我认为，国际社会要从伙伴关系、安全格局、经济发展、文明交流、生态建设等方面作出努力。"第一，"坚持对话协商，建设一个持久和平的世界"；第二，"坚持共建共享，建设一个普遍安全的世界"；第三，"坚持合作共赢，建设一个共同繁荣的世界"；第四，"坚持交流互鉴，建设一个开放包容的世界"；第五，"坚持绿色低碳，建设一个清洁美丽的世界"。[③]习近平主席在联合国的两次讲话系统地阐述了构建人类命运共同体的基本路径，描绘了人类命运共同体的基本架构和总布局，全面揭示了人类命运共同体的内涵。

构建人类命运共同体是国际社会有效应对共同挑战的有效途径，是中国为处理国际社会所面临的一系列新挑战和重大问题所提供的中国方案。构建人类命运共同体思想立意高远，深刻地反映了世界历史发展的大趋势，是一个内涵十分丰富的科学理论体系。超级大国的霸权主义政策对世界和平与发展构成的威胁日益严重，推动构建人类命运共同体彰显了中国的大国担当。构建人类命运共同体就必须摒弃任何单边主义和保护主义，摒弃讹诈封锁和唯我独尊的霸凌行径。习近平总书记构建人类命运共同体的重要思想，是中国推进外交战略和政策的崇高目标，也是中国与世界各国共同努力的共同愿景。构建人类命运共同体是中国与其他国家一道建设美好世界的成熟方案。

---

① 《把世界各国人民对美好生活的向往变成现实》，《习近平谈治国理政》第三卷，外文出版社2020年版，第437页。

② 《共同构建人类命运共同体》，《习近平谈治国理政》第二卷，外文出版社2017年版，第523—525页。

③ 《共同构建人类命运共同体》，《习近平谈治国理政》第二卷，外文出版社2017年版，第541—544页。

  但将构建人类命运共同体仅仅理解为应对世界所面临的挑战，是不够全面的。事实上，构建人类命运共同体着眼于人类未来共同利益的实现，是中国针对世界百年未有之大变局所提出的引领性的共赢方案，是崛起的中国给人类指明的正确的前进方向，是习近平总书记以伟大政治家的勇气和担当，在人类处于何去何从的历史当口而提出的实现人类共同利益的方案，闪烁着马克思主义辩证唯物主义和历史唯物主义的哲学光辉。习近平总书记着眼全人类所面临的共同利益，以人类历史文明进步和历史发展变化为视角，提出了人类命运共同体的理念。人类命运共同体不仅是应对人类共同挑战的有效方式，更是引导人类走向正确发展方向的理念和行为方式。在经济全球化和信息现代化的时代，人类已是一个整体，地球已是人类共有的大家园，任何地区任何国家都无法与世界脱离而生活下去，即使是世界最大的超级大国也不可能逆转经济全球化和人类整体观。人类若要长远地发展下去，就必须把本国人民利益同世界各国人民利益统一起来，这就是人类命运共同体的现实价值所在。

  构建人类命运共同体是习近平总书记提出的时代倡议，深刻回答了当今世界向何处去的重大问题，具有拨云见日的功效。中国高举构建人类命运共同体旗帜，为世界和平发展作出了新的重大贡献，指引着中国和世界前进的正确方向。构建人类命运共同体的思想深刻地反映了世界历史发展的大趋势。

  自2020年以来，世界遭受新冠疫情全方位的巨大冲击，这场全球性的重大公共卫生事件充分证明，各国命运相连，休戚与共，也充分证明了构建人类命运共同体的极端重要性和紧迫性。2021年7月16日，习近平总书记在亚太经合组织领导人非正式会议上的讲话强调："疫情再次证明，我们生活在一个地球村，各国休戚相关、命运与共。"这次会议十分重要，习近平总书记表达了解决当今世界所面临种种挑战的"中国方案"：第一，加强抗疫国际合作，深化疫苗国际合作，向发展中国家提供了5亿多剂疫苗，未来3年内还将再提供30亿美元国际援助；第二，深化区域经济一体化。"我们要拆墙而不要筑墙，要开放而不要隔绝，要融合而不要脱钩，引导经济全球化朝着更加开放、包容、普惠、平衡、共赢的方向发展"；第三，坚持包容可持续发展，中国高度重视应对气候变化，将力争2030年前实现碳达峰、2060年前实现碳中和；第四，把握科技创新机遇。[①]

  构建人类命运共同体是中国针对世界百年未有之大变局所提出的引领性的共赢方案。面对全球性新冠疫情的蔓延，面对国际形势不稳定性不确定性的明显增加，面对单边主义和霸权主义对世界和平与发展所构成的威胁，中国推动构建人类命运共同体表现了中国的国际担当。

  新冠疫情发生以来，习近平总书记在二十国集团领导人应对新冠肺炎特别峰会、第73届世界卫生大会视频会议开幕式等多个国际场合，倡导构建人类卫生健康共同体，旨在凝聚国际抗疫合作共识。在应对国际气候变化方面，中国提高应对气候变化国家自主贡献力度，

[①]《团结合作抗疫 引领经济复苏——在亚太经合组织领导人非正式会议上的讲话》，http：//www.xinhuanet.com/2021-07/16/c_1127663536.htm，《人民日报》2021年7月17日。

促进中国经济社会发展全面绿色转型,为全球应对气候变化做出自己的努力,彰显了中国的负责任大国的形象。

面对全球性挑战,面对人类发展在十字路口何去何从的抉择,各国应共同努力把人类前途命运掌握在自己手中:第一,坚持公正合理,破解治理赤字;第二,坚持互商互谅,破解信任赤字;第三,坚持同舟共济,破解和平赤字;第四,坚持互利共赢,破解发展赤字。"我们要坚持共商共建共享的全球治理观,坚持全球事务由各国人民商量着办,积极推进全球治理规则民主化。我们要继续高举联合国这面多边主义旗帜,充分发挥世界贸易组织、国际货币基金组织、世界银行、二十国集团、欧盟等全球和区域多边机制的建设性作用,共同推动构建人类命运共同体。"①

习近平总书记着力推动中国同多个友好国家构建双边命运共同体,推动构建中阿、中非、中拉等命运共同体。习近平总书记还在不同国际场合倡议构建网络空间、核安全、海洋和卫生健康共同体,让构建人类命运共同体的伟大思想逐步变成伟大的实践过程。在构建人类命运共同体的宏大进程中构建周边命运共同体成为十分现实和自然的选择。

2013年3月25日,习近平主席在坦桑尼亚尼雷尔国际会议中心的讲演中表示:"中非从来都是命运共同体,共同的历史遭遇、共同的发展任务、共同的战略利益把我们紧紧联系在一起。我们都把对方的发展视为自己的机遇,都在积极通过合作促进共同发展繁荣。"②2018年9月3日,习近平主席在中非论坛北京峰会开幕式上表示,中非早已结成休戚与共的命运共同体,他提出,中非应共筑更加紧密的中非命运共同体,为推动构建人类命运共同体树立典范。中非命运共同体有以下几个要素:责任共担、合作共赢、幸福共享、文化共兴、安全共筑、和谐共生。中非在"十大合作计划"的基础上进一步推动"八大行动":实施产业促进行动、实施设施联通行动、实施贸易便利行动、实施绿色发展行动、实施能力建设行动、健康卫生行动、实施人文交流行动、和平安全行动。③2014年6月5日,习近平主席在中阿合作论坛第六届部长级会议开幕式上明确指出,"打造中阿利益共同体和命运共同体"。④

联合国是构建人类命运共同体的重要推动力量和组织机制。"中国是联合国创始成员国,是第一个在联合国宪章上签字的国家。中国将坚定维护以联合国为核心的国际体系,坚定维护以联合国宪章宗旨和原则为基石的国际关系基本准则,坚定维护联合国权威和地位,坚定维护联合国在国际事务中的核心作用。"⑤2015年9月,习近平总书记在联合国成立70周年系列峰会上表示,"站在新的历史起点上,联合国需要深入思考如何在21世纪更好回答世界和平与发展这一重大课题。""我们要继承和弘扬联合国宪章的宗旨和原则,构建以合作共赢

---

① 《共同努力把人类前途命运掌握在自己手中》,《习近平谈治国理政》第三卷,外文出版社2020年版,第460—462页。

② 《永远做可靠朋友和真诚伙伴》,《习近平谈治国理政》,外文出版社2014年版,第305页。

③ 《共筑更加紧密的中非命运共同体》,《习近平谈治国理政》第三卷,外文出版社2020年版,第449—454页。

④ 《弘扬丝路精神 深化中阿合作》,《习近平谈治国理政》,外文出版社2014年版,第316页。

⑤ 《共同构建人类命运共同体》,《习近平谈治国理政》第二卷,外文出版社2017年版,第547页。

为核心的新型国际关系，打造人类命运共同体。"①中国坚持"共同、综合、合作、可持续的新安全观"，关注营造"公平正义、共建共享的安全格局"，共同消除引发战争的根源，而维护和平的历史重任必须要由联合国组织全世界爱好和平的力量，督促世界各国，构建有效机制。在联合国框架下进行全球治理的基本思路，一是坚持开放导向，拓展发展空间；二是坚持发展导向，增进人民福祉；三是坚持包容导向，促进交融互鉴；四是坚持创新导向，开辟增长源泉。

（二）构建周边命运共同体和亚洲命运共同体

构建人类命运共同体，是中国提出的方案，但不是中国一国之事，也不是中国一个国家推动就能够解决的，而是世界各国人民共同的事业。构建人类命运共同体需要世界上不同民族、不同文化和不同地域人民共同联合起来、行动起来、合作起来。构建人类命运共同体是一个解决人类命运问题的重要方案，不可能一蹴而就，需要逐步推进，这是符合历史发展变化逻辑和规律的。正如习近平总书记所说的："构建人类命运共同体是一个美好的目标，也是一个需要一代又一代人接力跑才能实现的目标。中国愿同广大成员国、国际组织和机构一道，共同推进构建人类命运共同体的伟大进程。"②我们只有在全球和地区层面进行深度协作，为构建人类命运共同体和亚洲命运共同体进行不懈的努力。因为构建人类命运共同体是一项前无古人的重大事业，需要从大局着眼，从"小"、从"细"、从局部做起，切忌泛泛而谈。

1. "周边命运共同体"理念

周边命运共同体的概念是从2013年起逐步提出的。2013年10月3日，习近平主席在印度尼西亚国会的演说中表示，中国与印度尼西亚一道，携手建设更为紧密的中国—东盟命运共同体③。2013年10月24日，习近平主席在周边外交工作座谈会上明确提出，"让命运共同体意识在周边国家落地生根"④，明确提出了周边命运共同体的概念。2014年11月28日，习近平总书记在中央外事工作会议的重要讲话中明确提出要求，强调要切实抓好周边外交工作，"打造周边命运共同体"⑤。构建周边命运共同体是构建人类命运共同体的重要组成部分，是构建人类命运共同体的关键环节和重要区域。

"周边命运共同体"的概念提出是有深刻的时代背景的。

第一，构建"人类命运共同体"为构建"周边命运共同体"搭建了思想框架，"周边命运共同体"理念是在"人类命运共同体"理念框架下产生的。

---

① 《携手构建合作共赢新伙伴，同心打造人类命运共同体》，《习近平谈治国理政》第二卷，外文出版社2017年版，第522页。
② 《共同构建人类命运共同体》，《习近平谈治国理政》第二卷，外文出版社2017年版，第548页。
③ 《共同建设二十一世纪"海上丝绸之路"》，《习近平谈治国理政》，外文出版社2014年版，第292页。
④ 《坚持亲、诚、惠、容的周边外交理念》，《习近平谈治国理政》，外文出版社2014年版，第299页。
⑤ 《中国必须有自己特色的大国外交》，《习近平谈治国理政》，外文出版社2017年版，第444页。

第二，中国周边多样性特点十分突出，是多种文明和多民族的汇聚之地。中国周边地区挑战与机遇并存，既是世界上最具有发展活力和潜力的区域，也面临各种风险和挑战。这里既有热点敏感问题，又存在民族宗教矛盾，地区恐怖主义、跨国犯罪、环境安全、网络安全、能源资源安全以及重大自然灾害所带来的挑战明显上升。共同的历史命运和现实挑战将中国与周边地区紧紧地联在一起，客观上需要通过构建周边命运共同体，共同主动地迎接各种挑战。

第三，经过多年的努力与合作，中国与周边国家已经建立了比较成熟的利益共同体。一方面，中国与周边国家保持友好合作的双边伙伴关系，比如中俄新时代战略协作伙伴关系，中国与巴基斯坦的传统友谊关系；另一方面，中国还与周边区域国际组织建立并保持了密切的合作关系，如中国—东盟合作机制、上海合作组织等。因此，中国与周边国家建设周边命运共同体具有相对良好的基础和条件。

第四，崛起的中国对周边地区的影响越来越大，周边国家与中国各领域的战略互动的规模也越来越大，需要通过一种制度性的安排加以确认，周边命运共同体的理念就被赋予了这样的使命。

2. 构建亚洲命运共同体

构建亚洲命运共同体是习近平总书记周边外交思想的重要内容。2019年，习近平总书记在亚洲文明对话大会开幕式上的主旨演讲中明确表示，共建亚洲命运共同体、人类命运共同体。[1]为什么要构建"亚洲命运共同体"？是因为亚洲人民期待一个和平安宁的亚洲、共同繁荣的亚洲、开放融通的亚洲。

亚洲是人类文明的重要发祥地之一。亚洲共有47个国家，1000多个民族，居住着全球三分之二的人口，拥有全球三分之一的经济总量，是世界上最具发展活力和潜力的地区，亚洲在世界战略全局中的地位不断上升，在全球国际事务中起到了非常重要的作用，为世界和平、稳定和发展作出了巨大贡献。在习近平主席看来，亚洲和平发展同人类前途息息相关。"亚洲稳定是世界和平之幸，亚洲振兴是世界发展之福。"[2]和平安宁的亚洲、共同繁荣的亚洲、开放融通的亚洲完全符合亚洲各国人民的利益，是亚洲各国人民努力的方向。

近代以来，随着西方列强对中国和其他亚洲国家的侵略、掠夺和殖民，亚洲各国的命运就紧紧联系在一起。1840年以后，中国和其他亚洲国家先后受到西方列强的侵略和掠夺，因西方列强侵略和掠夺所导致的战争和冲突此起彼伏，这给中国周边地区和其他亚洲国家带来了一系列灾难和困难。饱受西方列强凌辱的悲惨命运是中国和亚洲大多数国家共同的历史记忆。尤其是抗日战争期间，中国和许多亚洲国家一道，通过抗日救亡、反对法西斯侵略的斗争使彼此的命运紧紧联在一起。这说明中国与亚洲绝大多数国家有着共同的历史遭遇和命运。

---

[1]《深化文明交流互鉴，共建亚洲命运共同体》，《习近平谈治国理政》第三卷，外文出版社2020年版，第468页。

[2]《积极树立亚洲安全观，共创安全合作新局面》，《习近平谈治国理政》，外文出版社2014年版，第354页。

在世界百年未有之大变局的趋势下，在经济全球化的大背景下，在亚洲越来越成为世界最为活跃的经济发展地区的态势下，亚洲自己决定自己命运的趋势越来越明显。2014年5月21日，习近平主席在亚洲相互协作与信任措施会议第四次峰会上表示："亚洲的事情归根结底要靠亚洲人民来办，亚洲的问题归根结底要靠亚洲人民来处理，亚洲的安全归根结底要靠亚洲人民来维护。亚洲人民有能力、有智慧通过加强合作来实现亚洲和平稳定。"亚洲的命运要由亚洲自己来决定，这并不是要使亚洲回到闭关自守的旧时代，而是通过继续扩大开放的形式实现自己决定自己命运的目标。习近平主席还强调："亚洲是开放的亚洲。亚洲国家在加强自身合作的同时，要坚定致力于同其他地区国家、其他地区和国际组织的合作，欢迎各方为亚洲安全和合作发挥积极和建设性作用，努力实现双赢、多赢、共赢。"[1]

中国是亚洲的组成部分，中国更是维护亚洲主权、安全和发展利益的重要力量。中国的安全和发展利益的实现离不开亚洲，同时，中国的和平发展也会给亚洲带来稳定和繁荣。"中国和平发展始于亚洲、依托亚洲、造福亚洲。"[2]"今日之中国，不仅是中国之中国，而且是亚洲之中国、世界之中国。未来之中国，必将以更加开放的姿态拥抱世界、以更有活力的文明成就贡献世界。"[3]

3. 构建中国—东盟命运共同体

习近平主席很早就明确提出了中国—东盟命运共同体的理念。2013年10月3日，习近平主席在印度尼西亚国会讲演时提出了"携手建设更为紧密的中国—东盟命运共同体"的思想，"中国—东盟命运共同体和东盟共同体、东亚共同体息息相关，应发挥各自优势，实现多元共生、包容共进，共同造福于本地区人民和世界各国人民。"他认为："一个更加紧密的中国—东盟命运共同体，符合求和平、谋发展、促合作、图共赢的时代潮流，符合亚洲和世界各国人民共同利益，具有广阔发展空间和巨大发展潜力。"[4]

怎样建设中国—东盟命运共同体？习近平主席提出了以下思路：一是坚持讲信修睦；二是坚持合作共赢；三是坚持守望相助；四是坚持心心相印；五是坚持开放包容。[5]2021年9月10日，习近平主席在向第18届中国—东盟博览会和中国—东盟商务与投资峰会致贺信中提出了四点合作建议：第一，提升战略互信，深入对接发展规划；第二，提升经贸合作，加快地区经济全面复苏；第三，提升科技创新，深化数字经济合作；第四，提升抗疫合作，强化公共卫生能力建设，以实际行动诠释了守望相助、休戚与共的命运共同体精神。[6]

事实上，中国—东盟命运共同体的构建具有综合性的特点。在政治上，牢固把握中国—

---

[1]《积极树立亚洲安全观，共创安全合作新局面》，《习近平谈治国理政》，外文出版社2014年版，第356页。
[2]《积极树立亚洲安全观，共创安全合作新局面》，《习近平谈治国理政》，外文出版社2014年版，第358页。
[3]《深化文明交流互鉴，共建亚洲命运共同体》，《习近平谈治国理政》第三卷，外文出版社2020年版，第468页。
[4]《共同建设二十一世纪"海上丝绸之路"》，《习近平谈治国理政》，外文出版社2014年版，第292—295页。
[5]《共同建设二十一世纪"海上丝绸之路"》，《习近平谈治国理政》，外文出版社2014年版，第292—295页
[6]《习近平向第18届中国—东盟博览会和中国—东盟商务与投资峰会致贺信》，《人民日报》2021年9月11日。

东盟命运共同体战略合作的大方向，尊重彼此自主选择社会制度和发展道路的权利，在对方重大关切问题上相互支持，缔结睦邻友好条约，中国支持东盟共同体的建设；在经济方面，加强区域合作，互惠互利；在安全上，加强在非传统安全方面的合作，在防灾救灾、网络安全、打击跨国犯罪等领域进行合作，联合执法，就安全问题定期举行中国—东盟防长对话；在抗疫合作上，中国与东盟加强疫苗研发、生产、接种等领域环节的合作，疫情发生以来，中国累计向柬埔寨提供新冠疫苗已超过1000万剂，中国还与东盟全面落实"中国—东盟公共卫生合作倡议"，共同建设东盟应急医疗物资储备库，中国还与东盟国家共同建设10+3应急医疗物资储备中心和中国—东盟公共卫生应急联络机制；[①]在解决一些争端问题上，中国与东南亚一些国家需要通过平等对话和友好协商等方式和平妥善解决领土主权和海洋权益方面存在分歧和争端，以维护地区安全稳定大局；在文化上加强合作，与教育、卫生、医疗等领域展开密切合作。

4. 构建上海合作组织命运共同体

2020年11月10日，在上海合作组织成员国元首理事会第二十次会议上习近平主席提到了"时代之问"，"新冠肺炎疫情加速了国际格局调整，世界进入动荡变革期。国际社会正在经历多边和单边、开放和封闭、合作和对抗的重大考验"[②]。2020年11月10日，习近平主席在上海合作组织成员国元首理事会第二十次会议上的讲话，提出构建卫生健康共同体、安全共同体、发展共同体和人文共同体的主张。习近平主席2021年9月17日在北京以视频方式在上海合作组织成员国元首理事会第二十一次会议上强调，"构建更加紧密的上海合作组织命运共同体"，为世界持久和平和共同繁荣作出更大贡献。习近平主席提出5点建议：第一，走团结合作之路；第二，走安危共担之路；第三，走开放融通之路；第四，走互学互鉴之路；第五，走公平正义之路。[③]上海合作组织各成员国重申，"倡议推动构建相互尊重、公平正义、合作共赢的新型国际关系，形成构建人类命运共同体的共同理念具有重要现实意义"。"成员国愿进一步加强政策沟通、安全合作、贸易畅通、资金融通、民心相通，共同构建和平、安全、繁荣、清洁的世界"[④]。上海合作组织二十周年杜尚别宣言全面总结、阐述了上海合作组织的未来发展方向和任务，在政治、安全、经济合作等方面进行了非常明确的计划安排。

2021年是上海合作组织成立20周年。20年前通过了《上海合作组织宪章》《上海合作组织成员国长期睦邻友好合作条约》等一系列纲领性文件，形成了该组织发展的一系列规范

---

① 《携手建设更为紧密的中国—东盟命运共同体〈命运与共〉》，https://news.sina.com.cn/c/xl/2021-09-11/doc-ikqcfnca8261997.shtml，2021年9月11日。

② 《弘扬"上海精神"深化团结合作 构建更加紧密的命运共同体——在上海合作组织成员国元首理事会第二十次会议上的讲话》，《人民日报》2020年11月11日。

③ 《习近平在上海合作组织成员国元首理事会第二十一次会议上的讲话》，https://tv.cctv.com/2021/09/17/VIDECHja18DCu8ukITFEd1eZ210917.shtml，2021年9月17日。

④ 《上海合作组织二十周年杜尚别宣言》，http://www.chinanews.com/gn/2021/09-18/9568504.shtml，2021年9月18日。

和基本遵循，以不结盟、不对抗、不针对第三方为基本原则，推进建设性伙伴关系。上海合作组织是冷战结束后所形成的新型国际组织，但其给当代国际关系理论带来了重大创新，使得当代国际关系理论显得有些落后，因为这个理论至今还没有从学理上对这个具有重大创新意义的新型国际区域组织的价值进行客观而恰当的解释和评估，上海合作组织更是一个正在进行中的国际组织行为，具有很强的实践性特征，开创了欧亚区域合作崭新的模式，为欧亚地区的和平与发展事业作出了巨大贡献。

当下，上海合作组织已成为世界上幅员最广、人口最多的综合性区域合作组织。上海合作组织拥有6个正式成员国、4个观察员国和6个对话伙伴，还有一些国家表达了进入其组织的强烈愿望。其成员国经济总量占全球的20%，人口总量占全球总人口的40%。这表明该组织已经成为国际社会的重要力量。该组织打击"东伊运"等"三股势力"，深化安保合作，加强各国主管部门维稳处突能力建设，推动阿富汗局势平稳过渡。上海合作组织推进贸易和投资自由化便利化，支持各成员国在人员、货物、资金、数据安全方面实行有序流动，将数字经济、绿色能源、现代农业合作作为该组织经济合作的新增长点，将"一带一路"倡议同该组织各国发展战略及欧亚经济联盟等区域合作倡议对接，维护该组织框架内产业链供应链保持平稳。中国力争未来5年使上海合作组织国家累计贸易额实现2.3万亿美元目标，重点支持现代化互联互通、基础设施建设、绿色低碳可持续发展等项目。今后3年，中国准备向上海合作组织国家提供1000名扶贫培训名额，建成10所鲁班工坊，开展卫生健康、扶贫救助、文化教育等领域30个合作项目。①

5. 构建周边命运共同体

中国要从主要领域着手，逐步推动构建周边命运共同体，在周边命运共同体框架下构建卫生健康共同体、安全共同体、发展共同体和人文共同体。当务之急是构建周边卫生健康共同体，全力应对世界和周边迅猛蔓延的新冠疫情，加强周边地区疫苗国际合作。周边国家健康卫生部门应更加积极地行动起来，通过各种方式进行抗疫经验的交流，寻求遏制新冠病毒传播的有效方式。从长远看，周边国家应加强多层面的健康卫生合作，形成有效的全球和地区重大传染病防治机制和体系，挖掘周边各国传统医药和医学的合作潜力。"我们要在应对疫情挑战方面相互助力，加强疫苗研发、生产合作，为国际社会提供更多公共产品，坚决反对将疫苗和病毒溯源问题政治化，致力于推动构建人类卫生健康共同体。"②

构建周边共同体框架下的安全共同体十分必要，这有利于有效地践行亚洲安全观，有效地遏制和打击恐怖主义、分裂主义和极端主义"三股势力"。尤其在美国军队撤出阿富汗的特殊背景下，中国需要与俄罗斯，以及中亚、南亚等国加强合作，防止国际恐怖主义在中亚、南亚地区蔓延。周边各国必须在反对"三股势力"方面持零容忍的政治态度，通力合作，以维护各国的共同利益，摆脱不稳定、不安全、持续受到"三股势力"威胁的命运，将

---

① 《习近平在上海合作组织成员国元首理事会第二十一次会议上的讲话》，https://tv.cctv.com/2021/09/17/VIDECHja18DCu8ukITFEd1eZ210917.shtml，2021年9月18日。

② 《习近平出席第六届东方经济论坛全会开幕式并致辞》，《人民日报》2021年9月4日。

周边安全命运主动地掌握在自己手中。"要着眼于各国共同安全利益,从低敏感领域入手,积极培育合作应对安全挑战的意识,不断扩大合作领域、创新合作方式,以合作谋和平、以合作促安全。"①习近平主席强调:"大家共同生活在亚洲这个大家庭里,利益交融、安全与共、日益成为一荣俱荣、一损俱损的命运共同体",倡导"共同、综合、合作、可持续的亚洲安全观","共同,就是要尊重和保障每一个国家的安全",因为安全应该是普遍的,安全应该是平等的,安全应该是包容的;"综合,就是要统筹维护传统领域和非传统领域安全";"合作,就是要通过对话合作促进各国和本地区安全";"可持续,就是要发展和安全并重以实现持久安全"。发展是安全的基础,安全是发展的条件。习近平主席还明确强调:"对亚洲大多数国家来说,发展就是最大安全,也是解决当前安全问题的'总钥匙'。"②

发展共同体的构建需要契合周边各国的发展利益。2020年11月,我国签署区域全面经济伙伴关系协定,成为东亚经济一体化建设的最重要成果,也是东亚命运共同体构建的标志。构建人文共同体需要在"润"字上下功夫。"文化润亚"是构建周边人文共同体的主要路径,周边命运共同体建设必定要通过周边文明交流互鉴加以支撑和构筑。

构建亚洲命运共同体首先要"夯实共建亚洲命运共同体、人类命运共同体的人文基础"③,坚持相互尊重、平等相待;坚持美人之美、美美与共;坚持开放包容、互学互鉴;坚持与时俱进、创新发展。中华文明是亚洲文明的重要组成部分,中华文明是在同其他文明不断交流互鉴中形成的开放体系。

三、"一带一路"建设是推动构建人类命运共同体和周边命运共同体的实践平台和载体

人类命运共同体理念越来越得到人们的赞同,并正在从理念转化为行动和伟大实践。"一带一路"倡议是构建人类命运共同体的有效途径和平台。习近平主席提出"一带一路"倡议,就是为了实现人类命运共同体这个重要理念。

"'一带一路'建设是我们推动构建人类命运共同体的重要实践平台"④,"一带一路"倡议所推动建设的和平之路、繁荣之路、开放之路、创新之路、文明之路与构建人类命运共同体的基本路径完全匹配。"丝绸之路经济带和21世纪海上丝绸之路倡议顺应了时代要求和各

---

① 《积极树立亚洲安全观,共创安全合作新局面》,《习近平谈治国理政》,外文出版社2014年版,第355—356页。
② 《积极树立亚洲安全观,共创安全合作新局面》,《习近平谈治国理政》,外文出版社2014年版,第353—359页。
③ 《深化文明交流互鉴,共建亚洲命运共同体》,《习近平谈治国理政》第三卷,外文出版社2020年版,第468页。
④ 《加强党中央对外事工作的集中统一领导》,《习近平谈治国理政》第三卷,外文出版社2020年版,第424页。

国加快发展的愿望,提供了一个包容性巨大的发展平台,具有深厚历史渊源和人文基础,能够把快速发展的中国经济同沿线国家的利益结合起来。要集中力量办好这件大事,秉持亲、诚、惠、容的周边外交理念,近睦远交,使沿线国家对我们更认同、更亲近、更支持。"①

"一带一路"建设着眼于构建人类命运共同体,着眼于克服全球化进程出现的种种问题和挑战。2017年5月14日,习近平总书记在"一带一路"国际合作高峰论坛开幕式讲演中表示,从现实维度看,我们正处在一个挑战频发的世界,"和平赤字、发展赤字、治理赤字,是摆在全人类面前的严峻挑战。这是我一直思考的问题。"②全球治理正在面临多边和单边、开放和封闭、合作和对抗的十字路口,全球治理体系有效性受到影响,其治理能力在不断降低。当今的国际局势处于非常复杂多变的状态中,世界百年未有之大变局与全球新冠疫情蔓延交织在一起,形成全球性世纪性的时空叠加。而且在全球性疫情蔓延的严峻形势下,一些国家不以抗疫为主要指向,转移抗疫方向,将疫情政治化,这就更使现今世界充满着动荡和复杂的因素,全球范围内的不稳定性不确定性明显提升。从经济演化趋势上看,世界正处于二战结束以来最严重的经济衰退之中,这表现在:一是全球范围内各大经济板块历史上首次同时遭受冲击,形成急剧下行之势;二是全球产业链和供应链运行不畅,甚至还存在断裂的危险;三是全球性的贸易和投资活动受到空前的抑制。面对世界性的问题必须要采取措施加以解决。习近平主席提出了解决问题的"中国方案",即用好和平、发展、合作、共赢的"金钥匙",携手应对全球性挑战,破解全球性问题,而不是搞单干,搞甩锅,嫁祸于人。世界只有向着构建人类命运共同体的方向前行,人类才能走出危机,走出困境,才能降低世界的不确定性和不稳定性,才能共创更加美好的未来。人类命运共同体是旨在解决"时代之问"的中国方案,是推动构建相互尊重、公平正义、合作共赢的新型国际关系的重要思路,而"一带一路"倡议,就是要实践人类命运共同体理念,更明确地说,"一带一路"倡议实现的最高目标就是构建人类命运共同体。因为在古代,古丝绸之路就承载了欧亚文明交流交融交往的重任,成为古代欧亚各国命运共同体构建的重要载体和平台。"一带一路"建设正是基于实践人类命运共同体的时代要求,在全球化相互依存时代,在全球更大范围内整合经济要素和发展资源,通力完善全球治理体制机制,以迎接当今世界所面临的一系列重要挑战和危机。

某些国家不能将自己制定的规则强加于国际社会,更不能人为在世界范围内搞"筑墙"和"脱钩"等危险做法,因为这些不仅违背经济规律和市场规则,而且也不符合国际社会的利益和发展方向。在世界复杂多变的态势下,全球经济治理应更加聚焦推动贸易和投资自由化便利化这个主题。在世界疫情依然蔓延的严峻态势下,维护全球性的供应链、产业链、数据链、人才链的平稳运行显得极为必要和极为重要,世界各国离不开这些紧密交织在一起的各种类型的链条,经济全球化趋势不是哪个国家不愿意就能够逆转的,因此,全球范围内的疫情防控必须在合理化基础上进行。

---

① 2014年11月6日,习近平在中央财经领导小组第八次会议上的讲话。

② http://world.people.com.cn/n1/2017/0514/c1002-29273745.html。

国际上所存在的矛盾需要由各国共同协调加以解决，世界的命运也需要由各国共同掌握。搞封闭和零和博弈，坚持冷战思维解决不了后冷战时代的问题，只会使问题更加复杂化和尖锐化。霸权主义和强权政治解决不了全球性的问题甚至会激化世界存在的既有矛盾，酿成新的更大的危机。各国需要在多边和开放的框架下寻找解决问题的方式，创造共同发展的机遇，通过合作和互助共同破解世界难题。"中国将提高开放水平，在全国推进实施跨境服务贸易负面清单，探索建设国家服务贸易创新发展示范区；扩大合作空间，加大对共建'一带一路'国家服务业发展的支持，同世界共享中国技术发展成果"，用和平、发展、合作、共赢的"金钥匙"破解当前世界经济、国际贸易和投资方面的问题。[1]"让14亿多人口的大市场更加开放，更好参与国际经济合作"。[2]

经过40多年的改革开放，崛起的中国外部国际环境发生了很大的变化，外部经济风险越来越大，维护国家经济安全的压力也越来越大。这种来自外部的风险和压力对中国的进一步发展来说就是挑战，而中国若求得持续发展就必须恰当地应对这些挑战，逐步化解外部风险，逐步减轻外部安全压力，用好国际国内两个市场、两种资源的基本思路依然是有效应对挑战和压力的基本路径。面对国际经贸摩擦逐步增多，中国需要熟练运用国际经贸规则以维护自身利益。此外，中国争取国际经济话语权的任务还很重。在建设"一带一路"进程中，中国的经济发展需要内外联动，需要提高对外开放的质量。在对外开放区域、对外贸易和投资布局方面给予更多的关注，逐步形成更高层次和更高质量的开放型经济。中国需要更多地参与全球经济议程、多边贸易体制，借助"一带一路"倡议提高贸易投资自由化便利化水平，增强参与国际竞争能力。

"一带一路"建设需要在重点地区、重点国家、重点项目等方面实施突进。中国与东盟借助"一带一路"平台进行深度融合发展：在贸易合作方面，中国是东盟第一大贸易伙伴国，已连续保持了12年。需要强调的是，2020年东盟超过欧盟，成为中国最大贸易伙伴，中国与东盟首次互为最大贸易伙伴，由此可见，中国与东盟的经济合作非常深入；在数字经济合作方面，2020年中国—东盟成功举办了数字经济合作年，促进了双方数字经济合作进一步加强，智慧城市、5G、人工智能、电子商务、大数据、区块链、远程医疗等领域是双方合作的重点，旨在建设中国—东盟信息港，构建"数字丝绸之路"；在全球疫情蔓延的情况下，中国与东盟共同推动产业链、供应链、价值链融合发展，保持产业链、供应链和价值链的平稳运行；在区域经济合作方面，《区域全面经济伙伴关系协定》（RCEP）2022年6月全面生效。2021年4月，中国正式完成RCEP核准程序，在非东盟国家中第一个正式完成核准程序；在互联互通方面，中国与《东盟互联互通总体规划2025》对接，中国还与东盟成员国进行战略对接，如与柬埔寨"四角战略"、菲律宾"大建特建"计划、泰国"泰国4.0"发展战略等实施对接，加强互联互通方面的合作，一批互联互通项目取得很大进展，获得了较好的经济

---

[1]《习近平在2021年中国国际服务贸易交易会全球服务贸易峰会上发表视频致辞》，《人民日报》2021年9月3日。

[2] 周人杰：《推进更高水平对外开放》，《人民日报》2021年8月30日。

效益，中老铁路、雅万高铁、中泰铁路、越南河内轻轨等项目顺利进行，中国还准备加强陆海新通道建设，构建中国—东盟多式联运联盟；在"一带一路"合作方面，提高中国—东盟自由贸易区水平，提高贸易投资便利化和自由化水平；出台诸如《中国—东盟战略伙伴关系2030年愿景》《中国—东盟关于"一带一路"倡议同〈东盟互联互通总体规划2025〉对接合作的联合声明》《落实中国—东盟战略伙伴关系联合宣言的行动计划（2021—2025）》等指导性文件，稳步推进了相互之间的战略合作；推动澜湄合作、中国—东盟东部增长区合作。

"深化共建'一带一路'同欧亚经济联盟对接合作，支持数字经济创新发展"[①]。推动共建"一带一路"向高质量发展转变。"新时代中俄关系全面战略协作伙伴关系动力十足，前景广阔"[②]，中俄两国首座跨江铁路桥同江—下列宁斯阔耶铁路大桥实现铺轨贯通。据估算，同江铁路大桥年过货能力约2100万吨。在投资和项目合作方面，仅2021年前5个月，中国对俄非金融直接投资增长48.3%，新签承包工程合同额增长93%，俄罗斯央行和海关的统计数据显示，人民币在中俄双边贸易结算中占比已超过17%，在俄罗斯国际储备中占比超过12%。中国铁建承建莫斯科地铁项目，中国公司还承担莫斯科市中国贸易中心"华铭园"建设。中国能建国际公司和华北院组成的联合体签署了俄罗斯莫尔多瓦共和国860兆瓦燃气蒸汽联合循环电站项目EPC合同，合同金额约6.6亿美元，这是中国在俄罗斯单机容量最大的火电项目。2020年，中俄双边贸易额达1077.77亿美元，连续3年超千亿美元，中国是俄罗斯第一大贸易伙伴。中国向俄罗斯出口手机、笔记本电脑、汽车零配件等，俄罗斯向中国出口原油、天然气、煤炭、植物油等产品，此外，俄罗斯的肉制品、面粉、植物油、海产品、蜂蜜、糖果等产品加快出口中国。2021年上半年，俄罗斯对华出口农产品18.8亿美元，中国仍是俄罗斯农产品最大进口国，2021年第一季度中国进口3700吨俄罗斯牛肉，是去年同期的20倍。俄罗斯铁路公司计划在2023年前对远东铁路主干线贝加尔—阿穆尔铁路和西伯利亚铁路进行现代化改造。2021年4月，满洲里—外贝加尔斯克边境口岸俄罗斯境内段已完成铁路线路的电气化改造。[③]"东北亚区域合作既面临严峻挑战，也面临重要机遇"[④]。

共建"一带一路"倡议需要坚持共商、共建、共享原则。"共商，就是集思广益，好事大家商量着办，使'一带一路'建设兼顾双方利益和关切，体现双方智慧和创意。共建，就是各施所长，各尽所能，把双方优势和潜能充分发挥出来，聚沙成塔，积水成渊，持之以恒加以推进。共享，就是让建设成果更多更公平惠及中阿人民，打造中阿利益共同体和命运共同体。"[⑤]古丝绸之路显示出欧亚各国开放包容合作共荣的共同体精神，"一带一路"倡议的推进也要汲取和弘扬这种古丝绸之路精神，挖掘古人给我们留下的合作共济、风险共担、利益共享的共同体意识，按照习近平总书记提出的政策沟通、设施联通、贸易畅通、资金融

---

① 《习近平出席第六届东方经济论坛全会开幕式并致辞》，《人民日报》2021年9月4日。
② 《习近平出席第六届东方经济论坛全会开幕式并致辞》，《人民日报》2021年9月4日。
③ 《中俄经贸合作量质同步提升》，《人民日报》2021年8月28日。
④ 《习近平出席第六届东方经济论坛全会开幕式并致辞》，《人民日报》2021年9月4日。
⑤ 《弘扬丝路精神 深化中阿合作》，《习近平谈治国理政》，外文出版社2014年版，第316页。

通、民心相通思路构建人类命运共同体，将"一带一路"建设作为推进经济全球化健康发展、构建人类命运共同体的重要途径。

经过多年的实践，"一带一路"倡议得到了国际社会越来越多的国家、地区和国际组织的支持，从亚欧连接到非洲，再延伸拉美-加勒比，"一带一路"倡议的"朋友圈"拓展得越来越大，成为引领全球化趋势的重要标志。中国与阿拉伯国家是共建"一带一路"的天然合作伙伴，中阿全力构建"1+2+3"合作格局："1"是以能源合作为主轴，深化油气领域全产业链合作，维护能源运输通道安全，构建互惠互利、安全可靠、长期友好的中阿能源战略合作关系。"2"是以基础设施建设、贸易和投资便利化为两翼，加强中阿在重大发展项目、标志性民生项目上的合作，为促进双边贸易和投资建立相关制度性安排。"3"是以核能、航天卫星、新能源三大高新领域为突破口，努力提升中阿务实合作层次。①2021年8月，第五届中国-阿拉伯国家博览会在宁夏成功举行。"本届博览会共签约成果277个，计划投资和贸易总额1566.7亿元。其中投资类项目199个，投资额1539.2亿元；贸易类项目24个，贸易额27.5亿元；发布政策报告、签署备忘录协议54个。签约成果呈现出服务共建'一带一路'的成效进一步凸显、服务各省（市）拓展经贸合作的质量进一步提升、服务宁夏经济高质量发展作用进一步显现等特点。"②中国与海湾合作委员会国家贸易额达到1038亿美元，其中中国进口630亿美元，出口408亿美元，中国与沙特阿拉伯的贸易额是401亿美元，与阿联酋的贸易额是313亿美元。③

正如人类命运共同体不是搞集团化和小圈子一样，"一带一路"体现了开放包容的思想，不是关起门来搞封闭而排他的"中国俱乐部"，更不是搞地缘政治联盟或军事同盟。人类命运共同体的构建不以意识形态划界，不搞零和博弈，"一带一路"倡议也是遵循这个原则，欢迎世界各国积极参与。"共建'一带一路'是经济合作倡议，不是搞地缘政治联盟或军事联盟；是开放包容进程，不是要关起门来搞小圈子或者'中国俱乐部'；是不以意识形态划界，不搞零和游戏，只要各国有意愿，我们都欢迎。"④

"一带一路"倡议作为实践平台推动构建人类命运共同体，是符合世界发展趋势的，能够引领区域一体化，引领跨区域合作，引领经济全球化向新的方向发展，"一带一路"倡议所产生的国际效益和成果来源于世界，自然也属于世界。在"一带一路"建设中，中欧两大市场是世界最重要的两大经济体，中国和欧盟经济总量占世界三分之一，合作前景十分广阔。中欧合作在"一带一路"框架内加以推动，以构建亚欧大市场为目标，让亚洲和欧洲的人员、企业、资金、技术等要素流动起来，这就会使中国和欧盟成为世界经济增长的双引擎和双驱动力。着眼于后疫情时期，中欧投资协定对中欧都非常重要，需要持续推进。中国还谋求与中东国家发展经济合作，推进"一带一路"框架下的多种合作，构建一系列合作平

---

① 《弘扬丝路精神 深化中阿合作》，《习近平谈治国理政》，外文出版社2014年版，第317页。
② "一带一路"建设成效凸显开辟中阿合作新空间》，《光明日报》2021年8月23日。
③ 罗林：《后疫情时代的中阿经贸关系，潜力巨大，前景广阔》，《光明日报》2021年8月23日。
④ 《共同绘制好"一带一路"的"工笔画"》，《习近平谈治国理政》第三卷，外文出版社2020年版，第487页。

台,如中国—海湾阿拉伯国家合作委员会自由贸易区、中国—阿联酋共同投资基金等。

人类命运共同体将人类的前途和命运紧紧联系在一起,这就要求构建人类命运共同体的实践平台具有超强的兼容性、融合性和包容性,"一带一路"倡议可以将发展这个因素作为最大公约数加以放大,让世界各国都能够分享中国发展的机遇和红利,都能够搭乘中国发展的"快车""便车"。"一带一路"倡议作为实践平台推动构建人类命运共同体,这就需要务实落实已经形成的一系列重要文件和方案[①]。中国与"一带一路"合作方的共同任务是将这些重要文件转化为实践,变成现实。

构建"一带一路"是中国推动构建人类命运共同体的重要实践载体和平台,也是构建中国周边命运共同体的重要实践载体和平台。共建"一带一路"不仅顺应全球治理体系变革的内在要求,也顺应周边地区治理体系的内在要求;不仅彰显了人类命运共同体意识,也彰显了周边命运共同体意识。人类命运共同体的重要内涵就是"同舟共济、权责共担"[②],"以共建'一带一路'为实践平台推动构建人类命运共同体,这是从我国改革开放和长远发展出发提出来的,也符合中华民族历来秉持的天下大同理念,符合中国人怀柔远人、和谐万邦的天下观,占据了国际道义制高点。共建'一带一路'不仅是经济合作,而且是完善全球发展模式和全球治理、推进经济全球化健康发展的重要途径。"[③]整合资源,以基础设施等重大项目建设和产能合作作为重点。推进合作方在铁路、公路、港口、油气管道、电力输送、通信网络等基础设施方面的建设,推动"一带一路"框架下的产业合作园区、自由贸易区建设,对合作伙伴之间的规则和标准体系进行兼容性制度协调,改善营商环境,改革营商机制。随时密切关注重大项目、金融支撑、投资环境、风险管控、安全保障等关键问题。落实联合国《2030年可持续发展议程》,与二十国集团、亚太经合组织、东盟、非盟、欧亚经济联盟、欧盟、拉共体等国际和区域发展组织进行密切合作,建立政策协调机制,打通融资渠道,增创融资方式、降低融资成本。

中国与周边国家应联合共进,以适应全球第四次工业革命发展浪潮,共同合作探索新技术、新业态和新模式,抓住数字经济、网络经济和智能经济发展的机遇,寻求新的发展动能和路径。中国与周边国家和地区在构建"一带一路"方面更应该着眼于科技创新和思路创新,赋予"一带一路"强烈的时代感、高科技含量很高和创新色彩特别明显的特点,只有这样,中国与周边国家才能站在全球化发展的前沿。中国周边国家绝大多数都是发展中国家,其发展不平衡问题比较明显,因此,更需要着眼于可持续发展问题。中国需要在"一带一路"倡议框架下与周边国家共同构建"一带一路"可持续城市联盟、绿色发展周边国际联盟和平台、共同应对气候变化合作平台。

---

① 这些文件是《丝绸之路经济带和21世纪海上丝绸之路建设战略规划》《推动共建丝绸之路经济带和21世纪海上丝绸之路的愿景与行动》《"一带一路"建设海上合作设想》《标准联通共建"一带一路"行动计划(2018—2020年)》《共建"一带一路":理念、实践与中国的贡献》等。
②《共同绘制好"一带一路"的"工笔画"》,《习近平谈治国理政》第三卷,外文出版社2020年版,第486页。
③《共同绘制好"一带一路"的"工笔画"》,《习近平谈治国理政》第三卷,外文出版社2020年版,第487页。

"共建'一带一路'大幅提升了我国贸易投资自由化便利化水平，推动我国开放空间从沿海、沿江向内陆、沿边延伸，形成陆海内外联动、东西双向互济的开放新格局"[①]，周边地区的基础设施互联互通是中国与周边国家和地区进行区域合作的重要方面，也是中国实施"一带一路"倡议的重要内容。事实上，中国周边地区面临很大的发展瓶颈，其中一个重要的表现就是基础设施还没有实现互联互通。这就使中国周边国家和地区在融入全球供应链、产业链和价值链等方面显得很被动。实现中国周边国家和地区基础设施的互联互通成为区域发展的重要而迫切的任务。但如何建设高质量、抗风险、可持续、包容可及和价格合理的基础设施是中国周边国家需要坐下来认真讨论的问题。中国的基本思路是，与其他周边国家和地区一道，构建几个可以实施的平台，一是建设以新亚欧大陆桥为引领的经济走廊；二是以中欧班列和陆海新通道等大通道和信息高速路为标志的互联互通骨架；三是以铁路、港口、管网等为依托的基础设施互联互通立体网络；四是借助"一带一路"专项贷款、丝路基金、发展丝路主题债券等金融工具构建基础设施的互联互通网络，目的是促进该地区商品、人员、技术和资金的流通，促进贸易和投资自由化和便利化。2021年1—8月，阿拉山口口岸和霍尔果斯口岸进出境中欧班列数量突破8000列。其中，阿拉山口口岸进出境中欧班列4001列，同比增长28.4%；霍尔果斯口岸进出境中欧班列4211列，同比增长39.5%。新疆铁路部门对霍尔果斯站实施了扩能改造，对阿拉山口站6条线路进行了线路延长，缩短班列停留时间。阿拉山口、霍尔果斯海关加强"互联网+海关"应用，中欧班列出境通关时间压缩到5小时以内。经阿拉山口铁路口岸通行班列已有"渝新欧""郑新欧""长安号""蓉新欧"等22条固定线路，可到达德国、波兰、比利时、俄罗斯等20多个国家，搭载的货物品类有200余种。霍尔果斯铁路口岸年内新增过境班列通行线路14条，经该口岸开行班列线路累计达36条，辐射德国、波兰、土耳其、俄罗斯等18个国家45个城市，货物品类涵盖服装百货、汽车配件、机电产品等200余种。[②]

将构建"一带一路"同国内区域发展战略相对接，如同京津冀协同发展、长江经济带发展、粤港澳大湾区建设等全面对接，还要同我国西部开发新格局、东北全面振兴等结合起来，促使我国内陆沿边地区成为开放前沿，形成陆海联动、东西互济的全方位开放新格局。

四、人类命运共同体和周边命运共同体视域下的文明互鉴、人类命运共同体意识、人类共同价值

构建人类命运共同体不是将现行世界秩序整个推翻，推倒重来。正如习近平主席所说，建立公正合理的国际秩序是人类追求的目标，"从360多年前《威斯特伐利亚和约》确立的平等和主权原则，到150多年前日内瓦公约确立的国际人道主义精神；从70多年前联合国宪章明确的四大宗旨和七项原则，到60多年前万隆会议倡导的和平共处五项原则，国际关

[①]《共同绘制好"一带一路"的"工笔画"》，《习近平谈治国理政》第三卷，外文出版社2020年版，第486页。
[②]《新疆双口岸今年进出境中欧班列超8000列》，《新疆日报》2021年9月5日。

系演变积累了一系列公认的原则。这些原则应该成为构建人类命运共同体的基本遵循。"[①]这表明，人类命运共同体是将国际关系历史所积累下来的、公认的基本原则和理念作为其基础并加以丰富和拓展。比如"主权平等"的原则，是国家之间关系最重要的准则，也是联合国等国际组织共同遵循的首要原则。主权平等的真谛在于：第一，国家无论大小、强弱、贫富，一律平等；第二，各国内政不容干涉；第三，各国平等参与联合国框架下的各种国际组织和机构的决策；第四，各国和国际司法机构应该确保国际法平等统一适用，不能搞双重标准。再如，推进"国际关系民主化"原则，即在国际上不能搞"一国独霸"或"几方共治"。

（一）文明交流互鉴

习近平外交思想中一个重要的思想内涵就是推进世界文明交流互鉴。因为世界文明是多彩、平等而包容的。推动人类文明进步和世界和平发展的重要动力是不同文明的交流互鉴。中华文明既有原生性，也是同其他文明不断交流互鉴而形成的文明。

人类在历史的长河中逐步形成了多种多样的文明，多样化是人类文明自然形成的特点。因为每一种文明都植根于自己的生存沃土，都承载着国家、民族的智慧和历史印记，都体现了国家、民族的精神追求，都有其存在的价值和地位。这就决定了各种文明之间的交流互鉴也应该是多元和多向的，不应该采取强制和强迫的方式，追求文明的单一化和单向化。

各种文明之间的交流互鉴是建立在对等和平等基础上的，失去了这个基础就是一种文明对另一种文明的征服和渗透，这就决定了人类各种文明之间的关系应是平等的，而平等的条件应该是相互尊重。世界各国对待各种文明的基本态度应该是平等相待。人类各种文明没有高低、优劣和贵贱之分，这是各种文明平等共存的基本条件。与此相关，认为追求人类文明的单一模式就是无视各种文明的平等原则，而消灭其他文明的想法和做法都是极端和危险的，这将给世界带来灾难和毁灭，人类历史所发生的一些历史事件已经充分证明了这一点。"文明交流互鉴不应该以独尊某一种文明或者贬损某一种文明为前提。"[②]人类各种文明之间唯一的明智选择就是和平共处和交流，而加深对自身文明和其他文明差异性的认知是非常必要的条件，在这种认知基础上展开文明之间的对话与交流，才能促进各种文明的共处和交流。"傲慢和偏见是文明交流互鉴的最大障碍"[③]。"相互了解、相互理解是促进国家关系发展的基础性工程。了解越多，理解越深，交流合作的基础就越牢固、越广泛。"[④]

交流互鉴是文明发展的本质要求。因为文明与其他事物一样，如果相互之间不交流互鉴，就会导致自身的衰退，而交流互鉴是各种文明保持旺盛生命活力的必要条件。世界文明历史显示出一个重要的规律，即任何一种文明都要与时偕行，不断超越自己。而与时偕行的

---

① 《习近平主席在联合国日内瓦总部的演讲（全文）》，2017年1月19日，http://www.xinhuanet.com/world/2017-01/19/c_1120340081.htm。

② 《文明因交流而多彩，文明因互鉴而丰富》，《习近平谈治国理政》，外文出版社2014年版，第259页。

③ 《文明因交流而多彩，文明因互鉴而丰富》，《习近平谈治国理政》，外文出版社2014年版，第259页。

④ 《走和平发展道路是中国人民对实现自身发展目标的自信和自觉》，《习近平谈治国理政》，外文出版社2014年版，第264页。

重要方式就是各种文明之间的相互借鉴和交融。"人是文明交流互鉴最好的载体。深化人文交流互鉴是消除隔阂和误解、促进民心相知相通的重要途径。"①"文明因交流而多彩，文明因互鉴而丰富。文明交流互鉴，是推动人类文明进步和世界和平发展的重要动力。"②

东西方文明是兼收并蓄、相互融合的。中华文明与欧洲文明完全可以进行对话、交流和融合。古代中国与欧洲的东西方交流之路承载着东方与西方、亚洲与欧洲的多元素的能量交流，后人以各种名称加以命名就说明了这个问题，"丝绸之路""茶叶之路""香料之路"等名称充分表明了古老欧亚商路的丝绸、茶叶、陶瓷、香料、绘画雕塑等作为商品作为文化载体在流通和交流，承载着亚洲之间、亚洲与欧洲的文明交流印记。在远古时代，中国的中原王朝就向欧洲传播了中华文化。中国的造纸术、火药、印刷术和指南针远传欧洲，促进了世界科技变革，中国的丝绸、瓷器、茶叶、哲学、文学、中医等传入欧洲，影响了欧洲民众的日常生活。1987年在我国陕西法门寺地宫中出土了20件唐代传入中原的东罗马和伊斯兰的琉璃器。中国还从国外引进了葡萄、芝麻、苜蓿、胡麻、石榴等。明代郑和七次下西洋，与东南亚和非洲东海岸的国家进行交流。明末清初，欧洲的天文学、医学、数学、地理学等知识传入我国，推动了东西方的科学技术和文化的交流。习近平主席在布鲁日欧洲学院讲演时表示："我们要建设文明共荣之桥，把中欧两大文明连接起来。中国是东方文明的重要代表，欧洲则是西方文明的发祥地。正如中国人喜欢茶而比利时人喜爱啤酒一样，茶的含蓄内敛和酒的热烈奔放代表了品味生命、解读世界的两种不同方式。但是，茶和酒并不是不可兼容的，既可以酒逢知己千杯少，也可以品茶品味品人生。中国主张'和而不同'，而欧盟强调'多元一体'。中欧要共同努力，促进人类各种文明之花竞相绽放。"③东方的茶文化与西方的酒文化可以兼容，中国文化与欧洲文化可以兼容。在全球化时代中华文明与欧洲文明之间的交流交往和交融会更加密切，这完全符合人类自古以来的欧亚文明交流的规律和未来大趋势。当然，东西方文明交流过程中不可避免地会出现冲突、矛盾，中国清代甚至还出现怀疑甚至拒绝欧洲文化的情况，但中国对欧洲文化更多地采取学习、消化、融合和创新的态度。在东西方交流的进程中，中国所倡导的"创新、协调、绿色、开放、共享的发展观""开放、融通、互利、共赢的合作观""平等、互鉴、对话、包容的文明观""共商共建共享的全球治理观"得到了越来越多的国家和地区的支持和赞赏，越来越成为推进处理国际事务的共同理念。我们所共同生活的世界不是单一和灰暗的，而是色彩斑斓的；各国人民历史上所创造的文明也不是一个模子刻画出来的，而是千姿百态的。世界的多样性和文明的多样性决定了人类需要以包容心态对待各种文明，共同消除世界上一切不利于文明交流的各种壁垒和障碍，用各种文明之间的交流和交融逐步打破阻碍人类交往的精神隔阂、文化偏见和文明歧视，促

---

① 《习近平在亚洲文明对话大会开幕式上的主旨演讲（全文）》，2019年5月15日，http://news.cnr.cn/native/news/20190515/t20190515-524613615.shtml。

② 《文明因交流而多彩，文明因互鉴而丰富》，《习近平谈治国理政》，外文出版社2014年版，第258页。

③ 《习近平在布鲁日欧洲学院的演讲（全文）》，2014年4月1日，http://news.china.com.cn/2019-09/23/content_75 234695.shtml。

进世界多样文明能够和谐共存，相互借鉴。"坚持美人之美、美美与共。每一种文明都是美的结晶，都彰显着创造之美。一切美好的事物都是相通的。人们对美好事物的向往，是任何力量都无法阻挡的！各种文明本没有冲突，只是要有欣赏所有文明之美的眼睛。"

各种文明共生互鉴，而不能以"文明的冲突"为视角看待文明之间的关系。习近平主席说："中国将继续毫不动摇支持阿拉伯国家维护民族文化传统，反对一切针对特定民族和宗教的歧视和偏见。我们应该一道努力，倡导文明宽容，防止极端势力和思想在不同文明之间制造断层线。"[1]亨廷顿曾明确提出过文明的"断层线"概念："断层线冲突是属于不同文明的国家或集团彼此之间的社会群体冲突。"[2]他认为，1979—1989年的苏联—阿富汗战争是第一场"文明的战争"，海湾战争是第二场"文明的战争"，"事实上，它们是走向以不同文明集团间的民族冲突和断层线战争为主的时代的过渡战争"。[3]他还说："由于宗教信仰是区分文明的主要特征，因此断层线战争几乎总是在具有不同宗教信仰的民族之间展开……人类几千年的历史证明，宗教不是一个'小差异'，而可能是人与人之间存在的最根本的差异。断层线战争的频率、强度和暴力程度皆因信仰不同的神而极大地增强。"[4]

开展文明之间的交流对话，是增进国家之间战略信任的基本途径。亚洲文明丰富而多彩，亚洲文明的交流互鉴具有悠久的历史。亚洲在哲学、法律、文学、艺术、绘画、音乐等方面成就辉煌。早在西汉时期，中国的船队就已到达印度和斯里兰卡，用丝绸换取琉璃和珍珠等。中国唐代实现大通商，与70多个国家实行商贸往来。历史上佛教是中原王朝主动请进来的宗教。伊斯兰教、基督教也逐步传入中国，马可·波罗还从欧洲到中国进行游览。如今的亚欧之间的经济、贸易、人文领域等方面的交流更加密切。"一带一路"倡议的提出使亚欧交流迈上新的台阶，"两廊一圈""欧亚经济联盟"等都是新时代亚欧新型交流的平台和载体。因此，习近平主席表示："文明因多样而交流，因交流而互鉴，因互鉴而发展。我们要加强世界上不同国家、不同民族、不同文化的交流互鉴，夯实共建亚洲命运共同体、人类命运共同体的人文基础。"

"天下一家"，协和万邦，天下大同，"大道之行，天下为公"是中华民族的基本思想。不同文明应和谐共生，这是人类发展的精神动力和基本要素。"中华文明是亚洲文明的重要组成部分。自古以来，中华文明在继承创新中不断发展，在应时处变中不断升华，积淀着中华民族最深沉的精神追求，是中华民族生生不息、发展壮大的丰厚滋养。中国的造纸术、火药、印刷术、指南针、天文历法、哲学思想、民本理念等在世界上影响深远，有力推动了人类文明发展进程。"习近平主席明确地阐述了中华文明与其他文明之间的关系，深刻阐述了中华文明具有兼收并蓄的开放性质。"中华文明是在同其他文明不断交流互鉴中形成的开放体系。从历史上的佛教东传、'伊儒会通'，到近代以来的'西学东渐'、新文化运动、马克

---

[1] 《弘扬丝路精神　深化中阿合作》，《习近平谈治国理政》，外文出版社2014年版，第315页。
[2] [美] 塞缪尔·亨廷顿：《文明的冲突》，周琪译，新华出版社2013年版，第227页。
[3] [美] 塞缪尔·亨廷顿：《文明的冲突》，周琪译，新华出版社2013年版，第221页。
[4] [美] 塞缪尔·亨廷顿：《文明的冲突》，周琪译，新华出版社2013年版，第229页。

思主义和社会主义思想传入中国,再到改革开放以来全方位对外开放,中华文明始终在兼收并蓄中历久弥新。亲仁善邻、协和万邦是中华文明一贯的处世之道,惠民利民、安民富民是中华文明鲜明的价值导向,革故鼎新、与时俱进是中华文明永恒的精神气质,道法自然、天人合一是中华文明内在的生存理念。"

(二)牢固人类命运共同体意识和构建全人类共同价值

在推动构建人类命运共同体进程中,习近平总书记提出了培育和弘扬"人类命运共同体意识"的理论命题,他还明确提出了构建全人类共同价值,上述这些都是习近平外交思想在理论上的重要体现和贡献。

习近平总书记提出培育和弘扬"人类命运共同体意识"和构建"全人类共同价值"不是偶然的。事实上,习近平总书记对价值观理论有着深刻的理解和认识。他说:"人类社会发展的历史表明,对一个民族、一个国家来说,最持久、最深层的力量是全社会共同认可的核心价值观。核心价值观,承载着一个民族、一个国家的精神追求,体现着一个社会评判是非曲直的价值标准。"[1]他还说:"价值观是人类在认识、改造自然和社会的过程中产生与发挥作用的。不同民族、不同国家由于其自然条件和发展历程不同,产生和形成的核心价值观也各有特点。一个民族、一个国家的核心价值观必须同这个民族、这个国家的历史文化相契合,同这个民族、这个国家的人民正在进行的奋斗相结合,同这个民族、这个国家需要解决的时代问题相适应。世界上没有两片完全相同的树叶。一个民族、一个国家,必须知道自己是谁,是从哪里来的,要到哪里去,想明白了、想对了,就要坚定不移朝着目标前进。"[2]习近平总书记对"核心价值观"的理解和阐述具有融通性,在国内提倡社会主义核心价值观,在国际上提倡"人类命运共同体意识"和"全人类共同价值"。

中华民族是一个大家庭,有 56 个民族,有五千年的历史,因此,确立能够深刻而全面反映全国各族人民共同认同的价值观,对于国家的长治久安十分重要,关乎国家前途命运和人民幸福安康。从凝聚效应上看,中华民族所共有的价值观就是中华民族大团结的"最大公约数"。核心价值观是中国文化软实力的灵魂,是构建中国文化软实力的重要内容,是决定中国文化性质和方向的最深层次要素。中国文化软实力,取决于自身核心价值观的基本内涵和特征。弘扬核心价值观是我国国家治理体系和治理能力现代化的重要标志和尺度,关系我国的和谐稳定和长治久安。中国在国际社会立足的根基就是中华优秀传统文化。"中华文化源远流长,积淀着中华民族最深层的精神追求,代表着中华民族独特的精神标识,为中华民族生生不息、发展壮大提供了丰厚滋养。中华传统美德是中华文化精髓,蕴含着丰富的思想道德资源。""以爱国主义为核心的民族精神和以改革创新为核心的时代精神","中华优秀传

---

[1]《青年要自觉践行社会主义核心价值观》,《习近平谈治国理政》,外文出版社 2014 年版,第 168 页。
[2]《青年要自觉践行社会主义核心价值观》,《习近平谈治国理政》,外文出版社 2014 年版,第 168 页。

统文化讲仁爱、重民本、守诚信、崇正义、尚和合、求大同的时代价值"。①

当今世界很不平静，存在很多危险因素，大国之间、人类与自然之间积累了十分严重的问题需要妥善而认真地解决。原来的霸凌主义路线走不通了，现实的选择就是各国逐步凝聚共识，坚守全人类共同价值。习近平总书记将全人类共同价值归纳和提炼为和平、发展、公平、正义、民主、自由等基本要素。他强调："我们要本着对人类前途命运高度负责的态度，做全人类共同价值的倡导者，以宽广胸怀理解不同文明对价值内涵的认识，尊重不同国家人民对价值实现路径的探索，把全人类共同价值具体地、现实地体现到实现本国人民利益的实践中去。"不同文明和谐共生，相得益彰，把本国人民利益同世界各国人民利益统一起来，"共同为人类发展提供精神力量"②。打破文化壁垒，抵制观念纰缪，破除精神隔阂，让文化得到滋养。习近平主席表示，中国对非洲朋友讲了四个字，即"真"字、"实"字、"亲"字和"诚"字，即是一例。

"构建人类命运共同体，需要世界各国人民普遍参与。我们应该凝聚不同民族、不同信仰、不同文化、不同地域人民的共识，共襄构建人类命运共同体的伟业。"③2013年4月7日，习近平主席在博鳌亚洲论坛上强调，"人类只有一个地球，各国共处一个世界。共同发展是持续发展的基础，符合各国人民长远利益和根本利益。我们生活在同一个地球村，应该牢固树立命运共同体意识"④。这表明在构建人类命运共同体进程中我们首先需要培育、树立和牢固人类命运共同体意识，在研究"人类命运共同体"理论和实践中我们需要关注"人类命运共同体意识"问题。

中国共产党倡导社会主义核心价值观，其基本内容是富强、民主、文明、和谐、自由、平等、公正、法治、爱国、敬业、诚信、友善。其中，国家层面的价值目标是富强、民主、文明、和谐；社会层面的价值取向是自由、平等、公正、法治；公民个人层面的价值准则是爱国、敬业、诚信、友善。全人类共同价值的基本内涵包括和平、发展、公平、正义、民主、自由等基本元素，经过对比我们就可以得出结论，社会主义核心价值观与全人类共同价值是相通相融的。中国社会主义核心价值观包含着全人类共同价值。我们也可以将全人类共同价值理解为培育、树立和弘扬人类命运共同体意识的基本内容。

（三）走和平发展道路是习近平外交思想中的核心内容

"和平"要素是全人类共同价值的重要元素，也是培育人类命运共同体意识的重要元素。

---

① 习近平：《把培育和弘扬社会主义核心价值观作为凝魂聚气强基固本的基础工程》，《人民日报》2014年2月26日。

②《把世界各国人民对美好生活的向往变成现实》，《习近平谈治国理政》第三卷，外文出版社2020年版，第434页。

③《把世界各国人民对美好生活的向往变成现实》，《习近平谈治国理政》第三卷，外文出版社2020年版，第435页。

④《共同创造亚洲和世界的美好未来》，《习近平谈治国理政》，外文出版社2014年版，第330页。

这里包含着以下重要的思想内涵：一是"走和平发展道路，是我们党根据时代发展潮流和我国根本利益作出的战略抉择"。[①]二是"走和平发展道路，是中国对国际社会关注中国发展走向的回应，更是中国人民对实现自身发展目标的自信和自觉"。中国既通过维护世界和平发展自己，又通过自身发展维护世界和平。三是中国走和平发展道路，决不是权宜之计，决不是外交辞令，这是中国从人类历史、现实状态和未来发展趋势的判断中得出的深刻结论，是中国思想自信和实践自觉的有机统一。习近平总书记强调："和平发展道路对中国有利，对世界有利，我们想不出有任何理由不坚持这条被实践证明是走得通的道路。"四是"和平发展思想是中华文化的内在基因，讲信修睦、协和万邦是中国周边外交的基本内涵。"[②]"中国已经发展起来了，我们不认可'国强必霸'的逻辑，坚持走和平发展道路，但中华民族被外族任意欺凌的时代已经一去不复返了！为什么我们现在有这样的底气？就是因为我们的国家发展起来了。"[③]这表明中国走和平发展道路具有历史的内在逻辑性，中国没有扩张和欺压他国的"历史基因"，这是中国从纵向历史演化进程所继承的和平思维继续延伸的体现。五是"我们也要通过推动中国发展给世界创造更多机遇，通过深化自身实践探索人类社会发展规律并同世界各国分享。我们不'输入'外国模式，也不'输出'中国模式，不会要求别国'复制'中国的做法。"[④]要坚持不干涉别国内政原则，坚持尊重各国人民自主选择的发展道路和社会制度。习近平总书记有关模式的论述恰恰证明了中国历来所主张的不允许别国干涉中国内政，也不去干涉他国内政的基本原则。

中国走和平发展道路是由四个最基本的因素决定的：一是中华民族是爱好和平的民族。二是这是由中国共产党的性质所决定的。三是中国持续发展需要世界和平与稳定。四是中国基于对世界发展大势的规律性思考和把握所做出的自觉选择。正如习近平总书记所说，中国走和平发展道路的自信"来源于中华文明的深厚渊源，来源于对实现中国发展目标条件的认知，来源于对世界发展大势的把握"。中国如何坚持和平发展道路？一是要使中国与世界进行良性互动。习近平总书记强调："和平发展道路能不能走得通，很大程度上要看我们能不能把世界的机遇转变为中国的机遇，把中国的机遇转变为世界的机遇，在中国与世界各国良性互动、互利共赢中开拓前进。"二是中国不靠牺牲别人发展自己。"中国发展绝不以牺牲别国利益为代价，我们绝不做损人利己、以邻为壑的事情"。

（四）周边命运共同体意识的培育

2013年10月24日，习近平总书记在周边外交工作座谈会上表示："把中国梦同周边各

[①]《更好统筹国内国际两个大局，夯实走和平发展道路的基础》，《习近平谈治国理政》，外文出版社2014年版，第247页。
[②] 2015年11月7日，在新加坡国立大学的演讲。
[③]《青年要自觉践行社会主义核心价值观》，《习近平谈治国理政》，外文出版社2014年版，第168页。
[④]《把世界各国人民对美好生活的向往变成现实》，《习近平谈治国理政》第三卷，外文出版社2020年版，第436页。

国人民过上美好生活的愿望、同本地区发展前景对接起来,让命运共同体意识在周边国家落地生根。"①这是习近平总书记首次提出构建周边命运共同体意识理念。

周边命运共同体意识是人类命运共同体意识的重要组成部分,并与人类命运共同体意识一脉相承。全人类共同价值在构建周边命运共同体进程中必须得到体现,这也是周边命运共同体意识的重要内涵。

"亲诚惠容"理念是习近平总书记提出的周边命运共同体意识的重要内容。周边命运共同体意识主要包含以下内涵。一是"与邻为善、以邻为伴"的理念,从善邻的视角处理中国与邻国的关系体现了中国传统外交理念;二是"睦邻、安邻、富邻",从和睦、平安和共同富裕三个视角来塑造中国与周边国家关系,体现了中国与周边国家关系的友好合作的思想;三是突出体现亲、诚、惠、容的理念,这一理念就是"讲平等、重感情";"常见面,多走动";"多做得人心、暖人心的事";四是要诚心诚意对待周边国家,争取更多朋友和伙伴;五是同周边国家互惠互利,开展合作,让周边国家得益于我国发展,使我国也从周边国家共同发展中获得裨益和助力;六是倡导包容的思想促进地区合作,亚太之大容得下大家共同发展。这些理念应成为中国与周边国家遵循和秉持的共同理念和行为准则,通过牢固周边命运共同体意识,"使周边国家对我们更友善、更亲近、更认同、更支持,增强亲和力、感召力、影响力"。②

树立正确义利观。在周边命运共同体构建进程中坚持正确义利观,做到义利兼顾,这是构建周边命运共同体的又一个方面。习近平主席2014年访问蒙古国时表示,中国欢迎周边国家搭乘中国发展的列车,"搭快车也好,搭便车也好,我们都欢迎"。"中国开展对发展中国家的合作,将坚持正确义利观,不搞我赢你输,我多你少,在一些具体项目上将照顾对方利益。"③正确义利观中的"义"就是,中国追求世界各国共同发展、共同幸福,这实际上反映了中国共产党、中华民族和中国国家的思想理念;"利"就是将相互之间交往所形成的利益建立在互利共赢原则基础上,不搞你输我赢,实现共赢。正确义利观就是要做到义利兼顾、义利平衡,不能见利忘义,更不能唯利是图。

"上海精神"也是周边命运共同体意识的重要体现。上海合作组织在其诞生之时就明确阐述了自己的精神,即"上海精神":互信、互利、平等、协商、尊重多样文明、谋求共同发展。"上海精神"完全超越了冷战思维,摒弃了文明冲突、冷战思维、零和博弈等观念,完全符合冷战后国际格局的发展大势和各国人民的需求。"上海精神"是各成员国的共同财富,推动构建上海合作组织命运共同体。④到2021年,上海合作组织成立20年,已经成为一个比较成熟的新型区域国际组织,在维护欧亚地区的安全、稳定和发展方面起到了重要作

---

① 《坚持亲、诚、惠、容的周边外交理念》,《习近平谈治国理政》,外文出版社2014年版,第299页。
② 《坚持亲、诚、惠、容的周边外交理念》,《习近平谈治国理政》,外文出版社2014年版,第297—298页。
③ 《习近平在蒙古国国家大呼拉尔的演讲(全文)》,2014年8月21日,/www.gov.cn/xinwen/2014-08/22/content_2738562.htm。
④ 《弘扬"上海精神"构建命运共同体》,《习近平谈治国理政》第三卷,外文出版社2014年版,第439页。

用，上述所有这些成绩的取得都与践行了"上海精神"有直接关系。

倡导"照顾各方舒适度的亚洲方式"。当今世界所共同倡导和遵守的"和平共处五项原则"就是60年前由中国、印度、缅甸共同提出并倡导的，是亚洲国家为当代国际关系作出的重要贡献。习近平主席在2014年访问蒙古国时就表示，要用"照顾各方舒适度的亚洲方式"发展亚洲各国关系，因为这符合本地区的特点和相互关系的传统。

总之，习近平外交思想中包含深邃的历史唯物主义和辩证法思想。习近平外交思想深刻地反映了马克思主义的辩证唯物主义和历史唯物主义。

第一，注重系统性的思维。习近平外交思想着眼于国内和国际大局、中国民族伟大复兴全局和世界百年未有之大变局，系统阐释和思考中国与世界的关系，提出构建人类命运共同体和"一带一路"倡议都具有全局和战略的高度。从党的十九大到党的二十大，是实现"两个一百年"奋斗目标的"历史交汇期"，在中华民族伟大复兴历史进程中占有极其特殊而独特的重要地位。中国和平发展需要和平良好的国际环境，需要与世界进行良性互动。习近平总书记指出："我国已经进入了实现中华民族伟大复兴的关键阶段。中国与世界的关系在发生深刻变化，我国同国际社会的互联互动也已变得空前紧密，我国对世界的依靠、对国际事务的参与在不断加深，世界对我国的依靠、对我国的影响也在不断加深。我们观察和规划改革发展，必须统筹考虑和综合运用国际国内两个市场、国际国内两种资源、国际国内两类规则。"①

第二，把握世界发展趋势的思维。2014年11月28日，习近平总书记指出，认识世界发展大势，跟上时代潮流，是一个极为重要并且常做常新的课题。中国要发展，必须顺应世界发展潮流。要树立世界眼光、把握时代脉搏，要把当今世界的风云变幻看准、看清、看透，从林林总总的表象中发现本质，尤其要认清长远趋势。一是要充分估计国际格局发展演变的复杂性，更要看到世界多极化向前推进的态势不会改变。二是要充分估计世界经济调整的曲折性，更要看到经济全球化进程不会改变。三是要充分估计国际矛盾和斗争的尖锐性，更要看到和平与发展的时代主题不会改变。四是要充分估计国际秩序之争的长期性，更要看到国际体系变革方向不会改变。五是要充分估计我国周边环境中的不确定性，更要看到亚太地区总体繁荣稳定的态势不会改变。②上述五个"要充分估计"和"不会改变"的论断对于我们看清、看准和看透错综复杂的国际形势和演化趋势具有极其重要的指导意义，也是我们把握世界大势的科学方法论。

第三，"要端起历史规律的望远镜"。"当今世界是一个变革的世界，是一个新机遇新挑战层出不穷的世界，是一个国际体系和国际秩序深度调整的世界，是一个国际力量对比深刻变化并朝着有利于和平与发展方向变化的世界。我们看世界，不能被乱花迷眼，也不能被浮云遮眼，而要端起历史规律的望远镜去细心观望。"③

---

① 《中国必须有自己特色的大国外交》，《习近平谈治国理政》第二卷，外文出版社2017年版，第442、443页。
② 《中国必须有自己特色的大国外交》，《习近平谈治国理政》第二卷，外文出版社2017年版，第442页。
③ 《中国必须有自己特色的大国外交》，《习近平谈治国理政》第二卷，外文出版社2017年版，第442页。

这表明，构建人类命运共同体，就要把握世界大势。就要深入分析世界转型过渡期国际形势的演变规律，准确把握历史交汇期我国外部环境的基本特征，统筹谋划和推进对外工作。既要把握世界多极化加速推进的大势，又要重视大国关系深入调整的态势。既要把握经济全球化持续发展的大势，又要重视世界经济格局深刻演变的动向。既要把握国际环境总体稳定的大势，又要重视国际安全挑战错综复杂的局面。既要把握各种文明交流互鉴的大势，又要重视不同思想文化相互激荡的现实。[1]同时，还要坚持底线思维。就世界大势而言，不能容忍一些国家搞单边主义、霸凌主义和强权政治；不能容忍一些国家干涉别国内政，大搞"颜色革命"，威胁世界和平与发展大局。

我们既要坚持底线思维，又要把本国人民利益同世界各国人民利益统一起来。"大时代需要大格局，大格局呼唤大胸怀。从'本国优先'的角度看，世界是狭小拥挤的，时时都是'激烈竞争'。从命运与共的角度看，世界是宽广博大的，处处都有合作机遇。我们要倾听人民心声，顺应时代潮流，推动各国加强调和合作，把本国人民利益同世界各国人民利益统一起来，朝着构建人类命运共同体的方向前行。"[2]

（原载《中国与周边国家关系研究》第 1 辑，社会科学文献出版社 2022 年版）

---

[1]《努力开创中国特色大国外交新局面》，《习近平谈治国理政》第三卷，外文出版社 2020 年版，第 428 页。
[2]《习近平出席中国共产党与世界政党领导人峰会并发表主题讲话》，《人民日报》2021 年 7 月 7 日。

"边疆"与"中国"的交融——理解和诠释中国疆域形成与发展的路径

李大龙[*]

何以边疆？何来中国？这是两个很复杂，既相互紧密关联，又歧义丛生的问题。说紧密联系，是因为二者可以构成"中国边疆"，是我们研究多民族国家形成与发展需要给予重点关注的对象。而歧义丛生的原因可以分为两层：一是"边疆"和"中国"两个概念的含义构成比较复杂，不同时期的人们对"边疆"和"中国"赋予了不同的含义，当今的学界和国人则也是从不同的视角对"边疆"和"中国"进行诠释和认识。[①]二是两词结合而成的"中国边疆"也因为"中国"概念的变动而被学界尤其是历史学界分为"历史上的中国"和"现实中的中国"两类而有不同的认定，对前者的认识则始自20世纪50年代"历史上中国"范围开始的大讨论，至今也没有形成完全统一的看法。[②]因此，对"边疆"与"中国"的认识出现歧义是十分正常的。最近读杨斌教授的《流动的疆域：全球视野下的云南与中国》，产生了一些不同的想法，同时更希望通过多学科视角的审视让我们对"边疆"和"中国"的认识能够更加立体和全面。

一、历代王朝虽然称为"正统"但并不是一个延续的政治体

《流动的疆域：全球视野下的云南与中国》是杨斌教授在全球视野下解读云南融入中国的历史而撰写的著作。杨斌教授举出了越南和云南作为比对的对象，试图解答一个学术预设："一个原本不是属于某国（无论是古代王国、帝国还是现代民族国家）的区域以及居民，尔后成为某国的边疆（领土），其中必然经历此国之占领（无论是暴力的还是和平的方式）和行政管辖，从而经历政治、经济和文化上的剧烈变化（可以大略理解为同化），而其中的关

---

[*] 李大龙，中国社会科学院大学教授，中国社会科学院中国边疆研究所国家与疆域理论研究室主任、《中国边疆史研究》杂志主编、编审，博士生导师。

[①] 参见李大龙《政权与族群：中国边疆学基本理论研究》，人民出版社2021年版；《从"天下"到"中国"：多民族国家疆域理论解构》，人民出版社2015年版；《"中国边疆"的内涵及其特征》，《中国边疆史地研究》2018年第3期。

[②] 李大龙、刘清涛：《统一多民族国家的疆域问题研究》，达力扎布主编：《中国民族史研究60年》，中央民族大学出版社2010年版，第32—37页。

键还在于此区域居民身份认同的转变。"①作者在这个预设中提及了 2 个"某国"和 1 个"此国"政治体概念,但三者在作者的意识中实际上所指是同一个政治体。尽管作者在"某国"后有一个"无论是古代王国、帝国还是现代民族国家"的进一步说明,但从此书的研究对象分析,所谓的"某国""此国"指的即是"中国",而"一个原本不是属于某国(无论是古代王国、帝国还是现代民族国家)的区域"则是指"云南"。此也和书名中"全球视野下的云南与中国"契合。

  中华大地上是否存在一个"无论是古代王国、帝国还是现代民族国家"延续下来的"中国",这是留给史学家解读的最大问题,也是引发歧义的重要问题。应该说,虽然秦汉王朝的疆域奠定了多民族国家中国疆域的基础,但在多民族国家中国疆域形成与发展的过程中尽管并不存在一个延续古今的"大一统"的王朝,不同区域却存在着进一步深度融入或分离的多种样态,最终的发展结果却是多民族国家中国的形成。从历史上看,秦汉设置的郡县区域脱离开多民族国家疆域形成与发展轨道的例子并非只有越南,汉武帝时期在东北亚设置的乐浪、玄菟、真番、临屯等四郡区域也同样并没有完全成为今天多民族国家中国疆域的组成部分。没有设置郡县而是设置西域都护、护羌校尉、护乌桓校尉、使匈奴中郎将等实施羁縻统治的区域则也成了今天多民族国家中国的疆域。从"敌国""兄弟"到接受册封的原匈奴政权控制的区域则部分成了今天蒙古国的疆域,部分融入多民族国家中国疆域,而并没有纳入秦汉郡县的青藏高原则也成了多民族国家疆域的重要部分。上述这些融入或脱离今天多民族国家中国疆域的"区域"在古人和今人的意识中往往都被称为"边疆",而秦汉及列入中国正史叙述范围的历代王朝则被视为"中国"。这几乎是中国学者乃至国人的一般认识,即如杨斌教授所言:"历史上有没有一个延续至今的中国?或者简而言之,有没有中国?对这个问题,笔者想,绝大多数国人,绝大多数学者都是持肯定答复的。因为中华文明引以为豪的便是其连绵不断的持续性。"②尽管杨斌教授将"历史上的中国"视为"陷阱",但同时认为:"简而言之,第一,在一个中国的前提下,历史上(包括当代)的中国,各有阶段性;第二,探讨中国概念,不能逆流而上而把现在的概念、观念推到古代;第三,在一个中国的前提下,需要界定讨论的范围和标准,从某一角度如果不是从最本质的标准和内容来分析。"③也就是说,如果没有理解错的话,杨斌教授尽管认定历史上存在的"中国""各有阶段性",但还是将其对接为了一个完整的"中国",即存在一个古今延续的"持续性"的"中国"。

  尽管"绝大多数学者"和国人的意识中肯定中华大地历史上存在"一个延续至今的中国",但笔者还是认为这一认识是存在逻辑问题的,它是国人对"大一统"天下的一种想象。因为历代王朝并非同一个政治体的延续发展,且这一想象将我们对多民族国家中国历史的认识引入了误区。因为在中华大地上存在的历代王朝之中只是有些王朝存在前后相继的存续关系,其建立者是来自不同的族群,有源出华夏的群体,也有源出非华夏的其他族群,国号、

---

① 杨斌:《流动的疆域:全球视野下的云南与中国》,台湾:八旗文化出版社 2021 年版,第 11—12 页。
② 杨斌:《流动的疆域:全球视野下的云南与中国》,台湾:八旗文化出版社 2021 年版,第 363 页。
③ 杨斌:《流动的疆域:全球视野下的云南与中国》,台湾:八旗文化出版社 2021 年版,第 365 页。

立国时间、政治中心和疆域等也并不完全相同，且政权属性分属"古代王国、帝国还是现代民族国家"，也存在巨大差异。虽然都以"正统"自居，互相之间也是排斥的。因此，历代王朝都以"中国"自居，且被视为"正统"，而将其视为一个经过了"古代王国、帝国还是现代民族国家"不同阶段的同一个政治体"中国"，是否符合逻辑也需要给出一个合理的论证。也就是说，杨斌教授学术假设中的"某国""此国"是一个在中华大地上并不存在的政治体，中华大地在"某国"（现代民族国家）之前存在着的"古代王国、帝国"只是在很少情况下呈现一个独大的状态，更多的"古代王国、帝国"的统治者虽然都希望自己是"中国"，且也为之付出了巨大努力，但结果也只有极少的"古代王国、帝国"的"中国"身份得到了认同，被认为实现"大一统"的也只是汉、唐、元、清四个而已。一个典型的例证即是东晋时期进入中原地区的匈奴、鲜卑、羯、氐、羌虽然建立十几个政权，建立前秦的氐人苻坚以"中国"自居，甚至为实现中华大地的"大一统"而发动了对东晋的淝水之战，却因为以失败告终而成了传统话语体系中的笑柄，"风声鹤唳""草木皆兵"等汉语成语的存在即是明证。这一时期出现的这些政权则被称为"五胡十六国"，在传统的话语体系中并不能代表"中国"。也就是说，前一个"某国"（古代王国、帝国）在中华大地上的实际状态在更多情况下是以多个并存呈现的，在中国传统的话语体系中也只是少数被视为"中国"进而和后一个"某国"（现代民族国家）形成对应关系，将二者视为是一个延续的"某国"则并没有一个完善的学理诠释作为支撑。这也是 20 世纪 50 年代白寿彝在《光明日报》发文引发全国性有关"历史上中国"叙述范围的大讨论的直接原因。

　　进入 21 世纪，赵永春教授出版了《从复数"中国"到单数"中国"——中国历史疆域理论研究》，试图对中华大地上从"某国"（古代王国、帝国）到"某国"（现代民族国家）的发展过程给出一个理论诠释。①杨建新教授从"中国"一词的探讨出发，将这一变化过程给出了"一个中心、两种发展模式"的理论归纳。②笔者在《从"天下"到"中国"：多民族国家疆域理论解构》中也从"中国"的探讨出现，提出以康熙二十八年（1689）《中俄尼布楚条约》的签订为界，在之前的中华大地上"中国"是诸多王朝或政权争夺"正统"的旗帜，推动着不同区域的"自然凝聚"，《中俄尼布楚条约》的签订使中华大地上出现的最后一个王朝清朝的疆域从漫无边际的"天下"，开始向受国际条约制约的主权国家疆域（也即我国学者一般认为的现代民族国家）转变。③如何对多民族国家疆域的形成与发展做出完善的

---

① 参见赵永春《从复数"中国"到单数"中国"——中国历史疆域理论研究》，黑龙江教育出版社 2014 年版。
② 参见杨建新《"中国"一词和中国疆域形成再探讨》，《中国边疆史地研究》2006 年第 2 期。
③ 参见李大龙《从"天下"到"中国"：多民族国家疆域理论解构》，人民出版社 2015 年版。近年有学者提出《中俄尼布楚条约》的签订对清朝的"边界"意识影响有限，"清前期中西边界观念之异，不在于'界'的意识，而在于'国'的理念"。参见易锐《清前期边界观念与〈尼布楚条约〉再探》，《四川师范大学学报》2019 年第 2 期。实际上清朝自康熙、雍正和乾隆皇帝时期与俄罗斯签署的边界条约而造成的清朝的疆域有了明确的"主权"边界性质和清朝统治者是否有西方的边界意识是两回事，并不能影响我们认定这些条约确定的边界及其疆域具有"主权"的属性。

理论阐释，学者们的探讨目前还在延续，而今天"何来中国"依然能够成为不同学科热衷讨论的话题，说明经过了半个多世纪的讨论，如何认识中华大地从"某国"（古代王国、帝国）到"某国"（现代民族国家）的历史依然并没有形成一个被多数学者认同的标准答案。

在中华大地上存在着一个延续的"中国"（古代王国、帝国还是现代民族国家）只是存在于传统以历代王朝为基础构建起来的话语体系中，被杨斌教授称为"某国""此国"的"中国"并不是在中华大地上实际存在的一个连续完整的政治体。这应该是杨斌教授学术预设中的一个瑕疵，因为既然不存在一个"某国"，那么何言"原本不属于某国"？但尽管如此，杨斌教授要探讨的问题也并不是没有意义，而且意义还非常重大。即作为"边疆"的"云南"和被视为"中国"的历代王朝如何交融发展成了今天的民族国家中国，而包括"云南人"在内的先秦时期被称为"中国戎夷五方之民"后来被称为"华夷"的诸多人群如何被"纳入'中华民族大家庭'"，依然是困扰当今学界的重大学术问题。迄今为止，虽然很多学者看到了历代王朝话语体系存在问题，但提出的诸多新的解释中除费孝通先生提出的"中华民族多元一体格局"[①]之外并没有其他说法得到广泛认同，而传统的历代王朝话语体系因受到质疑也严重制约着学界和国民对多民族国家形成与发展历史的认识。问题的解决既需要多学科学者的积极参与，更需要多学科视角、理论和方法的交融，而动态和多学科视角的探讨则或许是一个可行和应有的途径。

二、动态而多样的"边疆"与"中国"

"边疆"和"中国"并不是含义单一且固定不变的词语，将其视为静止的研究对象是难以对其做出客观诠释的，因为"边疆"和"中国"是内涵丰富且在不同时期或和某一主体相结合其含义会有变动的动态的词语。这是我们在探讨"何以边疆""何来中国"的过程中首先应该给予关注的问题。不然我们的讨论就难以展现在一个平台上，只能各说各话了。

"边疆"一词一般认为最早出现在《左传》中，"欲阙剪我公室，倾覆我社稷，帅我蟊贼，以来荡摇我边疆"[②]是其基本样态，即是指政权疆域的边缘。当今社会对"边疆"一词的使用则有泛化的态势，诸如"文化边疆""利益边疆""战略边疆""网络边疆"等用法的出现是突出表现，不仅见诸各种媒体，甚至在中国知网收录的学术论文中也频繁出现。

"边疆"的属性是什么？如果我们把"边疆"的属性定位为空间的话，那么从不同的视角可以得出不同的诠释。诸如：

地域空间的角度，"边疆"的属性可以被认定为地理概念、政区概念，"边陲""边缘""边地""边境""边郡"等是在史书中常见的用法。

---

① 费孝通：《中华民族多元一体格局》，《北京大学学报（哲学社会科学版）》1989年第4期。后收录《中华民族多元一体格局》一书由中央民族学院出版社1989年出版，数次修订再版。

② 《春秋左传注疏》卷二七，《钦定四库全书》第143册《经部·春秋类》，上海古籍出版社1987年版，第583页。

人文空间的角度,"边疆"的属性可以被认定为"文化边疆""民族边疆","夷狄""蛮荒"等是史书的常见用法。一度在中国学界引起热潮的王明珂教授的"华夏边缘"之"边缘"与此具有相同的性质。①

虚拟空间的角度,"边疆"的属性可以认定为是一个虚拟的区域,"利益边疆""战略边疆""网络边疆"等即是其用法。②

但是,上述这些不同视角的解释都忽略了一个根本性的问题,即作为空间的"边疆"和作为空间的"疆域"一样,是不能独立表达具体空间范围的词,因为无论是何种的"边疆"都要依附于某个主体,尽管这一主体可以不出现,但只有和主体联系起来进行分析,作为空间的"边疆"才能有具体的涵盖空间,我们也由此才能对"边疆"的含义做出准确而完整的认识和理解。诸如分别和"利益""文化""战略""网络"等结合构成的"利益边疆""文化边疆""战略边疆""网络边疆"等由于依然缺乏主体而具有不确定性。而"边疆"和其原生的指称政区边缘的主体结合则其含义更加具体化,诸如"秦朝边疆""汉朝边疆"乃至"中国边疆"其指称的范围才能更加明确而具体。

和"边疆"相比,"中国"一词的出现更早且含义更加复杂。目前已知最早出现的"中国"一词是在宝鸡发现的称为"何尊"的西周青铜器的铭文之中,名为"宅兹中国"。葛兆光先生曾经以"宅兹中国"为书名出版过一部著作,③葛先生的观点也是杨斌教授的《流动的疆域:全球视野下的云南与中国》封面上明确指明的"挑战"对象。

从文献记载看,古人对"中国"一词的使用很随意,或指代王朝国家,或用于人群,或指称中原地区等,具有不同的含义。今人对"中国"的使用一般是指960万平方公里领土的多民族国家,这似乎也是杨斌教授后一个"某国"的具体指称对象——"现代民族国家"的中国,但其现状也依然是处于并没有实现完全统一的状态。众所周知,当今的多民族国家中国是历史长期发展的结果,但如何认识和诠释多民族国家中国形成与发展的历史则成为困扰学界的很大问题,主要是中华大地在历史上曾经存在着很多的王朝或政权,有些自认为是"中国"并得到了后人的认同,更多的则没有自称"中国"也没有得到后人的认同,但今人则用"历史上的中国"称呼这种乱象。最主要的问题是受到历代王朝史观和"民族国家"(nationstate)理论的交叉困扰,已有的历代王朝为主干的传统话语体系存在着不合逻辑和很多矛盾的问题。出现问题的深层次原因则是,在中华民国之前尽管中华大地上存在过很多的王朝或政权,但没有一个以"中国"为名称,而在古籍和对历史的阐述中,"中国"一词则由于使用者的角度不同,而被赋予了众多不同的含义。诸如:

从政权的视角审视,"中国"在当代人的话语体系中一般用于指称历史上的历代王朝和现实中存在的政权——多民族国家中国。在传统的话语体系中,一般占据中原地区的历史上的政权会自称或被后人视为"中国"。当然也有很多例外的情况,如东晋时期进入中原地区

---

① 参见王明珂《华夏边缘:历史记忆与族群认同》,浙江人民出版社2013年版。
② 参见李大龙《"中国边疆"的内涵及其特征》,《中国边疆史地研究》2018年第3期。
③ 参见葛兆光《宅兹中国》,中华书局2011年版。

建立政权的匈奴、鲜卑、羯、氐、羌则被称为"五胡",尽管自认为建立的政权属于"中国"也并没有被视为"中国",只有鲜卑人建立的北魏被视为了"中国"。没有一个政权称为"中国"但却存在视自己为"中国",而后人的话语体系中也存在一个"连续性""中国"的直接原因或许是在中华大地上还有一种理想中的"天下"模式,即"中国,天下本根,四夷犹枝叶也"。① 这种思想诞生于先秦,实践于秦、汉、隋、唐、元诸朝,完善于清朝,被称为"大一统"。其"中国"含义的发展轨迹即是:先秦时期的京师—秦汉的郡县区域—清代的多民族国家清朝疆域。这或许是历代王朝能够被称为"中国"的深层次原因,但"中国"的指称则因为视角的不同而会出现差异。

地域的视角,"中国"用于指称京师、郡县、中原地区,青铜器铭文中的所谓"宅兹中国"即是。

人群的视角,"中国"用于指称源自炎黄部落的人群,先秦时称"中国""诸夏",秦及以后称秦人、汉人,然其后汉人的指称范围多有变化,但原则上是指继承传统典章制度的中原地区的农耕人群。②

文化的视角,"中国"用于指称源出于黄帝的中华文明,其核心内容今人多认为是儒家文化,实际上其核心内容应该是指以皇帝为核心的"大一统"政治秩序,即"天无二日,土无二王",③ 其外在的体现则是传统的典章制度和礼仪制度。

"天下正统"的视角,"中国"用于指称"正统"王朝,二十四史记录的从夏到明王朝以及清王朝即是"中国"的代表。

中心与边缘的视角,"中国"与"夷狄""四夷"相对,构成了"天下",等等。

但是,值得注意的是,上述这些用法中的"中国"含义并不是固定的,即便是指称的政权、人群、文化等对象也都不是固定的,"中国"及其衍生出来的"诸夏""中华"及其与之对应的"夷狄""四夷"等,其指称对象都不是固定的,其具体所指对象取决于拥有话语权的一方。如东晋南朝称占据以黄河流域为主的北方众多政权的建立者为"五胡",而"五胡"之一的氐人前秦则称东晋为"夷"等。即便是源自"诸夏"的"汉人"概念,其指称也是变动的。三国时期,"汉人"一分为三:魏人、蜀人和吴人。元代的"汉人"则包括了内迁中原黄河流域的契丹、女真、渤海等人。④

"边疆"与"中国"结合而成的"中国边疆",虽然明确了"边疆"的主体,但由于"中国"在中华大地的历史和现实中指称的对象并不确定,且还有很多被排除在"中国"之外的政权,导致不同学者从不同的视角分析"中国边疆",依然会存在认识上的差异。其原因一方面源自学者的视角不同,审视的结果自然存在差异;另一方面则是"中国"内涵的多样性

---

① 《新唐书》卷九九《李大亮传》,中华书局 1975 年版,第 3911—3912 页。

② 参见李大龙《从夏人、汉人到中华民族——对中华大地上主体族群凝聚融合轨迹的考察》,《中国史研究》2017 年第 1 期。

③ 《史记》卷八《高祖本纪》,中华书局 2014 年版,第 481 页。

④ 参见李大龙《浅议元朝的"四等人"政策》,《史学集刊》2010 年第 2 期。

和动态的特征，不同学者聚焦的"中国边疆"的具体面相也有可能不同。在这种情况下，明确"中国边疆"的基本面相不仅有助于我们讨论的进一步深入，更有助于深刻理解多民族国家中国的形成与发展、中华民族的形成与发展。

三、"全球视野"下审视"云南"与"中国"需要有基点

就空间而言，没有基点无法说明距离。就边疆而言，缺少了依附或融入的主体也无法描述其过程，进而探讨其融入的原因。在"全球视野"下审视"云南"与"中国"的关系也需要有一个基点。即因为"中国"是变动的，即便是指历代王朝也存在着数十个王朝，我们要讨论"中国边疆"首先要确定"中国"是何时的"中国"，只有"中国"确定了才能明确融入的对象。

如杨斌教授所言："虽然越南北部从秦汉以来便在中央王朝中国的管辖之下，但在统治千年之后，最终于唐宋之际脱离中央的控制而独立；而云南从秦汉以来，多数时间皆在中央王朝管辖之外，直到宋末元初之际忽必烈征服大理王国之后，反而失去自主而成为中华帝国的边疆，并被现代中国视作族群多样性之统一的象征。"[1]在"全球视野"下审视一个区域或人群历经两千年之久后的最终流向并分析其原因，是一个非常恰当的视角，也是应有的做法。不过，"全球视野"下审视的"云南"和"中国"之间的关系依然需要确定一个明确的基点，因为文中所论及的"秦汉""唐宋""元""现代中国"等在历史和现实中虽然都可以有明确具体的指称对象，但如前所述，在中华大地的历史上却并不存在一个一以贯之的称之为"中央王朝中国""中央王朝""中华帝国"等的政治体，它只存在于后人的认识中。这些所谓的"中央王朝中国""中央王朝""中华帝国"等，都是出自今人的想象和后人对中华大地历史上部分王朝群体的认定，并不是一个固定的延续发展的具体"王朝"。

白寿彝在1951年5月5日《光明日报》上发表《论历史上祖国国土问题的处理》一文，明确提出"以历代皇朝的疆域为历代国土的范围，因皇权统治范围的不同而历代国土有所变更或伸缩"的观点是错误的，认为应该用"中华人民共和国的国土范围来处理历史上的国土问题"。[2]该文的出发点是提出如何确定撰写"国史"的范围问题，但引起的大讨论则被学者们称为"历史上中国疆域"问题的大讨论，其核心内容即是要对"中国"的涵盖范围做出明确界定。如此看来，在"全球视野"下审视的"云南"与"中国"即便是"云南"有了明确的界定，但"中国"的认定依然需要一个基点，因为"边疆"只有和"中国"结合才能有具体面相，而"中国边疆"基本面相的明确则不仅有助于讨论的展开，更有助于让不同的认识展现在一个平台之上，提升讨论的意义。

如何认识"边疆"和"中国"之间的关系，尽管"内诸夏而外夷狄"，"天子有道，守在

---

[1] 杨斌：《流动的疆域：全球视野下的云南与中国》，台湾：八旗文化出版社2021年版，第12页。

[2] 白寿彝：《论历史上祖国国土问题的处理》，《光明日报》1951年5月5日。该文后来被收入《中国民族关系史论文集》（上），民族出版社1982年版。

四夷"①是中国古人一种理想中存在的"中国"与"夷狄（边疆）"分布的格局，尽管现实中这种状况并不是常态，但如何处理二者的关系依然是困扰所谓历代王朝治边思想和政策的难题，也困扰着当今学界和政界。在唐代曾经出现过两种阐述"边疆"与"中国"关系的做法。一是将"中国"与"四夷"的关系比喻为大树，即已经引述的"中国，天下本根，四夷犹枝叶也"。②其中的"中国"既有王朝国家疆域核心区域的含义，也有指称王朝国家主体民众编户齐民（唐人）的意思，具体化则是指唐王朝，而"四夷"则既有"边疆"的含义，也有指称"贡赋版籍，多不上户部"③羁縻府州治下的诸多夷狄群体。这种认识方式可以称之为树系方式。二是将"中国"与"四夷"的关系比喻为太阳星系，即"辽东之地，周为箕子之国，汉家玄菟郡耳！魏、晋已前，近在提封之内，不可许以不臣。且中国之于夷狄，犹太阳之对列星，理无降尊，俯同藩服"。④其中所涉及的周、汉、魏、晋以及唐王朝自然是"太阳"，和这些王朝同时期存在于中华大地上的"夷狄"则被视为"列星"。这种认识方式可以称之为星系方式。在这两个不同的比喻中，"中国"的含义尽管也存在变动，却是有具体指向的，即周、汉、魏、晋和唐王朝构成这两个不同比喻的基点，而由于话语体系的创造者是唐朝人，其认识应该是代表着唐朝人的一般认识。

笔者则更愿意用传统的溯源的水系方式来比喻"中国"与"边疆"的关系，可以称之为水系方式。以黄河为例，黄河发源于青海，其后流经青海、四川、甘肃、宁夏、内蒙古、陕西、山西、河南及山东9个省（区），最后流入渤海。其源头有三：扎曲、古宗列渠和卡日曲，先后汇入的主要支流则有湟水、白河、黑河、洮河、清水河、大黑河、窟野河、汾河、无定河、泾河、渭河、洛河、沁河、金堤河、大汶河等。因在今甘肃境内汇入的洮河、庄浪河、湟水、大通河流经黄土区，河水开始变黄，初称"河"，而"黄河"之称始见《汉书》。黄河水系在不同区段所呈现的样态不同。干流（黄河称呼）未形成之前是几条源头支流并存，呈现汇聚状态；干流形成之后，则干流与不同的支流汇聚为一体是最终的结果，因此支流虽然不被称为黄河且也有自己的名称，但它们也是黄河的组成部分。如果我们叙述黄河的形成与发展，尽管干流在不同区段都称为"黄河"，但它们都不应该是我们诠释黄河水系的基点，基点只能是所有干流和支流最终汇聚完成所呈现的黄河样态，之前的干流虽然也称为黄河，但代表不了黄河整体。因为不同区段的"黄河"只是干流的称呼，其样态依然分为干流和支流，并不能代表黄河的所有干流和支流。我们只有将所有干流和支流都实现了汇集之后的黄河作为基点，才能将汇入黄河的所有干流和支流纳入叙述体系并给出一个完整的样态描述。同理，在传统话语体系中，历代王朝被视为"中国"，历代王朝之外的政权或区域则被视为"四夷"或"边疆"，二者最终的结局是一体的多民族国家。当然，在历代王朝所代表的"中国"和"四夷"分布的"边疆"并非都具有政治隶属关系，往往呈现的是并立的样态，恰如黄河干流与支流的状态，不被

---

① 《晋书》卷五六《江统传》，中华书局1974年版，第1529页。
② 《新唐书》卷九九《李大亮传》，中华书局1975年版，第3911—3912页。
③ 《新唐书》卷四三《地理七下》，中华书局1975年版，第1119页。
④ 《旧唐书》卷一九九上《东夷·高丽传》，中华书局1975年版，第5321页。

称为"中国"的边疆区域及存在其上的政权也都应该是多民族国家中国的重要组成部分,我们也应该视其为"中国"。

要明确"中国边疆"的基本面相,首先需要明确"中国"的具体所指。"边疆"的本质属于政权"疆域"的组成部分,而拥有"疆域"的"中国"从当代人的认识体系看主要分为两种:一是"历史上的中国";二是现实中拥有960万平方公里领土的多民族国家"中国"。但由于在中华民国之前在中华大地历史上存在的诸多政权并没有一个王朝或政权以"中国"为国号,所以"历史上的中国"实际上是一个基于中华大地历史上存在的诸多王朝或政权在"中国"的旗帜下争夺"正统"而促成了当今多民族国家中国的形成的史实,而想象出来的政治体。更有意思的是,中华大地上的古人自先秦时期就有"天下"的意识,虽然将"天下"的百姓分为"五方之民"或"华夷",但却认为"天无二日,土无二王"是一种理想的"天下"秩序,并用"一统"或"大一统"称之。这种理想中的"大一统"和基于当今多民族国家的最终结果而想象出来的政治体相结合,很自然就成了"历史上中国"的代表,而历代王朝疆域的边缘部分理应是"边疆"的范围,甚至在历代王朝统治区域之外的"区域"也往往被纳入"中国边疆"的范围之内。

但是,如前所述,尽管我们按照传统话语体系可以将历代王朝视为"中国",但只是解决了"何为中国"的问题,"中国边疆"范围的确定则成了一个更大的问题。因为历代王朝的疆域并没有像今天的主权国家一样有明确的国际法意义上的边界线,一方面历代王朝在直接统治区域之外往往存在一个更大的羁縻甚至没有政治联系的地区,为"边疆"范围的界定带来了很大困难;另一方面则是历史上的中华大地呈现一个"大一统"王朝的情况并非常有,更多情况下是诸多王朝或政权的并立,即便是被视为历代王朝的诸多王朝也存在政权鼎立的情况,如先有魏、蜀、吴,后有宋、辽、金、夏等,造成了不仅"边疆"的界定存在困难,甚至"中国边疆"归属于哪个王朝都成了问题。因此,如何界定"中国",不仅是明确"边疆"的前提,更是诠释"中国边疆"乃至多民族国家中国疆域形成与发展的重大问题,因为只有明确了"中国"的具体所指,依托于"中国"而存在的"中国边疆"的具体范围才能确定,我们的讨论才有具体的对象。

2020年,笔者在《西南民族大学学报》上发表的《如何诠释边疆——从僮仆都尉和西域都护说起》阐明了如何处理"中国"与"中国边疆"的关系。指出我们对"中国边疆"归属的认定标准存在着很大差异,将西汉设置的西域都护而非匈奴设置的僮仆都尉的设置作为西域融入多民族国家中国版图的标准体现着传统的历代王朝话语体系的重大影响,而将元朝作为西藏融入多民族国家疆域的时间则是受到了主权国家理论的影响。进而提出"多民族国家中国是中华大地上诸多政权和族群共同缔造的,这是当今我国学界的共识。既然中华大地上的诸多政权和族群共同缔造了多民族国家中国,那么这些政权和族群的历史自然就应该是我们诠释多民族国家中国历史所应该涵盖的内容,这些政权所设置机构进行有效管辖地区的历史也应该包括在内"[①]。基于这一认识,"中国边疆"的"中国"应该是指中华大地上所有王

[①] 李大龙:《如何诠释边疆——从僮仆都尉和西域都护说起》,《西南民族大学学报(人文社会科学版)》2020年第7期。

朝和政权的疆域融为一体过程结束时期的"中国"。那么，何时这些历代王朝和边疆政权完成了融为一体的过程，我认为是以1689年中俄签订的《中俄尼布楚条约》为开端至1840年鸦片战争爆发之前的清代疆域。[①]因为这一时期，分布在中华大地上诸多王朝或政权疆域都成为清朝疆域的组成部分，而康熙、雍正和乾隆时期签订的一系列条约又将这一疆域从王朝国家的"有疆无界"带入了主权国家的"有疆有界"阶段。当今拥有960万平方公里的多民族国家中国则是在1840年之后殖民势力进入东亚对清代中国疆域蚕食鲸吞之后的结果，如果将其视为基点，则多民族国家中国疆域实现"自然凝聚"之后"碰撞底定"的历史则无法纳入其中，认识也是不完整的。也就是说，所谓"历史上的中国"应该是指多民族国家中国在不同历史时期形成与发展所呈现的阶段性基本样态，但也并非传统的历代王朝才是"历史上的中国"，与之并立的其他王朝或政权也应该是"历史上的中国"，其最终结果都是融入以1689年中俄签订的《中俄尼布楚条约》为开端至1840年鸦片战争爆发之前的清代疆域。

将"中国边疆"的"中国"界定为以1689年中俄签订的《中俄尼布楚条约》为开端至1840年鸦片战争爆发之前的清代中国，进而探讨多民族国家中国的历史及其边疆，是否如杨斌教授所言是"以今推故，逆流而上"[②]？这一担心是多余的，实际上这一界定已经充分考虑到了"中国"在古今语境中的差异。具体而言，尽管宋人石介撰写了《中国论》，欧阳修也有《正统论》以论证宋朝的"中国"地位，今天的不少学者也认为宋朝是"中国"，但宋朝的疆域和历史并不是多民族国家中国疆域及其历史在宋代的全部，而只是其中的一部分。在宋代的中华大地上，宋朝之外还先后存在着辽朝、金朝、西夏、大理等王朝或政权，这些王朝或政权的疆域和历史并不会因为宋朝自称拥有"中国"身份而发生属于"历史上中国"这一归属性质的改变。在宋代的多民族国家中国尚处于形成与发展的过程之中，并没有完全形成，分布在中华大地上的所有王朝和政权都是其样态的组成部分。因为这些王朝或政权的疆域和历史最终流向是今天的多民族国家中国，其疆域和历史自然是多民族国家中国疆域及历史在宋代的重要构成部分。一如流淌在中华大地上的长江与黄河，在其东流入海的途中有诸多的支流汇入，这些汇入的支流属于长江、黄河水系组成部分的属性并不会因为干流被称为长江或黄河，而各个支流也各有自己的名称而发生性质的改变。同理，唐代的中华大地既存在着唐朝，同时也先后存在着东突厥汗国、薛延陀、回纥、吐谷浑、吐蕃、渤海、南诏等诸多的政权。这些王朝或政权各有自己的疆域和名称，和唐朝也并非全部具有政治隶属关系，这些王朝后政权的疆域已经成为今天多民族国家中国疆域的组成部分，这一最终结果并不因为唐朝被认为是"中国"和这些政权各有其名称以及是否认同"中国"而发生任何性质的改变。我们撰写多民族国家中国疆域在唐代发展的历史，如果只是述及唐朝的疆域而将这些政权的疆域排除在外是不全面的，不仅不符合多民族国家中国疆域形成与发展的历史事实，更是不符合逻辑的做法。

按照上述逻辑，《流动的疆域：全球视野下的云南与中国》所论及的无论是滇国、南诏、

---

① 参见李大龙《从"天下"到"中国"：多民族国家疆域理论解构》，人民出版社2015年版。
② 杨斌：《流动的疆域：全球视野下的云南与中国》，台湾：八旗文化出版社2021年版，第363页。

大理，还是秦、汉、蜀汉、元、明、清，其疆域都是今天多民族国家中国历史的组成部分，而将前者诸多政权视为"云南"而将后者各王朝视为"中国"，只不过是杨斌教授在传统话语体系影响之下为叙述"云南"和历代王朝的关系而确定的基点。也就是说，《流动的疆域：全球视野下的云南与中国》所探讨的是同样作为多民族国家中国疆域组成部分的历代王朝和"云南"的关系，前者是一个群体，后者则是一个"区域"，所展现的不过是历代王朝的辖区和"云南"融为"一体"成为多民族国家中国疆域组成部分的历史。当然这个"一体"也是指以 1689 年中俄签订的《中俄尼布楚条约》为开端至 1840 年鸦片战争爆发之前的清代疆域，也即"中华民族大家庭"，不是传统话语体系中历代王朝构成的"中国"。

以历代王朝为纲构建多民族国家中国形成与发展的历史是历代王朝争夺中华正统而留给我们的遗产，其中所谓"二十四（五）史"的形成起到非常大的作用。但历代王朝的疆域及历史即所谓"阶段性的中国"并非多民族国家中国疆域和历史的全部，一如黄河水系河口至孟津段，汇入黄河的汾河、渭河等与黄河干流同时存在，黄河干流只是该段黄河水系的一部分，加上汾河和渭河等才是其全部。在多民族国家中国形成与发展的过程中，历代王朝虽然起到了重要推动作用，但历代王朝之外的王朝或政权尽管有些脱离了多民族国家中国形成与发展的轨道，但也起着不可忽视的作用。如何诠释多民族国家中国疆域形成与发展的历史，笔者在 2020 年的《中国社会科学》上发表了《中国疆域诠释视角：从王朝国家到主权国家》一文，指出多民族国家中国疆域经历了由王朝国家的"有疆无界"到主权国家的"有疆有界"，传统的历代王朝话语体系和"民族国家"（nationstate）理论传入后在历代王朝基础上形成的新的话语体系都存在难以自圆其说的问题，进而提出应该从传统王朝国家向主权国家转变的视角，建立新的多民族疆域形成与发展的话语体系。[①]即以 1689 年（康熙二十八年）《中俄尼布楚条约》签订到 1840 年鸦片战争爆发时清朝的疆域为基点，用动态的视角来认识中国边疆及其在多民族国家中国形成与发展中的重要作用。

特别值得提及的是，在"全球视野下"审视"中国边疆"的历史及其最终归宿，"脱离"和"融入"是两种不同的最终归宿，杨斌教授在"白银、贝币与铜政"语境下对"越南"的脱离尤其是"云南"融入原因的诸多分析，由于笔者没有对此做过深入研究，是否能够自圆其说无法做出合理的判断，但有一点却是应该明确态度的。即"中国边疆"的东北、北方以及西北所面临的情况与西南截然不同，其对"云南"融入"中华民族大家庭"的分析视角、理论与方法属于个案分析，不仅存在难以自圆其说的问题，也并不适用于诠释东北亚、蒙古草原、西域乃至青藏高原属于"中国边疆"区域的"分离"与"融入"的过程。这也是当今面对"何以边疆？何来中国？"学界给出答案容易，但形成共识则难的一大原因。

结语

历代王朝只是多民族国家中国历史的组成部分并非全部，这是学界的共识。有关"中

[①] 参见李大龙《中国疆域诠释视角：从王朝国家到主权国家》，《中国社会科学》2020 年第 7 期。

国"和"边疆"的讨论已经延续很久,如果从春秋战国时期算起已经有两千多年,而从 20 世纪五六十年代开始的"历史上中国"的讨论也有 70 多年。前者是围绕"正统"而展开,将出现在中华大地上的众多王朝或人群分为了"中国"与"四夷",不仅影响着多民族国家中国形成与发展的走向,也对传统王朝国家治理尤其是边疆治理构成了重大影响,国力强盛的王朝往往积极推动边疆的经略,国力衰弱时放弃经略边疆的主张则成为主流。后者则是为中国历史的叙述确立一个明确的范围,虽然讨论的主要内容聚焦到了历代王朝疆域、清朝疆域还是中华人民共和国疆域"谁能够代表中国",但却忽略了一个关键性的问题,即"中国"一词往往是众多王朝和政权争夺"正统"的主要标志,而指称王朝国家疆域的专门词语是"天下",而且在古人的"天下"观念中"中国"和"边疆"共同构成了"天下"。因此,将历代王朝的"中国"和非历代王朝的"边疆"视为两个独立的研究对象并不符合多民族国家中国形成与发展的实际,研究视角存在偏差,结论自然站不住脚,因为多民族国家是"中国"和"边疆"二者交融而成的,二者之间历史上存在的征服与经略是交融过程的体现,存在与否并不能改变二者同属于"天下"的史实。

诠释多民族国家中国形成与发展的历史,是需要一个基点的,这也是"历史上中国"讨论的最大价值,故而笔者提出以 1689 年《中俄尼布楚条约》签订到 1840 年鸦片战争爆发时清朝的疆域为基点的主张。这一主张不仅可以弥合学界的不同认识,也为我们诠释多民族国家疆域的形成与发展确立了一个从传统王朝国家到主权国家转变的重要理论依据:这一时期的多民族国家疆域是从王朝国家疆域的"有疆无界"开始转变为当今世界主权国家疆域的"有疆有界"状态。而对于如何揭开"历史上中国"讨论存在的误区,如何阐述黄河与黄河水系之间的差异似乎可以提供一个新的思路:历代王朝"中国"可以视为是黄河干流,其他的众多政权可以视为是黄河支流,干流和支流共同构成了黄河水系。即无论是被视为"中国"的历代王朝,还是被视为"边疆"的其他政权,二者不仅构成了多民族国家历史上的"天下",也是当今多民族国家疆域的重要组成部分,二者的关系不是对立的,而是呈现逐步交融为一体的轨迹。

(原载《思想战线》2022 年第 5 期)

中国大一统思想及各民族共创中华的集体记忆

武 沐 冉诗泽[*]

一、引言

大一统首次出现在《春秋公羊传》中，曰："何言乎王正月？大一统也。"在关于大一统哲学层面的讨论中，大一统有本义和引申义之分。[①]一般认为，大一统的本义在于强调"统之始"，也有学者认为"统正"才是公羊学说中所谓"大"之"一统"，是大一统思想最初的真正含义。[②]而引申义多强调疆域、政治、文化、经济、民族等的统一。本文并不囿于大一统含义的探讨，而重点关注少数民族参与大一统的理论建构，即由"夷夏之辨"引出的正统与否的命题。这是解答中华民族共同体发展形成过程中重要的理论问题之一。提到大一统自然涉及由谁来完成的问题，大一统的完成者毋庸置疑是天子，但问题是什么人有资格成为天子？对此，先秦时有四个理论被发展出来：一是王权天授的"天命观"；二是"以德配天"的德政观；三是"夷夏有别"的民族观；四是"五德始终说"。

"夷夏之辨"的民族观是中国大一统思想演进中变化极为丰富的一个方面，归纳起来有三点：（1）"以华统夷"的理论如何演进为各民族均可成为统一中国的积极参与者；（2）少数民族积极参与大一统的理论核心就在于如何建构中华民族的身份认同，进而获取一统中华的正统性；（3）中国历史上的少数民族是这一系列理论创建与推进的主导者。本文所讨论的中国少数民族对于大一统思想的历史贡献主要就是围绕这一系列理论的演进展开的。

中国历代少数民族一旦发展壮大都有一统中华的追求，但因此断定中国历史上存在着两个大一统思想体系，一个是汉族的大一统思想体系，另一个是少数民族的大一统思想体系，则是极不可取的。我们认为中国的大一统思想体系只有一个，不应有民族之分。它最初在华夏民族中产生，经过历代各民族的不断充实、完善，甚至是革命性的改造，最终演变成为各

---

[*] 武沐，兰州大学西北少数民族研究中心 / 兰州大学青藏高原人文环境研究中心教授；冉诗泽，兰州大学西北少数民族研究中心博士生研究生。

[①] 参见晁天义《"大一统"含义流变的历史阐释》，《陕西师范大学学报（哲学社会科学版）》2021年第3期。文中指出："大一统"的本义与引申义虽有联系但内涵不同，前者是指"尊崇一个以时间开端为标志的统绪"，后者则是指"大规模（或大范围）的统一"。

[②] 陈静、朱雷：《一统与正统——公羊学大一统思想探本》，《中国哲学史》2020年第6期。杨念群也强调"大一统"的"正统"之意，即天地事物归于一，本于"一统"的观念（杨念群：《"大一统"与"中国""天下"观比较论纲》，《史学理论研究》2021年第2期）。

民族共同拥有的中华大一统思想体系。之所以这样说，立足点主要有三个：一是中国各民族追求大一统的目标只有一个，即一统中国。二是追求大一统的各民族都认为自己是中国人。三是各民族遵循的大一统思想体系只有一个。在这个思想体系中少数民族贡献了重要的思想，即中国是各民族的中国，各民族共创中华民族共同体。在中国历史进程中，大一统思想经过少数民族的充实与完善，最终形成了多民族统一国家的大一统共识。

  学术界对于中国大一统思想的研究成果不胜枚举，这其中既有英国著名史学家汤因比在其《历史研究》中对中国大一统思想的赞叹，[①]也有部分西方学者在"由帝国到民族国家"等理论框架下，对中国大一统思想心存疑虑，甚至认为中国的大一统思想要为近代中国的衰落背负罪名。这其中如日本京都学派对于中国史的重构、池田大作的《选择生命》以及《剑桥中国史》系列、《哈佛中国史》系列等对于中国大一统思想的讨论。再如"汉地十八省论""长城以北非中国论""满蒙藏回非中国论""中国无国境论""清朝非国家论""异民族征服乃幸福论"等，这些大多构成了"新清史"观的来源之一。而美国"新清史"学派建构的"内亚史观"，除质疑中国近代以来形成的"少数民族必将被中华文化所同化"的历史叙述外，还对从秦汉到明清朝代更替与延续的大一统中华的历史叙事提出尖锐挑战。实际上，历史叙述不仅具有求真的知识性面向，同时也担负着塑造和凝聚国家观念和政治认同的现实功能。"新清史"虽属于学术流派，但其背后的争论往往涉及中国文明主体性问题，也关涉现代中国的国家建构问题。上述学说虽具有一定的启迪与思考性，但难以成为中国理解自身的基础。

  就国内而言，张云等从宏观层面关注到历代少数民族在归属炎黄族源体系的创造与"夷狄亦中华""华夷一家"思想方面的贡献，并专文探讨了西藏地方参与、认同中国大一统的历史进程，认为在中国多民族统一国家的形成和发展过程中边疆民族也作了巨大的贡献。[②]何星亮重点讨论了少数民族对大一统理念的认同和对大一统的历史实践。[③]莫炳坤、李资源从少数民族对大一统的政治文化、政权文化和制度文化认同三个方面肯定少数民族对大一统的推崇和实践，着重强调少数民族从自身的特点出发，丰富和发展了大一统思想。[④]平维彬肯定了少数民族在强化"华夷一体""华夷一家"观念上的贡献。[⑤]刘正寅和李大龙等肯定了少数民族在大一统实践中对疆域统一和中华民族整体性构建的积极作用。[⑥]李大龙还从匈奴、

---

① [英]阿诺德·汤因比著：《历史研究》，刘北成译，上海人民出版社2005年版。
② 张云：《少数民族与中国历史上的大一统》，《学海》2008年第5期；《西藏参与、认同中国"大一统"的历史及其启示》，《中国边疆史地研究》2006年第1期。
③ 何星亮：《"大一统"理念与中国少数民族》，《云南社会科学》2011年第5期。
④ 莫炳坤、李资源：《中国少数民族与大一统思想认同》，《湖北社会科学》2017年第5期。
⑤ 平维彬：《大一统思想与中华民族观的历史嬗变》，《中国民族报》2017年4月21日。
⑥ 刘正寅：《"大一统"思想与中国古代疆域的形成》，《中国边疆史地研究》2010年第2期；李元晖、李大龙：《"大一统"思想的形成与实践——多民族国家中国疆域的形成和发展》，《西北民族大学学报（哲学社会科学版）》2016年第1期；李大龙：《从"天下"到"中国"：多民族国家疆域理论解构》，人民出版社2015年版。

鲜卑对大一统的对抗、认同和发展，突厥、契丹、女真、蒙古完成对中国的统一，清朝满族对大一统思想的继承和完善，讨论了北方游牧民族对大一统思想的继承与实践。①在中观层面，彭丰文、秦永洲讨论了"五胡"民族的正统塑造、正统之承与正统之争等问题。②赵永春对辽、金正统观与中国观进行了深入研究，认为辽、金自称中国，是包含南北的"大中国"观。③熊鸣琴重点考察了金人统治者及金朝统治下辽遗民与汉人的中国认同。④萧启庆在《元代的通事和译史：多元民族国家中的沟通人物》和《内北国而外中国：元朝的族群政策与族群关系》两篇文章中，⑤强调了在"多元民族国家"中如何建立"内北国外中国"的元朝中国观。王文光、马宜果指出元朝"华夷无别""天下一家"的民族思想与实践，是自在的中华民族共同体意识的体现。⑥武沐、杨博浩从大一统的视角将明清两朝的"中国观"进行了对比研究。⑦此外，郭成康、李治亭、杨念群等学者的研究内容涉及中国大一统思想的内涵逻辑、历史实践、历史作用（疆域统一、国家治理、民族团结、中国认同）等方面。⑧在微观层面，学界对历代少数民族统治者及精英的大一统思想也给予了关注。⑨

总体而言，学界对于中国历史上少数民族对大一统思想的贡献给予了充分肯定，但大多是对某个朝代或民族的研究，呈现出碎片化的倾向，难以从整体上把握少数民族参与大一统的理论脉络。对于少数民族在大一统思想的演进中如何建构中华民族认同的论述也略显不足，大多从汉化等实践层面论述，而理论层面上，尤其是对于少数民族自身理论建构的探讨鲜有论述，如历史上的少数民族对于中华民族的自我认同是如何演进的。从目前看，还需要进一步深入。

少数民族作为中国大一统的主要参与者，在"以华统夷"的大一统思想中无法找到实践大一统的理论支撑，为此，他们必须在大一统的实践中探索和改造狭隘的大一统思想，建构

---

① 李大龙：《试论游牧王朝对"大一统"思想的继承与实践》，《西北民族研究》2021年第2期。

② 彭丰文：《两晋时期的国家认同》，民族出版社2008年版；彭丰文：《试论十六国时期胡人正统观的嬗变》，《民族研究》2016年第6期；秦永洲：《东晋南北朝时期中华正统之争与正统再造》，《文史哲》1998年第1期。

③ 赵永春：《从复数"中国"到单数"中国"——试论统一多民族中国及其疆域的形成》，《中国边疆史地研究》2011年第3期；《试论辽人的"中国"观》，《文史哲》2010年第3期；《试论金人的"中国"观》，《中国边疆史地研究》2009年第4期。

④ 熊鸣琴：《金人"中国"观研究》，上海古籍出版社2014年版。

⑤ 载萧启庆《内北国而外中国：蒙元史研究》，中华书局2007年版。

⑥ 王文光、马宜果：《元朝的大一统实践与中华民族共同体意识》，《贵州社会科学》2021年第10期。

⑦ 武沐、杨博浩：《明清两朝中国观对比研究》，《中国边疆史地研究》2021年第1期。

⑧ 郭成康：《清朝皇帝的中国观》，《清史研究》2005年第4期；李治亭：《清帝"大一统"论》，《云南师范大学学报》2015年第6期；李治亭：《清代民族"大一统"观念的时代变革》，《社会科学辑刊》2006年第3期；杨念群：《"天命"如何转移：清朝"大一统"观再诠释》，《清华大学学报》2020年第6期。

⑨ 衣长春：《论清雍正帝的民族"大一统"观——以〈大义觉迷录〉为中心的考察》，《河北学刊》2012年第1期；崔明德：《高欢民族关系思想初探》，《中国边疆史地研究》2019年第3期。

适合自身实践的理论体系。如本文总结概括的北魏"脱夷统华"理论,金、元、清三朝的"我本中华"理论等。这些在少数民族追求大一统的实践中发挥了关键性的理论作用,并发展成为大一统思想极其重要的组成部分。因此,本文的研究对象,集中于少数民族对大一统思想的贡献。

二、司马迁"夷夏共祖"与"共祖异族"体系

(一)先秦时期的"夷夏之辨"

说到汉代的"夷夏之辨",有必要先探讨一下先秦的"夷夏之辨"。在诸多论著中先秦与秦汉时期的"夷夏之辨"并无二致,实则不然。先秦的"夷夏之辨"强调最多的是"夷夏有别",很少提及"夷夏共祖"。具体表现如下。

1. 西周时的夏强调的是"大",《尔雅》:"夏,大也。"华夏(诸夏)指的是少数地位显赫的诸侯,而非民族,这其中最为显赫的当属以周王室为首的姬姓集团以及与周人有姻亲关系的姜姓集团。此时的华夏与"中国"基本吻合,强调的是"中央"或"中心"之国,不等同于周朝。

2. 春秋时华夏不断壮大,"中国"也随之变大。楚、秦、吴、越、宋等相继在春秋时跻身华夏。只是这些新晋入夏成员的标志不是文化,而是自身实力壮大后的会盟称霸,如楚国只是在楚庄王问鼎中原、邲之战大败晋国而主持会盟后,才由"南蛮"入夏。"秦僻在雍州,不与中国诸侯之会盟,夷翟遇之"。[①]直到秦穆公称霸后,"杂戎翟之俗"的秦才"与齐桓、晋文中国侯伯侔矣",[②]同伍于华夏。吴国始祖"其一虞,在中国;其一吴,在夷蛮。中国之虞灭二世,而夷蛮之吴兴"。吴王寿梦二年(前584)"始通于中国",吴王夫差成东南霸主,"北会诸侯于黄池,欲霸中国以全周室",从而完成夷夏转身。[③]越国勾践"报会稽之耻,北渡兵于淮以临齐、晋,号令中国,以尊周室",[④]被华夏视为同类。周初的宋国靠"灭国继绝"封侯,虽非"夷",却因"殷顽"而不为华夏接纳。宋襄公时,国力一度强盛,曾主导诸侯会盟,由此被视为华夏。上述表明,地位的强弱仍然是春秋时期能否入华夏的标尺。孔子曰"夷之有君,不如诸夏之亡也",[⑤]认为"夷夏之别"在于"夷"不知礼。这里的礼主要指大国主导的政治秩序,那些不在大国主导的政治秩序之中的,即使是姬姓之后,亦可视为夷狄,如郑国。随着华夏的扩大,"中国"亦随之扩大,但仍指华夏居住之域。只是随着王室衰败,华夏中国的认同逐渐取代周朝的认同。华夏的政治属性开始向文化属性过渡。

3. 战国时期,诸侯争霸阻挡不了华夏文化的深度同质化和对异质文化的排斥,所谓"诸

[①]《史记》卷5《秦本纪第五》,中华书局2013年版,第202页。
[②]《史记》卷15《六国年表三》,第685页。
[③]《史记》卷31《吴太伯世家》,第1448、1473页。
[④]《史记》卷41《越王勾践世家》,第1751—1752页。
[⑤](春秋)孔丘著,杨伯峻、杨逢彬注译:《论语》,岳麓书社2000年版,第18页。

夏之国同服同仪，蛮、夷、戎、狄之国同服不同制"。①这时的华夏不再是以盟主为核心的政治联盟，而是一个具有相同文化的民族共同体。在战国时期，"夷夏之辨"尚无人提及夷夏是否共祖的问题，相反，对于文化不同者，即使是同一血缘，仍可视为"非我族类"，如"魏之先……与周同姓……其后绝封，为庶人，或在中国，或在夷狄"。②

（二）汉代的"夷夏之辨"

秦汉时期，大一统不再是策士们纸上勾勒的蓝图和口中纵横的阔论，而是实实在在的大一统理论建设，这其中既有董仲舒的政治神学建构，也有司马迁"夷夏之辨"的重新审视。这种审视归纳起来有两个基本点：一是"夷夏共祖"，二是"共祖异族"。两个基本点最终汇聚于"汉为天下宗"。这是"夷夏之辨"理论的基本逻辑。

1. "夷夏共祖"

四夷源于华夏，华夏以炎黄为代表，这是《史记》在大一统背景下建构的夷夏观，也是司马迁对于"夷夏之辨"的最新诠释。与《春秋》《世本》《竹书纪年》等零散记述不同的是，《史记》将春秋以来渐入华夏的楚、秦、吴、越等"夷"全面系统地纳入炎黄族系，这是司马迁首创，也是司马迁的"想象共同体"。

为建构大一统主导下的"夷夏共祖"理论体系，《史记》将"四夷"纳入华夏，这贯穿于《史记·五帝本纪》以及其他传记，其代表性论述除前述学者所列外，还反映在放"四凶"于"四裔"以变"四夷"的演绎上。放"四凶"于"四裔"的典故早在春秋时期就已流传。《尚书·舜典》载："流共工于幽州，放驩兜于崇山，窜三苗于三危，殛鲧于羽山，四罪而天下咸服。"③这里的"四罪"除三苗略存争议外，其余均属华夏。《左传·文公十八年》载："舜臣尧，宾于四门，流四凶族，浑敦、穷奇、梼杌、饕餮投诸四裔，以御螭魅。"④这里的"四凶"均为神话传说，夷夏难辨。两个"四凶"尽管版本不同，但均未将"四凶"变为"四夷"，而司马迁则第一个将放"四凶"于"四裔"与变"四夷"联系在一起。《史记》卷1《五帝本纪》载："于是舜归而言于帝，请流共工于幽陵，以变北狄；放驩兜于崇山，以变南蛮；迁三苗于三危，以变西戎；殛鲧于羽山，以变东夷；四罪而天下咸服。"⑤将"四凶"演绎成"四夷"，⑥从而将"四夷"与华夏链接在一起，使之成为血脉相通的同胞，这是司马迁"夷夏之辨"中十分重要的理论支撑。同理，司马迁在论述匈奴时亦曰："匈奴，其先祖夏后氏之苗裔也，曰淳维。"⑦《史记》卷106《东越列传》亦载："闽越王无诸及越东海王摇者，其

---

① 《荀子集解》，《新编诸子集成》，中华书局1988年版，第329—330页。
② 《史记》卷44《魏世家》，第1835页。
③ （清）孙星衍撰，陈抗、盛冬铃点校：《尚书今古文注疏》，中华书局2004年版，第56页。
④ （清）洪亮吉撰，李解民点校：《春秋左传诂》，中华书局1987年版，第391页。
⑤ 《史记》卷1《五帝本纪》，第28页。
⑥ 放四凶以变四夷有多种解释，大体有变为"四夷"之一部分与变为"四夷"始祖两大类型。
⑦ 《史记》卷110《匈奴列传》，第2879页。

先皆越王句践之后也","越虽蛮夷……盖禹之余烈也"。①至此，司马迁在大一统思想主导下的"夷夏共祖"理论已基本呈现出来，华夏、炎黄、四夷浑然一体，一统于汉。这与战国以来的"夷夏之辨"有着明显的不同，也为春秋战国以来的"夷夏之辨"注入了新鲜内容。

2."共祖异族"

夷夏可以共祖，但绝非同族，即"四夷"可以是炎黄子孙，但不等同于华夏，这是司马迁在"夷夏共祖"基础上提出的又一个紧密关联的理论。学者们对于"华夷一家""华夷同祖"多有论述，但"共祖异族"却是本文进一步深入研究后首次提出的观点。它实际上是司马迁"夷夏有别"中最大的"有别"，即夷夏"共祖异族""同源异流"。在同一祖先之下分为夷夏，这是司马迁中国大一统思想及各民族共创中华的集体记忆独创的大一统主导下的"夷夏之辨"。在这一理论中，"夷夏之辨"既不在于血缘，也不在于政治，而在于文化，即共同血缘下的异质文化演变而来的不同族体。司马迁的"共祖异族"理论无非是要证明"四夷"其实就是迁移到"四裔"的华夏，是"共祖异族"的同胞。夏与夷之所以共处于大一统之中，乃夷夏原本就出自一家。

司马迁通过建构炎黄族系，从而将汉王朝打造成一个同源于炎黄族系的、由华夏与四夷共同组成的王朝。只是如此建构的夷夏观与其说是大一统的历史观、民族观，不如说是服务于大一统的政治说教。它的"宏大叙事"有着明显的建构痕迹，与历史的本真相去甚远，是两张皮，如《史记》卷116《西南夷列传》所载夜郎、滇、邛、筰、昆明、徙、筰、厓駹、氐等西南夷，他们与华夏为何种联系，与"四凶"又是如何关联，《史记》阙如。

我们之所以详尽地讨论司马迁的夷夏观，盖司马迁是将华夏与四夷完整地放在大一统框架内论述的第一人，并创造性地建构了"夷夏共祖"与"共祖异族"理论体系。这种"共祖异族"的理论为后世少数民族实践大一统提供了理论建构的范式。从魏晋南北朝的"五胡统华"到辽朝与北宋互争正统，众多少数民族在大一统进程中所迈出的第一步都是将自己的族源纳入炎黄，以便从族源上获取"一家人"的认同，争得正统地位，这不得不说是受司马迁理论的引领。本文根据历史上不同时期少数民族追求大一统的特点，将少数民族对于大一统思想的理论贡献分为四个阶段论述：第一阶段为魏晋南北朝时期，其理论特点是在"共祖异族"框架内建构了"脱夷统华"理论。第二阶段为五代时期，其理论特点是沙陀三朝的"政治正统"。第三阶段为契丹辽朝，其理论特点是在"脱夷统华"的基础上增添了"长城内外皆中国"的内容。第四阶段为金、元、清时期，其理论特点是创建了"我本中国"理论。

三、"脱夷统华"理论

（一）魏晋南北朝时期大一统思想的建构

进入魏晋南北朝后，大一统思想面临着空前挑战，主要为：（1）政治秩序的空前挑战；（2）华夏"中心论"的挑战，即如何再建地域上的"夷夏之辨"成为考量大一统思想能否延

---

① 《史记》卷106《东越列传》，第2982、2984页。

续的关键之一；（3）"夷夏之辨"面临着"脱夷统华"的挑战。这些问题不解决，大一统难再续。这一时期入主中原的少数民族在追求建立大一统政权的过程中，纷纷推出了"脱夷统华"理论，以便获取正统身份，让中原汉人接受"一家人"的统治。

"脱夷统华"是本文总结概括后首次提出的，其核心内容就是入驻中原的少数民族以和亲或将自己打造为炎黄后裔的方式，从而获取正统名分以完成统一大业。此时期的少数民族大多经历了"脱夷"的理论建构，将非华夏的"夷"建构为炎黄后裔的"夷"，以实现理论上的"共祖异族"。但与司马迁"以华统夷"不同的是，此时期少数民族"脱夷"的目的不仅是为了"入华"，而且是为了"统华"。

此时期少数民族打造"脱夷统华"理论主要通过两大路径：一是打和亲牌，二是构建"共祖异族"理论。

1. "脱夷统华"之和亲

魏晋时匈奴人刘渊建立的"汉"政权是中国历史上第一个在中原建立的"非汉"政权。在与西晋争夺天下时，刘渊为获取汉朝继承者的正统身份，争得中原汉人的支持，努力打造和亲牌，使人相信汉匈乃刘汉王朝"共祖异族"的兄弟，从而凭借汉匈和亲完成"脱夷"的认同，以达到再续汉统之"统华"目标。

刘渊此举的效果并不如意，以至于其子刘曜不得不改国号为"赵"，将异族政权纳入魏晋的法统谱系中。而匈奴的另一支赫连勃勃甚至放弃和亲牌转而附会炎黄血缘。赫连勃勃借用司马迁之说，以夏后氏为先祖，建立大夏政权，这足以证明刘渊和亲牌的有效性极为有限。《魏书》作者甚至认为"刘渊等假窃名目，狼戾为梗，污辱神器"，匈奴乃"夷狄不恭，作害中国"。[①]

2. "脱夷统华"之炎黄血源建构

魏晋南北朝时期，像赫连勃勃一样附会炎黄族源，以获取正统认同的少数民族不在少数，如《晋书》将前秦苻坚、后秦姚氏的先祖分别记载为有扈与有虞氏之苗裔。[②]不过这其中影响最广且最具代表性的非鲜卑莫属。

鲜卑人成功运用了"脱夷统华"理论中炎黄族源的建构，为创建北魏政权发挥了巨大的舆情功效。史载"乌丸、鲜卑，即古所谓东胡也"，[③]这既是史籍中有关鲜卑族源的最早记载，也明确告知鲜卑不属华夏。鲜卑在统一中原过程中，通过"天命王权""五德始终""国号议定""通三统""改正朔""华夏文化认同"以及迁都改制等一系列措施，向南朝展开了全面争夺正统的论争，而"脱夷统华"理论的建构更是重中之重。《魏书》卷1《序纪》载："昔黄帝有子二十五人，或内列诸华，或外分荒服。昌意少子受封北土。国有大鲜卑山，因以为号。"这是明确将鲜卑族源纳入炎黄谱系。《魏书》作者魏收生活在鲜卑化较深的北齐，其观

[①]《魏书》卷95《匈奴刘聪等传》，第2087页。

[②]《晋书》卷112《苻洪载记》，中华书局2015年版，第2867页；《晋书》卷116《姚弋仲载记》，第2959页。

[③]《三国志》卷30《魏书·乌丸鲜卑东夷传》，中华书局2015年版，第832页；《后汉书》卷90《乌桓鲜卑传》，中华书局2009年版，第2979页。

点代表了鲜卑统治者对于族源的自我建构。

在北魏"脱夷统华"理论中，北魏统治者更为在意的是鲜卑虽属"共祖异族"的中国人，但不是汉族。如此，在中国人的概念下存在着两个民族：一个是作为统治者的鲜卑族，另一个是被统治的汉族，而其他少数民族则是居住在"中国"内外的"夷狄"与"胡虏"。[①]

在司马迁的"共祖异族"理论中，"夏"之所以能够统"夷"，取决于文化优胜，而不是血缘。所以北魏统治者在统一北方过程中也十分注重培养民族自信与优越感。北魏政权在不断实施汉化措施，以及大量吸收汉族世家大族加入政权后，鲜卑人相信在文化正统上已不逊于北方汉族，更不输于南朝。所以鲜卑人从未打算将自己同化于汉族，而是在"共祖异族"框架下坚持鲜卑人的主体性与主导性，并以此勇猛地践行着"脱夷统华"大业。

（二）"脱夷统华"理论的历史影响

综上所述可以得出：（1）即使在魏晋南北朝时期，少数民族同样热衷于大一统并为此创建出"脱夷统华"理论。（2）"脱夷统华"理论极大地冲击了"夷狄不可为君"的狭隘大一统思想，力促"共祖异族"的"夷"获取正统的认可。（3）"脱夷统华"理论是对秦汉以来大一统思想的最大贡献，而贡献者则是以鲜卑为代表的北方少数民族，它彰显了各民族均为中华民族的史实。（4）秦汉以来大一统思想的基本框架并未颠覆，司马迁"夷夏共祖"的理念被少数民族改造后广泛沿用，大一统依然是各民族的共识，炎黄仍然具有统治者的民族属性。

四、沙陀人的"政治正统"

五代时期的后唐、后晋、后汉皆为沙陀人所建，这是继羯人石勒之后又一个具有欧亚混合人种特征的民族建立的政权。巧合的是两者均未将自己的族源建构为炎黄后裔。《新唐书》卷218《沙陀传》载："沙陀，西突厥别部处月种也"，因居于"金娑山之阳，蒲类之东，有大碛"，故曰"沙陀"。这里提到的西突厥别部，其族源无论哪种说法，均不属炎黄后裔，但沙陀人建立的后唐则是北魏之后又一个被认定为由少数民族建立的正统王朝，只是沙陀人并不是通过炎黄血缘的路径达到"脱夷统华"的彼岸，而是成功地将自己打造成李唐王朝的正统继承者，从而以"政治正统"完成了政权建立的理论建构与实践。后唐得益于此，后晋、后汉一脉相承。

唐朝末年，沙陀人朱邪赤心在唐朝平定庞勋、王仙芝的战役中功勋卓著，被赐姓"李"，名"国昌"，为沙陀人"脱夷统华"埋下伏笔。唐昭宗大顺二年（891），李克用因在镇压黄巢、征讨吐浑赫连铎的战役中居功至伟，被封为晋王。天祐四年（907），朱全忠篡唐建后梁，李克用身为北方最大的割据者，却仍然沿用唐哀帝天祐年号，奉唐朝为正朔，视后梁为闰朝，并将恢复李唐社稷为己任。至此，李克用忠于唐朝的形象牢牢树立起来。

---

① 参见《魏书》卷95《匈奴刘聪等传》，卷100《高句丽等传》，卷101《氐等传》，卷103《蠕蠕等传》。

李存勖继承晋王后，继续以"唐"为国号，围绕"中兴唐祚"展开统一大业。李存勖将唐高祖李渊、唐太宗李世民、唐懿宗李漼、唐昭宗李晔及其曾祖朱邪执宜（追封为唐懿祖）以下立为七庙。①天祐五年二月，梁祖使人鸩害唐少帝，李存勖闻之，"举哀号恸"，②自称"家世三代，尽忠王室"。③李嗣源即位后诏称"中兴宝祚，复正皇纲"，④坚持采用唐之土德，反对"自创新号"、"不从土德"的建议，认为"同宗异号"于典礼不符。⑤这一系列举措使其在唐朝灭亡后顺理成章地成为李唐的正统继任者。唐长兴三年（933）时，南方诸国除南吴、南汉外皆奉后唐为正朔，称臣纳贡。后人评价说："时梁晋吴蜀四分天下，后唐以一灭二，天下四分已得三分"，"五代领域无盛于此者"。继后唐迭次承接的后晋、后汉，其正统性的建立与后唐一脉相承，这在当时曾获得广泛认同。北宋前期，主流观念中大多视沙陀人建立的政权为正统。

沙陀三朝的统治虽然只有短暂的几十年，但他们成功上演了以政治正统为主导的大一统，由此折射出中原汉人对于非汉民族的态度变得越来越包容，不但容忍沙陀政权为正统，而且视汉人所建的后梁为僭伪。正所谓"用夷礼则夷之，进于中国则中国之"。⑥而这也是欧阳修撰《新五代史》时并未强调沙陀人是否为炎黄，以及五代正统观中不提"夷夏之辨"的重要原因。⑦

五代沙陀三朝的理论建构再一次刷新了传统大一统的正统观，为大一统思想增添了"政治正统"的选项。只是这一选项被瞬间的政权更迭所取代，接踵而来的北宋政权又重新回归到传统大一统思想中来。

五、契丹王朝的"北极之下为中国"

契丹人虽沿循了"脱夷统华"理论，但契丹人提出的"北极之下为中国"之说，扩大了中国的内涵，是对大一统思想的又一理论贡献。

契丹人很早就有阴山七骑、赤娘子、白马青牛等契丹始祖传说。《旧唐书》《新唐书》均认为契丹本东胡种，其先保鲜卑山。这代表了唐宋两朝的官方认知。

契丹强大后，开启了"脱夷入华"的理论建构。《辽史》有辽之先出自炎帝的记载，⑧这

---

① 《旧五代史》卷29《唐书五·庄宗本纪三》，第404页。
② 《旧五代史》卷27《唐书三·庄宗本纪一》，第368页。
③ 《旧五代史》卷27《唐书三·庄宗本纪一》，第366页。
④ 《旧五代史》卷37《唐书十三·明宗本纪三》，第513页。
⑤ 《旧五代史》卷35《唐书十一·明宗本纪一》，第490—491页。
⑥ 马其昶校注：《韩昌黎文集校注》卷1《原道》，上海古籍出版社1986年版，第17页。
⑦ 刘浦江：《正统论下的五代史观》，《正统与华夷：中国传统政治文化研究》，中华书局2017年版，第55—60页。
⑧ 《辽史》卷1《太祖本纪》，中华书局2019年版，第24页；卷63《世表》，第949页。

显示出元朝统治者认可了契丹人的族源建构。除炎帝外，契丹人还有出自黄帝的自我建构。[①]所以在与北宋交往中契丹人时常强调"一家之美""义若一家"。不过契丹人宣称炎黄子孙是在大辽国后期，而此前契丹人自称"番"，被中原视为"夷"。这说明契丹人经历了一个从自称"番"到自称"北朝"，再到自称"中国"的演进过程。

辽景宗时，辽已占有燕云十六州，与宋形成对峙。此时契丹人自称"北朝"，称宋为"南朝"。"澶渊之盟"后，辽宋的天平倾重于辽。辽太后自豪地称"吾儿为天下主"。[②]这表明辽已萌生了天下共主的潜意识。辽兴宗重熙年间曾要求宋在"澶渊之盟"的基础上，以"纳"币之名增贡于辽。宋仁宗委曲求全予以应允，辽朝成功实现了以上国自居的意愿。"重熙纳币"反映出辽兴宗已不再满足共享"中国"的南北认同，已着手天下共主的建构。

辽道宗时，宋朝中国在契丹人心中已经降为中原政权、中原地区或汉人的代称，其地域概念强于政治层面，不再有"中央之国"的内涵，也不具有宣称正统的效力。辽朝因此大肆炫耀"宋修职贡"，[③]而辽则是包括中原地区或中原政权在内的"大中央辽契丹国"。《契丹国志》载辽道宗令汉族儒士讲《论语》，至"北辰居其所而众星拱之"，"帝曰：'吾闻北极之下为中国，此岂其地耶。'又讲至'夷狄之有君'，疾读不敢讲。帝又曰：'上世獯鬻、猃狁荡无礼法，故谓之夷，吾修文物彬彬，不异中华，何嫌之有？'卒令讲之"。[④]辽道宗显然不认同北极之下的中国只包括中原地区，认为契丹所处的漠北亦应囊括在中国之内，且为中国的中心。加之此时的契丹早已不是"荡无礼法"的"夷"，而是"不异中华"的"大辽中国"，可以理直气壮地自称中华。故这一时期辽朝大臣中也有将辽称为中国者。道宗大安末年，刘辉上书："西边诸番为患，士卒远戍，中国之民疲于飞挽，非长久之策。"[⑤]这里的"中国"明确指称辽朝。刘辉又在道宗寿隆二年（1095）上书："宋欧阳修编《五代史》，附我朝于四夷，妄加贬訾。且宋人赖我朝宽大，许通和好，得尽兄弟之礼。今反令臣下妄意作史，恬不经意。臣请以赵氏初起事迹，详附国史。"[⑥]刻于辽天祚帝天庆八年（1118）的《鲜演大师墓碑》也称："高丽外邦，僧统倾心；大辽中国，师徒翘首。"[⑦]这里大辽与"中国"合称，足见至迟在道宗时，契丹人已具备以中国为正统的意识，这是中国历史上首次将"中国"涵盖的范围拓展至漠北，并将中原纳入"大辽中国"之下。

---

① 参见袁海波、李宇峰《辽代汉文〈永清公主墓志〉考释》，《中国历史文物》2004年第5期；陈述辑校：《全辽文》卷1引《圆空国师胜妙塔碑》，中华书局1982年版，第15页；厉鹗：《辽史拾遗1—5册》卷7《圣宗》，中华书局1985年版，第125页。

② 陈述辑校：《全辽文》卷3《诫田猎》，第62页。

③ 《辽史》卷96《姚景行传》，第1403页。

④ 李澍田主编：《松漠纪闻 扈从东巡日录 启东录 皇华纪程 边疆叛迹》，吉林文史出版社1986年版，第22页。

⑤ 《辽史》卷104《刘辉传》，第1455页。

⑥ 《辽史》卷104《刘辉传》，第1455—1456页。

⑦ 向南主编：《辽代石刻文编》，河北教育出版社1995年版，第668页。

与北魏自称炎黄后裔一样，契丹自称炎黄后裔并不意味着将自己同化于汉族，而是坚持"共祖异族"的契丹人认同。契丹人之所以信心满满地自称"中国"，首先得力于辽对宋的军事优势。辽朝后期，契丹人一度进驻汴梁，占据了北方大片疆土。反观宋朝，虽然手握正统王牌，却不得不忍辱称臣，被视同中原政权。其次，契丹人很早就注重学习汉文化。辽灭后晋，更是效仿中原制度文化。"至于太宗兼制中国，官分南北，以国制治契丹，以汉制待汉人。国制简朴，汉制则沿名之风固存也"。辽太宗谓群臣曰："自今不修甲兵，不市战马，轻赋省役，天下太平矣。改服中国，百官皆如旧制。"①在辽太宗的推动下，契丹人不断学习中原礼仪制度，自谓不输宋朝，"华夷同风"，可称中国。宋人富弼言，辽人"得中国土地，役中国人力，称中国位号，仿中国官属，任中国贤才，读中国书籍，用中国车服，行中国法令……皆与中国等"，②可见宋人心目中也接受与认同了辽契丹"不异中华""华夷同风"的事实。

契丹之炎黄族源尽管囿于"脱夷统华"的大一统建构，沿循了血缘认同的老路，但所提出"北极之下为中国"应包含"大辽中国"与"宋朝中国"，实际上隐含了辽朝即中国的因素，更是为辽朝争当中华正统、成为正统中国的代表找到了转化途径，这为后世理论创新带来启迪。如果说"大契丹"改为"大辽"所展现的仅仅是契丹从汗国转向一个区域性政权，那么"北极之下为中国"的提出则预示着"中国"涵盖的范围大踏步地向长城以北拓展，中国已不再局限于中原中国。多民族的中国观呼之欲出。

六、我本中国

（一）女真人对于大一统思想的创造性贡献

1. 金朝的多民族中国观

与前代大多入主中原的北方民族政权不同的是，女真人从不惧怕称"夷"。从靺鞨到女真，女真人并未自我建构或被建构为炎黄子孙。《旧唐书》卷149《北狄传》称"靺鞨，盖肃慎之地，后魏谓之勿吉"。《金史》卷1《世纪》载："金之先出靺鞨氏，靺鞨本号勿吉，勿吉，古肃慎地也。"金宣宗贞祐四年（1216），辽东宣抚使完颜海奴等人谏言立黄帝庙，以此附会女真人为黄帝后裔。大臣张行极力反对曰："按《始祖实录》止称自高丽而来，未闻出于高辛。"③金宣宗对此表示赞同。女真人的这种民族自尊、自信比以往入主中原的北方民族表现得都强烈。但同时，女真人的中国认同也不断强化，这种民族本位意识与对中国认同看似矛盾，实则是金朝多民族中国观的体现。

金朝后期，女真人的多民族中国观逐渐成熟，主要包括：第一，从地理角度，女真所

---

① 《辽史》卷58《仪卫志四·国仗》，第918页。

② （宋）李焘著、（清）黄以周等辑补：《续资治通鉴长编》卷150庆历四年六月戊午，上海古籍出版社1986年版，第3641页。

③ 《金史》卷107《张行信传》，中华书局2016年版，第2366—2367页。

谓中国的范围不再局限于中原，而是包括其统治下长城内外的广袤区域。①第二，从民族角度，炎黄血缘不再是确认中国人的唯一标准，少数民族即使不"脱夷"亦可"入华"。夷夏均可宣称"我本中国"。第三，从文化角度，女真人的文化并不逊色于汉文化，同样可以成为中华文化的组成部分。第四，从政治角度，女真代表金朝，金朝即中国，中国是多民族的国家。第五，夷夏均可以追求和实现大一统，血缘不再是判断正统与否的标准。上述观点的关键之处就在于女真人将"中国"的概念扩大，"王朝即中国"，我们称此为多民族的中国观。至此，是否"脱夷入华"已不再重要，重要的是女真人凭借"夷"的身份可以名正言顺地践行大一统。多民族的中国观为女真人的大一统实践提供了全新的理论阐释与支撑。

　　与契丹初期相同，女真人最初亦自视为"夷"，自称北朝、女真、大金，称宋为"中国"。金太祖完颜阿骨打建立大金政权后，迅速攻辽灭宋，而此时女真人的正统意识完全处于朦胧状态。金熙宗在位时，"颇读《尚书》《论语》及《五代》《辽史》诸书，或以夜继焉"。金朝多民族中国的特质不断凸显，女真统治集团已经萌发了鲜明的以中国政权自居的中国意识。②海陵王极力反对"严夷夏之防""内诸夏而外夷狄""贵夏贱夷"等"夷夏有别"的思想，自称"朕每读鲁论，至于'夷狄虽有君，不如诸夏之亡也'，朕窃恶之。岂非渠以南北之区分，同类之比周，而贵彼贱我也"。他读《晋书》，为苻坚列入"载记"而感到惋惜，叹曰："雄伟如此，秉史笔者不以正统本纪归之，列传而已，悲夫！"③海陵王认为"夷"也可以完成大一统，否认将夷夏作为衡量正统与否的标准，提出无论夏与夷，只要能够完成大一统，就可以居正统的思想，这标志着"我本中国"的大一统思想正在形成。如完颜亮决意伐宋时，其嫡母徒单氏劝谏"今又兴兵涉江、淮伐宋，疲弊中国"，④"议者言玩与宋通谋，劝帝伐宋，征天下兵以疲弊中国"。⑤金章宗曾下令"禁称本朝人及本朝言语为'蕃'，违者杖之"，⑥不再认同金朝是"夷国"，认为"夷狄"也是中国人。同时"诏臣庶名犯古帝王而姓复同者禁之"。⑦祭三皇五帝四王，⑧其主要目的就是标榜金朝的正统性。随着金朝统治者以中国自称而宣示对西夏、宋、高丽等周边政权及民族的统御时，中国更多体现为政治意义上的"正统中国"，中国即正统，正统即可"君天下"，为天下共主。笔者认为，正是这一逻辑

---

① 《金史》卷24《地理上》，第549页。

② 女真对汉文化与汉制的吸收，很难说是存粹出于对其仰慕与尊崇，从金朝统治者对女真文化的自信与女真本位思想可以看出，其更多是出于建设以自身为"中国"而统御四方的现实需求。参见熊鸣琴《金人中国观研究》，上海古籍出版社2014年版，第129—130页。

③ （宋）徐梦莘撰：《三朝北盟会编》卷242，上海古籍出版社2019年版，第1740页。

④ 《金史》卷63《后妃传·海陵嫡母徒单氏》，第1506页。

⑤ 《金史》卷131《梁珫传》，第2808页。

⑥ 《金史》卷9《章宗本纪》，第218页。

⑦ 《金史》卷9《章宗本纪》，第225页。

⑧ 《金史》卷12《章宗本纪》，第267页。

推动了金人多民族中国观的形成，即从正统中国，衍生出金人在族群上不辨夷夏，地域上不分南北，文化上涵盖女真、汉人等多元文化的多民族中国观。

与辽朝后期相比，金朝统治者自居为正统中国的观念更为普及。依附于宋朝的吐蕃人青宜可提出"以宋政令不常，有改事中国之意"。①这里的中国指称金朝。金章宗时，"言事者以茶乃宋土草芽，而易中国丝绵、锦绢有益之物，不可也"。②这里将宋与中国对举，视金为中国。金哀宗曾面对蒙古频频南下曰："北兵所以常取全胜者，恃北方之马力，就中国之技巧耳，我实难与之敌。至于宋人，何足道哉。"③这里将宋人、蒙古、中国对举，其中国显然指金朝。由此可见，此时金朝即中国的认同绝非个别人的说辞，而是金朝上下普遍的共识。且金人赞同在中华民族内部又可作进一步的划分，如强调女真、渤海一家外，也时常表达契丹、汉人为一家的观念，如称"契丹、汉人久为一家……且番、汉之民皆赤子也"。④从女真、渤海一家到契丹、汉人一家，再到番、汉之民皆赤子。"一家"的范围越来越大，包括的民族也更加广泛，最终上升为"天下一家"。

2. 金朝"我本中国"的自信

金朝敢于自称中国的原因固然很多，但宋金实力的绝对悬殊是主要原因。"靖康之乱"导致北宋灭亡，三年后南宋向金称臣。大金由此代辽成为东亚大陆上的霸主，实现了长城内外的大一统。宋金"绍兴和议"更是"以臣宋告中外"。⑤此后在《金史》中，南宋、高丽、西夏开始频繁出现于朝贡的名单上。金朝对南宋以"上国"自居，南宋则屈为"臣国"。金朝实现了契丹漠北故地、女真本部东北地区、淮河以北地区的统一。至此再看金朝的"中外一统"，显然已具备"天下"之意。"天下一家"的思想已成为金朝君臣共识，故金熙宗称"四海之内，皆朕臣子，若分别待之，岂能致一"。⑥刘筈称"今天下一家，孰为南北"。⑦金世宗大定四年（1164），金与南宋约定，南宋书不称"大"，称"侄宋皇帝"；称"再拜奉书于叔大金皇帝"。南宋再次遭贬。

中国历史从宋、辽、金、夏开始，少数民族轮番上演了追求统一的历史剧。女真人的多民族中国观正是在这一时期被真实客观地创建出来。金朝虽然没有完成统一大业，但多民族的中国观为大一统思想的演进作出了突出贡献。它证明随着中华民族的不断壮大，必然会对大一统思想进行调整与充实，并为共创中华不断开启新的大门，而中华民族共同体正是通过这一扇扇大门源源不断地充实、凝聚和壮大起来。女真人的多民族中国观被元、清统治者继承发扬，最终形成了多民族统一中国的大一统共识。

---

① 《金史》卷98《完颜纲传》，第2175页。
② 《金史》卷49《食货志四》，第1109页。
③ 《金史》卷119《完颜娄室》，第2599页。
④ 《金史》卷75《卢彦伦传》，第1715页。
⑤ 《金史》卷4《熙宗本纪》，第78页。
⑥ 《金史》卷4《熙宗本纪》，第85页。
⑦ 《金史》卷78《刘筈传》，第1772页。

（二）蒙元对多民族中国观的践行

1206 年，大蒙古国建立，开启了蒙古铁骑"海内一统""威服海外"的征程。蒙古人西征时，称自己的政权为"蒙古国""大朝""蒙古大朝国""大朝蒙古国"。①此时的蒙古正专注于联宋抗金，对于宋金"中国"之争尚未介意，也未严格区别。

与女真人一样，蒙古人在族源上也没有攀附炎黄，而是延循了女真人的多民族中国观，将自己视为中华民族的一员。忽必烈继位后，开始谋求大一统，这在忽必烈所颁诏书中有强烈表达："肇造区宇，奄有四方"，"虽在征伐之间，每存仁爱之念，博施济众，实可为天下主。"②在郝经、刘整等劝导下，忽必烈统一天下之志越发坚定。郝经主张"阖国大举，以之伐宋而图混一"，③刘整言"自古帝王，非四海一家，不为正统。圣朝有天下十七八，何置一隅不问，而自弃正统邪！"忽必烈曰："朕意决矣。"④

蒙古人对于空间的表述常常使用天下、四海、海内、海外、中外、中国等词语，但《元史》在忽必烈灭南宋前不称蒙古为中国。中国一词多指中原、中原政权。《元史》乃明朝人编纂，视南宋为正统，故在南宋灭亡前不会称蒙古为中国。但实际上，忽必烈改元"中统"就是取"中华开统"之意，这显然已自视为中华正统。在建元"中统"颁发的诏书中，忽必烈也表达了相同的意愿。⑤至元元年（1264），徐世隆奏"陛下帝中国，当行中国事"。⑥八年，忽必烈用刘秉忠议，改国号为"大元"，并在诏书中称大元是"鸿名"，取《易经》"乾元"之义，完全符合华夏正统，可见此时的忽必烈完全是以中国皇帝自居，以本朝为中国。

元朝统一后，统治者以天下共主自居，不辨夷夏，但凡提到中国均指多民族的中国，如"至元二十年，以征日本国，命高丽王置省，典军兴之务，师还而罢。大德三年，复立行省，以中国之法治之"，"诸下海使，臣及舶商，辄以中国生口、宝货、戎器、马匹遗外番者，从廉访司察之"。⑦这里的中国和外番对举，中国均是对元朝的称谓。由此可见：（1）相对于"共祖异族"的中国观而言，多民族的中国观不单单是地理概念的延展，更重要的是它承认各民族都是中国人，这是中华民族共同体不断发展的历史必然。（2）秦汉以来无论是司马迁的"共祖异族"，还是少数民族的"脱夷统华"，其中国人的认同基本上是以炎黄血缘为准，而元朝对于中国人的认同为国家（王朝）认同。这是历史性的转折，在此后的历史发展和中国人的民族认同意识中发挥着积极作用。（3）多民族的中国观反映了少数民族作为中华民族的成员同样也可以完成统一大业。这是蒙古人对大一统思想的历史贡献，并为清朝所继承，

---

① 萧启庆：《内北国而外中国：蒙元史研究》，第 64 页；郑麟趾：《高丽史》卷 23《高宗世家》，明景泰二年朝鲜活字本。

② 《元史》卷 4《世祖本纪一》，中华书局 2016 年版，第 64 页。

③ 《元史》卷 157《郝经传》，第 2700 页。

④ 《元史》卷 161《刘整传》，第 3786 页。

⑤ 陈高华等点校：《元典章》卷 1《中统建元诏》，中华书局 2011 年版，第 5 页。

⑥ 《元史》卷 160《徐世隆传》，第 3769 页。

⑦ 《元史》卷 91《百官志七》，第 2307 页；卷 105《刑法四》，第 3687 页。

成为大一统思想的主流。(4)限于元朝国祚短祚,统一的多民族中国观尚未得到深入、系统的阐述,故元朝时官方的多民族中国观与民间流行的狭义"中国"观常常一并见诸史端。

(三)清朝多民族中国观的实践

清朝是少数民族大一统的成功实践者,也是金朝以来多民族中国观的集大成者。清朝的多民族中国观在清统一前后有一个从我是中国(明朝)人,到我不是中国(明朝)人,再到我本中国(清朝)人的演进过程。努尔哈赤建立后金,以金朝后继者为标榜,希望获得女真诸部的认同,以此将诸申凝聚在后金政权之下。此时的努尔哈赤在身份上仍然是"明臣",后金是"藩属国"。《七大恨》中视明朝为"天下共主"①"天朝",称自己为"达子三国",②是处在天下边缘的"东夷"或"国"与"部"。后金壮大后,自诩为"北朝",视明朝为"南朝"或中国,甚至斥为"敌体",③开始自外于明朝。皇太极在致明朝的文书中屡屡表示:"明国复无一言,明既称为中国,则当秉公持平。"④但是,皇太极虽视明朝为"中国之主",却认为中国并非明朝皇帝可以永久独占,满洲也可以参与竞争。⑤

顺治、康熙两朝将自己定位为入主中国。他们"翦灭闯寇,入承大统",⑥"因兹定鼎燕京,以绥中国"。⑦这实际上是延续了皇太极的中国观,即中国未变,变的是"中国之主"。

雍正、乾隆时形势发生变化,满洲集团仅靠武力征服已远远不能满足统治中国的需要,同样,入关以来一直强调的"翦灭闯寇,入承大统",却越来越多地面临着各种尖锐质疑,尤其是部分汉族士大夫固守"华夷有别",将满族视为异族、异类的观点仍有广泛影响,即雍正谓之"徒谓本朝以满洲之君入为中国之主,妄生此疆彼界之私"。⑧这实际是从汉民族为正统的角度对"非汉"政权的正统性提出挑战。

针对这些挑战,雍正将"入主中国"定位于"我本中国"。其论述主要基于三个方面:一是"华夷一家""我本中国",二是"清朝即中国",三是有德者君天下。

在"华夷一家""我本中国"上,雍正直言不讳称满族的祖先是东夷,但他强调无论是东夷、蒙古还是西藏等外藩都是中国人,即"华夷一家""天下一家"。雍正认为满族人原本

---

① 《清太祖实录》卷4,万历四十三年六月丙子朔,中华书局1985年版,第60页。

② 朝鲜纂辑厅编纂:《事大文轨》卷48,第3页,引自黄彰健《努尔哈赤所建国号考》,《明清史研究丛稿》,台湾商务印书馆1977年版,第481—519页。

③ 北京图书馆藏《后金檄万历皇帝文》,见潘喆、李洪彬、孙方明编《清入关前史料选辑》第一辑,中国人民大学出版社1984年版,第295页。

④ 《清太宗实录》卷2,天聪元年正月己亥,中华书局1985年版,第31页;卷18,天聪八年三月甲辰,第235页。

⑤ 郭成康:《清朝皇帝的中国观》,《清史研究》2005年第4期。

⑥ 《清圣祖实录》卷275,康熙五十六年十一月辛未,中华书局1985年版,第695页。

⑦ 《清世祖实录》卷9,顺治元年十月乙卯,中华书局1985年版,第91页。

⑧ 《清世宗实录》卷86,雍正七年九月癸未,中华书局1985年版,第147页。

就是中国人，因此不存在"入主中国"之说。各族之间存在着高下尊卑之分，但不可心存中外之别。雍正在《大义觉迷录》中表示："夫我朝既仰承天命……何得以华夷而有殊视……尤不得以华夷而有异心。"[①]"我满洲居东海之滨，若言东夷之人则可。今普天之下，率土皆臣，虽穷边远徼，我朝犹不忍以虏视之"，"满、汉、蒙古并无歧视，此心久为臣民所共晓"。[②]对于地域之别，雍正认为："夫满、汉名色，犹直省之各有籍贯，并非中外之分别也。"[③]雍正在谕内阁时亦云："不知本朝之为满洲，犹中国之有籍贯"，"今逆贼等以冥顽狂肆之胸，不论天心之取舍，政治之得失，不论民物之安危，疆域之大小，徒以琐琐乡曲为阿私，区区地界为忿嫉"，"且自古中国一统之世，幅员不能广远，其中有不向化者则斥之为夷狄，如三代以上之有苗、荆楚、玁狁，即今湖南、湖北、山西之地也，在今日而目为夷狄可乎？至于汉、唐、宋全盛之时，北狄、西戎世为边患，从未能臣服而有其地，是以有此疆彼界之分。自我朝入主中土，君临天下，并蒙古极边诸部落俱归版图，是中国之疆土开拓广远，乃中国臣民之大幸，何得尚有华夷中外之分论哉"。[④]雍正借圣贤之语进而论说："孟子曰，舜，东夷之人也；文王，西夷之人也。舜，古之圣帝，而孟子以为夷。文王，周室受命之祖，孟为周之臣子，亦以文王为夷。然则夷之字样不过方域之名。自古圣贤，不以为讳也……舜为东夷之人，文王为西夷之人，曾何损于圣德乎。"[⑤]

至此，雍正成功地将中国人锁定在国家概念下，而不是民族、文化、地域等身份上。与北魏"脱夷统华"不同的是，清朝的少数民族已不再需要"共祖异族"的血源建构，非炎黄后裔也是中国人。

在清朝即中国问题上，早在康熙时就已基本确立了清朝即中国的概念，又经雍正的深入阐述，清朝即中国的多民族中国观已成体系。到了乾隆时更是将多民族中国观进一步法律化，如乾隆在评论《通鉴纲目续编》时云："至于东夷、西戎、南蛮、北狄，因地而名，与江南、河北、山左、关右何异。孟子云，舜为东夷之人，文王为西夷之人，此无可讳，亦不必讳。"[⑥]在汉族与清朝的关系上，当乾隆看到奏闻中多处将归附清朝写为"归汉"时，严厉斥之曰："且传谕外夷，立言亦自有体。乃其中有数应'归汉'一语，实属舛谬。夫对远人颂述朝廷，或称天朝，或称中国，乃一定之理。况我国家中外一统，即蛮荒亦无不知大清声教，何忽撰此'归汉'不经之语，妄行宣示，悖诞已极。即如前此平定准夷回部时，如哈萨克、巴达克山未尝不加传谕。曾有如此荒唐者乎……恬不知耻。"[⑦]如果说，雍正帝尚在意辩论的话，乾隆帝则更突出法定，规定只有大清可以称中国，清朝乃中国，中国不是汉族的中

[①]（清）爱新觉罗·胤禛：《大义觉迷录》，文物出版社2020年影印版，第3页。

[②]《雍正朝实录》卷130，雍正十一年四月己卯，中华书局1985年版，第696、697页。

[③]《雍正朝实录》卷130，雍正十一年四月己卯，第697页。

[④]（清）爱新觉罗·胤禛：《大义觉迷录》，第4、7—10页。

[⑤]《清世宗实录》卷130，雍正十一年四月己卯，第696页；（清）爱新觉罗·胤禛：《大义觉迷录》，第4—5页。

[⑥]《清高宗实录》卷1168，乾隆四十七年十一月庚子，中华书局1986年版，第666页。

[⑦]《清高宗实录》卷784，乾隆三十二年五月庚午，第643页。

国，汉人虽然是人数最多的中国人，但不等同于中国，更不得将汉人居住的区指为中国。[①]

在解决了满族也是中国人的合法性后，接下来讨论的就是满族为何能够统一中国。为此清朝统治者提出了有德者君天下的理论，而这个理论在雍正的论述中主要涉及两个方面，即"符合体统"和"以德配天"。在"符合体统"上，雍正指出"夫中外者，地所画之境也。上下者，天所定之分也"。也就是说，"汉"与"夷"只是地域之分，不是高下之分。只有符合天意者才有资格一统天下。"我朝肇基东海之滨，统一诸国，君临天下。所承之统，尧舜以来中外一家之统也。所用之人，大小文武中外一家之人也。所行之政，礼乐征伐中外一家之政也……总之帝王之承天御宇，中外一家，上下一体，君父臣子之分定于天"。在雍正看来，唯独满族在体统、用人、德政等方面的所作所为是完全符合儒家"德"的要求，所以"内而直隶各省臣民，外而蒙古极边诸部落……莫不尊亲，奉以为主"。而有些人"乃复追溯开创帝业之地目为外夷……是徒辨地境之中外，而竟忘天分之上下，不且背谬已极哉"。[②]

关于"以德配天"，雍正首先从理论上阐述了惟有德者可以君天下的道理。他认为："自古帝王之有天下，莫不由怀保万民，恩加四海，膺上天之眷命，协亿兆之欢心，用能统一寰区，垂庥奕世。盖生民之道，惟有德者可为天下君。此天下一家，万物一体，自古迄今，万世不易之常经。非寻常之类聚群分，乡曲疆域之私衷浅见，所可妄为同异者也。"[③]雍正援引《尚书》"皇天无亲，惟德是辅"等古训进一步论证云："盖德足以君天下，则天锡佑之以为天下君。未闻不以德为感孚，而第择其为何地之人而辅之之理……未闻亿兆之归心，有不论德而但择地之理……惟有德者乃能顺天之所与，又岂因何地之人而有所区别乎。"[④]在阐述了惟有德者可以君天下的理论后，雍正又将清朝初年各位皇帝的德政展示于众，这在《大义觉迷录》中有详细的记述。[⑤]按照雍正"大中国"观的逻辑关系：满族自古就是中国人，满族建立了清朝，清朝即中国，中国是各民族的中国；满洲与其他省份一样属于中国，清朝的建立是满族人替天行道，继前统，受新命，义在正统。清朝拯万民于涂炭，施德政于海宇，敬天勤民，仰承天命，所以有资格成为"新中国"的统治者。于此意义，清朝官方多民族的中国观是对中国大一统思想的巨大贡献。

纵观清朝统治者的多民族中国观，它实际上是少数民族再次一统中国的真实写照。从元朝到清朝，北方游牧民族两度统一中国，这说明周边少数民族在中华民族中已经占据了重要地位。"我本中国"直接表达了少数民族统一中国的客观需要和主观诉求，也折射出少数民族身居中华大家庭的自豪，而各民族共创中华的事实则标志着王朝时代的大一统思想已高度成熟。

[①] 参见武沐、杨博浩《明清两朝中国观对比研究》，《中国边疆史地研究》2021年第1期。
[②] 《清世宗实录》卷130，雍正十一年四月己卯，第696页。
[③] （清）爱新觉罗·胤禛：《大义觉迷录》，第1页。
[④] 《清世宗实录》卷86，雍正七年九月癸未，第147页；（清）爱新觉罗·胤禛：《大义觉迷录》，第1—2页。
[⑤] 参见（清）爱新觉罗·胤禛《大义觉迷录》，第58—91页。

七、结语

中国大一统思想的演进证明如下。

第一，大一统是中国历代统治者的最高理想，作为中华民族成员的少数民族同样以建立多民族统一国家为目标，这是中国历史发展的独特之处，是中华民族共同体久已达成的共识。中国正是在大一统思想引导下，积淀了数千年不曾间断的文明。这与西方"由帝国到民族国家"的历史是两条截然不同的发展轨迹。中国的大一统思想是伴随着漫长的大一统历史产生的，主要研究的是中国问题。"由帝国到民族国家"理论是基于西方现代民族国家的现象而后起的，主要研究的是西方问题，成果也主要出自20世纪80年代以后的西方。在大多数情况下，这一理论并未顾及中国的历史和社会，却要求中国的历史和社会符合其判断。所以两种理论均视对方为特殊或异质，隔离在彼此的有效性之外，难以相互套用，更不可削足适履。

第二，在中华民族共同体形成过程中，理论导向不容忽视。中国的大一统是各民族的大一统，大一统思想体系是各民族共同创建与不断充实的，它早已成为中华民族共同体发展壮大的理论基因和历史基因。中国大一统的演进，无疑要归结于各民族的努力，这其中少数民族贡献了"脱夷统华""我本中国"等重要共识，功不可没。正是在少数民族参与下，大一统思想作为一个有着丰富内涵的思想体系，才逐渐发展成为中华民族共同体的整体意识。而各民族共创中华的努力更是铸就了中华民族共同体的凝聚力与向心力，成为中华民族共同体不断发展壮大的主要动力。

第三，司马迁最早提出了民族以文化区分的理论和"夷夏共祖""共祖异族"的"想象共同体"，对中国大一统思想产生过巨大影响。从"共祖异族"的"中国"观发展到多民族的中国观，展现的是从血缘认同到国家认同的演进轨迹，是中华各民族在长期的历史发展中相互包容与竞争的理论总结。相互包容与竞争促成了大一统，而大一统又进一步促进了更大范围与更深层次的交流互鉴与开放包容。多民族统一的中国正是在各民族相互包容、竞争与一统中不断完善发展而来的。

（原载《民族研究》2022年第1期）

中古辽西所见胡汉互动与交融

冯立君[*]

辽西处于中国东北陆地和海洋交互影响地区，古生物种类繁多，人类也相当早即在此活动，这里是中华文明曙光照耀之地[1]。中国古代王朝史长期以郡县体制治理辽西①，辽西集中反映中原和北方民族的互动关系，还为鲜卑的政治传统打上了烙印。虽然学界以往对辽西与中原交流一直多有关注，也不乏对郡县地理沿革的阐述②，但对于长时段视野中辽西居于塞外与中原之间的独有特征及其在北方民族文明演进中的影响等问题却鲜有讨论。本文试从"孔道""渊薮""合流""烙印"四个分题对此展开研究，不当之处，敬请批评。

一、孔道：辽西设郡与东胡联动

秦始皇重设辽西郡，是统一多民族国家治理辽西的开端。在此之前，战国燕在修筑长城时初置辽西郡，旨在巩固北方边疆[2]1。此前研究关注的是地理沿革和防务问题③，而我们更关注的是在辽西边郡的内外张力：战国秦汉持续向外，东胡持续向内。本节通过梳理秦汉时期相关史例，考察匈奴、乌桓、鲜卑等东胡民族以辽西边郡为孔道，在内外多种力量作用下逐步向中原渗透的历史进程，并由此揭示辽西地区兼有中原与塞外之间边界／通道的双重特性。

《史记》在回顾中原王朝对抗匈奴的举措时，提到辽西郡等一系列边郡的初置："燕亦筑长城，自造阳至襄平，置上谷、渔阳、右北平、辽西、辽东郡以拒胡。"[3]2886 无疑，北方民族"胡"是辽西诸边郡得以创设的核心因素。秦汉时期，辽西郡地处东、西部民族交汇地

---

[*] 冯立君，陕西师范大学历史文化学院副教授。

① 本文所称辽西，指中原与塞外民族互动交融的辽河流域西部，这里最初为燕、秦、西汉辽西郡辖地，东汉时为辽西郡和辽东属国，曹魏、西晋时为辽西郡和昌黎郡，后为慕容鲜卑"三燕"东北部统治区、北魏的营州（参见谭其骧《中国历史地图集》，中国地图出版社1982年版。第一册：41—42；第二册：9—10、27—28、61—62；第三册：13—14、41—42；第四册：50—51、61—62、65—66）。

② 前者典型研究有：崔向东：《辽西走廊变迁与民族迁徙和文化交流》，《广西民族大学学报（哲学社会科学版）》2012年第4期；后者探讨主要集中在两汉时期，参阅薛聪《辽西郡郡治研究综述》，《长江丛刊》2019年第27期。

③ 关于战国秦汉辽西郡地理沿革，参见王钟翰、陈连开《战国秦汉辽东辽西郡县考略》，《社会科学辑刊》1979年第4期。王子今《西汉辽西郡的防务与交通》，《辽宁大学学报（哲学社会科学版）》2015年第2期。

带，族群流动性大、成分复杂。塞外族群之所以成为朝廷治理的繁难问题，是因为汉匈关系演变导致的连环波动引发了辽西郡长城以北人群的南进。

西汉初年，燕故地辽西位于长城边疆，大将军周勃追击卢绾的行动凸显出辽西的边疆意义[3]2070。至汉武帝时期，在泰山封禅之后又"并海上，北至碣石，巡自辽西，历北边至九原"[3]476，辽西更显示出"陆海双边疆"的重要战略地位。当然，海上无强敌，辽西与辽东在交通上与乐浪诸郡的海陆连接作用更为重要。而在陆上边疆，屡见不鲜的"杀辽西太守"叙事便成为辽西郡直接面对北方民族屡犯前沿的生动事例[3]2864。汉匈对峙时期，互有攻伐，辽西作为北边诸郡之一直面匈奴。关于这些战事的详尽描述还透露出汉匈正是在辽西及其沿边一带互竞争雄[4]3766。

处于与鲜卑、匈奴相攻杀前沿的辽西边地，显示出重大的军事战略意义。此外，辽西的边疆特征还导致其政治上的边缘化，表现之一是成为汉代以来的流徙之地。例如汉哀帝建平元年（前6），"侍中骑都尉新成侯赵钦、成阳侯赵欣皆有罪，免为庶人，徙辽西"[4]338，"赵氏皆免官爵"[4]1518，"将家属徙辽西郡"[4]3996。尽管如此，其时辽西与幽州联系还算紧密，官员也存在流动性①。辽西远离政治中心，区域内的政治人物亦表现出边缘化，在王莽大封四代古宗之后人的庞大群体中，"夏后辽西姁丰，封为章功侯，亦为恪"就是一个颇具况味的例子[4]4105。

如果说西汉以前以及西汉时期辽西郡的边疆意义，主要是与幽州的北平诸郡一起面向北方匈奴的话，那么东汉以后辽西诸郡更多的是面对鲜卑、乌桓的南进压力。

作为中原缘边地带发挥联系内地与塞外作用的同时，辽西诸郡日益成为塞外民族的居地，处在中原王朝的"内""外"之际②。乌桓相对亲近中原王朝，汉、匈奴、鲜卑、乌桓连环互动格局在东汉大体形成。早在汉武帝时，在霍去病击破匈奴左地后，将乌桓迁至上谷、渔阳、右北平、辽西、辽东五郡之塞外，"为汉侦察匈奴动静"，始置护乌桓校尉，"使不得与匈奴交通"[5]2982。当时固然有乌桓校尉经略乌桓，但从辽西郡的角度也可窥见乌桓的影响，显示辽西郡边地族群混杂特征。王莽时"皆质其妻子于郡县"，政策措置不当，致使乌桓逃亡为盗，"而诸郡尽杀其质"，由是与乌桓结怨，匈奴趁机引诱乌桓豪帅为官吏并羁縻属之。东汉初年，乌桓与匈奴"连兵为寇，代郡以东尤被其害"，"五郡民庶，家受其辜，至于郡县损坏，百姓流亡"[5]2981，辽西郡无疑也遭受了这一严重边患。

东汉建武二十二年（46）之后，匈奴国乱，"乌桓乘弱击破之，匈奴转北徙数千里，漠南地空，帝乃以币帛赂乌桓"，此后辽西乌桓大人郝旦等九百余人率众归附，"皆居塞内，布于缘边诸郡……助击匈奴、鲜卑"[5]2982。乌桓回归至与汉协同颉颃匈奴、鲜卑的阵营。这样

---

① 王尊从低级官员做起，"数岁，以令举幽州刺史从事。而太守察尊廉，补辽西盐官长"，这说明辽西虽地处僻远，但在幽州有效治下（《汉书》卷七六《王尊传》）。

② 所谓内外之际，主要是指边疆地区同时面对中原和塞外，具有潜在的变动性特点。参见王小甫《中国中古的族群凝聚》，中华书局2012年版；葛兆光《历史中国的内与外》，香港中文大学出版社2017年版。

的事例很多①。其间，乌桓、鲜卑与汉朝的关系出现反复，永建三年（128）冬，南单于与乌桓大人俱反。对此，汉朝中央一方面直接派军出击，另一方面"发缘边十郡兵二万余人，又辽东太守耿夔率将鲜卑种众共击之"[5]1592。唐代李贤解释说，"缘边十郡"中即有辽西郡。引人注意的是形势陡变，转为汉与鲜卑合击乌桓。中原史书称为"辽西乌桓"的一支，具有统领其他乌桓的地位②，凸显出辽西地区对于鲜卑、乌桓诸部的重要地位。在辽西与鲜卑的互动关系中，辽西郡太守赵苞的事例生动说明鲜卑入寇之深。史载，赵苞任辽西太守，"抗厉威严，名振边俗"，他在到官的次年，"遣使迎母及妻子，垂当到郡，道经柳城，值鲜卑万余人入塞寇钞，苞母及妻子遂为所劫质，载以击郡。……苞即时进战，贼悉摧破，其母妻皆为所害"[5]2692。说明面对鲜卑入寇，连赵苞这样的一郡之长都难以保全家人，更何况是普通百姓。

辽西郡等边郡的复杂性，还体现在高句丽等东部的濊貊民族亦被卷入汉朝对匈奴的作战中。王莽新朝初年，发高句丽兵以伐匈奴，"其人不欲行，强迫遣之，皆亡出塞为寇盗"。辽西大尹田谭追击时战死，王莽采取强硬政策，遣将诱杀高句丽首领，并且"更名高句骊王为下句骊侯"，导致高句丽等寇边愈甚[5]2814。除了与鲜卑、乌桓更东部的高句丽之间的联系，辽西与其西部的幽州世家大族社会网络的内在联系也十分紧密。例如，寇恂原本是上谷昌平人，当地世家著姓，后来官至辽西太守[5]620, 626。因为地理位置邻近，幽州地区与辽西内外的北方民族发生各种联系。两汉之际，刘秀对更始军作战，曾经"壁范阳"，穷追敌于右北平，其结局令人意外，"贼散入辽西、辽东，或为乌桓、貊人所钞击，略尽"[5]706。竟然是在辽西等地被乌桓等族击灭，显示出辽西作为连接幽州内地和北方民族居地的地理枢纽作用。可见，两汉时代辽西郡对于塞外民族与中原内地都具有重要地缘意义。

汉末公孙瓒起家于辽西，从其事迹中的诸多细节也可窥见当时辽西诸郡地区（包括辽东属国区域）鲜卑、乌桓之交错混杂，中原势力居于辽西一地者对二者剪灭与拉拢兼而有之，乌桓与鲜卑逐渐通过辽西郡更深入地参与内地军政斗争。公孙瓒的荣升之路主要依靠对边塞民族的作战，他本是辽西令支人，从辽西郡小吏做起，凭借才干举孝廉除辽东属国长史。他在出行塞下时，正面遭遇鲜卑数百骑，奋力驰骋冲杀方得以生还。中平（184—189）年间，督乌桓突骑，因平定乌桓反叛升任骑都尉，曾与辽西丘力居的乌桓势力在石门作战，在辽西管子城被丘力居围困二百日，最终迫使乌桓势力远走柳城。公孙瓒被授予降虏校尉、封侯爵，复兼领属国长史，"职统戎马，连接边寇"，乌桓畏惧，于是远窜塞外。汉末中原混战，乌桓与鲜卑也由边郡内徙，公孙瓒因其志在扫灭乌桓的立场，遭到北方各族围攻。乌桓峭王率领部落及鲜卑七千余骑，与袁绍将曲义合兵十万，一起进攻公孙瓒[5]2357-2363。

辽西的乌桓势力之强大，不只在于本部兵力量，应该看到其裹挟了汉蕃多种力量。袁绍因此而与之结合，"三郡乌丸承天下乱，破幽州，略有汉民合十余万户"，辽西单于蹋顿尤强，

---

① 例如元初四年（117）"鲜卑寇辽西，辽西郡兵与乌桓击破之"，永宁元年（120）辽西鲜卑降，建宁五年（172）鲜卑寇辽西（《后汉书》卷五《孝安帝纪》；卷八《孝灵帝纪》）。

②《后汉书》卷九〇《乌桓传》："灵帝初，乌桓大人上谷有难楼者，众九千余落，辽西有丘力居者，众五千余落，皆自称王……中平四年（187），前中山太守张纯畔，入丘力居众中，自号弥天安定王，遂为诸郡乌桓元帅，寇掠青、徐、幽、冀四州。五年，以刘虞为幽州牧，虞购募斩纯首，北州乃定。"

袁绍厚待，因此袁尚兄弟归之，数次入塞抄寇[6]28。辽西乌桓鲜卑内徙助攻中原军阀，同时，中原军阀在失利时，又到辽西避难。袁熙、袁尚被部将焦触、张南所攻，于是"奔辽西乌桓"[5]2417。辽西边郡内外势力互相借助，说明中原王朝与塞外民族的"边界"已被打破，辽西郡不再是"阻碍"，而是变为"通道"。此后曹操征辽西击乌桓，袁氏"与乌桓逆操军"而战败，也继续向东奔逃，"乃与亲兵数千人奔公孙康于辽东"[5]2417-2418。在这一战的细节中，能看到辽西地域在内外联动融通中的特殊地位。①

袁氏穷途末路投奔辽东，公孙康诱斩之，传送其首至曹魏[6]207。公孙康是割据辽东的公孙度之子，公孙氏的势力积聚是立足辽东向外扩张，与后来慕容鲜卑以辽西为根据地控驭辽东恰好方向相反。公孙度是辽东人，起家于玄菟郡，中平元年（184）为辽东郡守，对内诛灭"郡中名豪与己夙无恩者"百余家，对外击讨高句丽和乌桓，威行海畔[5]2418。公孙度分辽东郡地为辽西、中辽郡，并置太守，自立为辽东侯、平州牧[5]2419。公孙氏的势力中，乌桓不可或缺，曹魏幽州刺史毌丘俭"率诸军及鲜卑、乌丸屯辽东南界"，公孙氏第三代公孙渊发兵与之作战，虽无胜负，然而"右北平乌丸单于寇娄敦、辽西乌丸都督王护留等居辽东，率部众随俭内附"[6]109。可见，在中原王朝与辽东割据势力相争，抑或中原对外防御北方民族时，辽西及其族群势力的向背至为关键。

史书中，东汉三国时期鲜卑分别被冠以"辽东鲜卑"和"辽西鲜卑"，虽因所依附的匈奴强弱而叛服不定，但其基本面目仍以入寇者为主，这通过《后汉书·鲜卑传》与此相关记事的性质得以充分证明（见表1）。

表1 《后汉书》所见描述鲜卑人南进文字②

时间	事件	性质
光武（25—56）初	匈奴强盛，率鲜卑与乌桓寇抄北边。	入寇
建武二十一年（45）	鲜卑与匈奴入辽东，辽东太守祭肜击破之……及南单于附汉，北虏孤弱。	入寇
建武二十五年（49）	鲜卑始通驿使。	通好
建武三十年（54）	帝封于仇贲为王，满头为侯……于是鲜卑大人皆来归附，并诣辽东受赏赐。	归附
永元（89—105）中	大将军窦宪遣右校尉耿夔击破匈奴，北单于逃走，鲜卑因此转徙据其地。匈奴余种留者尚有十余万落，皆自号鲜卑，鲜卑由此渐盛。	强盛
永元九年（97）	辽东鲜卑攻肥如县，太守祭参坐沮败，下狱死。	入寇

---

①《三国志》卷一《魏书·武帝纪》："引军出卢龙塞……涉鲜卑庭，东指柳城。……尚、熙与蹋顿、辽西单于楼班、右北平单于能臣抵之等将数万骑逆军。八月，登白狼山，卒与虏遇，众甚盛。……乃纵兵击之，使张辽为先锋，虏众大崩，斩蹋顿及名王已下，胡、汉降者二十余万口。辽东单于速仆丸及辽西、北平诸豪，弃其种人，与尚、熙奔辽东，众尚有数千骑。"

②据《后汉书》卷九〇《鲜卑传》整理。

续表

时间	事件	性质
永元十三年（101）	辽东鲜卑寇右北平。	入寇
永初（107—113）中	鲜卑大人燕荔阳诣阙朝贺，邓太后赐燕荔阳王印绶，赤车参驾，令止乌桓校尉所居宁城下，通胡市，因筑南北两部质馆。鲜卑邑落百二十部，各遣入质。是后或降或畔，与匈奴、乌桓更相攻击。	归附
元初二年（115）	辽东鲜卑围无虑县，州郡合兵固保清野，鲜卑无所得。复攻扶黎营，杀长吏。	入寇
元初四年（117）	辽西鲜卑连休等遂烧塞门，寇百姓。乌桓大人于秩居等与连休有宿怨，共郡兵奔击，大破之。	入寇
元初六年（119）	鲜卑入马城塞，杀长吏，度辽将军邓遵……及中郎将马续率南单于，与辽西、右北平兵马会，出塞追击鲜卑，大破之。	入寇
永宁元年（120）	辽西鲜卑大人乌伦、其至鞬率众诣邓遵降，奉贡献。诏封乌伦为率众王，其至鞬为率众侯，赐彩缯各有差。	归附
建光元年（121）	其至鞬复畔。	离叛

纵观鲜卑与汉朝关系的演变，正如范晔所概括的，"[檀]石槐骁猛，尽有单于之地，蹋顿凶桀，公据辽西之土……二虏首施，鲠我北垂。道畅则驯，时薄先离"[5]2994-2995。一方面可以归结为叛附无常，另一方面也应看到辽西诸郡已成为鲜卑由"外"突入"内"的孔道。

由上可见，秦汉至曹魏时期，辽西越来越成为东胡民族与中原王朝互动交流的孔道，各族从塞外进入并居停在辽西又使得胡汉交融进一步加深。东胡联动南向与中原势力交错混融的过程异常复杂，但反映出辽西孔道的特性并不是区隔内外的"边界"，更多的是联通内外甚或消泯内外之别的"通道"。辽西接连内地中原和塞外胡人，将在历史进程中继续发挥更大的蓄积能量之作用，催生东胡群体建构出更为成熟的政治体从辽西继续南向。

二、渊薮：鲜卑诸部迭兴辽西

既已明了"孔道"之形成，再来考察辽西如何在接下来的时代成为鲜卑段部、宇文部、慕容部、吐谷浑等崛兴的渊薮之地。需要强调的是，"渊薮"提法所蕴含的功能和意义与欧文·拉铁摩尔（Owen Lattimore）所谓"贮水池"①有很大差别：下面的论述表明辽西地区在将鲜卑诸部培育成熟之后，还被这些族群政体赋予更重要的政治内涵，后来辽西（而非塞外）被确定为他们的发源地，成为一种政治烙印和政治遗产。本节考察在此之前鲜卑各部在辽西迭兴递嬗的实际情况，以为后文铺垫。

---

① 原文为 reservoir，也译作"贮存地"。参见[美]拉铁摩尔《中国的亚洲内陆边疆》，唐晓峰译，江苏人民出版社 2019 年版，第 169—172 页。如本文所述，渊薮是胡汉融合的场域，因辽西本是中原与塞外接合部，所以胡汉在此融合使得其人群和地域都内化为中华民族共同体的一部分。

《晋书》径以"辽西"冠称鲜卑段部。在羯赵、慕容燕之间，鲜卑段部掌控辽西。最初后赵与段部结盟，石勒赞叹"辽西鲜卑，健国也"，并接受段部纳质，与之结盟为兄弟。其后，后赵在与晋朝王浚势力的角逐中拉拢段部，建兴元年（313）"命段末柸为子，署为使持节、安北将军、北平公，遣还辽西"。段氏于是专心归附后赵，王浚威势渐衰，不过最终"段末柸任弟亡归辽西"，又引起石勒大怒[7]2719。

　　后赵石虎时代，转而与段部开战并攻灭之。段末柸（波）自称幽州刺史，大军屯驻辽西。末波死后，国人拥立护辽为主，不久"石虎征护辽于辽西"[8]2306。在羯赵殄灭段辽的这一过程中，显示段部存在政治体的建构，这由战事中涉及段部渔阳太守、代相、北平相、上谷相的设置得以充分说明[7]2767，而且段部辖地范围显然不小。护辽放弃令支，奔于密云山[7]2768，石虎一举攻克段部，并将其两万多户内迁雍、司、兖、豫四州，石季龙灭辽西促使不少汉族士人由辽西进入后赵[7]1691。

　　从地理上的疆域到政治上对各族的统御，段部控驭之辽西都已全面转入后赵之手。此后，段部的后代即使迁入内地也仍被称为辽西段某，石虎统治末期，"辽西段龛自号齐王，据青州"[7]450便是一例。甚至北魏末期，后来的北齐神武帝高欢"既累世北边，故习其俗，遂同鲜卑"，在六镇边郡遇到的段部鲜卑后人仍被冠以辽西称谓，例如"镇将辽西段长常奇神武貌"[9]1，"（段）长为魏怀朔镇将"[9]246。

　　后赵取自段部的辽西，转而在与慕容皝的争战中丧失。石虎曾任命李农为"使持节、监辽西北平诸军事、征东将军、营州牧，镇令支"，在战争动员中辽西的地利、人力都发挥了重要作用："季龙将讨慕容皝……军满五十万，具船万艘，自河通海，运谷豆千一百万斛于安乐城，以备征军之调。"[7]2770然而，在辽西，后赵仍然最终败于前燕，"皝前军帅慕容评败季龙将石成等于辽西，斩其将呼延晃、张支，掠千余户以归。段辽谋叛，皝诛之"[7]2818。

　　段部鲜卑、羯赵、慕容鲜卑与辽西皆有关联，宇文鲜卑与辽西之间的联系却难得一见，只体现在起源上。《周书》追述宇文部前代史时，略涉辽西："普回子莫那，自阴山南徙，始居辽西，是曰献侯，为魏舅生之国。"[10]1《新唐书》对宇文氏的源出做了与之极为不同的叙述，但上述涉及辽西的记载却是一致的[11]2403。说明宇文部源自辽西的史源具有一定可靠性。北周国内由慕容燕入拓跋魏之后裔，也被书写为"辽西人"，如怡峰，"辽西人也"，他的高祖担任后燕辽西郡守，"魏道武时，率户归朝"[10]282。北周更有段氏嫡系子孙传记，显示其家族入魏过程及与辽西的联系①，典型者如段永，"其先辽西石城人，晋幽州刺史匹磾之后也。曾祖慎，仕魏，黄龙镇将"②。

　　中古时代在青海一带纵横捭阖的吐谷浑，实际上也源出"辽西鲜卑"。史载："吐谷浑，

---

　　① 李凭：《北魏龙城诸后考实》，《历史研究》，2007年第3期。该文也注意到北朝给常氏封爵与其辽西出身背景的联系。

　　② 参见《周书》卷三六《段永传》。校勘者引证认为"石城属营州建德郡，建德与辽东相邻，或曾隶辽东。辽西郡远在其南，所属无石城县。疑传误。"实际上，石城无论具体属辽西或辽东郡地，都不影响段部与辽西区域历史关系。而据毋有江等考证，后燕当有辽郡。参见牟发松、毋有江、魏俊杰《中国行政区划通史：十六国北朝卷（上）》，复旦大学出版社2017年版，第293页。

本辽西鲜卑徒河涉归子也。初，涉归有二子，庶长曰吐谷浑，少曰若洛廆。涉归死，若洛廆代统部落，是为慕容氏。吐谷浑与若洛廆不协，遂西度陇，止于甘松之南，洮水之西，南极白兰山，数千里之地，其后遂以吐谷浑为国氏焉。当魏、周之际，始称可汗。都伏俟城，在青海西十五里。有城郭而不居，随逐水草。"[12]1842 吐谷浑的个案映照出东北塞外民族惊人的迁移能力。

与上述诸部族相比，慕容鲜卑与辽西的关联最为持久密切。慕容氏崛起之地就在辽西昌黎、棘城一带。西晋太康二年（281），"鲜卑寇辽西，平州刺史鲜于婴讨破之"，翌年"安北将军严询败鲜卑慕容廆于昌黎，杀伤数万人"[7]73。这次辽西攻伐，标志着慕容部以独立的面貌登上历史舞台。关于前燕创业者慕容廆，从北魏的角度也是将其历史源出归为辽西："徒何慕容廆，字弈洛瓌，其本出于昌黎。曾祖莫护跋，魏初率诸部落入居辽西，从司马宣王讨平公孙渊，拜率义王，始建国于棘城之北。"[8]2060 而实际上，慕容廆父辈涉归，以军功被西晋朝廷封为鲜卑单于，"迁邑辽东"。辽东地域因其地理战略优势、丰富的农业和铁矿资源等，对于当时慕容鲜卑和高句丽等诸民族发展颇具战略意义，但是从进入中原谋求发展角度而言，慕容廆的抉择是"以辽东僻远，徙于徒何之青山"，体现出与高句丽后来选择南进朝鲜半岛发展路径的区别，其中对地理因素和心理因素的考虑同样不可忽视[13]。各方面均显示，辽西对于向往进入中原的北方民族意义重大。慕容部的发展，也体现在晋愍帝拜慕容廆镇军将军以及昌黎、辽东二国公爵号上[8]2060。

慕容氏前期经营辽西颇有建树，一方面吸纳中原流民，另一方面四处掠夺人口。慕容皝时代"袭石虎……掠徙幽冀二州三万户而还"；征伐高句丽时，"掠男女五万余口，焚其宫室，毁丸都而归"；"又大破宇文，开地千里，徙其部民五万余家于昌黎"[8]2060。当然，更重要的是，从晋朝手中夺取辽东，"襄平令王冰、将军孙机以辽东叛于皝，东夷校尉封抽、护军乙逸、辽东相韩矫、玄菟太守高诩等弃城奔还。（慕容）仁于是尽有辽左之地，自称车骑将军、平州刺史、辽东公。宇文归、段辽及鲜卑诸部并为之援"[7]2816。

前秦攻灭前燕，后来后燕又复国，前秦一共在燕故地统治十五年左右。通过前秦时期苻洛的叛乱，也可获知前秦在辽西、昌黎等地的行政区划当较为完整，设有太守，这表明前燕、后燕应该也有相应的辽西郡设置[14]204, 292, 327。史载：苻洛自称大将军、大都督、秦王，任命了包括辽西太守在内的一系列官员，还遣使者向鲜卑、乌桓、高句丽、百济、新罗、休忍诸国征兵[15]3293，这些事例从另外一个侧面反映出前秦对辽西各边地的经营是完整一体的。

由上可知，辽西地区在鲜卑段部、宇文部、慕容部、吐谷浑的迭兴递嬗中作为渊薮之地的突出特点，生动表明五胡十六国时期辽西作为中原深入塞外边疆的特殊地域，涵养东胡民族政治体的发育，促使胡汉逐步相融的历史作用。与郡县时代相比，面貌为之一变，辽西对中原似已是边疆，对东胡却类同内地，在渊薮之地的历史记忆将成为一种印记，在经历后继之北魏所开启的更大范围的胡汉融合之后，又结成一段新的记忆而融入中原的历史中。

三、合流：北魏治理下的胡汉融合

后燕末期，高云自立后，辽西郡守将慕容懿投归北魏，"熙幽州刺史、上庸公慕容懿以辽西归降"，北魏赐以征东将军、平州牧、昌黎王之号[8]2071，一方面显示毗邻北魏的后燕边地具有离心倾向；另一方面显示魏燕并立时代辽西的边界特性重新浮现。此前，后燕也有以辽西郡全境投附北魏者，天兴二年（399），"慕容盛辽西太守李朗，举郡内属"[8]36。辽西战事不断、互有攻伐，魏燕在辽西拉锯战，天兴三年（400），"和突破卢溥于辽西"[8]36，天兴五年（402）"慕容熙遣将寇辽西，虎威将军宿沓干等拒战不利，弃令支而还"[8]39。值得注意的还有北燕、北魏时期先后有从辽西叛逃南朝的事例，此当视为边地政治中的一种特殊现象①。

当然，辽西的地理内涵更充分的表现，是在北魏灭北燕的决定性战争中。首先是北魏主动进攻辽西的战事："延和元年（432）七月，遣安东将军、宜城公奚斤发幽州民及密云丁零万余人，运攻具，出南道，俱会和龙。帝至辽西，文通遣其侍御史崔聘奉献牛酒。"进而是冯弘的废世子冯崇等皇室高层以辽西内属，当年十一月"车驾至自伐和龙"，十二月，"冯文通长乐公崇及其母弟朗、朗弟邈，以辽西内属。文通遣将封羽围辽西"[8]81。冯崇事件具有多重意义（详见后文封爵问题），对于北燕内部的冲击之大是毋庸置疑的，冯弘的发兵追击即是明证。而北魏反应十分迅速，延和二年（433），"抚军大将军、永昌王健督诸军救辽西"，并册封冯崇为辽西王。辽西王冯崇上表求说降其父，没有得到世祖拓跋焘允许[8]82。而且太延二年（436）冯文通遣使朝贡，求送侍子，同样没有得到北魏接纳。此时，北魏旨在攻灭北燕（并吞辽西）的战略布局已经完毕：二月先是派出十余位使者到高句丽和东夷诸国提前"照会"，三月即派出大将率精骑一万进攻北燕，"平州刺史元婴又率辽西诸军会之"，文通迫急而"求救于高丽"，五月"冯文通奔高丽"②。北燕地入北魏是北朝统一的重要一环，辽西至此纳入北魏治下，北魏"胡汉统合"的治理方式也逐渐触及辽西③。

北魏境内仕燕者及其后代也可视作这一治理方式的一个注脚。例如宋谟，卒于辽西太守任上，其祖先仕途履历就与慕容鲜卑和辽西密不可分。他的高祖担任过"晋昌黎太守"，"后为慕容廆长史"，曾祖、祖父官至尚书、刺史，随慕容儁徙邺。他的叔父在后燕时"仕慕容垂，历尚书郎、太子中舍人、本州别驾"等官职[8]773。宋谟本人能担任辽西太守，和先祖任官慕容、家住昌黎不无关系。再如，窦瑷"辽西辽阳人"，自言祖上为汉大将军窦武之曾孙窦崇，"为辽西太守，子孙遂家焉"。其曾祖、祖父分别担任慕容燕时期渔阳太守、北燕成周太守[8]1907，他本人官顺而清正，曾任平州刺史、本州大中正等。由此可见，北魏统一北方提供给辽西士人走向全国的机遇和舞台。

---

① 北燕奔晋：冯跋署褚匡"游击将军、中书侍郎，厚加资遣。匡寻与跋从兄买、从弟睹自长乐率五千余户来奔"（《晋书》卷一二五《冯跋传》）。北魏奔齐：刘思祖"后除扬烈将军、辽西太守。思祖于路叛奔萧衍"（《魏书》卷五五《刘芳传附刘思祖传》）。

② 《魏书》卷四上《世祖纪》，校勘者认为，此处据《资治通鉴》，"辽西将军"应作"辽西诸军"。可从。

③ "胡汉统合"概念来自朴汉济对于十六国北朝胡汉体制的论证，认为北魏和隋唐都注意统合胡汉，建立华夷一体的政治结构。参见朴汉济《中国中世胡汉体制研究》，首尔：一潮阁1988年版。关于华夷之辨的源流，参见堀敏一『中国と古代東アジア世界：中華的世界と諸民族』、東京：岩波書店1993年版。

北魏文成帝时有两项与辽西有关的政治活动，颇能代表北魏作为十六国特别是慕容鲜卑终结者的气象。一是册封外戚常英为辽西公，后来又晋爵为王[8]115；二是巡幸辽西。后者更为关键。兴安三年（457）成帝东巡前，"诏太宰常英起行宫于辽西黄山"，第二年（458）正式东巡平州，"至于辽西黄山宫，游宴数日，亲对高年，劳问疾苦"，"二月丙子，登碣石山，观沧海，大飨群臣于山下，班赏进爵各有差。改碣石山为乐游山，筑坛记行于海滨"[8]116。可见，北魏皇帝除了表示对常氏的尊隆之外，还模仿秦皇汉武魏武之故事，重新表达巡幸辽西之政治内涵，"东临碣石，以观沧海"[8]714，凸显北魏帝国以及拓跋皇权正统的意味也十分浓厚。和平元年（460）正月，皇帝再次东巡经过辽西，进行了一系列礼祀活动："历桥山，祀黄帝；幸辽西，望祀医无闾山。遂缘海西南，幸冀州，北至中山，过恒岳，礼其神而返。"[8]2739天子拥有四海，继承黄帝以来中原正统的礼制内涵再次得以彰显。《魏书·天象志》更是将君王这次巡行归于呼应天星之举[8]2407。辽西与黄帝、恒山一同成为北魏表达天下正统的符号。

与此同时，北魏的辽西又恢复到汉代边郡特有的地位。其实，就连距离洛阳更近的六镇都已边疆化，更为遥远的辽西就显得尤为边缘。譬如，散骑常侍、定州刺史、征北大将军陆叡被赐死狱中，"徙其妻子为辽西郡民"[8]913。为何处置其妻子要选择辽西？显然，辽西又变成汉代那种流徙罪犯的偏远之地了。北魏时代，因为北方统一安定，辽西流人众多，而在文化上显得没那么蛮荒。《魏书·贾思同传》提到的"国子博士辽西卫冀隆为服氏之学，上书难杜氏春秋六十三事"[8]1616就是一例。同时，也存在与中原内地的一体化和官员流动。长期脱离中央管控的辽西，在北魏统一北方以后重新与中原连为一体，在胡汉统合的政治秩序之下，重新发挥边地独有的交通内外的作用。

四、烙印：辽西封爵的政治内涵

如上所述，辽西郡自战国时期设立之时就具有备御塞外民族的功能，因其处在农牧交界区域而始终成为其后秦汉王朝面临东胡的前沿，特别是随着东部鲜卑的入塞南下，到西晋时期辽西郡与东部其他边郡类似，逐渐空虚。中古前期，辽西一地呈现出始终受中原与周边民族关系互动影响的显著特征。实际上，伴随这一过程，中古前期北方民族政治文明的基因中也已经打上深深的辽西"烙印"。

中原王朝辽西诸郡的政治变迁与鲜卑各部的南进过程相伴始终，燕秦汉辽西郡故地（含东汉辽东属国）实际上在十六国时代已经易手，先后成为鲜卑段部、慕容部（前燕、后燕、北燕）的居地，后来又被拓跋部建立的北魏王朝统一。但有趣的是，或许是鲜卑人与生俱来对故地的眷恋使然，自段部、慕容部开始，贯穿北魏时代，"辽西"一语不仅代表着辽西郡故地，更由此而上升为一种政治符号乃至政治遗产①，集中表现为辽西郡公（辽西公）和辽

---

① 宇文部与段部和慕容部不同，现存史料罕见宇文部与辽西之间"人地关系"在政治文明中的反映（仅见前文所引《周书》等片段）。宇文部也曾南下进入辽西与慕容等部角逐，但最终在344年被慕容部建立的前燕所灭。

西王爵号的册授，诸多拥有辽西公、辽西王爵号者大多与其出自辽西、统治辽西有关。这说明什么问题呢？

鲜卑的段部最先得到中原王朝辽西郡公（即辽西公）爵号。这无疑是与其最早在辽西起家有关。《魏书》载，段部早期祖先段日陆眷在各族裹挟入塞过程中，由于战乱被卖到渔阳乌桓贵族大库辱官家中为奴，因为一次偶然机缘来到辽西："渔阳大饥，库辱官以日陆眷为健，使将之诣辽西逐食，招诱亡叛，遂至强盛。"[8]2305 在辽西形成政治势力。他的后人发迹，贴上辽西标签，"本出于辽西"，特别是其侄务目尘，"据有辽西之地"，"统三万余家，控弦上马四五万骑"[8]2305，因此西晋穆帝大安二年（303）"封鲜卑段务目尘为辽西公"[7]102。非常明显，段部首领务目尘是因为在辽西崛起并掌控辽西而被西晋封为辽西公，意味着中原王朝在名义上承认鲜卑段部在其已然丧失的辽西地方的独特地位。

具体而言，西晋册封段部首领为辽西公与王浚的主导有关[7]1147。作为幽州地区军政首脑，王浚对鲜卑有结援的战略性考虑："安北将军、都督幽州诸军事王浚，以天下方乱，欲结援夷狄，乃以一女妻鲜卑段务勿尘，一女妻素怒延（胡注：宇文国有别帅曰素奴延）。又表以辽西郡封务勿尘为辽西公。"[15]2692

务目尘之后继立的就六眷，沿袭了这一封爵[7]1710。因此，在建武元年（304）"鲜卑大都督慕容廆等一百八十人上书劝进"的政治表演中，辽西公段眷（即段就六眷）赫然在列[7]145，从中无疑可以看到辽西公在西晋边郡体系中不可或缺的象征性地位。段就六眷本人虽不可与其兄段匹磾相比肩，但尚能在十六国争霸中积极进取，笼络豪杰，史载"时鲜卑单于段眷为晋骠骑大将军、辽西公，雅好人物"[7]2828。《晋书》对段部控驭辽西的盛衰形势总结说："自务目尘已后，值晋丧乱，自称位号，据有辽西之地，而臣御晋人。其地西尽幽州，东界辽水。然所统胡晋可三万余家，控弦可四五万骑，而与石季龙递相侵掠，连兵不息，竟为季龙所破，徙其遗黎数万家于司雍之地。"[7]1712 再次道出辽西地域与辽西公爵号之间密切的关系。这次对石勒的军事行动，背后仍有王浚的身影，"浚遣督护王昌帅诸军及辽西公段疾陆眷、疾陆眷弟匹磾、文鸯、从弟末杯部众五万攻勒于襄国"[15]2786。段就六眷与石勒的争战于襄国失败后"摄军而还，不复报浚，归于辽西"[8]2305，王浚之策未能成功。史料中还可以看到，这次参与争战的段部末杯，此后亦自称"辽西公"，因此《十六国春秋》提及故末杯城时说，"鲜卑段末杯自称辽西公，于此筑城，与石勒相持，因为名"[16]464。不论这一头衔落在哪位段部首领的头上，辽西公都已成为段部鲜卑在辽西政治势力的象征。

东部鲜卑中慕容鲜卑成就最高，先后建立前燕、后燕，后燕又衍生出北燕，其统治层亦为鲜卑化汉人，一般将前燕、后燕、北燕视为一体，称"三燕"。三燕控驭辽西时间较长，辽西公这一爵号同其他郡公爵号一起构成其颇具疆土意识的政治设计。前燕君主慕容盛在399年册封其弟为章武公、博陵公，其子慕容定为辽西公[15]3499。此后，慕容盛进一步"立其子辽西公定为太子"[7]3104。章武、博陵、辽西三郡皆为汉晋古郡，位于今冀北和辽西，正对应着前燕的国土，且辽西为燕国根本，将之封册给太子人选，其意不言而喻。后来在北燕时期权倾朝野的冯素弗，原本在后燕时期曾被封为范阳公，北燕建立后的410年，其兄冯跋"署素弗为大司马，改封辽西公"，同时冯跋之子冯弘则被授予骠骑大将军，改封中山公[7]3129。由与北燕国土无涉的范阳而改封至北燕根本之地辽西，反映出其地位之尊崇和特殊。北燕虽是弹丸小国，但颇具格局，除了公爵号，公主号等也与此类似，都体现出封疆意识。譬如，冯跋有一个下嫁柔然的女儿号为"乐浪公主"。有意思的是，唐朝编修的《晋书》对此统一加"伪"[7]3130，以示其为非正统之意，这恰好反过来说明北燕借郡名作为政治名号实则代表了一种以正统自居的意味。

慕容垂384年以中山（今河北定州）为都建立后燕，并在两年后称帝。与此同时，拓跋珪以盛乐为都（今内蒙古和林格尔）建立北魏。魏燕两国互相攻杀，直至395年参合陂（今内蒙古凉城东北）一战，后燕大败于北魏，从此一蹶不振。此战第二年（396）的一次军事行动中，北魏的辽西公贺赖卢参战[7]3163。贺赖卢曾追随北魏太祖"从平中原，以功赐爵辽西公"[8]1813。这位辽西公贺赖卢异常骄横，居功自傲，因为不耻于在冀州刺史王辅之下，发兵袭杀之，并从北魏逃亡到了南燕。无独有偶，北魏不仅将辽西公之爵号赐给与拓跋皇室有着千丝万缕联系的贺赖家族，甚至还将辽西公主嫁给贺赖家族，譬如贺讷、贺赖卢兄弟父亲野干，"尚昭成女辽西公主"，此即北魏太祖的"皇姑辽西公主"[8]1812。这是对北魏外戚和军功人士的授爵。北魏这一册封似乎看不到那么明显的出自辽西而受封辽西公的迹象了，事实果真如此吗？

北魏的第二位辽西公仍是因军功受封。因为记载略详，其与辽西地域的密切联系十分明显。史载："辽西公意烈，昭成子力真之子也。先没于慕容垂……及平中原，有战获勋，赐爵辽西公，除广平太守。"[8]383 拓跋意烈封于辽西，与其在后燕的经历有关。令人唏嘘的是，这一位辽西公也和上一位辽西公贺赖卢一样，不甘居于人下，"意烈性雄耿，自以帝属，耻居跋下，遂阴结徒党，将袭邺，发觉赐死"[8]383。其子没有袭辽西公爵，同样以悲剧结尾。辽西公之爵位来自后燕，北魏灭燕（432）后辽西地入北魏版图。由此观之，贺赖家族封辽西，其时辽西虽未入魏，但在地域上也有一定指向。

北魏第三位辽西公，是追随皇室打江山的代人尉氏兄弟中的尉诺。尉诺在太祖时期中山之战中伤一目，受爵安乐子；太宗初，为幽州刺史，晋爵为侯，后随长孙道生攻打北燕，"率师次辽西"，晋爵武陵公。世祖时（408—452），"复除安东将军、幽州刺史，改邑辽西公"。而其所治仍在北燕故地即辽西，辽西故地与辽西公爵号之间名实相副。史书交代，他的子、孙仍袭此爵[8]656。

北魏第四位始封辽西公是外戚。北魏文成帝太安元年（455）冬十月，"以辽西公常英为太宰，进爵为王"[8]115，也就是辽西王。常英何许人也？众所周知，北魏实行"子贵母死"的后宫制度[17]，皇帝生母常被处死，乳母地位特殊。史载，文成帝乳母常氏被尊奉为"保太后"，其兄弟皆鸡犬升天：

> 兴安二年（453），太后兄英，字世华，自肥如令超为散骑常侍、镇军大将军，赐爵辽西公。弟喜，镇东大将军、祠曹尚书、带方公。三妹皆封县君，妹夫王睹为平州刺史、辽东公。追赠英祖、父，苻坚扶风太守亥为镇西将军、辽西简公，勃海太守澄为侍中、征东大将军、太宰、辽西献王，英母许氏博陵郡君。遣兼太常卢度世持节改葬献王于辽西，树碑立庙，置守冢百家。[8]1817

这其中引人注目的是太后长兄常英,从肥如县令平步青云,受封大将军、辽西公等官爵。他的兄弟所受公爵号皆撷取自汉晋边郡：辽西、带方、辽东。特别是常英受封辽西公,显然又和肥如县属辽西郡有关系。就连已经去世的父祖两代人也被追赠辽西简公、辽西献王,常英之父则被隆重地迁葬到辽西,北魏时代所立《大代修华岳庙碑》即为常英等奉敕造建①。当然,故事还没有结束,常英很快晋爵为王,其兄弟常喜改封燕郡,从兄常泰封朝鲜侯,其后(459),文成帝又"诏以太后母宋氏为辽西王太妃"。常英薨逝,谥号"辽西平王"[8]1817-1818。就连给常英立庙的官员都沾光封侯。[8]1046 清代史家赵翼评价常氏封王受宠一事说："可谓滥矣。"[18]299-300 切中肯綮。常英因"极尊崇"而封辽西王实际上突破了此前辽西公爵位的限制。但是,辽西王并非横空出世,此前有迹可循,在慕容鲜卑贵族中早有此爵,与辽西地域的关联同样紧密。

　　除了辽西公爵号,辽西王爵也曾在后赵、后燕、北魏时出现。332年,后赵石勒之侄石虎打算拉拢慕容氏贵族慕容镇军,已经遣使册命其为大将军、辽西王,但慕容镇军没有接受："今慕容镇军屡摧贼锋,威震秦、陇,虎比遣重使,甘言厚币,欲授以曜威大将军、辽西王……慕容镇军恶其非正,却而不受。"[15]3044 石虎后来废杀石弘篡夺皇帝位,确实并非正统继承皇位的统治者,因此慕容镇军没有接受其"辽西王"的册封。而其时,慕容皝受东晋册封为"燕王"②,同样是王爵。前燕并无辽西王之册,后燕时(386)慕容垂分封诸子,"燕主垂封其子农为辽西王,麟为赵王,隆为高阳王"[15]3364。对于这位辽西王慕容农,史书记述较多,北魏皇始元年(396)"大举讨慕容宝,帝亲勒六军四十余万……别诏将军封真等三军,从东道出袭幽州,围蓟","宝并州牧辽西王农大惧,将妻子弃城夜出,东遁,并州平"[8]27。虽然在魏燕战争中败北,但辽西王是后燕时代统军坐镇一方的大将,地位仅次于皇帝慕容宝。其麾下僚佐亦应不少③。史载,辽西王并州之败和统军众多、驻地缺少供给、民族政策失误也有关系④。北魏太祖这次军事行动,或许是后来册封统一中原有功者为辽西公爵号的根源,即统一中原主要步骤是对前燕、北燕的战争。

　　由北燕入北魏的冯崇兄弟,同样因为出身辽西且以辽西内属而获封辽西王："延和元年(432)冯文通长乐公崇及其母弟朗、朗弟邈,以辽西内属。文通遣将封羽围辽西。""二年(433)二月庚午,诏兼鸿胪卿李继,持节假冯崇车骑大将军、辽西王。"[8]81-82 这再一次印

---

① 《修华岳庙碑》云："遣元舅侍中大宰征东大将军辽西王辽西常英、冠军将军礼曹尚书河内公河内荀尚、立节将军安定侯直勤侯尼须,荐以三牲,建立殿庙,造作碑阙。"陈尚君辑校：《全唐文补编》,中华书局2005年版,第963页。陈尚君先生从《古今图书集成》山川典卷六八《华山部》及《樊南文集补编》引《华岳全集》辑出。关于碑文的年代,陈先生认为："毛凤枝《关中金石文字存逸考》卷九据北魏书外戚闾毗传,考知此文为北魏时人作。碑中辽西常英,即高宗乳母常氏兄。《魏书》礼志载兴光元年(454)华岳修庙事,即此碑所载。并推测商隐岳庙题名,本刻此碑之上,因而致误。其说可从。大唐、开成云云,或出后人妄改。今仍附存之。"
② 《资治通鉴》卷九六,慕容皝受册官爵为"使持节、大将军、都督河北诸军事、幽州牧、大单于、燕王"。
③ 例如贾彝,"弱冠,为慕容垂骠骑大将军、辽西王农记室参军"。《魏书》卷三三《贾彝传》。
④ 《资治通鉴》卷一〇八,晋武帝太元二十一年(396)："燕辽西王农悉将部曲数万口之并州,并州素乏储?是岁早霜,民不能供其食,又遣诸部护军分监诸胡,由是民夷俱怨,潜召魏军。"

证辽西爵号来自辽西地域的册封原则。但对其父围击辽西语焉未尽,《魏书》则稍微详细地交代了对冯崇作为北燕君主的嫡长子而归降北魏的始末缘由:

> 先是,文通废其元妻王氏,黜世子崇,令镇肥如,以后妻慕容氏子王仁为世子。崇母弟广平公朗、乐陵公邈相谓曰:"大运有在,家国已亡,又慕容之谮,祸将至矣。"于是遂出奔辽西,劝崇来降,崇纳之。会世祖使给事中王德陈示成败,崇遣邈入朝。世祖遣兼鸿胪李继持节拜崇假节、侍中、都督幽平二州东夷诸军事、车骑大将军、领护东夷校尉、幽平二州牧,封辽西王,录其国尚书事,食辽西十郡。[8]2127

由此可见,冯弘"围辽西"与冯崇"以辽西内属""封辽西王""食辽西十郡"都围绕一件事展开,即冯崇直接统辖辽西郡,因为他坐镇肥如,其内属实际也是献城归附。

显然,鲜卑段部、慕容、拓跋以辽西为封爵的长期沿袭,已然成为一种政治象征甚至遗产,烙刻在鲜卑文明演进的历史记忆中,终于在北魏统一北方的历史进程中遗留下来,并在之后的历史中展现出胡汉交融的巨大力量。

如果我们将视线后移至隋唐时代,中原王朝在辽西的重新设郡及边疆外拓,又将呈现胡汉互动交融的新样貌。不过,那将是另一篇文章探讨的主题了。

五、结语

本文的论述可归结为辽西地域北方民族与中央政治互动、边郡在"内外之际"的转换、北方民族文明演进中的辽西"烙印"三个问题。主要认识如下。

秦在燕基础上重置辽西郡,其核心关切发轫于匈奴及东胡问题,属于北边防御政策的一环。汉朝因袭之,乌桓、鲜卑相继成为辽西郡不得不面对的新问题,在两汉时代总体的趋势是乌桓鲜卑不断渗透到辽西等北部边郡,与地方势力混杂纠葛,由外部军事边患转化为内部政治势力。而到了两晋时期,辽西地区已日益成为鲜卑各部迭兴递嬗之地,中原王朝难再主导该地政治秩序。段部鲜卑以后,慕容鲜卑相继在辽西地域建立三燕政权并南进中原逐鹿,因此到东晋时,辽西与辽东、乐浪等郡一样都已是中央朝廷鞭长莫及的域外之地。北魏敉平北燕,逐步统一北方,辽西由此再次与中原连为一体,复现汉代时某些边郡特征,但也凸显出此一时期民族融合的大趋势。

与这一长时段历史民族地理演变过程相伴随的是,鲜卑各部及其政权传承了一种带有辽西"烙印"的政治特色,在辽西公/王爵号授册历程中,鲜明地体现着鲜卑人以辽西为发源地、封爵与故地相联系的传统。将辽西郡与北方民族关系置于中古前期历史长河中予以审视,作为边界/通道的辽西,无疑是一个重新认识中原与塞外关系及其介乎二者之间的"边地"特性的绝佳窗口。而在隋唐以后的历史长河中,辽西仍继续发挥着胡汉互动交融场域的独特作用,迎接一波又一波由"外"入"内"的人群,诚可谓中华民族交往交流交融史的一个缩影。

【参考文献】

[1] 苏秉琦. 关于重建中国史前史的思考[J]. 考古, 1991（12）: 1109—1118.

[2] 谭其骧. 中国历史地图集释文汇编: 东北卷[M]. 北京: 中央民族学院出版社, 1988.

[3] 史记[M]. 北京: 中华书局, 1982.

[4] 汉书[M]. 北京: 中华书局, 1962.

[5] 后汉书[M]. 北京: 中华书局, 1965.

[6] 三国志[M]. 北京: 中华书局, 1982.

[7] 晋书[M]. 北京: 中华书局, 1974.

[8] 魏书[M]. 北京: 中华书局, 1974.

[9] 北齐书[M]. 北京: 中华书局, 1972.

[10] 周书[M]. 北京: 中华书局, 1971.

[11] 新唐书[M]. 北京: 中华书局, 1975.

[12] 隋书[M]. 北京: 中华书局, 1973.

[13] 冯立君. 高句丽"西进"辽东问题再探讨[J]. 东北史地, 2015（3）: 31—39.

[14] 牟发松, 毋有江, 魏俊杰. 中国行政区划通史: 十六国北朝卷（上）[M]. 上海: 复旦大学出版社, 2017.

[15] 司马光. 资治通鉴[M]. 北京: 中华书局, 1956.

[16] 李吉甫. 元和郡县图志[M]. 北京: 中华书局, 1983.

[17] 田余庆. 拓跋史探[M]. 北京: 生活·读书·新知三联书店, 2011.

[18] 赵翼. 廿二史札记校证[M]. 王树民, 校证. 北京: 中华书局, 2013.

（原载《中央民族大学学报（哲学社会科学版）》2022年第3期）

清朝满蒙联姻之指婚制入关后发展变化及"备指额驸"问题

杜家骥 *

清朝实行满蒙联姻的过程中,曾有过"备指额驸"制。此前,对于这一制度产生的时间,曾有过几次探讨。①虽然这一制度产生、变化的时间点大致已确定或观点明确,但仍可做更细致的考察,并需要在此基础上做相关深入研究,才有较重要的学术意义。

一、问题的提起——光绪朝"会典"中出现"备指额驸"制之分析

光绪朝所修《大清会典事例》的《理藩院》部分,有漠南蒙古七部十三旗的"备指额驸"一目。因本文多处需要据此内容做具体分析,故将原文全部移录如下。

原定:凡指额驸,行文科尔沁左翼中札萨克达尔汉亲王旗、科尔沁右翼中札萨克图什业图亲王旗、巴林右翼札萨克郡王旗、喀喇沁右翼札萨克都楞郡王旗、科尔沁左翼前札萨克宾图郡王旗、科尔沁左翼后札萨克博多勒噶台亲王旗、科尔沁右翼前札萨克札萨克图郡王旗、奈曼札萨克达尔汉郡王旗、翁牛特右翼札萨克都楞郡王旗、土默特札萨克达尔汉贝勒旗、敖汉札萨克郡王旗、喀喇沁中札萨克头等塔布囊旗、喀喇沁左翼札萨克头等塔布囊旗等十三旗,查取各该旗王、贝勒、贝子、公之嫡亲子弟、公主格格之子孙内,十五岁以上、二十岁以下,有聪明俊秀堪指额驸之台吉、塔布囊,将衔名、年命注明,每年于十月内送院。此内如有患病残疾事故,由该札萨克出具印结报院开除。其已开送职名人等,令其父兄于年节请安时,各带来京,备指额驸。

又定:凡遇宗人府咨取备指额驸人员,由院行文各盟长,令将应指额驸人员,年在十五岁以上者,造具年命、姓氏、三代履历清册,报院后,咨送宗人府拣选。带领引见,恭候钦指。

又定:指婚未成礼之额驸,如遇父母丧,俟服阕后迎娶。

---

* 杜家骥,南开大学历史学院教授。
① 参见赵云田《清代的"备指额驸"制度》,《故宫博物院院刊》1984年第4期;杜家骥《清朝满蒙联姻研究》,人民出版社2003年版;乔吉《关于清代"备指额驸"产生的年代——从译注一份蒙文档案〈理藩院行文〉谈起》,《蒙古学信息》2004年第1—2期;赵云田《清代"备指额驸"产生时间考析》,《中国边疆史地研究》2021年第4期。

道光十九年定：凡蒙古保送额驸，不必拘定十八岁，于十八岁长五岁、少五岁者，均著报院。①

本人最初写作《清朝满蒙联姻研究》一书时，对这一制度的出现有些疑惑，因为清代的满蒙联姻，在此以前很早就实行指婚，又因人多而实行一些配合指婚的措施，如记名以备指婚、内廷教养蒙古王公子弟以备指额驸，为何在多少年以后的光绪年间修会典，始专设"备指额驸"一目？继而见到《清仁宗实录》卷 337 嘉庆二十二年十二月丁亥条有如下记载：

谕内阁：本日宗人府因质郡王绵庆之女、贝子奕纯之女选指额驸，俱拣选在京八旗年岁相当之子带领引见。我朝国初创建定制，近派及岁宗室之女，将年岁相当之蒙古世族子嗣选指额驸。此次以蒙古内无年岁相当之子备选额驸，均未报出，殊失结亲本意。凡指额驸，著不必拘泥同岁，或年长三四岁、年幼三四岁，均可选指。嗣后每遇指选额驸，著将年长五岁、年幼五岁蒙古子嗣拣选报部，倘有及岁隐匿不报者，一经查出，定行治罪。著交理藩院通谕各蒙古知之。

又联系到前述《大清会典事例·备指额驸》中的"道光十九年定，凡蒙古保送额驸，不必拘定十八岁，于十八岁长五岁、少五岁者，均著报院"这一规定，与上述嘉庆二十二年（1817）斥责蒙古方面"此次以蒙古内无年岁相当之子备选额驸，均未报出，殊失结亲本意"后，降旨"嗣后每遇指选额驸，著将年长五岁、年幼五岁蒙古子嗣拣选报部"，正好吻合，因而当时判断，这应是将嘉庆二十二年以后的做法，后来确定为明文制度。书中遂专作一节《嘉道及以后的指婚制与所谓"备指额驸制度"》，并表达了如下观点：明确的"备指额驸"规制，大约在嘉庆二十二年发布谕旨后不久就产生了，并于道光十九年（1839），将嘉庆二十二年上谕关于蒙古方面于 18 岁上下浮动 5 岁之子弟上报的规定，作为固定制度纂入会典。选指的年龄段已是 13—23 岁的 10 岁范围，比原来的 15—20 岁的 5 岁范围又扩大 1 倍。同时认为若从"备指额驸"这一公文成语的"备指"两字分析，这种制度应该早已存在，联系到康熙年间曾将皇家女记名以备指配蒙古子弟、将蒙古王公子弟教养内廷以备指配的做法，以及乾隆前期谕旨中提到的宗人府每年底将皇家及岁格格及蒙古与旗人子弟"列入"报呈皇帝指配等，都表明了早有"备指"规制。以后所提到的这种"备指额驸"，则是一种狭义的，专门指令蒙古、点名具体部旗、责成盟长上报蒙古子弟以备选指的制度，并未超出"指婚制"这一总范畴。②

《清朝满蒙联姻研究》出版后不久，笔者将在赤峰市档案馆复制的一份乾隆年间的蒙古文公文——《理藩院给漠南蒙古翁牛特旗等扎萨克衙门的行文》，请乔吉先生翻译。据译文得知，自乾隆二年（1737）起，清朝就已在前述漠南蒙古科尔沁等七部十三旗实行"备指额

---

① 光绪《大清会典事例》卷 978《理藩院·户丁·备指额驸》，中华书局 1991 年影印版。
② 参见杜家骥《清朝满蒙联姻研究》，第 249—257 页。

驸"。该公文译文如下：

> 伏乞圣上谕旨。又依乾隆二年之例，行文科尔沁等十三旗，查取各该旗王、贝勒、贝子、公之嫡亲子弟、公主格格之子孙内，十五岁以上、二十岁以下，有成长模样、聪明俊秀，堪指额驸之台吉、塔布囊，将其名衔、八字、年、名等一同注明，每年于冬首月送院来。此内若有患病残疾事故者，由所属扎萨克处出具印结之保证书报院，开除其名。此外其已开送职名人等，令其父兄于年节前来叩首请安时，务必各自带来（京）备指额驸。此时合宜与否，圣上明示之后，谨遵行之。为此谨奏请旨。乾隆三十二年春二月初二谨奏。①

笔者据此纠正了之前关于该问题不确切的看法。以前，笔者虽认为早有"备指额驸"规制，但因会典在嘉庆二十二年（1817）以前没有"备指额驸"制的明确记载，而认为"明确的备指额驸规制"是"大约在嘉庆二十二年发布谕旨不久就产生"，看来并不确切。此后在《清朝满蒙联姻中的"备指额驸"续谈》一文中，吸取乔吉先生的这一成果，并在文章的正文及内容摘要中，肯定并明确"乾隆二年以后，又实行令漠南科尔沁等十三旗蒙古提供子弟以备指额驸的做法"。②

这一发现，随之又产生新的疑问，即乾隆二年既然已定有"备指额驸"制，为何在此后的乾隆十二年（1747）始修的《大清会典》《大清会典则例》，及嘉庆年间所修《大清会典》及《大清会典事例》，都不列"备指额驸"一目，至光绪朝修会典，始出现"备指额驸"一目？而更需要进一步探讨的是以下这些重要问题。

一是"备指额驸"制的两个重要时间点，即产生之乾隆二年与制度变化之嘉庆二十二年，已如前述。那么，"备指额驸"制在这两个时间点产生、变化的原因是什么，反映了满蒙联姻怎样的发展变化？

二是清朝为何选在漠南蒙古的这一部分部旗中实行"备指额驸"？众所周知，清代蒙古从大的方面说，有漠南蒙古、漠北蒙古、新疆及科布多一带蒙古、青海蒙古。其中，漠南蒙古有六盟，共二十四部四十九旗，而前述实行"备指额驸"者，只是这漠南六盟中东三盟的七部十三旗，究竟在这部分部旗实行"备指额驸"的原因是什么？

三是清朝在其他蒙古地区如何实行"联姻"？与这一地区实行的"备指额驸"有何不同？

四是除实行以上联姻规制，还有哪些联姻形式，综合观之又体现了清朝满蒙联姻怎样的总体状况？

凡此，都具有扩大性研究意义。以下两节，便根据已了解的有关史事做初步分析，对这

---

① 转引自乔吉《关于清代"备指额驸"产生的年代——从译注一份蒙文档案〈理藩院行文〉谈起》，《蒙古学信息》2004年第1—2期。

② 杜家骥：《清朝满蒙联姻中的"备指额驸"续谈》，《烟台大学学报》2013年第3期。

些问题作粗略阐述。

二、入关后"指婚制"的满蒙联姻在漠南蒙古地区的发展变化

入关后的满蒙联姻，在背景条件上出现了以下几方面新情况，都是影响前述联姻变化的因素。一是清宗室人口繁衍，应指婚之人不断增多，皇帝指婚需要便于操作的规范性做法。二是入关后宗室定居北京，联姻较多的漠南蒙古东三盟，由原来的盛京相邻地区，成了距北京已远的"边区"，且皇家公主、格格生活在全国首善之地的繁华京城，不愿出嫁到相对荒凉的边区蒙古，更兼指婚制违背婚姻当事人的意愿，皇帝指婚遇到阻力，尤其是皇族人口繁衍较快较多，那些远支宗室已与皇帝血缘关系相对较远，指婚出现的阻力更大。三是需联姻的蒙古地区扩大，主要表现为由漠南内扎萨克蒙古，扩大到更远的外扎萨克蒙古。四是与多地区蒙古发生关系，且不断出现重要政治、军事事件，情况复杂，联姻需要实行多种形式的指婚。

入关后皇家"指婚"蒙古的联姻制度，就是在以上新的情况下，呈现多方面的发展变化。本节先集中对漠南蒙古联姻的变化做探讨，论述以前所说的"备指额驸"的实行。

清入关初的顺治年间，宗室人口尚少，需指婚的皇家格格更少，皇帝指婚措施也很简单。有一种观点认为，顺治年间就已产生"备指额驸"。根据是光绪《大清会典事例·宗人府》所记顺治九年（1652）制定的清皇族人口登记制度，[①]认为这一制度"为选择外藩蒙古额驸奠定了基础"，结论却是"备指额驸产生于清朝顺治年间"。[②]这种皇族人口登记制度，并不能作为"备指额驸"产生的基本依据，其实这一制度在入关前的崇德三年（1638）就产生了，[③]同样不能认为"备指额驸"产生于入关前的崇德年间（1636—1643）。

随着人口繁衍，需指婚的皇家格格增多，皇帝就不能光凭对她们的记忆印象而指婚了，而须持有婚龄宗女的记名名单之类的东西，由掌管皇族男女婚嫁事务的宗人府查核记录，提供给皇帝，以备指配蒙古王公子弟。现在见到有这方面明确记载的，是康熙五十六年

[①] 光绪《大清会典事例》卷1《宗人府·天潢宗派·宗室觉罗册籍》："顺治九年题准：宗室自亲王以下至辅国公，所生子女周岁，由长史、司仪长、典仪等官，详开嫡出、庶出第几男、第几女，母某氏，所生子名某，并所生子女之年月日时，具册送府。镇国将军以下至闲散宗室，由族长查明，亦照例开报送府。均载入黄册。其收生妇某，一并开送存案。如将抚养异姓之子捏报者，治以重罪。觉罗所生子女，报知各旗首领，首领于生子三日内，亲加查询某人某妇，于某年月日时生第几男第几女，名某，收生妇某，逐一开录。于每年正月初十日以内，亲赍送府，编入红册。如迟误不报、报不以实者，首领从重治罪。"

[②] 参见赵云田《清代"备指额驸"产生时间考析》，《中国边疆史地研究》2021年第4期。

[③] 《清初内国史院满文档案译编（上）》（光明日报出版社1989年版，第345—348页）："崇德三年八月初五日，礼部和硕豫亲王奉命定……和硕亲王以下及至宗室之子，每得一岁，应详加询问，将年龄、名字记载于档册。若为另室明居之妻所生子女，载之于档。所有抱养异姓子女或未分居女奴所生子女，勿得登记。将女奴所生子女或抱养异姓子女诈称亲生子女，科以重罪。"

(1717），被指婚之女的父亲简亲王雅尔江阿向康熙皇帝所上的奏折，为行文简洁，仅摘要引述如下：

> 窃臣女蒙皇父记名，选配于人，臣喜之不尽。臣身荷皇父之恩，将此一女，若蒙皇父无论指配于蒙古亲戚之子……①

此奏折称"窃臣女蒙皇父记名，选配于人"，"指配于蒙古亲戚之子"，就是将皇家女性一方"记名"以备指配蒙古王公子弟的做法，实际应该在康熙五十六年（1717）以前就实行了。

男女婚姻之事，其指婚之"备指"，若便于操作，需有男女双方的记名名单式资料，女方记名是康熙五十六年以前，而蒙古王公子弟一方，目前可知最早的就是前述乾隆二年（1737）在漠南蒙古七部十三旗中实行的"备指额驸"。至于在此以前，是否就已在蒙古方面（不只是漠南七部十三旗）存在类似的做法，尚不得而知。以下需探讨的重要问题是，清朝皇帝为何是在漠南蒙古七部十三旗中实行"备指额驸"？这一问题牵涉的事情较多。

先看入关后皇帝指婚蒙古在地域、部旗方面的变化及其原因。康熙中期以前，属于清朝藩部而联姻的蒙古，仍是入关前延续下来的漠南蒙古。从联姻的统计情况来看，皇帝在指婚漠南蒙古的地域、部旗上，从入关后便渐次缩小。②这当与皇室公主、宗室王公之女格格不愿出嫁蒙古，皇帝推行指婚遇到阻力，不再向较远的部旗指嫁有关。

入关后，清宗室生活在全国最繁华的北京城，被指嫁女不愿离京而终生到条件差、风习有异、语言有障碍且远离娘家亲人的蒙古地区生活。更兼被指婚的夫君、家庭不一定如意，关系或不和谐，因而不仅有抵触情绪，而且即使出嫁，又常有遣嫁女回京乃至不回蒙古地区者。这种情况，可能自入关不久就产生并发展，顺治十四年（1657）后至雍正年间，朝廷曾几次下禁令，并制定限制措施，当与此有关。顺治十四年规定，嫁蒙古之女及蒙古王公"以朝贡（皇家女为进贡——引者注）或以嫁娶及探亲等事欲来京师者，皆报院请旨，不得私来"。康熙四年（1665）重申"下嫁蒙古公主、郡主"以进贡名义来京，须题请批准。雍正年间又两次对来京者定以期限。雍正元年定"公主等下嫁蒙古，成婚之后久住京师，与蒙古无甚裨益。嗣后公主等下嫁蒙古，非特旨留京者，不得过一年之限。若因疾病或有娠不能即往者，令将情节奏明展限"；二年又强调"下嫁蒙古之公主、郡主等如欲来京者，并令请旨，不得擅来京师，其奉旨来京者，均定以限期……"③即使有禁令，这种情况也始终存在，因而乾隆、嘉庆时期又增订内容并几次重申饬令，道光三年（1823）稍作变通。④

---

① 《和硕简亲王雅尔江阿奏请毋将女指配于策旺多尔济折》，中国第一历史档案编译：《康熙朝满文朱批奏折全译》，中国社会科学出版社1996年版，第1558页。

② 参见杜家骥《清朝满蒙联姻研究》，第594—681页。

③ 参见乾隆《大清会典则例》卷141《理藩院·王会清吏司·禁约、期限》。

④ 参见《清高宗实录》卷787，乾隆三十二年七月丙寅；光绪《大清会典事例》卷993《理藩院·禁令·内蒙古部落禁令》。

公主、格格不愿出嫁蒙古，皇帝指婚有为难之处，首先放弃向较远、条件相对差的联姻部旗指婚。漠南蒙古中，以前联姻就较少的西部的四子部、浩齐特部，东部的巴岳特及翁吉喇特（后来此二部已不复存在）、扎鲁特、杜尔伯特部，入关后已基本不向这些部旗指嫁宗女。此后至康熙后期，西三盟中的乌珠穆沁、苏尼特、阿巴噶，东三盟中的阿鲁科尔沁部，也渐少联姻之事。雍正时期，以上部旗已不再指嫁。正是在这种情况下，继位不久的乾隆皇帝，为了保持与蒙古的政治联姻，采取了以下三项改革措施，以保障满蒙联姻的顺利实行。

一是于乾隆二年，划定漠南蒙古东三盟中的七部十三旗做"备指额驸"区。之所以划定漠南东三盟蒙古地区，当出于以下原因：（1）这一地区比其他蒙古地区经济相对发达（与康熙中期以后汉人大量流入有关），人口多、兵丁多，相对强盛。而且自入关前，这一地区一直与清中央关系较紧密，是清朝维护统治的重要依靠力量，保持与这一地区联姻，对巩固与加强政治关系，有较重要意义。（2）由于这一地区经济文化相对先进，又距北京相对较近、交通方便，与满洲贵族建立关系早、关系较密近，以前就联姻人次多、姻亲多，满蒙贵族又有亲上做亲的习俗，因而指嫁相对容易。也正因此，又在东三盟之哲里木盟、卓索图盟、昭乌达盟中，划出距京较近、以前联姻较多的以下七部十三旗作为"备指额驸"区：距北京最近的卓索图盟的二部四旗：喀喇沁部三个旗、土默特部右旗；昭乌达盟的四部四旗（巴林部右旗、翁牛特部右旗、敖汉部旗、奈曼部旗）；哲里木盟科尔沁部中的五旗。尤其是距京城、承德都近的卓索图盟之喀喇沁蒙古，指嫁较多，发展为超越科尔沁部而成为联姻人次最多的蒙古部旗，也可以说明这点。哲里木盟之科尔沁部蒙古虽稍远，但与清皇家关系最密近，一直是满蒙联姻的重点区域，联姻人次长期居首，清后期也居第二位。而与科尔沁同为哲里木盟的郭尔罗斯、扎赉特、杜尔伯特这三部四旗，因地域稍远、与皇家的关系也不如科尔沁，便没有被划在"备指额驸"的部旗中。东三盟中的其他部旗，如哲里木盟的科尔沁右翼后旗，昭乌达盟的扎鲁特部二旗、巴林左旗、阿鲁科尔沁部旗、翁牛特左旗、喀尔喀左旗、克什克腾旗，卓索图盟的土默特左旗，与此情况类同，因地远或关系稍远，而没有划入"备指额驸"的部旗范围。

二是将指嫁女的范围缩小到近支宗室。这与当时宗室人口大量繁衍，应指嫁之女数量多，皇帝难以全面了解有关。乾隆三年（1738）正月决定："皇上伯叔辈王贝勒等子女、兄弟辈王等子女，至十五岁请旨。其余宗室子女，系特旨指婚者，令候旨行。余酌量及时婚嫁。"[①]这里所说的"皇上伯叔辈王贝勒等子女、兄弟辈王等子女"，就是近支宗室子女，是指康熙皇帝24个儿子，即乾隆皇帝之23个伯、叔及其父雍正皇帝几个儿子的子女。划定近支宗室子女指婚，似还有指婚相对容易的考虑，因皇帝与近支宗室血缘、亲情关系较近。此外，近支宗女身份相对较高，联姻的政治意义也更大。

三是指婚每年年底进行一次，时间上正规、固定，保证联姻的连续性。此后，近支宗室中已到婚龄之宗女，每年年底由宗人府列名奏报皇帝，皇帝将其与每年年底蒙古七部十三旗上报的备指额驸子弟，做两方斟酌而指配。乾隆皇帝所说"每岁年终，庄亲王将王公等年已

[①]《清高宗实录》卷60，乾隆三年正月戊午。

及岁之格格等查明具奏,指与额驸",①就反映了这种实行情况。

以上改革,使指婚式联姻蒙古减少了阻力,较容易实行,且制度比以前正规,因而保证了满蒙联姻的顺利进行。但时间一长,仍不免有躲避出嫁蒙古而私嫁京城旗人者。对此,乾隆二十四年(1759)又实行强制性的规制,乾隆皇帝为此发布长篇谕旨,先令宗人府将私嫁京城旗人的宗室王公之女全部清查出,将其家长亲王郡王"罚俸一年",②并补充说明:"若系伊等之亲戚行走相熟之蒙古,私行给与者尚可,准其私下结亲后奏闻。其不行具奏私与京城之人结亲之处,著严行禁止。"③总之,如此规定是为了保障满蒙联姻,因而如果不等候皇帝指婚,而将女儿"自行许给"蒙古王公之家者,当然是可以的。

上述改革措施及强制性指嫁制度的实行,收到了一定成效。当时虽然指婚范围只是近支宗室,但由于近支宗室有24支宗人,基数较大,应指嫁的宗女仍较多,更兼还有向其他地区蒙古指嫁及配合其他多种形式的指嫁,指婚又带有强制性,以至于出现"将王等之女格格等多指给蒙古台吉",甚至"指额驸时尽指与蒙古等"的情况。乾隆一朝为满蒙联姻高峰时期,指嫁蒙古的宗女年平均人数最多。④

为使出嫁蒙古之女较稳定地在蒙古地区生活,乾隆三十二年(1767)还强制规定,如无"亲丧等要事"等特殊情况,出嫁十年后才可回京会亲,"嗣后凡下嫁蒙古额驸之格格等,出口已逾十年,呈请来京请安者,该院请旨具奏。如未过十年者,即行议驳。此内如有亲丧等要事必须来京者,该院声明请旨具奏"。⑤

前述改革,多因指婚之阻力。若深入探讨,还有必要分析这种阻力因素在男女双方的具体情况,以便深入认识实行"备指额驸"的原因及其性质。

指婚制,皇帝考虑的是政治意义,而被指婚之家,主要考虑自家的利益。若自主选婚,会多方权衡,以选理想的对象;若由皇帝指婚而被动接受,难免会有不如意之处。所以,无论是满族还是蒙古,都会有不愿意被指婚的情况。若从总体方面比较,并做长时段的通贯性考察,则又可知,满蒙联姻的指婚中,不愿皇帝指嫁的,主要是皇家女性一方,因为是她们需要做出牺牲,离开繁华的京城,终生到条件差、与娘家亲人往来受限制的地区生活。⑥

因而,前述几方面的改革,包括在漠南蒙古七部十三旗中实行"备指额驸",以及强制性制度的增订等,主要是针对皇家女一方不愿出嫁蒙古的情况制定的。在漠南蒙古七部十三旗实行"备指额驸",也可以说是为了容易指嫁皇家女及满蒙联姻顺利而制定的制度,蒙古方的"备指额驸"是配合皇家女的指配,因而令这一地区蒙古王公提供年龄合适而且是"聪明俊秀"的子弟,以便皇帝为皇家格格选指额驸,且力图使她们满意。会典所记"备指额驸"的实行程序,也是先由协助皇帝办理皇家女方的"宗人府咨取备指额驸人员",咨文至

---

① 光绪《大清会典事例》卷1《宗人府·天潢宗派·婚嫁》。

② 光绪《大清会典事例》卷1《宗人府·天潢宗派·婚嫁》。

③《钦定八旗通志》卷首12《敕谕六》,乾隆二十四年二月四日上谕,吉林文史出版社2002年版。

④ 参见杜家骥《清朝满蒙联姻研究》,第241—249页。

⑤《清高宗实录》卷787,乾隆三十二年七月丙寅。

⑥ 这种情况到清后期才有所改变,而娶妻的蒙古王公子弟一方则不存在这种情况,下文详述。

理藩院，理藩院再行文蒙古各盟长，将符合条件者报理藩院"咨送宗人府拣选，带领引见，恭候钦指"，[①]即宗人府为皇家女的指嫁，而行知理藩院令蒙古方提供"备指额驸"，以配合宗人府及皇帝办理女方之指配。

至嘉庆年间，因蒙古一方出现问题，又在理藩院办理的措施中增订规制。诸种情况表明，蒙古方面对皇帝为他们指嫁皇家女子，愿意、不愿意两种情况均存在。

在清初及清前期，依目前资料所见是蒙古方面以皇帝指嫁公主到本部旗为殊荣，因而愿意结亲的记载。

康熙四十五年（1706），康熙皇帝将其女温恪公主指嫁翁牛特部的郡王苍津，其后前往看望。《康熙起居注》记载，当时"翁牛特诸台吉及众蒙古男妇弥望遍野，列跪道左，俱奏言：'……臣等翁牛特蒙古，俱已各得其所矣！今又下嫁公主于吾王，圣驾亲临，翁牛特蒙古光荣矣'"。[②]起居注这种清朝的官方记载，明显有虚夸成分，但不会是毫无根据的虚构，该部领主贵族对康熙皇帝表白他们以公主出嫁该部为荣，也不难理解，各部蒙古既已归附清朝而为藩属，各得其所，皇帝又主动将公主指嫁，使该蒙古部旗贵族成为皇帝亲家，关系非同一般，在蒙古诸部中出人头地，地位提高，有如上举动，也符合情理。再如雍正七年（1729），雍正皇帝将和惠公主指嫁漠北土谢图汗部郡王丹津多尔济之子多尔济色布腾，于京城成婚，在漠北的丹津多尔济向雍正皇帝具奏谢恩，称皇帝将公主嫁与他家是"圣主又施以如此鸿恩""承蒙圣主殊恩"，其"阖家族人闻知，不胜欢忭……奴才系一蒙古人，除祷告天佛，竭诚报效外，莫可言喻"。[③]这种向皇帝表达的语言，虽是官话套语，也应如上述翁牛特王公一样，有几分实际心境。多年后的光绪十八年（1892），俄国学者波兹德涅耶夫在漠北蒙古考察时，遇到丹津多尔济的六世孙郡王鄂特萨尔巴咱尔（以下简称"鄂王"），曾据其所了解的情况有如下记述："鄂王家族为土谢图汗部最显赫的家族之一，他们的祖先在蒙古人归附大清王朝之前就已经被封为扎萨克，而且累世和皇室联姻，他们对此很是引以为荣。"[④]这位俄国人在与鄂王的接触中了解到的鄂王之心迹的表露，应具有一定真实性。

又据喀喇沁蒙古人罗布桑却丹《蒙古风俗鉴》一书介绍，清后期仍有愿意而且主动与皇家结亲者："蒙古诺彦们互相攀比，自愿从北京娶夫人的也不少。"[⑤]蒙古诺彦（也即贵族王公官员）所以互相攀比，也当是以娶皇家格格而攀上皇家这门亲事为荣，并作为提高其在蒙古王公中身份地位的一个途径，而且所娶皇家之女及娶她们的蒙古额驸，皆有朝廷定期发给的银、缎，额驸还封有爵级。

[①] 光绪《大清会典事例》卷978《理藩院·户丁·备指额驸》。

[②] 中国第一历史档案馆整理：《康熙起居注》第3册，中华书局1984年版，第2007页。

[③] 《王丹津多尔济奏谢降旨为子完婚折》，中国第一历史档案馆译编：《雍正朝满文朱批奏折全译》下册，黄山书社1998年版，第1931页。

[④] [俄] 阿·马·波兹德涅耶夫著：《蒙古及蒙古人》第1卷第9章《从库伦到张家口》，刘汉明、张梦玲、卢龙译，内蒙古人民出版社1989年版。

[⑤] 此条及以下，参见（清）罗布桑却丹著《蒙古风俗鉴》第2卷《诺彦（官员、官僚）的结亲》，赵景阳译，辽宁民族出版社1988年版。

蒙古方面有不愿与皇家女结亲者，主要因皇家女多娇蛮娇气，又有等级性礼法拘束男女之间情感，且"指婚"之女的品貌未必如意，因此而不愿意结亲的情况，应是始终存在的。而至清后期，除了这方面原因，还与娶皇家女有经济负担有关。前述罗布桑却丹还介绍："实际上，蒙古人对于从北京娶亲不甚愿意。从北京娶夫人花钱多，而且对旗民来说也负担太重，向百姓摊派官银很难，穷旗不愿给他们的诺彦从北京娶夫人。"罗布桑却丹所说的这种情况，应是清后期，与当时满族王公之经济收入衰落也有关，因当时指嫁蒙古者，很少是皇室女，皆为宗室王公之女，①而这一时期不少宗室王公之家经济拮据（详见后述），所以满蒙王公间结亲，其排场费用，主要是被指婚的蒙古王公之家负担，这也是某些蒙古王公之家"不甚愿意"与清朝宗室王公之家结亲的原因。

以上情况，当就是前述嘉庆年间蒙古方面对指婚不积极配合的原因，因而嘉庆皇帝扩大备指蒙古王公子弟的范围，并增订凡隐匿不报者治罪的强令性制度，并将这一增订内容于道光十九年（1839）固定。

这里需要注意的是，既然乾隆二年（1737）就在漠南蒙古之七部十三旗中实行"备指额驸"，为什么后来乾隆、嘉庆时期修会典，都不将"备指额驸"作为专目纂入？而是在嘉庆二十二年（1817）以后的道光、光绪年间作为专目列入政书？殆因以前蒙古方面未出问题，存在阻力的主要是皇家宗女一方，这方面事务是属宗人府管理，所以乾隆二年后为顺利推行"备指额驸"所做的改革制度，都是针对女方制定，这类制度也当然是出现在会典事例的"宗人府"中。而对蒙古一方的专门规定，是理藩院之职掌，所以在蒙古一方出现阻力、皇帝在嘉庆二十二年降旨后，有关理藩院的政书，诸如会典、则例，才出现这一"备指额驸"的行政内容及其专目。其中嘉庆朝所修的会典，在此前的嘉庆十七年（1812）就已修成，所以二十二年以后的内容直到光绪朝续修会典时才纂入。

综合前述情况可以认为，所谓的"备指额驸"制，是在满蒙联姻过程中先后出现阻力的情况下所做的应变性规制，其产生及此后的较长时期，主要是针对皇家公主、格格方面的阻力，而将指嫁蒙古的范围缩小到容易推行的漠南蒙古东三盟七部十三旗，并明确在这些部旗令蒙古王公提供备指子弟，以配合皇帝为皇家女指嫁。至嘉庆二十二年以后，因这些部旗的蒙古方面又出现不配合的情况，乃增订制度，明确记为理藩院的"备指额驸"规制。

还需要说明的是，清朝的满蒙联姻，除在这一局部地区的"备指额驸"之外，还有很多内容，联系这些内容，不仅可对"备指额驸"在整个满蒙联姻中有比较恰当的定位，也有助于对清朝满蒙联姻做全面的了解。下节对此做集中叙述。

三、清皇室与其他地区蒙古的联姻及指婚制的多种形式

（一）清皇室在漠南蒙古之外与其他地区蒙古的联姻

康熙中期以后，满蒙联姻扩大到外扎萨克蒙古。外扎萨克蒙古比漠南内扎萨克蒙古距京更远，且地域广袤。皇帝指婚联姻外扎萨克蒙古，是选择政治、军事意义较大的重点部旗中

---

① 自嘉庆八年至清末，皇室公主指嫁蒙古者只有一人。

的重点家族，这是与前述漠南蒙古联姻之选择重点部旗的重要不同点。

康熙三十六年（1697），康熙皇帝首先将恪靖公主出嫁漠北喀尔喀蒙古之土谢图汗部的汗家族，清代四大活佛之一的哲布尊丹巴也是这一家族之人。此后十余年，又相继将宗女指嫁扎萨克图汗部的汗家族领主，将纯悫公主指嫁土谢图汗部中被达赖喇嘛看重而赐予视同"汗"之"赛因诺颜"号家族的策凌。雍正三年（1725），清朝便将此家族从土谢图汗部中分出，为独立之赛因诺颜部，任命额驸策凌为此部的实际管辖之王。雍正年间，又将和惠公主指嫁土谢图汗部汗家族的另一支领主丹津多尔济郡王之子。丹津多尔济与策凌都担任本部蒙古的统兵副将军，抵御准噶尔部蒙古。此后，以上漠北蒙古领主贵族，除扎萨克图汗部，另两部的三支家族与清皇家联姻不断，直至清末，共联姻39次。①

清皇家联姻外扎萨克蒙古的另一地域，是漠南西端河套以西的阿拉善蒙古。在当时清朝与准噶尔蒙古的长期对峙中，处于此地的阿拉善蒙古具有重要军事意义。康熙四十一年（1702），康熙皇帝将养育宫中的堂侄女指嫁该蒙古领主之子阿宝，阿宝后来晋爵为扎萨克郡王。此后，清皇家与阿拉善蒙古联姻不断，直至清末，共联姻28次。②

清皇家与漠西准噶尔蒙古贵族也有联姻，但不是将宗女出嫁漠西之地，而是指嫁与该部蒙古在京之人，见后述。

（二）满蒙联姻的多种形式

1. 内廷教养以"备指额驸"

早在顺治十六年（1659），清朝曾规定蒙古王公子弟若"有愿入内廷随侍者"，报理藩院办理。其中是否有随侍内廷皇子而共同教养者，尚不清楚。目前见于记载最早在"内廷教养"长大指为额驸的，是康熙中期以后之事。康熙三十一年（1692），漠北喀尔喀蒙古的策凌、恭格喇布坦兄弟二人，在祖母的带领下投奔清朝。康熙皇帝为他们"赐第京师，教养内廷"。③十几年后，康熙皇帝把女儿纯悫公主指嫁策凌，将孙女（皇长子胤禔之女）指嫁恭格喇布坦。大致与此同时，漠北蒙古扎萨克图汗部的幼小亲王策旺扎普，也被"养育宫廷内，嫁与宗室格格，即为多罗额驸"。④喀喇沁蒙古左旗的僧衮扎布"自幼随侍"康熙皇帝，后被康熙皇帝指配为皇孙女之额驸，⑤与此类似。

雍正九年（1731），清朝进一步制定令蒙古王公子弟入内廷教养的正规制度，雍正皇帝向理藩院发布上谕："从前皇考时，曾将蒙古王、台吉等之子侄，著在内廷教养，今扎萨

---

① 参见杜家骥《清朝满蒙联姻研究》，第594—681页。
② 参见杜家骥《清朝满蒙联姻研究》，第594—681页。
③ 《钦定外藩蒙古回部王公表传》卷70《扎萨克和硕超勇襄亲王策凌列传附多罗贝勒恭格喇布坦列传》，清文渊阁四库全书本。
④ 《喀尔喀副将军策旺扎布奏谢赏银折》，中国第一历史档案馆编译：《雍正朝满文朱批奏折全译》下册，第2076页。
⑤ 此为乾隆皇帝之追述，参见《清高宗实录》卷166，乾隆七年五月乙丑。

之蒙古国戚台吉等、喀尔喀之王贝勒贝子公扎萨克等之子侄内，十五岁以上者，著来京在内廷教养。"①此后，"内廷教养"制度正规化，明确其为大范围的漠南蒙古、漠北喀尔喀蒙古，纳入内廷教养的蒙古王公勋戚子弟因此增多。乾隆初，喀喇沁蒙古的扎拉丰阿"教养内廷"，②后来乾隆皇帝将其堂妹指嫁扎拉丰阿。扎拉丰阿之子丹巴多尔济也是"幼年即蒙纯皇帝恩眷，教养内廷"，③后娶乾隆皇帝孙女（皇子永璋之女）为妻。乾隆前期，在内廷上书房教养的还有漠北土谢图汗部的桑斋多尔济、阿拉善蒙古的罗布藏多尔济、漠南蒙古郭尔罗斯部的额尔登额，他们"均系公主、郡主之子，因其少孤，来京教养……在内廷读书"。④此外，漠北蒙古赛因诺颜部的超勇亲王策凌之子吹济多尔济，被"派入内廷，跟随阿哥读书"。⑤科尔沁蒙古王子色布腾巴勒珠尔，也"在宫中教养……九岁时即命随诸皇子读书"。⑥以上 5 人，除策凌之子吹济多尔济因病早逝，其他 4 人中的 3 人，在内廷教养时便被指为额驸：色布腾巴勒珠尔娶乾隆皇帝的爱女和敬公主，桑斋多尔济、罗布藏多尔济所娶皆乾隆皇帝堂妹。此后的乾隆二十一年（1756），漠北蒙古额驸策凌之孙拉旺多尔济，在被指定为额驸的同时养育内廷。其后居京而"教养内廷"的蕴端多尔济（桑斋多尔济之子），⑦与乾隆皇十五子永琰（后来的嘉庆帝）为宫中上书房同学。乾隆四十四年（1779），乾隆皇帝将和亲王永璧之女指嫁蕴端多尔济，封其为多罗额驸。

若从清朝皇帝对政治联姻的特别重视与实行，以及目前史料所见内廷教养的蒙古王公子弟，除特殊情况，绝大部分被选为额驸来看，教养长大后指为额驸，已成"内廷教养"的最后环节，是政治联姻的一种特殊做法，俨然成为漠南蒙古七部十三旗"备指额驸"之外，另一种"备指额驸"形式，而重点则是培育蒙古方的额驸。其实行范围是包括漠南、漠北的内、外扎萨克蒙古，而且这类指婚，又都具有较重要的针对性政治目的。

内廷教养制度，将蒙古领主家族之人，从其思想单纯、关系简单的幼年时，就安置在宫中皇室生活区，与皇子、皇孙共同接受教育，培养他们与皇家、皇帝的感情，并提高其文化素养，长大后委以重任，使其忠心尽职朝廷，这是其根本目的。同时指为额驸，则是进一步密切其与皇帝、皇家的关系，更好地实现其政治目的。最初在漠北蒙古子弟中实行这种做法，又正是漠北蒙古领主落难之时，其幼子被皇帝收养教育，长大又选为额驸，对皇帝当更加忠心耿耿。

---

①《清世宗实录》卷 112，雍正九年十一月戊子。

②《钦定外藩蒙古回部王公表传》卷 24《扎萨克镇国公色棱列传》。

③《多罗郡王丹巴多尔济碑文》，民国《凌源县志初稿》卷 18《蒙旗》录此碑文。另参见（清）吴振棫《养吉斋丛录》卷 25，北京古籍出版社 1983 年版。

④乾隆《大清会典则例》卷 141《理藩院·教养》。

⑤《清高宗实录》卷 422，乾隆十七年九月己未。

⑥《清高宗御制诗二集》卷 51《科尔沁固伦和敬公主额驸达尔汉亲王色布腾巴尔珠尔侍宴因成是什》，清文渊阁四库全书本。

⑦《钦定外藩蒙古回部王公表传》卷 49《扎萨克多罗贝勒西第什哩列传》。

前述被康熙皇帝指配公主额驸的策凌，后来被任为大扎萨克，统辖喀尔喀蒙古新设的赛因诺颜部。乾隆时，策凌及其两个儿子被长期任命担任镇守漠北蒙古的乌里雅苏台将军。乌里雅苏台将军是清朝统辖漠北蒙古的最高军政长官，对稳定北疆起到了重要作用。策凌死于漠北军营，乾隆皇帝按其遗言未葬本土，与其妻公主葬于京师。鉴于策凌对清朝的重要贡献，乾隆皇帝破例将其与满族有大功者同样配享太庙。而策旺扎普，在内廷教养时便已确定为漠北扎萨克图汗部领辖部众的亲王，只是幼小而由他人代理。策旺扎普长大指为额驸后，康熙皇帝将其送回漠北蒙古本部，封其该部汗号。再如在内廷教养时便指为额驸的桑斋多尔济、蕴端多尔济父子，先后被乾隆皇帝派任管理中俄边界、贸易及佛教有关事务的要职库伦大臣，其中蕴端多尔济历乾嘉道三朝任库伦大臣，长达40多年，一个官职任期如此之长，是清代职官中仅有的。

再看阿拉善蒙古"备指额驸"一事。阿拉善蒙古位于漠南蒙古的西端，地处黄河河套以西，北接漠北喀尔喀蒙古，西近漠西准噶尔蒙古，西南邻河西走廊。在乾隆中期准噶尔蒙古平定以前，这一地理位置具有重要军事意义。在漠西准噶尔蒙古对漠北蒙古乃至京师构成潜在军事威胁时期，阿拉善蒙古对抵御东进侵扰的准噶尔蒙古具有前线及截其退路的军事意义。清朝出征准噶尔蒙古遇急需调兵增援时，还能从阿拉善蒙古就近征调兵丁应急。康熙皇帝亲征准噶尔蒙古噶尔丹时，就曾征调阿拉善蒙古兵。阿拉善蒙古在康熙中期与准噶尔蒙古开始对峙后，成为清朝联姻而且是重点联姻的蒙古部旗。乾隆中期，在清朝西征准噶尔蒙古之战中，罗布藏多尔济率领本部蒙古兵屡立战功。魏源《圣武记》评论："阿拉山（善）部富强甲西陲"，"兵称枭雄"，乾隆中期西征天山南北诸战役"辄以所部为军锋"。[1]昭梿在《啸亭杂录》中则评述，由于清朝皇帝对蒙古王公"结以亲谊，托诸心腹，故皆悦服骏奔"，特别提出科尔沁、喀喇沁的皇家额驸，漠北蒙古策凌额驸的两个儿子及"阿拉善郡王罗卜藏多尔济，无不率领王师，披坚执锐，以为一时之盛"，[2]称赞他们在乾隆中期平定西域所起的作用。

2. 具有针对性政治目的随机指婚

由于政治目的带有应急性，以致往往出现指定"娃娃亲"的形式。如乾隆二十一年（1756）对准噶尔蒙古的用兵过程中，针对漠北蒙古发生反清的"青衮杂卜之乱""撤驿之变"，乾隆皇帝在任命漠北赛因诺颜部蒙古亲王成衮扎布为领兵将军平乱之同时，又将其刚出生3个月的第七女，指嫁成衮扎布之子拉旺多尔济，与成衮扎布结成儿女亲家。其子女之成婚，则是14年以后。再如，同治四年（1865），蒙古科尔沁亲王僧格林沁领兵征剿捻军战死，次年慈禧将年方6岁的外甥女（醇郡王奕譞的女儿）指嫁僧格林沁之孙那尔苏。

这一指婚有对僧格林沁维护清朝统治而牺牲的奖酬之意，还有慈禧笼络、培植私人势力的目的。因当时慈禧垂帘听政仅5年，又是以政变的方式得以掌政的，需要拉拢支持者。那

---

[1]（清）魏源：《圣武记》卷3《国朝绥服蒙古记三》，中华书局1984年版。
[2]（清）昭梿：《啸亭杂录》卷1《善待外藩》，中华书局1980年版。

尔苏之父伯彦讷谟祜袭亲王,该家族长期驻京,在朝中颇有权势。只是由于此女未婚而殇,慈禧又将瑞郡王奕誌之女指嫁那尔苏。

3. 奖掖、酬劳对清朝有贡献、有功之蒙古王公之家

康熙十四年(1675),察哈尔蒙古王布尔尼乘清朝平"三藩之乱",北京城兵力空虚之机,拟突袭北京,并派使者到附近蒙古诸部策反,以合力出兵。使者至阿鲁科尔沁时,该部扎萨克郡王皇家额驸朱尔扎哈与部属密议,其子皇家额驸色棱(色冷)表示"我等与大清结亲,蒙恩甚厚",权衡后劝谏"布尔尼决不可从"。朱尔扎哈佯从使者后,迅速将布尔尼反叛的信息报告康熙皇帝,[①]又出兵协助清廷平叛。平定几个月后,康熙皇帝将其堂妹指嫁朱尔扎哈另一子绰济,应带有奖励性。

喀喇沁右旗领主扎萨克郡王扎什,也未从布尔尼叛清,且密报清朝,出兵平叛。"三藩之乱"平定后,康熙皇帝在喀喇沁附近设围场,其中部分地段就是喀喇沁蒙古牧域。康熙三十一年(1692),康熙皇帝的端静公主长大,康熙将其指嫁与扎什之噶尔藏,当与扎什对清朝的忠贞及其对设立围场的支持有关,寓奖酬与回报之意。

同治年间,鄂尔多斯部准格尔旗扎萨克固山贝子扎那嘎尔迪战功卓著,慈禧太后将定王府的格格嫁与扎那嘎尔迪之子,[②]似也具奖酬之意。因自康熙中期以后,清朝与该蒙古就长时期无联姻之事。

4. 笼络安抚归降者,主要施行于原漠西准噶尔蒙古

康熙三十六年(1697),准噶尔蒙古噶尔丹战败,其子塞布腾巴尔珠、女钟察海成为战俘。康熙皇帝安置其在京城居住,后将皇族女指嫁塞布腾巴尔珠,钟察海被指嫁京城旗人侍卫。[③]

康熙后期,准噶尔蒙古贵族阿拉布坦因与该部汗有矛盾,率部众投附清朝。康熙皇帝将其属人安置在漠北土谢图汗部内的推河一带驻牧。后来将两个孙女先后指嫁阿拉布坦的两个儿子,即长子扎萨克郡王车凌旺布、次子色布腾旺布。

乾隆中期,准噶尔蒙古首领达瓦齐被俘至京师,乾隆皇帝封其为亲王,赐京城王府,并将宗王格格指嫁与他。达瓦齐的两个儿子罗卜扎、富塔喜也都被招为皇家额驸。

5. 将蒙古王公之女指嫁皇家王公子弟

这方面的联姻,清初较多,雍正以后较少,道光以后又增多。如道光二十七年(1847)二月,道光皇帝将喀喇沁蒙古都楞郡王色伯克多尔济之女,指与其子惇郡王奕誴为妻。光绪五年(1879)四月,慈禧将阿拉善蒙古亲王贡桑珠尔默特之女,指嫁贝勒载漪。

以上五个方面的联姻——内廷教养以"备指"额驸,具有针对性政治目的,奖掖酬劳对清朝有贡献的蒙古王公之家,笼络安抚归降者,将蒙古王公之女指嫁皇家王公子弟,都属于

[①] 参见中国第一历史档案馆整理《康熙起居注》第2册,第857页。

[②] 参见武学敏《准格尔旗大营盘王府史略》,《内蒙古文史资料》第28辑,内蒙古人民出版社1987年版。

[③] 参见《清圣祖实录》卷244,康熙四十五年二月辛丑。

满蒙联姻一般制度外的"特旨指婚",被指婚者也不限于"近支宗室"。前述在内、外扎萨克蒙古实行一般性指婚,与这些"特旨指婚"的结合,是清代皇帝实行"指婚"式满蒙联姻的主要内容。应如此全面看待与认识,而不能只将在漠南蒙古局部地区于乾隆二年(1737)以后始实行的"备指额驸"制及嘉庆二十二年(1817)后对其所做的增订内容之制,看作是满蒙联姻的主要制度或根本制度。无论哪种指婚,在有清一代的全部指婚内容中,都是"狭义"的指婚措施。而且还应该注意到,康熙年间就已实行将皇家女"记名"、内廷教养蒙古王公子弟以"备指额驸"的做法;以及乾隆二年"备指额驸"之实行缘于皇家女方面,此后长时期内不将这一"备指额驸"的做法作为制度纳入会典的"理藩院"中的原因。①

此外,还有非指婚的满蒙王公之家间的自行结姻,以下对此做专门介绍。宗室王公之家对女儿出嫁蒙古,大致在嘉庆以后,逐渐发生较大变化。不少王公倾向于将女儿嫁与蒙古王公之家,主要形式是自行结亲。原因如下。

一是蒙地经济文化远较以前发展,尤其是接近内地汉人流入较多的东三盟蒙古地区。嘉庆时期曾任京官的吴振棫说:"国家与蒙古各旗世为婚姻,公主、郡主多下嫁者,每苦游牧地方居处、饮食之异。近来附近内地之蒙古各旗,大都建造邸第,不复住蒙古包。饮馔丰美,亦与京师仿佛。"②

二是蒙古王公在乾嘉以后至清末,长期驻京者甚多。晚清时期,驻京蒙古王公额驸,大约有二十几家,其"京师府第,城中相望,或别赐海淀宅"。③皇家女出嫁驻京蒙古王公之家,已不再入居边区蒙古。

早在康熙三十六年(1697),康熙皇帝的恪靖公主出嫁漠北喀尔喀蒙古,就未入居漠北,其生活的公主府,最终建在漠南蒙古与山西省北部接近的归化城。此后出嫁这一蒙古家族的皇家诸格格,也都是入居此地。乾隆前期,乾隆皇帝爱女和敬公主指嫁科尔沁蒙古王子色布腾巴勒珠尔,在京成婚。尚未去蒙古,和敬公主生母即乾隆爱妻富察氏皇后病故,悲痛中的乾隆皇帝不忍和敬公主远离,从此这位公主与丈夫长期居住北京的和敬公主府,也开联姻蒙古之公主居京之先河。此后,乾隆皇帝另一位嫁漠北蒙古的和静公主,以及嘉庆皇帝指嫁漠南蒙古的庄敬公主、庄静公主,道光皇帝嫁与漠南蒙古的寿安公主,也便都在京城的公主府长期居住,而不去蒙古了。而宗室王公之女,嫁入驻京蒙古王公府第,也当然地同额驸长期居京。还有的蒙古王公是在京城、蒙古两地有府第而两地生活,嫁与他们的宗室王公之女,也随其蒙古额驸,两地变换居处生活。④

三是宗室王公的经济状况不如以前,甚至有破落者。寄生奢侈,导致不少王公之家衰

---

① 在2009年呼和浩特举行的"海峡两岸清代满蒙联姻与边疆治理"学术会议上,也曾对此观点做过阐述,以回应、分析某些说法。
② (清)吴振棫:《养吉斋丛录》卷25,第264页。
③ (清)龚自珍:《龚自珍全集》第3辑《蒙古册降表序》,上海人民出版社1975年版,第223页。
④ 参见杜家骥《清朝满蒙联姻研究》,第282—285页。

落，嘉道时期的昭梿说，当时诸王公"以骄奢故，皆渐中落，致有不能举炊者"。[①]咸丰以后，由于军费开支浩繁，对外赔款，财政拮据，宗室王公俸银曾减半给发。光绪年间，京官何刚德据其亲眼所见称，当时"虽勋戚世胄席丰履厚不无其人，其穷乏者究属多数"，有的"闲散王公贫甚，有为人挑水者"。[②]所述可能有夸大之处，但不少宗室王公的经济情况不如蒙古王公，当是事实。蒙古领主王公，有领地收入、部民交纳，且不向中央交税，中央还颁发少量的爵禄——银、缎。嘉道以后，王公之女出嫁近京部旗的蒙古王公之家，尤其是嫁入驻京蒙古王公府第，已是不错的选择。诸如肃亲王隆懃之女善坤嫁与喀喇沁蒙古的贡桑诺尔布、庆亲王奕劻长女嫁漠北驻京王府的那彦图、克勤郡王府的两位格格及睿亲王魁斌次女皆嫁驻京科尔沁几家蒙古王府，都是如此。

四是满蒙都有门第婚的习俗观念，王公在京师旗人中选择高门的范围又小（旗人最高封公爵，且数量远少于蒙古），所以与蒙古王公之家结亲，不失为较好的选择。

满蒙王公自行结姻，知根知底，可选择满意之婚姻，因而这种情况早就存在。乾隆二十四年（1759）乾隆皇帝所说宗室王公之女若"原系姻亲熟视蒙古等，情愿自行许给，尚属可行，伊等可自行定议，奏闻"，[③]就属这种情况。

嘉庆朝以后，由于以上原因的发展，满蒙王公之间的自行结姻尤其是宗室王公之家自愿将格格出嫁蒙古王公之家，已成为满蒙通婚的主流。嘉庆至清末，满蒙通婚共172人次（男女双方为1人次），其中皇帝指婚共16次（包括将2名蒙古王公女指嫁与宗室王公之家）；其余156次结姻，都是自行嫁娶，占联姻总人数的91%。[④]满蒙王公之间自行结亲，又与清初以来指婚蒙古所形成的姻亲关系有关，满蒙贵族门阀世家，有高门之间姻亲相续、世代为婚的习俗，自行通婚者都是过去皇帝指婚的部旗，不少有姻亲关系之家一直通婚。因而也可以说，清后期以满蒙王公之家自行结亲为主的满蒙联姻，又是自清初以来一直实行指婚制进一步发展的结果。

结语

满蒙联姻，在清入关后因多方面情况的出现与变化，而制定诸多针对性的新制度与措施。清入关后，宗室所居京城，与边区蒙古生活条件差距较大，指嫁宗室女入居蒙古出现较大阻力，皇帝逐渐不再向较远之蒙古部旗指嫁。乾隆初，将指嫁范围减小，固定为距京较近且经济文化相对发达、人口较多、兵力较强的漠南东三盟七部十三旗蒙古，令其蒙古王公提供适龄子弟，以备皇家女指配，即"备指额驸"，同时主要指配近支宗室女，凡此都是为了

---

① （清）昭梿：《啸亭杂录》卷6《恒王置产》。
② 何刚德著，张国宁点校：《春明梦录》卷下，山西古籍出版社1997年版，第61—64页。
③ 光绪《大清会典事例》卷1《宗人府·天潢宗派·婚嫁》。
④ 参见杜家骥《清朝满蒙联姻研究》，第279—281页。

减少指嫁皇家女之阻力，以顺利推行满蒙联姻。

而在距京更远、地域广袤的外扎萨克蒙古地区，则在一开始实行联姻的康熙中期，就选择政治、军事意义较重要，又距京相对较近的部旗家族——漠北喀尔喀蒙古中间两部的三支领主贵族及西套阿拉善蒙古领主家族，实行重点联姻。与这一地域之蒙古联姻也较频繁，至清末共67次。

乾隆时期还实行强制性政策，将躲避出嫁蒙古者治罪。由此，较长时间维持了满蒙联姻。清朝皇帝不惜牺牲皇家女的生活利益，甚至实行强制性措施，也可见其对满蒙联姻政治作用的重视。

嘉庆以后，在"备指额驸"的漠南七部十三旗的蒙古王公子弟一方又出现阻力。对此，嘉庆皇帝又增定内容，也附带强制性，此后固定为制度，并与原定之制，在行政会典、则例的理藩院部分增设"备指额驸"之专目。

康熙中期以后至清末保持持续性联姻的，主要就是漠南蒙古东三盟七部十三旗、外扎萨克蒙古的几个重点部旗中的几支重点家族。清朝皇帝由此实现其"指婚"之下"北不断亲"的政治性策略。

清代的满蒙联姻还具有多形式的特点，其中较重要的是康熙中期以后实行的将蒙古王公子弟教养内廷以"备指额驸"的做法。这种"备指额驸"之事都带有较重要的政治目的，指婚之额驸及该姻亲之家族成员被清朝委以治理各地区蒙古及边疆事务之重任。这种备婚额驸是满蒙联姻中的一种重要形式。

嘉庆以后至清末，满蒙王公间的自行结姻成为满蒙联姻的主流，指嫁漠南"备指额驸"七部十三旗蒙古的公主、格格只有14名，占当时满蒙联姻总人数的8%。这与当时应指婚的近支宗室人口少，因而可供指婚之女少也有一定关系。这一时期满蒙王公间的自行结姻成为满蒙联姻的主流，是清初以来一直实行指婚制进一步发展的结果。

总之，清入关后的满蒙联姻，呈现为对不同地域蒙古实行多种形式的针对性制度，且从清初至清末，又发生较大的阶段性变化。所以认识与评价满蒙联姻，应从其多地域、阶段性，并结合满蒙男女双方婚姻当事人之不同态度等方面，做全面的审视与分析。其中漠南蒙古在乾隆以后缩小到部分部旗之实行"备指额驸"，也应在这一总体中予以定位与认识。

（原载《中国边疆史地研究》2022年第4期）

契丹建国以前部落发展史再探
——《辽史·营卫志》"部族上"批判

苗润博[*]

契丹自 4 世纪十六国末期始见记载,此后 500 多年间的中原史籍或多或少都对其有所涉及,不过这些文献主要集中描述一个特定时间段内契丹的动态,属于片段性的记录,并未形成连贯的历史叙述。直到 14 世纪中叶成书的元修《辽史》,才出现了一套贯穿 500 多年契丹早期史的完整叙述框架,即其中卷 32《营卫志》所记北魏古八部—隋十部—唐大贺氏八部—遥辇氏八部—阻午可汗二十部—阿保机建国的历史发展脉络。由于《辽史》是关于契丹历史最为权威的典籍,《营卫志》的记载似乎又能得到多方印证,因而《营卫志》部族条常常被看作关于契丹早期史研究最核心的材料,其中的叙述框架也构成了数百年来人们认识契丹早期史的基础,甚至从某种意义上讲可能已经内化为契丹历史研究者的常识,无论遵从抑或修正,都未曾跳出这一叙述框架。然而,对于这部分内容的史料来源及其中可能存在的系统性问题,长期以来却鲜有人关注。

其实,早在 20 世纪 40 年代,傅乐焕就曾对《辽史·营卫志》部族条的文本做过较为深入的研究。[①]傅氏将该卷内容与历代正史契丹传进行逐一对比,认为此部分实乃"元人杂糅旧史记录及南朝传说"而成。换句话说,元朝史官修《辽史》时所掌握的契丹早期史资料并不丰富,只得将辽朝方面的零星记载与中原各朝正史契丹传拼合、杂糅,由此形成的叙述的真实性、准确性自然很值得怀疑。在此基础上,新近的研究进一步证明:《辽史·营卫志》部族门除开首所引旧志序文及"部族下"太祖二十部、圣宗三十四部等局部内容因袭耶律俨《部族志》旧文外,其余文字皆为元朝史官所写新作,本质是元朝史官为充凑篇幅而形成的急就章。在此过程中,元人不仅对不同文献系统的材料加以拼接、杂糅,更对契丹部族的概念和范围重新作出定义,彻底改变了原本《部族志》的整体面貌。[②]

由此看来,《辽史·营卫志》"部族上"这篇被多数契丹早期史研究者奉为圭臬的经典,实际上纯粹是元朝史官新作的二手文献。那么,其中究竟存在怎样的问题?元人在创作过程

---

[*] 苗润博,北京大学历史学系助理教授。

[①] 参见傅乐焕《辽史复文举例》"耶律七部、审密五部、八部",原刊《中央研究院历史语言研究所集刊》第 16 本,1948 年 1 月,收入氏著《辽史丛考》,中华书局 1984 年版,第 302—312 页。据文末落款,此文作于 1945 年末。本文所引傅氏观点皆出于此,恕不一一出注。

[②] 参见苗润博《再论〈辽史·营卫志〉部族门的文本来源与编纂过程》,《史学史研究》2020 年第 2 期;《〈辽史〉探源》,中华书局 2020 年版,第 144—160 页。

中对原始材料是否存在曲解或误读，对不同文献系统史料的拼接、杂糅是捋清了脉络还是带来了混乱？本文即拟在前人研究的基础上，针对"部族上"展开逐条批判，每则记载先列表排比其史料来源或可资参照之文本，进而征诸其他文献，审视《辽史》所记与历史本相之间的距离，希望以此为线索重新检讨契丹建国以前部落发展史的总体脉络。

一、古八部

表1：《辽史·营卫志》"古八部"条文本源流表

《辽史·营卫志》	史源或参照文本
悉万丹部。何大何部。伏弗郁部。羽陵部。日连部。匹絜部。黎部。吐六于部。	《魏书·契丹传》：真君以来，求朝献，岁贡名马。显祖时使莫弗纥何辰奉献，得班飨于诸国之末。归而相谓，言国家之美，心皆忻慕。于是东北群狄闻之，莫不思服，悉万丹部、何大何部、伏弗郁部、羽陵部、日连部、匹絜部、黎部、吐六于部等，各以其名马文皮入献天府，遂求为常，皆得交市于和龙、密云之间，贡献不绝。
契丹之先，曰奇首可汗，生八子。其后族属渐盛，分为八部……今永州木叶山有契丹始祖庙，奇首可汗、可敦并八子像在焉。	《辽史·地理志》"永州"：有木叶山，上建契丹始祖庙，奇首可汗在南庙，可敦在北庙，绘塑二圣并八子神像……其后族属渐盛，分为八部。
居松漠之间。	《辽史·地理志》"永州"：有木叶山，上建契丹始祖庙，奇首可汗在南庙，可敦在北庙，绘塑二圣并八子神像……其后族属渐盛，分为八部。
潢河之西，土河之北，奇首可汗故壤也。	《辽史·地理志》"永州"：东潢河，南土河，二水合流，故号永州。

如傅乐焕所指出，此段乃合《魏书·契丹传》记载及契丹民族固有传说而成，其中八部之名源出《魏书》，而奇首可汗八子传说则取自辽方文献，但问题还远未结束。研究者们发现，《魏书·契丹传》所记八部之名存在种种错讹。[1]其中最大的问题是所谓"匹絜部、黎部"二者在《魏书·显祖纪》《魏书·勿吉传》《册府元龟》《通典》等文献中皆为一部之名，曰"匹黎（尔）"，《魏书·契丹传》的记载实际上是将其误分为二。由于过分遵信元人所谓"古八部"的说法，在很长一段时间里，研究者们都理所当然地认为《魏书·契丹传》问题在于缺载一部，因而努力为之补缺、弥缝，提出了各种各样的八部组合与解释，[2]但没有哪一种说法能够真正自圆其说。

事实上，日本学者小川裕人在80多年以前就对所谓"古八部"之说提出了质疑，认为这完全是《辽史》因袭《魏书·契丹传》之误而衍生出来的。[3]中国学界直至晚近方有田广

---

[1] 具体文字问题参见《辽史》点校本修订本卷32校勘记八至十一。

[2] 参见蔡美彪《契丹的部落组织和国家的产生》，《辽金元史考索》，中华书局2012年版，第22—23页；孙进己《辽以前契丹族的发展》，穆鸿利等主编《契丹史女真史国际学术会议专集：辽金史论集》第7辑，中州古籍出版社1995年版；李桂芝《关于契丹古八部之我见》，《中央民族学院学报》1992年第1期。

[3] ［日］小川裕人：《关于北魏初契丹、勿吉间的诸部族》，《史林》23卷1号，1938年。

林发表《契丹古八部质疑》一文，明确指出所谓"古八部"或"奇首八部"在契丹早期发展史上根本不曾存在，乃元人约取《魏书·契丹传》所记"东北群狄"部族名称的结果，是一个缺乏史实支撑的虚幻概念。"契丹与这些部族之间的地望远近和血缘亲疏，目前还是一个未知数。"①上述质疑可谓切中肯綮，然言语之间似仍存犹疑。现在我们已确定，《辽史·营卫志》"部族上"的整体架构全出元朝史官之手，其中每段记载的标目自系元人所题，所谓"古八部"纯粹是其基于《魏书·契丹传》的错误文本而提出的臆说，悬之为鹄以循名责实，恐怕只能越走越远。

如果完全抛却元人叙述框架造成的先入之见，回到《魏书·契丹传》原本的语境，很容易看出所谓"东北群狄"并非契丹集团内部的部落组织，而是当时与契丹一同朝觐北魏的政治体，其性质与契丹无异。有关此次朝觐的原始记录见于《魏书·显祖纪》皇兴二年（468）四月："高丽、库莫奚、契丹、具伏弗、郁羽陵、日连、匹黎尔、叱六手、悉万丹、阿大何、羽真侯、于阗、波斯国各遣使朝献。"这条记载最初应该出自北魏官方的朝贡记录，并未经过太多润色，后经由北魏国史进入魏收《魏书》本纪。从中一目了然，当时契丹与其他诸部一样，都只是众多东北政治体中的一员。与此相关的记载尚见于皇兴元年二月"高丽、库莫奚、具伏弗、郁羽陵、日连、匹黎尔、于阗诸国各遣使朝贡"；皇兴二年十二月"悉万丹等十余国各遣使朝贡"。②其中提到具伏弗、郁羽陵、日连、匹黎尔、悉万丹五国，而无契丹，可见当时诸国彼此独立，各自与北魏通使，并不存在相互隶属关系。同书《勿吉传》可以为此提供更有力的论据，该传云："其傍有大莫卢国、覆钟国、莫多回国、库娄国、素和国、具伏弗国、匹黎尔国、拔大何国、郁羽陵国、库伏真国、鲁娄国、羽真侯国。"③知勿吉与具伏弗、匹黎尔、拔大何、郁羽陵诸国相邻，而同传上文称该国"去洛五千里"，从和龙（今辽宁朝阳）北200里之善玉山北行53日方至其国，而同一时期契丹最远仅去和龙以北数百里，且曾有南迁之举，则其与勿吉相去玄远，绝无毗邻之理，《勿吉传》记载其国使臣朝觐北魏几经辗转，水陆交替，最终"由契丹西境达和龙"，④正是这一距离及相对位置的体现。由此可知，契丹与具伏弗、匹黎尔、拔大何、郁羽陵等国在地理空间上亦有明显区别，断不可将之混同，更不宜强加关联。

与《显祖纪》这样具有直接、独立史料来源的编年记事不同，《魏书·契丹传》则是史官再加工的产物。新近的研究表明，北魏孝文帝时期李彪所著纪传体《国史》已设四夷传，其中契丹传正是李氏依托原本编年材料中的朝贡、赏赐记录，佐以"群类化叙述"的策略编排而成。⑤有理由怀疑，李彪根据旧有实录中的原始记载编写《契丹传》时，将原本的"匹

---

① 田广林：《契丹古八部质疑》，《社会科学战线》2008年第11期。

②《魏书》卷6《显祖纪》。

③《魏书》卷100《勿吉传》。

④《魏书》卷100《勿吉传》。

⑤ 参见苗润博《塑造东夷：〈魏书·契丹传〉的文本来源与叙述策略》，《中国中古史研究》第8卷，中西书局2020年版。

黎尔"误断为二，并分别着一"部"字，以七为八，后为魏收《魏书》所承袭，千年之后引发了元末史官的联想。所谓"东北群狄"云云，是李彪对原始材料中的朝贡诸夷进行概括的结果，其与契丹的关系是契丹先行归附，归言中原上国之美，于是其余群狄皆归心向化。这样的因果联系，很大程度上只能看作李氏为凸显北魏正统性而进行的一种建构。不过即便在这样的历史叙述中，我们仍然很难看到契丹与其他政治体间存在互相统属或联盟等关系的痕迹。

　　从相关记载中可见，由于原本拥有区域性霸权的宇文、慕容等部骤然崩解，十六国末期至北魏前期，东北地区涌现出众多新兴的政治体，一度呈现出诸国林立的局面。《魏书·契丹传》所谓诸夷朝贡的景象即由此而来。但这种局面并未维持太久，随着高句丽、库莫奚、契丹等政治集团在博弈中逐渐胜出，其余弱小者被吞并、瓜分，其名号遂在中原文献中隐而不彰，这正是"东北群狄"在后来鲜见于记载的原因。至于唐初所设契丹十州中有"羽陵""日连""万丹""匹黎"四名，①与皇兴年间向北魏遣使的"郁羽陵""日连""悉万丹""匹黎尔"四国有所重合，似乎表明此四者在后来为契丹所并（亦不排除唐人根据古传所载为新附诸州命名的可能），但其余诸国却未见与契丹有任何瓜葛，或早已归入其他集团。

　　综上所述，《魏书·契丹传》所记"东北群狄"与契丹性质相同，彼此间并不存在统属关系，更没有证据表明契丹在北魏时期已经形成部落联盟，"古八部"之说纯属无稽之谈。那么，元朝史官为何会产生契丹最初当有八部的观念，又为何会将与契丹本无关联的"东北群狄"视作其内部组织呢？

　　透过前引关于"古八部"的解说文字，可以看出问题的症结所在。元人应该是在辽朝官修史书《皇朝实录》关于契丹起源的记载中发现了奇首可汗八子衍生为八部的传说，而中原正史关于契丹的最早记载《魏书·契丹传》又恰好将"东北群狄"原本七个政治体名称误记为八，史官就此认为辽朝文献系统所记始祖传说可与中原文献系统所记契丹初期发展史相互印证，这才将两者进行了杂糅和对接，横生出一个子虚乌有的"古八部"。然而，这显然只是一种想当然的牵强附会，内在逻辑是将契丹看作一个一元线性、稳定不变的血缘群体。新近的研究表明，辽朝官方历史叙述的上限仅至唐开元年间，对于此前的历史则全无记忆，奇首可汗生八子而衍生为八部反映的应是开元以后契丹的发展状况，与中原文献所记契丹早期发展史存在着系统性的差异，②未可贸然合并、勘同。从这个意义上讲，元人将之与北魏时期契丹相联系的逻辑基础就不存在，其所炮制的"古八部""奇首八部"这样的叙述无异于关公战秦琼。

---

① 《册府元龟》卷977《外臣部·降附》，中华书局1960年影印版，第11480页。
② 参见苗润博《契丹建国前史发覆——政治体视野下北族王朝的历史记忆》，《历史研究》2020年第3期。

二、隋契丹十部

表 2：《辽史·营卫志》"隋契丹十部"条史源表

《辽史·营卫志》	史源或参照文本
元魏末，莫弗贺勿于畏高丽、蠕蠕侵逼，率车三千乘、众万口内附，乃去奇首可汗故壤，居白狼水东。	《魏书·契丹传》：太和三年，高句丽窃与蠕蠕谋，欲取地豆于以分之。契丹惧其侵轶，其莫弗贺勿于率其部落车三千乘、众万余口，驱徙杂畜，求入内附，止于白狼水东。
北齐文宣帝自平州三道来侵，虏男女十余万口，分置诸州。	《北史·契丹传》：天保四年九月，契丹犯塞。文帝亲戎，北讨至平州，遂西趣长堑，诏司徒潘相乐帅精骑五千自东道趣青山，复诏安德王韩轨帅精骑四千东趣断契丹走路……虏十余万口，杂畜数十万头。相乐又于青山大破契丹别部，所虏生口皆分置诸州。
又为突厥所逼，以万家寄处高丽境内。隋开皇四年，诸莫弗贺悉众款塞，听居白狼故地。又别部寄处高丽者曰出伏等，率众内附，诏置独奚那颉之北。又别部臣附突厥者四千余户来降，诏给粮遣还，固辞不去。部落渐众，徙逐水草，依纥臣水而居。在辽西正北二百里，其地东西亘五百里，南北三百里。分为十部，逸其名。	《隋书·契丹传》：其后为突厥所逼，又以万家寄于高丽。开皇四年，率诸莫贺弗来谒。五年，悉其众欸塞，高祖纳之，听居其故地……其后契丹别部出伏等背高丽，率众内附，高祖纳之，安置于渴奚那颉之北。开皇末，其别部四千余家背突厥来降……敕突厥抚纳之，固辞不去。部落渐众，遂北徙逐水草，当辽西正北二百里，依托纥臣水而居。东西亘五百里，南北三百里，分为十部。

傅乐焕已指出，此条乃合《魏书》《北史》《隋书》三史《契丹传》而成。兹结合其考证成果，进一步分析如下。

表 2 中左栏四处画线部分乃《辽史》与诸史主要的不同之处。第一处"元魏末"，《魏书·契丹传》原作"太和三年（479）"。太和尚处孝文帝时期，距北魏末年尚远。所谓"元魏末"，应为元人抄取时疏忽所致。第二处"乃去奇首可汗故壤"，显为元人承接"古八部"条所加，类似的表达在《营卫志》部族门总序中作"奇首八部为高丽、蠕蠕所侵，仅以万口附于元魏"，[①]其实在南迁白狼水之前，契丹的活动范围集中于和龙东北数百里，地近高句丽，与潢、土二河之间的所谓"奇首可汗故壤"毫无关联，元人的这一强行对接同样属于时空错置的附会，可见这样杂糅不同文献系统所造成的错误具有系统性。第三处"依纥臣水而居"，在《隋书·契丹传》中作"依托纥臣水"。托纥臣水又名吐护真水，即土河（今老哈河），《辽史》所记脱一"托"字。值得一提的是，《辽史·营卫志》"序"及《兵卫志》"序"、《世表》诸文提及该地名时亦脱此字，[②]表明上述记载似有共同的文本来源，也说明元人修史时所依据的《隋书》文本应已有脱文。第四处文末"逸其名"，正如傅乐焕所言，盖因《隋书》失载十部之名，元人无从抄袭，遂以此三字了事。

除文本方面的问题，需注意的还有契丹十部联盟的形成时间。据《隋书》记载，契丹在

[①] 《辽史》卷 32《营卫志》。

[②] 《辽史》卷 32《营卫志》、卷 34《兵卫志》、卷 63《世表》。

北朝后期至隋中前期，在中原政权与高句丽、柔然、突厥诸政治体间折冲往复，历经分合，其"部落渐众，遂北徙逐水草，当辽西正北二百里，依托纥臣水而居"是在隋文帝开皇末年以后，具体时间暂难确考，或可从《隋书·契丹传》的史料源流略加推定。《隋书》之编纂始议于唐武德四年（621），未成而罢。贞观三年（629）魏征始继其事，最终成于贞观十年。当时史臣所依据的旧有史料主要有《开皇起居注》《大业起居注》及王劭《隋书》三种。前两者一望而知乃是编年记事，当无四夷传之体裁，唯一值得略加分析的是王劭之书。开皇十三年（593）隋文帝下诏禁止私修国史，此后由王劭"专典国史"，①研究者据此认为王氏之书具有隋代官修国史的性质。②但这部国史与众不同之处在于，既非纪传，亦非编年，而是模仿《尚书》的记言体，刘知幾《史通》有云，"寻其义例，皆准《尚书》"，"当开皇仁寿时，王劭为书八十卷，以类相从，定其篇目，至于编年、纪传，并阙其体"。③如此体例，自然不会设有四夷传。由此可知，唐初修《隋书》所面对的原始材料皆无四夷传，今本《隋书·契丹传》乃唐初史臣所写新作，内容当根据当时搜访所得零散材料编排而成，④故其中有关契丹十部的记载反映的可能只是隋末甚至唐初的情况。《隋书》始撰于贞观三年（629），至十年成书，此时下距贞观二十二年窟哥降唐仅十余年，修史所访得的契丹分部情况或已与窟哥时期相去不远。因而，元朝史官以十部概括隋代契丹的总体发展状况，恐怕并不合适。

三、唐大贺氏八部

表3：《辽史·营卫志》"唐大贺氏八部"条史源表

《辽史·营卫志》	史源或参照文本
唐大贺氏八部。	其君大贺氏，有胜兵四万，析八部。
达稽部，峭落州。纥便部，弹汗州。独活部，无逢州。芬问部，羽陵州。突便部，日连州。芮奚部，徒河州。坠斤部，万丹州。伏部，州二：匹黎、赤山。	大酋辱纥主曲据又率众归，即其部为玄州，拜曲据刺史，隶营州都督府。未几，窟哥举部内属，乃置松漠都督府，以窟哥为使持节十州诸军事、松漠都督，封无极男，赐氏李。以达稽部为峭落州，纥便部为弹汗州，独活部为无逢州，芬问部为羽陵州，突便部为日连州，芮奚部为徒河州，坠斤部为万丹州，伏部为匹黎、赤山二州，俱隶松漠府。
唐太宗置玄州，以契丹大帅据曲为刺史。又置松漠都督府，以窟哥为都督，<u>分八部，并玄州为十部。则十部在其中矣</u>。	

傅乐焕已指出，此段乃摘取《新唐书·契丹传》而成，这里需重点探讨的是其中所谓的"八部"问题。表3中左栏画线部分为元朝史官所加，即谓唐太宗朝契丹归附时共有八部九

---

① 《隋书》卷69《王劭传》。
② 谢宝成：《隋唐五代史学》，商务印书馆2007年版，第18页。
③ （唐）刘知幾著，（清）浦起龙通释，王煦华整理：《史通》卷12，中华书局2009年版，第3、344页。
④ （唐）王方庆：《魏郑公谏录》卷4"隋大业起居注"（《丛书集成初编》本，中华书局1985年版，第38—39页）记载："太宗问侍臣隋《大业起居注》今有在者否，公对曰：'在者极少。'太宗曰：'起居注既无，何因今得成史？'公对曰：'隋家旧史，遗落甚多，比其撰录，皆是采访，或是其子孙自通家传参校，三人所传者，从二人为实。'"这段材料很能反映唐初史臣所面对的材料状况。

州，加上先前归附唐朝的玄州，一共是十州，即所谓窟哥持节十州之意，并称隋朝的十部即散在这八部十州之中。然而，此说实有乖于史实。

首先正如蔡美彪所指出，玄州与窟哥"持节十州"无关。①据《资治通鉴》记载，曲据率所部归唐在贞观二十二年（648）四月，②早于窟哥半年，唐因此置玄州，隶营州都督府。此玄州从设置到隶属，与之前的威州、昌州、师州、带州并无二致，皆是唐在武德以来陆续单独、零散归唐的契丹部落基础上所设的羁縻州。而至窟哥时，率领契丹主体全部归附，唐朝因设松漠都督府，统领十州，与此前零散归唐者完全是两套管理系统。元人以窟哥所率契丹共有八部九州，不合十州之数，遂以玄州充数，实属强作解人。

接着来看所谓"持节十州"的原义及当时契丹分部的实际情况。现存关于窟哥归附的最原始记载见《唐会要》："贞观二十二年十一月二十三日，契丹酋长窟哥、奚帅可度者并率其部内属，以契丹部为松漠都督府，拜窟哥为持节十州诸军事、松漠都督府。又以其别帅达稽部置峭落州，纥便部置弹汗州，独活部置无逢州，芬问部置羽陵州，突便部置日连州，芮奚部置徒河州，坠斤部置万丹州，伏部置匹黎、赤山二州，各以其酋长辱纥主为刺史，俱隶松漠焉。"③这段文字亦见于《册府元龟》，④唯略去具体日期，首句"契丹酋长"作"契丹帅"。从日期的确切记录看，这段文字最初的源头当为《唐太宗实录》。对于同一史事，《旧唐书·契丹传》仅称："二十二年，窟哥等部咸请内属，乃置松漠都督府，以窟哥为左领军将军兼松漠都督府、无极县男，赐姓李氏。"而未及分部置州之事。对比此二段与表3所引《新唐书》相关文字可知，后者乃是将《唐会要》《旧唐书》合并的结果。需注意的是，《新唐书》删去了至关重要的"其别帅"三字，导致文意发生了巨大变化。在《唐会要》的语境中，"达稽""纥便""独活"等并非契丹部落的名称，而应理解为窟哥以外其他契丹诸部首领的名称，所谓"达稽部"即指达稽所带领的部落，其余七者亦同。八个首领中有名曰"伏"者，其所部被分置两州，故八部分置九州，而窟哥所部不在其列，另设松漠都督府。如此九部十州，才是贞观二十二年末契丹主力归唐时的真实面貌。

其实，上述理解可以在其他类似情况中得到佐证。如贞观二十二年十一月与契丹同时归唐的奚，《唐会要》引《实录》云："以奚部置饶乐都督府，拜可度为使持节六州诸军事、饶乐都督，又以别帅阿会部置弱水州、处和部置祈黎州、奥失部置雉璝州、度稽部置大鲁州、元侯析部置渴野州，亦各以其酋长辱纥主为刺史，俱隶于饶乐焉。"⑤与上引有关契丹的叙述口吻完全一致，时奚当共有六部，所谓"持节六州"即指弱水等五州加饶乐都督府。再如罽宾国，显庆三年"改其城为修鲜都督府，龙朔初授其王修鲜等十一州诸军事，兼修鲜都督"。⑥"国王居遏纥城，置修鲜都督府。罗曼城置毗舍州，贱那城置阴米州，和蓝城置波路

---

① 参见蔡美彪《契丹的部落组织和国家的产生》，第30页。
② 参见《资治通鉴》卷199，贞观二十二年四月己未。
③ （宋）王溥：《唐会要》卷73《营州都督府》，上海古籍出版社2006年版，第1564页。
④ 参见《册府元龟》卷977《外臣部降附》，第11480页。
⑤ 《唐会要》卷73《营州都督府》，第1564页。
⑥ 《旧唐书》卷198《罽宾传》。

州，遗恨城置龙池州，塞奔弥罗城置乌戈州，滥糊城置罗罗州，半掣城置檀特州，勃逤城置乌利州，鹘换城置漠州，布路犍城置悬度州"。① 又如月氏都督府"于吐火罗国所治遏换城置，以其王叶护领之，于其部内分置二十四州，都督统之"；②"龙朔元年，授乌泾波使持节月氏等二十五州诸军事、月氏都督"。③ 由此可见，唐在周边政权所设都督府，皆于所领诸州之外别有治所，本文所论窟哥部独立于八部之外另设松漠都督府正是这一原则的体现。

  总之，即便只考虑贞观二十二年（648）末降唐的契丹主力，已不止八部，而是至少九部。如果再考虑此前陆续归唐的几个零散部落，情况会更为复杂。窟哥降唐，史料仅记九部首领之名而非部落之名，我们无法获悉其与此前降唐诸部的关系，其中异同分合暂难确考，因而也不能确定《隋书·契丹传》所记隋末唐初契丹有十部的情况至贞观末年究竟发生了怎样的变化。新近刊布的贞观十四年（640）《李范墓志》称墓主为贞观初年降唐之契丹君长摩会之子，留唐廷为质，其先祖世为契丹首领，自北齐时即为"八部落大蕃长"，至摩会时以"武德元年授本部八蕃君长"。④ 此志所记当源出摩会一脉的家族记忆，有别于贞观十年官修《隋书》中的十部，不同叙述系统的差异反映出当时契丹权力结构的复杂情况。同时，志文显示贞观七年（633）摩会去世后，唐留其子不返，致使该家族汗权衰落，⑤ 窟哥方得以崛起，其间契丹最高权力归属发生剧变，部族结构当亦有相应调整，故有贞观二十二年九部十州之分，可见八部尚未成为当时唐廷关于契丹分部的固定认知。从现有史料看，唐代官方文献出现关于契丹组织结构为八部的明确说法已晚至开元年间。据《旧唐书·契丹传》载，开元四年（716）契丹首领李失活归降，复置松漠都督府，"其所统八部落，各因旧帅拜为刺史"。⑥《册府元龟》中保留了开元十二年三月赐奚及契丹敕书，其中有云："契丹有八部落，宜赐物五万段。"⑦ 开元初年李失活降唐，是契丹自万岁通天元年（696）反唐之后的重新归附，其间历经李尽忠、孙万荣之败，契丹的部落结构应该发生了较大的变化，至此方重新整合为八部。现存关于所谓大贺氏有八部的记载如《旧唐书》《唐会要》的最初史源当为开元年间韦述所著《国史·契丹传》，八部之说或许就是根据当时的即时信息而产生的。只不过，由于唐朝《国史》系统将此一时之信息列入史传开首的总述性文字，遂被作为有唐一代契丹的常态，而对后世产生了误导。

---

① 《唐会要》卷 73《安西都护府》，第 1569 页。
② 《旧唐书》卷 40《地理志三》。
③ 《唐会要》卷 99《吐火罗国》，第 2103 页。
④ 拓片及录文见陕西省考古研究院编《陕西省考古研究院新入藏墓志》，上海古籍出版社 2019 年版，第 19、237 页。
⑤ 按《李范墓志》之家族史叙述未可尽信，如称自北齐至唐初契丹"蕃长"始终归属摩会一系，与中原官方文献所记多有龃龉，据《旧唐书》载，武德六年遣使贡献的契丹君长名为咄罗，并非摩会。此类差异不宜简单视作非此即彼的正误关系，而应从不同文献系统背后历史记忆的生成衍化过程中求得通解。
⑥ 《旧唐书》卷 199《契丹传》。系年原误作三年，据《册府元龟》卷 964《外臣部·封册二》所载四年八月制书（第 11342—11343 页）及《新唐书》卷 29《契丹传》改。
⑦ 《册府元龟》卷 975《外臣部·褒异二》，第 11449 页。

四、遥辇氏八部

表4：《辽史·营卫志》"遥辇氏八部"条文本对照表

《辽史·营卫志》	史源或参照文本
旦利皆部。乙室活部。实活部。纳尾部。频没部。纳会鸡部。集解部。奚嗢部。	《新五代史·四夷附录第一》：其部族之大者曰大贺氏，后分为八族。其一曰但皆利部，二曰乙室活部，三曰实活部，四曰纳尾部，五曰频没部，六曰内会鸡部，七曰集解部，八曰奚嗢部。
当唐开元、天宝间，大贺氏既微，辽始祖涅里立迪辇祖里为阻午可汗。时契丹因万荣之败，部落凋散，即故有族众分为八部。涅里所统迭剌部自为别部，不与其列。并遥辇、迭剌亦十部也。	《辽史·世表》：隋、唐之际，契丹之君号大贺氏。武后遣将击溃其众，大贺氏微，别部长李过折代之。过折寻灭，迭剌部长涅里立迪辇组里为阻午可汗，更号遥辇氏。

傅乐焕指出，此条乃据《新五代史》及旧史所记涅里立阻午之事拼合而成，并认为"涅里所统迭剌部自为别部，不与其列，并遥辇、迭剌亦十部也"云云乃元朝史官强作解人，一误再误。当属确论。然傅氏认为，"时契丹因万荣之败，部落凋散"乃取自《新唐书》，并大段征引以明其源。实际上，此处元人自相矛盾，上文称"当唐开元、天宝间"，下文又称"时契丹因万荣之败，部落凋散"，万荣之败在武后神功元年（697），距开天之际40余载，"万荣"当为"可突于"之误。

更严重的问题在于，所谓遥辇氏八部实与遥辇时代无关。如表4所示，《辽史·营卫志》所谓遥辇氏八部之名抄自《新五代史》，更早的相关记载又见于苏逢吉《汉高祖实录》及王溥《五代会要》，两者文字并无本质差别，欧公所记当出于此。《通鉴考异》引《汉高祖实录》云："契丹本姓大贺氏，后分八族。一曰（旦）利皆部，二曰乙室活部，三曰实活部，四曰纳尾部，五曰频没部，六曰内会鸡部，七曰集解部，八曰奚嗢部。管县四十一，县有令。八族之长皆号大人，称刺史，常推一人为王，建旗鼓以尊之，每三年第其名以相代。"[①]该书成于乾祐二年（949），是现存文献中关于此八部名的最早记录。而《五代会要》则更为详细："契丹本姓大贺氏，后分八族。一曰（旦）利皆部，二曰乙室活部，三曰实活部，四曰纳尾部，五曰频没部，六曰内会鸡部，七曰集解部，八曰奚嗢部。管县四十一，每部有刺史，每县有令。酋长号契丹王，唐制兼松漠府都督，幽州置松漠府长史一人监之。其后诸姓不常。唐会昌中幽州节度使张仲武表，其王屈戍请赐印篆为奉国契丹之印，朝廷从之。八族之长皆号大人，称刺史，常推一人为王，建旗鼓以尊之，每三年第其名以相代。"[②]对比二者可知，《五代会要》当出自《汉高祖实录》，或与其同源；《通鉴考异》引用时当有所删节，因此其中缺少了"酋长号契丹王……朝廷从之"这段文字。也就是说，《五代会要》之引文可能更接近《汉高祖实录》（或其史源）的原貌。

---

① 《资治通鉴》卷266，梁太祖开平元年五月引《通鉴考异》。文字据《五代会要》校正。

② 《五代会要》卷29《契丹》，第455页。

李桂芝率先指出，"旦利皆"等八部并非遥辇氏八部，而应为李失活重整后形成的"大贺氏联盟后期的八部"，惜未举出过硬的证据。①吉本道雅则注意到，《五代会要》引文中以刺史、县令指称契丹各级首领与《册府元龟》所载开元天宝时期唐朝官方文献中的用法一致，②并指出天宝十四载安史之乱爆发以后松漠都督府即已被废，此后唐廷再未对契丹君长授以官职，以后朝贡之人仅称"大首领"而无刺史、县令。进而据此判断，《汉高祖实录》实际上是将开元天宝年间契丹八部之名误认为辽朝建国以前的八部。③上述观察颇具洞见，在此基础上，还可稍作补充和修正。

其一，唐朝获得八部名称的信息，很可能是在开元四年（716）李失活来降时，封八部首领为刺史之时。据《旧唐书》载失活"所统八部落，各因旧帅拜为刺史，又以将军薛泰督军以镇抚之"，④八部之名当于此时为唐朝所知，这也是契丹的部落组织之名目首次系统性地进入中原文献系统。

其二，上述契丹八部结构与名称的时间下限应该在开元后期可突于之乱前，并未下延至天宝年间。开元十九年（713）可突于率契丹反唐，二十年唐远征契丹至潢水上游。当时参与平叛的唐朝将领有墓志流传至今，如《麻令升墓志》曰："先□□□此，宣慰使卢从愿奏，开元世□□内巡□乌知义河北间，破契丹□□□□□□可突于等三部落，衔帐□□格酬勋，名成上柱国。"⑤《刘思贤墓志》亦云："（开元）廿载，奉使与平卢等军截黄河而东注，凌黑山而北走，大破契丹三部落。"⑥可知在此次大战中，唐军摧毁了契丹八部中的三部，此后契丹的部落结构发生了较大变化，对以后的契丹历史影响深远。

其三，开元二十二年冬张九龄《敕契丹王据埒、可突干等书》抬头称"敕契丹王据埒及衙官可突干、蜀活刺史郁捷等"，⑦此"蜀活"当即《汉高祖实录》所记乙室活部，此可为后者所记乃开元间部族添一佐证。

综上所述，《营卫志》所谓遥辇八部实为开元前后契丹的部落组织。此部落组织在可突于之乱中遭到破坏，因而与后来的遥辇时代之八部相去甚远。真正的遥辇八部应该是《营卫志下》所载迭剌、乙室、品、楮特、乌隗、突吕不、涅剌、突举，下文将展开详细讨论。

---

① 参见李桂芝《契丹大贺氏遥辇氏联盟的部落组织——〈辽史·营卫志〉考辨》，《庆祝王锺翰先生八十寿辰学术论文集》，辽宁大学出版社1993年版，第400页。
②《册府元龟》卷975《外臣部·褒异二》载，开元十二年三月敕："契丹有八部落，宜赐物五万段，其中取四万段先给征行游奕兵士及百姓，余一万段与燕公主、松漠王衙官、刺史、县令。"又记开元十四年七月"癸卯，契丹部落刺史出利、县令苏固多等来朝，授出利将军，固多郎将，并放还蕃"；天宝二年正月丁卯，"契丹刺史匐从之等一百二十人、奚刺史达利胡等一百八十人并来朝勋励，皆授中郎将"。
③［日］吉本道雅：《辽史世表疏证》，《新出契丹史料研究》，松香堂2012年版，第15—17页。
④《旧唐书》卷199《契丹传》。
⑤ 吴钢主编：《全唐文补遗》第7辑，三秦出版社2000年版，第90页。
⑥ 胡戟、荣新江主编：《大唐西市博物馆藏墓志》，北京大学出版社2012年版，第553页。
⑦（唐）张九龄著，熊飞校注：《张九龄集校注》卷8，中华书局2008年版，第550页。

五、遥辇阻午可汗二十部

> 耶律七部。审密五部。八部。涅里相阻午可汗，分三耶律为七，二审密为五，并前八部为二十部。三耶律：一曰大贺，二曰遥辇，三曰世里，即皇族也。二审密：一曰乙室已，二曰拔里，即国舅也。其分部皆未详；可知者曰迭剌，曰乙室，曰品，曰楮特，曰乌隗，曰突吕不，曰捏剌，曰突举，又有右大部、左大部，凡十，逸其二。大贺、遥辇析为六，而世里合为一，兹所以迭剌部终遥辇之世，强不可制云。①

这段文字可以说是《营卫志》部族部分最为混乱的记载，故长期以来争议颇多。元朝史官在上一条"遥辇氏八部"中称"辽始祖涅里立迪辇祖里为阻午可汗"时，"部落凋散，即故有族众分为八部"，则谓涅里立阻午可汗后将契丹分为八部；而又称同一时期，"分三耶律为七，二审密为五"，加上前面提到的所谓"遥辇八部"共有二十部。可谓叠床架屋，自相矛盾。研究者除少数完全遵信所谓二十部的说法并设法为之弥缝外，大部分都对此持怀疑态度。如前揭傅乐焕文认为，阻午可汗所辖应只十二部而非二十部，遥辇八部应即在耶律审密十二部之中；李桂芝认为，阻午可汗二十部并不存在，遥辇时代联盟始终为八部；②日本学者爱宕松男则指出，所谓阻午可汗二十部应该是阿保机建国后太祖二十部向过去的投影。③近年来肖爱民在综合前人观点的基础上，将这一问题的研究向前推进了一大步。他明确指出，耶律、审密这样的称谓都是辽朝建立以后才出现的；所谓"三耶律为七，二审密为五"，实际上是元朝的修史者把辽朝分皇族为七个族帐、后族分为五个帐族的事情误置于遥辇阻午可汗时；所谓阻午二十部确为子虚乌有，乃元人所杜撰。④肖氏此论基本上在史实面上澄清了这一问题，但从史料源流、知识生成的角度看似仍有未安之处。"阻午可汗二十部"之误说缘何产生？是元朝史官凭空杜撰，还是其来有自？

今本《辽史·兵卫志》"序"云："至唐，大贺氏胜兵四万三千人，分为八部。大贺氏中衰，仅存五部。有耶律雅里者，分五部为八，立二府以总之，析三耶律氏为七，二审密氏为五，凡二十部。刻木为契，政令大行。逊不有国，乃立遥辇氏代大贺氏，兵力益振，即太祖六世祖也。"《辽史·兵卫志》乃元朝史官对陈大任《辽史·兵志》进行拆分并大量填充的结果，其序文有采自陈氏旧志序文者，亦有据中原文献及旧史本纪补充者。上引一段自"有耶律雅里者，

---

① 《辽史》卷32《营卫志》。
② 李桂芝：《契丹大贺氏遥辇氏联盟的部落组织——〈辽史·营卫志〉考辨》，《庆祝王锺翰先生八十寿辰学术论文集》，第405页。
③ [日]爱宕松男著：《契丹古代史研究》，邢复礼译，内蒙古人民出版社2014年版，第52、172页。
④ 参见肖爱民《"分三耶律为七、二审密为五"辨析——契丹遥辇氏阻午可汗二十部研究之二》，《内蒙古社会科学》2005年第2期；《辽朝大贺氏考辨——契丹遥辇氏阻午可汗二十部研究之四》，《内蒙古师范大学学报》2005年第4期。

分五部为八"以下至"即太祖六世祖也",多不见于中原文献,当本陈志旧序原文。① 换言之,金人陈大任《辽史·兵志》"序"中很可能已经出现了"分三耶律为七,二审密为五"及阻午可汗时有二十部的说法,这应该正是元人纂修《辽史·营卫志》"遥辇阻午可汗二十部"时的资料来源。

诚如李桂芝所言,陈氏《兵志》"序"旧文所谓雅里"分五部为八"所对应的实际历史背景,应该是《营卫志》部族下条所记,将迭刺、品、楮特、乌隗、突吕不五部分为迭刺、乙室、品、楮特、乌隗、涅剌、突举、突吕不八部的过程。② 唯该序原本恐并未明言"分五部为八"之所指,致使负责纂修《营卫志》部族上条的元朝史官在抄撮时未解其义,只好在前一条仅模糊记作"部落凋散,即故有族众分为八部",误以《新五代史》所见八部(即元人前文所谓遥辇八部)当之。

至于"分三耶律为七,二审密为五",确当为辽朝建国后析分皇族、后族之概括。这一说法最初应见于更为原始的辽朝史料,只是在金人编纂《辽史》时误将其混入到遥辇阻午可汗时代雅里拆分部族的过程之中,但又同样未明其所指。至元人修史时,更不知其义,竟以"一曰大贺,二曰遥辇,三曰世里,即皇族也"附会"三耶律",纯属臆解;③ 为充"七"加"五"之总数,史官蒐罗《营卫志》部族下条所见迭剌、乙室等八部(史源为《皇朝实录·部族志》),又据志、传所见之右大部附会出左大部,④ 仅得十部,终无法凑足,只能以"逸其二"草草收场。

综上所述,所谓"阻午可汗二十部"之误说当肇端于金人陈大任《辽史》,唯其原本并未交代诸部之具体所指,元人在因袭旧文时只能"循名责实",强作解人——既据《新五代史》而作"遥辇八部"条,又杂糅其与《皇朝实录》所见迭剌、乙室等八部之名,以凑成此"二十部"之数,终致捉襟见肘、破绽百出。

六、结论

本文的考证可从反、正两方面稍加总结。

其一,元修《辽史·营卫志·部族上》所谓"古八部—隋十部—唐大贺氏八部—遥辇八部—遥辇阻午可汗二十部"的契丹早期史叙述,几乎每一部分都与史实存在着巨大抵牾。"古八部"纯属子虚乌有,奇首可汗亦与北魏契丹无关;"十部"并非隋代契丹常态,末年方成

---

① 参见苗润博《〈辽史·兵卫志·兵制〉探源》,《文献》2020年第3期;又见《〈辽史〉探源》,第171—183页。
② 李桂芝:《契丹大贺氏遥辇氏联盟的部落组织——〈辽史·营卫志〉考辨》,《庆祝王锺翰先生八十寿辰学术论文集》,第405页。
③ 类似的解释尚见于《辽史·世表序》:"至耨里思之孙曰阿保机,功业勃兴,号世里氏,是为辽太祖。于是世里氏与大贺、遥辇号'三耶律'。"显亦出自元人之手。
④《辽史》卷37《地理志一》、卷71《淳钦皇后传》皆称述律氏原居地为右大部,而未见有左大部之称。傅乐焕已指出后者乃据前者推测所得,非别有所据。

之情况难称一代之制；唐代君长不姓大贺氏，前期亦非固定为八部；"遥辇八部"实与遥辇无关；阻午二十部更系无稽之谈。

其二，契丹部族发展的基本脉络为：北魏时期契丹只是朝贡中原的诸国之一，与所谓"东北群狄"性质相同，尚无形成部落联盟之迹象。隋末唐初，契丹首次出现十部之制，具体分部未详；至贞观二十二年契丹主力为九部十州，即《唐会要》《册府元龟》所载之窟哥等部；历经李尽忠之败，至开元初年前后整合为八部，即《汉高祖实录》所见旦利皆等部。可突于与唐交战时期，契丹遭遇重创，被摧毁三部，仅存五部。阻午可汗进行部落重组，分五部为八，即《辽史·营卫志下》所载迭剌、乙室等部。此后直至阿保机建国之前，再无变化。

通过对《辽史·营卫志》部族条进行逐条批判、考源辨误，可以发现元人所重构的契丹早期史几乎每一条都经不起推敲，根本无法反映历史发展的实态，更与辽朝自身的历史叙述相去甚远。从中可以看出，金人陈大任《辽史》即已对契丹早期史叙述进行过零星的建构，至元人修史时则更将其推向细化、深化、系统化，最终形成了我们今天所看到的模样。

元朝史官重构契丹早期史的核心方法是对不同文献系统的材料进行杂糅、拼接，对龃龉不合者加以弥缝、调和，对"旁逸斜出"者加以删削、修剪，从而形成一套看似整饬的历史叙述。这种重构方法的内在逻辑是站在后人的立场上进行追溯、归纳，将契丹集团原本复杂的衍变轨迹简约化为一元线性的发展脉络，忽略了不同时代、不同主体所作的历史叙述可能存在的根本性矛盾以及由此产生的断裂与建构。今天的研究者往往对《辽史》所见契丹早期史料不加批判即予利用，这当然与材料的紧缺、方法的失当有关，但根源恐怕还在于思维方式的契合——不同时代的线性史观或显或隐，但其核心理路却似乎并未改易。如何才能真正意识到并逐渐走出这一困局，是当今契丹史、辽史学界亟须共同面对的课题。本文的些许反思，或可看作这一方向上一点不成熟的尝试。

（原载《中国边疆史地研究》2022年第1期）

通贡和好：明朝重建西域秩序的路径选择

田 澍 杨涛维[*]

研究明代绿洲丝绸之路交流史、西域格局演变、西北边疆治理、民族交往交流交融史等，都绕不开"哈密危机"这一问题。"哈密危机"的产生、演变与终结，与明代政治发展是相一致的。永乐以后，到成化、弘治特别是正德年间，明朝政治弊端日渐严重。其中"哈密危机"就是该时期弊政的一个突出表现。该危机之所以能在嘉靖初年得以解决，就在于世宗通过"大礼议"清除了把持朝政的杨廷和集团。离开"嘉靖革新"的背景，[①]就无法理解"哈密危机"在嘉靖前期得以终结的原因。

综观各类论著，对"哈密危机"的研究进展不大。在论及该危机时，大多数学者较多地关注当事人之间的恩怨，而对"大礼议"所引发的世宗初政的深刻变化关注不够，特别是对该时期政治剧变与"哈密危机"演变的关系未能进行深入、系统的考察，[②]制约着对明代西域相关问题的整体认知。有鉴于此，本文特就嘉靖前期明朝恢复朝贡与终结"哈密危机"做一专门的探讨。

一、哈密卫难以"兴复"的原因

明朝对西域的治理策略处于不断的变化中，这是由各时段西域局势本身的特点所决定的。在蒙元时期，西域的蒙古诸王就处于不断的内部混战之中，与元朝中央离心离德，治理难度很大。[③]元明鼎革后，在明朝的打击和分化之下，西域蒙古诸势力在分裂与聚合之中忽

---

[*] 本文为国家社会科学基金重点项目"边疆治理视野下的明代绿洲丝绸之路研究"（18AZS022）、国家社会科学基金中国历史研究院重大历史问题研究专项2021年度重大招标项目"河西走廊与中亚文明"（LSYZD21008）的阶段性成果。

① 参见田澍《嘉靖革新研究》，中国社会科学出版社2002年版。
② 参见田卫疆《论明代哈密卫的设置及其意义》，《西北民族学院学报》1988年第1期；田卫疆《关于明代吐鲁番史若干问题的探讨》，《中国边疆史地研究》2005年第3期；施新荣《明嘉靖初期朋党之争与置哈密不问》，余太山、李锦绣主编《欧亚学刊》第9辑，中华书局2009年版；姚胜《明代吐鲁番与"大礼议"研究》，九州出版社2019年版。
③ 参见胡小鹏《元代西北历史与民族研究》，甘肃文化出版社1999年版，第66页；杨富学、张海娟《从蒙古豳王到裕固族大头目》，甘肃文化出版社2017年版，第55—56页。

兴忽衰，不断挑战着明朝边疆治理策略与治理能力。在洪武时期经略的基础上，永乐四年（1406）设置的哈密卫具有特殊意义，标志着明朝对西域的治理进入新的历史阶段。

哈密卫位于古丝绸之路之要冲，尽管为明朝"关西七卫"之一，但沙州、赤斤、安定等六卫不能与其相提并论。哈密卫是明朝的边防前哨，因其地位特殊，明朝从实际出发，设置忠顺王来统摄其地，并由幽王家族世袭。忠顺王之下设有都督、都指挥、指挥、千户、百户等官，协助其管理哈密卫。哈密卫西接土鲁番，北与瓦剌相邻，其在抵御瓦剌、牵制土鲁番、护卫赤斤诸卫、拱卫甘肃镇等方面发挥着独特作用。长期以来，学界主要从朝贡贸易的视角来论述哈密卫的职能，多数学者认为哈密卫的设置是出于西域朝贡贸易的需要，一再强调哈密"西域要道"的作用，凸显其在中原和西域之间的联系作用。事实上，对明朝而言，设置哈密卫的首要目的在于其能够发挥对甘肃镇的"藩篱"作用，即保护甘肃镇的安全与稳定。对此，英宗在正统十三年（1448）给哈密忠顺王倒瓦答失里及管事大头目的敕谕中说得很清楚："昔我皇曾祖君临大位，尔祖之叔安克帖木儿首先率义来朝，特封忠顺王，锡以金印，命管治哈密人民，保御边境。其后尔祖脱脱承袭王爵，克效忠勤，特命守把西陲后门，缉探外夷声息，恩待尤厚。"[①]弘治元年（1488），兵部也强调："甘肃孤悬河外，太宗皇帝以诸夷杂处难守，特设赤斤、罕东等卫，各授头目为都督等官，以领袖西戎。又设哈密卫，封脱脱为忠顺王，以锁钥北门，然后甘肃获宁。"[②]基于此，甘肃巡抚许进论道："无赤斤、罕东，是无哈密也，无哈密，甘肃受祸矣。"[③]嘉靖前期，詹事兼翰林学士霍韬认为："保哈密所以保甘肃也，保甘肃所以保陕西也。若曰哈密难守则弃哈密，然则甘肃难守亦弃甘肃可乎？"又说："保全哈密，则赤斤、罕东声势联络，西戎北狄并受制驭。若失哈密，则土鲁番酋并吞诸戎，势力日大，我之边患日深。是故，保哈密所以保中国也，不得已也。"[④]谷应泰就此论道："高帝开置甘、肃二镇，势甚孤危。成祖乃设立哈密七卫，西出肃州千五百里，北抵天山，所谓断右臂隔西羌也。取不亡矢遗镞，守不留兵屯戍，百年逋寇，扼其吭而有之，为国西藩，计诚盛哉。"[⑤]把守"西陲后门"，能够"抚辑夷众"并"镇压远夷"，准确传递"外夷声息"，有效协调诸卫关系，确保西北边疆安全，从而成为"中国藩屏"，[⑥]是明朝设置哈密卫的主要目的。而明朝将"忠顺王"作为哈密卫最高首领的名号，也是有其特殊用意的。只有在西北边疆安全与稳定的前提下，才可以突出哈密卫在绿洲丝绸之路上送往迎来

---

① 《明英宗实录》卷163，正统十三年二月丁巳。
② 《明孝宗实录》卷11，弘治元年二月丁未。
③ （明）许进：《平番始末》，（明）邓士龙辑，许大龄、王天有点校：《国朝典故》卷99，北京大学出版社1993年版。
④ （明）霍韬：《哈密疏》，（明）陈子龙等选辑，虞万里、李伟国主编：《明经世文编》卷186，上海书店出版社2019年版。
⑤ （清）谷应泰：《明史纪事本末》卷40《兴复哈密》，中华书局2018年版。
⑥ 《明孝宗实录》卷11，弘治元年二月丁未。

的作用。如永乐年间陈诚所言,哈密"今为西北诸胡往来之冲要路"。[①]指挥王永在弘治七年（1494）对孝宗亦言："先朝建哈密卫,当西域要冲。诸番入贡至此,必令少憩以馆谷之,或遭他寇剽掠,则人马可以接护,柔远之道可谓至矣。"[②]此类言论就是指的这种情形,而非对哈密卫职能的全面描述。

当然,明朝的预期目标能否实现,关键取决于忠顺王是否具有超强的领导能力,哈密卫内部能否团结和哈密卫各派能否真正忠于明朝中央等因素。从实践来看,在西域诸势力错综复杂、各怀心思的环境中,要忠顺王担当有为,要哈密卫忠于朝廷并与瓦剌、土鲁番等周边部族和谐相处,几乎是不可能的。商传认为："哈密这个地方就是这样,极为关键的地理位置造成了在明朝与蒙古之间的争夺,也因此造成忠顺王生死废立的种种事变的突发。两代忠顺王皆死于突然,且皆死因不明,其争斗的复杂激烈由此可见一斑。"[③]所以,设置哈密卫并非一劳永逸之事,当然也就不是一成不变之制。恰恰相反,设置哈密卫,只是明成祖朱棣从当时的形势出发而力图稳定西域的第一步。在其周边势力还处于弱小状态时,哈密卫尚能发挥一定的作用。嘉靖初年甘肃巡抚陈九畴等人就此认为,朝廷"与之金印,使掌西域入贡之戎。于时土鲁番尚为小国,其部落回子邻近哈密者,遂臣服于脱脱"。[④]土鲁番的崛起必将改变永乐时期的西域秩序,而这一变化是以土鲁番残破哈密卫为表现形式的。郑晓论道："土鲁番强,残破我嘉峪关外七卫及城郭,诸国地大人众,非复陈验封奉使时矣。"[⑤]如何随着形势的变化,在永乐时期的基础上不断强化对西域的有效治理,依然是明朝君臣面临的艰巨任务。祖宗之制固然要遵守,但祖宗之制也要不断地革新与完善。

由于嘉峪关以西分布着不同的蒙古部族,其内部的钩心斗角以及彼此难以调和的矛盾与冲突便成为常态。面对这一情况,明朝只能采取"以夷治夷"的管理方式,设置羁縻卫所,并通过朝贡贸易和辅助性的支持来加强联系,缓和矛盾,稳定西北边疆。许进称："昔我太宗建立此国,为虑最悉,外连罕东、赤斤、苦峪等卫,使为唇齿,内连甘肃等卫,使为应援,若哈密有警,则夷夏共救之,此非为哈密,为藩篱计尔。"[⑥]对于该区域治理的难度,明朝的统治者是清楚的。他们明白消解嘉峪关以西蒙古内部的矛盾与冲突不是一朝一夕所能完成的。相当一部分论著对明朝在西北边疆的持久经略不以为然,用"退缩""收缩"等词来讽刺明朝的软弱。但从有明一代的实践来看,明朝在西北边疆所采取的基本策略是务实的。需要强调的是,明朝的经略策略也被清朝所继承,清朝统治者在明朝的治理基础上才得以逐渐强化对西域的管控力度。

不可否认,洪武、永乐两朝的立法创制对明朝君臣具有极大的约束力,遵循"二祖"之

---

① （明）陈诚著,周连宽校注：《西域行程记》,中华书局2000年版,第112页。

② 《明史》卷330《西域二·罕东左卫》。

③ 商传：《明成祖大传》,中华书局2018年版,第190页。

④ （明）杨一清撰,唐景绅、谢玉杰点校：《杨一清集》,中华书局2001年版,第674页。

⑤ （明）郑晓撰,李致忠点校：《今言》卷4,中华书局1984年版。

⑥ （明）许进：《平番始末》,（明）邓士龙辑,许大龄、王天有点校：《国朝典故》卷99。

制是明朝君臣的共识。正如王琼所言："我朝鉴前代之弊，建卫授官，各因其地，姑示羁縻，不与俸粮，贻谋宏远，万世所当遵守者也。"①面对"哈密危机"，明朝能否"兴复哈密"，或如何"兴复哈密"，则是需要其明确回答的首要问题。如果哈密卫不能恢复如初，那么要恢复到何种程度才算"兴复"？在"哈密危机"爆发之后，空喊"兴复哈密"的口号是没有用的，明朝君臣认识到"兴复哈密"已不是简单地恢复原来名义上的哈密卫，而是要阻止土鲁番对哈密卫的侵扰。如果无法遏制土鲁番的侵扰，"兴复哈密"就无法实现。面对日益严重的"哈密危机"，明朝"巨额的投入却不见产出，边事不仅毫无起色，甚至逐至糜烂而不可收拾"。②在阿黑麻和满速儿父子时代，土鲁番持续发展，野心越来越大。阿黑麻在铲除异己力量之后，其"声威日振，蒙兀儿斯坦全境再没有人敢反抗他。他几度用兵喀耳木，连战皆捷，斩获颇众。他同也先大石曾经两次交锋，两战两胜。喀耳木人非常畏惧他，一直称他为阿剌札汗；'阿剌札'这个字在蒙兀儿语中意即 Kushanda（嗜杀者）。这就是把他称为'嗜杀之汗'。这个称号他无法摆脱，他自己的百姓也常常称他为阿剌札汗"。③

面对如此强大的对手，明朝不可能将西域秩序退回永乐时代。

除了土鲁番的崛起，哈密内部的不断分裂和由此导致自身治理能力的不断弱化，也使明朝无法依靠哈密的力量来抵御土鲁番的侵扰。自哈密卫设置以来，其自身所暴露的问题主要有三个方面：一是忠顺王后继无人，明朝只能从安定卫等地寻找其后裔，但所选立者，要么能力不足，声望低下；要么对明朝忠诚度不高，与土鲁番勾结；更有甚者直接投入土鲁番的怀抱，拒绝回到哈密。正德十四年（1519）忠顺王拜牙即"自作不靖，正德八年弃国逃走，至今年久，远避绝域，自不敢回，难以强求复立，又启衅端"。④二是忠顺王下属的都督等人也各怀异心，与土鲁番公开勾结，利用朝贡制度为土鲁番传递信息，甚至里应外合，成为土鲁番的走卒。如被"番人之所喜，而哈密之人深怨"⑤的哈密都督写亦虎仙在土鲁番侵占哈密和骚扰河西走廊"一系列的变乱中起了极恶劣的作用"。⑥三是在土鲁番的不断侵扰中，忠于明朝的哈密部众不断东迁，被明朝安置在苦峪及肃州附近，不愿返回。哈密卫的人口大量流失，使哈密几乎成为一座空城。正如正德八年（1513）写亦虎仙所言："城池别人占了，印在别人手里，他教我死就死，教我活就活。"⑦在土鲁番持续摧残哈密卫的同时，其他诸卫也难以为继，"哈密危机"愈演愈烈，"兴复哈密"的可能性越来越小，明朝的颜面由此丢失殆尽。首辅杨一清就此论道：

---

① （明）王琼撰，张志江点校：《晋溪本兵敷奏》，上海古籍出版社 2018 年版，第 211 页。

② 姚胜：《明代吐鲁番与"大礼议"研究》，第 21 页。

③ 米儿咱·马黑麻·海答儿著，新疆社会科学院民族研究所译，王治来校注：《中亚蒙兀儿史——拉失德史》第 1 编，新疆人民出版社 1983 年版，第 338 页。

④ （明）王琼撰，张志江点校：《晋溪本兵敷奏》，第 272 页。

⑤ （明）杨一清撰，唐景绅、谢玉杰点校：《杨一清集》，第 1057 页。

⑥ 钱伯泉：《明代哈密回回首领写亦虎仙的叛乱》，《西域研究》2008 年第 1 期。

⑦ （明）王琼撰，张志江点校：《晋溪本兵敷奏》，第 235 页。

甘肃镇、巡请立陕巴之子速坛拜牙即为忠顺王。未二年，番哈即等绐言速坛拜牙即投顺土鲁番，因被拘留，而以头目火者他只丁守其国。边臣具奏，朝廷遣督御史彭泽统兵往处。泽即差通事贲文书并赏赐往谕。时虏声言归我金印，而拜牙即竟未致。及泽取回。虏见赏赐未如约，又憾副使陈九畴恣戮寓酋，故速坛满速儿督牙木兰率众以复仇为名，遂入竟杀我游击将军芮宁，虏掠以去。至嘉靖三年十一月内，二酋长复督火者他只丁等率众围困甘、肃二州，攻破城堡，大肆杀掠。事闻，皇上遣太监张忠、尚书金献民、都督杭雄等督调各镇兵马征剿，未至而虏已满载而归。彼时，镇、巡官又奏，三大酋咸被城炮震死。上以为然，遂降敕奖励，论功升官，而未暇督其过。及臣嘉靖四年提督陕西军务，节据镇、巡官递到番文，乃知震死者惟火者他只丁一酋而已。故边民见赏罚不明，心生怨愤。虏酋闻知，亦传笑我中国之策无也。①

土鲁番对哈密乃至甘肃镇的侵犯，其实就是对明朝中央的蔑视，这是自设置哈密卫以来明朝在西北边疆遇到的来自西域势力中最大的挑战。

二、从"三立三绝"到"甘肃之变"

在土鲁番侵占哈密之后，作为当时的"华夷之主"（西域朝贡文书把明朝皇帝称为"天皇帝"或"乾坤之主"，自称"奴婢"），明朝不会轻易承认土鲁番的侵占，"兴复哈密"便成为明朝的第一选择。成化九年（1473）四月，在得知土鲁番攻破哈密城池并"执其王母，夺朝廷所降金印"的消息后，兵部尚书白圭对宪宗说道："哈密乃朝廷所封，世为藩篱，非他夷比。今丧地失国，奔走控诉，安可置而不问！请命通事都指挥詹昇赍敕往谕速檀阿力，令其悔过自新，退还哈密境土。并敕赤斤蒙古等卫会兵并力，以相卫翼。仍敕甘肃总兵等官振扬威武，相机以行。"②宪宗从之，并要求赤斤蒙古等卫联合收复哈密。宪宗敕谕：

> 近者土鲁番速檀阿力悖逆天道，欺凌哈密忠顺王母寡弱无嗣，侵夺其城池，抢杀其人民财畜，又欲诱胁尔等归附，暴虐僭妄，莫此为甚。且尔西番与哈密素为唇齿之邦，世受朝廷爵赏，为中国藩屏。土鲁番虽来朝贡，终系远夷。尔等岂出其下！哈密因无统属，一时为彼侵据，尔有统领，何患于彼！但唇亡齿寒，不可不虑。尔等宜于邻境互相结约，各保境土，遇贼侵犯，即并力截杀，勿听其哄诱抢劫。若速檀阿力尚在哈密不去，尔等尤宜量度势力，会合精兵，驱剿出境，一以伸讨贼之义，一以施睦邻扶弱之仁，而于尔地，亦免后患矣。事成之日，朝廷重赏不吝，尔等其知之。③

---

① （明）杨一清撰，唐景绅、谢玉杰点校：《杨一清集》，第1052—1053页。
② 《明宪宗实录》卷115，成化九年四月丙寅。
③ 《明宪宗实录》卷115，成化九年四月丙戌。

在土鲁番侵占哈密之初，明朝中央的反应合情合理，无可厚非，但认为"哈密因无统属，一时为彼侵据"，说明宪宗君臣一开始就对土鲁番的野心认识不清，对其侵占哈密的后果预判不足。五个月之后，兵部才认识到了事态的严重性："哈密实西域诸夷喉咽之地，若弃而不救，窃恐赤斤蒙古、罕东、曲先、安定、苦峪、沙州等卫亦为土鲁番所胁，则我边之藩篱尽撤，而甘肃之患方殷。设使河套之虏不退，关中供亿愈难继矣。"①事态的发展正如兵部所言，哈密在明朝的无所作为中被土鲁番逐渐残破，赤斤诸卫也被土鲁番渐次蚕食，在其"益侵内属诸卫"之后，"祸中甘肃"，②使"哈密危机"愈演愈烈。正如杨一清所言："西域土鲁番踵恶数世，先年独残破哈密，后则沿边王子庄等处，赤斤、罕东等番卫俱被蹂躏，遂敢称兵叩关，犯我肃州，困我甘州镇城矣。"③

纵观明朝"兴复哈密"的诸多举措，主要有以下四项：一是"以夷攻夷"，号召关西诸卫围剿土鲁番，将其逐出哈密；二是"赍敕开谕"，劝说土鲁番归还哈密，撤出兵力，保持通贡；三是"出兵助讨"，由甘肃镇守兵与关西诸卫合力征讨，将土鲁番势力赶出哈密；四是"闭关绝贡"，通过采取停止土鲁番乃至西域朝贡贸易的惩罚措施，引发西域各政治体对土鲁番的怨恨，迫使土鲁番在众怨之中交还哈密。在这四项举措中，前两项没有取得多大效果，由于关西诸卫自身难保，让其与哈密联合赶走土鲁番，可谓纸上谈兵。而要让野心勃勃的土鲁番轻易退出哈密，无异于与虎谋皮。第三项措施其实是第一项举措的延伸，以甘肃镇的军力为主，吸纳关西诸卫兵力，联合行动，力图痛击土鲁番。尽管在弘治年间有过这样一次联合行动，但收效甚微。在军事打击未果的情况下，明朝只能选择第四项，即单方面采取闭关绝贡和扣押贡使的手段来迫使土鲁番就范。但对处于扩张时期的土鲁番而言，随时可以用武力获得其所依赖的经济资源。所以明朝的这一举动不仅无法迫使土鲁番归还哈密，反而导致"满速儿汗则将掠夺的矛头指向东部，与明朝争夺哈密地区并一度发兵围困河西地区的肃州（酒泉）城，给明边境社会经济造成很大损失"。④首辅杨一清在嘉靖六年（1527）十一月对世宗说道，土鲁番"受累朝浩荡之恩，荷列圣含容之德，服而又叛，去而复来，至再至三，不知改悔。比年入贡之使尚在国门，侵掠之兵已至嘉峪，岂信义之所能结，文告之所能致者哉"？又言：

> 土鲁番酋自速坛阿力以来，种恶数世，戕害我哈密封国几六十年。累朝列圣深怀以大字小之仁，兼体王者不治夷狄之义，文告之辞先后继出，抚夷之使相望于道。彼番逆天背命，怙终不悛。尝兴问罪之师，又未能直捣其巢穴；尝下绝贡之诏，又因其纳款求贡而许之复通。致使奸回以哈密为奇货可居，蔑视中国之莫能制。数年之前，戕杀肃州将官，后复大举深入，罪大恶尤，神人共愤，王法之所必诛。⑤

---

① 《明宪宗实录》卷118，成化九年七月壬辰。
② （清）谷应泰：《明史纪事本末》卷40《兴复哈密》。
③ 《明世宗实录》卷84，嘉靖七年正月丙申。
④ 田卫疆：《新疆历史丛稿》，新疆人民出版社2011年版，第166页。
⑤ （明）杨一清撰，唐景绅、谢玉杰点校：《杨一清集》，第856、1053页。

对于明朝而言，"兴复哈密"的步伐一味地拖延，只会使西域秩序越来越乱。弘治八年（1495），甘肃巡抚许进认为"自吐番倡乱以来，西鄙用兵余二十年，凯音未奏，主忧臣辱"，[①]对成化以来经略的效果极为不满。尽管其主导的军事行动也没有取得预期效果，但此次行动表明朝廷要改变原有的策略，不再对土鲁番主动交出哈密且收敛野心抱有幻想。当然，这只是手段的改变，而"兴复哈密"的策略未变。在土鲁番的屡屡侵扰之中，哈密卫日渐衰落，逐渐失去了自立能力，原有的西域秩序被土鲁番完全打乱。到嘉靖初年，"哈密、沙、瓜，已顺土番，嘉峪关外即为贼境，西域从此不通，地方滋益多事"。[②]王琼认为：

> 自肃州至于哈密，千五百里之间，赤斤蒙古、罕东左等卫番夷，其初俱能睦族自保，厥后本族自相仇杀，部落逐渐离散。哈密之西，惟土鲁番一种最为强盛，外阻天方国、撒马儿罕诸夷，制其出入，内压哈密、蒙古、罕东属番，听其驱使，侵扰吞并，假道胁援，莫敢不从。今哈密夷人尚有住本城者，惟掌印都督奄克孛剌逃难内奔，终于肃州，二子承袭，不敢复从。蒙古罕东卫节年避害归附，至今尽失故土。曲先卫岁久年远，徒闻脱啼之名。罕东、安定，族亦离散，阿端莫知其处。即今肃州西北千五百里之境已无人烟。[③]

如果明朝无视哈密卫的残破，甚至不能正视土鲁番的崛起，依旧固步自封，不思变革，新的西域秩序就不可能建立起来。

既然哈密卫是随着西域形势的变化而应时设置的，那么随着西域形势的不断演变，西域治理模式就不可能一成不变。所以，在土鲁番强大之后，明朝的主要任务就不再只是满足土鲁番归还哈密卫的城池和印信，而是要通过新的举措来有效控制土鲁番，使其能够诚心臣服于明朝中央，遵守朝贡贸易规则，扮演维护西域秩序的重要角色。该时期哈密卫的"三立三绝"，集中反映的只是"兴复哈密"不断失败的过程。所谓"三立"，并不是表明哈密卫多次恢复如初，而只是城、印的归还和忠顺王在形式上的存在，且成效一次不如一次。故在"三立"中，哈密卫自身的问题不但没有得到真正的解决，反而越来越严重。所谓"三绝"，也不是哈密卫被土鲁番所占领的问题，而是哈密卫人心背离、忠顺王叛入土鲁番的过程。可以说，哈密卫的"三立三绝"正好集中反映了成化至嘉靖初年杨廷和在阁期间明朝政治腐败日益严重的全过程。在应对"哈密危机"的50多年间，一朝不如一朝，一代不如一代。[④]从明朝的实践效果来看，一方面他们不敢面对强大的土鲁番的存在，另一方面又一味地对土鲁番采取强硬的态度，导致的结果就是既不可能迫使其停止侵扰的脚步，也不可能恢复哈密原有

---

① （明）许进：《平番始末》，（明）邓士龙辑，许大龄、王天有点校：《国朝典故》卷99。
② （明）杨一清撰，唐景绅、谢玉杰点校：《杨一清集》，第675页。
③ （明）严从简撰，余思黎点校：《殊域周咨录》卷14《赤斤蒙古》，中华书局1993年版。
④ 参见田澍：《明代哈密危机述论》，《中国边疆史地研究》2002年第4期。

格局。相反，在土鲁番的不断侵扰中，哈密卫已经"城池毁坏，不能住守"，[①]部众逃散，人心惶惶，"多不乐居哈密城"。[②]据《肃镇华夷志》记载："哈密卫自土鲁番数次侵扰之后，居者约四五百家，壮男子三百有余，外罗小堡十，俱哈密人住牧，其五堡，每堡或七八十家，或五六十家。其五堡，空虚无人。"[③]在哈密卫的不断残破之中，当忠顺王不再对明廷"忠顺"之时，"兴复哈密"事实上已经变成了一个空洞的口号。嘉靖七年（1528），刑部尚书胡世宁直言："忠顺王速坛拜牙即已自归土鲁番，虽还哈密，亦其臣属，其他裔族无可立者。回回一种，久已归之。哈剌灰、畏兀儿二族，逃附肃州已久，即驱之出，不可。然则哈密将安兴复哉？纵令得忠顺王嫡派，与之金印，助之兵食，谁与为守？"[④]兵部在研判情势后认为"兴复哈密"已非当务之急，并建议道："至于兴复哈密之事，则臣等窃以为非中国所急也。夫哈密三立三绝，今其主已为虏用，其民散亡殆尽。假使更立他种，彼强则入寇，弱则从彼，难保为不侵不叛之臣。且哈密之复，其力岂能邀绝北虏，使不过河入套也哉！故臣以为立之无益，而适令土鲁番挟以为奸利耳。"[⑤]

　　事实上，自正德七年（1512）杨廷和接替李东阳出任内阁首辅后，明朝处理哈密问题的态度就开始强硬起来。在土鲁番多次求贡的过程中，杨廷和等人对其"累次差人赍书求和"的请求视若无睹，对"我每没有外心"和"小事不要大了，成的事不要坏了"[⑥]等陈述不以为然。面对土鲁番屡次求贡而不得的情况，时任甘肃巡抚邓璋曾不无担心地说道："土鲁番六次悔罪，请和入贡，合当随宜抚处。"兵部尚书王琼亦言："若终拒绝，不许来贡，恐非抚驭外夷之道。请将在京番使马黑麻等及哈密年例进贡夷使分为几运，伴送甘州，连存留在彼同起贡夷打发出关，见监夷人朵撒恰等俱准放回。"[⑦]对于邓璋与王琼的奏请，武宗与阁臣不置可否。对此杨一清曾一针见血地指出："然我能绝其入贡之路，不能绝其入寇之途。彼番无前数者，则失其所以为命，岂肯坐以待死，必将似前率领兵马，谋入为寇。而我甘肃一镇，边备不严，兵马怯弱，安知不蹈嘉靖三年之覆辙乎？此闭关绝贡之说不可执以为常也。"[⑧]如果说在彭泽经略之前土鲁番一再侵扰哈密卫是为了取代忠顺王的话，那么其后土鲁番侵扰甘肃镇则就是伺机东扩了，"哈密危机"事实上已经演变为"甘肃危机"。对此，时任兵部尚书王琼就有清醒的认识，他在正德十二年（1517）就明确说道："正德八年，谋臣失策，轻举用兵，远调延、宁人马征剿河西番夷，正当饥馑流离之际，乃为邀功生事之举。言者但知希旨附和，惟御史冯时雍以为不可，然竟寝不行，启衅纳侮，致有速坛满速儿提兵犯

[①]（明）王琼撰，张志江点校：《晋溪本兵敷奏》，第256页。
[②]（明）陈洪谟撰，盛冬铃点校：《治世余闻》上篇卷1，中华书局1985年版。
[③]（明）李应魁撰，高启安、邰惠莉点校：《肃镇华夷志校注》卷1《沿革》，甘肃人民出版社2006年版。
[④]《明世宗实录》卷86，嘉靖七年三月庚寅。
[⑤]《明世宗实录》卷96，嘉靖七年十二月庚寅。
[⑥]（明）王琼撰，张志江点校：《晋溪本兵敷奏》，第207、222、251页。
[⑦]（明）严从简撰，余思黎点校：《殊域周咨录》卷13《土鲁番》。
[⑧]（明）杨一清撰，唐景绅、谢玉杰点校：《杨一清集》，第1053页。

肃之祸。"次年又言,"弘治年间,侍郎张海经略哈密,未宁先回,蒙朝廷拿送镇抚司究问降黜;都御史冯续巡抚甘肃,达贼抢杀,地方失事,拿问发隆庆州为民。今彭泽等开启边衅,辱国丧师,比之张海等情犯尤重,具今甘肃边外夷人结成仇怨",并一再强调:"土鲁番夷为因都御史彭泽卤莽轻处,送赏讲和,纳侮启衅,覆军杀将,损伤国体,甘肃地方自来所无之事。"①由于彭泽的失误,土鲁番完全控制了哈密,不断向东进逼,"数犯我甘肃",②频频向甘肃镇发起攻击。"自土鲁番两入甘肃,肆行杀掠,未遭挫损,彼固已有虎视河西之意,而关外赤斤、苦峪、曲先、蒙古、罕东诸卫昔为肃州藩篱者,尽皆逃散避难入关矣。"③谷应泰论道:"自武宗时,忠顺王拜牙郎弃城抱印归番。而番长乘衅移书边将,责取金币赎还城印。巡抚彭泽复私许缯币,邀功恢复,罪过王恢,辱浮广利。自西方用兵,几四十年,土番未尝一矢及关也。自此心轻中国,径薄甘肃,中国稍稍被兵焉。"④但仅仅认为"中国稍稍被兵",说明其对"甘肃之变"所造成的严重后果认识不足。彭泽此举是正德时期"哈密危机"走向失控的关键节点,由此导致的甘肃"边患"使武宗君臣惊慌失措,无力应对。

土鲁番对甘肃镇的侵扰是空前的,这一行径当时被称为"甘肃事件"、"甘肃之变"或"甘肃夷情",⑤由于其与"哈密危机"联系在一起,为了讨论方便,我们便将其归入"哈密危机"之中。鉴于此,在彭泽之后,对"哈密危机"的内涵可用狭义和广义来区别。换言之,狭义的"哈密危机"可以视为哈密卫的"三立三绝",而广义的"哈密危机"应该是"三立三绝"加上"甘肃之变",否则就无法对嘉靖时期调整西北边疆策略形成理性的认识,也无法对该时期涉及"哈密危机"的彭泽、王琼、杨廷和、陈九畴、金献民等人做出客观的评价。明臣康海在嘉靖年间对成化以来君臣处置"哈密危机"不力的现象进行了深刻反思,说道:

> 国家封哈密为榆关以西之外藩,当时哈密既强,又受有天朝显封,诸番莫敢抗也。逮成化、弘治以来,土鲁强噬诸番,夺哈密,逐其君,积六十年,渐不可制。孝宗虽尝命文武大臣兴师问罪,捣其巢穴矣,王师比还,而骄悍如故。赏之不厌其心,威之不致其畏,固以轨事诸公之过也,何也?国家以一统之盛,臣服万方,土鲁番虽强,窃据西北一席之地而叛服不常如此。我义未置,兵则何畏?我求方剧,予则何恩?是以信义不行,绥靖无法,徒廑庙堂等顾之忧,无补疆围侵凌之患。而中朝士大夫又重声誉而略综核,腾口说而贱事体。故允韬者少,浮夸者多,遂使生灵厄于原野,转输殚于道途,非轨事诸公之过哉!⑥

---

① (明)王琼撰,张志江点校:《晋溪本兵敷奏》,第215、229、260页。
② (明)郑晓撰,李致忠点校:《今言》卷4。
③ (明)严从简撰、余思黎点校:《殊域周咨录》卷13《土鲁番》。
④ (清)谷应泰:《明史纪事本末》卷40《兴复哈密》。
⑤ 参见田澍《彭泽与甘肃之变》,《西域研究》2004年第1期。
⑥ (明)康海:《贺少傅兵部尚书晋溪王公平土番序》,(明)陈子龙等选辑,虞万里、李伟国主编:《明经世文编》卷140。

这一批评是符合实际的。如果把"哈密危机"的责任全部推向土鲁番一方，而不能正视明朝中央处置不当的问题，就无法认清"哈密危机"与西北边疆乱局之间的关系。王琼就此论道："中国之于夷狄，顺则抚之，然抚之过则纳侮；逆则拒之，然拒之甚则黩兵。天下事惟有是非两端，夫苟知其为是而必可行，又计后来之成败而不果于行，未有不误国殃民者也。"①明人李应魁论道："夫诸夷向背视我边镇强弱与夫上之眷服何如耳。先年掳掠行人，抢杀边堡，止因上下嗜利，致彼生变耳。或希夷厚利，纵其出没，卒至猖獗，而莫之禁；或骗害夷畜，私交买卖，甚至夺劫，而强之与，乘隙相攻，祸乱所由起也。"②

三、恢复通贡与重构西域秩序

世宗即位之初，要解决"哈密危机"，已经不是仅仅收回哈密城、印这一简单的问题，而是要消除土鲁番威胁甘肃镇的根源。如果无视"甘肃之变"，还停留在成化以来收回哈密城、印或扶持忠顺王的层面来认识嘉靖前期的"哈密危机"，就不可能认清该时期"哈密危机"的本质；如果无视该时期政局的剧变，也就不可能回答"哈密危机"得以解决的缘由。那么，如何才能调整 50 多年所坚持的"兴复哈密"策略呢？从成化、弘治、正德到世宗即位之初的实践来看，宪宗、孝宗和武宗以及暂时被杨廷和集团所控制的世宗都不可能放弃"兴复哈密"的策略。如果没有重大的人事变动，"哈密危机"就难以解决。从武宗的暴亡绝嗣到其堂弟世宗的即位，打破了英宗天顺以来父死子继的惯例，是明代皇位更迭的重大变化，成为永乐以后明朝最彻底的一次政治剧变。但要真正建立起由世宗掌控的嘉靖新秩序，还必须清除以杨廷和为代表的前朝旧臣。世宗利用"大礼议"这一难得的机遇将杨廷和集团一网打尽，用三年多的时间较好地实现了新旧力量的交替。③需要指出的是，在清除杨廷和集团的过程中，"哈密危机"继续恶化，使彭泽经略以来的甘肃"边患"愈加不可收拾。

嘉靖三年（1524）二月，杨廷和被迫致仕是嘉靖朝政治变化中的一件大事，标志着世宗通过"大礼议"击败了杨廷和集团，开启了一个全新的时代。世宗对内阁进行了改组，追随杨廷和的蒋冕和毛纪先后被解职，留下了能够与杨廷和保持距离的费宏，并立即补充了曾代王琼为吏部尚书兼学士的石珤和吏部左侍郎兼翰林学士的贾咏，召回了以兵部尚书左都御史总制西北三边军务的杨一清和因不满刘瑾专权而辞职的谢迁，三年后又先后新用吏部左侍郎兼学士的翟銮、兵部左侍郎兼学士的张璁和吏部尚书兼学士的桂萼等人。这一重大的人事变动为解决"哈密危机"创造了良好的政治条件。正是在这样的政治环境中，胡世宁才敢言调整西域策略，"以转危为安之术，惟在圣明张主于上，一转移之间而已"。④

由于"哈密危机"愈演愈烈，已经严重影响到明朝西北边疆的安全与稳定，故引起了

---

① 《明世宗实录》卷 114，嘉靖九年六月庚辰。
② （明）李应魁撰，高启安、邰惠莉点校：《肃镇华夷志校注》卷 4《属夷内附略》。
③ 参见田澍《大礼议与嘉靖朝的人事更迭》，《西北师大学报（社会科学版）》2008 年第 2 期。
④ （明）胡世宁：《复土鲁番议疏》，（明）陈子龙等选辑，虞万里、李伟国主编：《明经世文编》卷 135。

世宗的高度重视。在杨廷和离开嘉靖政坛并钦定"大礼议"之后，世宗亲自处理"哈密危机"，特别是世宗冲破阻力，大胆起用王琼，令其坐镇西北，全权处理哈密事宜，完全改变了以前事权不一的局面，对调整西域策略具有决定性意义。王琼早在正德十三年（1518）就认为"哈密危机"的日益严重是因为事权不一所导致的，他说："照得甘肃地方，近年因哈密忠顺王拜牙即弃城逃走，土鲁番速坛满速儿差人占据哈密，节次添设总制、总督大臣，与巡抚督御史相并经理，以致事权不一，大坏边事，至今尚未宁妥。"①在杨一清短暂的"故相行边"②之后，世宗任用当时最熟悉哈密事宜的王琼，表明其要下决心彻底解决久拖不决的"哈密危机"。

王琼认为要从实际出发，承认土鲁番的崛起，主张宽恕其罪，顺从其意，恢复通贡，同时要正视因朝廷处置不当所引发的"甘肃之变"，不能一味地谴责土鲁番：

> 臣蒙恩起用，提督三边。自入关交代以来，查得黄河套内贼情即今稍缓，惟有土鲁番夷情未宁，急当议处。臣历考往事，正德八年以前，土鲁番虽尝虏杀忠顺王，朝廷亦尝拒之而不遽绝其贡，直尝在我，曲尝在彼，而彼又不知我边之虚实，未尝提兵一至沙州近边寇掠，况敢窥肃州之门户？彼时朝廷处之既得其宜，守臣又不敢任情恣肆。虽或时与哈密构衅，曲自在彼，旋复底定。自正德十年以来，执政者昧于经国之图，引用非人，相继坏事。既增币约，自失信义，又淫刑杀降，大失夷心，直反在彼，曲反在我。肃州之败，甘州之惨，由我致之，不可独咎土鲁番也。此时使甘州守臣即能如杨一清之义，度量时势，曲为抚处，尽遣他国贡使出关，奏发羁留哈密、土鲁番贡使回归本土，而又谕以前守臣坏事之意，使等分任其咎，土鲁番必翻然悔罪，照旧通贡，不待至今日屡屈九重之虑矣。奈何守臣之计不能出此，漫谓土鲁番服而又叛，去而复来，非信义之所能结，往往大言以张虚名，不顾酝酿渐成实祸。既将已经奏准遣还夷人自今不放，又将新贡夷人羁留肃州，自谓使之进不得贡，退不得归，操纵在我，以慑其骄悍之气，盖止知泥古欲绝其入贡之路，而不知度今不能绝其入寇之路也。③

王琼此议的确振聋发聩，要调整近 60 年间"兴复哈密"的策略，如果没有如此清醒的反思意识，就难以终结"哈密危机"。

由于甘肃镇面临亦卜剌等势力的新威胁，明朝必须尽快解决"哈密危机"。兵部以为："今甘肃所忧，不在土鲁番，而南有亦不剌，北有瓦剌，最骁劲近边。往者我以为援，今从彼为寇，此甚可忧也。"为此，提出了"自今宜以通番纳贡为权宜，以足食固边为久计"④这一新的河西走廊防御策略。面对嘉靖初年甘肃"边患"的日益严重，面对以哈密卫为核心的

---

① （明）王琼撰，张志江点校：《晋溪本兵敷奏》，第 249 页。
② 《明史》卷 198《杨一清传》。
③ （明）严从简撰，余思黎点校：《殊域周咨录》卷 13《土鲁番》。
④ 《明世宗实录》卷 96，嘉靖七年十二月庚寅。

西域秩序已不复存在，面对土鲁番已成为绿洲丝绸之路上的主导力量，世宗君臣切实认识到了放弃闭关绝贡为手段来"兴复哈密"策略的必要性和紧迫性。为此，世宗对王琼寄予厚望，要求他"务为国忠谋远虑，力求兴复哈密善后之策"，[①]并全力支持王琼调整策略，通过恢复通贡来减少对抗，尽可能地解除土鲁番对甘肃镇的威胁。对于王琼的建议，世宗皆予准行。如嘉靖七年（1528）七月，王琼疏言："往年撒马儿罕、天方国、土鲁番、哈密四处夷人各遣使入贡，未及廷献，而土鲁番旋来寇边，故都御史陈九畴议将土鲁番、哈密贡回夷人，羁留不出，以观其变。迄今二年，虏心未悛也。请通行验放出关，仍宣慰番酋，令其改过自新，用示柔远之德。"[②]世宗从之。同年十一月，王琼认为土鲁番有"悔悟"之心，奏请"圣度含弘，不责小夷之罪，许令照旧通贡"。[③]世宗亦从之。但要处理好"不忘祖宗羁縻成法"和"便于今日控驭"之间的关系，[④]绝非易事。嘉靖八年（1529）四月，针对"今日纷纷，迄无定论"的情况，王琼支持甘肃巡抚唐泽等人，坚持认为"师不可以轻举，寇未可以横挑"，其理由有五：

> 我之军额空存百无一补而兵不足，屯田满望十有九荒而食不充，一也。屡挫而怯，久戍而疲，我之锐气未振；长驱而入，满载而还，彼之逆焰方张，二也。我失瓦剌之援而进无所资，彼合瓜州之力而退有所据，三也。河东临洮诸府，甘肃之根本，而伤夷未苏；关外赤斤诸卫，甘肃之藩篱，而零落殆尽，四也。西南巢海上之虏，防守难撤；东北梗山后之戎，馈饷难通，五也。[⑤]

基于哈密卫的衰败，王琼认为"忠顺王之绍封，势宜加慎；土鲁番之求贡，理可俯容"是眼下的必然选择，但恢复通贡，并不意味着丢弃哈密。王琼一再强调"索还城池，存我继绝之名，而渐图兴复"是今后的目标。只有在"宣谕酋长，开彼效顺之路，而严加提防；选任将帅而责其成，搜补卒乘而养其锐，专官运粟河东以济乏粢之急，募民广屯塞下以浚足食之源"之后，"俟我无不修之备而彼有可乘之机，然后惟所欲为，俟瓦剌，屯苦峪，城瓜、沙，兴哈密，襟喉西域，拱卫中华，将无不可矣"。[⑥]针对兵部"土鲁番变诈多端，督抚官奏论先后抵牾，请令王琼审处，且练兵积粮，稍为征剿之计"的提议，王琼仍坚持通贡，反对用兵，以诚相待，认为"我朝自洪武、永乐通贡不绝。臣愿皇上远法舜、禹敷德格苗，近守祖宗怀柔远人成法，以罢兵息民便"。[⑦]世宗对王琼的这一主张予以坚定

---

① 《明世宗实录》卷96，嘉靖七年十二月庚寅。
② 《明世宗实录》卷90，嘉靖七年七月己丑。
③ 《明世宗实录》卷95，嘉靖七年十一月丙午。
④ 参见（明）严从简撰，余思黎点校：《殊域周咨录》卷14《赤斤蒙古》。
⑤ 《明世宗实录》卷100，嘉靖八年四月戊子。
⑥ 《明世宗实录》卷100，嘉靖八年四月戊子。
⑦ 《明世宗实录》卷101，嘉靖八年五月癸亥。

支持。

王琼一贯主张用"抚"的手段来应对"哈密危机",以求尽可能地恢复明初与土鲁番友好交往的状态,确保西域地区的稳定与安全。早在正德十一年(1516),王琼就认为对待土鲁番"既不可严峻拒绝,激变夷情,亦不可示弱轻许,开启弊端。其土鲁番果来效顺进贡,到边之日照依旧例放入,加意抚待,及严谨关防,毋致疏虞",并一再强调"其土鲁番夷,理势既难加兵,方议加赏抚处",反对"轻主用兵",明确指出土鲁番"尤极遐荒,断无用兵之理"。①嘉靖九年(1530)正月,唐泽等人希望利用土鲁番与瓦剌之间的矛盾,"遣使赍赏远结瓦剌,以离土鲁番之交",制造两者之间的矛盾,以报先年扰边之仇,王琼表示反对,认为此议"无故赍赏,侥幸不可必成之功,自启衅端"。兵部也认同王琼的看法,指出"镇巡所论,固兵家用间之策,而总制以生事启衅为虑,尤得中国正大之体。宜咨各官查照议奏事理,土鲁番不来犯边,许其照旧通贡;若再侵犯,即绝其贡使。瓦剌叩关纳款,量行犒赏;如其不来,不必遣使。庶夷情自服,国体自尊"。②世宗从之。

世宗用人不疑,依靠"大才通变,必有奇术转危为安"③的王琼,"西服土鲁番,率十国奉约束入贡,北捍俺答,经岁无烽警。及是,诸番荡平,西陲无事"。当时甘肃巡抚都御史唐泽和巡按御史胡明善对王琼给予极高的评价,认为"土鲁番吞哈密六十余年矣,先后经营诸臣,持文墨者未效安辑之绩,仗节钺者未伸挞伐之威,是启戎心,酿成边祸。幸皇上特起王琼而委任之,琼奉命驱驰,殚厥心力,息兵固圉,克壮其猷"。④王琼在嘉靖前期经略西北,为绿洲丝绸之路的再次畅通作出了积极的贡献。严从简在万历初年编著的《殊域周咨录》中,对"敢于任事、行人所难"的王琼经略效果给予特别关注,并予以高度评价。他认为"自王琼抚处之后,哈密稍稍自立,朝贡时至,迄今不绝";赤斤蒙古"自后俱得保袭前职,朝贡至今无异";安定阿端"自后渐得生息,朝贡至今";罕东"自后其族渐盛,朝贡不绝至今";火州于嘉靖七年(1528)土鲁番通贡之后,"亦克保聚,至今修贡不绝";撒马儿罕"自是王琼抚处之后,土鲁番听命通贡,撒马儿罕各夷俱以时朝贡"。⑤在王琼经略之后,明朝与西域的关系进入了一个新的发展阶段。

结语

综上所述,在钦定"大礼议"之后,世宗摆脱了杨廷和集团的羁绊,组建了新的、忠于自己的管理团队,起用被杨廷和所排挤的前朝老臣和重用在"大礼议"中崛起的张璁等中下

---

① (明)王琼撰,张志江点校:《晋溪本兵敷奏》,第193、199、215页。
② 《明世宗实录》卷109,嘉靖九年正月庚子。
③ (明)胡世宁:《复土鲁番议疏》,(明)陈子龙等选辑,虞万里、李伟国主编:《明经世文编》卷135。
④ 《明世宗实录》卷114,嘉靖九年六月庚辰。
⑤ (明)严从简撰,余思黎点校:《殊域周咨录》卷12《哈密》;卷14《赤斤蒙古安定阿端罕东火州》;卷15《撒马儿罕》。

层官员，实现了较为彻底的人事更迭。其中起用被杨廷和集团试图置于死地的王琼就是一个重大变化和典型案例。从正德时期王琼担任兵部尚书处理"哈密危机"开始，他就一直主张用"抚"的方式来化解危机，但在当时主张用强硬的"闭关绝贡"和武力对付土鲁番的政治环境中，王琼的主张不可能被采纳。在世宗即位之初的乱局中，杨廷和无视武宗对其"门生"彭泽的惩处，公然起用彭泽，并诛杀哈密使臣写亦虎仙，进一步刺激土鲁番，引发了土鲁番对甘肃镇的大举侵扰，将"哈密危机"推向不可收拾的地步，致使以"甘肃之变"为核心的"哈密危机"成为嘉靖前期最为严重的"边患"。换言之，彭泽被杨廷和起用和王琼被世宗起用，集中反映了钦定"大礼议"前后截然不同的政治风气，从中可以明显看出前后对"哈密危机"认识的巨大差异。

　　藩王出身的世宗，不同于宫中成长的宪宗、孝宗、武宗诸帝。为了树立自己的新形象，世宗决意放弃杨廷和的强硬做法，由"剿"转"抚"，放弃"闭关绝贡"，恢复与包括土鲁番在内的西域诸政治体的朝贡贸易，确保交往的安全和顺畅，与宪宗等帝的策略割裂。换言之，随着西域形势的变化，只有恢复通贡，才能安抚土鲁番，稳定西域局势，并解除甘肃镇的威胁。因为设置哈密卫的根本目的在于稳定西域秩序，确保西北边疆的安全与稳定。世宗即位之后，杨廷和一派依旧坚持的闭关绝贡策略既不能维护明朝在西域的利益，又不能保障甘肃镇的安全与稳定，是一种"双输"的做法。自正德以来，王琼对这种策略始终持否定态度。他认为："土鲁番旧称臣久，第御之失宜，故至此。我其抚之，抚之不听，然后有以为，彼亦无辞可称说也。"①在与土鲁番的交往中，只要明朝以"华夷一统"而不是"严夷夏之防"的态度来对待西域诸政治体，就能够化解冲突，缓和局势。一味地凸显该时期的"封疆之狱"并放大朝臣之间的个人恩怨，而无视杨廷和被停职后世宗所推动的政治变革，就无法理解停止闭关绝贡的重要意义以及明朝与西域关系的新变化，更无法理解此后河西走廊至土鲁番这一广阔区域内呈现出的民族交往交流交融的新景象。

（原载《中国边疆史地研究》2022 年第 4 期）

---

①（明）王九思：《西番事迹序》，单锦珩辑校：《王琼集》，山西人民出版社 1991 年版，第 41 页。

清朝新疆治理述论

许建英　刘志佳[*]

经过康熙、雍正、乾隆三代数十年的努力，至乾隆二十四年（1759）清朝最终平定了准噶尔政权和大小和卓叛乱，统一天山南北，结束新疆数百年地方割据和战乱频仍的局面，重新将新疆置于中央政府的直接治理之下。清朝宣称"准噶尔荡平，凡有旧游牧，皆我版图"，[①]其地域包括天山南北、阿尔泰山东西以及巴尔喀什湖以东以南地区。[②]而通常所谓清代新疆，主要是指伊犁将军所辖的范围。

关于清代新疆治理学界已有不少研究，集中在政治、经济、屯垦、宗教、民族、边防等诸多领域，其中尤以治理政策研究最为突出。[③]本文试图通过梳理清朝治疆所面对的挑战与困难，综述主要制度与政策，分析其特点、成效与问题，以期对清朝治疆加以总体评价，吸取经验教训，以利于深化清代新疆治理研究，利于镜鉴当代新疆治理。

---

[*] 许建英，中国社会科学院中国边疆研究所研究员，浙江大学兼职研究员；刘志佳，中国社会科学院中国边疆研究所博士后。

[①]《谕参赞大臣舒赫德等查勘布鲁特游牧事宜》，（清）傅恒纂：《平定准噶尔方略》续编卷4，清乾隆三十一年武英殿刻本。

[②] 清朝平定准噶尔后，西北地区划分为两大部分，北部是以额尔齐斯河、斋桑泊、阿尔泰山和萨彦岭为中心的地区，为乌里雅苏台将军所管辖，其地域包括今天新疆北部以及蒙古国西部、俄罗斯和哈萨克斯坦部分地区。南部则包括天山南北和巴尔喀什湖以东以南直至帕米尔地区，属伊犁将军管辖。

[③] 研究清朝新疆治理或政策的相关著作主要有，马汝珩、马大正主编：《清代的边疆政策》，中国社会科学出版社1994年版；苗普生：《伯克制度》，新疆人民出版社1995年版；管守新：《清代新疆军府制度研究》，新疆大学出版社2002年版；齐清顺、田卫疆：《中国历代中央王朝治理新疆政策研究》，新疆人民出版社2004年版；马大正等：《新疆史鉴》，新疆人民出版社2006年版；周卫平：《中国新疆的治理》，湖南人民出版社2015年版；王力：《清代治理回疆政策研究》，民族出版社2011年版；林恩显：《清朝在新疆的汉回隔离政策》，台湾商务印书馆1988年版。研究清代不同领域治理的文章较多，诸如，张永江：《金顶回人制度与清代南疆基层伯克培养》，《中国边疆史地研究》2022年第1期；白京兰：《常与变：唐、清西域治理之比较》，《中国边疆史地研究》2021年第2期；聂红萍：《从甘肃总督到伊犁将军：乾隆朝对新疆治理的探索》，《中国边疆史地研究》2016年第2期；焦若水：《社会网络视阈下的乾隆治疆方略——兼评"新清史"研究》，《暨南学报》2016年第6期；齐清顺：《试论清代新疆兵屯的发展和演变》，《新疆大学学报》1988年第2期；陈剑平《清代新疆卡伦的体系构成》，《北方民族大学学报》2014年第4期；等等。

一、清代新疆治理面临的挑战

任何治理体制的建立和相应治理政策的实施，都离不开其政治社会环境，也离不开其历史传统，清朝新疆治理也是如此。新疆地处中国大西北，地域辽阔，周边毗邻国家和部族众多，在清朝版图中虽然远离政治中心北京，但是其地缘独特，战略地位突出。随着时间推移，新疆地缘地位愈发重要。同时，清朝统一新疆后，新疆境内民族、宗教、社会问题复杂，文化背景差异大。凡此种种都是清朝治疆持续面临的挑战，清朝治理必须及时因应，在继承与创新中建立、完善其治疆体制和治疆政策。

清朝治理新疆大致可分为三个时期，分别是前期（1759—1825）、中期（1826—1883）和后期（1884—1911）。依据新疆政治社会发展情况，这三个时期分别可称为创制与稳定时期、动乱与平乱时期、建省与改革时期。在每个时期里，新疆内外形势都有重大变化，清朝治疆面对巨大挑战，其治理能力亦受到严峻挑战。

清朝统一新疆后，新疆独特的地缘环境彰显其在清朝疆域中极为重要的地缘战略地位。主要表现在三个方面，一是新疆地理上的衔接性。新疆内接甘肃、青海，东南衔西藏，北连蒙古，系大西北最外缘，成为清朝西部疆域的重要组成部分，其衔接功能凸显，所谓"东捍长城，北蔽蒙古，南连卫藏，西倚葱岭……居神州大陆之脊，势若高屋建瓴"。[①] 正是由于新疆连接中原与亚洲腹地、连接青藏高原和蒙古高原，才使清朝疆域的整体性和一体性得以显现。二是安全上的屏藩作用。在准噶尔政权割据之时，新疆局势始终牵动青藏、内外蒙古和陕甘地区，甚至直接影响到北京的安全，对国家稳定影响极大。清朝对新疆屏藩作用认识加深，所谓"得之则足以屏卫中国，巩我藩篱，不得则关陇隘其封，河湟失其险，一举足而中原为之动摇"。[②] 左宗棠回顾西北历史，曾深刻总结说，"重新疆者所以保蒙古，保蒙古者所以卫京师，西北臂指相连，形势完整，自无隙可乘。若新疆不固，则蒙古不安，匪特陕、甘、山西各边时虞侵轶，防不胜防，即直北关山，亦将无晏眠之日"。[③] 清朝平定准噶尔割据政权的历程，就充分说明了新疆地区在安全上的战略意义。三是人文传统的一体性。准噶尔政权统治新疆时期，作为统治者的准噶尔蒙古与内外蒙古在族裔上是一体的，而藏传佛教的信仰又将西藏、新疆、蒙古高原连为一体；伊斯兰教则连通南疆与陕甘诸省。这种深厚的人文脉络注定新疆是清朝西北边疆完整性不可或缺的一部分。可见，从清朝疆域的地缘与人文战略结构来看，确保其社会稳定与安全是新疆治理的首要目标。

新疆区域内民族复杂性和文化传统差异性决定其治理体制必须要处理好继承与创新的关系。清代新疆有10多个民族或者部族，诸如汉、蒙古、满、维吾尔、哈萨克、回、索伦、塔吉克、柯尔克孜族等；各民族存在较大文化、生产方式、生活方式差异，甚至存在着不同的治理传统，这些对清朝治疆体制选择提出新要求。南疆维吾尔地区长期通行传统的伯克制

---

① 钟广生：《新疆志稿》卷1，中国印刷局1930年版。
② 钟广生：《新疆志稿》卷1。
③ （清）左宗棠撰，刘泱泱等校点：《遵旨统筹全局折》，《左宗棠全集》奏稿6，岳麓书社2014年版。

度，其影响较为深远，但是鉴于大小和卓叛乱的教训，清朝决不能完全照搬旧体制而失国家之统一性，如何恰当改造是对清朝的考验。扎萨克制度施行于内外蒙古地区，因此将扎萨克制度用于新疆蒙古族社会理所当然。需要指出的是，哈密和吐鲁番等地的维吾尔族最早归顺清朝，为统一新疆作出巨大贡献，需要从治理制度上体现出对其优待，以区别于南疆维吾尔社会的治理模式。

在清朝60多年征伐准噶尔割据势力的过程中，中原大量民众移居哈密、吐鲁番、乌鲁木齐以及巴里坤等地，形成重要的汉族社会，推行与之相适应的治理制度势在必行。如何包容新疆内部民族、社会与文化的多样性，如何兼顾新疆治理制度的历史与现实，如何实事求是地处理好上述问题而实现新疆之治，考验着清朝统治者治理思想和治理能力，对清朝治理体系建构提出新要求。

边境地区治理首先凸显出来。作为清朝疆域最西部分，其边境接壤欧亚内陆和南亚多个国家。清朝治理新疆前期，北部有沙俄，西部有中亚诸汗国，西南有阿富汗、印度以及众多部族，均与新疆保持着复杂的历史、宗教、经贸和族群等关系，很多边境维持着习惯边界线，如何建立边境地区秩序，守卫边界安全，维护边境地区安定都事关重大。而清朝治理新疆的中后期，沙俄将扩张的矛头转向清朝新疆地区，逐步蚕食清朝西部领土；同时，大肆向中亚推进，吞并中亚诸汗国。与此同时，英国在印度统治稳定后也向英属印度西北边疆地区扩张，英属印度总督梅约曾试图在新疆南部以及中亚地区以"夹层地带"隔离英俄。[1]后来英国为建立从阿富汗经新疆南部、西藏到怒江的势力范围，环卫英属印度安全，与沙俄展开大角逐。[2]英俄大角逐对新疆产生巨大影响，边界争端、藩属问题都事关清朝疆域和主权完整，新疆成为清朝维护主权与领土完整斗争的最前沿。特别是阿古柏入侵，建立所谓"哲德沙尔"伪政权，盘踞新疆13年之久，对清朝治理新疆带来巨大的挑战。此外，新疆是清朝对外商贸交流的重要通道，无论是前期与中亚部族、汗国的贸易往来，还是后期与沙俄、英属印度的商贸关系，都存在如何维护清朝权益的问题。因此，新疆周边秩序的建构、领土保卫、边境稳定和贸易往来都需要建立相应的体制，进行系统管理。

稳定新疆内部和促进经济社会发展也是清朝面临的重要挑战。新疆地域辽阔，部族众多，大小和卓后裔势力残存，加上长期战争创伤，维护社会稳定殊非易事。同时，新疆人口稀少，生产生活方式差异大，绿洲农业和高山游牧业并存，交通通信设施简陋，商贸能力有限，发展经济社会极为艰难。此外，随着军政体系建立和军队进驻，稳定的粮食供应和庞大的财政经费需求也是重大问题。

巩固和发展新疆，使之成为久安之地，甚为清朝所重视。早在统一新疆之初，乾隆皇帝就反复强调新疆治理的重要性，"伊犁既归版章，久安善后之图要焉，已定者讵宜复失

---

[1] 参见 G.J.Alder, BritishIndia's Northern Frontier, 1865—1895, A Study in Imperial Policy, Longmans Green and Co.Ltd, London, 1963, p.38.

[2] 参见许建英《近代英国和中国新疆（1840—1911）》，黑龙江教育出版社2014年版，第5—7页。

也"，[1]"一应事宜必期熟筹可久"，[2]"为边圉久远之计"。[3]清朝汲取历史经验、教训，力图从战略高度谋划全面治疆，筹划长治久安之策。清朝以其体制特点为基本立足点，充分汲取传统治疆经验，适应不同阶段新疆治理实践的需要，及时创新治理机制，制定相适应的制度与政策。

二、清朝新疆治理的基本制度与政策

清朝完成统一新疆大业后，借鉴和继承历史经验，注重多方面创新，制定了灵活多样的政治、经济、文化、社会、民族、宗教、边防制度和政策，全方位治理新疆，形成了清朝治疆的鲜明特点。清朝新疆治理制度和政策可谓繁多，其要者可总结如下。

（一）行政体制由军府制到行省制

1. 建立军府制

平定新疆后实行何种行政制度，清朝最初考虑的和最后实施的是不同的。乾隆早在出兵平定准噶尔时对新疆治理有过设想，计划"俟平定准噶尔后，分封四卫拉特"，[4]"众建而分其势，俾之各自为守，以奉中国号令，聊示羁縻而已"。[5]在征伐达瓦齐战役结束时，乾隆皇帝也设想使用分封制，沿用众建以分其势的传统做法，即对天山北路的准噶尔"四部，分封四汗"；对南路的维吾尔族地区，则计划利用大小和卓木前往招抚，以其为代理人统治南疆。[6]但是，后来阿睦尔撒纳先降后叛，大小和卓也是降而复叛，使清朝政府认识到以分封制进行羁縻统治难以维持新疆稳定局面，因此不得不放弃原初设想。

平定大小和卓叛乱统一新疆后，清朝中央认为应该实行军府制，采取强有力的政治、军事和经济措施，以便有效震慑周边地区，控制境内复杂局面，对新疆实行直接治理。乾隆二十七年（1762），清朝设总统伊犁等处将军（简称伊犁将军），统辖新疆军政事务，"总统伊犁等处将军一员……节制（天山）南北两路，统辖外夷部落，操阅营伍，广辟屯田"。[7]同时，在伊犁将军下设都统、参赞大臣、办事大臣、领队大臣等，分驻全疆各地，管理地方军政事务。各级大臣递相统属，形成全疆统治网络。北路伊犁和塔尔巴哈台地区由将军直辖，南路八城和东路乌鲁木齐地区由喀什噶尔参赞大臣和乌鲁木齐都统分别综理，受伊犁将军节制。北疆为军政重心，官员配置北重南轻。在军府制下，清朝根据各地情况，实施不同的民

---

[1]《平定准噶尔后勒铭伊犁之碑》，（清）董诰辑：《皇清文颖续编》卷首9"碑文"，清嘉庆十五年武英殿刻本。
[2]《谕陕甘总督杨应琚等筹议新疆官制》，（清）傅恒纂：《平定准噶尔方略》正编卷82。
[3]《以逆贼阿睦尔撒纳身死宣谕中外》，（清）傅恒纂：《平定准噶尔方略》正编卷48。
[4]《命迁移阿睦尔撒纳等游牧》，（清）傅恒纂：《平定准噶尔方略》正编卷6。
[5]《申谕中外用兵事宜》，（清）傅恒纂：《平定准噶尔方略》正编卷34。
[6]《定北将军班第等疏奏派波罗泥都招服回众事宜》，（清）傅恒纂：《平定准噶尔方略》正编卷14。
[7]（清）松筠纂：《钦定新疆识略》卷5"官制兵额"，清道光元年武英殿刻本。

政治理制度，在南疆维吾尔集中地区沿用伯克制，但是废除伯克世袭制。在哈密、吐鲁番等地的维吾尔族、土尔扈特诸部中则实行扎萨克制，封王赐爵。在乌鲁木齐、巴里坤和古城等地，实行郡县制，与中原相同。

2. 实行行省制

光绪四年（1878）初阿古柏伪政权被消灭后，清政府反复商讨和准备，于光绪十年（1884）在新疆建立行省制，刘锦棠被授首任巡抚，省会定于迪化（乌鲁木齐）。新疆省初建之时，设新疆巡抚一员，仍受陕甘总督节制。全省共设三道，分别是镇迪道，除原辖各州县外，增设哈密一处；阿克苏道辖南疆东四城；喀什噶尔道辖南疆西四城。伊犁将军仍然保留，但其权限大大缩小，只管伊塔边防，不再总督全疆军务。不久，刘锦棠奏请设立伊塔道，光绪十四年（1888）获准先行委署。后来历经增改添设，至光绪二十八年（1902）新疆全省"凡设道四、府六、厅十一、州一、县二十一、分县二"，①新疆行省体制形成基本规模。

建省后，新疆巡抚为新疆最高军政长官，下设道、府、厅、州、县等各级行政机构。原属伊犁将军的参赞和办事大臣均裁撤，南疆地区的伯克制被废除，其他地区的扎萨克制权限被大大削弱，蒙古等游牧民族事务悉归地方政府管辖。新疆行省的建立意味着传统治疆制度发生重大改变，从此新疆与中原实现一体化治理。

（二）兴办屯垦，发展经贸

清代新疆屯垦得到巨大发展。早在统一新疆之前，清朝就在哈密等地开展屯垦，以保障统一新疆的后勤。新疆统一后，屯垦形式逐步多样化，规模扩大。就新疆屯垦形式而言，清朝实施兵屯、民屯、回屯、旗屯、犯屯等，形成完整的屯垦体制。就规模而言，新疆屯垦以北疆为主，遍布全疆各地，规模巨大。新疆建省后，刘锦棠于光绪十二年（1886）专门制定《新疆屯垦章程》，大力鼓励军民屯垦，产生较大影响，所谓"土、客生息蕃庶，岁屡有秋，关内汉回挟眷承垦，络绎相属"。②这反映出新疆屯垦兴盛，效率甚高，极大地促进了农业的恢复与发展，奠定了新疆社会稳定的经济基础。此外，清朝晚期，新疆推行新政，开始发展近代实业，农产品得到进一步丰富。

制定章程和政策，促进内外贸易。随着大规模推进屯垦事业，新疆手工业得到较快发展，进而促进了商业的兴旺。就内贸而言，清朝支持和保护新疆与中原贸易，简便征税手续和实行低税率税收，大大推动了新疆与中原贸易的发展。清代新疆官营和私营商业经营广泛，中原的丝绸、茶叶和瓷器等产品，大量运销新疆；新疆的皮毛、瓜果和棉花等物品也源源不断销往中原。商业发展深化了中原与新疆的交流，丰富了新疆市场，繁荣了新疆经济。

就对外贸易而言，清朝制定章程，发展对外贸易的同时也加强了监管。在清朝治理新疆的前期，主要是与哈萨克、布鲁特、浩罕、巴达克山、阿富汗和克什米尔等地区开展贸易。其后，清朝制定了《哈萨克贸易章程》，③规定了双方贸易时间、地点、方式、免税和安全等内容。

---

① （清）王树枬等纂修，朱玉麒等整理：《新疆图志》（一），上海古籍出版社2015年版，第3页。
② 《清史稿》卷120《食货一》。
③ 《详报伊犁塔尔巴哈台喀什噶尔三处贸易情形单》，《筹办夷务始末》咸丰朝卷1，中华书局1979年版。

该章程是清朝管理新疆周边部族边境贸易较为完整的章程，后来扩大到天山以南的喀什噶尔等地区，为清朝前期和中期管理对外贸易起到了重要作用。

乾隆五十九年（1794），喀什噶尔参赞大臣永保制定《回民出卡贸易章程》，获清廷批准后在南疆维吾尔地区实施，章程共7条，规定了出卡贸易人员、组成、贸易管理和保护等方面的内容。该章程利于管理南疆维吾尔商人出卡贸易。

（三）重视法制建设

清朝注重法制建设，治疆法制逐步健全。崛起于边疆地区的满洲人建立清朝后，不但注重国家统一的法制建设，而且也注重边疆少数民族地区区域性法制建设。就清代新疆法制建设而言，国家法、宗教法和习惯法长期存在，一体多元，其主要情况如下。

清朝强调国家法制统一原则，适用于全国的基本法律原则上应用于新疆，《大清律例》和《理藩院则例》在立法和执法上须尽量使用，特别是重大案件及重大刑事案件必须以国家法律审判，例如死罪审判均以国家法律为准绳，规定"办理斩绞各犯，擅照回子经典定罪，随时判决，且与律例不合，均着交部议处"。[1]

根据新疆具体情况，清朝还制定相应法规。例如，清朝制定《新疆条例》和《回疆则例》，对新疆以及南疆地区司法作出清晰而具有针对性的界定。同时，清朝保留了一些符合新疆地方特色和民族特点的习惯法和宗教法，其原则是"从俗从宜，各安其习"。[2]这些地方传统法在局部和某些方面起作用，特别是在南疆地区应用更多，所谓"办理回众事务，宜因其性情风俗而利导之，非尽可能以内地之法治也"。[3]重视地方和习惯法规，却不拘泥于此，体现出清朝法制建设上的继承性与创新性。

清朝亦重视经济法律制度一体化建构。建省前，新疆南北疆经济法律制度各不相同，特别是南疆存在不合理的赋税。建省后，南疆废除按丁抽税，与中原赋税统一，实行按照田地征收赋税制度。废除伯克制度减轻了摊派等苛捐杂税的负担，民众只需给国家纳粮，直接构建起了清朝政府与个人之间的经济联系。

（四）加强边防与安全建设

新疆地域辽阔，外部环境复杂，因此清朝重视边防体系建设。特别是嘉庆后，新疆内乱外患不断，清朝不断加强边防与安全体系建设，强化边防管理。主要可概括为以下几方面。

清朝加强新疆边防驻军常备化。清朝治理新疆前期，新疆驻兵并不多，主要是从全国各地调来的军队，"南北两路养兵万有九千余名，设官千有四百余名。有驻防，有换防。驻防携眷之满洲、索伦、蒙古、厄鲁特兵，则移自盛京、黑龙江，移自张家口，移自热河。其换防番戍之绿营，则调自陕、甘"。[4]19世纪20年代后，针对大小和卓后裔接连叛乱，清朝加

---

[1]《清穆宗实录》卷25，同治元年四月辛未。
[2]《清世宗实录》卷80，雍正七年四月辛巳。
[3]《清高宗实录》卷648，乾隆二十六年十一月丁未。
[4]（清）魏源撰：《圣武记》卷4《乾隆荡平准部记》。

强了"回疆"地区驻军。

清朝建设和保障交通与通信设施。新疆地域辽阔,边境线漫长,边防守卫、交通保障和通信设施都极为重要,"泊乎荡平西域,全隶版图,地周二万余里,为之遍设军台。而于其岩疆要隘,毗接外藩处所,酌设卡伦,以资捍卫"。[①]清朝官员深知"驿递国家之血脉""驿递为第一紧要急务已",[②]建立交通和通信设施,确保物资、人员和信息畅通是边疆安全的基础。清朝在治理新疆的过程中,制定并实施了一系列建设和保障交通与通信的政策,建立边防台站、卡伦和驿线,较好地维护了边疆安全。

就交通和通信线路而言,清朝也进行了大力建设和改善。一是勘定和建设交通通信线路。清朝治疆前期,勘定了两条新疆到北京的线路,分别是"大路"(嘉峪关—肃州—兰州—西安—山西—直隶—北京)和"沿边一路"(嘉峪关—肃州—宁夏—榆林—北京)。此外,还有"阿尔泰军台一路",这则是更北的一条线路,清朝统一新疆后就很少再使用,但是在战乱时期,该条线路又成为联系新疆和北京的重要线路。二是疏通新疆内部交通线路,主要是指贯穿南北疆的通道,其主要道路有:哈密—巴里坤线路、吐鲁番—乌鲁木齐线路、伊犁—阿克苏线路。此外,联系天山南北的线路还有以下几条,分别是穆素尔达巴罕—特克斯河—阿克苏、伊克哈布哈克卡—贡古鲁克达巴罕—乌什、鄂尔果珠勒卡伦—善塔斯巴尔珲丽山—纳林河—喀什噶尔,不过这几条线路均为清朝治理新疆早期所使用,后来因年久失修或沙俄侵略而不复使用。

就保障线路畅通的机构和制度而言,清朝同样也积极建设。一是设置军台、驿站、营塘等机构,派人驻守,以保通畅。据统计,全疆共有军台160个、驿站9个、营塘24个,其中军台数量居全国之首。二是制定规章制度,严格做好保障。首先是配置驻守人员,新疆军台、驿站和营塘驻守人员以绿营官兵为主、以维吾尔族农民为辅,全疆计有数千人员驻守。其次是配置交通工具,确保后勤硬件。主要有马、牛、驴、骡和车,担负通信和运输任务。最后是制定规章制度,确保有序运转。这些制度非常成熟,涉及多个方面,包括明确使用台站的范围、规定里程时限、严禁损坏和泄密以及定期巡查制度等。[③]

清朝治疆后期电报兴起,为应对中英俄帕米尔交涉等边疆问题,清朝在新疆建立起电报线路,新疆通信手段因此发生重大改变。

(五)减税与协饷财政

清朝实施积极的税赋政策。从康熙末年开始,清朝在直省实施"摊丁入亩"政策,大大减轻农民负担。统一新疆后,清朝根据乌鲁木齐、伊犁和南疆各地区实际情况,采取不同税收方式,其要旨是减轻农民赋税。例如,在乌鲁木齐地区实行的赋税政策是"不以丁而以地,不以钱而以粮,人土相依",[④]免去人丁税,有利于农民。伊犁地区也实施了较清朝统一

---

① (清)傅恒等纂修:《钦定皇舆西域图志》卷31,天津古籍出版社1986年版。
② (清)席裕福、沈师徐辑:《皇朝政典类纂》卷451,成文出版社1969年版。
③ 参见齐清顺、田卫疆《中国历代中央王朝治理新疆政策研究》,第183—185页。
④ (清)和瑛:《三州辑略》卷3,甘肃省古籍文献整理编译中心编:《西北稀见方志文献》第5卷,线装书局2006年版。

前要低的税赋。①南疆地区则由于历史原因，税赋稍微复杂一些，概括起来有两种方式，一是依据土地收获总数按比例征粮，即公地"平分"和"十分取一"。②二是根据人丁多少征收钱文（类似"人丁税"）。③不过新疆建省时，左宗棠认为"新疆按丁索赋，富户丁少，赋役或轻，贫户丁多，赋役反重，事理不平，莫甚于此"。④因此，新疆建省后就取消了这种税赋。需要说明的是，清朝制定的新疆税赋政策使得所征收的税赋绝大部分是粮食，现银和现钱很少，早期少数商税每年约有不到10万两银，全部留作各地自用。⑤

清朝在新疆实施独特的协饷制度。清代新疆赋税政策所征收的多为粮食，虽然可解决驻军和政府的吃粮问题，但是解决不了财政问题，各级政府的行政事业开支以及军队官兵俸禄，除了吃粮抵消的部分外，现银发放俸禄仍是问题。每年需银，前期约为200万两，后期达300万两。清朝采取中原各省关分摊、定额补助等方式解决新疆财政困难，发放新疆驻军等的俸饷，是为协饷。清朝为此制定一系列政策措施，一是将新疆所需协饷分摊给中原各省区和海关，定期拨解新疆。除了需要支持的边远省区外，全国当时25个省区均分摊新疆协饷银两；后来东南主要海关，诸如江汉关、闽海关、江海关、粤海关也分摊新疆协饷。二是新疆建立银两储备制度，每年将协饷结余部分储藏在伊犁、乌鲁木齐、哈密等各地银库，以备急需。三是清朝中央政府拨专款解决新疆重大事件需饷，例如平定叛乱等。协饷制度维护了新疆军政运转、经济发展和社会稳定。

（六）实行隔离政策

作为边疆地区，新疆民族关系问题、宗教问题和外藩问题都甚为敏感。所谓隔离政策，就是清朝有意识和有目的的在政治、经济、文化和生活方面，对汉族和其他民族采取"分而治之"策略，甚至有意挑拨民族关系，制造民族间或者民族内矛盾，便于维护其统治。在推行隔离政策时，清朝将其延伸到生产生活等多个方面，其中最典型的就是"复城"现象。所谓"复城"现象，就是在一个地方同时建设两座城市，分别由不同民族居住，诸如满城与汉城，汉城与回城等，彼此加以隔离。此外，为了限制汉族大量进入新疆，清朝一度对中原向新疆移民也不持积极态度，这实质上也是其隔离政策的另一种体现。

（七）多种宗教共存与反对宗教干预政治

清朝在新疆的宗教政策，可总结为保护和扶持多种宗教并存，禁止宗教干预政治。

清朝保护和扶持新疆多宗教并存。清代新疆伊斯兰教和佛教是主要宗教，道教、萨满教以及国外传进来的基督教和东正教等也是重要的宗教信仰。清朝深知宗教在新疆各民族政治

---

① 王希隆：《清代西北屯田研究》，兰州大学出版社1990年版，第216页。
② 《清高宗实录》卷582，乾隆二十四年三月戊子。
③ （清）七十一：《西域闻见录》卷7，上海古籍出版社1980年版。
④ （清）左宗棠撰，刘泱泱等校点：《复陈新疆情形折》，《左宗棠全集》奏稿7。
⑤ 参见齐清顺、田卫疆《中国历代中央王朝治理新疆政策研究》，第161页。

和社会生活中的重要意义，对各种宗教持宽容态度，不干涉正常的宗教活动，并给予保护和支持。例如，清朝修复了战争中遭破坏的佛教寺院，从北京请佛教高僧大德前往新疆做重要寺庙的住持。对伊斯兰教有关场所给予保护和扶持，例如清朝派人专门看护维吾尔族地区的重要宗教活动场所，划拨土地解决其宗教活动经费。同时，清朝对新疆影响较大的藏传佛教和伊斯兰教上层加以笼络。如清朝对藏传佛教高度重视，对其上层给予很高的地位和待遇。对于新疆伊斯兰教，清朝也厚待其上层人物，用以安抚穆斯林，稳定社会。清朝晚期，基督教、东正教在新疆乌鲁木齐、喀什噶尔等地传播，但是其信众甚少。

清朝禁止宗教干预新疆政治和社会生活。清朝认识到宗教干预政治不利于国家治理和社会稳定，因此严格管理宗教事务，禁止宗教干预政治和社会生活。例如，清朝禁止伊斯兰教干预新疆世俗政治和社会生活，规定阿訇"不得承受官职""不得补放伯克"。[①]这便将宗教限制在人们的日常信仰领域内。

（八）镇压动乱与抵御侵略

这里所谓"动乱"主要包括叛乱、暴乱、宗教纠纷、农民起义和外国入侵等事件造成的社会动荡与混乱，不涉及对动乱事件本身性质的评价。清朝统一新疆就始于平定准噶尔部和大小和卓叛乱，对新疆动乱有着深刻认识和记忆，因此在后来的治疆过程中，清朝高度重视镇压动乱。

镇压动乱是清朝治疆的重要内容，积累了重要的治理经验。据统计，1759年至1911年，其间共发生20起大中小型动乱事件，其中尤以大小和卓及其后裔动乱最为突出，持续时间最长、规模最大、造成影响最深，但是清朝最终成功平息。[②]浩罕、沙俄和英国都曾侵略新疆，但都遭到清朝坚决抵御。可见，坚决平息动乱、抵御侵略和维护国家主权是清朝极为重要的治疆内容。

（九）经营周边藩属诸部

作为中国最后的封建王朝，清朝继承传统宗藩体系，并加以发展。在治理新疆上，清朝使用宗藩体系经营新疆周边藩属或者部族，建立维护边境地区安全的体系。清朝将新疆沿边的王国或者部族视为外藩，通过"羁縻"手段建立起藩属体系。在清朝治疆前期，新疆周边藩属包括哈萨克、布鲁特、浩罕、巴达克山、布哈尔、爱乌罕、博洛尔、巴勒提、痕都斯坦各部族，都派遣使臣上表进贡，臣服清朝。此外，坎巨提也内附成为清朝的藩属。清朝认为上述诸部族在政治地位上不同于新疆各民族，所以将其列为藩属，对其进行羁縻管理。清朝将此种管理体系视为治理新疆周边各部族的根本政策，所谓"从来抚驭外夷，道在羁縻"。[③]清朝不在藩属设官置守，不干涉其内部事务，不给予军事保护。清朝所做的是政治上对各藩

---

① 《清仁宗实录》卷24，嘉庆二年十一月庚辰。
② 参见潘志平《1759年—1911年新疆的变乱》，《中国边疆史地研究》1994年第3期。
③ 《清宣宗实录》卷244，道光十三年十月乙丑。

属实行各种优待和笼络，经济上给予赏赐和优惠。

随着时间的变化，清朝周边藩属也有较大改变。哈萨克和布鲁特部族因为逐水草而牧，有不少游牧民内附清朝，定居新疆境内。浩罕则多次利用大小和卓后裔侵犯新疆。19世纪下半叶，随着英俄在中亚地区展开竞争，中亚诸政权为沙俄所吞并，英国也进抵帕米尔南部。新疆沿边地缘形势发生极大变化，清朝原来所经营的藩属体系坍塌，仅坎巨提尚勉强维持，亦为中英两属。新疆周边地区经营发生了重大改变，边境地区管理进入现代时期。

三、清代新疆治理的特点、成效与问题

清朝治疆历经前、中、后期，其间内外形势差异巨大，治疆制度与政策和这三个时期历史背景密切关联，有其鲜明特点。这些制度与政策产生了诸多积极成效，但也存在不少问题。

（一）基本特点

从上面简要叙述可知，清朝治疆每个时期都面临要解决的重大问题，治理制度与政策历经创设与完善，体现出继承与创新，呈现出鲜明的特点。

1. 维护国家的统一和领土完整。清代治疆制度和政策，始终围绕着巩固清朝统治和国家统一进行创设与完善，这是其核心特点。早期军府制下的伯克制、扎萨克制和郡县制，体现出清朝中央在治疆制度建设上的主导性。清朝推行的因俗而治制度和历史上西域治理的因俗而治不同，它不再是简单的羁縻统治，而是对地方传统制度进行流官性质的改造。光绪十年（1884）新疆建省更体现出这个核心特点，新疆行政制度与中原完全一体化。清朝坚决打击白山派和卓后裔的叛乱、消灭阿古柏伪政权、收回伊犁，这些都表现出清朝政府在治理新疆上坚定维护国家统一与领土完整的思想。

2. 治疆制度的多元性、继承性和创新性。在清朝治理新疆早期，军府制下的郡县制、扎萨克制、伯克制是在传统制度基础上改进和移植而来，均有其深厚的文化基础，反映出清朝治疆制度的多元性以及历史继承性。需要强调的是，这些制度不是简单继承，而是加以改造和完善，体现出其创新性。例如扎萨克制度本来用于蒙古诸部，反映出满蒙贵族的独特关系，而清朝转用于哈密、吐鲁番等地的维吾尔族，说明对其信任，以特殊制度加以肯定；伯克制度经过改造，事实上转化为清朝的流官制度。新疆行省制度设立是两千年来历代中央政府经营西域的结果，也体现出清朝治理新疆的历史性创新。

3. 政策的针对性。清朝治疆的许多政策是在综合考虑新疆地缘、人文和社会环境特点后制定，突出了清朝治疆政策的针对性。例如，宗教政策、边境管理政策、隔离政策、屯垦政策、协饷制度等莫不如此，尤其是清朝新疆屯垦政策针对不同群体，先后制定兵屯、犯屯、商屯、民屯等多种类屯垦政策，既体现出对西域屯垦传统的继承，也反映出其针对治疆现实需要的创新。

4. 法律的保障性。清朝治疆注重法律建设，及时提供法律保障，以确保治疆政策顺利实施。清朝本来就重视制定少数民族区域专门法，在新疆治理上也是如此，一方面以《大清律

例》等国家法律统领新疆治理，另一方面制定《回疆则例》等区域法律规范"回疆"地区治理。正是通过实施国家性法律和制定地方性法律，清朝为新疆治理提供了法律保障。

（二）基本成效

清朝治理新疆历经150多年，其治理效果如何，需要结合历史背景加以客观分析，进行实事求是的评价。

1. 清朝实行军府制及行省制有效地维护了新疆稳定和国家统一。清朝在新疆治理早期实行军府制下的多元治理模式，采取郡县制、伯克制和扎萨克制，不论是因俗而治，还是改革完善，其核心是制度统一、政令统一、维护中央权威和国家统一。军府制保证了乾隆中叶后新疆社会近70年的稳定与发展，维护了国家领土完整，也保证了西北、蒙古乃至北京的安全，左宗棠曾指出"削平准部，兼定回部，开新疆，立军府之所贻也"。[①]光绪十年（1884）新疆顺利建立行省、废除伯克制，系重大变革，从统一多民族国家的发展与巩固来看，具有深远意义和重大历史影响，完成了历代中央王朝治疆的历史归宿。在清朝治疆中晚期，新疆内忧外患加剧，社会动荡不安，但是新疆始终能够处于祖国大家庭中，说明清朝治疆整体政策是正确的、成功的。清朝治疆政治制度是在继承和创新的基础上形成的独特治理模式，确保了制度的韧性和社会的适应性。最后清朝成功建立新疆省，实现了新疆与中原一体化，这是清朝治疆的最大亮点，最值得高度肯定之处。

2. 清朝推动了新疆经济社会多方位的发展。清朝大力兴修水利、发展屯垦，农业生产和经济贸易都取得较大成效，不但为统一新疆奠定较为坚实的物质基础，而且也保障了新疆的社会稳定。清朝推行多种形式屯垦促进了新疆与中原以及南北疆各民族的交流，有利于各民族相互了解与相互融合，也为守卫新疆和发展新疆充实了较为丰富的人力资源。新疆内外贸易的开展丰富了新疆各族人民的生活，促进了社会发展。

3. 清朝加强了新疆交通、通信与边防建设。清朝采取众多措施，建设和改善新疆境内交通、通信设施状况，建立起新疆与中原的道路与通信体系，规划与建设了众多边疆城镇。这些措施在清朝治疆前期较好地稳定了新疆与周边汗国、部族的关系，有效地保障了边疆安全；后期则增强了抵御外来势力侵略的能力，有效抗击英、俄等列强的蚕食。此外，这些交通、通信设施、营塘以及边疆地区城镇的建设，也较好地促进了新疆经贸发展和社会进步。

4. 清朝采取的宗教事务政策和开展的法制建设有利于新疆社会治理。清代新疆宗教多元化政策有利于多民族社会的稳定，伊斯兰教实行政教分离改革从根本上界定了政治、宗教和社会生活的关系，符合社会治理发展的潮流，是新疆宗教事务管理上的重大变革。清朝加强法制建设，树立了依法治理新疆的观念，规范了"回疆"地区的管理，维护了国家权威，促进了新疆与中原一体化进程。清朝实施的宗教事务政策与法制政策，富有成效，影响深远。

5. 总的来看，清朝采取的治乱措施有效维护了国家统一和新疆社会稳定。在治乱上，特别值得强调的是，清朝坚定不移地打击大小和卓后裔的系列叛乱，使和卓家族彻底退出了新

[①]（清）左宗棠撰，刘泱泱等校点：《遵旨统筹全局折》，《左宗棠全集》奏稿6。

疆历史舞台，其政教合一的影响得以彻底肃清。铲除和卓家族是清代治疆的重大事件，其影响巨大，意义深远。清朝采取的抵御外敌入侵措施总体上是积极的和适当的，虽然没能完全遏制英、俄侵略，但是历史地看，还是维护了新疆大局，特别是反击阿古柏入侵、中俄伊犁交涉、中英俄帕米尔交涉等方面，可谓是晚清衰败背景下为数不多的应对外敌入侵的亮点。

清朝治疆历经从国力鼎盛的乾隆盛世，到遭受外国势力侵略之苦，直至王朝崩溃。在这个历史激荡的过程中，清朝建立并调整符合新疆治理实际的制度，实施一系列涉及各领域的政策，历经艰难曲折。客观地看，清朝治疆是敢于创新的，是较为成功的，实现了新疆与中原一体化，基本维护了新疆主权，深化了中原与新疆民族、经济和文化交流，促进了新疆水利、交通和通信等基础设施建设。尤其需要强调的是，清朝多样化的屯垦促进了农业进步；屯垦移民，土尔扈特回归，锡伯、察哈尔蒙古与索伦等民族西迁新疆，有力地促进了新疆民族大交流，奠定了现代新疆民族基本谱系。此外，还要强调的是，清朝在新疆大量开展实地考察，组织撰写众多新疆史志，掀起西北舆地学研究，促进了其他各省对新疆的认知，也是新疆文化发展的重要标志。

（三）清朝治疆存在的问题

在充分肯定清朝治疆重要成效的同时，也不能忽视其治理中存在的问题，尤其是有些问题还造成严重后果，对此应实事求是地加以总结。

1. 清朝推行民族隔离政策严重制约了新疆各民族的交流。清朝治疆实行民族隔离政策，其实质是封建统治和民族歧视思想作祟，阻碍了新疆内部各民族交往交流交融，妨碍了民族关系的发展，反映出清朝早期治疆思想上的狭隘性和短视性。从国家治理的根本上看，民族隔离政策严重影响了清朝国家统合战略和新疆治理大局，有悖于新疆治本之目的，造成了负面的历史影响。

2. 因俗而治存在严重的局限性。因俗而治以尽量少的变革旨在使社会治理平稳过渡，而决非最终目的。但是，清朝早期治疆制度一旦确定，就成了"祖制"，缺乏与时俱进、积极修正的勇气，致使治理中出现的问题积重难返，甚至直至崩溃为止。伯克制度就是其中的典型，其局限性非常明显：一是造成清朝并不能真正实现其社会治理的目标。清朝最初采用伯克制度，加以改革，纳入国家官僚体系，一定程度上掌控伯克制度的话语权。但是，随着时间的推移，伯克制度的弊端不断出现，驻扎大臣不能直接理民，致使阿奇木伯克权力过大，打着官府之名巧取豪夺，鱼肉百姓，造成官府与老百姓对立，所谓"官民隔绝，民之畏官不如畏所管头目，官之不肖者玩狎其民，辄以犬羊视之，凡有征索，头目人等辄以官意传取，倚势作威，民知怨官不知怨所管头目"。道咸年间其问题愈发突出，到了"计非去回官，实无以苏民困而言治理"①的地步。二是伯克制度放弃国家软实力的培育，放弃文化治理。伯克制度是清朝委托各级伯克管理社会基层，实际上意味着长期放弃对南疆维吾尔族社会的国家通用语言和国家历史文化教育，战略性地忽略了国家软实力建设，难以构建国家认同。在

---

① （清）左宗棠撰，刘泱泱等校点：《复陈新疆情形折》，《左宗棠全集》奏稿7。

新疆这样宗教意识形态极为复杂的边疆社会，放弃国家通用语言、国家历史和国家文化等软实力建设，严重阻碍了国家共同体意识的培育。

3. 有些治疆政策僵硬，未能与时俱进。在应对大小和卓后裔系列叛乱问题上，清朝总是平定叛乱后就撤军，始终只是在南疆维持少量军队，不对驻军和边防做根本性改变；对藏匿于浩罕的大小和卓后裔没有彻底追查，嘉庆时期甚至怀疑浩罕是否有大小和卓后裔藏匿，放松警惕，导致大小和卓后裔为害不断，[1]致使后来浩罕阿古柏利用和卓后裔入侵新疆。在边境地区管理上，卡伦、台站和巡边制度也未能及时加强，致使沙俄屡次侵占中国大片领土。清朝囿于因俗而治的观念，南疆移民屯垦发展严重滞后，致使南疆长期缺乏中原民众居住，中原文化传播滞后，使多民族交往、交流严重受限，也迟滞了南疆经济社会发展。

4. 建省后相关改革不彻底也产生很大危害。清朝治疆晚期虽然建立行省制度，但是军府制却保留下来。传统势力的影响，造成军府与抚署间阻隔，相互争权和推诿，影响新疆行政效率。在伯克制改革上也存在问题，南疆撤销伯克制、建立起郡县制，但是清朝权力止于县，未能进一步下沉，维吾尔族社会基层仍为乡约、通事和书吏等所把持，他们无伯克之名而有伯克之实，使清朝在南疆治理上仍难以深入基层社会。此外，哈密、吐鲁番王仍保留世袭，继续拥有对当地维吾尔族社会的统治权。

余论

回顾清朝治理新疆的历史，最大成就莫过于政治制度上实现了从军府制到行省制的转变，使新疆与其他各省政治一体化。从清末民族国家建构来看，新疆与其他各省同步迈入了塑造中华民族共同体的轨道上。但是，也应该看到清朝最初在推进这个历史进程中遵循的不外乎传统的边疆治理思想及其自身对新疆经略的认识。就前者而言，清朝治理新疆仍立足于传统的"边缘—中心"思想；就后者而言，清朝治理新疆亦囿于其"行省—边藩"认知。在此架构下，新疆行省制建立是新疆从督统治理、羁縻治理、军府治理到行省治理历史的自然发展，政治制度最终得以归于一体。

在清朝治理新疆历史中，新疆社会、经济与文化的整合缺乏强大的推动力。以移民开发为例，清朝治疆早期推动八旗兵和满族、蒙古族、索伦等民族移民新疆，主要是出于新疆安全防御的需要。在屯垦移民上，无论是军屯、旗屯、民屯、犯屯、商屯、回屯，其核心仍然是满足生存需要，其移民属于"水平移动"，而非社会地位巨大提升的"垂直移动"，这是其移民新疆难以形成巨大的社会浪潮和具有强大可持续力的原因。其结果是直到清朝瓦解为止，新疆族群分野依旧分明，生产与生活方式依然如旧，文化上照样壁垒清晰。清朝新疆开发虽然促进了经济社会发展，"但这种开发多属于内地社会、经济和文化模式在边疆地区的复植，总体开发水平不高"。[2]

---

[1] 王希隆：《乾隆、嘉庆两朝对白山派和卓后裔招抚政策得失述评》，《兰州大学学报》2014年第2期。

[2] 马大正主编：《清代中国边疆治理研究》，中国社会科学出版社2021年版，第119页。

因此，从政府支持力度与社会综合发展来看，清朝新疆开发水平不宜高估。清代新疆开发规模有限，并未形成上下一致的全国性开发运动和独具特色的经济高速发展区域，对新疆社会的现代塑造也十分有限。这反映出清朝新疆开发的思想及其制度顶层设计上不过是固守传统而已。

（原载《中国边疆史地研究》2022年第4期）

新时代党中央治边稳藏的创新理论与伟大实践

张 云[*]

党的十八大以来，以习近平同志为核心的党中央着眼于实现中华民族伟大复兴的战略全局和世界百年未有之大变局，清醒认识国际国内各种不利因素的长期性、复杂性、尖锐性，主动治理，迎难而上，妥善做好应对各种困难和复杂局面的准备，让驶向宏伟目标的中华民族这艘巨轮劈风斩浪、一往无前。在西藏工作方面，党中央汲取中国传统的"治边"智慧，认真总结1951年以来治理西藏的成功经验，提出了"治国必治边、治边先稳藏"的战略思想，[①]结合建设团结富裕文明和谐美丽的社会主义现代化新西藏的创新实践，形成了新时代党的治藏方略。党中央坚持把西藏工作的着眼点和着力点放在维护祖国统一、加强民族团结上，把实现社会局势的持续稳定、长期稳定、全面稳定作为硬任务，对各方面工作统筹谋划、综合发力，牢牢掌握反分裂斗争主动权，不断夯实西藏民族团结基础，积极推进兴边富民工程，开启了西藏迈进高质量发展和长治久安的新阶段。

一、新时代西藏历史坐标的新定位

2013年3月9日，习近平总书记在参加十二届全国人大一次会议西藏代表团审议时明确提出了"治国必治边、治边先稳藏"的重要战略思想，开启了西藏工作标本兼治、理论创新的新航程，并在2020年8月召开的中央第七次西藏工作座谈会上，进一步完善为内容丰富、体系完整的新时代党的治藏方略，成为做好西藏工作的纲和魂。

（一）历代中央政府治理西藏成功经验的科学总结

西藏自古是中国的一部分，从元朝开始正式纳入中央政府的行政管辖之下，元朝在西藏地方建政立制、任免官员、推行法律、清查户口、征收赋税、建立驿站、驻扎军队，进行了充分有效的管辖。自此以后的700多年时间里，西藏地方一直在中央政府的主权管辖范围内。1264年，元朝在中央设总制院（1288年改宣政院）[②]，由萨迦派担负相关责任，重用帝师，

---

[*] 张云，中国藏学研究中心历史研究所研究员、陕西师范大学人文高等研究院特聘研究员。

[①] 学界已有些研究成果，如邢广程主编、孙宏年副主编《"治国必治边、治边先稳藏"重要战略思想研究》，社会科学文献出版社2016年版。论文如魏克《长期建藏思想的提出和重要意义》，《中国藏学》1991年第3期；阴法唐《进军及经营西藏62年的历史回顾》，《中国藏学》2012年第3期；等等。

[②] 因唐朝皇帝在宣政殿接见吐蕃使臣之故，改总制院为宣政院。《元史》卷205《桑哥传》记："桑哥又以总制院所统西蕃诸宣慰司，军民财谷，事体甚重，宜有以崇异之，奏改为宣政院。"

郡县吐蕃之地，军民统摄，僧俗并用。明朝继元而立，收缴故元印信，委任西藏各地官员，设立乌思藏、朵甘行都指挥使司，恢复驿站，①多封众建，辅以贡市羁縻策略。明朝还将帕木竹巴占据了半个世纪的萨迦大殿交还萨迦，②在阿里、拉达克等地设立俄力思军民元帅府，实施管理。清朝多次调整西藏地方管理体制，设立驻藏大臣并不断加强其统揽西藏地方一切事务的权力，完善法规条例，驻扎军队并建立额设藏军，规范练兵巡边制度。历史上的西藏边疆治理，不乏成功经验可以借鉴，例如乾隆五十七年（1792）命福康安、海兰察率大军驱逐入侵西藏的廓尔喀军队。以此为契机，乾隆皇帝颁布《钦定藏内善后章程二十九条》，整顿内政外交，创新大活佛转世管理，推行金瓶掣签制度，加强驻藏大臣统管西藏地方一切事务的权力，掌管达木蒙古八旗，实施练兵和巡边制度，给西藏带来了数十年的安宁。历史经验证明，边疆稳定既是国家稳定的前提条件，也是各族百姓幸福安乐的重要基础。

（二）近代以来西藏地方边疆危机教训的认真汲取

清朝中期以后，中国封建社会极盛而衰。加之帝国主义列强的武装入侵，中华民族面临着前所未有的生死存亡危机，边疆地区更是首当其冲，西藏沦为帝国主义列强侵略蹂躏的重灾区。腐朽怯懦的清王朝逐渐失去保护西藏边防的能力。1876年接受不平等的《中英烟台条约》中的有关规定，③引发清朝中央政府与西藏地方首次出现较大的矛盾。1888年，英国武装入侵西藏，软弱的清朝政府不仅不能派军支持西藏地方抵御外侮，还采取妥协退让的方针，撤掉主张抗战的驻藏大臣文硕，代之以庸懦的升泰。1890年3月17日，升泰受命与英印政府总督兰斯顿在加尔各答正式签订了《中英会议藏印条约》，清政府承认哲孟雄归英国保护。1904年，荣赫鹏带领英国侵略军占领拉萨，刺刀之下，强迫西藏噶厦和拉萨三大寺代表签订《拉萨条约》，驻藏大臣有泰颟顸误国，对此负有不可推卸的责任。1913年10月，

---

① 《明史》，永乐五年，明成祖：" 谕帕木竹巴灌顶国师阐化王同护教王、赞善王、必力工瓦国师、川卜千户所，必里、朵甘、陇三卫、川藏等簇，复置驿站，以通西域之使。"自是道路毕通，使臣往还数万里，无虞寇盗矣。"

② 《江孜法王传》记载：阳水龙年（永乐十年，1412）"二月里，因皇帝派来迎请大乘法王的以杨大人为首的金字使者们抵达"；水蛇年（永乐十年，1413）永乐皇帝派遣以侯大人、宋大人等5位大人为首的约500人使团从皇宫出发，"为迎请法主班钦室利夏日普达罗和向乌思藏诸首领宣布诏令〔原注：向大乘法王、噶玛巴赠送礼品，向粗朴寺驮运鎏金瓦，封（萨迦）细脱（拉章）座主为大国师、萨迦座主为（辅教）王、其弟为国师，分别敕封纳塘寺和乃宁寺堪布为国师，封霍尔索南贝哇和拉堆洛的扎巴贝为司徒，并令将帕巴香衮的佛塔刷白装新，为向前藏人（即阐化王和帕木竹巴政权）送达令其交还（萨迦）大殿等诏书〕。"罗炤：《明朝在西藏的主权地位》，《中国藏学》2011年第3期。

③ 《中英烟台条约》又称为《滇案条约》《中英会议条款》，是1876年（光绪二年）9月13日清朝与英国在烟台签订的不平等条约。内容"另议专条"规定："现因英国酌议，约在明年派员，由中国京师启行，前往遍历甘肃、青海带地方，或由内地四川等处入藏，以抵印度，为探访路程之意，所有应发护照，并知会各处地方大吏暨驻藏大臣公文，届时当由总理衙门察酌情形，妥当办给。倘若所派之员不由此路行走，另由印度与西藏交界地方派员前往，俟中国接准英国大臣知会后，即行文驻藏大臣，查度情形，派员妥为照料，并由总理衙门发给护照，以免阻碍。"

在英国要挟下，袁世凯政府派代表到印度西姆拉（今喜马偕尔邦境内）参加"中英藏会议"。连中国政府参与谈判的代表也要由英国插手决定。①英国代表麦克马洪（A.H.McMahon）在会议期间提出划分"内藏""外藏"和中国内地与西藏之间的界线问题，即所谓"中藏边境事宜"。遭到中国政府的拒绝，会谈破裂，条约无效。更为恶劣的是，英国代表麦克马洪和顾问贝尔（Bell, SirCharlesAlfred）竟然以支持和帮助西藏反对中央政府、取得"独立"为诱饵，哄骗和逼迫伦钦夏扎·班觉多吉私下交易，在麦克马洪所画的印度和西藏分界的地图上画押，伪造所谓的"麦克马洪线"，将一直属于中国西藏管辖的9万多平方公里的土地划给英属印度。对这笔肮脏的交易英国方面多年不敢公开，1936年才以"未标定界"悄悄塞进英国出版的地图中。伦钦夏扎也未敢将此事正式报告给十三世达赖喇嘛，西藏方面也没有批准过这一非法的领土交易。1936年"麦克马洪线"具体划线才出现在英属印度地图上，直到1954年一直注明是"未标定界"。1938年，英印政府出版了包含"麦克马洪线"，却冒充1929年出版的《艾奇逊条约集》第14卷，并将真实的1929年旧版《艾奇逊条约集》收回销毁。②

  1931年"九一八事变"爆发后，中国社会掀起了救亡图存的浪潮。1932年12月24日，九世班禅额尔德尼·曲吉尼玛在南京参加新亚细亚学会第三次会员大会，发表了《西藏是中国的领土》演讲；1934年6月3日，九世班禅又在上海作了《蒙藏为中国重要国防》的演讲，号召全社会关注边疆、关注边防。1939年2月9日，著名历史学家顾颉刚在昆明《益世报·边疆周刊》第9期发表了题为《中华民族是一个》的文章，强调各民族不分彼此、团结起来一致对外的学术主张。1947年，当刚独立的印度在南京建立大使馆时，即使是软弱的国民政府也对印度代办明确表示了不承认"麦克马洪线"的原则立场。1950年年初，印度军队大胆越过西山口进军达旺。到1954年，印军完全控制"麦克马洪线"以南属于西藏门隅洛隅下察隅地区。印度政府为此成立了东北边境特区进行管辖。1954年6月，周恩来和尼赫鲁进行第六次会谈，周恩来提出："麦克马洪线"不仅中印边界有，而且在中缅边界也有，这是英国殖民主义者造成的，他们用铅笔从喜马拉雅山画过来，就像瓜分非洲一样。因此，这条线中国政府不能承认，但是当前维持现状，双方都不要越过这条线。尼赫鲁表示：如果有机会，双方协商进行调整。③1956年10月，周恩来在接见缅甸总理吴努时明确表示："'麦克马洪线'中国政府是不能承认的，那是英帝国主义侵略中国留下的，是非法的，中国人民和缅甸人民不能负这个责任。现在两国独立了，又是友好国家，新中国政府可以根据新的情况与新的关

---

  ① 北京政府原于1913年3月决定任命故清驻藏帮办大臣温宗尧（1876—1947）为代表，但是当温宗尧得知袁世凯同意英人要把会议地点定在印度大吉岭时，便坚决拒绝出席会议。后又拟改派张荫棠，英人以其精明强硬而坚决反对。英国驻华公使朱尔典（Sir.J.Jordan）与袁世凯有私交，遂于1913年4月向袁世凯直接点名要陈贻范作为中方代表，袁为了讨好朱尔典，居然"允诺接受此建"。

  ② 柳陞祺：《1929年版〈艾奇逊条约集〉第14卷何以有两种不同版本？——兼评西姆拉会议（1913—1914）》，《中国藏学》1990年第1期。

  ③《周恩来年谱（1949—1976）》（上卷），中央文献出版社1997年版，第393页。

系，可以从现实情况出发考虑'麦线'问题，但不能用'麦线'来划界。"[1]同年，周恩来在与尼赫鲁谈话时说："这个线是不合法的，中国历届政府都不承认，新中国政府自然也不能承认。这是英国侵略中国的产物，中印两国人民不负这个责任。现在中国、印度、缅甸都独立了，我们应该根据新的现实情况，加以现实的解决。"[2]1962年10月8日，周恩来总理在接见苏联大使契尔沃年科时谈到中印边界问题："'麦克马洪线'是1914年英国同西藏地方政府当局在西姆拉会议期间秘密签订的，历届中国政府都没有承认过。这条所谓'麦克马洪线'从来未进行过实际勘查和测量，只是在地图上画了一条线，从不丹向东，经过中国境内一直画到中缅边境的部分地区。这就是所谓'麦克马洪线'。它之所以未进行勘查，原因很清楚，历届中国政府从来未批准这条线，自然也不可能在中国境内进行勘查。所以这条线只存在地图上。中缅解决边界问题时没有承认'麦克马洪线'，双方作了实际勘察，规定了边界。这条边界线有些地方与麦克马洪线相符，有些地方并不相符。"[3]然而，印度方面并没有按照中方友好协商的意愿解决边界问题，不仅要继承英国的殖民遗产，还要扩大侵略行为，最终导致1962年中方被迫发动边境自卫反击战。

（三）复杂的国际形势与周边安全挑战的正面应对

中印边界是中国与周边国家唯一没有达成共识、划定边界的地区，印度一部分军事冒险势力从未停止在边境地区的蚕食和挑衅活动。1951年，印度阿萨姆步枪队少校卡廷率队首次进入并占领中国藏南地区的达旺，到1953年，印度基本控制了我藏南即"麦克马洪线"以南广大的争议地区。1954年10月，尼赫鲁访华回国后，一条非法的"麦克马洪线"竟立即出现在印度官方地图上，并强迫中国接受这一事实。到1956年年底，印度政府占领完最后一片地区里米金（Limeking），在非法"麦克马洪线"以南占领区建立起一整套行政管理体制，成立"东北边境特区"。印度在1962年中印边境冲突中失败后，不仅趁中国军队撤出之机重新侵占我国藏南地区，不断强化军事控制，还多次挑起边界冲突，制造流血事件。2017年制造洞朗对峙，越界进入中国领土，2020年在加勒万河谷地区挑起冲突，这些事件只是他们长期扩张挑衅活动的延续，而不会是终结。2022年5月中旬，印度将原驻扎在印巴边境地区的6个主力师部署到我国藏南地区（伪"阿鲁纳恰尔邦"），印军的4个作战司令部已组建了一个"联合指挥中枢"，并明确声称就是针对"解放军在中印边境地区不断升级的军事基础设施"，就是为了应对中国在陆地边境和印度洋的"潜在挑战"。2022年5月24日，印度总理莫迪参加了在日本举行的美日印澳"四边机制"峰会，以增强与美国、日本的战略联合，在南海、东海问题上站队美国，意图东西挤压中国，迫使中国陷入两线作战。

西藏地方始终存在并在当前变得更加尖锐复杂的挑战还来自外部。以破坏国家统一、追

---

[1] 杨公素：《沧桑九十年——一个外交特使的回忆》，海南出版社1999年版，第261页。

[2] 杨公素：《沧桑九十年——一个外交特使的回忆》，海南出版社1999年版，第261页。

[3]《周恩来总理接见苏联驻华大使契尔沃年科关于中印边界局势的谈话记录》（1962年10月8日），中华人民共和国外交部档案馆馆藏档案，档案号：109—03804—01。

求西藏分裂的十四世达赖集团，甘做美西方反华势力阻挠中国崛起的工具，尽管不断变化手法，却从来没有停止分裂国家、破坏民族团结和西藏稳定的活动，抹黑中国的西藏政策和民族政策，歪曲西藏各项事业的发展成就。美国长期插手和捣乱破坏推动西藏稳定发展的活动，从支持武装叛军到给分裂活动提供资金援助，允许十四世达赖访美，美国总统、国务卿、副国务卿还分别与之会见。1997年，美国总统克林顿首次任命"西藏事务特别协调员"，2002年出台的"西藏政策法案"为该职位的设置提供了美国国内法所谓"依据"，2021年12月20日，任命负责民事安全、民主和人权事务的副国务卿乌兹拉·泽雅兼任美国新一任所谓的"西藏事务特别协调员"。2020年1月28日，美国国会众议院还审议通过了所谓的"2019年西藏政策及支持法案"，无厘头地指责中国的民族宗教政策和《藏传佛教活佛转世管理办法》，公开支持十四世达赖集团的分裂活动，粗暴干涉中国内政，以实现其战略上遏制中国崛起的罪恶企图。一些西方国家也跟风美国，为虎作伥，炒作所谓"西藏议题"，借"民主""人权"之名抹黑中国。

党中央对当前西藏面临的更加复杂严峻的形势作出准确的判断，认为呈现出"五期叠加"的阶段性特征：反分裂斗争进入应对重大风险的关键期，不同性质矛盾相互交织，斗争将更加尖锐、复杂、激烈；社会大局进入实现长治久安的推进期，反对分裂、维护国家安全特别是政治安全任务更加艰巨；经济社会进入高质量发展的转型期，发展不平衡不充分的问题更加突出；生态保护进入生态文明建设的深化期，巩固重要的国家生态安全屏障、建设国家生态文明高地的任务更加繁重；边境建设进入富民强边的攻坚期，补齐边境建设短板、加强国防能力建设、深化反蚕食斗争已刻不容缓。因此，要增强机遇意识和风险意识，保持战略定力，坚持底线思维，发扬斗争精神，把握工作规律，准确识变、科学应变、主动求变，善于在危机中育先机、于变局中开新局，抓住机遇，应对挑战，趋利避害，奋勇前进，全面开启社会主义现代化新西藏建设新征程。

二、西藏地方治理的新跨越与新境界

西藏地处青藏高原腹心地带，自然灾害频发，生态环境脆弱，协调保护与发展矛盾难度大；地域辽阔，人口稀少，社会治理成本高；发展基础薄弱，历史欠账多；宗教氛围浓厚；美西方插手破坏不择手段；边境安全面临诸多挑战；境外达赖集团利用民族宗教问题搞分裂活动，让维护国家安全的任务空前加重。以习近平同志为核心的党中央团结带领全国各族人民齐心协力，在全面打赢脱贫攻坚战、取得全面建成小康社会伟大胜利的同时，着眼于中华民族的长远利益和根本利益，开启了西藏治理的新时代，实现了西藏地方治理的新跨越。

（一）着眼中华民族伟大复兴的顶层设计

党的十八大以来，面对党内和社会上出现的各种错综复杂的问题，党中央提出了坚持"五位一体"总体布局和"四个全面"战略布局，坚持总体国家安全观的战略部署，统一了全党和全国各族人民的认识，并付诸实践，使之成为解决诸多难题、推动各项工作的行动纲领。

对把维护祖国统一、加强民族团结作为工作着眼点、着力点的西藏地方，总体国家安全观具有极其重要的指导意义。党的十九大报告强调，统筹发展和安全，增强忧患意识，做到居安思危，是我们党治国理政的一个重大原则。我们党要巩固执政地位，要团结带领人民坚持和发展中国特色社会主义，保证国家安全是头等大事。2014年4月15日，在中央国家安全委员会第一次会议上，习近平总书记提出"必须坚持总体国家安全观，以人民安全为宗旨，以政治安全为根本，以经济安全为基础，以军事、文化、社会安全为保障，以促进国际安全为依托，走出一条中国特色国家安全道路"①。这些都为作为边疆地区、承担维护国家安全特殊责任的西藏地方指明了方向，划出了重点，并为做好维护西藏地区安全工作提供了具体的思路。

（二）开启西藏地区治理的崭新阶段

党的十八大以来，西藏的治理进入一个崭新的时代。继2008年拉萨"3·14"打砸抢烧暴力事件后，有小部分境外反华势力和民族分裂势力煽动的事件引起海内外的广泛关注，严重影响人民群众的生命安全和社会大局稳定。同时，也切实感受到西藏基层组织应对乏力，明显存在组织涣散和弱化空虚化的问题。于是借党的十八大召开的东风陆续出台或有力推进了一系列祛病除根的有力措施，给西藏带来了巨大的变化。

第一，强基惠民，驻村（居）驻寺。西藏地处反分裂斗争前沿阵地，基层又是国家治理的薄弱地带，在市场经济的背景下，基层政权建设面临诸多新的问题，易于受到传统习惯势力和宗教势力的影响，属于达赖集团插手破坏的重灾区。党的基层组织是党联系群众的桥梁和纽带，与人民群众有着直接的、经常的、密切的联系，能够直接倾听群众的呼声，掌握群众思想的脉搏，是党的全部工作和战斗力的基础。从2011年10月开始，西藏开展创先争优强基础惠民生活动，来自全区各级、各部门的2万多名干部，组成了5451个工作队，进驻到西藏所有行政村和居委会，开展驻村工作。他们全面了解所驻村（居）发展方面存在的问题，帮助基层群众找准阻碍经济发展、影响居民增收致富的制约因素，并帮助落实基础设施建设项目，大力推动了农牧业特色产业、民族手工业、旅游业等的发展，带动群众脱贫致富。与此同时，驻村（居）干部化解各类纠纷和历史遗留问题，巩固了西藏基层社会的稳定。基层党组织的战斗力因此得到显著增强，党在基层的执政基础更加牢固。

寺庙是西藏地方社会治理的难点，驻寺工作的指导思想是"全面落实加强和创新寺庙管理工作，大力推进全区寺庙管理长效机制建设，切实维护藏传佛教正常秩序，积极引导藏传佛教与社会主义社会相适应"。西藏自治区党委和政府统一规划、精心组织安排，坚持管理和服务两手抓、同促进。因地制宜制定了以住寺僧尼为中心的"六个一"政策②和"九有"政策③，既做国家意识、法治意识、公民意识的教育工作，又认真落实利寺惠僧政策，把僧

---

① 《习近平在中央国家安全委员会第一次会议上的讲话》，《人民日报》2014年4月16日。

② "六个一"，即交一个朋友、做一次家访、办一件实事、建一套档案、畅通一条渠道、形成一套机制。

③ "九有"，即"九有"工程，是指有领袖像、有国旗、有路、有水、有电、有广播电视、有电影、有报纸、有文化书屋。

尼纳入社会保障体系，使寺庙僧尼与城乡居民享受同等社会保障和公共服务；全面改善寺庙基础设施建设及周边环境，为寺庙通电、通水、通路，为寺庙僧尼遵规守法、安心修行解除后顾之忧，把对寺庙和僧尼的管理与服务结合起来，寓管理于服务之中，赢得了广泛赞誉。西藏还积极开展和谐模范寺庙暨爱国守法先进僧尼评选表彰工作，推动了平安寺庙的建设，产生了积极的效果。

第二，推进"双联户"（联户平安、联户增收）管理机制。西藏按照"住户相邻、邻里守望"的原则，坚持分类指导，综合考虑村（居）户数、农牧区差异、行业特点等因素，采取亲情相连、地域相连、行业相连等模式，把城乡5户或10户划分为一个联户单位，民主推选产生一名"致富带头人""文化人""事务明白人"或"热心人"作为联户长，协助配合村（居）民"楼院长、组长"组织开展群防群治、纠纷调解、流动人口服务管理等工作。2013年9月，全区共划分联户单位8万余个，涉及家庭70余万户300余万人，基本实现了"双联户"服务管理工作的全覆盖。在不断总结加强和创新社会管理工作经验的基础上，明确"双联户"服务管理工作的十项任务，即矛盾纠纷联排联调、安全隐患联防联控、重点人员联管联教、困难家庭联帮联扶、环境卫生联管联治、精神文化联娱联扬、科技知识联学联教、小额信贷联保联担、致富项目联建联营、发展成果联创联享。①

第三，覆盖全区的"网格化"管理，"推广拉萨、昌都等地经验，把城镇网格化管理拓展到社区、村民组、居民区，延伸到寺庙"，构建治安防范"大网络"。通过有效整合社区工作人员、村（居）委治保员、流动人口协管员、治安民警等力量，形成"1＋5＋X"网络工作模式，根据社会管理秩序、治安环境状况等，将网格划分为日常管理、重点关注、综合治理3个等级，以网格为单位，逐人、逐地、逐事明确工作任务，做到精确定位、精选定人、精准定责，对发现的各类问题层层通报、处理、移交、监督。通过网格化建设把群众有序地组织到一起，共同开展治安防范，共同看家护院，改善治安环境，把有限的警力与无限民力有效结合，构建了维护稳定、治安防控的大网络。网格化管理以社会服务管理网格为最基本单元，形成专群结合、条块结合、社群结合的工作格局，促进了运动式管理向常态化管理转变、从粗放式管理向精细化管理转变。将"双联户"服务管理工作与"1＋5＋X"的网格工作力量进行对接，形成以乡镇综治办和派出所为核心、以社区民警和治保人员为骨干、以村（居）民联保组长为基础的社会管理体系，通过网格化管理触角的延伸，做到了解决问题一通到底、社情民意一传到顶，实现了矛盾纠纷联防联排、安全隐患联防联控、困难家庭联帮联扶，夯实了城乡发展稳定的根基。②

（三）形成新时代党的治藏方略

2020年8月28—29日召开的中央第七次西藏工作座谈会，在中央第六次西藏工作座谈

---

①《西藏自治区深化"先进双联户"创建评选工作》，中央政府门户网站，http://www.gov.cn/gzdt/2013-09/22content-2472332.htm。

②《西藏实现"网格化"管理全覆盖》，《西藏日报》2014年11月3日。

会提出的"六个必须"的基础上，明确提出"必须把维护祖国统一、加强民族团结作为西藏工作的着眼点和着力点"，将"必须统筹国内国际两个大局"这一条单独列出，进一步提出"必须坚持我国宗教中国化方向、依法管理宗教事务"，同时，首次提出"必须坚持生态保护第一"。①形成"十个必须"的新时代党的治藏方略。②应该说这些成功的经验和智慧，是经过中国共产党百年求索、70多年西藏治理实践，特别是党的十八大以来重大理论创新的产物，既有对成功经验的归纳，也有对惨痛教训的汲取，来之不易。新时代党的治藏方略无疑是做好西藏工作的根本遵循，必须长期坚持、全面落实。

民族宗教工作是西藏实现长治久安的重中之重。习近平总书记强调指出：做好新时代党的民族工作，要把铸牢中华民族共同体意识作为党的民族工作的主线。铸牢中华民族共同体意识是新时代党的民族工作的"纲"，所有工作要向此聚焦。铸牢中华民族共同体意识，就是要引导各族人民牢固树立休戚与共、荣辱与共、生死与共、命运与共的共同体理念。目的是巩固和发展平等团结互助和谐社会主义民族关系，维护各民族根本利益，构建起维护国家统一和民族团结的坚固思想长城，增进各民族对中华民族的自觉认同，推动中华民族成为认同度更高、凝聚力更强的命运共同体。③

新时代党的民族工作创新发展，要正确把握共同性和差异性的关系，引导各民族始终把中华民族利益放在首位；充分认识到各民族优秀传统文化都是中华文化的组成部分，中华文化是主干，各民族文化是枝叶；要赋予所有改革发展以彰显中华民族共同体意识的意义，以维护统一、反对分裂的意义，以改善民生、凝聚人心的意义，让中华民族共同体牢不可破。④

坚持藏传佛教中国化方向，是新时代党中央提出的又一个重大理论命题。西藏地区宗教气氛浓厚，信教群众人数较多，加之十四世达赖集团分裂势力利用宗教破坏西藏经济发展和社会稳定，甚至否定藏传佛教一千年来的发展成果，逆历史潮流而动，试图恢复所谓印度的"那烂陀传统"，用心非善。针对藏传佛教界当前存在的种种问题，西藏宗教界特别是藏传佛教界要适应时代变化，担负历史使命，以有利于维护祖国统一和社会稳定、有利于增进"五个认同"、有利于团结宗教界人士和信教群众、有利于藏传佛教健康传承、有利于减轻信教群众负担为标准，积极引导藏传佛教与社会主义社会相适应，不断推进藏传佛教中国化，完善寺庙管理长效机制，常态化推进"遵行四条标准"教育实践活动，深入开展"国家意识、公民意识、法治意识"教育，让国大于教、国法大于教规、公民大于教民的观念深入人心。⑤

---

① 《"十个必须"传递新时代党的治藏方略要义》，新华社，2020年8月30日。
② 《习近平在中央第七次西藏工作座谈会上强调，全面贯彻新时代党的治藏方略，建设团结富裕文明和谐美丽的社会主义现代化新西藏》，新华社，2020年8月29日。
③ 《习近平在中央民族工作会议上强调，以铸牢中华民族共同体意识为主线，推动新时代党的民族工作高质量发展》，新华社，2021年8月28日。
④ 《习近平在中央第七次西藏工作座谈会上强调，全面贯彻新时代党的治藏方略，建设团结富裕文明和谐美丽的社会主义现代化新西藏》，新华社，2020年8月29日。
⑤ 《西藏自治区宗教界深入开展"国家意识、公民意识、法治意识"教育动员部署会在拉萨召开》，中国西藏网，2022年5月16日。

藏传佛教中国化是一个渐进的、动态的、不以人的主观愿望为转移的自然历史过程。[①]推动藏传佛教中国化，人是关键、思想是核心、制度是保障、文化是基础。[②]从藏传佛教界来说，坚持中国化方向，还要清除政教合一封建农奴制时代遗留的残余影响，不断摒弃"强迫信仰"遗毒，切实尊重群众信仰自由；摒弃等级观念，切实尊重群众平等权益；摒弃神权观念，切实尊重群众信仰心理；摒弃支配观念，切实尊重群众生产生活。[③]真正践行菩萨精神，为众生着想，为人民服务，积极引导藏传佛教与社会主义社会相适应。

三、体系完整、思想深邃的安边策略

党的十八大以来，党中央加强对外交工作的领导，以实现中华民族伟大复兴为使命推进中国特色大国外交，以维护世界和平、促进共同发展为宗旨推动构建人类命运共同体，以中国特色社会主义为根本增强战略自信，以共商共建共享为原则推动"一带一路"建设，以相互尊重、合作共赢为基础走和平发展道路，以深化外交布局为依托打造全球伙伴关系，以公平正义为理念引领全球治理体系改革，以国家核心利益为底线维护国家主权、安全、发展利益，以对外工作优良传统和时代特征相结合为方向塑造中国外交独特风范，并在这些方面进行了一系列重大理论和实践创新。作为特殊边疆民族地区的西藏地区，中央实施了体系完整、体大思精的治边稳藏政策。

（一）睦邻、安邻、富邻与共同安全的理念

中国是世界上拥有邻国最多的国家，陆地边界2.2万多公里，海岸线1.8万多公里，周边国家多达29个，其中直接接壤邻国15个。西藏自治区南部和西部与缅甸、印度、不丹、尼泊尔、克什米尔等国家及地区接壤，陆地国界线4000多公里，是中国西南边陲的重要门户，是连接东亚和南亚、印度洋地区最直接的陆路通道。

习近平总书记指出："我国周边外交的基本方针，就是坚持与邻为善、以邻为伴，坚持睦邻、安邻、富邻，突出体现亲、诚、惠、容的理念。发展同周边国家睦邻友好关系是我国周边外交的一贯方针。要坚持睦邻友好，守望相助；讲平等、重感情；常见面，多走动；多做得人心、暖人心的事，使周边国家对我们更友善、更亲近、更认同、更支持，增强亲和力、感召力、影响力。"[④]强调"要着力深化互利共赢格局。统筹经济、贸易、科技、金融等方面资源，利用好比较优势，找准深化同周边国家互利合作的战略契合点，积极参与区域合作"。要着力推进区域安全合作。"要坚持互信、互利、平等、协作的新安全观，倡导全面安全、共同安全、合作安全理念，推进同周边国家的安全合作，主动参与区域和次区域安全合

[①] 郑堆、索朗卓玛：《试论藏传佛教中国化历史进程》，《中国藏学》2022年第1期。
[②] 陈宗荣：《正确认识和把握藏传佛教中国化的几个问题》，《中国藏学》2022年第1期。
[③] 李德成：《服务群众与坚持藏传佛教中国化方向探微》，《中国藏学》2022年第1期。
[④] 习近平：《坚持亲、诚、惠、容的周边外交理念》(2013年10月24日)，载《习近平谈治国理政》，人民出版社2014年版，第297页。

作，深化有关合作机制，增进战略互信。"①把自身发展和周边发展结合起来，把自身安全和周边国家的安全关联起来，实现共同发展、共同安全的目的。

2013年5月，中国政府提出"孟中印缅"经济走廊倡议，加强该地区互联互通，得到印度、孟加拉国、缅甸三国的积极响应。2014年习近平主席访问印度期间，宣布为印度官方香客增开经西藏自治区日喀则市乃堆拉山口新路线。中国对尼泊尔在民生恢复、灾后重建及基础设施等方面的建设，均予以支持。2015年3月，国家发布的《推动共建丝绸之路经济带和21世纪海上丝绸之路的愿景与行动》，提出"推进西藏与尼泊尔等周边国家边境贸易和旅游文化合作"。同年8月，中央第六次西藏工作座谈会明确指出："要把西藏打造成为我国面向南亚开放的重要通道。"2017年5月9日，中国商务部部长钟山与尼泊尔政府副总理兼财政部部长克里希纳·巴哈杜尔·马哈拉正式签署《中国商务部与尼泊尔工业部关于建设中尼跨境经济合作区的谅解备忘录》，"中尼友谊工业园"和"中国西藏自治区尼泊尔文化产业园"两个项目正式启动。2019年10月12—13日，习近平主席对尼泊尔进行访问，双方决定本着同舟共济、合作共赢精神，建立面向发展与繁荣的世代友好的战略合作伙伴关系，包括加快提升互联互通水平，将共建"一带一路"同尼泊尔打造"陆联国"国策对接，推进中尼跨境经济合作区建设，推动产能和投资合作，提升贸易便利化水平；推进跨喜马拉雅立体互联互通网络建设；升级改造跨境公路，启动跨境铁路可行性研究，逐步增开边境口岸，增加两国直航，加强通信合作；进一步推进两国在贸易、投资、工程承包、技术合作、旅游等方面的务实合作。②2017年8月10日，西藏自治区"南亚标准化（拉萨）研究中心"挂牌成立；8月30日，中国吉隆口岸扩大开放为国际性口岸新闻发布会在拉萨召开；2019年6月14—15日，中国政府成功举办"2019·中国西藏发展论坛"；2020年4月，国务院正式批准设立拉萨综合保税区，希望加大与南亚地区各国的全方位合作，促进经济文化交流，促进人文领域的联系，营造和平、安全的区域环境，同时实现西藏的稳定繁荣。

但是，由于中印双方战略互信不足，印度把中国的"一带一路"视为围堵印度的战略，甚至延续了英国殖民主义思想遗钵，把南亚其他国家视为自己的后院与势力范围，把中国西藏视为其地缘战略缓冲地带。这成为影响中印双方互为发展机遇、互不构成威胁的基本判断的最大障碍。在美国利用拉拢印度实施其全面遏制中国战略的大背景下，印度也趁机实施其"向东看"战略，积极参与"美日印澳"四方安全对话，矛头直指中国。根据《印度斯坦时报》2022年5月29日报道，印度商务部门的数据显示，美国在2021—2022财年已经成为印度的最大贸易伙伴，双边的贸易额达到1194.2亿美元，超越印中贸易额。印度出口商联合会副主席哈立德·汗说："未来几年，印度与美国的双边贸易将继续增长。印度加入了美国领导的建立'印太经济框架'（IPEF）的倡议，此举将有助于进一步加强经济关系。"③显然，中印双方尽管有着良好的经济和战略合作前景，而在当前的局势下要实现双方关系的根本改

---

① 习近平：《坚持亲、诚、惠、容的周边外交理念》（2013年10月24日），载《习近平谈治国理政》，人民出版社2014年版，第298页。

② 徐惠喜：《开启中尼关系新时代》，《经济日报》2019年10月14日。

③《印媒：美国成为印度第大贸易伙伴》，《参考消息》2022年5月29日。

善尚需假以时日，尚需双方的真诚面对和共同努力，仅靠中国一方之力难以达成。

（二）加快边境地区建设，确保边防巩固和边境安全

中国在处理历史遗留的边界问题上一贯本着和平友好、平等协商、互相尊重、互相谅解的精神，寻找公平合理、双方都可以接受的解决办法。在20世纪60年代，相继与缅甸、尼泊尔、蒙古国、巴基斯坦、阿富汗等国签订了边界条约或协定；20世纪90年代到21世纪初，又与俄罗斯、老挝和越南以及新独立的哈萨克斯坦、吉尔吉斯斯坦、塔吉克斯坦等国解决了边界问题。但是，中国和印度谈判却遇到了重重困难。中印都是近代遭受帝国主义殖民侵略的国家，甚至共同受到英帝国主义势力的蹂躏和奴役，本应该正确对待历史，共同面向未来，事实上却并非如此。中印边界会晤从2003年启动，至今已近20年，经历了24轮谈判，不仅问题没有得到解决，还不断出现边境地区流血事件。究其原因，有这样几方面因素：第一，印度不仅没有清算英国殖民主义侵略的影响，还试图扩大英国侵略中国的殖民遗产，包括非法占领中国故土拉达克、吞并哲孟雄（锡金）等，甚至比英国殖民者更进一步，在1951年侵吞中国藏南地区的大片领土。第二，尼赫鲁"大印度联邦"计划始终没有泯灭，特别是不切实际地把中国西藏纳入其贪婪的视野，让其不堪重负。第三，1962年中印边境自卫反击战中印度惨败，此战挫伤了印度扩张主义气焰，其既怀恨在心、图谋复仇，又在战后重新占领我国藏南地区并强化军事设施，以逞其扩张野心。第四，印度党派政治，在对外问题上常常出现不顾是非、只顾党派利益的情况，为了转移其内部矛盾常常会挑起边境事端。2017年6月18日，印度边防人员在中印边界锡金段越过边界线进入中方境内，阻挠中国边防部队在洞朗地区的正常活动，制造了"洞朗事件"；2020年6月15日，在中印边境加勒万河谷地区，印军公然违背与我方达成的共识，悍然越线挑衅，引发双方激烈肢体冲突的"加勒万河谷边境冲突"。19日，印度总理莫迪本人都承认"他们（解放军）既没有闯入我国边境，也没有占领任何哨所。我们20个士兵殉职……"①。但印度还是在反对派和民众高涨的民族主义情绪压力之下，调兵至中印边境，威胁中国的边防安全。

边境地区是国家安全屏障的第一道防线，是捍卫国家主权和领土完整的前沿阵地。西藏边境线长达4000多公里，多数地方自然条件恶劣、生态环境脆弱、交通不便、贫困多发、发展基础较为薄弱。在西藏与全国一道打赢脱贫攻坚战、全面建成小康社会的背景下，国家加大对西藏边境地区基础建设的支持力度，不断提高广大边民的生活水平，军民携手抵御了来自印度的非法蚕食乃至军事冒险活动。2017年10月28日，习近平总书记给卓嘎、央宗姐妹回信，肯定她们父女两代接力为国守边的行为，感谢长期为守边固边忠诚奉献的同志，勉励广大农牧民扎根边陲，守护好国土，建设好家乡，引起巨大的反响。

2017年4月14日，依照国务院地名管理的相关规定，民政部会同有关部门，对我国藏南地区的部分地名进行标准化处理，并正式公布第一批藏南地区6个新地名。2021年12月

---

① 王恺雯：《莫迪在中印边境批"扩张主义"，我驻印大使馆发言人发推反击》，观察者网，2020年7月4日。

30日，中国新增第二批15个藏南地区地名。①明确宣示我国对藏南的领土主权。自2022年1月1日正式施行的《中华人民共和国陆地国界法》，为规范和加强陆地国界工作，保障陆地国界及边境的安全稳定，促进中国与陆地邻国睦邻友好和交流合作，维护国家主权、安全和领土完整提供了法律依据。

自2012年以来，国家对西藏边境水、电、路等基础设施加大了建设力度，按照屯兵和安民并举、固边和兴边并重的工作思路全方位开展边境建设。大力实施兴边富民行动，坚持把着力点放在稳边固边兴边迫切需要、边境群众热切期盼上，加快边境小康村建设，推进边境公路建设、农网改造升级、移动通信覆盖等基础设施建设，推动人口抵边、设施抵边、产业抵边、服务抵边，真正让边境地区人民过上富足安乐的好日子，西藏边境地区的稳定才有充足的保障。

自"十三五"以来，西藏高标准建成604个边境小康村，新建改建边境公路130条共3080公里；建制村通光纤率、4G信号覆盖率均达99%。边境县户籍人口稳步增长；206个边境地区产业项目全部开工；一二线边民补助从年人均1700元、1500元分别提高到6000元、5400元，分别增长2.5倍和2.6倍。②"十四五"期间，西藏把国防需求纳入经济社会发展体系，深化资源要素共享，强化政策制度协调，实施国防领域重大工程，促进国防实力和经济实力同步提升，包括统筹推进边境地区交通、能源、水利、通信、气象、执法等基础设施建设，大力改善边民生产生活条件；提高物资储备和应急保障能力，推进粮食和物资应急储备中心建设；以强边固防为首要任务，以党的建设为引领，以解决稳边固边急需、反蚕食斗争急用、边民群众急盼为切入点，坚持基础设施建设贯彻国防要求，以重点领域、主要方向、重大项目为突破口，构建基础领域资源共享体系，提升守边固边富边强边能力；加快边境地区村镇建设；加快边境小康村建设进程，改善边境地区生产生活条件等。③

西藏自治区积极推进边境地区城乡融合发展，制定实施边境地区村镇建设规划；完善边境地区道路交通体系，串联阿里、日喀则、山南和林芝沿边特色多样丰富的旅游资源；加快推进主电网、移动通信网络覆盖；加快实施边境县城供暖工程；优化公共服务和管理机构布局；进一步缩小边境地区与腹心地区差距。提高边境乡村学校公用经费、免费教育及教师生活补助标准；提升医疗卫生服务水平；加强边民互市贸易场所规范化建设，畅通商贸流通渠道，构建边境经济走廊；加快沿边开放，发展边境旅游；突出反蚕食斗争严峻地区、边贸口岸地区、通外山口通道三个重点方向，扎实推进人口抵边搬迁；进一步提高边民补助标准，一线边民年人均最高达1.2万元。建立边境地区军民一体化专项协调机制；建设一批边境特色小镇及物资储备、应急调度指挥中心；推进智慧边防建设，提高科技管边控边能力；建立边境

---

① 《中国公布批藏南地区新地名（名单）》，《环球时报》2017年4月20日；《民政部：增补15个藏南地区公开使用地名》，《环球时报》2021年12月30日。

② 齐扎拉：《西藏自治区政府工作报告》（2021年1月20日），《西藏日报》2021年2月5日。

③ 《西藏自治区国民经济和社会发展第十四个五年规划和二〇三五年远景目标纲要》，《西藏日报》2021年3月29日。

地区外事巡边员制度。①各族边民群众一心戍边、安居乐业，筑起了"一个边民就是一个哨兵、一个家庭就是一个哨所、一个村庄就是一个堡垒"的钢铁长城。②

截至2021年年底，西藏624个边境小康村全部建成；派墨公路全线贯通，3个支线机场加快建设；边境县城全部建成标准化供水厂和生活垃圾填埋场；21个边境县定点帮扶开始实施，边境发展稳定进入新阶段。③西藏自治区政府在2022年的工作规划中，计划完成12个公路项目主体工程，实现36个村通硬化路；推进边境地区基础测绘，实现通信网络全覆盖，建设智慧边防，加强智慧广电固边，进一步消除电网覆盖盲区；持续改善生产生活条件，实施好海拔3500米以上县城、乡镇供氧工程，进一步改善基础条件。同时，建设美丽边城，提升产业发展、基础设施、公共服务水平；发展边贸、旅游、农畜产品加工等特色产业，鼓励支持群众抵边创业就业，促进边境地区社会繁荣稳定、民族团结进步；进一步推进边境县定点帮扶，完善边境地区发展的政策措施，动态提高边民补助标准，稳步高质量做好极高海拔生态移民搬迁工作；持续加强联防联控，守牢神圣国土，建设幸福家园。④深入推进军民融合发展，做到经济社会和边防建设统筹推进、人民生活水平和边防实力同步提升。必须把保护好青藏高原生态作为对中华民族生存和发展的最大贡献，牢固树立绿水青山就是金山银山、冰天雪地也是金山银山的理念，守护好雪域高原的生灵草木、万水千山；必须把固边兴边富民作为重大责任，加快边境地区建设，确保边疆巩固和边境安全。⑤

四、结论

党的十八大以来，在建设中国特色社会主义道路的征程上，开启了一个理论创新的新时代，创新的理论指导创新的实践，实践的创新反过来又促进了理论的创新，进而推动中华民族向实现伟大复兴的事业勇往直前。总结习近平治边稳藏战略思想和富民强边的政策实践，可以得出以下几点结论。

第一，"治国必治边、治边先稳藏"重要战略思想的提出和新时代党的治藏方略的形成，是中国共产党70余年西藏革命和建设实践经验的科学总结，是习近平新时代中国特色社会主义思想的有机组成部分。它第一次完整和系统地总结了中国共产党西藏治理的理论和成功经验，具有深邃的思想性和很强的现实针对性和指导性，是当前和今后一个时期做好西藏各项工作的根本遵循。只有以这一战略思想为指导，才能有效应对来自境内外的一切风险挑战，才能解决好过去一个时期内西藏工作曾经出现的忽"左"忽"右"、大起大落的问题。

---

① 齐扎拉：《西藏自治区政府工作报告》（2021年1月20日），《西藏日报》2021年2月5日。
② 吴英杰：《坚决贯彻总体国家安全观推进西藏长足发展和长治久安》，《人民日报》2019年4月18日。
③ 严金海：《西藏自治区政府工作报告》（2022年1月4日），《西藏日报》2022年1月14日。
④ 严金海：《西藏自治区政府工作报告》（2022年1月4日），《西藏日报》2022年1月14日。
⑤《中国共产党西藏自治区第十次代表大会关于中国共产党西藏自治区第九届委员会报告的决议》，金台资讯，2021年12月1日。

在涉及西藏和平解放、平息叛乱和实行民主改革这些重大原则问题上，以及党依靠百万翻身农奴，并代表最广大人民群众谋利益这种根本问题上，不能有任何的模糊与错误认识。在西藏深入开展铸牢中华民族共同体意识、坚持藏传佛教中国化方向的工作，抓住了解决影响西藏地方高质量发展和长治久安的根本环节。

第二，整个西藏地区的治理都属于边疆治理的范畴，要从国家总体安全观的高度来认识和理解西藏的边疆安全。由于西藏还存在各族人民与十四世达赖集团这对特殊矛盾，因此必须坚持党的绝对领导，坚决捍卫国家主权和领土完整，必须坚定维护政权安全、制度安全、意识形态安全，深入开展涉藏反分裂斗争，妥善处置周边安全风险。

第三，改革开放以来，西藏治理进入一个新的发展阶段，党中央召开历次中央西藏工作座谈会，研究西藏的稳定、发展两件大事，在社会治理方面突出强调源头治理、治标治本，但是真正做到"治本"则是党的十八大以来开始实现的。主要体现有三点：一是从从严治党、反腐倡廉入手，恢复了为人民服务的宗旨，促成了党风和社会风气的根本改变，凝聚了党心、军心、民心，筑牢了西藏社会稳定的基石；二是开展强基础惠民生活动，驻村驻寺，推进"双联户"及网格化社会服务管理工作，恢复党和基层群众的血肉联系，巩固了执政的社会基础；三是把维护祖国统一、加强民族团结作为西藏工作的着眼点和着力点，从最复杂的意识形态领域入手解决难题，主动治理，积极推进铸牢中华民族共同体意识、坚持藏传佛教中国化方向的工作，必然为西藏的长治久安和高质量发展带来深刻的影响。

第四，新时代党中央的治边稳藏和富民强边理论与中华民族固有的文化传统、中国共产党执政理念，以及构建人类命运共同体理念、中国处理与周边国家关系的基本原则是一脉相承的，可以说贯通古今中外，既是当前推动西藏地方持久稳定和高质量发展的根本保障，又具有深远的历史影响，值得深刻领会并在实践中长期切实贯彻。

第五，把人类共同安全、区域安全和邻里安全与西藏边疆安全结合起来，把强边与富民结合起来，走军民融合的固边安边之路，既体现了以习近平同志为核心的党中央坚持人民至上和以人民为中心的执政理念，贯彻全民参与构筑捍卫国防安全铜墙铁壁的方针，又有着深刻的思想和科学的依据，占据着理论和道德的制高点。

（原载《中国藏学》2022年第1期）

试论清代西藏边疆的边防

周伟洲 *

清初，西藏的西部和南部紧邻锡克王国控制下的克什米尔、印度，以及廓尔喀（清代又称"巴勒布"，今尼泊尔）、哲孟雄（锡金）、布鲁克巴（不丹）等大小不一的王国或民族，它们大多从 7 世纪以来即与西藏在宗教文化和经济等方面有着紧密的关系。西藏与这些国家或民族之间传统的习惯边界，大都位于喜马拉雅山脉及其支系，山高地险，人烟稀少。正因为如此，明末清初以来，所谓的西藏"边防"十分薄弱，并无明确的边界标志，可以说没有什么边防可言。

在乾隆五十四年（1789）之前，清代档案文献中出现的西藏"边防"，主要是指西藏防御西北准噶尔部的侵扰。准噶尔部当时是在清朝直接管辖地之外，因此，在乾隆五十四年之前，西藏的"边防"主要在西北和北面，派兵戍守，定期巡边。今青海、新疆等地与西藏地方一样，历史上一直是中国的领土，新兴的清朝对这些地区的统一有一个过程。因此，上述西藏边防的含义，并非近现代国家与国家之间各自在边界的防御。

一、清代西藏边疆的边界及变迁

清代西藏边疆近现代含义的"边界""边防"，实始于乾隆五十三年（1788）廓尔喀第一次入侵西藏战争之后。原为清朝藩属国的廓尔喀，自拉纳·巴哈杜尔（JangBahadur）掌政后，以西藏"妄增税课"和"盐掺杂质"为借口，派军入侵后藏，占据济咙、聂拉木、宗喀三地。次年，清朝派遣成都将军鄂辉等率军入藏，廓尔喀军退回。战争结束后，在鄂辉等遵旨所奏的《筹藏善后章程》及和珅等遵旨议复鄂辉等《恢复巴勒布侵占藏地设站定界事宜》十九条中，提出了一系列注重和加强边防的措施。其中，除调拨驻防官兵 150 名移往后藏，定期操演藏兵，驻藏大臣每年分两次巡边及在后藏拉孜、萨喀、胁噶尔设藏兵驻防等四条外，还有西藏粮台应建仓备贮，以济缓急；严究倚势勒买、苦累"外番"的第巴头人、官弁兵役；量为酌减后藏抽收巴勒布（廓尔喀）税项；藏地向"外番"销售盐斤，应分别高低酌定价值等。[①]

到乾隆五十七年（1792）抗击廓尔喀第二次入侵西藏战争后，福康安等鉴于济咙、聂拉

---

* 周伟洲，陕西师范大学中国西部边疆研究院教授、博士生导师。

① 《和珅等遵旨议复藏地善后事宜十九条折》，第一历史档案馆藏朱批奏折，见中国藏学研究中心等编《元以来西藏地方与中央政府关系档案史料汇编》（2），中国藏学出版社 1994 年版，第 641—654 页。

木等处与廓尔喀边界处原只有传统习惯边界，而无明确界址，故"于济咙外之热索桥、聂拉木外扎木地方之铁索桥及绒辖边界，均已设立'鄂博'，厘定疆域"。①所谓"鄂博"，原系信奉藏传佛教的藏族、蒙古族地区百姓用石块堆砌的石堆，作为佛教祭祀之神物，又称为"嘛呢堆"或"敖包"。因内地于交界处一般是勒石碣刻字立界，而蒙古族、藏族地区遂"立界用山中大小石块攒堆立界，呼之曰鄂博，在顶上插五色旗"②。此边界所立之鄂博，则成为边界界址之标志。到乾隆五十八年（1793）年底，驻藏大臣和琳派遣游击张志林、代本拉旺策布丹等，又在与哲孟雄、布鲁克巴交界处，设立鄂博，"绘图帖说"。次年年初，和琳巡边操演藏、汉官兵时，亲赴边地，眼见堆立鄂博。③

至此，西藏与沿边一些国家（多为清朝藩属国）之间的大部分界址得到确立，所设各地鄂博有：江孜所属帕克里与哲孟雄、布鲁克巴交界鄂博四处，即迤东枝木纳、海纳、迤西遵木纳、雅纳；后藏属之定结与廓尔喀交界鄂博四处，即迤东羊马抗纳山、卧龙支达山，东南方酌北档纳山、形撒热卡山；后藏属之干坝与廓尔喀、哲孟雄交界鄂博三处，即洛纳山、纳金山、丈结纳山；后藏属之喀尔达与廓尔喀交界鄂博一处，即东南方波底纳山；后藏属之萨噶与廓尔喀交界鄂博四处，即锅日山、朗萨山、壁陡山、霞瓜纳山；定日属之绒辖尔与廓尔喀交界鄂博一处，即迤西聂鲁桥；定日属之济咙与廓尔喀交界鄂博一处，即热索桥；定日属之聂拉木与廓尔喀交界鄂博一处，即铁索桥。④共计边界鄂博19处。

光绪十四年（1888）英国第一次武装入侵西藏后，于十六年（1890）强迫清朝签订的《中英会议藏印条约》。其第一条重新划定藏、哲边界，规定："以自布坦（不丹）交界之支莫挚山（枝木纳山）起，至廓尔喀边界止，分哲属梯斯塔及近山南流诸小河，藏属莫竹及近山北流诸小河，分水流之一带山顶为界。"⑤这一规定较为含混，为以后英国以此划界问题为借口、武装入侵西藏埋下了隐患。光绪三十二年（1906）四月初四，在英军武装入侵西藏后，中英签订了不平等的《中英续订藏印条约》，以英军入侵拉萨逼签的城下之盟《拉萨条约》（1904年九月初七日签订）为附约，"第一款西藏应允遵照光绪十六年中英所立之约而行，亦允认该约第一款所定哲孟雄与西藏之边界，并允按此款建立界石"⑥。以上边界基本维持至今。⑦

---

① 《福康安等奏藏内善后条款除遵旨议复者外尚有应行办理章程十八条折》，见《元以来西藏地方与中央政府关系档案史料汇编》（3），中国藏学出版社1994年版，第797页。

② 钟方：《驻藏须知》，原系抄本，转引自张羽新编《中国西藏及甘青川滇藏区方志汇编》第三册，学苑出版社2003年版。

③ 《和琳奏设西藏边界鄂博已派员查勘绘图贴说俟阅边时眼同堆设折》（乾隆五十九年正月二十六日，史馆藏军机处录副奏），见《元以来西藏地方与中央政府关系档案史料汇编》（5），中国藏学出版社1994年版，第2228—2230页。

④ 见上引钟方《驻藏须知》。

⑤ 王铁崖编：《中外旧约章汇编》第一册，生活・读书・新知三联书店1957年版，第551—552页。

⑥ 王铁崖编：《中外旧约章汇编》第二册，生活・读书・新知三联书店1957年版，第345—346页。

⑦ 2017年6月印度军人进入藏南与锡金交界处中国西藏侧洞朗地区活动，引发中印交涉。在中国的声明中，即援引《中英会议藏印条约》证明洞朗地区属中国领土。

西藏西部边境的拉达克地区，在9世纪以前是吐蕃政权的一部分。13世纪后，拉达克作为西藏的一部分，又先后统一于中国的元、明、清三朝，成为中国西藏的一部分。[①]道光十四年（1834），克什米尔查谟（Jammn）地区多格拉族（又译作道格拉族，藏族称为"森巴"）统治者古拉伯·辛格（GulabSingh）用武力侵占了拉达克。此后，其又于道光二十一年至二十二年（1841—1842）对西藏西部阿里发动进攻，遭到西藏的反击。在驻藏大臣孟保及西藏地方政府的指挥下，西藏军队乘胜收复阿里失地并攻入拉达克。最后，双方签订了停战协议，提出维持传统旧界，互不侵犯；拉达克年贡照旧保持过去双方的贸易惯例。这一协议不是一个关于边界的条约，所谓维持双方的"旧界"，是指双方传统的习惯线。另外，协议也没有解决拉达克的归属问题。

　　道光二十六年至二十七年（1846—1847），多格拉克什米尔大公古拉伯·辛格沦为英国的藩属土邦，英国为限制他的发展及取得与西藏贸易的利益，向清朝提出划定克什米尔东部与西藏边界，以及修改1842年协议的某些规定的要求。在没有得到中国清朝正式答复，也没有清朝划界代表参加的情况下，英国单方面进行的两次所谓划界工作，自然是无效的。拉达克与西藏的边界，一直是以传统的习惯线为准。这段边界（即今中印边界西段），从未经中国政府与英印或印度政府正式划定。[②]

　　至于西藏东南的门隅与珞隅地区，自7世纪以来即为吐蕃王朝的领地，及至元、明、清初均为西藏地方政府管辖的地方，与邻居不丹有传统的边界线。[③]19世纪中叶，英属印度政府在占领邻近门隅的阿萨密地区及征服不丹之后，即觊觎门隅、珞隅和察隅地区。

　　道光二十四年（1844），英印总督派遣驻东北边境代办詹京斯（M.F.Jenkins）少校压服门隅南边六名门巴族头人，让他们放弃在山口南吉惹巴惹（今印度称为乌达古里）征税和放牧等一切权利，印方每年付给他们原税收三分之一的5000卢比，作为租借费用。[④]咸丰元年至三年（1851—1853），又发生了门隅拉聂协绕扎巴（又称"格龙"土王）叛逃印度的事件。原因是门隅门巴人与藏族人因税收引起纠纷，事态逐渐扩大，驻藏大臣和西藏地方政府会同派员处理。[⑤]英印政府乘机插手，煽动门巴人与西藏地方政府对抗，并收买、拉拢拉聂协绕扎巴，使之独吞咸丰二年印方所付5000卢比，逃入印境。清廷遂谕令驻藏大臣及西藏地方

[①] 周伟洲：《19世纪前后西藏与拉达克的关系及划界问题》，《中国藏学》1991年第1期。

[②] 以上均见周伟洲《19世纪前后西藏与拉达克的关系及划界问题》，《中国藏学》1991年第1期；《关于19世纪西藏与森巴战争的几个问题》，《中国边疆史地研究》2008年第3期。

[③] 西藏社会历史调查资料丛刊编辑组、《中国少数民族社会历史调查资料丛刊》修订编辑委员会编：《门巴族社会历史调查》第一册，民族出版社2009年版，第163—164页。西藏社会历史调查资料丛刊编辑组、《中国少数民族社会历史调查资料丛刊》修订编辑委员会编：《珞巴族社会历史调查》第二册，民族出版社2009年版，第49—51页。

[④] 西藏社会历史调查资料丛刊编辑组、《中国少数民族社会历史调查资料丛刊》修订编辑委员会编：《门巴族社会历史调查》第一册，第163—164页。

[⑤] 《清文宗实录》卷50，咸丰元年十二月戊戌。

政府派遣官员和军队，查拿在逃之协绕扎巴。藏军追至门隅南部边境，最后印方雷德大尉等与藏方所派代表签订一份协议，声明双方保持和平，印方每年照付 5000 卢比租金，劝"格龙"土王协绕扎巴及随从返回本土。清廷得报后，奖励了办事的官员。①

英国在 19 世纪 40 年代后，在西藏珞隅地区也进行了一系列的侵略活动。英印政府首先废除了珞巴族在阿萨密布拉马普特拉河北岸平原若干部落收取"波萨"（PoSa）地租的惯例。接着，即不断派遣官员深入珞隅地区，窃取情报，并插手干涉珞巴族部落内部事务，甚至派遣士兵武装侵入珞巴族地区。特别是在宣统二年（1910），川滇边务大臣赵尔丰派遣川军管带程凤翔率兵深入察隅、加强边防后，更引起英印政府的注意，制造向珞隅、察隅扩张的舆论。同年，曾多次进入珞隅等地窥探的阿萨姆官员威廉逊（N.Willamson）带着医生格列戈生（J.D.Gregoson），欲深入察隅河上游以探查程凤翔动向。宣统三年（1911）三月初，威廉逊一行在珞巴族居地空辛村和潘吉村先后被民荣部落（英印称为"阿波尔人"）所杀。英印政府随即派遣军队分三路进攻珞巴族地区，沿途焚烧村落、残杀居民，进行"报复"，遭到珞巴族的强烈反抗。②

为了加强对门隅、珞隅地区的控制，防御英印政府对门隅的觊觎，驻藏大臣与西藏地方政府对该地区加强了管理。在门隅地区，授予错那宗僧俗两名宗本参与管理门隅的权力。同时，门隅地区的僧俗头人及边境村落头人，于此年也向西藏地方政府呈交维护边境主权的甘结（保证书）。③此后，英印政府仍不断派遣间谍秘密潜入门隅、珞隅等地，测绘地图，为以后进一步侵占该地区作准备。

二、清代西藏边防的主要制度——驻防与巡边

在清代西藏边疆边防的诸多制度和措施中，军队驻防与驻藏大臣每年定期巡边无疑是最为重要的制度。

抗击廓尔喀第二次入侵西藏战争后，乾隆五十八年（1793）最后确定的清朝中央派驻西藏官兵的驻防定制为：前藏拉萨驻扎绿营游击一员、守备一员、千总二员、把总二员、外委五员，汉兵四百五十名；后藏日喀则驻扎都司一员、把总一员、外委一员，汉兵一百四十名；江孜驻扎守备一员、外委一员，汉兵二十名；定日驻扎守备一员、把总一员、外委一员，汉兵四十名。共六百五十名。另有驻防西藏东部各台站官兵共六百八十名。④

最后确定额设三千藏兵的设防，与清驻防绿营汉兵基本一致：前藏驻扎代本二员、如本

---

① 《清文宗实录》卷 89，咸丰三年三月癸酉。

② 参见周伟洲主编《英国、俄国与中国西藏》，中国藏学出版社 2000 年版，第 333—337 页。

③ 西藏社会历史调查资料丛刊编辑组、《中国少数民族社会历史调查资料丛刊》修订编辑委员会编：《门巴族社会历史调查》第一册，第 166 页。

④ 《卫藏通志》卷 12《条例》（原作《章程》）"绿营"条，商务印书馆民国二十六年版，第 209—210 页；参见周伟洲《清驻藏兵制考》，《清史研究》2009 年第 1 期。

四员、甲本八员、定本四十员,藏兵一千名;后藏驻扎代本二员、如本四员、甲本八员、定本四十员,藏兵一千名;江孜驻扎代本一员、如本二员、定本二十员,藏兵五百名;定日驻扎代本一员、如本二员、甲本四员、定本二十员,藏兵五百名。①前藏驻防西藏官兵,统归驻拉萨清绿营游击统辖;后藏日喀则、江孜、定日之西藏官兵,统归驻日喀则清绿营都司统辖。而驻防于后藏的清军和藏军,则主要驻守藏边与廓尔喀、哲孟雄、布鲁布巴的边境地区,为西藏地方边防主要的军事力量。

乾隆五十八年四月,驻藏大臣和琳、成德等还奏准后藏藏兵分防事宜:在通绒辖之小路辖尔多,通宗喀之小路擦木达、杏岭,通聂拉木之小路古喇噶木炯及宗喀五处,各设定本一名、藏兵二十五名,由定日现藏兵五百名内派拨安设;在后藏帕里、定结与廓尔喀、哲孟雄邻界之重要卡隘撒迦岭、春堆、擢拉山、哲孟山、哈尔山、宗木山六处,派拨藏兵,分防巡守,并一一查勘,点验藏兵。至道光年间,以上边防驻扎藏官兵的情况是:由定日内出防藏军一百二十五名,定本五名,分防宗喀、擦木达、杏岭、古喇噶木炯、辖尔多五卡隘,每卡驻定本一名、藏兵二十五名。由后藏日喀则内出防藏兵一百八十五名,定本七名,分防那克藏、萨喀、喀达、定结、干坝、春堆玛布甲、萨迦等七卡;内除那克藏驻定本一员、藏兵三十五名外,其余六卡各驻定本一员、藏兵二十五名。②光绪二年(1876)十月,驻藏大臣松溎按例巡阅后藏后,上奏称:"西赴定日汛兼察聂拉木等处边界隘口,惟时已降大雪,几欲封山。据各隘口番官禀称,均属平静无事,呈递舆图切结,当经劝勉重加赏赉……"③以上藏军驻防也基本一直沿袭下来。

此外,清廷还确立了驻藏大臣巡边及校阅藏兵的制度:原拟于每年四季驻藏大臣轮流前往,乾隆五十七年十一月二十一日,福康安等奏请改为春秋两季,轮流前往后藏巡查边界,顺便操演藏兵。④《钦定藏内善后章程二十九条》中,亦作了上述明确规定。至乾隆五十九年(1794)五月,驻藏大臣和琳等因边地静谧及三四月正值农忙季节等因,奏准"嗣后驻藏大臣每年于五六月间农闲之时阅边看兵一次"⑤。此后,驻藏大臣每年巡边制度遂成定制,基本上一直沿袭下来,直到清末。有关清驻藏大臣巡边制度学界已有较为全面、系统之研究,不赘述。⑥

三、西藏边防及其变迁

关于西藏的边防制度与措施,早在乾隆五十八年颁布的《钦定藏内善后章程二十九条》

---

① 见上引钟方《驻藏须知》。
② 松筠:《西招图略》《量敌》,引自张羽新编《中国西藏及甘青川滇藏区方志汇编》第三册,第16—19页。
③ 松溎:《为巡阅三汛事竣差旋前藏日期折》,载《西藏地方志资料集成》第1集,中国藏学出版社1999年版,第108页。
④《福康安等奏拟卫藏善后章程六款折》,见《元以来西藏地方与中央政府关系档案史料汇编》(3),第791页。
⑤《卫藏通志》卷5《兵制》。
⑥ 见周伟洲《清代驻藏大臣巡边考》,《中央民族大学学报(哲学社会科学版)》2020年第3期。

中即有明确和细致的规定，并以法律章程的形式固定下来，成为清代西藏边防的定制。除上述边界与驻防、巡边外，"二十九条"中涉及边防的还有：

（1）订立稽查"外番"商人及藏民出入境之法。规定："嗣后凡外番和克什米尔之商人均需具名册，呈报驻藏大臣衙门存案。巴勒布商人每年准其来藏三次，克什米尔商人每年准其来藏一次，各该商人不论前往何地，须由该商人头目事先呈明经商路线，报请驻藏大臣衙门发给印照。"（第二条）

（2）遴选边界地方官吏，加强边防。规定："嗣后应从小缺营官及武弁中遴选干练者派边地供职，三年任满，倘能办事妥帖，可轮换升擢代本之职。倘办事不力，立即革退，决不姑息。"（第十六条）

（3）订立涉外法规。规定："现廓尔喀虽归降称臣，但嗣后凡有文书往来，均应由驻藏大臣会同达赖喇嘛协商处理。凡有廓尔喀遣使来藏拜会达赖喇嘛与驻藏大臣，其回文须照驻藏大臣旨意缮写。凡涉及边界事务等要事，亦须照驻藏大臣旨意办理。外番所献贡物，须经驻藏大臣过目。"（第十四条）

（4）加强对外贸易的管理。规定："西藏章卡（货币）向来多有掺假，嗣后应以汉银铸制，不得掺杂现已拟定纯银旧藏币章卡及纯银廓尔喀章卡与新章卡比价，应照章流通，不得更改比价。如发现新章卡掺有铁、锡等情，一经查明，定按国法严惩该主管汉官及噶伦指派之孜本、孜仲及工匠人等，并依假币面值加倍罚款。"（第三条）"济咙、聂拉木二地征收米石、盐斤及货物进出口税，悉照向例办理。倘需变更税率，须禀报驻藏大臣稽核，商上不得私行加增，以资公正。"（第二十条）

道光十五年（1835），西藏地方政府为加强阿里地区的边防和管理，在原阿里地区的几个宗之上，以两名俗官授"外台吉"的职衔，分别担任东、西"噶尔本"（营官），此即后来的"阿里基巧"（又译作"阿里总管"）。[①]至道光二十二年三月，驻藏大臣孟保于藏军取得对森巴入侵西藏阿里战争胜利后，奏请在阿里堆噶尔本（即噶尔雅沙）设挖金民五百名，拣选十人作金民头目，并于前后藏拣派代本一名、如本二名、甲本二名、定本四名前往驻守，教习技艺。俟试三四年后，酌量情形再行撤回归伍。[②]此乃为加强后藏阿里地区边防的措施之一。

道光二十四年，驻藏大臣琦善等在奏准施行的《酌拟裁禁商上积弊章程二十八条》中，再次重申：西藏邻边"外番"或来藏布施，或遣人通问，事所常有。应悉遵定例，无论事之大小，均呈明驻藏大臣代为酌定发给，不准私相授受，违者参革，以重边疆；"无论唐古特所属及外番构难，均先详查起衅根由……不准如前，率先用兵，冀图冒功，违者参革，以慎军旅"等。

上述巩固、加强边防的定制，在咸丰以后防阻英俄等列强派遣的所谓"探险家""传教

[①] 见《原西藏地方政府组织机构》，载西藏自治区政协文史资料研究委员会编《西藏文史资料选辑》第13辑，民族出版社1991年版，第29—30页。

[②]《孟保等奏酌拟拉达克及八底部落准其投诚并添设防范挖金矿夫善后章程折》卷1，道光二十二年三月十五日，《元以来西藏地方与中央政府关系档案史料汇编》（3），第919页。

士"等进入西藏,以及抗击英国两次武装入侵西藏战争中发挥了巨大作用。

然而,至光绪十六年英国第一次武装入侵西藏后,中英签订《中英会议藏印条约》,十九年(1893)中英双方续议通商、游牧、交涉问题,签订《中英续订藏印条约》。据此,英国用武装入侵的手段打开了中国西藏的大门,正式吞并了中国清朝的藩属哲孟雄;攫取了在西藏南边境亚东开关自由贸易、派驻官员、租赁房屋、贸易免税五年及领事裁判等特权。

为了妥筹西藏亚东开关问题,早在光绪十六年五月甲申日,驻藏大臣升泰上奏:"拟在格林卡外回峰山口建关一座,拟其名曰靖西内关,复于仁进岗以外之亚东地方设立靖西外关一座……兹拟于仁进岗以内之吉玛桥地方设立驻边同知一员,管理汉番事务地方,并管军情关务边情……又拟靖西内关格林卡地,极关紧要,拟设游击一员、千总一员、外委一员,拟设亚东之靖西外关,设千总一员……吉玛亦设外委一员……又帕克哩拟设巴总一员……计共设文武七员……"又建议将原江孜守备裁撤,移驻部分汉、藏官兵,驻防靖西关。清廷回复:"得旨:如所请行。"①光绪二十年(1894)亚东开关后,据首任亚东关税务司戴乐尔(F.E.Taylor)的记述:"卓木地方,系靖西同知管理,此官即章程所载边务委员也。靖西尚有游击一员,统领官兵一百四十余员名,亚东汛之二十名亦在其内。"又记,"过此一里,名亚东汛,有中国千总一员,部汉兵二十名、番兵八名驻防于此。"②

光绪三十二年英军第二次武装入侵西藏后,中英签订的不平等的《中英续订藏印条约》附约中,英国又取得在江孜、噶大克开关贸易等特权,以及赔款五十万英镑,三年付清之前,驻兵占据春丕为质;还规定"将所有自印度边界至江孜、拉萨之炮台、山寨等一律削平,并将所有滞碍通并之武备全行撤去"③。至此之后,西藏地方的边防事实上已如同虚设。

光绪三十三年,清廷在全国推行"新政"的背景之下,任命张荫棠查办藏事。是年正月十三日,张荫棠在给外务部《致外部电陈治藏刍议》中,提出"藏番民兵约可得十万,饷由藏拨,拟派我武备生统带训练,俸薪军械子弹药由我给"的建议。④三月,张荫棠在《咨外部为西藏议设交涉等九局并附办事草章》中,于"督练局应办事宜"下,对西藏军事及藏军的改革提出了一系列建议,如在藏分设粮饷局、军械局、司法局、参谋局;练足洋操队、常备军四万人为额,先练五千,按年递增;聘请北洋陆军毕业生为教习,兼统带,优给薪俸;改革藏军编制、饷银及工程队、炮队的建设等。⑤这一切均以改革西藏政务、启发民智为宗

---

① 吴丰培辑:《清代藏事辑要续编》,西藏人民出版社1984年版,第68—71页。
② 中国第二历史档案馆、中国藏学研究中心合编:《西藏亚东关档案选编》(上册),中国藏学出版社2000年版,第377、376页。
③ 王铁崖编:《中外旧约章汇编》第二册,第345—347页。《韩德森为报英军在宣布和平后炸毁靖西关等事致赫德半官方性函》(1904年10月23日第3号),上引《西藏亚东关档案选编》(下册),中国藏学出版社2000年版,第965页。
④ 吴丰培辑:《清代藏事奏牍》(下),《张荫棠驻藏奏稿》,中国藏学出版社1994年版,第1329页。
⑤ 吴丰培辑:《清代藏事奏牍》(下),《张荫棠驻藏奏稿》,中国藏学出版社1994年版,第1345页。

旨，且皆与加强边防、阻挡外国列强侵略有关。后因张荫棠调离西藏而未施行。

继任驻藏大臣联豫在藏更是积极推行"新政"。光绪三十四年，其在藏开设武备速成学堂。宣统元年（1909）因饷银不敷，仅先练达木兵一营以为模范，拟之后再从藏北三十九族选练。宣统二年正月，钟颖所率一千余名川军（新军）抵拉萨，达赖喇嘛出走至印度。联豫则先后设督练公所，在拉萨、亚东、江孜等地开办巡警，加强边防。但设计画、赏罚、检阅、测绘四科以期"专注实际不尚表面"的练兵一项，因西藏局势及饷银匮乏而无进展。不久，辛亥革命爆发，各项新政也就中止。

（原载《中国藏学》2022年第3期）

警惕"去中国化"陷阱
——评西方学者的中国西南边疆史研究

罗 群 李淑敏[*]

自 20 世纪 80 年代以来，中国西南边疆史成为西方学界研究热点之一。然而，一些西方学者的研究成果虽然提供了新的视角和观点，但是在其"华丽"的理论框架、诠释体系和学术话语之下，隐藏着诸多不易察觉的陷阱。

设置"去中国化"陷阱

近年来，西方学界推出了一批中国西南边疆史研究成果，比如纪若诚《亚洲边疆：清代中国云南边疆的转型》、乔荷曼《云雾之间：中国在贵州的殖民，1200—1700》与《西南边疆的合作与反抗：18 世纪初清朝的两线扩张》、戴沙·莫滕森《中国统治下香格里拉的历史：滇西北藏区的记忆、认同与控制权争夺》、埃洛伊塞·赖特《重写大理：建构帝国的边疆地区，1253—1679》等。虽然这些成果在一定程度上推进了相关研究，但其浓厚的"去中国化"倾向则必须引起重视。

在叙事模式和观点方面，尽管此类成果同样关注中国历代王朝的西南边疆治理以及边疆与中原地区的文化和民族交流等问题，但其主体叙事却是中央对西南边疆实施"殖民扩张""资源掠夺""文化覆盖""记忆清除"。这些假借"全球化"口号而表现出的"去中心化""弱国家化"倾向，看似充满"人本主义"的脉脉温情，但事实上是将古代西南族群塑造成"逃避国家统治"的"自由"之民，将古代中国的西南边疆治理和民族融合视为一种民族"征服"和民族"压迫"。

在史料选择方面也同样存在"去中国化"倾向。学术观点应建立在对多边史料进行综合、客观、准确辨析的基础之上。然而，部分西方学者一方面强调重视越南、老挝、缅甸、泰国等"非汉文"或"非中国"档案文献；另一方面却无端质疑汉文史料的可靠性，而且从研究内容来看，其汉文史料阅读和分析能力有所不逮，由此出现了将《华阳国志》译为《中国与外国的记述》(An Account of China and Foreign Countries) 这类让人哭笑不得的错讹。"视角"与"能力"的双偏差，极大弱化了研究的客观性和可信度。

---

[*] 罗群、李淑敏：云南大学历史与档案学院教授、博士研究生。

强推"二元对立"方法

西方学者将中国古代的西南边疆治理描述为"扩张"、"征服"乃至"殖民",刻意放大西南地区与其他地区的差异,虚构中国西南边疆发展的所谓"异质化"模式,消解中国历史不断深化融合的整体性。

这一套路并不陌生。从拉铁摩尔到巴菲尔德,再到21世纪以来的狄宇宙、利奇等,都在不断强调"内亚"含义,推广"二元对立"的边疆研究范式,制造出中国边疆地区与内地社会迥然不同的所谓区域"整体性",进而将中国历史概括为"游牧文明与农耕文明的对抗史"。西方的中国西南边疆史研究亦处于上述理论和话语体系支配之下。

西方学界将"二元对立"方法渗入中国西南边疆史研究的表现是,他们打着反对历史线性逻辑的旗号,提倡相对主义,将中国西南边疆置于"超国家"论题中进行讨论,甚至将历史时期已经实现一体整合的西南边疆,划入一些没有历史根基的"新区域"范畴内,试图制造出一个涵盖中国南部与东南亚、南亚的"区域共同体",并在"东南亚性"概念下突出这一区域的"同质化"。

秦通五尺道,西汉设郡县,中国西南地区自秦汉开始便被纳入中央政府统治之下,在长期的交流互动中,与内地在政治、经济、文化等方面建立了巩固、深厚的一体化关系。"二元对立"范式刻意漠视西南边疆的安定与发展,忽视内地与西南边疆交往、交流、交融的历史进程,在此基础上探讨所谓"超国家"区域的"重塑",纯属虚构。倘若脱离一定的历史时空和相应的政治、经济、文化内涵,非要说某些跨境区域存在某种"同质性",那么应该运用多大的空间尺度看待这种"同质性"?大至一洲,小至一村,均可以理解为一个"自成一体"的地理单元。如此随意裁剪,逻辑尚不自洽,何谈科学?

弱化边疆的中国属性

在这样的背景下,詹姆士·斯科特推出名为"赞米亚"(Zomia)的"东南亚大陆山地"概念,武断地提出其包括从越南中部高地到印度东北部地区的所有海拔300米以上的地域,横跨越南、柬埔寨、老挝、泰国、缅甸等国家,以及中国的云南、贵州、广西及四川一部。并非所有西方学者都认同"赞米亚"的存在,但就像狄宇宙等人对"内亚"的热捧一样,他们利用这一生造出来的概念,试图在中国自古形成的疆域之外,"重塑"中国边疆及周边地带的区域内涵和历史谱系,从而模糊中国的边疆主权,割裂中国历史发展整体性与多样性的统一,淡化中华民族共同体意识。这种意图"重塑"中国西南边疆、弱化中国边疆地区身份属性的研究范式在西方仍有其市场。

严肃的边疆史地研究决不可以随意套用西方理论或范式,抛弃国家立场,使西南边疆史研究沦为西方所谓理论与范式的试验场。中国的历史发展进程表明,内地与边疆不断交往、交流、交融。这也是理解边疆历史的基本思路。中国各民族的互动交流,由点而线而面,扩展为中国社会结构的基础。不论政治局势如何演变,边疆与内地的紧密联系从未断绝;各民族之间尽管存在一定的习俗差异，但在历史的延续与演进中，他们并未因差异而分离，而是以对国家统一的共同向往结成一个愈发紧密的整体。加强西南边疆史研究，不仅关乎中国边疆历史叙述的科学性，更对铸牢中华民族共同体意识具有重大理论与现实意义。我们要跳出西方学者设定的理论框架和话语体系，系统阐释中国疆域形成发展的自身规律和内在脉络，深入挖掘西南边疆自古以来不断强化的中华民族共同体意识，与西方学者展开平等对话，建构中国自主的边疆学知识体系。

（原载《历史评论》2022年第2期）

西南边疆史研究的认识维度与阐释路径

尹建东[*]

一、引言："多线历史"的研究旨趣和方法

自20世纪中叶以来，随着中国边疆史、民族史研究范式的逐步形成，研究者一般习惯采用族源、族属、族际关系、开发治理等视角，来讨论历代中央王朝与西南边疆之间的关系以及西南边疆社会历史变迁等相关问题。虽然这一研究取向长期以来一直是边疆史研究的主流，并取得了相当成果，但其中的局限性也有目共睹：一是在多数情形下，把西南边疆的社会变迁完全纳入"少数民族历史"当中，以历史上较为模糊的民族融合、认同来切割区域内部的混杂性、丰富性和多变性，并以此作为该区域社会历史变迁的基本内容；二是逐渐形成了对中国边疆史的"历史／政治型"叙述模式，着重强调王朝国家的政治、军事力量，把西南边疆社会变迁，看作中央王朝对其进行"开发治理"整体过程的表现[①]。上述研究虽然体现了传统政治史"自上而下""宏大叙事"的研究特色和优势，但也在一定程度上忽略了西南疆域空间结构的差异性以及历史演进的复杂性。这种情形就像姚大力指出的那样："在阐述民族或族群的历史根源时，我们过去采用的溯源式叙事范式，恰恰忽略了对于所研究对象的主观归属意识之状况及其历史变迁进行必要的考察；因此便可能很轻率地将某种经过极漫长的历史变化过程才最终形成的结果，非历史地倒追到该过程的开端之时。另外，中国自己的边疆史地学，多侧重于讨论历朝中央政府的治边策略与治边实践，而对边陲社会的回应还缺乏足够的注意。"[②]所以就当下研究来说，如果要想全面揭示历史时期中国边疆的内在复杂性和丰富性，可能还需要从具有"整体史"特征的"多线历史"研究视角，来认识和表述边疆史研究中经常缺失的"整体性""复合性"问题，使边疆史研究逐渐从原先较为单一的史地研究向多学科、跨学科综合研究视角转变。

作为一种研究范式，"整体史"（total history，亦称"总体史"）兴起于二十世纪前期的法国年鉴学派，其创始人费弗尔、布洛赫，针对当时欧洲传统史学中表现出来的种种弊端，提出了"全体部分构成的历史"的新史学观念，与传统史学研究中的"事件构成的历史"形成了鲜明的对照。[③]他们的研究取向主要侧重于对地理环境、气候、政治、社会、宗教、经济、心理

---

[*] 尹建东，云南民族大学民族学与历史学学院教授。

[①] 尹建东：《环境、族群与疆域空间：西南边疆史研究的区域史观和阐释路径》，《西南民族大学学报（人文社会科学版）》2018年第9期。

[②] 姚大力：《西方中国研究的"边疆范式"：一篇书目式述评》，《文汇报》2007年5月7日。

[③] [英] 杰弗里·巴勒克拉夫：《当代史学主要趋势》，杨豫译，北京大学出版社2006年版，第43页。

等因素内在的历史总体结构的考察。第二代年鉴学派代表人物布罗代尔所着力阐释的"时段理论",也旨在建构一种全面而整体的历史学。①此后,雅克·勒高夫进一步指出了"整体史"作为一种"结构的历史"所具有的多重面向和基本特征。②受年鉴学派理论范式的影响,20世纪90年代以来,"整体史"的研究方法在国内史学领域里得到了长足的发展,并逐渐成为目前区域社会史的鲜明学科特征之一。其显著的特点是通过"全方位地立体地考察地域社会,从特定地域的生态环境、文化资源、权力网络、社会生活等等方面,力图展现这一地区的立体全景"③。由此可见,"整体史"的研究方法,不是孤立地考察个别的作为历史要素的事件,而是以多维度的视角分析相关事件之间的关系,也就是从传统的"单线历史"叙事向"多线历史"叙事的转变。

相对于"单线历史"的叙事结构,边疆史视域下的"多线历史"研究,同样是通过"整体史"来反映历史内容的多样性和丰富性,凭借历史叙事学的多元取向来揭示中央王朝与边疆社会及地方族群互动关系的复杂性。因为不论是边疆治理还是社会互动整合中所呈现的历史事件,往往是多种地理、社会因素或动力因素共同推动的结果。而传统的历史分析,或是着重于时间过程的事实分析叙述,或是着重于地理空间的变化,这种局限于单向度、简单化的历史叙事,难免造成事件分析判断视野上的局限,遗漏历史发展过程中本该涵盖的多重历史内容。在这个意义上,边疆史研究除了需要传统政治史的宏观视角外,还需要通过多种复杂历史因素交织而成的族群关系、文化结构来加以说明和阐释,特别是从不同层面、不同角度对研究对象进行整体观照和区域间的比较研究,并将之作为理解和建构历史的一种方式。简言之,"多线历史"叙事本身所体现的也就是"整体史"的研究取向与方法论诉求,就像施坚雅所强调的:"如果要获得对一个文明的历史的整体认识,我们必须全面理解它的各组成部分的独特而又相互作用的历史。"④

二、地理环境与区域特性:西南边疆史研究的认识基础

地理环境与族群、社会、文化之间的关系是西南边疆史研究过程中首先要遇到的问题。从人文地理学角度来看,虽然每个地区都会因为地理要素的空间差异,形成各自不同的"区

---

① 布罗代尔在《菲利普二世时代的地中海与地中海世界》一书的相关研究中,就包括了山脉、平原、海岸、岛屿、气候、城市、交通、人口、劳动力、物价、商业、财政、运输、宗教、文化等各个方面。也就是说,对某个具体问题的探讨,不仅要将该历史时期的政治状况反映出来,而且还要把经济、社会、文化等领域全部纳入历史学的研究范畴。"整体史"概念的提出,不仅推动了传统史学向"新史学"的转型,而且一直是当代史学的主要研究范式。

② [法]雅克·勒高夫:《新史学》,姚蒙编译,上海译文出版社1989年版,第19页。

③ 赵世瑜:《小历史与大历史:区域社会史的理念、方法与实践》,生活·读书·新知三联书店2006年版,第28页。

④ [美]施坚雅:《中华帝国晚期的城市》,叶光庭译,中华书局2000年版,第4页。

域特性",但与其他区域相比,西南边疆地区由于地形、地貌、气候环境而造成的区域多样性特征,即"非均质性"特征表现得更为鲜明而具体。可以说,自然环境的差异性对历史上西南边疆族群、社会、文化差异性的形成和塑造方面,起到了初始性的作用,而这种"非均质性"的地理文化环境实际上始终影响和制约着西南边疆社会历史的变迁特点和发展进程。

首先,"非均质性"的地理生态环境决定了历史时期西南边疆地区族群的多样性及其不同的分布格局,而"不同群体对其生存环境的不同'适应'模式则是不同区域在历史出发点上即形成差异的根本原因"。[①]在西南边疆地区,由于地理环境的复杂多样,不同族群的生计模式、居住方式、社会组织,在该区域内呈现出既不相统属又交相杂错的局面。西南疆域内的任何一个族群,都没有出现过像北方农耕或畜牧人群那样相对集中的聚居区,而是分散居住在众多小型聚落中,即使是同一个族群,由于分布地域的不同,也会表现出不同的经济文化特点。[②]比如在云南山地民族的地理分布中,微观的民族垂直分布往往是由地势决定的,而各个民族在微观垂直分布模式中所处的具体层位,又有着人文和社会的深刻根源。[③]对于这类现象,学术界通常将其归纳为"大分散、小聚合"的结构特征。所谓大分散,是指由于西南地貌的立体多样,很难形成空间上高度统一的族群,同一类人群不是被严重分割的自然界限隔成若干子群,就是在彼此长期分离的过程中演化为语言和习俗皆互不相通的新类型。所谓小聚合,是指这些被自然分割为若干空间单位的族群,各自固守在适应其生存繁衍的文化生长点内,从而形成无数相对独立的自我中心[④],奠定了西南边疆社会在政治、经济、文化等方面的多元格局。

其次,西南边疆地区多样性地理与文化空间形成的"区域特性",集中体现在区域社会文化发展的不平衡性及其变迁的多重性方面。它不仅形成了各种落差极大的地缘板块结构和地域性的族群分布组合方式,而且也直接影响着区域社会的构成特点,使得不同区域社会经济在发展变迁过程中,具有较为明显的不同步性与非均衡性,甚至在同一区域空间,也因为立体的地形地貌及其地理生态差异等原因,存在平坝、山地、高原等不同生态条件主导下的多样化经济、社会和文化类型。如在经济生活方面,分布在西南地区的土著人群,因地理环境和生计方式的不同而分为采集—狩猎型、刀耕火种型、畜牧型、定居农耕型等几大类。在不同的生计方式下,人们使用的工具不同、获取的食物不同、对环境的利用和依赖不同,由此构成了不同族群间社会文化差异的核心内容。直到民国时期,生活在云南山区的部分彝、独龙、傈僳、景颇、佤、布朗、拉祜、基诺、苗、瑶等民族,仍以采集狩猎或刀耕火种农业为其主要的谋生手段。在社会组织方面,当地土著人群长期保持着阶序化程度较高的有"君长"的酋邦社会和阶序化程度较低的"毋君长"氏族部落社会两大类型。到明清时期,其政

[①] 鲁西奇:《中国历史的空间结构》,广西师范大学出版社2014年版,第95页。
[②] 尹建东:《环境、族群与疆域空间:西南边疆史研究的区域史观和阐释路径》,《西南民族大学学报(人文社会科学版)》2018年第9期。
[③] 尹绍亭:《文化生态与物质文化:论文篇》,云南大学出版社2007年版,第135页。
[④] 徐新建:《西南研究论》,云南教育出版社1992年版,第136—138页。

治结构仍然表现为具有"西南王权传统"[①]的土司、土酋社会与周边"不相统属"族群并存的局面。这两大类型长期并存,实际上"构成了西南地区延续至中华帝国晚期土著人群社会组织的一种最为重要的基本特征",这一特征概称之为"西南传统"[②]。

总之,西南边疆社会历史发展变迁的复杂性和多样性,本质上就是西南边疆地理环境的集中反映,它构成了西南边疆"区域特性"的重要内容,凸显了文化与环境的互动关系以及环境因素在边疆地域社会建构中的作用和意义。在认识论层面,特定地理环境下"西南传统"的形成及其演变,无疑是西南边疆史研究过程中不可或缺的重要内容。

三、"政治过程"的再诠释:多维视角下的边疆治理与区域社会互动整合

在长时段的历史叙事中,历代王朝国家对西南边疆开发治理活动,始终影响着该区域社会的历史发展进程,西南地区土著人群都不同程度经历了以中原王朝为主导的"政治过程",而且"这个政治过程通常都与华夏政权的国家意志和利益密切相关"。[③]在这一背景下,传统的西南边疆史研究对于历代边疆治理与社会变迁问题,通常是在"华夏化"或"汉化"模式的语境下展开的。研究者习惯上采用带有华夏文化色彩的"自上而下"的"文明进化观"来看待西南边疆的社会历史进程。这一研究路径虽然蕴含着边疆开发治理过程中,中央王朝和边疆社会之间复杂的关系变化以及这种变化所引起的地方社会的结构变动,但对于西南边疆政治与社会变迁中的复杂性、多元性特点关注不够。因此在相关问题的讨论中,整体史观照下的多维视角就显得十分重要了。

首先,需要关注西南边疆治理与区域社会整合的"非线性"历史过程。中原王朝经略西南之前,西南边疆地区并不存在能与内地高度整合的地方行政体制,土著人群的社会组织既不相统属且相对分散。因此,历代王朝对西南边疆统治的方略大多体现出了因俗、因地、因时而治的特点。概言之,中央王朝与地方政权对西南边疆的统治以及区域社会政治变迁的历史进程,大致可以分为四个阶段:第一阶段是汉代的"羁縻统治"时期。从西汉开始,汉王朝对西南边疆地区的经营主要是"以其故俗治"的政策,即借助当地部落首领进行统治,这一政策在后续的统治中一直有所体现。但由于两汉时期中央王朝力量始终无法均质性地推进到西南边疆全境,大多数地区始终没有建立起像内地那样完整的郡、县、乡、里层级控制体系,土著族群内部社会分化及政治体的演进异常缓慢,边缘性特征明显,从而深刻影响了西南边疆的社会面貌及华夏化演进特点。第二阶段为魏晋南北朝至唐前期边疆开发的"停滞"

---

① 温春来:《从"异域"到"旧疆":宋至清贵州西北部地区的制度、开发与认同》,生活·读书·新知三联书店2008年版。

② 谢晓辉:《从西南边缘看中国社会的整合:问题意识、研究范式的梳理与述评》,《原生态民族文化学刊》,2020年第6期。

③ 尹建东:《环境、族群与疆域空间:西南边疆史研究的区域史观和阐释路径》,《西南民族大学学报(人文社会科学版)》2018年第9期。

时期。自魏晋以来，中央王朝对西南边疆的统治长期处于起伏、停滞和断裂状态，表现出"华夏边缘"从扩张到收缩以及华夷族群交往中内地移民"夷化"的发展走势和转变过程，西南边疆的华夏化进程基本中断了。这一发展趋势不仅大大影响了历代王朝在西南边疆的统治策略和治边活动，而且也长期主导着内地人士对西南疆域、族群及其社会文化的想象和认知。第三阶段为南诏和大理国的"割据"统治时期。西南边疆地区在较长一段时间内脱离中央王朝的直接统治，处于相对自治的状态。但与此同时，南诏、大理政权在政治体制、经济文化诸多方面都借鉴了前代的制度，与内地保持着不同程度的联系。更为重要的是，由于南诏、大理国时期维持了西南边疆的既有局面和局部统一，奠定了古代西南疆域的基本格局，为以后历代王朝经营西南边疆创造了条件。第四阶段是元明清"土流并治"与改土归流时期。自元朝统一全国以来，历代王朝通过"土流并治"的统治方略，加强对西南边疆地区的掌控力度，并且在明清时期到达顶峰。而清初以来改土归流政策的实施，则进一步打破了之前边疆社会主要由部落酋长、土司土官统治的模式，代之以政府任命的流官进行统治，极大地改变了西南边疆地区的政治生态，使西南边疆地区逐步纳入中央王朝的政治体系当中。以上不同历史阶段的发展特点表明，西南边疆政治与社会变迁并非表现为单一的"线性历史"的发展结果，而是呈现出曲折迂回、复杂多变的"非线性"历史发展脉络。

其次，需要关注历史上西南疆域社会的"中心—边缘"结构及相互关系。在中国历史的发展脉络中，一直存在一个"中心"与"边缘"的差序格局，这种二元结构的空间概念和认知模式，是由中原王朝"华夏中心观"的文化想象所界定，并在长期的政治实践中不断强化而形成的。以华夏为中心的"天下"观念的出现，预设了"天下"作为整体与各个部分之间的关系，以及王朝国家体系中不同层次"中心—边缘"的划分和存在[1]。历史上西南疆域内部"中心"与"边缘"关系的变动，很大程度上与区域外来力量即中央王朝力量的推动密切相关。诸如内地移民与郡县治所的空间分布、"羁縻"制度下的"因俗而治"，以及地缘政治结构变动导致的区域政治中心的转移，都体现了不同层面"中心—边缘"关系的变动。另外，由于受地理空间及自然生态等方面的限制，国家力量无法介入西南疆域内的不少地方，使得原有的族群结构和文化异质性得以延续。因此，中央王朝对西南边疆各地的开发治理过程并不完全是同步并行、协调一致的，这导致国家关于西南边疆的统治策略和地方权力的运作方式，在不同的时空背景下往往出现反复并表现出较大的差异性。而且，伴随着疆域空间纳入国家体系的过程，区域的"中心"与"边缘"结构及其相互关系，也会伴随着王朝政治势力的进退、政治中心的转移以及族群的流动等发生变动，呈现出动态的发展特征，甚至在中央、地方、族群等多重力量的作用下创造出新的"中心—边缘"结构关系。这种状况实际上一直贯穿于整个西南疆域的历史进程，决定了历代王朝对西南边疆治理方式及施治过程的断续性和不均衡性。

再次，需要关注西南边疆治理过程中地方社会自身的能动性。对于历史时期边疆治理问

---

[1] 尹建东：《环境、族群与疆域空间：西南边疆史研究的区域史观和阐释路径》，《西南民族大学学报（人文社会科学版）》2018年第9期。

题，我们不仅要强调王朝国家的治边政策、措施对边疆社会的全方位影响，而且也要考虑边疆社会对于中央与国家结构的反向影响，发掘被王朝"大历史"叙事所遮蔽的地方能动性。西南边疆治理的目的，主要是对边疆社会组织、结构加以整合与重构，并将其纳入中央王朝"大一统"的政治体系当中。这一历史进程虽然在宏观上表现为王朝国家"自上而下"的开发治理活动，但它并不是一个王朝主动征服与地方被动接受的过程，而是边疆社会与王朝国家之间的双向调适、彼此互动的结果。西南疆域内部始终存在着地理环境、资源配置、社会组织等方面的差异性，直接影响着王朝政治版图的延伸和地方秩序的实际运作。其中，长期处于政治博弈过程中的中央与地方关系格局的建立及其长期延续，也意味着土著人群在强势的中央王朝面前实际上有一套自己的应对策略和方法，表现出强烈的地方能动性。他们会主动应对王朝国家军事征服与政治控制带来的形势变化。不论是汉晋时期"长吏""夷帅""大姓"之间的权力争夺，还是南诏势力的崛起及其对西南疆域的实际控制，以及明清时期土司制度及改土归流，都反映了地方社会的建构与发展逻辑并不能被置于边疆建构的过程之外。而土著人群面对中原王朝的开发治理活动，也并非像詹姆斯·斯科特所说的单方面"逃避国家的统治"[1]。在外来的冲击面前，边缘人群往往基于各种社会文化资源去建立自身的地方权力秩序与身份认同，以获取其在地方社会中的利益，并在这个过程中将自身与王朝中心联系起来，"无论是土著还是移民都参与到帝国机制发生作用的谋划中"[2]，使自己成为中央王朝边疆体系建构的一部分。在这个意义上，以往"边疆变迁中给与土著社会和移民们的，只是一个被动的，或者说至少是一个次要角色"[3]的状况应当予以改变，需要将其置于边疆建构的整体过程中加以诠释。

四、空间结构与动态关系：西南疆域形成及其变迁动力的研究路径

西南疆域的形成发展进程是多种历史因素综合作用的结果，其中既有王朝国家层面的移民、开发、设治，也有区域内不同族群之间的接触、交流、互动。通过历代王朝的开发治理、整合，西南疆域的空间结构逐渐形成并奠定了后世西南边疆的基本格局。

大体上来说，西南疆域的形成及其变动，与历代王朝对西南的认识定位及治边实践密切相关。历史上，作为疆域空间的"西南"概念最早出现于《史记·西南夷列传》，司马迁把居住在"巴蜀西南外"的土著居民称作"西南夷"。而后来的《汉书》《后汉书》等史籍也均沿用了"西南夷"的称呼，将"西南"视为"别种殊域"的"蛮夷"之地。由于历史时期的

---

[1] [美]詹姆斯·斯科特：《逃避统治的艺术：东南亚高地的无政府主义历史》，王晓毅译．生活·读书·新知三联书店 2016 年版。

[2] [美]纪若诚：《"混杂的人群"：中国西南近代早期边疆的社会变迁（1700—1880）》，陆韧主编：《现代西方学术视野中的中国西南边疆史》，沈海梅译，云南大学出版社 2007 年版，第 139 页。

[3] [美]纪若诚：《"混杂的人群"：中国西南近代早期边疆的社会变迁（1700—1880）》，陆韧主编：《现代西方学术视野中的中国西南边疆史》，沈海梅译，云南大学出版社 2007 年版，第 139 页。

西南地区长期处于华夏政治、经济、文化的边缘地带，其疆域范围常常处于不确定的变动状态。如汉晋时期，西南疆域范围主要是以云贵高原为主体的西南夷地区，而其南部的界限则比较模糊，与臣服或朝贡的藩属国交趾、掸国等相连。唐宋时期的西南疆域的范围更广，包括南诏、大理控制的区域以及周边的一些族群，其疆域外缘已延伸到了当时的骠国、勃泥、占城、安南等藩属国。到明清时期，随着中央王朝对西南地区统治的深入以及汉族移民人口数量的激增，西南疆域范围也较之前代有所扩大，但更多地还是指王朝疆域内的西南地区。到近现代，随着主权观念的形成和政治疆界的确立，西南边疆的概念则发生了重大变化，衍生出"西南诸省"的说法，而西南边疆的空间范围，则由原来的西南边陲之地和与之相邻的藩属地区，转变为只包括国家疆域内的西南各地。[1]

由此可见，西南疆域的形成是一个动态的历史过程。西南边疆空间范围与区域性结构要素——即由地理、文化、族群、政治和经济等要素而构成的多样性空间关系，在不同历史时期经历了一系列变迁。一方面，西南地区长期以来就是中央王朝势力进行政治管辖、军事控遏、移民与拓殖的疆域，而且随着朝代的更替和"华夏边缘"的推移，西南疆域空间也具有周期性的历史"伸缩"变化特点；另一方面，西南边疆也是多种政治力量角逐的场域，每当王朝易代或"华夏边缘"回缩之后，原来作为地方统治中心的区域，常常会被以土著族群为主导的社会力量所覆盖，形成中央王朝难以控制的区域性力量，不同程度地影响和改变了西南疆域的地缘结构和空间格局。[2]除此之外，西南疆域与周边的族群和文明一直有着持续的互动，是一个充满多种文化接触与碰撞、多种社会人群商议而共同作用产生新的文化机制的场域，加之多元空间关系的差异性和流变性，使得西南疆域空间的发展变化反映在复杂而丰富的地方性历史脉络之中。特别是近代以来，西南边疆的疆界不仅"随着汉化的过程向外移动"，出现从内地到边境，从"江内"到"江外"的流动，而且还不断生长出所谓新的"中间地带"[3]。可见，西南疆域空间结构的动态性，既是社会互动的背景也是区域空间建构的结果，反映了西南疆域空间的生成机制及其周期性变化的特点。所以在相关研究中，只有透过历史的维度，西南疆域空间变迁的社会意义才能够真正地呈现出来。

需要强调的是，西南疆域的形成及其变迁无疑是多种历史因素共同作用的结果，而其中发展变迁的动力主要源于内生性与外源性两个方面。第一，内生性动力通常来自于不同地域之间族群与文化的长期互动以及不同历史阶段发生的环境与社会变迁，如族群迁徙、区域贸易、文化交融等，都会对疆域空间结构产生不同程度的影响。如受气候变迁、人口增加、战争等因素的影响，历史上的族群迁徙往往是族群生存的一种策略性选择。在这个过程中，某些族群从其原居住地迁往另一地区，这类迁徙活动为迁入地所带来的不仅是人口的增加，还有族群自身所承载的社会文化因子。而不同族群之间的交融与互动，必然会引起所在地域社

---

[1] 张勇：《历史时期西南区域民族地理观研究》，中国文史出版社2014年版，第133页。

[2] 尹建东：《论历史时期西南疆域空间结构的多元属性和流动特征——兼论中华民族共同体建构的"边疆视角"》，《云南师范大学学报（哲学社会科学版）》2020年第3期。

[3] 沈海梅：《中间地带——西南中国的社会性别、族性与认同》，商务印书馆2012年版，第16页。

会与文化的变迁。另外,西南边疆地区复杂的地理环境以及不同族群间生计方式上的差异性和经济上的互补关系,也会造成区域间物资的流通、族群的流动以及地方政治、宗教体系的长期互动整合。在长期的历史进程中,不论是"山坝结构"下的垂直流动还是跨区域、远距离的水平流动,都可能会使区域产生出新的空间关系和空间范围,有时甚至可以将不同类型的族群、社会连接在一起,形成一个更大范围的地域之间的社会文化联系和交往空间。事实上,历史时期西南疆域结构的变动与族群流动的变化之间一直存在着内在的逻辑关系,区域差异越大流动性也就越强,它所形成的社会整合效应正是西南疆域空间结构变化的内生性动力。第二,外源性动力很多时候与疆域外部力量的推动有关——特别是中央王朝的开发治理活动以及近代以来主权国家的形成与疆界划分。西南边疆在不同历史阶段,伴随着王朝政治、军事力量的深入,移民的经济开发,统治重心的转移等发生了一系列变动。外部力量的介入不仅打破了区域内部原有的空间结构及运行模式,而且随着西南边疆地区不断纳入国家体系的历史进程,西南疆域的含义及其空间范围也在不断发生着变化。如近代之前西南疆域的空间范围通常处于模糊而不确定的状态,并且随着朝代的更替和王朝控制力度的变化具有周期性的"弹性"变化特点。这种动态平衡的局面一直持续到近代,直到被新的外来力量——西方殖民势力对西南边疆的渗透及其引发的边疆危机所打破。到清朝末年,随着英、法殖民势力对缅甸和越南的占领以及中缅、中越之间边界的勘定,西南边疆首次出现了近代意义上的国界。西方殖民势力的介入,极大地影响和改变了这一区域既有的平衡局面,传统的华夷观和朝贡体系逐渐失去了原先的内外部环境,西南疆域的空间结构及地缘政治格局由此发生了历史性巨变。

总之,西南边疆不仅是地理学意义上的区域空间,而且也是一种社会历史进程。西南疆域空间结构及其动态关系作为一种研究路径,可视为探讨历史时期西南疆域形成及其变迁动力的立足点。它所展现的是一种综合性的分析视角和阐释方法,因为不论是族群迁徙、区域贸易,还是政区设置、战争动乱,都会引起社会变迁的因素之间循环往复的连锁反应。所以在分析西南疆域结构与变迁机制的过程中,不能将各个要素截然分开,而应将其视作整体历史的组成部分,唯有如此这样才能避免以往研究中常见的"单一化"和"碎片化"问题。

五、统一性与多元性:"边疆视角"下的中华民族共同体建构

在传统中国的历史空间叙述中,边疆往往附属于中心区域的叙述逻辑[①]。近年来学术界有关"中间地带"与"中间圈"等概念的提出,就是为了重新理解和定位历史上边缘地带的族群、社会及其与更大范围区域展开的文化接触和互动关系。这一研究路径主要是在特定的时空面向下,讨论疆域内部以及边疆与内地之间所建立起的结构性互动。其中,除了自上而下的"王朝视角"外,如何从"边疆视角"看待中华民族共同体建构过程中的"统一性与

[①] 袁剑:《"中华民族"的地缘之维——共同体意识构筑中的"人—地关系"与思想史路径》,《中央社会主义学院学报》2019年第6期。

多元性"问题，显然也是一个重要的内容。这一认识维度与传统边疆史研究形成某种互补关系，强调一种方法论的更新，它有助于"形成'从边疆看边疆''从边疆看中心''从中心看边疆'，并从这几个层面的连续性、交互性中理解中国历史的整体性"，进而更为深刻地在"多元一体"格局中思考中国和边疆的历史①。

首先，"统一性"是中华民族共同体形成发展的基本特征和核心内容。在学术研究领域，中国文化景观与历史发展的"统一性"以及这种"统一性"所表现出的长期存在和稳定延续的意义已成为研究者的共识。因此，对"统一性"历史进程的阐释，也自然成为中国史研究的重要内容之一，而其中的核心问题则是历代王朝如何控制人群结构复杂、经济与文化形态各异的辽阔疆域，并将之纳入国家大一统的政治体系。所以，如何诠释边疆地区融入中国历史的过程无疑是当前边疆史研究的重要议题。其次，"多元性"强调的是不同区域、族群、历史、文化发展的差异性。作为整体表现形式的中华民族共同体，正是由数十个不同历史渊源与文化背景的族群所构成的。在历史发展进程中，不同的族群、区域可能并非遵循同一条轨迹，有自身的发展脉络和多样性的文化内容，但其总体发展方向却是相对一致的，即在长期的交融互动中越来越具有中华民族共同体的整体性和统一性特征。因此，"多元性"的意义不仅在于理解多种形式的区域特性及民族文化表现形式，同时也是认识"多元、统一的中国之形成与发展"这一问题的关键②。

基于上述认识，从边疆与内地关系的连续性和交互性来考察分析中华民族共同体建构过程，有两个重要的维度：一是这一历史过程具有某种"统一性"的特征。首先，从中国历史发展的"统一性"出发，可以把边疆历史看作中国历史的"整体性"在边疆地区的表现或延伸。作为中国整体历史的一部分，西南边疆及其社会历史早已纳入王朝国家"大历史"传统叙事当中。反映在古代天下观念中，虽然华夏人始终在强调"夷夏之别"文化差异，但"用夏变夷""华夷一体"的观念在大多数时候是中原王朝治边的指导思想。所以在以华夏为主体建立的多族群共生的王朝体系中，对边疆社会实行羁縻统治就成为一种必然的选择③。这也就意味着，这种"统一性"是由历代王朝国家所控制的疆域空间范围及族群分布格局所决定的，形成了包括西南疆域在内的中国边疆形式上是由国家政权的统治中心区到域外的过渡区域，即由治向不治过渡的特定区域④。

其次，在历代王朝的治边实践中，"统一性"构成了一个清晰的历史发展轨迹。当王朝国家的势力强盛之时，往往通过武力征服、羁縻制度、朝贡关系等手段，把外边界范围扩展得很大，构建起"一体多元"的中华世界。当中原王朝国家势力衰退之际，外边界范围可以

---

① 黄达远：《边疆的空间性："区域中国"的一种阐释路径——对"中华民族共同性"论述的新思考》，《陕西师范大学学报（哲学社会科学版）》2016年第3期。
② 鲁西奇：《谁的历史》，广西师范大学出版社2019年版，第9页；尹建东：《西南边疆史研究的认识维度与阐释路径》，第71页。
③ 李大龙：《从"天下"到"中国"：多民族国家疆域理论解构》，人民出版社2015年版，第314页。
④ 孙宏年：《中国西南边疆的治理》，湖南人民出版社2015年版，第5页。

不断收缩，有时甚至退至内边界内[1]。因此，中华文明正是由包括边疆地区在内不同区域的文明相互影响、互动、融汇而成的，并且在历史的发展进程中犹如滚雪球般不断壮大。在这个认识维度上，中华民族共同体建构的空间表现形式，就是由构成中华文明的各区域文明，通过长期接触、交流、影响和互动而不断表现出一体化的历史进程。不同生态、不同文化的族群，最终形成了政治上一体、文化上多元的共生形态。

二是中华民族共同体建构的历程，在边疆地区表现为"从分散到整体""从边缘到中心"的渐进历史过程，原本相对隔绝、独立发展的边疆与内地社会，在地域和文化上联系起来，并且不断强化这种联系。具体到西南边疆，作为一个重要的地理及文化空间，在中华民族"多元一体"的文化谱系中有着悠久的历史和独特的文化塑造模式，并对周边文化空间产生着不同程度的影响。反映在纷繁复杂的历史过程中，西南边疆不仅与中原王朝有着悠久而复杂的互动历史，其本身也有着丰富的族类甚至地方王权传统，从未真正隔绝过与其他文明的交流[2]。历史上西南疆域不同族群之间的交流互动，一方面使内地与边疆之间的文化边界经常处于此消彼长甚至相互转化的动态发展过程，另一方面这一变化也深刻影响了边疆地区"进入"中华文明体系的非线性发展进程，从而"模塑了西南整合入大一统中国的模式及其逐步建立起中华民族认同的方式"[3]。

通过对上述议题的分析探讨，很大程度上可以使我们形成一种"边疆视角"下中华民族共同体建构的问题意识，即从"边疆视角"来观察边缘地区如何逐步建立并强化与中心地区间的联系，了解边疆社会政治体系的发展特点，特别是透过边疆社会长期、复杂的历史变动过程，更加深刻地理解中华民族共同体建构的动力机制及其所表现出来的不同层次的互动整合关系。因此，"边疆视角"提供了一种"从边缘看中心"的思考方法，突破了传统中国的历史叙述中研究者关注的焦点"主要集中于中华帝国体系逐步由核心区向边疆区不断拓展的过程，特别是以中原为核心区的汉地社会（华夏文化）与各边疆区的非汉族社会（蛮夷文化）之间互动与整合的历史过程"[4]这一认识局限。"边疆视角"以自下而上的视角关注区域自身及其与外部世界的联系互动，提出了与王朝开发史并不完全一致的叙事结构和历史内容。也就是说，"边疆视角"除了关注自上而下的思考方式外，更着意于探究西南边疆社会经济与文化发展的内在动因及其纳入中原王朝体制内的根本性需求，分析西南疆域自身的历史轨迹，理解其区域特性的形成及其与大一统王朝国家的一致性之间的差别与关联。

"边疆视角"强调疆域空间内部的差异性和历史文化多元性，打破了中原中心模式下对

---

[1] 杨志强：《"苗疆"："国家化"进程中的中国西南少数民族社会》，《中国民族报》2015年1月5日。
[2] 谢晓辉：《从西南边缘看中国社会的整合：问题意识、研究范式的梳理与述评》，《原生态民族文化学刊》2020年第6期。
[3] 谢晓辉：《从西南边缘看中国社会的整合：问题意识、研究范式的梳理与述评》，《原生态民族文化学刊》2020年第6期。
[4] 鲁西奇：《"帝国的边缘"与"边缘的帝国"——〈帝国在边缘：早期近代中国的文化、族裔与边陲〉读后》，刘迎胜、姚大力：《清华元史》（第一辑），商务印书馆2011年版。

中国边疆的历史书写，相当程度上构成了对中原中心模式下边疆历史甚至是中国历史书写的重要修正与补充。因此，以"边疆视角"为切入点，一方面将边疆区域历史嵌入到具有多元一体特征的中华民族大历史当中，另一方面也为地方社会预留了一定的自我表达空间，使研究者可以站在边缘人群的角度，观察西南边疆如何逐步建立并强化与中心地区间的联系，分析边疆区域建构或进入中华文明体系的历程，特别是边疆社会逐步成为中华民族共同体组成部分的复杂历史动因。

六、结语

综上所述，西南边疆历史发展进程中的区域差异性、多元复合性特征，决定了西南边疆史研究应具有"多线历史"的视角。由于相关研究涉及区域地理环境、疆域多元空间关系、国家与地方社会互动整合、西南疆域形成与发展变迁动力，以及"边疆视角"下中华民族共同体建构等诸多议题，因而"多线历史"的研究指向，并非仅仅停留在对西南边疆治理与区域社会变迁历史过程的线性描述上，而是力图在更大的视域下呈现时空交错的历史感，并在不同的时空面向下，讨论西南疆域内部以及西南边疆与内地之间所建立起的结构性互动。通过对相关问题及理论的梳理，一些新的学术观点可能会逐渐呈现在研究者面前，一些旧的学术问题也将会被赋予新的研究意义。所以从方法论来说，"多线历史"视野下的西南边疆史研究，要求在学理上有总体的宏观把握和全局性的眼光。一方面考虑疆域空间所包含的各种内在关系，另一方面也关注疆域本身具有的历时性过程，进而获得对研究对象各要素的深刻理解。

另外，这一阐释路径也有助于在整体脉络上深入思考学术界长期关注的西南边疆多样性与统一性之间的关系问题，反思传统开发治理史研究中"单线叙事"的思维定式及其局限性，从而为西南疆域史研究提供一种新的视角、丰富西南边疆史的研究内涵，并最终呈现出西南边疆作为一个整体性区域的结构特点以及区域社会多元结构的本质属性与发展逻辑。进一步讲，对相关问题的探讨或许会超越西南边疆史本身的意义，促使我们以此为起点，重新思考、回应以往研究中所关涉的族群理论、地缘政治、文化变迁、华夏认同等若干重要议题。

（原载《贵州大学学报》2022年第3期）

习近平新时代海洋发展观的历史视角

胡德坤 晋 玉[*]

进入21世纪，世界历史整体发展呈现出经济全球化进程加快、世界多极化格局更加明显的趋势，世界正处于百年未有之大变局之中。如何顺应历史潮流，把握历史机遇，推动可持续发展，是每一个国家都面临的重大课题。其中，开发海洋、利用海洋、发展海洋事业，已经成为世界沿海各国推动可持续发展的必然选择。

我国也不例外。随着国际环境和国内条件的改变，新中国成立后，我国海洋事业发展的重点是"站起来"，海洋防务是当务之急。改革开放以来，海洋经济受到重视，国家制订了海洋事业全面发展规划，海洋事业发展的重点是"富起来"。2013年以来，习近平统筹国内国际两个大局，顺应中外海洋历史发展的趋势，提出了海洋强国战略目标和构建海洋命运共同体的理念，创新了海洋发展思想，形成了习近平新时代海洋发展观，使我国的海洋事业从"富起来"进入"强起来"的发展新时期。

习近平指出，"只有在整个人类发展的历史长河中，才能透视出历史运动的本质和时代发展的方向"。[①]习近平新时代海洋发展观正是深刻把握海洋发展历史规律、顺应当今海洋发展潮流的产物，是引领新时代海洋发展方向的指导思想。本文试图从历史的视角学习和领会习近平新时代海洋发展观。

一、习近平新时代海洋发展观的内涵

习近平高度重视海洋发展问题，系统全面地提出了新时代海洋发展观。归纳起来就是：一个总目标——实现中华民族伟大复兴；两个原则——国内国际统筹、陆地海洋统筹；两大任务——建设海洋强国、构建海洋命运共同体；一个基本路径——"21世纪海上丝绸之路"倡议。

（一）一个总目标——实现中华民族伟大复兴

习近平担任中共中央总书记以来，针对海洋发展发表了一系列重要讲话。2013年7月30日，习近平在主持中共中央政治局第八次集体学习时，就建设海洋强国问题发表讲话指

---

[*] 胡德坤，武汉大学人文社会科学资深教授，中国边界与海洋研究院、历史学院博士生导师。晋玉，武汉大学中国边界与海洋研究院博士研究生。

[①] 习近平：《在纪念马克思诞辰200周年大会上的讲话》(2018年5月4日)，《人民日报》2018年5月5日。

出,"21世纪,人类进入了大规模开发利用海洋的时期";"建设海洋强国是中国特色社会主义事业的重要组成部分。党的十八大作出了建设海洋强国的重大部署。实施这一重大部署,对推动经济持续健康发展,对维护国家主权、安全、发展利益,对实现全面建成小康社会目标,进而实现中华民族伟大复兴都具有重大而深远的意义。要进一步关心海洋、认识海洋、经略海洋,推动我国海洋强国建设不断取得新成就。"①2013年8月28日,习近平在大连船舶重工集团海洋工程有限公司考察时指出,"海洋事业关系民族生存发展状态,关系国家兴衰安危"。②习近平上述讲话高屋建瓴地指明了海洋事业发展的重要性:一是海洋事业"关系民族生存发展状态",开发海洋能"推动经济持续健康发展";二是海洋事业"关系国家兴衰安危",能"维护国家主权、安全、发展利益"。基于这种认识,习近平为我国海洋事业的发展确定了近期与远期目标:近期目标是"实现全面建成小康社会",远期目标是"实现中华民族伟大复兴"。2021年7月1日,习近平总书记在中国共产党百年华诞庆祝大会上宣告,"经过全党全国各族人民持续奋斗,我们实现了第一个百年奋斗目标,在中华大地上全面建成了小康社会……",③我国海洋事业的奋斗目标已经过渡到"实现中华民族伟大复兴"。即是说,建设海洋强国是实现中华民族伟大复兴不可或缺的内容。

(二)两个原则——国内国际统筹、陆地海洋统筹

习近平在中共中央政治局第八次集体学习的讲话中指出,"我国既是陆地大国,也是海洋大国,拥有广泛的海洋战略利益。经过多年发展,我国海洋事业总体上进入了历史上最好的发展时期。这些成就为我们建设海洋强国打下了坚实基础。我们要着眼于中国特色社会主义事业发展全局,统筹国内国际两个大局,坚持陆海统筹,坚持走依海富国、以海强国、人海和谐、合作共赢的发展道路,通过和平、发展、合作、共赢方式,扎实推进海洋强国建设"。④习近平的讲话非常明确,要实现海洋发展,就要坚持两个原则:国内国际统筹、陆地海洋统筹。所谓国内国际统筹,即不仅要考虑"当今世界正在经历百年未有之大变局""世界各国人民的命运从未像今天这样紧紧相连",⑤国际海洋治理体系正朝着可持续发展、和平发展的趋势快速演变,⑥也要考虑我国仍面临着"发展不平衡不充分的一些突出问题尚未解决,发展质量和效益还不高,创新能力不够强,实体经济水平有待提高,生态环境保护任重

---

① 《习近平在中共中央政治局第八次集体学习时强调进一步关心海洋认识海洋经略海洋,推动海洋强国建设不断取得新成就》,《人民日报》2013年8月1日。

② 《习近平在辽宁考察时强调深入实施创新驱动发展战略,为振兴老工业基地增添原动力》,《人民日报》2013年9月2日。

③ 习近平:《在庆祝中国共产党成立100周年大会上的讲话》(2021年7月1日),《人民日报》2021年7月2日。

④ 《习近平在中共中央政治局第八次集体学习时强调进一步关心海洋认识海洋经略海洋,推动海洋强国建设不断取得新成就》,《人民日报》2013年8月1日。

⑤ 习近平:《在二〇一八年中非合作论坛北京峰会开幕式上的主旨讲话》,《人民日报》2018年9月4日。

⑥ 张海文:《地缘政治与全球海洋秩序》,《世界知识》2021年第1期。

道远"①等挑战。"海洋是推动高质量发展的战略要地,是实现可持续发展的重要空间和资源保障"。②为此,统筹国内国际两个大局,才能正确谋划我国海洋事业发展的大局。正如习近平所指出的,"我国既是陆地大国,也是海洋大国",③重陆轻海或者重海轻陆都不符合我国陆海兼备的国情。所谓陆地与海洋统筹原则,就是在"统筹陆海资源配置、产业布局、生态保护、灾害防治协调发展,统筹沿海各区域间海洋产业分工与布局协调发展,统筹海洋经济建设与国防建设融合发展"④的基础上,规划海洋强国的蓝图,使陆地、海洋互相促进,协调发展。可见,国内国际统筹,陆地海洋统筹,既体现了国际的大局,又体现了中国的具体国情,是相辅相成的两个原则。

(三)两大任务——对内推进海洋强国战略、对外倡导构建海洋命运共同体

根据海洋发展的总目标,习近平提出了海洋发展的两大任务。

1. 推进海洋强国战略

一是重视海洋经济的发展。早在2003年8月18日,习近平在浙江省海洋经济工作会议上指出:"加强陆域和海域经济的联动发展,实现陆海之间资源互补、产业互动、布局互联,是海洋经济发展的必然规律。"⑤习近平在中共中央政治局第八次集体学习时的讲话指出,"21世纪,人类进入了大规模开发利用海洋的时期,海洋在国家经济发展格局和对外开放中的作用就更加重要……",⑥发达的海洋经济是建设海洋强国的重要支撑。为此,要"依海富国",要提高海洋开发能力,扩大海洋开发领域,推动海洋经济向质量效益型转变,让海洋经济成为新的增长点。⑦在考察大连船舶重工集团海洋工程有限公司时习近平再一次强调,"加快培育海洋工程制造业这一战略性新兴产业,不断提高海洋开发能力"。⑧2018年6

---

① 习近平:《决胜全面建成小康社会,夺取新时代中国特色社会主义伟大胜利——在中国共产党第十九次全国代表大会上的报告》(2017年10月18日),《人民日报》2017年10月28日。
② 赵义冰:《守护好开发好蓝色国土 加快建设海洋强国正当其时》,《人民日报》2020年9月11日。
③《习近平在中共中央政治局第八次集体学习时强调进一步关心海洋认识海洋经略海洋,推动海洋强国建设不断取得新成就》,《人民日报》2013年8月1日。
④ 国家发展和改革委员会、国家海洋局:《全国海洋经济发展"十三五"规划》,2017年,中华人民共和国商务部网站,http://images.mofcom.gov.cn/www/201709/20170907170048332.pdf,登录时间:2021年11月20日。
⑤ 习近平:《干在实处走在前列:推进浙江新发展的思考与实践》,中共中央党校出版社2006年版,第180页。
⑥《习近平在中共中央政治局第八次集体学习时强调进一步关心海洋认识海洋经略海洋,推动海洋强国建设不断取得新成就》,《人民日报》2013年8月1日。
⑦《习近平在中共中央政治局第八次集体学习时强调进一步关心海洋认识海洋经略海洋,推动海洋强国建设不断取得新成就》,《人民日报》2013年8月1日。
⑧《习近平在辽宁考察时强调深入实施创新驱动发展战略,为振兴老工业基地增添原动力》,《人民日报》2013年9月2日。

月13日，习近平在考察山东时还进一步强调，"海洋经济发展前途无量"。①可见，习近平十分重视海洋经济的发展，不仅认为其是我国经济的"新的增长点"，而且还认为其"前途无量"。因此，我们必须重视并发挥海洋经济在我国经济社会发展中的作用。

二是重视对海洋生态的保护。习近平在中共中央政治局第八次集体学习时的讲话指出，"要保护海洋生态环境，着力推动海洋开发方式向循环利用型转变"，实现"人海和谐"的目标；"要将海洋生态文明建设纳入到海洋开发总体布局之中，采取有力措施改善海洋生态环境，让人民群众放心地吃上绿色、安全的海产品，享受到碧海蓝天的自然美景。"②这都表明习近平将保护生态环境、维护生态平衡作为我国发展海洋事业的标准和前提，把守护碧海蓝天作为海洋战略不可或缺的一部分。

三是重视创新海洋科技。习近平在中共中央政治局第八次集体学习时的讲话指出，"要发展海洋科学技术，着力推动海洋科技向创新引领型转变"；"建设海洋强国必须大力发展海洋高新技术"。③2018年6月习近平在考察青岛海洋科学与技术试点国家实验室时强调，"建设海洋强国，必须进一步关心海洋、认识海洋、经略海洋，加快海洋科技创新步伐"。④2021年11月，"奋斗者"号全海深载人潜水器成功完成万米海试并胜利返航，习近平在贺信中殷殷嘱托科研人员"为加快建设海洋强国、为实现中华民族伟大复兴的中国梦而努力奋斗"。⑤可见，习近平十分重视海洋科技的发展，依靠科技来推进海洋经济转型，体现了科学的海洋发展观。

四是重视海洋维稳维权。习近平指出："我们爱好和平，坚持走和平发展道路，但决不能放弃正当权益，更不能牺牲国家核心利益。要统筹维稳和维权两个大局，坚持维护国家主权、安全、发展利益相统一，维护海洋权益和提升综合国力相匹配。要坚持用和平方式、谈判方式解决争端，努力维护和平稳定。要做好应对各种复杂局面的准备，提高海洋维权能力，坚决维护我国海洋权益。要坚持'主权属我、搁置争议、共同开发'的方针，推进互利友好合作，寻求和扩大共同利益的汇合点。"⑥习近平还指出："海军作为国家海上力量主

---

① 《习近平在山东考察时强调切实把新发展理念落到实处，不断增强经济社会发展创新力》，《人民日报》2018年6月15日。

② 《习近平在中共中央政治局第八次集体学习时强调进一步关心海洋认识海洋经略海洋，推动海洋强国建设不断取得新成就》，《人民日报》2013年8月1日。

③ 《习近平在中共中央政治局第八次集体学习时强调进一步关心海洋认识海洋经略海洋，推动海洋强国建设不断取得新成就》，《人民日报》2013年8月1日。

④ 《习近平在山东考察时强调切实把新发展理念落到实处，不断增强经济社会发展创新力》，《人民日报》2018年6月15日。

⑤ 《习近平致信祝贺"奋斗者"号全海深载人潜水器成功完成万米海试并胜利返航》，《人民日报》2020年11月29日。

⑥ 《习近平在中共中央政治局第八次集体学习时强调进一步关心海洋认识海洋经略海洋，推动海洋强国建设不断取得新成就》，《人民日报》2013年8月1日。

体,对维护海洋和平安宁和良好秩序负有重要责任。大家应该相互尊重、平等相待、增进互信,……携手应对各类海上共同威胁和挑战,合力维护海洋和平安宁。"[1]可见,习近平把维护海洋权益作为我国海洋事业发展的基点,在坚持维护国家主权、安全、发展利益的基础上,以合作共赢为最终目标,努力推进与海洋邻国的互利友好合作,全力寻求和扩大利益共同点。

上述海洋经济、海洋生态、海洋科技和海洋权益四部分内容是相互联系、相互促进的一个整体,是海洋强国不可或缺的重要内容。

2. 倡导建设海洋命运共同体

早在2013年3月,习近平在莫斯科国际关系学院发表演讲时指出:"这个世界,各国相互联系、相互依存的程度空前加深,人类生活在同一个地球村里,生活在历史和现实交汇的同一个时空里,越来越成为你中有我、我中有你的命运共同体。"[2]2017年1月17日,习近平在世界经济论坛2017年年会开幕式上发表的《共担时代责任,共促全球发展——在世界经济论坛2017年年会开幕式上的主旨演讲》中指出:"人类已经成为你中有我、我中有你的命运共同体,利益高度融合,彼此相互依存。"[3]1月18日,习近平在瑞士日内瓦出席"共商共筑人类命运共同体"高级别会议,发表题为《共同构建人类命运共同体》的主旨演讲指出,为了促进世界的和平与发展,"中国方案是:构建人类命运共同体,实现共赢共享"[4]。2017年3月23日,联合国人权理事会将命运共同体写进了决议,表明习近平提出的构建人类命运共同体理念在国际上得到了广泛的认可。[5]2019年6月8日,在中国人民解放军海军成立70周年之际,习近平指出:"海洋孕育了生命、联通了世界、促进了发展。我们人类居住的这个蓝色星球,不是被海洋分割成了各个孤岛,而是被海洋连结成了命运共同体,各国人民安危与共。"[6]这就明确提出了海洋命运共同体理念,即通过和平、发展、合作、共赢的方式,将海洋变成为全人类共享的和平之海,构建出新型的海洋秩序——海洋命运共同体。构建海洋命运共同体理念,展现了习近平大时代、大格局、大战略、大智慧的外交视野,主要表现为两个对接。

一是倡导中国梦与世界梦相对接。2012年11月29日,习近平在参观"复兴之路"展览

---

[1]《习近平集体会见出席海军成立70周年多国海军活动外方代表团团长》,《人民日报》2019年4月24日。

[2]《顺应时代前进潮流,促进世界和平发展——在莫斯科国际关系学院的演讲》(2013年3月23日,莫斯科),《人民日报》2013年3月24日。

[3] 习近平:《共担时代责任,共促全球发展——在世界经济论坛2017年年会开幕式上的主旨演讲》(2017年1月17日,达沃斯),《人民日报》2017年1月18日。

[4] 习近平:《共同构建人类命运共同体——在联合国日内瓦总部的演讲》(2017年1月18日,日内瓦),《人民日报》2017年1月20日。

[5]《"构建人类命运共同体"首次写入联合国决议》,《人民日报》2017年2月12日。

[6]《习近平集体会见出席海军成立70周年多国海军活动外方代表团团长》,《人民日报》2019年4月24日。

的讲话中指出,"我以为,实现中华民族伟大复兴,就是中华民族近代以来最伟大的梦想"①。习近平的这段话清晰地概括了中国梦的内涵——实现中华民族伟大复兴。2014年5月15日,习近平在中国国际友好大会暨中国人民对外友好协会成立60周年纪念活动上的讲话中指出:"中国梦既是中国人民追求幸福的梦,也同世界人民的梦想息息相通。中国将在实现中国梦的过程中,同世界各国一道,推动各国人民更好实现自己的梦想。"②这就明确指出中国梦与世界梦是完全可以对接的,中国愿同世界各国一道来实现"中国梦""世界梦"。

二是将中国发展与世界发展相对接。2013年1月28日,习近平在十八届中央政治局第三次集体学习时的讲话中指出,"世界繁荣稳定是中国的机遇,中国发展也是世界的机遇";我们要"把中国发展与世界发展联系起来,把中国人民利益同各国人民共同利益结合起来,不断扩大同各国的互利合作,以更加积极的姿态参与国际事务,共同应对全球性挑战,努力为全球发展作出贡献"。③ 2014年11月17日习近平在澳大利亚联邦议会演讲再次强调,"只有世界发展,各国才能发展;只有各国发展,世界才能发展";"中国愿意同各国共同发展、共同繁荣"。④习近平将中国发展与世界发展相对接的思想,也是中国海洋发展的指导思想。即是说,中国海洋的发展要促进各国海洋的共同发展、共同繁荣。中国愿与世界携手共同构建海洋命运共同体,将海洋变成各国共享的和平之海。

(四)一个基本路径——海上丝绸之路倡议

2013年9月和10月,习近平提出了建设"新丝绸之路经济带"和"21世纪海上丝绸之路"的倡议。⑤关于海上丝绸之路,2015年习近平在博鳌论坛上提出,"要加强海上互联互通建设,推进亚洲海洋合作机制建设,促进海洋经济、环保、灾害管理、渔业等各领域合作,使海洋成为连接亚洲国家的和平、友好、合作之海"。⑥ 2017年习近平在"一带一路"国际合作高峰论坛圆桌峰会开幕式上提出,"设施联通是合作发展的基础"。⑦在闭幕式上,习近平再次表示,

---

① 《习近平在参观〈复兴之路〉展览时强调承前启后 继往开来 继续朝着中华民族伟大复兴目标奋勇前进》,《人民日报》2012年11月30日。

② 习近平:《在中国国际友好大会暨中国人民对外友好协会成立60周年纪念活动上的讲话》(2014年5月15日),《人民日报》2014年5月16日。

③ 《习近平在中共中央政治局第三次集体学习时强调更好统筹国内国际两个大局,夯实走和平发展道路的基础》,《人民日报》2013年1月30日。

④ 习近平:《携手追寻中澳发展梦想 并肩实现地区繁荣稳定——在澳大利亚联邦议会的演讲》(2014年11月17日堪培拉,澳大利亚议会大厦),《人民日报》2014年11月18日。

⑤ 习近平:《携手建设中国—东盟命运共同体——在印度尼西亚国会的演讲》(2013年10月3日,雅加达),《人民日报》2013年10月4日。

⑥ 习近平:《迈向命运共同体,开创亚洲新未来——在博鳌亚洲论坛2015年年会上的主旨演讲》(2015年3月28日,海南博鳌),《人民日报》2015年3月29日。

⑦ 习近平:《携手推进"一带一路"建设——在"一带一路"国际合作高峰论坛开幕式上的演讲》(2017年5月14日,北京),《人民日报》2017年5月15日,第3版。

"'一带一路'建设国际合作要继续把互联互通作为重点""打造基础设施联通网络"[①]。2017年习近平在党的十九大报告中指出,"要以'一带一路'建设为重点,坚持引进来和走出去并重,遵循共商共建共享原则,加强创新能力开放合作,形成陆海内外联动、东西双向互济的开放格局"。[②]2019年在京津冀三省市考察并主持召开京津冀协同发展座谈会上,习近平强调"经济要发展,国家要强大,交通特别是海运首先要强起来"。[③]2013年7月30日中共中央政治局就建设海洋强国研究进行第八次集体学习,习近平指出,"当前,以海洋为载体和纽带的市场、技术、信息、文化等合作日益紧密,中国提出共建21世纪海上丝绸之路倡议,就是希望促进海上互联互通和各领域务实合作,推动蓝色经济发展,推动海洋文化交融,共同增进海洋福祉"。[④]海洋发展离不开海运,海洋合作离不开互联互通,以互联互通为建设重点的"一带一路"承载着从古代就已形成的对沿线国家的和平友好传统,力图加强合作、共享发展成果,正是合作共赢的具体表现,既是中国实现海洋强国战略的必由之路,也是构建"海洋命运共同体"的有效路径。

总之,习近平关于海洋强国的论述已形成了包含"一个总目标、两个原则、两大任务、一个基本路径"的系统、完整的海洋发展观,是习近平新时代中国特色社会主义思想的重要组成部分,也是我国发展海洋事业、建设海洋强国、推动构建海洋命运共同体的指导思想。习近平新时代海洋发展观的形成,是习近平将马克思主义与中国革命实践相结合的产物,是对新中国海洋发展思想的继承与发展,也是习近平"究天人之际,通古今之变",鉴往知来,总结中外历史规律,结合历史与现实进行理论与实践创新的产物。

二、习近平新时代海洋发展观是世界海洋历史演进的产物

在古代,由于科学技术落后的局限,世界各个陆地被海洋所分割隔绝,汪洋大海成为人类活动和交往的最大障碍。从公元前8世纪开始,位于地中海的古希腊(公元前8世纪—公元前2世纪)、古罗马(公元前2世纪—公元6世纪)就已经开始利用近海海域提升国力,依海兴国初露端倪。地中海成为世界历史上第一个海洋文明圈,是公认的海洋文明摇篮。在东半球,中国自秦汉就开始探索一条从西太平洋至印度洋的海上通道,随着"海上丝绸之路"的开辟,东方海洋文明的画卷也徐徐展开。尽管如此,古代的海洋文明仍从属于陆地文明,因为这些近海海洋文明圈彼此之间并无联系,仍处于孤立发展状态,其影响十分有限。

---

① 习近平:《在"一带一路"国际合作高峰论坛圆桌峰会上的闭幕辞》,《人民日报》2017年5月16日。
② 习近平:《决胜全面建成小康社会,夺取新时代中国特色社会主义伟大胜利——在中国共产党第十九次全国代表大会上的报告》(2017年10月18日),《人民日报》2017年10月28日。
③《习近平在京津冀三省市考察并主持召开京津冀协同发展座谈会时强调稳扎稳打勇于担当敢于创新善作善成,推动京津冀协同发展取得新的更大进展》,《人民日报》2019年1月19日。
④《习近平在中共中央政治局第八次集体学习时强调进一步关心海洋认识海洋经略海洋,推动海洋强国建设不断取得新成就》,《人民日报》2013年8月1日。

进入15、16世纪后，资本主义萌芽在西欧兴起，西欧沿海国家开始向海洋发展，通过海路开拓世界市场、探寻原料产地，以满足资本主义发展的需求，人类历史进入了具有重大转折意义的大航海时期，这标志着海洋文明开始兴起。开展探险活动的航海家是大航海的最早开拓者。西欧濒海的葡萄牙和西班牙最先开启了探索海路的探险活动。从1443年起，葡萄牙航海家在皇室的支持下，开始摸索通往印度的海上航路，穿越了西非海岸的博哈多尔角，于1487年7月到达非洲的最南端好望角。1498年，葡萄牙航海家达·伽马船队绕好望角，经莫桑比克等地到达印度。这条航路的开辟促进了欧亚海上贸易的发展，也使葡萄牙崛起为世界海洋强国。相邻的西班牙也不甘落后，先后于1492年、1519年派遣航海家哥伦布、麦哲伦探索新航路。哥伦布船队横渡大西洋，到达了美洲，发现了"新大陆"，美洲便成为西欧早期对外殖民侵略的主要对象。麦哲伦带领船队绕过南美洲，然后横渡太平洋，穿过亚洲马六甲海峡到达印度洋，又绕过非洲好望角回到西班牙。麦哲伦这次航行的意义在于他证明了地球是圆的，通过海洋可以联接世界上所有的陆地。即是说，海洋不再是隔绝陆地的障碍，反而成为联通陆地最便利的航道，这是人类对海洋认知的重大突破。新航道的开辟极大地促进了葡、西两国势力所及地区的"贸易"，这些地区主要是美洲、非洲，然后是亚洲、大洋洲。这些地区尚处于落后的封建社会、奴隶社会甚至原始社会时期，无力抵抗正在向资本主义制度过渡的先进西欧国家的入侵。葡、西两国主要依靠暴力开路，强制航道沿线国家进行"贸易"，在各大洲建立殖民商业网点，实际上是赤裸裸地掠夺航道沿线国家的香料、白银和黄金，通过剥夺落后国家的财富促进本国资本主义的发展，从而成为该时期的海洋大国。继葡、西之后，处于西班牙统治下的尼德兰（今荷兰、比利时、卢森堡和法国北部），由于处在濒海的有利地理位置，以造船业和航海业为标志的工商业得到了迅速发展，资产阶级日渐壮大。1566—1581年，尼德兰爆发了资产阶级革命，建立了世界历史上第一个资本主义制度国家——荷兰共和国。资本主义的一个重要属性是对外扩张。资本主义制度的确立进一步推动了荷兰面向海洋的发展。从16世纪末起，荷兰商船队往东航行到印度和爪哇，往西行至非洲大陆南端。[1]1622年，荷兰商船的活动地区到达北美东岸、中国台湾、中国东南沿海，1643年到达大洋洲的新西兰。到17世纪中叶，荷兰造船业一度位居世界首位，穿梭于世界各地的荷兰商船已达近万艘，贸易额占到全世界总贸易额的一半。同时，荷兰还建立了当时世界上最大的殖民帝国，成为名副其实的世界海洋强国。接着，英国在海洋群雄争霸中脱颖而出。英国是一个岛国，面海发展意识强烈。16世纪中期，英国资产阶级迅速兴起，1640年英国爆发了资产阶级革命，1688年英国最终确立了资产阶级君主立宪制。资本主义制度的正式建立推动着英国对海外的扩张。16世纪后期到19世纪，英国依靠工业革命的红利，建立起强大的海军力量。这使英国能在与其他海洋强国的厮杀角逐中，逐步取得世界海洋霸权和商业霸权。其中，英国先后在英西海战中击败西班牙的无敌舰队跻身海洋强国；通过三次海战将荷兰拉下了海洋霸主的宝座；与正在崛起的海洋强国法国展开五次激烈的海上

---

[1] 谢茜：《世界历史进程中的中国海洋战略的演进》，博士学位论文，武汉大学，2010年，第24页。

交锋，均以胜利收场，从此成为当时的海洋霸主。18—19 世纪，英国利用两次科技革命的成果率先实现了近代化，以拥有世界上最强大的海军为后盾，疯狂进行征服战争，抢夺殖民地，扩大势力范围，建立了以海权为核心的庞大的殖民帝国，被称为"日不落帝国"。

19 世纪到 20 世纪初，美洲的美国、欧洲的德国与亚洲的日本，也以建立和扩充海上力量为先导，进入了海洋大国的行列。其中，最引人注目的是美国。到 19 世纪末，美国已发展成为世界第一经济大国，但当时的美国只是一个陆权大国，不是海权大国，因而也不是世界强国，它的影响所及仅仅是北美洲。于是，美国便把目光转向了海洋。美国总统西奥多·罗斯福在思考美国的发展道路时说过："美国人要么甘心做二流国家，要么建立一支强大的海军。"[1]之后，美国采用了马汉的海权理论，着力将建设海洋大国作为美国在 20 世纪的发展目标。马汉认为，大洋从地理上将美国与所有对手完全分隔，因此美国没有建立陆军的压力，但美国如果要加强与其他国家的交往，向外部世界扩张，又必须依赖于海洋。[2]同时，他洞察历史，将浩瀚的人类活动史浓缩成一幅人类开发海洋的地图，指出"以贸易（指商品输出）立国的国家，必须控制海洋。夺取并保持制海权，特别是与国家利益和海外贸易有关的主要交通线上的制海权，是国家强盛和繁荣的主要因素"[3]。最终，马汉的海权理论为美国的发展指明了方向，确定了美国兼顾发展海权和陆权的国家战略，加快以战列舰建造为主要内容的海军建设，使海军力量迅速增强。1906 年美国海军已跻身世界第三，1907 年上升为世界第二，仅次于英国。

当美国海军实力增强之后，美国便以自己为中心，由近及远，向海洋拓展，逐渐确立了"一海两洋战略"。一海，即对加勒比海及南美洲海域实施控制战略，将其变成美国的"内海"。两洋，即太平洋战略和大西洋战略。为此，美国组建了太平洋舰队和大西洋舰队，形成了全球海洋战略网络，成功地完成了从"大陆扩张"到"海洋扩张"、从陆权国家到海权国家的转型，[4]这标志着世界上又一个新兴海洋大国的诞生。

1914—1918 年的第一次世界大战给美国带来了海权发展的良机。在战争后期，为了支持英、法、俄协约国在欧洲的作战，美国建立大西洋护航体系，远征欧陆，将数百万吨的战争物资和 200 万兵力送达欧洲，标志着美国海上的护航能力和运输能力已提升到一个其他国家难以企及的新高度。到一战结束时，美国的海军实力已达到世界一流，可以与英国平起平坐，并拉开了同其他国家海上力量的差距，这标志着美国实现了从海权大国向海权强国的转变。

---

[1] William N.Still, Jr., *American Sea Power in the Old World*, Greenwood Press, 1980, p.137. 转引自刘娟《美国海权的演进》，社会科学文献出版社 2014 年版，第 16 页。

[2] [美] 马汉 (Mahan, A.T.):《海权对历史的影响：1600—1783 年：附亚洲问题》，李少彦等译，海洋出版社 2013 年版，第 19—65 页。

[3] 王月霞:《军事技术知识篇》(上)，远方出版社 2006 年版，第 13 页。

[4] 刘娟:《从陆权大国向海权大国的转变——试论美国海权战略的确立与强国地位的初步形成》，《武汉大学学报（人文科学版）》2010 年第 1 期。

1931—1945 年的第二次世界大战给美国海权发展带来了又一次良机。二战海上争夺之激烈、海战规模之庞大，在世界历史上是空前的。出于反法西斯战争的需要，美国凭借世界上独一无二的经济实力，迅速发展海上力量，提升海上航运能力，以保证太平洋和大西洋海战的胜利以及对盟国租借物资的供应。到 1945 年 8 月 31 日，美国"海军陆战队人数达到 48.5 万，舰船数量达到 68936 艘，其中 1166 艘是主力舰"，[①]海外基地遍布各大洋，综合国力全面提升成为世界超级大国，终于取代英国成为世界上独一无二的海洋霸主。

战后在以美、苏两极为核心的两个阵营的冷战中美国始终占据上风。从总体上看，冷战期间以海权大国美国为首的资本主义阵营控制着世界的海洋，以海权包围封锁苏联及社会主义阵营，被称为"边缘战略"；而以陆权大国苏联为首的社会主义阵营则控制着欧亚大片陆地中心地带，被称为"中心战略"。这一场持续了近半个世纪的冷战，最终以拥有强大海权的美国战胜海权偏弱的苏联而宣告结束。

综上所述可以发现，近代以来西方列强开辟海路的过程确实打破了长久以来各个大陆板块相互孤立、人类相互封闭的状态，为世界各地区的联通与交流作出了积极贡献。但同时我们也应看到，西方列强的兴起，是以牺牲海路沿线的美洲、非洲、亚洲、大洋洲等落后地区为代价的。二次大战后，西方殖民体系瓦解，殖民地纷纷独立，世界政治的大变局使得战后各国的面海发展方式逐渐转变为开发和利用海洋。当然，例外的是美国仍凭借其海洋霸主地位，利用强大的海上力量进行冷战，用武力干涉别国内政，在战后海洋史上写下了不和谐的一页。

20 世纪 50 年代末 60 年代初，世界各沿海国更加重视面海发展，把海洋发展战略提升到国家战略的高度。法国总统戴高乐提出向海洋进军的口号，成为当时西方发达国家的共识，各沿海国尤其是美国、英国、日本等发达国家，都纷纷制定海洋开发战略和长远规划，出台了海洋综合性的总政策，加快了海洋发展的步伐。1982 年《联合国海洋法公约》的诞生标志着现代国际海洋法制体系的确立，各沿海国家都在《公约》原则下扩展本国海域管辖范围，调整海洋发展战略，颁布本国海洋开发和管理的法律法规，以保障本国海洋事业的可持续发展。例如：自 20 世纪 90 年代以来，美国制定了一系列海洋发展战略规划。2000 年美国国会通过了《海洋法案》，2004 年《21 世纪海洋蓝图》《美国海洋行动计划》陆续公布，21 世纪的美国海洋事业的长期发展规划和具体行动纲领得以确定。日本作为岛国历来重视面海发展。自 20 世纪 60 年代以来，日本强调"海洋立国"战略，经济发展重心逐渐从重工业、化工业过渡为开发海洋、发展海洋产业。2001 年日本政府制定了海洋开发战略计划，提出了 10 年海洋发展框架，把海洋开发确立为优先研究领域。2001 年，欧盟制定了《欧洲海洋战略》，2007 年又制定了《欧盟海洋综合政策》（蓝皮书）及《"蓝皮书"行动计划》，推动了欧盟深度面海发展。2001 年，俄罗斯制订了《俄罗斯联邦 2020 年前海洋学说》，开始全面向海洋进军。总之，自 20 世纪末以来，世界各沿海国面海发展的热潮有增无减，持续高涨，催生了经济全球化浪潮，使世界进入了百年未有之大变局之中。

[①] 刘娟：《美国海权的演进》，社会科学文献出版社 2014 年版，第 141 页。

早在 2003 年 8 月 18 日，习近平就在浙江省海洋经济工作会议上指出，"纵观世界经济发展的历史，一个明显的轨迹，就是由内陆走向海洋，由海洋走向世界，走向强盛"。① 2019 年 4 月 24 日，习近平又强调指出："海洋孕育了生命、联通了世界、促进了发展。"②这就高度归纳、概括了世界海洋发展的历史经验。可见，习近平的新时代海洋发展观是符合世界历史发展大趋势的，是世界历史演进的产物。

三、习近平新时代海洋发展观是中国海洋历史演进的产物

中国既是陆地大国也是海洋大国，早在汉唐时期，中国就已成为东亚文明的中心，在近海的海洋活动十分频繁，海洋渔业、海洋航运、海洋贸易十分活跃。海洋贸易的发展，催生了古代海上丝绸之路。即商船以中国东南沿海为起点，从南海穿越东南亚马六甲海峡，经过印度洋、阿拉伯海、红海，抵达非洲东海岸，将中国的丝绸、茶叶、瓷器等产品，运往印度洋沿岸，再转运到地中海沿岸各国。

在秦代，中国已发明了帆船，用于海洋远航。据《史记》记载，秦始皇（前 259—前 210）曾派徐福率数千童男童女乘船渡海，去蓬莱、方丈、瀛洲（今日本）三座神山寻找长生不老仙药，因寻药不得，遂留居当地。现在，日本和歌县等地多处都建有徐福墓。可见，2200 年前中日海路已经打通。汉代十分重视海上对外贸易航路的开拓，曾多次派遣贸易船队经过越南、马来西亚、新加坡、印度尼西亚、泰国、缅甸等国近海，到达印度洋东海岸，称之为"海上丝绸之路"。唐朝开辟的航路从广州出发沿东南亚，穿过波斯湾、红海，途经 30 多个国家和地区，直至东非沿岸，航行约 1.4 万多海里，是 16 世纪以前世界上最长的远洋航线。③五代时期，中国商船开辟了经印度洋入红海，到达北非与东非的海上交通线。④至此，海上丝绸之路全面超越陆上丝绸之路，成为当时中国同海外各国开展贸易的主要交通线。宋元时期，指南针运用于航海，使海上丝绸之路更加繁荣，中外贸易得到进一步发展。

明代前期，永乐帝和宣德帝对远航行动的大力支持，成就了郑和七下西洋的历史。但郑和下西洋与西欧大航海存在着诸多差异。从规模来看，哥伦布、麦哲伦的航海只是少量小型船只的探险活动，而从永乐三年（1405）到宣德八年（1433）的 28 年间，郑和舰队七次远航，每一次具体的船只和人数虽各不相同，但至少都有 60 余艘主船、百余艘各式海船、2.7 万名左右将士。⑤郑和船队浩浩荡荡从东海出发，经南海、马六甲海峡、印度洋，最终到达过阿拉伯半岛和非洲东海岸，航行了近半个地球。⑥不论从船队规模，还是航行距离来说，

---

① 习近平：《干在实处走在前列：推进浙江新发展的思考与实践》，中共中央党校出版社 2006 年版，第 180 页。
②《习近平集体会见出席海军成立 70 周年多国海军活动外方代表团团长》，《人民日报》2019 年 4 月 24 日。
③ 陈炎：《略论海上"丝绸之路"》，《历史研究》1982 年第 3 期。
④ 谢茜：《世界历史进程中的中国海洋战略的演进》，博士学位论文，武汉大学，2010 年，第 26 页。
⑤ 郑一钧：《论郑和下西洋》，海洋出版社 1985 年版，第 48—120 页。
⑥ 谢茜：《世界历史进程中的中国海洋战略的演进》，博士学位论文，武汉大学，2010 年，第 29 页。

都可以称得上前无古人的壮举，在古代中国和世界航海史上留下了最绚烂的一笔。从目的来看，欧洲航海是出于资本主义发展的需求，开拓海外市场、掠夺资源，进行资本的原始积累，发展资本主义。而中国明代的封建制度十分完备，导致资本主义的萌芽在中国难以开花结果。郑和下西洋的主旨是宣扬国威而非拓展世界市场，对待朝贡的国家更是采取"薄来厚往"的贡赐形式，建立友好关系，从而也将中国文化传播到沿海各国。正如习近平所言，"15世纪初，中国明代著名航海家郑和七次远洋航海，到了东南亚很多国家，一直抵达非洲东海岸的肯尼亚，留下了中国同沿途各国人民友好交往的佳话"。[1]

事实上，明朝中后期至清代中期，均采取了海禁政策，其实质无异于闭关锁国，其结果是在西欧资本主义兴起之际，中国仍滞留于封建社会，与发展机遇失之交臂，开始成为世界上落伍的大国。即是说，中国的落后并非始于鸦片战争，而是从15、16世纪开始就初露端倪。

也是在西欧大航海之后，西方的殖民主义者，最早是葡萄牙、西班牙、荷兰，便开始借助海洋来到中国。其中，荷兰还在1624年武力侵占了中国台湾。但当时中国还是世界上综合国力强大的国家，葡、西、荷等国国力与中国比仍有限，所以尽管这一批西方殖民主义者对中国的安全造成了威胁，但未能撼动清王朝的根基。进入18世纪后，西欧兴起了第一次工业革命，英国脱颖而出，以炮舰为后盾，以商品为先导，开始向世界所有落后地区发动了剑与火的征服与掠夺，中国也未能幸免。19世纪世界迈入了海洋时代，欧美各国及后起的日本以商业殖民、传教、炮舰武力等多重手段，通过海洋向世界所有地区进行征服与掠夺，闭关锁国的中国进一步惨遭西方列强的欺凌。据统计，1840—1919年，日、英、法、美、俄、德等国从海上入侵中国达470余次，出动舰艇1860次。[2]其中，有重大影响的海上入侵有：鸦片战争、第二次鸦片战争、中法战争、甲午中日战争和八国联军侵华战争等。在西方列强炮舰的威胁下，清政府被迫签订了一系列不平等条约，中国沦为了列强共同支配的半殖民地国家。在此期间，清政府中的有识之士认识到中国的威胁主要来自海洋，开始强调海防的重要性。于是，北洋水师、南洋水师得以在清朝末年组建。至1881年，加上从英国购入的2艘快船、6艘跑船，再加上先后调进沪、闽两厂的5艘船，北洋水师共有13艘船，已初具规模。[3]但此后直到1894年甲午战争前，因清政府忽视海防，北洋水师没有添置一舰一炮，这成为甲午海战失利的重要原因之一。最终，自鸦片战争开始，中国国家主权严重受损，国土日益锐减，受尽屈辱，从世界泱泱大国变成了人见人欺的"东亚病夫"。

民国初期，孙中山在日本期间深受海权论的影响，主张建立海权。1912年中华民国宣告成立之后，海军部成为直属大总统的九部之一。1913年，民国海军组编为三个舰队，总计拥有舰艇42艘。1929年6月，南京国民政府成立海军部，把下辖的舰队整编为四个舰队，分别负责长江流域、东海海域、渤海海域和黄海海域、广东省沿海和珠江流域的海防任务。[4]

---

[1]《习近平集体会见出席海军成立70周年多国海军活动外方代表团团长》，《人民日报》2019年4月24日。

[2] 张序三：《海军大辞典》，上海辞书出版社1993年版，第1255页。

[3] 杨文鹤、陈伯镛：《海洋与近代中国》，海洋出版社2014年版，第169页。

[4] 刘光远：《我国海疆行政管理体制改革研究》，大连海事大学硕士学位论文，2014年，第27页。

但国力衰弱的民国政府也无力保持稳定和足够的海防投入,因此近代以来中国"有海无防"的局面仍未得到根本改变,这给后来的抗日战争造成了极大的困难。1937年七七事变时,日本已成为东方的海洋强国,拥有包括航空母舰在内的总吨位达110余万吨的庞大舰队,[①]而当时中国海军所有舰艇总吨位仅有几万吨。全面抗战爆发后,日本海军以压倒性优势击败了中国海军,取得了中国近海的制空权和制海权,控制并封锁了中国沿海、沿江区域,协助日本陆军开展大规模登陆作战,[②]在短短一年多的时间里,占领了中国华北、华东、华中和华南的大片国土。可见,海权的缺失导致我国在抗日战争中付出了巨大代价,教训之惨痛难以言表。正如2014年6月27日习近平在接见第五次全国边海防工作会议代表时所指出的,"一提到边海防,就不禁想起了中国近代史。那个时候,中国积贫积弱,处于任人宰割的地步,外敌从我国陆地和海上入侵大大小小数百次,给中华民族造成了深重灾难。这一段屈辱历史,我们要永志不忘"。[③]

  新中国成立后,海洋事业与国家整体事业同步发展,也实现了从"站起来"到"富起来",再到"强起来"的转变。新中国成立前后,毛泽东对新中国的自身情况和外部安全环境做出了重要的判断。毛泽东表示"过去帝国主义侵略中国大都是从海上来的,现在太平洋还不太平"[④];"我们的海岸线这么长","现在我们的海军还不够强大"[⑤];"要看好我们国家的东、南大门"[⑥];"有效地防御帝国主义的可能的侵略"[⑦];"我们一定要建立强大的海军"。[⑧]在《目前形势和党在1949年的任务》中,毛泽东指出:"1949年及1950年我们应当争取组成一支能够使用的空军及一支能够保卫沿海沿江的海军"。[⑨]1949年4月23日,华东军区海军正式成立,标志着新中国海军的诞生。之后,毛泽东又把目光聚焦于如何建设"强大的海军队伍"。1949年8月,毛泽东召见华东军区海军相关人员商讨海军建设事宜,强调"我们要建立一支强大的海军!"[⑩]1950年元旦,毛泽东为《人民海军报》创刊号题词:"我们一定要建立一支海军,这支海军要能保卫我们的海防,有效地防御帝国主义的可能的侵

---

① [日]防卫研究所战史室:《战史丛书79.中国方面海军作战1》,东京朝云新闻社1975年版,第237—232页。
② 谢茜:《世界历史进程中的中国海洋战略的演进》,博士学位论文,武汉大学,2010年,第87页。
③《习近平在接见第五次全国边海防工作会议代表时强调强化忧患意识使命意识大局意识,努力建设强大稳固的现代边海防》,《人民日报》2014年6月28日。
④《毛泽东年谱:1949—1976》第二卷,中央文献出版社2013年版,第33页。
⑤《毛泽东年谱:1949—1976》第二卷,中央文献出版社2013年版,第33页。
⑥ 转引自齐霁《人民军队发展史上的一个具有里程碑意义的会议——中国人民解放军海军诞生记》,中国社会科学网,2019年4月2日,http://www.cssn.cn/dq/bj/201904/t20190402_4859321.shtml,登录时间:2021年10月4日。
⑦《毛泽东军事文集》第六卷,军事科学出版社、中央文献出版社1993年版,第67页。
⑧《毛泽东军事文集》第六卷,军事科学出版社、中央文献出版社1993年版,第343页。
⑨《毛泽东文集》第五卷,人民出版社1996年版,第232页。
⑩ 安建设:《毛泽东关注人民海军建设:"太平洋还不太平"》,《党的文献》2010年第1期。

略。"①1952年2月,毛泽东与海军领导人一起探讨海军领导机关设置、装备发展、部队建设等问题。②1953年2月,毛主席搭乘海军舰艇巡阅长江沿线,他先后为"长江""洛阳""南昌"等军舰亲笔题词5次,都表达了一个核心意思———"为了反对帝国主义的侵略,我们一定要建立强大的海军"。③在以毛泽东为首的党中央和中央军委的高度重视下,1955年到1960年间,海军东海、南海、北海三个舰队陆续建成,中国的海防能力得到大幅提升。除了建成一支强大的海军队伍外,新中国也注重建构海洋产业。1949年的《共同纲领》指出"保护沿海渔场,发展水产业",明确对渔业经济发展提出要求。④到1953年,海产品的比例已超水产品总量的2/3。海洋交通运输业也得到了重视。1953年以前,"内河只有很少的古老的轮船,几乎完全没有远洋的运输",⑤但短短一年的时间中国已与17个国家通航。⑥海洋运输业的发展需要有良好的基础设施与设备的支撑,因此在国家政策的支持下,港口建设、船舶制造等产业也得到进一步发展。此外,建国初期海洋盐业也作为海洋产业的一大支柱产业得到了重点关注。

在建设海防力量、恢复海洋产业的同时,新中国也着手成立了专门机构管理海洋事务。1964年,国家科学技术委员会正式向中共提交成立国家海洋局的报告。同年7月,第二届全国人民代表大会常务委员会会议批准决议,海洋局得以成立。同时交通部、农业部、轻工业部等部门也把海上交通运输、海上渔业行业管理、海上盐业等纳入管理工作,初步构成中国的海洋事业管理体系。

以上可见,新中国成立后,通过加强海防能力、构建海洋产业、设立涉海事务管理部门这三大措施,中国的海洋事业"站了起来",不仅初步具备了防卫国家海洋安全的军事力量,还为进一步经略海洋、发展海洋事业奠定了基础。

改革开放后,在邓小平提出的"和平与发展"时代主题指导下,中国全面对外开放,海洋事业和国家整体事业一起迎来了"富起来"的新时期。早在1979年邓小平就指出,"当前世界各国争相把科技重点、经济发展的重点、威慑战略的重点转向海洋,我们不可掉以轻心。中国要富强,必须面向世界,必须走向海洋"。⑦邓小平的这段话指明了我国海洋发展的三大任务:一是发展海洋经济,二是发展海洋科技,三是加强海上安全。在海军建设方面邓小平提出,"我们的海军应是近海作战,是防御性的",但"防御应当是积极的防御,积极防御本身就不只是一个防御,防御中有进攻"。⑧在海洋领土争端方面,邓小平提出了"主权在我,

---

① 《毛泽东军事文集》第六卷,军事科学出版社、中央文献出版社1993年版,第67页。
② 安建设:《毛泽东关注人民海军建设:"太平洋还不太平"》,《党的文献》2010年第1期。
③ 《毛泽东军事文集》第六卷,军事科学出版社、中央文献出版社1993年版,第343页。
④ 中共中央文献研究室编:《建国以来重要文献选编》第十三册,中央文献出版社2011年版,第655页。
⑤ 中共中央文献研究室编:《建国以来重要文献选编》第四册,中央文献出版社2011年版,第607页。
⑥ 彭克慧:《中国共产党几代领导人海洋战略思想研究》,博士学位论文,武汉大学,2015年。
⑦ 陈万军、司彦文、冯春梅:《春晖万里映海疆》,《人民日报》2009年4月23日。
⑧ 《邓小平军事文集》,(第三卷)军事科学出版社2004年版,第177页。

搁置争议，共同开发"的新思路，把合作开发海洋资源放到首位，不仅为我国的海洋发展营造了有利的周边环境，也探索出一条我国与其他周边沿海国家开展海洋合作的道路。到20世纪80年代中期，"经济特区——沿海开放城市——沿海经济开放区——内地"的生产布局初具雏形，海洋与内陆联动、东部沿海经济带动国民经济发展的格局已经形成。

1991年1月，全国海洋工作会议指出"海洋开发时代"即将到来。"会议讨论并通过了《九十年代我国海洋政策和工作纲要》，提出20世纪90年代海洋工作要以开发利用海洋、发展海洋经济为中心，围绕权益、资源、环境和防灾减灾来展开，在2000年使海洋产值占到国民生产总值3%的目标。"[1]同年，在国家计委的委托下，《全国海洋开发规划》编制工作开始全面铺开。1992年，党的十四大报告提出要坚决"维护国家海洋权益"。[2]1995年，在国务院的授权下，国家计委、国家科委、国家海洋局联合颁发了《全国海洋开发规划》，这是我国发布的第一个具有全局性和战略性的海洋规划。[3]同年10月，江泽民在青岛进行考察时，指示"开发和利用海洋将对我国的长远发展产生深远影响"。[4]"1997年，中国的海洋渔业、海盐和盐化工业以及海洋运输业、造船业、油气业和旅游业等主要海洋产业的总产值达3000多亿元，成为国民经济发展的积极推动力量。"[5]1998年5月28日，中国政府首次发表关于海洋方面的白皮书——《中国海洋事业的发展》，指出，"中国作为一个发展中的沿海大国，国民经济要持续发展，必须把海洋的开发和保护作为一项长期的战略任务"。[6]2002年，江泽民在党的十六大报告中要求"实施海洋开发"。[7]同年，国务院正式批准《全国海洋功能区划》，沿海省、市、县三级海洋功能区划工作也正式展开。2003年国务院印发了《全国海洋经济发展规划纲要》，全国海洋规划办公室也正式成立，沿海海洋经济统筹协调工作全面开展。2007年，胡锦涛在党的十七大报告中进一步强调要大力"发展海洋产业"。[8]2008年国家发改委和国家海洋局共同编制《国家海洋事业发展规划纲要》，国务院予以批复，海洋

---

[1]《海洋开发时代的挑战》，《人民日报》1991年1月9日。

[2]《加快改革开放和现代化建设步伐，夺取有中国特色社会主义事业的更大胜利——江泽民在中国共产党第十四次全国代表大会上的报告》（1992年10月12日），中央政府门户网站，2007年8月29日，http://www.gov.cn/test/2007-08/29/content_730511.htm，登录时间：2021年2月6日。

[3]《中国海洋事业改革开放40年系列报道之规划篇》，中华人民共和国自然资源部，2018年7月9日，http://www.mnr.gov.cn/zt/zh/ggkf40/201807/t20180709_2366677.html，登录时间：2021年12月9日。

[4] 单秀法：《江泽民论国防与军队建设》，解放军出版社2003年版，第182页。

[5]《中国海洋事业的发展》，《人民日报》1991年1月9日。

[6]《中国海洋事业的发展》，《人民日报》1991年1月9日。

[7] 新华月报编：《十六大以来党和国家重要文献选编》，人民出版社2005年版，第19页。

[8] 胡锦涛：《高举中国特色社会主义伟大旗帜 为夺取全面建设小康社会新胜利而奋斗——在中国共产党第十七次全国代表大会上的报告》（2007年10月15日），《人民日报》2007年10月25日。

事业得到全方面的统筹规划。①2012年11月8日，党的十八大报告中提出了"建设海洋强国"的目标和任务，②及时将我国的海洋发展战略提升到了国家战略高度。由于国家对海洋的重视，我国一系列海洋法律法规也相继出台，如《中华人民共和国领海及毗连区法》（1992）、《中华人民共和国专属经济区和大陆架法》（1996）、《中华人民共和国政府关于中华人民共和国领海基线的声明》（1998）等，从法律上为我国维护海洋权益提供保障。

总之，改革开放以来，我国的海洋事业取得了长足的发展。进入21世纪，我国海军力量的增长、海洋经济的繁荣、海洋科技的进步、海洋合作的加强、海洋环境的改善等，都达到新的高度，成为实现中华民族伟大复兴的重要组成部分。当前，在习近平海洋发展思想的指引下，我国又迈开了建设海洋强国的步伐，迎来了海洋强国的新时期，这是中华民族实现伟大复兴的需要，也是中国历史演进的必然趋势。

综上所述，习近平统筹国际国内两个大局，统筹陆地与海洋两个方面，顺应世界海洋史、中国海洋史的发展趋势，创造性地提出了"一个总目标、两个原则、两大任务、一个基本路径"的海洋强国思想，已形成为系统完整的新时代海洋发展观。这是习近平以马克思主义为指导，高屋建瓴进行的理论与实践的重大创新，是大时代、大格局、大战略、大智慧的体现，是我国实现建设海洋强国，进而推动中华民族伟大复兴的指导思想，也是引领世界海洋事业发展、构建海洋命运共同体的指导思想。

（原载《边界与海洋研究》2022年第2期）

---

① 刘佳、李双建：《我国海洋规划历程及完善规划发展研究初探》，《海洋开发与管理》2011年第5期。

② 胡锦涛：《坚定不移沿着中国特色社会主义道路前进，为全面建成小康社会而奋斗——在中国共产党第十八次全国代表大会上的报告》（2012年11月8日），《人民日报》2012年11月18日。

中国海疆史研究的几个问题

方 堃*

海疆是濒海国家国土疆域的重要组成部分。对海疆历史的研究是有关国家疆域历史研究的重要内容。近年来,学界对中国海疆史研究的成果颇丰,不仅建立起了相关叙事体系,而且对海疆历史发展中不同时期、不同区位和不同社会领域的研究也取得了重要进展。笔者不揣浅陋,仅就海疆史的概念内涵、历史分期、历史时期海疆发展的若干规律,以及陆疆与海疆关系等问题谈些看法。谬漏之处,谨请方家教正。

一、对海疆概念的辨析

研究表明,海疆概念所指今古不同。现代海疆概念是一个国家范畴的地理概念,一般被用于表达国家领海等主权空间;同时也被泛指包括领海基线以外的专属经济区、毗连区和大陆架在内的国家管辖海域与岛屿。[①]这里所谓海疆实质上是"国家海洋疆域"的简要表述,即现代国际法认可的、国家主权管辖范围内的近海海域和岛屿。比如,当我们论及当代中国疆域版图时使用以下表述:她包括960万平方千米陆地国土、由6500多个岛屿及按照现代国际海洋法规定应归中国管辖的近300万平方千米海域组成的海洋疆域。然而考察历史时期的海疆,我们会发现,无论是空间指向还是范围界限都与现代海疆多有不同。历史时期的海疆由哪些部分组成?范围有多大?传统海疆概念内涵是什么?古人如何认识陆、海关系?如何治理海疆?我们应如何评价先人的海洋观念与涉海实践?这些问题既属于学术范畴,更有重要的现实意义。因为它不仅是有关疆域历史研究的逻辑起点,更涉及中国国家疆域的形成与历史演变等重大问题。回答上述问题,在厘清海疆历史发展过程的基础上总结其发展规律,对于完整深入研究中国国家历史具有重要意义。历史时期的先民如何认识海洋和陆、海关系?这是对传统海疆概念进行辨析的关键问题;而回答这一问题首先要厘清地理条件与地缘环境对中国古代疆域观念产生的深刻影响。众所周知,中国地处东亚大陆,东临广阔的太平洋,西靠"世界屋脊"青藏高原,"被陆面海"是这块辽阔大陆的基本地理特征。从公元前20世纪起,在北起辽燕、南抵两

---

* 方堃,中国海洋大学海洋发展研究院研究员,主要从事海军史和中国海疆史研究。

① 如中国社会科学院边疆研究所马大正先生在《中国古代的边疆政策与边疆治理》一文中总结指出:"综合现有的认识,海疆可以包含两大部分,一是大陆海岸线至领海基线之间的海域,这是国家的内海,其法律地位与领土完全相同;二是按当今公认的国际法,领海基线以外的国家管辖海域,包括领海、毗连区、专属经济区和大陆架等国家的管辖海域和岛屿。"载《西域研究》2002年第4期。

粤，绵延 1.8 万千米的海岸线以内，历代王朝政权迭次更替，逐渐形成了以中原地区为核心区域的王朝国家疆域格局。围绕政权统治中心，王朝统治区域向各方向延伸，其极端处在东、南两方向抵达海岸线；西、西北、西南则止于横断、喜玛拉雅、昆仑、天山诸山脉。海岸线与巍峨天堑共同构成了王朝疆域的天然疆界。生活在这块大陆上的古代先民，有着广袤的生存空间和丰富的自然资源，无需跨越天然疆界向外拓展。这种地理环境深刻影响了我们的祖先对于国土疆域和海洋的认知。在王朝统治者的观念中，所有疆域皆为陆地。[1]他们在陆上划"疆"为"界"，规划出疆域的大致范围，由此衍生出有主权管辖意义的区域性空间形态。[2]需要指出的是，在相当长的历史时期内，有关王朝政权皆未明确划定疆域边界，但对陆土疆域却分割划出各级"区域"（或"政区"）作为管辖依据。[3]然而面对海洋，几乎所有王朝的统治者们都把区隔陆土与水域的海岸线作为王朝疆域的天然边界，并将大海视为保护疆域安全的天然屏障。对于海岸线以外的水体海域，古代先民没有、也不可能与陆土同等看待，更不可能将之与疆域的"区域"相关联。[4]在古人观念中，海洋是"王化"以外的另一个未知世界，它是无"疆"无"界"的。既然海域不在王朝疆域范围内，今人所谓"海洋疆域"在古代也就无从存在。虽然在数千年时间里，历代王朝疆域曾历经各种变迁而盈缩互现，但在人们头脑中，上述疆域观念并没有发生实质性改变。因此，历史时期的"海疆"并非指"海洋疆域"。

那么历史时期的"海疆"概念内涵是什么？我们又该如何确定其空间范围？笔者认为，这两个问题的答案在不同历史时期是有所变化的。我们知道在古代文献中"海疆"一词见诸文字相对较晚。[5]但自上古时期始，濒海而居的古代先民就形成了对所处生活环境中的海岸

---

[1]《诗经·小雅·北山》："溥天之下，莫非王土，率土之滨，莫非王臣。"毛注："溥，大；率，循；滨，涯也。"孔疏："古先圣人谓：中国为九州者，以水中可居为州。言民居之外皆水也。"由此可见，作者认为王者统治所及皆为陆地。其观念中疆域亦皆为陆地。见《十三经注疏》（汉）毛亨传、（汉）郑玄笺、（唐）孔颖达疏《毛诗正义》卷 13，中华书局 1980 年影印版，第 463 页。

[2] 古人释"疆"为"界"；而所有"疆域"皆指陆地。如《诗·大雅·江汉》："于疆于理，至于南海"。郑笺："于，往也；于，於也。召公於有叛戾之国则往。正其境界，修其分理；周行四方，至於南海。"孔疏："治我疆理于天下，谓画其土境正定其疆界也。"见《十三经注疏》中（汉）毛亨传、（汉）郑玄笺、（唐）孔颖达疏《毛诗正义》卷 18，中华书局 1980 年影印版，第 573 页。

[3]《尚书·禹贡》中，分天下为九州，即以自然地理实体（山脉、河流等）为标志，将全国划分为 9 个区域，并对每区域的疆域自然和人文地理现象做了大略描述。这种区域划分并无明确域界，体现出古人疆域观念中对区域划定的依据是自然地理实体的分布。

[4]《诗·大雅·江汉》："于疆于理，至于南海"，《书·周书·立政》："方行天下，至于海表"。这是中国古代经典著作中对海洋方位的典型表述，代表了当时人们对海的基本认识，即"海"皆处疆域和"天下"之外。见《十三经注疏》中（汉）毛亨传、（汉）郑玄笺、（唐）孔颖达疏《毛诗正义》卷 18《江汉》；《尚书正义》卷 17《立政》，中华书局 1980 年影印版，第 1461 页、第 232 页。

[5] 检索有关古籍，笔者所见最早以"海疆"一词表达沿海区域空间者为唐代李德裕。其所作《上尊号玉册文》中称："曩者北狄矜功，耗蠹中国，……倒悬不解，百有馀年。既而龙祠堙灭，携国款塞，质帝女，魇海疆，有狼顾平城之心，鲸吞咸洛之志。"见（清）董诰等编《全唐文》卷 700，中华书局影印嘉庆本 1983 年版，第 7197 页。

带、海岸线以及近岸水域的最初认识；继而对生活中观察到的陆地与海洋的关系，以及海洋对人类生活的影响产生看法并得出某种结论。①早期的海疆意识即由此形成。②因先民视海为陆地边缘之界，故古人早期观念中的海疆就是海界。

在"大一统"王朝国家形成之前，在燕、齐政权统治下的北方沿海局部已经进行了一定程度的早期开发。但诸侯政权中的多数政治家仍秉持"海疆即海界"的观念，将海界之外视为非"王土"所辖之地，因而未将海岸线以外的水域空间纳入管辖范围。③秦汉时期这种观念逐渐得以修正。伴随着"大一统"王朝国家的形成及其对疆域统治的巩固，在统治者观念中对疆域边缘区域，特别是沿海区域的认识出现了变化：海岸线以内的沿海区域，和部分海岸线以外的大型岛屿（如海南岛）被看作王朝疆域的"特殊区域"。考察秦和西汉两代王朝对国土疆域的统治实践，可以发现其在疆域边缘沿海区域都推行了特殊经略政策。这种经略实践使人们观念中的海疆从线状的区隔界限，演化扩大成为一种范围界限相对模糊的"区域"，被包括在王朝统治系统中的濒海行政区划范围内；其地位与其他边疆区域相同；但又因位处沿海，王朝政权对海疆采取不同的经略治理政策和行政管辖举措。秦汉以降，虽历经王朝变迁，但直至19世纪末蕴含于中国传统疆域观念中的海疆概念主体内涵从未出现实质性改变。更有意思的是，自秦至清几乎所有王朝的统治者，都没有对其统治下的海疆范围做出过明确界定。时至今日，学界对海疆概念的理解也仍存歧义，由此导致了对相关历史的不同解读。

从上述梳理可以看出，历史时期的海疆概念经历了一个动态发展过程。从先秦的"海界"，演化成为秦汉时期王朝统一疆域的濒海区域。经过三国两晋与南北朝时期的调整、整合，形成了以海岸带与相邻陆域为主，包括滩涂、港湾在内的沿海疆域。需要特别强调的是，在沿海疆域形成早期，其空间范围尚不包括由海洋水体形成的海域空间和座落其间的岛屿；海岸线构成了沿海疆域的完整外缘。其后在隋唐时期，伴随王朝政权对边疆进行的开拓与整合，沿海疆域各区域先后进入深度治理发展阶段，海岸线以外的近岸水域和岛屿被渐次纳入王朝政权管辖，海疆的空间范围随之逐渐外推扩大。在空间缓慢扩展、开发渐渐深入的发展进程中，沿海疆域逐渐形成了自身发展的基本格局。

二、历史时期海疆发展的几个阶段

从"沿海疆界"到"沿海疆域"，海疆内涵的变化以另一种视角展示了不同历史时期的

---

① 《尚书·禹贡》：海岱"海滨广斥"。注释："滨，涯也"。孔疏："《说文》云，卤，碱地也；东方谓之斥，西方谓之卤。海畔开阔地皆斥卤，故云广斥。言水害除复旧性也。"这些文字明确记载了古代先民对海岸带自然性状的认识，也是对沿海水害影响耕作和生活的直观描述。见《十三经注疏》中（唐）孔颖达疏《尚书正义》卷6《禹贡》，中华书局1980年影印版，第148页。

② 《尚书·禹贡》："海岱惟青州"。孔疏："海非可越而言据"。见《十三经注疏》中（唐）孔颖达疏《尚书正义》卷6《禹贡》，中华书局1980年影印版，第147页。

③ 如汉代刘向辑订的《战国策》强调"四海之内，分为万国"，显然将统治范围划定在海岸线以内的陆土空间。作者强调此作为传统自古就已形成。参阅《战国策·赵策三》，中华书局2006年版。

王朝统治者对陆地与海洋关系认知的改变。虽然明代以前"海疆"作为专属用词很少在官方文书中出现,但对海疆的治理却始终是历代王朝(包括沿海割据政权)治国理政的重要内容。在此需要强调两点:其一,沿海被纳入辖土区划始自春秋时期的北方诸侯政权。此前,周王室对沿海各区域管辖仅具"宗主"名义;而封国政权对辖下沿海地区的统治亦少有举措,更无常设行政机构管理。随着沿海开发不断扩大,社会生产领域中有一些涉海生产门类(如齐国的海盐生产)发展起来。北方诸侯政权最早颁行了涉海管理政策(如齐国的"官山海")。当诸侯政权在封国范围内开始设置郡县后,这种新行政区划的方位和空间范围得到了大致确认。正是在此基础上,北方沿海疆域个别区段得以率先成型。其二,王朝海疆的空间范围自形成后即缓慢扩展,但沿海陆域始终是沿海疆域的主体;那些先后被纳入王朝政权管辖的大型岛屿(如海南岛等),也被视同"海上陆地",历代王朝政权在大型岛屿上所设管辖机构与大陆无异。事实上,在北宋以前长达1700年的历史时期内,中原王朝历代政权皆未建立过完整的海疆治理专项制度。这种现象直到宋代才被彻底终止。①

从秦王朝完成统一到19世纪中期,中国沿海疆域发展呈现以下态势:秦汉时期,淮河流域以北的海疆社会发展领先于南方海疆。在中原农耕经济的强烈辐射和牵动下,北方沿海许多地区的社会生产已获得了重要发展;汉末至宋元,由于北方战乱频仍导致社会反复动荡,渤海及迤北沿海区域发展明显放缓;黄海沿海区域开发及社会发展呈不稳定状态;同一时期东南海疆发展速度逐渐加快,最终赶上并超过了北方沿海社会发展水平;而地处海疆南端的岭南沿海,此时仍处于有待全面开发的发展阶段,整体落后于东南海疆。伴随中国经济发展重心的南移,南宋时最终形成了古代沿海疆域发展"中段突出、两端略低"的基本格局。这一格局一直延续至19世纪后期。

综合不同时期的特点,笔者认为20世纪以前中国海疆历史发展主要经历了以下几个阶段。

第一是奠基阶段。这个阶段包括夏、商、西周和春秋战国时期,又可分为两个时期。第一个时期包括夏、商两代。这一时期时间虽长约千年,但此时社会历史发展仍处于"文明阶段"的入口处,以中原为中心区域的早期国家辖土与人口都十分有限。虽有"禹定九州"和"以夷变夏"的传说和记载,但这一时期的统治者尚不能将全部沿海区域真正纳入实际管辖范围。故此时并无所谓海疆存在。后人将这一时期"九夷"所居沿海地区确定为早期陆、海文明的融合区。历史时期的海疆就是在此区域逐渐发展形成的。第二个时期包括西周和春秋战国时期。这是秦王朝实现统一之前的一个特殊时期。受诸侯分治的影响,这一时期沿海区域虽然开始了早期开发,但其程度不同、特点各异。从整体上看,战国之前各沿海区域的社会开发大都处于起始阶段,沿海经济对社会发展的影响尚未真正显现。多数诸侯政权统治者将沿海与内陆腹地完全同等看待,海岸线也只是一道天然的行政终止界限。由于他们对辖土普遍没有进行明确分界,更不会对处在辖域边缘的沿海区域做出比较确定的区划。战国时随着郡县制度开始推行,上述状况出现明显变化,区域形态开始呈现。但沿海与腹地混同在郡县区划设置当中,并未因处临海边缘而"单列"。这种将沿海、腹地共划同一政区的制度创

---

① 笔者认为,此种现象的终止可以市舶司制度在宋代的完善及南宋沿海制置司建立为标志。

设成为一种传统，对后世中国沿海区划的承续和海疆的发展产生了深远影响。

从总体看，这一时期北方沿海开发程度高于南方；而长江以南多数沿海区域的社会开发此时仍处于空白状态，闽地沿海甚至尚不属诸侯政权管辖之地。[①]但有一点需要强调，春秋战国时期的诸侯政权多已形成国家规模；沿海诸侯的统治也已实际覆盖了海岸带及其腹地。这为秦汉时期统一王朝沿海疆域的形成奠定了基础。

第二是形成阶段。所谓形成，是指王朝疆域边缘的沿海区域被完全纳入以郡县制为核心的行政体系，成为王朝沿海疆域并获得开发治理。海疆形成阶段是一个承前启后的历史阶段，包括秦和两汉、三国两晋南北朝两个时期。在此阶段中，海疆的发展既是对先秦时期沿海区域奠基性开发的继承与整合，也为其后隋唐时期海疆的自身调整和整体发展打下了重要基础。

秦汉时期是中国沿海疆域形成阶段的初期。秦始皇灭六国建立了"大一统"王朝统治。统一的疆域格局取代了诸侯政权的辖土分治。在以郡县制为核心的疆域统治制度下，秦和两汉政权在国土疆域沿海边缘区域建立了完整的行政网络，使北起辽燕（包括朝鲜半岛北部）、南抵两粤并延伸至中南半岛的全部沿海区域，都纳入了王朝政权的统治，形成了统一的王朝沿海疆域。其间，各地沿海先后经历了不同形式的治理和开发，分别形成了各自的开发模式：北方沿海延续了先秦时已经开始的发展进程，继续保持了一定的发展优势；南方海疆开发总体滞后。王朝中央政权在南方海疆治理中主要针对三类区域展开重点经略：第一类是沿海所设郡（国）县治所的周边区域。对这类区域采取的经略模式是扩大开发范围，使不同区域间逐渐相连；随后在发展条件相对成熟区域再新置郡县、增设行政区划。这种开发模式主要在会稽郡杭州湾以南、今浙江和福建大部沿海实施。第二类是先秦时已经历过开发治理、秦汉时的开发更加深入并获得明显发展成效的地区。主要有地处长江下游的吴郡和会稽郡所属杭州湾周边区域。第三类是受地理和其他因素影响，社会政治和经济发展已经形成独立区域单元并实际形成割据状态的地区，如岭南南越国辖下沿海区域。对此类沿海区域的经略开发，王朝政权主要通过军事行动确立政治权威，在确保政权统治稳固的基础上，通过军事镇辖、人口迁徙和行政举措并举的方式，逐渐推进社会生产，提高区域文明程度。

总体而言，秦汉时期王朝沿海疆域形成未久，海疆社会发展亦属起步，海疆各区域之间发展不平衡现象十分严重。但在王朝政权统一经略和持续推动下，海疆各区域的开发都取得了不同程度的进展。特别是在东汉时南方沿海社会开发速度加快，取得了前所未有的进步，为隋唐时期中国海疆初现新发展格局奠定了基础。[②]

汉末三国时期海疆发展进入了形成阶段的中后期。此时处于中国历史上的分裂时期，也是古代沿海疆域发展的特殊时期。在分裂状态下，出于维持统治和扩充实力的需要，各独立的区域性政权都对其辖下疆土进行了持续开发。值得注意的是，在这种背景下开展的海疆开发具有区域小、开发领域相对集中和见效快、社会成效显著等特点。尤其在南方沿海，由区域性政权主持的海疆开发有力推动了沿海社会整体进步，使之在较短的时间内赶上了北方沿

[①] 徐晓望：《福建通史》（第一卷），福建人民出版社2006年版。
[②] 欧阳修：《新唐书》（卷165），中华书局1975年版，第5076页。

海的发展水平，并显示出"后来居上"的发展潜力。这不仅改变了南方沿海整体落后的社会面貌，也为中国社会经济重心从北方向南转移、最终形成"天下大计，仰于东南"的历史格局奠定了重要基础。

如何确定海疆形成阶段的空间范围，是研究中国海疆史不能回避的重要问题。从海疆形成的发展过程看，它较陆地疆域更多受到自然条件的制约，因而有其自身发展的特殊规律。但同时它的形成也是先秦沿海区域政治、经济和文化诸种社会因素演化发展的必然结果，反映出秦汉时期政治局势的演进变化。秦在实现统一后即全面推行了以郡县制为核心的疆域管理体制。而秦在沿海设置郡县，是统一王朝首次经略海疆最重要的政治成果。它直接反映了王朝政权的统治意图、行政能力及其社会基础。因此历史时期海疆的形成起始及其成型，皆应以秦建立统一王朝为时间原点。我们当参照秦和两汉沿海基层行政区划，特别是参照设县条件来确定传统海疆形成时期的空间范围。

在中国政治制度发展历史中，县一直是基本行政单位；秦政权曾明确将县之幅员确定为"大率方百里"，其设置标准即以便于地方政权进行有效统治为基本原则。[①]县的这种政区幅员设置十分稳定，其作用也十分显著，对于地方行政机构"劝课农桑"和完成赋税，以及实施有效的行政管理都曾发挥了重要作用。秦代设县的这种幅员范围对于我们认定传统海疆在形成时期的空间范围具有重要参考意义。笔者认为，海疆形成时的空间应以覆盖沿海县域为限；换言之，沿海县域构成了秦汉海疆的大致范围。

东汉以后，以郡县制为核心的疆域体制经过200年的整合，到南北朝时更为完善。特别是南方沿海，在经历了东吴、东晋诸朝治理后，到南朝四代时也都具备较为确定的政区划分与县治增置条件。[②]谭其骧先生曾指出，地方政区机构增置，特别是创建县治，"大致即可以表示该地方已经日臻成熟"[③]。[④]因此笔者认为，自秦开始的沿海疆域形成阶段，到南北朝时即已完成。

[①] 关于古代设县标准，请参阅周振鹤《中国地方行政制度史》第六章"行政区划幅员的伸缩"。上海人民出版社2006年版，第201—202页。根据这种幅员设计，一县的范围就遵循行政中心与辖区四至的距离一般不超过50里的标准。因在这个范围内地方政令均当日可达；而县治与乡野民居之间一般皆可当日往返。

[②] 关于这一时期南方沿海郡县增置情况，可以社会发展落后之福建为例：孙吴时期建安郡所属有侯官、建安、南平、汉兴和建平五县；西晋时期分建安郡为建安、晋安两郡。其中晋安郡管辖有侯官、原丰、温麻、晋安、同安、新罗、宛平、罗江八县。南朝时以晋安郡为南安郡；此时由于大量的外来人口入居，加上东南沿海优越的生存环境，从而为闽江下游包括沿海及腹地成为闽地政治、经济的中心奠定了基础。参阅吴小平《汉晋南朝时期福建政治、经济中心区域的变迁》，载《中国社会经济史研究》2000年第2期，第49—51页有关内容。有关晋安户口数字，参阅梁方仲《中国历代户口、田地、田赋统计》表17所，载"刘宋各州郡户口数及每县平均户数和每户平均口数"，上海人民出版社1980年版，第50页。

[③] 谭其骧：《浙江省历代行政区划》（上册），人民出版社1987年版，第403—404页。

[④] 关于郡县设置的意义，先秦与秦汉以后似乎侧重不同：先秦时期的郡县设置侧重于政权统治的政治标志，其经济意义并不突出；而秦汉以后则首先是区域经济发展标志，只有已经获得一定程度的开发、社会经济和人口密度已经达到某种程度后，才能在其地设置县治。

第三是调整定型阶段。这一阶段经历了隋、唐和宋、元两个时期。所谓"调整",是指王朝海疆区划范围随政权统治的盛衰而盈缩整合;所谓"定型",则是指经过隋、唐两代的区域整合,海疆发展基本格局在南宋时随中国经济重心南移完成而最终定型。

　　隋唐时期是中国历史上第二次统一时期,也是王朝疆域再次实现更大扩展的时期。隋王朝重新建立对全国的统治,疆域再次统一使海疆进入了新一轮整合发展过程。[①]然而隋两代即亡,海疆经略未及全面展开。唐代开国后,自太宗朝开始相继对行政区划进行更定,沿海疆域再经调整,至盛唐再次出现了明显的开拓与扩张趋势:在海疆南、北两端,唐王朝的控制范围大面积外推扩展。[②]但这种趋势存在时间不长。中唐以后,中央政权对沿海疆域的统治明显弱化,在海疆北、南两个方向同时呈现收缩态势:日本海以北沿海区域和北部湾以南中南半岛西部沿海区域相继被排除在王朝政权控制范围以外。此后,中央政权对沿海疆域的管辖范围得以固定,中国海疆形成后的首次沿海陆域范围的调整最终完成。

　　唐代是中国古代海疆发展的第一个高峰期。彼时王朝沿海疆域多已建立起成熟的政权统治网络,沿海社会开发和海洋经济发展也已达到较高水平;在海疆管理中开始建立专门机构,并零散制定了一些专项制度。[③]海疆社会经济发展出现了新的增长点:东南沿海部分区域逐渐成长为王朝新的财税来源区;一些沿海城市也发展成为新的区域经济和政治中心。到公元10世纪,沿海社会的经济运行已基本纳入了王朝经济体系。此后,在沿海陆域和部分近岸水域从事的经济活动,以及沿海区域涉海生产发展都受这一体系调控。晚唐时沿海与内陆政治经济中心的社会发展差距已呈逐渐缩小态势。东南海疆及其腹地的部分区域社会发达程度逐渐超过内陆经济发达地区。这加快了中国经济重心的南移进程。经五代十国时期吴越、南唐和南汉等区域政权的经营治理,南方海疆社会经济持续发展,而东南沿海已具备成为王朝经济主要支柱区域的明显优势。

　　两宋时期的海疆发展完成了其调整定型阶段的历史性进程。北宋虽然结束了五代十国以来的分裂割据局面,但其统治者缺少汉唐帝王的宏大抱负和杰出才能,以致国势积贫积弱。尽管如此,北宋在经济上仍有较大发展,沿海经济发展也取得了重要成就,造船和航海技术已居于世界领先地位;随着海上利益进一步拓展,自北宋王朝开始积极部署南海海上巡防体系。南宋时期是海疆发展的第二次高潮期。虽然在"南北分治"背景下这次发展高潮具有鲜明的区域性特征,但其对后世产生的影响深远且巨大:由于偏安东南,海疆安全关乎王朝政

[①] 隋朝建立后加强中央集权、改革地方行政体制,将秦汉以降沿用数百年的州、郡、县三级体制改为州、县两级。不仅开创了中国古代疆域沿革史上的新的重要阶段,而且直接影响沿海区划构成。隋代沿海郡共设有33个。有关论述参阅顾颉刚、史念海著《中国疆域沿革史》第16章"隋代疆域概述",商务印书馆1999年版,第126—128页。

[②] 公元668年唐政权在朝鲜半岛设置安东都护府,管辖北起黑龙江流域及鄂霍茨克海,南抵渤海及西朝鲜湾,冬至半岛北部的广大地区。开元年间,在安东都护府辖境以北再设渤海都督府,并在其以北设置了黑水都督府。此时唐帝国北方统治范围已覆盖东北方向全部沿海地区。

[③] 如唐代开元年间在广州设置中国最早的海外贸易管理官员"市舶使",唐文宗大和年间在扬州设置"市舶使司"。

权安危，南宋时海防成为国防的重要方向；海疆治理在王朝政权职能中的权重增加、位次上升，海疆管辖机构与制度在南宋时首度形成了"专门化"特点，一些专为海疆管辖制定的政策和设置的机构纷纷出台并不断得到完善。在南宋朝廷治理下，南方海疆尤其是东南海疆发展突出，沿海经济的繁荣程度远超北宋时期。随着中国经济重心南移进程的全面完成，沿海疆域"中段突出、两端略低"的发展格局最终定型。它标志着中国海疆历史发展已形成了主体空间构成稳定、社会发展分区提升的局面。

蒙元王朝于公元1279年灭亡南宋统一了中国，领有了东起鄂霍次克海不间断南延至北部湾的辽阔海疆。元统治者乘铁骑挥戈亚欧大陆之势，在王朝疆域南、北方向分别进行了大规模跨海征服行动，实施海外军事扩张：在南向，元军三次征战安南并用兵占城皆未达成目的；跨海征爪哇也因败仓皇撤兵还国；在北向，元朝政权虽再次将海疆管辖范围大幅北推至日本海沿海区域，但两次跨海进攻日本皆遭失败。元朝统治时期，在不到百年时间里曾开展了频繁的海上活动，延续两宋时促进海外贸易和航海业发展的政策，大规模兴办海上漕运；派出官员"南逾珠崖"，对南海海域及岛礁进行勘测；在澎湖设立巡检司，正式在东南海疆的台、澎地区设置行政机构并进行有效管辖。但其海疆经略的两大特点使之并未能产生更大的历史影响：其一是海上扩张最终皆归于失败；其二则是因统治时间较短而所实施的海疆政策未及系统完善。因此，元代海疆经略成就并没有能够超越南宋时期。其最大影响是通过"失败的海上行动"巩固了定型未久的海疆发展基本格局。

宋元时期中国海疆发展有许多共同的历史特征。其最为突出者有二：一是在经济重心南移背景下，海疆发展突出呈现了"南高于北"的特征，南方海疆整体发展继续高于北方。二是海上方向都是国防的重要方向。由于国内民族战争各方势力对海上战场十分重视，对海上方向的防御也日益受到重视。特别是南宋时王朝疆域受到了敌对政权来自海上方向的安全威胁，海上方向开始成为王朝国防的基本方向。因此从宋元时期开始，国内民族战争不再仅以陆地为战场，海上战场的重要性开始凸显。

需要指出的是，调整定型阶段中海疆开发的加速催动了沿海不同经济之间的融合调整。从隋唐时期开始，沿海区域社会经济发展的双重性特点表现得更为鲜明：一方面农耕经济加快在沿海推广，促进了沿海农业发展，繁荣了沿海社会经济。但沿海农业在形成特殊发展形式的同时，对海洋经济发展形成高度挤压；另一方面沿海固有的海洋经济仍在海疆社会发展中坚持着自身传统。随着海疆开发的持续深入，上述双重特点愈发显示出相互制约、相互作用的融合趋势。唐王朝对海疆的空前拓展，刺激沿海社会蕴藏的海洋经济传统再次表现出发展活力；宋元两代的海洋经济更为活跃，更多人从事广泛的海洋活动。但这并未改变海洋经济将在被农耕经济挤压的同时遭到王朝政治压制，因而逐渐萎缩的前景。

第四是成熟与转型阶段。这一阶段包括明、清两代王朝。中国古代海疆发展在这一阶段达到鼎盛。而这一阶段末期，古老中国遭到来自海洋方向巨大的安全威胁，王朝海疆发展遇到最严峻挑战。在西方列强跨海越洋的全面冲击下，传统海疆管辖治理体系快速瓦解，海疆不仅是王朝疆域安全的前线，也是整个国家社会矛盾最突出、经济变迁最迅速的区域。在全面危机中，中国海疆发展进入历史转型期，被迫开始向现代海疆转型的历史进程。

从14世纪末中国古代海疆发展进入了鼎盛时期。同作为发展成熟的大一统王朝，明、清政权实行了本质相同的海疆治理管辖政策，并在海疆治理实践中都取得了重要成就：海疆治理政策、制度逐渐完善，形成了军事管理、土官管理和地方民政管理相结合，地方民政与驻屯海防兵力相结合的多模式管理体制，并由此形成了王朝政权海疆管理体系；海疆区域经济获得发展，延续并扩展了唐宋以来沿海经济发展的基本模式；继续保持了海疆发展的区域特征，使南宋时定型的海疆发展格局进一步巩固；海上经济活动更加频繁，海外贸易继续发展；出现了郑和下西洋的世界性航海壮举，对外政治、经济交往的范围和规模进一步扩大；明代取得抗倭斗争胜利，建立了完整的海防体系；清代收复台湾，将台、澎和南海诸岛正式纳入沿海州县体制进行管辖，对中国国家安全和海疆建设发展影响深远；明、清两代对海南岛及其他海疆范围内岛屿的开发治理也都取得了重要成就。

然而，处于鼎盛时期的中国海疆也在不可避免地走向它的反面：它的发展受到王朝政权有关制度政策的严重制约。第一，明、清两代在海疆政策的制订和执行中都出现过明显的摇摆和不确定性，对海疆的稳定发展产生严重后果。其中最典型的是两代都严厉执行的"海禁"政策。第二，明、清海疆管理制度都以管辖民众和沿海陆域为核心，具有明显的重人轻海、重陆轻岛等特点，有悖于海疆社会的发展规律，故对海疆社会经济结构产生了严重的破坏作用。第三，在对沿海经济涉海生产的管理实践中，明、清政权都表现出重农桑盐业、轻渔商海运的倾向，加大了对海洋经济的挤压，对海洋经济发展的阻滞影响明显。第四，将发展海上贸易纳入朝贡贸易体制，同时严格限制民间海上贸易活动，导致海洋经济加速萎缩，同时也破坏了海疆社会稳定。可以说，明、清王朝统治者已逐渐失去了宋、元王朝对海疆经略的开拓精神，闭关锁国必然使海疆发展停滞。

19世纪中叶，中国古代海疆发展进入最后阶段的分化瓦解时期。西方列强以坚船利炮"打开"中国国门，中国古代海疆平稳发展的状态被打破，历经两千年逐渐发展完善成熟的海疆治理管辖体系遭到猛烈冲击。在大规模对外战争中，各地沿海成为最先沦陷的国土疆域。随着沿海城市纷纷开埠，传统海疆管理体系被彻底废止。在西方势力裹挟冲击下，海疆发展传统格局被迅速瓦解。19世纪末中国传统海疆社会被迫开始了艰难的转型过程，一种源自西方新的海洋疆域管辖制度萌芽随之初现。

笔者认为，从10世纪到19世纪的近千年时间里，中国古代海疆历史发展虽然分属两个不同阶段，并先后呈现出各种不同的历史镜像，但阻滞或推进海疆社会发展的基本要素大体相同，没有发生根本性改变。南宋以后各代王朝对海疆进行的治理开发，在一定程度上都是在宋代经营沿海疆域的基础上对海疆治理体系的改造或完善。所不同者，是海疆范围向陆、海两个方向逐渐扩展而出现较大改变。在海上方向，从宋到清各代王朝海域管辖范围不断延伸，且其速度逐渐加快。[①] 这种海域管辖范围的扩展，主要是通过航海活动外推实际控制范围，以建立对近岸岛屿管辖为基点，将控制范围扩展到全部近岸海域。一般而言，王朝政权

---

① 明清两代皆已将沿海水域划归各省管理。清代更划分出内、外两洋水域进行管辖。所谓外洋，其划分并无固定距离标准。山东的外洋远距海岸达660里；而直隶外洋距天津宁河等州县270—300里不等。这种管辖范围是逐渐形成的。参阅王宏斌《清代内外洋划分及其管辖问题研究》一文有关内容，载《近代史研究》2015年第3期，第67—77页。

对近岸岛屿的管辖控制是伴随着海上生产活动、海上贸易活动以及对外海上交流的增加而逐渐建立的，其中也有海上军事活动的成果。随着上述海洋活动范围逐渐推远，更多的离岸岛屿和海域被纳入王朝行政管辖体系，成为王朝沿海疆域的组成部分。在沿海陆域，同一时期内海疆空间范围也从海岸带向腹地方向逐渐拓展，使海疆陆域范围也呈现扩大之势。需要指出，海疆这种陆上"反向"扩展是陆、海之间交流不断扩大的结果。其中，经济和文化交流一直是主导，但军事活动作为一种特殊的交流形式，在海疆陆域空间扩展中曾发挥了重要推动作用。自南宋始，海防成为王朝国防的重要组成部分。在海防建设中，加大陆上防御纵深是海疆范围"反向"扩大的典型模式。南宋时，为防御北方军事力量南下而实施的"江海一体"的防御部署，对平江、嘉兴、绍兴和庆元四府所辖沿海区域的海防建设都有牵动。在其中一些海防重点区域，南宋军队的布防显然已超过了沿海县域范围向腹地纵深扩展。[①]明清时期上述现象更加多见，成为彼时海疆发展的显著特点。[②]在清代许多官方文书和臣奏文字中可见到"沿海七省"之称，这种以"省"作为沿海区划单位的表述，反映出此时沿海省份管辖范围皆可被视为海疆之地，而地方主持涉海事务的机构级别也被定格于"省"。事实上，到清代中晚期时，沿海（尤其是东南沿海）和腹地之间已经在更大程度上形成了发展融合。因而传统海疆发展的末期也是海疆陆上范围最大的时期。

在19世纪中期受到列强侵略造成的猛烈冲击后，海疆社会的长期持续发展突然停滞下来，海疆发展格局遭到彻底破坏。但面对前所未有之变局，清王朝统治者并未调整海疆政策和重建海疆管理体系，海疆在王朝疆域统治体系中仍保持着原有地位，[③]其空间范围仍以沿海陆域与部分近岸水域及岛屿为主，在20世纪初被彻底瓦解之前海疆仍大体保持着其原有的基本形态。[④]

三、历史时期海疆发展的几个规律

在中国疆域发展史当中，海疆的开发与发展有着重要地位，同时具有一些特殊的发展规

---

① 比较典型的事例是，绍兴二年（1132），宋廷命仇悆为沿海制置使，未久即命其兼领福建、两浙、淮东诸路。另绍兴三年（1133），宋廷任命郭仲荀为沿海制置使，明确其指挥权限为"以绍兴府、温、台、明州为地分，自帅府外，应统兵官并得节制"。此两项任命说明南宋海防重点多以府州为域，超出了传统海疆以县域为界的范围。参见（宋）李心传《建炎以来系年要录》，卷54、卷68，中华书局1988年版，第962、1161页。
② 关于明清时期沿海水域划归各省管辖的记载与论述，参见王宏斌《清代内外洋划分及其管辖问题研究》一文。载《近代史研究》2015年第3期。
③ 笔者认为，海疆传统地位的改变是在晚清时逐渐完成的，其起始于1875年清廷组织的国防筹议，真正改变是在1885年中法战争后的海防大讨论，清廷决策将海防作为国防首要防御方向以后。此时距沿海疆域危机爆发已经过去了近半个世纪。而从"筹议"到完成改变又经历了较长时间。
④ 这一格局在19世纪中叶开始出现变化。在西方列强的冲击作用下，南方海疆社会进入畸形发展时期。但由于受战争和地方分治等因素的制约，这种畸形发展尚未导致新格局形成，中国海疆即被迫进入了转型现代的发展时期。

律。下面仅举三则进行说明。

第一，王朝统治对推动海疆发展的作用至关重要。在中国历史上，国家的统一与分裂几度交替。历代王朝的疆域版图屡经整合而损益互见。其中，陆土疆域范围曾经反复收缩或推远，频繁出现空间变化；陆域边疆治理主持者的身份也因地、因时而异。[①]海疆的空间范围在相当长的时期内没有出现显著改变，历代对海疆进行的治理和开发亦皆由王朝政权主持，因此海疆治理始终是一种国家行为。[②]无论疆域是统一还是分裂，王朝政权（包括分裂状态下的割据政权）都可对海疆社会发展产生推动作用。只是在不同的历史时期，这种推动有不同的表现形式。

首先是可通过暴力推动的方式加快沿海疆域的政治经略。在沿海疆域开发早期，统一王朝的开发举措一般都以政治策略的实施为主，以建立政权统治为首要目标。其实现形式多通过大规模军事征服行动建立统治，即把建立有效的政权网络作为稳定统治、推进开发的关键举措。其间还常通过军队镇辖或局部打击的方式对某一沿海区域的统治秩序进行调整。这种以武装暴力形式对沿海疆域实施的经略，巩固了王朝疆域统一，加快了将沿海区域纳入王朝统治体系的进程，使沿海边鄙之地与统治中心地区在封建政治演进中保持基本同步。这对中国社会发展有重要意义。

其次是能以集权统治举措强力推动沿海疆域的经济开发。两汉以后，历代王朝的海疆治理不仅有政治措施，而且在对沿海经济进行开发。国家统一时期如此，分裂时期也是如此。由于集权统治（割据政权也是集权体制）可以在较大区域内控制社会资源，具有较强的社会动员力，王朝政权可凭借这一优势加强对沿海疆域的开发投入，同时采取强制性措施强化对海疆开发的控制，通过超经济强制手段拉动沿海经济快速发展，在短期内缩小沿海与统治中心区域社会发达程度的差距。在这种政治作用的催动下，公元10世纪以前中国沿海疆域的经济发展就已被纳入王朝经济体系当中，并受这一体系的调控。

最后是通过稳定的政权网络保障海疆社会平稳发展。在古代社会条件下，每一个统治巩固、朝局稳定的王朝政权都会持续保持对边疆和海疆安全与发展的关注，并通过各级行政机构和各种行政手段推进边疆和海疆开发的进程。王朝政治局势的稳定和政权职能的正常运行，不仅能提高政府支持边疆开发的效率，必要时还可强化对边疆的高强度控制。就海疆治理而言，统一的王朝政权能对沿海各地实施直接管辖，保障沿海社会基本稳定，人口和土地数量因而会相应增长，从而推动沿海经济以正常或超常的速度发展。因此王朝政权稳定与否，对沿海疆域政治经济的发展有着极其重要的作用。

第二，在历史时期，统一的王朝都将海疆治理作为重要的治国理政内容；而在分裂状态

---

① 马大正先生曾经指出："在中国历史上，国家政权对边疆区域的统治形式往往呈现出两种极端局面，一种是高度的中央集权统治，甚至是军事管制；另一种则是高度的地方自治。至于在某地实施哪种方式，则是因地制宜或因时而异。"见《中国海疆通史》，中州古籍出版社2003年版，第3页。

② 东汉时曾经出现海疆开发主持者政治身份层级下降的现象，从中央政府下沉到郡一级的地方官府。在东汉末期甚至曾经出现地方豪族代官府行使主持之责。但其统辖和政策制定权仍归王朝政权掌握。

下，区域性政权也都出于生存需要，对其统治下的沿海区域进行过有目的的开发。从中国沿海疆域开发的总体历史进程来看，有两种现象值得我们特别关注。

一是在统一的社会条件下，国家政治的稳定程度与沿海疆域开发的广度与深度成正比。如上所述，在统一条件下，稳定的政治秩序和有效的统治举措可推进王朝政权对沿海疆域开发活动的支持。相反，分裂所导致的社会动荡也可直接阻断海疆开发进程，统治者为加强对沿海疆域的控制而强制推行极端政策，甚至中断中外海上交流、取消沿海经济活动。这些政策举措对海疆社会正常发展极具破坏性，会直接导致海疆开发陷入停顿。二是在分裂条件下，某些特定因素可抵消对海疆社会进步产生的负面影响，甚至有可能倒逼沿海区域的经济发展，使之开发运行的速度加快。在中国历史上曾多次出现以下现象：由于受地理条件的制约，王朝中心区域出现的社会混乱并不直接对海疆开发产生毁灭性破坏影响。相反，呈周期性爆发的大规模战争，曾导致大量北方人口南迁，为南方社会发展提供了先进的生产技术和劳动力。正是在利用这些非正常增长的社会资源基础上，偏安一隅的南方各政权出于巩固统治和兼并对立敌国的政治需要，全力推行开发统治区域内社会资源、发展社会经济的政策，并取得了良好的社会效益。比如东汉末年，尽管分裂割据破坏了全国的政治统一，但在东吴政权直接控制的南方沿海，区域性经略使区域经济被激发出很大的发展活力，海疆开发在相对短的时间内有了一定发展。到东晋时，东南海疆的开发程度赶上并超过了北方沿海的发展水平。

第三，地理条件对海疆开发模式的形成产生重要影响。地理条件是人类社会发展的重要条件之一；地理环境差异在人类社会早期直接影响了社会经济模式的形成；在中国疆域发展史上，地理条件也曾对海疆早期开发产生了巨大制约。

中国沿海疆域纵跨数个气候带。在不同纬度上，沿海及其相邻腹地的地理条件各不相同。这使古代沿海疆域发展从一开始就存在地域差异。在公元10世纪以前，这种差异呈不断增强趋势，导致沿海疆域区域发展特征明显，海疆各区段形成了各具特点的开发和发展模式。以岭南海疆发展为例。这一地区原有生产力发展水平相对较低，其所处地理环境又十分特殊：横亘的五岭山脉将岭南与内地完全阻隔开来，使后者先进的农业对岭南经济基本失去了辐射拉动作用。在这种背景下，岭南海疆开发出现了一种与其他沿海区域完全不同的开发模式：港市逐渐成长为岭南沿海及相邻腹地的政治经济中心。比如广州，很早即作为航海大港突出牵动了整个岭南沿海经济运行：对内，广州港市经济拉动周边地区的农业和手工业生产，扩大生产规模，提高技术水平；对外，广州又凭借位置与港口条件优势，带动岭南开展对外海上经济交流。这种通过港市带动区域沿海社会经济发展的开发模式，完全迥异于海疆其他区段开发。由此可见，地理环境在很大程度上决定海疆开发的深度与广度，同时也影响海疆开发模式的形成。

四、历史时期"海疆"与"陆疆"的关系

历史时期海疆概念的变化和空间范围的扩展，既与社会生产力的发展相联系，更与古代先民认识和利用海洋的进程相伴。因此，海疆史演绎的主题包括不同时期的陆、海关系，以

及海洋与人的关系；而海疆史研究最关切的是沿海、腹地与近海空间范围内人的生存环境变迁与社会的进步发展。它既包括自然地理要素，也包括人文要素。[①]作为客观的物质世界，海洋与陆地都是人类社会生产实践的客体。历史时期人类的海洋活动虽然主体空间在海上，但其"起点"与"终点"都与陆地有着密切关联。在三者关系中，有以下三个鲜明特征：一是历史时期人类所有的海上活动都以沿海陆地为依托、以满足生存的基本需求为起点，逐渐离陆向海、走向海洋，离开沿海陆地的支撑，多数海洋活动难以为继；二是历史时期人类在沿海开展的各类社会活动，包括所有物质及精神生活，其表征与特质都与内陆区域存在重要差异；三是无论是在地中海沿岸，还是在东亚大陆太平洋沿岸，所有早期海洋文明都不可避免地带有各自邻接陆域的文明印记。

在中国边疆历史沿革中，"陆疆"与"海疆"曾分别沿不同轨迹发展，在不同时期有不同的表现特点。（本文所指"陆疆"是"陆地边疆"的简称——笔者注）因此，分析两者的关系首先要了解特定时期王朝疆域的"大势"。笔者在此参照秦汉时期边疆形势，检视中国沿海疆域形成时期陆疆与海疆的区别与联系。

秦汉时期是中国古代疆域发展的重要时期。在这一时期，秦和两汉政权对王朝疆域的经略重心曾经历了一个明显的转移过程。秦灭六国后，秦始皇最关注蒙古高原方向边疆区域的安全；西汉则重在西北，对西北诸郡的开拓和守御曾是西汉政权最重要的战略安排；东汉始将统御重心逐渐南移，王朝政权开始更多关注长江以南，特别是南方疆域边缘区域的经略治理。由于秦汉帝国疆域之广是前所未有的，而这种疆域形势要求王朝统治者必须以政权统治中心区域为首要，确定"治内"和"御外"的重心所在，并以此为根本统御王朝的广阔疆域。由此，在王朝对疆域统治实践中，自然形成了中心与边缘的"区域"之别；而边疆概念就是在这种认知的基础上形成的。

所谓边疆之"边"，既指位于边缘，亦指地处边远。综合来看，秦汉时期的边疆至少有以下三个基于地理条件的特征：一是边疆的地理条件多样，既有高原、峻岭和大漠，也有大陆边缘的海岸带，因此，边疆既包括"陆疆"也包括"海疆"；二是所有边疆区域的地理条件，多与以大河冲击平原为核心地带的王朝统治中心区域有明显区别；三是南海之边是距离王朝政治中心最远的边疆区域。其中，海疆三个特征共有，而陆疆仅占其二。因此，陆疆和海疆虽同属边疆，但两者的地理条件和地缘环境存在重大差异，这决定了王朝政权对两者的治理策略必然不同。

其一，历史时期的陆地边疆可随王朝疆域范围变化而时有调整，但海疆却少有此种现

[①] 在中国沿海疆域发展的历史进程中，海、陆关系的演进大致分有陆海交融、海退陆进和陆海分隔等几个阶段。表现在社会经济领域，主要是农耕经济与海洋经济之间的进退与消长；对应上述三个阶段，分别是先秦时期的"渔盐之利、舟楫之便"，秦汉至宋元时期的农耕经济向沿海扩展、海洋经济及涉海生产相应逐渐退减，明清时期执行的"禁海"和其他闭关自守政策，使海洋经济涉海生产进一步走向萎缩凋敝。其间虽有宋元海上贸易的兴盛和明清"海禁"后海洋经济的区域性恢复，但总体上呈现出农耕经济不断推展、海洋经济逐渐萎缩之势。考察以上几个阶段的缘起及其表现出的阶段特点，都与割据或统一政权沿海经略政策和举措有关。

象。由于受地理条件限制，历史时期出现海疆空间范围向海岸线以外扩展的时间较晚，外展的幅度和频度也远低于陆地边疆的调整。这一特点在海疆形成阶段尤为突出。西汉武帝曾在北方广拓疆土，将北边疆界推展至河套、阴山以北，既扩展了疆域，也扩大了国防纵深。而同期西汉军队对沿海疆域的经略行动却基本在海岸线以内展开，并没有在海上开展作战行动。

其二，历史时期的陆疆多与"他国"相邻，而海疆则在很长时期内基本没有海上邻国存在。陆疆相邻之"他国"，既有规模较大且统治区域稳定的少数民族政权，也有辖土面积与人口规模较小、生产和生活区域不稳定的社会集团。这种周边环境使边疆容易受地缘政治的影响，出现社会动荡。相比之下海疆所处环境更加稳定。自秦到清中期以前，王朝政权既没有与文明更加成熟、社会生产更为发达的域外政权隔海相邻，也没有对王朝疆域和政权存续真正构成威胁的武装势力存在。海疆虽然处于王朝疆域的最外缘，但在明代以前并未受到来自海上的域外军事力量的大规模侵扰。在陆疆与海疆安全环境迥异的背景下，王朝统治者必然更重视陆疆安全，陆疆在王朝疆域中的地位也会高于海疆。

其三，虽然对陆疆与海疆的经略皆属历代"边疆治理"的主要内容，但上述两种区别决定了对两者的治理策略与方法多有不同。历史时期的边疆治理，是王朝政权运用国家权力和所控制的社会力量镇辖边疆区域、解决边疆问题的历史过程。①而历代王朝边疆治理都必须解决两个问题：一是巩固在边疆的政权统治；二是处理好汉族与土著居民或少数民族之间的关系。为此，历代王朝政权对边疆除采取直接统治外，还采取过诸如羁縻等间接统治形式。有学者曾就此指出，历代治理边疆的实质都是"一种以族际治理为主要内容的治理，即族际主义取向的边疆治理"。②显然，这一结论主要是对陆疆治理历史实践的总结，因为只有在陆疆治理过程中王朝政权才必须处理好族际关系。对于海疆治理而言，并不存在那种"愿意与汉族共同建立统一的政治共同体"的少数民族，历代帝王都企图把所有沿海和岛屿居民作为"编户齐民"进行直接统治。因此，海疆治理对象成分往往是相对单一的，不存在"处理与边疆各民族以及各民族建立的政权之间的关系"等问题。虽然在海疆形成阶段的个别时期，沿海也爆发过针对汉族政权统治的少数民族反抗，但其实质是一种以"官民"矛盾为表现形式的社会矛盾，并非纯粹的族际矛盾。王朝统治者海疆治理的主要形式是直接统治。这是经略陆疆与治理海疆最重要的差别所在。

其四，在历史时期的王朝疆域格局中，陆疆与海疆之间、海疆与腹地之间的关系地位互不对等。首先需要强调，在大一统王朝统治下，陆疆与海疆的关系并不是相互对立的，两者

---

① 周平：《我国的边疆与边疆治理》，《政治学研究》2008年第2期。
② 在处理陆疆民族关系中，历代王朝多利用边疆少数民族镇守疆土，作为边陲之藩篱。因此"先是对居住在边疆的各民族采取了以夷治夷的羁縻政策，后又实行了土司制度，利用边疆各民族政权管理边疆事务。但在汉代以后，中国海疆的大陆区域中的居民主体是汉族，只有零散的少数民族存在。这与陆疆完全不同。后者"是汉族以外的其他民族生活的区域"。

同为王朝疆域的特殊区域。[①]但是在历代王朝多数统治者的治国理念中,陆疆显然重于海疆。秦和两汉疆域经略中表现出的三个鲜明特征集中体现了这种理念:其一,海疆局部需服从疆域统一全局。在王朝疆域全局中,沿海只是一个局部,其地位既比不上陆上边疆,更无法与中原等传统疆域中心区域相齐。统治者对解决海疆问题的战略安排总会相对靠后,他们首先要巩固对主要疆域的政权统治。因而在疆域治理中首重王朝疆域的核心地区,然后是保证陆上边疆安全,它是连接疆域核心区和疆域以外区域的重要缓冲地带,对全国疆域稳定意义重大。这是秦和西汉强化北与西北陆疆防御以求安全的根本原因。正因如此,秦始皇、汉武帝对海疆进行经略大都选择在陆疆安全战略态势相对稳定的有利之际。其二,海疆经略皆以陆域国土或沿海腹地为战略后方,以利获得充分的军务保障和作战支持。秦汉时期所有经略沿海的举措,无论是旷日持久的边疆征讨行动,还是建立郡县政权和大规模的迁徙移民,都是在军队主导或保障下进行的,都需要大批的物资与人力支援,都需以王朝经济恢复向好和强盛繁荣为基础条件。因此,王朝政权对核心疆域和陆疆先行开展治理是为经略海疆奠定基础:积累实力为海疆进行大规模社会开发提供支撑。其三,主持海疆开发事务主体的社会层级逐渐下移,推动沿海社会开发得以持续和深入。这一特征在汉代比较明显。当军事征讨行动完成之后,随着沿海各区域相继进入治理开发阶段,海疆经略的主持者身份遂悄然出现变化:从开始时由中央政府直接主持,逐渐下移到地方官府主持;东汉时更出现了由地方豪强主办海疆治理事务的情况。伴随着这种社会层级的下移,海疆治理政策和举措呈现出了政治、军事色彩逐渐减弱,经济和文化意义更为突出的变化,海疆社会开发在不断扩大和深入的同时愈加带有明显内地农业模式特征。这种"主持者"身份变化和治理政策倾向调整的作用与影响,在南方海疆开发中表现得最为充分。海疆与腹地的不对等关系产生于海疆形成阶段早期沿海与内陆腹地之间的交流活动,主要体现在关乎社会民生的生产、生活物资的交流过程。由于沿海捕捞和其他海洋生产活动在很大程度上受海洋环境和气候条件的制约,因而古代沿海居民对生活资料的获取并不能随时做到"自给自足"。不仅谷物类食物不可能随时满足生活所需,而且非谷物类食物(如鱼类和其他捕捞收获物)也因不易保存而不能随意取予。虽然沿海农业的发展部分抵消了食物来源的短缺,但随人口增加不断提升的"刚性需求"仍使沿海居民依赖来自腹地农业区的粮食、布帛和铁制工具等生产和生活资料。与此同时,生活在腹地和内陆小农经济模式下的大量人口,对来自海洋经济领域的产品需求却相对较少,双方之间存在着需求差异。虽然生活资料的交流推动并扶助了商品经济发育,但需求差异使海疆与腹地之间的交流出现不对等。这种"不对等关系"的发展,使很早就形成初级形态的海洋经济不仅发展十分缓慢,而且一直从属于农耕经济,最终也未能在中国经济发展史上占据

[①] 海疆与陆疆之间形成对立关系最为突出的时期是近代时期。19世纪中叶以后,面对列强的侵略,清政府曾在1874年底组织进行了朝臣间的国防大讨论,商讨如何有效地增强国防以应对外敌入侵。在此次国策讨论中形成了对立的两种观点,即以防御海疆为主的"海防派"和坚持西北陆疆防御为主的"塞防派"。这两派之间的争论,将海疆与陆疆完全对立起来。

应有地位。

需要指出的是，历史时期王朝统治者的治国理念和所颁行的疆域政策，在一定社会条件下也会扩大上述不对等关系的影响。秦汉王朝统治者秉持的"中国与四夷"理念，就是造成统治中心区域与边疆之间"不对等关系"的重要根源。在这种理念下形成的区别"内外之分"的疆域治理标准，对海疆治理开发的影响极为严重。由于海疆的"外"属地位，它是既可"保"也可"弃"的。西汉元帝在处理有关海疆治理的重大争议中，就曾亲自决策弃置郡县、放弃海南并退回大陆。这种疆域经略政策的倒退，对后世王朝处理边疆、海疆事务和海南岛的开发治理都有很大负面影响。

唯物主义史观告诉我们，历史发展是不以人的意志为转移的。尽管历史时期陆疆与海疆之间的关系是不对等的，尽管传统农耕文明一直对海洋文明产生强烈的辐射同化作用，但海疆历史的发展从未中断，海洋文明的传承也未曾中断，沿海社会经济始终保持了特殊发展形态。基于此，笔者坚持以下观点：中国古代虽然很早就形成了以内陆为中心的集权国家，但这并不影响沿海地区海洋经济的进步和区域性海洋传统的形成，以及海洋文明的一般性发展。①我们现在需要做的是将这种进步和发展的历史规律进行总结归纳，以便当代海疆治理进行借鉴。

（原载《中国海洋大学学报》2022 年第 1 期）

---

① 张炜、方堃：《中国海疆通史》，中州古籍出版社 2003 年版，第 7 页。

中国边疆学重大项目进展

加强项目顶层设计　深化中国边疆研究
——以"西南边疆项目"为例

马大正　刘晖春

中国的边疆研究经过多年的发展，在历史钩沉、问题对策建议以及研究人才储备等方面取得了丰硕的成果。但是，在边疆研究中，仍然存在着一些重难问题没有突破、研究人员各自为政等问题。笔者据"西南边疆项目"实施中的经验，认为加强边疆研究项目的顶层设计、促进边疆学构建将大大促进边疆研究的深入发展。

一、中国边疆学研究的成效与困境

在中国边疆研究中，中国边疆史地研究是一个非常重要的学术领域，有着悠远的历史和优良的传统。自19世纪以来，学界对中国边疆的研究出现过3次研究热潮：第一次从19世纪中叶至19世纪末，第二次从20世纪20年代至40年代，第三次从20世纪80年代至今。尤其是目前正在经历的第三次研究高潮，使"中国边疆研究迎来了又一次研究发展和勃兴期"，研究不再局限于以往所关注的近代边界问题范围，而是将中国边疆的历史与现状相结合，形成了多学科、多领域、多角度相结合的特点，"研究视角之广，参与学者之众，成果之丰，都是前所未有的"。学者们研究的领域和视角不断发生着变化。中华人民共和国成立以来，改变了此前研究零散和不连贯的弊端，边疆研究取得了长足的发展，相关研究大致经历了三个阶段。改革开放前的研究主要是从少数民族史的角度出发，较为注意边疆少数民族在各历史阶段的活动，各民族发展源流、政治、经济、文化等方面的情况，以及各时期各民族之间的关系等，充分体现了中国政府重视民族平等的战略目标。改革开放后因形势发生了较大变化，尤其是政府启动了西部大开发，随着边疆地区的经济开发与经营实践，需要学术界的历史研究成果以资借鉴。在这一时期，学者们主要关注研究边疆地区的开发史、经营史、移民史、交通史。进入21世纪以来，一方面，我国边疆地区形成新的利益格局，民族自我意识也有所增强，边疆的民族关系发生了某些改变；另一方面，美国重返东南亚以及其鼓吹的"中国威胁论"在周边一些国家颇有市场，加上中国与周边国家产业互补性不足，导致中国与周边国家也产生了一些利益冲突。中国政府如何解决好边疆地区出现的新问题，处理好与周边国家的关系，应对东亚地区日益紧张的形势，上述问题的提出，说明学界对边疆研究的选题明显已超出历史学研究的范畴。

除了研究重点，研究内容的广度、视角和深度的变化外，研究的成果也很丰富。自20世纪80年代以来，学界共发表数千篇边疆研究方面的论文，出版上百部边疆研究著作，其中一些论著学术价值较高,有的著述为边疆的稳定和发展起到了重要的史鉴作用。随着边疆研究的勃兴,涌现出了一大批边疆研究的学者,有的高校和科研单位还设立了专门的边疆研究机构。中国社会科学院中国边疆研究所主办的青年边疆学者论坛已经成功举办了五届,每届都有150名左右的青年学者报名参加,可见边疆研究已经拥有较为稳定的研究团队。

然而,中国边疆学研究仍然面临着一些问题,比如,一些重难点问题长期没有突破,研究人员各自为政等。如何更好地开展边疆研究仍是各学科边疆研究者们面对的一个重要现实命题。

二、深化拓宽边疆研究的路径

随着边疆研究的深入,以及边疆研究中相关问题的凸显,一些学者对边疆研究的方法和路径进行了探讨。1983年,台北政治大学边政研究所召开了"中国边疆研究理论与方法研讨会",旨在"集思广益共同为我边疆民族研究建立理论与方法,为未来的边疆研究奠定良好的基础"。这次会议对中国边疆学研究的方法进行了探讨。针对台湾学者边疆学研究方法的观点,马大正在1990年撰文对其进行了评议,指出"中国历史上疆域的形成与发展,中国近代边界的变迁与边务的交涉,中国学者对于边疆研究历程的回顾与成果的评估,以及中国边疆学理论体系的探讨,都应继续成为研究者关注的重点而穷于求索"。此后,方铁、成臻铭、龚荫、段金生、袁剑等对边疆、土司、边疆学等研究的方法进行了研究和探讨。

总体而言,当前中国边疆学研究的路径可以归纳如下。

(一)加强学术研究机构的组织协调工作

在新的历史发展时期,中国边疆研究应从更高的基点进行审视,开拓原有研究视野,创新研究方法,充分体现宏观研究应具有的把握全局、重在概括、深刻剖析等特点。

边疆研究自改革开放以来取得了丰硕的成果,但是研究者在研究过程中各自为政,很难在一些重要领域取得重大突破。这就要求科研管理机构以及相关的研究学会发挥协调和组织职能。这些工作包括组织会议、开展年会、开办边疆研究研修班等。组织边疆学会议、开办年会,一方面使得研究边疆学的学者相互熟悉,增加相互交流和对话的机会,避免一些问题的重复研究;另一方面也使得学者和科研单位间更好地进行合作,更好地开展边疆学研究,通过开办边疆研究研修班不断吸收和培养人才加入边疆研究的队伍。

"西南边疆项目"取得的一项成功经验,是以研究西南边疆历史与现实方面的重要问题为旗帜,将北京和云南、广西两省区的高校、社科院及其他研究力量汇集在这面旗帜之下,通过科学的统筹和规划,遴选出一批西南边疆方面重要的选题,通过申报、筛选等程序,组织广大科研人员参加研究。在研究的过程中,组织者重视研究过程的监督与管理,及时发现和解决问题,保证研究成果具有较高的学术水准。同时,通过实施"西南边疆项目",有效地培养了云南、广西的边疆研究力量,进而形成科研的气场与氛围。

在西南边疆学科建设方面,建议一至两年召开一次全国乃至国际性的高水平学术研讨会,在进行学术交流的同时,检阅云南、广西相关的研究力量,同时出版会议文集,推出新的研究成果。建议在相关学术刊物设立"西南边疆项目"研究专栏，刊载相关研究成果，并通过组织专家笔谈等形式，探讨学术前沿等问题，并研究不同地域、不同学科合作研究的协调与组织问题。

（二）组织对重大、深层及复杂问题的研究

边疆研究中的重大、深层及复杂问题的研究，在很大程度上靠个人的力量很难完成。这些问题的研究耗资大、耗时长，牵涉不同的学科和方法，因此无法得到突破。"随着研究的深入，在前期研究积累的基础上，结合中国迫切需要了解探索复杂问题、深层问题方面的成果的现实，边疆学研究者应加强对重大问题、复杂问题的研究，开展对边疆整体发展方面的研究。"边疆历史特点与现实社会需求决定了中国边疆问题研究、应注意宏观研究与微观研究、整体研究与个案研究、理论研究与应用研究的并重和统筹。

当前困扰世界各国的一些难题，都不是靠经济与科学技术发展能够真正解决的，必须从其内部的文化与社会深层需求方面找原因，并将其作为系统工程长期地综合治理。

目前边疆问题研究中一个薄弱的环节，是如何实现传统与现实研究两者的结合。另外，在不同学科的结合方面，在陆疆与海疆的结合方面，在传统理论和现实理论的结合方面，也都有大量的工作亟待我们去做。

（三）加强跨领域、跨学科课题的研究

关于跨领域研究。以历史学为例，中国边疆学发端于专门史中研究边疆问题的部分。另一方面，中国断代史、历史地理学等领域，与中国边疆学也有千丝万缕的联系。断代史从横向剖析的视角，对特定时段的中国历史，做细致、深入的研究，是探讨边疆史不可缺少的部分。历史地理学研究历史问题中与地理环境有关的内容。专门史注重历史的横向关联与纵向发展，注意历史过程中的动态改变及其发展轨迹，关注边疆地区与内地、邻邦之间的复杂联系。历史地理学亦擅长从整体观、发展观、运动观与比较观的角度来考察历史。研究边疆历史，将专门史与断代史、历史地理学较好结合，将有效地提高研究水平。

关于跨学科的边疆研究。近年来的政治学、社会学、人类学、法学、经济学、生态学等学科的学者们更为关注西南边疆的历史与现状问题研究，取得丰富的学术成果，使得多学科合作研究迈上了新台阶，为传统的边疆史学研究注入了新鲜血液。正如方铁教授所说的"中国边疆学应继承和发展历史学的研究方法，同时积极借鉴相关学科的研究方法"，上述诸多问题与西南边疆有密切联系，也是有关学科合作研究的常选对象。

进行跨学科的合作研究，有助于发挥相关学科的优势，实现互助互补。除历史学外，考古学、政治学、宗教学、社会学、经济学、地理学、人口学、语言学、军事学、环境学、生态学等相关学科与边疆问题的结合点，以及可资借鉴的研究方法均很多。除人文社会科学外，对边疆问题的研究，还应考虑与自然科学诸学科的结合，如信息学、地理学、环境学、资源学等。这些自然科学学科的不少选题可与人文社会科学结合，以推动开展对边疆问题的研究。

（四）加强边疆学项目顶层设计，以项目促发展

边疆学的发展除了以上的路径外，为克服研究者力量分散，重难点问题难以突破等问题，还应该加强边疆学项目的设计和组织。实践证明，以项目促发展在发展边疆学的过程中确实起到了积极的作用。下面以"西南边疆项目"为例加以说明。

为了进一步推动西南边疆研究，解决区域性发展现实问题，2008年，为西南边疆地区社会发展及国家长治久安提供理论和对策支持的国家社科基金重大特别委托项目"西南边疆历史与现状综合研究项目"（以下简称"西南边疆项目"）正式启动，项目共立项课题101项，内容基本上涵盖西南边疆历史与现状方面的重大问题。在历史研究和文献资料整理、边疆治理史等传统研究的热点问题方面，研究的深度和广度得到进一步拓展。另外，在当代边疆治理中涉民族关系、宗教事务管理、传统文化、经济发展、社会稳定和边疆安全等问题研究也达到了新的高度，并拓展了新的探索方向。"西南边疆项目"的开展与完成，对中国边疆学建设的推动作用具有以下5个方面的价值和意义。

第一，拓展了边疆研究视野，重大现实问题研究的广度和深度得到明显提升。在"西南边疆项目"的有力支持下，西南边疆学科建设得到迅猛发展。以边疆史学为例，在传统边疆史、民族史、地方史研究方面，完成了一批有较高学术水平的专著，如《中国云南与越南的青铜文明》《彝文古籍与西南边疆历史》等。同时在研究对象方面，一些学者从民族史扩展到边疆史，从省区边疆史扩大到西南边疆史乃至全国边疆史；从边疆史综论研究扩大到边疆的形成、治理与邦交史、国际关系史等专题领域研究。这方面重要的研究成果有：《方略与施治——历朝对西南边疆的经营》《元明时期的西南边疆与边疆军政管控》《土司制度与西南边疆治理研究》《南京国民政府对西南边疆的治理研究》等。

第二，西南边疆学科的横向联合得到加强。学科的横向联合是学科发展的重要趋势，也是社会发展的需要。"西南边疆项目"启动后，西南边疆学科突破以往分散研究的状态，形成了既重视基础研究又注重探讨现实重大问题的态势，实现了宏观与微观并重、整体性研究与个体性研究并重、理论研究与应用研究并重的良好局面。这方面重要的研究成果有：《区域差异与调控——西南边疆人口发展论》《边疆民族地区青年归侨侨眷发展问题研究》《京族人的族群认同与国家认同》《云南30年的沿边开放历程、成就与经验》《广西国际河流研究》等。

第三，有效整合了西南边疆的研究力量。西南边疆的研究力量过去处于支离分散的状态，这种状况制约了对西南边疆历史和现状的深化。"西南边疆项目"启动以来，不同高校和科研单位研究力量的横向联合得到加强，不同学科背景和不同研究方向的学者以项目为依托，有步骤地展开了综合性、攻关性研究。在"西南边疆项目"实施过程中，广西、云南两省区的科研力量充分发挥各自的研究优势，形成了历史与现实、不同学科背景相结合进行研究的局面。自2008年以来，云南大学组织出版了"中国边疆研究丛书"。《云南师范大学学报（哲学社会科学版）》开创了"中国边疆学研究"学术专栏。2013年11月，云南大学与中国边疆史地研究中心合作，在昆明举办了边疆问题高层论坛，重点探讨历代的治边思想与治策、边疆古代的地缘政治、中原王朝治边的文化软实力、古代边疆的开发与管理等问题，全国近百位知名专家参加会议。上述学术成果、学术活动的开展，均是"西南边疆项目"实施

以后给西南边疆研究的学术资源、研究力量整合带来的巨大变化。

第四，为培育青年骨干人才提供了良好平台。为了增强研究效果、提高研究效率，云南和广西两地的相关课题组大多采取"课题主持人+学术团队"的模式，通过一个西南边疆课题的立项，选定和凝聚一些高水平的成员组成研究团队，有些学校和科研院所甚至倾全力来共同攻关克难。尤其是云南大学、云南师范大学、广西社会科学院，他们组建了专门的研究机构，搭建了专门的研究平台，对研究的可持续发展具有重要意义。在研究项目的引领下，一些经验丰富、学识渊博的资深专家通过主持相关项目，带动了一大批青年研究学者参与研究。事实证明，一批以西南边疆为研究指向的中青年学者团队，已经形成良好的发展势头。有些项目承担人当时还是讲师，现在已经成为有相当成就的教授，有的成为学科带头人、博士生导师。以项目为依托，以学科带头人为主导，以促进学科发展为目标的良性机制逐渐形成。

第五，为大型综合性研究项目的课题管理积累了经验。"西南边疆项目"实施过程中，强化课题立项后对课题设计的专题论证，对论证中发现的问题提出整改意见，避免走弯路。同时，强化中期管理，严格课题进展中的监控，避免课题管理失控，从而保障课题完成的总体进度，取得了很好的效果。

总之，在"西南边疆项目"的推动下，西南边疆研究得以深化，在研究队伍、研究成果与学术水平、研究机构建设与人才培养等方面获得了良好的发展，推动了中国边疆学科建设。

三、加强中国边疆学科建设的项目构筑

中国边疆学具有跨学科、跨领域、注重中长时段研究与多视角研究、具有重要学术意义与广泛应用价值等特点，随着新时代的发展，特征更趋鲜明，有着十分光明的发展前景。其涵盖着宽泛的研究领域，包括：国内外边疆研究的状况、方法及相关理论，中国边疆形成与巩固的实践和理论，中国边疆发展史、研究史，中国边疆民族融合史，边疆人地关系的历史与现状，中国边疆与周边国家关系，有重要影响的边疆治理思想与治边政策，边疆地区社会经济发展历史与现实问题，等等。其研究的对象与性质，决定了历史学的专门史、断代史、历史地理学，以及相关学科法学、政治学、人类学、国际关系学等学科中的边疆现实问题研究，是中国边疆学建设的主要学术支撑点。

在当前的中国边疆学建设中，不仅需要解决如何进一步加快边疆地区的社会经济文化发展的问题，也要注重维持边疆地区的社会稳定，保障我国边境安全的研究，更要加强研究如何推进边疆地区积极融入国家发展战略，推动"一带一路"建设。目前，国内外浓厚的学术氛围对于中国边疆学学科的建设十分有利，经过30余年的发展与积累，边疆学科的研究队伍、研究成果、学术水平、学术规范、研究手段、学术活动组织、研究机构建设与人才培养等方面均已具备较强的实力，具有了成为专门学科的条件和基础，但是也更需要以专门性、具体性、重大性的项目群，加强顶层设计，整合研究力量，推进各方的协同攻关和共同创新。

一直以来，党中央十分重视我国的人文社会科学研究建设和中国特色的社会主义话语权建构。如前所述，"西南边疆项目"的启动与顺利开展就是中央支持的结果，该项目对云南、广西两省区的学术研究，产生了重大而深远的正面影响。近二三十年来，中国学人就边疆方面的一些重要问题进行探讨。这些成果为建设中国边疆学奠定了坚实基础。相信中国边疆学学科建设的不断完善，将进一步促进边疆研究的突破发展。

《丝绸之路经济带建设与中国边疆稳定和发展研究》简介

国家社科基金重大项目"丝绸之路经济带建设与中国边疆稳定和发展研究"（批准号：14ZDA077）主持人为中国社会科学院学部委员、中国边疆研究所所长邢广程研究员。该项目在研究的过程中组织了包括中国社会科学院中国边疆研究所、中国社会科学院俄罗斯东欧中亚研究所、中国社会科学院亚太与全球战略研究院、国务院发展研究中心欧亚社会发展研究所、新疆维吾尔自治区社会科学院中亚研究所、云南社会科学院南亚研究所、西藏自治区社会科学院经济战略研究所、广西壮族自治区社会科学院工业经济研究所、中国现代国际关系研究院南亚东南亚及大洋洲研究所、中国上海合作组织研究中心、北京大学蒙古学研究中心、北京师范大学历史系、西北大学历史学院等单位历史学、国际关系、经济学、民族学等相关领域的专家，形成了多学科、多领域、多机构的学者、专家组成的团队。研究团队紧紧围绕丝绸之路、丝绸之路经济带、中国边疆稳定和发展等问题开展历史和现实、横向和纵向、国内和国际等相关研究，深入探讨丝绸之路经济带与我国边疆稳定和发展之间的关系。项目2014年批准立项，2018年获免于鉴定结项。

项目紧扣中国陆地边疆与丝绸之路经济带关系这一主题，将立足点放在丝绸之路经济带与我国边疆之间的关系上，侧重研究丝绸之路经济带视野下中国边疆"稳定"和"发展"这两个基本维度的问题。丝绸之路经济带所规划的六条经济走廊都经过中国的边疆地区，换句话说，中国边疆地区将上述六条经济走廊与我国内地紧紧联系在一起。中蒙俄经济走廊与中国的东北地区和内蒙古自治区关系密切，通过该走廊，中国东北地区、内蒙古自治区与俄罗斯远东地区、蒙古国形成了一个经济深度合作的利益关联体，而这一利益关联体最终将形成利益共同体。在丝绸之路经济带的构建格局中，新疆具有极其特殊的地位和作用。作为核心区，新疆与丝绸之路经济带六条走廊中的四条走廊有着直接关系，即中蒙俄经济走廊、新亚欧大陆桥经济走廊、中国—中亚—西亚经济走廊和中巴经济走廊。中国西南边疆在丝绸之路经济带的构建中扮演着非常重要的角色。西藏自治区、云南省与孟中印缅经济走廊关系密切，是建设这条经济走廊的主力军。而云南省和广西壮族自治区则是构建中国—中南半岛经济走廊的重要区域。还需要强调的是，广西是我国同时参与实施"一带"与"一路"建设的重要省区。

根据丝绸之路经济带的内涵与特点，以及国家对"一带一路"的整体规划，项目内容分为古代丝绸之路与边疆社会稳定和发展、构建丝绸之路经济带进程中俄罗斯在我国边疆稳定与发展中的作用、丝绸之路经济带建设与中国新疆稳定和发展、中国西部边疆开发开放的外部环境、丝绸之路经济带建设与中国西南边疆稳定和发展五大部分，将丝绸之路的历史与现实问题相互辉映展开研究，全面而系统地阐述了丝绸之路经济带建设与我国边疆稳定和发展之间的关系。

项目研究有六条基本思路。

第一，中国国内和国际两个大局互相结合的视野。相关研究需要从全球国际关系的视角来看待和审视丝绸之路经济带建设与边疆稳定、发展之间的关系，因而，项目在研究中突出国际环境尤其是周边国际环境对我国边疆的稳定和发展的直接与间接的影响，把我国边疆稳定与发展置于丝绸之路经济带总框架中探究。例如，在研究东北、北部边疆与丝绸之路经济带关系时不可能不关注俄罗斯和蒙古国等外部因素；在研究新疆作为丝绸之路经济带核心区地位时不可能不关注其周边的国际环境和因素。

第二，国家治理的视角。本项目并没有脱离国内的实际，没有将我国边疆稳定、发展与丝绸之路经济带建设的内部关联性割裂开来，而是立足国内，将我国边疆各省区域规划与丝绸之路经济带建设中的定位和作用，进行系统整合，进而勾画出国家治理边疆完整的、以边疆为环形区的全面深化改革与对外开放的有机结合线。

第三，边疆视域。项目并没有脱离边疆谈边疆，而是以局中人的视角，讨论边疆各省区在丝绸之路经济带建设中的稳定与发展问题，立足各区域的特点，系统地、多维度地突出各自的特质、定位、作用，分析各省区在丝绸之路经济带建设中稳定和发展的共性关系。

第四，关注两类因素：积极因素以及风险、困难因素。项目在讨论边疆地区贯彻落实丝绸之路经济带构想的积极因素的同时，也非常关注我国边疆地区实施丝绸之路经济带进程中所出现或可能出现的一系列风险问题和障碍性因素。例如，在研究新疆构建丝绸之路经济带核心区时，课题组充分论述了反分裂和反暴恐斗争的长期性和艰巨性。

第五，理论创新。项目在研究过程中非常重视理论创新，无论是审视边疆发展与稳定的关系、考察丝绸之路经济带建设与边疆稳定的关系、探究丝绸之路经济带建设与边疆发展的关系，还是论述外部环境对边疆的稳定与发展的辩证关系，都力求通过理论创新来构建丝绸之路经济带建设与边疆稳定、发展关系的新理论体系。

第六，服务现实。课题组非常注重理论研究与实际需求相结合。结合国家建设丝绸之路经济带以及实现边疆稳定、发展的实际需求，项目从理论和实践两方面来回答这样一些问题：如何通过丝绸之路经济带建设实现边疆的稳定和发展，如何借助边疆的稳定与发展的关系推进丝绸之路经济带的建设，如何与沿线国家共同实现稳定和发展，等等。

本项目研究主要有以下创新点。

第一，项目把丝绸之路经济带建设和边疆稳定、发展相结合进行研究，也就是将国家治理置于全球治理体系的视域中考察，将边疆治理置于国际区域多边体系的视域中进行分析，置于国家治理的战略框架中研究。在系统、全面研究的基础上，课题组提出了一系列新的观点和理论，构建了一种两个层面的理论体系：一个层面是国家治理—边疆治理理论体系；另一个层面是国家治理—边疆治理—全球治理理论体系。丝绸之路经济带是中国与世界深度互动的链接范式，而边疆地区则是实施我国丝绸之路经济带宏大倡议的重要地区，是与周边国家深度合作的重要部分。丝绸之路经济带建设与边疆稳定、发展是一个非常重要的理论问题和实践问题，研究这个问题可以开拓边疆治理、国家治理和全球治理研究的新空间和新视角，丰富丝绸之路经济带理论，推进丝绸之路经济带实践。

第二，项目在全球治理的视野中，梳理中国建设丝绸之路经济带与国家治理的关系，丰富对丝绸之路经济带的研究和认识。事实上，这涉及国家治理体系和治理能力现代化，以及中国通过何种方式与世界构建稳定的合作关系的大问题。这一研究能够把国家内部治理体系、治理能力与国家在国际秩序体系中的治理能力结合起来，形成相对完整的，并能够对涉及当前我国的国家治理和全球治理的相互关系问题进行有力阐释的理论观点。

第三，项目从学理上系统阐述了中国边疆在构建丝绸之路经济带进程中的地位、功能、作用及其相互关系。中国如何借助丝绸之路经济带来实现中国边疆地区的发展，如何通过中国边疆地区与周边国家建立和谐稳定与繁荣的关系，实现"亲、诚、惠、容"的外交新理念，构筑利益共同体。换句话说，中国边疆地区如何按照丝绸之路经济带的总体要求和规划，有机地融入丝绸之路经济带的构建中，如何在融入丝绸之路经济带的构建中实现自身的发展和繁荣。边疆地区的独特性决定了其对中国构建丝绸之路经济带具有强烈的作用力和影响力；丝绸之路经济带的构建有助于中国边疆地区的稳定，中国边疆地区的稳定与否也直接影响、反作用于中国丝绸之路经济带的构建和贯彻。中国陆地边疆是丝绸之路经济带规划的六条对外经济走廊的起点，是契合点，而其遭遇的外部风险也首先体现在边疆地区："三股势力"、西方势力主要是对我国边疆地区或者通过边疆地区进行渗透。根据这一逻辑，非常有必要构建较为系统的丝绸之路经济带建设中的边疆治理与国家治理的关系体系，进而构建一个相对完整的"边疆治理—国家治理—全球治理"理论体系。本项目即是一个全面、有益的尝试。

第四，项目在研究过程中，组建了多学科、跨领域且具有多种外语能力的学者、专家研究团队，这些学者在各自专长领域深耕多年，积累了丰富的第一手文献资料，对中国边疆问题具有深刻认识，通过梳理古籍史料、出土文献、相关论著、报纸与公报以及俄文、英文、蒙文等资料与实地调研相结合，形成了重理论、宽视野、跨学科的系统化研究，取得了丰硕成果，在核心期刊发表了多篇相关论文。同时本课题在研究过程中也聚集了一些青年学者，他们在团队合作中提升了科研和资政能力。项目最终同名成果于2019年在知识产权出版社出版发行，是项目团队共同努力、协同创新下的集体智慧的结晶。

（供稿：邢广程，中国社会科学院学部委员，中国边疆研究所所长、研究员）

《中英美印俄五国有关中印边界问题解密档案文献整理与研究》简介

国家社科基金重大招标项目"中英美印俄五国有关中印边界问题解密档案文献整理与研究"（批准号：12&ZD189）主持人为中国社会科学院世界历史研究所研究员孟庆龙，参与者包括来自多个科研机构和高校的26位课题组正式成员及十余位合作者。该项目于2012年10月批准立项，2020年8月完成结项，获评等级为优秀。在搜集、汇总和筛选中、英、印、美、俄等国档案文献资料的基础上，就中印边界问题的历史根源、发展演变过程、症结、影响因素、与国际关系的相互影响等，提供尽可能客观、全面、有价值的历史资料，并就一系列专题展开研究。中印边界问题之棘手、复杂，在世界历史上实属罕见。对于作为历史遗产的边界问题的态度和处理方法，不仅在很大程度上决定着中印这两个世界上人口最多的国家之间关系的发展，而且影响到与巴基斯坦、尼泊尔、不丹、斯里兰卡、孟加拉国、缅甸等亚洲国家之间的关系，乃至整个国际关系。中印边界问题不仅是一个历史遗留问题，更与许多重大现实问题密切相关。本课题立足历史，着眼于现实，旨在从世界历史背景、地区和国际关系史的角度出发，从纵、横两个方向入手，对中印边界问题的历史根源展开研究，并紧紧围绕中印关系恶化、武装冲突、1962年边界战争及战争后关系的发展、国际反响，对边界问题发展演变的历史及其与地区史、国际关系史的相互影响，进行较为系统、全面的梳理和分析，进而做出有说服力的阐释。

研究计划执行情况良好，各项具体指标均超额完成。共搜集了多个国家及中、英、俄3个语种的5.53万余页、逾4100万字的原始档案及一手文献资料，以及多个国家主要媒体的即时报道；筛选出6900余份、共计2.4万余页英文和俄文档案文献进行了中文标引及数据库建设；又从中精选出750余份文件翻译成了中文，连同840余份中华人民共和国外交部解密档案和中国清代、民国以来的档案文献资料，并吸收了部分其他学者已经翻译成中文的外国档案文献资料，共计1590余份文件，汇编成册。申报书成果总字数是550万字，实际完成2260万字。其中，资料集2036万字（含外文1650万字，中文386万字）；专著出版2部：课题组子项目负责人吕昭义为第一作者的《中印边界问题、印巴领土纠纷研究》，项目负责人孟庆龙和4名课题组成员撰写的《世界史视阈下的中印边界问题》；发表论文15篇（其中权威期刊核心2篇、核心期刊10篇）；研究报告7篇。

各类成果围绕中国对西南边界的治理、中印边界问题、中印关系及国际关系，对中、英、印、美、俄等国的档案文献资料进行搜集、整理和研究。立足历史，着眼现实，从世界历史背景、地区和国际关系史的角度出发，从纵、横两个层面，从中印边界问题的历史根源入手，围绕中印关系从友好到恶化、武装冲突、1962年边界战争及战争后两国关系的发展、中印边界冲突的国际反响,针对中印边界问题发展演变的历史及其与地区史、国际关系史的相互影响、各种因素的作用等方面,依价值大小,对多国档案文献资料有重点地进行了搜集、整理、筛选、标引、数字化处理和数据库建设。主要成果如下。

中印边界问题档案文献资料汇编。编年和专题相结合,分成五卷,对多国档案文献资料进行了整理、编辑加工,共计356万字,其中外译中210万字。第1卷为历史背景与分歧,主要涉及清朝晚期和民国时期中国中央政府对西南边境地区的治理,英国对西藏的入侵和渗透与中印边界问题的缘起,以及印度与我国在边界问题原则上的立场分歧,共收录中、英、印、俄(苏)、德档案文献资料199份,清晰展现了中国历史上对西藏的有效管辖和治理,特别是通过对中、印双方档案文献资料的汇集、对比,呈现了双方在东、中、西三段边界问题上的分歧。第2卷为中印友好时期,共收录中、印、英、美等国档案文献资料306份,较为完整、清晰地展现了中印友好时期双方在边界问题的分歧和矛盾对两国关系的消极影响,揭示了印度的片面解读和顽固立场。第3卷为中印关系严重恶化时期,共收录中、印、英、美、俄等国档案文献资料439份,较为系统地梳理并展现了中印在边界问题上分歧和矛盾不断加剧并导致边界战争的过程。第4卷为1962年一个月的边界战争时期,共收录中、英、印、美、俄(苏)等国档案文献资料262份,多层面展现了中印两国外交、政治、军事、媒体、舆论的动态,以及多个国际媒体对中印态度的微妙变化。第5卷为1962年11月中国主动宣布停火、撤军后至1967年印度在中国与锡金边界制造危机这段时期,共收录中、英、印、美、俄(苏)等国档案文献资料388份,清晰展现了边界战争后中印两国的外交、政治、军事、媒体舆论的态度,以及欧美等西方国家、亚非拉国家及苏联等社会主义国家的言行,反映了战争给两国的世界地位造成的此消彼长的影响。

研究专著。专著一《中印边界问题、印巴领土纠纷研究》为合著,围绕印巴分治和中华人民共和国成立后60年里中印巴三角关系的发展演变,突出了领土争端与边界问题的重大影响。专著二《世界史视阈下的中印边界问题》在对多国档案文献资料进行解读、研究的基础上,参考国内外相关研究成果,专题与编年相结合,分"起源与症结""中印关系与地区关系""域外因素与国际反响""外交政策和国际关系"四章,从世界历史的大背景及区域国别史和国际关系史的视角出发,对中印边界问题的症结、中印关系恶化、武装冲突、1962年边界战争及其影响、国际反响,边界问题演变与国际关系的相互影响进行了系统、全面、深入的研究,提出了诸多颇具创新性的观点。

研究论文。发表的14篇论文大都是原创,内容涵盖清朝晚期和民国时期对西南边疆的治理、中印边界问题的起源及长期得不到解决的症结,中印关系对巴基斯坦等地区国家外交政策及地区关系的影响,英、美、俄(苏)等域外因素的作用及国际上对中印边界问题的反响,中印关系对印度外交政策的影响以及与国际关系的互动,在资料、观点和研究方法上有不少创新。

研究报告。7篇研究报告围绕着中印边界问题、西藏问题、英国因素等,以古鉴今,根据形势发展及时提出对策建议。

成果提出了一些重要的理论观点。

1. 段鹏瑞1910年踏勘察隅南境,绘制舆图,做插旗为界的标记,对下察隅村落人口、地亩、牲畜、税收的记录是确证中国领土主权的珍贵历史证据，也是匡正斥谬、探寻历史真相的珍稀历史文献。1911年中华民国特使会同察隅地方军政南下巡查边界，在压必曲龚建中华民国界牌，是有史料可考的中华民国最早的界标，是在英印政府推行"战略边界计划"侵占我门隅、珞瑜、察隅边境及西藏地方分离势力掀起"驱汉"狂潮之际，作出的彰显国界、宣示主权的壮举。赵尔丰部属程凤翔率军进驻察隅、1910—1911年进行的三次标界，是与中印边界东段传统习惯线沿喜马拉雅山南侧坡脚的走向相符的，当时不仅中国方面遵循这一走向，而且英属印度也是承认这一走向的，有力表明我国政府所主张的中印边界东段传统习惯线是有坚实可靠的历史证据的。

2. 英国为抬高中国西藏的地位精心策划西姆拉会议并炮制所谓的"麦克马洪线"，为中印边界埋下了纷争的种子，此乃中印边界问题的历史根源。英国在中印关系恶化及发展为边界战争的过程中，既对印度提供多有保留的支持，同时又与中国维持较为稳定、平和的关系，尽显老牌帝国为最大限度维护其利益拿捏有分寸，处理复杂国际问题"圆滑""老到"的谋算和做法，英国后来在加入亚投行等问题上的做法与此一脉相承。

3. 印度对中印边界问题的态度包括两层含义，一是对地理上的习惯线和实际控制线的立场，二是对解决中印在地理边界问题上的态度。迄今为止印度在地理边界上的立场没有变化，只是对解决边界问题的态度略有不同。

4. 印度特有的心态的影响。中印边界问题一直未解决，印度在边界问题上不时制造麻烦，最重要的原因之一是印度独立之前就已有的"大国架子"及后来滋长的"瑜亮情结"、"怨妇心态"和"政治正确"等不正常的心态。印军屡屡非法越境，挑起事端，心理上是上述四种心态叠加、交织的结果和反应。印度这种心态决定了中印边界争端罕见的复杂性以及解决问题的艰巨性。

5. 在中印边界战争前后十几年里，美国对印态度经历了从不甚关注到重视程度不断提高的过程。在这一过程中，美国从来没有平等地对待过印度，对印度的援助请求也很少满足过，军事援助往往有附加条件。印度在接受美援的同时极力保持尊严。这一时期的美国对印政策和美印互动奠定了日后美印关系的基础，也在很大程度上决定了此后美印关系的走势，即美印不论走得多近，也很难发展为盟友关系。

6. 美国和印度作为"印太战略"四国中最重要的两大政治体，其双边关系，它们分别与中国的关系，以及中美印关系的过去、现在和未来，在很大程度上决定着"印太战略"的走向。

7. 对于英国统治印度时期遗留下来的边界问题的态度和处理方法，在很大程度上决定着中印关系的发展。妥善应对这一挑战，不仅是亚洲大陆乃至整个亚洲和平发展的重要前提和保证，也关系到中国倡导的"一带一路"倡议的进程。我们应抓住各种有利时机，排除干扰，在继续有效管控边界问题的同时，积极争取推动中印关系全面发展，为中国的和平发展营造良好的外部环境。

本课题的一系列研究成果具有重要的学术价值和应用价值。一是本项目为国内外已知的第一个就中印边界问题和中印关系对中英印美俄等多国档案文献资料进行搜集、整理和研究的综合性项目；二是有重点地对价值较大的中国、英国和印度的档案文献资料进行了收集、整理和研究；三是重视档案资料的连贯性，以解密档案为主，辅之以非密级档案文献和其他重要历史资料；四是重点对外文档案的中文标引及中国档案的拆分和繁体字转简体字的处理；五是档案资料汇编体例新，编年和专题相结合，可集中看到来自多个国家、多个机构的档案文献；六是信息量大、学术含量高的中外文译名对照表，可作为工具书使用；七是数据库与档案文献资料的搜集、整理、翻译配套进行，既可方便查阅外国档案资料的原文，又不违反国外有关知识产权的限制性规定。

（供稿：孟庆龙，中国社会科学院世界历史研究所研究员）

《维护西藏地区社会稳定对策研究》简介

国家社科基金重大项目"维护西藏地区社会稳定对策研究"（批准号：08&ZDO51）由孙勇教授主持，2008 年获准立项，2012 年提交结项报告和研究成果，2015 年出版学术专著。

一、课题申报背景与研究过程

2008 年拉萨"3·14"事件之后，国家有关部门高度重视边疆治理问题。全国哲学社会科学规划办公室重大招标课题专门列出 3 个维护社会稳定对策研究的项目，分别是维护西藏地区社会稳定对策研究、维护新疆地区社会稳定对策研究、维护少数民族地区社会稳定对策研究。项目指南一经公布，立即引起西藏自治区社会科学院高度重视。拉萨"3·14"事件发生时，西藏自治区社会科学院就在《西藏日报》上发文，谴责分裂主义分子的暴行，打响了学界反击事端制造者的第一枪，事后又受自治区党委领导的委托，承担了对该事件来龙去脉进行调查研究的任务。在此基础上，有关研究人员提议西藏自治区社会科学院应积极申报这个重大招标课题。

按照全国哲学社会科学规划办公室项目申报的有关条件，时任西藏自治区社会科学院党委书记孙勇符合这一项目申报标准。孙勇和时任西藏自治区社会科学院科研处援藏干部贺新元、经济战略研究所所长王代远、马克思主义理论研究所副所长王春焕就申报事宜进行了多次讨论。最后，由孙勇在听取大家意见的基础上，形成了全国哲学社会科学规划办公室基金重大招标课题申报书。其主要意见就是讲清维护西藏地区社会稳定对策、从理论上解决一系列问题，即边疆战略问题、稳定对策问题、软实力问题、区域发展问题、民族问题、宗教问题、意识形态问题、法治建设问题、援藏工作、舆情引导、干部队伍与基层组织建设等对策问题。申报书按时寄出之后，接到全国哲学社会科学规划办公室电话通知，由课题组成员王春焕和王代远赴京进行面审答辩，得到了面审专家组的首肯。

2009 年课题组在收到中标通知（立项号 08&ZD051）后，随即开展研究。课题组在课题在研期间，集中讨论两次、集中改稿两次，研究期间国家社科基金管理部门还提出将涉藏四省一并研究的建议，但由于条件限制，仅在少部分地方予以了体现。该课题上报 3 个阶段性成果，其中有 2 个阶段性成果获中央领导同志的肯定性批示，以及国家有关部门肯定性意见。2012 年按期提交结项报告和研究成果。结项材料上报后，经五位评审专家匿名评审，一致予以通过，其中三名专家同意把评议内容反馈给课题组。《维护西藏地区社会稳定对策研究》是集合了课题组全体成员心血的精品，是运用多学科理论支撑研究西藏地区社会稳定问题的力作。结项评审时被五位专家认为，这是涉藏课题研究中，一个理论与实践相结合又以理论指导实践的较为厚重的成果。专家们对该项目的研究成果从不同角度给予了高度肯定，有三位专家认为该研究成果在同类研究中相当突出。该项目于2015年以《维护西藏地区社会稳定对策研究》为书名，由西藏人民出版社出版发行，是2009年三个同类主题的国家社科基金重大招标项目中，唯一的一个准予公开出版的成果。

二、研究专著主要内容

该成果的研究专著共包括绪论和十个章节的内容，充分采用边疆理论、地缘政治理论、国家政治理论、社会控制理论、公共管理学、民族理论、宗教理论等多学科理论作跨学科研究，贯穿了从国家战略开展西藏地区社会稳定以及边疆问题的理论与对策研究的两大主线，主要内容集中体现在国家战略中的西藏战略地位，以及国家战略与西藏社会稳定、边疆治理中的西藏社会稳定和维护西藏社会稳定的工作对策三个方面。提出"维护西藏社会稳定问题从理论上看，要上升到国家边疆战略的层面，对外涉及世界大国博弈在我国涉藏斗争能否获胜，对内涉及新的边疆治理政策是否实施；从实际操作上看，维护西藏社会稳定要建立一整套系统的边疆治理的体制机制，涉及中央治边政策策略以及西藏地方在经济、社会、民族、宗教、意识形态、法治、涉外、干部、基层组织建设、援藏工作等方面的一系列具体措施"等系统性意见。该研究专著包含以下三大内容。

第一，在对边疆研究基本理论溯源的基础上，对世界大国博弈视野中的西藏社会稳定问题展开研究，阐释了治边稳藏的基础性问题。西藏是被称为"中国西部战略屏障"的边疆地区，从地缘政治角度看，西藏在国家整体中的战略地位十分重要，在国家安全和国防战略方面具有特殊地位。西藏社会稳定问题是中国历史与现实的边疆问题。在近现代史上，英国、俄国、德国、日本、美国等都不同程度地介入我国西藏地区的事务，制造了所谓的"西藏独立"问题，一直致力于分裂西藏，造成西藏地区近代以来的社会动荡；尤其是帝国主义觊觎、入侵西藏地区以来，培植了一批代理人，致使现代和当代西藏的局势错综复杂。1949年之后，西藏社会的治理关系国家的全局，事关国家战略的重要问题。在改革开放之后西藏地区发生的一系列骚乱事件，都是境外大国尤其是美国插手的结果；同时，也是西藏地区的分裂势力借助外力制造社会动乱的体现。由于西藏地区具有超出自身范围的特殊战略地位，做好西藏社会稳定工作是一项系统的动态的综合性工程，"谋长远之策、行固本之举"，形成科学维护稳定的思维和工作模式是重中之重。该专著在绪论、第一章、第二章、第六章、第九章中深刻揭示了近代以来在复杂变幻的世情和国情中西藏社会稳定问题的历史根源、国际根因和现实根据，站在世界大国博弈的视角，提出了西藏地区是我国领土边疆、地理边疆、经济边疆、文化边疆以及利益边疆和战略边疆结合体的观点。这些在2008年的中国边疆研究业内，尚属较新的（未被多数研究者赞成）的认识。

第二，将西藏社会稳定问题置于国家战略中展开研究。全球化条件下的新边疆观，促使人们从传统的地理疆界思维向维护本国利益整体化的边疆思维转变。西藏在国家边疆安全和国防战略方面的特殊地位，使其在地缘政治角度中，具有国家西部整体战略地位的极端重要性，是国家政治安全边疆、经济安全边疆、意识形态安全边疆的重点之一。该课题写作以宏大的视野将研究放在一个时代和历史背景上进行宏观的、纵深的考察，放在世界大格局、国家大战略中去定位、去思考。由于西藏具有特殊的战略地位以及历史、地理和现实等各种错综复杂的因素,因此西藏社会稳定问题不是一般的区域性社会稳定问题,而是我国社会稳定中特别的一类,涉及国家战略层面的边疆区域社会稳定的问题,即既有世界地缘、国家边疆的问题,又有自身以及全国性的历史、文化、政治、经济、社会、民族、宗教等问题,是个综合性问题。该内容主要集中在绪论、第一章、第四章、第五章、第六章、第七章和第九章中予以阐述。

第三,从新世纪西藏地区自身稳定工作展开研究。该书作者认为社会稳定是相对的,也是动态的过程,由社会外控和内控两种形式互相产生作用才能形成有效的稳定机制,是一个系统的工程。该专著从区域经济发展、民族问题、宗教问题、意识形态现状、法治建设、援藏工作、涉藏舆情、干部队伍和基层组织建设等方面,详细分析影响西藏社会稳定的诸多因素,在战略层面、策略层面、理论层面和具体工作层面上作了关于社会稳定状况和问题的详细分析,并从所涉及的学科理论与实践相结合的角度,提出了相应的对策。该内容主要集中在绪论、第三章、第四章、第五章、第六章、第七章、第八章和第十章中予以阐述,系统论证了从战略高度看待和处理西藏民族问题,从国家整体战略中加强西藏中观战略的谋划,对西藏宗教事务管理与反分裂斗争规律性认识的反思,剖析了意识形态工作上的经验,分析了健全边疆维稳的立法体系和法治机制,探索了中央动员和协调下的援藏机制的建立与完善,梳理了边疆社会稳定的舆情平台、思想库智囊团建设的方式方法,总结了干部队伍、党的基层组织建设与西藏社会稳定的关系。

三、研究专著提出的重要观点

《维护西藏地区社会稳定对策研究》作为国家社科基金重大项目的最终成果,突破了多年来同类课题的窠臼,把维护西藏地区社会稳定这样一个实践性很强的研究对象溯及于相关理论的源头去认识与考察,找到理论的依据,以此理清西藏社会稳定问题的脉络,以理论指导思考解决问题的对策。该著作从维护西藏社会稳定涉及的国家战略、区域经济发展问题、民族问题、宗教问题、意识形态问题、边疆法治建设问题、援藏问题、涉藏内外宣问题和边疆干部及基层组织建设问题等10个方面阐述了重要观点,为解决西藏社会稳定问题提供了理论认识和对策建议。

第一,从边疆理论的视角梳理和解析有关问题。该课题研究认为,几百年来,欧美国家形成了成熟的边疆理论,拓展出地理边疆、领土边疆、利益边疆、战略边疆、经济边疆、文化边疆等有形与无形的边疆概念,即新的边疆观,而我国的西藏地区正处在这些边疆概念的叠合点上。近代以来,某些西方国家把西藏视作利益边疆、战略边疆范围。由于我国边疆理论研究的滞后,国内专家学者们过去往往从地理边疆、领土边疆上认识、研究西藏,缺乏应对西方国家把西藏作为其利益边疆、战略边疆之对策。该著作借鉴世界尤其是欧美国家的边疆理论,以有别于以往思考西藏稳定问题的新角度、新高度,在边疆战略理论以及社会稳定学、史学等学科视域下思辨,给西藏社会稳定课题研究提出了新参照,给当代国家治理边疆提出了新视角和策略思路,即打破传统的"内陆—边疆"思维定式,不断巩固和增强中华民族共同体意识，使各民族形成血脉相通、文化交融的紧密联系，实现经济均质化的发展，加快政治、文化一体化进程，建设公民社会，并在全球化条件下达到各民族意识与中华民族意识、中华民族意识与国家意识的趋同目的。

第二，从世界地缘政治理论方面分析，该研究专著认为中国存在一个"环边疆带"。"环边疆带"可以分为"主边疆带"与"次边疆带"，中国周边相邻国家是"前出边疆带"。西藏则处于中国"环边疆带"的"主边疆带"上，故西藏影响了"次边疆带"和"前出边疆带"，所以西藏社会稳定与否影响着四省涉藏州县和我国的相邻国家。参考英国学者麦金德的"大陆腹心说"，中国西藏地区处在世界的"腹地中心的地带"，即战略要地，这是近代以来英国、俄国、美国等大国控制世界而博弈中国西藏地区的原因。正是由于西藏的地缘政治价值，这一地区成为世界大国的博弈区之一，这是一个时期以来西藏所蕴含的战略价值。因此，西藏的社会稳定问题，是国家边疆战略和国家战略中的重要问题，需要国家相关部门和西藏共同深入研究西藏稳定问题的理论和实践，构建西藏社会稳定的网络体系和长久机制，即国家应以"大边疆战略"理念治理西藏，把保持西藏社会稳定列入国家安全大战略中，强势完成可预期时间内的国家政治一体化进程。

第三，从现代国家理论看，西藏社会稳定问题是中国由传统民族国家向现代国家转型时出现的问题。参照现代国家理论，一个国家内各个地区要实现均质化发展，即内陆与边疆地区的无差别发展，而在当下中国还未能实现。一些传统民族国家的边疆治理理念还在影响着对西藏的治理。中国现代国家的构建中，边疆治理方略面对现代国家转型时的新调整，需要摒弃传统民族国家由历史形成的族际治理弊端，探索并实现现代国家的区域治理新模式。在对西藏进行区域治理中，面对非均质化发展的问题，应消除边疆与内陆在国家经济、文化、理念等诸多方面的非均质化问题，坚持以经济建设为中心，按照科学发展观的要求，走有中国特色、西藏特点的跨越式发展路子，增进民众福祉，不断化解社会的主要矛盾，从根本上维护好西藏社会的稳定，加快西藏社会各方面的建设，加快西藏引进和培养各类人才工作，推动区域治理的均质化，以求实现西藏在经济、文化等方面的跨越式发展、持续发展和长治久安。

第四，从系统论的视角推论西藏社会稳定问题，要解析这个极其复杂的系统工程。相对性、动态性和变异性等是西藏社会稳定的突出特点。在西藏社会稳定这一系统问题中，对策性稳定和结构性稳定两种形态是西藏社会稳定中的重要表现形态。所谓的对策性稳定是指依靠不断制定和实施新的对策来应对经常变动的社会活动，包括政策等手段，以求达到稳定的功效，这种形态的社会稳定是一种危机治标的结果，持续时间不长；所谓的结构性稳定是指依靠完善的社会结构，如社会的政治结构、经济结构和文化结构等，从根本上化解各种社会矛盾和冲突而达到社会稳定，推动边疆区域社会以制度化实现安定、和谐和有序的状态。西藏社会稳定应由对策性稳定向结构性稳定发展，以求实现持续的稳定和发展。

第五，从社会控制论视角观察西藏社会控制，可以分为外控和内控两种形式。外控形式主要是运用专政理念和力量，使用国家机器，施行硬性的控制，达到社会稳定的效果；社会控制的内生形式，主要是通过大力运用促进社会文明进步的理念和力量，在经济社会持续发展的基础上实现稳定。世界其他国家的经验证明，社会控制的内生形式与外控形式两者相辅相成，通过社会控制的内生形式消解社会各个矛盾群体乃至当事人对抗国家的意图，并辅之社会的外控形式，实现有效的稳定机制。西藏地区的社会稳定应将社会控制的两种形式有机结合起来，要从西藏区域内的经济、民族、宗教、意识形态、法治、涉外宣传、援藏工作和干部队伍建设等方面开展理论思考，构建网络式长久机制的对策，从而实现长期稳定。西藏执行中央决策、制定和实施相关政策的过程，对西藏稳定具有决定性作用。

四、课题及其专著的学术价值与现实意义

课题"维护西藏地区社会稳定对策研究"从政治学、社会学、民族社会学、民族心理学、宗教学、历史学、法学、法社会学、教育学等多学科全方位研究西藏地区当前和今后至少30年内的社会稳定问题，形成较综合的系统的理论与应用研究的成果，这在学术界涉边涉藏研究尚属第一次，也是近些年来理论与实践相结合、以理论指导实践而解决实际问题研究成果和著述的代表，是维护西藏等边疆少数民族地区社会稳定的学术基础和理论支撑，在此基础上进而提出工作对策，把学术研究运用于具体实践中，体现出重要的学术价值与现实意义。

该课题针对西藏经济社会发展迫切需要解决的重大问题进行深度研究，所出专著对维护国家的安全、维护西藏社会的稳定具有重大而深远的现实意义和长远意义。该研究成果为我国近30年内维护西藏地区的社会稳定提出具有较高价值的对策与建议，供决策和研究部门参考，以期解决制约和影响西藏地区经济社会发展的瓶颈问题。全国哲学社会科学规划办公室在一份公函中，对该专著的编著者即重大项目研究首席专家孙勇予以了"带领课题组坚持正确导向，自觉关注现实问题，深入开展调查研究，努力推出高质量的学术研究成果，体现了较强的责任心和使命感，为国家社科基金更好地服务党和国家工作大局作出了贡献"的评价。

《维护西藏地区社会稳定对策研究》亦得到了学术界的高度评价。有研究者认为，孙勇教授主持的这个课题是以多学科理论支撑下的关于西藏社会稳定问题研究的力作，是近些年来理论与实践相结合、以理论指导实践而解决实际问题著述的代表。有研究者指出，该著作是基于多学科理论的支撑，使西藏社会稳定问题这一实践活动具有了坚实的理论依托，在对策思考上超越了一般性工作对策的范畴，具有系统性、预见性和战略性眼光。该研究在理论层面提出了具有创新意义的观点，在战略层面、策略层面和具体工作层面系统地提出了许多具有真知灼见的对策建议。该书有助于我们进一步领会和理解习近平总书记"治国必治边，治边先稳藏"的战略思想和中央关于"依法治藏、富民兴藏、长期建藏、凝聚人心、夯实基础"的西藏工作重要原则，在已有的相关研究中达到了新的高度，对于维护西藏地区社会稳定无疑具有积极的参考意义。

（供稿：孙勇，四川师范大学华西边疆研究所所长、教授）

《中国边境口岸志资料收集与整理研究》简介

国家社科基金重大项目"中国边境口岸志资料收集与整理研究"（17ZDA157）首席专家为兰州大学中国边疆安全研究中心主任徐黎丽教授。本项目在申报书规定的时间内（2017年9月30日至2022年9月30日）提前完成了本项目的所有计划。2019年中期检查过后，国家社科基金委为本项目下达滚动资助经费80万元，保障边境口岸志普查及资源收集工作的最终完成。该项目2023年5月4日正式结项，结项等级为良好。

本项目取得的成果如下。

第一，以图文并茂的形式于2021年在人民出版社出版《中国陆地边境口岸行》六卷，包括中朝、中俄、中蒙、中哈、中吉、中塔、中巴、中尼、中印、中缅、中老、中越等边境99个口岸，为广大读者介绍中国陆地边境自然、人文、交通、人群情况及前往这些口岸的方式，为边境省区文化产业振兴提供了基础性资料。

第二，完成99个陆地边境口岸志资料收集整理、写作及出版工作。六卷口岸志分别是《中朝边境口岸志》《中俄边境口岸志》《中蒙边境口岸志》《中哈、中吉、中塔、中巴、中尼、中印边境口岸志》《中缅、中老边境口岸志》《中越边境口岸志》。六卷口岸志于2023年5月在人民出版社出版。

第三，发表论文35篇，其中CSSCI以上期刊21篇。分别总结了中朝、中俄、中蒙、中哈、中吉、中塔、中巴、中尼、中印、中缅、中老、中越边境口岸的共性特点、优势与劣势及其发展对策，为"一带一路"中的六大经济走廊建设及中国与周边国家通过口岸进行边贸、文化、外交关系的深化发展提供了借鉴。

第四，完成14篇咨询报告。其中《用好河西走廊和瓦罕走廊，服务西藏新疆甘肃内蒙边疆治理》于2021年4月被教育部教育要情采用后，上报中央两办，并通过学校通知作者本人；《关于着力打造边境特色旅游小镇 为马鬃山口岸复通创造条件的建议》于2018年12月27日由时任甘肃省省长唐仁健批示；《西藏边境人口数量质量建设迫在眉睫》以及科迦、里孜、岗嘎、扎西宗、昌果、若木新村、帕里、公章铺村、拉康、玉麦等地的分报告被西藏出入境边防总队采用，从西藏上报公安部后，为制定在西藏连续居住三个月即可办理户口的政策出台奠定了基础；《新疆移民问题及其对策研究》为国家发改委中咨公司采用；另有五个有关伊斯兰教中国化的研究报告为西部战区某部采用。

第五，在四部委铸牢中华民族共同体意识研究基地——兰州大学中国边疆安全研究中心的场地支持下，制作了中国陆地边境口岸沙盘实物国门展示室及航空水运铁路公路口岸挂图，进行铸牢中华民族共同体意识教育。目前来自全国各地尤其西部省区的参观人数超过3000人次、单位62家。

第六，获国家知识产权局专利三项。三项专利分别是边境口岸地理信息查新系统、边境口岸溯源信息查询系统、边境口岸沙盘宣传支架。目前专利证书已拿到。

第七，维持运营《边疆研究》微信公众号，宣传边疆发展、助力边疆乡村振兴。

（供稿：徐黎丽，兰州大学中国边疆安全研究中心主任、教授）

边疆学人

戴可来

戴可来（1935—2015），郑州大学历史学院教授，我国著名的越南史、中越边疆史、南海史地问题研究专家、世界史研究学者。

戴可来1935年出生于河南省南阳市镇平县，因其父在铁路部门担任技术人员，早年曾就读于蔡家坡扶轮学校。1954年考入北京大学历史学系，曾师从周一良、邵循正、陈玉龙等先生学习历史学，钻研中越关系史、越南史，又师从东语系颜保、昌瑞颐教授学习越南语。1958年参加少数民族社会历史大调查，赴青海省对撒拉族、回族、土族等民族进行实地考察。1959年9月毕业后，分配到中央民族学院（今中央民族大学）历史系、民族研究所任教。在吴文藻先生的指导下，开设《亚洲民族志》课程，系统讲授亚洲民族特别是东南亚各民族的历史和现状。

戴可来于1976年底从中央民族学院调入郑州大学任教。1986年晋升教授，先后担任历史系主任，文博学院院长，越南研究所所长等职，被聘为厦门大学东南亚研究中心学术委员、北京大学亚太研究中心研究员、中国人民解放军外国语学院客座教授等，长期担任《中国东南亚研究会通讯》主编。此外，还曾兼任中国史学会理事，中国东南亚研究会第一、二、三、四届副理事长，中国世界古代史研究会副理事长，河南省社会科学界联合会第二、三、四届副主席、顾问，河南省史学会副会长等职。1988年被评为"国家人事部批准的有突出贡献的中青年专家"，享受国务院颁发的政府特殊津贴。1990年被评为"河南省优秀专家"。1988年和1995年两度被评为河南省研究生优秀指导教师。长期是郑州大学世界史学科学术带头人。2001年6月退休。2015年2月23日，因病医治无效在郑州不幸逝世，享年80岁。

戴可来忠诚于党的教育事业，时刻把国家利益放在第一位，服务于国家对外工作需要，勤勤恳恳、任劳任怨、不计名利得失。作风正派，襟怀坦荡，光明磊落，待人宽厚，和蔼可亲，为我国高等教育事业的发展和越南研究事业的发展奋斗终生。

戴可来主要从事越南史、中越关系史、民族史和世界古代中世纪史的教学与研究工作。尤其在越南历史和中越关系史、南海诸岛主权归属问题研究等领域造诣精深，成果丰硕，在国内外学术界有广泛影响。编著《越南》（与于向东合编）、《越南关于西、南沙群岛主权归属问题文件资料汇编》（与童力合编）、《21世纪中越关系展望》（与于向东合编）、《越南历史与现状》（与于向东合著）、《亚述帝国》（与许永璋合著，商务印书馆）、《岭南摭怪等史料三种》（与杨保筠合作点校）等书，翻译出版了《越南历代疆域》（以"钟民岩"署名，商务印书馆，2017年获第二届"姚楠翻译奖"二等奖）、《越南通史》（商务印书馆，2015年获首届"姚楠翻译奖"二等奖，后被列入汉译世界名著再版）、《黄沙和长沙特考》（商务印书馆）、《越南民族历史上的几次战略决战》（世界知识出版社）、《越中关于黄沙和长沙两群岛的争端》（与于向东等多人合译）等多部译著。我国著名东南亚史专家朱杰勤曾评价戴可来的译著，"译文流畅，寓批判于注文之中也很有特色，足见功夫深厚"。

戴可来参与完成《中国大百科全书》世界历史卷、民族卷，《世界历史词典》，高等学校通用教材《世界通史资料选辑·中古部分》（商务印书馆），《华人华侨百科全书·总论卷》等辞书有关越南条目的撰写。参与《中国近代边疆史》《古代国家的等级制度》等著作的写作。曾在《人民日报》、《光明日报》、《红旗》杂志、《中国边疆史地研究》、《史学月刊》、《国际问题研究》、《华侨华人历史研究》、《世界史研究动态》、《北大亚太研究》、《北大亚太评论》、《中外关系史论丛》、《南洋问题研究》、《河南社会科学》等刊物发表论、译文百余篇。

戴可来把历史研究与现实问题紧密结合起来，对中越陆地边界和南海问题做了系统、深入的研究，为国家进行中越边界谈判提供资料支撑，曾三次受到外交部来函表扬。《漏洞百出，欲盖弥彰——评越南有关西沙、南沙问题的两个白皮书》、《〈抚边杂录〉与所谓的"黄沙"、"长沙"问题》（与于向东合著）、《越南古籍中的"黄沙"、"长沙"不是我国的西沙和南沙群岛——驳越南关于西、南沙群岛主权归属问题的"历史地理论据"》等文为捍卫我国西、南沙群岛领土主权做出了积极贡献。1988年，参与南沙群岛史地综合研究任务，成果获中国社科院优秀成果奖。参加"八·五"国家科技专项《南沙群岛及其邻近海区海洋权益综合调查研究》，获国家"八·五"科技攻关重大科技成果证书；1991年2月10日，时任中共中央总书记江泽民视察郑州大学时，曾询问其相关的学术研究情况，对其研究成果给予充分肯定。

戴可来关于民族史的研究涉及中国少数民族和越南少数民族，在参与编写《撒拉族简史志合编》一书的基础上，编写出版《撒拉族简史》，第一次系统地阐述了撒拉族的民族来源和历史文化发展，成为"民族问题五种丛书"之一，1985年该书荣获青海省民族问题优秀著作一等奖。他对越南摩依人（昧人）、岱人、扎雷人等少数民族历史和现状也进行过研究，发表多篇论文，拓宽了民族研究的领域。

戴可来一生教书育人，从事高等教育事业。主讲多门本科和研究生课程，1983年被遴选为硕士研究生导师。1985年开始招收世界地区的国别史越南史方向研究生，先后培养硕士研究生数十人。中国海疆史专家李国强研究员、越南史与南海问题研究专家于向东教授等是其正式招收的第一届研究生，我国南北各地从事东南亚史、越南史和南海问题研究的学人一些是其及门弟子，一些是出自于向东、李国强门下的再传弟子，可谓"桃李满天下"。他长期主持郑州大学世界史学科建设工作，作为学术带头人，为世界史学科多次获评省级重点学科作出了突出贡献。为拓宽学生知识面，开阔研究思路，作为文博学院院长亲赴湖南师范大学延聘刚退休的著名史学史专家孙秉莹教授来郑州大学任教，为本科生和研究生开设西方史学史等课程。

戴可来的学术研究思想和教育教学方法泽被后人，影响了我国一代又一代越南研究的学子。戴先生的学术思想与教育教学方法，择其要者，有几个方面：强调史学研究，以史料为先，无征不信，重视基本史料的搜集、整理和研读；整理、研读史料是基本功，要学会写提要、撮大要，把握精华；把了解学术史，掌握学术动态作为学术研究的入门路径，特别强调要尊重别人劳动成果，征引、注释史料和引用前人成果要严格遵循学术规范；掌握外语，特别是对象国小语种是国别史研究的重要基础；翻译是一种再创作，要翻译就要成为经典，做到"信、达、雅",经得起历史的检验;要有扎实的基础研究、长期的学术积累,才能在关键时刻服务于国家利益需要,自觉为国家的对外工作、外交斗争作出贡献。

(供稿:于向东,黄河科技学院副校长,郑州大学越南研究所所长、教授;成思佳,郑州大学马克思主义学院副教授)

方国瑜

方国瑜（1903—1983），字瑞臣，著名历史学家，云南丽江人。1924年考入北京师范大学预科，中间因病休学。1929年越级升入国文系二年级。1930年考取北京大学研究所国学门研究生。先后从钱玄同、余嘉锡、马衡诸先生攻读音韵、训诂、目录、校勘、金石、名物之学，又从陈垣、梁启超、杨树达诸先生治史地之学，多有著述。1932年毕业于北京师范大学国文系本科；1933年卒业于北京大学研究所。受所长刘半农之命，回乡学习整理纳西象形文字。1934年回到北平，不久刘半农去世，经董作宾介绍，到南京中央研究院师从赵元任、李方桂治语言学，编成世界上第一部科学的《纳西象形文字谱》；利用史语所藏书丰富的有利条件，辑录云南地方史料，奠定了《云南史料目录概说》和《云南史料丛刊》的基础。

受班洪事件的刺激，1935年转向边疆研究。时逢中英会勘滇缅界务，经李根源介绍，同年9月到滇西边地考察，后来写成《滇西边区考察记》。

1936年夏回到昆明，因袁嘉谷挽留，执教于云南大学。1938年以后，又连年兼任云南通志馆编审、审订、续修之职，撰写《建置沿革》《疆域考》《金石考》《宗教考》《族姓考》诸目，并参加了其余部分的讨论。又协助李根源编辑《永昌府文征》，多作题跋。

1938年10月，与中央研究院史语所凌纯声创办《西南边疆》，担任主编，出版18期。1942年7月，云南大学设立西南文化研究室，担任主任，邀请省内外著名学者加盟，出版"西南研究丛书"10种。又亲临滇西抗日前线，收集丰富且真实的材料，写成《抗日战争滇西战事篇》。1946年4月，发起组织云南边政协会，并被推举为研究部主任及理事。

中华人民共和国成立后，他更加淬砺奋发，为历史科学的教学、科研和运用忘我地工作。1953年9月，受云南省民委委托研究民族问题。1954年被抽调参加云南民族识别研究组并任副主任。遵照周总理指示，开设云南民族史、云南史籍评述、彝族史等课程，相继完成《云南民族史讲义》《元代云南行省傣族史料编年》《彝族史稿》等。1961年，负责编绘《中国历史地图集》西南部分。后来也完成了《中国西南历史地理考释》。

方国瑜的研究主要涉及中国西南及南亚、东南亚诸国的文献与历史，在文献学、历史地理学、语言学、中国民族史、边疆史、云南地方史诸方面建树卓著。《云南史料目录概说》《中国西南历史地理考释》入选20世纪中国史学名著。《云南史料丛刊》十三卷被学术界誉为"云南文化建设的里程碑""有益当今，嘉惠后世的名山事业"。"中国历史发展的整体性"理论在中国史研究中具有重要的指导意义。《纳西象形文字谱》享誉中外，使先生享有"纳西语言与历史学之父"之称。《滇西边区考察记》《元代云南行省傣族史料编年》《彝族史稿》《云南民族史讲义》等研究成果至今仍为学术界推崇，影响深远。

（供稿：云南大学）

谷苞

谷苞（1916—2012），1916年秋季出生在兰州市的一个城市贫民家庭[①]。1935年7月，他考入清华大学外语系。1937年北平沦陷后回到家乡。在兰州，他积极参与创办了《老百姓》旬刊、《抗敌报》，呼吁民众抗日救亡，共赴国难。1939年夏天，得知北大、清华、南开三所学校合并组成西南联大，他赶往昆明继续未尽的学业，进入清华大学社会学系学习。1941年7月毕业后，被分配至当时在昆明的清华大学国情普查所任助教。同年10月，他转到由吴文藻教授、费孝通教授主持的云南大学和燕京大学合作的社会学研究室工作。此后在费孝通先生的亲自指导下，开始步入社会学研究的大门，实现了从理论到实践的跨越。此间他的调查报告《云南省呈贡县传统的乡村行政制度——一个社区行政组织的实地研究》，在昆明市出版发行的《自由论坛》杂志第一卷第五、六期合刊上刊载后，立即引起社会各界的重视，重庆的《新华日报》还对其作过推荐与介绍。1944年秋季，谷苞返回家乡兰州，在甘肃学院以及后来的兰州大学担任讲师、副教授，成为西北地区高等学府里开设并主讲民族学课程的第一人。

1948年暑假，在国立兰州大学辛树帜校长的支持下以国立兰州大学、西北师范学院甘肃社会调查组的名义，深入到山丹、秦安、会宁等县的一些自然村去做社会调查，在深入调研的基础上写作完成了数篇论文和时事报道。1949年8月，辞去兰州大学副教授教职，随部队踏上了西去新疆的征程。进入新疆后，被委派到中共中央新疆分局研究室（新疆维吾尔自治区党委研究室）任研究员。他先后多次前往北疆农牧区，对伊犁地区及南疆地区九个县的维吾尔族农村进行社会、民族调查。1956年5月，他作为中国科学院新疆分院筹备委员会副主任，协助包尔汉承担起了筹建中国科学院新疆分院的工作。新疆分院成立后，他担任中国科学院新疆分院副院长。此后，他先后担任民族研究所所长、新疆社会科学院院长、中国民族学会副会长、中国民族史学会副会长，新疆史学会会长等职。从1956年开始，他就被选为中国人民政治协商会议新疆维吾尔自治区委员会委员、常委。在1978年2月、1983年6月，他又两次当选为中国人民政治协商会议第五届、第六届委员会委员。1983年10月，他申请离休，回到家乡兰州。回乡后他不仅担任一些研究机构、刊物的顾问，还重返讲台，为西北大学、西北民族学院的研究生授课。1985年，他领衔申报创办了兰州大学民族学硕士学位授权点，并且招生授课，开始招收兰州大学首届民族学专业研究生。

他的研究起初侧重于田野调查，文章多是在访问得来的第一手原始资料基础上撰写的调查报告或论文。自20世纪70年代末，他开始专注于理论方面的研究。例如他在《马克思主

[①] 参见吴景山《民族学界瞻泰斗 西北杏坛缅先师——沉痛悼念谷苞先生》，《西北民族研究》2012年第3期。

义民族观与我国的社会主义民族关系》（载于《新疆社会科学》1983年第2期）一文中，运用马克思、恩格斯、列宁、斯大林、毛泽东等关于民族问题的观点，对我国平等、团结、互助的社会主义民族关系进行了系统的阐述。其他像《略谈阶段、民族、宗教之间的关系和宗教研究问题》《为什么不能把新疆称作"东土耳其斯坦"》《民族学研究要为加速发展少数民族地区的经济文化服务》《民族都是在多元一体格局中形成和发展的——兼论有关民族融合的一些问题》等文章，都体现了他所一贯主张坚持的巩固祖国统一、维护民族团结、反对民族分裂、坚持社会稳定的民族学、社会学思想。

谷苞先生亲自撰写、与他人合著或担任主编、顾问的著作有14部之多。在学术界都引起了很大的反响。他的专著《民族研究文选》第一卷至第四卷，堪称是民族学经典。1989年7月，谷苞先生与费孝通等合著、由中央民族学院出版社出版的《中华民族多元一体格局》，获得了北京市第二届社会科学优秀成果特等奖。

2012年2月5日凌晨，谷苞先生因病在兰州逝世，享年97岁。

（供稿：周卫平，中国社会科学院中国边疆研究所研究员）

韩振华

韩振华（1921—1993），原籍海南省文昌县，1921年6月生于福建省厦门市，1993年5月卒于福建厦门。1945年毕业于福建协和大学历史系，1948年毕业于广州中山大学研究院，获历史学硕士学位。毕业后，在福建省社会科学研究所从事研究工作。解放后，分别在厦门大学历史系和南洋研究院担任教学和科研工作，历任讲师、副研究员、研究员、教授。

1956年以后，韩振华教授先后担任过厦门大学南洋研究所历史研究室主任、副所长及负责人。曾任国务院第二届学位委员会学科评议组（历史学组）成员、中外关系史博士研究生导师、国际航海史学会（本届会址设在比利时）执行委员、中国中外关系史学会理事长、中国东南亚研究会理事长、中国华侨历史学会副理事长、中国海外交通史研究会副理事长、福建省东南亚学会理事长、福建省华侨历史学会副理事长、中国太平洋学会理事、中国亚非学会理事、中国人类学会理事、中国海洋法学会高级顾问等职。

韩振华教授擅长于中外交通史研究和历史地理考证，其代表作《公元前二世纪至公元一世纪间中国与印度东南亚的海上交通》（载《厦门大学学报（社会科学版）》1952年第2期），对《汉书·地理志》粤地条末段进行考释。他博采中外学者之所长，对公元前2世纪至公元1世纪间中国与印度、东南亚海上航行所经过的国家和地区进行了详尽的考证，提出了新的看法，使这条航线的考证工作更趋完善，为当前构建"21世纪海上丝绸之路"作出了开拓性的贡献。这篇论文先后被收入多种论文集。此外，他还根据唐代的史料记载，从历史学、地理学、天文学以及语言学等方面，把唐代及唐代之前的诃陵和阇婆两个国家，考证在现在的柬埔寨和越南南部。这篇论文以英文发表在澳大利亚国立大学《远东史》学报上（1985年第3期），受到不少外国专家的重视与好评。

韩振华教授的主要学术贡献是对中国南海诸岛的历史主权问题研究，他曾亲自到海南、西沙群岛等地做过实地考察。为了驳斥越南当局将其黄沙、长沙说成是中国的西沙、南沙群岛，以及19世纪时嘉隆皇帝就已占领了帕拉塞尔群岛等等谬论，韩振华教授广泛引证了中外有关史料，在《光明日报》（1980年4月5日）发表了《西方史籍上的帕拉塞尔不是我国西沙群岛》一文，指出16、17世纪至19世纪初的帕拉塞尔是自北纬12度至17度、东经109.2度至110.2度的未经调查清楚的所谓航海危险区，它与西沙群岛无关。当时的西沙群岛，被外国人称为"眼镜滩"或"千豆"（Cantao），而不是被称为帕拉塞尔。到19世纪中叶以后，帕拉塞尔这个名称才被外国人移去作为西沙群岛的专称。这些史料说明越南提供的材料纯属张冠李戴、鱼目混珠。韩振华教授的这些考证被中华人民共和国外交部发布的《中国对西沙群岛和南沙群岛的主权无可争辩》文件所采纳。外交部对此还予以较高的评价，认为"为我国对外斗争作出了有益的贡献。"与此同时，韩振华教授还主编了《我国南海诸岛史料汇编》一书（东方出版社1988年版），外事部门对此书的评价是："这本史料汇编汇集了广泛的材料，以充分的事实表明我国对南海诸岛所拥有的主权，具有较高的学术价值。"

附：韩振华教授著作目录：

1. 韩振华主编：《南海诸岛史地考证论集》，中华书局1981年版。
2. 韩振华主编：《西沙群岛和南沙群岛自古以来就是中国的领土》，人民出版社1981年版。
3. 韩振华主编：《我国南海诸岛史料汇编》，东方出版社1988年版。
4. 韩振华著：《中国与东南亚关系史研究》，广西人民出版社1992年版。
5. 韩振华著：《南海诸岛史地研究》，社会科学文献出版社1996年版。
6. 韩振华著：《中外关系历史研究》，香港大学亚洲研究中心1999年版。
7. 韩振华著：《诸蕃志注补》，香港大学亚洲研究中心2000年版。
8. 韩振华著：《航海交通贸易研究》，香港大学亚洲研究中心2002年版。
9. 韩振华著：《南海诸岛史地论证》，香港大学亚洲研究中心2003年版。
10. 韩振华著：《华侨史及古民族宗教研究》，香港大学亚洲研究中心2003年版。

（供稿：李金明，厦门大学教授）

胡耐安

  胡耐安（1899—1977），安徽省泾县榔桥镇溪头村人，原名有祉，字耐安，别署园，60岁后号叟，70岁后署乐翁。年轻时赴日本留学，就读于东京帝国大学。民国12年（1923年）秋，回国探亲，休学一年，后任湘军总司令部秘书。一年后仍赴日本续学。民国15年（1926年）北伐战争开始，奉召回国服务。两年后复赴日本东京帝国大学完成学业。回国后任国民党中央青年部秘书，后任中央宣传部计划委员、中央农业银行顾问、安徽省政府顾问。抗日战争期间任国民政府内政部首席参事、湖南省党务改组委员会委员兼宣传部长。后退出政界，先后在国立暨南、中山、边疆大学及省立安徽大学任教，育材甚众。1951年在台湾政治大学政学系任教。1973年退休，仍兼教授。1977年9月因脑血管疾病逝世，终年79岁。胡先生精通英、日文，一生著述颇丰，著有《中国民族志》《中华民族》《边政通论》《边疆民族志》诸书，征引翔实，文笔犀利，分析得当，士林推重。此外尚有《先秦诸子学》《儒道墨三家评介》《中国文字学检讨》《民族学发凡》《说》《粤北排山住民》《边疆宗教》《贤不肖列传》《新湘军志》《园杂忆》《香港三笔》《六十年来人物识小录》等二十多部著作。他培养了一代边疆人才，如刘义棠先生和林恩显先生。

（供稿：吴楚克，中央民族大学教授）

贾敬颜

贾敬颜（1924—1990），汉族，号琰生，晚号伯颜。河北省束鹿县人。其父梦莲是著名中医，尤以针灸享誉当时，时人尊称之为贾铁鍼。贾先生生于1924年12月3日（农历十一月初七）。稍长即随父寓居北平南城，受过良好的家教与中小学教育。他先后就读中国大学史学系、中法大学（今北京理工大学前身）文史系。读书期间，对中国边疆地理沿革及边疆少数民族诸问题产生强烈兴趣，尤喜选听西夏学专家王静如、蒙古史专家翁独健等教授的课。他学习刻苦，并尝试撰写西夏问题的论文，为王静如先生赏识，将其介绍到北平研究院史学所任助理员。1948年秋，贾先生于中法大学毕业，获学士学位，并继续在史学所协助王静如、冯家升先生整理西夏文和金史资料。1950年，北平研究院并入中国科学院，他随之调到考古研究所。1951年中央民族学院成立，1952年全国高校院系调整，贾先生奉调至刚成立的中央民族学院研究部。当时中央民族学院名家汇聚，翁独健教授任研究部主任，而名教授如王静如、傅乐焕、冯家升、潘光旦、王钟翰、陈述等皆就职于研究部。贾先生以助教侧身于名教授之中，见贤思齐，获益匪浅。这一时期，贾先生研究方向自西夏学转入东北民族史及满族史。1955年，他升任讲师后，经翁独健教授指点，研究方向又转向蒙古及北方民族史，并成为其日后研究重点。1956年，中央民族学院成立历史系，贾先生又执教于历史系，辛勤耕耘几十年，由讲师、副教授而升为教授。他还先后担任过中央民族学院一、二、三、四届学术委员会委员，第三届中央民族学院职称评审委员会委员，北京市高教局职称评审组（历史）委员，中国蒙古史学会理事、常务理事，中国民族史学会理事、顾问。

贾先生热爱民族教育事业，诲人不倦，先后开设过蒙古史、中国民族史、目录校勘学等多门课程。他多年给本科生、干部进修生讲课，从1978年开始指导民族史专业研究生，先后培养四届共14名硕士研究生。在他担任历史系民族史教研室主任期间，悉心培养年轻教师，注重民族史教材建设。由他本人撰述的蒙古史教材，更是受到校内外同行的重视和称赞。他讲课除传授渊博文献知识外，兼及个人治学体验，富有启发意义。曾有学生回忆，贾老师讲课时提到，50多年前他曾在北京大学图书馆翻阅过清朝学者周春的8册《西夏书》手抄本，那是一部令国内外无数西夏文史专家梦寐以求的孤本书，弥足珍贵，贾老师鼓励他以此作为毕业论文。受老师指点，该学生最终找到《西夏书》并抄录出版。

综观贾敬颜治学，考据是主要手段，渊博贯通成为最主要特点。

历史地理研究方面，早在20世纪50年代初，贾敬颜即热衷于编绘历史地图，发表于《历史教学》上的有《夏商时期黄河中下游地区图》《西周时期黄河中下游地区图》《战国形势图》《隋代形势图》《满洲兴起图》等。60年代末，又参加了谭其骧先生主编的《中国历史地图集》的编绘工作，从搜集资料到地点考证，用力颇勤。其考释文字发表于《中国历史地图集释文汇编·东北卷》（中央民族学院出版社1988年版）。在这部著作中，他充分发挥融汇贯通的研究特长，对东北历史地理的若干难题进行了跨时代的研究。他的文章资料翔实、考证精审，本着实事求是的科学态度，把东北及蒙古地区民族分布、历史演变结合起来，考察中国疆域变化。对境外（历史上属境内）民族（吉烈迷等）和地区（如库页岛、西伯利亚）进行了实事求是的研究。另一部专著《东北古代民族古代地理丛考》是他多年研究的结晶，对东北古族地理分布、演变做了系列考证。其它散见的发表或未发表的边疆地理考证文字尚有数十种之多。

中国边疆近代以来屡呈危机，列强为侵略制造种种口实又往往与边疆民族历史问题密切相关。鉴于此，贾先生继承老一辈边疆学者的研究传统，以研究民族问题来探讨中国疆域沿革。他治民族史最初先涉西夏。在中法大学就读期间，发表《西夏纪略》《西夏国名二三事》（均见天津《益世报》1947年1月21日；1948年4月27日）等文，他的西夏学研究即发轫于此。此后，他在整理西夏资料方面下了相当的功夫，并把西夏学研究贯通到其后辽金元史研究中。1986年贾先生撰长文《西夏学研究的回顾与展望——兼评〈文海研究〉》（载《历史研究》1986年第1期），对几十年来西夏学研究作综述评价，并提出了自己的看法。此文被视为西夏学研究阶段性总结，也成为西夏学入门必读文章，从中也可看出他的西夏学修养。

1952年调入中央民族学院研究部以后，贾先生被分在内蒙古及东北民族史教研组，于是他将研究视点投向东北民族史。他梳爬史料，首先对女真民族进行了细致的考察。他发表的《铁与女真人的发展》（《中国民族问题研究集刊》第5辑，1956年）论述了在女真民族兴起和发展过程中，铁器使用对其生产力以及社会形态的影响。此后，他利用女真官印、国信牌、墓志、刻石以及历史文献，发表了一系列论文，对女真民族的族源、社会制度、文字等方面进行了系统的考证。这些论文由于考据精确、资料翔实，在学术界产生了一定的影响。1986年，他发表了《红楼梦与满族史上的几个问题》（《古典文学论丛》第5辑）长文，从满族史角度对古典名著《红楼梦》进行剖析，在考察许多满族风俗习惯和政治制度的同时，对流行一时的所谓《红楼梦》的社会背景反映了当时国内外资本主义萌芽的说法进行了批评。次年，他又发表了《满族史料四种跋尾》（《满族研究》1987年第3期），对清太祖实录等史料进行了考证。

契丹民族是贾敬颜研究东北史地的重要课题之一。贾先生与林荣贵合作，将《契丹国志》加以标点校勘，出版后被广泛引用，2014年此书被《中国史学基本典籍丛刊》收入得以再版。贾先生还从众多文献中翻检出宋人出使契丹的有关行纪、报告等，运用汇集材料比勘取证的方法，还原史实，考订地点，取得一系列成果。1981年《中国史研究动态》第8期刊载了他撰写的《契丹文及其文献》一文，系统介绍了契丹文字的形成过程以及现存文献情况，对前人研究进行评估的同时，也为后学指明了研究契丹文献的路径。除了文献研究，他还发表了《关于乌盟契丹女尸》（《内蒙古日报》1983年2月3日）和《契丹字钱币考》（《中国钱币》1985年第4期）等数篇论文，从文物考古角度出发为研究契丹历史开辟了新的史源。

研究中国疆域沿革必然要涉及民族问题，而民族问题的研究往往又多偏重于少数民族，对汉民族形成历史的研究则有所忽略。在当今中国版籍内生活的56个民族中，汉族占有重要地位，汉民族与边疆少数民族关系是中国历史研究重要内容。有鉴于此，贾先生著文，从秦汉到民国，广征博引，对历史上汉民族称谓沿革、含义、范围等进行了系统考辨，认为汉人之称形成于秦汉，发展于魏晋南北朝以降，称族则是民国初年的事（《略论汉民族的形成》，《文史知识》1987年第2期），并对历史上外族人对汉人称谓作了分析（《"契丹"——汉人之别名》，《中央民族学院学报》1987年第5期）。1988年，贾敬颜在第二次中国民族史学会学术讨论会上发表了《历史上少数民族中的汉人成分》一文（《思想战线》1989年第3期），提出与汉民族发展经历了一个"滚雪球"似的民族融合过程一样，少数民族的发展也有一个吸收外来成分的过程。此文引起学术界广泛重视，这个观点得到了费孝通先生的赞同和引用，上述三篇论文均收入费孝通先生主编的《中华民族多元一体格局》（中央民族学院出版社1989年版）。

与西夏、契丹、女真、满族、汉族等研究相比，贾先生花费心血最多、最见功力的是蒙古史研究。蒙古民族在历史上的影响，为国内外众多学者所瞩目，而蒙古史研究在先生的学术体系中亦占有主要地位。他师承翁独健教授，一反众多专家精于断代研究的方法，以开阔的视野，全面考察蒙古族历史发展趋势，对蒙古族不同历史时期均有研究，尤其注重历史继承性的探讨。首先，对辽、金、元三个时期蒙古史进行了综合研究。例如乣军是一个时跨辽金元、事涉契丹、女真、蒙古等许多民族的复杂问题，50年代他曾撰专文，30年后又整理旧稿，发表长文《乣军问题刍议》（《中央民族学院学报》1980年第1期），对钱大昕、王国维诸家说法进行辨正、补充，认为"乣"为"纠"字的俗体，读音为纠，讹变为札、察等音，其意由纠聚、督察进而演变为蒙古军制之一种。从而把这个问题的研究向前推进了一步。此后，他又发表《关系成吉思汗历史的几个问题》（《社会科学辑刊》1981年第3期）及《探马赤军考》（《元史论丛》第2辑；中华书局1983年版）、《从金朝的北征、界壕、榷场和宴赐看蒙古的兴起》（《元史及北方民族史研究集刊》第9期）等文，均属时跨辽金元三朝的蒙古史研究。在对明清时期蒙古史全面考察研究中，《明成祖割地兀良哈考辩》（《蒙古史研究》第一辑，1985年）一文是此方面力作之一。该文对蒙古兀良哈三卫南迁原因、时间以及地理范围进行了周密的论证，认为有明一代明蒙关系三卫南迁影响了明蒙双方力量对比。三卫地区具有边防缓冲作用，特别到了明末，又成为影响明与新兴努尔哈赤力量对比的重要因素。贾先生治学还有一种风格，即从小题着手，以小见大，发微阐明。《三娘子画像考实》（《内蒙古社会科学》1985年第2期）一文看似考证古画的流传情况，而涉及的却是蒙古史研究中颇使学者们感到棘手的蒙古部落问题。以此发端，他写下了一系列论文，如《五投下的遗民——兼说"塔布囊"一词》（《民族研究》1985年第2期）、《阿禄蒙古考》（《蒙古史研究》第三辑，1989年）、《〈陕西四镇图说〉所说之甘青蒙古部落》（《西北史地》1989年第2期）等文，对清代蒙旗组成的来源进行了考察，并特别注意元明清三个时期蒙古族发展的内在联系。这种综合研究显然不是只精于某一断代研究的专家所能胜任的。

贾敬颜先生除了对契丹、女真、西夏文有所研究外，还和友人朱风先后校勘刊布蒙古文重要文献《黄金史纲》（内蒙古人民出版社1985年版）和古蒙文词汇学、辞源学研究以及对音的重要工具书《蒙古译语·女真译语汇编》（天津古籍出版社1990年版），他为这两本书付出大量精力，于此又可见其研究蒙古文献的修养。

1956年，全国人大民族委员会组织少数民族历史调查，翁独健先生任内蒙东北调查组组长，贾先生参加内蒙组。1956年至1962年，他多次赴内蒙古阿拉善等地进行社会历史调查，撰写调查报告。这对他日后能根据文献而又不仅限于文献来阐述游牧民族历史发展趋势有着重要影响。1963年发表的《游牧民族宗法封建关系的本质是什么》和《略论解放前内蒙古牧区生产力水平与生产关系的变化》(《民族团结》1963年第3、6期;后一篇与刘荣竣合作)二文,即是以社会调查材料结合历史文献来研究游牧民族的收获。

史地综合研究使贾先生治学领域颇为广泛,对重大问题论证的同时,对枝末细节亦反复推敲。《民族历史文化萃要》(吉林教育出版社1990年版)一书集先生考据小品109篇,其知识性、趣味性反映了先生博览群书而匠心独裁,其文字典雅、语气调侃,读来饶有趣味。其中对魏公村沿革的考证成为后来众多述说魏公村者的依据。这个集子仅占先生同类文字的三分之一。此外,先生还参加了《中国地震史料》的纂辑和编审,《中国大百科全书》历史卷、民族卷及《民族词典》、《中国历史大辞典》等条目的撰述。在翁独健先生去世后,他和陆峻岭先生一起主持《全元诗》的校点工作。

贾先生有渊博贯通的治学特点,翁独健称其"博览强记,对我国北方民族史、特别是蒙古史,有极深的造诣,这是侪辈所共知的"。著名蒙元史专家陈得芝教授赞赏他考据治学的功力,称其为"20世纪的'乾嘉学者'","其治学途径可以说是静安先生的'复制品'",并认为《五代宋金元人边疆行纪十三种疏证稿》"足可媲美静安先生晚年的蒙元文献校注"(陈得芝《20世纪的"乾嘉学者"——追怀老学长贾敬颜教授》,《中国边疆民族研究》第九辑)。核之他的文章著作,似非过誉之词。许多学者都认为他自署书名的刻写油印本《圣武亲征录斠注》已经远超过何秋涛、王国维、伯希和、韩百诗的研究。此书是他"呵冻挥汗,不避寒暑"多年的成果,直至去世前仍在不断补充。中央民族学院素有三大杂家之说,贾敬颜先生即杂家之一。杂者,民族史(匈奴、突厥、西夏、契丹、女真、蒙古、满族、汉族、苗族、黎族等)、历史地理(从秦汉到民国)、考古学(遗址、文物、石刻、字画、印章、钱币、瓷器等研究)、史料学(版本目录学、校勘学、民族古籍整理等)、民族古文字等等,头绪繁多,而先生治学条理井然,因杂而博,渊博然后贯通,这正是先生学力深厚之所在。贾先生晚年发表的《记游牧民族的文化传承》(《中央民族学报》1990年第1期)已经开始他整体性研究的学术归纳,惜天不假年,逝世年仅66岁。

(供稿:毕奥南,中国社会科学院中国边疆研究所研究员)

金毓黻

金毓黻（1887—1962），又名毓绂，字静庵，斋名静晤室、千华山馆，辽宁辽阳人。我国20世纪上半叶著名历史学家之一。1916年，北京大学毕业。1949年以前，先后在奉天省议会、东北行政委员会、辽宁省政府、东北大学、中央大学、国史馆任职，1949年以后，在北京大学、中国科学院历史研究所第三所任职。一生致力于史学研究，著述丰富，据不完全统计，出版史学专著16部、丛书与资料集8部，发表史学论文近百篇。

金先生的主要学术成就可以分为四类：一是文献的搜集与整理。前期主要是与东北史有关的文献，包括《辽东文献征略》八卷、《辽海丛书》十集、《辽海书征》六卷，《东北文献零拾》六卷和《辽海书录》等。后期则有《明清内阁大库史料（第一辑明代）》《文溯阁四库全书书前提要》等，并与田余庆等共同整理《太平天国史料》。二是东北史研究，以《东北通史》《渤海国志长编》为代表。其中《东北通史》虽只完成上编六卷，但是对东北之范围，东北史分期等问题的讨论，为我国学界东北史研究奠定了学科基础；至于具体史事之考辨，国内同时代无出其右者，至今仍有重要参考价值。《渤海国志长编》为新旧史学体例混成之作，既将散见于中外各种典籍中的渤海史料汇为一编，又有所考辨发微，为渤海史研究者案头必备之书。三是方志的编纂。出于对东北地方史的关注，金先生也特别重视地方志书的编纂和辑佚，早在20年代，即总纂《长春县志》，所编《辽海丛书》中亦不乏稀见方志，如《全辽志》《辽东志》等。1934年任奉天通志馆总纂，更将《奉天通志》稿理残补缺，加以出版。四是中国史学史研究。先生于上世纪30年代撰写、1944年出版的《中国史学史》是中国最早的一批史学史著作之一，且为当时教育部史地教育委员会中国史学丛书乙辑第一种，后列入部定大学用书，成为官方指定的首部中国史学史教材，其对中国史学史学科发展的重要意义不言而喻。有学者评价先生的《中国史学史》是早期相关著作中最系统、最见功力的一部，并且称赞它的问世，是中国史学史作为近代意义上的学科初步形成的重要标志。此评价于先生之《东北通史》亦然。

除了上述编著成果外，先生给后人留下的重要学术遗产还有其坚持40年之《静晤堂日记》（起于1920年3月6日迄于1960年4月30日）。该日记内容详赡，按门类可分为历史学、考古学、文献目录学、读书札记、诗记、杂著、文集、金毓黻年表、掌故时事、治学方法等，既是先生个人生平、学术研究的点滴记录，也是近代社会史、学术史的重要参考资料。

先生生逢乱世，颠沛流离，但是始终坚持一颗爱国之心。"九一八"事变以前，先生已经感到日本侵略东北的野心，遂决心致力于东北史地研究，其立意深远："今日有一奇异之现象，即研究东北史之重心，不在吾国，而在日本……世界各国学者凡欲研究东洋史，东方学术，或进而研究吾国东北史，必取日本之著作为基本材料，断然无疑。以乙国人叙甲国事，其观察之不密，判断之不公，本不待论。重以牵强附会，别有用意，入主出奴，积非成是，世界学者读之，应作如何感想？是其影响之巨，贻患之深，岂待今日而后见？""东北地理与外交之关系亦繁。近年发生之问题，如东北满之断限、中俄之划界、间岛之争执，皆引起历史沿革之讨论。""九一八"事变后，金先生一度陷于日本殖民统治之下，但是以其声望地位，拒绝与侵略者合作，闭门著述，竟成《渤海国志长编》。后脱离东北，以学术报国，完成《东北通史》等著作，对中国人民的抗日战争是一种精神鼓舞。

（供稿：范恩实，中国社会科学院中国边疆研究所研究员）

马长寿

马长寿（1907—1971），字松龄，又作松舲，山西昔阳人，1907年1月12日（光绪三十二年十一月二十八日）出生在山西省昔阳县西大街北寺巷一贫苦农民家里。1915年入私塾，五年内读完四书和《诗经》，打下了良好的国学基础；1920年转入小学，读完一年初级小学和二年高级小学。1923年小学毕业后，他在老师和亲属的资助下考入太原进山中学，学习成绩保持优秀，并接触到了中共的革命刊物《响导》《社会科学讲义》[1]及进步文艺刊物《创造》等，其中《社会科学讲义》对此后马先生的专业选择影响甚大。

1929年考入南京中央大学，由于以前读过《社会科学讲义》的缘故，所以他选择进入社会学系学习。但到校之后始知此系教授的主要是美国社会学，没有一个教员敢讲《社会科学讲义》式的社会学，遂选择该校历史系为副系，从而打下了良好的史学基础。在校期间他曾分别前往上海及周边农村进行社会调查实习。

从1931年开始，马先生开始将学术兴趣转向民族学、民族志和中国的少数民族，在社会学里学习民族学，并运用黄文山等人教授的德国、美国的民族理论与民族志方法，用了两年的时间整理和研究中国特别是西南少数民族资料，逐渐对民族学产生了浓厚的兴趣和爱好，以至民族学成为他终生从事的专业。

1933年马先生从中央大学毕业，留校为社会学系助教，继续从事西南民族研究工作，并由系主任黄文山推荐在中山文化教育馆编辑的"民族学专刊"上发表了若干有关民族学的论文，同时还收集资料编写了《西南民族》一书。1934年中央研究院、中央大学、金陵大学等机构组织成立了"中国民族学会"，推蔡元培为会长。学会成立时，他由黄文山介绍加入，成为该学会首届会员。大学毕业后他还加入了当时的"中国社会学会"，并在学会会刊《社会刊》上发表了《山西洪洞移民研究》一文。

在中央大学助教的三年，马先生发表了许多论文，其中有一篇是"西南民族分类"，受到时任中央博物院筹备处主任李济的赏识。1936年李济给黄文山去函，邀请马先生到筹备处开展西南民族调查工作。适值中央大学社会学系停办，于是马先生在当年8月正式转往筹备处工作。中央博物院筹备处当时设在南京北极阁山下中央研究院历史语言研究所内，由李济总领其事。马先生到职后任助理员，在专家指导下用了近4个月的时间系统学习和掌握了两种与考察民族有关的技术，即人体测量法和国际音标纪录民族语言法，为田野调查工作打下了坚实的基础。[2]

在1937年至1942年的6年时间里，马长寿先生曾先后四次前往川康地区进行民族考察

---

[1] 1923年中共中央《教育宣传问题决议案》强调："凡能与工人接触之党员当尽力用《前锋》《新青年》《向导》《社会科学讲义》等材料，使用口语，求其通俗化。"

[2] 以上参见马长寿先生《自传》档案材料。

和文物标本的搜集工作，其中包括从南路两入凉山考察罗彝和苗人等民族，从北路两入西康考察嘉戎和羌民等民族。这些考察活动是民国时期中国学者在川康地区调查延续时间最长、范围最广、调查最为深入、成果也最为丰硕的民族学（人类学）田野实践。在此期间，他于1939—1940年在乐山看管中央博物院文物和民族学调查标本，并写成了《凉山罗夷考察报告》。[1]

1942年马先生离开中央博物院筹备处，前往位于四川三台县的东北大学教授少数民族的历史和地理。从1943年7月开始，他到成都金陵大学讲授民族学、民族调查方法等课程；同时在四川博物馆兼民族组主任，负责计划和陈列博物馆的少数民族文物，在四川大学历史系兼授"民族学"课程。抗日战争胜利后，马先生全家于1946年春随同金陵大学回到南京，同时在中央大学的边政系兼课，教"民族调查方法"课程。

1949年4月23日南京解放，金陵大学被南京军管会接管。1950年8月，应浙江大学人类学系之邀，马先生前往浙江大学工作，主要讲授文化人类学和中国民族志等课程。1952年，华东高等学校进行了院系调整，浙江大学文科、理科各系都并入复旦大学，马先生也被调入了复旦大学历史系，主要讲授中国民族史、原始社会史等课程，并编出《中国兄弟民族史》讲义，被高教部作为各大学的交流讲义之一。后来他又与胡厚宣先生合教考古学通论。

1955年9月，马先生从复旦大学调到西北大学以后，先后担任西北民族史研究室主任，兼考古教研室主任；积极倡导和支持伊斯兰教研究所（今中东研究所）的建设，为西北大学考古专业、西北民族史学科和中东研究学科的建立与发展作出了重要贡献。

从1956年春开始，他在陕西、甘肃、宁夏三省区开展同治年间陕西及西北回民起义的实地调查工作，并用一年多的时间完成了30余万字的《同治年间陕西回民起义历史调查记录》[2]。时值全国人大组织开展少数民族社会历史调查工作，马先生经过争取于1957年4月前往四川大凉山，在美姑县九口乡主持进行田野调查工作，最后完成了《凉山彝族自治州美姑县九口乡社会历史调查报告》[3]的撰写。1959年夏，他应邀前往云南参加彝族史的调查与研究工作，完成了《彝族古代史》[4]初稿的写作；同年冬，开始撰写彝族古代史的续篇《南诏国内的部族组成和奴隶制度》[5]，次年成书。

从调入西北大学工作以后，马长寿先生的学术研究重点由民族学转向中国少数民族史特别是北方和西北民族史领域，并陆续撰写出版了《突厥人与突厥汗国》[6]《北狄与匈奴》[7]

---

[1] 参见王欣《马长寿先生的川康民族考察》，《中国边疆史地研究》2013年第4期；马长寿遗著，李绍明、周伟洲等整理《凉山罗彝考察报告》，巴蜀书社2006年版。

[2] 马长寿主编：《同治年间陕西回民起义历史调查记录》，陕西人民出版社1993年版。收入马长寿著《马长寿民族史研究著作选》，上海人民出版社2009年版。

[3] 马长寿主编，李绍明整理：《凉山彝族自治州美姑县九口乡社会历史调查报告》，民族出版社2008年版。

[4] 马长寿著，李绍明整理：《彝族古代史》，上海人民出版社1987年版。

[5] 马长寿：《南诏国内的部族组成和奴隶制度》，上海人民出版社1961年版。

[6] 马长寿：《突厥人与突厥汗国》，上海人民出版社1957年版，广西师范大学出版社2006年再版。

[7] 马长寿：《北狄与匈奴》，生活·读书·新知三联书店1962年版，广西师范大学出版社2006年再版。

《乌桓与鲜卑》[①]《氐与羌》[②]《碑铭所见前秦至隋初的关中部族》[③]等著作。这些著作不仅填补了有关学术研究的空白，而且他还首次将马克思主义的基本理论和方法运用于中国民族史的研究中，为民族史研究开创了一条新路，进而形成了自己的研究风格与学术流派。

马先生原计划按族别完成中国少数西北民族史的系列著作，但不幸因病于1971年5月17日在南京逝世，享年65岁。临终前他还念念不忘藏族史的撰写。这也成为先生一生的学术遗憾。

马长寿先生有关民族与边疆研究的主要论文由其弟子周伟洲教授整理、编辑为《马长寿民族学论集》[④]出版；《彝族古代史》《南诏国的部族组成与奴隶制度》《同治年间陕西回民起义历史调查记录》等著作则合编为《马长寿民族史研究著作选》[⑤]出版。

从民族学入手认识和处理中国的民族与边政问题，科学而客观地对待边疆民族研究中出现的各种问题，深刻探讨边政问题形成的原因及其产生的历史背景，坚持历史与现实、学术与政治、爱国主义与科学理性的有机结合，制定具有治本性质的长治久安之策，最终维护多民族国家的统一，促进边疆各民族经济社会的共同发展和繁荣，可谓是马长寿先生边政研究的终极学术追求，这也为后世留下了一笔深厚的学术遗产。[⑥]

（供稿：王欣，陕西师范大学中国西部边疆研究院院长、教授）

[①] 马长寿：《乌桓与鲜卑》，上海人民出版社1962年版，广西师范大学出版社2006年再版。
[②] 马长寿：《氐与羌》，上海人民出版社1984年版，广西师范大学出版社2006年再版。
[③] 马长寿：《碑铭所见前秦至隋初的关中部族》，中华书局1985年版，广西师范大学出版社2006年再版。
[④] 马长寿著，周伟洲编：《马长寿民族学论集》，人民出版社2003年版。
[⑤] 马长寿：《马长寿民族史研究著作选》，上海人民出版社2009年版。
[⑥] 参见王欣《马长寿先生的边政研究》，《中国边疆史地研究》2008年第3期。

马汝珩

马汝珩（1927—2013）[①]，回族，辽宁省沈阳市人。笔名史泽、武英平、庆思、求是、施达青等。清史研究专家，中国人民大学清史研究所教授。曾任中国人民大学清史研究所清代前期历史研究室主任、校学位评委会历史分会委员。1947年，进入国立东北大学文学院历史系学习，1948年至1952年，先后在东北行政学院行政系、东北师范大学历史系学习。1952年至1953年，在沈阳市立二中任历史教师。1953年至1956年，为中国人民大学中国历史教研室研究生，师从著名历史学家尚钺教授和戴逸教授。1956至1972年，在中国人民大学中国历史教研室任助教、讲师。1972年至1978年，在北京师范大学清史研究组任讲师。1978年调回中国人民大学清史研究所，任讲师、副教授，1986年晋升为教授。自1979年以来，历任中国蒙古史学会理事，中国中亚文化研究协会理事，中国中亚中俄关系史研究会理事等。1984年和1989年先后被评为首都民族团结先进个人和北京市优秀教师。1993年，马汝珩教授退休。2013年11月7日中午因病在北京逝世，享年86岁。

马汝珩教授是清代边疆民族史研究的权威专家，他的研究大体可分为三个阶段，第一阶段为个案研究阶段。自1957年至1966年"文革"前夕的10年间，共刊发不同体裁的文章20篇，其中重要的文章有：《试论阿古柏政权的建立及其反动本质》，《历史教学》1957年第8期；《试论清代云南回民起义的性质》，《教学与研究》1958年第3期；《关于杜文秀评价问题》，《民族团结》1962年第3期，等等。此时个案研究集中在两个方向，一是阿古柏问题；二是云南回民起义与杜文秀评价。

第二阶段，综合研究阶段。这一阶段大体上贯穿于整个70年代，其关于清代边疆民族的最终研究成果集中在戴逸主编的《简明清史》一、二册之中。相关的重要论文还有：《清朝政府平定准噶尔部叛乱与抵御沙俄侵略的斗争》，《历史研究》1976年第2期；《土尔扈特蒙古西迁及其反对沙俄压迫重返祖国的斗争》，《社会科学战线》1978年第3期，这篇文章堪称当代中国土尔扈特史研究的开山之作；《论阿睦尔撒纳的反动一生》，《新疆大学学报》1979年第1—2期合刊，等等。此时卫拉特蒙古史开始成为马汝珩教授研究的新的兴奋点。

第三阶段，综合研究与个案研究相结合阶段。这一阶段始于80年代初期，止于90年代中期。此时是马汝珩教授研究的全面收获期。收入《清代边疆民族史论稿》中的文章大部分即完成于这一阶段，并形成了自己的研究特色，即以清代回族史和卫拉特蒙古史研究的深化

[①] 本文依据中国人民大学清史研究所网站所发关于马汝珩教授的相关资料，并参考马大正《清代边疆民族史研究的卓绝拓荒——马汝珩教授学术成就述评》和张世明《清代边疆民族史研究论衡：解悟马汝珩教授的学术遗产》两篇文章整理而成。

为基础，扩大到对清代边疆政策和边疆开发的综合研究的开拓。其研究成果在同时期的同类研究中自成一家，并占有领先地位。这一时期的重要著作有：《清代西部历史论衡》（山西人民出版社 2001 年版），合著有《承德避暑山庄》（文物出版社 1980 年版）、《厄鲁特蒙古史论集》（青海人民出版社 1984 年版）、《中国北方民族关系史》（中国社会科学出版社 1987 年）、《漂落异域的民族——17—18 世纪的土尔扈特蒙古》（中国社会科学出版社 1991 年版）等多部专著。马汝珩教授还参与主持编写了多部清代边疆史研究著述，如《清代边疆开发研究》（中国社会科学出版社 1990 年版）、《清代的边疆政策》（中国社会科学出版社 1994 年版）、《清代边疆开发》（山西人民出版社 1998 年版）。

马汝珩教授治学严谨，且精通多种语言，与马大正先生合著的《漂落异域的民族——17 至 18 世纪的土尔扈特蒙古》广泛利用英文、日文、俄文、德文和蒙文等资料，已经成为卫拉特蒙古史领域不可绕过的学术丰碑。

马汝珩教授学问精深、视野开阔，对学生学问要求严格的同时，也平易近人，特别关心学生，真心培养边疆民族的后继研究者，正是在他的带领下，中国人民大学清史研究所形成了一批致力于边疆民族史研究的学术团队，对清史研究所的学术积累和学术特色凝练产生了深远影响。

（供稿：吕文利，中国社会科学院中国边疆研究所研究员）

恰白·次旦平措

恰白·次旦平措（1922—2013），1922年10月出生于西藏自治区日喀则市拉孜县，是当地著名的三大家族之一敏吉家族的三子，原名拉敏·次旦平措，后因在原西藏地方政府担任四品官的娘舅恰白·晋美贡嘎膝下无子而被过继其门下，改名恰白·次旦平措。1942年，他出仕原西藏地方政府，并被委任为四大噶伦之一的索康·旺清格勒的侍卫官。三年期满后，他相继被委派江孜宗、吉隆宗的宗本。1951年西藏和平解放后，恰白·次旦平措拥护党在西藏的路线、方针、政策，积极参加西藏革命与建设工作，相继担任日喀则小学副校长、南木林宗宗本、拉萨市政协副秘书长、西藏自治区文联副主席、西藏社会科学院副院长、西藏自治区人大常委会副主任、西藏文化保护与发展协会副会长等职，2013年8月15日在拉萨逝世，是当代西藏著名的历史学家、文学家。

恰白·次旦平措幼承庭训，勤奋好学，拜师多人，熟悉藏文文法修辞和藏族文学历史，具有深厚的藏学传统文化功底，且以亲历者的身份经历了新旧西藏两个不同时代的历史巨变，既认清了旧西藏封建农奴制的腐朽、落后与黑暗，更通过学习马克思主义理论，逐渐摆脱了宗教唯心史观和传统神学的束缚，坚持论从史出，运用实证研究方法，强调必须用大量真实可靠的史料还原历史本来面貌。他以藏族的历史文献、西藏各地的金石铭刻等考古史料，以及其他民族的文献资料，驳斥了聂赤赞普出身的种种神话传说，指出聂赤赞普就是一位土生土长的西藏当地人；纠正了《西藏王统记》由萨迦索南坚赞所著的历史贻误，提出该书出自拉萨大昭寺管家勒贝西绕之手的新观点；不赞同赤松德赞创建桑耶寺即为西藏古代教育开端的既有说法，认为西藏古代教育的发端远早于赤松德赞时代。这种敢于质疑、求真务实的学术精神，不仅使其学术研究能得出比较客观的结论，而且使其文学创作更加深入人心。

恰白·次旦平措的文学代表作《冬季的高原》荣获了全国少数民族文学创作奖，史学代表作《西藏简明通史·松石宝串》荣获第一届国家图书奖，获得党和政府的高度肯定，使之在国内外享有广泛盛誉。1990年7月，江泽民总书记在西藏考察期间，时任西藏自治区党委书记胡锦涛专门把恰白·次旦平措介绍给江总书记。1991年，《西藏简明通史·松石宝串》（藏文版，上、中、下三册）在西藏社会科学院举行首发仪式，胡锦涛书记亲临会场，给予充分肯定，称赞该书是"西藏和平解放以来，出版的第一部真正意义上的藏文史书"。巴桑罗布认为该书有四个显著特点，即一是摆脱了神话与偏见的桎梏；二是兼收并蓄，融会贯通；三是分析合理，判断准确；四是深入浅出，通俗易懂。亚东·达瓦次仁认为这部著作"以唯物辩证的眼光阐述了西藏的历史发展观，为进一步研究西藏的政治、经济、文化、宗教等提供了珍贵的文献资料"。恰白·次旦平措以马克思主义为指导，始终坚持正确的学术方向，将学术研究与维护祖国统一、民族团结、社会稳定紧密结合起来，经世致用，取得了举世公认的学术成就。

附：恰白·次旦平措主要代表作：
1.《西藏简明通史·松石宝串》，西藏藏文古籍出版社1989—1991年版。
2.《藏族文学史》，四川民族出版社1994年版。
3.《大昭寺史事述略》，《西藏研究》1982年第1期。
4.《试析悉补野一词》，《西藏研究》1984年第1期。
5.《论工布德木之摩崖石刻文》，《西藏研究》1985年第2期。
6.《正在前进发展的藏族史学》，《西藏研究》1985年第3期。
7.《聂尺赞普本人是蕃人——悉补野世系起源考略》，《西藏研究》1987年第1期。
8.《论藏族的焚香祭神习俗》，《中国藏学》1989年第4期。
9.《藏族文化史上的偏见浅析》，《西藏研究》1990年第1期。
10.《再议〈西藏王统记〉的作者及其成书时间》，《西藏研究》1993年第4期。
11.《有关帕竹强求坚赞的几年史实》，《中国藏学》1994年第3期。
12.《如何解读古藏文》，《西藏研究》1996年第1期。
13.《以友好为主流的唐蕃关系》，《中国藏学》2008年第1期

（供稿：徐志民，中国社会科学院历史理论研究所研究员）

谭其骧

谭其骧（1911—1992），字季龙，笔名禾子，历史学家、历史地理学家，我国历史地理学科主要奠基人和开拓者。籍贯浙江嘉兴，1911 年 2 月 25 日生于辽宁沈阳皇姑屯，1912 年回浙江嘉兴。1926 年进入上海大学社会系。1927 年转入上海暨南大学中文系，次年转外文系，旋转历史系，主修历史。1930 年毕业于暨南大学，同年赴北平，考入北平燕京大学研究生院，导师顾颉刚，并师从邓之诚教授。1932 年 2 月任辅仁大学兼任讲师、北平图书馆馆员，同年 8 月毕业于燕京大学研究院，获硕士学位。1933 年又兼燕京大学、北京大学讲师。1940 年初至贵州浙江大学史地系任副教授、教授。1946 年随浙江大学复员回杭州。1947 年至 1949 年同时任上海暨南大学历史系教授。1950 年浙江大学停办历史系，转上海复旦大学历史系任教授，1957 年任系主任，1959 年兼任中国历史地理研究室主任，1982 年至 1986 年任中国历史地理研究所所长。1981 年当选为中国科学院地学部委员。1986 年列名美国《世界杰出人物辞典》，1988 年列名英国《世界名人录》《远东及澳州名人录》。先后任中华人民共和国国家历史地图集副主任委员、总编辑，中国历史大辞典编委会主任，中国史学会理事，中国地理学会理事。

谭其骧 1934 年春协助顾颉刚筹办以研究历史地理为宗旨的禹贡学会、主编《禹贡》半月刊。1955 年参与改绘杨守敬《历代舆地图》，后发现杨图不适应时代要求，转而编绘《中国历史地图集》，初稿完成于 1974 年，后陆续内部发行。1980 年起修订，1982 年起公开出版，至 1988 年出齐。这是我国历史地理学最重大的一项成果，也是他最杰出的贡献。他还主持编纂《中国国家地图集·历史地图集》《中国历史大辞典》等大型图书，主编《辞海·历史地理》《中国自然地理·历史自然地理》《黄河史论丛》等。著作有《长水集》（上、下册）、《长水集续编》《长水粹编》等。

谭其骧边疆史地研究的成果丰硕，有如下特点。首先既有实证性的研究，又有理论性的研究，《中国历史地图集》的编纂创立了一套确定中国历史时期疆域范围的理论，该套理论在《历史上的中国和中国历代疆域》一文中有详细论述，是目前解释历史上中国疆域范围最为合理的理论。其次涉及区域广泛，包括东北、北方、西南、岭南及南海，这与其个人生活经历、治学经历以及大的时代背景相关。谭其骧出生于奉天，父亲为其起别号"奉甫"，他一生都十分关心东北发展，关注东北地方史的研究。抗日战争期间，谭其骧随浙江大学内迁西南，在贵州遵义生活数年，因此他对于贵州历史也有研究。晚清民国的边疆危机使得许多学者的目光投注边疆，谭其骧亦投身其中。再者研究内容丰富，包括民族迁徙、疆域政区与河流水道等。谭其骧将移民作为解释中国历史的一把钥匙，代表性论文有《晋永嘉丧乱后之民族迁徙》《辽代"东蒙"、"南满"境内之民族杂处——满蒙民族史之一页》等。在关注民族迁徙时他注意到边疆地区少数民族历史的繁复变化，并进行研究，相关论文有《羯考》《记五胡元魏时之丁零》《记翟魏始末》等。疆域政区与河流水道的相关研究有《清代东三省疆理志》《贵州释名》《唐代羁縻州述论》《自汉至唐海南岛历史政治地理》《再论海南岛建置沿革》《答吕名中论汉初南越国领有海南岛否》《七洲洋考》《宋端宗到过的"七洲洋"考》《李德裕所谪之崖州》《历史上的金门与马祖》《北河》《何以黄河在东汉以后会出现一个长期安流的局面》《西汉以前的黄河下游河道》等。

（供稿：安介生，复旦大学历史地理研究中心研究员）

翁独健

　　翁独健（1906—1986），汉族，原名翁贤华，1906 年 11 月 28 日出生在福建省福清市三山镇坑边村。三岁时因患小儿麻痹症落下左腿残疾。开蒙后经母亲训导，立志发奋读书。1919 年至 1922 年在融美中学堂（福清三中前身）读了三年初中，随后考入福州英华书院。高中期间读书勤奋，成绩优异。为表明身残志坚，改名翁独健。1928 年以优异成绩考入北平燕京大学历史系。22 岁的翁独健在亲友资助下赴北平求学。读书期间，以才华得洪业教授赏识，被破格吸收参加《道藏子目引得》的编纂工作（哈佛燕京学社 1935 年版）。1932 年，翁独健撰写的学士论文《元田制考》，以内容翔实得到好评。他撰写的硕士论文《元代政府统治各教僧侣官司和法律考》，因考核精当，分析细致，被认为优秀。天道酬勤，1935 年在燕京大学研究院毕业后，以优异成绩获得赴美留学奖金。经洪业教授推荐，赴美国哈佛大学历史系研究部攻读蒙元史。他之所以选择蒙元史进行研究，据他自己后来回忆："我对蒙元史研究有兴趣是从大学时开始的……19 世纪以来，有人标榜东方学、汉学研究中心在巴黎，当时巴黎有几个著名汉学家，后来日本雄心勃勃地要把汉学中心抢到东京去，当时日本研究的重点是蒙古史、元史。汉学研究中心在国外是我们很大的耻辱，陈垣先生鼓励我们把它抢回北京来……"。

　　1938 年翁独健撰写了近十万字题为《爱薛传研究》的博士论文（Ai-hsieh: A Study of His Life，1938 年），对爱薛这个 13 世纪下半叶蒙古汗庭中最有影响的基督教徒进行了全面研究。他引用《拂林忠献王神道碑》等中外史料 32 种，参考文献 12 种，运用中西考证对比的方法，广征博引，显示了扎实的学术功底。他以这篇精湛的论文获得哈佛大学博士学位。同年翁独健赴法国巴黎大学和东方语言学院进修，受业于著名汉学家保尔·伯希和。伯希和告诉他，蒙元史是一门国际学问，研究它要懂得汉文、蒙文、波斯文、土耳其文、阿拉伯文、拉丁文，还要掌握诸如英、法、德、俄、日等国语言。受此启发，他学习了审音勘同等研究方法，在不同程度上掌握了德、日、波斯、阿拉伯、拉丁、土耳其、蒙古等语文知识。

　　1939 年初夏，翁独健夫妇从法国马赛启程归国。当年 10 月到国立云南大学历史系任教。1940 年 9 月，翁独健赴北平燕京大学任教。燕京大学于 1941 年冬被日军封闭，他拒绝去"伪北大"任教，遂受聘于私立中国大学。抗战胜利后翁独健回到燕京大学任教，并参与编辑《燕京学报》。他先后开设辽金元史、俄国史、中亚历史语言研究、史学方法等课程，以渊博的知识、生动形象的讲授受到学生欢迎。从 1940 年 9 月至 1952 年，他在燕京大学历任讲师、教授。

　　早在 1942 年他就与中共地下党组织有了联系，曾冒风险掩护中共地下党员。北平解放前夕，他在中共地下党组织的护校指挥部担任总指挥。解放后他参加接收燕京大学，是接收旧燕园的重要成员之一，历任燕京大学代理校长、教务长，同时出任北京市教育局局长，兼任国家民族事务委员会委员。1952 年任中央民族学院研究部主任。1956 年起任中央民族学院历史系主任。1956 年作为民族史研究的代表，参加国家哲学社会科学十二年发展规划的讨论和制定，他发表《关于中国少数民族历史研究的情况和问题》，受到学界关注。当年全国人民代表大会民族委员会组织少数民族历史调查组，他担任内蒙东北调查组组长。1958年中国科学院哲学社会科学部成立民族研究所，他出任副所长。同年，中国科学院历史所参加蒙、中、苏三国合写《蒙古人民共和国通史》，增设蒙元史组，他任组长，主持这项工作。他还与韩儒林等教授共同组织《蒙古人民共和国通史》的翻译工作，并亲自翻译了该书的一、二、三章。他同时担任中国科学院历史研究所研究员，主持元史的研究工作，组织有关人员将《苏联历史纲要》中有关蒙古部分（后改题为《蒙古统治时期的俄国史略》）翻译出版。他负责内蒙古东北少数民族社会历史的调查工作，指导内蒙古东北少数民族简史简志的编写。他主编《蒙古族简史》，亲自动手撰写了部分重要章节，并通审全部书稿。1961年他同吴晗、翦伯赞等历史学家发起成立民族历史指导委员会，任副主任委员兼秘书长，推动民族史研究。还受聘为吴晗主编的《中国历史小丛书》编委以及《辞海》民族分册编委，参加《中国历史地图集》有关民族部分的组织领导工作。

从1956年中央民族学院历史系创办到1986年去世，翁独健一直担任着系主任之职。期间，他为筹建中央民族学院历史系费心尽力。该系建成后，他亲自讲授基础课程，他认为学生学好基础课，才能得到深造。为此他又特别安排有经验的教师讲授一年级的课程。另外又聘请好些名史学家来校作学术报告，使该系的教学水平大为提高。

在"文化大革命"动乱中，翁独健被戴上"反动学术权威"帽子，抄家封门，被关在中央民族学院二号楼达半年之久。1970年，年逾花甲、身有残疾的他被赶到河南息县"五七干校"打扫厕所，被迫"接受再教育"。1971年，翁独健从干校回到北京后，立即主持了《元史》的点校工作。在二十四史中，《元史》讹误之处极多，向为史家垢病，校勘此书难度较大。翁独健毅然领导几名中青年学者，接受了点校270万字的《元史》的任务。几年之内，他领导的团队历经寒暑，做了大量钩沉发微的工作，校勘出讹误千余处，为学术界提供了目前《元史》的最好版本。

中共十一届三中全会之后，他复任中国社会科学院民族研究所副所长的职务，并兼任社会历史研究室主任。自1953年起，他历任全国政协三、四、五、六届委员。1978年他主持召开民族历史科学座谈会，初拟《1979年至1985年民族历史研究规划》。第二年又在全国民族研究工作规划会议上，就全国民族史研究项目，提出了十个方面的建议，预期民族史研究能更上一层楼。

1979年他任中国社会科学院民族研究所学术委员会副主任委员。作为民族史研究组织者，在他的推动下，中国民族史研究工作取得了显著的进展，许多著作纷纷问世。他校订了志费尼的《世界征服者》，主持翻译出版符拉基米尔佐夫的《蒙古社会制度史》、拉施特的《史集》，并组织《马可波罗行记注释》的汉译以及《全元诗》的编辑工作。他担任《国家民委民族问题五种丛书》编委会副主任委员、《中国大百科全书民族》卷编委、民族史主编、《中国历史大辞典》民族分册主编、《中国历史地图集》编委会副主任委员等职，做了大量的学术研究和组织工作。

1979年他赴法国巴黎参加联合国教科文组织国际中亚文化研究协会会议，被推举为副主席。他同时还担任中国史学会常务理事、中国民族研究学会副理事长等职。同年，在他的支持和推动之下，中国蒙古史学会成立，他被推选为理事长。

1979年11月，翁独健以73岁高龄加入中国共产党，实现了多年的宿愿。

1980年1月，他主持筹备成立中国民族古文字研究会事宜，8月在承德召开中国民族古文字研究会成立大会。他在当年参加在南京召开的中国元史研究会成立大会上，提出了《对今后元史研究的几点希望和建议》，受到与会者的关注。

为了配合边界谈判，根据国家领导人批准，1983年中国社会科学院成立中国边疆史地研究中心，翁独健受命担任中心主任。

1981年5月，他主持民族关系史研究学术座谈会，并主编出版《中国民族关系史研究》论文集。同年8月，前往乌鲁木齐主持中国蒙古学会国际学术讨论会。9月赴美国印第安纳大学及哈佛大学等进行为期六周的讲学和学术交流。他还于1982年4月赴苏联塔吉克共和国首府杜尚别参加国际中亚文化研究协会理事会及学术讨论会。他亲自培养出一批批硕士、博士研究生，不少人崭露头角，成为史坛新秀。1983年中国民族史学会成立时他被推举为理事长。同年，任元史研究会名誉会长。

1984年他主持《中国民族关系史纲要》编写组会议，并发表了《论中国民族史》一文，系统阐释了他的民族史研究学术观点。同年7月他冒酷暑到北京师范学院参加元代戏曲研究会的结业仪式。8月，前往呼和浩特参加《蒙古族简史》审书会议。在会议间隙前往包头参加《中国历史地图集》的工作会议。回到北京以后，11月又参加《藏族简史》审书会。接着主持在北京召开的民族史学会工作会议。12月前往广州参加中国古代民族关系史学术讨论会，在会上讲了《再谈民族关系史研究中心的几个问题》。众多兼职及应对各项事务和繁忙的工作损害了已是高龄的翁独健的健康，他终因积劳成疾住进医院，并最终于1986年5月28日永远地离开了他终身为之努力的民族史研究事业。

翁独健的主要学术论文发表于20世纪40年代。1940年发表《新元史、蒙兀儿史记爱薛传订误》(《史学年报》第3卷，1940年)，这是其博士论文爱薛研究的继续。这篇文章运用中西考证比较的方法对一些资料穷本溯源，比勘对证，严密考订，指出两书爱薛传的疏谬近十处之多。1941年发表《斡脱杂考》(《燕京学报》第29期，1941年)，从五个方面对散见于元代史乘中用法歧异的"斡脱"一词，进行详尽的考证与诠释，指出这一词的各种含义与语源。1946年发表《元典章译语集解》(《燕京学报》第30期，1946年)，就《元典章》所载的许多从蒙古语硬译的元代口语，逐一考释其语源与意义，多有创获。1948年发表《蒙古时代的法典编纂》(《燕京社会科学》第1期，1948年)，以时代先后为序，对蒙古法典的源流与形成，元世祖时期法典的纂修与颁行，对《大元通制》《元典章》《经世大典》中的宪典以及元末时法典的编订，都详加阐述。这些论文具有较高的学术价值，尤其是他的博士论文《爱薛传研究》，堪称其代表作。澳大利亚国立大学教授罗依果发来唁电说："我想作为对翁博士的纪念，最好是出版他在哈佛的博士论文《爱薛传研究》。尽管此文写于二次大战前，至今仍是这一课题的最精深的学人著作。"由此可见西方学者对他的学术认同。

正因为有着渊博学识，深厚功底，遭逢机遇，翁独健推动民族史研究具有从容气度，深刻见解，令人折服的组织能力。

（供稿：毕奥南，中国社会科学院中国边疆研究所研究员）

吴丰培

吴丰培（1909—1996），字玉年，祖籍江苏吴江县。其父吴燕绍是一位边疆史学专家，尤其对西藏、蒙古历史地理、民俗风情颇有研究。吴丰培幼年体弱多病，因而在家塾学习。1930年考入北京大学国学门研究所，师从著名明清史专家孟森教授，专攻明史。毕业后，吴丰培进入北平研究院工作。自此以后，吴丰培开始广泛收集各种边疆史地书籍资料，设法传抄复制各大图书馆及私人藏书。1935年，他成为《禹贡》半月刊编辑，主编了《禹贡》杂志"康藏专号"，同时撰写了《西藏图籍录》《西藏图籍录拾遗》《抚远大将军允禵奏议》《卫藏通志著者考》等藏学论文，引起学界瞩目。1936年，他与当代历史地理大师顾廷龙自筹资金，在极端艰苦的条件下由禹贡学会出版了《边疆丛书》6种。又编辑出版了《清代西藏史料》第1辑和3卷本的《清季筹藏奏牍》，收录有丁宝桢、刘秉璋、鹿传霖、安成、裕钢、文硕、升泰、有泰、张荫棠等3位清廷大吏及6位驻藏大臣的奏稿。这两部书是极为重要的藏学史料，尤其是《清季筹藏奏牍》，内容丰富、史料价值极高，因此颇为近现代藏族史研究者所重视，视之为必备参考书。抗战爆发后，他先后在中国大学、辅仁大学、北京大学、北京师范大学就职，任讲师、研究员。抗战胜利前后，他陆续撰写发表了数篇颇有见地的论文，如《西藏志版本异同考》《文硕筹藏政策处理隆吐设卡案之始末》《读有泰日记跋》《近代国人撰述之西藏史籍》《清季达赖喇嘛出亡事迹考》《记达赖喇嘛、班禅额尔德尼失和事》等。

新中国成立以后，吴丰培在中央民族学院研究部和图书馆工作。除藏学研究外，还负责图书馆的业务工作。每遇涉及边事的珍本、稿本、无名书，他均详加考证，弄清源流，撰写题跋，予以编目。吴丰培共编辑出版了史料50余种、整理古籍40余部，为中国边疆史地研究事业作出了较大的贡献。他先后编辑的边疆史地资料有：《廓尔喀纪略辑补》《联豫驻藏奏稿》《豫师青海奏稿》《中国民族史地资料丛刊》《清代藏事辑要》《藏乱始末见闻记》《民元藏事电稿》《宗教源流考》《番僧源流考》《西招图略》《赵尔丰川边奏牍》《清代藏事辑要续编》《西藏奏疏》《镇抚事宜》《平定金川方略》《平定两金川方略》《巴勒布纪略》《廓尔喀纪略》《康輶纪行》《川藏游踪汇编》《景纹驻藏奏稿》《理藩部则例》《有泰驻藏日记》《平定准噶尔方略》《抚远大将军允禵奏稿》《入藏须知》《使藏纪程》《西藏纪要》《拉萨见闻记》《清代藏事奏牍》《清光绪朝布鲁克巴秘档》等。这其中尤以总字数达150万字、上下两册的《清代藏事奏牍》最为引人注目。该书收录了47位驻藏大臣及其他官吏自清嘉庆年间至宣统百余年间的奏章，尤以光绪、宣统两朝较为完备。

在边事图书资料的专题编目方面，他为中国科学院民族研究所编《新疆研究参考书目》一册，又陆续为中央民族学院图书馆编成《馆藏方志目录》《馆藏丛书目录》《馆藏家谱目录》和《馆藏中国民族研究参考简目》（古籍部分）。在编辑这些目录时，他均撰有前言跋语，介绍内容和编纂经过。除了编辑、校订众多的出版物外，他还为几十部古籍撰写了序言和跋，公开发表了数十篇论文和文章，主要有《清代驻藏官员的设置和职权》《藏族史料书目举要》《新疆、西藏等地志叙录》《川藏游踪汇编题记》《西藏史料题记》《唐代吐蕃名臣禄东赞后裔五世仕唐考》《班禅九世来京的前后》《中国与锡金关系述略》《藏学研究的历史进程》等。此外，还与曾国庆合著了《清代驻藏大臣传略》《清代驻藏大臣制度的建立与沿革》两本专著。

（供稿：周卫平，中国社会科学院中国边疆研究所研究员）

亦邻真

亦邻真（1931—1999）（Y.Irinchin），曾用名：林沉。蒙古族，伊克明安氏，黑龙江省富裕县人。1931年8月15日出生，1999年2月10日去世，享年68岁。

亦邻真先生1961年毕业于北京大学历史系，同年分配到内蒙古大学，先后在历史系、蒙古史研究所工作，曾担任蒙古史研究室副主任、蒙古史研究所所长职务。他一直从事古代蒙古史科研和教学工作，1978年开始任硕士生导师、1991年开始任博士生导师。先后培养出二十多名硕士、四名博士，是内蒙古大学蒙古学学科奠基人和学术带头人之一，为享誉国内外的著名蒙古史学家。他一直关注国际蒙古学发展动态，注重对外学术交流，曾派遣几名年轻学者赴国外名师处留学，接收指导日本、美国等学术单位的多名访研人员，并曾先后前往美国、德国、日本、蒙古国等国进行学术访问，与相关机构建立了密切的学术合作关系。曾任中国蒙古史学会副理事长和名誉理事长、中国元史研究会副会长、中国民族古文字研究会副会长等职。

在学术研究方面，亦邻真主要从事蒙元史、北方民族史和蒙古文献学等领域的研究。代表作主要包括：《〈元朝秘史〉畏吾体蒙古文复原》、《元史》标点本（作为主持人之一与点校组成员共同完成）；论文：《从远古到唐代的我国蒙古地区》《中国北方民族与蒙古族族源》《成吉思汗与蒙古民族共同体的形成》《内蒙古古代史中的若干问题》《关于十一十二世纪的孛斡勒》《起辇谷和古连勒古》《〈内蒙古历史地理〉绪论》《〈元朝秘史〉的流传与价值》《莫那察山与金册》《畏吾体蒙古文和古蒙古语语音》《读1276年龙门禹王庙八思巴字令旨碑》《元代硬译公牍文体》《元代蒙古语音译汉字的惯例》，等等。

亦邻真的学术研究，是在马克思主义唯物史观的指导下，将历史学和语言学等学科相结合、宏观和微观相结合而展开的，力求精益求精。在研究中，注重蒙古史与文学知识的运用。其研究方法和科研成果，为蒙古史学界点明了方向并提供了典范。他关于蒙古族族源的研究和结论，以及对11世纪、12世纪蒙古社会制度相关问题的讨论，因理论分析之高度和考究论证之深度，已成为相关研究领域的主流学说。《元史》标点本的工作，因解决了大量非汉语之专名的识读、诸多历史事件以及年代、地理等方面内容的考证标点，为《元史》的准确利用提供了便利，有力地促进了元史的研究。他的《元朝秘史》研究，是蒙古文献学研究的经典之作，集中体现了其历史学、文献学和蒙古史语文学方面的造诣，受到了国际《秘史》学界的广泛赞誉。他在内蒙古历史地理研究方面的看法，对民族地区历史地理研究具有普遍性指导意义。

（供稿：乌兰，中国社会科学院民族学与人类学研究所研究员）

边疆学人访谈录

构筑中国边疆学自主知识体系
——马大正先生访谈录

张建斌　马大正[*]

2022年4月25日，习近平总书记在中国人民大学考察时指出，加快构建中国特色哲学社会科学，归根结底是构建中国自主知识体系。中国边疆历史研究经历千年积累、百年探索，硕果累累，在理论研究与现实需求的双重动力下，中国边疆研究向中国边疆学转型成为必然趋势，马大正先生正是较早提出构筑中国边疆学的学者之一。以唯物史观指导中国边疆学研究贯穿于马大正先生边疆史地研究的全过程，他以敏锐的历史思维、深厚的学术功底、卓越的人格魅力、深厚的家国情怀，出版了一大批具有影响力的学术作品，是中国边疆研究领域的一面旗帜，中国边疆学的开拓者。如今年过80的马大正先生依然奋进在边疆研究的前沿，笔耕不辍。2023年夏，张建斌有幸采访到马大正先生，本文重点访谈中国边疆学作为新兴交叉学科的缘起创立与成长经历，梳理中国边疆研究的发展历程，展现马大正先生有关中国边疆学的诸多思考，让读者更多地了解什么是中国边疆学，中国边疆学的学科定位和框架结构，以及当前中国边疆学自主知识体系的构筑过程与实践。以下为访谈记录。

一

张建斌问（以下简称"问"）：马老师您好，很高兴您能接受我们的采访。建立以马克思主义为指导的、有中国特色的中国边疆学理论体系，离不开中国边疆研究的基础工作，请谈谈您进入边疆研究领域，为构筑中国边疆学从事的科研实践的学术经历。

马大正答（以下简称"答"）：中国边疆研究学科发展经过三步跨越，即从边疆史地研究到中国边疆研究，再到中国边疆学的构筑。回顾我的研究历程也是沿着中国边疆学发展的"三步跨越"一路走来的。自1964年6月从山东大学来到中国社会科学院，今年正好60年。回顾往昔工作经历，从刚参加工作到1975年，十年左右的时间因政治运动的原因，身在科研机构却无法从事学术研究，不免遗憾，不过经历风雨、增长了见识和世面，增加了阅历，对于日后的边疆研究也是大有裨益的。此后，我参与《准噶尔史略》《中国民族关系史纲要》的撰写，还担任《民族研究》兼职编辑，参加《中国历史大辞典》民族史卷的组织和撰写，

---

[*] 张建斌，中国社会科学院历史理论研究所副研究员；马大正，中国社会科学院中国边疆研究所研究员。本文系国家社科基金重大专项课题《中国马克思主义史学家口述访谈录》（批准号：LSYZD21013）阶段性成果。

锻炼了编辑文字能力，也结识了更多的学术同行。后来结集出版的《厄鲁特蒙古史论集》代表了此一时段的研究旨趣和学术成果。

学术的转折发端于1987年，从民族所调入中国边疆史地研究中心，在边疆中心的四分之一世纪岁月，大体上做了三件事。一是为开展三大研究系列出谋划策。"三大研究"指的是中国疆域史、中国近代边界沿革史、中国边疆研究史。为此组织专题论集、开展学术会议、策划资料整理及出版、启动科研项目、与全国各部门开展合作，边疆中心进入良性的工作轨道，显示了边疆史地研究强大的生命力。二是参与中国边疆调查和研究的实践。只有了解边疆现状，才能更好地发挥以史为鉴的史学功能，开展"当代中国边疆系列调查研究"，推动"东北工程""新疆项目""西南边疆项目"启动，将历史与现实相结合，将中央与地方各部门学者相结合，直面热点问题，推动边疆学科建设。三是为中国边疆学的构筑尽心尽力。这是近年来我耗费心血、凝聚心愿的寄托所在。20多年前我在《二十世纪的中国边疆研究——一门发展中的边缘学科的演进历程》一书的结尾写了一段话，"创立一门以探求中国边疆历史和现实发展规律为目的的新兴边缘学科——中国边疆学，这就是肩负继承和开拓重任的中国边疆研究工作者的历史使命"。何以称之为"历史使命"？这是因为构筑中国边疆学是学科发展的必然趋势，也是我自己作为边疆研究工作者一直以来的心愿。自1997年以来，有关中国边疆学构筑的思考从未松懈，在《光明日报》《中国边疆史地研究》等一系列报刊杂志发表文章，出版了《中国边疆学构筑札记》《当代中国边疆研究（1949—2019）》《中国边疆学八题》等书籍，记录了我对构筑中国边疆学的思考演进路径。

为将中国边疆学顺利、扎实、稳固展开，近30年来我主要做了以下几项工作。

一是参加了边疆中心组织的第二届和第三届中国边疆史地学术研讨会，提交了《试论中国边疆史地研究的几个问题》和《深化边疆理论研究与推动中国边疆学的构筑》（《中国边疆史地研究》2007年第1期）两篇论文。结集出版了《中国边疆史地论集续编》（黑龙江教育出版社2003年版），由我撰写了代前言：《从中国边疆研究的发展到中国边疆学的构筑》。这两部书在学界引起反响，对于推动中国边疆学起到了积极作用。

二是组织参与中国边疆基础研究领域的科研工作。主编《中国边疆通史丛书》，共计540万字。该书的导论卷《中国边疆经略史》由我主编，以宏观的视角论述历代王朝的治边政策、思想、开发、管理。该书获得了第八届"五个一工程"入选作品奖、第二届郭沫若中国历史学奖三等奖。整套丛书获得了第六届国家图书奖提名奖，著名历史学家戴逸教授评论该书"一部凝聚着爱国主义与历史科学精神的学术新著"。此外，主持完成了一系列边疆研究专项，如《20世纪中国西部开发史》（黑龙江教育出版社2005年版）、《中亚五国史纲》（新疆人民出版社2000年版）、《新疆史鉴》（新疆人民出版社2006年版）、《古代中国高句丽历史丛论》（黑龙江教育出版社2001年版）、《古代中国高句丽历史续论》（中国社会科学出版社2003年版）、《中国边疆研究论稿》（黑龙江教育出版社2002年版）等等。

三是着力在应用研究领域，为科学决策提供咨询。组建中国社会科学院新疆发展研究中心，连续主办"新疆稳定和发展专家论坛"，对新疆稳定与发展面临的重大问题进行战略性、前瞻性研究，为决策部门提供参考。在应用研究基础上，2000年后我承担完成了多项重大调研项目，新疆方面有《新疆反分裂斗争研究》《新疆发展与稳定战略思考》《当代新疆治理研究》《新疆的历史与现状研究》；东北边疆方向完成了《东北边疆历史研究的回顾与思考》《中国东北边疆历史研究》；西藏方向有《西藏反分裂斗争研究》。

四是在学校教育和社会教育两个层面推动边疆教育发展。自1999年开始，在中国社会科学院、山东大学和云南大学招收边疆研究方向的博士生。同时，借助媒体的宣传，从地方到中央共计接受采访百余次，向大众普及边疆知识，让国人更好地了解边疆、热爱边疆，推动学术走向大众。

二

问：学科的形成离不开知识的储备与科研实践的积累，我注意到在您撰述的多部学术著作中，将中国边疆研究的演进历程概括为：千年积累、百年探索、四十年创新。您能否具体阐释一下这三句话的含义？

答：所谓"千年积累"。中国历史悠久，疆域辽阔，今人如想认识研究数千年来边疆发展状况，肯定会遇到许多困难，史料匮乏、零散是其中最主要的问题。但与世界其他国家地区相比，研究古代中国则有两点有利条件：一是古代中国文明持续不断，文化传统亦世代相继；二是古代中国有良好的史学传统。关于边疆纪实及研究的历史遗产既是前人对边疆实况的记录，也往往反映了著者的世界观和方法论。

所谓"百年探索"。这里的百年，实际上是涵盖了19世纪至20世纪两个百年的时段。这一时段是中国历史巨变的两百年，经历了清朝由盛转衰到灭亡，从中华民国到中华人民共和国。民族危亡，民族振兴是这一历史时段主旋律之一。中国边疆研究在这样的历史大背景下，也经历了兴旺、衰微、再兴旺的历程，两个世纪来共出现了两次中国边疆研究的高潮，分别是：19世纪中叶至19世纪末西北边疆史地学的兴起，是中国边疆研究第一次高潮的标志；20世纪30年代至40年代边政学的提出与展开，是第二次中国边疆研究高潮的突出成就。

所谓"四十年创新"。自20世纪80年代以来，中国边疆研究第三次研究高潮出现的标志是研究中实现了两个突破：一是突破了以往仅仅研究近代边界问题的狭窄范围，开始形成了以中国古代疆域史、中国近代边界沿革史和中国边疆研究史三大研究系列为重点的研究格局，促成了中国边疆研究的大发展；二是突破了史地研究的范围，将中国边疆历史与现状相结合，形成了贴近现实、选题深化、成果众多的特色，至今这次研究高潮仍方兴未艾，显示出可持续发展的强劲势头。

承载着千年积累、百年探索和四十年创新的中国边疆研究，今日面临着新的跨越——构筑中国边疆学，这是学科发展的必然趋势，也是建设中国特色社会主义精神文明的需要。每一个边疆研究工作者都应认清历史责任，抓住机遇，迎接挑战。

三

问：您的学思历程与当代中国边疆研究相始终，中国边疆学与现实结合紧密，请您谈谈当代中国边疆研究调研和研究情况。

答：历史上的边疆治理和开发是边疆研究的重要内容，以史为鉴，为当代中国边疆治理提供间接参考。随着研究的深入，我日益感觉到只有了解边疆历史现状，才能更好地发挥史学的功能，从事现状调研尤为必要。因此我在边疆史地研究中心工作期间，承担着组织与领导责任，与中心同仁和学术同行广泛开展当代中国边疆调查和研究，回顾此段经历与历程，大体可分为酝酿、展开、深化三个阶段。

酝酿阶段大体从1989年到1996年。期间最为重要的成果为启动"当代中国边疆系列调查研究"，站在历史的高度看现状，组织当代中国边疆调研课题。该项目分阶段进行，1990—1996年，共计完成两期工程，撰写了5篇调研报告。它们分别是《关于海南省海疆管理和南沙海区现状调查》（1992），《云南边疆地区稳定与发展现状及其对策》（1995）；《新疆维吾尔自治区博尔塔拉蒙古自治州设置、边界的历史与现状》（1990），《新疆稳定与发展若干问题的评估与建议》（1993），《新疆地区反分裂斗争的历史与现状：1950—1995年》（1996）。这些调研报告具有前瞻性和全局性的认识，一些见解至今仍有参考价值。比如《新疆地区反分裂斗争的历史与现状：1950—1995年》具有一定的超前性和政治敏锐性，所使用的均为有关部门的第一手资料，寻求新疆地区分裂与反分裂斗争的内在规律和经验教训，作为系统研究新疆稳定问题的第一步，送交有关领导，引起了重视。

展开阶段大体上从1997年到2000年。这一阶段先后完成了7篇调研报告。分别是《云南禁毒工作追踪调研》（1997），《泰国"改植工程"与云南"替代种植"的比较研究》（1999），《越南毒品问题对我国云南边疆地区的影响》（2000）；《朝鲜半岛形势的变化对东北地区稳定的冲击》（1998），《新疆社会稳定战略研究》（1999），《新疆反暴力恐怖活动借鉴——以色列反恐怖主义斗争研究》（1999），《新疆生产建设兵团布局与新疆稳定研究》（2000）。上述报告通过大量的调研形成了对当代中国边疆稳定形势的战略判断，具有重要的咨政价值。

2001年以来是中国边疆调查与研究的深化阶段。期间最为突出的成果就是启动"东北边疆历史与现状系列研究工程"（担任专家委员会主任）、"新疆历史与现状综合研发项目"（担任专家委员会委员）、"西南边疆历史与现状综合研究项目"（担任专家委员会主任），结合中国边疆的历史和现状进行全方位、有重点的研究。上述项目引起了学界的广泛关注，带动了边疆史地的研究热潮，2001年以来边疆研究领域从课题遴选到学术成果，与以往相比均有大幅度提升，国家社科基金项目有关边疆的问题所占比例呈现逐年增长趋势。课题研究也极大地强化了基础理论研究，一系列有关边疆研究的前沿问题成为学界关注的重点，多角度、多层面深度解读中国边疆稳定与发展的创新性科研成果纷纷面世，当代中国边疆研究呈现蓬勃向上的势头。

四

问：由边疆史地研究向中国边疆学的学术转型内在原因是什么？

答：有关边疆史地研究向中国边疆学的学术转型这是学术发展规律的必然，我曾深入思考该问题，并在2013年新疆师范大学昆仑名师讲坛做过《关于中国边疆学构筑的几个问题》的讲座，此后结合演讲稿内容，将相关思考刊发在《新疆师范大学学报（哲学社会科学版）》

（2013年第5期），今天看来，这些论述还是得到学术界认可的。

具体来说，随着学术的不断进步以及社会现实的要求，作为一门发展中的交叉学科，仅仅围绕边疆历史研究而展开理论研究的传统格局已经被打破，学术界在深入研究中国边疆历史的同时，更加关注中国边疆的现实问题。中国边疆研究由单一学科层面向多学科层面的发展，既符合学术发展的一般规律，又凸显出该学科的独特性。在边疆问题研究中，多学科相互交叉、相互渗透、相互交融，研究者普遍将历史学、政治学、民族学、考古学、宗教学、法学、社会学、国际关系等学科的理论和方法结合在一起，以更加多样化的视角来审视中国边疆的历史和现状，因而呈现出历史研究与其他学科有机结合的特点，跨学科研究渐成趋势，由中国边疆史地研究向中国边疆学的学术转型就成为必然。这一学术转型建构有以下四个方面的原因。

首先，中国边疆史地研究具有优良史学传统，特别是20世纪最后20余年学术研究所取得的重大成就，为学科的发展奠定了良好的基础；随着学科体系的不断完善，以及新思路、新方法的不断出新，研究的层面以及研究者的视角将向更深入、更广阔的方向发展。

其次，随着研究的深入，边疆研究中的难点问题层出不穷，以往研究中被忽视或不够深入的大量理论问题日益成为本学科不可回避的课题，这些课题具有重要的学术价值和现实意义，从而为研究者的科研活动提供了巨大空间，也展示出中国边疆学学科的发展潜力。

再次，基础研究与应用研究相结合的发展趋势，为本学科领域注入了新的活力。时代的发展不断提出新问题和新要求，尤其是中国边疆学研究领域，面临着诸多新挑战，研究者必须直面中国边疆稳定与发展中所产生的种种问题。无论是传统的历史学研究，还是具有时代特点的现实问题研究，都不是孤立存在的，把两者融为一体进行贯通性研究，在历史的长河中探索当代中国边疆治理的重大问题，既是社会科学研究功能的体现，也是本学科不断蓬勃向上的客观要求。

第四，跨学科研究凸显本学科发展潜力。就学科本身的特性而言，有关边疆问题研究，历史学无疑是最基础、最重要的学科门类，只有对中国疆域形成、发展的历史进行科学、深入的研究，才可能使我们准确把握中国统一多民族国家演进的规律，从而为中国边疆研究奠定坚实的理论基础。但是毋庸讳言，仅从历史学的角度来解决中国边疆的现实问题，显然有很大的局限性。由于学科的分野，加之中国边疆的多样性、复杂性，决定了中国边疆问题的研究需要集纳多学科的理论和方法，学科间互通、交融的趋势大大增强。各相关学科门类从理论到方法的成熟，以及中国边疆学术领域跨学科研究的大量实践，为中国边疆学的构筑提供了有益的保障。

五

问：中国边疆学探究中国疆域形成和发展规律、中国边疆治理理论与实践，同时为当代中国发展提供历史经验，涵盖内容广泛，这门学科的基本功能有哪些？

答：中国边疆学是研究中国边疆形成和发展规律的多学科交叉的边缘学科，既追寻边疆历史的发展轨迹，也探求边疆发展的现实与未来，是一门极具中国特色的新兴学科。我曾在

《中国边疆史地研究》发表《关于构筑中国边疆学的断想》（2003年第3期）一文，探讨中国边疆学的定位与基本功能，20年过去了，中国边疆学的发展变化很大，但作为一门新兴学科的基本功能并未发生改变。2023年《中国边疆学八题》出版之际，我将中国边疆学的基本功能概言为文化积累功能和咨政育民功能两大方面，具体说，有以下四点。

其一是描述功能。描述是指客观地搜集、记录和整理边疆社会事实及其过程，着重解决的是"是什么"的问题。这是任何一门学科研究的基础和出发点。

其二是解释功能。中国边疆是一个不断变化的复杂有机体，现实社会的各种现象和众多问题相互矛盾、相互依存、相互交错，中国边疆学的解释功能就是要在说明"是什么"的基础上，解决"为什么"的问题，探寻中国边疆形成和发展的规律。

其三是预测功能。中国边疆学研究的最终目的是促进边疆地区的巩固，促进边疆地区社会的正常运行和发展，因此在理清因果关系、明了事实的基础上，还必须对边疆社会的现象与问题，及其发展趋势做出科学预测，提出可操作性的对策，使学科发展与社会实践更加紧密地结合。也就是说，在解决了"是什么"、"为什么"后，应进而探求"怎么办"的问题。前瞻性、预测性与对策性研究是中国边疆学实用价值的集中反映，也是学科服务于实践的直接体现。

其四是教育功能。中国边疆学作为综合研究中国边疆历史与现状的学科，在对边疆社会的认识与分析中，本身即影响着广大民众的世界观、价值观、国家观、民族观、历史观等方面，事实上发挥着直接教育和间接教育的功能。

六

问：历史学、民族学、人类学、国际关系学等都在不同层面关注边疆研究，中国边疆学这门学科有什么特点？

答：2003年，为庆祝边疆中心成立20周年，我撰文概括边疆学特点，提出了综合性、现实性、实践性三个方面，意在提供一个讨论问题的"靶子"。随着研究的深入，2023年《中国边疆学八题》出版之际，我又加上了战略性和预测性两点内容。具体如下。

其一是战略性。中国边疆特殊的战略地位，决定了以研究中国边疆为己任的中国边疆学其学科特点首要即是战略性，它的战略性集中表现在要研究制定国家治理边疆的大战略，以及不同层级的治理边疆大战略的中长期规划与顶层设计。

其二是综合性。中国边疆学是一门综合性学科，中国边疆社会既是中国统一多民族国家的有机组成部分，本身又是一个有机整体，研究中国边疆，涉及边疆形成和发展的历史及规律，涉及边疆地区政治、经济、民族、宗教、文化等诸多方面。这些具体研究领域各有相应学科，也有相应学科没有涵盖的研究范围，但结合历史与现实，从中国边疆整体出发进行综合研究，只能是中国边疆学。同时这种综合性的特点，还体现在中国边疆学研究视角、研究方法的综合性上。

其三是现实性。中国边疆学研究的范围虽然包括边疆的历史与现实，但它主要面对的是中国边疆地区的今天和未来，这是中国边疆学研究的最终目的。当前，中国边疆地区正处于急剧的社会变迁与转型时期，实现边疆地区现代化是时代的主流。因此，中国边疆学以中国边疆地区中国式现代化为中心，以改革、发展与稳定为基础，以维护国家利益为最高原则展开研究，正是由其现实性的特点所决定的。

其四是实践性。中国边疆学在注重研究中的文化积累，开展相关"绝学"研究外，研究更应面向现实。实践性是中国边疆学研究一贯和典型的特征，实践性着重于研究的应用性，强调它的指导和改造社会实践的可能性。探索边疆历史上的难点问题、现实中的热点问题，正是中国边疆学实践性特点的体现。需要指出的是，为现实服务不能混同研究与宣传的界别，应以科学和理性的精神来观察现实、分析现实、指导现实的走向。作为学科研究，既要适应社会，又要引导社会，否则学科将丧失生机与活力。

其五是预测性。中国边疆学研究的中国边疆是一个不断动态变化的实际，决定了研究必须具有预测性，要能预测挑战与机遇，更要应对机遇与挑战，居安思危不可缺。

七

问：以您多年来从事边疆研究的经验来看，中国边疆学研究有哪些值得借鉴的方法？

答：以我个人的学术经历来看，做好边疆研究注重以下几项结合是非常必要的。

一是基础研究与应用研究相结合。如上所说，边疆学的内涵有基础研究与应用研究两个领域，也决定其研究取向。无论是传统的历史学研究，还是具有时代特点的现实问题研究，都不是孤立存在的，把两者融合为一体进行贯通研究，在历史的长河中探索当代中国边疆治理的重大问题，既是社会科学研究功能的体现，也是本学科不断蓬勃向上的客观要求。只有基础研究与应用研究相结合，方能为边疆学领域注入新的活力。近些年，我主编、主笔过多部丛书，具有代表性的有《中国边疆通史丛书》《中国边疆治理丛书》，以及在调研基础上组织撰写的多篇调研报告，供有关部门决策参考，都体现了基础与应用研究兼顾的理念。

历史、现实和未来总是相互联系在一起的，中国边疆本身即具有历史与现实紧密结合的特点，因此边疆研究理论必须依托历史、面对现实和着眼未来，这既是中国边疆现实向我们提出的要求，也是中国边疆学学科建设的需要。历史是与火热的现实生活紧密相连的，中国边疆学要为维护国家统一、边疆稳定、民族团结、社会和谐，为决策部门提供科学的政策咨询。

二是中国视野与世界视野的结合。我常说，边疆研究要有大视野，就是具备中国视野和世界视野。所谓中国视野，指的是中国边疆是统一多民族中国不可分割的组成部分，又是多元一体的中华民族中众多少数民族的主要栖息地，从历史角度看，中国边疆是统一的多民族国家、多元一体中华民族两大历史遗产的关键点、连接平台；从现实角度看，中国边疆既是当代中国的国防前线，也是当代中国的改革开放前沿，还是当代中国可持续发展的重要组成部分。所以研究中国边疆，包括边疆理论，不能就边疆论边疆，一定要有中国视野，研究时要顾全中国全局。

所谓世界视野，即中国边疆的地理的和人文的特殊性，与周边国家和地区有着千丝万缕的关系，因此我们要自觉地把中国边疆的历史和现状放到世界的背景中观察评议和研究，既要纵向分析，也要横向比较。以清代边疆政策研究而言，只有具备了世界视野，才能认识到清代边疆政策由成功到失败的主要原因是，清代的边疆治理未能正确应对由内边防务到外边防务为主的根本性转变。作为边疆学的学者要具备中国和世界视野以及胸怀全局的治学理念。

三是读书与行路的结合。做历史学研究就是要阅读和掌握大量史料，以便在前人基础上有所推进、解决新问题。边疆学的特点还在于要行万里路，深入辽阔的边疆进行实地考察，在社会实践中有所发现、有所进步。读书与行路两者相辅相成、缺一不可，既是边疆研究新知之源，又构成了边疆研究成果之流。多年来，我深入到祖国的边疆，撰写了一些有关边疆安全稳定与发展的调研报告，考察期间记录散记，《天山问穹庐》《海角寻古今》《塔克拉玛干考察纪实》的出版受到读者的喜爱，作为一个治史人深感意外，也颇感欣慰。

四是微观研究与宏观研究的结合。边疆研究的特点与历史现实决定了边疆问题应注意宏观与微观的结合，整体与个案的结合，理论与应用的结合。其中微观研究是深化研究的基础，宏观研究是升华和能否拓展的保证。这一点我深有体会，早年从事卫拉特蒙古史和隋唐民族关系史研究对于后来从事边疆的宏观、长时段、贯通、带有规律的研究大有裨益。

五是资料整理与跨学科方法应用的结合。资料是研究赖以进行得以深入的基础，研究无资料就如无源之水，新资料的整理和发掘为研究的第一要务。我的研究注重利用边疆档案资料，从事土尔扈特与察哈尔蒙古的研究，就用了《满文土尔扈特档案译编》和《清代西迁新疆察哈尔蒙古满文档案全译》。我与马汝珩老师合作出版的《漂泊异域的民族》用了大量中国第一历史档案馆藏满、汉、蒙文原始档案，填补卫拉特蒙古研究的空白。近些年，我主编了多套史料丛书，如《民国边政史料汇编》及续编，参与策划了《民国时期西南边疆档案资料汇编》云南卷和广西卷，此外一些满文、蒙文档案的译书也有多部，这些档案资料为边疆史研究提供保障。此外，推进清史工程档案与文献丛刊，数量更多，目前已经成为学术界图书出版的品牌项目。当然，中国边疆的资料门类繁多，涉及诸多语种文种，多年来潜心工作，但还仅是沧海一粟。

此外，边疆研究单纯靠史料的堆积是不行的，仅仅靠史学的研究方法也是不够的，这与边疆的特殊性有着密切的关联，要深化对中国边疆历史及现状的研究，必须组织跨学科的力量联合攻关。从中国边疆学构筑的视角来看，多学科的交叉融合在学术领域的实践，无疑会为中国边疆学学科建设提供保障。

八

问：当前推动中国边疆学构筑的要务有哪些？

答：2014年和2019年我分别出版了《当代中国边疆研究（1949—2014）》和《当代中国边疆研究（1949—2019）》两部著作，后者是前者的补充和深化，全书80余万字，融入了近些年我对边疆史地研究以及边疆学的诸多思考，其中第四篇《展论》对于中国边疆学构筑的探索做了通篇的考虑，也包括学科建设的要务，并提出了四点意见。

一是认真总结前人研究成果，构筑中国边疆学的学术基础。中国边疆研究历史悠久、学术成果丰厚，为构筑中国边疆学提供了丰富的学术积累和可鉴之镜。在前人研究的基础上，探索 21 世纪统一多民族国家发展前景，对于构筑中国边疆学的实践是一次全新的挑战。

二是继承和发挥中国边疆研究的优良传统。构筑中国边疆学的关键精神动力在继承和发扬，在诸多中国边疆研究优良传统中，"读万卷书，行万里路"的良好学风与"国家兴亡、匹夫有责"的责任心和使命感是两条主线。前者与当前提倡的读书和实践相结合以及理论联系实际要求一致，后者是爱国主义思想的重要组成部分。

三是《中国边疆学通论》的撰写。在广泛调研、集思广益、积累材料的基础上，启动《中国边疆学通论》是当务之急。该项目具有理论的创新性、研究的开拓性、学科建设的基础性，撰写一部具有中国特色的中国边疆时代特点的学术专著，有利于中国边疆学早日屹立于诸学科之林。

四是加强边疆治理研究这一突破口和切入点。中国历史上无论哪一朝哪一代，都面临着边疆问题，统治者也都为巩固统治而制定边疆政策，展开边疆经略、实施边疆治理。边疆治理的成败得失，不仅直接影响一个朝代的兴衰存亡，而且对于作为整体的统一多民族中国的形成、发展也产生重大影响，因此说边疆治理是边疆理论研究的关键所在。面对当前中国边疆的新问题、新挑战，边疆政策研究面临深化与拓展的重任。当代中国边疆治理和治边政策研究应给予更多的关注。

九

问：我注意到您在有关边疆史的研究中，将很多精力放在了边疆理论探讨上。如您所说，构筑中国边疆学从启动到完成需要长期的过程，离不开边疆理论的支持。当前边疆理论综合研究应该如何展开？

答：边疆综合理论是中国边疆研究的升华与提炼总结，研究的命题十分广泛，大体可分为两大类。一是中国疆域理论研究，重点是研究中国古代疆域形成和发展历程与规律，古代疆域观与治边观的演变，民族融合、羁縻政策、宗藩观念、朝贡体制等等。二是中外疆域边界理论的比较研究，诸如东西疆域观念的异同，中外疆域理论的发展历程、西方对传统疆域理论的认知，近代西方理论对中国传统疆域观念的冲击等等。

开展边疆理论研究应有三点特别予以关注。

第一是面对现实与求真求善。求真求善是中国史学的优良传统，也是每一位杰出史学家追求的目标。所谓求真就是追求历史事实的书写，求善则是希望借助修史成一家之言，再现历史精神与展现本体思想。与此紧密相联系的就是经世致用的传统，只有求真求善才能得到经世的理论体系，致用是理论研究的目的。中国边疆研究具有历史与现实紧密结合的特点，注定了边疆理论必须依托历史、面对现实，这是中国边疆现实提出的要求，也是中国边疆学学科建设的需要。边疆理论研究既要关注统一多民族国家形成的发展规律，更要从理论高度关注中国边疆的现状和解决现实中的问题。

第二是具备中国视野与世界视野。这点我刚才已经谈过了，这是中国边疆学理论研究的必备素质之一。大家所共知的是，古代中国疆域之边有"内边"与"外边"之分。其中，古代中国疆域内大小政权的"边",可视为"内边"。随着西方殖民者的入侵,出现了严重的边疆危机,殖民可称为"外边"之患。近代以来的内边与外边防务同时存在,这就需要研究者的理论研究要具备中国与世界的双重视野。

第三是坚持研究中学术与政治分开、历史与现实分开的原则,坚持求同存异。中国疆域历史和现实中存在诸多难点和热点问题,有些是研究层面的,可以通过深化研究得以解决。有些则是出于政治原因,不同国家出于自身利益考虑,建立本国的历史体系,即使存在有悖历史事实的情况,依然可以求同存异。但个别国家或者团体、个人出于狭隘的民族国家利益,不惜歪曲历史事实,将历史问题现实化、学术问题政治化,煽动民族主义狂热、制造事端,则是不能迁就容忍的。对此,中国边疆研究应本着国家利益高于一切的原则,保持政治警觉,对于一些存有争议的问题,坚持学术与政治分开、历史与现实分开,倡导和而不同、求同存异,心平气和地展开讨论。

十

问:新时代的边疆研究者和科研组织者的历史责任有哪些?

答:中国边疆学理论与实践研究的深化是边疆学人的责任担当。

一是要在继承中创新。诸如历史上民族政策中的"因俗而治"问题、清代的民族起义问题、边疆大吏的素质和作用问题、对藩属制度、朝贡体系在前人研究的基础上引入新的学科理论和方法的问题。所以这些问题值得我们在前人研究的基础上进一步深化。用正确史观来指导写出正确的历史叙述、用正确的历史叙述来引导群众,我以为根本在于本着实事求是的精神深化研究、慎重对待。

二是开拓与深化。习近平同志提出的"治国必治边、治边先稳藏""铸牢中华民族共同体意识"两大命题是新时代边疆治理大战略的核心内容,值得边疆学人深切领会和阐释。要深入研究先辈留下的两大历史遗产,一是统一多民族的中国,一是多元一体的中华民族。这两大历史遗产是祖先留给我们的,也是我们现在中国人要面对的,在现实生活中也是当代中国人历史认知的基点。两大历史遗产的形成,及其重要性和战略地位,我觉得现在的研究远远不够。要从事统一多民族中国的疆域形成、发展、奠定及其历程和规律的研究,可以从点到面,正面谈我们的认识,建立我们自己的理论体系、话语体系。要开展对多元一体的中华民族的形成和发展的研究,同样也需要把历程和规律讲清楚。要深化对以"台独""疆独""藏独"为代表的当代分裂势力的研究。要深化中国边疆学学科理论建设。诸如中国边疆学基础理论研究亟待加强;中国边疆学学科定位亟待明确;中国边疆学学术体系亟待整合。问题的深化探研当是边疆学人的职责所在、历史担当。

三是走出象牙塔,研究要直面现实、走向社会。塑造合格的中华人民共和国公民是中国边疆治理战略重大举措,边疆学人要走出象牙塔,在边疆教育的战略方向上是可以大有作为的,尤其是加强社会教育。加大普及边疆知识和宣传大美边疆的力度,让国人关心边疆、认识边疆、热爱边疆,让学术走向大众,让大众了解学术,这些方面边疆学人大有可为。

十一

问：如何评价中国边疆研究、中国边疆学研究、服务社会三者的关系？

答：中国边疆学研究的对象为中国边疆及其发展规律，进而揭示中国统一多民族国家形成、发展规律，属于一门综合性学科，具有强烈的现实关怀。处理好中国边疆研究、中国边疆学研究与社会服务关系尤为重要。

中国边疆研究有两层含义，广义上的中国边疆研究指的是对客观上中国边疆的任何部分、任何视角的研究。狭义的边疆研究指的是研究对象被认定为中国边疆及其组成部分的研究。中国边疆学的研究对象无疑是对中国边疆及其组成部分的研究，但不排斥广义的边疆研究。广义的中国边疆研究是自然的、无序的，中国边疆学则是自觉的、有序的；中国边疆学不但构筑自身学科的研究核心，还要编织与广义中国边疆研究以致其他研究的联结纽带。

学术研究都是要为社会服务的，中国边疆学也不例外。中国边疆学研究要服务于中国社会发展需要，这种具有爱国主义的服务功能，外化于保家卫国、建设国家、满足人民物质和精神生活需要、加强与世界的联系等一系列方面。处理好服务社会与学术研究的关系，我认为应从两方面入手：中国边疆学坚持实事求是的科学精神，努力使自身发展符合社会发展的需要；社会应正确的理解中国边疆学研究作用与功能，给予正确的社会定位，为中国边疆学学术研究创造有利的社会环境。

中国边疆学将学术研究与服务社会相结合，最典型的案例就属智库建设。21世纪头10年，我担任中国社会科学院新疆发展研究中心主任，与新华社新疆分社联合主办了"新疆稳定与发展专家论坛"，在2001年至2009年共计举办九次，其中七次由我主持论坛。论坛紧紧抓住新疆稳定和发展两大主题，力求推动新疆历史与现状研究。此外我还担任"新疆智库"专家委员会常务专家，"国观智库"边疆研究院院长兼学术委员会主任和首席研究员，为边疆稳定发展提供微薄之力。近些年出版了《国家利益高于一切——新疆稳定问题的观察和思考》、《"东突厥斯坦国"迷梦的幻灭》（与许建英合著）等书，都体现了学术研究与社会服务的统一，一些建议被国家采纳并付诸实践。

十二

问：中国边疆学研究经过学界长时段的积累，相关主题的论著相继问世，能否推荐几部边疆学的学人著述？

答：中国边疆学的构筑自20世纪90年代开始在中国边疆研究第三次高潮方兴未艾的大背景下开始为学人关注。进入21世纪，有关中国边疆学构筑的呼声不断，相关的研究著述也越来越多，这里仅推荐几本较有代表性的研究专著。我与刘逖撰写的《二十世纪的中国边疆研究——一门发展中的边缘学科的演进历程》（黑龙江教育出版社1997年版），郑汕《中国边疆学概论》（云南人民出版社2012年版），罗崇敏《中国边政学新论》（人民出版社2006年版），吴楚克《中国边疆政治学》（中央民族大学出版社2005年版），余潇枫、徐黎丽、李正元等《边疆安全学引论》(中国社会科学出版社2013年版),梁双陆《边疆经济学:国际区域经济一体化与中国边疆经济发展》(人民出版社2009年版),李星《边防学》(军事科学出版社2004年版),还有我前几年撰写的《中国边疆治理通论》(湖南人民出版社2015年版)、《当代中国边疆研究(1949—2019)》(中国社会科学出版社2019年版)。这些书籍既具有一定的宏观视野,也有微观研究,对于了解中国边疆学有所帮助。

十三

问:在几代学人不懈努力下,中国边疆学学科建设步入了快速发展轨道。不忘初心,用中国理论解决中国的问题,还需要做哪些工作?

答:以我个人经历而言,近半个世纪的科研实践与学术活动,出版了学术著作、论集、资料集(包括独著、合著、主编、合编)70余部,发表学术论文300余篇,调研报告(含合著)200余篇,国内外学术演讲300余次,接受媒体报刊访谈150余次,此外还策划、主编丛书专栏、承担各层级的科研项目,可以说一生都从事边疆研究,从中感悟最深的还是边疆研究最终目的是为了解决中国问题。

中国边疆学是一门全方位研究中国边疆的极具中国特色的交叉学科,应该立足中国政治文化实际,从中国漫长的历史和复杂丰富的现象中,梳理和总结出中国边疆研究的一般性、规律性和突出特点,建构中国边疆研究的学科体系、学术体系和话语体系。中国边疆学就是研究中国边疆,从历史到现实所有问题的综合性学科,在借鉴西方学界相关理论时一定不要忘记中国特色的现实。

近年来,中国边疆学学科建设的诸多命题众说纷纭,比如学科定位问题、学科内涵问题、学术体系框架问题等等,思想在不断深化的同时,认识差异却有不断加大的趋向。尽管认识上的不一致是十分正常的现象,尽管各种观点理应得到尊重,但"不忘初心,方得始终",在构建中国边疆学的讨论中,不能忽视提出这一命题的初衷,更不能迷失这一命题的方向。因此始终清晰认识中国边疆学的理论起点和实践起点,这是把握"初心"的根基,始终准确定位中国边疆学的学科目标、学科任务、学科宗旨,这是"牢记使命"的关键;始终牢牢把握中国边疆学的时代背景、时代要求、时代方向,这是"继往开来"的前提,唯有此才能使中国边疆学的建设基础更牢固,才能使中国边疆学的发展航向不偏离。总之,不忘初心就是不能忘记中国边疆的实际,不能忘记我们提出构建中国边疆学的初心即为了解决中国边疆面临的问题,用中国的理论解决中国的问题。

十四

问:您能对今天的访谈做个总结吗?

答:中国边疆学研究的持续深化,需要学人扎实的研究,持之以恒的决心,锲而不舍的信心,一步一个脚印。即老子所云:"合抱之木,生于毫末;九层之台,起于累土;千里之行,始于足下。"我庆幸研究始步之时,正逢科学春天到来的好时机,踏入了中国社会科学院难得宽松的学术氛围和好环境,遇到了一群德才兼备的好师友。中国边疆学构筑任重道远,我只是做了自己乐意做的事,在自己的岗位上尽了责、出了力,或者说没有虚度年华,"白了少年头,空悲切"。我相信中国边疆学在中国这片学术沃土中已破土而出,必将成为中国学林中一棵参天大树而展现于世。

学术机构

【编者按】中国边疆研究经历了千年的积累、百年的探索，19世纪中叶以来出现过三次边疆研究的高潮，特别是改革开放以来成果丰厚，构建中国边疆学成为学术界的重要共识。"十三五"时期（2016—2020），学术界持续深化中国边疆历史与现状研究，中国边疆学学科体系、学术体系、话语体系建设稳步推进，《中国边疆学年鉴2023》为此开辟"中国边疆学回顾与展望"专栏，邀请国内边疆科研教学主要机构，撰文回顾"十三五"时期各机构边疆研究、教学的主要领域、重要项目、重要成果，学科建设、人才培养、学术活动等方面的成就与进展，并简要介绍"十四五"时期边疆研究教学的主要规划和目标。

中国社会科学院中国边疆研究所

"十三五"时期（2016—2020），中国社会科学院中国边疆研究所（以下简称"边疆所"）围绕党和国家关心的重大理论和现实问题，坚持"123"发展战略（"1"即以构建"中国边疆学"为核心；"2"即打造基础研究与应用研究两支队伍；"3"即重点以新疆、海疆和西藏为学术研究的主攻方向）。

以出成果、出人才为抓手，不断拓展对外学术交流，努力推动中国边疆学构建，"十三五"规划各项任务基本完成。

——始终坚持马克思主义指导地位，深入学习贯彻习近平新时代中国特色社会主义思想，积极开展马克思主义边疆理论研究。

2013年3月，习近平总书记参加全国人大西藏代表团审议时提出"治国必治边、治边先稳藏"重要战略思想。边疆所为落实习近平总书记治边稳藏思想，组织国内相关研究力量，运用历史学、民族学、法学、经济学、地缘政治学等多学科理论和方法，深入开展中国边疆重大理论与现实问题研究，出版了《"治国必治边、治边先稳藏"重要战略思想研究》等论著，比较全面地论述了中国共产党的治藏方略，系统地论证了西藏工作"依法治藏、富民兴藏、长期建藏、凝聚人心、夯实基础"的重要原则，为边疆治理和西藏稳定、开放、发展提供了学术支持。

——贯彻落实中央决策部署，围绕边疆安全、稳定和发展大局，依托智库、基地调研等工作，在应用对策研究更好地服务党和国家边疆工作的决策方面取得显著成绩。

新疆智库以贯彻落实新时代党的治疆方略为契机，在涉疆研究基地共建、统筹加强涉疆研究、服务涉疆重大决策、打造以我为主的涉疆学术话语体系等方面发挥作用，为新时代新疆工作特别是涉疆对外斗争提供智力支撑。2016年至2020年，新疆智库多次举办国际学术会议，配合有关部门开展"走出去，请进来"工作，加大涉疆外宣，争夺国际话语权；承担中国社会科学院涉疆内部研究报告的审读工作，组织智库专家撰写研究报告；积极参与中央办公厅、中宣部等部门政策咨询；不断扩大《新疆调研》和《新疆智库通讯》的影响力，鼓励各研究团队积极投稿建言；主办"新疆智库讲坛"，邀请专家学者、涉疆部门的负责人进行学术讲座，就新疆的历史与现实问题、发展与稳定问题进行学术交流；与各个大学展开合作，有效整合中国社会科学院内外涉疆研究资源，形成研究合力。

中国海疆智库紧紧围绕维护国家海洋主权、保障国家海疆安全、拓展国家海洋战略利益等重大现实问题展开工作，在研究阐释"海洋命运共同体理念"、配合涉海公共外交、开展海洋文明和历史宣传等方面发挥作用，为新时代海疆治理、建设海洋强国提供智力支撑。自2017年成立至2020年，中国海疆智库以建设海洋强国、维护领土主权、国家安全和发展利益为宗旨，紧紧围绕国家海洋权益、海疆安全，以及推进和深化"21世纪海上丝绸之路"建设等重大现实问题开展研究，为党中央涉海问题的决策提供专项咨询，并完成数项中央海权办委托研究报告；与中国（海南）南海博物馆、中国南海研究院签订战略合作协议，实现学术资源共享；不断强化常规性和对策应用型要报的撰写；加强同院内外涉海学术单位的合作，与中国社会科学院相关研究所及国内同行研究机构，开展广泛合作与交流的同时，通过学术会议和座谈等方式，加强与国外涉海研究学者的学术联络与交流；积极配合新闻媒体做好舆论建设引导和宣传工作。

2016年至2020年，边疆所充分发挥中国社会科学院院所两级国情调研基地作用，持续深入开展国情调研，多次前往黑龙江省鸡西市、海南省三沙市、西藏自治区日喀则市国情调研基地，结合边疆、海疆重大现实理论问题，与边疆省区院校、专家合作，开展深入的调研，形成有影响力的调研成果。

边疆所依托智库和国情调研的扎实工作，组织国内专家学者，持续开展新疆历史与现状、海疆历史与现状、西藏历史与现状、东北边疆民族史等领域的应用对策研究，发表了一系列高质量学术成果。2016年至2020年，边疆所科研人员围绕涉疆、涉海、涉藏、涉港、涉疫情及我国与周边关系等热点、难点问题，报送内部研究成果271篇，12篇获中央领导批示，29篇获中国社会科学院优秀对策信息奖。

——依托创新工程、"登峰战略"，不断完善中国边疆学学科体系，重大项目进展顺利，成果导向突出，科研水平继续保持国内领先。

创新工程科研工作计划坚持以党和国家关注的新时代边疆重大理论和现实问题为科研主攻方向，同时结合学科发展实际，完善创新项目的设置。2020年至2016年，"西藏问题和民国时期藏区治理研究""新疆治理研究"等项目便是以上述指引为基础设置的，既关注现实热点，又探讨了历史问题。在科研工作中，边疆所设置A类大型学科奠基性创新项目，各研究室打破壁垒，跨部门配置科研力量，进一步促进了各研究室水平的提升。

边疆所以实施"登峰战略"为契机，不断完善学科体系建设。2016年至2020年，"中国边疆学""西藏治理研究"分别获准列为优势学科与重点学科，形成了一批阶段性成果。《中国边疆学通论》纲目的搭建和核心科研团队的组建已经完成。

2016年至2020年，边疆所顺利启动一系列重大项目，包括"丝绸之路经济带对我国边疆稳定和发展的影响""高句丽、渤海史研究""清朝国家统一史""中国与周边国家关系研究"

等，充分发挥中国边疆学交叉学科、新兴学科和特殊学科的优势，着重增强中国边疆学学术力、思想力与影响力。

在创新工程、学科建设、研究室建设相互促进的基础上，边疆所在2016年至2020年成果丰硕。边疆所共承担国家社科基金项目14项、中央和有关部委交办委托项目45项、中国社会科学院创新工程A类项目3项、所创新工程项目24项、国情调研基地项目8项、其他类别项目103项。另有出版专著14部、核心期刊论文118篇，获奖成果14种。其中，完成国家社科基金重大项目"丝绸之路经济带建设与中国边疆稳定和发展研究"、中国社会科学院创新工程重大项目"对外关系、和谐边疆与中国战略定位研究——我国边疆安全稳定发展与周边环境新变化"、中国社会科学院特大项目"改革开放四十年百县（市、区）调查"等项目，推出《当代中国边疆研究（1949—2014）》《对外关系、和谐边疆与中国战略定位》《丝绸之路经济带建设与中国边疆稳定和发展研究》等重要学术成果。

——重视学术平台建设，积极开展国内外学术交流、合作，引领中国边疆学的研究方向，边疆所在国内外的学术影响力不断扩大。

为加快构建中国边疆学"三大体系"，"十三五"期间，边疆所发挥自身的学术品牌优势，推动学术期刊水平提升。自2016年以来，边疆所重视《中国边疆史地研究》杂志、《中国边疆学》集刊、《中国边疆学年鉴》和"今日边疆学"公众号等学术平台建设，凝聚全国边疆研究力量。同时，边疆所积极开展与国内外机构、专家的学术交流、合作，连续成功举办"中国边疆学论坛"、"中国边疆研究青年学者论坛"和"中国社会科学论坛：中国沿边开发开放与周边区域合作国际研讨会"等学术会议，与朝鲜、韩国、越南、新加坡、印度、俄罗斯、美国、澳大利亚、新西兰等国相关机构和专家开展学术交流，有力地促进中国边疆理论前沿与重大现实问题的研究，中国边疆学构建逐步得到学术界积极响应。

——调整和优化学科结构，人才队伍建设、研究室建设取得明显成效。

2016—2020年，边疆所加大队伍建设，合理配置人才，引进科研人员11名，壮大了北部边疆研究、东北边疆研究、西南边疆研究、中国海洋史研究、海疆研究、新疆研究、西藏研究、疆域理论研究的科研队伍；接收军转干部1名，增强了科研管理力量；注重人才培养，6人晋升研究员资格，1人晋升副编审，6人晋升副研究员资格，激励青年成长、成才；1人获准入选文化名家暨"四个一批"人才工程，发挥高端人才的导向、引领作用。中国边疆历史系培养了14位博士、硕士毕业生，博士后流动站招收博士后14位，为中国边疆研究培育了后备人才。

2019年，中国历史研究院成立，根据《中国历史研究院组建方案》，边疆所编制由40人扩大至60人，改建和新设4个研究室，研究室增至8个，即东北边疆研究室、北部边疆研究室、西南边疆研究室、海疆研究室、中国海洋史研究室、新疆研究室、西藏研究室、国家与疆域理论研究室；初步形成新疆、西藏、海疆、东北边疆、疆域理论等优势研究方向，努力拓展北部边疆、西南边疆、中国海洋史、周边国际环境与边疆稳定发展等新的学术增长点。

如上所述，"十三五"时期边疆所取得突出成绩，获得显著发展，但也仍有一些亟待解决的问题，如：中国边疆学"三大体系"建设尚未完成，有重要决策影响力的智库成果和有思想穿透力、学术影响力的传世之作仍然较少,作为中国边疆研究"国家队"的综合优势尚未得到充分发挥,在国际学术舞台上的声音仍显薄弱等。

边疆所将在"十四五"期间,以"成果、出人才"为目的,持续聚焦边疆治理的战略性、全局性、前瞻性问题,加快中国边疆学"三大体系"建设,突出专题研究、政策咨询、对外交流的特殊功能,完善运行机制,凝聚学术力量,拓宽交流渠道,持续形成高质量研究成果,努力服务党中央边疆治理工作大局。

(供稿:王昱廷,中国社会科学院中国边疆研究所副研究员)

中国藏学研究中心历史研究所

历史研究所是中国藏学研究中心内设研究部门之一，专门研究藏族历史和文化。1986年中国藏学研究中心初创之际，历史所还是历史宗教研究所的一部分，到1999年，由于工作需要，正式单设历史研究所。通过多年的努力，先后完成《西藏通史》《元以来西藏地方与中央政府关系研究》《达赖喇嘛转世系统历史及现状研究》《西藏历史若干重大问题研究》等重大课题，完成诸多重大应急任务，在全国藏学研究领域，特别是西藏历史研究领域具有一定的学术影响力和较高的学术地位。

一、基本情况

中国藏学研究中心历史研究所是一个团结和睦、战斗力极强的学术团队，现有科研人员9人，其中正高职称4人，副高职称2人，中级职称2人，初级职称1人，7人拥有博士学位。此外，历史研究所还是一个多民族大家庭，成员包括汉、藏、蒙古、回、纳西、达斡尔等6个民族。全所共有7名中共党员，支部获评中央和国家机关"四强"党支部。陈庆英、周源、张云先后担任所长，现由副所长严永山（班玛更珠）主持工作。

一直以来，历史研究所围绕党和国家涉藏工作大局，通过扎实的工作，在基础研究、应用研究和涉藏外宣方面取得了突出成绩，发挥了重要作用，邓锐龄、陈庆英、张云等知名学者是其中的杰出代表。在队伍建设方面，历史所始终坚持以实际工作培养、锻炼和团结队伍，通过共同完成重大课题、组队参加社会调研、搭建学术交流平台、举办业务培训活动等方式，加上老一辈学者积极发挥"传帮带"作用，年轻学者得到了快速成长，提高了研究团队的凝聚力和战斗力，形成了刻苦钻研、求真务实、勇担重责、凭成果说话的优良作风。目前，历史研究所正处在一个承前启后的发展时期，基本形成了整齐的中青年骨干学术队伍，45岁以下研究人员超过5人，发展势头良好。

历史研究所之前有古代史、近现代史和专门史3个研究方向，近年来根据工作形势需要和藏研中心各研究所职能划分意见，将主要研究内容调整为古代史、近现代史、当代史和边疆史等4个方向。

古代史研究，主要研究史前至1840年的西藏及其他涉藏州县的历史，包括论证西藏自古以来就是中国领土不可分割的一部分等重大理论问题，以及历代中央政府治理西藏和其他涉藏州县的政策与制度，西藏与祖国内地关系史，各民族交往交流交融史，不同时期西藏历史发展特点、社会制度、重大历史事件、重要人物、文献典籍、考古发现、历史地理、文化艺术等。

近现代史研究，主要研究1840年至1951年西藏及其他涉藏州县的历史，包括清朝和中华民国的治藏方略，研究重大历史事件、重要人物、文献典籍、历史地理等，研究近代以来帝国主义势力侵略西藏，西藏和其他涉藏州县各族人民反抗帝国主义侵略、维护国家统一和领土完整的伟大斗争史等。

当代史研究，主要研究1951年和平解放以来西藏及其他涉藏州县的历史，包括中国共产党的治藏政策、西藏从和平解放经民主改革和改革开放实现的跨越式发展，西藏及其他涉藏州县70年来在政治、经济、文化、社会、生态保护等方面取得的成就等。

边疆史研究，从边疆学研究的角度，在习近平总书记"治国必治边，治边先稳藏"思想指导下开展现实问题研究，主要研究西藏作为重要的国家安全屏障，在维护国防安全、边境地区稳定和对外交往交流中的地位与作用，研究西藏与周边国家、地区和民族间的历史宗教与文化关系；研究涉西藏边界纠纷的热点难点问题；研究固边安边、富民兴边等问题，为西藏边境地区长治久安和高质量发展服务。

2022年，中国藏学研究中心正式入围国家高端智库培育单位，进一步坚定了历史研究所全面贯彻新时代党的治藏方略，坚持用马克思主义的立场观点和方法开展西藏历史研究，通过高质量的研究成果切实践行学术研究为国家、社会和人民服务的信念，全所同志立志在新时代实践"两个服务"、推动智库建设、投身铸牢中华民族共同体意识的伟大工作中再立新功。

二、"十三五"时期主要进展

2016—2020年，历史研究所承担完成或正在进行的国家级重点课题、国家社会科学基金课题、中国藏学研究中心重点课题有多项，以下重点介绍8项：

1.《西藏通史》，国家财政专项拨款重大科研课题，中国藏学研究中心重点课题，2002—2015年。该课题由拉巴平措主持，历史所承担，组织全国90余位专家历时14年完成。最终成果《西藏通史》共8卷13册，900余万字，由中国藏学出版社于2016年正式出版。《西藏通史》利用多种文献、考古资料，借鉴国内外研究成果，重点探讨了新石器时代至当代西藏的政治、经济、社会、文化、军事，旨在全面、系统地研究和展现西藏的历史，探讨其发展规律，是目前国内，也是国际藏学界最全面、系统展现西藏历史研究的重要著作，集中体现了中国西藏历史研究的成就，具有重要的学术价值和社会、政治意义。历史所邓锐龄、陈庆英、张云、周源、冯智、梁俊艳、邱熠华、严永山（班玛更珠）、白丽娜、魏文等参加撰稿。

2.《西藏政治史与藏文文献翻译整理研究》，中国藏学研究中心重点课题，2015—2020年。张云主持，包括7个子课题：《西藏地方政治思想史研究》（张云）、《清初西藏地方政治史研究——以翻译〈五世班禅自传〉为资料中心》（冯智）、《藏传佛教蒙古高僧传》（格桑达尔基）、《20世纪40年代西藏重大政治事件研究》（梁俊艳）、《新近公布的涉藏档案与清朝对西藏地方的治理》（孟秋丽）、《西藏近代史上的格鲁派高僧》（邱熠华）、翻译和注释《西藏王统世系水晶鉴》（严永山）。

3.《中国第二历史档案馆所存西藏和藏事档案汇编》，中国藏学研究中心与中国第二历史档案馆合作项目，2017—2019年。2017年5月18日，中国藏学研究中心与中国第二历史档案馆共同决定，继续编辑出版《中国第二历史档案馆所存西藏和藏事档案汇编》(1939年至1949年)，总计32册。根据工作需要，调整编委会人员，中国藏学研究中心总干事郑堆担任编委会主任之一，张云担任主编之一。其他相关同志担任编委会成员、副主编和编辑。历史所张云、严永山、梁俊艳、邱熠华等同志承担稿件审读任务。2019年8月，《中国第二历史档案馆所存西藏和藏事档案汇编》审读工作完成，32册书稿交付中国藏学出版社，待出版。

4.《西藏民主改革60年丛书》，中国藏学研究中心重点课题，2018—2019年。为纪念新中国成立70周年和西藏民主改革60周年，中国藏学研究中心举全中心之力，利用两年时间精心完成"西藏民主改革60年丛书"，由郑堆担任总主编。主成果"西藏民主改革60年丛书"，包括《经济卷》《政治卷》《文化卷》《民生卷》《生态环境卷》《宗教卷》《文献资料卷》和《大事记》，共8卷近300万字。历史所张云、严永山、梁俊艳、邱熠华等同志参与撰稿，其中张云担任"文化卷"主编，梁俊艳、张云担任《大事记》主编。

5.《西藏边境地区的历史与文化》，中央统战部重点委托课题，2019—2020年。华彦龙主持，张云执行主持，冯智、梁俊艳、严永山（班玛更珠）、邱熠华承担完成。该课题选取西藏边境几个具有代表性的地区，利用权威史料和最新研究成果梳理出当地的历史发展进程和传统文化特色，以此为基础，重点围绕边境地区的对外关系做了深入思考，包括5个子课题：《拉达克、吉尔吉特—巴尔蒂斯坦和洞朗地区的历史与文化》（张云）、《中印边境的历史与文化——以日喀则亚东、岗巴为中心》（梁俊艳）、《藏南门隅地区的历史与现状》（班玛更珠）、《清代中国与尼泊尔的交通及文化交流——以〈八世司徒传〉为中心》（冯智）、《西藏与尼泊尔交界区域的历史与文化——以吉隆和普兰为例》（邱熠华）。

6.《西藏文化史》，是继《西藏通史》后由中国藏学研究中心牵头承担的国家级重点课题，2020—2024年。该课题由郑堆主持，邀请和吸纳全国相关领域学术机构专家学者参与研究，旨在全面梳理西藏文化发展的整体脉络，系统阐述西藏文化是中华文化的重要组成部分。预期成果为出版8卷本《西藏文化史》，分为早期卷、吐蕃卷、宋代卷、元代卷、明代卷、清代卷、民国卷和当代卷。历史所张云、冯智、严永山、梁俊艳、孟秋丽、邱熠华、魏文等同志参加。张云担任"元代卷"主编，冯智和严永山分别担任"元代卷"和"吐蕃卷"副主编。

7.《中国西藏与南亚各国关系的历史、现状与未来研究》，2020年度国家社科基金重大项目。张云主持，梁俊艳、严永山、邱熠华等参加。课题的总体思路是将研究内容划分为两部分：专题历史研究部分以历史沿革为主线，以交通路线和经贸往来、宗教联系与文化互动、重大历史事件和重要人物活动为重点，以全球视野、中国视角进行系统分析和研究，以呈现上自远古下迄2020年的中国西藏与南亚各国关系的历史全貌。对策部分则着力于中国西藏与南亚各国关系的热点、难点和焦点问题，旨在提供历史经验借鉴，聚焦现实突出问题提出应对之策，服务国家的外交、外宣大局，服务西南边境地区安全和西藏地区的稳定发展。包括5个子课题："中国西藏与南亚各国关系史（远古—1600）"、"中国西藏与南亚各国关系史（1600—1949）"、"中国西藏与南亚各国关系现状（1949—2020）"、"中国西藏与南亚国家关系的对策研究"、"中国西藏与南亚各国关系汉藏文史料选辑"，以及附录"中国西藏与南亚各国关系大事纪年"。

8.《西藏文化史专题研究》，中国藏学研究中心重点课题，历史所承担，2020—2022年。该课题由张云、冯智、严永山共同主持，主要以西藏文化史研究为主要内容，基于对相关藏汉文史料和文献的翻译、解读，对不同时期西藏的历史和文化进行研究，既是对原来利用藏文文献研究西藏地方政治史的再扩展，也是为重大项目《西藏文化史》提供基础性铺垫。课题设置8个子课题，分别为《〈巴协〉与吐蕃历史文化研究》（张云）、《〈五部遗教〉与吐蕃历史文化研究》（严永山）、《八世司徒游记与对西藏历史的叙事——藏文〈八世司徒自传〉选译研究》（冯智）、《驻藏大臣涉藏著述研究》（白丽娜）、《西方人笔下的清代西藏文化——以瓦代尔相关著作为中心》（梁俊艳）、《近代西藏地方与尼泊尔经济文化交流史研究（1840—1949）》（邱熠华）、《域外书写：20世纪初日本涉藏游记研究》（孟秋丽），以及《蒙藏关系史大辞典》（格桑达尔基）。

此外，历史研究所的科研人员在此期间还承担了近百项应急任务和委托课题，完成大量智库报告和调研成果，其中多项成果得到领导批示。同时，成果转化方面也取得丰硕成果，通过杂志、报纸、网络发表了大量理论和学术文章。多人次完成涉藏外宣任务，积极接受媒体采访，发挥中国藏学国家队作用。

三、"十四五"时期主要规划

2021—2025年，历史所计划在抓好队伍建设、完成智库工作、促进成果转化的基础上，重点完成以下研究工作。

1.《西藏地方融入中华民族共同体历史进程研究》，中国藏学研究中心重点课题，2023—2026年，严永山（班玛更珠）主持。总体研究思路，拟在纵向方面，以西藏地方历史发展时段划分为依据，分为早期、吐蕃、宋代、元代、明代、清代、民国7章，加前言和结语，共9个部分；横向方面，主要以"四个共同"为切入点，每个时段皆从共同开拓辽阔的疆域，共同书写悠久的历史，共同创造灿烂的文化，共同培育伟大的精神入手，突出每个历史时期西藏融入中华民族共同体的特点，并总结相应规律。分7个子课题。班玛更珠（严永山）、三木旦：《各民族先民对西藏高原的开拓和早期文化联系》，班玛更珠（严永山）：《吐蕃王朝的崛起与唐代中国的多民族互动》，白丽娜：《宋代分治割据时期西藏各民族大融合》，梁俊艳：《元代西藏融入中华民族共同体的历史进程》，魏文：《明朝多封众建政策下的汉藏等多民族互动》，阿音娜：《清代西藏各民族联系的进一步加强与共同体的巩固》，邱熠华：《民国时期西藏融入中华民族共同体的史事及其影响》。

2.《西藏早期文明史研究》，中国藏学研究中心重点应急课题，2021—2023年。郑堆主持，冯智、严永山副主编，历史所全体同志参与。课题计划基于考古发现和文献研究，梳理西藏早期文明的起源、形成和发展的历史脉络，揭示西藏早期文明的本质特征和丰富内涵，阐述西藏早期文明与周边地区特别是祖国内地的联系，论证西藏文化是中华文化的有机组成部分。

3.《西藏近代史》，中国藏学研究中心重点应急课题，2022—2023年。张云、严永山主编，梁俊艳、邱熠华参与。课题计划对1840—1951年西藏地方历史的发展脉络进行梳理，在此基础上对一些重点问题，如近代以来中央政府和西藏地方政府的隶属关系、所谓"西藏问题"的由来、近代以来西藏各族同胞与全国人民同仇敌忾抵御外侮的奋斗经历和伟大精神，以及西藏和内地在政治、经济、文化各方面的交往交流交融等做系统的探讨。

（供稿：严永山，中国藏学研究中心历史研究所研究员）

南京大学民族与边疆研究中心

南京大学民族与边疆研究中心由南京大学元史研究室发展而来，其前身可追溯至民国时期的中央大学边疆政治系。1944年，中央大学成立边疆政治系（1945年韩儒林任系主任），1952年院系调整后，边政系并入南京大学历史系。1956年，南京大学成立元史研究室，韩儒林任主任。1988年，南京大学以元史室为核心建立南京大学民族研究所。2003年，改名为南京大学民族与边疆研究所。2004年，改名为南京大学民族与边疆研究中心，为校级人文社会科学研究重点基地。2023年，南京大学民族与边疆研究中心入选中央统战部、中央宣传部、教育部、国家民委铸牢中华民族共同体意识研究基地。

南京大学民族与边疆研究中心的研究，立足蒙古—元朝时代，上跨隋唐甚至更早，下迄明清，尤其关注蒙古、新疆、回族、陆海丝绸之路等领域，在中国传统国学研究的基础上，吸收现代欧洲东方学研究方法，强调多语言、多文化、多民族视角，视野囊括多民族的中国及其周边地区，将学术竞争的舞台定位于全球，形成中国国内独特的以北方/西北民族史为特长的跨民族、跨文化研究学术群体。改革开放以来本中心更加关注中国各民族和边疆社会的现当代发展，并努力从学理上阐述中华民族共同体的发展和统一多民族中国的历史轨迹。

中心现具有七大学术优势：1. 机构悠久（80年历史）；2. 学人群体（五代学人）；3. 资料建设（元史特藏室）；4. 著名集刊（《元史及民族与边疆研究集刊》1977年至今共44辑）；5. 出版丛书（"南京大学民族与边疆研究丛书"：2011年至今）；6. 一级学会（"中国元史研究会"秘书处）；7. 微信公众号："南大元史"。

一、"十三五"时期科研教学进展

主要领域：1. 蒙古高原与北方民族历史研究；2. 中国西北边疆与西北民族研究；3. 中国海疆与南海研究。

重要项目主要有：1.2010年度国家社科基金重大招标项目"《元史》会注考证"，刘迎胜主持；2.2011年度国家社科基金重大招标项目"中古时代阿拉伯波斯等穆斯林文献中有关中国资料的整理与研究"，华涛主持；3.2013年度国家社科青年基金项目"'唐船风说书'译注及研究"，陈波主持；4.2015年度国家社科基金青年项目"元代江南知识人群体的社会史研究"，于磊主持；5.2016年度国家民委委托项目"明清时期汉文伊斯兰教典籍序跋整理与研究"，杨晓春主持；6.2017年度教育部人文社科青年项目"元明时代的滨海民众与东亚海域交流"，陈波主持；7.2018年度国家社科基金冷门"绝学"和国别史等研究专项"唐努乌梁海满蒙档案汉译与研究"，特木勒主持；8.2018年度国家社科基金冷门"绝学"和国别史等研究专项"《元朝回回人名录》编纂与元朝回回人物研究"，杨晓春主持。

重要成果主要有：刘迎胜著《从西太平洋到北印度洋——古代中国与亚非海域》（南京大学出版社2017年版）、《丝绸之路史研究论稿》（中国大百科全书出版社2018年版），华涛著《西域历史研究：八至十世纪》（再版，商务印书馆2020年版）。

学科建设与人才培养方面，现有中国古代史（博士点、硕士点）、边疆学（博士点）、海洋史、海图史与南海研究（博士点）和民族学（硕士点）5个专业。2016—2020年，共招收民族学、中国古代史专业硕士研究生23人，中国古代史专业博士生11人。共毕业民族学、中国古代史专业硕士生21人，边疆学、中国古代史专业博士生7人。

2016—2020年，中心举办多场学术活动，主要有2016年8月的"东亚视域下的海上交通及异域认知国际学术研讨会"，2018年4月召开"明代天山地区与丝绸之路学术研讨会"，2018年11月召开"文献记载与考古发现：海上丝绸之路的新探索学术研讨会"，2019年6月举办"南京大学元史研究室工作坊：中古阿拉伯文献与丝绸之路研究"，2019年11月举办"色目（回回）人与元代多元社会国际学术研讨会暨2019年中国元史研究会年会"。

二、"十四五"时期边疆研究教学主要规划和目标

1. 以铸牢中华民族共同体意识为主线，继续开展蒙古高原与北方民族历史相关的学术研究。
2. 以蒙古族和回族为主要对象，讨论20世纪中国少数民族的中华民族认同问题。
3. 中国海疆与东亚海域的文化交流研究。
4. 《岛夷志略》与14世纪南海研究。

（供稿：杨晓春，南京大学教授）

黑龙江大学渤海研究院

黑龙江大学考古专业肇始于1993年开设的文博专科班。2008年考古学专业正式成立。2011年获批考古学硕士授权点。十余年来，学科持守初衷，立足地缘和俄语优势，着重打造渤海考古与历史、黑龙江流域考古的学科特色。为进一步推动学术研究和人才培养，2021年6月，黑龙江大学渤海研究院（Institute of Bohai, Heilongjiang University）成立，研究院隶属于历史文化旅游学院，与考古学科深度结合，为教学与科研相结合的学术机构。

渤海研究院人员均为聘任制，结合课题开展聘期内的研究工作。研究院由院长宋玉彬教授领导，依托学术委员会统筹，开展各项具体工作，下设考古研究室、历史研究室。目前共有研究人员26人，包括国内学者20人、国外学者6人，其中教授19人、副教授5人、讲师2人，逐渐形成了以首席专家为核心、中青年教师为骨干的研究队伍。

一、科研教学进展

渤海研究院自成立以来，协同国内外渤海研究主要力量，着力推进渤海历史文化研究，坚持以学术研究促进人才培养，以人才培养反哺学术研究。

学术研究方面，以课题研究带动前沿学术成果高效产出。

研究院科研人员目前主持渤海考古与历史相关的国家级社科项目6项，科研经费共计200余万元。先后于《考古学报》《文物》《考古》《民族研究》等核心期刊发表学术论文20余篇。在国家级出版社出版重要考古报告及专著多部，包括中俄首部联合考古报告《乌斯季·伊万诺夫卡靺鞨墓葬2016年考古发掘报告》。

人才培养方面，将校内基础培育与中俄联合培养有机结合。

校内基础培育。针对国内渤海考古人才紧缺的现状，以渤海研究院为平台搭建了以刘晓东、宋玉彬教授领军的教学和科研团队，以基础研究为学术支撑，积极打造渤海考古特色课程，相关课程已落实于考古学专业本科、硕士人才培养方案内，成为必修课程。自2021年渤海研究院成立后，渤海考古亦成为博士研究生最主要的培养方向。另外，为方便师生研读渤海考古历史相关文献，研究院设置了图书资料室，藏书精专渤海考古、中文外文兼存，具有较高的学术价值。

中俄联合培养。主要举措包括：为本科生开设"考古学+俄语"实验班，与俄罗斯学界共建实体学术平台，启动硕士联合培养计划。合作单位包括俄罗斯科学院西伯利亚分院考古学与民族学研究所、俄罗斯科学院远东分院远东民族历史·考古·民族研究所、阿穆尔州文化遗产保护中心、阿穆尔国立大学、布拉戈维申斯克国立师范大学、远东联邦大学等。目前已有3名学生获批中俄政府奖学金赴俄攻读硕士研究生学位。此外，还邀请俄罗斯靺鞨渤海考古著名学者至黑龙江大学开展系列讲座，拓展师生的学术视野，营造浓厚的、开放的、多元的、严谨的学术氛围和对话环境。

二、建设目标

黑龙江大学渤海研究院，整合校内外学术资源，旨在发挥地域优势，积极开展前沿性学术研究，进一步打造渤海研究特色，主要建设目标有四。

一是基于课题研究，依托前沿性学术成果，引领渤海文化研究的学术发展方向，将渤海研究院建设成国内渤海文化的学术研究中心。

二是通过为本科生及研究生讲授渤海考古、渤海史课程，积极申报渤海田野考古教学基地，将渤海研究院建设成渤海文化研究的人才培养中心。

三是发挥黑龙江大学对俄办学优势，密切与俄罗斯学界的联系，努力把渤海研究院打造成渤海研究的俄文数据中心。

四是基于学术研究，积极开展智库建设，努力把渤海研究院打造成国内渤海问题的信息咨询中心。

未来，渤海研究院定会脚踏实地、勇于创新，根植于北国的学术土壤，培育出坚忍的渤海之花。

（供稿：黑龙江大学渤海研究院）

吉林大学边疆考古研究中心

吉林大学边疆考古研究中心是 2000 年首批入选的教育部人文社会科学重点研究基地。中心以中国边疆及其邻境地区的古代文化、人类与生业研究作为主攻方向，以建设国内领先、世界一流的中国边疆考古科学研究中心、人才培养中心和学术交流中心为发展目标。中心采用动态和开放的管理体制，除专设部分管理岗和专职科研岗之外，其余均为带课题进站的短聘岗位，完成课题后离站。多年来，中心服务于国家边疆治理及文化遗产保护的重大需求，以问题为导向，凝聚团队，筹划设计和承担系列重大课题，在中国北方边疆地区先秦考古、高句丽渤海考古、辽金元考古，科技考古中的体质人类学、分子考古学、动物考古学，外国考古中的西亚考古、东北亚相关各国考古、考古学史等领域的研究特色鲜明，优势突出，取得了一系列国内外瞩目的学术成果。

中心现有校内专兼职研究人员 34 人，其中教授 26 人、副教授 5 人、讲师 3 人，60 岁以下研究人员均具有博士学位。团队成员包括教育部社会科学委员会委员 1 人、国务院学位委员会考古学科评议组成员 1 人、国家社科基金学科规划评审组成员 1 人、教育部长江学者特聘教授 2 人、青年长江学者 3 人、教育部新（跨）世纪优秀人才 5 人。著名考古学家林沄教授现任中心学术委员会顾问，朱泓教授现任中心学术委员会主任。王巍、赵辉、霍巍、乔梁、高星、水涛、赵宾福、王立新教授为学术委员会委员。中心主任现为王立新教授，彭善国、蔡大伟教授为业务副主任，薛振华为行政副主任，王思拓为办公室主任，王琬瑜为责任编辑。

边疆考古研究中心与吉林大学考古学院共享实验室、图书资料室等资源，其中生物考古实验室为首批教育部哲学社会科学实验室（试点）。中心目前主办《边疆考古研究》学术集刊（2008 年以来一直为 CSSCI 来源集刊，2022 年入选 AMI 核心集刊）及英文期刊 *Asian Archaeology*（《亚洲考古》）。

一、"十三五"期间主要成绩

"十三五"期间，边疆考古研究中心服务国家重大需求，积极履行基地使命，进一步凝练和突出自身特色，在队伍建设、平台建设、科学研究、人才培养、咨询与社会服务、合作交流、刊物出版等方面均有建树。

1. 队伍建设成绩显著。"十三五"期间入选教育部"重大人才工程支持计划"特聘教授 1 人、青年学者 2 人，新增吉林大学匡亚明特聘教授 3 人。引进海外留学毕业博士 2 人，引进高句丽渤海考古急需人才 1 人。

2. 科学研究成绩突出。"十三五"期间获得国家社科基金重大项目 3 项、教育部重大课题攻关项目1项、国家社科基金专项项目4项、国家社科基金特别委托项目2项、国家社科基金重点项目2项、中宣部项目1项、教育部基地重大项目5项。总计承担各类纵向科研项目33项，经费合计1301万元；承担各类横向委托项目102项，经费合计约2500万元。出版专著20部，发表学术论文304篇。其中在国际上有重要影响的SSCI、A&HCI来源期刊发表论文10篇，在《考古学报》《考古》《文物》等CSSCI来源期刊或集刊发表论文165篇。杨建华教授等合著的《欧亚草原东部的金属之路——丝绸之路与匈奴联盟的孕育过程》入选国家哲学社会科学成果文库，获第五届郭沫若中国历史学奖二等奖（2019年11月）、第八届高等学校科学研究优秀成果奖二等奖（2020年12月）。该专著作为中华学术外译项目，被译为英文由Springer出版（2020年1月）。其它科研成果获吉林省第十一届、第十二届社会科学优秀成果一等奖1项、二等奖1项、三等奖1项。主持发掘的吉林安图金代长白山神庙遗址，填补了我国东北地区国家山祭遗存发现上的空白，丰富了长白山自然文化遗产的历史底蕴。该项发现先后获评2017年度中国"六大考古新发现"和"全国十大考古新发现"。

3. 人才培养成绩斐然。"十三五"期间中心共招收硕士研究生229人，博士研究生75人。研究生人才培养规模位居全国高校前列。研究生参与基地科研项目发表学术论文87篇，其中SSCI来源期刊论文2篇、CSSCI来源期刊或集刊论文59篇。2016年以来，中心专兼职人员指导的研究生获"发现中国"李济考古奖6项，提名奖3项；获吉林省优秀博士论文2篇、优秀硕士论文3篇。中心毕业的研究生陆续进入中国人民大学、山东大学、四川大学、厦门大学、西北大学等高校和科研院所工作，得到了用人单位的普遍好评。

4. 咨询与社会服务成绩突出。"十三五"期间中心专兼职人员提交的咨询报告被省部级以上领导部门采纳有9篇；获得技术专利4项（其中国际专利1项、国内专利3项）。冯恩学教授的咨询报告《金朝祭祀长白山神庙遗址的重要性与遗址利用策略》得到了党和国家最高领导人的重要批示（2017年9月），为长白山历史文化遗产的保护和展示做出了重大贡献。

5. 学术交流富有成效。"十三五"期间举办国际学术会议4次、国内学术会议4次。其中"第八届蒙古、贝加尔西伯利亚与中国北方古代文化"国际学术研讨会是中心作为理事单位举办的系列国际会议；国内学术会议中有3次是中心首倡的全国高校学生考古系列论坛。举办"边疆考古与中国文化认同论坛"系列学术讲座65场，举办长江学者讲座教授系列讲座10讲、匡亚明讲座教授系列讲座6讲。中心根据实际需要先后与蒙古国立大学、俄罗斯科学院物质文化史研究所、俄罗斯米努辛斯克博物馆、朝鲜国家考古研究所合作，开展了4项国际合作项目，其中包括考古调查与发掘、共同研究、合作出版等内容。主持举办了"全球健康史计划亚洲模块"国际论坛，并成为该项国际研究计划"亚洲模块"的牵头单位。举办了吉林大学—哥伦比亚大学学术交流周（考古学2016）、吉林大学—香港中文大学学术交流周（考古学2017）、吉林大学—釜山大学学术交流周（考古学2019）。

二、"十四五"期间规划目标

（一）总体目标

作为基础研究类基地，边疆考古研究中心的工作重点首先是继续加强平台基地建设、队伍建设、人才培养以及对外交流与合作，全面提升科研创新能力。在科学研究上，中心计划从服务国家"一带一路"发展倡议出发，将"十四五"期间主攻方向确定为"中国东北边疆地区古代文化、人群与生业技术"，重点加强跨境的文化、人群与技术的交流研究，着力探讨边疆地区逐渐走向对中原地区文化认同、政治认同、观念认同乃至国家认同的历史过程与动因，努力建设有中国特色、中国风格、中国气派的边疆考古学术体系，掌握中国边疆考古的国际话语权。同时，积极参与边疆地区文化遗产的规划设计及保护工作，利用在边疆考古若干热点、敏感领域的研究优势，继续为政府决策提供咨询。通过未来五年的努力，将基地建设成为国内领先、国际一流的科学研究中心、人才培养中心与信息交流中心。

（二）科研主攻方向

吉林大学边疆考古研究中心"十四五"期间的科研主攻方向为"中国东北边疆地区古代文化、人群与生业技术"。围绕"中国东北边疆地区古代文化、人群与生业技术"这一主攻方向开展专题研究，是现阶段该地区考古调查发掘材料大量积累、学术认知亟待更新的必然要求，是弥补既往东北边疆及邻境地区考古研究薄弱环节的必然要求，是新时代中国考古学研究地域平衡的必然要求。主攻方向通过对东北边疆及邻境地区的考古调查、发掘及出土资料的整理，系统梳理该地区考古学文化的类型、编年与谱系，探讨不同考古学文化的生业模式、环境背景、人地关系，以及中心与边缘的文化互动，进而从文化史、社会史的角度揭示东北边疆和中原逐步联成一体的历史进程及动因。通过系统收集东北边疆及邻境地区出土的古代人类遗骸，运用体质人类学、分子考古学、稳定同位素分析等手段，对该区域古代人种变迁、族群流动与融合等开展全面研究，进而探讨与中华民族形成的长期历史过程相关的重大理论与现实问题。通过深入探索4—17世纪东北边疆地区与内地的政治、经济与文化交流，系统建构东北亚丝绸之路的内涵与体系，系统挖掘并阐释以陶瓷器为代表的丝路遗产的价值。以上主攻方向的确立与实施，对于阐释统一的多民族国家形成的历史过程，铸牢中华民族共同体意识，助力"一带一路"与"东北振兴"发展战略，促进我国东北边疆地区的文化建设和治理体系建设，维护东北边疆地区社会的繁荣与稳定等，均具有重大的学术价值与现实意义。

（供稿：彭善国，吉林大学边疆考古研究中心教授）

长春师范大学高句丽渤海研究院

2020年10月，为了进一步推进高句丽渤海研究的深化与发展，长春师范大学校党委会研究决定成立高句丽渤海研究院。高句丽渤海研究院是以原东北亚历史文化研究所为核心，以吉林省社会科学重点研究基地"东北民族与疆域研究基地"为依托，整合历史文化学院、图书馆、美术学院等校内外研究资源建设而成的一个实体机构。

一、研究院基本情况

（一）研究院的历史沿革

1990年9月东北亚研究所成立；1993年东北亚研究所并入历史系；2001年2月东北亚研究所再次作为独立科研部门；2014年9月东北亚研究所挂靠到历史文化学院并更名为东北亚历史文化研究所。

2007年10月，"东北民族与疆域研究基地"被吉林省哲学社会科学规划领导小组办公室批准为"吉林社会科学重点研究基地"；2008年10月，被吉林省哲学社会科学规划领导小组办公室批准为首批"吉林特色文化研究基地"；2011年晋升为吉林省"十二五"人文社科重点研究基地。

"十三五"期间，研究基地成员重组，以东北亚历史文化研究所为核心，整合历史文化学院及校内相关研究领域研究人员；2020年10月，为了进一步推进高句丽渤海研究的深化与发展，长春师范大学校党委会研究决定成立高句丽渤海研究院，力求在科研、人才培养、社会服务等方面继续有所建树。

（二）研究院的机构设置

三个研究室：高句丽渤海历史研究室、高句丽渤海考古研究室、高句丽渤海艺术文化研究室。

一个中心：高句丽渤海资料信息中心，配备专门的资料室。

（三）研究团队

学术带头人：魏存成教授、姜维公教授

院长：郑春颖教授

团队成员：现有专职研究人员8人（姜维东、李弘喆、刘宝瑞、于焕金、盛宇平、潘博星、李晓光、李威），校内兼职研究人员9人（刘立强、薛刚、吕萍、刘喜涛、卢永鑫、孙倩、刘建佐、黄为放、刘海洋）。

研究特色：以高句丽渤海研究为核心，辐射东北民族与疆域研究，朝鲜半岛研究，东北亚国际关系研究。

团队特色：1.语种全，成员掌握英语、韩语、日语、俄语等多国语言；2.多学科交融，成员学术背景丰富，来自历史学、考古学、图书馆学、历史文献学等不同学科专业；3.层次高，成员中国家社科基金同行评议专家4人，国家出版基金评审专家1人，长白山学者特聘教授1人，省拔尖创新人才5人，省突出贡献的中青年专业技术人才2人，省新世纪优秀人才1人，吉林省社会科学"十四五"规划学科专家3人。

团队结构。核心团队中，教授（研究员）11人，占专职人员的61%；副教授（副研究员）3人，占专职人员的17%；讲师（助理研究员）4人，占专职人员的22%；研究实习员1人，占专职人员的3.8%。学术队伍中，13人获得博士学位，占专职人员的72%，其中2人在海外获得博士学位；7位博士生导师，12位硕士生导师；13人具有海外留学（或访学）、国内访学经历。已形成一支年龄结构合理、综合素质全面、基本功扎实、研究能力较强、知识储备丰厚，能适应新形势要求的科研教学队伍。

二、"十三五"时期科研教学进展

项目。获批国家社科基金专项4项、国家社科基金委托项目3项、国家社科基金重大项目子课题8项、国家社科基金一般项目2项、教育部重大委托项目子课题1项、吉林省社科基金项目10项、中央财政支持地方高校发展专项1项。

成果。在《中国边疆史地研究》《社会科学战线》《延边大学学报》《北方文物》《南方文物》等刊物上发表学术论文80多篇，其中核心以上论文30篇。出版专著《高句丽服饰研究》（中国社会科学出版社2015年版）《幽冥里的华丽》（商务印书馆2016年版），译著《蒙古旅行》。主编《东北古代民族历史文献编年丛书》《中国东北边疆历史文献丛书》2套丛书（科学出版社2016—2017年版）。主编《东北亚研究论丛》第9—11辑，第12、13辑已定稿并交付科学出版社，待出版。与商务印书馆签订《高句丽渤海壁画墓研究译文集》《国内外高句丽渤海墓葬研究文献目录》《高句丽渤海研究论集》三本书出版协议，已经提交书稿，等待陆续出版。

荣誉获奖。"十三五"期间，共获厅级以上奖项7项，其中吉林省社会科学优秀成果奖4项，二等奖2项，三等奖2项；长春市社会科学优秀成果奖3项。《高句丽服饰研究》（中国社会科学出版社）一书被《中国文物报》评为"2016年业内读者关注图书"。《幽冥里的华丽》（商务印书馆2016年版）被推介为"一带一路"推荐图书。

人才培养。课程建设方面，为本科生、硕士研究生、博士研究生开设《高句丽渤海问题研究》《高句丽渤海历史研究》《高句丽渤海考古》等课程。以高句丽渤海方面为毕业论文方向，招收博士研究生43名，毕业6名。

文献资料平台建设。2002年长春师范大学历史学科开始参与"东北工程"（东北边疆历史与现状系列研究工程）项目，主要负责"中国东北边疆历史文献的搜集与整理"。经过10余年的建设与积累，已经取得了丰硕的成果。依托中央财政支持地方高校发展专项资金项目的经费支持，2019年5月又购入国内外高句丽渤海研究文献资料1300余种，约计3500册，建成"高句丽渤海研究特藏书库"。

2016年吉林省科技厅批复长春师范大学设立"长白山历史地理与族群变迁吉林省重点实验室",由姜维公负责主持,其中重点课题"唐代渤海国图们江流域地理环境重建及其与人类活动关系"正在进行中。

学术交流。

(1)主办学术会议。连续主办四届高句丽渤海研究青年学者工作坊学术研讨会(2018年、2019年、2021年、2022年)。

(2)组织学术讲座。2016—2019年间,举办"东北亚历史与文化研究学术讲座"、"高句丽渤海历史研究"和"高句丽渤海考古研究"三个系列的学术讲座,邀请国内外30位专家学者做了33场学术报告。

(3)组织学术考察、调研。2016年9月18—26日,组织成员参加了"东北边疆行·黑龙江源头(内蒙古自治区段)"考察活动。2017年7月20—29日,组织成员参加了"东北边疆行·黑龙江段"考察活动。2018年6月3日—6月10日,组织成员参加了"东北边疆行·乌苏里江西岸"考察活动。三次"东北边疆行"系列活动主要考察了黑龙江源头(额尔古纳河上游)、黑龙江段、乌苏里江西岸沿途的历史地理、边疆民族现状以及边境地区的经济文化发展概况。2018年9月19—22日,组织成员赴集安市深度调研高句丽遗迹,考察内容包括国内城、丸都山城、高句丽王陵、贵族墓地,参观了集安市博物馆。2022年7月8日—15日,姜维公教授带领硕博研究生与吉林省地方志相关领导共同前往抚松县踏查渤海"朝贡道"路线问题。

(4)参加国际学术论坛。参加学术会议130余人次,其中国际学术会议20人次,主要包括如下。

朝鲜:2019年8月,应朝鲜社会科学院邀请赴平壤进行学术交流活动;2019年10月,应朝鲜社会科学院邀请赴咸镜北道会宁市参加"朝鲜境内最新考古发现与研究"研讨会。

韩国:2016年3月,参加韩国仁荷大学古朝鲜研究所主办的"4—5世纪东北亚高句丽壁画墓研究"学术会议,并做大会主题发言;2016年11月,应邀参加由韩国高句丽渤海学会、延世大学、东北亚历史财团共同主办的"第三回高句丽青年论坛",并做大会主题发言;2017年9月,赴韩国首尔参加由东北亚历史财团主办的"第二届韩中高句丽青年学者学术会议",并做大会主题发言;2019年7月,应韩国高句丽渤海学会邀请参加由韩国学中央研究院、高句丽渤海学会和吉林大学考古学院共同主办的国际学术会议——"高句丽和渤海的都市、文化与东亚世界",并做大会主题发言。

社会服务。

(1)咨询报告。围绕东北民族与边疆,共撰写咨询报告20余篇,其中2篇获得国家领导人批示、1篇被中宣部规划办采用、10篇被省委宣传部采用、3篇被吉林省网信办采用、1篇被新华社吉林省分社采纳。1篇调查报告被吉林省网信办采用。

(2)科普工作。为辽宁桓仁五女山风景区景观设计提供咨询服务。接受吉林省电视台"吉林访古"栏目的专题采访、录制节目,介绍高句丽壁画墓有关情况。被通化市高句丽文化传承有限责任公司聘请为学生创业团队的学术导师。与长春市图书馆区域信息服务中心合作,为其4·23世界读书日活动、区域文化交流活动策划了"世界文化遗存——高句丽王城、王陵及贵族墓葬"专题展览。在长春市图书馆、吉林省图书馆面对普通大众做高句丽专题讲座；为吉林大学边疆考古研究中心、高句丽渤海研究中心主办的首届"高句丽主题夏令营活动"做专题讲座；为中国社会科学院中国边疆研究所、中国社会科学院边疆安全与发展研究中心、新疆智库联合主办的中国边疆通识讲座做专题报告。

（3）申请微信公众号。依托长春师范大学东北亚历史文化研究所申请了"东北亚学术资讯"，不定期推送东北亚历史与考古研究、东北亚民族与疆域研究、东北亚国际关系研究、东北亚文献整理与研究等相关学术资讯，以及高句丽渤海研究青年学者工作坊活动信息。

三、"十四五"时期（2021—2025）主要规划和目标

（一）工作目标

依托与中国社会科学院中国边疆研究所共建的"东北边疆史地研究中心"，将长春师范大学高句丽、渤海研究打造为国际一流、国内顶尖的优势学科；将高句丽渤海研究院打造成为高渤科学研究基地、人才孵化基地、高渤研究成果的推广基地，同时探索中国边疆学学科构建，力争跻身国内首批中国边疆学学科建设单位行列。

（二）加强国内高句丽渤海协同创新中心建设

延边大学高句丽渤海研究中心、通化师范学院高句丽研究院推荐我院为高句丽渤海协同创新中心牵头单位，以我们三家单位为核心，联合省内外其他高渤研究单位，本着强强联合、优势互补、资源共享、服务国家的基本共识，在人才培养、合作研究、学术交流和社会服务方面开展深度合作。

（三）密切国际学术交流

为了及时了解国外最新研究动态，扩大学术视野，提高学术话语权，由协同中心牵头，积极开展对韩、朝、日、俄等国的学术交流，争取在"十四五"期间定期举办年度国际学术研讨会。加强同国外高校、科研院所的合作，从邀请国际知名学者讲学入手，签订学术合作协议。

（四）社会服务

加强大众普及教育，参与并自建平台宣传；开展东北边疆与民族从业人员，特别是高句丽渤海相关工作人员的培训；利用壁画纹样、壁画服饰，进行文创产品的开发。

（五）人才培养

把高句丽起源和发展以及对人类文明所做贡献更加清晰、更加全面地呈现出来，更好地发挥以史育人的作用。科学阐释高句丽文明在中华统一多民族国家形成过程中的地位和作用，进一步夯实中国高句丽研究的国际话语体系。让更多年轻人热爱高句丽考古事业，让高句丽考古事业后继有人、人才辈出。加强高句丽渤海研究专项人才的引进和培养机制。

（供稿：长春师范大学高句丽渤海研究院）

通化师范学院高句丽研究院概况

通化师范学院高句丽研究院地处长白山脚下，毗邻高句丽两座都城桓仁与集安，有着得天独厚的地缘优势，是中国知名的高句丽研究机构，目前已经走过了28年的发展历程。

1995年通化师范学院成立了高句丽研究所，这是全国最早建立的以高句丽历史与文化为研究主体的科研机构，引进了当时高句丽研究专家耿铁华为核心的团队力量，经过10年发展，2006年改制为高句丽研究院。在28年的坚持钻研和发展下，通化师范学院高句丽研究院业已形成了一支结构合理的教学与科研团队。

高句丽研究院（所）首任所长为杨春吉（1995—2005年在任），第二任院长为耿铁华（2006—2012年在任），第三任院长为李乐营（2013—2021年在任），目前院长为孙炜冉（2022年至今）。

高句丽研究院依托地处高句丽历史遗迹核心区域地缘优势，秉承"人才戍边、学术戍边"的宗旨，积极发挥高校多学科、多功能的优势，联合国内创新力量及人才资源等方面的优势，针对高句丽研究的关键问题开展学术研究、协同创新、智库建设，业已建成为高句丽问题史学研究重镇、高句丽研究协同创新重镇、高句丽学术信息交流重镇、高句丽人才教育和培养重镇，形成了本学科领域独特的地方特色、民族特色、边疆特色。研究基础雄厚，团队优势明显，核心成员均为长年坚持高句丽研究的成熟学者；学术成果总量及学术影响力居全国同类研究机构首位。

高句丽研究院现有专职研究人员16人，其中博士13人（占比81%）、硕士3人（占比19%）；教授9人（占比56%）、副教授5人（占比31%）、讲师2人（占比13%）；吉林省拔尖创新人才3人，吉林省突出贡献人才1人，享受国务院政府特殊津贴1人，硕士研究生导师13人，博士研究生导师1人。2015年，高句丽研究院获批省级"高句丽研究智库建设创新团队"。团队的领军人物耿铁华教授从事高句丽研究40年，年届77岁，至今仍以学校返聘教授的身份奋战在高句丽研究的第一线，出版著作30余部，发表论文200余篇，其《中国高句丽史》成为世界高句丽研究领域具有代表性的著作。根据2020年6月中国历史研究院中国边疆研究所集刊《中国边疆学》刊发的《改革开放40年来高句丽研究现状分析》数据，通化师范学院以学术成果发表的优势，成为全国高句丽研究单位的榜首，学术影响力享誉朝、韩、日三国；在国内高句丽研究的核心学者和学术影响力上，耿铁华教授无论是核心期刊发文量还是学者学术影响力都名列前茅，通化师范学院的李乐营、孙炜冉等研究人员也位居前列。团队成员业已形成了在高句丽研究领域各自擅长的研究方向。

一、"十三五"期间学术进展

重要成果 "十三五"期间，高句丽研究院共承担省部级以上科研项目23项，其中国家社科基金项目8项（含子课题1项）、教育部项目2项、国家民委项目2项，完成各级科研项目10项；发表学术论文100篇（其中CSSCI论文16篇）、出版学术著作16部，撰写咨询报告2篇，获得各级科研奖励15项，其中1篇关于边疆安全的咨询报告获教育部第八届高等学校科学研究优秀成果奖。

学术交流 1998年，高句丽研究所（院）主办首届全国高句丽学术研讨会。20余年来，高句丽研究所（院）坚持每年举办全国性的高句丽学术研讨会。2016年，与朝鲜社会科学院进行了学术互访，双方就高句丽研究成果、高句丽古墓壁画及所开设的高句丽相关课程等问题进行学术交流，取得了良好的学术效果，并且与朝鲜社科院达成了定期进行学术互访的协议。2016年7月，同韩国东北亚历史财团（前身为韩国高句丽历史财团）在通化师范学院主办了"中韩高句丽史研究的新探索——中韩高句丽新锐学者学术交流会"，2017年9月在韩国首尔又举办了第二届，双方持续深入开展中韩新锐学者学术交流活动，形成了定期互相交流机制，在中韩两国学界形成巨大的学术影响。

"十三五"期间主办（承办）学术会议情况

序号	会议名称	会议地点	会议时间	备注
1	高句丽渤海研究现状及展望学术研讨会	吉林通化	2016年6月	主办
2	中韩高句丽史研究的新探索——第一届中韩高句丽新锐学者学术交流会	吉林通化	2016年7月	承办
3	南北朝时期东亚历史与社会学术研讨会	吉林通化	2016年9月	国际
4	中朝学者高句丽渤海历史与文化学术座谈会	吉林通化	2017年4月	国际
5	纪念好太王碑发现140周年——高句丽渤海研究的新视野学术研讨会	吉林通化	2017年7月	主办
6	第二届中韩高句丽新锐学者学术交流会	韩国首尔	2017年10月	国际
7	东亚新形势下的高句丽渤海历史文化研讨会	吉林通化	2018年7月	主办
8	高句丽渤海历史文化研讨会	吉林通化	2019年7月	主办

学科建设 通化师范学院高句丽研究院一直以来都在努力打造以"高句丽与东北民族疆域史"为中心的中国史学科。"十三五"期间进一步明确了学科特色并进一步凝练了研究方向，并在科学研究、队伍建设、人才培养方面取得了突出成绩，逐渐形成了高句丽问题的研究重镇和人才培养重镇。2016年顺利通过吉林省高校"十二五"重点学科建设项目验收评估；2017年获批"吉林省硕士学位立项建设A类单位"，"中国史学科"被确定为增列学科点之一；2018年中国史学科获批为吉林省"十三五"优势特色学科A类。

平台建设 高句丽研究院在学术发展的道路上不断提升和钻研，在研究院学术基地的基础上，先后组建和获批建立了"高句丽文化研究基地""高句丽与东北民族研究中心""高句丽问题研究协同创新中心""高句丽问题研究智库""高句丽研究智库建设创新团队""世界文化遗产保护与研究实验室"6个省级重点研究平台，成为国内最具特色的高句丽问题研究平台。

学术阵地 高句丽研究院设有基地刊物《高句丽与东北民族研究》，该刊是目前国内唯一的"高句丽问题"研究专刊，目前已出版至第十辑。通化师范学院所办的《通化师范学院学报》1996年专门开设"高句丽·渤海历史文化研究"特色专栏，20余年来，始终坚持发表国内高句丽渤海研究成果，2014 年成功入选"全国高校社科期刊特色栏目"。2014 年，教育部高校哲学社会科学工作简报对"通化师范学院发挥地缘特色学科优势，全力建设高句丽问题智库"进行了报道，并且《中国教育报》对此报道进行了全文转载。在高句丽研究院的学术配合下，《通化师范学院学报》近 40 年高句丽成果的发文量位居全国期刊排行第二，已经成为令国内外瞩目的高句丽研究学术阵地。

人才培养 通化师范学院高句丽研究院率先为本科开设《中国高句丽史》课程，获批吉林省精品课程，《高句丽史简编》获批吉林省特色优秀教材。2019 年，高句丽研究院主持建设的"世界文化遗产——高句丽王城、王陵及贵族墓葬"虚拟仿真实验课程被评为国家级金课。目前，通化师范学院高句丽研究院与东北师范大学、北华大学、延边大学等高校联合培养高句丽研究方向的硕士研究生 18 人，现有 13 名教师兼职高句丽、渤海研究的硕士生导师，为联合培养研究生开设中国高句丽史、高句丽考古等 17 门专业课程。

社会服务 高句丽研究院积极为国家相关部门提供决策咨询，研究院以高句丽历史、考古以及高句丽问题与东北亚诸国关系为主题，先后为我国"东北工程"项目开展、"高句丽王城、王陵及贵族墓葬"申报世界遗产，以及地方省、市相关部门科学决策提供前瞻性的咨询服务。研究院出版的《中国高句丽史》一书，多次提供给国家相关部门供咨询参考，并成为"高句丽王城、王陵及贵族墓葬"申报世界文化遗产时的主要参考用书之一。为了加强高句丽知识的普及，高句丽研究院积极走向社会，研究院成员先后为吉林省文化厅非物质文化遗产培训班、吉林省外事办召集的海外华侨历史文化访问团、辽宁本溪博物馆、通化市宣传部及市委党校等机关单位进行有关高句丽历史文化方面的专业性和普及性相结合的培训和讲座，并连续 10 年为集安市集旅集团培训讲解、宣介人员。

二、"十四五"规划和目标

1. 组建创新发展高句丽研究智库工作，咨政服务区域历史文化研究。促进高句丽研究的科学化、创新化，同时适应相关问题体系化和研究现代化的迫切需要，积极转化科研成果。

2. 促进外部合作，持续跨域学术交流。通过"走出去，请进来"的办法，彻底打开交流的"闸门"，提升自身的科研水平和学术影响。

3. 践行协同培养机制，培育高素质科研人才。改革当前的教育模式，树立先进的教育理念，在办学体制、教学内容、教育方法、评价方式等方面进行大胆的探索和改革，使之适应经济社会发展的要求，培养全面发展的优秀人才，走精英教育之路，培养研究型人才。

4. 拓展学术交流平台，加强行业互动与经验分享。持续举办高句丽研究创新主题系列学术会议，推动平台拓展、合作创新和观念变革。

5. 持续成果产出，努力构建中国高句丽学的学科体系、学术体系、话语体系。

经过 28 年的发展建设，通化师范学院高句丽研究院的学科建设和研究方向极富地方特色、民族特色和边疆特色，在国内外高句丽历史与文化研究中占有十分重要的地位。

（供稿：孙炜冉，通化师范学院高句丽研究院教授）

内蒙古师范大学历史文化学院

内蒙古师范大学（前身为内蒙古师范学院）是新中国成立后党和国家在边疆民族地区最早建立的高等院校——内蒙古自治区重点大学，国家"中西部高等教育振兴计划"支持院校，教育部"对口支援西部地区高等学校计划"学校。现已成为内蒙古自治区培养基础教育师资的重要基地、中小学教师继续教育中心、基础教育改革发展研究中心。

1952年在乌兰浩特市建设内蒙古师范学院，同年招收汉语授课的历史专科生，1953年又增加了蒙语授课历史专科学生，1955年设历史科，1958年改历史科为历史系，开始招收本科生。1986年，历史系的中国民族史专业获硕士学位授予权。2005年历史系与内蒙古文物考古研究所、内蒙古博物馆合作，设考古学和文物与博物馆学两个本科专业，招收全日制本科生。2006年6月，历史系改建为历史文化学院，2008年增设文化产业管理专业，2019年文化产业专业停招。

到目前为止，历史文化学院有历史学、考古学、文物与博物馆学3个全日制本科专业，在校全日制本科生800余人；有中国史、世界史2个一级学科硕士学位授权点，文物与博物馆一级学科专业硕士学位授权点，学科教学（历史）二级学科专业硕士学位授权点，在校硕士研究生、留学生200余人。

历史学专业是内蒙古师范大学优势专业之一。2004年，专门史被评选为内蒙古师范大学重点学科。2005年，历史学入选内蒙古自治区首批品牌专业。2007年，历史学入选教育部第一批师范类特色专业建设点。同年，专门史被评为内蒙古自治区重点学科。2009年，中国北疆史研究中心入选内蒙古自治区高校人文社会科学重点研究基地。蒙古史、中国近代史、世界现代史先后被评选为内蒙古自治区精品课程。2019年中国古代史获批自治区一流课程。历史学专业2019年获批内蒙古自治区一流本科专业，2020年获批国家一流专业本科专业建设点，是内蒙古自治区第一家获此殊荣的历史学专业。

截至2023年6月，历史文化学院有教职工47人，其中，党政教辅人员9人，专任教师38人。专任教师中，教授4人，副教授17人，讲师18人；有博士学位教师30人，占专任教师总数的79%，在读博士4人；博士生导师1人，硕士生导师24人，占专任教师总数的62%。此外，历史文化学院还从中国社会科学院、南开大学、中国人民大学、陕西省博物院、内蒙古博物院、内蒙古文物考古研究所、内蒙古社会科学院、河北考古研究院等科研机构外聘兼职教授19人，兼职硕士生导师27人。

历史文化学院坚持以科研促教学的理念，立足于中国北部边疆史，鼓励教师开展科学研究。"十三五"时期（2016—2020），学院关于边疆研究方面获批国家社科基金项目15项，其中重大1项、冷门绝学1项、一般1项、青年1项、西部10项、后期资助1项等；出版专著10余部，论文多篇；获得省级以上科研奖项9人次。此外，多次举办边疆研究方面的学术会议和讲座。

历史文化学院"十四五"期间边疆研究教学与科研规划的目标是，稳定本科生和研究生教育规模，提升学科层次，保持和发扬中国北疆史研究领域的特色，以科研为中心，提升教师的教学水平和学科的社会知名度，进而提高生源质量、人才培养质量和服务社会的能力。

（供稿：乌力吉通拉嘎，内蒙古师范大学历史文化学院讲师）

陕西师范大学中国西部边疆研究院

陕西师范大学中国西部边疆研究院是 2013 年 3 月在原陕西师范大学西北民族研究中心（2001 年 9 月建立）基础上组建的独立科学研究机构，为陕西省首批人文社会科学重点研究基地，国家民族事务委员会中华民族共同体研究基地"西北民族历史与文化研究中心"主建单位。研究院现有专职科研人员 21 名，其中教授 8 人，副教授（副研究员）3 人，助理研究员 10 人（包括民族学博士后），拥有博士学位者 20 人，包括教育部长江学者特聘教授 1 人、教育部新世纪优秀人才 2 人，国家"万人计划"青年拔尖人才 1 人，国家民委"民族研究优秀中青年专家" 1 人。研究院现有民族学一级博士学位授权点和民族学博士后科研流动站。

一、"十三五"时期的成就与进展

（一）主要领域、重要项目、重要成果

"十三五"期间，中国西部边疆研究院在保持传统中国民族史研究优势的基础上，紧密结合西部边疆的现实情况以及党和国家处理边疆问题的战略决策需要，确定研究院的研究方向为：中华民族交往交流交融史研究、西部边疆稳定与社会发展研究、"一带一路"与海外民族志等领域，取得了一系列新进展、新成果、新突破。

目前主要研究领域的情况概览如下。

1. 中华民族交往交流交融史研究

自 20 世纪 50 年代以来，我国民族史学界呈现出蓬勃生机。中国西部边疆研究院学人承继传统，始终坚守中华各民族族别史和交往交流交融史的研究领域。"十三五"期间，我院有关中国历史上各民族族别历史以及各民族之间的交往交流交融史的研究成果多、影响大，在国内学术界独树一帜，成为一个有着广泛影响的学术团体。理论与现实、实证与分析相结合是本研究方向的最大特色。

本研究方向承担的重要项目有：国家社科基金重大项目"中国西藏与南亚各国关系的历史、现状与未来研究"，重点项目"察合台文汉文词典编纂与研究"，一般项目"西夏文《大般若经》校勘与研究""藏文史籍关于中国民族关系的历史书写及当代启示""档案文献和田野调查双重视野下的金川战争再研究""甘川交界地带藏族的空间象征与文化认知模式研究"等。取得了一批具有较高研究水平的成果，如关注历史上各民族交往交流交融的著作《合为一家：十六国北魏的民族认同》《新出土中古有关胡族文物研究》；族别史或者民族地区历史研究著作《凉山罗夷考察报告》《汉民族与陕西文化研究》《汉赵国史》《党项西夏史论》《吐火罗史研究》《西藏通史·民国卷》；等等，在学术界取得了良好的学术影响。

2. 西部边疆稳定与社会发展研究

经济社会跨越式发展与长治久安，是国家西部边疆地区发展战略的两大主题。如何认识和实现这两大战略目标，提出切实可行的战略规划与学理思考，需要通过大量有针对性的田野调查取得翔实的第一手资料，从理论和现实的层面上提出问题、分析问题并进而探讨解决问题的规划与方案。

西部民族地区的稳定是一个关乎国家安全的重大课题，关于西部地区治理方面，我院获得的重要项目有："清代新疆军府佐杂官群体与边疆社会治理研究""藏传佛教现代佛学院建设的历史与现状""1949—1965年中国共产党西藏工作口述史研究"等。尤其值得注意的是，周伟洲教授主持完成了国家重大财政资助项目"西藏通史·民国卷"以及"清史·民族志·藏族篇"等，以及徐百永《国民政府西藏政策的实践与检讨（1927—1949）》（2016年获得中国藏学珠峰奖汉文专著类三等奖）等，系统总结了历史上中央政府处理西藏事务的经验和教训，为我们当今社会正确认识和处理西部民族有关问题提供了启示和借鉴。关注中国边疆学研究也是我院学人从理论上为国家的边疆治理提供智力支撑的重要表现，这方面的研究成果主要有：《关于中国边疆学学科话语理论体系建构的几点思考》《要继承和发扬边疆研究的中国传统》《前近代多民族国家疆域理论体系的建构》等。这些成果在学术界产生了较大的影响，其中周伟洲先生撰写的《关于构建中国边疆学的几点思考》一文，入选2019年国家社科基金优秀文章（全国共18篇），在构建中国边疆学的学术研究中占有一席之地。

3."一带一路"与海外民族志

长期以来，中国西部边疆研究院学人从事丝绸之路、中外关系史的相关研究，积累了大量的研究成果。在国家"一带一路"倡议发布后，我们积极拓展研究新领域，在坚持丝绸之路传统历史研究的同时，将研究视角转向与当代中国西部边疆发展有关的中东、南亚、中亚等地区，目前已经开展了巴基斯坦、阿拉伯联合酋长国、伊朗、印度等国家的族群、文化及丝绸之路的相关研究。

在传统方面，继续将视角置于历史上丝绸之路沿线国家和民族的交往交流交融主题的研究，承担的重要项目有"巴基斯坦宗教问题与中巴经济走廊项目关联性研究""跨界普什图人对中巴经济走廊安全的田野调查研究"等，出版了《丝绸之路词典》《中外关系史视野下的一带一路》《天山廊道：清代天山道路交通与驿传研究》《灵缇：丝绸之路古道上的猎犬及其文化交流意义》《波斯锦与锁子甲——西亚文明在陆上丝绸之路上的传播》《唐代来华波斯商贾与海上丝绸之路》等论著；同时关注当代中东、南亚国家的族群、文化等问题，发表了《巴基斯坦迪奥班德学派述要》《巴基斯坦普什图人的中介民族角色研究》《复制与建构社会网络：巴基斯坦人在上海的城市生活》等文章，向有关部门提交了咨询报告13篇，保持着传统历史研究和现实观照相结合的研究思路。

（二）学科建设、人才培养、学术活动等学术科研的成就与进展

1. 学科建设

2018年，获得民族学一级学科博士授权点，在学科布局方面，与之前仅有中国少数民族史二级博士授权点相比有了更大的进步；已经构建起从硕士、博士到博士后的完整民族学一

2. 人才培养

研究院进一步优化培养方案、课程体系和师资队伍，推进课程思政改革，在日常教学工作中有意识地融入课程思政内容，培养学生的中华民族共同体意识。"十三五"期间，共招收硕士研究生103人，博士研究生57人。研究生参加各类科研项目的积极性逐年提高，发表CSSCI（含扩展版）及以上学术论文60余篇。李圳博士论文《后赵国史》获得陕西省优秀博士论文（2019）；注重培养学生的国际化视野，学生中有4人前往国外一流大学留学、访学；招收巴基斯坦Syed Ahmad AliShah攻读博士学位，美国Lobo Maria Patricia（罗小包）攻读硕士学位。此外，硕士毕业生马志博在本职岗位上做出了突出贡献和成绩，入选2019年"全国民族团结进步模范个人"。

3. 学术活动

"十三五"期间，进一步扩大与境外高水平大学和科研机构的交流规模和频次，参加国际会议10余次，多途径邀请国际学者前来访学或讲学7次；邀请国内学者主讲"西部边疆讲坛"50余人次。此外，邀请冯明珠、齐木德道尔吉、杨念群、葛剑雄、葛兆光、喜饶尼玛等主讲"马长寿民族学讲座"；筹办中国藏学研究青年学者论坛两次、第五届中国边疆研究青年学者论坛、2017年中国回族学年会、新时代中国边疆学学术研讨会、第四届全国伊斯兰教学术研讨会、近代西藏历史学术研讨会等会议10余次；与中国社会科学院中国边疆研究所、复旦大学、中国人民大学、中央民族大学、四川大学等高校和科研机构建立了更为密切的学术联系。"十三五"期间，我院学人参加各类国内外学术会议80余人次。

在学术影响方面，我院学人继续在各级学术组织中担任职务，如王欣教授继续担任中国民族史学会副会长、世界民族学会副会长、中国中外关系史学会副会长等，徐百永担任中国民族政策研究会常务理事等；周伟洲主编的研究院集刊《西北民族论丛》入选CSSCI来源集刊，先后在2016年、2018年、2019年获得中国"优秀学术集刊奖"，成为国内学术界具有重要影响的学术集刊。

在智库建设方面，中国西部边疆研究院成功入选CTTI中国智库、AMI中国核心智库，正式成为中国有影响力的高校智库之一，也是为数不多以民族问题研究为主的跨学科研究智库，成为国家有关西部边疆民族宗教问题和"一带一路"经济社会发展的重要智库。

在拓展影响力方面，发挥在民族历史文化与"一带一路"研究领域的优势和特色，在2016—2018年连续三年承担"青年汉学家研修计划"培训任务，向来自世界各国特别是"一带一路"沿线22个国家的31名国外青年汉学家广泛宣传了中国的民族和民族政策、"一带一路"倡议，介绍了中国各民族历史文化，为国家文化战略的实施与发展做出了贡献，受到各级部门的好评。

二、"十四五"时期边疆研究教学主要规划和目标

"十四五"期间，将围绕国家和西部边疆社会经济发展战略中具有重大影响和学科前沿性的理论与实践问题，组织高水平的科研项目，产出创新性的成果，重点提高解决重大实践

问题的综合研究能力和参与重大决策的能力，成为全国在国家安全战略、西部边疆经济社会发展、民族与宗教问题等领域知名的思想库和咨询服务基地，同时着重培养具有中华民族共同体意识的社会主义建设者和接班人，为国家和民族地区的经济社会发展、民族团结和国家安全做出贡献。

"十四五"期间，继续保持中国西部边疆研究院在中华民族史、丝绸之路研究的传统优势，同时积极拓展研究领域，逐步实现对南亚、中东和中亚地区海外民族志研究的全覆盖；继续做好高层次优秀人才的引进和培养工作，保持师资队伍的稳定性和良好发展，使本学科的人员规模和结构、层次等方面得到全面提升。

在人才培养方面，为西部边疆民族地区培养更多具有中华民族共同体意识的高素质人才，增加省优秀博士论文的获得数量，在研究生教材建设、思想政治教育、教学改革等方面实现进展。

在科学研究方面，进一步凝聚重点研究方向，完善机构、组织和制度，深化团队内涵式发展，增强学术团队合作意识，获得更多包括国家社科基金重大项目在内的各类项目，发表论著100篇以上；鼓励教师走出去，尽量多地参加国内外各种学术交流活动；在办好品牌"马长寿民族学讲座"的基础上，定期举办各种民族学、边疆学高层次学科论坛和国际、国内学术会议，以及各种形式的民族学暑期研讨班；鼓励在职教师在各级学术组织和团体中担任各类职务；延请海内外顶尖学者讲学、交流，提高学科声誉；进一步加强资政育人的高端智库建设；《西北民族论丛》继续入选CSSCI学术集刊。

（供稿：陕西师范大学中国西部边疆研究院）

兰州大学中国边疆安全研究中心

兰州大学边疆研究历史悠久。早在民国时期兰州大学就设立了边政系，先后几代学人在西北边疆、中苏关系、中亚各国关系研究方面做出过突出贡献。2012年兰州大学中国边疆安全研究中心成立，在边疆理论、治理、安全方面持续推进；2018年获批中国民族学会边境民族学专委会；2020年整合校内学术资源入选四部委铸牢中华民族共同体意识研究培育基地；2021年被命名为甘肃省铸牢中华民族共同体意识研究基地；2022年入选CTTI来源智库；2023年4月通过第一轮评估后成为28家四部委铸牢中华民族共同体意识研究基地正式成员之一。基地主任为徐黎丽教授，首席专家为李静教授，基地副主任为李正元副教授。目前基地拥有专职研究人员20人，兼职研究人员36人，办公场地510平方米，科研及管理经费超过1000万元，初步建成集决策咨询、理论研究、人才培养、社会服务于一体的西北国家智库。

一、地缘与人文优势

兰州大学所在甘肃省是一个东西长达1600余千米、丝绸之路穿越其中的省份。她东连关中平原，北接蒙古高原，西邻新疆哈密、吐鲁番，南越祁连山与青藏高原相连。省会兰州是名符其实的中国地理中心，甘肃省肃北蒙古族自治县的马鬃山镇又有65千米的中蒙边境线，因此甘肃省是一个集中国地理中心与边境为一体的省份。自古以来欧亚大陆之间各民族沿丝绸之路交往交流交融的经验与教训均与甘肃相关，穿越河西走廊与青藏高原东大门的河洮岷区域则是"自古蒙藏是一家"佳话代代相传的必经之地；中华民族源头的"伏羲女娲"形象、现代"飞天"形象均出自甘肃；彰显中华传统文化的敦煌莫高窟则是世界文化遗产之一。这就是被定为四部委铸牢中华民族共同体意识研究基地的兰州大学中国边疆安全研究中心的突出地缘与人文优势。

二、管理优势

为了发挥兰州大学在西北有形、有感、有效铸牢中华民族共同体意识教育、培训功能，提升兰州大学在铸牢中华民族共同体意识决策咨询、理论研究、人才培养、社会服务方面的功能，促进校内外学术资源的充分整合，经学校党委常委会研究，于2023年3月2日成立兰州大学铸牢中华民族共同体意识研究培育基地领导小组。领导小组组长由兰州大学党委书记马小洁担任，副组长由常务副书记吴国生、副书记曹爱辉、副校长沙勇忠担任，学校各职能部门、人文社科各学院党委书记及部分院长为成员。领导小组办公室设在兰州大学社会科学处。社会科学处处长王学军、铸牢中华民族共同体意识研究基地主任徐黎丽任办公室主任。这一举措为发挥兰州大学铸牢西北地区中华民族共同体意识的带头作用奠定了基础。

三、研究方向与特色

本基地以习近平新时代中国特色社会主义思想为指导，以加强和改进党的民族工作的十二个必须为根本遵循，推动构建具有中国特色、中国风格、中国气派的中华民族共同体研究学科体系、学术体系和话语体系。经过四部委基地第一轮建设周期，兰州大学在理论与实践相结合的过程中逐渐整合校内资源，凝炼出四个重点研究方向。

（一）西北地区文化遗产中的中华文化符号研究

在中华民族共有精神家园建设的背景下，结合新时代西北铸牢中华民族共同体意识所面临的机遇和挑战，挖掘西北地区的中华文化遗产，寻找中华文化源头，梳理西北地区文化遗产与中华文化的关联性，从民族文化、区域文化、职业文化等不同领域着手，提炼西北区域文化中的中华文化符号，将其整合在中华文化之中，为铸牢西北地区中华民族共同体意识奠定文化基础。根据研究设计，将其分为"西北文化遗产分类整理研究""西北文化交融内容与路径研究""西北文化遗产中的中华文化符号研究"三个子课题。

（二）西北丝绸之路沿线民族交往交流交融深化研究

西北地区是以丝绸之路为纽带串联起来的区域，因此深入调查研究区域内的民族交往交流交融情况，推动西北地区民族交往交流交融的深入发展是这一方向的主要内容。其深入不仅表现于推动西北丝绸之路和青藏高原东大门民族交往交流交融进一步发展的机制和路径，而且还涉及丝绸之路民族交往交流交融史料汇编工作，以此充分展现西北地区在中华民族交往交流交融中的独特地位和贡献。本方向可以分为"西北丝绸之路民族深化交融研究"、"青藏高原东大门河洮岷民族深化交融研究"及"甘宁青民族交往交流交融史料汇编"三个子课题。

（三）西北地区中华民族共同体心理特征研究

铸牢中华民族共同体意识，指向民族心理问题，需要厘清深层的心理机制，因此必须调查研究西北地区中华民族共同体心理的特征表现、考察指标、作用规律、影响要素等，分析心理因素在铸牢中华民族共同体意识中的作用机制，掌握不同民族的心理特征，进而研究如何通过心理疏导和教育培训有形、有感、有效地铸牢西北地区各民族的中华民族共同体意识，提炼推进西北地区中华民族共同体建设的心理路径。在充分研究的基础上，通过试点将研究的结果谨慎地用于指导实践，检验、修正研究结果，进一步在更大的范围推广，真正做到理论研究与具体实践的结合。本方向可以分为"西北地区各民族共有心理特征、规律研究""铸牢中华民族共同体意识心理疏导研究""增强中华民族共同体意识教育方式研究"三个子课题。

（四）铸牢西北边境中华民族共同体意识研究

围绕西北陆地边境地区这一地理范围，对内面向内蒙古、甘肃、新疆、西藏四个陆地边境省区，对外面向相应邻国，应加强研究如何在党政军警兵民合力强边固防中铸牢中华民族共同体意识，并与周边国家命运共同体相联接。其中对内研究应聚焦如何在党政军警兵民合力强边固防的过程中铸牢边境中华民族共同体意识，同时提炼中华文化及其文化基因，开展陆地边境中华文化建设研究，逐渐沿中国陆地边境向周边国家展示中华文化软实力、影响力和辐射力，使周边国家在理解和认同中华文化价值观的基础上，加强与中国的经贸、社会、外交及思想方面的交流与合作，寻找建设中国与周边国家命运共同体的路径。本方向可以分为"党政军警兵民合力强边固防与铸牢边境中华民族共同体意识研究""中国边境中华文化建设与传播研究""中国与周边国家命运共同体研究"三个子课题。

四、标志性和代表性成果

30份决策咨询报告得到中共中央或省部级单位批示。内容涉及三个方面：铸牢中华民族共同体意识咨政报告，解决中华民族共同体的结构、内容；中国西北边疆治理咨政报告，解决西北边疆人口、反恐、反分裂问题；中国西北区域国别咨政报告，解决中国与中亚、南亚各国领土、边贸、"中国威胁论"等问题。

党政军警兵民合力强边固防中铸牢中华民族共同体意识系列研究成果。本成果由3个国家知识产权成果（"边境口岸信息溯源查询系统"、"边境口岸地理位置信息查新系统"和中国陆地边境口岸沙盘"外观设计宣传支架"）和3套人民出版社出版丛书（《中国陆地边境口岸行》（6册）、《中国陆地边境口岸志》（6册）、《党政军警兵民合力强边固防纪实》2册）组成。以上成果解决的问题有：边境民族与职业身份转变问题；铸牢边境中华民族共同体意识内容：山河恋、家国情、中国心、邻国缘；铸牢边境中华民族共同体意识路径为：在党政军警兵民合力强边固防过程中铸牢中华民族共同体意识。

铸牢中华民族共同体意识理论及有形、有感、有效铸牢西北中华民族共同体意识系列研究成果。本成果有著作4部、论文79篇、研究报告5篇。解决的中华民族共同体基础性问题有：中华民族共同体组成元素问题；中华民族共同体心理过程问题；如何利用西北地区传统文化资源有形、有感、有效铸牢中华民族共同体意识问题；总结贯通或穿越丝路进行民族交往交流交融的历史经验。

五、重大项目

中心获批国家社科基金重大、重点、专项、青年、一般或各部委项目27项，项目经费总计600余万元。

兰州大学中国边疆安全研究中心承担部分项目表

序号	项目承担人	项目来源	项目资助资金	立项时间	项目名称
1	徐黎丽	国家社科基金重大项目滚动资助	180万元	2017—2022年	中国边境口岸志资料收集与整理研究
2	李正元	国家民委青年研究项目	2万元	2019年	谷苞中华民族理论研究
3	李 静	国家社科基金铸牢专项	60万元	2020年	铸牢中华民族共同体意识的心理机制研究
4	阿旺嘉措	国家民委民族研究项目	8万元	2021年	红军长征与中华民族交往交流交融研究
5	沙勇忠	国家社科基金重大项目	80万元	2021年	新时代我国数字强边战略及实施路径研究
6	徐黎丽	中央统战部委托项目	10万元	2022年	西部民族地区产业结构升级转型研究
7	徐黎丽、李 静	国家社科基金铸牢专项	60万元	2022年	中国陆地边境中华文化建设与传播研究
8	杨红伟	国家"十四五"重大工程	180万元	2022年	中华民族交往交流交融史料汇编·甘肃卷

总体来说，兰州大学中国边疆安全研究中心在四部委指导下，以西北地区民族关系与铸牢中华民族共同体意识为总体研究方向，聚焦丝路，扎根西北，为促进西北民族交往交流交融深化发展、铸牢西北中华民族共同体意识及建设"一带一路"沿线国家命运共同体贡献了"兰大智慧"。

（供稿：兰州大学中国边疆安全研究中心）

西北师范大学西北边疆史地研究中心

西北边疆史地研究中心是甘肃省高等学校人文社会科学重点研究基地，成立于2010年5月。现基地平台总人数为34人，其中教授18人，副教授14人，讲师2人。成员中具有博士学位的共28人，硕士学位的共6人。现中心主任为田澍教授，副主任为何玉红教授。

一、研究方向

（一）西北边疆财政研究

国家财政政策等，在不同地域的实施过程中，根据不同区域的具体情况会产生变化。边疆地区是国家的国防前沿，在军事战略和国家安全中具有十分重要的地位。

（二）西北边疆生态研究

生态环境问题，是西北史研究的重要内容。对此，学界已有一些研究成果，如讨论西北屯田与生态的关系、西北森林植被问题、人类开发活动对西北环境的影响、西北地区的沙漠化演进等。

（三）西北边疆民族地区的"内地化"进程研究

历史上的中国边疆在形式上是由国家政权的统治中心区到域外的过渡区域，既具有边疆的独特之处，又与内地经济、文化发展紧密相连。历史时期，西北边疆民族地区的发展问题和边疆治理就紧紧地联系在一起。

（四）西北边疆民族地区对国家认同的研究

国家是一个集政治、经济、历史、文化、民族等多种因素于一体的共同体，而这些因素及其相互间纷繁复杂的关系直接影响着国家认同的构建。

（五）西北边疆地区与其他地区的比较研究

在研究历史时期中央政府对民族与边疆地区的治理问题时，学术界多习惯于列举统治者在边地广泛设治，对少数民族施行羁縻之制，以及向边疆地区移民、屯田等。

（六）西北边疆地区民生问题研究

加强西北边疆地区民生问题研究很有必要。西北边疆地区战略位置重要，在此发生过无数次惊心动魄的战争。学术界对西北边疆地区的民众生活、赋役负担等民生层面问题的关注明显不够，与对商品经济较为发达地区的研究形成了鲜明的差异。

（七）西北边疆汉族与少数民族互动关系研究

西北边疆地区是多民族聚居地区，包括汉族在内的各民族为西北边疆的稳定、开发和发展做出了各自应有的贡献。在已有的研究中，多关注某一少数民族的自身历史的演进，往往限于就"少数民族"而研究"少数民族"，研究路径较单一，并未将历史时期西北边疆民族史作为一个系统的论题展开讨论。因此开展此方面研究很有必要。

（八）西北边疆地区官吏群体和边疆地区的行政职能研究

在边疆治理中，历代中央政府都比较重视边疆官吏的任命。历史时期，在西北边疆地区涌现出众多运筹帷幄、能征善战的边臣疆吏，他们为西北边疆的巩固和边疆地区社会的有效治理发挥了重要的作用。相反，边臣疆吏举措失当，也会加重边疆危机。总结其成败得失，是研究边疆社会治理的一个重要课题。

二、"十三五"时期（2016—2020年）边疆研究进展

边疆研究重要项目主要有：1.2016年度国家社科基金重点项目"西北抗战大后方文献资料整理研究"，尚季芳主持；2.2017年度国家社科基金重大招标项目"中国古代北方游牧民族与中原农耕民族交融史研究"，胡小鹏主持；3.2017年度兰州市委宣传部项目"兰州通史"，田澍主持；4.2018年度国家社科基金重点项目"边疆治理视阈下的明代绿洲丝绸之路"，田澍主持；5.2019年度国家社科基金项目"明清以来祁连山地区的用水机制与地方秩序研究"，潘春辉主持；6.2018年度国家社科基金（专项）"瑞典藏中国边疆考古档案文献整理与研究"，王新春主持；7.2018年度教育部人文社会科学青年项目"明代绿洲丝绸之路上的贡使活动及其管理研究"，马玉凤主持；8.2019年度国家社科基金重大项目"抗战时期西北国际通道资料整理与研究"，尚季芳主持。

学术著作20余部，主要有田澍《明代河西走廊与丝绸之路研究》（中国社会科学出版社2022年版），黄兆宏、张向红《唐前期丝绸之路河西段州县城防体系研究》（甘肃人民出版社2018年版），李晓英《近代西北地区社会经济变迁研究》（人民出版社2018年版），李迎春《简牍文书与汉代西北边政》（中国社会科学出版社2023年版），李并成《丝绸之路与敦煌文化研究》（中国社会科学出版社2023年版），郝树声《悬泉汉简研究》（中国社会科学出版社2022年版），张荣《清朝乾隆时期哈萨克政策研究》（中国社会科学出版社2022年版）。

三、"十四五"时期边疆研究教学主要规划和目标

1.研究规划：积极申报国家、省部级各类研究课题，承担各级政府部门委托的各类研究课题，并进一步开展以下项目的研究工作。

全力推进"西北师范大学简牍学科国家一流学科突破工程"建设。践行新文科理念，以

简牍学为中心，整合西北师范大学敦煌学、河西史地、西北边疆治理等方面的优势，进行简牍与丝绸之路文明研究。加强西北简牍整理，发挥甘肃作为汉简大省的优势，与省内藏简单位紧密合作，深度参与悬泉汉简的整理和校释工作。对已公布的西北汉简再整理，出版最优西北汉简整理、校释本。以简牍为核心材料，充分利用古文字学、考古学、语言学、文献学等多学科知识考察字音、字形、字意、字词。通过对简牍的训诂考释，发表系列研究成果。积极发挥历史学、考古学、美术学等专长，推动简牍文化资源保护与利用、简牍法制文化研究、简牍书法理论研究和创作。

积极筹备在哈萨克斯坦阿斯塔纳举办的第六届"中国中亚人文交流国际论坛"。同时，为当今西部大开发、西北边疆安全、西北民族地区社会稳定、西北生态保护、西北历史文化遗产保护开发等提供重要学术咨询，增强服务社会的能力。此外，建设齐全的图书资料中心，具有现代化特色的信息咨询与服务中心，功能完备的会议交流中心。

2. 教学计划：以学科建设为中心，将中国通史教学与西北边疆史研究教学紧密结合，将学术研究与社会服务紧密结合，将人才培养与政策咨询紧密结合，将中心建成教育部人文社科研究基地。为本科生、硕士研究生、博士研究生开设历史地理、敦煌学、西北历史文化等方面的课程。

在教学方面以"简牍与丝绸之路文明研究教师团队"为名，积极申报"全国高校黄大年式教师团队"，创建一流教师团队，不断深化边疆教学有关课程。1940年，西北师范大学西迁兰州以来，就重视简牍学、敦煌学、丝绸之路文明等学科方向的建设。目前简牍与丝绸之路文明研究教师团队是学校优势特色。团队将继续立足特色学科建设，推动教育教学高水平发展。中国古代史教学团队是国家级教学团队。团队结合"一带一路"倡议和文博等行业发展新需求，以培养丝绸之路文明复合型拔尖、创新人才为主要目标，探索历史学与人工智能、大数据、语言学、传播学、艺术学、地理环境等专业深度交叉融合的人才培养方式。

继续聚焦经济社会发展需求，服务"一带一路"国家重大倡议。团队以习近平新时代中国特色社会主义思想为指导，落实习近平总书记考察河西走廊的重要讲话精神，服务国家"一带一路"倡议。团队将继续与新疆维吾尔自治区吐鲁番研究院、青海省博物馆、甘肃省简牍博物馆、敦煌研究院等各级文博机构加强合作，建立教学实践基地，服务西北文化建设。

（供稿：西北师范大学西北边疆史地研究中心）

四川师范大学历史文化与旅游学院、华西边疆研究所

四川师范大学的边疆历史与现状研究主要集中在历史文化与旅游学院、华西边疆研究所,"十三五"期间取得显著成绩。

一、四川师范大学历史文化与旅游学院

四川师范大学历史文化与旅游学院前身为成立于1949年的私立川北大学哲史系和私立川北文学院历史系。1952年院系调整,建立四川师范学院历史系。1985年更名为四川师范大学历史系,2007年更名为四川师范大学历史文化与旅游学院。现有国家级一流本科专业建设点"历史学"、省级一流本科专业建设点"旅游管理"。现有教职工81人,具有正高级职称19人,副高级职称20人。其中,入选教育部历史学类专业教学指导委员会委员1人、四川省学术和技术带头人4人、四川省有突出贡献专家3人、四川省天府万人计划学者2人、全国教育硕士优秀教师3人。学院学科底蕴较为深厚,具有"中国史"一级学科博士学位授权点,"中国史""世界史"一级学科硕士学位授权点和旅游管理二级学科硕士学位授权点、学科教学(历史)专业学位授权点。学院现有国家级中小学教材研究基地四川师范大学分中心、四川省社会科学重点研究基地"四川省武则天研究中心"、"中国近现代西南区域政治与社会研究中心"等多个省部级学科平台。

"十三五"时期,边疆研究以中国史学科为平台,侧重西南边疆研究。主要研究领域有涉藏边政研究、中国近代边疆学术史研究、中华民族交往交流交融史研究。重要项目20多项,主要有王川主持2017年国家社科基金重点项目"新发现国民政府驻藏办事处戴新三《拉萨日记》全本整理与研究"、2022年国家社科基金重大项目"清代驻藏大臣汉文文献整理与研究";汪洪亮主持2022年教育部哲学社会科学研究重大课题公关项目"中国近代边疆学术史资料整理与研究"、2022年国家社科基金重点项目"近代中国的边疆学学科建构与边疆研究",凌兴珍主持2019年国家社科基金一般项目"国民政府时期边疆教育委员会研究(1939—1946)",吴其付主持2022年国家社科基金一般项目"基于地方视角的川藏公路垭口研究",田晓雷主持2021年国家社科基金青年项目"辽金中枢政务运作体制研究",韩腾主持2020年国家社科基金青年项目"元明清时期藏文史籍有关中国历史的书写与民族关系研究",李嘉主持2020年国家社科基金西部项目"中国西南民族地区近20年旅游业竞争力演变、提升与可持续发展研究",王立主持2020年国家社科基金青年项目"汉文回鹘史料整理考释研究",朱晓舟主持2019年国家社科基金青年项目"抗战视域下刘文辉的康藏治理研究

（1931—1945）",何文华主持2018年国家社科基金青年项目"近代英国建构的西藏形象的演变及其政治内涵研究",张金玲主持2017年教育部社科一般项目"清季民国时期羌地汉人社会生活与族群互动研究"等。

"十三五"时期,边疆历史与现状研究各领域出版专著10多种,发表重要论文近50篇,如王川著《川康近代社会略论稿》（中华书局2022年版）、《〈李安宅自传〉的整理与研究》（中国藏学出版社2018年版）,王川主编《藏羌彝文化走廊史话》（成都地图出版社2018年版）;汪洪亮著《抗战建国与边疆学术:华西坝教会五大学的边疆研究》（中华书局2020年版）,汪洪亮主编《整合与重构:近代西南的边政与边疆学术》（中华书局2021年版）;毛丽娅著《百年玄奘〈大唐西域记〉研究与整理》（西安出版社2020年版）;此外还出版《老西藏精神研究学刊》四辑、《西南社会历史论丛》（第四辑）。

学科建设方面,中国史是该校最早获得硕士学位授权点的学科之一。1985年获得中国近现代史硕士学位授予权,1996年中国近代史是该校首批省级重点学科。中国古代史1999年获批硕士点,2002年新增专门史硕士点。2021年中国史获批一级学科博士学位授权点。中国史经过长期建设,中国古代政治史、经济史和社会史研究,以及康藏历史研究、西南边疆史地研究、西南抗战史、社会史和四川及周边地区近现代史等领域有一定影响力。王川、汪洪亮在中国近代史和边疆研究学术界具有较大影响力。

人才培养方面,自2000年至2022年,历史文化与旅游学院以中国边疆民族问题为主题的硕士学位论文共计100篇。其中,从区域上言,涉及西南边疆的有90篇,尤以康藏研究为多;从时间段来看,研究中国近代边疆问题的有70篇。

"十三五"时期,举办多次重要的学术活动。2018年12月16日承办"新时代中国边疆学学科发展与学术期刊使命论坛"。2019年8月6日主办"于式玉与民国学术"工作坊,对于式玉的藏学研究、教育活动及其贡献等问题做了深入探讨,并就相关研究现状及趋势做了分析。2020年10月24日主办"纪念李安宅诞辰120周年学术研讨会",围绕李安宅、于式玉的人生与学术,以及民族国家认同建构、边疆治理等问题进行了深入探讨。2021年11月27日,协办"首届新时代师范院校边疆研究与学刊建设论坛——人类命运共同体与边疆社会治理研讨会"。2021年12月18—19日,主办"中国海外研究与李安宅"学术研讨会。2023年3月18日,与中国社会科学院中国边疆研究所联合主办了第三届新时代中国边疆学学术讨论会,与会专家学者对中国边疆学"三大体系"建设、新文科视域下的边疆研究路径、历史上的边疆治理、中华民族共同体建设等核心议题进行了探讨。

二、四川师范大学华西边疆研究所

四川师范大学华西边疆研究所成立于2018年12月16日,是为适应国家形势发展需要组建的专门研究机构。该研究所以习近平新时代中国特色社会主义思想为指导,继承与弘扬川师大边疆研究学术传统,在边疆问题研究、建构边疆理论、组建科研团队、联合同业攻关、助推资政智库等方面开展工作。工作目标是以组建边疆研究学术共同体为内在工作要求,与业内研究机构和研究人员共同推进中国边疆学学科体系、学术体系、话语体系建设。

学科建设按照老中青梯队配置的方式建设边疆研究学术团队；对接国家战略和地方经济社会发展需求，提倡学术务实和学术创新，探索跨学科研究方法；根据研究人员专长和研究方向，承担重要课题和推出更多科研成果，承办有多年出版经历的刊物《华西边疆评论》。现有专职研究人员5人，其中博士4人、本科1人，教授2人、副研究员2人、助理研究员1人，博士生导师1人、硕士生导师3人。校内兼职研究人员10人，其中教授（研究员）4人、副教授（副研究员）3人、讲师（助理研究员）3人。校外客座教授（研究员）8人。

"十三五"时期，边疆学理论尤以一般边疆学的建构与研究为主；边疆现象、边疆问题及边疆治理的研究，集中于西部边疆现象及相关问题研究，其中以涉藏问题为主。重要项目主要有孙勇主持的2019年国家社科基金重点项目"新时代总体国家安全观下的边疆治理研究"，安高乐主持的2017年国家社科基金一般项目"国际社会中去极端化模式比较研究"，杨荣涛主持的2020年国家社科基金青年项目"明清时期文昌信仰在西南民族地区的传播与影响研究"。边疆历史与现状研究各领域发表论著40多部（篇），如孙勇、孙昭亮、王春焕编著《边疆学及跨学科西藏研究》（中国藏学出版社2022年版），孙勇、徐伍达、杨荣涛《中国边疆研究中的"边疆性"问题三探——以李安宅的"边疆性"衍生研究为例》〔《西南民族大学学报（人文社会科学版）》2022年第6期〕，孙勇《一般边疆学视域中的西藏民主改革——对1959年西藏大事件历史脉络的解析》（《西藏研究》2019年第2期）等。

学科建设方面，支持四川师范大学历史学、哲学等学科建设。如2021年中国史博士点的申报及最终获批，华西边疆研究所同仁的成果起到了重要作用；近年四川师范大学哲学博士点申报过程中，华西边疆研究所同仁的成果也被列为重要的支撑材料。华西边疆研究所自身学科建设不断加强，孙勇教授近些年作为国内"一般边疆学"的首倡者之一，对一般边疆学的原理及学术构成体系进行持续的研究，2022年6月通过知网CNKI系统的检索，以可视化图像显现出以"边疆学"为主题的学术论文数字，孙勇教授在全国相同主题论文发表数量位居第一，推动了四川师范大学"边疆学"论文数量在全国排列第四。华西边疆研究所研究人员的学科研究范围主要以边疆现象、边疆问题、边疆理论研究为主攻方向，对中国边疆和相关的其他的边疆现象进行研究。近几年所涉及的边疆史地、边疆民族、边疆宗教、边疆经济社会发展等研究，尤其是对边疆治理、涉藏历史和现实问题研究比较深入，同时对涉及中国周边的南亚、东南亚问题有一定研究，体现在国家社科基金项目申报上，也主要在这三个方面。同时，华西边疆研究所作为一家智库，在内部研讨之中，强调学科建设的重要性，计划逐步朝着六定方向发展，即"定特色、定方向、定团队、定平台、定目标、定考核"。

人才培养方面，孙勇教授指导的川师大中国史专业1名硕士研究生毕业，西藏民族大学财经专业南亚研究方向1名硕士研究生毕业，西藏自治区行政学院西藏经济研究专业3名硕士研究生毕业；孙勇教授受邀指导四川大学历史文化学院城市研究所3名博士研究生的"西藏人居环境和民居"博士论文；受邀指导四川警察学院涉藏硕士研究生学术讲座活动；受邀指导西藏民族大学课题申报专题讲座活动。杨荣涛副研究员正在本校指导2名中国史专业硕士研究生。安高乐副研究员受邀帮助指导四川大学南亚研究方向的博士研究生。

学术活动方面，主办大型学术会议3次。（1）2018年12月16—18日，承担四川师范大学与中国社会科学院中国边疆研究所联合举办的"新时代中国边疆学学科发展与学术期刊使命论坛"，会议期间举行四川师范大学华西边疆研究所授牌仪式。（2）2019年4月26—28日，由四川师范大学四川文化教育高等研究院、华西边疆研究所，浙江大学高等教育研究所等单位共同主办的"'基于人类命运共同体发展需要的大学治理使命高等教育高峰论坛"在四川师范大学举办，来自国内高等教育界20余位知名学者专家参加了研讨，论坛主要围绕大学在推动构建人类命运共同体中的使命与担当的论题进行。（3）2021年11月27日，由四川师范大学、陕西师范大学、浙江师范大学、长春师范大学四所师范院校边疆研究院所共同发起，四川师范大学四川文化教育高等研究院、历史文化与旅游学院联合承办的"首届新时代师范院校边疆研究与学刊建设论坛——人类命运共同体与边疆社会治理研讨会"以线上线下相结合的方式进行。协办学术会议1次：2022年9月30日，由尼泊尔特里布文大学尼中社会关系学院主办，四川师范大学华西边疆研究所协办的"尼中跨境铁路学术研讨会"以腾讯会议的形式召开，尼泊尔特里布文大学、四川师范大学华西边疆研究所、西藏民族大学南亚研究所、中国西部南亚政策研究院等相关领域的学者参加了研讨会。

（供稿：汪洪亮、孙勇，四川师范大学教授）

云南大学历史与档案学院

云南大学历史与档案学院成立于2015年底，由历史系和档案信息管理系组成。学院现有教职工99人，其中教授24人，副教授32人，讲师27人。博士生导师16人，硕士生导师66人，其中包括国家社科基金重大项目首席专家8人，教育部重大项目首席专家2人，云岭学者3人，云岭文化名家2人，国家"万人计划"青年拔尖人才5人，云南省"万人计划"青年拔尖人才20人。学院先后聘请中国社会科学院马大正、厉声、李国强、邢广程、李大龙、孙宏年等中国边疆学领域的知名学者为博士生导师，逐渐形成了年龄结构合理、学缘结构多样、职称结构均衡、知识结构多元的优质师资教研团队。

一、"十三五"时期科研教学进展

（一）主要领域与重要成果

"十三五"时期，云南大学历史与档案学院以云南边疆的特殊地缘区位为依托，坚持"立足边疆、跟踪前沿、发挥优势、办出特色、服务社会"的总体发展思路，在中国边疆学诸多领域取得了一系列重要成果，受到了学术界的广泛关注与肯定。

1. 统一多民族国家疆域理论研究

中国统一多民族国家疆域理论研究一直是中国边疆学的热点，方国瑜、江应樑、木芹、尤中等老一辈学者为推动该领域的理论与学术发展做出了突出贡献。进入"十三五"以来，云南大学历史与档案学院在总结前辈学人研究的基础上，对统一多民族国家疆域理论进行深入研究，推出了一系列重要的研究成果。《中国历史发展的整体性是现代中华民族建设与认同的基石——方国瑜〈论中国历史发展的整体性〉研究之一》《融通"自在"与"自觉"："中华民族历史整体发展论"新解——方国瑜〈论中国历史发展的整体性〉之二》从不同角度对"中国历史发展整体性"理论进行了系统的阐释，对筑牢中华民族共同体意识具有重要的理论和现实意义。《边疆观的历史书写与建构——以云南为中心的讨论》以云南边疆为例，从中央、地方、"边疆人"的角度认识历史上边疆观的书写建构过程，为边疆理论的研究提供新的路径思考。其他研究成果，如《西南民族形成问题探究：以"西南夷"为中心》《红军长征与"中国是一个由多数民族结合而成的国家"理论的提出》《"中华民族是一个"讨论背后的傅斯年与吴文藻》《人才培养与学科建设：近代中国国立大学设置边政学系的考察——从吴文藻〈边政学发凡〉说起》等通过回顾学术史，赋予了民族与边疆理论以新的时代内涵。

在此期间，西方学者有关中国边疆的研究也越来越受到学界的广泛关注，其通过"华丽"的理论框架、诠释体系和学术话语，对我国统一多民族国家疆域理论进行歪曲与解构，以达到"去中国化"的目的。为此，学院罗群教授连续撰写《警惕"去中国化"陷阱——评西方学者的中国西南边疆史研究》《被"弱化"的西南边疆:"同质化"区域重塑的西方经验与反思》等多篇文章予以回应,并接受新华社等记者专访,抵制西方学者借学术研究进行错误舆情引导,并就相关问题撰写内部咨询报告,得到中央领导批示和有关部门高度重视,产生了重要学术贡献和现实影响。

2. 边疆治理研究

习近平总书记提出"治国必治边",高度概括和凝练了新形势下中国共产党对边疆问题的认识与判断。"十三五"时期,党中央总结经验,精准发力,逐渐形成新时代边疆治理话语体系。围绕历史上的边疆治理问题,云南大学历史与档案学院涌现出诸多成果。

马琦教授主持的中国历史研究院重大研究专项委托项目"中国古代边疆治理的实践及得失研究"从整体上探讨中国历史上各王朝与政权的边疆治理实践与得失,其他国家社科基金项目,如"明清时期川滇藏交界区域军政管控与国家治藏战略研究""清代中越边疆治理与边界变迁研究""清代'边缺'制度与边疆民族地区深化治理研究""南京国民政府边疆政策体系及实施效果研究"也各有侧重地对历史上的边疆治理展开研究。与之相关的各项成果,如《"使重臣治其事"——元至清初云南边政体制嬗变与边疆治理研究》《清前期"边缺"与边疆治理述论》《"福边利民":民国时期云南垦务行政与边疆治理研究》《民夷安帖:清代云南社仓及其边疆治理意义》《清代滇缅边疆练卡的形成、演变及影响》等,分别从政治、经济、军事等方面探讨历史上边疆治理的历程与得失,为今天的边疆治理提供历史借鉴和治理支持。另外,针对当前边疆存在的现实问题,学院教师提交多篇咨询报告,得到相关部门的高度重视。

3. 边疆与内地交往交流交融研究

边疆与内地是相通互动的整体,边疆与内地在政治、经济、文化、民族等方面的交往交流交融,一方面造就了我国各民族在分布上的交错杂居、文化上的兼收并蓄、经济上的相互依存、情感上的相互亲近,形成了你中有我、我中有你的中华民族多元一体格局;另一方面,也形成了中国历史发展整体性与多样性的统一。"十三五"以来,云南大学历史与档案学院在历史上边疆与内地、各族之间交往交流交融互动关系研究方面取得突出的成绩。

罗群教授主持的国家社科基金重大项目"中国历史上边疆与内地交往交流交融历程及其比较研究"强调对中国历史上不同边疆区域交往交流交融进行横向比较,深入揭示中国历史整体性的丰富内涵和多样性的形成机制,受到国内专家的高度评价。云南大学历史与档案学院在该方向承担的其他项目包括国家社科基金一般项目"唐宋时期西南民族族际交往与中华民族共同体发展研究"和"元明清西南地区少数民族编户化进程研究"等。其他研究成果,如《汉代"西夷"及其与王朝国家的关系研究》《交往交流交融:明代哈尼族与汉族关系述论》《乾隆朝中缅战争前后的贸易变动与宗藩关系》《清朝道咸年间云南汉回关系与政府危机应对研究》等论述了不同时期边疆与内地以及各民族间的互动关系,在学界产生了良好的学术影响。

4. 边疆振兴与稳定研究

党的二十大报告在回顾过去五年工作的基础上,正式提出"以中国式现代化全面推进中华民族伟大复兴"的总体任务,并针对边疆现代化发展提出了"推进兴边富民、稳边固边"

的总体要求。边疆振兴与边疆稳定成为新时代中国边疆学研究的题中之义。"十三五"以来，云南大学历史与档案学院围绕"兴边富民、稳边固边"的成果丰富，在探讨历史时期边疆开发与边疆安全问题的同时，也对当今边疆振兴与边疆稳定提供理论支持。

科研立项方面，"民国时期云南垦殖与边疆开发研究""西南边疆矿业与清代国家安全研究"从农业和矿业开发的角度探讨西南边疆的发展与稳定问题，"元代至民国时期中国西南边防演变与国家安全"则以边防为中心分析边疆稳定与国家安全问题。其他成果，如《边疆开发与建设的"西南模式"——以民国云南植棉业为中心的讨论》《边疆开发视域下"新理想、新社会、新制度之创造与实验"——以民国云南开蒙垦殖局为中心》《民国时期云南边地垦殖与边疆开发研究》等，通过个案分析，对边疆开发问题进行深入阐释。以此为基础，学院针对边疆振兴提交咨询报告多篇，为新时期的边疆发展做出积极贡献。

5. "一带一路"研究

"十三五"以来，云南大学在传统南方丝绸之路、西南交通史研究的基础上，积极探索"一带一路"研究的新领域。林文勋教授主持的国家社科基金重大项目"历史上北方、南方和海上丝绸之路的互动关系研究及数据库建设"及其阶段成果《互动与交流——全球史视野下的丝绸之路》，以全球史为视角，对历史上三条丝绸之路间的互动关系进行深入研究，探讨"一带一路"倡议的历史逻辑。《南方丝绸之路丛书》（四卷本）从历史地理、民族发展演变和人群宗教信仰，以及沿线的考古遗存、风景名胜和人类遗产等方面对南方丝绸之路进行系统介绍，为今天生活在"南方丝绸之路"沿线的人民参与"一带一路"建设提供坚实的史料支持和充沛的文化动力。其他成果，如《南方陆上丝绸之路与海上丝绸之路互联互通的历史进程》《南方丝绸之路上的滇缅食盐贸易研究》《连通"一带一路"的中国边疆：历史、现状与发展——第五届中国边疆学论坛综述》等也从不同角度对"一带一路"及其相关研究现状进行梳理。以此为基础，针对构建以国内大循环为主体、国内国际双循环相互促进的新发展格局问题，学院提交咨询报告多篇，为建设海内联通、海陆并进的全方位开放体系建言献策。

6. 边疆丛书出版与边疆文献整理研究

自 2011 年起编辑出版的《云南大学中国边疆研究丛书》，系统地反映了云南大学在推进边疆问题研究和中国边疆学学科建设中所形成的研究成果，受到了学界同仁较高的评价。"十三五"以来，该丛书中又有多部专著成果由人民出版社出版，如《明清时期洱海周边生态环境变化与社会协调关系研究》（2019 年版）、《腾冲契约文书资料整理与汇编》（2020 年版）、《政权与族群：中国边疆学基础理论研究》（2021 年版）、《再造边疆：民国时期云南边地垦殖与边疆开发研究》（待出版）等，集中反映了这一时期云南大学历史与档案学院在中国边疆研究领域所取得的成绩。

"十三五"期间，云南大学历史与档案学院在前期调查、发掘的基础上，加大对西南边疆档案及文献资料的整理与保护，其中最为突出的是《云南通志馆征集各县资料》暨各县《地志资料》的整理工程。经云南大学历史与档案学院、云南大学图书馆和云南省图书馆联合组成的整理工作小组的共同努力，现已完成《云南通志馆征集各县资料·滇东卷》和《云南通志馆征集各县资料·滇中卷》共 7 册的出版工作，其余部分将在未来陆续出版。2017 年，云南大学启动双一流特别支持项目"云南史料丛刊"修订本校订工作，历史与档案学院及图书馆多位教师、馆员直接参与校勘工作，目前主要工作环节基本完成，现已进入到出版编校阶段。除此之外，"十三五"以来，学院教师共获得边疆档案与文献整理相关国家社科基金重大项目立项 2 项，一般项目 5 项，在边疆文献整理方面成绩斐然。

7. 边疆考古研究

习近平总书记强调："考古工作是展示和构建中华民族历史、中华文明瑰宝的重要工作。认识历史离不开考古学。"边疆考古是中国边疆研究的重要内容之一。云南大学历史与档案学院下设考古学与文物评估中心，依托云南边疆的特殊区位，在"十三五"期间加强对边疆考古的研究，取得了重要的成就。主要社科立项包括国家社科基金一般项目"滇国墓葬制度研究""云南青铜时代的青铜镶嵌制品研究"，出版《云南考古学通论》《云南青铜时代》《云南地区新石器时代考古学文化研究》等专著。

"十三五"以来，学院加强同省内外各考古研究机构的合作，文物与博物馆学专业的部分师生直接参与到边疆考古的工作中。经过多年的发掘与整理，基本完成云南昆明晋宁区河泊所遗址出土的汉代简牍和封泥清理工作，清理出有字简牍 1300 多枚、封泥 837 枚，进一步确认汉置郡县后滇王国的存在，这表明西汉中央政府已对云南行使治权，为中华文明多元一体格局形成的研究提供了个案的实证。该项考古发掘入选"2022 年中国考古新发现"。

（二）学科建设

云南大学依托历史学一级博士学位授权，于 2008 年自主增设了中国边疆学二级学科博士授权点。"十三五"以来，历史与档案学院通过对上述各领域广泛深入的研究，逐渐将区位优势转化为学科优势，以教育部重点研究基地"西南边疆少数民族研究中心"、云南省重点研究基地"滇学研究中心"为依托，相继获批成立"西南边疆研究与中国边疆学构建""云南高原历史地理研究""云南对外开放与周边安全研究""西南边疆与内地互动关系研究"等 4 支云南省哲学社会科学创新团队，边疆学研究队伍不断壮大，进一步提升了学科创新、人才培养和社会服务的能力，有力推进了中国边疆学理论方法的完善和学科体系的构筑。

在此期间，关于中国边疆学学科建设的著作与论文问世，如《东陆问道》《从边疆史地到边疆学》《开创新时代中国边疆学学科建设的新局面》《云南大学的中国边疆学——基于学科建构的回顾与展望》《近年来云南大学"西南边疆史与中国边疆学"之新发展》等，对云南大学学科建设进行系统总结，也为中国边疆学三大体系建设建言献策。

（三）人才培养

"十三五"期间，云南大学历史与档案学院共招收中国边疆学专业博士研究生 36 人，硕士研究生 11 人。研究生广泛参与国内学术会议 50 人次，共发表 CSSCI（含扩展版）及以上学术论文 40 余篇。硕士毕业生 3 人到国内高校攻读博士，博士毕业生基本在国内高校科研院所就业。

为建立完备的中国边疆学课程体系，提升人才培养质量，云南大学历史与档案学院于 2016 年获批校级研究生教育质量工程、优质课程建设项目"中国的边疆与边疆研究"，邀请来自中国大陆和中国台湾地区各高校、科研机构的 19 位权威专家学者以线下教学与线上慕课的形式为中国边疆学专业的研究生授课。该课程涵盖有关中国边疆与边疆研究的各个方面，涉及中国的边疆与边疆治理，中国边疆学构筑，东北边疆发展历程，新疆问题及其国际化的历史考察，西南边疆的形成及历史特点，藏地边疆，海疆史学术体系建构，当前中国的周边环境与边疆安全，中缅、中越边界与疆域变迁，边疆中的他者等，全方位、多维度地展现出中国的边疆与边疆前沿研究。该课程一经推出，即受到广大师生的一致好评，在国内学界也产生了重大的影响。与之相配套的教材《中国边疆学研究的理论与实践》也随即出版，被国内部分高校作为教材使用。

（四）学术活动

"十三五"以来，云南大学历史与档案学院积极加强同国内外高校及科研机构的交流与合作，承办各类史学会议30余次，涉及中国边疆学领域的重要会议包括第五届中国边疆学论坛、教育部社会科学委员会历史学学部2017年度工作会议暨中国历史上的民族问题研讨会、中国民族史学会2021年工作会议暨铸牢中华民族共同体意识高层论坛、首届中国边疆学博士生论坛、首届中华民族团结进步协会边疆工作委员会年度工作会议暨"加强边后地区建设"研讨会等。在此期间，学院师生参加国内外边疆学学术会议90余次。

在此期间，学院邀请国内外知名学者进行有关中国边疆学研究的讲座80余次，同时创办了"民族史讲谈"、"百年励行"云南大学新文科——新史学融创讲坛、中国民族史青年学者研习营、"西南学探索"工作坊等自主学术品牌，受到广大学者的好评，在学界引起热烈反响。

二、"十四五"时期边疆研究教学主要规划和目标

"十四五"时期，云南大学历史与档案学院边疆研究与教学主要着眼于以下几个方面。

（一）拓展研究视野与空间，将边疆研究与中国南部边疆的安全稳定紧密结合起来。当今世界正经历百年未有之大变局，国际环境与周边局势日趋复杂，边疆利益、国家安全已成为边疆研究的重中之重。学院计划与各高校和科研院所开展广泛合作，在边疆研究各领域专家的支持下，统合校内优势资源，将西南边疆、东南亚南亚研究、海疆问题研究结合起来，深入开展中国南部边疆安全问题的研究。

（二）将边疆振兴作为边疆教学研究的出发点和落脚点，主动融入国家发展战略。在中国式现代化建设的今天，为加强边疆治理体系与治理能力现代化建设，"推进兴边富民、稳边固边"，我们更需要"以史为鉴、察往知来"，赋予边疆研究更加强大的生机与活力。学院将继续高举中国边疆学学科建设的大旗，为边疆社会发展提供理论支持的同时，坚持以研促教，完善本—硕—博人才培养体系，推动边疆学高质量人才发展。

（三）加强对边疆档案资料的整理，推进数据库建设。"十四五"期间，学院继续加强对中文资料的整理，同时计划组织专门人员，对涉及中国西南边疆的外文档案资料进行系统的搜集、翻译与解读。将数字人文、信息技术等融入其中，建设"数字边疆"综合信息系统，努力构建链接世界范围相关网络节点的"数字边疆"平台。

（四）加强智库建设，结合政府部门及有关单位智库建设的需要，努力将云南大学的边疆学研究建设成为国家有关中国南部边疆安全及西南边疆与周边国家互联互通工程最为重要的智库。

（五）加大对民族史青年学者研习营、"西南学探索"工作坊等学术平台的建设，进一步提升其在学界的影响力，将其打造为全国性的学术创新名牌，为推动新时代中国边疆学"三大体系"建设贡献云南大学力量。

（供稿：胡鹏飞，云南大学历史与档案学院讲师）

云南师范大学历史与行政学院

云南师范大学历史与行政学院的前身是创办于1938年的西南联合大学师范学院史地系。1982年，昆明师范学院设立历史系，招收历史教育本科生。1985年，历史系开始招收硕士研究生。1998年，学校与云南教育学院合并，共同组建了云南师范大学历史系。2000年，正式成立历史与行政学院。迄今为止，"历史学"入选国家一流本科专业，顺利通过师范类专业二级认证。现有教职工61人，具有正高级职称10人，副高级职称19人，博士生导师5人。其中，入选中宣部宣传思想文化青年英才1人，入选云南省政府津贴、教学名师、文化名家、青年人才等省级以上人才称号者15人次。学院坚持开放办学，聘请校内师资为博士生导师，其中周智生教授为中组部"万人计划"哲学社会科学领军人才。"中国史"获得一级学科博士点、省级博士后流动站，入选云南省一流基础学科，"公共管理"获得一级学科硕士点。现有中国西南边疆经略与治理现代化协同创新中心、云南地方文献研究所等省部级平台，积极打造云南研究院、中国边疆学研究所等校级科研平台，团队建设呈现出体系化格局，社会影响力正在扩大。

"十三五"时期边疆研究进展

主要研究领域：以"中国史"与"公共管理"学科为平台，侧重西南边疆经略与治理现代化研究。主要研究领域有滇藏缅印交角地区交流互动研究、西南少数民族非物质文化遗产研究、古代近代西南边疆治理研究、历代边疆文献资料整理与研究等。

重要项目：周智生主持国家社科基金重大项目"滇藏缅印交角地区交流互动发展史研究"（2015—2020），安学斌主持国家社科基金重点项目"西南少数民族非物质文化遗产中各民族共享文化元素的挖掘、整理与阐释研究"（2020—2025），邹建达主持国家社科基金项目"清代云贵总督与西南边疆治理研究"（2013—2019）、云南省哲学社会科学规划重大项目"清后期云南督抚边疆事务奏折收集整理研究"（2018—2023），张永帅主持国家社科基金一般项目"空间视角下的沿边开放与近代云南经济变迁研究"（2016—2021）、国家社科基金西部项目"空间视角下近代西南沿边开放与区域经济变迁研究"（2022—2026），于臻主持国家社科基金一般项目"中老泰大通道建设中的民心相通研究"（2018—2023），张媚玲主持国家社科基金西部项目"近代西南边疆民族融合与中华民族的形成研究"（2016—2021），方天建主持国家社科基金青年项目"中缅跨界民族边民互动交流形态演变研究"（2019—2022）；丁琼主持国家社科基金青年项目"近代云南土地契约文书整理与研究"（2019—2024），于爱华主持教育部人文社科青年项目"宋朝的西南边疆政策及其周边关系研究"（2018—2020），许新民主持教育部人文社科西部项目"晚清云南边疆治理体系转型研究"（2019—2022），何跃主持云南省哲学社会科学规划重大项目"'一带一路'背景下云南边疆安全体系建设研究"（2018—2021）；等等。

重要成果：边疆研究出版学术专著9部，发表学术论文30余篇，如安学斌等著《滇越边民跨境流动社会管理的历史与现实》（社会科学文献出版社2019年版），董晓京《古代云南与东南亚的铜鼓文化交流研究》（中国社会科学出版社2021年版），邹建达《清代战争全史·西南边疆之战》（中山大学出版社2020年版），张永帅的《口岸—腹地：对外贸易与近代云南经济变迁（1840—1945）》（齐鲁书社2020年版）、《抗战时期的云南》（云南大学出版社2021年版），周智生等著《元明清云南文化史》（广西师范大学出版社2019年版），肖雄《抗战大后方的云南》（西南师范大学出版社2021年版）等。

学科建设："中国史"是云南师范大学最早获得硕士学位授权点的学科之一，1985年开始招收硕士研究生，2011年获得一级学科硕士点，2018年获得一级学科博士点、省级博士后流动站，2022年入选云南省一流基础学科。该学科始终坚持"强基础、显特色"的发展目标，聚焦中国古代史、中国近代史、中国专门史、中国史学理论与史学史等四个主干方向，形成历代边疆研究、历史地理学、历史文献学等优势特色方向。学科师资力量雄厚，科研成果丰硕，在主持国家社科基金重大招标项目、获得教育部人文社科奖、发表权威期刊学术论文等方面均有新的突破。周智生、邹建达等学者在中国近代史和边疆研究学术界具有较大的影响力。学科主动对接国家和云南战略需求，在助力优化国家治理体系、推进治理能力现代化、服务西南边疆社会发展等方面产生系列社会服务案例和咨询报告。

人才培养：自2016年至2020年，历史与行政学院"中国史"学科连续招收和培养硕士144人、博士23人，培养博士后研究人员7名。学院以中国边疆民族问题为主题的硕士学位论文共计60余篇，其中涉及西南边疆民族问题者40余篇。荣获学校优秀硕士学位论文10篇，获省级优秀硕士学位论文2篇。研究生在读期间成果比较突出，代表性论著学术质量整体较高，发表高质量学术论文20余篇。

学术活动：重要学术会议主要有2018年10月举办第三届"西南联大与现代中国"暨西南联大在昆建校八十周年国际学术研讨会，2019年4月举办第九届中韩学术年会：东亚历史文化的传承国际学术研讨会，2019年7月举办中国第十八届国际清史学术研讨会，2019年10月举办第九届中国土司制度与土司文化国际学术研讨会，2021年10月举办首届西南边疆研究高峰论坛暨合作共建云南研究院签约及揭牌仪式，2021年10月举办清代边疆管理体制的变革与创新学术研讨会。

（供稿：邹建达，云南师范大学历史与行政学院教授）

广西民族大学民族学与社会学学院
（广西边疆研究中心）

广西民族大学民族学与社会学学院、广西边疆研究中心是广西边疆研究的重要机构，"十三五"期间科研、教学取得显著成绩，"十四五"期间将根据边疆研究、教学做出的相应规划推进各项工作。

一、广西民族大学民族学与社会学学院

广西民族大学民族学与社会学学院成立于2003年7月，现设有民族学、社会学和历史学3个系。截至2023年4月，在职教职工68人，其中高级职称35人，博士40人，博士生导师13人。学院拥有民族学一级学科博士点、中国史一级学科硕士点、文物与博物馆专业硕士点以及学科教学（历史）教育硕士招生方向，民族学、历史学、社会学3个本科专业，其中民族学拥有国家级教学团队、国家级精品课程，是国家级一流本科专业；历史学是自治区级一流本科专业、自治区级优质专业和广西高校优势特色专业群，在读博士生、硕士生和本科生共1422人。广西民族大学民族学与社会学学院是中国社会科学院"中国边疆历史与社会研究广西工作站"、中山大学博士后流动站科研基地的设站单位，拥有民族学博士后科研流动站，在站研究人员16人。

学院现有国家级教学团队（民族学）、国家级精品课程（马克思主义民族理论与政策），自治区级人才小高地（广西与东南亚民族研究）、省部级人文社会科学重点研究中心/基地（壮学研究中心、瑶学研究中心、中国南方与东南亚民族研究中心、中国南方与东南亚跨境民族研究基地）、广西高校人文社科"2011协同创新中心"（民族文化遗产保护与传承协同创新中心）等十多个科研平台，另有影视人类学实验室、民族工艺实验室、社会调查与个案工作实验室、民族染织智慧实验室、体质人类学实验室、历史文化实训室、文博综合实训室、民族学特色专业实验实训教学中心及民族博物馆、民族学博士点资料室等。

（一）"十三五"时期科研教学进展

学院紧跟国家民族、社会和文化等领域相关的政策形势动态，以广西沿边、沿海的地理区位为基础，发挥学院民族学相关学科群的优势，深耕广西世居民族研究、中国南方与东南亚民族研究、华人华侨研究、南部边疆民族地区社会研究四大特色研究方向，继续为广西民族地区经济、社会与文化的全面发展提供智力支持。

2017年，民族学学科入选广西一流学科建设项目，2022年再次入选新一轮广西一流学

科建设项目A类，获1000万元建设经费。自2016年至2022年，广西高校人文社科重点研究基地——广西民族大学中国南方与东南亚民族研究中心每年获上级财政经费拨款开展建设，总计700万元。

2016年至2022年，学院在边疆研究方向的论文有209篇，获省部级以上科研项目60项，其中获国家社科基金项目30项。在所获的国家社科基金项目当中，有重大招标项目4项——构建中华民族共有精神家园的少数民族视域研究、中国—东南亚铜鼓数字化记录与研究、乡村振兴背景下我国农村文化资源传承创新方略研究、汉代海上丝绸之路沿线国家考古遗存研究及相关历史文献整理，均属边疆研究范畴；此外，特别需要指出的是，获冷门绝学专项项目3项——玉时阶"域外瑶族《祖图》搜集、校注与研究"、王柏中教授"京族历史文献整理与研究"、唐晓涛教授"逆向民族迁徙与民族'三交史'史料整理汇编：以俍兵俍人民间文献为中心"，充分彰显了学院老师在边疆研究方面的科研实力。

2016年至2022年，学院在边疆研究方面共获科研成果奖38项：2016年获广西社科优秀成果奖12项；2018年获广西社科优秀成果奖12项；2020年获广西社科优秀成果奖8项；2022年获广西第十七次社会科学优秀成果奖6项。

2016年至2022年出版著作41部。熊昭明教授团队的两部著作《海上丝绸之路》和《合浦汉墓》分别在法国、德国发行法文和英文版。两本著作的发行凸显广西民族大学的"国际性"办学方针，对于当下海上丝绸之路申报世界文化遗产以及推进"21世纪海上丝绸之路"建设具有重要的历史和现实意义。

在边疆研究方面的青年人才不断涌现。罗彩娟、富霞、付广华、龚世扬、韩周敬入选"广西高等学校千名中青年骨干教师培育计划"培养对象。

持续发挥专业特长，为广西政府和边疆民族地区提供政策咨询服务。中心科研人员滕兰花、廖明君、吴国富3人续聘为2022—2024年度自治区党委讲师团特聘教授（专家）。吴国富老师继续担任自治区人大民族委员会委员，在参政议政方面发挥重要作用。

2022年，2篇决策咨询报告获领导批示或被省部级部门采用：韩周敬副教授《以博物学经典疗愈高校文科生"科盲"症》于2022年4月8日被教育部社会科学司采纳；郝国强教授题为"疫情防控常态化背景下广西旅行社企业亟待纾困帮扶"的调查报告获得自治区党委常委、宣传部部长孙大光批示。

学院的教辅平台广西民族大学民族博物馆入选全国民族团结进步教育基地、广西社会科学普及基地、广西"十四五"期间第一批自治区科普教育基地、广西第四批区级中小研学实践教育基地。民族博物馆充分利用边疆民族文化教学科研优质资源，并将其转化为社会服务资源，社会影响好。

（二）"十四五"时期主要规划和目标

学院教学主要规划是根据育人现实需求，做好本科专业人才培养方案当中铸牢中华民族共同体意识相关课程的设置与教学工作。历史学系开设中国边疆学专业选修课，强化学生的边疆学相关专业知识的培养。

二、广西民族大学广西边疆研究中心

广西民族大学广西边疆研究中心成立于 2016 年 1 月 21 日，原名为广西边疆研究所，2017 年 6 月 1 日更名为广西边疆研究中心。本研究中心是非实体、开放型科研智库机构，采用以项目为载体和"机构开放、人员流动、内外联合、竞争创新"的运行机制，以我校相关学科学术骨干为基础，联合校外相关领域专家，组建研究团队，开展广西边疆历史与现状研究，打造学科建设新平台，建设学术研究新高地，服务于"一带一路"、中国—东盟自由贸易区建设和广西边疆开放开发的大格局。本研究中心主要设有疆域理论研究、边疆问题研究、广西陆疆研究、广西海疆研究四个研究领域，并着力打造广西边疆研究资料信息平台。

中心成员来自历史学、民族学、人类学、社会学、教育学等不同学科，现有核心骨干成员 16 人，其中校内专职研究人员 14 人，校外兼职研究人员 2 人。团队成员受过专业的学术训练，学历高，正高级职称者 8 人，副高级职称者 5 人，有博士学位者 11 人，形成了一支跨学科，年龄、学历、职称结构合理的科研人才队伍。研究中心主要依托的历史学本科专业现为广西一流本科专业。

本研究中心的协作单位有中国社会科学院中国边疆研究所、广西壮族自治区人民防空和边海防办公室、广西师范大学越南研究院、广西社会科学院当代广西研究所等，做到了信息共享、资源共用、智力互引和相互促进。

（一）"十三五"时期科研教学进展

科研项目方面，共申报获得 23 项厅局级以上的科研项目，其中国家级项目 14 项、省部级项目 5 项，其他项目 4 项。在国家级项目当中，有一项冷门绝学项目。以上项目均聚集边疆研究。

科研成果方面，共出版著作 18 部，其中学术专著 9 部、编著 7 部、教材 2 部。团队成员共发表论文 70 篇，其中核心期刊论文 18 篇。共获得省部级科研奖励 14 项。

队伍建设与人才培养方面，2017 年以来是广西边疆研究中心人才引进力度最大的时期，共引进高水平、高学历专业技术人才 7 名，其中 6 人拥有博士学位、副高职称人才 4 名，极大优化了本团队的人才队伍结构。本中心积极实践学校国际化的办学方向，重视团队成员能力的提升，派出滕兰花教授到越南访学 3 个月，并派出富霞、韩周敬、华春勇三位老师到国内高校参加各种能力提升计划训练和进修项目。富霞、韩周敬两位博士入选广西高校千名中青年骨干教师培养名单。2016 年以来共招收 3 名博士后，其中 2 名已经出站，并留校任教。

培养边疆历史地理研究方向的专门人才是本中心的一大使命。博士生、硕士生、本科生的人才培养层次完整、培养成效显著，为广西经济社会发展输送了一批建设性人才。本中心主要骨干成员来自民族学与社会学学院历史系，历史学本科专业在 2022 年入选广西一流本科专业建设点。

社会服务方面，积极拓展服务地方经济社会发展的渠道，特别是大力推进与广西边海防委员会办公室等政府部门的合作。本团队成员多次参与广西边海防委员会办公室走边关、进军营、宣讲海洋知识的活动，取得了良好效果。派遣专家为广西从事边海防工作的基层干部培训班授课，2017年5月17日，郑维宽教授应广西边海防委员会办公室的邀请，到广西区党校为广西边海防一线基层干部授课，题目是"从历史的角度看中越陆地边界广西段的形成"，受到邀请单位和学员的一致肯定。此外，本中心研究人员还为地方驻军服务。2018年7月9日，郑维宽教授应邀到31648部队，为部队官兵讲授"近代以来东南亚历史与中越关系"。

与广西桂学研究会、广西边海防委员会办公室合作开展有关广西边疆的横向课题研究。2017年6月，郑维宽教授参与撰写的《广西边疆文化研究》第一章《广西边疆概论》（5万字）顺利完稿，写作质量得到广西桂学研究会副会长、广西社会科学院文化研究所所长李建平先生的充分肯定；2018年7—12月，本中心研究人员承接广西边海防办（今改为自治区人民防空和边海防办）委托的3项研究课题，即王柏中主持的"广西涉外渔业生产活动存在问题及对策思考"，雷韵主持的"广西边境护路员队伍建设现状、存在问题及对策思考"，滕兰花主持的"广西边境沿海地区民族文化建设现状及面临的内外因素分析"，并于2018年12月顺利结题。

与地方有关部门大力合作，独立或协助开展广西边境地区的调查研究和学术考察，撰写一批调研报告，为边境一线的开放发展出谋划策。2019年4月26—30日，我中心研究人员配合中国社会科学院中国边疆研究所"我国边境地区人口安全问题研究"课题组开展广西边境地区人口调研，并撰写了调研报告。

广西边疆研究中心还成功成为广西重点特色智库，向有关政府部门或机构提交决策咨询报告4份，其中1份获得自治区副主席黄俊华肯定性批示，1篇发表在《中国社会科学院要报·国安委》上。

学术交流方面，4年来共举办4次学术研讨会（广西边疆研究与人才培养学术研讨会、广西边疆研究高峰论坛、全球史视域下的越南史研究、西南边疆研究学术研讨会），包括国际学术会议1次、国内学术会议3次；16名团队成员积极参加相关的国际、国内学术研讨会47次，其中国际学术研讨会18次、国内学术研讨会29次；共邀请国内有影响力的边疆问题研究专家43人次来访讲学，包括国内学者35人、国外学者8人。

学术辑刊《中国南部边疆研究》的出版，使得本基地的国内外影响力不断提升，也极大地促进了中国史一级学科的建设，本学科的两个核心方向即"边疆历史地理研究""中国与东南亚交流史"的特色优势更加凸显。

（二）"十四五"时期主要规划和目标

"十四五"时期，边疆研究教学主要规划和目标：一是强化地缘特色鲜明的教学与研究，陆疆与海疆研究兼备。结合边疆地区的实际，拓展岭南边疆历史地理、泛北部湾区域史、中国与东南亚区域历史文化等学术方向，形成自己的学科特色，争取在西南乃至全国都具有较大影响力。

二是加强边疆性与民族性互融的科研，立足广西多民族聚居区实际，在边疆历史文化研究以及边疆治理开发研究上注意凸显民族研究特色。

三是历史与现实研究相结合，立足边疆学研究理论与方法，充分借鉴民族学、人类学的田野调查特色，促进学科交融和理论创新，培养训练边疆研究创新性人才。

（供稿：滕兰花，广西民族大学民族学与社会学学院教授）

聊城大学太平洋岛国研究中心

聊城大学太平洋岛国研究中心成立于2012年9月，是国内首家独立建制的太平洋岛国研究机构，现为教育部国别和区域研究中心（备案）、山东省首批重点新型智库建设试点单位、山东省外事研究与发展智库、中国太平洋学会太平洋岛国研究分会依托单位。2020年1月和12月两次受到中共山东省委、省人民政府表彰奖励，荣膺山东省"勇于创新奖"先进集体和全省"干事创业好团队"称号。2021年1月，在教育部组织的首次全国国别和区域研究机构评估中，太平洋岛国研究中心从参评的420家机构中脱颖而出，荣获"高校国别和区域研究高水平建设单位"称号。

太平洋岛国研究中心现有专兼职研究人员51人，其中教授13人，具有博士学位者41人；5人入选或荣膺省委决策咨询特聘专家、泰山学者青年专家、齐鲁文化英才、山东省高层次人才、山东省理论人才"百人工程"专家、山东省智库决策咨询专家、山东青年创新榜样、山东省教学名师、山东高校十大师德标兵、山东省优秀研究生导师等省部级以上人才工程和荣誉称号；中心团队入选山东省高等学校优势学科人才团队培育计划、山东省高等学校青创人才引育计划立项建设团队；聘请20余位国内外知名专家及太平洋岛国驻华外交官担任中心首席专家、学术顾问和兼职教授。

太平洋岛国研究中心下设3部（学术研究、信息咨询、国际交流）、7所（历史文化、政治外交、经贸旅游、生态生物、文学艺术、教育体育、海洋与气候治理）、14个国别研究室和1个编译室，另设有资料室、太平洋岛国文化主题展厅，办公场所面积1200余平方米。目前已建成国内最齐全的太平洋岛国研究资料中心、国内首个以太平洋岛国研究为主题的学术网站和智库平台数据库。

21世纪以来，中国同太平洋岛国的关系发展迅速。继2014年双方建立战略合作伙伴关系之后，中国与岛国领导人又达成了共建"一带一路"和"21世纪海上丝绸之路"南线的战略共识。"一带一路"和"21世纪海上丝绸之路"南线的建设，推动了太平洋地区人类命运共同体的构建，揭开了中国同太平洋岛国关系新的历史篇章。"十三五"时期（2016—2020）中心边疆研究主要领域是"一带一路"和"21世纪海上丝绸之路"南线研究。重要项目是教育部国别和区域研究指向性课题"21世纪海上丝绸之路南线研究"；教育部国别和区域研究指向性课题"一带一路倡议在太平洋岛国地区的实施路径研究"；国家海洋局项目"海丝框架下中国与太平洋岛国海洋领域合作研究"；中国海洋发展研究会项目"一带一路背景下中国与太平洋岛国海洋领域合作研究"；自然资源部海洋发展战略研究项目"海丝视域下中国与太平洋岛国海洋领域合作研究"；国家社科基金后期资助项目"中国—大洋洲—南太平洋蓝色经济通道构建研究"；山东省社科规划项目"中国与太平洋岛国共建海上丝绸之路的路径研究"。"十三五"期间出版《列国志》太平洋岛国诸卷14种，《一带一路名城志》（全五卷）、

《"一带一路"视阈下的国别和区域史研究》、《中美南太平洋地区合作：基于维护海上战略通道安全的视角》、《域外国家对太平洋岛国的外交战略研究》。2016年9月27日，太平洋岛国研究中心主办的第二届太平洋岛国研究高层论坛在北京召开，中联部原副部长于洪君、中国太平洋岛国论坛对话会特使杜起文、北京大学区域国别研究院院长钱乘旦、中国社会科学院宗教研究所党委书记赵文洪等出席论坛。2018年8月28—30日，聊城大学太平洋岛国研究中心和萨摩亚国立大学联合举办的第三届太平洋岛国研究高层论坛在萨摩亚首都阿皮亚成功举办，来自中国和大洋洲的专家学者、政府官员50余人共同探讨中国与太平洋岛国的关系以及太平洋岛国的发展与挑战，进一步推动中国与太平洋岛国的相互了解。萨摩亚前国家元首埃菲夫妇、国会议员、萨摩亚国立大学校长等出席会议。2020年12月，中心在北京举办第四届太平洋岛国研究高层论坛。密克罗尼西亚联邦科斯雷州州长希格拉发表视频致辞。与会专家及中心学者受邀参加了太平洋岛国论坛驻华贸易与投资专员署举行的"太平洋之夜"活动，与太平洋岛国外交官、企业家代表、太平洋岛国在华留学生代表等进行了深入交流。"一带一路"国别和区域研讨会由山东省世界史专业委员会理事长、太平洋岛国研究中心主任陈德正发起，旨在大力推进山东省内各高校和研究机构的地区国别研究，更好地服务"一带一路"建设。2016年4月，"一带一路"视域下的国别和区域史研究——山东省世界史专业委员会第九届研讨会在聊城大学举行；2018年5月，"一带一路"视域下的山东与世界学术研讨会——山东省世界史专业委员会第十届研讨会在滨州学院举办；2020年10月，文明交流、互鉴与全球化视域下的国别与区域史研究——山东省世界史专业委员会第十一届研讨会在菏泽学院举办。为配合国家领导人出访，2018年10月，中心团队参与并协助中央电视台摄制《命运与共——中国与太平洋岛国》6集纪录片，并应邀提供了准确、权威、翔实的太平洋岛国国情信息和政坛最新动态。太平洋岛国研究中心坚持引进与培养相结合的科研团队培养模式，吸引国内外高端人才，打造以"中国视角、岛国情怀、平等心态、协同创新"为理念的跨学科研究团队；以山东省高等学校优势学科人才团队和山东省高等学校青创人才引育计划团队建设为抓手，培育一批科研扎实、具有国际视野的学术骨干。

"十四五"时期中心主要规划和目标：一是立足区位特情、强化原有基础、拓宽研究视野、深化专业领域，坚持中国视角、岛国情怀、平等心态、协同创新，努力践行"人类命运共同体"理念和"一带一路"倡议。专注太平洋岛国历史文化、政情政制、对外关系、经贸旅游及生态环境等学术研究领域。吸收更多的国外知名学者和退任外交官加盟本中心。二是继续强化与南太平洋大学、萨摩亚国立大学、澳大利亚迪肯大学、美国夏威夷大学等的交流合作。三是建设好聊城大学南太平洋学院、聊城大学汤加学院，在太平洋岛国建立研究分部和研究基地。

2022年4月28日，为落实《中国—太平洋岛国外长会联合声明》，促进中国与太平洋岛国气候领域合作，由外交部、生态环境部、山东省人民政府共建的中国—太平洋岛国应对气候变化合作中心正式启用并落户聊城，办公机构设在聊城大学太平洋岛国研究中心。太平洋岛国研究中心作为中国—太平洋岛国应对气候变化合作中心的办公机构所在地，按照上级总体部署和要求，将太平洋岛国应对气候变化增设为重点研究方向。按照以应用对策为导向、以基础研究为支撑、以服务政府主管部门为主体任务的总体方向，组织推进跨学科重点研究。

  在未来发展中，中心将坚持中国视角、岛国情怀、平等心态、协同创新，在对太平洋岛国开展全方位综合研究的基础上，重点研究其历史文化、政情政制、对外关系、经贸旅游和气候变化，特别是"一带一路"倡议和"人类气候命运共同体"理念与太平洋岛国经济社会发展的对接，将基础研究、应用研究和对策研究结合起来，着力创建富有中国特色的"太平洋岛国学"，把聊城大学太平洋岛国研究中心建设成为规模最大、水平一流的太平洋岛国研究机构，增进中国人民与太平洋岛国人民友谊的民间桥梁，向国家有关部门以及社会各界提供信息咨询的高端智库。

（供稿：梁婷，聊城大学太平洋岛国研究中心）

黑龙江省社会科学院

黑龙江省社会科学院的前身是1960年成立的中国科学院黑龙江分院哲学社会科学学部和1964年成立的黑龙江省哲学社会科学研究所，1979年经省委批准成立黑龙江省社会科学院。2018年，省政府发展研究中心、省民族研究所并入，组建新的黑龙江省社会科学院。省社科院现有编制359个，实有人员276人。其中专业技术人员172人。从职称结构看，正高级28人，占比16.3%；副高级53人，占比30.8%；中级75人，占比43.6%；初级16人，占比9.3%；从年龄结构看，55周岁及以上27人，占比15.7%；51至54周岁19人，占比11%；46至50周岁24人，占比14%；41至45周岁52人，占比30.2%；36至40周岁34人，占比19.8%；35周岁及以下16人，占比9.3%。从学历结构看，博士研究生43人，占比25%；硕士研究生98人，占比57%；本科学历31人，占比18%。

一、"十三五"时期边疆研究主要成就与进展

在"十三五"期间，我院主要围绕黑龙江历史综合研究、黑龙江屯垦史研究、东北抗战与解放战争研究、黑龙江史料研究、黑龙江区域民族问题研究、哈尔滨及哈尔滨犹太人历史研究、专门史及其他问题研究等方面开展边疆研究工作。拥有东北史、中俄关系史、渤海国史、东北地方文化史、黑龙江流域文明、哈尔滨犹太人历史文化、民族问题理论等多个与边疆学紧密结合的省级领军人才梯队。我院开展大量具有学术影响力和引领力的学术交流活动。我院专家学者多次在全国性学术会议上做大会主题发言，并多次参加国际和全国性学术会议；我院专家连续4年受邀参加俄罗斯阿穆尔大学等主办的"远东边疆考古学与民族学国际学术研讨会"，并在会上做主题报告。这些学术交流活动扩大了黑龙江流域文明研究在国内外的学术影响力，为树立黑龙江人的文化自信与文化自觉提供历史依据，为提升黑龙江整体文化软实力提供了理论与智力支持。

"十三五"期间，黑龙江省社会科学院以黑龙江历史文化研究工程为引领，在边疆历史文化研究上不断发力，取得了令人瞩目的成果。

"黑龙江屯垦史"项目。黑龙江屯垦史系列研究项目共16卷（册），成果总字数560万字。该项目是黑龙江省与中国社会科学院"省院共建"的标志性成果，也是中国社会科学院创新工程重大委托项目。《黑龙江屯垦史》于2017年出版，被中国社会科学院列入年度重大成果向社会发布。

"黑龙江通史"项目。《黑龙江通史》全书10卷，成果总字数400余万字，是"工程"首批旗舰项目。工程编委会精心遴选了70余名优秀史学专家学者组成编撰队伍，历时8年完成。2019年，"黑龙江通史"作为"十三五"国家重点图书出版规划项目、省哲学社会科

学研究规划重大委托项目，在新中国成立70周年之际献礼推出。

"黑龙江地方历史文化通览"项目。《黑龙江地方历史文化通览》全书14卷，成果总字数420万字。该项目是黑龙江省社科院首次整合全省各地市力量，统筹14个编写团队合作完成。2021年6月，《黑龙江地方历史文化通览》发布会作为省直宣传文化系统庆祝建党百年重点活动推出。

"黑龙江流域文明研究国家"项目。围绕黑龙江流域文明研究5项国家社科基金项目已结项，分别为张碧波主持的国家社科基金项目"东北文化史研究"、庄鸿雁主持的国家社科基金项目"大兴安岭岩画与环太平洋岩画带研究"、侯儒主持的国家社科基金青年项目"赫哲族传承人伊玛堪口述史"、于学斌主持的国家社科基金重大委托项目"新中国70年社会治理研究"子课题"百村社会治理调查"、金娜的"俄罗斯社会转型过程中哲学走向评析"。在研项目有侯儒主持的国家社科基金青年项目"赫哲族伊玛堪珍稀资料抢救性整理研究"、于学斌主持的国家社科基金冷门"绝学"和国别史等研究专项"黑龙江流域渔猎文化的调查与研究：以中国和俄国民族为中心"，这些课题的研究为黑龙江流域文明探源工作和黑龙江流域作为中华文明发源地之一提供了史料和依据。

与此同时，我院还出版了众多与边疆学有关的文史著作，具体包括《黑龙江通史简编》（2017）、《国外黑龙江史料提要与研究》（2018）、《黑龙江区域移民史》（2019）、《金初三十八年》（2019）、《黑龙江农业史》（2019）、《东安根据地研究》（2016）、《东安根据地回忆录》（2021）、《近代黑龙江经济发展史》（2020）、《黑龙江近代史论著引得》（2019）、《鸡西煤业历史文化研究》（2017）、《鸡西地区抗日斗争遗迹及日军军用建筑遗迹调查研究》（2017）、《中东铁路沿革史》（2017）、《勿吉—靺鞨民族史论》（2017）、《近代日本人在中国东北的活动及影响》（2017）、《黑龙江流域少数民族英雄叙事诗·达斡尔族卷》（2017）、《东北沦陷与东北抗战研究》（2018）、《黑土地上的金蔷薇——俄罗斯文化对近代东北文学的影响研究》（2018）、《渤海国史修订版》（2017）、《渤海国历史文化研究》（2017）、《鸡西百年老镇历史文化研究》（2019）、《鸡西红色交通线调查研究》（2019）、《东方犹太家园》（2020）、《赵一曼传》（2018）、《肃慎——女真族系研究》（2017）、《近代以来东北官吏群体与边疆社会变迁》（2018）、《赫哲族伊玛堪传承人口述史研究》（2018）、《黑龙江流域少数民族英雄叙事诗·鄂伦春族卷》（2019）、《满通古斯语民族民间口述资源的女性研究》（2019）、《江桥抗战历史考索与研究》（2019）、《白山黑水塑英魂》（2019）、《我在哈尔滨的岁月——亚伯拉罕考夫曼回忆录》（2019）等。

二、"十四五"时期边疆研究教学的主要规划和目标

在习近平新时代中国特色社会主义思想和党的二十大精神指引下，在习近平总书记2016年5月17日在哲学社会科学工作座谈会上的"5·17"重要讲话、"5·27"重要讲话和"6·2"重要讲话精神的指引下，黑龙江省社会科学院将继续做好边疆研究和教学工作。

（一）积极挖掘边疆研究资源，大项目引领各项工作

黑龙江历史文化研究工程已经进入"十四五"发展新阶段，已经启动"中东铁路历史文献整理与研究""渤海国史研究"等新的重大项目，正在谋划"哈尔滨城市发展史""拓跋鲜卑发展史""黑龙江工业发展史"等新的重点项目。黑龙江省历史研究院即将挂牌成立，省社科院将利用好这一重要平台，持续推出龙江文史学术精品，为文化强省建设做出新的贡献。

（二）牵头成立黑龙江省历史研究院，拓宽龙江历史文化研究平台

为深入贯彻落实习近平总书记"5·27"重要讲话精神和黑龙江省文化体制改革和发展工作领导小组印发的《关于贯彻落实习近平总书记在中央政治局第三十九次集体学习时重要讲话精神的工作方案》，黑龙江省社会科学院扎实推进相关工作，于2023年5月成立了黑龙江省历史研究院。黑龙江省历史研究院成立后，多措并举，积极聚合省内外史学研究力量，不断探索满足新时代历史研究需要的合作模式，服务全省历史研究工作；同时，通过不断增强历史自觉、坚定文化自信，将中国文明历史研究的龙江实践引向深入。

（三）依托中国史专业研究生教学，做好边疆研究后备力量培养工作

黑龙江省社会科学院中国史专业研究生教学有中俄关系史、渤海国史、东北史3个专业方向，过去5年共培养硕士研究生40余名。

（供稿：黑龙江省社会科学院）

内蒙古自治区社会科学院

内蒙古自治区社会科学院成立于1979年11月,是内蒙古自治区研究、阐释、宣传马克思主义、中国特色社会主义理论的思想理论高地、哲学社会科学的高端学术殿堂、重要的高端智库。

内蒙古自治区社会科学院的前身是1957年7月经内蒙古自治区语言文字改革委员会筹备成立的内蒙古历史语言文学研究所。1958年3月,内蒙古自治区语言文字改革委员会改为内蒙古自治区语文工作委员会,与内蒙古历史语言文学研究所联署办公。1958年12月,内蒙古历史语言文学研究所一分为二,成立内蒙古历史研究所(包括考古)和内蒙古语言文学研究所。1959年,上述研究所划归为中国科学院内蒙古分院,分院下设哲学社会科学部,分历史研究所、语言文学研究所、哲学研究所(原在内蒙古党校、双重领导)和经济研究所(原在内蒙古经委、双重领导)。1962年冬,撤销中国科学院分院建制。1964年秋,成立内蒙古哲学社会科学研究所,分历史、语言、文学、哲学、经济、民族、宗教七个学科,与内蒙古自治区语文工作委员会联署办公。1973年4月,恢复内蒙古历史语言文学研究所建制,归属于内蒙古自治区革命委员会政治部,与自治区所属各局平行,下设历史、语言、文学、图书编译室等。1978年11月,自治区党委决定筹备成立自治区社会科学院。1979年11月,内蒙古自治区社会科学院正式成立,当时只有内蒙古历史、语言、文学三个研究所。1983年5月,自治区党委决定成立自治区哲学社会科学联合会,与自治区社会科学院联署办公,一套机构,两块牌子。1989年,自治区哲学社会科学联合会从社会科学院分离出去。

现有人员214人,专业技术人员167人。具有正高级专业技术职称34名,副高级专业技术职称68名,中级专业技术职称44名,初级专业技术职称21名。二级研究员2名,享受国务院政府特殊津贴1名,自治区有突出贡献中青年专家3名,新世纪321人才一层次7名、二层次23名,自治区"四个一批"人才1名,"西部之光"访问学者6名,自治区草原英才15名,自治区青年创新人才一层次4名,国家民委民族问题研究优秀中青年专家1名,自治区人才开发基金人才1名,国家百千万人才工程人才1名。

现设有6个职能处室,13个研究所,2个科辅部门,并在内蒙古自治区各盟市下设14个分院。其中,进行边疆学研究的主要有哲学与宗教研究所、历史研究所、民族研究所、草原文化研究所和内蒙古"一带一路"(俄罗斯与蒙古国)研究所。出版刊物有《内蒙古社会科学》(汉文版)〔国家社科基金资助期刊、RCCSE中国核心学术期刊、中国人文社会科学期刊AMI综合评价(A刊)核心期刊、全国中文核心期刊、中文社会科学引文索引(CSSCI来源期刊〕、《内蒙古社会科学(蒙文版)》、《中国蒙古学(蒙文)》和《蒙古学研究年鉴》。

"十三五"时期,内蒙古自治区社会科学院和中国社会科学院边疆研究所合作完成国家社科基金特别项目"中国北部边疆历史与现状研究",同时,还完成国家社科基金西部项目、国家社科基金青年项目、内蒙古自治区哲学社会科学规划项目、"内蒙古中长期经济社会发展研究工程"和"内蒙古自治区中华民族共有精神家园建设研究工程"等边疆学项目二十多项，出版与边疆有关的成果近二十部。

"十三五"期间，内蒙古社会科学院主要通过以下内容开展学科建设、人才培养和学术交流活动。1. 积极围绕完成习近平总书记交给内蒙古的五大任务和全方位建设"模范自治区"两件大事中全局性、前瞻性、综合性、长期性和紧迫性问题开展研究，努力实施学科建设和北疆智库建设"双轮驱动"战略，不断增强学术研究能力、理论阐释能力、战略谋划能力和应用对策研究能力。2. 积极拓展深化与区内外高校、社科院所以及其他智库机构的合作，积极加入区域性智库联盟。与区内外高端智库联合开展重大理论和现实问题研究，通过项目带动人才培养，通过内外部资源提升北疆智库产品的数量和质量。3. 通过加强"铸牢中华民族共同体意识研究基地"、"把内蒙古建成我国向北开放重要桥头堡研究基地"、"内蒙古草原文化研究基地"、"内蒙古达斡尔族鄂温克族鄂伦春族研究基地"和"北方民族历史文献研究中心"、"蒙古学藏文文献研究中心"等重点研究基地和文献研究中心建设，开展学术建设、人才培养和学术交流活动。如同中国蒙古国研究会在额尔古纳市开展边境治理专题调研；通过《常态化疫情下蒙古国出入境政策调整研究》和《内蒙古边境地区"空心化"问题调查和国家安全背景下北疆边境城镇化布局研究》两项课题立项，深入到巴彦淖尔市乌拉特中旗、乌拉特后旗实地调研；以"把内蒙古建成我国向北开放重要桥头堡"、"中欧班列的建设与发展"、"中蒙俄经济走廊陆海新通道建设"、"整体史观与中华民族交流交往交融史"和"北方民族碑刻遗产与中华文化符号形成源流"等为题目，邀请中国社会科学院中国边疆研究所国家与疆域理论研究室主任李大龙、大连民族大学中华民族共同体研究院教授黑龙、辽宁大学东北亚经济圈研究院院长毕德利和呼铁外经集团中欧班列项目负责人刘洁处长进行专题讲座；同中国社会科学院相关院所一起举办"草原生态文化与中华文明传承发展"和"筑牢祖国北疆生态安全屏障"理论研讨会。

"十四五"时期，内蒙古社会科学院主要有以下研究规划和目标。1. 加强北疆文化基础理论研究。坚持以马克思主义理论为指导，紧紧围绕"铸牢中华民族共同体意识"这一核心主题，在前人研究的基础上，有效利用文化人类学、考古学、历史学、文献学、民族学、民俗学、社会学、生态学、统计学的复合型交叉学科的理论与方法，进一步探析北疆文化的当代价值。主要是生态价值、人文价值、国家安全价值、国际关系价值。从民族团结进步的多角度分析、梳理和归纳北疆文化在当代生态文明建设、区域社会经济文化建设和国家对外开放合作交流中的实际意义、价值、潜能及创新发展对策。2. 以项目和问题为导向，开展如"草原文化与黄河文化"、"草原丝绸之路"、"万里茶道"与"西口文化"等方面的专题调研和研究，为北疆建设和发展提出切实管用的政策建议。3. 进一步挖掘整理与研究北疆各民族思想文化相关的文献和档案，在北疆民族交往交流交融史和边疆民族哲学思想史研究中取得重要突破。4. 紧紧围绕构建以国内大循环为主体、国内国际双循环相互促进的新发展格局和构建"一带一路"与人类命运共同体为内容，加强俄罗斯和蒙古国政治经济文化和同我国政治经济文化交往研究，为政府决策建言献策、提供智力支撑。

（供稿：陈红宇、胡海霞，内蒙古自治区社会科学院研究馆员、助理研究员）

甘肃省社会科学院

甘肃省社会科学院是甘肃省委、省政府直属的哲学社会科学研究机构和综合性智库，成立于1964年，前身为甘肃省哲学社会科学研究所，1968年机构被撤销。1978年初恢复甘肃省社会科学研究所，1979年10月改名为甘肃省社会科学院。

甘肃省社会科学院为省属公益一类事业单位，内设处级机构20个，分别是9个职能机构：办公室、科研处、学术合作处、人事处、行政计财处、监察室、机关党委、工会、后勤服务中心；11个科研和科辅机构：马克思主义研究所、区域经济研究所、资源环境与城乡规划研究所、农村发展研究所、文化研究所、丝绸之路研究所、社会学研究所、公共政策研究所、决策咨询研究所、杂志社、图书馆。另有2个省级学会，7个院属研究中心、19个所属研究中心。

甘肃省社会科学院有事业编制156人，目前在职职工139人。专业技术人员98人，其中高级职称63人（研究员22人、副研究员41人），博士后3人，博士26人，国务院政府特殊津贴专家2人，省优专家3人，省"555"人才4人，"四个一批"人才5人，省"领军人才"7人，省高层次专业技术人才4人。

近年来，甘肃省社会科学院按照习近平总书记在2013年4月提出的"建设中国特色新型智库"要求，聚焦大经济、大文化、大管理3大主业板块，致力于打造西部最具影响力的"特色智库、高端智库、数字智库"。2016年在国内有关方面的网络影响力评价中，甘肃省社会科学院是甘肃入围的两家智库之一。2017年，甘肃省社会科学院"甘肃省文化资源云平台暨名录建设"获得"全省宣传思想文化工作原创奖"，这是改革开放后该奖项评审7届以来，继"申办丝绸之路（敦煌）国际文化博览会"、"敦煌国际文化旅游名城建设方案"之后的第三个"原创奖"。2019年，甘肃省社会科学院与哈萨克斯坦中国研究中心合作的"中国哈萨克斯坦友好关系发展史"项目被中共中央宣传部批准为"中华文化走出去工作重点任务"。开发的"华夏文化资源云平台""甘肃社会科学在线"两个大数据平台分别正式上线，在数字智库建设中走在全国智库前列。

一、基本职能

根据中共甘肃省委《关于加快构建中国特色哲学社会科学的实施意见》，省委办公厅、省政府办公厅印发《关于加强中国特色新型智库建设的实施意见》等文件精神，甘肃省社会科学院职责是：实施中国特色新型智库建设工程，以省社科院为依托"建立甘肃智库联盟"，围绕省委省政府中心工作，开展重大决策调研、公共政策研究和第三方评估，提供决策咨询、政策和规划制订、评价和评估服务，建设省级重点智库、国家高端智库。具体职能如下。

1. 作为全省唯一一家综合性哲学社会科学研究机构，承担人文社会科学基础研究基地的职能，在社会科学各门具体学科发挥意识形态的主流表达作用，并成为全省哲学社会科学学术研究中心、人文社科科研活动中心、社科研究人员培训中心、社会科学数据信息咨询中心。

2. 作为马克思主义和党的最新理论研究、宣传的重要阵地，在思想意识形态领域发挥主阵地作用，开展马克思主义基础理论和党的最新理论研究，进行习近平新时代中国特色社会主义思想、中国特色社会主义理论体系宣传工作；以省委省政府关注的重大理论和现实问题为重点，为中国特色社会主义理论和道路的甘肃实践服务，发挥阐释理论、解读政策、研判社会舆情、引导社会热点、传播主流思想价值的积极作用。

3. 作为省委省政府的综合性智库，发挥省委省政府思想库和智囊团作用，紧紧围绕省委省政府中心工作及全省经济社会发展中的重大问题开展应用对策研究，包括参与政策法规制定、重大问题调研、重要政策与工作评估、编纂年度系列《甘肃蓝皮书》《陇上学人文存》，建设分院基地、数据观测点，承担各类项目和规划，提供信息要报，出版刊物，"建设共建共享的社科文献中心、综合数据库和甘肃哲学社会科学信息交流平台"等，为甘肃的经济建设、政治建设、社会建设、文化建设、生态文明建设和党的建设服务。

4. 作为甘肃特色文化资源的研究中心和数据中心，承担全省文化资源普查及普查后的专题深入研究和弘扬利用，建设华夏（中国）文化资源数据云平台，打造国内第一个综合性的集文化资源信息存储、检索服务、产业开发等多种功能于一体的大数据平台，将各地文化资源接入云平台，引领文化资源数字化，服务党政工作，服务社会。

二、"十三五"时期涉边疆学的主要研究领域

（一）中国与丝绸之路沿线国家友好关系史丛书

"中国与丝绸之路沿线国家友好关系史丛书"是甘肃省社会科学院实施的院属重点项目。这个项目开始于2016年11月，已与哈萨克斯坦首任总统图书馆、塔吉克斯坦总统战略研究中心合作完成了《中国—哈萨克斯坦友好关系发展史》《中国—塔吉克斯坦友好关系发展史》的中、俄文版，并在各自国家出版发行。《中国—塔吉克斯坦友好关系发展史》塔文版与英文版于2023年在塔吉克斯坦出版。目前，甘肃省社会科学院与白俄罗斯国家科学院合作编写的《中国—白俄罗斯友好关系发展史》即将出版；与乌兹别克斯坦国家科学院合作编写的《中国与乌兹别克斯坦友好关系发展史》也已经定稿，双方正在协调出版事宜。与西班牙圣保罗大学合作编写的《中国—西班牙友好关系发展史》中、西文稿件已经完成。与马来西亚、塞浦路斯相关机构合作的《中国—马来西亚友好关系发展史》《中国—塞浦路斯友好关系发展史》正在进行中。甘肃省社会科学院与阿联酋、尼泊尔、葡萄牙、希腊等国家的智库、高校和科研机构正在沟通合作编写《中国—阿联酋友好关系发展史》《中国—尼泊尔友好关系发展史》《中国—葡萄牙友好关系发展史》《中国—希腊友好关系发展史》等书的合作意向。

"中国与丝绸之路沿线国家友好关系史丛书"项目既具有社会和历史价值，同时也极具政治意义。目前该项目产出的成果在中国和中亚各界产生了广泛的国际影响，引起欧洲、东南亚等"一带一路"沿线国家的关注。"中国与丝绸之路沿线国家友好关系史丛书"中《中

国—哈萨克斯坦友好关系发展史》获得了甘肃省哲学社会科学一等奖，并被中宣部确定为中华文化走出去工作重点任务中唯一的著作类项目，2023年1月"中国与丝绸之路沿线国家友好关系史丛书"入选中宣部"2022年度对外传播十大典型案例"。

基于"中国与丝绸之路沿线国家友好关系史丛书"项目，甘肃省社会科学院采取引进和培养相结合的方式，培养了4名俄语、西班牙语人才，后续根据项目实施情况，培养引进阿拉伯语等语种人才。

（二）南水北调西线（藏水入甘）

"南水北调西线（藏水入甘）"是甘肃省社会科学院实施的院属重点项目，该项目以红旗河为设想，旨在通过前期实地实景踏勘考察为基础，通过考察研究，为国家南水北调西线选址选线提供决策参考，提出从西藏引水入甘、入宁、入蒙、入疆等引水设想。

甘肃省社会科学院"南水北调西线（藏水入甘）"项目先后到西藏、四川、甘肃、宁夏、新疆等地考察，形成了多份考察报告，并出版了《天河——藏水入甘考察报告》等相关著作，召开了数十次涉及长江上游流域、黄河上中游流域高质量发展和南水北调西线方案比选等研讨会。

甘肃省社会科学院"南水北调西线（藏水入甘）"项目实施成果受到中央、省委省政府和中国科学院等有关部门及科研单位的重视和肯定。

基于"南水北调西线（藏水入甘）"项目，甘肃省社会科学院采取引进和培养相结合的方式，培养了水资源利用、生态环境、农业农村发展等领域的人才。

（三）唐蕃古道（丝绸之路古文明）

唐蕃古道（丝绸之路古文明）是甘肃省社会科学院实施的院属重点项目，此项目始于2016年6月24日启动的唐蕃古道申请世界文化遗产前期研究项目。该项目最初由甘肃省社会科学院倡议，此后由中国社会科学院科研局指导协调，联合陕西省社会科学院、甘肃省社会科学院、青海省社会科学院、四川省社会科学院、西藏社会科学院五院力量联合公关。项目名称为"唐蕃古道申请世界文化遗产前期研究"。该项目历时五年，相关成果被列入全国政协提案，提交国家有关部门。

唐蕃古道申请世界文化遗产前期研究完成后，甘肃省社会科学院结合项目积累的丰富经验和取得的丰硕成果，决定课题组转以丝绸之路古文明考察研究为题，考察、调查我们古文明历史遗迹保护利用和传统文化传承研究，课题组历时三年，先后到陕西、河南、甘肃、宁夏、内蒙古、新疆、青海等省区考察，完成了四部考察报告。

基于"唐蕃古道（丝绸之路古文明）"项目，甘肃省社会科学院采取引进和培养相结合的方式，培养了历史学、文化学、民族学人才。

三、"十四五"时期边疆学相关领域的规划

"十四五"时期，甘肃省社会科学院计划持续推动"中国与丝绸之路沿线国家友好关系

史丛书"、"南水北调西线（藏水入甘）"、"唐博古道（丝绸之路古文明）"三个涉边疆学的重大项目，一是依托项目实施，结合甘肃实际，在边疆学领域取得高质量成果。二是加强与中国社会科学院中国边疆研究所等高端智库和高校及科研机构合作，推动甘肃省社会科学院边疆学学科建设和发展。三是结合甘肃与蒙古国接壤的实际，开展甘肃与蒙古国在政治、经济、文化、商贸等方面的交往交流的历史与现实问题研究。

（供稿：赵国军，甘肃省社会科学院研究员）

西藏自治区社会科学院（社科联）

西藏自治区社会科学院筹建于1978年6月，1985年8月5日正式成立。西藏社科联成立于2012年，与社科院合署办公，系两块牌子一套人马。院（联）内设机构共16个，其中5个是参公正处级部门，包括办公室、政工人事处、科研管理处、学术工作处、联络协调处；11个部门是事业编正处级部门，包括马克思主义理论研究所、西藏自治区铸牢中华民族共同体意识研究中心、宗教研究所、贝叶经研究所、当代西藏研究所、经济战略研究所、农村经济研究所以及南亚研究所；3个科研辅助正处级部门，包括刊物编辑部、文献信息管理处、藏文古籍出版社。院（联）核定事业编制159人，其中参公编制33人、事业编制126人，目前在编147人。正高级18人，副高级25人，助理研究员41人，初级及以下9人，博士12人，硕士72人，本科46人。

一、"十三五"时期科研进展

"十三五"时期，关于边疆主要领域，西藏自治区社会科学院推出科研成果55项，其中，研究报告3项论文（含学术论文、会议论文）32项，如《关于边疆学研究对象和主要内容的思考》《中国边疆战略研究的兴起》《试论民族团结在治边稳藏战略思想中的作用及对策研究》等；理论文章（含文章、书评）16项，如《深刻把握习近平总书记治边稳藏重要战略思想在西藏的成功实践 继续谱写中华民族伟大复兴中国西藏篇章——社科联第二届学术年会观点综述》《守住民族团结生命线 再谱治边稳藏新篇章》《Historic Migration in China: Chang Tang, from Wilderness to Inhabited Frontier Society（中国历史移民：羌塘边疆社会之荒漠移民）》等。推进成果转化，出版《中国边疆西藏段于南亚、印度洋的地缘战略以及在国家大局中的地位》《西藏融入："一带一路"建设中的开放发展和边疆稳定研究》《西藏研究中的南亚》等。

交流合作："十三五"时期，西藏自治区社会科学院与中国边疆研究相关的交流合作20余次。区内，西藏自治区社会科学院南亚所科研人员与云南社会科学院、中国社会科学院中国边疆研究所、民族学与人类学研究所、中国历史研究院、外交学院亚洲研究所、中国藏学研究中心开展关于中印边境问题，西藏与印度、尼泊尔的贸易情况，西藏边境口岸建设及口岸开放情况，西藏与印度、尼泊尔的人文交流情况，西藏的南亚研究现状及学科建设情况的座谈交流；与中国社会科学院学部、边疆研究所开展关于边疆、边界、周边国际环境三个方面及安全稳定发展的座谈交流；与河南大学中原发展研究院开展西藏经济未来的发展方向、西藏生态文明建设、西藏交通通道建设、与周边国家的联系及基层社会治理等的座谈交流。区外，院领导带队到哈尔滨市参加"第八届沿边九省区社会科学院院长联席会议暨新型智库战略联盟"研讨会；到沈阳市参加第七届沿边九省区社科院院长联席会议暨新型智库战略联盟研讨会；到瑞丽市参加"西南边疆民族地区改革开放"学术研讨会暨中国西南民族研究学会2018年会长工作会、常务理事会；到昆明市参加第五届"中国—南亚东南亚智库论坛"等；与中新社西藏分社签订《东西问》栏目合作协议等。

课题研究："十三五"时期，完成相关课题研究20余次，如民族团结在治边稳藏中的作用及其对策研究、构建"人类命运共同体"视域下中国西藏与南亚地区的人文交流研究——以尼泊尔为例、西藏人民爱国守边史研究、习近平治边稳藏重要论述的伟大实践——西藏边境小康村建设研究等。

二、"十四五"时期总体目标

积极构建中国特色西藏特点哲学社会科学，促进西藏自治区哲学社会科学大繁荣大发展；努力打造中国特色西藏特点的新型高端综合智库，服务西藏自治区高质量发展和长治久安。

积极构建中国特色西藏特点哲学社会科学，即在学科体系、学术体系、话语体系方面，充分体现继承性、民族性、原创性、时代性、系统性、专业性，充分体现中国特色、中国风格、中国气派，适应西藏自治区改革发展稳定战略需要的学科体系和研究格局基本形成，对策应用研究和基础理论研究相辅相成，学术研究和成果应用相互促进，现代化科研手段和云端智能平台充分应用，在国际涉藏领域的话语权和影响力明显增强。

努力打造中国特色西藏特点的新型高端综合智库，即努力把西藏自治区打造成为学科优势突出、专业特色鲜明、研究实力雄厚，在国内外涉藏研究领域具有重要影响力的新型高端综合智库。西藏自治区作为全区哲学社会科学和藏学研究工作的主力军和排头兵的引领示范作用充分发挥，成为西藏自治区马克思主义的坚强阵地和哲学社会科学创新的重要基地，成为国内外涉藏学术交流的重要权威平台，涌现出一批高水平的复合型人才，推出一批高质量的创新性成果。

（供稿：撒玛，西藏自治区社会科学院助理研究员）

云南省社会科学院

云南省地处祖国西南边陲，边境线长达4060千米，有25个边境县分别与缅甸、老挝和越南接壤，是边疆学研究的主要对象和典型地区。云南省社会科学院作为全省唯一的省级综合性哲学社会科学研究机构，深入学习贯彻习近平总书记关于边疆治理和考察云南重要讲话精神，紧紧围绕边疆治理体系和治理能力现代化建设目标，充分立足边疆省情，坚持开展边疆治理研究，取得了一系列研究成果，为推动边疆学发展作出了积极努力和贡献。

云南省社会科学院成立于1980年，是省政府直属的全省唯一的省级综合性哲学社会科学研究机构，前身是成立于1956年的云南省少数民族社会历史研究所。20世纪60年代，外交部在全国四个地方布局了国际问题研究机构，在云南成立了印巴研究室。1980年建院后，先后设立东南亚研究所、民族学研究所等11个研究所。2006年，省委省政府加挂"云南省东南亚南亚研究院"牌子。2009年，加挂"云南智库"牌子。2015年9月28日，为贯彻落实习近平总书记考察云南时要求把云南建成我国面向南亚东南亚辐射中心的指示精神，将云南省社会科学院打造成为我国专门研究南亚东南亚问题的高端智库，省委省政府决定依托云南省社会科学院挂牌成立"中国（昆明）南亚东南亚研究院"。目前，全院有在职职工290人，其中，专业技术人员221人，占职工总数的76.21%；高级专业技术职务人员111人，占专业技术人员的50.23%。拥有博士学位人员60人，在读博士人员23人，海外留学归来人员60余人，拥有国家"万人计划"哲学社会科学领军人才、全国文化名家和"四个一批"人才、全国"百千万"人才、国家有突出贡献专家、国务院政府特殊津贴专家等157人次。设有8个机关处室、3个科辅机构、18个研究所和3个国际问题研究中心，主办《云南社会科学》《东南亚南亚研究》2个学术期刊和《华夏地理》杂志。

一、"十三五"时期主要工作及成就

"十三五"时期，云南省社会科学院紧紧围绕推进边疆智库体系和治理能力现代化建设目标，不断加强学科建设、人才培养、平台建设和成果产出，取得了一定的成绩。

（一）拓展研究领域

云南省社会科学院深入贯彻落实习近平总书记两次考察云南重要讲话精神，紧扣"建设成为我国民族团结进步示范区、生态文明建设排头兵、面向南亚东南亚辐射中心"三大定位，边疆研究不断向多领域延伸发展，除了传统的边疆经济、边疆民族、边疆文化外，还拓展至跨境民族、边疆治理、边疆宗教、边疆生态、边疆党建、边疆安全等方面，研究视角主要聚焦在边疆实践研究，深入总结云南的民族、生态、开放工作实践，并着眼未来，开展一系列前瞻性、战略性研究。

（二）开展项目研究

2016—2020年，共组织实施了马克思主义理论研究和建设工程重点项目和国家社科基金项目18项，主要聚焦在边疆治理、边疆安全、边疆生态等方面。比如"云南边疆民族地区文化安全与治理实践经验研究""滇藏沿边村寨建设与守土固边研究""我国西南边境地区安全稳定新态势及风险防范研究"，等等。此外，还承担了30余项省级社科规划项目，自行组织实施了50多个院级项目。通过实施这些项目，在边疆的各领域各方面研究都取得了一定的经验，积累了大量一手的研究素材，为进一步推进边疆学科建设奠定了坚实基础。编著的《党的光辉照边疆》《边疆人民心向党》《起来》《飘扬》《云南脱贫攻坚战纪实》等5部主题献礼图书被省委党史学习教育领导小组推荐为全省开展党史学习教育的重要辅助读物，其中《党的光辉照边疆》入选中宣部"中国共产党成立100周年100部主题图书"，并向全国推送。

（三）加强人才培养

坚持"人才是第一资源"的理念，按照"小机构、大网络、国际化"的思路，全方位培养引进用好人才。一是培养一批领军人才。1人荣获中组部"万人计划"哲学社会科学领军人才称号，2人荣获中宣部全国文化名家暨"四个一批"人才称号，2人荣获国务院政府特殊津贴专家，3人荣获"云南省有突出贡献专业技术人才"，4人荣获"省委联系专家"，5人荣获"省政府特殊津贴专家"，19人荣获"云岭学者""云岭文化名家"等人才称号。获准设立首批省级博士后科研工作站，招录8名博士后进站培养。

（四）加大成果产出

紧紧围绕学习贯彻习近平总书记考察云南重要讲话精神、"一带一路"建设、面向南亚东南亚和环印度洋开放的大通道和桥头堡建设、RCEP等重大主题开展研究。报送智库研究成果3000余篇，三分之一成果被中央和省委、省政府采用、批示或转化为政策文件。《南亚报告》《东南亚报告》蓝皮书品牌影响力日益扩大。深入开展"智库专家南亚东南亚国家行"活动，被中联部评为2019年度"调研贡献奖"单位，"孟中印缅研究成果"入选中国社会科学院"2021年中国智库特色案例"。扎实推进南亚东南亚区域研究、国别研究和环印度洋问题研究，成功打造"中国（昆明）南亚东南亚研究院研究丛书"等学术品牌，出版《面向印度洋的开放与合作》等100多部学术专著。全院获国家社科基金项目立项83项，稳居全国地方社科院前3位，其中2项获重大招标项目立项、7项获重点项目立项，完成中国社会科学院国情调研云南基地项目6项。在《南亚研究》《民族研究》等核心期刊发表论文117篇。

（五）促进学术交流

积极搭建交流平台，入选中联部"一带一路"智库合作联盟"孟中印缅经济走廊智库合作网络""澜沧江—湄公河合作"机制2个智库合作网络牵头单位，入选中联部金砖国家智库合作中方理事会理事单位。作为"亚洲智库网络行动计划"发起单位之一，与19个国内外智库机构共同签署了《亚洲智库合作网络行动计划》。在中联部牵头下，同中外100余家智库联合发起了《全球百家智库关于加强国际合作、推动构建人类命运共同体的共同倡议》。与南亚东南亚国家智库机构签署《中国—南亚东南亚智库网络机制倡议》。作为地方智库机构代表单位出席第二届"一带一路"国际合作高峰论坛、第二届国际进口博览会暨虹桥国际经济论坛。举办一系列高端论坛，连续举办了八届"中国—南亚东南亚智库论坛"，已经成为最具影响力的区域性国际智库论坛。举办了三届"中缅智库高端论坛""中国云南—老挝北部合作工作组第十次会议暨高端智库论坛""应对新冠肺炎疫情冲击推动孟中印缅经济走廊高质量发展""澜湄流域经济发展带建设智库论坛"以及"纪念中老建交60周年""纪念中巴建交70周年""边疆民族地区治理体系和治理能力现代化"云端论坛等20余次。

二、"十四五"时期发展规划及目标

"十四五"时期，云南省社会科学院将坚持围绕边疆治理体系和治理能力现代化建设目标，聚焦中国式现代化的边境实践研究，进一步优化学科建设，按照"特色化、专业化、现代化"要求，不断调整优化学科建设，配优配强专业化研究人才队伍，搭建高水平学术交流平台，打造高质量研究成果，推动边疆研究不断向纵深方向发展，着力打造在全国有特色、有影响和有地位的边疆研究阵地。

（一）优化学科建设

修订《云南省社会科学院中国（昆明）南亚东南亚研究院重点学科建设管理办法（试行）》，制定《云南省社会科学院中国（昆明）南亚东南亚研究院学科建设工作实施方案》，将边疆治理研究作为民族学所的一个重要研究方向持续深入推进，紧紧围绕新时代边疆治理实践、面临的新问题新情况以及进一步深化边疆治理的路径探索，加强理论总结，探索边疆治理规律，创新边疆治理研究范式。

（二）打造专业团队

加强院内外资源整合，着力构建一支专业化人才团队。面向国内一流高校、科研机构，采取柔性引进方式，引进边疆研究学科建设带头人1名，从全院范围内遴选学科团队成员8—10名，组建边疆治理研究专业团队。

（三）实施重大专项

实施边疆治理重大研究专项，着力开展边疆治理重大理论、重大现实、重大问题、重大实践研究，力争通过5年时间，在重大专项的驱动下，边疆研究取得突破性进展，研究团队在全国的影响力逐步显现。

（四）推出重大成果

坚持高质量成果导向，统筹推进边疆研究学术成果、理论成果、智库成果均衡发展，着力打造一批在全国叫得响的研究成果,促进基础研究与应用研究融合发展,加强成果转化应用。学术成果力争在《中国边疆史地研究》顶级期刊发表,实现"零"突破;理论成果力争在"四报一刊"上发表,提高影响力;智库成果力争获得中央领导肯定性批示,更好发挥服务中央决策的"思想库""智囊团"作用。

(五)坚持开放研究

深入实施"开放办院"战略,加强内外联动,推进与中国社会科学院中国边疆研究所的战略合作落实落地,加强与广西、内蒙古、西藏等地方社科院的交流合作,联合举办高层次边疆论坛,联合开展跨区域、跨学科研究,努力开创边疆研究新局面。

三、边疆研究主要成果目录

"十三五"以来,云南省社会科学院在边疆治理研究方面取得了较好成绩,产出了一批重要研究成果,包括著作、论文、研究报告等,一批研究成果实现转化应用,一批成果得到省部级以上领导肯定性批示,一些研究成果上升为国家发展战略。

(供稿:尤功胜,云南省社会科学院副研究员)

广东省社会科学院广东海洋史研究中心

2009年6月,广东省社会科学院以历史与孙中山研究所为依托,成立我国第一家海洋史研究专门机构——广东海洋史研究中心(下称中心),历史与孙中山研究所所长李庆新兼任中心主任。2019年,经广东省机构编制委员会审批,所、中心定名为历史与孙中山研究所(海洋史研究中心)。目前是全国主要史学研究与教学机构联席会议成员单位。

中心现有专职研究人员13人,其中研究员3人(二级研究员1人),副研究员7人,助理研究员3人。科研人员中博士13人,博士后4人,留学回国人员3人。团队以青年为骨干,具有扎实史学功底,精通英语,多位成员还谙熟法、日等国语言,具有较强国际学术对话与交流能力。此外,中心还聘请特约研究人员3人,均为留学或留学归国人员。中心主办《海洋史研究》集刊,先后聘请海内外知名专家20余人为学术顾问和编辑委员会委员。

一、"十三五"时期(2016—2020)边疆研究进展

1.瞄准国内外学术前沿与发展趋势,创办高水平、有影响力的海洋史—海疆史研究基地、科研团队和专业集刊,致力于建构具有中国特色的海洋史学体系

"十三五"期间,中心站在学术前沿,立足中国海疆,聚焦南海,面向西太平洋、南太平洋、印度洋乃至全球海域,以海洋经济史、社会史、海上丝绸之路史、东西方海域交流史、海洋考古与海洋文化遗产等为主要研究方向,推进海洋史—海疆史专题研究的理论与探索,致力于建构具有中国特色的海洋史学体系和话语体系,出版了《明代海外贸易制度》《濒海之地——南海贸易与中外关系研究》《东亚海域交流与南中国海洋开发》《海上丝绸之路》(中、英、韩文等版本)、《"南海Ⅰ号"与海上丝绸之路》(多语种)、《清前期的岛民管理》《南海港群——广东海上丝绸之路古港》等学术专著,翻译出版《海洋与文明——世界海洋史》等海洋史名著及一批高水平的外文论文。

自2010年起,中心创办《海洋史研究》(Studies of Maritime History)集刊,李庆新担任主编。坚守"有理念、有思想、有担当、有作为"的办刊理念,追踪国内外学术潮流与理论热点,关注学术前沿,精心策划,形成比较稳定、特色鲜明的专版、专题、专辑。如"亚洲海峡历史""海岛—湾区史""海上丝绸之路史""越南—占婆史""英国海洋史""海洋考古""印度洋史专辑"等,成为中外学界了解海洋史研究、展示最新动态成果的主要窗口和平台。2014—2020年,该刊连续七年获评人文社会科学优秀集刊,2017年入选南京大学中国社会科学研究评价中心"中文社会科学引文索引(CSSCI)"来源集刊,2019年入选社会科学文献出版社CNI名录集刊,2020年入选南京大学"中文学术集刊索引数据库"首批收录集刊,成为反映当前我国海洋史研究最新成果的重要载体和国际学术交流的重要平台。2016—2020年,

该刊出版了第 9—16 辑，刊载了国内外学者 180 多篇专题论文及其他文章，其中不乏高水平力作，获得国内外学术界的广泛好评。

2. 围绕国家发展需要，承担国家重大项目"明清至民国南海海疆经略与治理体系研究"等一系列课题研究

中心凝聚团队力量和主攻方向，先后承担了国家"十三五"重点图书出版规划项目"海上丝绸之路"，国家社科基金重大招标项目（子项目）"环南海交通地理与海上丝绸之路"，国家社会科学基金项目"明代海外贸易转型与制度调适"、"17—18 世纪华人南渡与越南社会"、"清代广东海岛管理研究"，国家文物局项目"水下考古与海洋史文献资料收集与整理"，国家丝路书香工程项目"'南海 I 号'与海上丝绸之路"，以及广东省"理论粤军"重大基础理论课题"16 至 18 世纪广东濒海地区开发与海上交通研究"等一批重大课题研究。

2020 年，中心组建以李庆新为首席专家的"明清至民国南海海疆经略与治理体系研究"研究团队，获得 2021 年度国家社会科学基金中国历史研究院重大历史问题研究专项重大招标项目立项。该项目以海洋史—海疆史研究为本位，从南海历史地理空间出发，分为五个子课题，系统深入探讨明清至民国时期我国南海经略与海疆治理的基本内容与发展脉络，总结中国海疆发展治理的内在规律，从学理上凝练提升中国海洋史、海疆史研究理论体系，全面拓展海洋史与海疆史研究的内涵，为构建中国特色、中国风格和中国气派的海洋史—海疆史学术体系和话语体系做出贡献，促进相关学科领域的成长，构筑海洋史、海疆史学术创新与学科发展的新增长点。

中心积极参与"一带一路"倡议、海洋强国战略等专题研究，开展南太平洋岛国、非洲华侨历史、"广东与 21 世纪海上丝绸之路建设"等课题调研，撰写"广东海上丝绸之路丛书"。中心主任李庆新被聘为"海上丝绸之路·中国史迹"申报世界文化遗产项目组专家，承担国家海丝申遗工作，并就海上丝绸之路史与"一带一路"建设等问题多次接受中央电视台、中央人民广播电台、《人民日报》《人民画报》《中国社会科学报》、凤凰卫视、广东电视台、《南方》（杂志）、《南方日报》以及韩国国家电视台、阿曼电视台记录频道等新闻传媒的专访报道。

3. 注重青年人才培养，注重学术传承、学术引领，推进海洋史学可持续发展

从 2018 年开始，中心每年举办一届"海洋史研究青年学者论坛"，首创全国遴选青年学者、特邀海洋史研究名家评议和海岛历史人文田野考察相结合方式，打造全国乃至国际海洋史青年学人构筑互相学习与交流专业的"专属"平台。2018—2020 年，青年论坛先后在广东阳江海陵岛、中山市、台山上川岛举办，成为海洋史研究知名的学术品牌。

《海洋史研究》编辑部积极支持青年学人发表成果，坚持"质量第一"原则。该刊已刊论文中，青年学人的文章约占三分之一，2017—2019 年刊文中青年学人文章近半，2019 年出版第 14 辑，为青年学者专辑。近期青年学者用稿率占到四分之三。该刊成为最受青年学人欢迎的海洋史学刊物。

4. 注重对外学术交流与合作，与海内外高等学府、研究机构建立密切的合作交流机制

中心不定期举办"史学前沿论坛"，邀请国内外知名学者做专题讲座，介绍海洋史学界前沿动态。先后与中国海外交通史研究会、德国慕尼黑大学、日本关西大学、澳门科技大学等联合，主办"粤海关与海上丝绸之路发展历史"学术研讨会（2016）、"大航海时代珠江口

湾区与太平洋—印度洋海域交流国际学术研讨会"（2019）、"海洋广东"论坛暨广东历史学会成立70周年学术研讨会（2020）等国际海洋史学盛会。2021年，中心与中国历史研究院澳门历史研究中心签署合作框架协议，把对外交流与合作推上新台阶。

二、"十四五"时期主要规划和目标

"十四五"时期，中心研究教学主要规划目标如下。

1. 全面推进国家社科基金中国历史研究院重大历史问题研究专项2021年度重大招标项目"明清至民国南海海疆经略与治理体系研究"各子课题研究，完成项目研究任务。

2. 继续推进《海洋史研究》编辑出版工作。该刊2021年入选中国历史研究院首批资助学术集刊，2022年入选"中国人文社会科学期刊AMI综合评价"核心集刊，成为全国海洋史学类代表性学刊。2022年，在中国历史研究院主办的全国主要史学研究与教学机构重大创新成果发布会上，作为重大创新成果代表机构之一做重点介绍。《海洋史研究》未来将保持每年出版2辑，打造高水平、有国际影响的专业学术集刊，推动我国海洋史学"走出去"。

3. 每年举办一届"海洋史研究青年学者论坛"，打造海洋史—海疆史研究青年交流平台，促进优秀青年人才成长。

4. 加强与国内外学界交流与合作，主办若干场次海洋史—海疆史专题研讨会，坚持举办"史学前沿论坛"。

5. 在研究生教育中，保障"专门史"（海洋史）研究生培养质量。

（供稿：王一娜，广东省社会科学院广东海洋史研究中心副研究员）

2022年中国边疆研究大事记

1月

2022年1月1日,《区域全面经济伙伴关系协定》（RCEP）正式生效实施，成员包括东盟10个国家与中国、日本、韩国、澳大利亚、新西兰等共计15个国家，覆盖世界约30%的人口和贸易量。

2022年1月7日至9日，由对外经济贸易大学和广西大学联合主办的2021中国边疆经济开放发展论坛在南宁举行。

2022年1月22日，由中国科学院地理科学与资源研究所、中国人民大学重阳金融研究院等16家研究机构联合发起的首届"一带一路"高质量发展学术论坛在京召开。

2月

2022年2月14日，由中国社会科学院中国边疆研究所与交通运输部职业资格中心主办的"中国新疆与中亚地区互联互通"研讨会暨合作交流会在北京举行。

3月

2022年3月5日，中共中央总书记、国家主席、中央军委主席习近平在参加十三届全国人大五次会议内蒙古代表团审议时强调，民族团结是我国各族人民的生命线，中华民族共同体意识是民族团结之本。要紧紧抓住铸牢中华民族共同体意识这条主线，深化民族团结进步教育，引导各族群众牢固树立休戚与共、荣辱与共、生死与共、命运与共的共同体理念，不断巩固中华民族共同体思想基础，促进各民族在中华民族大家庭中像石榴籽一样紧紧抱在一起，共同建设伟大祖国，共同创造美好生活，着力保持平稳健康的经济环境、国泰民安的社会环境、风清气正的政治环境，以实际行动迎接党的二十大胜利召开。

2022年3月23日，由中国社会科学院中国边疆研究所举办的"俄乌冲突与中国周边形势新动向"研讨会在北京召开。

2022年3月26日，"新时代边疆治理与铸牢中华民族共同体意识研讨会"在北京举行。会议由中国社会科学院中国边疆研究所国家与疆域理论研究室、北京师范大学中国社会管理研究院/社会学院、广西民族大学中华民族共同体意识研究院/西南民族地区基层治理研究中心联合举办。

2022年3月30日，国务院总理李克强签署国务院令（第753号），公布修订后的《地名管理条例》，自2022年5月1日起施行。

4月

2022年4月15日，"中国社会科学论坛（2022）：'一带一路'倡议视域下中国—阿富汗—巴基斯坦互联互通合作"在北京举行。

2022年4月18日，由中国社会科学院中国边疆研究所、新疆智库办公室主办的"丝绸之路经济带核心区建设与新疆经济社会发展"学术研讨会在北京召开。

2022年4月25日至27日，中共中央总书记、国家主席、中央军委主席习近平在广西考察，强调要坚决贯彻党中央决策部署，完整、准确、全面贯彻新发展理念，坚持稳中求进工作总基调,解放思想、深化改革、凝心聚力、担当实干,统筹疫情防控和经济社会发展,统筹发展和安全,在推动边疆民族地区高质量发展上闯出新路子,在服务和融入新发展格局上展现新作为,在推动绿色发展上迈出新步伐,在巩固发展民族团结、社会稳定、边疆安宁上彰显新担当,建设新时代中国特色社会主义壮美广西。

5月

2022年5月14日,第九届"边疆·民族·历史"青年论坛暨首届辽金史研究生论坛以线上线下相结合的方式举行,本次论坛由中国民族史学会、中国社会科学院铸牢中华民族共同体意识基地、内蒙古民族大学主办,内蒙古民族大学法学与历史学院承办。

2022年5月20日,以"新形势下加快边疆经济发展,推动构建新发展格局"为主题的广西大学中国边疆经济研究院、广西创新发展研究院第二届专家委员会第一次会议在北京举行。

6月

2022年6月23日至24日,由中国社会科学院中国边疆研究所、中国社会科学院边疆安全与发展研究中心、新疆智库主办的"第九届中国边疆研究青年学者论坛"在北京举行。

7月

2022年7月1日,由中国社会科学院中国边疆研究所、中国社会科学院边疆安全与发展研究中心主办的"大国关系深度调整对一带一路建设的影响"学术研讨会在北京举行。

2022年7月12日至15日,中共中央总书记、国家主席、中央军委主席习近平到新疆考察调研,看望慰问各族干部群众,强调要坚决贯彻党中央决策部署,完整准确贯彻新时代党的治疆方略,牢牢扭住社会稳定和长治久安总目标,坚持稳中求进工作总基调,全面深化改革开放,推动高质量发展,统筹疫情防控和经济社会发展,统筹发展和安全,在新时代新征程上奋力建设团结和谐、繁荣富裕、文明进步、安居乐业、生态良好的美好新疆。

2022年7月14日,由中国社会科学院中国边疆研究所、新疆智库主办的"新疆智库涉疆研究基地首批专家聘任仪式暨新疆经济社会发展研讨会"在北京召开。

2022年7月19日至21日,第十届边疆中国论坛暨"地域、族群与中华民族"学术研讨会在新疆维吾尔自治区吉木萨尔县举行,会议由《学术月刊》主办,新疆师范大学历史与社会学院承办。

8月

2022年8月5日至7日,"呼伦贝尔驻防290周年暨铸牢中华民族共同体意识"学术研讨会在内蒙古自治区鄂温克族自治旗举行。会议由中国社会科学院中国边疆研究所北部边疆研究室、中国人民大学中华民族共同体研究基地、中国人民大学清史研究所、内蒙古工业大学马克思主义学院、内蒙古自治区鄂温克族研究会、鄂温克族自治旗鄂温克族研究会主办,内蒙古自治区鄂温克族自治旗鄂温克族研究会承办。

2022 年 8 月 10 日，国务院台湾事务办公室、国务院新闻办公室发表《台湾问题与新时代中国统一事业》白皮书。

2022 年 8 月 16 日至 17 日，中共中央总书记、国家主席、中央军委主席习近平在辽宁考察，强调要贯彻党中央决策部署，坚持稳中求进工作总基调，统筹疫情防控和经济社会发展工作，统筹发展和安全，完整、准确、全面贯彻新发展理念，坚定不移推动高质量发展，扎实推进共同富裕，加快推进治理体系和治理能力现代化，深入推进全面从严治党，在新时代东北振兴上展现更大担当和作为，奋力开创辽宁振兴发展新局面，以实际行动迎接党的二十大胜利召开。

2022 年 8 月 17 日，第十二届"中国边疆重镇"高峰论坛在黑龙江省穆棱市举行。本届论坛由环球时报社、凤凰网主办，外交部边界与海洋事务司、国家民委协调推进司、中国社科院中国边疆研究所协办，中共穆棱市委、穆棱市人民政府承办。

2022 年 8 月 18 日，第三次对口支援西藏工作会议在京召开。

2022 年 8 月 26 日，第六届西藏智库国际论坛暨 2022 中国藏学论坛在北京召开。此次论坛以"新时代西藏高质量发展：永续与共享"为主题，由中国社会科学院民族学与人类学研究所、中国社会科学院西藏智库主办，中国社会科学院民族学与人类学研究所藏学与西藏发展研究室承办。

9 月

2022 年 9 月 16 日，由中国社会科学院中国边疆研究所、中国社会科学院边疆安全与发展研究中心主办的"'世界之变'与中国周边形势新动向"学术研讨会在北京举行。

2022 年 9 月 24 日，第二届"中华民族共同体视野下的历代西北边疆治理研究"学术研讨会通过线上方式举行，会议由新疆大学历史学院（西北边疆治理文献与研究中心）、武汉大学历史学院、新疆大学铸牢中华民族共同体意识研究基地、新疆大学历代西北边疆治理研究中心联合主办。

2022 年 9 月 24 日至 25 日，由辽宁大学与韩国崔钟贤学术院共同主办的"2022 东北亚论坛"以线上形式举办。

10 月

2022 年 10 月 8 日，"新疆铸牢中华民族共同体意识理论与实践"研讨会采取网络连线方式在乌鲁木齐召开。此次研讨会由新疆自治区党委统战部主办，新疆自治区民族事务委员会（宗教事务局）、新疆自治区社会科学界联合会协办，新疆师范大学承办。

2022 年 10 月 22 日，由西藏民族大学法学院承办，新疆师范大学和内蒙古大学协办的第三届边疆地区社会工作论坛在西藏民族大学举办。

2022 年 10 月 29 日，由中国民族学学会主办、东北大学秦皇岛分校承办的中国民族学学会 2022 年高层论坛暨"铸牢中华民族共同体意识与民族地区乡村振兴"学术研讨会在河北省秦皇岛市举行。

11 月

2022 年 11 月 14 日至 15 日，2022"丝绸之路：传统与当代"国际学术及实践研讨会以线上线下相结合的方式举办，会议由新西伯利亚国立大学孔子学院主办，俄罗斯科学院西伯利亚分院考古学与民族学研究所、新西伯利亚国立大学人文学院东方学教研室、新疆大学协办。

2022 年 11 月 17 日，中国东北地区和俄罗斯远东及贝加尔地区政府间合作委员会第四次会议召开。

2022 年 11 月 18 日，"深刻理解中国式现代化，携手共筑新疆美好未来"新疆区域协调发展学术研讨会以线上形式举行，会议由中国社会科学院中国边疆研究所、新疆智库、石河子大学主办，石河子大学经济与管理学院和石河子大学法学院承办。

同日，由吉林大学主办的"东北亚地区和平与发展论坛（2022）"通过线上和线下相结合方式举行。

2022 年 11 月 19 日，第 6 届中国—南亚博览会在昆明开幕，国家主席习近平向第 6 届中国—南亚博览会致贺信。

同日，"边疆发展中国论坛 2022"国际学术会议在北京召开，会议由中央民族大学主办，教育部人文社会科学重点研究基地中央民族大学中国少数民族研究中心（少数民族事业发展协同创新中心）承办。

同日，首届"中华西域文明的历史演进"学术研讨会以线上会议形式举行，会议由新疆大学历史学院（历代西北边疆治理研究中心）、新疆大学地理与遥感学院、武汉大学历史学院、新疆大学铸牢中华民族共同体意识研究基地、新疆大学西北边疆治理文献与研究中心联合主办。

2022 年 11 月 19 日至 21 日，"第三届新时代沿边开放论坛（2022）"在北京市与云南省昆明市、红河市通过"线上+线下"视频连线实时互动的方式举办。此次论坛由中共中央党校（国家行政学院）国家高端智库、中共中央党校（国家行政学院）经济学教研部、云南省商务厅、红河州委州政府共同主办，中国市场经济研究会、云南大学协办。

（供稿：孙宏年　陈　柱　张永攀，中国社会科学院中国边疆研究所）

附 录

一 中国边疆研究论著目录

1.2022 年中国边疆研究主要著作目录

（一）中国边疆理论研究

总体国家安全观研究中心、中国现代国际关系研究院：《新疆域与国家安全》，时事出版社 2022 年版。

李大光：《无形疆域安全——新时代网络安全战略研究》，研究出版社 2022 年版。

张春海：《青藏高原民族教育政策研究（1978—2021）》，学苑出版社 2022 年版。

李大龙主编、刘清涛副主编：《中国历代治边思想研究》，华夏出版社 2022 年版。

李大龙主编、刘清涛副主编：《中国历代治边政策研究》，华夏出版社 2022 年版。

李大龙主编、刘清涛副主编：《中国古代藩属与朝贡研究》，华夏出版社 2022 年版。

杨念群：《"天命"如何转移：清朝"大一统"观的形成与实践》，上海人民出版社 2022 年版。

高月：《清末新政时期中央政府对边疆地区的治理与统合研究》，中国社会科学出版社 2022 年版。

姚大力：《边疆史地十讲》，复旦大学出版社 2022 年版。

国家文物局合组编著：《大山前第 I、II 地点发掘报告》，故宫出版社 2022 年版。

赵里萌：《长春州的碎片——城四家子古城采集陶瓷标本研究》，吉林大学出版社 2022 年版。

邵会秋：《君子之兵：青铜剑与草原文化》，上海古籍出版社 2022 年版。

陈醉、陈全家、张全超、汤单炜：《哈民忙哈——新石器时代遗址综合研究》，科学出版社 2022 年版。

庄鸿雁：《大兴安岭岩画与环太平洋岩画带研究》，黑龙江人民出版社 2022 年版。

杨正权主编，黄小军、杜娟执行主编：《中国国家治理思想史论》，云南人民出版社 2022 年版。

（清）冉热·阿旺旦贝坚赞著、班玛更珠译注：《西藏王统世系·水晶鉴》，中国藏学出版社 2022 年版。

田澍：《明代河西走廊与丝绸之路研究》，中国社会科学出版社 2022 年版。
李迎春：《简牍文书与汉代西北边政》，中国社会科学出版社 2022 年版。
高荣：《简牍与秦汉邮驿制度研究》，中国社会科学出版社 2023 年版。
李并成：《丝绸之路与敦煌文化研究》，中国社会科学出版社 2023 年版。
潘春辉：《水利、移民、环境：清代河西走廊灌溉农业研究》，中国社会科学出版社 2023 年版。
张荣：《清朝乾隆时期哈萨克政策研究》，中国社会科学出版社 2022 年版。
王洁：《唐代黠戛斯历史研究》，商务印书馆 2022 年版。
朱尖：《守正与创新：中国边疆研究进展初论》，齐鲁书社 2022 年版。
许建英：《新疆历史文化研论》，社会科学文献出版社 2022 年版。
孙喆、张永江：《百年清史研究史·边疆民族卷》，中国人民大学出版社 2022 年版。
胡恒：《边缘地带的行政治理：清代厅制再研究》，社会科学文献出版社 2022 年版。
陆韧：《南方丝绸之路研究丛书·历史地理卷》，安徽人民出版社 2022 年版。
聂迅：《清代滇东南边疆民族地区国家治理的区域演进与历史进程研究》，中国社会科学出版社 2022 年版。
李文化、李彩霞、陈虹等：《南海更路簿数字人文研究论稿》，中山大学出版社 2022 年版。

（二）北部边疆研究

马长寿：《北狄与匈奴突厥人和突厥汗国》，崇文书局 2022 年版。
马长寿：《乌桓与鲜卑》，崇文书局 2022 年版。
米热古丽·黑力力：《鄂尔浑文回鹘碑铭研究》，中国社会科学出版社 2022 年版。
罗新：《内亚渊源：中古北族名号研究》，社会科学文献出版社 2022 年版。
杨若薇：《契丹王朝政治军事制度研究（修订版）》，社会科学文献出版社 2022 年版。
陶娅等：《农户的健康投资行为及其对贫困的影响研究》，中国财政经济出版社 2022 年版。
内蒙古自治区中蒙俄合作研究院、新华社、内蒙古自治区社会科学院、内蒙古财经大学：《中蒙俄经济走廊：国别经贸投资风险评估及对策研究》，中国发展出版社 2022 年版。
乌日丽格、毛艳丽、刘兴波等：《中蒙俄经济走廊框架内交通基础设施建设研究报告》，中国发展出版社 2022 年版。
朱守先著：《内蒙古能源"双控"与"双碳"目标协同效应研究》，中国社会科学出版社 2022 年版。
孙勇、孙昭亮、王春焕编著：《边疆学及跨学科西藏研究》，中国藏学出版社 2022 年版。

（三）东北边疆研究

李光明：《战国时期辽东郡相关问题研究》，辽宁人民出版社 2022 年版。

辽宁省博物馆、辽宁省文物考古研究院、吉林大学边疆考古研究中心编著:《西丰西岔沟——西汉时期东北民族墓地》,文物出版社 2022 年版。

李秀莲:《金朝社会形态演进的历史书写》,中华书局 2022 年版。

王禹浪、王天姿、王俊铮:《白山黑水之间:满族先民源流新考》,中国社会科学出版社 2022 年版。

梁晓天:《万历朝鲜战争》,现代出版社 2022 年版。

许健柏:《无力的维权:日俄战争期间清政府维护东北国民权益研究》,中国文史出版社 2022 年版。

(四)海疆与海洋史研究

吴士存:《南沙争端的由来与发展——南海纷争史国别研究》,中华书局 2022 年版。

胡志勇:《海洋治理与海洋合作研究》,上海人民出版社 2022 年版。

安然:《海洋经济高质量发展理论与实践》,中国经济出版社 2022 年版。

高健军:《国际海洋法》,法律出版社 2022 年版。

何伟宏、索安宁:《中国海域综合管理概述》,海洋出版社 2022 年版。

胡斌:《海洋法公约视角下公海保护区建设困境与对策》,中国社会科学出版社 2022 年版。

蒋小翼:《海洋保护区法律与实践之国别研究》,社会科学文献出版社 2022 年版。

曹立、何广顺:《建设海洋强国》,中国青年出版社 2022 年版。

王泽宇、孙才志、韩增林等:《中国海洋经济可持续发展的产业学视角》,科学出版社 2018 年版。

黄建钢:《论"经略海洋"经济》,陕西人民出版社 2022 年版。

李强华:《民国海权战略研究》,上海三联书店 2022 年版。

魏明孔:《陆海交汇:全球史视野下的中国社会经济变迁》,经济管理出版社 2022 年版。

邹志强等:《中国参与海上丝路沿线国家港口建设研究》,上海交通大学出版社 2022 年版。

祁怀高:《中国与邻国的海洋事务研究》,世界知识出版社 2022 年版。

陈秀武主编:《交流、博弈与征服:历史视野中的东亚海域》,商务印书馆 2022 年版。

松浦章:《清代中国商人与海商及其活动》,博扬出版社 2022 年版。

杨培娜:《生计与制度:明清闽粤滨海社会秩序》,社会科学文献出版社 2022 年版。

万明:《丝绸之路上的明代中国与世界》,中国社会科学出版社 2022 年版。

(五)西南边疆研究

谭刚:《全面抗战时期西南国际交通》,江苏人民出版社 2022 年版。

何明主编:《西南边疆民族研究第 29 辑》,学苑出版社 2022 年版。

周大鸣:《走廊与聚落:潇贺古道石枧村民族志研究》,中山大学出版社 2022 年版。

魏乐平:《记忆整合:滇西北藏族村庄民族志研究(青藏高原东部边缘民族多样性研究)》,

暨南大学出版社 2022 年版。

Xu rong Kong. *Fu Poetry Along the Silk Roads: Third-Century Chinese Writings on Exotica*. Arc Humanities Press，2022.

［日］司马辽太郎著：《司马辽太郎中国游记·西南纪行》，陕西人民出版社 2022 年版。

张翠霞：《云南人口较少民族贫困治理：理论与实践》，社会科学文献出版社 2022 年版。

黄永新：《西南农村地区小农生产现代化的实证与对策研究》，中国经济出版社 2022 年版。

莫仲宁等：《广西发展现代化家庭农场研究》，中国经济出版社 2021 年版。

王献霞等：《"云南三村"再调查》，社会科学文献出版社 2022 年版。

中共广西壮族自治区委员会农村工作（乡村振兴）领导小组办公室、广西乡村振兴战略研究院、广西乡村振兴战略研究会编：《乡村振兴改革案例研究》，中国农业出版社有限公司 2022 年版。

陈文琼、韦伟：《乡村治理结构及运行机制研究：以广西民族地区为视角》，光明日报出版社 2022 年版。

李孝坤：《西南地区村落演变与空间优化模式》，科学出版社 2022 年版。

曹能秀等：《多元文化互动与民族和谐、社区发展研究——以西南边疆四县市为例》，人民出版社 2022 年版。

徐俊六：《云南宗祠调查与研究》，中国社会科学出版社 2022 年版。

胡宝清：《广西地理》，北京师范大学出版社 2022 年版。

李红、韦永贵：《广西经济地理》，经济管理出版社 2022 年版。

孟宪伟、张创智：《广西壮族自治区海洋环境资源基本现状》，海洋出版社 2014 年版。

夏泽义、刘英姿：《广西北部湾经济区产业空间结构研究》，西南交通大学出版社 2018 年版。

张魏、尚婉洁：《云南少数民族非物质文化遗产旅游利用价值评价研究》，中国旅游出版社 2022 年版。

云南省旅游规划研究院暨中国旅游研究院昆明分院：《疫情防控常态化背景下的云南文化和旅游发展研究》，中国旅游出版社 2022 年版。

袁丹：《区隔与聚合：西南民族地区留守儿童成长的社会支持系统研究》，西南师范大学出版社 2022 年版。

周琼：《中国西南地区灾害响应与社会治理研究》，科学出版社 2022 年版。

任新民等：《中国社会主义在西南边疆多民族地区的探索与实践》，中国社会科学出版社 2015 年版。

陆鹏、吕勇：《建设新时代中国特色社会主义壮美广西：理论内涵与实践路径》，研究出版社 2022 年版。

鲍立刚：《东盟人力资源概况》，云南大学出版社 2022 年版。

（清）大汕：《海外纪事》（上、下），中华书局 1987 年版。

（清）李仙根、（清）李钟珏：《安南使事纪要新嘉坡风土记》，文物出版社 2022 年版。

（清）周灿：《安南世系略：使交吟一卷·南交好音》，文物出版社2022年版。

（六）西藏研究

郑堆主编：《〈十七条协议〉与有关西藏历史问题研究》，中国藏学出版社2022年版。

郑堆主编：《藏传因明研究6》，中国藏学出版社2022年版。

王川：《川康近代社会略论稿》，中华书局2022年版。

沈卫荣、安海燕：《从演揲儿法中拯救历史——元代宫廷藏传密教史研究》，中华书局2022年版。

孙琳：《清代西藏重大历史题材壁画叙事方式研究》，中国藏学出版社2022年版。

范久辉：《喜马拉雅深处：陈塘夏尔巴的生活和仪式》，中国藏学出版社2022年版。

拉先：《白马藏族宗教文化研究》，中国藏学出版社2022年版。

陈丹青、张青主编：《阿里：旷野神话》，中国藏学出版社2022年版。

古格·其美多吉：《西藏地名源流与文化研究》，西藏人民出版社2022年版。

魏乐平：《记忆整合：滇西北藏族村庄民族志研究》，暨南大学出版社2022年版。

张婧璞：《皮筏远行：拉萨河畔渔村生计研究》，暨南大学出版社2022年版。

李何春：《技艺传承：澜沧江的盐业与地方社会研究》，暨南大学出版社2023年版。

德吉卓玛译：《清代藏文法律文献选译》，中国藏学出版社2022年版。

德吉卓玛、尕藏加：《藏传佛教史研究·吐蕃卷》，中国藏学出版社2020年版。

西藏自治区扎囊县地方志编纂委员会编撰：《扎囊县志》，中国藏学出版社2022年版。

杨晓纯、宋颖编：《意树心花：文化学者的高原故事》，中国藏学出版社2022年版。

康涛：《草场使用制度转型与草场权属纠纷：对1992年—2014年川甘青等地草场纠纷的调查研究》，中国藏学出版社2022年版。

秀多吉：《藏族社会文化变迁探析——以安多化隆卡力岗为例》，中国藏学出版社2022年版。

琼英：《命以镌石：一个三江源石刻村落的民族志》，中国藏学出版社2022年版。

侯明主编：《西藏社会和谐稳定与法治建设研究》，厦门大学出版社2022年版。

杨文凤：《西藏旅游目的地竞争力时空演变及提升战略研究》，东南大学出版社2022年版。

张春海：《青藏高原民族教育政策研究：1978—2021》，学苑出版社2022年版。

王霞：《生存实践：西藏农区分工研究》，暨南大学出版社2022年版。

彭措郎加堪布注：《〈入菩萨行论〉讲解》，中国藏学出版社2022年版。

措如·次朗堪布著、王世镇译注：《藏传佛教宁玛派源流》，中国藏学出版社2022年版。

劳承玉：《青藏高原地区水能开发的区域经济影响研究》，人民出版社2021年版。

梁尔源：《藏东南森林生态系统与植物资源》，科学出版社2022年版。

陈学龙、徐祥德：《雅鲁藏布大峡谷水汽通道科学考察》，科学出版社2022年版。

封志明等：《中尼廊道及其周边地区资源环境基础与承载能力考察研究》，科学出版社

2022年版。

赵国栋:《流水不腐:青藏高原牧区生态与发展的深层逻辑》,中山大学出版社2022年版。

(七)新疆研究

王洁:《唐代黠戛斯历史研究》,商务印书馆2022年版。

段晴:《神话与仪式——破解古代于阗氍毹上的文明密码》,生活·读书·新知三联书店2022年版。

侯灿编:《楼兰考古调查与发掘报告》,凤凰出版社2022年版。

刘学堂:《丝路彩陶·天山卷》,三秦出版社2022年版。

蒋洪恩:《新疆吐鲁番洋海先民的农业活动与植物利用》,科学出版社2022年版。

陈晓露:《罗布泊考古研究》,上海古籍出版社2022年版。

刘文锁:《新疆考古论稿》,商务印书馆2022年版。

荣新江编著:《和田出土唐代于阗汉语文书》,中华书局2022年版。

《清代军事驻防档案》编写组:《清代军事驻防档案》,广西师范大学出版社2022年版。

管守新主编:《清代上谕档·新疆资料辑录》,新疆大学出版社2022年版。

吴元丰、厉声主编:《清代新疆满文档案汉译汇编》(11—20册),广西师范大学出版社2022年版。

吴华峰、周燕玲:《清代西域竹枝词辑注》,上海古籍出版社2022年版。

陈跃:《保卫新疆之战》,中山大学出版社2022年版。

(供稿:李大龙 宋培军 罗 静 孔迎川 陈 柱 塔米尔 乌兰巴根 初冬梅 朱 尖 齐会君 葛小辉 赵 彪 李 欣 刘静烨 樊丛维 孙方圆 宋可达 吕文利 时雨晴 袁 沙 张楠林 张永攀 刘 洁 裴儒弟 张 辉 阿地力·艾尼 刘志佳 张 帅)

2.2022年中国边疆研究主要论文目录

（一）中国边疆理论研究

周竞红：《"中国民族""中华民族"在党的百年文献中使用频度变迁管窥——以党的重要文献选编为主要考察文本》，《中国边疆史地研究》2022年第1期。

李大龙：《中华民族共同体属性与建设途径探究》，《西南民族大学学报（人文社会科学版）》2022年第3期。

李大龙：《中国古代国家治理思想及其实践》，《云南社会科学》2022年第3期。

李大龙：《"边疆"与"中国"的交融——理解和诠释中国疆域形成与发展的路径》，《思想战线》2022年第5期。

李大龙：《交融与一体：多民族国家视域下的"边疆"与"中国"——〈流动的疆域：全球视野下的云南与中国〉引出的话题》，《云南师范大学学报（哲学社会科学版）》2022年第4期。

李桂、孙善杰、李蓉蓉：《马克思主义人才观视域下边疆民族地区乡村振兴的困境与对策研究》，《湖北经济学院学报（人文社会科学版）》2022年第4期。

于玉慧：《列宁民族问题理论与实践研究》，博士学位论文，兰州大学，2022年。

李晨涌：《新疆地区马克思主义大众化研究（1949—1955）》，博士学位论文，华东师范大学，2022年。

宋培军：《马克思"亚细亚生产方式"理论与"中国式现代化"命题》，《文史哲》2022年第6期。

王震中：《比较文明学视域中中华上古文明的思想文化特质》，《世界历史》2022年第4期。

何君安、常佳敏、柴顺：《比较视野下传统中国国家形态的再认识》，《太原理工大学学报》（社会科学版）2022年第2期。

刘清涛：《整体疆域观下中国边疆的意蕴探讨》，《云南社会科学》2022年第2期。

李磊：《陆、海疆地缘秩序与传统中国的疆域成型》，《学习与探索》2022年第7期。

前卫：《从〈大风歌〉解读刘邦的天下版图疆域观》，《中国测绘》2022年第5期。

魏弋贺：《西汉大一统视域下儒家士人的政治哲学》，《四川职业技术学院学报》2022年第4期。

成一农、陈涛：《"中国疆域沿革史"历史书写发展脉络研究》，《思想战线》2022年第1期。

张鸽、王永明：《我国边疆治理研究二十年——基于2000—2020年CNKI相关文献的知识图谱分析》，《中国集体经济》2022年第4期。

李俊清、聂玉霞：《当代中国边疆安全研究的知识图谱与重点问题》，《中国行政管理》2022年第5期。

王明春、马元喜：《论新时代边疆治理的新理念新思想新战略》，《保山学院学报》2022年第3期。

叶正国：《"去中国化"背景下台湾当局南海法律论述的转向》，《台湾研究》2022年第1期。

周平：《中国国民身份问题的再审视》，《云南师范大学学报（哲学社会科学版）》2022年第1期。

何修良：《新时代中国边疆治理：从"区域主义"走向"域际主义"》，《青海社会科学》2022年第1期。

张明波：《新时代边疆民族地区治理现代化：挑战与治理路径——学习习近平总书记关于边疆和民族地区治理的重要论述》，《社会主义研究》2022年第2期。

宋培军：《新时代民族工作重要思想之核心概念界定、百年历史阐释与长时段理论建构》，《青海民族研究》2022年第1期。

雷振扬、韦贵方：《新时代党的民族工作之"纲"论析》，《西北民族研究》2022年第1期。

宋才发：《陆地边疆安全治理的目标取向与路径抉择》，《云南大学学报（社会科学版）》2022年第2期。

刘洋：《总体国家安全观视域下边疆治理现代化路径构建》，《北华大学学报（社会科学版）》2021年第4期。

王奕君：《平安边疆建设的内涵解析与实现机制》，《内蒙古社会科学》2022年第1期。

高永久、冯辉：《边疆民族地区基层民族事务治理的社会支持路径研究——基于内蒙古自治区F旗X公司的个案考察》，《云南民族大学学报（哲学社会科学版）》2022年第1期。

马春蕾、王志强、魏振知：《村落共同体——新时代新疆边疆乡村法治文化建设中的困境与对策》，《农村经济与科技》2022年第2期。

王晓毅、罗静：《共同富裕、乡村振兴与小农户现代化》，《北京工业大学学报（社会科学版）》2022年第3期。

朱圆：《我国边疆民族地区乡村治理的时代意蕴、问题与逻辑转换》，《云南农业大学学报（社会科学）》2022年第6期。

李桂、孙善杰、李蓉蓉：《马克思主义人才观视域下边疆民族地区乡村振兴的困境与对策研究》，《湖北经济学院学报（人文社会科学版）》2022年第4期。

青觉、方泽：《团结稳疆：新时代新疆推进中华民族共同体建设的社会稳定机制研究》，《中国边疆史地研究》2022年第1期。

朱光喜：《对口支援促进边疆民族地区治理创新的途径及其优化》，《北方民族大学学报》2022年第1期。

梁霄楠、李莹、宰晓娜：《论国家治理视域下边疆民族地区的社会治理》，《产业与科技论坛》2022年第2期。

洪雷：《建设忠诚干净担当的新时代民族干部队伍——学习习近平总书记关于民族干部工作的重要论述》，《中南民族大学学报（人文社会科学版）》2022年第1期。

潘可礼、张之沧：《论国家文化疆域的巩固及路径拓展》，《南京师大学报（社会科学版）》2022年第2期。

袁沙：《习近平边疆生态治理重要论述的内在逻辑》，《治理现代化研究》2022年第1期。

张鑫、段雪柳：《推广国家通用语言文字与铸牢中华民族共同体意识的互动逻辑》，《西北民族大学学报（哲学社会科学版）》2022年第1期。

刘余莉、程丽君：《"大一统"与新时代铸牢中华民族共同体意识》，《中南民族大学学报（人文社会科学版）》2022年第8期。

王浩：《中华文化"大一统"思想及其历史逻辑》，《辽宁省社会主义学院学报》2022年第2期。

刁生虎、王欢：《〈史记〉民族书写与司马迁的中华民族共同体意识》，《南都学坛》2022年第1期。

孔亭：《中华民族共同体的历史生成及其文化基因》，《新疆大学学报（哲学·人文社会科学版）》2022年第2期。

路则权：《儒家"大一统"与铸牢中华民族共同体意识——以曲阜孔庙碑刻文献为例》，《山东省社会主义学院学报》2022年第1期。

马慧、刘毅：《基于中华民族共同体意识溯源的大一统思想研究》，《延边大学学报（社会科学版）》2022年第4期。

武沐、冉诗泽：《中国大一统思想及各民族共创中华的集体记忆》，《民族研究》2022年第1期。

郑师渠：《中华民族共同体意识的近代思想论争——从傅斯年、顾颉刚到费孝通、白寿彝》，《中国高校社会科学》2022年第1期。

夏增民、魏维：《中华民族共同形成与发展的历史地理基础——以疆域与交通为中心的考察》，《华中科技大学学报（社会科学版）》2022年第3期。

马进：《铸牢中华民族共同体意识社会交往的哲学基础》，《甘肃社会科学》2022年第1期。

徐欣顺：《中华民族共同性及其增进理路：一个民族政治学的解释》，《探索》2022年第1期。

周竞红：《中华民族共同体意识具象化的理论思考》，《西南民族大学学报（人文社会科学版）》2022年第4期。

周鹏：《中华民族共同体建设的理论与实践研究》，博士学位论文，山东大学，2022年。

刘志贻：《中国共产党中华民族观的历史演进研究》，博士学位论文，贵州师范大学，2022年。

王小曼：《〈筹边纪略〉中的中华民族共同体意识》，《边疆经济与文化》2022年第2期。

李雪：《中华民族共同体建构的文学史实践——从元代色目人物传记看多族士人的文化认同》，《西北民族大学学报（哲学社会科学版）》2022年第1期。

刘正寅：《中国历史上华夏认同的演进与升华》，《历史研究》2022 年第 3 期。

王文光：《中华民族共同体研究三题》，《云南师范大学学报（哲学社会科学版）》2022 年第 1 期。

王文光、胡明、马宜果：《中华民族历史观与"四个共同"研究论纲》，《云南民族大学学报（哲学社会科学版）》2022 年第 3 期。

徐杰舜：《中华民族视野下华夏民族与汉民族历史链接研究》，《桂海论丛》2022 年第 2 期。

马冬梅、李吉和：《中华民族共同体意识的历史逻辑与理论渊源探析》，《西南民族大学学报（人文社会科学版）》2022 年第 8 期。

林超民：《中国历史整体性与中华民族共同体》，《云南师范大学学报（哲学社会科学版）》2022 年第 1 期。

杨军、徐琦：《中国古代北方民族政权共同体意识研究》，《赤峰学院学报（汉文哲学社会科学版）》2022 年第 8 期。

孔亭：《铸牢中华民族共同体意识面临的挑战与应对》，《江苏大学学报（社会科学版）》2022 年第 2 期。

蒋慧、孙有略：《铸牢中华民族共同体意识与民族地区基层治理现代化》，《湖北大学学报（哲学社会科学版）》2022 年第 1 期。

张彦君：《铸牢中华民族共同体意识视阈下民族互嵌治理初探》，《西北民族大学学报（哲学社会科学版）》2022 年第 1 期。

陈鑫、杨云霞：《铸牢边疆民族地区中华民族共同体意识的制度之维》，《学术探索》2022 年第 2 期。

郭纹廷：《中华民族共同体意识视域的边疆治理：历史经验、理论根基与现实路径》，《西北民族大学学报（哲学社会科学版）》2022 年第 1 期。

任玉丹：《铸牢中华民族共同体意识教育成效评价指标体系构建研究——基于 CIPP 模式和知信行理论》，《西南民族大学学报（人文社会科学版）》2022 年第 2 期。

李鸣：《中华民族共同体意识融入高中物理教学途径的研究》，《中学物理》2022 年第 1 期。

王靖宇、朱波：《铸牢中华民族共同体意识下云南大学生党员践行"两个维护"的研究》，《西南林业大学学报（社会科学）》2022 年第 4 期。

曹能秀、马妮萝：《中华民族共同体意识培养融入学校教育研究》，《云南师范大学学报（哲学社会科学版）》2022 年第 1 期。

冯月季：《中华民族共同体意识认同的元符号机制、挑战与路径》，《云南民族大学学报（哲学社会科学版）》2022 年第 2 期。

李卉青、何山河、黎岩：《要正确把握中华文化和各民族文化的关系，增强中华民族共同体凝聚力》，《北方民族大学学报》2022 年第 1 期。

王瑜、马小婷：《我国各民族交往交流交融的空间生产与实践路径》，《中南民族大学学报（人文社会科学版）》2022 年第 1 期。

王银宏：《"兵刑合一"：中国古代"大一统"观念的国家主义表达》，《社会科学》2022年第8期。

原超：《"大一统"的再认识："中国之治"的历史逻辑》，《中共山西省委党校学报》2022年第3期。

汪仕凯：《论政治大一统内涵、本质和演进》，《学海》2022年第5期。

尤锐（YuiPines）著、陈龙译：《中国古代政治思想中的"一贯"："大一统"理想的起源（下）》，《国学学刊》2022年第2期。

任锋、马猛猛：《"中央集权"在中国：一个现代概念的历史生成及其理论检视（1899—1911）》，《社会科学》2022年第7期。

王震中：《"大一统"思想的由来与演进》，《海南大学学报（人文社会科学版）》2022年第3期。

陈跃：《论中国古代"大一统"内涵的发展演变》，《中国边疆史地研究》2022年第1期。

姚中秋：《以国家整合为中心的大一统理念：基于对秦汉间三场政治论辩的解读》，《学海》2022年第5期。

熊永：《秦国的大一统治理与战时体制转型》，《南京大学学报（哲学·人文科学·社会科学）》2022年第2期。

欧阳坚：《秦文化与中国"大一统"思想的形成》，《甘肃社会科学》2022年第4期。

李磊：《东晋大一统规制下的关系性权力及其逆向操纵——以东晋门阀政治的内向性及慕容氏的运作策略为中心》，《内蒙古社会科学》2022年第2期。

暨爱民：《清代苗疆书院与"大一统"的国家建构逻辑》，《吉首大学学报（社会科学版）》2022年第3期。

邓涛：《清朝大一统进程与西北民族互市贸易格局的形成》，《西北民族大学学报（哲学社会科学版）》2022年第2期。

崔明德：《论范晔的"大一统"思想》，《北方民族大学学报》2022年第3期。

郑任钊：《刘基的"大一统"思想与"聚人之道"》，《宁波大学学报（人文科学版）》2022年第4期。

宫岩、武雪彬：《雍正民族"大一统"思想与清代国家治理的探索》，《江西师范大学学报（哲学社会科学版）》2022年第4期。

卜宪群、袁宝龙：《秦汉边疆治理思想的演进历程、实践经验与教训》，《河北学刊》2022年第1期。

杨丽、叶珍珍：《汉、唐北部边疆治理比较研究》，《江苏科技大学学报（社会科学版）》2022年第2期。

洪纬：《10世纪契丹南下军事经略研究》，博士学位论文，吉林大学，2022年。

乌云高娃：《元朝统一多民族国家治理及启示》，《中国社会科学报》2022年5月9日。

张述友：《爨僰军与元朝的西南边疆治理》，《湖北民族大学学报（哲学社会科学版）》2022年第1期。

戴龙辉：《从边俸到边缺：清代边疆官员选任中的制度演替》，《云南社会科学》2022年第 1 期。

宋凡:《晚清藩属政策与其外交得失关系研究》,《大连大学学报》2022 年第 4 期。

罗群、黄丰富:《"使重臣治其事"——元至清初云南边政体制嬗变与边疆治理研究》,《云南社会科学》2022 年第 1 期。

张光耀:《清代边疆族群的"国家认同"和"中国认同"研究述评》,《中国史研究动态》2022 年第 2 期。

聂迅:《清代土司基层社会治理组织体系重构:以改土归流地区为中心》,《云南民族大学学报(哲学社会科学版)》2022 年第 1 期。

李良品、祝国超:《清代道光年间土司制度与滇南边疆治理研究——以〈滇事杂档〉史料为中心》,《社会科学战线》2022 年第 2 期。

朱汉民、郎玉屏:《清代西南边疆少数民族儒家文化认同研究》,《湖南大学学报(社会科学版)》2022 年第 1 期。

宋培军:《清末民初土司的国体地位因革:从四川土司到云南土司》,《云南师范大学学报(哲学社会科学版)》2022 年第 2 期。

杨亚东:《清前期中央王朝云南治理变革及其对边疆社会发展的影响》,《西南民族大学学报(人文社会科学版)》2022 年第 2 期。

刘敏:《试论古代西域屯田治理对当代新疆屯垦戍边的启示》,《兵团党校学报》2022 年第 2 期。

宋才发:《中国边疆学研究及边疆学学科体系建设》,《贵州民族研究》2022 年第 4 期。

范恩实:《问题意识、研究方法与中国边疆学学科体系构建》,《云南社会科学》2022 年第 5 期。

罗静:《社会学的田野研究与中国边疆学自主知识体系的构建》,《云南社会科学》2022 年第 5 期。

初冬梅:《政治地理学的边疆研究进展及其在中国边疆研究中的应用》,《云南社会科学》2022 年第 5 期。

孙骁、吴莹:《镜鉴与融通:中国边疆学话语体系建构的文化路径探析》,《学术探索》2022 年第 2 期。

高福顺:《形而下之道:古代中国边疆研究的方法论刍论》,《中国边疆史地研究》2022 年第 1 期。

罗群、李淑敏:《警惕"去中国化"陷阱——评西方学者的中国西南边疆史研究》,《历史评论》2022 年第 2 期。

林超民:《云南与内地:和谐共融的整体》,《云南师范大学学报(哲学社会科学版)》2022 年第 4 期。

潘先林:《起高楼与烧砖瓦——〈流动的疆域:全球视野下的云南与中国〉史料引证问题举隅》,《云南师范大学学报(哲学社会科学版)》2022 年第 4 期。

朱尖:《"和亲"问题研究文献考察——以研究成果数据统计与内容分析为中心》,《烟台大学学报(哲学社会科学版)》2022 年第 5 期。

马大正：《从中华民族一词的产生到铸牢中华民族共同体意识》，《云南师范大学学报（哲学社会科学版）》2022年第1期。

彭庆军：《边疆治理现代化视域下的"设市治边"》，《中央民族大学学报（哲学社会科学版）》2022年第4期。

程中兴：《世界普遍交往语境下边地中华民族共同体建设：周边安全、区域发展与国家认同》，《思想战线》2022年第6期。

青觉、王敏：《边疆民族地区融入国家新发展格局的生成逻辑、面临挑战与路径取向》，《西北民族研究》2022年第5期。

方盛举、方紫意：《边疆治理视域下的开放兴边方略》，《云南社会科学》2022年第6期。

徐黎丽、于洁茹：《国家疆域：中华民族共同体建设的基础》，《中央民族大学学报（哲学社会科学版）》2022年第4期。

祁美琴、陈骏：《中华民族史观视野下北族王朝的概念与性质》，《中华民族共同体研究》2022年第5期。

郭硕：《拓跋氏"代王"号兴废考论》，《烟台大学学报（哲学社会科学版）》2022年第3期。

孙勇：《试析中国西部边疆总体供给模式效能和普适性扩展机理——以非典型二元为中心兼议边疆经济学的建构》，《西藏大学学报（社会科学版）》2022年第3期。

孙勇、徐伍达、杨荣涛：《中国边疆研究中的"边疆性"问题三探——以李安宅的"边疆性"衍生研究为例》，《西南民族大学学报（人文社会科学版）》2022年第6期。

谢守华：《隋唐之际稽胡族群的地域结构与政治动向》，《唐史论丛》第34辑，陕西新华出版传媒集团、三秦出版社2022年版。

何星亮：《文化润疆的性质、目标、任务与途径》，《中南民族大学学报（人文社会科学版）》2022年第10期。

（供稿：李大龙　宋培军　罗　静　孔迎川）

（二）北部边疆研究

贾金晖、韩宾娜：《北族都城的分布格局、时空演变与环境选择》，《中国历史地理论丛》2022年第3辑。

萨仁毕力格：《漠北匈奴城址的考古学研究》，博士学位论文，吉林大学，2022年。

莫久愚：《代国都城、北魏金陵及相关地理位置——拓跋史札记四题》，《内蒙古师范大学学报（哲学社会科学版）》2022年第3期。

张文平：《北魏武川镇若干问题考辨》，《内蒙古社会科学》2022年第2期。

全荣：《哈剌和林城始建年代考》，《内蒙古社会科学》2022年第1期。

张博：《大兴安岭、阴山山脉与内蒙古高原民族社会发展互动的历史探讨》，《中央民族大学学报（哲学社会科学版）》2022年第1期。

僧海霞：《兴废殊途：明代松山新边沿线城堡的变迁与环境》，《中国边疆史地研究》2022年第1期。

白壮壮、崔建新：《清代以来鄂尔多斯高原的沙漠化及其驱动机制》，《中国历史地理论丛》2022年第2辑。

杨建华、权乾坤《再论中国北方—蒙古高原冶金区》，《考古》2022年第8期。

潘玲、谭文妤：《呼伦贝尔鲜卑遗存中的西来文化因素——兼谈两汉时期的"草原丝绸之路"》，《考古》2022年第5期。

卜祥维：《从辽代器物造型与纹饰的形式风格见草原丝绸之路的文化特征》，《内蒙古民族大学学报（社会科学版）》2022年第1期。

崔宁、王宬：《辽代通辽地区草原丝绸之路的中外交流》，《内蒙古民族大学学报（社会科学版）》2022年第1期。

马伟、佟淑玲：《中间商·商路·市场体系：近代中国内陆腹地羊毛、毛皮输出研究》，《内蒙古社会科学》2022年第5期。

刘子凡：《重塑"瀚海"——唐代瀚海军的设立与古代"瀚海"内涵的转变》，《中国史研究》2022年第2期。

石坚军：《辽金元时期九十九泉与官山考论》，《中国边疆史地研究》2022年第2期。

李志远：《北元赛罕山地望考——兼探"阿卜"词义与敖包祭祀演变史》，《西部蒙古论坛》2022年第4期。

李硕：《从鲜于仲通家族相关史事看中古胡姓家族的汉化》，《中央民族大学学报》2022年第5期。

周昕晖：《斌良〈乌桓纪行录〉文献价值述略》，《文献》2022年第5期。

陆安理：《试论匈人起源及其与丁零的联系》，《内蒙古大学学报（哲学社会科学版）》2022年第2期。

李德山：《论北部鲜卑的发展及对东北汉文化传播的贡献》，《史学集刊》2022年第4期。

刘森垚：《分流与冲突：中古达奚氏源流考述》，《中央民族大学学报（哲学社会科学版）》2022年第1期。

雒晓辉：《都护在燕然：唐永徽元年北疆治边机构的调整》，《历史地理研究》2022年第4期。

陈浩：《全球史视野下的突厥起源叙事分析》，《史林》2022年第5期。

苗润博：《契丹建国以前部落发展史再探——〈辽史·营卫志〉"部族上"批判》，《中国边疆史地研究》2022年第1期。

苗润博：《民族记忆抑或家族标识？——契丹漆水郡望探赜》，《中国史研究》2022年第2期。

白玉冬、车娟娟：《叶尼塞碑铭所见华夏称号"王"考》，《敦煌学辑刊》2022年第2辑。

杨建林、张海斌：《新见十六国时期"宁西将军云中王"葬母石铭初释》，《中国国家博物馆馆刊》2022年第2期。

李俊：《于厥部史事考论》，《黑龙江民族丛刊》2022年第1期。

田俊武、尚秀玲：《〈悠傲信件〉所见13世纪欧洲文献中的蒙古形象》，《国际汉学》2022年第2期。

玉海：《康熙年间附牧于察哈尔扎萨克旗的喀尔喀部众及其归宿》，《中国边疆史地研究》2022年第2期。

哈斯朝鲁、乌日力嘎：《俺答汗与达隆噶举派贡噶扎西的会晤》，《中国边疆史地研究》2022年第4期。

魏建东：《从瑞应寺与卫藏安多地区的联系看清代蒙藏文化交流》，《中央民族大学学报（哲学社会科学版）》2022年第6期。

石家豪：《阿尔泰乌梁海左翼历史新考》，《西部蒙古论坛》2022年第4期。

李保文：《"可汗""可敦"释义》，《内蒙古师范大学学报（哲学社会科学版）》2022年第1期。

王石雨：《高车诸族称来源及关系探析》，《内蒙古社会科学》2022年第3期。

陈恩：《敕勒与铁勒族名新证》，余太山、李锦绣主编《欧亚学刊》新11辑，商务印书馆2022年版。

刘迎胜：《"拓跋"与"桃花石"（"條贯主"）两名关系新探》，《西北民族研究》2022年第3期。

达力扎布：《多伦会盟前喀尔喀增设扎萨克考》，《蒙古史研究》第14辑，上海古籍出版社2022年版。

李磊：《中华体制下匈奴政治传统的延续与发展——以匈奴汉国的政治模式为中心》，《西南民族大学学报（人文社会科学版）》2022年第9期。

胡康：《后突厥汗国末期史事新证——基于史源学的考察》，《学术月刊》2022年第1期。

邱靖嘉：《"超越北南"：从中枢体制看辽代官制的特性》，《历史研究》2022年第3期。

董永强：《论早期契丹与唐朝的关系——以新见〈李范墓志〉为中心》，《中国边疆史地研究》2022年第3期。

铁颜颜：《北方民族政权融入统一国家的基本路径探析——以〈唐故左屯卫郎将李公墓志铭〉为中心的研究》，《中央民族大学学报（哲学社会科学版）》2022年第3期。

晋文：《两汉王朝对匈奴的战争诉求》，《社会科学战线》2022年第8期。

齐会君：《会昌年间唐朝征讨南迁回鹘诸问题考论》，《中国边疆史地研究》2022年第3期。

李玉君、常志浩：《辽金上京之战发覆——从〈金史·卢彦伦传〉系年问题说起》，《史学集刊》2022年第3期。

王子今：《汉景帝时代的"和亲"与"不和亲"》，《中央民族大学学报（哲学社会科学版）》2022年第6期。

杜家骥：《清朝满蒙联姻之指婚制入关后发展变化及"备指额驸"问题》，《中国边疆史地研究》2022年第4期。

苏家寅：《汉、匈关系中的侍子》，《内蒙古社会科学》2022年第1期。

吕文利：《硬治理：清朝盟旗制度的运行机制及其实施效能》，《河北学刊》2022年第1期。

孙文政：《金代上京路行政区划变迁考述》，《内蒙古社会科学》2022年第6期。

胡恒：《从理事到抚民：清代归绥地区厅制变迁新探》，《清史研究》2022年第2期。

许富翔：《边疆整合视阈下民国初年热河的政区改制》，《中国历史地理论丛》2022年第2期。

特尔巴衣尔：《清代科布多官学考》，《清史研究》2022年第1期。

张文平：《从赵武灵王到王昭君——战国秦汉时期河套地区长城防御体系的演变》，《内蒙古师范大学学报（哲学社会科学版）》2022年第5期。

张文平：《元代汪古部砂井总管府、按打堡子故城新考》，《文物》2022年第8期。

孟凡云：《从俺答汗求贡文书之书写、交涉看明蒙间的群体认同》，《中南民族大学学报（人文社会科学版）》2022年第4期。

郭桂坤：《唐瀚海、单于二都护府初置年代再考》，《中国历史地理论丛》2022年第3期。

李荣辉、陈永志：《唐代单于都护府故地新出土刘如元墓志考释》，《内蒙古师范大学学报（哲学社会科学版）》2022年第3期。

程丽、牛敬忠：《清代归化城土默特地区的土地契约》，《内蒙古社会科学》2022年第4期。

马维仁：《明代"长城"与"边墙"称谓考辨》，《中国边疆史地研究》2022年第4期。

宝音朝克图：《清代漠北金山卡伦考》，《清史研究》2022年第4期。

苏德毕力格：《清代察哈尔官牧群考述——以上都达布逊诺尔牧群为中心》，《内蒙古社会科学》2022年第5期。

黄治国：《清代绥远城驻防研究述要》，《内蒙古大学学报（哲学社会科学版）》2022年第2期。

武宁：《国家－社会良性互动与统一多民族国家的文化认同——内蒙古乌兰牧骑的公共文化实践》，《广西民族大学学报（哲学社会科学版）》2022年第3期。

饶曙光、尹鹏飞：《〈海的尽头是草原〉：少数民族电影的共同体叙事新探索》，《当代电影》2022年第10期。

穆晓艳、王颖、蔡庆、香春、何小华：《边疆民族地区高校图书馆红色文献建设和红色文化传播实践——以内蒙古师范大学图书馆为例》，《大学图书馆学报》2022年第1期。

邱晓、肖燚、石磊：《基于生态资产的内蒙古生态保护效益评估》，《生态学报》2022年第13期。

孙立超、郭露露、全嘉美、段增强、王健、贾贵举、董康宁、董杰：《面向国土空间规划的生态保护重要性评价——以内蒙古东部地区兴安盟为例》，《中国农业大学学报》2022年第7期。

李伊彤、荣丽华、李文龙、程磊：《生态重要性视角下东北林区县域生态安全格局研究——以呼伦贝尔市阿荣旗为例》，《干旱区地理》2022年第5期。

郭慧、张心灵：《草原生态补奖政策对牧户养殖效率的影响研究——以内蒙古鄂尔多斯地区为例》，《家畜生态学报》2022年第6期。

史国锋、张佳宁、姚林杰、赵艳云、丁勇、张庆：《内蒙古草原生态系统健康评价体系构建——基于植被型、植被亚型、群系三个等级》，《内蒙古大学学报（自然科学版）》2022

年第1期。

特力格尔、那仁满都拉、郭恩亮、阿如娜、康尧、娜仁夫：《内蒙古植被稳定性及其影响因素分析》，《长江科学院院报》2022年第4期。

张岩、哈斯巴根：《内蒙古生态脆弱区经济—社会—生态环境系统综合评价》，《科技和产业》2022年第4期。

刘继文、良警宇、辛媛媛：《主体再造与多元参与："村民自办文化"的实践机制——基于内蒙古邓村的田野考察》，《南京农业大学学报（社会科学版）》2022年第4期。

刘明越、邓婷鹤、柴智慧：《内蒙古自治区农牧业产业扶贫与生态扶贫耦合协调分析》，《中国农业资源与区划》2022年第6期。

丁家鹏：《将蒙东打造为内蒙古对外开放新前沿的路径选择》，《北方经济》2022年第1期。

王哲：《边疆治理视域下黑龙江省融入中蒙俄经济走廊的路径选择》，《对外经贸实务》2022年第7期。

王国秀、郝大为：《讲政治担使命见行动 书写高质量发展新篇章——访呼和浩特海关关长李建伟》，《中国海关》2022年第3期。

田惠敏、张欣桐：《中蒙俄经济走廊三国新动向——中蒙俄合作发展动向及展望》，《中国市场》2022年第24期。

杨习铭、董厶菲、高志刚：《中蒙俄经济走廊产能合作研究——基于细分产业贸易竞争力的动态分析》，《价格月刊》2022年第9期。

孟根仓、萨如拉：《"中蒙俄经济走廊"建设背景下跨境区域经济合作研究——以俄罗斯布里亚特共和国为例》，《东北亚经济研究》2022年第6期。

米军、陆剑雄：《中蒙俄经济走廊金融合作发展、风险因素及深化合作的思考》，《欧亚经济》2022年第2期。

匡增杰：《中蒙俄经济走廊次区域合作：进展、挑战与深化路径》，《学习与探索》2022年第3期。

张宇晴、熊涓：《中蒙俄运输服务贸易合作新发展研究》，《对外经贸》2022年第3期。

戴敏：《呼伦贝尔市与俄蒙经贸合作的路径探析》，《现代商业》2022年第20期。

张月琴：《万里茶道山西段的市镇、茶叶贸易及历史意义》，《农业考古》2022年第2期。

邢晶：《后疫情时代中蒙俄经济走廊人文交流的挑战与展望》，《阴山学刊》2022年第2期。

王景峰、冯利伟：《中蒙俄高等教育合作机制与模式研究》，《边疆经济与文化》2022年第10期。

闫冬、吴华：《中蒙俄经济走廊建设对蒙汉兼通人才需求的影响》，《开发研究》2022年第3期。

包锋：《中蒙俄经济走廊建设背景下内蒙古职业教育高质量发展行动路向》，《教育理论与实践》2022年第15期。

张久和、张祥瑞：《中华民族共同体视域下战国时期内蒙古地区各民族的关系》，《内蒙古社会科学》2022 年第 3 期。

赵月梅：《各民族交往交流交融的历史演进与现代治理——以内蒙古通辽地区为例》，《北方民族大学学报》2022 年第 3 期。

M Jiang, L He, B Fan, T Wang, N Yang, Y Liu, Y Xu, K Dong, G Hao, L Chen, Intraspecific more than interspecific diversity plays an important role on Inner Mongolia grassland ecosystem functions: A microcosm experiment, *Science of the Total Environment*, 2022.

Ariell Ahearn & Troy Sternberg, Ruins in the making: socio-spatial struggles over extraction and export in the Sino-Mongolian Borderlands, *Eurasian Geography and Economics*.

Ц.Цэрэндоржэрхлэнхэвлүүлэв, Хархорум800, Улаанбаатар, 2022.

Н.Ганбатнар, Монгол-Хятадынхарилцааныондараалльштовчоон（2015-2019）, Улаанбаатар: БэмбиСанXXК, 2022.

（供稿：陈　柱　塔米尔　乌兰巴根）

（三）东北边疆研究

郭孟秀：《关于勿吉考古文化的推定》，《学习与探索》2022 年第 1 期。

宫健泽、卢娇、林国亮：《论康熙朝对朝鲜"礼"的约束——以景宗两次册封为例》，《延边大学学报（社会科学版）》2022 年第 1 期。

王禹浪、吴博：《近二十年来渤海早期王城东牟山山城再研究》，《哈尔滨学院学报》2022 年第 1 期。

王禹浪、王俊铮、许盈：《韩国学界的靺鞨研究——朝鲜半岛古史体系的一项检视》，《黑河学院学报》2022 年第 2 期。

王禹浪、寇博文：《金代肇州地理位置再研究》，《石河子大学学报（哲学社会科学版）》2022 年第 2 期。

王禹浪、张佳慧：《东北亚丝绸之路研究四十年概述》，《哈尔滨学院学报》2022 年第 5 期。

孙心雷：《金代铁器与女真渔猎文化关系初探——从哈尔滨市博物馆馆藏金代铁器谈起》，《边疆经济与文化》2022 年第 2 期。

孙炜冉：《高句丽赈贷法发微》，《北方文物》2022 年第 1 期。

冯恩学、侯璇：《渤海国建国之地与国号变迁新识》，《北方文物》2022 年第 1 期。

冯恩学、赵东海：《扶余府城与黄龙府城的城址变迁》，《中国历史地理论丛》2022 年第 3 期。

赵智滨：《从东北边疆局势的变化看安东都护府内迁》，《元史及民族与边疆研究集刊》第 40 辑，上海古籍出版社 2021 年版。

史话、焦彦超：《辽东属国再探讨》，《北方文物》2022 年第 1 期。

宋娜娜：《唐与高句丽之战政治意图与论战策略》，《文化创新比较研究》2022 年第 4 期。

亓冠华：《论民国初期东北关内移民的流动特点》，《学理论》2022 年第 2 期。

于辉、刘俞彤、曹其然：《整体观视角下高句丽山城空间保护更新研究——以庄河市城山古城为例》，《艺术与设计（理论）》2022年第2期。

孙炜冉：《大伴连狭手彦与百济共破高句丽记事辨析》，《福建江夏学院学报》2022年第1期。

陶昱睿：《辽朝藩属体制研究》，硕士学位论文，烟台大学，2022年。

张振兴：《隋唐营州入安东道研究》，硕士学位论文，辽宁大学，2022年。

刘晓溪：《嫩江流域新石器至早期铁器时代聚落考古研究》，硕士学位论文，吉林大学，2022年。

余静：《吉林长春市东照地遗址发掘简报》，《北方文物》2022年第2期。

刘露露：《辽上京城的渤海因素探析》，《北方文物》2022年第2期。

杜晓：《黑龙江抚远市黑瞎子岛湿地公园遗址试掘简报》，《北方文物》2022年第2期。

辛时代、郭威：《渤海国章服制度研究》，《北方文物》2022年第2期。

李诗：《九一八事变后中国学者的"学术戍边"研究——以徐中舒的明清东北史研究为例》，《兰台世界》2022年第3期。

张明富、李祥东：《清前期东北边疆治理中的富察氏家族》，《重庆社会科学》2022年第3期。

曹怀文、王飒：《明代海西女真首位聚落的军事防御体系研究》，《建筑史学刊》2022年第1期。

张晓舟：《论李尽忠之乱期间的辽东情势——兼议乞四比羽东奔时间》，《中国边疆史地研究》2022年第1期。

苗润博：《民族记忆抑或家族标识？——契丹漆水郡望探赜》，《中国史研究》2022年第2期。

马驰：《清前期黑龙江流域特产贸易研究》，硕士学位论文，黑龙江大学，2022年。

冯立君：《唐与高句丽、百济道教交流问题新探》，《唐史论丛》第34辑，三秦出版社2022年版。

高志超：《论明清时期晏公信仰在辽东地区的流布与退出》，《渤海大学学报（哲学社会科学版）》2022年第2期。

张兴旺：《辽东半岛地域文化发展演变研究（新石器时代至清中期）》，硕士学位论文，辽宁师范大学，2022年。

黄盛浩：《清代鸦片战争前盛京地区旗民划界问题研究》，硕士学位论文，辽宁大学，2022年。

董浩哲：《清代盛京地区驻防城守尉研究》，硕士学位论文，辽宁大学，2022年。

王晨晖：《三燕与高句丽文化交流的考古学研究》，硕士学位论文，吉林大学，2022年。

隋庆宇、周燕、樊磊：《渤海国农业景观特征研究》，《乡村科技》2022年第7期。

孙炜冉：《〈日本书纪〉中遣使高句丽有关记载的政治动机》，《天中学刊》2022年第2期。

李磊：《重构中国史叙事：普遍政治秩序与区域历史的互动》，《探索与争鸣》2022年第 4 期。

朱圣明：《秦汉边民与"亡人""蛮夷"的演生——以东北边塞为例》，《学术月刊》2022年第 4 期。

关锐、刘小萌：《清代东北封禁政策下的流民生计——以吉林珲春为中心的考察》，《贵州民族研究》2022年第 2 期。

赵令志：《明末女真卫所衰落与建州女真的崛起——以穆昆塔坦档所载敕书为中心》，《历史研究》2022年第 2 期。

陈俊达：《辽朝军事区划体系研究——兼论辽代"道""路"诸问题》，《史学集刊》2022年第 3 期。

李麒：《元明之际的东北局势与中朝关系》，硕士学位论文，辽宁大学，2022年。

马银笛：《东北地区出土的高句丽瓦当分类研究》，硕士学位论文，辽宁大学，2022年。

庞婧雅：《清代布特哈八旗民族生计研究》，硕士学位论文，西北农林科技大学，2022年。

苏月：《近代东北地区日籍侨民管理研究（1905—1931）》，硕士学位论文，辽宁大学，2022年。

伏雪婷：《中国共产党东北地区移民新村建设研究（1949—1958）》，硕士学位论文，吉林大学，2022年。

李建：《黑龙江流域绥滨东胜明代墓地古代人群基因组学研究》，硕士学位论文，吉林大学，2022年。

任嘉敏：《高句丽复合主题纹饰瓦当研究》，硕士学位论文，吉林大学，2022年。

张静雯：《俄罗斯境内渤海佛教遗存的发现与研究》，硕士学位论文，吉林大学，2022年。

何川：《吉林将军长顺治边研究》，硕士学位论文，哈尔滨师范大学，2022年。

孙慧雨：《辽圣宗朝属国治理研究》，硕士学位论文，哈尔滨师范大学，2022年。

彭博：《东北解放区农村反奸清算运动研究》，硕士学位论文，吉林大学，2022年。

史守林、王旭：《近四十年中国学界唐代渤海国五京研究综述》，《地域文化研究》2022年第 3 期。

何雨濛、宋玉彬：《2019—2020年度俄罗斯渤海考古研究综述》，《北方文物》2022年第 3 期。

冯立君：《中古辽西所见胡汉互动与交融》，《中央民族大学学报（哲学社会科学版）》2022年第 3 期。

何伊：《康熙时期穆克登勘界立碑相关问题再研究——结合16—19世纪若干朝鲜古地图的考察》，《延边大学学报（社会科学版）》2022年第 3 期。

杨丽婷：《清廷三大实测全图东北地区比较研究》，《历史地理研究》2022年第 2 期。

王飞峰、李新全、李海波：《辽宁盖州市青石岭山城四号门址》，《考古》2022年第 5 期。

辛时代、赵小贵：《契丹对唐朝贡述论》，《渤海大学学报（哲学社会科学版）》2022年第 3 期。

赵晓宇：《吴大澂东北筹边及其当代启示研究》，硕士学位论文，辽宁师范大学，2022年。

杜笑琦：《唐文化对渤海国的影响》，硕士学位论文，黑龙江省社会科学院，2022年。

赵春兰、韦正:《阿弗拉西阿勃台地城址壁画高句丽使者身份考》,《四川文物》2022年第3期。

沈红、赵伟、綦中明:《艺术人类学视域下的唐代渤海国纹样研究》,《大观》2022年第6期。

王耘:《辽宋金时期女真人家庭观念与治政特色》,《北方论丛》2022年第4期。

王连龙、黄志明:《唐代高句丽移民〈李仁晦墓志〉考论》,《文物季刊》2022年第2期。

王俊铮:《北朝石窟视阈下高句丽墓葬壁画中的佛教元素——以长川1号墓为中心》,《敦煌研究》2022年第3期。

拜根兴:《〈唐故余杭郡太夫人泉氏墓志〉考释》,《文博》2022年第3期。

赵里萌:《辽与生女真边界的考古学观察》,《中国国家博物馆馆刊》2022年第6期。

王娣:《清代东北流人方志中的宁古塔地区满汉民族交往交流研究》,《黑龙江民族丛刊》2022年第3期。

王磊:《晚清东北双城堡旗人婚姻行为特征与变化》,《北京社会科学》2022年第6期。

沈一民:《唐代封贡体系下的贡物制度——以渤海国贡物为视角》,《江西社会科学》2022年第6期。

刘健佐、姜维公:《高句丽建国神话流变探析》,《中国边疆史地研究》2022年第2期。

刘晓东:《从"斜烈"到"薛礼"——元明清辽东地区一个驿站名称的演变》,《中国边疆史地研究》2022年第2期。

郑春颖、盛宇平:《高句丽"鄣曰"新考》,《中国边疆史地研究》2022年第2期。

蒋璐、赵里萌、解峰:《珲春古城村1号寺庙址始建年代及出土造像研究》,《文物》2022年第6期。

乔雨、梁会丽:《六顶山渤海墓葬墓上建筑相关问题研究》,《黑河学院学报》2022年第6期。

王善军:《女真贵种与金代政治文明的演变》,《中国社会科学》2022年第6期。

王力恒:《东汉王朝的"四边"经略研究》,硕士学位论文,广西师范大学,2022年。

谢颜:《1912—1931年东北地区移民的影响与启示》,《人口学刊》2022年第4期。

林立坤:《渤海国与唐朝朝贡研究》,《兰台世界》2022年第7期。

王俊铮:《三燕佛教及其遗迹、遗物》,《地域文化研究》2022年第4期。

刘嵬:《中国东北地区契丹—辽音乐文化遗存的研究》,《音乐生活》2022年第7期。

刘海洋、付雨鑫、殷铭徽:《东北地区唐代渤海古城遗址空间格局及影响因素分析》,《地理科学》2022年第6期。

郝素娟:《金末女真人南迁与金朝国运》,《济南大学学报(社会科学版)》2022年第4期。

李花子:《朝鲜王朝〈西北界图〉考——兼论与清朝舆图、志书的关系》,《清华大学学报(哲学社会科学版)》2022年第4期。

褚金刚、吴炎亮、孙予航等:《辽宁桓仁县三座高句丽山城及北沟关隘遗址调查报告》,《北方文物》2022年第4期。

王孝华、刘晓东:《渤海德里府、德理镇与边州军镇设防问题考》,《中州学刊》2022年第 7 期。

宋兆麟：《谁发明了活字印刷——从渤海国〈木活字制作图〉谈起》，《民艺》2022 年第 4 期。

李磊：《刘宋的"东服"秩序与东亚的多边关系》，《上海师范大学学报（哲学社会科学版）》2022 年第 4 期。

辽宁省博物馆等：《西丰西岔沟——西汉时期东北民族墓地》，《文物》2022 年第 7 期。

彭善国、张欣怡：《渤海釉陶新探——以日用釉陶器为中心》，《考古与文物》2022 年第 4 期。

褚金刚、王琦、佟晓芳等：《辽宁西丰城子山山城 2020 年考古调查与 1 号门址发掘简报》，《文物》2022 年第 8 期。

宋卿、孙孟：《北方民族对中华法律文化的传承与发展——以契丹、女真、蒙古为例》，《赤峰学院学报（汉文哲学社会科学版）》2022 年第 8 期。

许健柏：《民国东北的商租危机与舆论应对》，《湖南第一师范学院学报》2022 年第 4 期。

郑东珉：《唐朝疆域内高句丽遗民的杂居》，《衡水学院学报》2022 年第 5 期。

张璐繁、梁会丽：《浅谈渤海国的风铃》，《地域文化研究》2022 年第 5 期。

王司晨、罗智文：《吉林和龙市龙海墓区 M2 出土的晚期瓷器》，《地域文化研究》2022 年第 5 期。

刘晓东：《关于乞四比羽在营州之乱、靺鞨东奔中的身份及地位问题》，《北方文物》2022 年第 5 期。

李继锋：《金代女真文化儒化述论》，《北方文物》2022 年第 5 期。

张维慎：《龙朔元年苏定方东征高句丽失利原因再探》，《陕西师范大学学报（哲学社会科学版）》2022 年第 5 期。

李辰元、宋玉彬、李强等：《龙头山渤海墓地出土有色金属文物浅析》，《故宫博物院院刊》2022 年第 9 期。

范立君：《清代东北移民会馆的兴起与近代转型》，《吉林师范大学学报（人文社会科学版）》2022 年第 5 期。

周喜峰：《简论〈皇清职贡图〉中的东北渔猎民族》，《吉林师范大学学报（人文社会科学版）》2022 年第 5 期。

程尼娜：《渤海国朝唐贺正使考论》，《中国边疆史地研究》2022 年第 3 期。

陈晓伟：《〈金史〉边疆史地校勘问题献疑》，《中国边疆史地研究》2022 年第 2 期。

王万志：《唐代渤海国"二元"地方制度下羁縻统辖研究》，《中国边疆史地研究》2022 年第 3 期。

孙炜冉：《高句丽与日本的早期通交关系》，《商洛学院学报》2022 年第 5 期。

王美艳、冉宇迪：《中原汉文化对高句丽壁画角抵图像的影响研究》，《艺术与设计（理论）》2022 年第 11 期。

孙建权、兰世林：《论金前期国王爵的兴废与女真世爵的演变》，《辽宁师范大学学报（社会科学版）》2022 年第 6 期。

李佳：《从边镇到盛京：明清时期辽东地区的行政区划与管理策略变迁》，《中国边疆史地研究》2022年第4期。

王大任：《来自商人的"人情贷"——近代东北乡村商业资本对乡村基层社会网络的嵌入》，《清华大学学报（哲学社会科学版）》2022年第6期。

王广义、高哲：《近代东北乡村经济的生产协作关系及其变化》，《中国社会历史评论》2022年第1期。

王福华：《近代东北地区商号的反帝爱国活动》，《社会科学动态》2022年第11期。

刘岳兵：《近代中日关于东北问题的论争》，《南开学报（哲学社会科学版）》2022年第1期。

段成荣、盛丹阳：《1953年以来东北三省人口跨省迁移研究——基于普查存活比法》，《人口学刊》2022年第4期。

宋丽敏、张铭志：《东北地区人口流动、居留及落户意愿的影响因素分析》，《人口与发展》2022年第1期。

魏后凯、李玏、杨沫：《东北县域人口流失的特征、原因及应对措施》，《社会科学战线》2022年第8期。

李卓伟、王士君、程利莎：《东北地区人口流动与多元交通网络格局的偏离和关联》，《地理科学进展》2022年第6期。

王士君、顾萌、常晓东：《东北振兴政策体系解构及区域经济响应研究》，《地理学报》2022年第10期。

柳清瑞、王维华：《东北地区人口迁移影响经济增长的传导机制研究》，《工业技术经济》2022年第7期。

李袁园：《东北地区人口年龄结构老化对经济发展影响的作用机制研究》，《东北师大学报（哲学社会科学版）》2022年第5期。

张松、彭云艳：《论黑龙江省人口流失对经济增长造成的影响》，《中国市场》2022年第25期。

林毅夫、尤炜、张皓辰：《"东北现象"及其再解释——产业结构转型的视角》，《中国经济学》2022年第2期。

邴正、王璐：《东北振兴的产业结构与社会结构调整》，《社会发展研究》2022年第1期。

张志元、秦通：《新发展格局下的东北经济高质量发展研究》，《辽宁省社会主义学院学报》2022年第1期。

张明斗、翁爱华：《东北地区产业结构优化与城市土地集约利用协调性》，《自然资源学报》2022年第3期。

赵新宇、苗鑫桐：《城镇化发展、资本投资与区域经济增长——基于东北地区数据的实证分析》，《河南师范大学学报（哲学社会科学版）》2022年第3期。

姚树洁、刘嶺：《新发展阶段东北地区高质量发展探究》，《学习与探索》2022年第9期。

和军、刘勇：《东北地区城市收缩的识别测度与原因分析》，《长白学刊》2022年第4期。

孙平军、张可秋、何田：《东北三省收缩城市城乡一体化收缩效应及其作用机理研究》，

《地理科学进展》2022 年第 7 期。

庞德良、于明君、王婧美：《新发展格局下东北地区推进高水平对外开放研究》，《当代经济研究》2022 年第 11 期。

刘志彪、仝文涛：《新发展格局下重振东北工业价值链的战略思考》，《中国国情国力》2022 年第 3 期。

赵球：《以高水平对外开放为抓手推动东北全面振兴的对策研究》，《辽宁经济》2022 年第 11 期。

李晓玲、刘志高、谭爽等：《中国黑龙江省与俄远东跨境经济合作空间组织模式的演变》，《地理学报》2022 年第 8 期。

李娟、熊兴怡：《黑龙江省对俄口岸经济发展研究》，《金融理论与教学》2022 年第 5 期。

徐倩、高鹏宇、李雅君：《黑龙江省对俄高等教育合作办学的现状、问题及对策》，《齐齐哈尔大学学报（哲学社会科学版）》2022 年第 2 期。

段炼：《习近平关于新时代东北振兴重要论述的理论创新》，《辽宁经济》2022 年第 4 期。

冯彦明：《东北振兴的中国经济学视角及其产业选择》，《区域经济评论》2022 年第 2 期。

张双悦：《东北地区全面振兴的路径依赖、锁定与新突破》，《哈尔滨工业大学学报（社会科学版）》2022 年第 5 期。

张万强、温晓丽：《推进东北地区全面振兴实现新突破的路径研究》，《地方财政研究》2022 年第 10 期。

丁晓燕：《东北振兴面临的新形势与新突破》，《辽宁经济》2022 年第 11 期。

杨玉文、张云霞：《东北边疆地区人口迁移对产业转型升级的影响》，《中南民族大学学报（人文社会科学版）》2022 年第 4 期。

张洪玮、王慧姝：《东北抗联精神赓续传承的价值意蕴》，《社会科学战线》2022 年第 2 期。

封安全：《"双循环"新发展格局下深化中俄经贸合作的新内涵》，《社会科学战线》2022 年第 8 期。

曹晓东、张彤彤、陈琪：《黑龙江省参与"冰上丝绸之路"建设的路径探析》，《对外经贸》2022 年第 3 期。

（供稿：初冬梅　朱　尖　齐会君　葛小辉　赵　彪）

（四）海疆与海洋史研究

方堃：《中国海疆史研究的几个问题》，《中国海洋大学学报（社会科学版）》2022 年第 1 期。

李贤强：《海分三路：明代广东的海防分路》，《中国边疆史地研究》2022 年第 1 期。

宋可达：《清代沿海政区海域勘界及其影响》，《云南师范大学学报（哲学社会科学版）》2022 年第 6 期。

王泉伟：《清代沿海诸厅与海疆管理研究》，《中国边疆史地研究》2022 年第 3 期。

胡鹏飞、李晓彤：《从"首重舟师"到"裁船改员"——驻粤旗营水师与清代海防研究》，《中国边疆史地研究》2022年第2期。

郭渊：《论20世纪30年代初南京国民政府领海法令的颁布及对海洋权益的维护》，《南海学刊》2022年第5期。

郭永虎、闫立光：《美国有关1978年中日"钓鱼岛事件"应对决策初探——基于美国新近解密档案的解读》，《中国边疆史地研究》2022年第1期。

王日根：《蓝鼎元治台思想片论》，《台湾历史研究》2022年第1期。

王宏斌：《清代福建军政大员巡台制度考》，《台湾历史研究》2022年第1期。

陈孔立：《剖析台湾"独"派曲解郑成功历史的学理谬误》，《台湾研究集刊》2022年第5期。

杨彦杰：《郑成功复台的民族政策及其影响》，《台湾历史研究》2022年第4期。

汪小平：《论台湾光复的合法性——以二战期间美军占领台湾计划为中心的考察》，《台湾历史研究》2022年第2期。

钟奕诚：《1950年代初台湾当局与美国亚太集体安全体系关系考论——以〈澳新美安全条约〉成员范围扩大化问题为中心》，《台湾历史研究》2022年第4期。

陈开科：《俄罗斯的台湾史研究》，《台湾历史研究》2022年第4期。

陈孔立：《关于台湾史学术体系的三点思考》，《台湾历史研究》2022年第3期。

刘相平：《以"中华民族史观"为主轴构建台湾史"三大体系"》，《台湾历史研究》2022年第2期。

冯琳：《关于构建战后台湾史话语体系的几点思考》，《台湾历史研究》2022年第3期。

张海鹏：《建设台湾史学科，为正确阐明台湾历史而努力——为纪念中国社会科学院台湾史研究中心成立20周年而作》，《台湾历史研究》2022年第3期。

范记川、郑泽民：《张人骏领土主权意识初探——以收复东沙岛和勘察西沙群岛为中心》，《南海学刊》2022年第4期。

谭卫元：《美国对南沙群岛的认知与政策演变（1898—1946）》，《中国边疆史地研究》2022年第3期。

王巧荣：《英国对南海诸岛主权问题的立场考论——以"克洛马事件"为中心》，《清华大学学报（哲学社会科学版）》2022年第3期。

蔡梓：《病笃乱投医：英国"南沙基地建设"构想的形成与幻灭（1935—1938年）》，《太平洋学报》2022年第10期。

贾庆军：《20世纪50年代前美国对南海的地缘认知演变》，《世界地理研究》2022年第5期。

栗广：《20世纪五六十年代中美在南海问题上的博弈》，《军事历史研究》2022年第2期。

郭永虎、朱博：《美国国家档案馆所藏钓鱼岛问题档案及其文献价值》，《北华大学学报（社会科学版）》2022年第3期。

张家栋、王祥宇：《美日印澳四国机制的实质、由来和发展趋势》，《国际观察》2022年第4期。

乔亮:《日本"印太"战略的生成、演变和发展的新趋势》,《东北亚论坛》2022年第4期。

王琛:《印尼的中等强国外交及其对中国的影响——基于双重身份认知视角的分析》,《东南亚研究》2022年第4期。

王鹏、颜婕:《美国推动构建"三边安全伙伴关系"的地缘战略逻辑》,《当代美国评论》2022年第1期。

吴昊、张景全:《霸权护持视角下美国"印太同盟体系"的建构动因与战略举措》,《印度洋经济体研究》2022年第6期。

杨震:《美国海权理论的发展演进与"分布式杀伤"概念研究》,《亚太安全与海洋研究》2022年第3期。

李冠群:《中国海权发展的战略目标、基本限度和路径》,《亚太安全与海洋研究》2022年第3期。

王赓武:《新"海上丝绸之路":中国与东盟》,《南洋问题研究》2022年第2期。

滕建群:《论大国竞争背景下美国对华海上博弈》,《太平洋学报》2022年第1期。

叶正国:《"去中国化"背景下台湾当局南海法律论述的转向》,《台湾研究》2022年第1期。

李海东:《奥库斯安全同盟解析:性质、影响与前景》,《当代世界》2022年第5期。

张颖:《中国海洋安全:理念认知、现实意义和实践路径》,《亚太安全与海洋研究》2022年第1期。

高文胜、刘洪宇:《"印太"视域下的日法海洋安全合作及其对华影响》,《太平洋学报》2022年第2期。

赵懿黑:《美国"印太战略"下美韩海洋安全合作研究》,《太平洋学报》2022年第3期。

李昕蕾:《全球海洋环境危机治理:机制演进、复合困境与优化路径》,《学术论坛》2022年第2期。

关孔文、闫瑾:《全球海洋安全治理困境及其应对策略》,《国际展望》2022年第3期。

李途:《自主—依赖困境:澳大利亚的海洋战略调整》,《亚太安全与海洋研究》2022年第3期。

王雪:《百年大变局下中国海洋话语权的提升:目标定位、限制因素与策略选择》,《国际论坛》2022年第3期。

王玥:《印太语境下澳大利亚与印度尼西亚的海洋安全合作》,《印度洋经济体研究》2022年第4期。

庞中英:《联合国可持续发展目标及其对全球海洋治理的意义》,《人民论坛·学术前沿》2022年第15期。

朱锋:《海洋强国的历史镜鉴及中国的现实选择》,《人民论坛·学术前沿》2022年第17期。

廖民生、刘洋:《新时代我国海洋观的演化——走向"海洋强国"和构建"海洋命运共同体"的路径探索》,《太平洋学报》2022年第10期。

崔守军、范存祺、蓝心辰:《"印太背景"下的美国—印尼海上安全合作》,《广西大学学报（哲学社会科学版）》2022 年第 6 期。

田诗慧、郑先武：《关系性权力与亚太海洋安全合作"东盟中心地位"构建》，《当代亚太》2022 年第 6 期。

张景全、吴昊：《论新时代的海洋政治学》，《南洋问题研究》2022 年第 4 期。

于霄、全永波：《区域性海洋治理机制：现状、反思与重构》，《中国海商法研究》2022 年第 2 期。

周江、徐若思：《〈联合国海洋法公约〉项下海洋环境治理规则体系演变及中国应对》，《中国海商法研究》2022 年第 2 期。

王琪、周香：《从过程到结果：全球海洋治理制度的建构主义分析》，《东北亚论坛》2022 年第 4 期。

全永波：《海洋环境跨界治理的国家责任》，《中国高校社会科学》2022 年第 4 期。

陈曦笛、张海文：《全球海洋治理中非政府组织的角色——基于实证的研究》，《太平洋学报》2022 年第 9 期。

叶泉：《全球海洋治理的软法之治与中国的战略选择》，《南洋问题研究》2022 年第 4 期。

赵昕：《海洋经济发展现状、挑战及趋势》，《人民论坛》2022 年第 18 期。

朱雄、曲金良：《"共同体"视野下的中国"海洋强国"建设》，《海交史研究》2022 年第 2 期。

傅梦孜、刘兰芬：《全球海洋经济：认知差异、比较研究与中国的机遇》，《太平洋学报》2022 年第 1 期。

王刚：《中国海洋治理体系建设的发展历程与内在逻辑》，《人民论坛·学术前沿》2022 年第 17 期。

邵育群：《特朗普时期以来美国一个中国政策的变化及其危害性》，《台湾研究集刊》2022 年第 6 期。

冯晨曦：《联盟管理视域下拜登政府的对台政策联动分析》，《台湾研究集刊》2022 年第 6 期。

汪曙申：《中美竞争视角下美国介入台海的政策探析》，《当代美国评论》2022 年第 4 期。

王鹤亭：《一个中国原则对国际社会涉台用语的规制研究》，《厦门大学学报（哲学社会科学版）》2022 年第 6 期。

李义虎：《〈台湾问题与新时代中国统一事业〉白皮书的战略意义和显著特点》，《台湾研究》2022 年第 5 期。

童立群：《蔡英文连任以来台湾地区与欧洲关系新动向及其影响》，《台湾研究集刊》2022 年第 5 期。

王强：《日本亲台势力炮制"与台湾关系法"析论》，《台湾研究》2022 年第 5 期。

王丰收、朱松岭：《中美大国竞争态势下日台关系的新动向》，《台湾研究》2022 年第 5 期。

温天鹏、陈星：《日本涉台政策调整的路径、动因及未来走向》，《台湾研究》2022 年第 5 期。

杨晶华：《美国在台湾地区参与国际组织问题上的立场演变——基于 1949 年至 2022 年

段磊、邓玉凡:《论"法理台独"的"国际法形态"》,《台湾研究》2022年第4期。

严安林、张斌:《"九二共识"作为两岸关系和平发展共同政治基础的历史考察》,《台湾研究》2022年第5期。

夏立平、马艳红、葛倚杏:《拜登政府对美台军事关系的延续与调整》,《和平与发展》2022年第4期。

代兵:《1971—1972年中美领导人关于处理"台独"问题的谈判与共识》,《史学月刊》2022年第8期。

周叶中、段磊:《中国国家统一论纲》,《武汉大学学报(哲学社会科学版)》2022年第4期。

项文惠:《台湾问题:概念形成与认知演变》,《台湾研究集刊》2022年第3期。

季烨、李雨荃:《美国对台战略模糊的清晰化及其极限:以"与台湾交往法"的出台为例》,《台湾研究》2022年第3期。

夏昂、谢郁:《拜登政府台海政策的"再模糊化"辨析》,《台湾研究》2022年第3期。

信强:《拜登政府对台政策的嬗变与困境》,《台湾研究》2022年第3期。

陈长伟:《冷战前期美国亚太盟友赴美峰会的效应研究——基于澳大利亚与中国台湾的比较分析》,《美国研究》2022年第3期。

仇朝兵:《拜登政府执政以来美台关系的演变及走势》,《当代美国评论》2022年第2期。

曹群:《中美台海博弈的风险变数和危机管控》,《亚太安全与海洋研究》2022年第3期。

彭兴智、张文生:《蔡英文"中华民国台湾"论之剖析》,《台湾研究》2022年第2期。

周文星:《美国战略界对台政策辩论及其影响》,《现代国际关系》2022年第2期。

李鸿阶:《RCEP对台湾当局"新南向政策"的影响研究》,《亚太经济》2022年第1期。

李鹏、谢银萍:《"有原则的现实主义"影响下美国台海政策的变化》,《台湾研究集刊》2022年第1期。

黄继朝:《中美亚太博弈新格局下日本的台海多元对冲策略》,《世界经济与政治论坛》2022年第1期。

蒋沁志、林冈、吴维旭:《"自主"与"依附":影响澳大利亚对台政策的主要因素探析》,《台湾研究》2022年第6期。

汪曙申:《美国对台军售政策调整:特点、趋向与影响》《亚太安全与海洋研究》2022年第1期。

胡德坤、晋玉:《习近平新时代海洋发展观的历史视角》,《边界与海洋研究》2022年第2期。

程保志:《全球海洋治理语境下的"蓝色伙伴关系"倡议:理念特色与外交实践》,《边界与海洋研究》2022年第4期。

王胜:《美国南海政策中的法律手段、政治意涵与中国的应对——对美国〈海洋界限第150号报告〉的评析》,《边界与海洋研究》2022年第5期。

胡波、艾雪颖:《美军南海军事行动的政治化——以"闯岛"式"航行自由行动"为例》,

《边界与海洋研究》2022 年第 6 期。

孔令杰：《"南海行为准则"磋商中的几个重要问题》，《边界与海洋研究》2022 年第 6 期。

任筱锋：《我国南海"历史性权利"研究——是"削足适履"还是"量体裁衣"》，《边界与海洋研究》2022 年第 4 期。

丁铎：《〈联合国海洋法公约〉整体性及其对条约解释的限制——以南海仲裁案裁决为例》，《海南大学学报（人文社会科学版）》2022 年第 2 期。

杨泽伟：《中国与〈联合国海洋法公约〉40 年：历程、影响与未来展望》，《当代法学》2022 年第 4 期。

贾宇：《塑造国际海洋法律秩序的中国贡献——纪念〈联合国海洋法公约〉开放签署 40 周年》，《亚太安全与海洋研究》2022 年第 5 期。

张海文：《〈联合国海洋法公约〉开放签署四十周年：回顾与展望》，《武大国际法评论》2022 年第 6 期。

蔡从燕：《海洋公共秩序基本原理研究》，《中华海洋法学评论》2022 年第 1 期。

汪小静：《〈联合国海洋法公约〉第 74 条和第 83 条"公平解决"下的划界方法：价值取向与规则演进》，《武大国际法评论》2022 年第 6 期。

卜凌嘉：《论岛屿对海洋划界不成比例的效果——基于国际司法判决和仲裁裁决的研究》，《武大国际法评论》2022 年第 3 期。

廖诗评：《国际争端解决中一方不出庭程序的事实认定——兼评"南海仲裁案"仲裁庭的相关做法》，《中华海洋法学评论》2022 年第 1 期。

祁怀高：《中韩海洋管辖权主张与海域划界谈判》，《亚太安全与海洋研究》2022 年第 5 期。

傅梦孜、王力：《海洋命运共同体：理念、实践与未来》，《当代中国与世界》2022 年第 2 期。

王茹俊、王丹：《海洋命运共同体的内涵、特质与构建路径》，《大连海事大学学报（社会科学版）》2022 年第 6 期。

王义桅：《理解海洋命运共同体的三个维度》，《当代亚太》2022 年第 3 期。

魏建勋：《"海洋命运共同体"：全球海洋治理的价值向度》，《南海学刊》2022 年第 5 期。

卢静：《全球海洋治理与构建海洋命运共同体》，《外交评论（外交学院学报）》2022 年第 1 期。

罗国强、余露：《〈南海行为准则〉的法律定位及其与〈联合国海洋法公约〉的关系》，《南洋问题研究》2022 年第 4 期。

成汉平：《从特朗普到拜登：南海问题"泛国际化"及其影响》，《亚太安全与海洋研究》2022 年第 2 期。

曹宛鹏：《美国在南海及周边地区的军事权力增长及军事存在演变》，《世界地理研究》2022 年第 4 期。

王传剑、贾保磊：《美国的南海军事化政策：解析与评估》，《南洋问题研究》2022 年第 2 期。

王传剑、黄诗敬：《"印太转向"下英国的南海政策：解析与评估》，《东南亚研究》2022年第5期。

金永明、崔婷：《美国南海政策的演变特征与成效评估（2009—2022）》，《南洋问题研究》2022年第2期。

贺先青：《拜登政府的南海叙事逻辑、政策意涵与行为选择》，《南洋问题研究》2022年第2期。

刘江永：《破解钓鱼岛难题急需"知的外交"——纪念中日邦交正常化50周年》，《日本学刊》2022年第4期。

郭永虎、朱博：《美国国家档案馆所藏钓鱼岛问题档案及其文献价值》，《北华大学学报（社会科学版）》2022年第3期。

房迪：《解析日本学界围绕钓鱼岛问题的歧见及启示》，《太平洋学报》2022年第4期。

刘志强：《对近年来中越学界关于南海问题部分观点的思考》，《海南大学学报（人文社会科学版）》2022年第6期。

张愿：《政府换届背景下菲律宾南海政策的转向、原因与前景》，《边界与海洋研究》2022年第5期。

李雪威、王璐：《日本对美国南海"航行自由行动"的认知、行动与中国应对》，《日本学刊》2022年第3期。

崔浩然：《越南海上民兵的发展及其对南海局势的影响》，《中华海洋法学评论》2022年第1期。

罗婷婷、王群：《英法德南海政策的调整及影响》，《国际论坛》2022年第2期。

鞠海龙、林恺铖：《拜登政府的南海政策：地区影响及其限度》，《国际问题研究》2022年第2期。

胡杰：《英国对南海"航行自由"问题的立场：认知、影响与中国的应对》，《太平洋学报》2022年第2期。

杨美姣：《大变局之下英法德三国的南海政策研究——基于新古典现实主义视角的分析》，《海南大学学报（人文社会科学版）》2022年第4期。

Dalei Jie.U.S.evolving strategic thinking about Taiwan.*China International Strategy Review*，volume 4，2022.

Samir Puri.Landand Sea：The Evolving Great-power Contest in Asia.*Global Politics and Strategy*，Volume 64，2022.

Xiao qin Shi.Beyond AUKUS：the emerging grand maritime alliance.*China International Strategy Review*，volume 4，2022.

白斌、何宇：《文献视域中的近代东海渔业经济——以上海和宁波为中心的解读》，《宁波大学学报（人文科学版）》2022年第5期。

金国平、叶农：《"葡萄牙人大传播"：辣椒入印及入华史考略——欧洲史料视角下的新论》，《学术研究》2022年第10期。

黄纯艳：《宋代海洋政策新变及其国内效应》，《中国史研究动态》2022年第2期。

范杰：《东南"海贝之路"再认识——以出土新石器时代榧螺科海贝为中心》，《海交史研究》2022 年第 4 期。

许盘清、顾跃挺、曹树基：《中国人的航道：论南海"Pracel 牛角"的性质——以 16 世纪西文古地图为中心》，《云南师范大学学报（哲学社会科学版）》2022 年第 6 期。

杨斌：《马尔代夫来的"宝贝"——先秦时期中原海贝问题新探》，《全球史评论》（第二十二辑），中国社会科学出版社 2022 年版。

中国历史研究院课题组：《明清时期"闭关锁国"问题新探》，《历史研究》2022 年第 3 期。

陈博翼：《清代海疆执法与东南亚互动——从觉罗满保的密折说起》，《中国史研究动态》2022 年第 2 期。

王丽明：《北宋泉州海商赴高丽贸易历史意义新论》，《闽台文化研究》2022 年第 1 期。

廉亚明：《〈郑和航海图〉里的南阿拉伯海岸港口》，《海洋史研究》第 18 辑，社会科学文献出版社 2022 年版。

王元林、肖东陶：《明清广州琶洲塔与珠江口航道的关系》，《中国历史地理论丛》2022 年第 1 辑。

聂德宁、张元：《明末清初民间海外贸易航路的发展变迁》，《海交史研究》2022 年第 3 期。

李磊：《陆、海疆地缘秩序与传统中国的疆域成型》，《学习与探索》2022 年第 7 期。

郑宁：《迁海令与清初海禁政策的变迁》，《史林》2022 年第 6 期。

谢祺：《清代海禁与东南沿海地方粮食调控的博弈》，《福建论坛（人文社会科学版）》2022 年第 12 期。

陈贤波：《清代平定华南海盗战争（1790—1810）的官方纪念与历史书写》，《清史研究》2022 年第 4 期。

刘晶：《万历援朝战争期间东北亚地区地理知识的获取、传递与呈现：以〈华夷沿海图〉为中心的考察》，《历史地理研究》2022 年第 2 期。

李贤强：《海分三路：明代广东的海防分路》，《中国边疆史地研究》2022 年第 1 期。

胡鹏飞、李晓彤：《从"首重舟师"到"裁船改员"——驻粤旗营水师与清代海防研究》，《中国边疆史地研究》2022 年第 2 期。

孙锋、关晓红：《粤人黎兆棠与晚清海防船政》，《学术研究》2022 年第 9 期。

郑宁：《清初江南水师建设与海防策略的形成》，《军事历史研究》2022 年第 6 期。

张宏利：《南宋明州砂岸买扑制与沿海社会秩序的重构》，《史学集刊》2022 年第 5 期。

赵莹波：《浅谈宋朝时期日本"渡海制"禁令下的"派遣僧"与"偷渡僧"》，《史林》2022 年第 5 期。

苏文菁：《亚洲海域的文明交流：以福建的佛教传播为例》，《福州大学学报（哲学社会科学版）》2022 年第 2 期。

徐克、陈硕炫：《试论风水在琉球的传播与应用》，《海交史研究》2022 年第 1 期。

郑诚：《聂璜〈海错图〉与〈幸存录〉中的西学知识》，《国际汉学》2022 年第 4 期。

郭亮：《持仪观海——马戛尔尼使团对清代中国的初访与科学测绘》，《自然辩证法通讯》2022 年第 10 期。

戴龙辉：《从台湾例到海疆缺：清代海疆治理下的台湾职官选任制度发展》，《云南民族大学学报（哲学社会科学版）》2022年第1期。

胡泰山：《康雍乾时期的海岛治策——内附治岛的两种方案》，《中国边疆史地研究》2022年第2期。

王泉伟：《清代沿海诸厅与海疆管理研究》，《中国边疆史地研究》2022年第3期。

刘毅：《清代民船管理法律制度研究（1644—1867）》，博士学位论文，华东师范大学，2022年。

王日根：《重审海权观与清代前期海疆政策》，《中国史研究动态》2022年第2期。

王立本、潘是辉：《中国近代海权思想的建构与发展初探（1848—1900）》，《军事历史》2022年第5期。

李强华：《20世纪90年代以来晚清海权问题研究述评》，《鲁东大学学报（哲学社会科学版）》2022年第3期。

陆烨：《民国知识群体对海权问题的探讨——以主权、现代化与民族转型为中心》，《学术月刊》2022年第8期。

侯毅：《海洋文化建设的时代内涵与路径选择》，《人民论坛·学术前沿》2022年第17期。

石沧金、邢寒冬编著：《水尾圣娘信仰研究及资料汇编》，中国社会科学出版社2022年版。

谢国先、丁晓辉：《马伏波信仰在海南的演变》，《南海学刊》2022年第4期。

鲍海勇：《清代浙江海防体系研究》，博士学位论文，山东大学，2022年。

（供稿：李 欣 刘静烨 樊丛维 孙方圆 宋可达）

（五）西南边疆研究

李晓幸：《族群互动与共生：清代以来玉米在广西山地的本土化进程——兼论斯科特"佐米亚理论"在中国的适用性问题》，《中国历史地理论丛》2022年第2期。

吕振纲、张振江：《东南亚区域关系史研究的三种路径》，《南亚东南亚研究》2022年第1期。

罗群、李淑敏：《警惕"去中国化"陷阱——评西方学者的中国西南边疆史研究》，《历史评论》2022年第2期。

罗群：《被"弱化"的西南边疆："同质化"区域重塑的西方经验与反思》，《中华文化论坛》2022年第2期。

罗群、黄丰富：《"使重臣治其事"——元至清初云南边政体制嬗变与边疆治理研究》，《云南社会科学》2022年第1期。

张勇：《论两汉王朝在乌蒙山区统治重心的转移——以汉阳和朱提为例》，《六盘水师范学院学报》2022年第5期。

朱尖：《论东汉初期南部边疆经略的特殊性》，《云南社会科学》2022年第3期。

李宇舟、王曙文：《南诏国初期洱海区域城镇体系的建置研究》，《内蒙古民族大学学报

（社会科学版）》2022 年第 3 期。

任建敏：《广西"古田大征"之议与明后期南部边疆政策的转变》，《中国边疆史地研究》2022 年第 2 期。

江田祥：《地方政治空间的权力逻辑：明代广西府江兵巡道之成立》，《广西师范大学学报（哲学社会科学版）》2022 年第 4 期。

郑维宽、梁妍：《明清时期边疆民族地区县域治理方式的多元化演进——以广西宜山县为中心》，《广西民族大学学报（哲学社会科学版）》2022 年第 2 期。

于爱华：《清代西南治理与义学发展》，《历史档案》2022 年第 2 期。

苍铭：《清初清廷对西双版纳的经营及烟瘴影响》，《清史研究》2022 年第 1 期。

杨亚东：《清前期中央王朝云南治理变革及其对边疆社会发展的影响》，《西南民族大学学报（人文社会科学版）》2022 年第 2 期。

王春桥、王冬兰：《清代滇缅边疆练卡的形成、演变及影响》，《中国边疆史地研究》2022 年第 2 期。

颜丙震：《"犬牙相制"与明代西南土司治理》，《中国历史地理论丛》2022 年第 3 期。

肖海芹：《"因俗而治"：泗城土司"亭"的历史考察》，《广西民族师范学院学报》2022 年第 4 期。

聂迅：《清代土司基层社会治理组织体系重构：以改土归流地区为中心》，《云南民族大学学报（哲学社会科学版）》2022 年第 1 期。

罗勇、徐雯秀：《论改土归流的复杂因素——以鲁魁山之乱与清雍正改土归流为例》，《贵州大学学报（社会科学版）》2022 年第 3 期。

杨伟兵：《中国土司历史地理与西南边疆民族史研究》，《思想战线》2022 年第 5 期。

吕文利：《行政区划调整与边疆治理效能研究——以广西钦廉地区 1000 年、650 年、50 年的变迁为观察视角》，《云南社会科学》2022 年第 1 期。

罗权、杨斌：《明清时期川黔交界地区政区冲突及其调整》，《贵州社会科学》2022 年第 6 期。

马亚辉：《清朝的国界观与西南边界冲突的处置策略》，《地域文化研究》2022 年第 2 期。

杨江林：《晚清滇西边地的王骥崇拜与国家整合》，《中央民族大学学报（哲学社会科学版）》2022 年第 5 期。

陆刚：《谭钧培治滇思想探析》，《云南民族大学学报（哲学社会科学版）》2022 年第 5 期。

姚勇：《近代中缅边境的过耕问题》，《中国边疆史地研究》2022 年第 1 期。

党晓虹、刘新民、莫力：《明清以降云南传统乡规民约的历史演进及其逻辑（1368—1949）》，《中国农史》2022 年第 4 期。

Andrew G. Walder, *Anatomy of a Regional Civil War: Guang xi, China, 1967—1968*, · Cambridge University Press, Volume 46, Number 1, Spring 2022.

李桂芳：《南方丝绸之路与秦汉西南夷地区的社会变迁》，《四川文理学院学报》2022 年第 4 期。

陈彦波：《魏晋南北朝西南人文环境变迁与民族社会经济》，《西部学刊》2022 年第 2 期。

李宇舟:《大理国时期乌蛮聚落的城镇化》,《云南师范大学学报(哲学社会科学版)》2022年第3期。

戴良燕:《从〈岭外代答〉所载对外贸易的繁荣看乾淳时期广西社会经济的发展》,《广西民族研究》2022年第3期。

王雪莹:《明代云南卫所经济中的海肥与银两——兼论云南贝币流通的衰微》,《思想战线》2022年第3期。

蔡亚龙:《明代西南边疆民族地区的灵活编民》,《江西社会科学》2022年第6期。

祁志浩:《民夷安帖：清代云南社仓及其边疆治理意义》,《思想战线》2022年第3期。

董雁伟:《水权制度演进与明清基层社会——以云南为中心》,《思想战线》2022年第5期。

秦浩翔:《15—18世纪广西梧州的秩序控制、经济开发与社会变迁》,《贵州大学学报(社会科学版)》2022年第3期。

刘灵坪:《明清云南土司地区赋役征收及少数民族编户问题探析》,《思想战线》2022年第5期。

张嘉玮:《清末滇督李经羲与云南盐斤加价案的纠葛》,《盐业史研究》2022年第3期。

赵小平:《清至民国时期越南私盐侵滇与边岸治理研究》,《思想战线》2022年第5期。

罗群:《边疆开发与建设的"西南模式"——以民国云南植棉业为中心的讨论》,《思想战线》2022年第5期。

吴晓亮、曹宇:《民国初年云南验契中的不动产管控问题》,《云南师范大学学报(哲学社会科学版)》2022年第3期。

张永帅:《近代云南鸦片的外销市场》,《中国历史地理论丛》2022年第2期。

张楠林:《清前中期绿营马匹的买补制度及相关成本的分摊机制》,《清史研究》2022年第5期。

邓平:《清代朋扣皮脏银奏销制度及马政研究——以广西地区为例》,《北方民族大学学报》2022年第2期。

彭建、童巍雄:《军国急需：清初云南协饷问题研究》,《中国边疆史地研究》2022年第3期。

李浩然、马万利:《抗战时期云南粮食危机与政府应对研究》,《河北经贸大学学报》2022年第1期。

李丽杰:《抗战时期贵州民族地区农仓建设及成效》,《档案》2022年第5期。

马宜果:《秦汉时期西南民族融入中华民族研究》,《云南社会主义学院学报》2022年第2期。

黄超、安学斌:《明代云南治边实践与铸牢中华民族共同体意识》,《广西民族研究》2022年第3期。

杨永福:《互动与博弈：宋朝地方官府与西南少数民族的盟誓》,《贵州社会科学》2022年第4期。

谢信业:《元朝经略八百媳妇国政策转变及影响》,《中国边疆史地研究》2022年第3期。

方天建：《兵防与跨族群混融共生关系的建构——基于明清广南府普梅地区汉夷同村共寨的历史考察》，《中国边疆史地研究》2022年第3期。

黄秀蓉：《清代苗族跨国迁徙路径考》，《西南大学学报（社会科学版）》2022年第5期。

朱汉民、郎玉屏：《清代西南边疆少数民族儒家文化认同研究》，《湖南大学学报（社会科学版）》2022年第1期。

蒙本曼：《宋代广西民间对"毒"的认识——以〈桂海虞衡志〉为例》，《广西民族大学学报（哲学社会科学版）》2022年第2期。

马宜果、任瑞兆：《〈史记·西南夷列传〉再研究》，《昆明学院学报》2022年第5期。

沈卡祥：《〈中国历史地图集〉清代"云南"图顺宁、永昌府界及滇藁、南甸土司治所新考四则》，《历史地理研究》2022年第1期。

黄金东、杨燕飞：《〈皇清职贡图〉中的广西壮族形象研究》，《广西民族研究》2022年第2期。

方天建：《从清代云南〈开化府志〉看邻国历史书写的地方表述》，《史学史研究》2022年第2期。

廖东声、宋哲雨：《双循环背景下广西推进脱贫攻坚与乡村振兴有效衔接路径研究》，《当代经济》2022年第11期。

许忠裕、邓国仙等：《脱贫地区乡村特色产业提质增效的现状与对策研究——以广西县级"5+2"、村级"3+1"特色产业模式为例》，《热带农业科学》2022年第9期。

何玲玲、殷学斌：《西南边疆地区乡村特色产业发展的路径研究——以广西崇左市M县为例》，《现代农业》2022年第3期。

冯永辉、刘莹：《广西乡村振兴综合评价指标体系构建》，《粮食科技与经济》2022年第4期。

王政岚：《广西边境地区乡村振兴发展路径探析》，《南方农村》2022年第5期。

黄毅、刘燕：《乡村振兴战略背景下云南少数民族地区"农村空心化"的困境及出路研究》，《当代农村财经》2022年第8期。

朱炯炯、李国新等：《云南生态宜居美丽乡村建设路径研究》，《西南林业大学学报》2022年第3期。

尹铎、朱竑：《云南典型山地乡村农业扶贫的机制与效应研究——以特色经济作物种植为例》，《地理学报》2022年第4期。

宦欣、廖灵芝：《乡村振兴战略视阈下云南农村产业融合发展的路径》，《西南林业大学学报（社会科学版）》2022年第3期。

陶自祥：《乡村振兴与特色村落的价值定位及发展类型——基于云南考察》，《中南民族大学学报》2022年第4期。

张志远：《民族团结进步示范区创建理路与实践的云南探索》，《云南社会主义学院学报》2022年第2期。

梁军、史钰泽：《广西多民族和谐共生格局下铸牢中华民族共同体意识的路径研究》，《高校后勤研究》2022年第7期。

包明元、税淼淼：《广西民族团结示范区建设及经验启示》，《现代商贸工业》2022 年第 21 期。

杨艳、秦潇潇：《铸牢中华民族共同体意识的实践理性研究：基于民族团结进步示范创建的西南边疆个案》，《广西民族研究》2022 年第 2 期。

张玫、杨甫旺等：《云南各民族"同源共祖"口头传统中的中华民族共同体意识研究》，《西昌学院学报（社会科学版）》2022 年第 3 期。

王潇楠：《云南基督教研究成果述要》，《世界宗教研究》2022 年第 5 期。

高安刚、覃波：《西南边疆民族地区参与制造业国内循环研究》，《边疆经济与文化》2022 年第 7 期。

张舰：《跨域协同治理视角下深化东西部协作的产业合作研究——以广东—广西结对为例》，《中国物价》2022 年第 10 期。

李美莲、张卫华：《新发展格局下广西产业结构与经济增长的适配性研究》，《经济研究参考》2022 年第 5 期。

程中兴：《西南边疆格局的当代演变与区域发展——基于民族走廊的引力模型分析》，《社会发展研究》2022 年第 3 期。

覃宇环、周丰景：《人口流动对广西区域经济发展的影响研究》，《北部湾大学学报》2022 年第 3 期。

蒋兰枝、邱兰等：《基于熵权 TOPSIS 模型的广西内河港口竞争力评价》，《水运管理》2022 年第 11 期。

夏欢欢、王建平：《双循环新发展格局下广西向海经济发展对策研究》，《商业经济》2022 年第 11 期。

王水平、周洪勤：《广西自由贸易试验区产业升级的对策研究》，《现代商业》2022 年第 23 期。

那倩：《云南自贸试验区高质量发展的促进措施研究》，《全国流通经济》2022 年第 16 期。

黄爱莲：《边境县域旅游兴边富民竞争力评价——以广西边境 8 县（市、区）为对象》，《社会科学家》2022 年第 7 期。

马睿、叶建芳等：《广西陆路边境口岸旅游资源调查开发研究》，《边疆经济与文化》2022 年第 7 期。

文冬妮：《城市群文旅产业高质量发展的驱动机制及优化路径——以广西北部湾城市群为例》，《社会科学家》2022 年第 5 期。

罗婧、庄紫珵等：《交通联系网络与经济差距的空间相关分析——以西南边疆少数民族聚居区为例》，《社会科学家》2022 年第 8 期。

李繁繁、陈长瑶等：《多重因素下西南边疆地区中心城市空间可达性分析——以云南省为例》，《云南师范大学学报（自然科学版）》2022 年第 6 期。

宁德鹏：《西南边疆民族地区地方政府的治理能力提升研究——基于铸牢中华民族共同体意识的视角》，《中国行政管理》2022 年第 6 期。

郝国强、何元凯：《简约治理：政府绩效管理激励干部担当作为的实现路径——基于广西的经验分析》，《广西师范大学学报》2022年第6期。

李晶燕、邓青州等：《云南构建新型政商关系的实践探索、现实困境与优化策略》，《云南社会主义学院学报》2022年第3期。

张雪：《云南边境地区跨境民族教育发展的困境与对策——基于地域异质性视角的分析》，《四川民族学院学报》2022年第2期。

崔煜：《中老铁路磨憨口岸站运输通行效率优化研究》，《铁道运输与经济》2022年第11期。

任珂瑶：《中老经济走廊建设：进展、挑战与推进路径》，《当代世界社会主义问题》2022年第1期。

方晓：《大国引导、信任生成与东盟国家对华安全感》，《世界经济与政治》2022年第6期。

杨盼盼、徐奇渊、张子旭：《中美经贸摩擦背景下越南的角色——中国对越南出口的分析视角》，《当代亚太》2022年第4期。

胡静凝：《姻缘与利益：中越边境的跨国婚姻实践——以广西宁明县N屯为例》，《理论月刊》2022年第8期。

李晨阳、马思妍：《缅甸对中美竞争的认知与反应》，《南洋问题研究》2022年第3期。

宋大伟等：《中缅印度洋新通道建设战略研究——运用双螺旋法谋划海公铁跨境多式联运》，《中国科学院院刊》2022年第11期。

Brian Berletic, US vs. China in Laos: Two Nations, Two Approaches, One Obvious Difference, *New Eastern Outlook*, https://journal-neo.org/2022/02/04/us-vs-china-in-laos-two-nations-two-approaches-one-obvious-difference/.

Yoshikawa, S., China's policy to wards myanmar: Yunnan's commitment to sino-myanmar oil and gas pipelines and border economic cooperation zone, *Journal of Contemporary East Asia Studies*, 2022, 11（1）.

AlessandroRippa, Imagined borderlands: Terrain, technology and trade in the making and managing of the China–Myanmar border, *Singapore Journal of Tropical Geography*, 2022, Volume 43, Issue 3.

（供稿：吕文利　时雨晴　袁　沙　张楠林）

（六）西藏研究

卡尔梅·桑木丹、供邱泽仁：《象雄出土的黄金面具和苯教丧葬仪轨的"五所依"》，《西藏艺术研究》2022年第2期。

才让太：《"嘉绒"地名考释》，《中国藏学》2022年第2期。

才让扎西：《仲与王政：吐蕃赞普神话叙事探源》，《中国藏学》2022年第4期。

霍巍：《从青藏高原新出土吐蕃墓葬看多民族的交流融合》，《中国藏学》2022年第4期。

旦增白云、夏格旺堆：《西藏考古与艺术的新发现与新进展——2020年度西藏文物考古成果公众分享报告会评述》,《中国藏学》2022年第4期。

杨胜利:《从吐蕃人在唐朝的活动看汉藏民族的交往交流交融》,《西藏民族大学学报（哲学社会科学版）》2022年第2期。

林冠群:《唐蕃关系下的尚结赞》,《中国藏学》2022年第4期。

次旦扎西、索南才旦:《吐蕃早期西部西藏部落首领的一种名号》,《中国藏学》2022年第4期。

沈琛:《8世纪末吐蕃占领于阗史事钩沉》,《西域研究》2022年第3期。

张旭:《吐蕃按户征兵制度研究》,《中国边疆史地研究》2022年第3期。

叶拉太:《尼泊尔西北部洛沃的历史变迁及其与中国西藏地方间的联系》,《西藏研究》2022年第2期。

卓玛加:《敦煌古藏文I.O.750所载吐蕃行宫"NyenKar"地望考辨》,《青藏高原论坛》2022年第2期。

妥超群:《犏牛国考:苏毗与附国新论》,《西藏大学学报（社会科学版）》2022年第1期。

齐德舜:《宋代笔记吐蕃文献的史料价值及局限性研究》,《石河子大学学报（哲学社会科学版）》2022年第4期。

胡小鹏、常成:《元西平王奥鲁赤家族世系与治藏史事考述》,《中国边疆史地研究》2022年第2期。

安海民:《元明清时青藏高原多元民族文化格局的形成与发展》,《青海师范大学学报》2022年第1期。

熊文彬:《证经补史:西藏札达县皮央杜康大殿新现元代诏书录文和八思巴字印文初探》,《世界宗教研究》2022年第6期。

楞本先:《喀且班钦释迦室利入藏弘法事迹考述》,《西藏研究》2022年第3期。

完麻加、吉毛措:《〈御制重修大隆善护国寺碑记〉与明代汉藏佛教文化交流研究》,《民族研究》2022年第3期。

石婷婷:《西藏珍藏的明代内地玉器刍议》,《中国藏学》2022年第2期。

郝凤凤:《明代西藏地方政教互动管窥——以一世班禅克珠杰答拉堆绛领主为例》,《中国藏学》2022年第5期。

褚宁、马建春:《明代汉藏边区僧官系统新探——以"西番诸卫"为中心》,《中国边疆史地研究》2022年第2期。

李浩、卢春宇:《清末报刊对西藏建省论的舆论表达及影响》,《西藏民族大学学报（哲学社会科学版）》2022年第2期。

刘广莉:《晚清驻藏大臣制度衰微的政治学分析》,《西藏大学学报（社会科学版）》2022年第3期。

张发贤:《康熙末年治藏政策考察》,《西藏民族大学学报（哲学社会科学版）》2022年第4期。

李令令、康欣平:《驻藏大臣联豫与波密之役》,《四川民族学院学报》2022年第3期。

王晓云:《驻藏大臣衙门的文学活动与清代咏藏诗》,《西藏研究》2022年第1期。

成飞：《雍正朝清政府对康巴地区东部治理研究》，《西藏研究》2022年第2期。

成飞：《嘉庆〈四川通志·西域志〉内容特色及历史地位》，《民族学刊》2022年第2期。

马天祥：《清末西藏方志编撰背景与文献考证》，《中国出版》2022年第1期。

赵心愚、徐晨：《法国汉学家爱德华·沙畹对〈西藏图考〉资料的重视与利用》，《民族学刊》2022年第2期。

黄辛建：《新发现的藏东南地方志〈喀木西南志略〉及其重要价值》，《中国藏学》2022年第3期。

马文忠：《清官修〈明史〉对"西番"的历史书写》，《中国藏学》2022年第3期。

袁爱中、后东辉：《清代西藏告示传播与边疆治理研究》，《西藏民族大学学报（哲学社会科学版）》2022年第3期。

韩强强：《〈卫藏通志〉所见西藏环境史及环境史资料》，《西藏民族大学学报（哲学社会科学版）》2022年第1期。

林松：《试析清末驻藏大臣联豫的教育体制改革——以〈联豫驻藏奏稿〉为中心的历史考察》，《青藏高原论坛》2022年第2期。

魏少辉：《清末中国社会对英国第二次侵藏战争的因应探析》，《西藏民族大学学报（哲学社会科学版）》2022年第4期。

韩鸿：《史上最早藏文报刊的涉藏报道及其框架呈现——以英军第二次侵藏报道为例》，《中国藏学》2022年第3期。

丹增赤嘎：《清末西藏亚东口岸开通前后史实探究》，《西部学刊》2022年第3期。

林浩、罗岚鑫：《清末西藏亚东关大宗出口商品研究》，《西藏大学学报（社会科学版）》2022年第2期。

秦永章：《日本外务省外交史料馆涉藏档案述略》，《西藏大学学报（社会科学版）》2022年第2期。

张琴、刘瑞云：《巴黎外方传教会西藏传教区第二任主教选立波折与传教策略之转变》，《世界宗教研究》2022年第4期。

张琴、陈昌文：《19世纪中叶至20世纪中叶天主教西藏传教会的传教边界研究》，《宗教学研究》2022年第1期。

叶拉太：《尼泊尔西北部洛沃的历史变迁及其与中国西藏地方间的联系》，《西藏研究》2022年第2期。

娘毛吉：《旧西藏喇嘛噶伦刍议》，《西藏研究》2022年第1期。

吕岩、岳燕、赵海静：《西藏地方甘丹颇章时期新年庆典世俗礼服研究》，《西藏民族大学学报（哲学社会科学版）》2022年第3期。

徐法言：《改土归屯后金川地区的宗教信仰与社会结构的变迁》，《民族研究》2022年第3期。

陈昱彤：《升平累洽：论清代西藏地方年班贡品的政治内涵》，《中国藏学》2022年第2期。

泽仁曲措：《17世纪白利·顿悦杰与西藏各宗派间的关系考述》，《中国藏学》2022年第3期。

洛桑尼玛、轰巴宅曲:《五世达赖喇嘛颁给四世第穆活佛文告解析——兼论"大金印"的相关问题》,《中国藏学》2022年第2期。

孙丽娟:《关于西藏罗布林卡最早的建筑——乌尧颇章的研究》,《文物鉴定与鉴赏》2022年第5期。

钟焓:《历史人类学视角下的清代蒙藏关系再思考——兼论所谓"西藏佛教世界"共同体的成立性问题》,《文史哲》2022年第2期。

乌兰巴根:《蒙古科尔沁郡王索特纳木多布斋的先世、生平及与西藏宗教上层的往来》,《中国边疆学》第15辑,社会科学文献出版社2022年版。

杨代成:《论康熙末年清朝"驱准保藏"南路进兵方略》,《中国边疆史地研究》2022年第3期。

杨代成、王希隆:《论康熙末年的喀喇乌苏之役》,《青海社会科学》2022年第3期。

李勤璞:《清代藏文写本〈西藏驿站表〉初研》,《文献》2022年第5期。

周智生、李铭:《清前期滇军入藏与川滇藏协同发展格局的形成》,《民族研究》2022年第4期。

周伟洲:《试论清代西藏边疆的边防》,《中国藏学》2022年第3期。

张永攀:《论清末西藏治边筹边方略及其近代转型》,《中国藏学》2022年第3期。

吕昭义、柳树:《中国领土主权的宣示——赵尔丰察隅境域"护照"考释》,《中国边疆史地研究》2022年第1期。

钟宇海:《九世班禅在浙江的活动研究》,《西藏大学学报(社会科学版)》2022年第3期。

蒲生华:《北洋政府时期九世班禅的和平呼吁及其时代意义》,《中国藏学》2022年第2期。

张晶:《九世班禅回藏交涉中的仪仗队护送问题》,《西藏民族大学学报(哲学社会科学版)》2022年第4期。

王川:《1940年代初期国民政府驻藏办事处职员的日常生活——以戴新三〈拉萨日记〉为中心》,《中国藏学》2022年第4期。

李威颖、喜饶尼玛:《民国时期中央政府官员谢国梁赴藏事迹考》,《青海社会科学》2022年第4期。

喜饶尼玛、邱熠华:《民国时期拉萨测候所的建立及历史意义》,《中国藏学》2022年第3期。

梁俊艳:《奥拉夫·卡罗与英印政府对中国西藏的侵略政策》,《中国藏学》2022年第3期。

张皓:《1936—1946年英国对中国领土达旺地区的侵占及施压》,《河北学刊》2022年第6期。

张皓:《1947—1954年印度对中国领土的侵占》,《史林》2022年第5期。

张皓:《英国如何伪版〈艾奇逊条约集〉第14卷公开"麦克马洪线"》,《安徽史学》2022年第4期。

冯翔:《英国售武对民国时期西藏地方社会的影响》,《西藏研究》2022年第1期。

益西旦增:《历史记忆与共同体叙事:民国时期知识精英的文成公主话语》,《中国藏学》2022年第2期。

李荟芹、王习之：《〈藏文白话报〉中体现的中华民族共同体意识探析》，《学术界》2022年第9期。

潘晓瞳：《民国时期蒙藏学校对蒙藏学生"中华民族"意识的培养及其影响》，《中国藏学》2022年第2期。

李双、杨来发：《国家认同与新式教育：西藏班禅驻京办公处附设补习学校的历史考察与思考》，《西藏民族大学学报（哲学社会科学版）》2022年第1期。

王川：《民国初年康区交通建设研究——以尹昌衡康区交通思想为中心》，《民族学刊》2022年第2期。

裴儒弟：《1914—1915年川边镇守使张毅治康初探》，《西藏民族大学学报（哲学社会科学版）》2022年第2期。

李子君、喜饶尼玛：《认同与调试：1930年代蒙藏委员会藏事处改组风波》，《西藏研究》2022年第4期。

曾谦、苗佳琪：《吴忠信入藏及其对英交涉》，《西藏民族大学学报（哲学社会科学版）》2022年第4期。

华林、梁思思、李莉：《新时代党的治藏方略视域下西藏档案服务西藏治理研究》，《西藏民族大学学报（哲学社会科学版）》2022年第2期。

张云：《新时代党中央治边稳藏的创新理论与伟大实践》，《中国藏学》2022年第3期。

靳燕凌：《百年以来维护党中央权威及对新时代"治藏方略"的启示》，《西藏大学学报（社会科学版）》2022年第1期。

陈宗荣：《正确认识和把握藏传佛教中国化的几个问题》，《中国藏学》2022年第1期。

拉先加：《中国化视野下藏传佛教各教派形成的历史及本土特点》，《中国藏学》2022年第1期。

次仁多吉：《积极推进西藏地区藏传佛教中国化实践路径探析》，《西藏大学学报（社会科学版）》2022年第1期。

班班多杰：《再论推进藏传佛教中国化的三个维度》，《中国藏学》2022年第1期。

李德成：《服务信众与坚持藏传佛教中国化方向探微》，《中国藏学》2022年第1期。

郑堆、索朗卓玛：《试论藏传佛教中国化历史进程》，《中国藏学》2022年第1期。

谢伟民、王冬：《我国西藏边境地区民生的新发展及其启示》，《中国藏学》2022年第3期。

普布次仁：《金融支持西藏边境地区建设研究》，《西藏民族大学学报（哲学社会科学版）》2022年第3期。

席蒙蒙：《西藏兴边富民行动成效研究》，《西藏研究》2022年第4期。

刘怡春、王鹿鸣：《印度陆地边境安全管理困境的根源及其对中印边境安全的影响》，《西藏民族大学学报》2022年第2期。

刘恒：《中印边界冲突背景下英国对印度国防建设的援助（1962—1963）》，《四川师范大学学报（社会科学版）》2022年第1期。

刘宗义：《2020年以来中印边境对峙的原因、影响及启示》，《南亚研究》2022年第1期。

许可人：《毛泽东处理中印边界问题决策的历史启示》，《湖南科技大学学报（社会科学版）》2022年第4期。

高志平、赵振宇：《不结盟国家对1962年中印边界冲突的调解》，《太平洋学报》2022年第6期。

车明怀：《历史上藏族与长江流域其他民族的交往交流交融》，《西藏研究》2022年第2期。

蓝国华：《新时代西藏铸牢中华民族共同体意识的意义、挑战及实践路径》，《西藏研究》2022年第1期。

张屹、张誉心、朱盈玫：《铸牢中华民族共同体意识视域下的根敦群培教育思想简论》，《西藏民族大学学报（哲学社会科学版）》2022年第4期。

边巴拉姆、嘎松泽珍：《铸牢中华民族共同体意识法制保障的西藏实践与完善路径》，《中国藏学》2022年第3期。

刘洋：《铸牢中华民族共同体意识的重要文化资源——以西藏居民壁画中的中华文化意象为例》，《西藏研究》2022年第1期。

达瓦：《以史鉴今 深入研究阐释西藏历史人物在中华民族共同体形成过程中的重要贡献》，《西藏大学学报（社会科学版）》2022年第1期。

卢少鹏：《西藏铸牢中华民族共同体意识的意义、内涵与路径》，《西藏民族大学学报（哲学社会科学版）》2022年第4期。

王少明、李丹：《西藏铸牢中华民族共同体意识的历史逻辑与现实进路》，《西藏研究》2022年第3期。

马宁、丁苗：《西藏铸牢中华民族共同体意识的历史基础和现实路径》，《西藏大学学报（社会科学版）》2022年第2期。

央珍：《新中国成立初期藏族人民支援抗美援朝史事探析》，《中国藏学》2022年第3期。

李荟芹、巩紫婉：《20世纪50年代初昌都地区党组织建设工作探析》，《西藏民族大学学报（哲学社会科学版）》2022年第2期。

关浩淳：《西藏和平解放初期传染病防治研究》，《西藏研究》2022年第3期。

徐万发、赵娜娜：《西藏和平解放时期第一代中共领导集体铸牢中华民族共同体意识的历史贡献》，《西藏民族大学学报（哲学社会科学版）》2022年第2期。

侯希文、石敏：《西藏及四省涉藏地区民主改革档案整理的价值与创新》，《西藏民族大学学报（哲学社会科学版）》2022年第2期。

陈敦山：《藏东南地区推进乡村振兴的路径思考》，《西藏研究》2022年第3期。

杨明洪：《作为边疆治理底色的人民治理：当代西藏治理的轨迹、经验与启示》，《民族学刊》2022年第5期。

康欣平：《试论川藏、青藏公路修筑的历史作用和伟大意义》，《西藏研究》2022年第1期。

许若冰：《从象雄到吐蕃：气候变迁与西藏文明中心的东移》，《中国藏学》2022年第6期。

陆离：《吐蕃统治河陇西域时期节度使相关问题考论》，《中国边疆史地研究》2022年第4期。

（供稿：张永攀　刘　洁　裴儒弟　张　辉）

（七）新疆研究

钱伯泉：《敦煌张氏家族和高昌张氏家族的关系》，《吐鲁番学研究》2022年第1期。

赵毅、杨维：《明代对西域的认知——以明代西域话语为中心》，《经济社会史评论》2022年第1期。

蒋洪恩等：《晋唐时期吐鲁番盆地的谷物种植与收获时间考证——基于吐鲁番出土文献》，《中国农史》2022年第1期。

武海龙、张海龙：《唐代中原与西州佛教之交流——以吐峪沟新出〈唐护法沙门法琳别传〉残片为中心》，《西域研究》2022年第1期。

周燕玲：《抒写方式的新变与文学西域的重塑——江南文化对清代西域诗的渗透》，《文学研究》2022年第1期。

肖小勇等：《2019—2021年新疆喀什莫尔寺遗址发掘收获》，《西域研究》2022年第1期。

刘文锁、王泽祥、王龙：《2021年新疆吐鲁番西旁景教寺院遗址考古发掘的主要收获与初步认识》，《西域研究》2022年第1期。

刘维玉：《新疆地区史前丧葬礼俗中的植物文化初探》，《农业考古》2022年第1期。

王安琦等：《新疆吐鲁番加依墓地的母婴合葬现象》，《人类学学报》2022年第1期。

段真子：《汉籍抄本在于阗——以中国人民大学藏西域汉文文书为中心》，《中国人民大学学报》2022年第1期。

郜同麟：《龙谷大学藏吐鲁番道教文献拾补》，《西域研究》2022年第1期。

王朝阳、杨富学：《新世纪初欧洲学术界回鹘文佛教文献的研究》，《吐鲁番学研究》2022年第1期。

居政骥、许建英：《关于20世纪初德国到中国新疆考察旅行的若干问题——以德国档案文献为中心》，《中国地方志》2022年第1期。

贾秀慧：《近代北庭地区城市警政建设与社会治理探析》，《昌吉学院学报》2022年第2期。

王欣、马晓琳：《"毋寡之死"与西域绿洲城邦政治体制——以〈史记〉〈汉书〉记载为中心》，《西域研究》2022年第2期。

冯建勇、丁一瀚：《抗战时期央地关系重组与中苏关系演变——基于新疆省中央运输委员会的考察》，《青海民族研究》2022年第2期。

庆昭蓉、荣新江：《唐代碛西"税粮"制度钩沉》，《西域研究》2022年第2期。

李洁、马文：《民国时期知识精英西北边疆考察实践中的边疆认知》，《中国边疆史地研究》2022年第4期。

新疆文物考古研究所等：《新疆哈密市乌兰布鲁克遗址考古发掘简报》，《吐鲁番学研究》2022年第2期。

新疆文物考古研究所：《2021年度新疆古楼兰交通与古代人类村落遗迹补充调查简报》，《吐鲁番学研究》2022年第2期。

新疆文物考古研究所、尼勒克县文博院：《2021年尼勒克县乌吐兰墓地考古发掘简报》，《吐鲁番学研究》2022年第2期。

新疆文物考古研究所：《2021年托里县引水管线涉及墓葬考古发掘简报》，《吐鲁番学研究》2022年第2期。

新疆文物考古研究所：《沙湾县加尔肯加尕墓群考古发掘报告》，《吐鲁番学研究》2022年第2期。

陈意：《新疆哈密市拉甫却克古城调查略述》，《吐鲁番学研究》2022年第2期。

张杰、黄奋：《新疆十户窑墓群的发掘与认识》，《吐鲁番学研究》2022年第2期。

王艺霖：《新疆史前火葬墓研究》，《西域研究》2022年第2期。

袁晓：《伊犁河上游青铜时代中期社会状况研究》，《西域研究》2022年第2期。

董宁宁等：《新疆奇台石城子遗址的动物资源利用》，《西域研究》2022年第2期。

林梅村：《龟兹五铢钱考——兼论公元前5世纪至7世纪丝绸之路流通货币》，《故宫博物院院刊》2022年第2期。

郭艳荣：《从考古发现看早期吐鲁番盆地居民饮食》，《吐鲁番学研究》2022年第2期。

孙海芳、刘学堂：《空间与认同：道路研究视域下的"新疆交通遗存"》，《中央民族大学学报（哲学社会科学版）》2022年第2期。

李并成：《塔里木盆地达玛沟下游古绿洲沙漠化考》，《历史地理研究》2022年第2期。

赵梦涵：《楼兰文书所见泰始年间西域史事——以"马厉文书"为线索的考察》，《河北民族师范学院学报》2022年第2期。

段晴：《吕琮胡书——对中国国家图书馆藏西域文书BH-17于阗语文书的释读》，《西域研究》2022年第2期。

李刚：《吐鲁番新获回鹘文书探究》，《敦煌学辑刊》2022年第2期。

孟宪实：《唐代于阗的四个历史时期》，《西域研究》2022年第3期。

梁振涛：《唐代安西四镇的军镇体制与社会控制》，《中华文史论丛》2022年第3期。

宛恩达：《〈范词墓志〉与咸亨四年的唐蕃西域之争》，《敦煌学辑刊》2022年第3期。

沈琛：《8世纪末吐蕃占领于阗史事钩沉》，《西域研究》2022年第3期。

田燕飞、陈福麟：《杨增新时期新疆整顿田赋研究——兼论整顿田赋与地方治理的关系》，《西域研究》2022年第3期。

李晓英：《张其昀的西北历史地理观》，《中国边疆史地研究》2022年第3期。

冯建勇：《道路延伸于边疆"内""外"之间——民国时期边疆交通的议程与隐喻》，《中国边疆史地研究》2022年第3期。

赵海霞：《全面的觉醒：抗战时期新疆各民族国家认同研究》，《中国边疆史地研究》2022年第3期。

张伟、陈瑞芳：《论俞秀松对新疆民族团结事业的历史贡献》，《新疆地方志》2022年第3期。

孙炳晗：《安史之乱后于阗地区征税体系研究》，《西域研究》2022年第3期。

苏绕绕、潘威：《清末民国新疆农田水利建设成果可视化及分析（1909—1935）》，《中国经济史研究》2022年第3期。

黄冬春：《民国初年新土尔扈特部的南迁与安置》，《新疆地方志》2022年第3期。

任冠、魏坚：《2021年新疆奇台唐朝墩景教寺院遗址考古发掘主要收获》，《西域研究》2022年第3期。

韩建业：《关于中国的铜石并用时代和青铜时代——从新疆的考古新发现论起》，《西域研究》2022年第3期。

刘韬、夏立栋：《佛窟中的祆神——吐峪沟西区中部回鹘佛寺壁画"四臂女神"图像与样式考》，《中国国家博物馆馆刊》2022年第3期。

李树辉：《丝绸之路西域段"北道"考论》，《敦煌学辑刊》2022年第3期。

王丁：《粟特语高昌延相买婢契补考》，《国学学刊》2022年第3期。

田卫疆：《论成吉思汗对西域的统一管辖》，《西蒙古论坛》2022年第4期。

田澍、杨涛维：《通贡和好：明朝重建西域秩序的路径选择》，《中国边疆史地研究》2022年第4期。

杨富学、葛启航：《喀喇汗王朝对天山北麓高昌回鹘疆域的攻取》，《中国边疆史地研究》2022年第4期。

吴福环：《金树仁接掌新疆军政权力的曲折过程》，《西域研究》2022年第4期。

王欣、洪玺铭：《抗战时期中国共产党促进新疆各族民众中华民族认同的历史考察》，《西北民族研究》2022年第4期。

赵海霞：《抗战时期中国共产党对新疆各民族中华民族共同体意识的构筑》，《新疆大学学报（哲学社会科学版）》2022年第4期。

敬玉芳、祖力亚提·司马义：《抗日战争时期中国共产党领导新疆各民族中华民族共同体意识全面觉醒》，《新疆大学学报（哲学社会科学版）》2022年第4期。

邵玮楠、陈蕊：《冷战初期美国在中国新疆的活动与对新政策——以美国驻迪化领事馆末任领事包懋勋为中心的考察》，《西域研究》2022年第4期。

殷弘承、王斌、何瑞雪：《汉唐时期龟兹的丝路交通与经济发展》，《新疆地方志》2022年第4期。

徐承炎：《唐代新疆的水稻种植》，《农业考古》2022年第4期。

周亚威、何昊、朱泓：《楼兰人种考》，《北方文物》2022年第4期。

龙其鑫：《近代中国边政学兴起背景下的新疆汉族研究》，《民族论坛》2022年第4期。

许建英、刘敏：《清代统一新疆后及民国时期新疆蒙古族历史研究述论》，《西部蒙古论坛》2022年第4期。

王子今：《"酒"与汉代丝绸之路民族交往》，《西域研究》2022年第4期。

李锦绣：《唐与黠戛斯的绢马贸易》，《晋阳学刊》2022年第1期。

毕波：《粟特人在于阗——以中国人民大学藏粟特语文书为中心》，《中国人民大学学报》2022年第1期。

史金波：《新见莫高窟北区石窟出土西夏契约释考》，《敦煌研究》2022年第4期。

陈新元：《灭乞里氏只儿哈郎家族史事考略——元代色目家臣政治地位之一斑》，《中国边疆史地研究》2022年第1期。

陈鑫：《抗日战争时期中国共产党在新疆领导的剧运研究》，《新疆师范大学学报（哲学社会科学版）》2022年第4期。

西北大学丝绸之路文化遗产保护与考古学研究中心等：《新疆阜康四工河岩画调查报告》，《华夏考古》2022年第4期。

阿里甫江·尼亚孜：《新疆塔城托里县那仁苏墓地考古发掘与初步认识》，《西域研究》2022年第4期。

田小红等：《新疆库车友谊路墓群2021年发掘收获与初步认识》，《西域研究》2022年第4期。

阿布力克木·阿布都热西提：《地名所反映的多民族交往交流交融史——新疆多种语地名语义考》，《西部蒙古论坛》2022年第4期。

田海峰：《略谈唐代天山廊道的战略地位——基于地理视角的阐释》，《昌吉学院学报》2022年第4期。

王新春：《瑞典国家档案馆藏斯文·赫定档案述略》，《西域研究》2022年第4期。

侯晓晨：《唐初（618—639）统治者的西域认知及其经略观》，《新疆大学学报（哲学社会科学版）》2022年第5期。

何永明、刘博山：《1912—1949年新疆地方政府与中央政府关系述论》，《新疆大学学报（哲学社会科学版）》2022年第5期。

李佳佳：《抗战时期国人对西北交通建设与开发西北关系的认识》，《兰州交通大学学报》2022年第5期。

高大为：《新中国成立前美国在新疆的活动与美苏博弈（1945—1949）》，《边界与海洋研究》2022年第5期。

李智君：《三至九世纪于阗佛教信仰空间的生产》，《民族研究》2022年第5期。

李中耀、贾国栋：《先秦时期新疆历史文化与中华民族共同体意识之肇源》，《新疆大学学报（哲学社会科学版）》2022年第5期。

李艺宏、王兴伊：《吐鲁番涉医文书所见晋唐时期儒家思想及其文化认同研究》，《贵州民族研究》2022年第5期。

马晓林、艾骛德：《〈圣武亲征录〉与近代西北史地学》，《文献》2022年第5期。

何菲菲：《反帝抗战"向内"凝聚：1938—1942年的新疆电影放映》，《新疆大学学报（哲学社会科学版）》2022年第5期。

潘丽：《抗战时期新疆学院的文艺活动》，《新疆大学学报（哲学社会科学版）》2022年第5期。

刘志佳、张飞虎：《伊吾下马崖古城考释》，《中国地方志》2022年第5期。

张安福：《天山廊道与唐朝治理西域研究》，《社会科学战线》2022年第6期。

薛晓东、姜龙：《试论1931—1934年新疆相关事变中的苏联因素》，《新疆大学学报（哲学社会科学版）》2022年第6期。

王正阳、杨蕤：《哈萨克族爱国人士巴什拜·乔拉克的事迹考述与时代价值》，《青海民族研究》2022年第2期。

屈蓉：《吐鲁番出土唐西州时期租赁契约文书契式研究》，《地域文化研究》2022年第6期。

关丙胜、石春霞：《百年来阿尔金山地区的游牧人群及其互动》，《民族研究》2022年第6期。

新疆文物考古研究所、北京大学考古文博学院、北京大学城市与环境学院：《新疆塔什库尔干县库孜滚遗址发掘简报》，《考古》2022年第9期。

吴敏超：《"嘉峪关为中华东西干线之中心"：全面抗战时期国民政府经略河西走廊》，《史学月刊》2022年第12期。

成斌：《毛泽民与新疆省财政专修学校》，《金融发展评论》2022年第12期。

王艳萍：《陈潭秋与马克思主义在新疆的传播》，《西部学刊》2022年第16期。

荣新江：《魏晋南北朝时期的于阗》，《暨南史学》（第二十五辑），暨南大学出版社2022年版。

王旭送：《唐代布帛如何成为货币——以吐鲁番出土织物为中心》，《暨南史学》（第二十五辑），暨南大学出版社2022年版。

李树辉：《滑国源流考论》，《暨南史学》（第二十五辑），暨南大学出版社2022年版。

西北大学文化遗产学院等：《2010年新疆巴里坤县石人子沟遗址墓葬发掘报告》，《2018年新疆巴里坤小黑沟遗址调查简报》，《西部考古》（第23辑），科学出版社2022年版。

新疆文物考古研究所：《新疆奇台县石城子遗址城门区考古发掘报告》，《西部考古》（第23辑），科学出版社2022年版。

王安琦、张全超、朱永明：《新疆和静县巴音布鲁克机场墓葬群出土人骨研究》，《边疆考古研究》（第31辑），科学出版社2022年版。

孙丽萍：《西域"悲田寺"初探》，《魏晋南北朝隋唐史资料》第46辑，上海古籍出版社2022年版。

丁友芳：《〈西域图记〉：隋朝的西域情报、知识与战略总纲》，《唐史论丛》（第三十五辑），陕西新华出版传媒集团、三秦出版社2022年版。

艾比布拉·图尔苏：《察合台文〈乐师传〉及其相关问题研究》，《丝绸之路研究集刊》（第八辑），社会科学文献出版社2022年版。

刘慧：《近20年中国对波斯文历史宗教文献的研究》，《国际汉学》2022年S1期。

邹乐陶：《国民政府天山调查组研究》，硕士学位论文，浙江师范大学，2022年。

李秀梅：《抗战时期新疆社会动员研究——以抗日募捐运动为中心》，硕士学位论文，新疆师范大学，2022年。

贝德努尔·吾买尔江：《1933—1942年马克思主义在新疆的传播研究》，硕士学位论文，新疆师范大学，2022年。

马艳艳：《入新东北抗日义勇军研究》，硕士学位论文，兰州大学，2022年。

姚景：《习仲勋主持西北局工作期间对新疆统一战线工作的重要贡献研究》，硕士学位论文，新疆师范大学，2022年。

陈古目草：《吐鲁番出土粟特史料文献研究——以"曹""何"二姓为中心》，硕士学位论文，西南民族大学，2022年。

黄婷婷：《高昌汉传佛教净土信仰研究》，硕士学位论文，新疆师范大学，2022年。

赵述娟：《清至民国时期伊犁城市景观变迁研究》，硕士学位论文，西北师范大学，2022年。

许婧：《晋唐时期东天山地区彩绘陶器研究》，硕士学位论文，兰州大学，2022年。

李若愚：《〈汉书·西域传〉汇考》，硕士学位论文，兰州大学，2022年。

阿依佳木力·艾合买提：《新疆吐鲁番地区维吾尔族婚姻习惯法的研究》，硕士学位论文，西北大学，2022年。

许建英、刘志佳：《清朝治理新疆述论》，《中国边疆史地研究》2022年第3期。

杨栋娟：《清代回部地区年班贡赐研究》，《历史档案》2022年第3期。

孙喆、陈雅瑶：《从驻扎大臣制度的演进看嘉道时期对新疆的治理》，《云南社会科学》2022年第1期。

张伯国：《金顶回人制度与清代南疆基层伯克培养》，《中国边疆史地研究》2022年第1期。

张伯国：《德化推行与认同塑造：乾隆帝严禁"苦累回人"思想及其实践》，《清史研究》2022年第2期。

王耀：《伯克职掌与18世纪中期回疆城市管理》，《地域文化研究》2022年第2期。

李居轩：《晚清甘肃新疆巡抚陶模研究》，硕士学位论文，西北师范大学，2022年。

秦佳：《晚清官员吴引孙研究》，硕士学位论文，山西师范大学，2022年。

杨宇通：《晚清联魁抚新研究》，硕士学位论文，山西师范大学，2022年。

侯德仁：《清末新疆巡抚袁大化的治疆思想——以〈新疆图志〉袁大化系列序文为中心》，《苏州大学学报（哲学社会科学版）》2022年第4期。

白帆：《清代新疆法律治理体系建构的进程及其效果》，《中国边疆学》（第15辑），社会科学文献出版社2022年版。

王东平：《清代天山南路地区刑事重案的审理——基于道光朝阿克苏吴廪年案的考察》，《清史研究》2022年第3期。

白京兰、王琛博：《清代新疆的"厅"及其司法审判职能》，《新疆大学学报（哲学社会科学版）》2022年第3期。

白京兰、赵宁：《清末吐鲁番地区的"管业执照"——以〈清代新疆档案选辑〉户科为中心》，《西域研究》2022年第2期。

赵珍、许瑶：《满文汉译档案与清前期统一西北的情报价值》，《青海民族研究》2022年第3期。

陈居渊、吴行健：《道光朝回疆职官变革得失探析——以道光十六年喀什噶尔职官参劾案为中心》,《石河子大学学报(哲学社会科学版)》2022年第6期。

孙文杰、张亚华:《萨迈林事件始末及其历史影响——以满文寄信档中永保、保宁任职新疆时期为中心》,《满族研究》2022年第2期。

孙文杰、张亚华:《清代中期伊犁将军奎林治理新疆政绩新探——以乾隆满文寄信档为中心》,《内蒙古民族大学学报(社会科学版)》2022年第5期。

孙文杰:《清朝处理萨木萨克问题的政策及其历史背景——以满文寄信档中伊勒图、奎林任职新疆时期为中心》,《石河子大学学报(哲学社会科学版)》2022年第6期。

锋晖、陈彦文:《清朝新疆八旗十营对比研究》,《西部蒙古论坛》2022年第3期。

吴元丰:《清代伊犁索伦营述要》,《清史研究》2022年第2期。

吴元丰:《道光六年伊犁锡伯营总管额尔古伦满文呈文考析》,《满语研究》2022年第2期。

张军桥:《荣全与索伦营的回归和安置》,《黑龙江民族丛刊》2022年第1期。

伏阳:《乡约司法职能探析——以清末吐鲁番厅为中心》,《新疆地方志》2022年第1期。

伏阳、徐湘楚:《清代新疆建省后鲁克沁郡王司法职能探析》,《喀什大学学报》2022年第2期。

张莉、薛子怡:《晚清吐鲁番〈葡萄沟水善后分水章程〉与乡村水利秩序的变动》,《中国历史地理论丛》2022年第4辑。

吕强:《乾隆"伊犁将军府"的设立与肃州城镇经济的回落——基于西北稀见方志的梳理与分析》,《中国地方志》2022年第1期。

廖文辉:《咸同之际新疆地区的协饷运作与财政困局》,《历史研究》2022年第3期。

马秀英、曹树基:《等额还本付息:清代吐鲁番的葡萄园租卖》,《中国农史》2022年第3期。

赖惠敏、王士铭:《清代陕甘官茶与归化"私茶"之争议》,《内蒙古师范大学学报(哲学社会科学版)》2022年第1期。

黄柏权、巩家楠:《清末新疆私茶案件与地方政府应对》,《江汉论坛》2022年第9期。

顾松洁、张开轩:《满语safiya小考》,《满语研究》2022年第2期。

韩莉:《晚清俄国驻新疆领事馆的阿克萨卡尔及其职能》,《西伯利亚研究》2022年第4期。

刘锦增:《清代新疆铜矿开采研究》,《中国边疆史地研究》2022年第4期。

王欣、衡宗亮:《乾隆年间新疆垦区油料作物种植研究》,《中国边疆史地研究》2022年第2期。

衡宗亮:《乾隆年间伊犁蝗灾与政府应对》,《农业考古》2022年第1期。

王启明:《清前期回疆水稻的种植》,《中国历史地理论丛》2022年第2辑。

於子尧、张萍:《清代巴尔楚克由台站到州城的演变探析》,《中国边疆史地研究》2022年第1期。

王雪花、吴轶群:《清代济木萨地区人口变迁与城镇发展浅析》,《新疆地方志》2022年第2期。

郭文忠、祖浩展：《乾隆朝发往新疆遣犯人数估算与研究》，《清史研究》2022 年第 3 期。

褚宏霞：《清代新疆军事移民行为下的防务建设探析》，《军事历史》2022 年第 1 期。

英卡尔·巴合朱力：《顶翎与治边：清朝对哈萨克的顶翎政策（1765—1849）》，《清史研究》2022 年第 2 期。

内玛才让：《从满文档案看清代哈萨克人的文字史》，《西部蒙古论坛》2022 年第 3 期。

陈柱：《清朝与布鲁特额德格讷部的最初关系》，《中国边疆史地研究》2022 年第 3 期。

赵毅：《清朝对土尔扈特等部东归消息的获得与应对》，《清史研究》2022 年第 2 期。

孙文杰：《清代对东归土尔扈特的管理与认识新探——以满文寄信档中伊勒图任职新疆时期为中心》，《西部蒙古论坛》2022 年第 3 期。

李江杰、姬安江：《学者化与多元化：清代西域行记之新变》，《石河子大学学报（哲学社会科学版）》2022 年第 6 期。

杨波：《林则徐与十九世纪中期清人的喀什边地书写》，《文学研究》2022 年第 1 期。

佟颖：《清代锡伯族驻防行旅诗〈拉昔贤图之歌〉的文学文化意义》，《满语研究》2022 年第 1 期。

佟颖：《清代锡伯族驻防文学中的家国情怀与文化认同》，《民族文学研究》2022 年第 4 期。

佟颖：《清代伊犁九城的建立与西北边疆治理》，《哈尔滨师范大学社会科学学报》2022 年第 2 期。

周燕玲：《抒写方式的新变与文学西域的重塑——江南文化对清代西域诗的渗透》，《文学研究》2022 年第 1 期。

吴华峰：《姚庆恩西域事略》，《西域研究》2022 年第 2 期。

史国强：《新见清代流寓乌鲁木齐文人西域诗作述略》，《新疆地方志》2022 年第 4 期。

梁燕：《巴里坤山神庙碑与康熙年间的京城崇道之风》，《世界宗教文化》2022 年第 5 期。

师帅：《清末新政时期新疆官办教育改革》，《西部蒙古论坛》2022 年第 1 期。

冯甜甜、塞尔江·哈力克、张巧：《新疆锡伯族聚落形态探析》，《华中建筑》2022 年第 1 期。

郝园林：《清代伊犁锡伯营城堡的考古调查与研究》，《北方文物》2022 年第 2 期。

赵述娟：《清至民国时期伊犁城市景观变迁研究》，硕士学位论文，西北师范大学，2022 年。

巴哈提·依加汉：《乾嘉时期写往清廷的三封察合台文求药信及其反映的文化会通现象》，《清史研究》2022 年第 2 期。

张显飞：《清宫铜版战功图刻印技术研究——以〈乾隆平定准部回部战功图〉为例》，《美术观察》2022 年第 4 期。

张伯国：《〈西域闻见录〉著者新疆任职问题新探》，《历史档案》2022 年第 2 期。

王伟：《实施旅游兴疆战略的成效、问题与对策》，《新疆社科论坛》2022 年第 1 期。

李玲艳：《"双循环"背景下新疆融入"一带一路"探析》，《北方民族大学学报》2022 年第 1 期。

史文杰、杨习铭、高志刚：《"双循环"背景下阿勒泰地区特色小镇发展研究》，《新疆社科论坛》2022年第1期。

吴敏：《劳动力市场需求视角下的青年学生就业能力研究——基于1537名新疆大学生就业能力的实证调查》，《新疆社会科学》2022年第1期。

赵彩凤：《区域化推进现代教育技术应用现状及提升策略——以吐鲁番市高昌区五所中学为例》，《新疆教育学院学报》2022年第1期。

张冠华、吴青松：《开展文化润疆工程　推进中华文化认同根植各族群众心灵深处的路径探析》，《新疆社科论坛》2022年第2期。

任丽莉、伊力夏提·艾合麦提：《文化润疆：时代意义、内涵诠释与实践路径》，《新疆社会科学》2022年第2期。

郭世杰、刘明：《文化援疆工作机制与成效研究》，《新疆社科论坛》2022年第2期。

李军：《现象与政治：西方世界对中国的"他者"想象——兼驳郑国恩（Adrian Zenz）等对中国新疆的荒谬想象》，《新疆大学学报（哲学·人文社会科学版）》2022年第2期。

陶晶、宋新伟：《民族团结进步视域下新时代党的治疆方略的伟大实践》，《新疆大学学报（哲学社会科学版）》2022年第3期。

于尚平：《新疆伊斯兰教中国化的历史考察》，《科学与无神论》2022年第3期。

刘玉武、王平：《产业援疆的"三性"分析——基于马克思主义方法论》，《新疆职业大学学报》2022年第3期。

靳晓哲：《美国对新疆的人权污名化及其逻辑》，《人权》2022年第3期。

杨陶：《依法治疆：习近平法治思想在新疆的生动实践》，《新疆社科论坛》2022年第4期。

李稻葵：《百年变局重塑与新疆发展新机遇》，《新疆社科论坛》2022年第4期。

林毅夫：《新发展格局与新疆作为丝绸之路经济带核心区的发展》，《新疆社科论坛》2022年第4期。

邢广程：《全面开放视域下新疆丝绸之路经济带核心区建设》，《新疆社科论坛》2022年第4期。

丁守庆：《高质量推进丝绸之路经济带核心区建设》，《新疆社科论坛》2022年第4期。

王珺：《如何推进丝绸之路经济带核心区建设》，《新疆社科论坛》2022年第4期。

闫炜炜：《中华人民共和国成立以来新疆地区文化援疆的历史考察与发展思考》，《新疆地方志》2022年第4期。

高志刚、师露露、韩延玲：《城乡经济差距对新疆经济高质量发展的影响研究》，《新疆社会科学》2022年第4期。

周巍、高霞霞：《边疆治理视野下新时代党的治疆方略：价值意蕴、实践探索与路径深化》，《新疆大学学报（哲学社会科学版）》2022年第5期。

王阿盈：《依法治疆的时代意蕴探究——基于"传统—现代"进路的考量》，《克拉玛依学刊》2022年第5期。

张旭团：《新时代维护新疆意识形态领域安全面临的挑战与思考》，《兵团党校学报》2022年第5期。

刘以雷:《中国式现代化与新疆高质量发展》,《新疆社科论坛》2022年第5期。

王卓、李梦鹤:《可行能力视角下南疆农村女性就近就业及效应研究》,《新疆大学学报（哲学社会科学版）》2022年第5期。

陈祥军:《本土知识与生态治理:新疆牧区习惯规范的当代价值》,《北方民族大学学报》2022年第5期。

姜禹维、戴继诚:《美国涉疆议题框架建构与中国应对》,《统一战线学研究》2022年第5期。

卢艳玲:《"互联网+"推动文化润疆对策研究》,《新疆社科论坛》2022年第6期。

赵晓露、马志强:《全方位多层次立体化推进文化润疆》,《新疆社科论坛》2022年第6期。

侯菊凤、李娜:《从"石榴籽"紧密团结到"五位一体"腾飞发展——浅探铸牢中华民族共同体意识与新时代新疆高质量发展》,《新疆大学学报（哲学社会科学版）》2022年第6期。

郭蓓、沈田:《新疆宗教工作法治化研究》,《新疆警察学院学报》2022年第2期。

段秀芳、徐传昂:《新疆沿边开放30年综合绩效评价与提升路径》,《新疆社会科学》2022年第6期。

张月:《铸牢新疆青少年中华民族共同体意识的价值意蕴与路径探究》,《新疆社科论坛》2022年第6期。

刘慧文、高进:《新时代新疆推进乡风文明建设的价值、成就和经验——基于南北疆17个县市的调研》,《新疆社科论坛》2022年第6期。

姚勇:《"伊塔事件"与新疆兵团边境团场的创建》,《新疆大学学报（哲学社会科学版）》2022年第6期。

王佩佩、程云洁:《"双循环"视域下沿边地区口岸综合竞争力分析——基于新疆13个边境口岸的数据》,《时代经贸》2022年第7期。

黄子豪:《"一带一路"背景下新疆宗教极端风险治理研究》,硕士学位论文,中国人民公安大学,2022年。

廖一繁:《〈纽约时报〉涉疆报道框架分析（2017—2021）》,硕士学位论文,北京外国语大学,2022年。

鲁俣亨:《奠基阶段（1949—1954）兵团文化孕育生成研究》,硕士学位论文,石河子大学,2022年。

（供稿：阿地力·艾尼　刘志佳　张　帅）

二　当代中国边疆治理重要文献

台湾问题与新时代中国统一事业[①]

中华人民共和国国务院台湾事务办公室
国务院新闻办公室

前　言

解决台湾问题、实现祖国完全统一，是全体中华儿女的共同愿望，是实现中华民族伟大复兴的必然要求，是中国共产党矢志不渝的历史任务。中国共产党、中国政府和中国人民为此进行了长期不懈的努力。

中共十八大以来，中国特色社会主义进入新时代。在以习近平同志为核心的中共中央坚强领导下，中国共产党和中国政府积极推进对台工作理论和实践创新，牢牢把握两岸关系主导权和主动权，有力维护台海和平稳定，扎实推进祖国统一进程。但一个时期以来，台湾民进党当局加紧进行"台独"分裂活动，一些外部势力极力搞"以台制华"，企图阻挡中国实现完全统一和中华民族迈向伟大复兴。

中国共产党团结带领全国各族人民长期奋斗，如期全面建成小康社会、实现第一个百年奋斗目标，开启全面建设社会主义现代化国家、向第二个百年奋斗目标进军新征程。中华民族迎来了从站起来、富起来到强起来的伟大飞跃，实现中华民族伟大复兴进入了不可逆转的历史进程。这是中国统一大业新的历史方位。

中国政府于1993年8月、2000年2月分别发表了《台湾问题与中国的统一》、《一个中国的原则与台湾问题》白皮书，全面系统阐述了解决台湾问题的基本方针和有关政策。为进一步重申台湾是中国的一部分的事实和现状，展现中国共产党和中国人民追求祖国统一的坚定意志和坚强决心，阐述中国共产党和中国政府在新时代推进实现祖国统一的立场和政策，特发布本白皮书。

[①] 国务院台湾事务办公室、国务院新闻办公室：《台湾问题与新时代中国统一事业》，《人民日报》2022年8月11日第5、6版。

一、台湾是中国的一部分不容置疑也不容改变

台湾自古属于中国的历史经纬清晰、法理事实清楚。不断有新的考古发现和研究证明海峡两岸深厚的历史和文化联系。大量的史书和文献记载了中国人民早期开发台湾的情景。公元230年，三国时期吴人沈莹所著《临海水土志》留下了关于台湾最早的记述。隋朝政府曾三次派兵到时称"流求"的台湾。宋元以后，中国历代中央政府开始在澎湖、台湾设治，实施行政管辖。1624年，荷兰殖民者侵占台湾南部。1662年，民族英雄郑成功驱逐荷兰殖民者收复台湾。清朝政府逐步在台湾扩增行政机构，1684年设立台湾府，隶属福建省管辖；1885年改设台湾为行省，是当时中国第20个行省。

1894年7月，日本发动侵略中国的甲午战争，次年4月迫使战败的清朝政府割让台湾及澎湖列岛。抗日战争时期，中国共产党人明确提出收复台湾的主张。1937年5月15日，毛泽东同志会见美国记者尼姆·韦尔斯时表示："中国的抗战是要求得最后的胜利，这个胜利的范围，不限于山海关，不限于东北，还要包括台湾的解放。"

1941年12月9日，中国政府发布对日宣战布告，宣告"所有一切条约、协定、合同，有涉及中日间之关系者，一律废止"，并宣布将收回台湾、澎湖列岛。1943年12月1日，中美英三国政府发表《开罗宣言》宣布，三国之宗旨在使日本所窃取于中国之领土，例如东北、台湾、澎湖列岛等，归还中国。1945年7月26日，中美英三国共同签署、后来苏联参加的《波茨坦公告》，重申"开罗宣言之条件必将实施"。同年9月，日本签署《日本投降条款》，承诺"忠诚履行波茨坦公告各项规定之义务"。10月25日，中国政府宣告"恢复对台湾行使主权"，并在台北举行"中国战区台湾省受降仪式"。由此，通过一系列具有国际法律效力的文件，中国从法律和事实上收复了台湾。

1949年10月1日，中华人民共和国中央人民政府宣告成立，取代中华民国政府成为代表全中国的唯一合法政府。这是在中国这一国际法主体没有发生变化情况下的政权更替，中国的主权和固有领土疆域没有改变，中华人民共和国政府理所当然地完全享有和行使中国的主权，其中包括对台湾的主权。由于中国内战延续和外部势力干涉，海峡两岸陷入长期政治对立的特殊状态，但中国的主权和领土从未分割也决不允许分割，台湾是中国领土的一部分的地位从未改变也决不允许改变。

1971年10月，第26届联合国大会通过第2758号决议，决定："恢复中华人民共和国的一切权利，承认她的政府的代表为中国在联合国组织的唯一合法代表并立即把蒋介石的代表从它在联合国组织及其所属一切机构中所非法占据的席位上驱逐出去。"这一决议不仅从政治上、法律上和程序上彻底解决了包括台湾在内全中国在联合国的代表权问题，而且明确了中国在联合国的席位只有一个，不存在"两个中国"、"一中一台"的问题。随后，联合国相关专门机构以正式决议等方式，恢复中华人民共和国享有的合法席位，驱逐台湾当局的"代表"，如1972年5月第25届世界卫生大会通过第25.1号决议。联合国秘书处法律事务办公室官方法律意见明确指出，"台湾作为中国的一个省没有独立地位"，"台湾当局不享有任何形式的政府地位"。实践中，联合国对台湾使用的称谓是"台湾，中国的省（Taiwan,

Province of China）"①。

联大第 2758 号决议是体现一个中国原则的政治文件，国际实践充分证实其法律效力，不容曲解。台湾没有任何根据、理由或权利参加联合国及其他只有主权国家才能参加的国际组织。近年来，以美国为首的个别国家一些势力与"台独"分裂势力沆瀣一气，妄称该决议没有处理"台湾的代表权问题"，炒作非法无效的"旧金山和约"②，无视《开罗宣言》、《波茨坦公告》在内的一系列国际法律文件，再度鼓吹"台湾地位未定"，宣称支持台湾"有意义地参与联合国体系"，其实质是企图改变台湾是中国的一部分的地位，制造"两个中国"、"一中一台"，实现其"以台制华"的政治目的。这些行径歪曲联大第 2758 号决议，违反国际法，严重背弃有关国家对中国作出的政治承诺，侵犯中国的主权和尊严，践踏国际关系基本准则。对此，中国政府已经表明了反对和谴责的严正立场。

一个中国原则是国际社会的普遍共识，是遵守国际关系基本准则的应有之义。目前，全世界有包括美国在内的 181 个国家，在一个中国原则的基础上与中国建立了外交关系。1978 年 12 月发表的《中美建交公报》声明："美利坚合众国政府承认中国的立场，即只有一个中国，台湾是中国的一部分"；"美利坚合众国承认中华人民共和国政府是中国的唯一合法政府。在此范围内，美国人民将同台湾人民保持文化、商务和其他非官方关系"。

1982 年 12 月，中华人民共和国第五届全国人民代表大会第五次会议通过《中华人民共和国宪法》，规定："台湾是中华人民共和国的神圣领土的一部分。完成统一祖国的大业是包括台湾同胞在内的全中国人民的神圣职责。"2005 年 3 月，第十届全国人民代表大会第三次会议通过《反分裂国家法》，规定："世界上只有一个中国，大陆和台湾同属一个中国，中国的主权和领土完整不容分割。维护国家主权和领土完整是包括台湾同胞在内的全中国人民的共同义务。""台湾是中国的一部分。国家绝不允许'台独'分裂势力以任何名义、任何方式把台湾从中国分裂出去。"2015 年 7 月，第十二届全国人民代表大会常务委员会第十五次会议通过《中华人民共和国国家安全法》，规定："中国的主权和领土完整不容侵犯和分割。维护国家主权、统一和领土完整是包括港澳同胞和台湾同胞在内的全中国人民的共同义务。"

世界上只有一个中国，台湾是中国的一部分的历史事实和法理事实不容置疑，台湾从来不是一个国家而是中国的一部分的地位不容改变。任何歪曲事实、否定和挑战一个中国原则的行径都将以失败告终。

二、中国共产党坚定不移推进祖国完全统一

中国共产党始终致力于为中国人民谋幸福、为中华民族谋复兴。在成立初期，中国共产党就把争取台湾摆脱殖民统治回归祖国大家庭、实现包括台湾同胞在内的民族解放作为奋斗目标，付出了巨大努力。

中国共产党始终把解决台湾问题、实现祖国完全统一作为矢志不渝的历史任务，团结带领两岸同胞，推动台海形势从紧张对峙走向缓和改善、进而走上和平发展道路，两岸关系不断取得突破性进展。

新中国成立以后，以毛泽东同志为主要代表的中国共产党人，提出和平解决台湾问题的

重要思想、基本原则和政策主张；进行了解放台湾的准备和斗争，粉碎了台湾当局"反攻大陆"的图谋，挫败了各种制造"两个中国"、"一中一台"的图谋；促成联合国恢复了中华人民共和国的合法席位和一切权利，争取了世界上绝大多数国家接受一个中国原则，为实现和平统一创造了重要条件。中共中央还通过适当渠道与台湾当局高层人士接触，为寻求和平解决台湾问题而积极努力。

中共十一届三中全会以后，以邓小平同志为主要代表的中国共产党人，从国家和民族的根本利益出发，在实现中美建交的时代条件下，在争取和平解决台湾问题思想的基础上，确立了争取祖国和平统一的大政方针，创造性地提出了"一个国家，两种制度"的科学构想，并首先运用于解决香港问题、澳门问题；主动缓和两岸军事对峙状态，推动打破两岸长期隔绝状态，开启两岸民间交流合作的大门，使两岸关系进入新的历史阶段。

中共十三届四中全会以后，以江泽民同志为主要代表的中国共产党人，提出发展两岸关系、推进祖国和平统一进程的八项主张[③]；推动两岸双方达成体现一个中国原则的"九二共识"，开启两岸协商谈判，实现两岸授权团体负责人首次会谈，持续扩大两岸各领域交流合作；坚决开展反对李登辉分裂祖国活动的斗争，沉重打击"台独"分裂势力；实现香港、澳门顺利回归祖国，实行"一国两制"，对解决台湾问题产生积极影响。

中共十六大以后，以胡锦涛同志为主要代表的中国共产党人，提出两岸关系和平发展重要思想；针对岛内"台独"分裂活动猖獗制定实施《反分裂国家法》，举行中国共产党和中国国民党两党主要领导人60年来首次会谈，坚决挫败陈水扁"法理台独"图谋；开辟两岸关系和平发展新局面，推动两岸制度化协商谈判取得丰硕成果，实现两岸全面直接双向"三通"，签署实施《海峡两岸经济合作框架协议》，两岸关系面貌发生深刻变化。

中共十八大以来，以习近平同志为主要代表的中国共产党人，全面把握两岸关系时代变化，丰富和发展国家统一理论和对台方针政策，推动两岸关系朝着正确方向发展，形成新时代中国共产党解决台湾问题的总体方略，提供了新时代做好对台工作的根本遵循和行动纲领。2017年10月，中共十九大确立了坚持"一国两制"和推进祖国统一的基本方略，强调："绝不允许任何人、任何组织、任何政党、在任何时候、以任何形式、把任何一块中国领土从中国分裂出去！"2019年1月，习近平总书记在《告台湾同胞书》发表40周年纪念会上发表重要讲话，郑重提出了新时代推动两岸关系和平发展、推进祖国和平统一进程的重大政策主张：携手推动民族复兴，实现和平统一目标；探索"两制"台湾方案，丰富和平统一实践；坚持一个中国原则，维护和平统一前景；深化两岸融合发展，夯实和平统一基础；实现同胞心灵契合，增进和平统一认同。中国共产党和中国政府采取一系列引领两岸关系发展、促进祖国和平统一的重大举措：

——推动实现1949年以来两岸领导人首次会晤、直接对话沟通，将两岸交流互动提升到新高度，为两岸关系发展翻开了新篇章、开辟了新空间，成为两岸关系发展道路上一座新的里程碑。双方两岸事务主管部门在共同政治基础上建立常态化联系沟通机制，两部门负责人实现互访、开通热线。

——坚持一个中国原则和"九二共识"，推进两岸政党党际交流，与台湾有关政党、团体和人士就两岸关系与民族未来开展对话协商，深入交换意见，达成多项共识并发表共同倡议，与台湾社会各界共同努力探索"两制"台湾方案。

——践行"两岸一家亲"理念，以两岸同胞福祉为依归，推动两岸关系和平发展、融合发展，完善促进两岸交流合作、保障台湾同胞福祉的制度安排和政策措施，实行卡式台胞证，实现福建向金门供水，制发台湾居民居住证，逐步为台湾同胞在大陆学习、创业、就业、生活提供同等待遇，持续率先同台湾同胞分享大陆发展机遇。

——团结广大台湾同胞，排除"台独"分裂势力干扰阻挠，推动两岸各领域交流合作和人员往来走深走实。克服新冠肺炎疫情影响，坚持举办海峡论坛等一系列两岸交流活动，保持了两岸同胞交流合作的发展态势。

——坚定捍卫国家主权和领土完整，坚决反对"台独"分裂和外部势力干涉，有力维护台海和平稳定和中华民族根本利益。依法打击"台独"顽固分子，有力震慑"台独"分裂势力。妥善处理台湾对外交往问题，巩固发展国际社会坚持一个中国原则的格局。

在中国共产党的引领推动下，70多年来特别是两岸隔绝状态打破以来，两岸关系获得长足发展。两岸交流合作日益广泛，互动往来日益密切，给两岸同胞特别是台湾同胞带来实实在在的好处，充分说明两岸和则两利、合则双赢。1978年两岸贸易额仅有4600万美元，2021年增长至3283.4亿美元，增长了7000多倍；大陆连续21年成为台湾最大出口市场，每年为台湾带来大量顺差；大陆是台商岛外投资的第一大目的地，截至2021年底，台商投资大陆项目共计123781个、实际投资额713.4亿美元④。1987年两岸人员往来不足5万人次，2019年约900万人次。近3年来受疫情影响，线上交流成为两岸同胞沟通互动的主要形式，参与及可及人数屡创新高。

中国共产党始终是中国人民和中华民族的主心骨，是民族复兴、国家统一的坚强领导核心。中国共产党为解决台湾问题、实现祖国完全统一不懈奋斗的历程充分表明：必须坚持一个中国原则，绝不允许任何人任何势力把台湾从祖国分裂出去；必须坚持为包括台湾同胞在内的全体中国人民谋幸福，始终致力于实现两岸同胞对美好生活的向往；必须坚持解放思想、实事求是、守正创新，把握民族根本利益和国家核心利益，制定实施对台方针政策；必须坚持敢于斗争、善于斗争，同一切损害中国主权和领土完整、企图阻挡祖国统一的势力进行坚决斗争；必须坚持大团结大联合，广泛调动一切有利于反"独"促统的积极因素，共同推进祖国统一进程。

三、祖国完全统一进程不可阻挡

当前，在国内国际两个大局都发生深刻复杂变化的时代背景下，推进祖国完全统一面临着新的形势。中国共产党和中国政府有驾驭复杂局面、战胜风险挑战的综合实力和必胜信心，完全有能力推动祖国统一大业阔步前进。

（一）实现祖国完全统一是中华民族伟大复兴的必然要求

在中华民族五千多年的发展进程中，追求统一、反对分裂始终是全民族的主流价值观，这一价值观早已深深融入整个中华民族的精神血脉。近代以后，由于西方列强入侵和封建统治腐败，中国逐步成为半殖民地半封建社会，国家蒙辱、人民蒙难、文明蒙尘，中华民族遭受了前所未有的劫难。台湾被日本霸占半个世纪的历史，是中华民族近代屈辱的缩影，给两岸同胞留下了剜心之痛。一水之隔、咫尺天涯，两岸迄今尚未完全统一是历史遗留给中华民族的创伤。两岸同胞应该共同努力，谋求国家统一，抚平历史创伤。

实现中华民族伟大复兴，是近代以来中国人民和中华民族最伟大的梦想。实现祖国完全统一，才能使两岸同胞彻底摆脱内战的阴霾，共创共享台海永久和平；才能避免台湾再次被外国侵占的危险，打掉外部势力遏制中国的图谋，维护国家主权、安全、发展利益；才能清除"台独"分裂的隐患，稳固台湾作为中国的一部分的地位，推进中华民族伟大复兴；才能更好地凝聚两岸同胞力量建设共同家园，增进两岸同胞利益福祉，创造中国人民和中华民族更加幸福美好的未来。正如中国伟大的革命先行者孙中山先生所言："'统一'是中国全体国民的希望。能够统一，全国人民便享福；不能统一，便要受害。"

中华民族在探寻民族复兴强盛之道的过程中饱经苦难沧桑。"统则强、分必乱"，这是一条历史规律。实现祖国完全统一，是中华民族的历史和文化所决定的，也是中华民族伟大复兴的时和势所决定的。我们比历史上任何时期都更接近、更有信心和能力实现中华民族伟大复兴的目标，也更接近、更有信心和能力实现祖国完全统一的目标。台湾问题因民族弱乱而产生，必将随着民族复兴而解决。全体中华儿女团结奋斗，就一定能在同心实现中华民族伟大复兴进程中完成祖国统一大业。

（二）国家发展进步引领两岸关系发展方向

决定两岸关系走向、实现祖国完全统一的关键因素是国家的发展进步。国家发展进步特别是40多年来改革开放和现代化建设所取得的伟大成就，深刻影响着解决台湾问题、实现祖国完全统一的历史进程。无论何党何派在台湾掌权，都无法改变两岸关系向前发展的总体趋势和祖国统一的历史大势。

根据国际货币基金组织的统计[⑤]，1980年，大陆生产总值约3030亿美元，台湾生产总值约423亿美元，大陆是台湾的7.2倍；2021年，大陆生产总值约174580亿美元，台湾生产总值约7895亿美元，大陆是台湾的22.1倍。国家发展进步特别是经济实力、科技实力、国防实力持续增强，不仅有效遏制了"台独"分裂活动和外部势力干涉，更为两岸交流合作提供了广阔空间、带来了巨大机遇。越来越多的台湾同胞特别是台湾青年来大陆学习、创业、就业、生活，促进了两岸社会各界交往交流交融，加深了两岸同胞利益和情感联系，增进了两岸同胞文化、民族和国家认同，有力牵引着两岸关系沿着统一的正确方向不断前行。

中国共产党团结带领中国人民已经踏上了全面建设社会主义现代化国家的新征程。大陆坚持中国特色社会主义道路，治理效能提升，经济长期向好，物质基础雄厚，人力资源丰厚，市场空间广阔，发展韧性强大，社会大局稳定，继续发展具有多方面优势和条件，并持续转化为推进统一的动力。立足新发展阶段，贯彻新发展理念，构建新发展格局，推动高质量发展，将使大陆综合实力和国际影响力持续提升，大陆对台湾社会的影响力、吸引力不断扩大，我们解决台湾问题的基础更雄厚、能力更强大，必将有力推动祖国统一进程。

（三）"台独"分裂势力抗拒统一不会得逞

台湾自古是中国的神圣领土。所谓"台湾独立"，是企图把台湾从中国分割出去，是分裂国家的严重罪行，损害两岸同胞共同利益和中华民族根本利益，是走不通的绝路。

民进党当局坚持"台独"分裂立场，勾连外部势力不断进行谋"独"挑衅。他们拒不接受一个中国原则，歪曲否定"九二共识"，妄称"中华民国与中华人民共和国互不隶属"，公然抛出"新两国论"；在岛内推行"去中国化"、"渐进台独"，纵容"急独"势力鼓噪推动"修宪修法"，欺骗台湾民众，煽动仇视大陆，阻挠破坏两岸交流合作和融合发展，加紧"以武谋独"、"以武拒统"；勾结外部势力，在国际上竭力制造"两个中国"、"一中一台"。民进党当局的谋"独"行径导致两岸关系紧张，危害台海和平稳定，破坏和平统一前景、挤压和平统一空间，是争取和平统一进程中必须清除的障碍。

台湾是包括2300万台湾同胞在内的全体中国人民的台湾，中国人民捍卫国家主权和领土完整、维护中华民族根本利益的决心不可动摇、意志坚如磐石，这是挫败一切"台独"分裂图谋的根本力量。100多年前中国积贫积弱，台湾被外国侵占。70多年前中国打败侵略者，收复了台湾。现在的中国，跃升为世界第二大经济体，政治、经济、文化、科技、军事等实力大幅增强，更不可能再让台湾从中国分裂出去。搞"台独"分裂抗拒统一，根本过不了中华民族的历史和文化这一关，也根本过不了14亿多中国人民的决心和意志这一关，是绝对不可能得逞的。

（四）外部势力阻碍中国完全统一必遭失败

外部势力干涉是推进中国统一进程的突出障碍。美国一些势力出于霸权心态和冷战思维，将中国视为最主要战略对手和最严峻的长期挑战，竭力进行围堵打压，变本加厉推行"以台制华"。美国声称"奉行一个中国政策，不支持'台独'"，但美国一些势力在实际行动上却背道而驰。他们虚化、掏空一个中国原则，加强与台湾地区官方往来，不断策动对台军售，加深美台军事勾连，助台拓展所谓"国际空间"，拉拢其他国家插手台湾问题，不时炮制损害中国主权的涉台议案。他们颠倒黑白、混淆是非，一方面怂恿"台独"分裂势力制造两岸关系紧张动荡，另一方面却无端指责大陆"施压"、"胁迫"、"单方面改变现状"，为"台独"分裂势力撑腰打气，给中国实现和平统一制造障碍。

《联合国宪章》规定的尊重国家主权和领土完整、不干涉别国内政等重要原则，是现代国际法和国际关系的基石。维护国家统一和领土完整，是每个主权国家的神圣权利，中国政府理所当然可以采取一切必要手段解决台湾问题、实现国家统一，不容外部势力干涉。美国的一些反华势力以所谓"自由、民主、人权"和"维护以规则为基础的国际秩序"为幌子，刻意歪曲台湾问题纯属中国内政的性质，企图否定中国政府维护国家主权和领土完整的正当性与合理性。这充分暴露了他们搞"以台制华"、阻挠中国统一的政治图谋，必须予以彻底揭露和严正谴责。

外部势力打"台湾牌"，是把台湾当作遏制中国发展进步、阻挠中华民族伟大复兴的棋子，牺牲的是台湾同胞的利益福祉和光明前途，绝不是为了台湾同胞好。他们纵容鼓动"台独"分裂势力滋事挑衅，加剧两岸对抗和台海形势紧张，破坏亚太地区和平稳定，既违逆求和平、促发展、谋共赢的时代潮流，也违背国际社会期待和世界人民意愿。新中国成立之初，在百废待兴、百业待举的情况下，中国共产党和中国政府紧紧依靠人民，以"钢少气多"力克"钢多气少"，赢得抗美援朝战争伟大胜利，捍卫了新中国安全，彰显了新中国大国地位，展现了我们不畏强暴、反抗强权的铮铮铁骨。中国坚定不移走和平发展道路，同时决不会在任何外来干涉的压力面前退缩，决不会容忍国家主权、安全、发展利益受到任何损害。"挟洋谋独"没有出路，"以台制华"注定失败。

要安宁、要发展、要过好日子，是台湾同胞的普遍心声，创造美好生活是两岸同胞的共同追求。在中国共产党的坚强领导下，中国人民和中华民族迎来从站起来、富起来到强起来的伟大飞跃，一穷二白、人口众多的祖国大陆全面建成小康社会，我们更有条件、更有信心、更有能力完成祖国统一大业，让两岸同胞都过上更好的日子。祖国统一的历史车轮滚滚向前，任何人任何势力都无法阻挡。

四、在新时代新征程上推进祖国统一

在民族复兴的新征程上，中国共产党和中国政府统筹中华民族伟大复兴战略全局和世界百年未有之大变局，深入贯彻新时代中国共产党解决台湾问题的总体方略和对台大政方针，扎实推动两岸关系和平发展、融合发展，坚定推进祖国统一进程。

（一）坚持"和平统一、一国两制"基本方针

以和平方式实现祖国统一，最符合包括台湾同胞在内的中华民族整体利益，最有利于中国的长期稳定发展，是中国共产党和中国政府解决台湾问题的第一选择。尽管几十年来遇到困难和阻力，但我们仍然坚持不懈地争取和平统一，这体现了我们对民族大义、同胞福祉与两岸和平的珍视和维护。

"一国两制"是中国共产党和中国政府为实现和平统一作出的重要制度安排，是中国特色社会主义的一个伟大创举。"和平统一、一国两制"是我们解决台湾问题的基本方针，也是实现国家统一的最佳方式，体现了海纳百川、有容乃大的中华智慧，既充分考虑台湾现实情况，又有利于统一后台湾长治久安。我们主张，和平统一后，台湾可以实行不同于祖国大陆的社会制度，依法实行高度自治，两种社会制度长期共存、共同发展。"一国"是实行"两制"的前提和基础，"两制"从属和派生于"一国"并统一于"一国"之内。我们将继续团结台湾同胞，积极探索"两制"台湾方案，丰富和平统一实践。"一国两制"在台湾的具体实现形式会充分考虑台湾现实情况，会充分吸收两岸各界意见和建议，会充分照顾到台湾同胞利益和感情。

"一国两制"提出以来，台湾一些政治势力曲解误导，民进党及其当局不遗余力地造谣抹黑，造成部分台湾同胞的偏颇认知。事实是，香港、澳门回归祖国后，重新纳入国家治理体系，走上了同祖国内地优势互补、共同发展的宽广道路，"一国两制"实践取得举世公认的成功。同时，一个时期内，受各种内外复杂因素影响，"反中乱港"活动猖獗，香港局势一度出现严峻局面。中国共产党和中国政府审时度势，采取一系列标本兼治的举措，坚持和完善"一国两制"制度体系，推动香港局势实现由乱到治的重大转折，进入由治及兴的新阶段，为推进依法治港治澳、促进"一国两制"实践行稳致远打下了坚实基础。

实现两岸和平统一，必须面对大陆和台湾社会制度与意识形态不同这一基本问题。"一国两制"正是为解决这个问题而提出的最具包容性的方案。这是一个和平的方案、民主的方案、善意的方案、共赢的方案。两岸制度不同，不是统一的障碍，更不是分裂的借口。我们相信，随着时间的推移，"一国两制"将被广大台湾同胞重新认识；在两岸同胞共同致力实现和平统一的过程中，"两制"台湾方案的空间和内涵将得到充分展现。

和平统一，是平等协商、共议统一。两岸长期存在的政治分歧问题是影响两岸关系行稳致远的总根子，总不能一代一代传下去。两岸协商谈判可以有步骤、分阶段进行，方式可灵活多样。我们愿意在一个中国原则和"九二共识"的基础上，同台湾各党派、团体和人士就解决两岸政治分歧问题开展对话沟通，广泛交换意见。我们也愿意继续推动由两岸各政党、各界别推举的代表性人士开展民主协商，共商推动两岸关系和平发展、融合发展和祖国和平统一的大计。

（二）努力推动两岸关系和平发展、融合发展

两岸关系和平发展、融合发展是通向和平统一的重要途径，是造福两岸同胞的康庄大道，需要凝聚两岸同胞力量共同推进。我们要在两岸关系和平发展进程中深化两岸融合发展，密切两岸交流合作，拉紧两岸情感纽带和利益联结，增强两岸同胞对中华文化和中华民族的认同，铸牢两岸命运共同体意识，厚植祖国和平统一的基础。

突出以通促融、以惠促融、以情促融，勇于探索海峡两岸融合发展新路，率先在福建建设海峡两岸融合发展示范区。持续推进两岸应通尽通，不断提升两岸经贸合作畅通、基础设施联通、能源资源互通、行业标准共通。推动两岸文化教育、医疗卫生合作，社会保障和公共资源共享，支持两岸邻近或条件相当地区基本公共服务均等化、普惠化、便捷化。积极推进两岸经济合作制度化，打造两岸共同市场，壮大中华民族经济。

完善保障台湾同胞福祉和在大陆享受同等待遇的制度和政策，依法维护台湾同胞正当权益。支持台胞台企参与"一带一路"建设、国家区域重大战略和区域协调发展战略，融入新发展格局，参与高质量发展，让台湾同胞分享更多发展机遇，参与国家经济社会发展进程。

排除干扰、克服障碍，不断扩大两岸各领域交流合作。推动两岸同胞共同传承和创新发展中华优秀传统文化，加强两岸基层民众和青少年交流，吸引更多台胞特别是台湾青年来大陆学习、创业、就业、生活，使两岸同胞加深相互理解，增进互信认同，逐步实现心灵契合。

（三）坚决粉碎"台独"分裂和外来干涉图谋

搞"台独"分裂只会将台湾推入灾难深渊，给台湾同胞带来深重祸害。维护包括台湾同胞在内的中华民族整体利益，必须坚决反对"台独"分裂、促进祖国和平统一。我们愿意为和平统一创造广阔空间，但绝不为各种形式的"台独"分裂活动留下任何空间。中国人的事要由中国人来决定。台湾问题是中国的内政，事关中国核心利益和中国人民民族感情，不容任何外来干涉。任何利用台湾问题干涉中国内政、阻挠中国统一进程的图谋和行径，都将遭

到包括台湾同胞在内的全体中国人民的坚决反对。任何人都不要低估中国人民捍卫国家主权和领土完整的坚强决心、坚定意志、强大能力。

我们愿继续以最大诚意、尽最大努力争取和平统一。我们不承诺放弃使用武力，保留采取一切必要措施的选项，针对的是外部势力干涉和极少数"台独"分裂分子及其分裂活动，绝非针对台湾同胞，非和平方式将是不得已情况下做出的最后选择。如果"台独"分裂势力或外部干涉势力挑衅逼迫，甚至突破红线，我们将不得不采取断然措施。始终坚持做好以非和平方式及其他必要措施应对外部势力干涉和"台独"重大事变的充分准备，目的是从根本上维护祖国和平统一的前景、推进祖国和平统一的进程。

当前，美国一些势力图谋"以台制华"，处心积虑打"台湾牌"，刺激"台独"分裂势力冒险挑衅，不仅严重危害台海和平稳定，妨碍中国政府争取和平统一的努力，也严重影响中美关系健康稳定发展。如果任其发展下去，必将导致台海形势紧张持续升级，给中美关系造成颠覆性的巨大风险，并严重损害美国自身利益。美国应该恪守一个中国原则，慎重妥善处理涉台问题，停止说一套做一套，以实际行动履行不支持"台独"的承诺。

（四）团结台湾同胞共谋民族复兴和国家统一

国家统一是中华民族走向伟大复兴的历史必然。台湾前途在于国家统一，台湾同胞福祉系于民族复兴。实现中华民族伟大复兴，与两岸同胞前途命运息息相关。民族强盛，是两岸同胞之福；民族弱乱，是两岸同胞之祸。民族复兴、国家强盛，两岸同胞才能过上富足美好的生活。实现中华民族伟大复兴需要两岸同胞共同奋斗，实现祖国完全统一同样需要两岸同胞携手努力。

由于受到"台独"思想毒害，也由于两岸政治分歧问题尚未得到解决，一些台湾同胞对两岸关系性质和国家认同问题认识出现偏差，对祖国统一心存疑惧。台湾同胞是我们的骨肉天亲，两岸同胞是血浓于水的一家人。我们愿意保持足够的耐心和包容心，创造条件加强两岸交流交往，不断加深广大台湾同胞对祖国大陆的了解，逐步减少他们的误解和疑虑，进而走出受"台独"煽惑的历史误区。

我们将团结广大台湾同胞共创祖国统一、民族复兴的光荣伟业。希望广大台湾同胞坚定站在历史正确的一边，做堂堂正正的中国人，认真思考台湾在民族复兴中的地位和作用，深明大义、奉义而行，坚决反对"台独"分裂和外部势力干涉，积极参与到推进祖国和平统一的正义事业中来。

五、实现祖国和平统一的光明前景

按照"一国两制"实现两岸和平统一，将给中国发展进步和中华民族伟大复兴奠定新的基础，将给台湾经济社会发展创造巨大机遇，将给广大台湾同胞带来实实在在的好处。

（一）台湾发展空间将更为广阔

台湾经济发展水平较高，产业特色明显，对外贸易发达，两岸经济互补性强。统一后，两岸经济合作机制、制度更加完善，台湾经济将以大陆市场为广阔腹地，发展空间更大，竞争力更强，产业链供应链更加稳定通畅，创新活力更加生机勃勃。长期困扰台湾经济发展和民生改善的众多难题，可以在两岸融合发展、应通尽通中得到解决。台湾财政收入尽可用于改善民生，多为老百姓做实事、办好事、解难事。

台湾的文化创造力将得到充分发扬，两岸同胞共同传承中华文化、弘扬民族精神，台湾地域文化在中华文化根脉的滋养中更加枝繁叶茂、焕发光彩。

（二）台湾同胞切身利益将得到充分保障

在确保国家主权、安全、发展利益的前提下，台湾可以作为特别行政区实行高度自治。台湾同胞的社会制度和生活方式等将得到充分尊重，台湾同胞的私人财产、宗教信仰、合法权益将得到充分保障。所有拥护祖国统一、民族复兴的台湾同胞将在台湾真正当家作主，参与祖国建设，尽享发展红利。有强大祖国做依靠，台湾同胞在国际上腰杆会更硬、底气会更足，更加安全、更有尊严。

（三）两岸同胞共享民族复兴的伟大荣光

台湾同胞崇敬祖先、爱土爱乡、勤劳勇敢、自强不息，具有光荣的爱国主义传统。两岸同胞发挥聪明才智，携手共创美好未来潜力巨大。统一后，两岸同胞可以弥合因长期没有统一而造成的隔阂，增进一家人的同胞亲情，更加紧密地团结起来；可以发挥各自优势，实现互利互补，携手共谋发展；可以共同促进中华民族的繁荣昌盛，让中华民族以更加昂扬的姿态屹立于世界民族之林。

两岸同胞血脉相连、命运与共。统一后，中国的国际影响力、感召力、塑造力将进一步增强，中华民族的自尊心、自信心、自豪感将进一步提升。台湾同胞将同大陆同胞一道，共享一个伟大国家的尊严和荣耀，以做堂堂正正的中国人而骄傲和自豪。两岸同胞共同探索实施"两制"台湾方案，共同发展完善"一国两制"制度体系，确保台湾长治久安。

（四）有利于亚太地区及全世界和平与发展

实现两岸和平统一，不仅是中华民族和中国人民之福，也是国际社会和世界人民之福。中国的统一，不会损害任何国家的正当利益包括其在台湾的经济利益，只会给各国带来更多发展机遇，只会给亚太地区和世界繁荣稳定注入更多正能量，只会为构建人类命运共同体、为世界和平发展和人类进步事业作出更大贡献。

统一后，有关国家可以继续同台湾发展经济、文化关系。经中国中央政府批准，外国可以在台湾设立领事机构或其他官方、半官方机构，国际组织和机构可以在台湾设立办事机构，有关国际公约可以在台湾适用，有关国际会议可以在台湾举办。

结束语

具有五千多年文明史的中华民族创造了震古烁今的灿烂文化，对人类社会发展进步作出了重大贡献。在经历了近代以来从屈辱走向奋起、从落伍走向崛起的百年沧桑之后，中华民族迎来了大发展大作为的时代，迈出了走向伟大复兴的铿锵步伐。

在新时代新征程上，中国共产党和中国政府将继续团结带领两岸同胞顺应历史大势，勇担时代责任，把前途命运牢牢掌握在自己手中，为实现祖国完全统一和中华民族伟大复兴而努力奋斗。

前进道路不可能一马平川，但只要包括两岸同胞在内的所有中华儿女同心同德、团结奋斗，就一定能够粉碎任何形式的"台独"分裂和外来干涉图谋，就一定能够汇聚起促进祖国统一和民族复兴的磅礴伟力。祖国完全统一的历史任务一定要实现，也一定能够实现！

———————

① 详见《联合国司法年鉴 2010》（United Nations Juridical Year book 2010）第 516 页。

② 1951 年 9 月 4 日至 8 日，美国纠集一些国家，在排斥中华人民共和国、苏联的情况下，在美国旧金山召开所谓"对日和会"，签署包含"日本放弃对台湾、澎湖列岛之所有权利和请求权"等内容的"旧金山和约"。该"和约"违反 1942 年中美英苏等 26 国签署的《联合国家宣言》规定，违反《联合国宪章》和国际法基本原则，对台湾主权归属等任何涉及中国作为非缔约国的领土和主权权利的处置也都是非法、无效的。中国政府从一开始就郑重声明，"旧金山和约"由于没有中华人民共和国参加准备、拟制和签订，中国政府认为是非法无效的，绝不承认。苏联、波兰、捷克斯洛伐克、朝鲜、蒙古、越南等国家也拒绝承认"和约"效力。

③ 1995 年 1 月 30 日，时任中共中央总书记、国家主席江泽民发表题为《为促进祖国统一大业的完成而继续奋斗》的讲话，提出发展两岸关系、推进祖国和平统一进程的八项主张，强调"坚持一个中国的原则，是实现和平统一的基础和前提"，"我们不承诺放弃使用武力，决不是针对台湾同胞，而是针对外国势力干涉中国统一和搞'台湾独立'的图谋的"等。详见《江泽民文选》第一卷，人民出版社 2006 年 8 月第 1 版，第 418 至 423 页。

④ 这里不含经第三地的转投资。

⑤ 根据 2022 年 4 月国际货币基金组织"世界经济展望数据库"的统计。